汪海书系

主　编／冯　并

执行主编／张来民　生锡顺　郭　林

市场是企业的根

全国首届优秀企业家汪海文选

社会科学文献出版社

SOCIAL SCIENCES ACADEMIC PRESS (CHINA)

目　　录

用科学发展观引领企业又好又快发展（代序）　／1

坚决站在改革的前列　／1
　　（一九八四年十一月一日）

要使企业充满活力　必须走改革之路　／3
　　（一九八四年十一月四日）

横向联合带来企业兴旺　／8
　　（一九八六年六月十六日）

排除一切阻力　打开出口工作的新局面　／9
　　（一九八七年八月十日）

更新观念　深化企业改革　／16
　　（一九八七年九月七日）

企业管理要适应商品经济发展的规律　／24
　　（一九八七年十二月二十四日）

人才动起来　企业活起来　／27
　　（一九八八年三月十三日）

"六新"与"八要"　／29
　　（一九八八年三月二十四日）

领导层一定要注重宣传　／33
　　（一九八八年六月一日）

以法治厂，建立企业管理新秩序　／34
　　（一九八八年八月十六日）

谈谈思想政治工作的"九九管理法"　／35
　　（一九八八年十一月一日）

股份制不推不行　　　　　　　　　　　　／ 37

　　（一九八八年十一月二十七日）

发扬敢想敢干敢闯禁区的精神，大胆改革创新　／ 39

　　（一九八九年三月七日）

思想政治工作是事业成功的法宝　　　　　／ 41

　　（一九九〇年八月十七日）

掀起全员性全方位科技工作新高潮　　　　／ 50

　　（一九九〇年十月十日）

中层干部中存在的二十条问题　　　　　　／ 58

　　（一九九一年二月二日）

质量管理以人为本　　　　　　　　　　　／ 63

　　（一九九一年三月十三日）

向同行学习　　　　　　　　　　　　　　／ 65

　　（一九九一年五月十八日）

政治进市场　　　　　　　　　　　　　　／ 69

　　（一九九一年十月十八日）

略论企业全员转向市场　　　　　　　　　／ 73

　　（一九九一年十二月六日）

面向市场开发产品　　　　　　　　　　　／ 78

　　（一九九一年十二月九日）

练好企业内功　在竞争中求发展　　　　　／ 80

　　（一九九二年一月六日）

创造市场　产品自销　　　　　　　　　　／ 85

　　（一九九二年四月二十日）

以改革促进双星事业更大发展　　　　　　／ 87

　　（一九九二年五月）

企业离不开新闻　新闻离不开企业　　　　／ 94

　　（一九九二年六月二十七日）

主动进入市场　自觉参与竞争　　　　　　／ 97

　　（一九九二年六月二十八日）

必须进行一次全面的彻底的管理革命　　　／ 108

　　（一九九二年七月十三日）

市场经济条件下如何做好思想政治工作　　　　／ 112
　　（一九九二年七月十九日）

冲出亚洲　走向世界　　　　／ 122
　　（一九九二年十月二十五日）

迈向市场经济的双星之路　　　　／ 124
　　（一九九二年十月二十七日）

改革的动力和源泉是市场　　　　／ 127
　　（一九九二年十一月）

竞争与淘汰　　　　／ 130
　　（一九九二年十二月十日）

深化企业改革　全面推行国有民营　　　　／ 131
　　（一九九三年二月二十八日）

不抓管理，一切都等于零　　　　／ 134
　　（一九九三年四月二十九日）

正确处理企业内部的十五个关系　　　　／ 138
　　（一九九三年八月六日）

"上山"符合规律　"上山"也是开放　　　　／ 143
　　（一九九三年九月九日）

市场意识＋思想政治工作＝双星之路　　　　／ 148
　　（一九九三年十一月）

实施名牌战略　加快改革步伐　　　　／ 152
　　（一九九四年一月三日）

坚持"以人为本"　实现企业滚动发展　　　　／ 156
　　（一九九四年一月十三日）

战胜自我　　　　／ 158
　　（一九九四年十一月六日）

居安思危　　　　／ 167
　　（一九九四年十二月十一日）

东南亚成功企业的启示　　　　／ 176
　　（一九九五年一月十四日）

以成本为突破口　从基层抓管理　　　　／ 181
　　（一九九五年五月七日）

实行年薪制　深化分配制度改革 / 188

　　（一九九五年六月六日）

推进工贸一体化，实施重大体制改革 / 191

　　（一九九五年九月七日）

创中国人自己的名牌 / 197

　　（一九九五年九月二十七日）

发挥战区优势　加快连锁经营 / 205

　　（一九九五年十月）

市场领导工厂 / 211

　　（一九九六年一月十日）

时刻警惕名牌背后潜在的危险 / 219

　　（一九九六年三月三日）

领导思想要从生产任务型转到资金效益型上来 / 228

　　（一九九六年三月十一日）

名牌是最大的政治 / 232

　　（一九九六年四月十六日）

论市场政治 / 236

　　（一九九六年八月二十一日）

美国鞋业市场对双星发展的借鉴意义 / 245

　　（一九九六年九月）

认识国际市场　进入国际市场 / 254

　　（一九九六年十一月七日）

双星共产党人的党校 / 264

　　（一九九六年十一月十八日）

强化七个意识　做合格的厂长经理 / 273

　　（一九九六年十二月二十二日）

国有企业前程似锦 / 283

　　（一九九七年一月）

百分之二百的服务 / 291

　　（一九九七年二月十四日）

与市场紧密接轨　加大企业形象宣传 / 292

　　（一九九七年七月二日）

西欧市场对双星发展的借鉴意义 　/ 295
　　（一九九七年九月二十四日）

发展连锁店　壮大规模经营 　/ 301
　　（一九九七年十月十日）

贯彻十五大精神　加大国企改革力度 　/ 309
　　（一九九七年十月十日）

质量是企业的生命 　/ 315
　　（一九九八年二月三日）

资本管理和资本运营 　/ 321
　　（一九九八年三月五日）

经济低谷：企业的发展机遇 　/ 325
　　（一九九八年七月四日）

跟着市场走，围着市场转，随着市场变 　/ 332
　　（一九九九年一月十四日）

不换脑袋就换人 　/ 337
　　（一九九九年四月十五日）

加快"二十九个转变"　彻底与计划经济决裂 　/ 341
　　（一九九九年八月五日）

钱管人 　/ 347
　　（一九九九年九月四日）

正确处理权力、位置与价值的关系 　/ 352
　　（二〇〇〇年二月十八日）

市场经济下的机关工作标准 　/ 361
　　（二〇〇〇年二月二十三日）

在市场竞争中应该怎样冒险 　/ 368
　　（二〇〇〇年五月十六日）

依法治企 　/ 374
　　（二〇〇〇年六月十四日）

加大宣传力度，树立双星新形象 　/ 381
　　（二〇〇〇年六月十七日）

诚信——企业的基本商德 　/ 387
　　（二〇〇三年六月）

企业家要讲"三性" / 390
　　（二〇〇五年十一月十日）

应从六方面提高企业自主创新能力 / 393
　　（二〇〇六年四月十三日）

民族精神·民族品牌·民族企业家 / 395
　　（二〇〇六年六月二十六日）

诚信管理　积德行善 / 402
　　（二〇〇七年五月二十八日）

战危机　增活力　再创新　快发展 / 411
　　（二〇〇八年十二月二十二日）

用科学发展观引领企业又好又快发展

（代序）

科学发展观是马克思主义关于发展的世界观和方法论的集中体现，是我国经济社会发展的重要指导方针，也是企业全面协调可持续发展的哲学基础。双星集团是中国最早的国有制鞋企业，至今已有 88 年的发展历程，作为劳动密集型制造加工业的微利企业，30 多年来之所以不断成长强大，归根结底，就是始终坚持了科学发展观。科学发展观是双星集团从计划经济模式成功转向市场经济模式的战略思想，也是当前双星集团战胜全球金融危机不利影响的理论武器。实践证明，企业家只有深入贯彻落实科学发展观，才能在全球市场竞争中引领企业又好又快发展。

科学发展观的第一要义是发展

科学发展观，第一要义是发展。"发展是硬道理"。发展对于全面建设小康社会、加快推进社会主义现代化，具有决定性意义。改革开放的总设计师邓小平指出："不管白猫黑猫，抓住老鼠就是好猫。"双星根据邓小平理论，结合企业实际，提出了"不管说三道四，双星发展是硬道理"的观点，并把邓小平"不管白猫黑猫，抓住老鼠就是好猫"的名言与双星"不管说三道四，双星发展是硬道理"的观点分别镌刻在双星总部及各分厂门口两只石猫的底座上，作为双星发展的座右铭。

双星的历史是不断成长壮大的发展史。双星的前身是青岛橡胶九厂，始建于 1921 年，是我国最早的民族制鞋企业。改革开放以来，双星从给人做鞋到给汽车"做鞋"，成长壮大为我国综合性制造加工业特大集团。今天的双星拥有五大支柱产业、八大行业，横跨 23 个领域，拥有 6 万名员工，直接或间接养活了几十万人，创造了巨大的经济效益和社会效益：资产总额从 20 世纪 80 年代初不足 1000 万元，增长到 50 亿元；出口创汇从 175 万美元增长到 3 亿美元；销售收入从 3000 万元增长到 105 亿元。

当前由美国次贷危机引发的全球金融危机，双星作为外向型企业不可避免地受到了影响，其中轮胎行业最为严重。但双星坚持"发展是硬道理"的理念，提出"战危机，再创新，增活力，快发展"的战略，及时调整经营思路，生产经营很快恢复了正常，产量和质量不断提高，三个轮胎公司已经恢复到危机前的正常水平，甚至创了历史最高水平；鞋业和机械生产经营比危机前还好，双星已经完全回到了快速发展的轨道。

按照市场规律科学发展

任何理论的提出都有自己的时代背景。同样，科学发展观是在我国从计划经济模式转向市场经济模式、建立社会主义市场经济体制这一伟大时代变革中提出的科学理论。"市场"在市场经济体制中占据核心地位，科学发展就是要按照市场规律发展。市场是企业发展的"根"，企业的成败兴衰离不开市场。从企业角度来说，科学发展观源于市场，反过来又指导市场。企业要贯彻落实科学发展观，必须走向市场，必须遵循市场规律，才能在市场竞争中立于不败之地。

双星是我国较早进入市场的国有企业。20 世纪 80 年代初期，由于国家停止了统购统销，双星按原计划生产的鞋卖不出去，仓库里堆积如山，工人开不出工资。在这种情况下，双星就自己组织销售队伍，自己卖鞋。经过一年的奔波，双星硬是把积压的 200 万双解放鞋销售一空。由此双星悟出了一条真理：企业的命运不在天、不在地，而是遵循市场规律科学地发展。随着我国市场取向改革的逐步深化，双星对市场的认识也越来越深刻，明确提出，"市场是企业的最高领导"，"市场是检验企业一切工作的标准"，要求双星员工"全员转向市场"，"跟着市场走，围着市场转，随着市场变"。在市场经济时代，按照市场规律科学地发展是企业生存和发展的动力和源泉。

应对国际金融危机挑战的实践，使双星更加认识到增强市场意识的重要性。从 2008 年 5 月开始一直到 9 月，轮胎原材料生胶价格高位运行了很长一段时间，双星意识到按照市场规律应该有一个回落，但是，没有想到这次原材料价格变化来得这么快，降幅这么大，降幅达到 70%。这次全球金融危机的发生，使提前订购正常生产轮胎所储备的生胶原材料已经上船，无法退货，造成了轮胎出现原材料一时高价位的被动局面。

这次全球金融危机给双星的一个重要启示，就是我们以前习惯称为"国际"、"国内"的两个市场的边界被打破，我国企业已经深度进入全球市场。2008 年 9 月份之前，双星各个行业一直保持了较好的发展，特别是轮胎业，在全国同行业中增长速度最快。但进入 10 月份以后，原材料价格由疯涨到暴跌，轮胎市场由火暴到惨淡，销售业绩直线下滑，库存急剧增加。双星机械、鞋服产业也受到不同程度的影响。这表明，虚拟经济与实体经济、出口企业与进口企业、原料采购与产品销售、轮胎行业与其他行业等，这些在书本上界定明确或表面看来互不相干的概念，在这次全球金融危机中更加紧密地联系在一起，甚至互为因果。全球经济高度融合的新形势，迫切要求我国企业家增强全球市场意识。只有用全球的眼光观察市场，对全球市场的各种变化保持高度的敏感性，并积极采取应对措施，才能引领企业平稳较快发展。

坚持改革创新实现科学发展

中国特色社会主义事业是改革创新的事业。胡锦涛同志指出，要把改革创新精神贯彻到治国理政各个环节，毫不动摇地坚持改革方向，提高改革决策的科学性，增强改革措施的协调性。对企业来说，改革创新是持续发展的灵魂和动力。企业只有不断改革创新才能生存，企业只有不断改革创新才能发展，企业只有不断改革创新才能创名牌。坚持改革创新精神，是企业家践行科学发展观的基本素质。

双星的历史是不断改革创新的历史。20 世纪 80 年代，双星在以市场为导向、彻底与计划经济决裂的思想支配下，对原青岛橡胶九厂的组织结构、生产制度、销售制度、劳动制度、人事制度、分配制度和企业文化制度等进行了全方位的改革创新；90 年代初，双星实行"国有民营"，对下属经营公司进行承包改革；90 年代末，双星以卖掉连锁店为突破口，将"国有民营"逐步变为"民有民营"；进入 21 世纪，双星对 140 多家实体单位进行了"包、租、股、借、卖"等多种体制改革创新，形成了"一企多制"的国有企业新格局。改革开放以来，改革创新为双星注入了成长强大的不竭动力。

改革创新也是双星战胜国际金融危机严重冲击的强大武器。2008 年 10 月，面对突如其来的"经济非典"，双星顺应市场新的变化，迅速调整思路，对轮胎公司实行"减产、限产不停产"、"轮岗、待岗不减员"，产品价格区别对待，果断关掉一些工厂，对人员重新进行分流，集中力量生产市场急需的产品；加大技术升级和研发，调整产品结构，使用新材料、新配方，降低成本；加快货款回收，保证资金链完整，控制非生产性开支；企业内部实行横向联合，人鞋、"车鞋"双鞋联动，即买双星鞋赠送双星轮胎，买双星轮胎赠送双星鞋；启动双星内需，将一些产品由外部销售改为内部供应。同时，双星加快实施高端战略，增强抗危机能力。

实践永无止境，创新永无止境。今天不创新，明天就落后；明天不创新，后天就淘汰。应对国际金融危机的实践使双星进一步认识到，企业要在危机中保持平稳较快发展，根本出路在于科学地创新。只有加快发展方式转变和产品结构升级，依靠新产品、新规格的不断开发，依靠新材料、新工艺的不断应用，我们才能具备战胜国际金融危机的坚强实力。危机中没有捷径，只有自己救自己。根本方法就是将危机当中遇到的难题变成创新的课题，变成发展的起点，在危机中再创新，在危机中快发展。这是当前企业深入贯彻落实科学发展观的迫切要求。

科学发展观的核心是以人为本

科学发展观的核心是以人为本。改革开放初期，邓小平同志就强调："人民的利益高于一切，全心全意为人民服务，一切以人民利益作为每一个党员的最高准绳。"在企业，人是第一位的，"企"字去"人"则"止"。企业坚持以人为本，就是要以实现员工的全面发展为目标，从广大员工的根本利益出发，尊重员工企业主体的地位，做到发展为了员工、发展依靠员工、发展成果由员工共享。

坚持以人为本，就要尊重人、关心人、培养人。人是兴厂之本，管理以人为主。管企业就是管人，管人是"高科技的高科技"。企业管理人，首先要做到尊重人、关心人、理解人、体贴人，使员工由过去单纯被动地"要我管"向现在主动创造性地"我要管"转变，激励员工奋发向上，励精图治，充分发挥员工的积极性、主动性和创造性。双星提出，"无情的纪律、有情的领导，严而有度、严而有情"。一个缺乏人情味的企业，人与人之间就会变得冷漠和没有感情，员工就会失去激情和创造性。所以，双星实行"亲情化管理"，要求企业领导和管理骨干在管理活动中对待员工就如同对待自己的亲人一样充满关爱之情。同时，双星高度重视人才的培养，把培养高素质的人才作为企业管理的重要任务和目的。长期以来，双星通过举办培训班、职工大学、出国考察等途径不断增强员工的基础文化知识和专业技术理论水平，创造学习型企业，营造双星全员上下人人都学习、人人都发展、员工与企业共生共兴的文化氛围。

坚持以人为本，就要让员工参与企业管理。企业管理不只是企业家的事，也不只是企业领导班子的事，没有全体员工参与的企业管理，只能是空中楼阁，只能是纸上谈兵。因此，早在 20 世纪 80 年代初双星就建立健全了职代会制度，实施职工代表脱产参与管理，构筑职工参与企业民主决策、民主管理、民主监督的平台。为调动员工直接参加班组的民主管理，双星从体制和机制上为员工当家做主提供条件，推行了"市场化承包管理"，大大调动了员工的主人翁意识，使员工最大限度地实现了自我管理。双星还通过广播、《双星》报、宣传栏等多种形式，把员工所关心的热点、难点、疑点，拿出来公开亮相，真心实意地接受员工的监督，听取员工的心声，接受员工的评议。双星 30 年如一日请职工代表"当家做主"，不仅能够切实维护广大员工的合法权益，保证员工企业主体的地位，而且充分调动了广大员工的积极性和创造性，促进双星全面协调可持续发展。

坚持以人为本，就是企业发展成果由员工共享。双星在不断成长壮大过程中，始终把员工的利益放到首位，在薪金、餐饮、住房、医疗、教育、交通、就业、休假和文化娱乐等方面让员工充分享受到企业发展的成果。现在全国通行的中秋节假日，双星早在 20 世纪 80 年代初就已实行。除国家法定假日外，双星还在每年元宵节放半天假；每年夏天运动鞋生产、销售淡季，双星发补助放假津贴，让员工旅游或探亲。此外，双星还有一个坚持 20 多年的"三个一"制度，即每个职工过生日，企业给职工放一天假，赠送一个有"双星"图案的生日蛋糕，职工提一条合理化建议。全球金融危机袭来时，因产品结构调整，轮岗、待岗的轮胎员工达 1800 名，双星没有将一个人推向社会；领导班子、机关人员主动降薪，与员工同舟共济，齐心协力战危机。双星鞋业工业园在国际金融危机形势下，为职工盖了新的六层楼高的职工公寓，对工作成绩突出的员工还奖励了夫妻套房，每个房间都安设了地暖等取暖设施，保证员工住宿条件。双星用亲情温暖员工，营造温馨和谐幸福的家园，增强了员工战危机的信心，激发了员工战危机的激情，增强了员工战危机的干劲。

企业家要把握规律、科学决策、
战胜危机

从市场经济发展角度来讲，经济危机是经济发展的必然规律。30 年改革开放的实践证明，市场经济本身就是在冷热交替、跌宕起伏中发展的，这条波浪式的经济发展曲线直观地告诉我们，经济发展有升必有降，有热必有冷，过热或过冷时就造成"经济危机"。所不同的是，这次危机是由美国次贷危机导致金融危机进而引发的全球性经济危机。经济危机是经济发展进入极端膨胀或极端低迷时的一种正常现象。企业家应该主动认识与把握经济危机规律，善于在经济危机中生存与发展。这是新形势下企业贯彻落实科学发展观的必修课。

经济危机引发的原因是多方面、多角度的，可能由经济发达国家引发，也可能由发展中国家引发；可能因金融业引发，也可能因其他行业引发。经济危机虽然带来了经济萧条和衰退，带来了购买力下降，但辩证地看，经济危机中有"危"就有"机"。经济危机是行业间的重新"洗牌"，是企业抗风险能力的检验，也是企业调整和跨越的机遇。在这个优胜劣汰的过程中，压力、挑战和机会、机遇并存；淘汰、"洗牌"和发展、壮大并存。对那些内功扎实、产品有竞争力、团队有凝聚力、应对危机能力强的企业，就是发展提高的机遇，否则就要被淘汰出局。因此，危机虽是压力，但也是动力；化压力为动力就是发展活力，就是发展机遇。

经济危机也是企业学习和提高的机会。原材料暴涨给我们带来了"经济海啸"，原材料暴跌又给我们带来了"经济地震"，这次突如其来的经济危机像"非典"一样袭击了我们。从"经济海啸"到"经济非典"，企业面对的都是国际性竞争，等于直接加入了世界级考场，参与了世界级考验。只要正确认识和对待，按照市场规律科学地发展，把危机当成磨炼提升的机遇，当成国际舞台上刀兵相见的实战演练，好好总结应对危机的经验和教训，按照科学发展观的根本要求，把握规律，抓住机遇，驾驭市场，提高"快速决策、综合指挥、强化落实"的能力，在危机中抓机遇，在危机中找商机，就一定能将危机的压力变成企业发展提高的动力，实现企业更好更快发展。

坚决站在改革的前列

（一九八四年十一月一日）

在经济体制改革中，怎样做好党的工作？党的十二届三中全会通过的《中共中央关于经济体制改革的决定》已给我们指出了明确的方向。这里联系我们单位的实际谈谈我个人的体会：

今年以来，在农村改革形势的推动下，我们对企业改革也进行了一些探索和试验。在这个过程中，我们首先抓了党委"一班人"的学习，澄清了一些不适应改革的模糊认识，把思想统一到中央的方针、政策上来，积极支持厂长行使统一指挥生产经营活动的职权，以保证改革的顺利进行。在此基础上，我们又抓了党员的思想政治工作，坚持"三会一课"制度，教育党员认清形势，清除"左"的影响，在改革中发挥党员的先锋模范作用。党员思想认识提高了，劳动积极性空前高涨。实行经济责任制后，全厂生产第一线上的党员都能超额完成计划定额。缝纫车间生产线上的 10 名党员，月平均超定额 18% ~ 20%，有的最高超过 30%，每月比过去多拿奖金 20 多元。

在改革的实践中，我们还注意做好职工的思想政治工作，针对职工中出现的一些模糊认识和思想阻力，举办各种学习班，组织干部、工人学习有关文件，提高思想认识，并发动党员在群众中广泛开展谈心活动，帮助群众消除顾虑，投身改革。在对干部和技术人员的安排上，也尽量做到避其短、扬其长，充分发挥他们的积极性。在实行厂长负责制的同时，我们还坚持职工代表大会制度和各项民主管理制度，充分发挥工会组织和职工代表在审议企业重大决策、监督行政领导和维护职工合法权益等方面的权利和作用，体现工人阶级的主人翁地位。今年以来，职工民主管理企业小组对干部的工作、学习、纪律、作风等方面检查过 40 多次，提出各种建议 500 多条，对保证改革的顺利进行起到了重要作用。

在进行改革中，我们还不断总结经验，看准了的就改，看不准的就试点；有成效的就推广，无成效的就改进，尽量避免失误或少失误。如在实行经济责任制中，开始我们实行计件工资制，又实行超定额浮动工资制和浮动工资加奖金，效果都不大。最后，我们从实际出发，在一、三、四车间逐步采用了责、权、利相结合的承包责任制，使职工劳动所得同劳动成果联系起来，受到职工的欢迎，推动了生产的发展。一车间原来日产鞋帮26000双，承包后，日产鞋帮32000双~34000双。三车间缝底工序原来17人，还经常出现"卡脖子"现象；实行承包后，12人就完成了原有的生产任务，保证了生产的顺利进行。我们及时总结了这些车间实行承包责任制的经验，在全厂进行推广，取得了较好的效果。到今年九月二十二日，胶鞋产量已提前三个月零八天完成了全年生产计划，产量、产值和利润都创造了历史最高水平。

（原载《青岛日报》1984 年 11 月 1 日）

要使企业充满活力
必须走改革之路

（一九八四年十一月四日）

　　随着城市经济体制改革的展开，可以断定竞争将会日趋激烈。作为生产经营不可缺少的信息、宣传显得愈加重要。可以说，新闻媒介是企业的千里眼、顺风耳，得到新闻界的支持，是十分必要的。通过新闻界，扩大我厂在国内外市场的影响，建立强大的国内外信息联络网，真正让"双星"创出名牌、占领市场，这是我们企业发展的指导方针。

　　近几年来，中央领导同志对改革问题作了多次重要指示，特别是党的十二届三中全会通过的《中共中央关于经济体制改革的决定》为切实搞好以城市为重点的整个经济体制改革，指明了正确方向。

　　去年我厂新的领导班子成立以后，面临着许多问题，亟待解决。一是生产经营处于"背水一战"的状况；二是管理水平低，竞争能力差；三是人心散，思想乱。针对这些问题，一年来我们根据上级指示精神，坚持实事求是的原则，从我厂实际出发，对领导体制、干部制度、管理制度、生产经营、工艺布局等十个方面进行了改革，扭转了被动状况，开创了新的局面，增强了企业活力，取得了显著效果。职工素质、管理水平、经济效益进一步提高；厂容、厂貌、厂风发生了深刻变化；各项经济技术指标都创历史同期最高水平。实践使我们体会到：企业改革势在必行，要使企业充满活力，必须走改革之路。

一 改革领导体制，实行厂长、党委、职工代表大会三位一体的新型领导体制

（一）搞好民主管理，发挥职代会作用，提高了职工的国家主人翁地位

以前召开职代会，职工称为"包子会"、"形式会"，只不过是起个举举手、"表决器"的作用。新领导班子组成后，认识到激发起职工群众的主人翁意识和社会主义积极性是办好社会主义企业的根本保证。去年以来，我们召开了两次职代会。职工民主选出职工代表，组成企业管理小组，成为脱产常设机构，检查、监督干部和领导，对中层干部进行考核和评议。进行民主管理，维护职工合法权益，定期听取厂长关于生产经营等情况的汇报，同时经常了解掌握职工对厂内问题的反映意见，根据情况向职工做好工作，并向厂长、书记提出合理化建议。

（二）党委起保证作用

我们认为，党政分工并不等于书记不关心生产，而是要关心生产经营，熟悉生产，了解生产，支持厂长工作，发现问题及时指出，有好的想法主动建议。例如：分工后，党委书记针对我厂生产经营情况向厂长建议采取"三取胜"的方针，即"以新取胜"，发展新品种，满足消费者需要；"以快取胜"，争取时间，增加效益；"以内联取胜"扩大经营，推行新式经营方法。厂长采纳后，党委积极支持，使之较快地收到了效果。

分工后，党委摆脱了事务工作，集中精力抓好党的思想建设和组织建设，搞好职工思想政治工作。一年来，我们在对职工进行"三热爱"等教育的同时，建立健全了一套行之有效的政治工作制度，开展了"创文明单位，树文明风尚，做文明职工"等活动，使我们厂初步建起一支"三有一守"的职工队伍，有力地保证了以厂长为中心的生产经营指挥系统的工作。

（三）实行厂长负责制，扩大厂长的权力

打破干部工人界限，由厂长来任命车间主任和行政科长，并实行"两年浮动考核法"。在任职两年中，如不称职，厂长提出罢免，原来是工人的

还是工人，原来在哪个岗位的重返哪个岗位。从而破除了干部"只能上不能下，不犯错误不能免职"的旧观念。

主任、科长组阁后，管理素质明显提高，同时领导班子充满了活力，有了压力，产生了动力，提高了效率。

二　改革分配制度，责、权、利相结合，实行经济承包责任制

过去由于分配制度上职责不明，分工不细，吃"大锅饭"，影响了生产。针对这些问题，在分配制度上我们突出一个"包"字，落实一个"责"字，实行了经济承包责任制，收到了明显效果。

我们的主要生产工具——存放大底的板子，多年来一直由厂统一管理。由于职责不清，经常减计划，厂长上班抓板子，科长找板子，调度员拉板子，职工称之为"板子厂长"、"板子科长"，成为九厂生产中的一个"老大难"问题。后来我们对大底板子进行了承包，把全厂几千块板子分包给车间再包给个人，并和经济责任制挂钩。因此，今年以来没有因为大底板子而出现减产现象，而且大底板子的损耗率大幅度下降，使用率、周转率比过去提高了几倍，为国家节约了大量资金。

我们从实际出发，在一、二、三、四车间逐步采用了责、权、利相结合的承包责任制，和职工劳动成果联系起来，受到职工的欢迎，推动了生产发展，一车间原来日产鞋帮 26000 双，承包后增加到 32000 双 ~ 34000 双。

三　改革经营方式，发展第三产业，实行工商结合，建立新型企业体制

我厂地处沿海风景优美的市南区，具备得天独厚的发展第三产业的优越条件。同时我厂胶鞋是民用产品，产值低，利润少，工艺复杂，手工操作用人多。在这种情况下，今年三月份，我们下大决心，克服了种种困难，调整出 700 多平方米成立服务公司，经过 40 多天的紧张筹备，于今年五月八日开业，下设百货店、胶鞋展销部、饭店、招待所，形成一业为主，多渠道经营。同时解决了劳动定员后，辅助部门剩余劳动力的安排问题，还解决了 35 名职工子女待业的问题。

四　走"外引内联"的道路，发展新品种，增强竞争能力

我厂是个老厂，经过几年来的整顿、挖潜，生产能力已经基本饱和，要在现在厂区内进一步扩大生产，实现国家"保五争七"的计划要求，困难很大。特别是随着商品生产的发展，市场竞争日趋激烈，急需加快产品更新换代的步伐，发展新品种，提高竞争能力。在这种情况下，老企业要发展，必须在向国外开放，引进国外先进技术、设备的同时，积极搞内联，发展分厂，把几十年一贯制的老产品扩散出去。我们腾出人力、设备，集中力量，搞好产品结构的改革和工艺布局的调整，上新品种，上新工艺，上中高档产品，以适应市场发展的需要。

因此，一年来，我们一方面从国外积极引进聚氨酯双色注射机和化学鞋冷粘工艺流水线，另一方面，我们克服困难，集中力量，仅用了45天，就在未来的经济开发区和旅游区薛家岛建立了以生产解放鞋为主的三分厂。

目前，我厂已有三个分厂，今后准备继续建几个分厂。分厂的建立，不仅为我厂产品的更新换代和扩大再生产创造了条件，而且解决了农村剩余劳动力，扶植了乡镇企业的发展。

要提高产品竞争能力，必须重视信息。面对人民群众提倡"穿好"及高消费趋势的出现，特别是中国运动健儿第一次在洛杉矶奥运会上取得了举世瞩目的好成绩，带动起的体育热，我们抓住时机，上新品种，增强竞争能力。

今年共研制了23个新品种，在工艺进行大规模调整的情况下，投产的新产品有9个。在新产品开发和各项工作中，我们十分重视发挥知识分子的作用，今年有17名知识分子被选拔到领导岗位上，其中1名副厂长，2名副总工程师，14名中层干部。从而改变了干部队伍的结构，出现了三个变化，一是年轻化，二是知识化，三是专业化。我厂知识分子走上领导岗位以后，使企业管理水平有了很大提高。

五　生产、生活一起抓，调动了职工生产的积极性

改革给企业带来了活力，职工的干劲越大，领导越应该关心职工生活。

我们用服务公司挣的钱购买了大轿车，解决职工上下班的问题；兴建 80 多户职工宿舍；同时我们还改进了医疗、保健、食堂、托幼等后勤工作，提高了服务质量，增加了福利项目。

过去我厂成型车间早班一直是 5 点 40 分上班，有的职工第一班赶不上就会迟到。新的领导班子成立后，将早班时间改为 6 点，这样改善了职工劳动条件，调动了职工积极性。各车间产量不但未减，而且明显增加。

一年来，老企业发展的过程，也是我们立志改革、创新，相信依靠职工，改造企业的过程，我们的体会主要有六条：

（1）企业改革必须按照中央精神，坚持实事求是的原则，结合本企业实际情况进行，这是搞好改革的根本。

（2）企业改革，企业领导必须有强烈的事业心、积极性和创造性，无私无畏的胆略和魄力，又要注意科学性，这是搞好改革的关键。

（3）强有力的思想政治工作是改革顺利进行的保证。

（4）依靠大多数职工，调动职工积极性参加改革，这是改革成功的重要条件。

（5）调动大部分干部、工程技术人员、党员、骨干支持、拥护、带头改革，这是改革的前提。

（6）提高经济效益是企业改革的最终目的。

横向联合带来企业兴旺

（一九八六年六月十六日）

　　要搞活企业，当前一个重要方面就是横向经济联合。我厂横向经济联合的事实证明了，这种联合有利于发挥企业的优势，避免资金、资源的浪费和企业的重复建设，还有利于新产品的开发、升级，对繁荣城乡经济大有好处。

　　我厂是全国五大胶鞋生产厂家之一。但随着市场形势的变化和人民生活水平的提高，我厂的生产、管理、技术、经营水平都适应不了形势的要求。要使我们这个老企业重新焕发生机和活力，单靠我们现有的厂房、设备和能力是难以达到的。横向经济联合给了我们广阔的出路。近几年来，我们本着扬长避短、互通有无、互惠互利、自愿联合的原则，先后与崂山、黄岛、胶县、五莲、诸城等地的 6 个县办和乡镇企业建立联营关系，把一些传统产品扩散出去，都获得了可观的经济效益和社会效益。我们扩散和联营的这 6 个点，现在共拥有职工 1500 多人，厂房 15000 多平方米，共为我厂加工各类鞋帮近千万双，生产各种胶鞋 220 万双，加工其他半成品 1100多万双，大大缓解了我厂的压力。我们算了一笔账，按这 6 个联营点的规模，如果由国家投资建设，至少得花 600 万元，加上地皮、人力等费用接近1000 万元。可见联营是增强企业活力、发展工业生产的一个好办法。

　　横向经济联合，还为我厂转轨变型、开发新产品创造了极为有利的条件。我们通过扩散产品，腾出厂房、设备、人力上新、创新。过去我厂的产品品种不到 10 个，现在已发展到 58 个品种、220 多个花色，仅去年一年就研制出 31 个新品种、100 多个新花色。由于新产品的开发，经营活跃，几年来我厂的产品产量、产值、企业利润连续创历史最高水平。我们的产品还打入国际市场。去年出口鞋 200 万双，为国家赚取了大量外汇，企业出现了勃勃生机。同时，联营也给县办和乡镇企业带来繁荣。

（原载《青岛日报》1986 年 6 月 16 日）

排除一切阻力
打开出口工作的新局面

（一九八七年八月十日）

从香港考察回来后，我一直酝酿着一个问题，就是如何开创我厂出口工作的新局面。这个问题是件大事，关系到九厂的发展，关系到九厂的未来，是个带有方向性、决策性的问题。现在到了下决心的时候了。如果说，从五月十日成立对外联络部到现在，这三个月的时间是组织上的准备阶段，那么今天这个会，就是一个战略转移的会议。从现在开始，出口工作要在全厂全面展开，各级领导要把出口工作列入今后工作的重要议事日程，从思想上加强对出口工作的认识。要从九厂的长远建设出发，从九厂近 4000 名职工、联合公司 6000 名职工的吃、住、穿、用出发，把搞好出口工作当做一项长期的战略任务来抓。要拿出比把解放鞋扩散出去还要大的决心和气力，要和抓质量一样长期坚持下去，排除一切阻力，克服一切困难，争取以最快的速度、最流行的款式、最好的产品质量、最适宜的价格、最优的服务态度、最先进的配套工艺，打开我厂出口工作的新局面，创出最佳的经济效益。下边谈谈我对做好出口工作的看法和意见。

一 形势与未来

胶鞋是我国传统的出口商品，在化工部橡胶行业中，胶鞋的出口创汇名列第一。近几年在中央改革、搞活政策的指导下，胶鞋出口的数量逐年增加，1986 年全国胶鞋出口已达到 7500 万双，换汇 1.03 亿美元。随着数量的增加，产品花色品种也在增多，产品档次也不断提高，运动鞋出口价格也在不断提高。国家今年计划出口胶鞋 9000 万双，到 1990 年预计要达到 2 亿双。为什么胶鞋出口在我国会出现这样好的形势？这里边有国内的原因，也有国外的原因。

从国内看。首先，党的十一届三中全会以来，党的改革、开放、搞活的政策有力地促进了商品经济的发展，胶鞋作为人民生活必备的消费品得到充分发展。随着市场竞争的日趋激烈，胶鞋行业也得以不断扩大。目前，全国仅县管以上企业就有221家，1986年全国胶鞋生产已经超过10亿双，去年市场积压近5亿双，国内市场已呈饱和状态。因此，扩大胶鞋出口，也是胶鞋发展的必然渠道。

其次，由于冷粘、注射、模压、注塑等新型制鞋工艺的不断发展应用，使胶鞋生产的花色品种逐年增多。据化工部统计，目前全国胶鞋品种已达1000余种。各种新式制鞋方法的不断应用，也促进了胶鞋行业的不断发展。

我厂是全国最大的胶鞋生产厂家之一，胶鞋年生产能力目前在1500万双以上。到"七五"期末，年产能力要达到2400万双。生产能力这样大，而全国胶鞋行业已经饱和，如果不立即抓紧由内向型向外向型的转变，我们九厂就难以生存，九厂3500名职工的生活也将会没有保障，我们的经济效益也就不能提高，我们九厂也就会没有前途。因此，尽快扩大胶鞋出口，掌握出口的主动权，实现我厂由内向型向外向型的重大转变，已成为摆在我们九厂面前的一项迫在眉睫的艰巨任务。

最后，经济体制的改革也推动了外贸体制的改革，国家对出口产品的各种优惠政策，也给胶鞋出口工作创造了良好的条件。

从国外看。首先，我国的对外开放政策招来了大批外商，他们通过沿海开放城市涌入内地，使出口量急剧增加。

其次，世界胶鞋主要生产国家正面临着货币升值及劳务费用增加，很多发达国家都不愿再生产微利胶鞋，纷纷转向进口。这也为我们扩大胶鞋出口提供了良机。

另外，中国是一个发展中国家，拥有充足的人力资源，潜力很大，消费偏低，胶鞋出口，外商有利可图。这也是胶鞋出口得以扩大的关键所在。

综上所述，目前我国胶鞋出口的时机已经到来，形势的发展很可能呈"直线式"。由于出口数量的增加，必将对我国胶鞋行业带来深刻的变化，无论从生产上、工艺上、设备上、产品上都将受到它的冲击和辐射。国外的先进设备、先进技术也将蜂拥而入，国内同行业竞争也将会日趋激烈，出现竞争"白热化"现象。每个企业都将面临这个新形势的挑战，存优汰劣，这是关系到企业发展命运、前途的关键时刻。是迎接这一挑战，顺应历史的发展呢？还是墨守成规，仍旧走内向型发展的老路？这是关系企业沉浮和发展方向的重大问题，也是每个企业领导者所面临的重大抉择。我们的抉择是，打破旧观念，尽快扩大出口，实现九厂由内向型向外向型的巨大转变，这是我们为了九厂的生存和发展，为了九厂的前途和命运，所能做出的唯一选择，为了3500名职工的生活而做出的郑重抉择。随着我厂出口工作的不断扩大，我们九厂必将会在新的形势面前得到新生。

二　成绩与不足

从1958年算起，我厂出口已有近30年的历史，论年岁已列"而立之年"。目前我厂从设计到生产，从工艺到技术，从产量到质量，从生产规模到花色品种，都是全国屈指可数的生产大厂。适应扩大出口创汇的形势条件已经成熟，应该说我们有一套比较成熟的经验。特别是党的十一届三中全会以来，我厂发生了根本性变化，我们不仅具有比较雄厚的技术力量，而且这几年经过改革、调整，我们已经完成和将要完成的配套工艺为扩大生产和扩大出口打下了坚实的基础。

前面我们讲过，出口工作既然这样重要，既然是关系到我们九厂的命运、前途和生死存亡的重大问题，那么就必须引起全厂职工的高度重视，尤其是引起全厂领导干部的高度重视。真正把出口工作当做重点，把全厂的工作重心转移到出口工作上来，从思想、体制、工艺配套、产品布局、班子配备等各方面都做好充分的精神准备和物质准备，以实际行动来迎接我厂由内向型转为外向型这一在九厂发展史上具有划时代意义的重要转变。

首先，我们做好了扩大出口工作的思想准备。在这方面，我们一是更新了观念。要扩大出口，就必须在出口的方法、形式、渠道上和对客户、对出口组织、对出口工艺及出口产品等方面先更新观念，像两年前抓内销一样抓好外销，闯出出口工作新路子，培养一批出口外销的双重人才。我们通过多种方式、多渠道、多口岸地广为联系，先后与化建、外贸、工艺品等几个方面都取得了联系，并通过开发区进出口公司和利用深圳开发区这个窗口，先后联系了香港、日本等近10家客户，取得了较大的进展。我厂对出口工作的这一改革和观念的更新，将在外贸体制尚未发生根本变革的情况下，争取主动，闯出我们自己的双星道路。

二是统一思想认识。通过今天的会议，我们认真总结了我厂前段出口工作，分析了当前出口工作的形势，研究了今后出口工作的新方法、新任务，坚定了扩大出口创汇的信心和决心，开始了我厂胶鞋生产由内向型向外向型全面发展的重大转折。

三是在年初我们就成立了以双星产品为龙头，以我厂为主体的青岛双星运动鞋联合公司，实现了工工、工商、工贸一体化，把发展横向经济联合工作推向一个崭新的阶段，从体制上为扩大胶鞋出口做好了充分的准备。

其次，我们做好了扩大出口的组织准备。一是为了有利出口成立了专门班子，成立了对外出口联络部和深圳分公司，在香港成立了双星贸易公司，组织人员到香港考察并首次参加国际鞋业展销会，同时在国内主动同其他口岸积极联系。

二是在今年初，我们在厂内实行了经济承包和划小核算单位，改车间为分厂，实行分级分权管理，建立了内部银行。变厂领导的压力为全厂职工的共同压力，增强了企业活力，调动了各生产分厂的积极性，对扩大出口产品、增加产品花色起到了积极的促进作用。

三是改革了生产布局，使生产成龙配套，使企业更能适应小批量、多品种的变化，理顺计划管理体制，发挥各分厂的优势、特点，适应了出口发展的要求。

四是科技、设计人员下车间后，增加了工作压力，调动了工作积极性。在新产品研制、开发和新品种设计方面发挥了积极作用。

所有这些，都为我们九厂由内向型向外向型的转变做好了组织上的准备，扫清了障碍，铺平了道路。

最后，有了扩大出口的具体步骤和行动。

我厂在"七五"规划中，对全厂出口工作的前景作了比较实际的设想，提出总的指导思想是要以出口带内销，促进企业技术进步，积极争取吸引外资搞好合资企业和补偿贸易、来料加工等多种形式的产品出口。

走以内涵为主的技术改造道路，积极采用新技术、新工艺，扩大使用新型原材料，开发更多的新产品，满足国内外市场的需要。为此，要在改造提高热贴法的同时，扩大冷粘、模压注射法生产，提高产品档次，增加经济效益。通过技术改造，"七五"期末年出口能力达到800万双。

另外，我们还主动采取"走出去，请进来"的办法，利用去参加国际展销会的机会来考察国际市场，并主动联系了一些新客户。向他们宣传九厂，宣传双星产品，请他们来九厂洽谈业务。通过香港之行，增强了我们向外向型转移的决心，明确了向外向型发展的方向，为开创出口工作新局面迈出了可喜的一步。

有了以上三个方面的准备，再加上国际上由于货币升值和劳务费用增加，很多发达国家由胶鞋生产转为胶鞋进口，为我国扩大胶鞋出口提供了有利条件；国内对出口又实行特别优惠政策，从各方面都给予鼓励和方便，这些都为我厂扩大出口创汇创造了良好的先决条件。

应当清醒地认识到：虽然我厂出口工作取得了一些成绩，但是，在出口工作上也还存在很多问题，存在一些不利因素。

首先，当前我厂胶鞋出口已到了低谷，到了全国大厂的较低水平。前段时间我厂的出口实际上只是独家经营，经过山东外贸轻工一种渠道。

其次，我厂是一个同时具有热硫化、冷粘、注射、模压四种制鞋方法，具有 20 世纪 80 年代先进水平的大厂，是一个有 60 多年历史的老厂。这样一个大厂、老厂只满足于国内市场，在当前胶鞋市场产销失控、胶鞋积压过半的严峻形势下，企业和产品是没有发展前途的，弄不好就随时有被挤垮、拖垮的可能。只有扩大出口，冲出亚洲，走向世界，闯出双星道路，去向国外打开销路，我们的企业才有生气，我们的产品才会有希望，才能在激烈的市场竞争面前站稳脚跟，永远立于不败之地。

另外，我厂在各方面还存在一些不足，概括起来，主要有以下八个不适应。一是价格上不适应。目前我厂产品价格不够合理，不能适应国际市场，不能因地制宜，根据市场变化需要灵活掌握价格规律。二是计划安排上不适应。目前我厂产品周期在一个月以上，而石家庄的生产周期仅十天左右，广东、上海等地仅一个星期。由于生产周期长，就不能适应出口产品批量小、花色多、变化快、品种杂的特点。三是原材料供应上不适应。各种原料批量小、品种多、变化快，而我厂内销外销的原料供应都由一人负责，往往疲于应付，不能主动提供新的花色品种，供研究人员选择。四是模具加工制作上不适应。模具的加工在技术上达不到出口要求，不适应小批量、多品种的特点。今后要以最快的速度使模具尽快适应要求，同时要尽量采用电剪子，光做冲刀是得不偿失的。五是工作效率和人员素质上不适应。出口工作要求高速、高效率和较高的人员素质，而我厂很多部门的工作效率不高，"扯皮现象"仍然存在，这些都需要尽快提高。六是组织形式上不适应。部门之间，经常互相制约，要尽快扫清障碍，实现对外联络、设计、谈判、生产一体化，减少中间环节，实现出口工作的高速度。七是信息反馈上不适应。企业管理的好坏取决于有效的决策，而有效的决策则取决于及时准确的信息。企业必须以信息求产品，以产品求生存，以经营管理求效益，把准确的信息反馈作为一根红线，贯穿于整个生产经营过程之中，逐步建立起一整套较为完整的信息反馈系统。八是外贸体制上不适应。由于外贸出口方面统得过死，给我厂的出口工作带来一定的阻力和障碍。当然这是外部原因，随着外贸体制的改革，这些障碍会逐步清除。

由于存在以上八个方面的不适应，使我厂虽然在出口方面已有 30 年的历史，年出口能力目前已达 500 万双，但实际每年出口量仅徘徊于 200 万双，出口能力受到很大限制，对企业的经济效益影响很大，这种局面亟须尽快改变。

三 任务与要求

第一，在出口方式上，要做到"十多"：（1）多方向。要采用灵活机动的战略战术，不搞"一刀切"，实行全方位，不管哪个方位能出口，都必须努力争取。（2）多品种。要不断适应国际市场的新变化，随时掌握产品信息，生产出适销对路的产品。不但胶鞋要做，冷粘、布鞋都要做，做到品种多样化、产品系列化、出口专业化。（3）多渠道。过去我们单纯依靠外贸轻工，严重束缚了我厂出口，经常吃不饱。今后要对内发动全厂职工，广开门路；对外主动联系，实行多种渠道。要充分利用开发区这块阵地，增加出口；充分利用深圳特区换汇率高的特点，加强出口。步子要更快，方法要更灵活，争取年底能在出口方面有较大的突破。（4）多口岸。要利用各种机会对天津、大连、哈尔滨、福建、深圳等口岸，广为联系，不能仅局限于一个口岸，掌握出口的主动权。（5）多客户。以前我厂出口产品仅仅是一种渠道，一个客户，目前已发展到十个客户，但仍不能满足出口工作的需要，今后要不失一切机会多拉客户。（6）多接洽。对所有客户都要敞开门户，广交朋友，联络感情，增进友谊，搜集信息，殷勤服务。不能"姜太公钓鱼——愿者上钩"，在家里坐等不行，要主动联系。（7）多样品。在样品制作上要做到多、快、好，及时为各种展销会、博览会提供尽可能多的样品，让双星产品真正像满天的繁星一样展现在世界各地，不断扩大双星影响。（8）多经销。在出口销售方面，要随时主动收集、掌握各种产品销售信息，用以指导生产。做到国际市场需要什么，我们就生产什么，最大限度地扩大出口。（9）多种形式。要充分利用各种外贸订货会、展销会、洽谈会、交易会等形式，广为联络，努力扩大双星产品的影响。（10）多花本钱。做到两个抓住：一要抓住重点，对重点客户要多下点工夫，多花点本钱，想一切办法拉住客户；二要抓住外贸桥梁，要加强联系，增进友谊，达到多出口、多创汇的目的。

第二，在指导思想上，要做到"三要"：一是要薄利多销，有利就销，要不失时机，多拉客户；二是要在目前仍需坚持"以内养外"的原则，做到人家没有的我们要有，人家有的我们要新，人家有的我们要好，人家没有的我们要创，大家都有的我们要变；三是要在今后逐步做到"以外促内"，逐步适应外贸商品经济的发展规律，闯出我们自己的双星道路。

第三，在出口态度上。整个态度要做到主动，积极抓住战机，充分占领市场，做到"四以"：（1）以产品多样吸引客户；（2）以价格适宜拉住客户；（3）以质量信誉取信客户；（4）以热情服务抓住客户。

第四，对今后的出口工作提几点具体要求。

（1）对外经部人员的要求是在工作中要做到四要：一要懂成本，会算账；二要懂工艺，了解生产；三要懂产品结构，会谈判；四要研究客户心理、研究世界市场、研究整个胶鞋的发展方向，在工作中不断提高自身的思想素质，提高业务能力，提高管理水平。

（2）要求技术、设计、检查部门、各出口分厂对出口产品做到：一是技术上要适应；二是工艺上要认真；三是设计上要合理；四是成品检查上要严格；五是包装上要无差错。

（3）要求各有关部门要合理安排好生产计划，尽一切努力组织好出口生产，为我厂出口工作大开绿灯、大开方便之门。在出口与内销发生矛盾时，原则上要先保出口。当然也不能一概而论，还要对具体情况做具体分析。

（4）要求各分厂、部门的所有人员都要统一认识，密切配合，相互支持，主动协调，不能拆台，更不能以种种理由来阻碍出口工作的顺利进行，要想一切办法多出口。所有的部门和人员都必须从全厂这个大局出发，在观念上要更新，在思想上要适应，对外闯出双星道路，争取在今年年底使我厂的胶鞋出口工作初见成效，在一二年内大见成效，为实现九厂冲出亚洲、走向世界的奋斗目标，使我们成为一个以出口为主的大型企业而努力。

更新观念 深化企业改革

（一九八七年九月七日）

一 提高认识是深化企业改革的前提

目前我厂的改革总的形势是好的，经我们几年来的探讨，现在回过头来看看，是符合党的十一届三中全会的路线，符合我厂实际情况的。下面从五个方面谈谈如何进一步加深对改革的思想认识。

（一）这次机构调整是我厂几年来改革的继续和发展

特别是通过党员大讨论，全厂党员干部加深了对改革的思想认识，出现了不少部门、科室主动提出改革、大胆设想改革、自觉进行改革的好势头、好局面。有的改革建议书文字多达万言，不仅反映了我厂党员干部对改革的认识水平，同时也表现了热爱九厂、建设九厂的高度责任感和荣誉感。我们这次机构改革是厂领导经过两个月来的反复酝酿、反复考虑决定的，充分体现了全厂职工的共同心愿。我厂几年来每一次在组织机构上进行的大胆改革和探讨，都是根据我厂今后的发展，经过反复分析研究，实事求是做出的决定。同时也是下一步全厂组织机构改革的前奏，是以我们的实际行动迎接党的十三大的召开，是我厂几年来经济体制改革的继续和发展。

（二）改革是一项长期而艰巨的任务

几年来，由于我们坚持了实事求是，开拓前进，使我厂实现了领导体制、干部制度、劳动工资分配、科技体制、内部经济承包和划小核算单位、发展横向联营、职工民主管理等各个方面的重大改革。并通过改革给我厂各项工作带来了生机和活力。可以断言，今后九厂要前进，联合体要发展，靠的也是改革，不改革就不能前进，不改革就不会发展。但是从整体上看，目前我们仍然处在探讨阶段，是"摸着石头过河"，走一步，看一步。要适应改革的需要，跟上改革的形势，首先必须更新观念，这是搞好改革的前提。必须从观念上、体制上、思想上、组织上都适应整个改革的需要。应当看到，改革是一场伟大的变革，是一场革命，牵动着社会的每一根神经，不是一朝一夕、一蹴而就的事情。改革存在着很多困难和阻力，要看清形势，提高认识，排除阻力——这是搞好改革的首要条件。

（三）当前我厂在改革上存在的一些问题

由于受旧体制的影响，当前我厂在企业外部和内部都还存在不少问题。

1. 从企业外部讲，主要存在"六个不适应"

一是行政体制还不适应行政体制改革的要求。二是改革的理论还不适应改革实践的要求。由于上层建筑的改革滞后于经济基础的改革，必然使得理论的发展跟不上改革实践的要求，在实践上给予企业的指导反映出明显的"时间差"。三是组织机构不适应经济形势的要求。上层机构政治体制结构不适应经济体制的发展和要求，企业的"婆婆"太多，而给企业的权力有限，为企业办实事就更少。神多、庙多、小鬼多的现象严重影响企业的工作节奏和办事效率，因此，驱神、拆庙、轰小鬼已是迫在眉睫，急不可待。四是政策和法令不适应经济发展和企业建设的要求，给企业带来一定的压力和阻力。五是价格体系不适应企业生产发展的需要。社会各企业间缺乏必要的配合协调，各种生产资料盲目提价，缺乏合理的价格管理制度，使企业间的生产发展不平衡，给企业带来沉重的负担。六是外贸体制不适应出口发展的需要。在不少方面限制较多，统得过死，阻碍了企业向外向型发展。

2. 从企业内部讲，主要存在"五个不适应"

一是机构设置和人员安排还不能适应商品经济发展的要求。少数部门机构臃肿、人员庞杂、工作效率较低的现象依然存在。企业还有"三多"：（1）部门多；（2）副职多；（3）闲人多。二是以生产为中心的指挥协调部门和大流水生产工艺还不适应商品经济发展的速度。样品的设计、模具的制作、工艺的调整还不能适应市场发展小批量、多品种、新花色、快节奏的要求，中间环节较多。三是部门之间还存在相互制约的现象，在配合协调上还不能适应生产发展的需要。少数部门的领导总是算小账，没有全局思想，缺乏积极、紧密、主动地配合衔接的好作风。四是在分配制度上还不适应多劳多得、按劳分配的原则要求。各种形式的"大锅饭"依然存在，不利于充分调动职工的积极因素。五是干部职工的思想素质还不适应改革对我们的要求。各种旧思想、旧框框、旧观念仍然还在束缚着一些人的头脑，特别是个别部门，干部旧的意识太多，缺少拼搏精神，缺少全局观念，不愿当无名英雄，有时影响了改革的深入，影响了生产的发展。

（四）要适应新形势，就必须尽快转变作风，清除阻力

要跟上改革的步伐，适应改革的新形势，必须做到以下两点。

1. 要尽快转变作风，要彻底进行以下四个方面的转变

一是思想上要转变，适应改革的新要求；二是作风上要转变，做到高效率、快节奏；三是态度上要转变，要转变过去那种以邻为壑，互相扯皮的现象，坚持积极主动、团结协作、紧密配合的工作态度；四是工作上要转变，要统筹安排，不能顾此失彼，树立起全厂一盘棋的思想。

2. 要清除思想阻力

从企业外部、内部存在的问题看，有体制上的原因，也有思想上的原因。就我们企业内部讲，关键还是思想上的原因。要搞好企业改革，就必须首先清除"左"的和右的思想阻力，从形式上、组织上、手段上、方法上排除五种干扰，树立"五个观念"。即一要排除过去那种以政治为中心的"左"的干扰，树立以生产经营为中心，一切为了生产、一切服务于生产的观念；二要排除论资排辈的陈旧观念，树立争创一流、争创第一的观念；三要排除工作好坏一个样，继续想吃"大锅饭"的思想干扰，树立奖勤罚懒、按劳分配的观念；四要排除坐等靠看、消极等待的思想干扰，树立主动改革、大胆创新的思想观念；五要排除与己无关、漠不关心的思想干扰，树立自觉改革、以改革为己任的观念，不当绊脚石，争做促进派。

（五）改革是大势所趋、势在必行

建设有中国特色的社会主义新型企业，企业内部的主要表现是搞承包，企业的发展方向是搞集团。近几年，我厂改革的步伐较快，很多方面走在了前面，总的形势是好的。目前改革已是大势所趋，众望所归。不光中国在改革，欧美国家也在改革，整个世界都在改革。而要使改革成功，关键就是要更新观念，不更新观念，一切改革都等于零。

二　更新观念是深化企业改革的关键

目前的改革，关键是要更新观念，从中央来讲，对企业要求进行全面经济承包，贯彻厂长负责制。同时在机构上要精简，在分配上要改革，彻底打破各种形式的平均主义，贯彻按劳分配的原则。而思想观念不更新，改革就不可能真正实行，思想观念不更新，就是改革了，也可能还会退回来，走老路。

（一）什么叫更新观念

更新观念就是在新形势下，用现在中央的路线、方针、政策去观察、去分析、去思考，打破传统的旧观念。否则，如果仍按原来旧的观念、旧的眼光、旧的方法、旧的模式去研究分析问题，改革就不可能成功。更新观念通俗地讲，就是要加深对改革的现实意义和深远的历史意义的认识，以实事求是的态度去探索前进。也就是说，用新观点、新方法去观察、去分析、去处理现实社会问题，要"摸着石头过河，挽起裤角探路"。既要大胆，又要谨慎，不能异想天开，要一步一个脚印地探索前进，走一步，看一步，过急不行，墨守成规也不行。要坚持解放思想，实事求是。

（二）当前要更新以下"五个观念"

1. 更新旧的干部制度观念

要改变过去那种干部被免职就是犯错误的狭隘观念，今后干部的"上"和"下"，不能以犯不犯错误为标准，而是以改革和需要为标准，适应形势、顺应改革就用，不适应、不需要就不用，上和下是辩证的统一，干部能"上"也能"下"，是当今改革干部制度的必然结果，不能再用过去那种只有犯了错误的干部才能下去的旧观念来看现在干部的"下"。这里要特别强调，老好人，老实人，勤勤恳恳但没能力，没有改革创新精神和奋力拼搏的事业心的人不一定当干部，要从改革发展的需要去看待干部的"上"和"下"。长期以来，由于政治体制和官僚主义造成机构臃肿的现象比较严重，再也不能继续下去了。改革干部制度，就是要针对机构的设置不适应"以经济发展为中心"的要求，逐步调整精简。当然，在整个国家体制没有大的变动之前，我们一个厂想进行大的改变是有很多困难的。

从我厂几年来的实践证明，随着体制的变化，干部能"上"能"下"，可以锻炼教育干部，可以培养帮助干部，"铁椅子"彻底搬掉后，我们有些干部下去了，认真总结了自己的经验和教训，过上一段时间，由于改革的发展可能又会重新任职。今后我们集团发展了，下一步用人的地方很多，关键看自己成才不成才，胜任不胜任。例如，今后我们要在全国各重要城市设许多办事处、分公司，还要建分厂搞联营，需要干部的地方还很多，关键就要看自己的能力，看个人的表现。

2. 要更新组织机构的观念

几十年来，我们企业的机构都是从"抓阶级斗争"、"突出政治"这个范畴设置的，已经不适应当前中央提出的"以经济为中心"的经济体制的要求。而企业要改革、开放、搞活，进行经济承包就必须对企业结构进行调整，进行内部机构的重新组合，以适应经济发展的要求，这是正常的。要能适应企业的这一结构变化，必须要更新观念。如果还用原来的旧观念看待各种新事物，那么各种机构都是不能变的。过去企业就是按比例配够人，不管企业需要不需要。讲究上下对口，上面设个神，下面就要有个庙，造成人浮于事，机构重叠，因人设事。本来一人能干的事，非要两人去干；一人能兼起来的工作，硬派多人去做；本来同是了解一件事，一个部门就行了，却要几个部门都去办。既浪费人力，又给基层带来麻烦，给生产车间造成很大负担。我们说，企业的主要工作是搞生产，发展经济，给国家创造更多财富，所有政治工作、精神文明建设，目的也是把生产搞上去，把经济效益提上来，机构的设置怎样能有利于生产就坚持怎样做，要坚决扫清生产发展的一切障碍，企业必须以生产经营为中心。

3. 要更新生产管理的观念

改革的目的是为了促进生产力的发展，是为了促进生产的发展。过去的一套管理办法大家搞了30多年，也习惯了。有些办法是大家经过几十年辛苦劳动总结出来的，现在机构变了，原来那些管理办法就不适应了，必须重新去理顺，重新去总结，这是很正常的。但是假如观念不更新，还用原来那一套办法去办，就会感到一切都不适应，所以说更新观念是搞好生产管理的关键。制帮分厂和出口鞋分厂的合并就是为了促进生产的发展。因此，各部门科室，特别是计调、科技、财务、劳工等科室要积极主动地理顺关系，不能设障碍，出难题，否则就要追究责任。对于一些具体问题，如鞋帮如何领？出口谈判和模具制作等关系怎么办？这些具体问题，希望你们积极主动地进行解决，理顺各自关系。在各科室人员分工上也必须更新观念，由于受几十年"大锅饭"的影响，大家习惯分工过细，一人就干一样。现在企业讲效益，改革了，不能一人只管一样，要一专多能，一人多用，要有竞争意识，要实行兼职，工作要打满，科室同志只有高负荷、快节奏地运转，才能出效率，出水平，出成绩，才是真正的双星精神。

4. 部门的改革也要更新观念

改革是一场革命，它要同几十年来的旧观念进行斗争，靠一两个人不行。改革不光是厂长、书记的事，而是全厂职工的共同大事。现在有些部门还在那里等，思想还不接茬，看到问题也不提出，甚至看到很明显的问题，也不主动去解决，怕提出之后改革革到自己头上，怕下车间，怕到第一线，这是思想问题和教育问题。但也有的同志由于改革调整了工作，触动了自己，不是采取积极态度，而是发牢骚，讲怪话。假如这些人不能更新观念，认真查找自己的问题，怨天怨地就是不埋怨自己，不急起直追，在今后的改革中将会犯更大的错误。

今后不能为关系而设人，希望各部门领导在改革上都不要搞个人小圈子。特别是出口鞋分厂合并后不能搞自己的小圈子。要树立一个中心，不能搞多中心，没有中心工作就会乱套。

5. 在培养主人翁意识上要更新观念

在当今 20 世纪 80 年代，一个企业要想真正搞好，靠厂长一个人不行，要靠全厂职工都行动起来，才能真正搞好。而要使大多数职工都行动起来，就必须树立起热爱九厂、以九厂为家的精神，培养主人翁意识。培养主人翁意识靠什么？单纯靠思想政治工作是不行的，光靠感情投资也是无止境的。有些人不自觉，光靠政治工作去帮助教育，他会感到你对他无可奈何，不理你也没办法，纯粹是在养着他。领导千方百计给他增加福利，调整工资，但他总不满足，好像九厂不知欠他多少账，他们自己不干活认为是应该的。对这部分人就要强化"以严治厂"的方针，强化主人翁意识，使全厂职工都能说主人翁话、办主人翁事、尽主人翁责，培养职工"爱厂、求实、拼搏、兴利、开拓、前进"的企业精神。对不自觉的人就是要强化，目前有的人思想素质实在太差。劳工科、职工代表、保卫科、组织科、企管办要认真抓一下劳动纪律，坚持用纪律、用制度去约束这些不自觉的人，给那些不干工作老当"评论员"的人一点压力和制裁。这是对那些以厂为家，拼命苦干，自觉遵守劳动纪律的同志一个有力的鼓励和支持，同时也扶持了正义，培养了两个方面的主人翁意识。

三　深化改革是企业发展的必由之路

企业今后的发展，要靠改革来振兴，靠改革求发展。因此，深化企业改革，是企业发展的必由之路，不改革就不能发展，不改革就不能腾飞。可以断定，党的十三大召开之后，全国改革的形势会更好，改革的特点会更深刻，任务会更加艰巨。企业改革是城市改革的前沿阵地，要求改革的步子更快、更大。

我厂下一步的改革，要在上半年搞"双增双节"、整顿干部作风、强化质量管理的基础上，继续深入持久地开展下去，要坚持做到"三个结合"，即：第一，要把改革同下半年的"双增双节"运动紧密结合起来，把"双增双节"落到实处，尽最大努力来完成今年利税过千万的目标；第二，要把改革同提高干部作风紧密结合起来，通过改革进一步促进干部思想作风和工作作风的转变，重点解决干部的"铁饭碗"、标准要求不高，思想上、行动上的懒散问题；第三，要把改革同提高产品质量紧密结合起来，各项工作都要紧紧围绕提高质量这个中心，把提高产品质量作为企业的生命线、生存线、贯穿于生产全过程的一根红线，通过改革进一步提高产品质量，促进工作质量和服务质量。而要搞好这"三个结合"，就必须认真做好以下四个方面的工作：

（1）要充分发挥企业集团的优势，逐步完善各种形式的经济承包责任制，这是企业今后发展的方向。

（2）要大刀阔斧地进行机构改革。政工部门、行政部门、生产部门、辅助部门都需要改革，养闲人的现象再也不能继续下去了。各部门老好人、讨好人、怕得罪人的领导是搞不好改革的，工作也是搞不好的。各部门领导都要从本部门做起，主动拿出改革的方案来。

（3）全厂上下要步调一致，统一调度，统一指挥，进一步理顺、协调好分厂与分厂之间、部门与部门之间，产、供、销三者之间的关系，决不能相互脱节，一定要把生产抓上去。

（4）下一步党、政、工三者的关系如何进一步理顺？企业集团今后如何发展壮大？怎样尽快扩大出口生产，实现企业向外向型转变？等等，这些都是需要大家在探讨研究中认真去大胆实践的重大问题。

我们的发展方针已经定了，就是对外走双星路，在经营上走自己的路，在行业中敢于竞争，硬碰硬自己发展自己；对内走双星路，强化主人翁意识，用科学，用技术，用能人，用创新精神，自己解放自己，培养双星精神，开拓出口工作新局面，使企业由内向型生产逐步转为外向型生产，把我厂建成我国最大的胶鞋出口基地之一。要实现这一方针目标，就需要全厂干部职工进一步发挥"爱厂、求实、拼搏、兴利、开拓、前进"的企业精神，以十倍的信心、百倍的努力，去探索，去拼搏，去抗争，迎接九厂全面改革的新曙光。

企业管理要适应商品
经济发展的规律

（一九八七年十二月二十四日）

随着商品经济的发展，随着市场的竞争，随着原材料市场的放开，企业的机遇越来越多，同时风险也越来越大。最近，厂领导反复开会，认真学习党的十三大提出的初级阶段的重要理论，学习党的"一个中心，两个基本点"的基本路线，回顾检查了 1987 年的工作，看到了取得的成绩。同时清醒地认识到，前进中还有很多问题，下一步如何深化企业改革，适应商品经济的发展，适应激烈的市场竞争，适应企业不断地发展腾飞，乘胜前进，在这里谈几点意见。

第一点，商品经济的发展，将促进企业进一步深化改革。商品经济就是优胜劣汰，能适应就前进，如果满足于 1987 年的水平就要落后。现在同行业竞争相当激烈，上海五大胶鞋厂都把我厂作为主要竞争对手，如果我们坐井观天，满足现状，那很可能要后退。任何时候，竞争的观念不能放松，质量的观念不能放松。要想竞争，要想适应商品经济的发展，就必须进行改革，改革是商品经济发展的需要。因此，深化企业改革是今年的中心工作。

第二点，我厂前段时间的改革，主要抓了生产、调整、配套方面的改革，主要是干部制度方面的改革。从目前看，还不深入、不完善，同中央改革的步伐还存在一定的差距。在机构调整上，我们只做了一点探索，真正的机构调整，深化企业改革，精减人员，从今年底开始到 1988 年一季度才是高潮。总的想法，机构要合并为几个处，处下设科，人员要大大减少，机关职能部门人员要缩减 1/3 甚至 2/3，第一线人员、生产经营人员要增加。这样，才能适应生产经营型发展，才能适应外向型发展。希望大家以对九厂负责的态度，推荐和选拔胜任工作的领导同志，希望大家参与竞争，不带框子，只有这样才能发现人才。我们九厂好就好在厂领导不搞小圈子，全厂一个核心。现在由于车间配套成为实体，机关作为企业的上层建筑，阻碍了生产发展，不改革、不精简就不得人心，领导不走在前，不跟上形势发展，可能改革就会半途而废，前功尽弃。因此，今天也是全体干部的大动员，我厂必须进行深化改革，才能适应九厂的发展和腾飞。

第三点，企业内部深化改革要抓重点。企业改革越来越触及企业的每个人，包括厂长。商品经济的发展，要求企业的领导层保持旺盛的精力。因此，必须进一步深化干部制度的改革。其次，在目前企业资金有限的情况下，要进一步调动职工的积极性，必须在分配制度上大胆改革。出口鞋分厂把部分工资拿出来浮动，做出了试点，希望把这个经验总结出来，及时在全厂推广。我估计一下，很可能工资就由企业说了算，实行全面承包后，活力会更大，在这方面，希望各部门大胆进行探讨。

第四点，企业管理要适应商品经济发展的规律。企业深化改革，搞全面承包，就是由单纯的行政关系转到行政关系和经济关系并行，就是说，今后各分厂、部门之间的关系就是买卖关系。销售公司下一步就要改成生产经营信息公司，把生产和销售全部合并，分厂生产的鞋，按厂价卖给销售公司，销售公司再按一定的价格售出，利润留成。分厂与分厂之间也要严格按价格计算，用价值规律的手段来管好企业。整个明年的承包就是要利用价值规律，用价格管好企业。同时，要在宏观上加以控制，做到活而不乱。

第五点，要坚持"以鞋为主，多种经营"的思想。这样我们可以更充分地发挥企业内部人才、设备、资源等方面的潜力，创造更大效益。出口鞋分厂搞服装加工可以进行，模具车间完成厂的任务后也可以自己找活干利润分成，总之要以发展企业为"大头"。当然，我们开展多种经营不能违犯国家政策，要从本单位、本部门的实际出发，以提高经济效益为目的。

第六点，要扎扎实实搞真承包，不搞假承包。我们过去搞的承包是不完善的，其实承包就是权力下放，就是打破"铁饭碗"、"大锅饭"。总厂要把应该下放的权力下放到各分厂、部门，奖金、工资、用人权都下放到各分厂。明年承包好的就要奖励，初步设想奖金在300元~50元这个数，奖给主要承包人。反之，假若承包不好，要向下浮动工资，要处分承包人，这个政策给大家说明白。再就是，在整个承包中，允许职工自己找"婆婆"，"婆婆"自己找"儿媳妇"，全厂找，但必须双方同意，一方不要也不行。总厂一般尽量不干涉，只在宏观上控制一下。总之一句话，谁"组阁"

谁说了算。承包者"组阁"出现问题有厂规，有党纪国法，要大胆放权，大胆搞活，不要横加干涉，也不要缩手缩脚。

第七点，要认真研究集团的发展和外向型的要求。企业要向集团发展，要向外向型发展，我们必须把企业内部工作做好，使总厂领导能够腾出精力向外向型转移，向企业集团发展。今后，企业集团的发展，不能再搞现在的联营方式，就是要承包。随着深化企业改革，一大批老同志要退下来，我们可以走出去承包，这样既可以使企业不背包袱，又可以使企业得到实惠，这就是我们的集团方向。今后谁有能力出去搞承包，就可以担任承包厂的厂长，要想搞承包，就要有点双星精神、献身精神，要撇小家顾大家，也提倡点拼命精神。

第八点，要正确对待改革，对待自己。改革的深化必然要触及全体干部和科室人员、每个职工，要求每个人特别是领导干部要从思想上适应改革的新形势。前三年，我们只是在改革的探讨上迈了一小步，从现在起我们要迈大步子，以适应商品经济的要求，适应九厂生产经营的发展，希望大家要有正确的态度，处理好新的矛盾、新的问题。过去工作需要我们在领导岗位上，但是现在历史前进了，商品经济发展了，九厂也要发展，凡是不适应这种发展的同志就要下去，我们不能用私人关系来代替九厂发展，希望很大一部分同志做好思想准备。希望大家理解厂长的决策，希望全厂职工给予支持和宣传。一定要处理好深化改革中遇到的新矛盾，处理好下一步可能出现的不利因素。

新机构产生以后，我们要广开才路，搞企业关键是人才，要通过投标竞争选拔人才。各分厂、部门都可以投标竞争，不受文化、年龄的限制，关键就是能否把工厂搞上去，把效益搞上去。希望大家正确理解，给予积极推荐，也希望每个职工积极提出合理化建议，要求全厂职工为了九厂的发展腾飞再作新的贡献。可以断定，只要我们按照中央改革的路子走下去，九厂一定能腾飞，一定会有更大的发展。

人才动起来　企业活起来

（一九八八年三月十三日）

　　我厂近一两年的改革实践证明，在各式各样的竞争中，最紧要的是人才的竞争，是对人的基本素质的竞争。没有勇于改革、富于开拓的人才，就难以搞活企业；没有具有现代化素质的人，实现现代化就是一句空话。

　　从去年开始，我们在实行聘任制、任命制、选举制的基础上，采取招标、投标、相互夺标等形式，选拔能人，让能为企业多创利、为职工谋福利的能人直接参与治厂。例如，我们先后在全厂公开张榜招聘动力分厂、模具分厂、PU鞋分厂、服务公司的厂长和经理，有近20人揭榜参加竞争，其中一般工人就占12人。原模具分厂两名青工通过合伙投标竞争，最后以年创利60万元而一举夺标，分别担任了PU鞋分厂的正、副厂长。上任后他们冲破框框，带领一帮小青年，对从联邦德国引进的20世纪80年代世界先进制鞋设备——双色聚氨酯注射机的鞋楦和生产工艺进行了大胆改进。通过改进设备和工艺，效益提高了一倍，每双鞋的消耗下降了15%。仅降低消耗一项，每年就可节约资金近5万元。由于我们把竞争机制引入到人才的选拔和使用中，为更多的职工参与竞争创造了良好环境，为更多的人才脱颖而出提供了机会和条件。能者上，弱者下，已在我厂形成大趋势。通过内部竞争，发现了人才，培养了干部队伍，增强了素质，加快了节奏，提高了效率。1987年我们把17个科室合并为6个处，把精减下来的40%科室人员充实到生产第一线。

　　人才动起来，企业活起来。经济效益连续4年创全国同行业最高水平，在全国同行业厂际竞赛中连续4年夺得第一名。企业先后被化工部、山东省、青岛市授予"六好企业"、"先进企业"、"文明单位标兵"等荣誉称号。双星牌足球鞋、排球鞋分别荣获国家银质奖。田径鞋等 8 个产品获部优，老人健身鞋等 10 个产品获省优。

（原载《大众日报》1988 年 3 月 13 日）

"六新"与"八要"

（一九八八年三月二十四日）

今天，我想就当前市场的形势和未来的发展谈一下我的看法，目的是掌握当前商品经济的规律，抓住胶鞋市场出现的机遇，争取市场竞争的主动权。针对目前出现的"六新"变化，提高认识，强化措施，加快改革步伐，扎扎实实做好工作。

一 市场新的变化

（1）在经营工作中，我们掌握了主动权，越来越多的客户开始认识我们，了解我们，相信我们，双星产品已在市场上站稳了阵脚。

（2）由山东市场转向全国市场。经过近几年的努力，特别是我们坚持向生产经营开拓型企业发展的方针，成立销售公司，建站、建点。现在，在全国范围内初步出现了一个"双星热"的好形势，双星产品的覆盖面正在迅速稳步地扩展。我们要抓住这一时机，在全国范围内形成我们的销售体系。要继续坚持调动两个积极性，发挥两个优势，既要发挥销售公司的优势，又要促进基层销售队伍的发展。

（3）产品由低档逐步转向中高档。高档 PU 鞋和橡塑冷粘鞋只要款式好，在全国市场就会有很大发展前途。

（4）由于九厂的知名度越来越高，在经营上也出现了新的联合，销售公司已由单纯的厂内销售转为使用"双星牌"联合其他厂家共同销售，联合经营方式的出现，标志着我们的生产经营进入了一个新的阶段。

二 走向新的起点

（1）国际商品经济出现向劳动力费用低廉、生产密集型转移的新趋势。胶鞋出口出现历史以来最好的机遇，给我厂的发展提供难得的好机会。因此，我们的工作就必须有一个新的起点。不然的话，我们就会丧失这个有利的时机，这个损失在九厂发展史上是不可弥补的。同样，如果我们抓住这个时机，九厂的腾飞就大有希望。

（2）要学会用价值规律来管理企业，充分发挥经济杠杆的作用，这是企业管理工作的新起点。

（3）要算经济上的细账，不仅财务要算经济账，设备、能源、技术、配方都要算经济账。真正使内部银行在全厂范围内运转起来，创造效益，搞活经济。

三 出现一些新矛盾

（1）产品畅销与供货不足的矛盾。解决货源不足的路子有两条，一是发展生产，一是保证质量搞好服务。让产量、质量同步提高，最重要的是保证质量，给客户留下想头，这次买不到下次还想买。

（2）款式、品种与供货不足的矛盾。我们的产品向来是以品种繁多、款式新颖而取胜的。但品种变化越多，订货就越高，因而就越供不应求，应该说这也是件好事。这里的关键是抓好产品品种的更新换代。要在竞争中立于不败之地，产品开发要研制一代，生产一代，储存一代。

（3）原材料与工艺、质量的矛盾。新产品的开发需要新材料、新技术、新设备、新工艺的运用。由于原材料供应紧缺，势必要吃一些代用品，这就加大了工艺、技术、质量的难度。这就要求设计、技术人员动脑筋、想办法适应新形势、新情况的要求。

（4）出口和内销的矛盾。我们的原则是出口优先于内销。厂内要制定办法对出口产品进行奖励，按国家政策出口多少奖多少，克服这一矛盾给厂内生产组织带来的困难。

四 带来了新的压力

（1）原材料紧缺而且提价幅度较大。这里一是要抓供应；二是要抓节约，供应公司报价要准，在分配上特别要对联营分厂的用料加以控制；三是要搞活，要发挥各分厂的作用，从供、产、销三个环节同时突破。在全厂范围内，形成各分厂自主经营生产的局面，把各种不利因素消化在各分厂内。

（2）由于企业知名度的日益提高，用户对我们厂的产品要求越来越严，挑剔得也越来越厉害，就因为你是名牌。因此逼迫我们的工作要越来越细，越来越严，尽量让顾客满意。

（3）迫于这些压力，我们必须对商品经济发展规律的认识保持一个提前量，即具备超前意识，不能满足现状，不能被眼前的胜利冲昏头脑。

五 提出新的要求

（1）要求全体职工继续发扬双星精神，顽强拼搏，形势才能一年比一年更好，才能跟上商品经济发展的步伐。

（2）产品质量、服务质量必须再提高。

（3）模具要适应品种更新的需要。

（4）要把生产的发展和组织工作尽快搞上去，协调好产、供、销关系，适应多品种、小批量的要求。

六 要重视新的技术

技术就是生产力，是企业发展的先导，要以技术立厂，要让大家认识到九厂要发展、要腾飞，技术就必须先行。

要做到"八要"：

（1）要有爱厂精神，没有爱厂精神就不可能做好鞋，爱厂是爱国的具体表现，也是双星精神首要的、第一的精神。没有这一点双星精神，其他要求就无从谈起。

（2）要实事求是，要尊重社会现实，尊重企业现实，尊重市场现实，尊重技术发展的现实。社会具备什么条件，市场有什么新的要求，我们必须根据现实的情况来创新，不然的话就是蛮干、瞎干。

（3）要敢于拼搏，敢于冲破老模式、老框框的束缚，不怕打击、讽刺。

（4）要不断分析研究技术发展的规律，来指导我们技术的提高。结合九厂实际，去研究制鞋技术规律，否则就是超越现实去空想，就不会出成果。

（5）要及时掌握市场、用户的需求，要注意社会的发展，要观察天时、地利、人和，要注意研究人们的心理，就像替新产品起名一样。实践证明，这样做适合了用户的要求。因此我们搞技术的同志，思想要跟上商品经济的发展。

（6）要具备综合性的知识。有了综合性社会知识，才能对市场发展做出全面的估计，设计的产品才能适销对路。

（7）实践是检验技术的标准，要敢于实践，善于实践，不能光当评论员。在这里我还要谈更新观念，否则你就总是跟在别人的后面走。今后工程技术人员职称的评定就是要在实践中检验选拔。

（8）勤奋才能出成果。我们提倡工程技术人员相互支持，相互协作，相互竞争，勤奋工作。人贵有志气，既然搞技术，就必须搞出点成果来。

领导层一定要注重宣传

（一九八八年六月一日）

　　我们的产品并没有战胜上海、石家庄、合肥的优势，差距很大。

　　企业知名度、企业家知名度只能说明过去，代表不了以后，代表不了商品经济，代表不了产品。

　　知名度、企业家在商品经济中是件好事。假如不看到企业问题、找差距，倒下去影响更大，处理不好、利用不好，会成为坏典型。

　　顾客、我们的用户、朋友对知名度高的企业要求就更高了，我们的压力就更大。工作只能上，只能搞好不能搞坏，给全厂职工宣传、讲清楚。

　　现在只有号召全厂职工人人创新，人人都注意质量，人人有压力，才能保持巩固提高企业知名度，才能立于不败之地。千万不能骄傲，要看到是起点，才开始。

　　从现在开始，每个职工做扎扎实实的工作，一件事一件事落实。要教育我们职工，知名度代替不了商品经济，企业家代替不了产品质量。只能说对我们要求更高了，压力更大了，速度更要加快，不然就要被淘汰。太可怕了！知名度高，工作跟上，是件好事；工作跟不上，躺在知名度上睡觉或者骄傲，便成坏事，就更危险！

以法治厂，建立企业管理新秩序

（一九八八年八月十六日）

《中华人民共和国企业法》（以下简称《企业法》）使企业在确立独立的商品生产者和经营者的地位、维护自身合法利益方面有了法律依据，为企业深化内部改革、加强经营管理、提高经济效益提供了条件，我们决心认真贯彻执行。

《企业法》公布以来，我们在组织各级领导和职工学习的同时，做了两件事：

（1）根据《企业法》关于民主管理、民主监督的规定，健全了专职职工代表制度，成立了民主管理委员会，负责监督企业行政管理人员，参加对生产经营管理中出现问题的调查处理，向各级领导反映职工的意见和建议。

（2）根据《企业法》，制订了《企业内部行为规范》（以下简称《规范》），理顺两个方面的关系：一是理顺行政、党委、工会及共青团等组织关系，进一步把厂长、职工、职工代表大会的关系及其权利义务具体化。二是理顺行政各方面的关系，即各分厂与职能部门之间、各分厂之间的关系，最大限度地减少相互之间的摩擦，做到工作规范化。《规范》把加强精神文明建设摆到了十分重要的位置。现在，《规范》已经职工代表大会讨论通过，各部门正在以此为依据制订自己的工作制度标准，使企业真正做到以法治厂，建立企业管理新秩序。

（原载《中国化工报》1988 年 8 月 16 日）

谈谈思想政治工作的
"九九管理法"

（一九八八年十一月一日）

总结这几年的经验，我们的体会是：厂长只有"两个文明"建设一起抓，重视和加强职工思想政治工作，企业的经济效益才能不断提高，才能有坚实的后劲。我们改进和加强职工思想政治工作的做法概括起来就是"九九管理法"。

第一个"九"是表示这一管理法产生、发展、扎根于我们九厂，并成功地指导了九厂的实践，具有九厂特色。第二个"九"是构成管理法的九项内容，即"三轮"法、"三环"法和"三原则"法。下面作些解释。

一 "三轮"齐驱，互相促进，协调运转

厂长抓思想政治工作，就要发挥厂长的优势，把思想教育、经济手段和行政手段综合运用，发挥人的作用。这三个手段好比三只轮子，思想教育手段是前轮，其作用是把关导向；经济手段和行政手段作为着力和驱动轮，从教育角度来说，主要起着补充和辅佐的作用。

二 "三环"紧扣，继承借鉴，创造求新

现在有些同志感到做思想政治工作老的方法不顶用，新的方法不会用。我们的做法是：传统的方法，过时的扬弃，有用的发扬；借鉴国外的方法，为我所用；学习现代的方法，创造求新。

我们思想政治工作传统的做法，有些已不适用于今天发展商品经济的形势，但传统的东西也不能一概否定。

我们现在实行的是全方位对外开放，不仅在经济上，而且在文化、思

想上同样要搞对外开放。国外在调节人的心理行为、调动人的积极性主动性方面，有一些对我们是有用的。我们的态度是，只要它合我所需、为我所用，就要借鉴利用，但不全盘照搬，而是结合厂情有选择地、创造性地运用，重在创新。

继承传统的，借鉴国外的，其着眼点和落脚点最终只有一个，就是创造现代的。我们的指导思想是"三个结合"：一是思想政治工作要和企业实际结合，这方面我们紧紧抓住企业精神这个结合点；二是与现实结合，根据党在不同时期的中心工作，企业的主要任务和不同对象的不同特点，采取不同形式，提出不同的要求；三是与社会结合，强调厂内教育社会性，社会活动"厂内化"，厂内活动"社会化"。

三　"三标"并重，坚持原则，改进加强

我们提出开展思想政治工作必须坚持"三个标准"，也就是"三项原则"：一是思想政治工作与经济工作一体化。即在体制上把思想政治工作纳入到经济工作大系统中去，使之同具体的企业管理融为一体，紧密结合，更加直接地为企业生产经营服务。二是民主开放。建设民主政治，是历史发展的要求和必然。思想政治工作只有顺应和促进这一发展，才能有生命力和前途。我们什么事都不遮遮盖盖，凡需要让职工知道的，都一五一十地全盘告诉职工。三是求实。我们提出了讲真话，办真事，达到职工真理解。当前企业中有一个突出的问题是，干群关系不很融洽，特别是职工不理解厂长，这靠单纯说教是无法解决的。我的做法首先是向群众说真话，其次是办真事，而且一定要实实在在地办。

（原载《中国化工报》1988 年 11 月 1 日）

股份制不推不行

（一九八八年十一月二十七日）

实行股份制是件新事物，厂领导已酝酿三个月了。我国搞股份制，我最早听到的是在两年前。党的十三大以后全国的国有大中型企业已经陆续就搞股份制进行探讨和实践，逐步显示出股份制的优越性。所以，我们也应该跟上全国形势发展的要求，今天正式向大家动员。下边我就开展股份制的工作谈谈我的意见。

第一点，我们本着对企业、对开发区双星鞋厂的发展、对职工有好处的精神，通过职工参股集资，使企业真正成为自主经营、自负盈亏，国家、企业、职工利益紧密联系的独立经济实体，推动商品经济的发展。因此，决定在经济开发区的部分厂，进行股份有限公司的探讨和试点。

第二点，我们认为目前在我厂搞股份制，时机已经成熟了。虽然全国已经有很多厂家进行了探讨和实践，但我们在青岛市大企业中不是落后的。因为中央对股份制有了明确的指示，我们有了依据，增强了信心。我们搞股份制是符合企业发展规律，符合中央深化改革精神的。

第三点，我们这次搞股份制，是企业内部改革的深入。通过几年来的改革，我们实行了经济责任制，从前年开始实行了承包制等办法，对企业的发展有了很大提高，增强了企业的活力。但还没有从根本上、实质上解决职工是企业的主人，企业兴衰与职工个人责、权、利的关系问题，而股份制则是解决这个问题比较行之有效的办法。只要我们敢于探讨，勇于实践，就可以在今后的发展过程中创出一条具有中国特色社会主义新型企业的新路子。

第四点，推行股份制符合商品经济发展的要求。商品经济就是竞争。我厂现有职工5000多名，加上双星联合公司上万人，要适应商品经济的发展，增强凝聚力、向心力，不推行股份制是不行的。

　　第五点，实行股份制是企业集团进一步深化和进一步发展的趋势。在青岛，我们厂第一个成立了双星企业集团。现在随着改革的深化，集团要想发展，要有生命力，就必然要向股份制过渡。我们设想从明年初开始，准备把所有的联营配套厂用四个月至半年时间进入股份制，使它们的设备、厂房和我们总厂参股，使它们的工人享受到我们同样的待遇。

　　第六点，从企业内部情况来看，要想进一步搞活，使每一个职工增加压力，使每一个细胞活起来，必须搞股份有限公司，必须搞股份制。

　　第七点，这也是加强"两个文明"建设的一个重要措施。

　　第八点，也就是最重要的一点，我们通过入股这种办法，既符合中央精神，又提高职工的福利。但到底能否实现，关键要看我们干得怎样。

发扬敢想敢干敢闯禁区的精神，
大胆改革创新

（一九八九年三月七日）

从近几年企业知名度、产品知名度及我厂在全国同行业所处的位置看，要想确保今后九厂的领先地位，继续担负起与全国同行业一起冲出胶鞋行业低谷的责任，就必须在技术上取得重大进展，在技术上走在前列。

从国际、国内市场的变化看，市场的竞争、行业的竞争越来越激烈，要想在国内市场站稳脚跟，在外向型转移上迈出更大步伐，实现走向世界的战略目标，就必须学习世界先进的科学技术，提高科技水平，以此促产品档次的提高，促产品质量的提高，使产品不断提高竞争力，适应国内市场激烈竞争的要求。

商品经济的新发展，使新型原材料的应用越来越多，变化越来越大，技术要求越来越高。在这一方面，我们要适应这种变化，必须在新型原材料的应用上有新的重大改革、重大突破。

我们在工艺、设备方面与国际先进水平比，与同行业对我们的要求相比还有相当大的差距。这些都要求我们彻底改变现有出型工艺、硫化工艺及配方和设备上的落后面貌，引进世界先进技术，在工艺改进、设备改造上打一个翻身仗。

技术上要取得重大突破，关键是技术人员思想要解放，观念要更新。由于受旧框框、旧习惯、教条主义的约束，有很大一部分同志跳不出老技术的圈子，阻碍了技术进步与发展，使得我们过去在技术上欠账太多，有重大突破的技术项目还太少。因此，要发扬一些老同志敢想、敢干、敢创禁区的精神，在不违背客观规律、保证产品质量的前提下，从工艺、配方、原材料应用及设备各个方面进行大胆改革、创新。

要跳出胶鞋行业的圈子，借鉴其他行业的先进技术为我所用，向高、精、尖技术发展。要创出双星企业的技术道路，为全国胶鞋行业的发展作出应有的贡献。

思想政治工作是事业成功的法宝

（一九九〇年八月十七日）

一 怎样认识新形势下的思想政治工作

（一）思想政治工作是事业成功的法宝

可以这样讲，无论社会主义还是资本主义，无论任何政党、团体、组织都有一个思想政治工作的问题，要有自己的路线、方针、政策、纲领。这是个方向和信念的问题，没有方向和信念就会一片混乱。关于这一点，从我党成立到夺取政权，无论70年的革命斗争历史也好，40年的社会主义经济建设历史也好，思想政治工作始终是事业成功的一大法宝，这个法宝无论到什么时候都不能丢。

大到国家、社会，小到一个企业，都离不开思想政治工作。从企业内部来讲，要使企业保持强大的凝聚力和向心力，要让职工保持一个奋发向上的精神面貌，要保持一个团结战斗的气氛，要保持一个心情舒畅的环境，要保持一种争创一流的勇气，所有这一切都离不开思想政治工作。职工的"爱厂、拼搏、奉献"精神的培养要靠思想政治工作，在关键时刻能够冲得上去，也要靠思想政治工作。离开了思想政治工作，这一切都是空的，这说明了思想政治工作在企业中的重要地位。联系我们厂的工作实际，职工精神振奋，能打硬仗，就是因为思想政治工作搞上去了。没有思想政治工作作保证，什么也谈不上。大家可以回想一下看是不是这个道理，思想政治工作与经济效益，与管理的上水平应该是成正比的。如果哪个部门内部整天搞不团结，工作就必然搞不好。这是条经验，也是个规律。

（二） 新形势下思想政治工作的创新

在商品经济市场竞争的新形势下，对思想政治工作在概念、范畴、任务、作用、方法等各方面都有一个重新认识、重新对待、重新估价的问题。我们现在的实践已远远超越了理论，我们在实践中有好多行之有效的思想政治工作经验还没有被总结出来。不能再用老的、僵化的一套思想、方法来指导今天的实际工作，必须在思想政治工作各个方面不断创新，适应新形势，解决新问题。可以这么说，政治工作就是要创新，不创新就没有发展，就没有进步，就没有提高。

就好像到今天不能再用"打土豪、分田地"的口号激励人们一样。这句口号在当时确实起到了唤起农众的作用，但不能代表什么时期都适用。我们党在不同历史时期，就是靠用了不同的思想政治工作纲领、口号组织了强大的政治攻势作保证，打败了美式装备的国民党。但在新的历史条件下用什么样的口号去激励人民呢？这必须提到重要议事日程上来。现在中央提出的口号叫做"爱国主义"，而且要号召再学雷锋。结合到企业实际，爱国首先要爱厂，学雷锋首先要讲奉献。为此我们结合新形势提出了"三学、五创、一迎接"的活动的口号，这就是在新形势下的创新。我们还是部、省连续三年的思想政治工作优秀企业，这在青岛橡胶行业也是独此一家。

这一次我在北京代表我们全体双星人领到了全国思想政治工作创新奖、特等奖，这就是对我厂新形势下思想政治工作的最好肯定。我们的"三轮、三环、三原则"就是对传统的思想政治工作的一个很好的再发展，一个很好的创新。

（三） 当前思想政治工作的作用与任务是最大限度地发挥人的主观能动性，激励职工奋发向上的积极性

一个企业无论是在好的形势下，还是在困难时期，干部、职工都能保持清醒的头脑，保持强大的战斗力，特别是在困境中能拧成一股绳，关键时刻冲得上去，这些尽管是由多种因素促成的，但最关键的还是要靠思想政治工作。没有思想政治工作作保证，想冲你也冲不上去，职工也不会听你指挥。光靠严格管理没有思想政治工作作保证你就不可能搞得好，这是我们一条重要的成功经验。

思想政治工作的作用是巨大的，这一点不论你是不是意识到都是这样。

现在我们有的干部，特别是年轻干部还意识不到思想政治工作的存在，觉得我没有做思想政治工作，可我部门的工作也上去了。这种认识是片面的，你没有做思想政治工作，不一定整个企业没有做，外界思想政治工作的影响对你来讲就是思想政治工作。

（四）新形势下思想政治工作的含义是广泛的

要改革、理顺、重建思想政治工作的新体制、新模式，抛弃旧有的、僵化的观念、意识、方法、口号，不能单纯地把思想政治工作理解成说教，理解成我说你听式的灌输。实际上思想政治工作的含义是相当广泛的，包括见面笑一笑、打个招呼，为职工解决实际问题，提高福利水平等，这些都属于思想政治工作的范畴。这里面有很多是属于感情投资的，因为人是感情动物，新时期内，凡是能打动人心的，带人情味的，加深感情的工作都可以算做思想政治工作。

在出口鞋分厂工程会战期间，有一次正遇上寒流，谁也没有思想准备，冻得连手都拿不出来。我到工地上对大家讲，晚上50个人每人喝一两酒去去寒气。本来大家是要走的，但这么一来，不走了，为什么？因为他们觉得厂领导想着他们，体贴他们，很有人情味。其实他们谁也不差这一两酒，这里面没有一句说教，但这比说教更有效。工人们讲，就冲着领导的关心，咱也要把活干好。人不都是为了钱，有的时候往往就是为了一句话，这就是思想政治工作。所以在新形势下，不能教条地去理解思想政治工作，所谓的思想政治工作，就是能够充分调动人们工作积极性的、有人情味的实实在在的工作，这也是思想政治工作的检验标准，其最终目的是要保证事业的发展进步。

（五）思想政治工作也存在一个现代化、标准化、定量化的问题

我们的管理要现代化，思想政治工作也要现代化，配套发展，同步提高。思想政治工作的现代化包括观念、认识、方式、方法上都要现代化，彻底抛弃旧的、过时的、僵化的政治工作手段，以适应商品经济条件下社会化大生产及市场竞争的需要。

思想政治工作在新时期的标准就是看能不能保证和促进生产力的发展，思想政治工作要以生产为中心，以提高经济效益为目的，以树立正气、弘扬双星精神、完善双星人形象标准为体现。结合实际工作，我们思想政治

工作的任务就是教育人、办实事。在个人身上就要体现出双星人爱厂、争气、勇创一流的精神，以及拼搏、奉献的具体行动。

另外，我们现在的基础管理、职能管理、现场管理都搞了定量化，政治工作也要定量化，只有搞定量化，才能解决长期政治工作无硬指标、无压力的状况，才能充分发挥政治工作，特别是政工部门的作用。比如说要政治工作结合"三五一"活动办几件什么具体事；为迎接建厂70周年，每人做两件有意义的好事；等等。这些都是定量化，只有搞定量化，才能使思想政治工作的保证体系正常运转。

二　在新形势下如何开展企业的思想政治工作

我觉得有以下 15 个方面的内容。

（一）首先要坚持中央的总路线、总方针、总政策，具体来说就是坚持"一个中心、两个基本点"

企业的思想政治工作必须在这个总方向的指导下进行，不能违背，不能偏离，否则就要走弯路。也就是说，既要坚持改革开放，又不能偏离四项基本原则；既要把经济效益搞上去，又不能把企业搞乱；既要建设物质文明，又不能放弃精神文明建设。应该说，我们目前面临的思想政治工作是相当繁重的。究竟有中国特色的社会主义新型企业思想政治工作是个什么模式，大家还都在探索。在这方面我们领先了一步，创立了具有双星特色的"九九管理法"，但还有待于进一步完善、提高。总之，我们当前思想政治工作的指导思想就是坚持"一个中心、两个基本点"，联系实际，实事求是地把经济搞上去，把各项管理工作搞上去，切实起到保证、促进作用。

（二）企业的思想政治工作必须联系企业的实际情况，面向生产经营管理去做，不断地总结实践中的经验教训

每个部门、每个班组、每个岗位都可以总结出一套典型经验，结合典型人物的树立，推动工作的开展，联系生产实际进行总结提炼，这就是企业的思想政治工作，这是书本上没有的，是没有任何现成模式可以照搬的。

我们必须记住这么一句话，生产的难点就是思想政治工作的重点。行政领导要从思想入手抓生产，政工领导要面向生产抓思想，这是相辅相成、

互为补充的。我们当前亟待解决的就是如何处理好这"两张皮"的问题，就是如何解决好"两手抓"的问题，九厂这几年之所以取得显著成绩，就是处理好了"两张皮"，解决好了"两手抓"问题。脱离了实际的生产经营管理活动，思想政治工作就成了教条，就是形式主义，所以我们的思想政治工作，要有一点敏感性和超前的意识，善于解决实际矛盾，总结实际经验，搞好实际情况、生产经营、政治工作和职工生活四者的有机联系，推动各项工作上水平。

（三） 新形势下企业的思想政治工作是以人为主

我们提出了"人是兴厂之本，管理以人为主"的管理思想，我们的思想政治工作也要以人为主，要面对职工的思想实际，有针对性地、不间断地、积极地、认真地、真心实意地、合情合理地、恰如其分地在每一件具体事上、在每一个环节上、在每一句话上打动职工的心。我们思想政治工作有句俗话叫做"将人心比自心"，你要让职工爱厂，首先你要爱职工。思想政治工作像生产一样，有投入才会有产出，只有你在感情上打动他们，多增加一点感情投资，才能唤起他们自觉、自愿地为企业去拼搏、去奉献的意识。

可以这么说，不断提高人的素质，研究人的心理，了解人的动态，让职工从被动到主动、从不自觉到自觉、从要我干好到我要干好，这就是我们思想政治工作的最终目的。其实从某种意义上来讲，把思想政治工作高度概括成一句话就是：做人的工作就是思想政治工作。

（四） 新形势下企业的思想政治工作就是抓具体事

"教育人、办实事"是我们思想政治工作的宗旨。我们为职工解决了乘车难、入托难等"十难"，为职工解除了后顾之忧，我们还为职工提高福利待遇、工资标准，激发了他们的生产积极性，思想政治工作不建立在提高物质生活的基础上，一切都等于零。还有我们在生产中创造条件、改进技术，尽可能降低工人的劳动强度，所有这些都是政治工作。要知道解决职工的实际问题，改善职工的生活条件，提高职工的福利待遇，这些都是关系到职工切身利益的事，对安定局面起举足轻重的作用，是最大的思想政治工作。

从我们以往的经验来看，离开了具体事就谈不上思想政治工作，遇到问题绕道走更搞不好思想政治工作，思想政治工作和抓管理一样也要抓具体事，抓到底，抓住不放。不能把思想政治工作单纯地理解成组织学习。同时我们抓具体事也不能就事论事，要和具体人结合起来，通过事反映人，来具体解剖分析人的思想状态，这就是最实实在在的思想政治工作。

（五）要想搞好思想政治工作首先要提高干部的自身素质

我们的干部，特别是政工干部必须具备高度的政治素养、扎实的思想作风和较高的工作水平。政治工作的目的是提高人的素质。要想达到这个目的，首先抓人的教育，干部品德的增强就是最好的思想政治工作。我们不是提出来一级带着一级干，一级做给一级看吗？干部首先要做出个好样子，身教重于言教，自身素质不高就不可能让职工服你，威信是靠长时间做扎实的工作培养起来的，群众自有公论。我们有些干部盲目骄傲，自以为了不起，但是，一遇到实际问题就露了馅。我们谁也不能事事都看得那么准，暴露点矛盾有什么不好？要敢于解决棘手问题，不能平时光想表现自己的价值，一遇到棘手问题就往上推，研究研究、汇报汇报。我们的年轻干部职务提得很快，但素质却没有新的提高，这是不行的。

（六）要坚持"两个文明"一起抓

双星的含义就是物质文明一颗星，精神文明一颗星，这是我们的大政方针，九厂这几年之所以工作上得快，就是靠了"两手抓"。一个事业心、责任心强，想把工作干好的领导干部，必须具备行政、政工两套本领，行政领导与政工领导不能分家。要实现我们的经济目标，不加强政治工作，一切都是空话。靠压、靠罚、靠行政命令，即使表面上轰轰烈烈，也只能维持一个阶段、一个时期、一阵子，达不到长期效果。

所以说行政工作要靠思想政治工作来保证，二者有机结合，相互促进，职工思想积极性调动起来才能出效益，效益好了，职工水平提高了，就会进一步促进积极性，二者是相辅相成的。今后不能再用行政命令代替思想政治工作，这方面要重视起来。

（七）思想政治工作要结合"严、高、细"治厂方针，要结合"有情的领导、无情的纪律"来贯彻落实

从严治厂是我们成功的根本经验。不严，一切就搞不上去，但严也要采取两点论，就是有情的领导和无情的纪律相结合。有情是无情的前提，要从关心、爱护、帮助、提高的出发点去要求、教育、批评、帮助职工；

无情是有情的基础，不能无原则地关心爱护，必须首先要做到纪律面前人人平等。二者缺一不可，要同时具备，既不能简单地用罚代替一切，又不能光是好人主义，要防止从一个极端滑到另一个极端，防止一个问题掩盖另一个问题，这两套本领要同时提高。

在结合"严、高、细"治厂方针抓思想政治工作时，我们还要注意掌握一个原则，就是要严得合理、高得可攀、细得全面，要因人、因事、因地制宜，不能"一刀切"，希望各位领导干部在这方面要多动一些脑子，多下一点工夫。

（八）在新形势下一切行之有效的管理工作都是思想政治工作

思想政治工作不能单纯理解成开大会、学材料，我们搞的"三五一"活动、无违纪竞赛、技术比武、职工培训、干部考评，直到车间的讲评牌，可以这样讲，凡是围绕生产所进行的一切保证促进措施都是思想政治工作。思想政治工作是实实在在的。精神、物质，奖励、惩罚，一手软、一手硬都要结合好。思想政治工作也是复杂的，不能简单化、"一刀切"。比如说长工资，不能教条地照搬条条，歇多长时间病假就不长了，我看如果确实卧床不起的，上班后又积极肯干，作出贡献的就应该给长，这就能调动起积极性，这就是思想政治工作。

（九）思想政治工作既要轰轰烈烈又要扎扎实实

要把面上工作与基础工作结合好，要把广度与深度结合好，既要搞大的活动，如"三五一"活动，全面铺开、全面发动，又要扎扎实实地办具体事。政工部门要以双星精神教育为主，不断地进行教育、灌输、引导、强化，同时深入到班组，抓党、工、团、生产四个班组，掌握第一手资料，解决实际思想问题，做一点扎实工作。政工例会制度要切实坚持，要做到经常化、制度化。

（十）思想政治工作要与民主管理相结合

我们就是要靠思想政治工作，发挥职工主观能动性，积极地出主意、提建议、想办法，为企业分忧。我们要先分厂、后总厂，自下而上，大张旗鼓地表彰奖励有价值的合理化建议，推动这项活动的开展，形成良性循环。在民主管理上我们还要进一步增加管理的透明度，要做到讲评、奖励、分配、处理"四公开"，让每个职工都参与管理，监督干部的管理活动。培养职工的自觉管理意识，从"要我管理"到"我要管理"，以此来促进干部的自我教育、自我完善、自我提高。

（十一） 政治工作要善于发挥各党支部、政工部门、工会、团委及其他群众组织的作用

既要从严治厂，又要从严治党、从严治团、从严治政工部门、工会组织，促使它们切实发挥作用。基层支部处在生产经营的前沿，要配合生产主动搞好保证措施。政工部门总结典型，树立典型，推广典型，以典型引路带动整体素质的提高。宣传中心要搞好典型模范人物录像片的制作、宣传。工会要强化班组建设，同时要寓教于乐，搞一些丰富多彩的文体活动，进行多种形式的双星教育。团委要密切注意团员青年的思想动态，搞一些适合青年特点的、有意义的活动，配合全厂思想政治工作的开展。

（十二） 思想政治工作也要有分期目标

与生产经营管理一样，思想政治工作也要有长期、中期、短期目标。"八五"计划产值、利税、创汇三个目标，20世纪90年代达到国际制鞋先进水平的目标的实现，思想政治工作也要有分阶段的具体打算。有目标、有方向、有口号、有措施，针对本部门的实际情况制订详细的实施方案，最终目的是要保证全厂总的生产经营管理目标的实现。

（十三） 思想政治工作要充分运用好"九九管理法"

现在的情况，一方面理论落后于实践，有好多实际工作中的好方法总结不出来或没有人去总结；另一方面总结出来的理论又不用于指导实践，有经验不用。既要学会总结，又要学会运用，思想政治工作研究会也要发挥出应有的作用。思想政治工作不能再停留在一般化的水平上，不能搞单打一、简单化。"九九管理法"在实际运用过程中也要再充实、完善、提高。

（十四） 思想政治工作要结合"三五一"活动去做

"三五一"是当前我厂的大方向，离开了它，思想政治工作就是空对空。当前的思想政治工作要配合生产经营管理各项具体目标的实现做好、做活、做细，要抓贯彻、抓落实、抓大事，促基础管理、促产品质量、促各项工作全面提高，把"三五一"活动掀起一个新的高潮。现在就是要搞

好"迎厂庆，全厂每个人做两件好事"活动，全面发动、全员发动、认真发动、认真抓好。政工部门也可以把"五创"活动分解、具体化，多搞一些丰富多彩的新时期活动。同时政工部门本身工作也要标准化、定量化，政工部门不能光是教育别人，首先自己要做出榜样。

（十五）思想政治工作要结合高层次、创业型、家庭化管理去做

所谓高层次，顾名思义就是高标准、严要求，为适应商品经济和国际竞争的需要，建立起一套完整的科学化、现代化、规范化、标准化的生产经营管理体系；所谓创业型就是不断创新，不断探索新方法，开拓新路子，"敢为天下先"是我们双星人的本色；所谓家庭式管理就是要像爱家一样爱厂，像理家一样理厂，像对待兄弟姊妹一样处理好厂内关系。

高层次、创业型、家庭化管理是我们双星的特色，也代表了中国式新型企业的特点。思想政治工作也要探讨怎样适应这种管理，要组织专门的讨论，要把我们的思想政治工作纳入高层次、创业型、家庭化的轨道，实现质的飞跃。

掀起全员性全方位科技工作新高潮

（一九九〇年十月十日）

一 为什么要加速科技进步

（一）加速科技进步是双星事业再发展、再提高的客观要求

前些日子由我带队参加了在德国慕尼黑和意大利米兰举办的国际鞋业博览会，并对两国鞋业市场进行了考察，回国后又对北京市场进行了考察。通过对国内外市场的考察，我们认为，国际制鞋工业发展速度之快是我们难以想象的。这次慕尼黑和米兰的鞋业博览会比两年前的纽约博览会有了一个飞跃，代表了当今世界制鞋业的最高水平，其造型、款式和工艺技术水平都是我们无法比拟的。由此我们也看到了整个中国制鞋业与世界先进水平的差距太大了，这主要体现在三个方面：一是管理水平，二是科技进步，三是原材料配套。而其中最关键的就是科技进步。从我们厂的情况看，要想在 20 世纪 90 年代赶上国际制鞋先进水平，也必须依靠科技进步。

为什么这样讲呢？因为在近两年，我们通过开展"三学、五创、一迎接"活动狠抓各项管理工作，取得了显著的成效。管理水平不断提高，经济效益持续增长，而且还成为化工部学吉化先进单位，进一步确立了我厂在全国同行业的排头兵地位。在这个基础上，要想使我们的各项工作再上一个新水平相当困难。而不进一步提高，现有的成果也巩固不住，也就是意味着倒退。必须承认，我们现在的管理还远远没有到达顶端，还是拼搏型而不是科技型的。发展科技进步需要管理上台阶，而管理达到了一定的水平要想再提高，就必须有科技进步作保证。管理上水平是科技进步的保证，科技进步是管理上水平的动力，这是个辩证的关系。

同时，发展科技进步也是综合性专业化大生产的需要。随着双星事业

的发展，生产规模的不断扩大，也需要科技进步的保证作用，生产中有许多亟待解决的矛盾需要通过发展科技进步来消除。

生产、管理、科技三位一体，互为保证，互相促进，事业才会发展。所以我从国外回来的第一件事就是召开这样一次会议，狠抓科技进步。

总之，双星事业发展到今天，要想巩固已有的成果，要想在现有的基础上再有新的提高，靠什么呢？靠加速科技进步，这是当务之急，科技进步对于事业的发展既是龙头又是后劲。科技进步发展了，对我们整个事业的发展将起到巨大的推动作用；反过来讲，如果科技进步不发展，不但我们事业的再发展将受到阻碍，就是已有的成果也巩固不住。当前在激烈的商品经济竞争中，不进则退。不抓科技进步要在 20 世纪 90 年代赶上国际制鞋先进水平的宏伟目标就是一句空话。

因此我们的各级领导、工程技术人员以及全体职工都要把科技进步上升到一个战略高度来认识，明确科技进步作为生产力对我们整个事业发展所具有的重大历史意义，把科技进步提到重要议事日程上。

（二）加速科技进步的时机已经成熟

为什么要在这个时候提出加速科技进步这个课题呢？因为只有到了今天，发展科技进步的时机才完全成熟。大家可以一起来回顾一下九厂十几年来所走过的路。

在 20 世纪 70 年代直至 1983 年，科技进步可以讲几乎是一片空白。当然这也是由于多方面的因素造成的。

从外部讲，一是"文化大革命"期间的政治动荡，人们没有精力去搞科技进步；二是经济上靠指令性的计划安排生产，只是被动地执行，不需要创新。从内部讲，一是 30 年一贯制的解放鞋，在工艺、技术、结构上没有任何变化，工程技术人员无事可做，也不用动脑子去考虑科技进步，这就造成因循守旧；二是工程技术人员内部的老化和青黄不接，造成了一批老技术项目的失传，同时也存在相互封锁技术的坏习气；三是管理混乱，组织机构不合理。生产和技术两套马车，相互扯皮，废品鞋堆得像小山，没人去打听。给我印象最深的是，1975 年我随工作组进厂，第一件事就是义务劳动拉废品鞋，整整三汽车，废品站都不要，大家可以想象那时是个什么状况。归纳起来就是管理乱、技术水平低，加上工程技术人员素质差，低、乱、差的现象形成恶性循环。问题越来越多，距离拉得越来越大，欠账也越来越无法弥补，我们的技术水平在全国同行业一直处于低水平，长期翻不过身来。这样一直持续到 1983 年，才开始逐步有了好转。

我为什么要回顾那一段历史呢？就是要说明当时的内外部环境可能搞不好科技进步，而生产发展了、市场变化了，科技进步跟不上，一切都等于零。由于我们意识到了这一点，在"七五"计划期间，我们做了大量的弥补工作，堵漏洞，补欠账，应该说基本上把欠账补完了，但我们还应该看到旧的习惯势力、不良风气还或多或少地存在，还在严重阻碍科技进步。三年前我们就成立了双革小组，但成果不大，为什么？首先各级领导的思想就不接茬，再加上当时我们的管理还没有达到高水平，所以你想推也推不动，想进步也进步不了，这就是在前面提到的管理与科技进步的辩证关系。

可以讲到了今天，我们抓科技进步的管理环境已经具备，人、财、物各方面条件已经成熟。从内部来讲我们的管理已经上了一个新水平，各项制度越来越完善，组织机构进行了重新理顺，我们的工程技术人员素质不断提高，事业心、责任心不断加强，尤其各级领导对科技进步的认识程度有了一个质的提高，我们的经济效益也在不断增长，为科技进步提供了可靠的物质保障，现在有能力添置一些必要的新型设备，这在几年前还是不可想象的。我们的基础设施得到了显著改善，已经基本完成了对老厂房、老设备的更新改造，为科技进步奠定了基础。

如果说我们的内部气候也使加速科技进步成为可能的话，那么现在的外部环境的发展也使加速科技进步显得十分必要，不用说国外的行业发展是惊人的，就是国内市场的变化也相当大。产品档次越来越高，品种越来越多，款式越来越新，价格越来越低。而且新工艺、新技术、新材料、新模具的应用越来越普遍，特别是冷粘鞋、注射鞋的发展相当快。冷粘、注射应该成为我们的主导产品，是生产的发展方向。但在这方面我们以前做得很不够，注射鞋一个品种一干就是两三年，怎么会有市场？而冷粘鞋则放弃了"两条腿走路"，抓出口就扔了内销。我多次讲过，中国这个大市场到什么时候都不能丢，欧洲和北美人口数量加在一起才和一个中国的人口差不多，你说这个市场的潜力有多大？

所以我们现在必须尽快研制出更加适销对路的产品投放市场，在设计上要讲究协调，特别是给人的第一印象要舒服，在消费对象上要从农村转入城市，从学生转入成人，这样才能打开销路，货款回收也会加快。总之，商品经济的市场竞争体现在产品上，而进一步说，产品的竞争靠什么来保证？靠科技进步，而不是靠拼体力，这是根本的东西。人民生活在不断提高，市场需求在不断变化，要想使自己的企业立于不败之地，产品成为中国名牌，成为世界名牌，进入"专业运动队"，就只有靠科技进步。否则你就会被淘汰，这是谁也不能摆脱的客观规律，没有别的路可走。

二 怎样加速科技进步

（一）加速科技进步首先要提高思想认识

上面我讲了这么多，就是要说明一个问题，现在到了该抓科技进步的时候了。至于说怎样抓，通过分析主、客观因素，我认为首先认识上要提高，适应新形势的需要，我们的工程技术人员要培养五种意识。

一是创新意识。科技进步本身就是一种创新。所以工程技术人员的思想决不能因循守旧，要彻底冲破旧的习惯势力束缚，打破旧的条条框框的限制，敢于开创新领域，开拓新模式。特别是年轻的工程技术人员，一定要有点闯劲，谁也不敢保证事事都成功，但是要敢于大胆去竞争。老同志也不要去约束他们，放手让他们去干。

二是竞争意识。商品经济的市场竞争，归根结底是科学技术的竞争。我们的工程技术人员就要有争创一流的勇气和信心，事在人为。五年前谁也不敢去想九厂能发展到今天这个地步，可是我们干出来了，再过五年还会再有一个质的提高。我们的工程技术人员思想不能落后于形势，要敢于竞争，不仅是在国内达到领先地位，而且还要跻身国际先进水平。

三是拼搏奉献意识。加速科技进步，要付出艰辛的劳动。要发扬双星人的拼搏精神，否则事业就不会前进；要发扬双星人的奉献精神，甘做无名英雄，这是衡量工程技术人员是不是真爱厂、是不是真有责任心的标准。不付出艰苦的劳动就干不成事业，而事业成功了，也不能人人都能上领奖台，我们相信我们的工程技术人员有这个觉悟。

四是协作意识。科技进步要靠集体的智慧、集体的力量，要在我们工程技术人员中树立起相互谅解、相互配合、相互支持、相互协作、取长补短、共同提高的良好风尚。特别是年轻人，不能各自为政，更不能相互拆台，这种协作意识应该成为双星工程技术人员形象标准的一个重要组成部分，列入干部考核内容。同时协作精神的培养也不能局限在工程技术人员，我们的领导干部也要注意，比较典型的就是自己部门研制的设备就好用，别的部门研制的设备能用也不用。这种本位主义的思想要彻底根除。

五是敏感意识。工程技术人员要注意搜集各方面信息，及时掌握行业科技发展的最新动态，并进行超前预测，千万不能抱住已有的成果不放。我前面已经讲过没有发展就没有巩固和提高，这是能不能保持我们已有的领先地位，赶超国内外先进水平的关键。所以我们的工程技术人员要不断发现新科技，不断应用新科技，加速科技进步。

只要我们的工程技术人员具备了这五点意识，就可以为我们加速科技进步奠定思想基础。

（二）加速科技进步也要在组织结构上建立保证体系

总厂成立科技进步领导小组，我来任组长。各分厂、部门"一把手"要亲自抓科技进步，总工办负责全厂范围内科技进步的协调工作。科技进步方案要分总体、冷粘注射和硫化三部分来制定下发。第一阶段先要在建厂 70 周年前达到国内领先水平。

（三）加速科技进步要靠科学的方法，措施得力

在认识提高、组织落实的基础上，我们还要在方法上制定强有力的措施，加速科技进步。

1. 要在全厂范围内掀起一场群众性的科技进步运动

以迎接建厂 70 周年，达到国内领先水平为目的，以充分发挥科技进步先导作用为中心任务，带动生产、经营、管理、服务各项工作的综合同步提高。要形成人人关心科技进步、人人参与科技进步、人人动脑动手推动科技进步的局面。不要理解成科技进步只是工程技术人员的事，我们的各级领导、职能管理人员、辅助工作人员、后勤服务人员都与科技进步有关系。

2. 加速科技进步，需要开阔视野

要跳出本行业的框框和圈圈，借鉴和使用其他行业相似工艺技术的先进方法。我们的工程技术人员要彻底同旧思想、旧意识、旧习惯决裂，不要搞科技进步的"近亲繁殖"。要"走出去"大胆借鉴，"请进来"合理运用，彻底抛弃旧工艺、旧技术、旧操作方法。

3. 加速科技进步不能闭关自守、夜郎自大

要善于学习国内外先进科学技术，就像我提出的"取天下之长补己之短，借四海之力振兴双星"。要组织力量经常地出去学习，但是要强调一

下，出去学习必须有成效，不能流于形式，出去要带着指标出去，回来要带着成果回来。出去学习可以到同行业学，也可以到皮鞋、布鞋、塑料鞋生产厂家去学。

4. 加速科技进步，不能只靠工程技术人员，要搞好领导、工程技术人员、职工三结合

领导高度重视，工程技术人员要积极努力，职工要主动配合，三者缺一不可，这是加速科技进步的基础和保证。首先，领导的自身素质要提高，要拿出点真本事，这样你才能指挥得动。当前特别是要发挥车间技工的作用，也要发挥全体操作工的聪明才智。科技进步单靠工程技术人员的力量太单薄了，要发挥全体职工进行小改小革，只有这样我们的科技进步才会有大面积的丰收。

5. 加速科技进步不能孤立地进行，必须面向生产、经营、管理实际，否则就会流于形式，成为空想

与生产相结合，就要注意解决生产实际问题，比如说出口鞋厂的硫化微机项目；与新产品开发相结合，就要根据市场需求变化，组织攻关；与质量相结合，就要把科技进步与"三个百"质量竞赛等活动有机地结合好；与管理相结合，就要把科学化管理纳入科技进步，作为一项重要内容；与思想政治工作相结合，就是要让政治工作面向生产实际，不断地总结新经验，解决新问题，提出新观点，应用新方法，这就是政治工作的创新；与合理化建议相结合，就是要把点滴的创新思想变成实际的科技成果，要特别重视合理化建议对科技进步的巨大推动作用。我们就是要通过这些"结合"把科技进步落到实处，用科技进步来降低劳动强度，提高产品质量，推动企业管理，增加企业后劲。

6. 加速科技进步，必须首先提高人的素质

对专业性、技术性比较强的工种，对重点工序、重点岗位上的人员要组织有计划、有目的的系统培训，培训的方式可以出去学，也可以请外面的人来讲课，需要强调的是培训一定要结合双星精神的教育，培养爱厂意识。国家、企业拿出钱来让你出去学习，对学到的东西不能保守，要相互传授，不能相互嫉妒、相互拆台，更不允许把学到的东西当成私有财产，卡住不放，甚至当成和企业讨价还价的资本，阻碍科技进步，这种人学了还不如不学。这也是个职业道德的问题，过去老的坏习气、坏作风必须扭转。同时，要结合自学，不可能人人都有参加培训的机会，要多注意自学，比如我们的微机应用，自学起了相当重要的作用。从历史上看，那些有重大科技进步成果的工程技术人员也多是自学成才的。

7. 加速科技进步，要求工程技术人员必须掌握全面的知识和技能，不能搞单一，要做到一专多能，提高综合水平

例如设计人员，既要懂设计，又要懂生产、懂工艺、懂配方，否则就不可能避免失误，设计人员缺的这一课必须补上。其他工程技术人员，不管你是搞工艺的还是搞配方的，也都要做到一专多能，只有这样才能提高工程技术人员的整体素质。工程技术人员的素质提高了，科技进步就有了保障。同时各级领导，特别是分管科技工作的领导，必须提高综合指挥能力，加强对科技进步的领导和管理。

8. 加速科技进步除了需要引进先进设备外，必须把小改小革列为重要内容

这次我到德国、意大利考察，看到有的第二次世界大战时期设备还在使用。为什么能够用得好？就是靠了配套的小改小革。因此我们的设备部门要从维修型转为创新型、制造型，除了大型的通用设备外，其他配套设备、工模器具等都可以自己制作。我们的分厂保全也要从加加油、换换垫子的水平转为小改小革，甚至重大维修，要特别注意发挥全厂技工的一技之长，调动他们革新的积极性。

9. 加速科技进步也要有奖有罚

各级领导要注意对那些作出贡献的工程技术人员及一般职工及时给予表彰和奖励，对于作出重大或突出贡献者要给予重奖。比如说对引进设备的及时消化吸收，进口材料的国产化等项目都要给予奖励。在条件许可的情况下，在生活、工资、职称等各种待遇上予以优先照顾。同时各级领导要多对工程技术人员进行帮助引导，还要及时总结他们的先进事迹，最大限度地调动起他们的积极性，但是对于工作失职的必须予以处罚。

以上是我对怎样加速科技进步方法上的一些意见，这里我觉得有必要重新阐明一下科技进步的概念和范畴，以便澄清一些模糊认识。

关于科技进步的概念需要说明的是，不要一讲科技进步就觉得高不可攀，科技进步不一定非要有宏大的规模、尖端的成果，有多么的振奋人心、鼓舞斗志，而要理解成在某一点、某一方面、某种程度上对我们的工作有所改进、有所提高、有所完善的小革新、小发明、小创造都是科技进步。

在范畴上不要把科技进步局限在工艺、技术、设备、设计、配方、新型原材料上。我们全部的生产、经营、管理活动都存在一个科技进步的问题，具体来讲，质量、计划、统计、财务、人事、教育、安全、行政、服务行业直到思想政治工作，都包含着科技进步的内容，要把科技进步渗透到每个领域、各行各业。

总之，我们在全厂范围内掀起一个群众性的加速科技进步、振兴双星事业，形成人人关心科技进步，人人参与科技进步，人人动脑动手加速科技进步的崭新局面。为给我们的子孙后代奠定一个良好经济基础，为双星事业的兴旺发达、腾飞振兴，为20世纪90年代赶上国际制鞋先进水平贡献出我们毕生的精力。

有人就穿鞋，关键在工作。

中层干部中存在的二十条问题

（一九九一年二月二日）

这次中层干部学习班是进入"八五"期间第一年里首要的、压倒一切的任务，是双星事业发展的客观要求，是提高我们中层以上干部素质的实际需要，是为"八五"实现企业的全面振兴奠定一个坚实的思想、组织基础，就当前具体工作而言，是为了进一步推动"三个质量"的深入和提高。

"七五"期间事业的成功靠了一个团结战斗的领导班子，才能带领大家取得今天的胜利。人都是有思想的，不可能每件事、每个问题都让大家认识一致，但是出现认识分歧如何做到相互谅解、相互沟通、相互协商、相互支持和相互补台是最重要的。关于这一点，我们总厂的这个领导班子做得是比较好的，我给它总结出六个字，叫做"和为贵、协为好"。一要团结，二要协作，这是个基本原则。在"天时、地利、人和"因素中，人和是起主导作用的。同样一个部门当中，不能一有问题都是"一把手"的责任，部门副职做得怎样？是表现个人价值还是团结协作？是补台还是拆台？是默默当好助手还是被动消极甚至相互猜疑？希望大家都把自身的位置摆正。

关于中层干部中存在的问题，书记已经做了详细的阐述，他讲的我都同意，另外我从宏观的角度再简单归纳二十条，既作为补充，又作为强调。

一 本位主义严重的问题

只顾个人的小圈子，不顾双星事业的大圈子，喜欢表现个人的价值；自己分管的工作、分管的部门就比别人的重要，而且看成是私有财产，不允许别人越级汇报。其实双星事业就像是一台大机器，缺了哪个部门都不能正常运转。

二　以功臣自居的问题

总觉得自己的功劳比别人都大，该休息一下了，反映为斗志衰退、工作懒散和思想作风上的多中心。现在出现的苗头就是本部门和自身利益高于一切，听不进别人的意见，本部门内部也听不到上级的指示，这是很危险的。离开总厂的统一决策，部门工作就会寸步难行。就像我们事业的成功，是靠了将中央政策与企业实际结合取得的一样，离开了中央的大政方针，我们也会一事无成，希望能明白这个道理。

三　盲目骄傲自满的问题

不分析自己取得的成绩靠了什么，看不到总厂良好的大气候为自己事业的成功创造了一个成熟的条件，不知道个人作用要在全局影响下才能得到正常发挥，误认为成功单纯是靠了个人奋斗，与组织的帮助、领导的支持、群众的配合无关。

四　为个人争存在价值的问题

为事业、为工作争贡献少，为个人争存在的价值多，总觉得事业不能离了自己；只能听表扬，不能听批评，不知道个人存在价值不是自己争来的，而是通过工作干出来的；不知道只有通过实干，自身的价值才能得到大家的承认，才能得到群众的认可。

五　不能正确估价自己的问题

不能正确对待个人成长与组织培养的关系，认识不到离开了组织的培训、事业的发展，个人就不能成长和进步，而是总觉得自己高于组织，总把自己摆在比别人高的位置上。

六　对工作不负责任的问题

不实事求是，不联系实际解决本部门的问题，表现在工作方法上是教条主义，喜欢走极端，犯冷热病，不是极"左"就是极右，从本质上就是一个责任心不强的问题。

七　只会抓业务不会抓人的问题

只知道单纯地抓业务，不懂得抓人、抓思想，标准不高，要求不严。而且越是大车间、人多的部门越抓得好，小部门特别是不直接和生产发生联系、不被大家注意的部门却抓不好，往往只抓业务不抓人，出了问题又不能正确对待。

八　喜欢喊口号的问题

喜欢表态，喜欢喊口号，喜欢讲大道理，喜欢抓表面工作，不深入、不扎实、不认真，报喜不报忧，而且这种弄虚作假的工作作风也带坏了一部分管理人员。

九　工作扑不下身子的问题

表面上表现得很积极，实际上是在走形式、走过场，应付领导，等到本部门问题成了堆，领导过问了，才去抓一抓，不能够真正扑下身子抓具体人、抓具体事。

十　遇到矛盾绕道走的问题

对于棘手的问题、难处理的问题、得罪人的问题采取回避矛盾、绕道走的办法，不敢抓、不敢管，这与尽力表现自己存在价值的做法成了一个鲜明的对比。

十一　官僚主义的问题

脱离实际，对待工作、对待问题不作调查研究，听风就是雨，当"传话筒"，不愿意花气力把事情搞清楚，把工作抓到底。

十二　不能正确对待"我"字的问题

不知道该怎样摆正"我"的位置，该怎样看待"我"的价值，该怎样估价"我"的作用，该怎样衡量"我"的水平，该怎样考虑"我"的前途，该怎样处理"我"的利益，该怎样对待"我"的贡献。

十三　不能正确对待"权"字的问题

首先是不能正确理解"权"字，而且是不懂得如何用"权"。如何用"权"的问题是检验一个领导干部是否合格的试金石。权力不是私有财产，不是权力大才威信高，只有出以公心用权，才能树立威信，可以讲，德、权、威是相辅相成的。

十四　不懂得理论与实践相结合的问题

不懂得如何处理理论与实践的关系，只知道干，不会在理论上总结提高，再用来指导实践，提高工作水平。要知道理论上不会总结，在实践上整体素质和基本素养就很难有提高，即使有所提高，幅度也不大，进步也不快。

十五　不能正确对待批评、表扬、争第一的问题

首先是对待批评、表扬的态度不端正，只能第一，不能第二，觉得当了第一就没有缺点，也不允许别人提缺点，一旦当了第二就哪儿都不舒服，甚至出现了掩盖缺点保第一的坏作风。我们提倡争第一、争先进，但如果不能正确对待批评的话，就不能巩固成绩，批评并不是否定优点，表扬也并不是说你没有缺点，要相信领导能够对你部门做出客观的评价。

十六　不善于借东风的问题

不善于取天下之长补本部门之短，不善于借外部一切积极力量推动本部门工作的提高，不善于靠客观的能动因素促进主观积极性的发挥。譬如，

供应就应该研究好计划经济，借国家物资供应主渠道的力量搞好原材料供应；销售就应该研究好商品经济，借市场竞争的多形式、多渠道灵活经营，夺取主动权。

十七 不能正确对待现实的问题

表现在对待打击、讽刺、诬告、陷害不能辩证地处理，不知道现实社会是复杂的，不可能什么事都随自己的心意，没有问题我们就不会办这个学习班了，所以对于出现的问题要正确处理、正确对待。

十八 超前意识差的问题

全面的组织、指挥、协调、控制能力差，跟不上事业发展的步伐。比较典型的是创业行，而要巩固、发展、提高就不行了，没有创新，没有超前意识。这也是学习班要解决的一个大问题。

十九 "当一天和尚撞一天钟"的问题

表现在对现状不满，觉得一有调整就是领导和自己过不去，发牢骚、说怪话，不理解事业发展，人员、机构的变动、调整是正确的，是规律性的，老同志退下来、年轻人顶上去，以及上和下、退和走、变和调都是事业的需要。我们有的同志在思想上就不接茬，就想不通，在工作上得过且过，混日子，各扫门前雪，或者属算盘珠的，拨一拨，动一动。

二十 不会利用"天时、地利、人和"的问题

既不懂也不想，老是怀疑别人不和自己一条心，出了问题怨这怨那、怨天怨地，就是不怨自己水平低。其实天都是双星的天，地都是双星的地，双星的大气候都是一样的。为什么有的部门搞得好、有的部门搞不好呢？关键是"人和"因素处理不好。在双星良好的大气候下，"人和"能否利用好是工作成败的决定性因素，我们有些部门工作搞不好正是欠缺了这一点。

上面我归纳二十个方面的问题，这只是从客观上讲的，可能还有其他问题，大家既可以对号入座，又可以举一反三，进一步查找，再进行分析。

质量管理以人为本

（一九九一年三月十三日）

我们橡胶九厂从 1983 年以来坚持狠抓以人为本的质量管理，大大提高了产品质量、企业效益，连续 7 年在全国胶鞋行业 17 项经济技术指标综合评比中夺得第一，有 20 多个产品获国优、部优、省优、市优称号，产品畅销全国和欧、亚、美洲的 40 多个国家和地区，1990 年实现产值 1.95 亿元，利税 2101 万元，出口创汇 1000 万美元，居全国同行业之首。对此我们主要抓了以下几点。

深刻认识"一个根本"。搞好人的管理，使之与生产经营达到最佳结合，是质量管理的根本。我厂是以手工操作为主的劳动密集型企业，职工精神状态、思想情绪直接影响着产品质量、生产效益，而且又是一个生产微利产品的企业，不可能拿出诱人的高额奖金刺激职工的积极性，搞好人的管理有更突出的意义。即使技术的开发、引进、吸收、创新，也离不开人的自觉性。基于这一认识，在质量管理中，我们一是狠抓教育，强化职工的质量意识，建立牢固的质量思想基础；二是大力发扬党的思想政治工作优良传统和吸收行为科学的合理"内核"，运用尊重人、激励人的"感情共鸣"原理，使职工感到企业的温暖，在精神上形成企业和职工的共同体，保证产品质量的稳步提高。

深入开展"两个活动"。一是"三个百分之百质量竞赛活动"：即要求鞋帮质量百分之百合格，胶料半成品质量百分之百合格，成品鞋质量百分之百合格。凡与产品质量有关的部门全部纳入考核，每天检查，当月考核，每季讲评，严格制度标准，在评比先进和晋升工资时坚决实行质量否决权。二是"质量曝光"活动：总厂和分厂定期举办展览，将质量低劣的原材料、粗制滥造的工艺、技术工作的失误和每一封群众的质量批评建议信，都曝光亮相，组织职工参观、讨论，提出整改意见，从而在全厂形成人人重视质量、人人关心质量、人人抓质量的好局面。

　　不断深化"三个转变"。一是深化从"产量第一"到"质量第一"的转变：我厂实行生产组织由产品开发部门牵头，改变了速度第一、质量服从产量的经营路子，使生产和质量走上稳步发展、良性循环的轨道，总效益逐年提高。二是深化由静态向动态全方位的质量管理转变：在生产流程中，运用包括 20 多个项目的产品质量跟踪卡进行产品跟踪，由质检员层层检查、登记，落实责任。在全国建立 12 个经营分公司、780 多个产品销售和信息网点，形成辐射全国的销售、质量信息反馈网络。健全和强化产品质量、工作质量、服务质量三位一体的生产经营体系，对全厂 2544 个工作岗位建立了"双星人形象"规范，对干部实行任期目标责任制的聘任制和建立职工代表民主评议考核制。三是深化职工"要我抓质量"向"我要抓质量"的转变：通过开展从严治厂的大讨论和"无违纪劳动竞赛"等活动，以及逐步建立起与质量挂钩的个人、班组、车间、分厂等紧密相连的各层荣誉、利益共同体，日益增强了职工的集体观念、爱厂意识和主人翁责任感。

　　今年是质量、品种、效益年，我厂将进一步加强以人为本的质量管理，提高经济效益，以更优异的成绩为广大消费者服务。

（原载《青岛日报》1991 年 3 月 13 日）

向同行学习

（一九九一年五月十八日）

为了促进整个集团的总体发展，为了"取千家之长，补己之短；借四海之力，振兴双星"，我们自去年下半年开始，先后派出许多有关同志进行市场考察以及到兄弟厂家参观学习。这一次，我们又在深圳、广州集中了17名有关同志，对南方市场及同行业厂家进行了一次全面的考察和了解，增加了新的感性认识，掌握了准确的第一手资料，这对于我们指导今后工作具有十分重要的现实意义。通过考察，我总的感到，南方市场以及同行业厂家发展速度之快、变化之大使人难以想象，同我两年前率队考察时情况相比已大相径庭、大不一样了。特别是同行业厂家的发展变化尤为显著，可以概括归纳为以下七个特点。

一 观念更新快

目前，南方同行业厂家不论是国营集体企业，还是合资独资企业，甚至就连个体户，经营思想、经营观念都发生了根本的转变。由原来的以品种款式和第一印象吸引消费者、单纯以新取胜转变为不仅以新取胜、更以质量和信誉取胜。应当讲，这是以个体户为代表的南方同行业厂家最大的观念更新。他们已经意识到不讲产品质量，不顾企业信誉，而一味只靠品种、款式和第一印象蒙骗消费者，只能搬起石头砸自己的脚。市场的竞争最终将是产品质量的竞争、售后服务的竞争、经营信誉的竞争，而绝不是花言巧语、坑蒙拐骗，因此开始把"信誉第一，用户至上"的口号付诸行动。

二 管理意识强

同两年前考察南方时所看到的状况相比，我总的感到，以合资厂为代表的南方同行业厂家管理意识明显增强，内部管理逐步开始走上正轨。通过参观和接触可以发现，他们已经开始对管理的极端重要性有了一个新的认识、上升到一个新的高度，普遍意识到管理就是效益，要向管理要效益、挖潜力。譬如，很多厂家正在组织开展"学吉化、学青九、抓管理"活动，对内部管理要求越来越严，标准越来越高，各项管理开始逐步上台阶。

三 管理军事化

一些南方厂家在整个管理的协调组织、方式方法上开始向军事化发展。推行军事化管理在一些合资、独资企业体现得尤为突出。他们采取战争年代训练指挥军队的办法，严格管理、严格要求全体员工，强化培养企业员工严明的纪律、严密的组织、严细的态度、过硬的作风。使员工把自己的工作岗位当成战斗岗位，把执行生产计划当成执行作战命令，不敢有丝毫松懈大意。而且一旦出现失误或违纪，当即"军法论处"，遭受军事化的严厉处罚。应当讲，这些南方厂家已经意识到，企业要发展，没有严格的管理是不行的，因此逐步形成具有一定鲜明特色的军事化管理。

四 合资项目

发展合资项目、借用国家政策优势已被南方众多厂家看准，都在纷纷同外商搞合资，上产量、上规模、上管理，一些大厂几乎都建立了自己的合资企业。特别引人注目的是，新上马的合资项目不仅越来越多，而且已投入生产运行的合资企业发展速度相当快。而且，这些合资厂借鉴国外先进的企业管理模式和方法，有的甚至不惜高薪聘请港台人员来管理企业，从而在一定程度上促进了企业管理水平的提高。同时，在生产组织和经营战略上模仿国外先进制鞋厂家，向组织专业化生产协作、专业化流水线方向发展。

五 注重消费面

南方生产厂家已开始把如何拓宽产品的市场消费面列入重要日程。他们开发投产新品种时，首先考虑和预测这个新产品市场消费面有多大、消费对象年龄跨度有多大，坚持做到花色品种齐全、高中低档并举，来满足不同年龄、不同层次、不同职业消费者的需要。而且注重把握消费动向，研究消费心理，引导消费需求，及时组织小批量、多品种、多花色生产，来跟上市场消费总的发展变化趋势，做到常新常胜、老少皆宜，不断拓宽消费面。

六 工艺改进好

前一阶段，消费者对名牌高档鞋的盲目崇拜、盲目追求，使整个市场形成"名牌高档鞋热"。但目前已开始明显降温，高档鞋销售呈下降趋势，由热销转疲。在这种形势下，南方生产厂家能够及时改革工艺，注重消费者穿用。譬如，对高档鞋增加透气孔，以部分合成革替代真皮部件等。同时敢于大胆创新，做到多种制鞋工艺相互借鉴、相互渗透、相互结合，提高产品的档次和工艺水平。在这次考察中就看到了南方厂家生产的冷粘鞋借鉴热硫化制鞋工艺，采取缝帮套楦，不仅降低了成本、节省了费用，而且在生产工艺上取得了一定突破，很值得我们学习。

七 外部环境优

南方同行业厂家，特别是广东、深圳地区的制鞋厂家同我们相比，所处的企业外部环境极为优越，占据"天时、地利、人和"等优势。第一，国家实行改革开放以来，对深圳、广州等沿海开放城市予以重点扶持，采取各种倾斜优惠政策，从而使该地区经济得到发展和繁荣，制鞋厂家随之发展较快。第二，深圳、广东地区邻近港澳，地理位置优越，对于开展进出口贸易有着得天独厚的便利条件，吸引了很多外商在此地投资兴建制鞋企业，合资项目不断上马。第三，因该地区人民生活消费水平相对较高，吸引大批经济落后地区的农民不断涌入，形成丰富的劳动力资源。应该讲，在该地区发展合资企业，具有十分广阔的前景和十分优越的条件。

　　通过以上对南方同行业厂家发展变化特点的概括归纳，我们应该回过头来，很好地对照反思一下我们自身工作做得到底怎么样？是不是像宣传媒介上讲的已成为同行业的排头兵，进入高层次创业型家庭化管理了呢？作为一个唯物主义者，我感到应一分为二、实事求是看待成绩和问题。一方面，在全体干部职工共同努力下，近几年来双星企业取得了突飞猛进的高速发展和世人瞩目的辉煌成就，在激烈的竞争中站稳脚跟、保持不败。但另一方面，树大招风，许多同行业厂家都在瞄准我们双星制订竞争策略，市场竞争日趋激烈。而现实地看，目前我们的自身工作还并不十分过硬，离市场标准、竞争要求还存在很大差距。我们要牢固树立"用户是上帝、市场夺金牌"的市场观念，把市场作为检验企业一切工作的标准，不断取得竞争新胜利。

政治进市场

（一九九一年十月十八日）

一　用市场意识、经济观点加强当前的
思想政治工作

全员转向市场，既符合经济规律又符合中央精神。我们根据经济发展情况提出了全员转向市场的口号，使企业职工直接面对竞争，经受考验。李鹏总理最近又提出了"要把国有大中型企业推向市场"。因此可以讲，我们所做的工作都是与中央精神一致的，而且在这方面，双星人又超前了一步。

经济工作全员转向市场，思想政治工作怎么办？理所当然地也要进入市场、服务于市场、占领市场的思想阵地，这是不以人的意志为转移的。从以上经验介绍就可以看出，不管自觉不自觉，各单位的思想政治工作都在转，都在面向经济工作、面向市场开展政治工作。

政治进入市场给思想政治工作本身带来了更大的难度和更高的要求，在新形势下，思想政治工作只能强化不能削弱，只能前进不能倒退，必须做到尽快适应新形势的要求，尽快完善自身的机能，尽快实现工作重心的转移，跟上经济发展的步伐。

今天，我们思想政治工作的宗旨仍然是"教育人、办实事"。同时随着形势的变化，我们也要不断提出新的课题、运用新的方式，探讨在全员转向市场条件下，思想政治工作如何发挥引导和保证作用。双星事业取得今天的成功，双星企业实力的增强，双星产品进入国际竞争领域，双星人素质的提高，这一切都包含了思想政治工作的巨大作用，这是我们的优势。今天我们还要充分发挥这一优势，但首先要提高政工人员的意识与水平。用市场意识和经济观点引导、教育职工，以达到提高人的素质、提高管理

水平的目的。

二　用市场意识、经济观点教育双星职工

我们现在已经全员转入市场，因此无论经济工作也好，思想政治工作也好，首先必须牢牢树立这样一个观念，就是市场是衡量管理水平的最佳尺度，是检验"三个质量"的唯一标准，并且奉行"客户就是上帝"这样一个基本原则。通过这一系列经济意识的强化，去引导职工，通过把客户和市场作为基本内容去教育职工，让每一个双星人都了解市场、了解客户。而最具体、最实际、最直接的引导与教育办法只有一个，就是算账的办法。让职工明确生产成本、各项费用、产品价格等资金情况和整个集团的经济状况。

举例来说，1～9月份我们的棉布总用量600.75万米，而利用率为78%，就是说有132.16万米的棉布白白浪费掉了。如果利用率提高1%，就可以节约6万米，增加效益24万元。

举例子的目的就是要通过举例来算几笔账，几笔增加或减少效益的经济账，更重要的是通过算账的形式，来强化我们干部、职工头脑中的经济观念，从而推动各项工作上水平。这种算账的办法无论行政人员，还是政工人员都要学会，学会用算账的办法来促进全员转向市场的进程，来提高干部、职工的整体素质，来克服外部环境带来的不利因素，来增加企业的经济效益。这既是行政工作的主要内容，更是思想政治工作的主要内容。

三　新时期思想政治工作的特点与规律

首先要解决好政工人员的思想认识问题。在商品经济条件下，政治工作不是无事可做，更不是可有可无，在有中国特色的社会主义有计划商品经济条件下，政治与经济是密不可分的。思想政治工作不仅仅是政工人员的事，要想搞好经济工作，没有思想政治工作作保证是不可能的，正像双星事业能取得今天的成就，不断强化思想政治工作便是我们制胜的一大法宝。

另外，思想政治工作在商品经济条件下如何发挥作用的问题，厂庆活动本身就已经给我们一个明确的答复，即使是在新时期、新形势下，思想政治工作的作用也同样是巨大的。厂庆活动是一项以物质文明建设为基础

的精神文明建设工程，也就是以经济工作为中心的政治工作，是将社会主义的优越性运用到商品经济发展中并取得显著成功的典型范例。它充分证明了思想政治工作不是虚无缥缈的，而是看得见摸得着的，而且也是有硬指标的。

因此，新时期的思想政治工作必须渗透到经济工作的全过程，与经济工作融为一体。用思想政治工作的优势发现商品经济中的人才，培养和造就具有双星精神的双星战士，促进事业发展；用思想政治工作的优势推动企业各项工作的开展，为企业注入新血液，带来新的生机，用全新的观念与意识引导教育职工。

总之，思想政治工作一旦渗透到经济工作的全过程，它就不再是一句口号，就会成为经济工作的理论指导，就会大大增强企业的竞争力、应变力、开发力、增值力和凝聚力。实践证明我们的方向找准了，我们的路子走对了，双星企业的思想政治工作就是马克思主义基本原理在企业实践中的具体化。

同时，要想把思想政治工作具体渗透到经济工作的全过程，还必须摸清思想政治工作的规律性。

第一，思想政治工作必须是实事求是、联系实际的，不是僵化的教条，没有一成不变的模式，没有统一标准，而是随形势发展不断创新的。

第二，思想政治工作必须面向经济工作来做，在企业中就是面向生产经营管理的实际，这样才能有的放矢，才能体现出硬指标，才能不断注入新的内容。

第三，思想政治工作首先是人的工作，必须研究人的心理变化，去探讨不同环境、不同条件下所采用的不同思想政治工作方式，和风细雨与急风骤雨相结合，即教育与打击相结合。

第四，思想政治工作要想取得成功，首先必须政工人员的自身素质要高，要做到思想敏锐、意识超前，会全面客观地分析问题，不能一条路走到底。

要想搞好新时期的思想政治工作，还必须抓好三方面的结合：

一是在指导思想上要使政治与经济相结合，在企业中就是要使政治与生产经营管理实际结合好。

二是在方法上要把打破旧模式与建立新秩序结合好，不断创新，政治工作才有生命力。

三是在措施上要把正反两个方面典型结合好，运用典型事例，抓具体人，抓具体事，一抓到底。

总结新时期思想政治工作的特点和规律，我们可以得出下面几条结论：

政工人员的意识是思想政治工作的前提。

政工人员的素质是思想政治工作的保证。

政工与经济相结合是思想政治工作的基础。

以市场意识、经济观点强化思想政治工作是新时期思想政治工作的新特点。

抓具体人、具体事，一抓到底是思想政治工作的有效手段。

善于运用正反两方面典型是思想政治工作的重要方式。

坚持"有情的领导，无情的纪律"是思想政治工作的成功法宝。

总之，只要我们摸清新时期思想政治工作的规律与特点，以经济为中心，联系实际、实事求是地开展思想政治工作，并真正形成生产、经营、管理与思想政治工作的一体化，思想政治工作就能显示旺盛的生命力和巨大的推动力，我们的双星企业就能长盛不衰。

略论企业全员转向市场

（一九九一年十二月六日）

目前，搞好大中型企业，提高经济效益的问题已经引起了全党的重视。我认为，搞活企业，需要企业经营者转换固有的思维方式，就是将过去主要依靠政府搞活转换成主要依靠企业自己搞活；也就是在保证完成国家指令性计划的前提下，使企业的全体职工都面向市场。这是增强企业活力的根本所在。

一　全员转向市场的内涵

所谓全员转向市场，即指企业全体职工都要有市场观念和竞争意识，并按照市场的要求进行生产和经营。全员转向市场的关键是在"全员"和"转"上。这里的"全员"包含两层意思：一是主人翁的地位。社会主义企业是以职工为主体的，所以应充分体现出全体职工的主人翁地位。二是生产力要素的位置。劳动对象、劳动资料、劳动者三要素构成了生产力，其中人的要素在三要素中占有特殊的位置。企业要想获得最大的经济效益，就要充分发挥人的主观能动性。无论是企业，还是市场都需要人来操作。所以，全员转向市场的内涵至少应该包括如下内容：

一是要树立新的商品经济的经营思想。过去企业搞经营完全依靠政府，资金不足靠政府拨款，原材料短缺靠政府调拨，企业亏损靠政府救济，事事离不开政府。全员转向市场就是要使企业摆脱对政府的依赖，实现自主经营。

二是要树立市场观念，即要把两眼紧紧盯在市场上。在外部，把握住市场的需要，捕捉市场信息，注意市场动向，适时、适量、适度地进行生产和经营；在内部，坚持人是兴厂之本、管理以人为主的思想，按照市场需求，高标准、严要求争创一流。

三是要坚持全员化、全新化和全面化。全员化，即企业要全员进入市场，全员参与竞争；全面化，即企业的生产、经营、管理等都要适应市场发展的形势；全新化，即企业要有全新的经营战略、全新的管理目标、全新的管理模式、全新的工作方法。

全员转向市场，不能简单地把它看成是一种企业与政府脱钩的经营形式，也不能简单地理解成企业是单纯地进入市场进行购销。实际上，全员转向市场具有它本身所特有的特点。

（1）重视了市场的作用。社会主义市场是由相互联系、相互补充的诸要素市场有机组合而组成的统一的市场体系。企业全员转向市场后，企业的经济行为都是在市场这个特定的环境下进行的，所以，企业的工作都要十分重视市场的作用，否则企业就不能在市场站稳脚跟。

（2）体现了价值规律。价值规律是由价值形成和价值实现两个过程构成的。价值规律要通过市场机制发挥作用，具体说就是在供求变动、价格变动和竞争的相互作用中来实现其作用。全员转入市场后，企业的供求变动、价格变动和竞争每时每刻都在进行，由于它们的相互作用，从而实现了价值规律的作用。

（3）促进了两权分离。全员转向市场，政府将生产、内部分配、销售、自营出口权交给了企业，使企业由过去的依靠政府经营变成了独立自主经营，扩大和促进了两权分离。

当然，这里所讨论的问题，并非完全适用于所有的企业，对于那些有关国计民生，必须由国家宏观调控的产品的生产企业，或那些在特定情况下，要按照国家指令性计划安排生产的企业，不在本文讨论之列。

二　全员转向市场的思路

企业要想获得最大的经济效益，就得认识市场、了解市场，研究市场变化的规律，按市场需要组织生产和开发适销对路的产品。从制鞋业来讲，目前，国营、集体、个体、独资、合资、合作、乡镇、联营等8种形式的制鞋业蜂拥而上，竞争十分激烈。从国际制鞋业来说，无论是在工艺装备水平上，还是在产品质量、花色、款式上，都比我们有较大优势。因此，企业要实现全员转向市场，就应该完全适应市场、主动创造市场和充分利用市场。

（一）企业要完全适应市场

一是企业职工的思想观念要适应市场发展的需要。要引导职工充分认识到市场直接决定着企业的兴衰，从而在日常生产经营活动中，处处想到市场，想到用户。二是企业内部的经营机制要适应市场发展的需要。全员转向市场后，需要有一个与之相适应的经营机制，使企业准确地把握市场。在实际工作中，我们成立了信息、开发、生产计划、销售于一体的生产经营信息公司，使市场发出的信号及时、准确地输入企业系统中，通过功能转换，又向市场输出能适应市场变化的产品。同时，为了扩大产品销售，及时捕捉市场信息，还在全国城市设立了 15 个销售分公司，建立了 700 个销售网点。三是企业管理模式要适应市场发展的需要。企业要想适应市场的需要，必须不断提高管理水平。在实践中，我们根据本企业的特点，将企业内部配套改革的实践经验加以总结、提炼；同时又继承民族的优良传统和作风，借鉴国外的先进管理经验，发展具有鲜明双星特色的管理模式。

（二）企业要主动创造市场

"只有疲软的产品，没有疲软的市场"，这是我们在经营中的切身感受。市场赐给我们每个企业的机遇是相等的，关键是如何利用、如何创造。从总体上讲，市场是不断发展扩大的，而对某种产品来说既有畅销的也有滞销的。如果你的产品质优价廉，很受消费者的欢迎，肯定有竞争力，你的产品在市场上是不会疲软的。所以不能怨天尤人、坐以待毙，要通过搞好新产品开发、提高产品质量等，主动地创造市场。在创造市场时，要按照产品在市场上的寿命周期确定产品的开发策略。这里要把握四个环节：在产品的导入期，你无我有；在产品的成长期，你有我新；在产品的成熟期，你新我优；在产品的衰退期，你优我变。

（三）企业要充分利用市场

产品的竞争力和市场的应变力，是搞活企业首要的条件。企业只有适应了市场多变的要求，充分利用了市场的规律，才能提高企业的经济效益，促进企业的发展。在充分利用市场的问题上，我认为，企业还有责任在满足人们各种层次消费需求的同时，主动引导市场，引导人们科学消费、合理消费。同时，对于那些潜在的市场，也要通过多种形式的宣传和引导，去积极开发它，并充分利用它。这对于消费者、对于本企业都大有裨益。

企业全员转向市场，还需要政府有关部门的大力支持，诸如技术进步、开发新产品等。作为企业本身，要不断提高自身素质，充分利用好这些条件。

三 全员转向市场的效应

全员转向市场，从某种意义上讲就是全体职工参与市场、参与竞争，这充分体现了工人阶级的主人翁地位，能够使职工的劳动热情和创造潜能得到最大限度的激发。因此，实现全员转向市场是增强企业活力，提高企业经济效益的根本所在。我们公司几年来的实践已充分证明了这一点。

（一） 全员转向市场，促进了产品开发

为了满足市场不断更新的要求，我们每年组织群众性的专业和业余相结合的新产品设计大奖赛，鼓励设计人员不断推出新品种，从改革前只能生产不到 10 个品种发展到现在的 35 个系列，300 多个品种，1000 多个花色的新产品。这些产品较好地适应了市场的变化，满足了市场的需求。

（二） 全员转向市场，推进了科技进步

市场对新产品的需求，要求生产工艺技术、工装设备与之相适应，从而推进了企业科技进步。电铸模具新工艺填补了国内外的空白，无露浆贴合技术、海绵连续硫化技术、天然皮革与橡胶贴合技术，利用微机实现等效硫化、胶料配方优化、胶鞋结构辅助设计等，均居全国同行业最高水平。

（三） 全员转向市场，形成了一整套行之有效的管理思想

这些思想有："人是兴厂之本、管理以人为主"；"有情的领导、无情的纪律"；"能人治厂、能上能下、无功即是过"。这些都是把哲学的唯物辩证法应用到企业管理实践的结晶。

（四） 全员转向市场，壮大了企业集团的经济实力

为了使企业产品工艺、装备水平、生产规模适应市场需求，增强企业的应变力和开发力，我们在"七五"期间坚持以内涵为主扩大再生产，加快技术改造步伐。"七五"期间共投资 2400 余万元，仅这一部分投资五年间就多为国家增加产值 3 亿元，多创利税 3000 万元以上。目前已形成了稳定的、独立的生产经营管理格局。

总之，全员转向市场使企业增强了活力，取得了较好的经济效益。今后，我们将结合本企业实际，用好政府给予企业的权力，继续深化企业内部改革，不断探索搞活企业的新路子。

（原载《光明日报》1991 年 12 月 6 日）

面向市场开发产品

（一九九一年十二月九日）

在现阶段有计划商品经济条件下，制鞋行业生产要靠市场调节，经营也要靠市场引导。企业必须直接进入市场、参与竞争，才能把握市场变化规律，了解消费发展趋势，以便及时调整生产与经营战略，跟上市场发展形势。

我厂提出了"以市场为导向，全员转向市场"的口号，以生产为导向指导全面工作，以市场为最终和唯一标准检验企业各项工作，以全体职工市场意识的提高作为职工整体素质提高的体现。强化全体职工的市场意识、竞争意识，做到人人进入市场、人人参与竞争，从而把市场对企业的压力转化为全体职工的动力，使企业在商品经济市场竞争的海洋中求得生存与发展。

我们在全国同行业中最早地进入了市场，走上了自营销售之路。通过"立足山东、面向全国、冲出亚洲、走向世界"的经营战略，"你无我有、你有我新、你新我优、你优我变"的竞争手段，"自销与联销相结合、国营与个体相结合、委托与代理相结合"的推销方式，层层落实经营承包责任制，指标到人。强化机构，成立信息、开发、计划、生产、销售一体化的生产经营信息公司；强化渠道，在全国大中城市设15个分公司、700多个网点；强化服务，以用户为上帝，注重售前、售中、售后三个服务质量，采用到现场、到柜台、到客户"三到"的服务方法，既方便了用户又宣传了产品；强化意识，在全体职工中强化市场意识、竞争意识、服务意识、科技意识。从而使双星企业不仅完全实现了自营销售和由生产型到生产经营型的转轨变型，而且在激烈的市场竞争中保持不败，站稳了脚跟。

我们坚持内外销"两条腿走路"的方针，特别在1988年取得自营进出口权后，出口工作得到了迅猛发展，在"多口岸、多渠道、多形式、多客户、多品种""五多"出口方针指导下，今年预计自营出口创汇将突破1000万美元，进入了青岛市出口创汇企业的先进行列，在全国同行业出口创汇工作中名列前茅。生产的高级运动鞋已打入了欧美超级市场，出口产品也已行销30多个国家和地区。

　　随着国民经济的发展，人民的生活条件和消费水平也在不断提高，这给企业品种变换、花色款式及产品质量都提出了更新的课题和更高的要求，而要加速产品的更新换代，工艺装备水平的提高又是必不可少的。因此，如何掌握市场变化规律，把握消费者需求心理，以高质量的拳头产品引导消费，以高水平的工艺技术保证生产发展的高速度，列入了重要议事日程。现在，随着老产品的淘汰和新工艺、新技术、新材料的普遍采用，双星的新产品开发与生产已经达到了国际先进水平。

（原载《青岛日报》1991年12月9日）

练好企业内功　在竞争中求发展

（一九九二年一月六日）

党的十一届三中全会以来，改革开放政策给企业注入了新的活力，我们双星鞋业集团进入了一个新的历史发展时期。同时，随着改革的逐渐深入、形势的不断变化，企业又经受了商品经济的新考验。

面对宏观形势上的严峻考验，我们克服了重重困难，在全国同行业中率先冲出了低谷，并保持了质量、效益增长的高速度。仅"七五"最后一年的产值就比"六五"最后一年翻了近两番，达到3.6亿元，年实现利税3000多万元，年产鞋达3000万双。

在1983～1990年全国同行业17项综合经济技术指标厂际评比竞赛中，我们夺取了"八连冠"，获得"全国思想政治工作优秀企业"和"全国思想政治工作创新奖"特等奖、"全国先进集体"等100多个市以上荣誉称号。1987年，李鹏总理亲临视察，并为我们集团公司题写了匾牌。

我们之所以能从一个名不见经传的企业，发展成为在全国知名度较高、同行业中规模最大、制鞋水平已进入国内先进行列的国有大企业，归结到一点，就是我们注重练好企业内功，在加强内部管理上下工夫。

一　提高人的素质，夯实企业基础

改革开放就是要发展商品经济，但最终目的是为了实现"两个文明"双丰收，如果只注重物质文明建设而忽视精神文明建设，其结果必然是在企业建设中产生偏差和短期效应。

在精神文明建设实践中，我们本着"人是兴厂之本、管理以人为主"的指导思想，以调动和发挥职工的主观能动性为目标，并沿着这一思路进行了企业文化培养、人员队伍建设和思想政治工作的创新。

　　人的素质的提高是企业素质提高的前提条件，因此我们将竞争机制引入人事制度改革，选贤任能，而且能上能下，同时坚持按劳分配原则，改变分配制度，进行重奖重罚，创造一个适宜各类人才脱颖而出的良好环境。在此基础上，我们致力于培养和造就一支团结民心、当好表率的党员队伍，一支敢于创新、能征善战的干部队伍，一支勇于拼搏、敢打硬仗的骨干队伍，一支无私奉献、吃苦耐劳的职工队伍。同时也形成了一个相互补台、配合默契的领导群体"中心"、"核心"，团结一致，搞好企业成一体，从而为企业的长兴不衰打下了坚实的基础。

　　人的管理的核心是思想管理。在新的历史条件下，我们坚持思想政治工作方式以"教育人、办实事"为宗旨，最大限度地调动职工的主观能动性和主人翁责任感，使职工把个人的荣辱与企业的兴衰紧紧联系在一起，从而把职工的热情与智慧凝聚成最大的力量，推动企业发展。同时思想政治工作以面向生产实际为原则，使新时期的企业思想政治工作也有了"硬指标"。

二　从抓管理入手，完善企业模式

　　要缩短与发达国家的差距，发展经济，搞好企业必须从提高管理水平入手。根据企业的特点，我们将企业内部配合改革的实践经验加以总结、提炼，最终形成"双星九九管理模式"。

　　这个管理模式的指导思想是：一切从实际出发，按经济规律办事，实事求是地把党的改革开放政策与企业特点相结合，继承民族的优良传统作风，借鉴国外的管理经验，建立具有中国特色的管理模式，即通过思想政治工作、经济手段、行政措施的相互促进，求得"两个文明"建设的最佳效果。

　　随着这个管理模式的贯彻实施，一系列管理思想日渐成熟。如"有人就穿鞋、关键在工作"是全厂职工的座右铭；"人是兴厂之本、管理以人为主"是管理的指导思想；"有情的领导、无情的纪律"是管理工作方式；"严、高、细"是治厂方针；"教育人、办实事"是思想政治工作宗旨；"自己教育自己、自己完善自己、自己提高自己、自己给自己出题目、自己给自己加压力"是骨干培养办法；"工作上自己拿自己当骨干、待遇上自我感觉良好、有问题主动想办法解决"是职工的行为准则；"抓具体人、抓具体事、一抓到底，抓检查、抓落实、抓住不放"是具体工作方法；"能上能下、无功即是有过"是干部考评办法；等等。

随着这些管理思想在实际中的应用，企业管理的基础工作越来越扎实。我们把现场管理作为强化管理的突破口，解决了国内外制鞋行业"脏、乱、差"的"老大难"问题，实现了生产现场从静态到动态"一条龙"管理的良性循环，做到了厂美、人美、产品美。

三 两眼盯住市场，及时调整战略

现在，我国制鞋行业生产已经完全靠市场调节，经营也已经完全靠市场引导。在这种情况下，如果还抱着老一套经营思想与经营战略不放，沿着老一套单一的经营渠道走下去，企业就必然进入"死胡同"。

随着经营管理思想的转变，我们提出了"以市场为导向，全员转向市场"的口号，并以此安排企业的工作，强化全体职工的市场意识、竞争意识，使职工认识到市场与经营是关系企业生死存亡的命脉，并做到人人进入市场，人人参与竞争，从而把市场对企业的压力转化为全体职工的动力，使企业在商品经济的海洋中求得生存与发展。

在具体实践中，我们在全国同行业中最早进入了市场，走上了自营销售的道路。我们确定了"立足山东、面向全国、冲出亚洲、走向世界"的经营管理战略；"你无我有、你有我新、你新我优、你优我变"的竞争手段；以及"自销与联销相结合、国营与个体相结合、委托与代理相结合"的推销方式。我们在全国大中小城市设立 15 个分公司、700 多个网点，并注重售前、售中、售后三个环节的服务质量，采用到现场、到柜台、到客户的"三到"服务方法，既方便了用户又宣传了产品，从而使企业完全实现了自营销售和由生产型到生产经营型的转轨变型，在激烈的市场竞争中站稳了脚跟。

我们没有满足于国内市场的开发，而是坚持了内外销"两条腿走路"的方针，特别是 1988 年取得自营进出口权后，在"多口岸、多渠道、多形式、多客户、多品种"的出口方针指导下，公司的出口工作得到迅猛发展，1991 年自营出口创汇突破 1000 万美元，使徘徊了 30 多年的山东鞋类产品出口发生质的飞跃，并在全国同行业中名列前茅，为全面参与国际市场竞争，为 20 世纪 90 年代赶超世界制鞋先进水平奠定了坚实的基础。

四　狠抓技术进步，保证发展后劲

随着国民经济的发展，人民的生活条件和消费水平也在不断提高，这给鞋业产品的品种、款式及质量都提出了新的课题和更高的要求。而要加速产品的更新换代，工艺装备水平的提高又是必不可少的。因此，如何掌握市场变化规律，把握消费者需求心理，以高质量的拳头产品引导消费，以高水平的工艺技术保证生产发展的高速度，就成为保证企业发展后劲的重要问题。

以解放鞋和蓝白网球鞋为代表的 30 年一贯制的老产品的淘汰，标志着我们企业已彻底实现了产品的更新换代，通过新工艺、新技术、新材料的普遍采用，通过冷粘鞋、注射鞋、模压鞋、辊筒鞋四种工艺的相互渗透与借鉴，通过胶鞋、皮鞋、布鞋、塑料鞋"四鞋"界限的彻底打破，双星产品已经形成了 35 个系列、300 多个品种、1000 多个花色。

技术进步是保证产品质量的基础，而装备则是企业技术进步的标志。为提高装备水平，我们花大气力对企业进行了技术改造，仅"七五"期间就投资 2000 多万元，获得了 2 亿多元的效益，而且是当年投资、当年见效、当年还款，做到了"投入小、产出大、见效快"。通过技术改造，我们自行设计、制作、安装、调试的热硫化鞋生产线已达到了世界先进水平并获国家专利；引进成套设备与自我完善辅助配套装置相结合的冷粘鞋生产线已达到国际先进水平；引进的注射鞋成套设备具备了 20 世纪 80 年代国际先进水平；特别是以微机进行产品设计、模具制作、经营管理的高新技术的应用，使企业的整体装备水平实现了历史性提高。经过长期努力，我们这个有 70 年历史的企业已经从厂房、设备、工艺、产品上实现了"四老"变"四新"，成为国有企业中规模最大的高档运动鞋生产企业。

五　增强内部活力，推动企业发展

党中央改革开放政策的实施及社会主义有计划商品经济的发展，给搞好国有大企业提供了有利条件。但企业能否真正活起来，彻底摆脱旧的经济体制的影响，实现企业的转轨变型，适应商品经济规律的客观要求，最根本的还是要靠增强企业内部活力。为此，我们结合企业的实际情况，根据现有的政策，以增强内部活力为中心，进行了人事制度、组织结构、经营管理机制、工艺技术等 10 个方面的综合配套改革。

我们在不断更新干部职工思想观念的基础上，通过一系列强化管理措施，实现了企业内部机制的转换。我们下决心搬掉"铁椅子"、砸烂"胶皮碗"，干部能上能下、能官能民。严格执行按劳分配的原则，干多干少、干好干坏就是不一样。企业民主管理委员会的成立和职工代表讲评考核干部制度的贯彻实施，使工人充分行使主人翁的权利，增加了双向管理的透明度，结束了只有干部管工人的历史。部门之间、上下级之间的相互讲评，促进了职能作用的发挥。搞好班组建设，强化管理细胞，开展多种形式的劳动竞赛，使产品质量不断提高。在管理手段方面，运用内部银行和厂币流通，加强经济杠杆作用；实行分灶吃饭，调动各分厂的积极性；通过层层经营承包，结束了吃"大锅饭"的状况。

在措施强化的同时，企业内部制订出一系列保证机制转换顺利进行的方针，给各分厂、部门在人财物、责权利、产供销等方面的自主权，特别是根据一线职工成分的变化及时调整福利政策，解除职工的后顾之忧。

随着企业生产规模的扩大，我们又开展了横向经济联合，向集团化方向发展，最终形成了今天在国内制鞋行业中规模最大的，敢于全面参与国内外市场竞争的，自我配套、门类齐全的，由 9 个行业组成的企业集团。集团现有成员企业 45 家，职工 1.5 万人。

总之，我们在建设社会主义新型企业的过程中，摸索出一条有中国特色的企业管理道路，取得了"两个文明"的双丰收。我感到，只要我们坚决贯彻中央关于搞好国有大中型企业的方针，多在企业管理上下工夫，国有大中型企业就一定会克服困难，求得更好的发展。

（原载《人民日报》1992 年 1 月 6 日）

创造市场　产品自销

（一九九二年四月二十日）

　　我们青岛双星鞋业集团公司是生产民用微利产品的国营大型企业，从1985年开始自销产品。从这几年的实践来看，企业要搞好产品自销，在产品过硬的前提下，关键在于创造市场。创造市场，即不断开拓市场，利用市场。市场对每个企业的机遇都是相等的，问题在于如何去创造和利用。

　　全员转向市场。全员转向市场并不是要求每个职工都直接进入市场，而是要求每个职工都按照市场的要求去做好工作。其内涵就是要求职工树立三个观念：一是树立商品经济的观念，企业的生产面向市场、面向用户，企业的原材料供应和产品的销售充分依靠市场，摆脱对政府的依赖；二是树立市场观念，两眼紧紧盯在市场上，一切经营工作都围着市场转，适时、适量、适度地进行生产和经营；三是树立竞争观念，懂得竞争、敢于竞争、善于竞争，按照市场需求，高标准、严要求，争创一流。

　　建立适应市场需求的生产经营机制。企业要面向市场，自销产品，需要有一个与之相适应的经营机构。一是应成立融市场信息、产品开发、生产计划、产品销售于一体的生产经营信息公司，使企业牢牢掌握市场竞争的主动权，在激烈的市场竞争中立于不败之地。二是设立驻外经营分公司，建立销售基地。驻外经营分公司实际上是企业设在外地的批发站，它除了批发企业产品外，还兼有零售、售后服务、调剂货源、反馈市场信息等功能。这些驻外公司以所在城市为基地，可以把企业产品辐射到尽可能远的周围地区，从而最大限度地扩大企业产品在该地区市场上的占有率和覆盖率，使企业的产品销售由"游击战"转向"阵地战"。

　　采取多种经营方式，拓宽销售渠道。一是从商业批发部门、国营大商场的单一渠道转到国营、集体和个体等多渠道上来；二是从单纯依靠自身力量转到借用外部力量上来，使自销、联销相结合，委托、代理相结合，扩大产品销售；三是在巩固大众化市场的同时，开拓专业化市场；四是根据季节、行情，随行就市，以价格来调节市场；五是以坐等客户订货转到根据用户当地情况来样加工。

另外，强化产品宣传，引导消费和市场，也是创造市场的一个有效方法。我们双星鞋业集团公司就是紧紧围绕上述几个方面，主动创造市场，促进了企业产品的自销，取得了较好的效果。因此，作为生产企业，只要能从各自的实际出发，积极主动创造市场，认识和了解市场，掌握市场规律，组织、开发适销对路产品，那么，市场的机遇就在你眼前，搞好产品自销的"金钥匙"就在自己手中。

（原载《青岛日报》1992 年 4 月 20 日）

以改革促进双星事业更大发展

根据中央"2号文件"和邓小平同志的讲话精神，最近一段时间，我们连续召开多次会议研究如何进一步深化改革。通过4月14日、4月25日两次会议的动员，集团公司上下都动了起来，从上到下，全面开花，出现了前所未有的深化改革的好形势。这说明改革是人心所向，大势所趋，是历史潮流；说明改革得人心、顺民意。一个多月来，各单位、各部门在良好的改革大环境、大气候下，都抓住了机遇，有了压力，有了动力，有了活力。大家结合部门实际情况动了很多脑子，想出了很多改革的好点子、好办法。总体上看这一段时间大家改革的热情在提高，改革的意识在增强，改革的步伐在加快，改革的力度在加大，整个深化改革的形势在健康发展。人人关心改革、支持改革、参与改革，以改革促进双星事业更大发展的大好局面已经形成。

一　如何看待我们几年来的改革

（一）我们的改革是正确的，成绩是显著的，是符合中央精神的

让我们回顾一下党的十一届三中全会以后，我们不断深化企业内部改革所走过的不平凡历程。1984年，在外部环境复杂、条件恶劣的情况下，我们双星人顶住了种种非议和刁难，在全国首家举办了企业记者招待会，当了第一个吃螃蟹的人，大胆迈出了改革的第一步。从那个时候开始，我们在企业的每一个时期、每一件事上都进行了大胆改革。8年来，双星超

前、全面、配套的改革走在了全国国营大中型企业的前面。在当时没有任何改革经验和模式可以借鉴的情况下，我们按照马克思主义实事求是的原则，以有利于促进企业发展、有利于搞好企业"两个文明"建设为总的指导思想，"摸着石头过河"，进行大刀阔斧改革。没有模式自己创造模式，没有经验自己创造经验，探索出一条具有鲜明双星特色的社会主义国有企业改革的成功之路，为国营大中型企业深化改革提供了经验，作出了贡献。

在生产上进行了大胆改革。打破30年一贯制生产解放鞋的历史，积极开发生产新产品。坚持"勤俭办企业、自力更生"的方针，狠抓企业技术改造，使"四老"变成"四新"。生产规模不断扩大，以小投入换来了大产出，生产发展的高速度超过了发达资本主义制鞋企业，闯出了一条依靠改革发展生产的新路子。

在经营上进行了大胆改革。打破了长年产品由商业包销的历史，走自销的道路。在全国建立了18个经营分公司，扩大双星产品的市场销售和市场覆盖率，实现了全员转向市场，闯出一条依靠改革搞活经营的新路子。

在出口工作上进行了大胆改革。打破了多年来产品出口徘徊不前的被动局面，不靠外贸出口靠自营进出口，取得了出口工作的大发展。1年的出口创汇额比前40年的总数还多，闯出了一条依靠改革发展外向型经济的新路子。

在内部体制上进行了大胆改革。打破长年形成的上下对口的内部管理机构，按市场要求重新增减、合并，建立了以生产经营信息公司为突出代表的符合商品经济发展规律、有利于市场竞争的新体制。从组织机构上适应了企业改革发展，创出了一条依靠改革转换企业经营机制的新路子。

在劳动人事制度上进行了大胆改革。率先打破"铁饭碗"、"铁交椅"、"铁工资"，建立"能者上、庸者下"的竞争机制。采取招标、招聘、自荐等多种形式，鼓励人才的脱颖而出，适应了企业发展对人才的客观需要。创出了一条依靠改革培养人才、提高素质、调动职工积极性的新路子。

在管理上进行了大胆改革。打破了旧的管理套路、旧的框框约束，创造了具有双星特色的管理理论和管理哲学，推行了家庭化、军事化管理，实现了管理的全面创新与突破，闯出了一条依靠改革促进管理的新路子。

在精神文明建设、思想政治工作上进行了大胆改革。打破了思想政治工作空对空的老一套，提出了用经济观点加强思想政治工作，解决了多年没有解决的政治、经济"两张皮"的"老大难"问题。形成了一整套思想政治工作新的观点和新的方法，闯出了一条依靠改革做好新时期思想政治工作的新路子。

实践证明，双星几年来改革所走过的道路是十分正确的，也是成功的，是符合中央精神，符合"一个中心、两个基本点"基本路线的。不改革就不可能有双星企业和双星人的今天。在双星事业发展的事实面前，外界有一些人由过去的不理解开始理解，由过去的不服气开始服气，就连过去戴着有色眼镜看我们甚至反对我们的人也都承认了这一现实。我们8年的改革实践促进了双星事业的大发展，我们8年的改革经验引起了党和国家领导的关注，得到了社会的认可。8年来新闻界做了几千次宣传报道，推广我们的经验。我们接待了十几万人次的参观学习，这是我们为中国改革事业作出的巨大贡献，每一个双星人都应该感到光荣和自豪。依靠改革，双星在"六五"末和"七五"期间打下雄厚物质基础和坚实思想组织基础的前提下，在"八五"期间将实现一个大发展，"九五"期间将实现一个全面腾飞。

（二）我们的改革还是不深入的

在正确看待改革8年来所取得的巨大成绩的同时，要清醒看到在深化改革方面存在的差距和问题。应该讲，我们企业的改革还停留在一般水平上，还没有渗透到企业的每一个角落、每一项工作中去，还没有达到全方位、全员化。不能对自己估价过高。我们仅仅是比其他企业早走了一步，早改革了几年，没有什么可骄傲的。不能把改革所取得的成绩当做继续深化改革前进的包袱，要作为一个新的起点，进一步加快改革步伐，以分配制度为重点深化改革。

二 关于如何进一步深化改革

（一）深化改革的基本思路是形成"三条线"

第一，在内部改革上抓住深化改革这条主线。坚持以搞活为龙头，以承包为动力，以分配改革为重点，以划小核算单位、化整为零为方法，以发展股份制为手段，以微观搞活、宏观控制、活而不乱、控而不死为原则，以让大多数双星人靠智慧、靠才干、靠拼搏、靠奉献先富起来，端上"金饭碗"为目的，全面推动企业各项配套改革。实现以改革促管理，以改革增效益，以改革求发展。

第二，在市场经营上抓住积极发展外向型经济这条主线。以发展出口为重点，坚持"两条腿走路"的方针。"四鞋"并举，全面进入国际市场参与国际竞争，积极发展"大进大出"，利用外资，发展多样化经营，加快实施多元化市场战略，开辟五大洲市场，实现外向型企业集团的根本性战略转移。

第三，在集团发展上抓住以鞋为主、多种经营这条主线。发展配套，壮大基地，增强实力。要积极发展商业、服务业和旅游事业，向第三产业、房地产业进军。完善集团自我配套，扩大集团基地建设，形成并不断扩大开发区制鞋基地，城阳炼胶基地，岙山综合加工、疗养、旅游基地，河西仓储基地，麦岛制帮和科研基地，棘洪滩农副产品基地等十大生产配套基地，全面实现集团自我配套，经营门类齐全，不断发展集团规模经济，不断壮大集团整体实力。

（二）企业深化改革的衡量标准是"四把尺子"

第一，看是否有利于调动职工积极性、振奋职工精神、提高职工队伍整体素质。

第二，看是否有利于提高集团经济效益。

第三，看是否有利于加强管理、提高质量、做好市场服务、提高市场竞争能力。

第四，看是否有利于改善、提高职工的生活福利待遇。

衡量一项改革措施正确与否，成效大小，主要看这四条。各分厂、部门要以这"四把尺子"做标准，大胆改、大胆闯、大胆干。这四条当中最重要的是第四条。改革一定要让职工通过劳动逐步富裕起来，生活一天天好起来，要让职工通过改革得到实惠、尝到甜头，成为改革的受益者。这样职工才能从心眼里拥护改革、支持改革，才能有改革的动力、压力、活力，改革才能得人心，才能持久、健康发展。

（三）深化改革的基础是思想观念的更新

思想是行动的先导。双星人思想的进一步解放，观念的进一步更新，改革意识的进一步加强，是整个深化改革顺利进行的思想基础和重要前提。当前要突出解决好三个问题：第一，要解决长年来对社会主义优越性片面认识产生的惰性问题。社会主义不养懒人、不养闲人，优越性不是可以不干活。第二，要解决长年来对社会主义公有制片面认识产生的平均主义问题。一定要打破"大锅饭"、"铁饭碗"，一定要体现出干多和干少、干和不干不一样，一定要让绝大多数双星人端上"金饭碗"、"银饭碗"。第三，要解决长年来形成的所有不适应改革要求的旧的思想观念、旧的习惯势力、旧的条条框框的问题，一切按生产力标准来衡量。

（四）深化改革的关键是管理人员

管理人员要以新的观念、新的姿态投入到深化改革中去，既当改革的动力，又当改革的对象。各分厂、各部门的主要领导千万不能放松对管理人员的要求，工夫要下在他们身上，因为他们出问题造成的损失大、影响大、危害大。

对管理人员既要严格要求又要关心爱护，有些部门晚上加班干到很晚，不能再让人家自己掏钱买饭。

对管理人员尤其需要强调提倡奉献精神，提倡精神和物质相结合的精神，这是做一个双星管理人员的起码条件。要提倡一人兼多职，高效率、快节奏。不能一切向钱看，既要多劳动多拿钱，又要讲精神多奉献。

（五）深化改革的重点是分配制度改革

要实行计件工资和岗位技能工资等多种有利于调动职工积极性的分配形式。计件工资是个方向，生产一线能够实行计件工资的都要实行计件工资，要最大范围、最大限度地推行计件工资。同时要尽快实行岗位技能工资制，按劳动强度、劳动条件和技术难易程度划分不同岗位，确定不同岗位的不同工资、奖金水平，打破平均主义，充分体现多劳多得、少劳少得。一定要在提高效益、提高效率的前提下让职工多拿钱。

分配制度改革要向生产一线劳动强度大、技术要求高的关键岗位和在技术攻关、技术进步中有突破的同志倾斜。收入要同劳动、贡献挂钩，复杂劳动高于简单劳动，艰苦岗位高于一般岗位，一线高于二线、三线，在什么岗干什么活拿什么钱，岗位看竞争、报酬看贡献，充分调动广大一线职工的生产积极性，充分调动广大工程技术、管理人员技术攻关的科研积极性，鼓励二、三线职工上一线多干活、多拿钱。

要加快推行股份制的步伐，使职工的个人利益同双星利益更紧密地挂起钩来。

分配制度改革要同竞争上岗、优化组合结合起来，因表现不好完不成任务的职工可以实行厂内待业、部门内待业。待业期间只发基本生活费，经教育培训仍不能上岗的，要打破"铁饭碗"按规定辞退。

（六）深化改革必须全面配套进行

深化改革是一项系统工程，是全方位、全面、全员的，涉及企业的方方面面。改革承包不能代替一切，在改革新形势下，政治工作、基础管理、产品质量、技术进步等各项工作都只能加强，不能削弱。

深化改革要防止出现不良倾向。

8年来，我们的改革之所以顺利健康发展，没有出现失误和问题，很重要的一条就是我们能够始终保持清醒的头脑。在每一项大的改革措施出台的时候，把一切可能要出现的问题提前预测分析好，把工作想在前面，做在前面。这次深化改革力度大、范围广，尤其要强调发现苗头提前预测，保证改革的顺利进行。

第一，要防止本位主义。各单位领导不能只站在自己本单位的小团体利益上，要站在集团整体利益、维护集团综合效益的高度上，深化改革。提倡顾全大局、树立"一盘棋"思想。搞活不能胡来，搞活不是乱花钱，搞活不能往自己腰包里装钱，搞活不能为了本部门的利益损害集团公司整体利益，这是个大原则，谁也不能违背。越改革越要强调全局观念、整体利益，不能各自为政。

第二，要防止"好人主义"。尤其是各级领导谁搞"好人主义"都不行。在深化改革中，各单位领导要坚持"谁主管谁负责"的原则，遇到问题决不能绕道走，不能迁就回避，改革不能怕得罪人。要对所发现的新问题、新情况，及时采取新政策、新办法，提倡严格要求、严格执行制度。

第三，要防止形式主义，各单位不能搞"一刀切"、"齐步走"，不能在条件尚未成熟的情况下，赶时髦搞形式，一哄而上，一哄而散。提倡实事求是，从实际出发，实实在在、扎扎实实地深化改革。可以海阔天空地想，但必须扎扎实实地干，改革的心要热，但头脑要冷静。

第四，要防止以包代管、以罚代教。承包、计件以后，不能放松管理和思想政治工作，要继续抓检查、抓考核、抓管理。

第五，要防止不兑现政策。承包、计件以后各单位要及时执行政策，兑现合同，要说了算、定了干。不能让职工的希望落空，不能挫伤职工承包的积极性。

第六，要防止无组织、无纪律现象。各单位实行承包、计件要有组织、有领导地进行。不能搞乱，更不能自作主张、私自招工、滥发钱物，如发现类似问题要从严处理。在用人、用钱、用物上必须请示汇报。

第七，要防止出现不正常现象。各单位对改革中出现的新问题、新情况要做到心中有数，提前有预测，做到防微杜渐、善抓苗头，将各类问题消灭在萌芽状态。

第八，要防止"一切向钱看"不讲奉献。不能一提改革就是多拿钱，一讲先富起来就是个人物质欲望一下子全部满足，个人生活水平一下子达到很高的层次。这是不可能的。多劳多得是在提高效益、提高效率的前提下多拿钱，先富起来，只能逐步达到，我们通过改革提高效益创造的利润也不能全部分光、吃光、花光，一部分要上交国家用于建设，一部分要为了职工的长远利益作为积累用于企业发展，一部分要用来盖宿舍、建食堂等发展职工集体福利事业。加上受上级工资总额的控制，用于眼前分配的不可能很多。因此改革不能不讲精神，不能不讲奉献，不能唯利是图，掉进钱眼，一切向钱看。把眼前利益同长远利益结合起来，把端"金饭碗"同拼搏奉献结合起来，才是改革中合格双星人的标准。

企业离不开新闻
新闻离不开企业

（一九九二年六月二十七日）

在青岛双星集团公司成立及第二届国际订货会召开之际，新闻界的新老朋友们，冒着初夏的热浪从四面八方千里迢迢来到双星，参加双星集团成立剪彩，部长、市长联合现场办公会和第二届中外记者招待会。这次综合性活动规模之大、范围之广、中外记者之多以及各级领导的重视都是青岛企业界空前的，这不仅是我个人的荣幸，也是全体双星人的光荣。所以我首先借这个机会，以我个人的名义，并代表万名双星人向你们的光临指导表示最热烈、最诚挚的欢迎与感谢！在问候的同时，我也想与在座的新老朋友们说几句心里话。

现在再回想一下8年前的1984年11月14日，那是双星在全国企业界第一家举办记者座谈会，正像当时一位老领导讲的：这是一次相当大胆的尝试。那次活动不仅轰动青岛。而且影响面波及全国。有的人惊奇：名不见经传的青岛橡胶九厂和汪海厂长究竟有什么魔力，居然请得动全国十几家新闻单位的记者和市里的领导。更多的人不理解：企业搞好生产就行了，请那么多的记者来干什么，不务正业，干了些不沾边的事。甚至有的人趁机搞起了小动作，告"黑状"说我们违反财经纪律，指责我们铺张浪费而且还进行了调查，目的是借机会来整我们。

然而我们没有去理会这些，因为每当出现一种新生事物，自己冒风险、别人不理解都是在所难免的。而且当时之所以要搞这个活动，是由于双星人超前地意识到城市经济改革的主力军是企业，而企业发展生产力的最终出路是走向市场、面向社会，进行开放式经营，这就必然需要宣传，需要新闻媒介。随着改革的深化，新闻界又必然会进入基层，担当起推动改革的重任。这是历史发展的必然规律。所以我当时就说：企业离不开新闻，新闻离不开企业。可以讲，当时大胆尝试的本身就是企业与新闻界之间的双向改革和创新。

8年前的情景现在仍然历历在目，我非常感谢当时新闻界的朋友和社会上有识之士能来到双星，尽管那次活动招致了许多的非议甚至责难，但丝毫没有影响我们，却反而促成了我们的轰动效果。通过座谈会，企业的知名度提高了，会后有17家新闻单位同时发稿40多篇，其中包括香港《大公报》，从各个角度宣传报道双星，扩大了企业的影响，为双星走向社会、进入市场从舆论上铺平了道路。通过座谈会，新闻界发现了一块改革振兴国有企业的"试验田"，找到搜集基层创新突破素材的源泉，而且新闻媒介为企业提供了"千里眼"、"顺风耳"。最重要的是通过座谈会，加深了我们之间的了解，培养起了我们之间的感情。从那以后，双星与新闻界的关系越来越亲密，像亲戚一样常来常往，像伙伴一样携手合作，像朋友一样无话不谈，我们已经把你们看成双星的一部分。在座的有8年前来过双星的，有8年来相互结识的，我想你们大概也有这样的感受吧。

可以这样说，8年前的记者座谈会，是双星事业发展史上的一个重大转折点和新起点。双星的成功，自始至终包含了新闻界对我们的支持与帮助。8年来新闻界先后到双星采访500余人次，各大报纸、杂志及电视、广播累计发稿1115篇。没有你们的帮助就难说会有双星的今天。同时从双星的实践和我个人的感受讲，新闻界确确实实为推动企业改革作出了巨大的贡献。

没有你们的传播媒介，改革的大政方针就不能深入人心，国外的先进经验就不能及时借鉴；没有你们的舆论导向，人们的思想观念就不能及时地加以更新，企业家的创新与突破就会遇上更大的阻力；没有你们的报道宣传，总结推广经验，企业改革就不能上升到今天这样高的境界。在市场经济的商品竞争中，靠你们把企业家的创新精神与创业事迹向大众宣传；靠你们为企业提高知名度，在市场经济年代，知名度就是竞争手段、就是经济效益；靠你们体察企业的难处和苦衷，为它们摇旗呐喊。因此，不论是双星集团还是我本人，都对新闻界有一种特殊的感情，我要再一次向我们这些荣辱与共、肝胆相照的新闻界朋友们表示我发自内心的感谢和敬意。

8年后的今天，双星集团又一次面临着发展振兴的关键历史时期，如果说8年前是双星进入市场、面向全国的新起点的话，那么现在就是双星创造市场、走向世界的重大转折。为实现双星20世纪90年代全面赶超国际制鞋行业先进水平和宏伟目标，为使中国人自己的名牌能够跻身国际竞争领域，我们决定举办第二届中外记者招待会。我们的意图，一是请大家来，对双星几年来在改革中的创新与突破，以及通过超前探索，走自己的路，形成的符合中国国情的双星模式和双星理论，进行一下加工和完善；二是请大家通过对双星的总结，看看能不能得出这样的结论，中国人也能管理好自己的国有企业，我们就是要争这口气；三是请大家来替双星再做一下宣传，为双星向国际型企业集团发展，直接与国际名牌竞争创造便利的条件；四是双星在企业改革过程中先走了一步，要冒比别人更大的风险，因此需要你们的理解、帮助和支持，为双星的发展献计献策。另外从我个人感情的角度，也想创造这么一个机会，使你们这些新老朋友能够再次在双星欢聚一堂，进一步加深我们之间的感情。

主动进入市场　自觉参与竞争

（一九九二年六月二十八日）

双星人超前改革创新的实践成果验证了坚持和把握中国特色和市场导向这个指导方针的必要性与重要性，同时也清晰地体现出这样一条规律，国有大中型企业要想发展与振兴，主动进入市场，自觉参与竞争这是条必由之路。

一　以市场为导向，全员更新思想

在商品经济条件下，市场是企业的命脉。离开市场，企业便是无源之水、无本之木，就无法生存。要实现企业的振兴，必须主动进入市场、自觉参与竞争，这是一场革命性的转轨变型。而变革首先要靠人去决策，靠人去实施，因此企业进入市场，首先要进行一场思想更新，只有思想更新，才能改革创新。

（一）指导思想更新

坚持"中国特色、市场导向"，"继承传统、借鉴国外、创新自己"，"不唯上、不唯书、只唯实"。彻底抛弃计划经济时期那种对政府机关和主管部门的依赖思想，企业有问题"不找市长找市场"，进而摆脱计划体制对企业的束缚，不再"靠天吃饭"，而是靠自己闯天下。

（二）创业思想更新

"敢为天下先，勇创第一流"，以"超前、创新、突破、开拓"为特色，创造性思维，超前性探索，敢于冒险，敢闯禁区，不墨守成规。"取天下之长补己之短、借四海之力振兴双星"，敢打破一切不适应竞争的东西，使企业各项工作都纳入市场运行轨道，从而实现从自发到自觉、从被动到主动地真正进入市场。

（三）管理思想更新

"人是兴厂之本、管理以人为主"，"思想教育、经济手段、行政措施"并重，"无情的纪律、有情的领导"结合，"严、高、细"治厂，"意识是关键、素质是根本、知识是基础"，"两眼盯在市场上、工夫下在管理上"，管理"军事化、家庭化"，同时实施双向民主管理。管理的主体从物转向人，管理的方向从内转向外，从而达到向管理要素质、向管理要效益、向管理要市场的目的。

（四）经营思想更新

"有人就穿鞋、关键在工作"，"全员转向市场，人人参与竞争"，过去生产是一线，现在市场是一线，"市场是检验企业一切工作的标准"，经营的出发点与落脚点都体现在市场。从生产型到经营型，从封闭型到开放型，从内向型到外向型，从守成型到创业型，企业机制发生了根本性的变革，从而顺利地实现了转轨变型。

（五）政工观念更新

"以经济观念强化思想工作"，思想工作为市场竞争服务，"以经济内容充实思想工作"，精神与物质共存，"经济工作难点就是思想工作重点"，生产经营从思想入手、思想工作从市场入手，"教育人、办实事"，彻底告别思想工作喊口号的年代，使思想工作第一次有了硬指标，具备了实用性。从而形成了思想政治工作新概念：思想工作就是人的工作，同时又是精神与物质有机结合的产物。

（六）市场观念更新

"市场如战场、竞争如战争"，培养危机感、紧迫感、压力感，"市场是企业的命脉"，但同时"我们是市场的主人"，增强主动性、自觉性、超前性，"面向全国、走向世界"，坚持"两条腿走路"，消除经营淡季。从而在硝烟弥漫的战场过渡到琳琅满目的市场之后，在竞争中逐渐站稳脚跟并立于不败之地。

（七）质量观念更新

"用户是上帝、市场夺金牌"，真正的名牌要靠消费者认定。"只有疲软的产品、没有疲软的市场"，市场疲软说明产品不过硬，"质量是干出来的不是检查出来的"，产品出厂要做到"厂长安心、职工放心、用户称心"。"质量就是信誉"，因此"不关心质量的干部不是好干部，不关心质量的工人不是好工人"。从而保证了"双星"名牌产品的长盛不衰。

（八）人才观念更新

"企业竞争是人才的竞争"。不拘一格，选贤任能，而且竞争上岗、能上能下，"无功即是有过"，勤勤恳恳不是标准，关键要出成果。"员工素质是企业素质的根本"，引导干部职工"自我教育、自我完善、自我提高"。从而造就了一支"自己给自己出题目、自己给自己加压力、自己拿自己当骨干"的员工队伍。

（九）分配观念更新

"打破'铁饭碗'、铸造'金饭碗'"。既做到"干好干坏、干多干少就是不一样"，打破八级工资制，拉开奖金分配档次，形成激励机制；又做到"一手抓生产，一手抓生活"，在效益增长的前提下，不断提高员工的个人收入和集体福利，从而使危机感与安全感合理并存，真正实现了按劳分配，增强了企业的凝聚力、向心力。

（十）文化观念更新

"爱厂、求实、拼搏、兴利、开拓、前进"是双星企业精神，"有民族志气、有爱国热情、有科学态度、有蓬勃朝气"是双星人形象标准，"说干就干、干就干好、不达目的、决不罢休"是双星人性格特征。在实际工作中使员工认识到，我们不仅仅是在制造产品，更重要的是在塑造形象，塑造双星人的形象，塑造中国人的形象。

二　以市场为动力，主动参与竞争

企业进入市场是商品经济发展的必然规律，而制鞋行业的特性又决定了其自身已进入完全的市场经济。由于内部机制尚不适应复杂的竞争环境，导致了大部分制鞋企业的不景气，并归罪于经济滑坡、市场疲软、消费饱和。我们认为，企业受市场波动影响大，是因为没有根植于市场，把握不住市场规律，是因为没有真正进入市场。因此企业进入市场是压力变动力、动力变活力的根本途径。

我们从 20 世纪 80 年代初期迈出自营销售的第一步，从而成为全国同行业中第一个真正进入市场、直接参与竞争的企业。我们之所以敢于第一个吃螃蟹，是由内外两个因素促成的。

在客观上，国有中百站一统天下，对企业产品统购包销，销售渠道单一，企业闭门造车，不但无法适应市场，更重要的是官商作风给企业带来了许多不合理的束缚和制约，要搞活就必须冲破这张网。从主观上，我们认为，企业要生存发展，产品要适销对路，就必须进入市场，把握规律。而且市场迟早要放开，企业迟早要下海，既然如此，早下海就能早得鱼。

在北京、深圳、武汉 18 个大中城市设立经营分公司，既是桥头堡、蓄水池，又是大使馆、信息站，使自营销售从四面出击的游击战成为以中心城市向四周辐射的阵地战；在全国各地建立总经销，委托与代理相结合、联销与自销相结合、国营与个体相结合，使自营销售从单一形式、单一渠道转为机动灵活、领域宽广；在国内建立销售网点或专柜，实行到现场、到柜台、到顾客的"三到"服务方式，强化售前、售中、售后的"三个服务"，实现对国内市场从渗透、扩展到覆盖、占领的全面成功。

近年来劳动密集型的制鞋工业由发达国家向发展中国家转移，我们抓住这一有利机遇，坚持出口、内销"两条腿走路"方针，互为补充、互为促进，免受任何一方市场波动的影响，东方不亮西方亮，旱涝保丰收。特别是在 1988 年争得全国同行业第一家自营进出口权，摆脱国营外贸控制之后，出口创汇进入了一个新天地。

同时我们坚持"多口岸、多渠道、多形式、多客户、多品种"的"五多"出口方针，采取来样、来料、补偿贸易等灵活经营方式，高档鞋实行原材料供应、产品销售两头在外，以进养出，为出口工作创造了极为有利的起飞条件。

三 以市场为目标，创立名牌形象

市场竞争主要体现在产品竞争，消费者衡量一个企业的标准最直接的就是产品。而且现在鞋作为生活必需品，已经成为时装的一个重要组成部分。台湾人有句俗语："不穿好鞋，人穷半截"，可见鞋对于人们仪表的重要性。要赢得市场，就必须像重视企业形象和自身形象一样重视产品形象，树立名牌意识，重视拳头产品作用，以"名、优、新、特"取胜。

以 1986 年 6 月 23 日下午五点半淘汰解放鞋为标志，我们开始了产品更新换代的新纪元。在新产品开发中敢于自我突破，并按市场变化和消费趋势，实现了三个重大转变和突破。

一是实现了单一品种向系列化的转变；二是实现了低档向中高档的转变；三是实现了以内销为主到以外销为主的转变。突破内销带出口的老习惯，形成以外促内的格局。"生产一代、储备一代、研制一代、开发一代"，达到了"系列化、专业化、季节化、高档化、时装化、舒适化、轻量化、卫生化、装饰化、多样化"。

质量是企业的生命。为维护名牌信誉，我们建立健全了从原材料采购到成品出厂的"一条龙"质量管理体系。

按照"质量是干出来的，不是检查出来的"的观点，开展了创全优劳动竞赛，实行内销、出口一个标准，半成品、成品一个标准，内控标准高于国家标准。强化质量教育，"不关心质量的干部不是好干部，不关心质量的工人不是好工人"。

"用户是上帝，市场夺金牌"，"上帝是检查员、市场是试金石"，高品质的双星产品，在市场中也被消费者公认为名牌标准。

四 以市场为前提，改造技术装备

科技是第一生产力，如同军队打仗需要精良的武器一样，市场竞争也要有一流的装备，作为赢得竞争必备硬件。要保持已有的竞争优势，就必须以科技兴厂的原则，增强企业实力，以竞争需要为前提，改造技术装备，以技术领先保证竞争领先。

我们在改进技术装备的同时，走出了一条滚动发展、自我完善的技术改造新路子。

由于胶鞋行业是低附加值、微利产品，自我发展能力很低，但又排不上国家重点扶持项目，因此只能自我积累、自我发展、自我完善。双星人在"七五"期间靠短、平、快式的技术改造项目，坚持"投资小、产出大、见效快"原则，即把有限的资金用于企业发展和弥补欠账的刀刃上，又及时地把实现的效益用以再投入，这样滚雪球式的流动发展，使企业发生了根本性的变化。

制鞋工业因为是劳动密集型手工操作，所以普遍技术构成较低，技术力量薄弱。双星人正是在克服自身劣势上做文章，打了一场技术进步的翻身仗。进行技术攻关，并推广高新技术的应用。同时开展了群众性的双改双革、双增双节活动，提高效益，降低消耗，填平补齐，"干什么、想什么、改什么，跳出本行业圈子，自己解放自己"，使双星主要生产技术及装备条件已接近国际先进水平或居国内一流水平，确保了双星在市场竞争中的领先权。

五 以市场为标准，变革内部机制

经营机制是决定企业在市场竞争中生死存亡的大问题。我们由于超前进入市场，流通体制尚未改革，市场发育尚不成熟，造成了许多不适应。要在外部大环境不完善的情况下，在市场上站稳脚跟，开拓自己的领地，就必须首先练好内功，加强对市场的适应能力，靠内部机制的完善克服外部不利因素的影响，以市场为标准检验转换机制是否成功，为市场竞争创造最佳的内部环境。一句话，改革创新就是为了适应市场竞争。

市场竞争关键是人才竞争，双星人十分注重挖掘生产力最活跃因素——人的主观能动性。而要做到这一步，最有效的方式就是将竞争机制引入人才机制，效率来源于竞争，人人有压力，工作才能上水平。

由于分配制度上"大锅饭"，按劳分配原则一直没有得到贯彻实施，我们老调新弹，大胆地对分配制度进行了彻底的改革。打破八级工资制，打破奖金"大锅饭"，使员工个人收入与劳动成果紧密挂钩，干好干坏、干多干少、干与不干就是不一样，真正做到按劳取酬。

人的积极性调动起来后，双星人着手进行了一场综合配套的机构改革，不按长官意志，打破上下对口，打破"铁锁链、铁栏杆、铁关系"这"三铁"，一切按市场的实际需要组建职能部门，以市场为标准检验职能作用的发挥。同时以一切有利于市场运转为原则，从1984年开始对管理部门进行了大范围的合并缩减，强调管理部门的最大职能就是为市场服务，减少了管理层次、环节，提高了工作效率、节奏。

在改革管理体制之后，对生产体制也进行了根本的改革，把原来的生产车间全部改为独立核算、自负盈亏的法人单位，放权搞活，自产自销，集团不再大包大揽，这样使各生产厂可以根据自己的实际情况，进行灵活的经营管理。

六 以市场为主线，实施创新管理

我国与先进工业国家的最大差距，与其说是在技术上，不如说是在管理上，管理落后是经济发展的一大障碍。而对于企业来讲，管理不善就如同后院失火，会直接导致竞争的失败。双星人认为，要赢得市场，就必须彻底砸烂一切不适应的东西，以市场为主线贯穿始终，进行一场管理革命，实施创新管理。敢于拿来，敢于标新立异，只要有利于企业发展，就不存在姓"资"姓"社"的问题，只有这样才能与日新月异的市场变化同步，把握市场变化规律。

（一）"双星九九管理"理论

在改革当中，由于理论远远落后于实践，给企业造成了一定的困难，不得不边改革、边探索。双星人由于进行的是超前的改革，所以更要多付出双倍的努力。

鉴于这种实际情况，我们边实践、边总结，将企业内部创造性配套改革实践经验予以系统地加工、提炼，并在实践过程当中加以不断地充实、完善、提高，最终形成了具有鲜明双星特色的"双星九九管理"理论。该理论以人的管理和物的管理并重，追求二者的最佳状态和最佳结合，并以此来指导改革实践，避免走弯路，取得了事半功倍的效果。

（二）军事化管理

国有企业搞不好、缺乏竞争力的主要原因之一是管理松懈、纪律涣散，而且这种症状是具有国际性的，从目前西方国家国有企业私有化运动中就可以窥见一斑。因此双星人坚持"严、高、细"的治厂方针，从严治厂，超常规考核，超标准检查。

双星人从严治厂的典型例证就是军事化管理，即在思想作风上步调一致，令行禁止，严守双星各项规章制度和行为规范，一切行动听指挥，在工作作风上高效率、快节奏，执行决策不走样，既要雷厉风行、说干就干，又要认真负责、扎扎实实。在生死攸关的战争年代，打胜仗要靠铁的纪律，在竞争激烈的经济年代，企业要生存、要发展，同样也要严明的纪律。

在严谨作风、严明纪律、严格标准、严肃考核的前提下，双星人在实际工作中运用"抓具体人、抓具体事、一抓到底，抓检查、抓落实、抓住不放"，以及善借东风、典型引路的行之有效的管理办法，用最简捷的方式、最直接的途径，解决了一个又一个生产经营和管理难点。有军队那样"团结、紧张、严肃、活泼"的工作作风，有家庭那样优美、舒适的工作环境，有永争第一、永求生存，让"上帝"信任的坚定信念，从而进入了管理作风军事化、管理方式家庭化、管理手段科学化、管理标准规范化的良性循环。

（三）强化企业内部管理

从当今世界范围内来看，作为加工工业的制鞋工业即便是在发达国家也摆脱不了劳动密集型、手工操作的特点。这种生产方式技术构成低、劳动强度大、人员使用多，以天文数字出现的人、物、事诸要素充斥于生产工序的各个环节，哪怕错半个号或一个规格都会导致整个流程的混乱，令人管而生畏。但管不好就直接影响市场竞争的成败，因为一旦进入市场就不允许有一只鞋出差错。

为强化企业内部管理，双星人提出"基础管理一抓五年不变"的口号，并且以现场管理为突破口。因为现场管理不仅是生产管理水平的外在体现，而且更重要的是反映了生产者的精神风貌。为此在生产一线首创投入产出"一条龙"管理，推行数字跟踪卡、技术跟踪卡，实现静态管理向动态管理的转变，生产器具各就其位，定置管理，又实现了动态管理向静态管理的转变，动静结合使现场管理井然有序，实现了现场管理定置化、流动物品定量化、工作环境花园化、工业流程程序化，解决了几十年来世界同类行业的"老大难"问题。

（四）双向管理

企业改革及发展目标的实现，没有员工的参与就只能是纸上谈兵，决策也就无法落到实处。因此企业在全员转向市场中，注意发挥全体员工的主人翁意识，使他们既是生产者又是经营者，对企业发展负全责，从而形成了双星所特有的民主管理体系。

作为推动改革进程的一项重大决策，双星人1983年率先建立了职工代表脱产上岗制度，并成立常设机构——民主管理委员会，参政议政，监督管理。

民主管理体制建立后，管理的透明度更高了，干部的责任心增强了，工人的自觉管理意识也提高了，从原来的"要我管理"变成了"我要管理"。官管民、民管官相结合，形成企业内部自下而上、自上而下的双向管理体系，在每名员工中树立"厂兴有我功、厂衰有我过"的主人翁责任感，全心全意依靠工人阶级参与市场竞争。

七　以市场为依托，壮大集团规模

随着商品经济的发展，企业最终都将被抛入市场竞争的大风大浪，这是不以人的意志为转移的。这时的市场竞争就完全是企业综合实力的较量，企业经营的风险也就越来越大。因此，要进入市场、开拓市场、占领市场，扩大产品覆盖，减少经营风险，就必须发展规模经济、规模经营，走集团化的路子。

因此我们从 1984 年起在青岛市率先搞起了横向经济联合，在资金紧张的情况下，借用农村便利条件，输出产品、输出技术，既扶持了乡镇企业，又使主体企业自身得以集中精力、轻装上阵，开发新产品，扩大生产规模。

在此之后，靠自我发展、自我完善、自我提高，以青岛橡胶九厂为主体，以"双星"名牌商标为龙头，以市场为依托，发展社会化、专业化大生产，进而向跨行业、跨地区、跨所有制的供、产、销"一条龙"，工、贸、商一体化方向发展。

1987 年李鹏总理视察后亲笔题名的"青岛双星运动鞋联合公司"的成立是双星集团发展史上的一个里程碑，标志着集团化经营管理体制的成熟与完善，同时具备了企业集团的雏形。由于政策的放开，制鞋原材料价格飞涨，每年给企业带来的增支因素在 1000 万元以上，但成品鞋作为民用日常消费品，加上产大于销的原因，价格又不能过高。同时制鞋原材料及初加工的半成品又很难保证质量，限制了生产规模的扩大，束缚了集团化发展。为避免受制于人，不影响企业的发展速度，双星人靠自己的力量，把原先松散的联合体，逐步变成了紧密的生产经营实体。并以市场需求为纽带，大力发展配套产业，形成整体配套生产体系。配套产业的发展，形成了规模发展的新格局，为集团的壮大和自我完善能力的提高提供了有力的保证，极大地增强了集团的综合实力与发展后劲。

本着"以鞋为主、多种经营"的方针，在发展生产及配套的同时，集团多种经营成果显著。既提高了集团的效益，也改善了员工的福利，开辟了一条微利企业增加效益、增长福利的新路子。

八　以市场为中心，树立决策权威

市场是变化发展的，竞争形势也是瞬息万变的。从这个角度讲，企业只是单纯进入市场是远远不够的，还必须根据市场形势不断调整战略战术，避免盲目性，适应客观经济规律。企业进入市场的目的是为了把握市场，进而占领市场，又要根据市场变化不断调整航向，经得起竞争风浪的考验，不出现反复和回潮现象，永远保持一股向前的冲劲。而要做到这一点，就必须首先树立起最高决策层的绝对权威，增强决策能力。

在双星事业发展过程中，要谈及双星人成功的业绩，我不回避这样一个事实，即企业家的作用的重要性。同时，也靠了一个以企业家为主要代表的坚强的最高决策层。

我们这里不讲什么中心、核心，这里的中心只有一个，就是经济建设与市场竞争，一切工作都必须围绕这个中心来做。双星最高决策层坚持"一切为市场服务、一切靠市场检验"的原则，一个中心，一个方向，一个目标，一个标准，团结战斗，迎着困难上，艰苦创业，自觉吃苦、自觉吃亏，解放思想，敢于顶风浪、抗潮流，配合默契，"两个文明"齐抓共管，从而形成了一个强有力的领导集体。

九　以市场为内涵，坚持以人为本

在商品经济条件下，企业建设如果只注重经济效益，忽视了思想工作，其结果只能导致畸形发展和短期效应。建设社会主义国有大中型企业必须从国情出发，商品经济越发展，思想工作就越要强化，而且只要赋予新时期思想工作以商品经济的新内容，不是教条地沿用老套子，而是灵活地运用形式性的东西为市场竞争的实质内容服务，对商品经济的发展就会起到强有力的保证作用，国有企业就一定能办好。

双星人认为在商品经济条件下，思想政治工作只能加强不能削弱，但同时要赋予其全新的含义，不然政治工作就仅仅是一句口号，就会流于形式，而且会在一定程度上阻碍甚至压制改革的进程与发展。为此，必须对新时期思想政治工作从各个方面进行大胆突破。

指导思想上突破，"不唯上、不唯书、只唯实"，以经济观点强化政治工作，借思想政治工作，把人的工作做活、做细，使企业思想政治工作进入一个全新的思想境界。内容上突破，抛弃僵化的教条和陈旧的模式，以商品经济充实思想政治工作的核心内容，以"经济工作的难点就是政治工作的重点"为原则，形式上突破，思想工作、经济手段、行政措施紧密结合，互为补充，"行政工作从思想入手，政治工作从经济入手"。认识上突破，"人是兴厂之本、管理以人为主"，新时期思想政治工作就是人的工作，目的是为了最大限度地发挥人的主观能动性，实行"自我教育、自我完善、自我提高"，政治工作的宗旨也必须"教育人、办实事"，"知识是基础、素质是根本、意识是关键"。教育上突破，注重企业文化培养，开展每年一次的主题教育。方法上突破，运用算账对比等办法，对职工进行市场竞争的直观教育。

企业素质的高低会直接影响市场竞争的成败，而企业素质主要取决于员工素质，因此必须致力于造就一支高水平的员工队伍。形成一支敢于创新、能征善战的干部队伍，一支敢于拼搏、敢打硬仗的骨干队伍，一支无私奉献、吃苦耐劳的职工队伍。员工素质的提高为企业素质提高奠定了基础，从而为市场竞争提供了有利的条件。

要让职工全身心地投入市场竞争，首先要解除他们生活中的后顾之忧，在发展生产的同时不断提高职工的个人收入和福利待遇。这也是思想工作"教育人、办实事"原则所要求的。

我们要注重感情投资，坚持"无情的纪律、有情的领导"；注重集体福利，坚持"一手抓生产、一手抓生活"，发挥国有优势，体现社会主义优越性；注重生活水平提高，坚持"生产长一寸、生活长一分"。在打破"铁饭碗"是为了让职工抱上"金饭碗"、"银饭碗"的思想指导下，多种感情投资，温暖了职工的心，成为最实际、最有效的思想政治工作，极大地激发了职工的工作热情与生产积极性，使他们全身心地投入到双星事业中。

双星人的改革实践充分证明了这样一点，坚持中国特色、坚持市场导向是企业的成功之路。要强化企业的竞争力、应变力、开发力、增值力、进取力、凝聚力，就必须坚持做到：换思想、造市场、创名牌、改装备、变机制、严管理、增实力、树权威、强队伍。

必须进行一次全面的
彻底的管理革命

（一九九二年七月十三日）

　　管理革命是工艺技术变革的促进剂，是带动工艺技术变革的关键。没有管理上的大胆革命，就没有工艺技术上的创新突破。管理革命是推动工艺技术变革的动力和前提基础。

　　管理革命是产品质量的保证。没有管理的超常规检查考核，就没有产品质量、半成品质量的百分之百。产品质量最终要靠强化管理来保证和促进。

　　管理革命是市场竞争的根本。市场竞争要靠巩固提高管理来做后盾、做保障，没有严格的管理就谈不上市场竞争的胜利。

　　管理革命是发展生产、节能降耗、提高效益的重要手段。没有管理的上水平就保证不了生产的大发展，更保证不了经济效益的大增长。

　　管理革命是巩固管理成果，促进管理上台阶的根本所在。没有管理上的大胆革命，巩固已有管理成果和管理水平，促进整个管理上台阶就是一句空话。

　　管理革命是双星事业发展的必然要求。事业发展到今天，要解决生产经营管理、产品质量、技术进步各个方面的一些"老大难"问题，不进行管理革命解决不了。只有进行管理革命，才能使问题迎刃而解，才能推动双星事业的更大发展。

　　管理革命是大胆变革、大胆创新、勇于突破的综合反映，就是对旧的习惯势力、旧的落后传统进行革命，就是敢闯别人没有闯的禁区，敢走别人没有走的路，敢为天下先。

　　管理革命就是务实，就是实事求是地解决实际问题，就是一切从实际出发，抓具体事，抓出成效，不达目的决不罢休。

可以讲，当前我们提出管理革命这一新课题，就找到了推动双星事业下一步发展的一个最好的新办法。

一　管理革命是双星事业发展新形势的客观需要

双星事业发展到今天，要想再发展、再前进，必须进行一次全面的彻底的管理革命。假如我们还是抱着过去老一套旧的思想、旧的工艺、旧的技术、旧的管理不放的话，就不能适应双星事业当前以及下一步的发展和振兴，就不能适应参与国际、国内两个市场的竞争，就不能适应集团规模经济的发展，双星事业再树新里程碑就是一句空话。

第一，管理革命是适应市场经济、参与市场竞争的迫切需要。市场同管理是相辅相成的，没有市场就没有企业，没有企业就谈不上企业管理；同样没有企业的严格管理，也根本谈不上参与市场竞争的问题。管理是参与市场竞争的基础，就像建房子打地基一样，地基打得越牢，市场竞争就越主动。在严峻复杂的市场形势下，要让市场认可，要让"上帝"信任，要立于竞争不败之地，必须抓好企业内部管理，首先必须按市场的标准来衡量、来检验、来提高管理水平。而且随着企业外向型经济发展，内部管理更必须相应提高，适应国际市场竞争。进行管理革命是保证我们在国际、国内两个市场竞争胜利的关键和根本。

第二，管理革命是企业自身发展的客观需要。随着企业规模经济的发展、生产规模的扩大、产品档次的提高，迫切需要我们在管理思想上、管理标准上、现场管理上、基础管理上、各项专业管理上以及工艺技术管理等方面进行一次彻底全面的管理革命。进行管理革命是实现双星事业发展宏伟蓝图的先决必备条件，是关系到企业自身发展兴衰的一个大问题。

二　进行管理革命，首先必须进行思想上的解放

思想是行动的先导。要进行管理革命首先必须换思想、变机制，进行思想上的彻底革命。不换思想，就不可能提出管理革命，更不可能去搞好管理革命。管理革命并不像一些人想象的那样可怕，不是去整人，搞什么斗争，而是同旧的习惯势力、旧的落后传统进行的革命。要将思想进一步

解放，将观念进一步更新，打破旧的意识、旧的框框束缚，通过树立全新的管理思想，来制订全新的管理办法，实施全新的管理措施。其实这并不是件多么难的事。双星事业近几年的发展，靠的就是坚持务实宗旨，在思想上进行革命，在工作上进行大胆创新，创造性地开展了企业各项工作。没有双星人思想的解放、观念的更新、意识的超前，就没有双星事业发展的今天。

三　开展管理革命，最终落实到"眼睛盯在市场上，工夫下在管理上"

双星人在同行业率先进入市场，在适应市场、开拓市场上进行了一场革命，在市场竞争中占据了主动，处于领先。在此基础上，我们提出要有两手，要抓两头，即"一手抓市场、一手抓管理"，也就是我过去经常讲的："眼睛盯在市场上，工夫下在管理上"。特别是对现场管理、基础管理，到什么时候也不能放松，要一抓十年不变，一抓到底。现场管理、基础管理是进行管理革命最直接的体现、最直观的反映和最能说明问题的一个重要方面。在过去对基础管理工作总结归纳的基础上，我再归纳以下几点：

第一，现场和基础管理是企业变革、管理革命的一个代表和象征。

第二，现场和基础管理是推动技术进步、保证产品质量的一个重要动力。

第三，现场和基础管理是职工素质和素养的一种检验。

第四，现场和基础管理是赢得"上帝"信任的第一印象。

第五，现场和基础管理是企业前进还是后退的一个标志。

第六，现场和基础管理是管理水平高低、企业管理好坏的一种综合反映。

正是由于现场管理和基础管理如此重要，在集团公司成立后，我反复强调各部门要保持高水平，不允许时过境迁。因此我们提出，管理上台阶必须要靠管理上进行革命。不抓管理革命，管理就是一阵子的、就是空的，就巩固不住管理的高水平。要通过管理革命，促内部管理由经验型转向创新型、由拼搏型转向科技型、由应付型转向持久型、由检查型转向自觉型、由骨干型转向全员型、由低层次转向高层次、由静态转向动态，达到一个管理水平的新境界。

四 进行管理革命，必须有压力，有干事业的精神，有大胆突破的创新意识

管理革命不是一句话、一朝一夕的事，是一项必须认真、持之以恒才能抓出成效的系统工程。第一，要有压力，没有压力就必然搞不好。管理革命必须加压力，将整个管理先逼上去，再回过头来总结、巩固、提高管理成果。第二，要有拼搏奉献干好双星事业的精神，这样才能抓好管理上的革命。第三，要有勇于突破的创新意识，要树立新的思想、新的意识，管理革命就是对旧的观念、旧的传统大胆创新和突破，就是坚持务实宗旨，从本单位、本部门实际出发，创造性地开展各项工作。我们提倡要有务实精神、要有创新精神、要有持之以恒的精神进行管理革命，这样才能巩固提高现有管理成果、管理水平，管理革命才能真正达到预期的效果。

市场经济条件下如何做好
思想政治工作

（一九九二年七月十九日）

我们这次政工会议的目的是，在当前市场经济的新形势下，紧紧围绕市场这一中心，探索一整套适应市场经济的思想政治工作新方法，来更好地发挥思想政治工作的优势和作用，为顺应市场经济发展、参与市场竞争起到保证和促进作用。同时提出"双星人要在思想政治工作上创新"这样一个新课题。通过思想政治工作的大胆创新，以经济的观点以及全新的思路、全新的方法将思想政治工作赋予全新的内容，使思想政治工作跟上时代发展步伐，保证和促进企业各项工作，将双星事业推向前进。下面就市场经济条件下如何做好思想政治工作以及思想政治工作如何创新的有关问题谈几点意见。

一 为什么要在这次政工会议上提出在思想政治工作上创新这个新课题

（一）从宏观角度来讲

1. 从历史来看

不论是一个国家、一个政党，要达到政治目的，必须要有自己的政治工作理论和口号。做人民群众的思想政治工作是我党的优良传统和制胜法宝。思想政治工作本身就是在革命斗争中形成的，本身就是一种创新和革命。从中国共产党在革命初期提出"打土豪、分田地"开展思想政治工作那个时候开始，我党在革命和建设的每个时期，思想政治工作都有新内容和新目标。思想政治工作的不断创新，形成了我党取得革命胜利的一个最大优势和最关键的制胜法宝。

2. 从现实来看

思想政治工作进行创新既是符合宏观形势发展的，又是宏观形势发展所要求的。新形势下的思想政治工作面临着许多新的情况、新的特点，有很多新东西需要重新认识、研究和探索，思想政治工作方法、理论、内容需要不断丰富和完善，思想政治工作要适应当前市场经济发展的要求，必须不断创新。

3. 从思想政治工作的作用来看

是否有利于发展生产力是检验一切工作的根本标准，也是检验思想政治工作的标准。思想政治工作的作用就看能否促进生产力的发展，是否适应生产力的发展。提高经济效益作为思想政治工作的出发点和落脚点，将各项工作中的难点问题、热点问题作为思想政治工作的重点。以解放思想、思想政治工作创新作为首要前提来解放生产力、促进社会发展，这样思想政治工作的作用才能得到充分发挥。

（二）从企业自身角度来讲

1. 在政治工作上创新是保证双星事业发展的先决必备条件

在双星事业发展进入新里程，在新形势下，思想政治工作处于一种什么地位？我认为，思想政治工作处于保证和促进双星事业发展的重要地位。近年来，双星事业取得了突飞猛进的发展和世人瞩目的成绩，这里面包含了思想政治工作的巨大作用，事业的成功就是因为我们在实践中形成了自己的管理理论，形成了自己独特的、符合实际的思想政治工作方法，强有力的思想政治工作保证了双星事业发展。在当前双星事业掀开新的一页的时候，发展双星事业要依靠广大职工群体智慧和群体力量，事业发展成功与否取决于广大职工的齐心协力、共同努力，最终取决于思想政治工作能否调动好职工积极性、激发职工拼命大干双星事业的热情。因此，思想政治工作必须创新，不能停留在计划经济老框框上。

2. 在思想政治工作上创新是全员转向市场、人人参与竞争的内在动力

我们提出"全员转向市场、人人参与竞争"，"市场是检验各项工作的标准"，具体怎么样来真正实现，我认为最根本的一条要靠思想政治工作上的创新作为一种动力。第一，从"全员转向市场"提出的本身来讲，"全员转向市场、以市场为标准"就是我们在传统思想观念上的一个突破，也是

对过去那种用思想政治来衡量检验一切工作的老框框进行的一次大胆革命，是双星人思想解放、观念更新、顺应了市场经济发展规律的成果。我们之所以提出"全员转向市场"，本身就是思想政治工作大胆创新在发挥作用，没有双星人全新的思想政治工作，就没有双星全新的市场观念，也就没有"全员转向市场、以市场为标准"的提出和形成。第二，从"全员转向市场"的客观要求来看，思想政治工作也要转向市场、进入市场、占领市场经济的思想阵地。"全员转向市场"要靠人人都做思想政治工作，以全员的思想政治工作来做保证，不是让每个人都去卖鞋，是让每个岗位、每个工序的职工通过思想政治工作的教育灌输、引导，树立市场意识和市场观念，按市场标准和要求，为市场做好服务。没有思想政治工作的创新，就没有从根本上实现"全员转向市场、人人参与竞争"。

3. 在思想政治工作上创新是顺应和促进市场经济发展的重要保证

随着当前市场经济的迅猛发展，思想政治工作在市场经济中应当发挥什么作用？我认为越搞市场经济越要强化思想政治工作。第一，从市场经济发展形势来讲，尽管中央现在刚刚提出市场经济这个词，但市场经济随着国家宏观上改革开放，几年前就早已形成并客观存在了。特别对我们这个以生产民用消费品为主的企业来讲，早已经进入了市场经济，而且双星人已经闯出了市场经济的双星发展之路。双星在市场经济条件下发展的成功经验充分证明，政治工作绝不是可有可无的，思想政治工作只能加强不能削弱，只能创新不能墨守成规。第二，从市场经济发展要求来讲，不能单纯从经济到经济，只就经济而搞经济，否则将走上另一个极端，也就不可能搞好经济。必须政治同经济相结合，一手抓政治、一手抓经济，用经济观点深化思想政治工作，用市场经济的观点重视研究探讨思想政治工作的新形式、新方法和新内容。思想政治工作要适应市场经济必须进行创新，思想政治工作不去创新，将阻碍市场经济的发展，最终被淘汰。

4. 在思想政治工作上创新革命是创造市场、完善环境的前提基础

我们提出要做市场的主人，要主动创造市场，要完善企业小环境、小气候，这一切都离不开思想政治工作，思想政治工作是前提和基础。第一，在当前市场严重饱和、竞争异常激烈的情况下，我们要在竞争中立于不败之地，必须以市场为导向，开展企业各项工作，包括开展思想政治工作。新形势下的思想政治工作要为进入市场、占领市场、创造市场服务。要发挥政治工作在提高职工队伍整体素质、调动前后方两个积极性、保证市场竞争打胜仗上的作用，同时利用思想政治工作自身优势应用到市场经济市场竞争上来，自己创造市场。比如这次我们举办"四会"以及双星之夏晚会、双星商业街活动就是将思想政治工作的形式和思想政治工作的优势应用到市场竞争上来，不仅扩大了影响，而且创造了市场。可以说，这就是思想政治工作形式和方法上创新的一个成功典范。第二，在错综复杂的宏观形势下，企业要发展要前进，必须创建一个良好适宜的企业小环境、小气候，这就要靠思想政治工作来增强职工的凝聚力、向心力和战斗力，来树立正气，净化小环境，完善小气候；要靠政治工作适应内外部形势的新特点、新情况，不断注入新的内容。这样思想政治工作才有生机活力，才能保证企业的小环境、小气候。我们在不同时期都提出思想政治工作的新方法、新形式，例如，开展了迎厂庆活动、"三学、五创、争一流"活动，从而使思想政治工作有新意、不断线、形式多样，为企业创造了一个良好的小环境、小气候。

5. 在思想政治工作上创新是提高职工素质、提高企业管理、提高"三个质量"、提高经济效益的关键环节

思想政治工作创新的成果如何来体现？我认为绝不是单纯喊个口号，最终要体现在通过思想政治工作的创新使职工素质得到不断提高，精神面貌得到不断振奋，管理成果、管理水平得到不断巩固提高，"三个质量"得到"上帝"信任和市场认可，经济效益得到不断增长等多方面。第一，随着集团生产规模不断扩大，职工人数不断增多，职工队伍构成发生了很大变化，需要在思想政治工作上创新来适应新情况，解决新问题，提高职工队伍整体素质，增强职工队伍战斗力。第二，工作、服务、产品"三个质量"在现有水平上要想再提高，也要靠思想政治工作创新来作保证，增强职工的全员质量意识和质量观念，自觉加强精工细做，保证产品质量。第三，巩固现在的管理成果、管理水平也要靠思想政治工作培养职工自觉抓好管理的意识，来不断促进管理上台阶。第四，提高企业经济效益也要靠思想政治工作，以广泛深入、富有成效的思想政治工作方法、形式来发挥作用，来发动职工积极开展增产节约、增收节支、科技进步、双改双革，来提高效率、降低成本、提高效益。

6. 在思想政治工作上创新是"以市场为中心"抓好企业"两个文明"建设的有效措施

在市场经济条件下，企业以市场为导向，企业"两个文明"建设也必须"以市场为中心"，在这方面我们已经有了很多成功经验。比如这次"四会"的出发点和落脚点在适应市场经济参与市场竞争上，取得了精神文明和物质文明的全面丰收,充分说明了"两个文明"建设以市场为中心就有实质内容,就会有实际效果。第一,在思想政治工作上创新就是对围绕市场这一中心开展精神文明建设的大胆探讨,就是在继承借鉴以往思想政治工作好的经验、好的传统基础上,不断丰富、发展、完善思想政治工作新形式、新途径、新方法,使企业精神文明建设注入新的生机,带来新的活力,促进企业"两个文明"建设的发展。第二,在思想政治工作上创新就是将精神文明的形式赋予物质文明的内容,使两者能够有机结合起来,以市场为中心开展思想政治工作。思想政治工作不进行大胆创新,市场经济条件下企业的"两个文明"建设也不可能搞好。

二 怎样在思想政治工作上实现创新

具体来讲,要实现六个创新突破。

(一) 在思想政治工作的指导思想上创新突破

打破过去计划经济的那一套思想政治工作旧理论、旧传统、旧模式,树立思想政治工作以经济为中心、以市场为标准,适应市场经济发展的、符合市场经济要求的、为市场经济服务的思想政治工作全新指导思想。

(二) 在思想政治工作的认识上创新突破

1. 打破传统认识,树立全新认识

打破对思想政治工作就是单纯学习、思想教育、家庭走访的传统认识,树立思想政治工作是无时无处不在的,是贯穿企业各项工作始终的,是保证企业一切工作的,思想政治工作要为市场经济发展服务的新认识。

2. 打破片面认识,树立全方位认识

打破单纯把宏观政治教育作为思想政治工作主要任务的片面认识,树立以经济观点、以市场标准深化思想政治工作,形式多样,方法灵活,全方位开展思想政治工作的新认识。

3. 打破低层次认识,树立认识新境界

打破搞市场经济政治工作无关紧要、抓好经济就行的低层次认识,树立越搞市场经济越要强化思想政治工作、越搞经济建设越要全员都做思想政治工作的高境界认识。

（三）在思想政治工作的形式上创新突破

1. 打破传统形式，创立全新形式

打破思想政治工作过去的老套路、老框框，创立符合市场规律、商品经济规律的独特的创新的思想政治工作新形式、新套路。

2. 打破单一形式，创立多种形式

打破思想政治工作就是单纯开会学文件、你讲我听的简单说教老一套，创立适应市场经济、富有成效，教育、灌输、引导同培养、强化相结合的思想政治工作新形式。

3. 打破只就思想政治工作而搞思想政治工作的老形式，创立将思想政治工作应用到市场经济市场竞争上，促进"两个文明"建设的新形式

打破从政治到政治喊口号式的形式主义，创立政治同经济相结合、思想政治工作为经济建设服务、将思想政治工作的优势和形式应用到市场竞争上、贯穿到企业"两个文明"建设上的思想政治工作新形式。

（四）在思想政治工作的内容上创新突破

1. 打破原有内容，创立全新内容

打破思想政治工作传统固有内容，将思想政治工作体现在每一个具体人、每一件具体事、每一项具体工作上，创立具有双星特色、具有市场经济特色的思想政治工作新内容。

2. 打破单一内容，创立广泛内容

打破政治工作仅仅局限于政治领域和范畴的旧框框，扩大思想政治工作的内涵，不断发展丰富思想政治工作的内容，将思想政治工作赋予物质文明建设的内容，赋予市场经济的内容，赋予符合新形势需要的内容，创立包罗万象、贯穿各项工作的思想政治工作新内容。

（五）在思想政治工作的方法上创新突破

打破政治工作方法上的老套路，树立贯彻党的路线方针政策同创造性地开展工作相结合，教育、灌输、引导同强化、加压力、压担子相结合，务实同创新相结合，精神同物质相结合，表扬同批评相结合，有情的领导同无情的纪律相结合，教育人同办实事相结合，和风细雨同急风骤雨相结合，鼓励先进、鞭策落后同弘扬正气、打击歪风相结合的思想政治工作全新的方法和措施。

（六）在思想政治工作的标准上创新突破

1. 打破老标准，树立新标准

打破过去检查政治工作就看有没有组织政治学习、有没有学习记录、有没有进行家访的老标准，树立是否有利于促进生产力发展、是否有利于调动职工积极性、是否有利于为市场竞争服务、是否有利于提高经济效益的政治工作新标准。

2. 打破低标准，树立高标准

打破过去那种认为思想政治工作看不见摸不着、没有硬指标而造成的思想政治工作低标准，树立不做政治工作的行政干部不是好干部，不懂生产经营的政工干部不是好干部，思想政治工作不同经济建设相结合、不同本职工作、本职岗位相联系就不叫真正的政治工作，将思想政治工作贯穿在各项工作的始终、促进企业各项工作，为深化改革、经济建设保驾护航的思想政治工作高标准。

3. 打破政治标准，树立市场标准

打破过去片面强调政治第一、用政治检验一切工作的老一套，创立思想政治工作以市场为标准，为市场经济服务，为经济建设服务，以市场为衡量检验思想政治工作的最终标准。

三　新形势下思想政治工作的任务

思想政治工作要适应市场的发展变化，必须采取全新的方法、全新的形式、全新的内容，为市场经济发展服务。

（一）换思想，变机制

发展市场经济的目的是为了进一步解放生产力，而进一步解放生产力是以进一步解放思想为首要前提的。所以说，思想政治工作的一项基本任务还是关键要解决人的思想问题，关键要解决职工思想是不是符合市场经济要求、是不是符合为市场和"上帝"做好服务的要求，因此，思想政治工作要紧紧围绕市场经济，通过教育引导使每个岗位、每个工序的每个职工全员换思想、全员树立新思想，在思想认识上提高到适应市场经济、为市场经济服务的新高度上来。同时，按照市场经济的发展转变企业机制，以适应市场为标准，增减变更企业内部机制，建立适应市场经济新形势的组织体系。只有通过思想政治工作的创新，围绕市场经济发展换思想、变机制，才能为市场经济条件下企业的腾飞发展奠定一个坚实的思想组织基础。

（二）造市场，当主人

新形势下思想政治工作的最终落脚点要放在主动创造市场、做市场的主人、做企业的主人上来。面对市场形势的严峻挑战，决不能坐靠市场出现转机、形势出现好转。第一，要利用思想政治工作的优势，调动市场竞争前方后方两个第一线的积极性，采取多种形式和有效措施，主动创造市场。第二，要发挥思想政治工作的作用，以市场为中心开展形式多样的思想政治工作，来强化广大职工的市场观念、市场意识，将每个岗位、每个工序的每项工作都按市场的标准来衡量、来检查，用质量过硬的产品、良好优质的服务创造市场、打开市场。第三，要加大政治工作的力度，增强职工的企业主人翁责任感，以企业主人翁的精神做好市场的主人，大胆分析预测市场、控制市场、引导市场，保证在竞争中立于不败之地，这也是新时期政治工作的一项根本任务。

（三）创造小环境，完善小气候

在错综复杂的社会大环境下，双星人靠不懈努力创造了一个职工素质素养、精神风貌、现场和基础管理、产品质量、工作秩序均达到高层次的良好企业内部环境，保证和促进了双星事业的发展。当前新形势下思想政治工作的一项重要任务仍然是要致力于企业环境建设，创造一个符合市场经济、符合企业发展的良好企业小环境、小气候。要通过开展"以市场为中心"的思想政治工作以及各种独具特色的企业文化活动，充分调动广大职工的积极性，形成人人关心质量、人人参与竞争的新局面，为企业各项工作顺利进行创造一个良好的环境和条件。

四 怎样做好新形势下的思想政治工作，并在思想政治工作上创新

在市场经济新形势下，要将思想政治工作列到适应市场经济、为市场经济发展服务的突出位置上，要将思想政治工作贯穿到各项工作的全过程，要发动广大干部职工人人都做思想政治工作，在思想政治工作上进行大胆

创新。

（一） 在思想政治工作上创新的关键是要勇于创新、敢于突破

市场经济下的政治工作应当是超前的、创新的，既有先进性，又有针对性。要按照市场经济规律对原来的思想政治工作老一套进行大胆创新突破，树立新的观点，采取新的形式和新的方法，不去创新突破不行。思想政治工作创新就是要在不断总结自己的政治工作理论观点、企业文化的基础上，对思想政治工作在实际工作中面临的一些难点问题、热点问题进行积极探索和大胆创新，去大胆开创符合双星事业发展实际的思想政治工作新路子。比如我们经常开会对市场形势进行分析，来增强大家的市场意识、市场观念，这本身就是思想政治工作结合市场经济的一种好形式、好方法，是思想政治工作上的一种创新和突破。

（二） 在思想政治工作上创新的首要任务是要提高意识、提高素质

做好新形势下的思想政治工作首先必须提高意识、提高素质，没有一个好的意识、好的素质就谈不上在思想政治工作上创新。衡量一个领导、一个干部的意识和素质就看能不能创造性地独立开展，最终要靠"两个文明"建设的成果来反映。在思想政治工作上创新，一要有超前的意识；二要有敏锐的思想；三要有良好的素质；四要有务实的精神；五要从实际出发创造性地开展工作。这是做好新形势下思想政治工作的一个重要前提。要求各级领导、管理人员尽快加强自身建设，不断提高意识、提高素质，适应在政治工作上创新，适应双星事业在市场经济条件下更大发展的客观需要。

（三） 在思想政治工作上创新必须坚持务实宗旨，坚持实事求是

新形势下的思想政治工作要坚持务实宗旨，要注重实效性和针对性。针对具体人、具体事来解决具体问题，决不能摆花架子，这要作为在思想政治工作上创新必须坚持的一条基本原则。要打破旧的条条框框限制，实事求是地开展思想政治工作。比如我们抓成本管理、控制消耗，这本身就是用经济观点加强思想政治工作的一种很好的形式。要打破过去那种思想政治工作就是发动职工光讲精神、光讲奉献、不讲报酬的传统保守观念，

在市场经济条件下，我们提倡思想政治工作既要有精神的，又要有物质的，既要精神鼓励，又要物质奖励，体现在每一个具体事、每一个具体人身上都能打动人心，都能促进工作，这就是最好的思想政治工作。实事求是、不生搬硬套、创造性开展工作就是思想政治工作上最大的创新。

（四）在思想政治工作上创新的根本任务是要加强队伍建设、提高"三个质量"、提高经济效益、保证竞争胜利

市场的竞争最终是产品质量的竞争，最终是人才的竞争。因此，思想政治工作要紧紧围绕市场这一中心，通过教育、灌输、引导、强化等多种行之有效的形式，增强广大职工的市场意识和质量观念，提高职工队伍整体素质，提高工作服务质量，抓好产品质量，巩固提高管理水平、管理成果，将思想政治工作的最终落脚点落到为市场竞争服务，提高经济效益上来。

冲出亚洲 走向世界

（一九九二年十月二十五日）

今年 9 月下旬，由我亲自带队，共 12 名同志赴德国杜塞尔多夫参加了第 74 届国际鞋业博览会，在国际鞋展上成功举行了双星鞋文化表演，在国内外引起了巨大轰动和强烈反响，成为双星人一个新创举，标志着双星进入了实现"冲出亚洲、走向世界"的第二战略目标。

讲一讲参加此次国际鞋展的几点体会。

（1）杜塞尔多夫双星鞋文化表演是双星人继在美国纽约举行国际新闻发布会后又一个新的创举。在参加国际鞋展的整个安排组织上、宣传形式上不拘一格、大胆创新，成为此次国际鞋展的一大轰动事件。双星人在国际舞台上向世界展示了良好的精神风采，为中国人争了光，为东方人争了气。

（2）双星精神在杜塞尔多夫得到检验和发扬光大。此次参加国际鞋展取得巨大成功同全体赴德同志弘扬双星精神是分不开的。没有双星精神的大发扬，就没有双星鞋文化表演的辉煌成功。我们的 6 名女开发设计人员每天连续 6 个多小时穿着高跟鞋在舞台上进行鞋文化表演，大家没有一个叫苦叫累的，始终精神饱满、保持良好的精神状态，使围观的那些国外客商为之赞叹和折服。我们的谈判人员每天迎接数百人次的客商前来洽谈贸易，忙得连午饭也顾不上吃，全身心地投入紧张的工作。双星人的精神、双星人的工作节奏、双星人的工作效率令国外同行感到非常惊讶，说明了精神的力量和作用是不可估量的，是用金钱所买不到的。

（3）通过参加德国杜塞尔多夫、美国拉斯维加斯两次国际鞋展使我体会最深的是，市场是企业生存发展的动力，市场的规律就是竞争、就是优胜劣汰，竞争的规律就是"产品＋感情＝市场"。也就是说，如果有好的产品、好的服务就会有好的市场。没有好的产品、好的服务，市场是不存在的，企业也是不存在的。

（4）不管是国内市场还是国外市场，市场竞争都同战争年代一样，是一场你死我活、刺刀见红的战争。厂家同厂家之间相互技术封锁，国家同国家之间采取贸易保护主义，根本不足为奇。譬如，最近美国国会扬言要对中国实施特别"301条款"，欧共体马上表态不再从中国进口鞋。说明了市场的竞争不仅仅涉及经济，还涉及政治。

（5）不管是中国人还是外国人，市场消费规律都是一样的，都追求名牌、追求舒适、追求新颖美观、品质好，而且特别注重价格。譬如，上次我到美国市场考察看到50美元～60美元的鞋买的人很多，而80美元～100美元的鞋则很少有人问津；这次到德国又看到40马克～50马克的鞋买的人比较多，而100马克以上的鞋买的人很少，说明了国际国内市场都有个价格竞争的问题。

（6）不管是国际市场还是国内市场，市场都要靠引导，不去主动引导市场、开拓市场、创造市场，市场不会自己从天上掉下来。

这次国际鞋展我们的双星鞋文化表演和幸运抽奖活动，本身就是引导市场、创造市场的一种好形式。正因为采取了这些出奇制胜的好形式，引导了市场，扩大了宣传，才创造了我们这次参加国际鞋展当场订货百万双的历史最高纪录。

（7）鞋是人类文明的产物和社会进步的标志。整个制鞋业很有发展前途，以我们现有的实力和规模进入国际市场参与竞争也很有希望。关键要发挥好我们的竞争优势。热硫化鞋工艺是发达资本主义国家制鞋业的一个弱项，却恰恰是我们最大的优势。要打好国际市场这场争夺仗，必须发挥出我们硫化鞋的优势，以扩大硫化鞋的出口来带动冷粘、注射、皮鞋等其他品种全面出口发展。

（8）杜塞尔多夫双星鞋文化表演取得的辉煌成功为我们全面进入国际市场参与国际竞争打响了第一炮，为双星集团由国内向国外、由内向型向外向型的战略转移、跨国经营道路的开创奠定了良好的基础，增强了我们在强手如林的国际市场竞争中战胜对手、取得胜利的决心和信心，激励着我们双星人继续拼搏、加倍努力，从胜利走向新的胜利。

迈向市场经济的双星之路

（一九九二年十月二十七日）

    青岛双星集团公司8年奋战闯出了一条走向市场经济的成功之路。8年前一个穷困潦倒的老企业如今发展成为拥有75家企业、1.8万多人的全国同行业规模最大、技术一流、品种齐全的制鞋集团，企业走上快速发展、良性循环的道路。"七五"期间产值年平均递增37%，实现利税平均递增22%，提前10年完成翻两番的目标。

    1983年，我们在经济最困难的时候被迫进入了市场。按规定，当时的产品只能由国营商业统购包销，可我们生产30年一贯制的解放鞋却堆积如山，产品卖不出去，工资发不出来。没办法，我们背着"官商"，"偷偷摸摸"地把鞋运出厂自销。厂长与工人都背着鞋去闯市场，从此便下了"海"。

    我们集团前身叫青岛橡胶九厂，出去卖鞋，人家反问"'香蕉酒厂'怎么造鞋"？叫人哭笑不得。与市场隔绝，闭门造车，信息不灵，耳目不聪，市场一有变化，就出现产品积压、经济亏损，这就是计划经济带来的病症。几年来，我们下决心把销售市场先建立起来，先后在18个大中城市建立销售分公司，1000多个销售网点，对国内市场从渗透、扩展到覆盖、占领。在全国同行业普遍产大于销、供过于求矛盾困扰的时候，双星产品始终产销两旺，年产4000万双鞋无一积压，内销、自销比例从1988年起达到100%。也就是说，我们依靠自己在市场上站住了脚，而且很快成长壮大起来。

    如果说自营销售是我们走向市场的第一步，自营进出口权的获得则是在走向市场道路上竖起的第二个里程碑。1988年7月获准自营出口，当年创汇便达69万美元，1991年达到1463万美元，今年到目前已突破1500万美元。每年翻一番。开始没有一个人不说"不可能"，最后没有一个人不说

"没想到"。思想一解放，梦想不到的事都实现了。

企业进入市场后，整个大环境没有改变，流通体制未得到改革，市场发育不成熟，必然要遇到超乎寻常的困难。为适应市场经济发展，我们提出：两眼盯在市场上，工夫下在管理上，首先练好内功。靠内部机制的改善克服外部不利因素的影响，为市场竞争创造最佳的内部环境，改换一切不适应市场竞争的旧机制和旧秩序。

8 年改革中，我们一直在闯路，是被告一路状、受一路批评指责走过来的。改革不是在没人的路上闯出一条新路来，而是在有人的路上闯出一条新路来，主要障碍是错综复杂的人际关系，是 40 年来计划经济形成的旧制度，要改一改路，让路变得更宽阔、更畅达，让人们走得更快。但是打破原来的"铁栏杆"、铁关系，又谈何容易。我们本着双星人敢闯、敢转、敢争、敢创的"四敢"精神，靠全体职工顽强的拼搏，终于开拓出一条走向市场经济的成功道路。

正是在这走向市场的 8 年中，双星的内部经营机制得到大转换。我们重建了以销售为龙头的经营机制；以三项制度改革为核心的竞争激励机制；包括思想工作在内的内部管理机制；还有领导机制和约束机制。五大机制改革同步进行，创新管理全面展开，也形成了属于我们自己的市场经济管理理论体系。

我们在很多方面在全国同行业中是"闯"第一个浪头的。我们超前进入市场，做了不少带有试验性质的事。比如：1983 年在全国最早把农村承包制引入企业生产；1983 年在全国最早搞横向联合，实行产品扩散；率先在全国破除"铁交椅"，进行人事制度改革；1984 年在全国最早开新闻发布会，向市场宣传企业与产品；同年，在全国同行业最早摆脱计划销售的束缚，实现自营自销；在全国最早提出"以市场引导企业，全员转向市场"的思路……我们不是独出心裁，而是比较早地走向市场后，在四面包围中左右冲突，想杀出一条路来。我们的许多做法，后来被实践证明是对的，更坚定了我们大胆走下去的信心。

竞争是市场经济的核心和动力，竞争激励机制调动起来的积极性冲破了条条框框，使双星人的潜能得到充分发挥。目前，在我们企业管理人员中，竞争上岗的工人占 60%，中层干部 72% 是从工人中上来的，他们的最大特点就是有闯劲，敢创新，奉献精神强。这是双星开拓市场经济道路的骨干力量，是走向市场经济成功的保证。

显然，是走向市场、引入市场经济机制挽救和振兴了双星集团。从我们双星集团的成功可以看出，企业或早或晚都要走向市场这条路。走得早，就早主动，早受益。这是必由之路，也是必胜之路。我到过许多先进发达国家的制鞋企业，我认为我们这8年的发展速度比我考察过的企业都快。我们双星的内部管理是世界上同行业中最好的。它们只有经济一手，我们还有强有力的思想工作等措施和制度。从这个意义上说，社会主义企业一旦在市场上站起来，就显示出无限的生机与活力，就能超过发达国家企业。

（原载《经济日报》1992年10月27日）

改革的动力和源泉是市场

（一九九二年十一月）

我们党通过改革开放 14 年来的伟大实践，在如何建设有中国特色社会主义的问题上已经有了新认识。党的十四大把社会主义市场经济确认下来，这本身就说明了我们的党和国家很有希望。因为在整个人类社会历史的发展进程中，承认也好，不承认也好，市场经济是客观存在的，它不以人们的意志为转移，也不受社会制度的约束。社会生产力要想发展和启动，要想把经济搞上去，就得搞市场经济。至于说社会主义市场经济同资本主义市场经济有什么区别，我认为除了所有制性质不同以外，其他方面有许多相似之处。对市场经济这个比较敏感、也是目前比较热门的问题，我有三个方面的体会和认识。

第一，改革的动力和源泉是市场。改革开放以来，我国城乡发生了举世瞩目的伟大变化，特别是广大农村依靠党的好政策发生了天翻地覆的变化。但是农村改革的真正启动点是市场，没有市场，农村也就不会活起来。从企业来讲，企业真正的改革光靠中央文件、首长讲话是不行的，真正推动企业改革前进的是市场。如果没有市场这个改革动力，光靠发文件，可以说只是纸上谈兵，但我也并不否认宏观政策所起的作用。为什么这么讲呢？因为市场逼着你进入角色，逼着你在各个方面适应市场。双星集团公司的前身橡胶九厂是个典型的"四老企业"、原来的设备都是日本昭和年代的。我到这个厂已经 18 年了，从当时"以阶级斗争为纲"的年代到现在市场经济的年代。在这个厂里我们进行的一切工作，上边没有下一个专门文件指导我们怎么干的，那么我们的改革是怎样搞起来的？我可以告诉大家，是被逼出来的。1983 年那个时候，我们厂产品积压严重，鞋堆得同我们现在的假山一样高。我当党委书记的第一个月，当时的厂长叫我一块到中百站要钱给职工发工资，第一个月我去了，第二个月我也去了，到了第三个月我就不去了，我对其他厂领导说："咱可以自己卖鞋，自己发工资嘛。"大家说："不行，违法。"都不敢提卖鞋的事，我就组织开了党委会，集体研究决定我们自己卖鞋。刚开始卖鞋，就惹怒了"官商"，中百站先告到了商业局，商业局又告到了市里，市里找我问："你们为什么自己卖鞋？"我说："为了给工人开工资。"市里无话可说，最后就不了了之了。我们就这样卖开了，就这样自觉地进入了市场。开始卖得还可以，后来慢慢地老产品卖不出去了，我们就打算生产新产品，但生产线又倒不下来，我们就开始搞向外扩散、横向联合，倒下生产线生产新品种。从那时开始，市场推动我们在企业内部进行了一系列变革。在这场变革中，我们破除了计划经济体制形成的那套旧的观念、旧的思想、旧的作风，按市场的标准、市场的要求重新调整机构，对每一个岗位、每一项工作以及每一项工艺都重新建立规章制度。这场变革的启动点和关键要害是市场，因为市场和"上帝"要求我们这样做。短短几年来，我们从向省银行贷款300万元上项目发展生产开始启动，到现在已经形成1亿元的固定资产，发展成为中国最大的、亚洲有一定影响的、敢于同世界名牌竞争的拥有75家成员企业的外向型制鞋集团。而且我们的管理在世界制鞋行业中也是最好的，在美国纽约的国际新闻发布会上我就是这样讲的。没有市场，就没有双星的今天。

第二，企业发展的本能是市场。企业要发展，靠文件、讲话不是不能发展，但发展的速度很慢。对那些国家重点企业可以，但对我们这样做鞋的企业，根本排不上号，要发展全得靠自己。在这种情况下，我们以市场为导向，全员更新了思想；以市场为动力，主动参与了竞争；以市场为目标，创立了名牌产品；以市场为前提，改造了技术装备；以市场为标准，变革了内部机制；以市场为主线，实施了创新管理；以市场为依托，壮大了集团规模；以市场为中心，树立了决策权威；以市场为内涵，坚持了以人为本。我们形成了一套完整的管理理论和管理哲学，坚持了"人是兴厂之本、管理以人为主"，坚持了"有情的领导、无情的纪律"，提出了"有人就穿鞋、关键在工作"，提出了"市场是检验企业一切工作的标准"。我们抓住以人为本的教育不放，1985年我们提出了"爱厂、求实、拼搏、兴利、开拓、前进"的12字企业精神，其核心是拼搏奉献。但双星精神不是一成不变的，双星精神要随着时代的发展、形势的变化不断增加新的内容和新的观念。现在我们双星精神的内涵变了，不仅仅是拼搏奉献，更重要的是让双星人靠劳动、靠本事、靠才干、靠经营先富起来，得到实惠。所以我说，企业发展靠什么？靠市场。企业的本能是要搞好，它唯一的动力是市场，这是千真万确的一条真理。它超越了社会制度，不随人们的意志为转移，这也是个规律。谁违背这个规律，谁就会受到这个规律的惩罚。

第三，市场是最好的天平。什么最公平？我认为市场最公平，市场是对好和坏、真和假的最好检验。市场超越了制度，超越了信仰。只要在这个地球上，对企业最好的检验就是市场。市场是人才施展才华最好的天地。不靠关系、不靠门子，市场就客观摆着，谁有本身谁干，谁有本事谁就进入市场演练演练。市场是致富的源泉，不管什么制度，不管什么人，谁进入市场谁就有可能发大财。但进入市场也不可能人人都成功，就像在运动场上赛跑，不可能人人都跑第一。

竞争与淘汰

（一九九二年十二月十日）

市场是最公平的。它给每个企业、每种产品、每个人的机会和条件都是平等的。但市场又是无情的，有市场就必然有竞争，有竞争就必然有淘汰。在市场经济新形势下，那些思想观念陈旧、抱着计划经济老框框不放的人要被淘汰；那些工作不负责任的人要被淘汰；那些遇到问题绕道走，把矛盾上交，上、下、左、右讨好的人要被淘汰；那些不能严格要求自己，只当动力不当对象，将规章制度只对别人不对自己的人要被淘汰；那些私心过重，以权谋私，慷双星之慨，挖双星墙角的人要被淘汰。这是不以人的意志为转移的，是市场经济的竞争规律决定的。

在双星事业进入新的发展里程的关键时刻，必须对全体管理人员、骨干提出竞争与淘汰这个题目。市场经济和双星事业的发展，对每个人都提出了一个新的更高的标准和要求，都是一个新的考验。在这种情况下，部分管理人员、骨干可以用勤奋、认真，弥补自身的不足，跟上事业前进的步伐。但那些既没有能力，还不虚心、不承认自己有差距的管理人员必然要被淘汰。不淘汰那些懒人、庸人、"混子"，不淘汰那些队伍中的败类，双星事业也不可能再发展。

要通过竞争和淘汰，做到能者上、庸者下。要通过竞争和淘汰，将管理人员队伍素质逼上去，尽快提高管理人员的整体素质和适应市场经济的能力。

深化企业改革　全面推行国有民营

（一九九三年二月二十八日）

当前我们开展的工作和制定的政策是符合中央精神的，是符合中国当前及今后企业发展的方向的，是能够贯彻邓小平同志提出的建立有中国特色的社会主义现代企业理论的，我们当前所做的一切是对建立社会主义现代企业制度基本思路的一次深层次的探讨和实践。实践验证了我们双星在即将过去的一年里的路子是正确的。因此我相信，只要我们沿着国有民营这条道路继续深化改革，我们双星人必将走在改革的前面。

从当前国内外市场的形势、行业发展规模、企业发展方向和状况来分析，集团公司各经济实体已从宏观上进入市场，参与市场竞争，但集团公司内部体制、机制还不能完全适应市场的要求。因此企业要想继续发展，取得更好的经济效益，必须深化企业改革，全面推行国有民营。因此我确信：当前我们走的路是正确的，是符合中央精神的。

目前集团公司采取的体制是当今制鞋行业最有竞争力的体制。我们不但发挥了集团公司规模经济的优势，即美国式的规模经济，讲究整体作战、相互配合的经验，而且采用了小巧灵活、富有竞争力的自主经营机制，即日本式的内部划小核算单位、全面进入市场的做法，同时树立了共产党人独有的敢争第一的精神，从而形成了当今世界上制鞋行业最有竞争力的经营运转体制，保证集团公司生产的正常运行和发展壮大。

同时，由于我们采取了总结、表彰、鼓励等精神调整措施和经济上的与搞活相结合的政策，从而使我们的机制能发挥出更大的威力，取得更好的经济效益。

在集团公司范围内全面推行国有民营改革，应做到不能离开"三个原则"。

（1）坚持"以鞋为主、多种经营"的发展战略不变。国有民营能否搞好，双星能否发展下去，关键在于能否保证好鞋、支持好鞋的发展和市场竞争。可以说在20世纪内鞋作为集团公司的经济主体，仍将占据着很重要的位置。因此，以鞋为主这个本钱什么时候都不能丢，实行国有民营对制鞋生产厂要实施政策倾斜。

（2）应强化集团整体意识，有利于集团公司大局发展。集团公司各单位、部门应充分认识到"大河有水小河满"的道理，假如不能保证鞋的发展，可以讲，其他配套行业甚至第三产业就不可能得到更好的发展。因此，我们要在发展好鞋这个主体的基础上，逐步带动并加快第三产业的发展，来逐渐改变集团公司的经济结构，避免经济成分单一、发展不平衡造成工作的被动。

（3）建立国有民营的机制必须要以有利于平等竞争、有利于调动职工的积极性、提高经济效益为前提。国有民营实施方案应尽可能地让各单位、部门都处在同一起跑线上，按统一标准分摊集团公司有关费用，平等竞争；能够让各配套厂及第三产业在与鞋配好套的基础上，再有一个更大的发展，从而调动各民营单位的积极性。

全面推行国有民营改革应注意的几个问题：

（1）全面推行国有民营改革不等于上层建筑及职能处室没有事可干。应当讲，国有民营属于探索中的新生事物，而新思维、新事物、新方案在运转过程中，往往伴随着许多这样或那样的问题出现。一旦上层建筑和职能处室跟不上形势的发展，不适应这一机制的变化和调整，不但不利于发展，而且可能导致出现更大的问题，因此这就要求分管领导和各单位负责人都要适应市场，随时完善国有民营机制。应根据市场的变化，不断地研究分析新政策、新情况、新课题、新体制，要不断地进行深层次的改革和调整，要不断地进行总结，查找自己的问题，同时要求上层要根据新政策，不断地制定新的规章制度和采取新的策略。

（2）职能处室的检查考核、各种规章制度的建立和执行，只能强化不能削弱。特别是在全面推行国有民营机制这个探索中的新生事物之时，更来不得半点马虎和失误，更应该加强职能处室的职能作用。这就要求各职能处室的规章制度必须适应国有民营体制的变化，不断进行更新，把职能作用发挥好，把本职工作干好。

（3）集团公司内部流通的各种价格或限价都必须严格执行。各单位、部门都应把严格内部流通价格和限价作为今后的一项重要工作来抓。

（4）提倡建立中层干部、骨干、职工承担风险，按一定比例交纳风险抵押金的制度，从而让大家都成为企业的投资者和股东，能够让大家关心企业、维护企业的形象，能够让大家按贡献大小、风险抵押大小获取不同的经济效益和红利。

（5）各单位、部门内部必须制定一个有利于竞争的体制和政策，创造一个能让每一个职工表现自己价值的氛围、气候和环境。主要领导要更新观念，解放思想，敢于大胆用人，让有能力的人通过锻炼成为不同岗位上的骨干。好的竞争形势和气候、竞争机制必然造就一批小能人，也必然能创造出更大的成绩和效益。

（6）整个集团公司推行国有民营改革，政策更加灵活并不等于可以乱。整个国有民营的政策必须符合中央的改革精神，适应双星发展的需要，要靠才能、智慧、拼搏、劳动走正道致富，而绝不靠歪门邪道发财。

不抓管理，一切都等于零

（一九九三年四月二十九日）

一 质量与管理的关系

（一）质量同管理是不可分割的统一体，是相辅相成和一致的

质量抓好了，必然说明管理好。管理抓好了，必然会质量好。管理是质量的保证，质量是管理的反映。为什么我们出口鞋的质量好，赢得了"上帝"信任和市场的认可？就是因为我们狠抓了内部管理。没有高水平的管理，就没有高水平的质量，就没有高质量的产品，也就没有现在出口的好局面。所以说，抓好管理是抓好质量的前提和基础。我们可以回想一下，原来那些落后的单位都是靠狠抓管理，才改变了落后面貌，迎头赶上来。不抓管理，一切都等于零。管理是第一位的，没有管理就没有质量，没有管理就没有一切。企业一切工作都是从管理入手的，也就是在管好人的前提下管好物，建立各种章法和制度，不断理顺各种关系，管理的好坏决定了质量的好坏。反过来讲，管理真好假好、真过硬假过硬最终要体现在质量上，质量不好，你的管理就不真实、不过硬。不能把抓管理同抓质量当成是两回事，更不能把抓管理同抓质量对立起来。要在抓内部管理的同时，抓好"三个质量"，管理和质量同时都抓好了，才说明你这个部门的工作真过硬，才说明你得的先进是名副其实、当之无愧的。

（二）质量同管理在企业中的地位

一个企业搞得好和坏的标志就是管理和质量，管理和质量是企业整个情况的根本反映。外界的人到厂里参观，其实就看你的管理和质量怎么样，对你的评价也是管理和质量。管理搞得好、质量搞得好，对你的评价必然

就高；管理混乱、质量低劣，必然评价就差。抓管理、抓质量是企业当中最难的工作，也是最能磨炼人、最能考验人的工作，是实打实，来不得半点马虎、来不得半点虚假的工作。衡量一个单位、一个企业，甚至衡量一个班组搞得好坏，就看管理和质量搞得究竟怎么样，管理和质量过硬，企业必然就好，企业经济效益也必然就好，这是个因果关系。因此，只要搞企业，对管理和质量到什么时候、什么情况下都不能放松，到什么时候都不能麻痹，都不能有任何的闪失。抓好了管理，抓好了质量，也就抓住了企业的纲，也就抓住了参与市场竞争的根本。不抓管理，不抓质量，企业肯定不会搞好，必然会在竞争中被淘汰。这是个客观事实。假如各单位、部门不认真抓管理、抓质量，得过且过混日子的话，想当先进也是不可能的，即使成了先进也恐怕保持不住，只能是暂时好一阵子。对管理和质量大家不能凭主观感情用事，今天高兴就抓，明天不高兴就不抓，不能忽紧忽松，犯冷热病。只要是市场经济，只要是搞企业，管理和质量就只能抓紧，不能放松。

（三）质量同管理在企业中的价值

质量同管理是一个企业、一个经济实体自身情况和自身水平的尺子和度量衡，是衡量一个企业好坏最基本的砝码。质量和管理搞得好和坏，决定了这个企业存在的价值的大和小，决定了这个企业队伍素质的高和低。只要是一个经济实体，不管是国营的，还是个体的，要想生存发展下去，就必须首先抓管理、抓质量。不去抓管理，不去抓质量，就迟早要垮台，这是不以人的意志为转移的。质量和管理对企业的兴衰成败、生死存亡具有不可缺少的关键作用和关键影响。

二　质量同市场的关系

质量同市场也是相辅相成的。没有质量就没有市场，没有市场也就没有什么质量可言，市场的竞争是质量的竞争。质量在市场上就是我们企业真好假好最好的天平、最好的法官。在整个市场上，最能说明问题、最能使"上帝"满意和信任、最能表现我们企业存在价值的就是质量。质量好，你的市场信誉就好，存在价值就大；质量不好，你的市场信誉必然就差，你的存在价值必然就小。我们之所以知名度高，得到国际国内两个市场"上帝"的认可，就是因为狠抓了产品质量，以高质量赢得了信誉，赢得了市场。而那些行业中的大厂、老厂之所以亏损倒闭，一落千丈，就是它们的管理、经济、产品，特别是质量没有搞好。市场竞争是残酷无情的，靠花言巧语、坑蒙拐骗是站不住脚的，必须靠质量以优取胜。市场是对我们质量好和坏最好的考场、最好的检查，是对双星企业、双星产品和双星人真过硬假过硬最好的评价、最公正的评价。质量好，说明双星企业、双星产品名副其实，就是过硬，说明了双星人队伍素质就是好。反过来讲，如果质量低劣，消费者都不满意，说明我们的宣传同实际真实情况有出入，那样就成了搬起石头砸自己的脚。在市场面前不能说假话，特别对质量不能说假话。企业什么都可以改革，质量第一不能改革。什么都可以马虎，对质量不能马虎。什么都可以原谅，对质量问题绝不能原谅。特别是对因工作质量、服务质量差造成产品质量问题的更不能放过，更不能原谅，要追究责任，严肃处理。对质量问题任何人也不能偷懒，不能马虎，不能自己原谅自己。进入市场参与竞争，首先要认认真真抓质量，质量是我们进入市场的关键和制胜法宝。

三　质量和管理同素质的关系

质量和管理同素质也是相互一致的。没有好的素质，就必然没有好的质量和好的管理；没有好的质量、好的管理，素质也不可能会真好。如果一个部门内部管理混乱，奖罚不清，质量问题成堆，这个部门的主要领导的素质就不可能很强。质量和管理是素质的反映和代表，素质是质量和管理的根本和关键。自身素质不高，必然抓不好管理，必然抓不好质量。提高素质的关键靠自己培养，靠自己锻炼，靠自己进行自我完善、自我提高，自己给自己加压力，自己给自己出题目，自己约束自己。对自己所处的条件、所处的环境、所处的位置，要有一个正确认识和正确态度。既要经得起表扬，又要经得起批评；既要经得起一帆风顺，又要经得起挫折和打击。更重要的是经得起市场经济和历史的检验和考验，不能违了法，不能出了格。要靠抓管理、抓质量来提高自身的素质，靠质量和管理水平的提高来促进素质的提高。在管理上和质量上出现问题，如果自身素质高，可以尽力去弥补，可以最大限度地避免和减少造成的损失；但如果素质不高，管理和质量出问题就无法弥补。可以说，素质的好坏可以决定管理和质量的好坏，管理和质量的好坏反映了素质的好坏。一个人的素质关键看他的工作质量、服务质量以及责任心和事业心。最近有的管理回潮，出现质量问题，就是部门领导和主要工程技术人员自身素质上出现了问题，是工作不负责任、为市场服务的自觉性和主动性不够造成的。因此，广大干部骨干，特别是年轻干部的素质品德很重要。要尽快提高自身素质，有了高素质，才能真正抓好管理，抓好质量。

四 检查同市场的关系

在市场经济新形势下，各单位、部门应当怎样对待职能部门的检查？职能部门如果不是为了集团整体利益，不是为了贯彻集团领导指示和部署的话，他们还有必要进行检查吗？这是市场逼得我们要生存下去，要保住饭碗才进行检查。我们不是单纯为了检查而检查，检查只是一种手段，而不是目的。目的是为了通过督促检查，使我们的企业内部各项工作适应市场和"上帝"的要求，不断自己革自己的命，进行自我完善、自我提高，促进管理和质量的提高。在市场经济中如何对待职能部门的检查？对检查应持什么态度？对一个部门主要领导来讲，是个观念和素质问题，是个领导意识和领导水平问题。大家应当感到职能部门的检查是件好事，通过检查帮助我们发现问题、指出问题，对部门工作是鞭策和促进，不是谁同谁过不去。而且职能部门的检查同政府官员的那套检查完全是两回事，如果各单位、部门不用领导和职能部门检查就自己干好了，我看根本不需要职能部门再进行检查。所以说，在市场经济新形势下，各单位、部门应当变叫我抓管理、叫我抓质量，为我要抓管理、我要抓质量；变被动地等着职能部门来检查，为主动地自己进行检查，自己整改问题。另外，各职能部门也不能光检查别人，不检查自己；光革别人的命，不革自己的命；光当动力，不当对象。也要允许别人来检查，相互检查督促，共同提高。

正确处理企业内部的十五个关系

（一九九三年八月六日）

随着各个生产厂独立经营直接进入市场，理顺各厂同各厂之间、各厂同销售公司、分公司之间的相互关系，避免市场和销售价格的混乱成为我们的当务之急。如果我们内部关系不理顺，相互关系不明确，可能就要出问题。为此要求各单位、部门、分公司必须处理好以下十五个关系。

一　分公司同市场的关系

分公司进入市场开展经营，同市场的关系是冒风险的关系，是引导市场、开拓市场、创造市场的关系，是不去抢市场、争市场就要被市场淘汰的关系。用个形象的比喻：分公司是船，市场是水，水可以载舟，也可以覆舟。在市场的海洋里没有点冒风险、迎风浪的精神，缩手缩脚、怕担责任、怕担风险，分公司就必然搞不好。只有那些敢于冒险，敢于引导市场、开拓市场的分公司，才能在市场上发大财。

二　价格同市场的关系

承认市场就要承认价格，没有市场就没有价格，没有价格也就不存在市场的问题。价格是市场的基础，市场要靠价格来调节，在市场上再好的感情也代替不了价格。必须发挥价格的杠杆作用，随行就市，灵活调价。不懂得如何及时调整价格，早晚要在市场上吃苦头。

三 产品同市场的关系

有好的产品才会有好的市场；没有好的产品就不会有好的市场。市场要靠产品去引导、去创造，产品在市场上起到了引导和创造的关键性作用。只有根据市场变化和需求不断调整变换产品，才能在市场上保持长盛不衰。

四 各分公司同各厂的关系

现在各生产厂同分公司一样都直接进入市场卖鞋，各厂、各分公司的关系是在保证集团整体利益的大前提下，发挥各自的优势参与经营。在这里特别强调一条原则，各厂、各分公司谁也不能把价格卖乱，谁也不能把市场搞乱，谁把价格卖乱了，影响了市场，就严肃追究谁的责任，这是个很严肃的问题，谁也不能开玩笑。

五 各厂同各分公司、销售公司的关系

各厂和各分公司、销售公司就是买卖关系，今后各厂对各分公司、销售公司就是谁给钱就给谁货，不给钱就不给货，宁可挣 0.6 元的现金也不挣半年以后的 0.8 元，不能再拖欠货款。

六 销售公司同各分公司的关系

销售公司同各分公司是组织、指挥、领导、监督、检查、协调、服务的关系。销售公司作为集团公司负责内销市场经营的职能处室，要发挥好职能作用，要统一了解掌握整个市场的情况，对各个分公司进行业务上的帮助、指导、检查，帮助分公司解决实际问题和实际困难，协助各厂将内销订货同生产组织衔接好、落实好。

七 销售公司同各厂的关系

销售公司同各厂销售科是业务领导的关系。销售公司负责宏观掌握各厂销售经营的情况，负责搞好内销订货同生产组织的衔接安排，服务于市

场，负责理顺各厂同分公司的关系以及各厂、各分公司同市场的关系，裁决处理各厂同各分公司发生的经济纠纷问题。

八　销售公司、各分公司同各厂业务上的关系

销售公司、各分公司同各厂业务上的关系就是严肃合同，按合同兑现要货发货。谁违反合同、谁影响计划就追究谁的责任。销售公司、各分公司要逐步变成外商那样直接给生产厂下订单订货，严肃执行合同、执行计划。

九　生产同市场的关系

生产同市场的关系就是按市场的需求及时调整组织生产。必须明确生产是为了市场，没有市场，生产出来产品也等于零。而且市场不认可，生产得越多，积压就越多，损失就越大。因此生产必须紧紧围绕市场，市场需要什么，就要生产什么。

十　老品种同新品种的关系

如何处理好老品种同新品种的关系？我认为，就要靠价格来调整。要从集团整体利益的角度出发，尽最大力量将老品种调活，对老品种可以采取一次降价处理，也可以调到新品种还没有进入、老品种还有市场的地区销售。对新品种投放市场，也要尽量避免对原有老品种在市场上的冲击，同时要用新品种开拓市场，回收原来老品种客户拖欠的货款。

十一　老客户同新客户的关系

如何处理好老客户同新客户的关系？我认为，要实事求是，具体情况具体分析、具体对待，不是简单一句话的事。但有一个原则，老客户、新客户都是我们的客户，我们应当一视同仁，平等对待，让他们都处在一个平等的起跑线上。谁给钱就给谁货，不给钱再好的关系也不行，不能用感情代替原则，不能用感情代替市场。市场主要靠价格来调节，单纯靠关系、

靠感情解决不了长远问题。

十二　老货款同新货款的关系

如何处理好老货款同新货款的关系？我认为，首先要把账搞清，对每笔老货款都要做到心中有数，先尽快清欠老货款。同时，利用一些适销对路的新品种的新货款来往回清欠客户拖欠的老货款。各分公司、各厂、各独立经营单位要主动联系，相互通气，联合作战。冷粘鞋、注射鞋、皮鞋、布鞋、热硫化鞋要积极配合清欠货款，不能各自为战，各人干各人的，不能老货款还没有清理完，又让老客户拖欠我们新的货款，不能让客户乘机钻了我们的空子。要用新品种回收老品种的货款，用达堡斯达高档鞋回收热硫化鞋、皮鞋、布鞋、注射鞋等其他品种的货款，尽最大努力将发出商品在途资金减少到最低限度。

十三　皮鞋厂、布鞋厂、冷粘鞋厂、注射鞋厂、热硫化鞋生产厂之间的关系

各个生产厂之间如何处理好相互的关系？我认为，各厂进入市场独立开始经营以后，首先要树立集团一盘棋的全局观念和全局思想。干一切工作、干一切事情都要首先考虑到集团的整体利益，减少本位主义小团体思想。各个生产厂和领导必须明确现在单靠哪一个厂也承担不了整个集团的费用，必须积极相互配合，联合作战，保护集团的整体利益。各厂要同各个分公司加强联系，及时协调价格、协调市场。各厂进入分公司所在地和主要销售地区进行销售，必须同分公司及时联系通气，统一好价格，摸清所在销售地区客户的情况以及我们货款发出的情况。需要特别强调的是，各厂不能以自主经营为由，将价格卖乱，将市场搞乱，如果发现类似问题，要从严、从重处理。

十四　销售业务人员的自身素质同市场的关系

我们的销售业务人员的自身素质同市场是个什么关系？我认为，市场要靠销售业务人员来引导、来开拓、来创造。有没有市场，关键是事在人为，关键看销售业务人员有没有这个能力和水平，关键看销售业务人员认

不认真。应当讲，市场很大，但目前我们销售业务人员的自身素质水平较差，销售业务人员的自身素质如果尽快提高了，我们的市场经营工作搞得还会更好。

十五　资金同生产的关系

资金同生产的关系就像血液同人体的关系一样，没有资金整个生产就无法组织、无法运转。资金问题是直接关系到集团生产、集团整个命运的大问题。现在我们一方面要求各单位、部门把资金集中到财务处内部银行，将资金调好调活，保证集团生产正常运转；另一方面要求各分公司、各厂、各独立经营单位，下决心实现现钱交易，不给钱就不发货，来强化货款回收，减少在途资金。在目前宏观资金形势紧张的情况下，要保证集团资金使用，保证集团生产经营的顺利进行。

"上山"符合规律
"上山"也是开放

（一九九三年九月九日）

　　熟悉双星的领导和朋友们都知道，我们进入市场比较早。在别人还在岸上搞计划经济时，我们就下了海。经过 10 年艰苦努力，不但没有沉下去，反而练出了一身好水性。因此在进入市场经济之后，很自然地与国内外市场接轨，这样也就在市场竞争中取得了主动，保持了优势。

　　在国有企业都下海后，我们自然而然产生了危机感和紧迫感。要保持原有优势就必须有新招。在经过一番深思熟虑之后，我们提出了"东部发展，西部开发"新决策。也就是说，别人在岸上的时候，我们率先"下海"，人家全部"下海"之后，我们再率先"上山"。而且是人家出山，我们进山。

　　为什么要"上山"呢？我们主要考虑到这么几点：

　　一是从国际产业结构大调整看，制鞋业由发达国家向发展中国家转移是规律，而最终由城市走向乡村，由沿海向内陆转移也是规律，与其将来被动地要我调整，不如现在主动地我要调整。

　　二是从国内行业与市场现状看，国有制鞋企业竞争能力降低、成本升高，普遍处在低谷。劳动密集型加工工业向西转移只是个迟早问题。从要我转移到我要转移，我们再次采取了主动出击的策略。

　　三是从社会主义国有大型企业的义务、共产党人的责任心看，面对内陆相对贫困落后地区和 8000 万贫苦人口，我们觉得应该发挥自身优势，变国家"输血"援助，为国有企业"造血"，帮助他们提高自我完善能力。这是企业全局观念的体现，也是中国特色的体现，也是公有制的体现。

　　四是从沂蒙山情况来看，它也有其自身优势，比如劳动力丰富、资源丰富而且成本低廉等，只是受交通、通信、信息及工业基础等比较薄弱因素的制约。我们进山，采用优势互补、利益互惠的方式，可以对当地经济发展起到促进剂的作用。

五是从我们集团自身发展战略来看，也是"西部开发，东部发展"的一个重要组成部分。所谓"西部开发，东部发展"，就是说我们要利用位于青岛市黄金地段的老厂区，大力发展高科技、房地产、旅游、商业等技术密集型、资金密集型产业或第三产业，追求高效益、高附加值，现已初见成效。然后将老厂区制鞋企业向相对落后的西部转移，借用内陆劳动力丰富、成本低廉的优势，大力发展劳动密集型的制鞋工业。我们已经建成了青岛市开发区鞋城，鲁中是我们的又一个大型制鞋基地。

基于这种指导思想，在鲁中公司原址的兵工厂裕华机器厂宣布出山，迁往城市的同时，双星人宣告进山，开发老区。

总之，无论"下海"还是"上山"，都是市场逼出来的。不仅体现了市场经济客观规律，而且体现了社会主义的中国特色，同时也勾画了双星的一条发展轨迹。

一 "输血"与"造血"

社会主义的最终目的是共同富裕。国家为了扶持贫困与落后地区，每年投入大量援助资金。但这只是"输血"，只能救一时之急，不能有持久的效果。而且国家也没有能力全面照顾在山区、老区及其落后地区的 8000 万贫困人口。

而我们建设鲁中、开发沂蒙山区，实施的是"造血"行为。就是要帮助当地发挥自己的优势，发展自己的经济，用我们的鲁中公司来带动当地相关工业的配套发展，促进当地整体经济的逐步繁荣。

那么变"输血"为"造血"有什么好处呢？

一是减轻国家负担。不靠国家"输血"，而靠企业"造血"本身就节约了国家大量开支，鲁中公司原址的兵工厂迁走后，资产转给地方，再转给双星，同样都是国有。而且双星开发沂蒙山区完全是自筹资金、自主经营、自我管理、自谋出路。双星为建鲁中公司已经投入近 1200 万元，尤其是集团公司员工还自发地集资 400 万元支援鲁中。

二是活跃当地经济。鲁中公司的建设，不仅能带动当地经济的发展，而且还能促进当地经济气息的浓厚，并通过工业的配套发展，最大限度地发挥当地优势，改变工业基础薄弱、产业结构单一的落后状态，发展壮大自己的第二、三产业。

三是起到扶贫效果。单是鲁中公司招收的 1600 名职工，按照当地的标准，就可以一人就业全家脱贫。就是说，鲁中公司本身就完成了 1600 户农民的脱贫任务。同时配套经济的发展，使那些老弱病残在家里也有活干、有钱赚。因此，老百姓都说："双星是俺致富星。"

四是传播现代气息。沿海大城市的现代气息、思想观念，双星多年来探索的经营策略、管理经验，都对当地经济的发展起到了催化剂的作用。而且鲁中公司的干部、骨干都以培养当地人为主，从长远观念看，是给当地储备了一个人才库。所以，他们参观后说："过去是我们出去找老师，现在是老师送上门来了。"这就是社会效益，是用金钱无法估算的。

五是增强双星发展后劲。鲁中公司是双星集团的又一大型制鞋基地。除这里的厂区外，在五莲还建立了一个大型制帮厂，另外还发展了第三产业，如肉联厂、医院、商场、宾馆、加油站等。鲁中公司也正在向综合性公司发展。

二 "上山"也是开放

过去人们认为走出国门是开放，开放只是对海外来说的。外国人为什么来中国呢？说明我们有优势，说明他们有利可图。那么我们为什么不利用好自己的优势呢？只要有利于发展经济，有利于壮大企业，都是开放。就是说，中国向外国敞开大门是开放，内陆向沿海，山区向城市敞开大门也是开放。同样，"下海"是开放，"上山"也是开放。同时"上山"体现了中国特色的开放。从客观市场规律、行业发展趋势、实事求是原则、共产党人责任、公有制优势等各个方面都证明了，"上山"是一种新的开放形式，是一条新的开放路子；而且比对国外开放更辛苦、更艰难，但却是共产党人应该做的，是社会主义应发挥的优势，也是对国外开放做不到的。

三 双星精神与中国特色

事实证明，鲁中公司的建设取得了巨大的成功。从去年 8 月份正式签订协议到现在的一年时间里，从组成领导班子、考察、规划、设计到工艺布置，从厂房整修改造、设备购置、试产、试车到正式开工，到目前为止已投资 1200 多万元，仅水电工程就投资 300 多万元，招工 1600 多名。到今年年底明年年初，鲁中公司将基本形成规模。年产 800 万双鞋和 1000 万双鞋帮，职工 2500 ~ 3000 人，如果包括五莲帮厂将达到 4000 ~ 5000 人。而且从原材料、半成品到成品实现供产销的自我配套。我们完全有理由对鲁中公司的将来保持乐观。

同时我认为鲁中公司的另一个重大收获，就是让我们再一次亲身感受到了社会主义优越性。

双星集团从共同富裕的社会主义发展目的出发，来到沂蒙山，开发革命老区。平均年龄 50 岁的鲁中领导班子既是指挥员又是战斗员，坚持冲在第一线。集团公司职工自愿集资开发鲁中。所有这些都体现了拼搏奉献的双星精神，也体现了互助协作的社会主义精神。

需要特别提出的是，在鲁中公司建设过程中，当地政府给予了全力的、无私的支持和帮助。沂源县委、县府直到淄博市各级领导没有地方主义、本位主义，表现出了高度的全局观念、大局意识。再加上沂源百姓的吃苦耐劳、拼搏奉献，鲁中公司的建设才得以高速高效，保质保量。

所以说，鲁中公司建设本身就足以说明，如果没有中华民族的吃苦耐劳精神，没有社会主义互助协作思想，没有公有制条件下的全局观念，没有国有企业的高度责任感，鲁中公司将一事无成。这也进一步验证了社会主义的优越性、公有制的优越性。

四 "上山"的几点体会

(1) 国际经济大循环下，企业要生存、要发展、要参与世界市场竞争，就必须依照市场经济的规律，随时调整自己的发展战略。就是说，中国的民族劳动密集型国有企业，必须先"下海"，后"上山"，以适应市场经济的客观要求。其实"下海"与"上山"都是参与市场竞争。

(2) 社会主义市场经济完全可以发挥社会主义公有制的优势，而且是其他所有制不具备的优势。从鲁中建设过程中就可以感受到，只是在政策上、体制上要认真研究。

(3) 要一切按经济规律办事，不论是"下海"还是"上山"，不论是走出国门，还是走向山区，都要实事求是按规律发展企业。

(4) 我们去年迈了两大步，一只脚在纽约，一只脚在孟良崮。这是真正的国际经济大循环，也是国有劳动密集型加工工业发展的新路子。

按照双星集团发展的战略思想，我们的目标是建设一个国际型的综合性公司，不仅要一支脚踏在纽约，一支脚踏在孟良崮，建立起真正的国际经济大循环，而且在生产专业化、经营多元化、管理公司化、国有（资产）民营化的基础上，还要逐步由企业型向贸易型转变，由产品覆盖向商标覆盖转变，由劳动密集型向技术密集型转变，发展中国的国有跨国公司。

市场意识 + 思想政治工作 = 双星之路

（一九九三年十一月）

要说我们的双星之路，我体会，就是"市场意识＋思想政治工作＝双星之路"。发展市场经济要不要思想政治工作？我们的实践证明，思想政治工作是不可缺少的。我的理解，既然是市场经济，就是说人民的思想和观念比过去要活跃得多。人民的思想观念越活跃，也就是说人的思想变化越快，在这个时候，用什么方法来解决这个问题，我说光用钱是解决不了的。我们发8元钱奖金的时候，人家发80元，我们企业穷、欠账大，我们这个鞋不挣钱。那时一双鞋才挣6分钱呀！那个时候要靠政治工作，我们就那么过来的。现在我们敢于发，为什么呢？这也是随着形势的变化而变化。另一方面，就是人们的观念变了，职工的结构变了，社会也变化了。在这种情况下，思想政治工作不是不要，而是要继续加强，加强了以后才能够搞好。我们这个企业的发展速度，连资本主义国家都没有，可是你要说我们离开了"四项基本原则"，我可以回答大家，我们没有；你说我们离开了"一个中心、两个基本点"，我说没有。改革开放搞活，我们是最好的。我们的经济效益在全国同行业的300来家工厂中是最好的。

在市场经济的情况下，思想政治工作需要自身的改革、完善和提高。我们的观点是，需要在共产党领导下，坚持"一个中心，两个基本点"，随着市场和人们思维、观念的变化，形成一套新的思想政治工作。教条的、僵化的、死板的、说教的、你说我听、念报纸念材料的这种思想政治工作，不能要，它败坏了我党的作风。

我在美国还宣布了一条，不管是发达国家，还是第三世界国家，我们的管理在世界制鞋行业是第一流的，都比不了我。不是我们中国人领导不好企业，也不是我们中国人管不好企业，我们中华民族是最聪明的，我们怎么会管不好企业呢？关键是我们的体制和思想观念跟不上，计划经济这一套，怎么能管好企业呢？所以说，在新的形势下，思想政治工作要加强、要提高，必须要创新，必须要破除旧的观念，必须有新的东西。就是思想政治工作让人听起来合乎情理之中，叫人家听起来感到你说的是实话，叫人家感到你这事说起来确实有道理，我说这就达到了思想政治工作的目的。假若说你在这个地方念社论，在那个地方念报纸，他觉得离他的思想两千八百里，这样的思想政治工作干脆别消耗你的精力，还不如不念。

我们怎么加强、发展的，我想一个是新，就是思想政治工作有新的观念。最早的时候口号基本是统一的，如热爱中华、振兴中华，基本全国960万平方公里都是这个口号。从我当党委副书记那个时候开始，慢慢地口号在我们企业里就变了。我们第一个口号就是"立足山东、面向全国、冲出亚洲、走向世界"，后来我们搞了企业精神。用"七五"结束以后我们将成为全国制鞋行业的排头兵这个口号鼓励大家，我们也实现了，进入世界我们也实现了。我们又提出来进入2000年，我们将成为世界上最大的最先进的制鞋集团之一，成为世界名牌。我们今天已经在国际上注册了。

新的观念还有。我举个例子，我们提出用经济的观点做思想政治工作。要大家都懂经济，都会算账。假若班组长都会算成本的话，你的政治工作就合格。在体制上我们自始至终都按市场来办。一般来讲，我说你的书记都必须进入市场，不进入市场的书记我说奖金就免一半，因为我们的厂子现在都独立了，自己经营了。我们提倡最好是厂长兼书记，一肩挑，书记必须管经营。而且有个不成文的规定，我们集团凡是行政"一把手"不在家，都是书记主持工作，这是我规定的。

我们专门搞了个民主管理委员会，据我现在了解，这是独家创造。这个民管会的任务就是监督检查管理人员，包括检查我。这是体制上一个大的突破，在观念上的更新。某种压力，某种对立面的打击，也是政治工作。在座的有好多老同志，咱们党在战争年代打仗怎么打的？就是纪律严明有好的作风啊！人没有压力他有好作风吗？人没有压力他有战斗力吗？这是不可能的。所以我们认为，成立这么个机构，对干部审查、检查、公开进行处理，本身是属于思想政治工作范畴的，所以我们的思想政治工作就有声有色。

第二方面就是我们要实。一个是新，一个是实。就是要说实话，办实事，要实实在在。我觉得不说实话的是不配做思想政治工作。大家别觉得，一句话就可以打动人心。像我这总经理，工人跟你说话时，假若你不理他，他心里就不舒服；见了面一微笑，一招手又不一样。工人要找你总经理，他不知斗争了多少天，反复斗争：我讲什么，怎么讲。你得研究这个东西。找到我了，不管在路上、在哪里，我说这个事不能办，我很干脆，绝对不能这个事我们研究研究，或者这个事我拿不准过两天我给你个信。再就是实实在在，就是我们不能不考虑人的基本规律。人是个高级动物，不管是黄种人、黑种人，他离不开名和利，就这么两样东西。在座的搞政治工作的同志，谁说我们可以离开这个东西，我说你不是实事求是。所以我们说，该照顾的照顾，该给你的我们能给你多少就给你多少，特别是我们的骨干和我身边这些主要领导同志。

好多领导是有权无威，这个威不是官员也不是上帝给的，这个威全靠你自己的才干，靠你的实实在在和为人的品德，才有威。有权无威的干部太多了，从上到下，特别是作为主要领导人，作为表率、榜样，你的为人品德是政治工作范畴内的，你说的话、办的事能不能在你所处的位置上站住脚，大家服不服，我觉得这是素质问题。领导本身的素质就是最好的政治工作。我觉得求实这是个精髓。不求实，思想政治工作就无话可说。

第三个就是敢，就是思想政治工作要敢于创新，敢于改革，从理论到观念到思想到方法到体制，都要进行彻底的改变。我们提出"两眼盯在市场上，工夫下在管理上"，"市场夺金牌，用户是上帝"。提出来衡量你的政治工作和各项工作的标准就是"上帝"满意不满意，信任不信任。"上帝"是我们最好的检验，市场是检验我们一切的标准。

"有人就穿鞋，关键在工作"，这东西越琢磨越有道理，我说这就是我们的座右铭。有人就穿鞋，人类发展到现在，会倒退不穿鞋了？这是不可能的。但是看你怎么做工作，工作做好就穿你的鞋，工作做不好就穿别人的鞋。"人是兴厂之本、管理以人为主"，当时我提出这个观念的时候大概是在7年前，有的同志说，你怎么还搞这个管理，这是整人啊。我说不是整人，我说管理就是管人，管人本身就是思想政治工作。我说市场就是战场，我们现在对国外的竞争无非就是从战火纷飞的战场转向琳琅满目的市场竞争。所以我们就创造性地搞了个鞋文化表演队，把我们企业的产品融合到文化中，既有艺术性又有感染力，轰动了在德国的147个国家参加的世界最大的鞋业博览会，给中国人争了气、争了光。

思想政治工作在新的形势下要有新的规律，我们就总结出一条："有情的领导、无情的纪律"。就是说我们对你这个人来讲是有情的，你有什么困难、有什么事，我们都可以理解、可以帮忙，但是违背了纪律是无情的。这一点上也是对一个企业主要领导人素质和水平的考核，也是我们在处理一些事情当中很重要的一个问题。我们又提出来企业自己的理论和观念。我们几年前总结的"三轮、三环、三原则"，在新形势下仍然有效，这实际是我当党委书记时我们总结出来的，后来叫专家一加工，好多报纸引用了。

我提出"改革就是一场革命"，我们最早提出是在 1985 年，而且在管理上也是一场革命，要超常规考核才能达到"上帝"的满意，这都是我们的一些理论观点。思想政治工作不能抱着老的那套不放，不能再用那些老词，思想政治工作最大的特色要有超前意识，有提前的思维，假若没有，不存在思想政治工作。在这个前提下善于总结、善于归纳、善于提炼，符合逻辑，能够启发引导员工，这就是思想政治工作。

实施名牌战略　加快改革步伐

（一九九四年一月三日）

一　树立对双星成为名牌、名厂的正确认识

可以讲双星成了名牌、当了名厂，已获得了市场的认可，这是全体双星职工进入市场十年来辛勤劳动的结晶，既是双星人的光荣又是一种压力。大家必须意识到，假如我们躺在成了名牌当了名厂的温床上睡大觉，自我满足，自我陶醉，不再继续前进，那么我们创立的名牌完全会丧失应有的地位并失去社会效益。可以讲，名牌不是靠保能保住的，只有在前进中不断地自我检查、自我完善、自我提高，才能够继续创造新的名牌，当世界名牌生产厂。出口鞋厂作为集团公司的标杆单位就是一个很好的例证。可以讲，假如出口鞋厂故步自封、不思进取，那么就会不进则退，也不会为双星争得世界名牌厂的荣誉。因此，我们应抓住双星鞋成为名牌、双星集团公司成为名牌厂的机遇，借好名牌的东风，变压力为动力，在市场意识、产品质量、经济效益上再提高一步，同时利用好国有民营的好政策，干好双星事业，让双星职工早一天致富。

二　创名牌难，保名牌、巩固发展名牌更难，付出的代价会更高

双星名牌的创立用了仅仅十年的时间，而国外同类产品名牌的创立往往需要30～50年的时间。因此要想保住双星名牌长盛不衰，就必须在原名牌的基础上，保持清醒的头脑，要不断地制定新标准，提出新要求，制定

新的竞争方式方法，要在巩固发展中不断地创新，更新思想和思维，要继续不断地提高自己的素质和工作水平。大家还必须充分意识到名牌是双星人经过十年的大胆开拓、努力拼搏换来的，要想保住名牌发扬光大，需在名牌方面再做新文章。

同时，我意识到，双星名牌要想长盛不衰，还应自己给自己加压力，要求更严、标准更高，要按照名牌、名厂的要求干，要制定出相应策略。可以讲，在过去当我们不是名牌厂时，产品出了质量问题别人还能原谅、理解，但在双星成为名牌厂后，一旦出现质量问题，就不会获得"上帝"的谅解，也不会得到客户的信任，因此对待产品质量一定要从严，严把关、严检查、严考核；对待产品质量，必须在产品工艺技术水平有把握后，才能开始生产，否则宁可停产，也不能盲目生产。这就要求我们树立"质量是企业的生命，什么都可以原谅，质量出了问题不能原谅"的观念，同时要求我们特别在我们的产品成为名牌后，凡被市场和消费者认可的名牌产品，一般不宜改变工艺结构，更应做到统一商标，要求我们无论什么时候头脑都要保持清醒，对待什么事情都要认真，争取做到借名牌声誉，自己的工作也有一个新的起色。

三　要制定并实施名牌战略

要学会借用名牌、创造名牌、保护名牌、发展名牌、宣传名牌、扩大名牌，使双星真正走向世界，成为世界名牌。我们应充分意识到，有了名牌不会用，说明了它还不是真名牌，是对名牌的浪费，真正的名牌应是在市场获得认可后，加以分析、研究和利用，发挥名牌的作用，扩大名牌的范围，发挥出名牌的最大效能。

这就要求大家：

第一，对名牌从概念上要有个正确的认识。当前人们已进入一个"印象购买"的年代，"经营中强调名牌，消费中追求名牌"的名牌效应，已成为时尚。名牌效应的客观基础源于时代的发展，是时代的发展使人们的消费水平提高，也是时代的发展使人们的消费观念改变。因此时代的发展赋予了名牌效应产生的机会。何为名牌？何以得名？一是标志了悠久历史和雄厚的势力；二是标志了上乘的品质和良好的信誉；三是标志了精湛的工艺和典雅的风格；四是具有广泛的知名度和普遍的认同度；五是具有较强的领导和推动作用。基于上述甚至更多的原因，名牌产品方得以"海阔凭鱼跃、天高任鸟飞"。同时由于消费名牌是地位、层次的象征，是智慧、财富的象征，因此名牌商品的价格有时会超过实际价值，这就是名牌商品价值的升华。即名牌象征了财富、名牌标示了身价、名牌证明了品质、名牌沉淀了文化、名牌装点了生活、名牌引导了时尚。

第二，在认识上有一个新的提高。实施名牌战略应是企业发展战略的一个重要组成部分，集团公司下属的各行各业都存在着一个名牌战略的问题，而不是单纯的只有鞋实施名牌战略，因此实施名牌战略绝不是一个人或几个人的事，也不是单一行业的事，而应是一个大家的、各行各业的、全员行动的问题，是一个行业能否在世界占有一席之地的问题，是一个深层次探讨的问题。

第三，在体制和机制上要改革，要学会用名牌加快改革步伐，壮大自己的经济实力；要学会利用名牌来改革内部体制结构，能够借名牌向外渗透发展，扩大市场覆盖，建立自己的阵地，形成市场竞争的新体制和机制。

第四，在产品开发和质量上要有新的提高，要不断地研究开发设计出新产品，上档次、上水平，要在产品质量上再有一个新的提高和飞跃。提倡抓"大质量"：设计、结构、款式、包装、运输、销售及服务等都要有质量要求，特别是产品质量的检验制度，手段更要健全、完善。

第五，在整个生产组织上要有一个新的提高，建立适应市场经济的组织生产的方式方法，要建立新的机构走出去下订单。

第六，实施名牌战略，关键要理顺市场关系，要解决销售渠道点与面的问题，要解决好放开经营与巩固根据地的问题，要解决好名牌战略与低价格、低市场的问题，要解决好畅销产品与五大鞋的矛盾，要解决好淡旺季市场衔接的问题。

第七，实施名牌战略更要加强广告宣传，广告宣传工作只能强化不能削弱。当前我们的广告宣传仍停留在初级阶段，宣传的形式不够新颖，宣传的范围还过于狭窄，宣传的效果不够理想。因此，在今后的具体工作中要做到广告宣传的统一指挥，协调好全面宣传、局部宣传、重点宣传的关系，要做到广播、电视、报纸、公关活动中有重点地宣传，要把钱用在刀刃上，真正做到花最少的费用起到最佳的宣传效果。

第八，实施名牌战略，更应加强售后服务，我们的产品不可能一点质量问题也不出，关键是采取什么态度对待质量问题，凡事要把自己摆在顾客的位置上，替顾客多想，同时要在服务的范围上、服务态度上、服务方式上都要强化，要牢固树立"顾客是上帝，顾客永远是对的"的信念。

第九，实施名牌战略，要求大家根据各自的实际情况和能力尽快走出去，异地借钱生产双星产品，扩大双星产品的市场覆盖率。

第十，实施名牌战略，必须制定出适应名牌战略要求的外派人员的用工分配制度，要充分发挥经济杠杆的调节作用，调动大家的积极性，以适应名牌向外发展的客观要求。

四　树立为名牌增光添彩的信念，全方位实施名牌战略

从现在起，双星事业已进入了第三个发展阶段，一个全球性的名牌发展战略转移的新时期。市场竞争的形式进入了一个由追随竞争、模仿竞争、对抗竞争、降价竞争到名牌竞争的阶段。这就要求我们大家应树立为名牌增光添彩的信念，做到全方位地实施名牌战略。可以讲，工作质量好、产品质量好、服务质量好本身就是为名牌增光添彩最重要的内容，我们每个人的工作都是为名牌增光添彩活动的一部分。只要大家共同努力，对待自己的每项工作都能做到认真、精工细做，那么通过名牌可以再创造新名牌，名厂还可以带动新的名厂。

大家可以看到双星名牌的知名度，无论是在国内，还是在国外，都是叫得很响的，有着一定的影响力和地位的，但我们必须清醒地认识到，我们双星产品的市场占有率仍然很低，仅处在名牌初级阶段，名牌效应刚刚形成，还没有发挥其应有的作用和创造出更大的效益。并且一旦工作出现失误，我们双星集团十年拼搏创立的名牌可能毁于一旦。因此这就要求我们在双星事业大发展的形势下把市场分析好、观察透，要不断了解人们的生活习惯和规律，不断研究人们的心理变化和承受能力，要研究名牌效应，利用好名牌，要学会在经营中多方位开拓、全方位发展，要不断地拓宽新的流通渠道，要学会在经营中广交朋友，讲究信誉，争取做大买卖，要学会用价格这个经济杠杆来调活市场、引导市场、创造市场、扩大市场占有率并创造出经济效益，要不断地研究总结各地区经营成功和失败的经验教训，要不断地分析本地区的市场发展趋势和变化，确定适应本地区发展的新的经营战略。

坚持"以人为本"
实现企业滚动发展

（一九九四年一月十三日）

自1982年至今改革开放的10多年来，我们青岛双星集团坚持自我积累、自我滚动发展，像滚雪球一样从小到大滚动发展起来，由一个2000多人的中型企业发展成为拥有2万多名员工、由近百家成员企业组成的自我配套、自成体系、世界一流的综合性企业集团。固定资产由1982年的1291万元发展为至今的5.5亿元，增长了近50倍。实现利税由1982年的477万元增长到1992年的9780万元，增长了20倍还多，一跃成为全国同行业发展速度最快、经济效益最好的企业。双星集团的飞速发展也为国家和社会作出了巨大的贡献，10年来共向国家上交税金达2亿多元。在生产经营上，我们坚持"出海"和"进山"相结合。"出海"即大力发展产品出口，扩大出口创汇，在巩固香港、美国等原有市场的基础上，大力开拓南美、中东、欧洲、澳洲、非洲等新兴出口市场，达到出口市场的多元化。同时在保证热硫化鞋出口稳定发展的前提下，加快冷粘、注射、皮鞋、布鞋的产品出口，依靠占领和发展国际市场，保内销市场的竞争。"进山"即加快落实实施"西部开发"的发展战略，扩大开发区和沂源鲁中两个鞋城的生产规模和生产能力，按市场需求调整好生产和产品品种，采取现钱交易，减少在途资金。同时，我们发挥双星名牌知名度和无形资产的优势，在广西、云南地区探索采取委托加工、包购包销的形式，逐步从产品覆盖向商标覆盖转变，从企业型向贸易型转变，探索了新形势下企业发展的崭新思路。在整个内部体制、内部机制上，我们对各单位、部门实行分散独立经营，进行化整为零，分灶吃饭，基本的原则是资金切块、资金包干、承担利息、明确责任、明确指标、年底算账，多挣多分、少挣少分、不挣不分。基本的方法是对各单位、部门实行股份、承包、租赁、转让、贷款付息等形式，让各单位、部门真正进入市场,进行自主经营、自负盈亏,充分发挥集团规模经济和各单位、部门独立经营、独立作战两个优势。

今后,我们要继续坚持"以人为本"的方针,不断提高职工的爱厂意识以及市场意识、竞争意识、效益意识、质量意识,认真组织开展班组经济活动分析和各种形式的劳动竞赛活动,激发职工大干双星事业的干劲和热情,进一步推动和促进双星事业的发展。

(原载《中国企业报》1994 年 1 月 13 日)

战胜自我

（一九九四年十一月六日）

今天我们在双星度假村召开管理人员的整顿动员大会。这是一次关系集团公司发展前途的重要会议，是一次在双星事业发展的关键时刻召开的会议。

一 为什么要进行管理人员整顿

10 年来，双星集团在公司党委的正确领导下，在全体骨干的拼搏努力下，"下海"进市场，"出海"闯市场，"上山"争市场，在市场经济的大风大浪中付出了巨大心血，在双星事业的发展中取得了突出成就。可以讲，在双星历史进程中我们跃上了高峰，进入了事业兴旺发达的新时期。特别是进入市场 10 周年盛大庆祝活动，双星人在自己的喜庆节日里扬眉吐气、无比自豪。为什么在双星事业顺利发展、前途光明的高峰时期，集团公司决定对全体管理人员进行整顿？在座的很多同志会感到不理解，认为取得这么大的成就，还有什么可整顿的？集团公司党委认为，在当前的大好形势下，在事业发展的高峰时期，在庆祝 10 年成绩的欢庆日子里，全体党员和管理人员非常有必要冷静下来，查找过去 10 年存在的不足和问题，进行一次深刻的总结整顿。

（一）整顿是双星事业在历史关键时刻继续前进的迫切需要

在双星事业发展的每个历史关键时刻，只要我们认真进行思想整顿、组织整顿和作风整顿，我们就不断前进；在取得成绩的欢庆时刻，只要我们认真看到问题、看到不足，我们就充满希望。从 1983 年双星进入市场开始阔步发展的时候算起，至今经历了六七次思想整顿，最有意义的有三次。

1983 年的企业整顿全面提高了企业素质，为双星集团上第一个台阶铺开了道路；1988 年底、1989 年初的思想整顿促进双星集团迈上了第二个台阶，为参与国际市场竞争插上了翅膀；1992 年下半年的管理人员整顿保证了双星集团"以鞋为主，多种经营"的健康发展，跨上了第三个历史台阶。什么时候认真整顿，什么时候就前进。没有整顿，就没有双星的今天。双星事业的发展史，生动地说明了整顿的必要性。

（二）整顿是加强领导班子建设的迫切需要

加强领导班子建设，培养各级过硬的领导班子，是保证事业发展的前提，是双星事业前进的一大法宝。双星事业在市场经济风风雨雨中不断前进，重要的一条就是我们抓了思想建设，抓了班子建设，抓了骨干培养。每次整顿都把加强班子建设和骨干培养作为着眼点和启动点，提高了班子的战斗力。在集团公司党委扩大会上大家一致认为，10 年来在外部条件不完备的情况下，双星事业却取得了成功，重要的一条就是因为集团公司的领导班子具有优良的传统。

第一，团结战斗、富有事业心的领导班子，是 10 年成功的核心。在激烈的市场竞争中，集团公司的领导班子团结战斗、相互补台，在锻炼中成长，创造性地总结出了双星人的市场经济理论，以对双星事业负责的精神带领大家艰苦创业。

第二，10 年来我们对外部形势分析比较准，把握市场规律比较准，采取的战略战术比较准，关键就在于领导班子干任何事情都实事求是。虽然成绩的取得离不开国家宏观上的改革开放政策，离不开邓小平同志建设有中国特色社会主义理论的指导，离不开市委和上级部门的大力支持，但同领导班子坚持实事求是的原则，做出的符合市场竞争规律、符合社会发展方向、符合企业实际、符合民心民意决策也是分不开的。认准了的事，大胆地领着大家往前走，不管社会上的评点议论，不管外界的风言风语，自己把自己的事情办好，让客观事实教育那些人。

第三，领导班子讲一种精神，就是敢于超前，敢于创新，敢于争第一。干事业必须有敢于冒险的精神，在错综复杂的环境中，在各种不利的形势下，正是敢为天下先、追求卓越的精神，激励着我们顶住压力、克服困难、不断前进。从某种意义上说，精神对事业发展起了决定性的作用。六年前双星主动出击，进入国际市场时，我们提出东半球一颗星、西半球一颗星，让双星鞋踏遍全世界。双星人的这种精神当时震动了客户，6 年的实践证明我们取得了成功。

第四，领导班子不唯书、不唯上、只唯实，这个实就是以市场为中心。应该讲，由于市场经济体制还不完善，再加上社会不正之风的影响，我们企业所受的干涉和约束还很多。但是不管风吹浪打，双星人始终两眼盯在市场上，市场是检验企业一切工作的标准。是不是符合市场要求？是不是得到市场认可？是不是"上帝"感到满意？是我们一切工作的出发点。市场成为双星集团的最高领导，成为生产组织、管理和质量改进、新产品开发的动力，成为我们在国内外组建经营销售网络的导向。

第五，领导班子坚持了"两手抓"的工作方法。不论是在金钱挂帅、拜金主义盛行的时候，还是在单纯强调政治至上的时候，双星人不受外界的干扰和影响，坚持物质、精神一起抓，"两个文明"双丰收。

第六，领导班子树立了一个目标：创中国的名牌，创世界的名牌，当世界的名厂。几年前我们刚进入国际市场受到外商轻视的时候，在当时压抑的背景中，我们想的就是让中国制鞋业走向世界，为中华民族争气，为中国人增光。

（三）整顿是贯彻十四届四中全会精神，加强组织纪律性的迫切需要

全体党员必须认真贯彻十四届四中全会精神，加强党的建设，加强组织观念，严肃组织纪律，和中央保持一致。集团公司内部由于受社会的影响，存在组织观念淡薄、纪律涣散的状况，有的人认为搞市场经济就是自由经济，搞承包就是自己说了算，不需要政府监督，不需要组织纪律了。历史经验证明，不论是一个政党还是一个团体，必须有一个中心，有严明的纪律，这是保证事业成功的关键。集团公司目前有120多个经济实体，遍布中国大地，横跨海内外，如果没有一个中心，就必然成为一盘散沙，更谈不上发挥集团优势、壮大集团实力。在今后10年的发展中，我们有必要强化组织纪律，树立集团权威，做到有令必行、有禁必止。

（四）整顿是保证双星在市场经济中健康发展的迫切需要

10年闯市场，我们付出了学费，也培养了一大批适应市场竞争的能人，但是有些人没过好市场经济关。我们应该认识到，社会主义市场经济同资本主义市场经济相比，虽然所有制不同，但是就其运行规律、运转方式而言并无本质区别。金钱充斥于市场经济的每个环节，管理人员天天和钱打

交道，尤其是管钱管物、手中有权的人，时刻经受着金钱的诱惑和考验。我们的正确态度是，金钱先为集体服务，先为双星事业服务，然后才能为个人服务。双星事业在今后10年中要想继续前进，必须依靠市场，以市场为中心。如果过不好市场经济考验关，没有过硬的思想，先捞自己的，做了金钱的奴隶，所取得的一切成果都将付之东流。

（五）整顿是保持双星事业发展大好形势的迫切需要

越是在前进的时候，越是在顺利的时候，越要进行整顿。我们认识到，在取得胜利、大家赞扬的时候，最容易出现问题，最容易使事业走下坡路；在一片赞扬声中，在社会认可的时候，如果不能面对现实看到问题，这是最可怕的时候。

无论遇到来自外部的什么风浪，其中包括去年下半年以来罕见的原材料暴涨、资金紧张等，双星人有很强的抗御能力。依照双星目前的经济实力，外来的困难和势力很难把双星摧垮，外部原因并不可怕，最可怕的是由集团公司领导和部门领导组成的战斗核心出现问题，出现不团结，出现内耗，出现争功、争权、争名、争利。形势不好的时候，大家容易抱成团干工作，能够团结一致渡过难关。当形势一片大好的时候，就容易出现骄傲情绪，容易看不清自己在事业发展中的差距，这也正是物极必反、事业后退的开始。所以说最危险的敌人来自我们内部，来自我们的核心和骨干。可贵的是，我们在顺境的时候认识到了这个问题，只要我们居安思危，认真解决这些问题，双星前进的步伐就会加快，双星事业的前景就会充满希望。集团公司领导层以身作则率先垂范，带头查找了自身的问题和不足。

第一，在双星事业不断成功的形势下，缺乏全局意识，缺乏集团观念，存在严重的本位主义。

第二，由于我们实行独立核算、放权搞活，有的人不能正确估计自己，不能正确对待成绩，盲目骄傲自满，自高自大，把成绩记到自己的功劳簿上，认识不到领导和员工支持的作用，认识不到没有双星就没有自己的今天。不能正确估计自己，高估个人的作用，就容易导致私心膨胀、野心膨胀。我们应该认识到，一项事业的开创和成功，不是某一个人奋斗的成果，而是一个战斗集体共同努力的结果，当然我们并不否认个人的作用。双星集团橡塑鞋的发展壮大，是集团公司在热硫化鞋大发展的形势下对橡塑鞋支持的成果，是在集团公司党委的领导下，从事橡塑鞋工作的全体同志努力工作的成果，哪一个人也不应该把这个成绩记到个人的功劳簿上，包括我本人也不能说这个话。

第三，有的同志纪律观念淡薄，自由主义严重，组织纪律性差。自由主义严重，必然不懂得什么叫组织，什么是组织原则，以致出现办公室人员违背组织原则、严重泄密事件。树立组织观念，强化集团权威，是事业发展的组织保证。

第四，责任心差，事业心不强，发现问题不是积极去对待，而是回避矛盾，好人主义严重。有的领导手中有权，对矛盾也回避，这种好人主义实质上是责任心差。

第五，工作作风不认真、不扎实、不深入，存在严重的怕、懒、散、滑、混、傲现象。表现为分而不管、管而不严，哼哼哈哈、敷衍了事，不能一抓到底。不开会，不研究，不部署，不检查，矛盾上交绕道走，没做到分层决策、分层管理、各管一摊、各负其责，这是同自己的职位不相称的。

第六，素质、知识、水平不适应。素质不高，知识不广，水平不够，政策不学习，理论不探讨，工作不总结，不能适应双星事业大发展的需要，造成很多不应有的失误。我们讲素质是根本，双星事业的发展把我们推到这一步，只有不断加强自身修养，提高自身素质，同时不断丰富自己的知识，提高工作水平，才能不被淘汰。

第七，管理水平忽好忽坏，产品质量时好时坏。特别是辅助部门、配套厂、实体公司基础管理不过硬，分管领导抓得时松时紧，职能部门不过问，造成整个管理水平不适应市场要求，不符合双星发展的要求。

第八，集团内部的机制和体制不适应市场要求。特别是在分配体制、资金管理上，受国有大企业计划经济的思想意识约束，说到哪、干到哪，不去研究新形势、新动向、新规律，从不主动理顺体制，不积极当好参谋。

第九，政治与经济结合上做得不够，存在形式主义，空喊口号，尚未形成经济政治一体化的工作新格局。

第十，集团公司缺乏一整套全面系统的规章制度。在市场经济、内部管理上制度不健全，没有很好地发挥民主管理和职代会的作用，制定出的规章也束之高阁，没有认真贯彻执行。

第十一，在科技进步、新产品开发，在五大鞋发展上存在不足。除了热硫化鞋达到国际水平，冷粘鞋、皮鞋、布鞋、注射鞋的款式、档次和水平与双星知名度不适应，与国际市场的要求不适应。

（六） 整顿是适应管理人员队伍成分变化的迫切需要

由于双星事业的迅猛发展，人员更新比较快，一大批年轻人进入了管理工作岗位，职工构成发生了变化，人员思想比较活跃。如果不及时进行整顿，有些人就过不好市场经济关，有些人就要损害集团利益，广大员工一点一滴、一针一线劳动换来的血汗成果就要受损害。我们要教育那些和市场打交道的人，手中掌握人、财、物的人，经营销售的人，花钱采购的人，保管物资的人，所有说了算的、具体干的人，要首先考虑为集团创造财富，正大光明合理合法地赚钱，而不能去拿黑钱、拿没有良心的钱。

（七） 整顿是抑制社会不正之风的迫切需要

党内外存在的不正之风和腐败现象，对在社会经济中运行的双星集团不可能没有影响。我们要教育广大党员和管理人员正视这个现象，并正确处理好这些问题，对得起自身的良心，对得起双星对自己的培养，对得起双星人用血汗换来的成果。例如当前普遍存在的回扣现象，我们就要求自觉公开，只要你诚实地予以公开，集团甚至可以把回扣奖励给你。

（八） 整顿是增强集团意识、壮大集团实力的迫切需要

集团发展是我们每个单位、每个人利益的根本，大河有水小河才能不干。但是有的部门、有的人，挖集团公司墙角，承包合同不执行，该交集团的费用不上交，甚至拿着集团的货款胡作非为，肥了自己，肥了小团体，瘦了集团。

（九） 整顿是促进管理、提高质量、适应市场要求的迫切需要

在参与市场竞争中，必须锤炼企业内功，目前集团公司在管理水平、劳动效率、产品质量、物料消耗等方面存在差距。我们要促进从"要我管理"向"我要管理"的转变，从表面管理向深层次管理的转变，管理人员应该从螺丝钉和线头等细微处入手，全面深化企业管理，适应国内国际市场的要求。

（十） 整顿是今后 10 年双星事业大发展的迫切需要

跨世纪的 10 年，双星集团将有大发展、大飞跃，员工个人生活水平将

有大提高，需要我们整顿思想，为今后 10 年的发展奠定牢固的思想基础、组织基础和人才基础。

二　整顿的指导思想和目的

管理人员整顿的指导思想，总的来说是通过这次整顿使集团公司的全体党员和管理人员，适应跨世纪 10 年双星事业的发展，适应市场经济对管理人员的严峻考验和检验，适应今后 10 年国内外市场经济的激烈竞争，适应整个双星集团迅猛壮大提高的要求。

这次整顿，第一不是为了整哪个人，要从思想上提高到事关双星事业大局去认识；第二不是搞运动，要用事实、用实话、用双星整体利益、用员工个人利益来自己教育自己，提高双星人的思想觉悟。

这次整顿，我们提倡靠智慧、靠才干、靠劳动、靠双星发展赚大钱，而不能靠违背社会道德、损害双星利益去发财；我们提倡管理人员在其位、谋其事、各负其责，严格双星纪律，严格双星标准，为双星事业的发展和个人生活的提高严把管理关、严把质量关，从一针一线抓起，从基础管理抓起；我们提倡面对面地进行教育，联系实际，提问题、找差距、订措施；我们提倡在新形势下，在今后 10 年中弘扬奉献精神，管理人员以高水平、高素质、高觉悟适应双星的发展。

管理人员整顿的主要目的，是为今后 10 年双星事业的大发展打下思想和组织的基础，为今后 10 年双星事业的大发展培养造就好三支铁军，即领导班子、管理人员骨干、全体员工成为三支具有铁的意志、铁的纪律的铁的队伍；目的是强化大家的竞争意识和冒险精神，敢于为双星事业去竞争、去冒险、去争第一；目的是强化组织纪律性，强化集团权威，集中统一领导；目的是让大家正确估计自己，让大家回顾一下自己在双星发展史上有多大贡献，特别是年轻干部避免盲目骄傲，做一个纯洁的人，一个正义的人，一个讲道德的人。

按照以上指导思想和目的，我们集团领导联系实际、联系自己进行了认真整顿，特别是领导班子中的老同志，作为双星事业的开创者和缔造者，又是双星事业的交班者，我们认识到了重任在肩。双星事业发展到当前的地步，我们只能选择坚定地把双星事业干下去的道路，这是我们义不容辞的职责，甘愿为双星事业奋斗终生，向新一代双星人交好班。我们决心以双星事业的大局为标准，不断提高自身素质，提高管理水平，提高知识水平，团结一致，真心实意为双星事业争光，不给双星抹黑，发扬优点，特别是年轻同志虚心学习老同志的优良传统，在市场经济中锻炼成长。集团公司领导层做整顿的模范，提出了整改措施和今后的努力方向：

第一，在增强集团意识、全局观念上，给集团全体员工做出榜样。

第二，加强组织纪律性，培养铁的纪律。

第三，正确认识自己，培养一种好作风，带出一支好队伍。

第四，在市场经济中，敢于冒风险，敢于竞争。

第五，培养全新的职业道德和工作作风、工作标准。

提倡"三心"：对双星事业讲忠心、责任心、良心。

提倡"三说"：说真话，说实话，说正义的话。

提倡"三讲"：讲大局，讲精神，讲标准。

树立"三感"：危机感，紧迫感，压力感。

做到"三管"：管好人，管好钱，管好事。

做到"三看"：有成绩的时候，要看到自己的问题；受表扬的时候，要看到自己的不足；顺利前进的时候，要看到上下左右对自己的支持和帮助。

做到"三对待"：正确对待成绩，正确对待形势，正确对待自己。

做到"三主动"：为了双星事业主动通气、主动协调、主动去解决问题。

做到"三坚决"：坚决按集团指示办，不能阳奉阴违；坚决执行各种规章制度，不能走样；坚决抓好管理、抓好质量，不能放松。

要过好"三关"：过好市场经济思想关；过好市场经济组织纪律关；过好市场经济金钱关。

三　跨世纪 10 年双星集团发展的构想

跨世纪 10 年是进入新世纪、新起点的 10 年，是为中国经济发展提供最好机遇的 10 年。

跨世纪 10 年双星集团发展的构想是：

（1）继续向"世界的鞋业在中国，中国的鞋业在双星"的目标前进，我们有志于五大鞋全面发展提高，五大鞋都达到世界一流水平，并在产品开发、鞋材配套、模具制作上处于领先地位。

（2）继续向综合性、大规模、跨行业、跨国界的跨国公司发展，让双星鞋进入全世界各地的超级市场，覆盖全球；在海外兴建经营公司，像国内分公司一样进行阵地覆盖；积极筹备海外建厂；利用外经贸部扩大经营范围的机遇，走出国门，进行国际化经营、全方位经营。

（3）进一步深化国有民营改革，把集团公司转体为国有资产管理公司，公司体制向股份制过渡；进入金融领域，向财务公司、投资公司过渡。

（4）创造有特色的管理理论和管理哲学，实现世界管理第一的目标，创中华民族管理的新天地，为人类文明和社会发展作出贡献。

（5）在管理方式上，利用好国家政策，利用好现代化的管理手段，制定完善集团公司内部系统的规章制度和管理法规。

（6）发挥"二产保三产、三产促二产"的经营优势，加快步伐扩大发展第三产业，积极吸纳人才，进军第四产业。

（7）让中国的名牌走向世界，在今后10年使双星成为覆盖全球的世界名牌，实现规模第一、管理第一、质量第一。建成世界水平的产品开发、产品科研基地，让双星了解全世界，让全世界了解双星。

（8）在双星事业发展的同时，促进员工生活水平向发达国家水准过渡。

居安思危

（一九九四年十二月十一日）

双星进入市场 10 周年的盛大庆祝活动，揭开了双星事业跨世纪 10 年大发展的新篇章。在 10 年闯市场中取得巨大成绩之后，双星集团公司召开的思想政治工作暨名牌发展战略总结交流会，对保证双星事业的继续发展和长盛不衰必将发挥重要作用。尤其具有意义的是，在事业兴旺发达的大好形势下，我们清楚地看到了存在的问题，深刻地认识到了潜在的危险，双星人树立了居安思危的忧患意识，为在 1995 年及下一个 10 年大展宏图、再攀高峰奠定了基础。为使大家深刻理解这一次会议的精神，正确地贯彻到生产经营实践中去，下面我着重谈几点意见。

一　当前的形势和潜在的危险

1994 年是双星事业第三个历史发展里程的第一年，也是集团公司实施名牌战略的第一年，这一年生产经营的发展是迅速而健康的，为下一个 10 年跨世纪大发展开了个好头。好的形势可以概括为三个方面：

第一，规模经济大飞跃。1994 年，热硫化鞋通过内部挖潜壮大了规模，形成了 62 条生产线，成为全世界名副其实的最大热硫化鞋生产厂。冷粘鞋摆脱了近年来徘徊不前的局面，下半年形成 12 条线的生产能力，年产量由 150 万双跳跃式地达到 350 万双，成为国有企业中最大的冷粘鞋生产厂。皮鞋、注射鞋、布鞋也都有了一定程度的发展和提高。与此同时，双星第三产业蓬勃发展，它涉足 30 多个行业，以双星城、度假村为标志的大三产形成了规模。双星集团真正发展成为五鞋并举、多元经营的规模经济型企业集团。双星集团形成规模经济，是 1994 年的突出成果。

第二，经济效益大提高。1994 年，我们克服了罕见的原材料价格暴涨、国民经济宏观上资金紧缩等困难，在完成了向双星城、度假村 3000 多万元的倾斜性集中投资的前提下，克服了上述 6000 多万元的不利因素，经济效益仍大幅提高，全年实际利税将突破 1 亿元大关，比去年翻了一番。我们用最小的投入获得了最大的产出，流动资金投入增加不到 8%，产出增加达54%，全年销售额将达到 10 亿元以上，充分表明集团公司集约化经营、深层次管理的高水平。

第三，名牌发展大突破。1994 年，双星集团实施名牌战略，名牌效应在全世界制鞋行业中不断发展和延伸，这具有创造性的意义和深远的影响。在国内，双星运动鞋已连续三年荣获国内贸易部评选的金桥奖，并名列消费者喜爱的产品实际购买品牌第一名；在国外，双星运动鞋荣获乌兰巴托国际博览会金奖，集团公司被在墨西哥召开的世界市场大会授予国际最佳信誉企业称号。在美国及欧洲鞋业制造经销圈内已经达成一种共识，热硫化鞋的最高水平就在中国双星，大客户以与双星合作作为一种荣誉。据权威机构评估，双星商标价值 1.5 亿美元，已经跨入世界名牌行列，是一大笔宝贵的无形资产。

总之，双星事业从来没有像现在这样繁荣昌盛，双星对社会的影响从来没有像现在这样广泛，双星员工的精神从来没有像现在这样高昂。同时我们应该看到，在大好的形势下，双星集团潜藏着危险，假如看不到，我们就可能倒退，这个倒退是非常可怕的。10 年闯市场，双星发展是直线上升的，如果认识不到危险，就可能导致直线下降。

第一，思想作风上潜在的危险不容忽视。在欢庆进入市场 10 周年的日子里，集团公司党委作出对管理人员进行整顿的决定，使双星集团的领导保持了清醒的头脑，为第三个里程的发展奠定了思想基础。在整顿过程中，我们也看到了在市场经济中潜在的危险。有些人经受不住市场经济的考验，过不了金钱关；有些人盲目骄傲，自高自大，过不了成绩关；有些人不敢冒险，不敢进市场，过不了竞争关；有些人全局意识差，本位主义严重，过不了集团利益关；有些人我行我素，纪律松懈，过不了组织纪律关；有些人怕苦怕累，过不了第三个发展里程的自身素质考验关。所有这些都成为阻碍双星事业发展的大敌。

第二，产品上潜在的危险不容忽视。最近 20 多天来，我带队赴上海、江苏、山东进行市场考察，联系市场找我们产品的差距。如果说前一段的思想作风整顿是务虚，那么考察市场找差距、解决生产经营的问题就是务实，是看得见、摸得着、最具有说服力的。联系产品进行务实的整顿是思想作风整顿的深化，而且更为重要。在市场考察中，我们看到了双星产品的不足，了解了双星名牌在市场上处于什么位置。消费者反映，双星的热硫化鞋大底耐磨性差，品种单一；冷粘鞋款式落后，价格偏高；皮鞋、注射鞋、布鞋在市场上得不到认可，五大鞋都没有形成拳头产品，说明我们存在很大的危险——产品不过硬，部分消费者对我们有意见。上海是中国的纽约，在这个超级市场上当时我们找不到双星鞋，在苏北市场上相类似的热硫化鞋，双星牌比上海一种老牌鞋每双价格低15元～16元，但是仍然不如人家畅销。作为中国名牌，在上海乃至江南市场上没有位置，我们应该感到心虚；作为中国名牌，价格比人家低近一半还不畅销，能够称得上真正的中国名牌吗？

第三，规模经济下潜在的危险不容忽视。1994年以来，以热硫化鞋和冷粘鞋为代表已经形成规模经济，特别是冷粘鞋在集团公司领导和广大员工的努力下，通过借助外力、名牌覆盖，产量大幅提高。应该讲，冷粘鞋前两年错过了大发展的良好机遇，在目前外资产品占领中国市场，国内冷粘鞋生产厂数量众多而且款式相对落后的情况下，我们却形成了规模，应该清醒地认识到面临的压力。规模经济存在船大调头难的缺点，尤其需要提高我们的决策能力和经营指挥能力。在规模经济下，热硫化鞋、冷粘鞋、注射鞋的名牌覆盖迈出了可喜的第一步，双星市场竞争和事业发展进入了新的历史阶段，需要在关键性的时刻，认真地分析形势、查找问题，更好地发展规模经济和名牌覆盖。

第四，市场经济上潜在的危险不容忽视。我们的状况是：市场经济的产品，计划经济的经营；市场经济的竞争，计划经济的组织管理；市场经济的营销体系，计划经济的旧习惯、旧观念、旧思想。设立分公司借鉴了国际企业的成功经验，但是企业该生产什么，分公司不打听，你生产什么我卖什么，不是根据市场来安排生产，而是根据主观愿望来安排生产，导致从乌苏里江到西双版纳我们的产品一个模样，从开发区到鲁中公司流水线一片绿，不适应各地的消费习惯。我们的服务、开发工作和创新精神太差，生产与经营上存在脱节现象。

第五，生产经营体制上潜在的危险不容忽视。根据国外公司的经营经验，特别是以韩国制鞋企业为代表的厂家走过的道路，凡属成功的公司都是生产经营一体化，都是以销定产，销售人员指挥着工厂、指挥着生产，经营销售人员是企业的优秀人才。但是我们目前是以产定销，你生产什么我卖什么，好销的品种抢着要，不好销的产品无人过问，而流水线上还在无效产出。我们分公司，不追求销售额的扩大，对于生产厂每天十几万双的产量缺乏压力。这些现象表明我们的生产经营体制上存在脱节现象。我们这种产品在规模经济形成后，必须分解，越小越分散越好，需要化整为零、分而治之，发挥集团规模经济的优势，防止规模经济的劣势。

总之，双星事业发展最大的危险，一是来自我们内部，来自集团公司领导和中层干部思想作风不过硬，集团意识差；二是来自我们的产品质量不过硬。这些潜在的危险如不及时防止，对事业发展危害巨大，我们10年拼搏取得的成绩也可能付之东流。

二 关于市场与经营、质量、开发、服务的几点意见

通过各驻外分公司和生产厂的研讨，对于潜在的危险我们有了深刻的认识，认识到了危险，是继续前进和成功的基础。下面我就市场与经营、质量、开发、服务等问题谈几点意见。

（一）关于生产经营新思路，建立市场经济的营销体系

计划经济的经营模式，严重地阻碍了双星的发展。我们要建立一种新的生产经营模式，这种生产经营新模式在近期的基本要求是：内销像出口那样，分公司对生产厂下订单，严格按合同生产、按合同交货；分公司要有敢于冒险的精神，在充分掌握市场信息的前提下，根据所在地区的消费习惯向生产厂下订单，避免生产与经营的脱节。济南分公司下订单生产骑士棉鞋、彩条淑女鞋，就取得了成功。这种生产经营新模式长期的基本要求是：分公司与生产厂联体，以分公司为龙头，以生产厂为后盾，真正地实现以销定产、创造市场、引导市场。希望山东总公司和开发区运动鞋厂的试点探索出新经验。对驻外分公司要强化监督管理，通过划分战区的形式，形成自我约束、自我发展的新机制。

（二）关于高档鞋发展

高档鞋形成了规模，占用资金巨大，市场竞争激烈，一定要引起我们的高度重视。第一要处理好自我开发与追随模仿的关系。当前高档鞋在款式、花色上已经达到了登峰造极的地步，我们只要瞄准国际先进水平，大胆拿来，就能不断提高自己。要重点培养几个高、精、尖的设计人员进行

开发。第二要处理好多品种与系列化的关系。在多品种、多花色的同时，要研究细分市场，分析我们产品的消费都是哪些层次、哪些人，对重点市场进行重点开发。在市场考察中我们看到上海生产的一种旅游鞋，因为消费面宽、价格适宜、整数定价、买卖方便而被消费者抢购。如果针对学生开发一种中低档次运动鞋，直接标明双星学生运动鞋，形成系列化，并重点开发大中学生市场，一定会取得成功。第三要处理好产量与质量的关系，消费者反映冷粘鞋质量下降，要求有关部门、生产厂迅速采取有效措施，使用新材料的鞋子一定要经过严格试验检查，维护双星在消费者心中的名牌形象。第四要处理好扎实工作与冒险的关系，干事业不能乱冒险，只有建立在科学态度上的冒险，把科学的头脑和冒险的精神相结合，才能在高风险中获取高收益。皮鞋生产标志着双星跨世纪 10 年发展的重要方向，对皮鞋厂的要求是：靠内功，提质量，降价格，挤市场，创特色，"两条腿走路"。皮鞋厂要有志气和决心，先用五年时间达到国内先进水平，在跨世纪十年中赶超国际水平。对冷粘鞋的要求是：外观协调，价格适宜，品种必须系列化、季节化，必须坚持"两条腿走路"，努力开拓海外市场。

（三）关于新产品营销策略

在冷粘鞋、皮鞋新产品营销上，我们是有深刻教训的。四年来双星皮鞋厂开发了不少新产品，但是发展缓慢，关键在于违反了市场经营规律，价格订得太高，使新产品没有形成影响就窒息而死。今后在新产品营销上要坚持三项原则：第一，新产品必须实行低价格，新产品首要的目标是开拓市场，赢得消费者，而不是去获得高利润，创牌子的时候就得薄利多销，能赚钱乃至保本就干；第二，新产品不宜实行现款现货；第三，对敢于冒险经营新产品的公司要给予优惠支持。另一方面，我们要正确认识新产品在市场上的成长规律，一般要经过推向市场—受到冷淡—逐步认识—成长畅销等阶段，一开始卖不动不等于没有生命力。几年前投产大时装鞋的时候并不畅销，但是现在已经发展成为热硫化鞋的主导产品。今年我们开发的"一步高"，生产 5000 双之后就不再过问了，而有的厂家模仿我们的产品生产达到了一定规模。

（四）关于市场覆盖、占领山东市场

山东市场是我们占领全国、走向世界的根据地，一定要寸步不让。在苏北和鲁南的市场考察中，双星鞋优势并不十分明显。苏北、鲁南是山东

市场的前沿地带，这个地区是世界人口最密集的地区之一，是历史上的兵家必争之地，也是双星经营力量最密集的地区，设立了徐州、连云港、临沂、枣庄、鲁中等公司，目的是阻止南鞋北进，这是关系集团公司全局的战略部署。一是要求各公司增强集团意识，联合作战，互相调剂，确保山东市场。二是要求处理好量与价格的关系，没有规模就没有量，没有量就没有覆盖，没有覆盖就不能说是占领市场。鲁中公司生产的农田鞋，在临沂分公司只赚3角钱就推向市场，冲击了周围的小厂，占据了临沂市场的主导地位，说明我们的经营意识在不断提高。我们应该认识到，要形成规模必须有量，要有量必须有适销对路的产品，要有适销对路的产品就必须薄利多销，只有薄利多销才能形成规模，这是相互依存、互相制约的循环关系。只要有了量，就冲击了我们的竞争对手，集团公司就会正常运转，就消化了费用，制帮、成型、印刷等上游工厂就创造了效益。三是要全面占领山东东西部两个个体批发市场，由鲁中公司参与临沂个体市场，由开发区经营公司参与即墨个体市场，东西协调，步调一致，占据主动。四是要求生产厂抓管理、抓消耗、抓质量，降低成本保竞争优势。例如，生产厂要采取行之有效的降低胶料消耗的措施，实现模压大底回边在5克以下，棉布、皮革等帮面材料要采取科学而先进的定额，把内部成本降下来，为市场覆盖创造条件。我们应该注意到，只能向强化管理要效益，坚决不能向降低原材料、影响质量要效益。

（五）关于公关广告宣传

广告宣传是开拓市场打基础的投资，宣传到哪里，产品就卖到哪里。广告的投入也是一种市场冒险，不冒这个险，就没有知名度，就没有销售额，就没有市场占有率的提高。公关广告宣传一是要塑造良好企业形象，做到企业形象一体化，导入 CI 战略。二是宏观与微观结合，宏观扫描，微观轰炸，微观上一定要配合。分公司要按利润的比例进行分区域、分品种广告宣传，对双星鞋的重要市场山东、河北、河南、江苏、安徽等地，要做到有声、有形、有字，家喻户晓。三是公关广告要做到新、奇、特、怪，进行创意策划，与众不同。1995 年内要重点组织向广阔农村市场和中学生市场展开攻势。四是要重视柜台营销策略，特别是集团公司在全国各地设有 31 个分公司，它们要发挥驻地的优势，做到从商场到柜台、到客户"三到服务"。柜台销售人员对于促销和宣传具有重要作用，分公司一定要和他们建立良好关系，把工作做得深入细致。

三 关于名牌发展战略的几点意见

（一）怎样看待双星名牌战略的实施

双星集团实施名牌战略尚处于起步阶段，去年底我代表集团公司党委分析了双星在国内外所处的位置，提出了实施名牌发展战略，在全体双星人的努力下今年取得了突破性进展。敢于实施名牌战略，是双星人的自豪和骄傲。双星名牌的形成是几代人艰苦奋斗的成果，是几代人的勤劳和智慧的结晶，这个成果来之不易，我们要倍加珍惜；同时我们又要发扬壮大名牌成果，创造性地实施名牌战略，把双星事业推上发展新高峰。

名牌战略的实施，要求我们永不满足，不断创新，我们在总结成绩的同时，应该提出新的要求、新的标准，要检查我们的组织领导工作，检查保障措施以适应名牌战略的要求。

名牌战略的实施，要求人员素质不断提高，没有双星名人，就不可能进行名牌覆盖，高素质、高水平、高技术推动进入实施名牌战略的新高潮。名牌覆盖要求我们提高市场经济中的法律意识，提高市场竞争意识，下订单既要求外派人员的高素质，又必须准确地预测市场，清楚地分析市场，并做到学法、懂法、知法、用法，使用法律维护自身的合法权益。在市场经济中，搞关系、搞感情并不能解决所有问题，该用法的时候就得用法。

名牌战略的实施，集团内部的协调和合作更为重要。开发、技术、质量部门、生产厂和经营公司必须树立全局意识，互相之间密切合作。

名牌战略的实施，实现了集团公司无形资产的高附加值，走上高利润之路，促进集团公司的壮大和高速发展。我们在重庆、南京下订单生产双星鞋，在服装、袜子等方面实施名牌覆盖，双星商标的价值已经得到广泛认可。

名牌战略的实施，不是单纯地加工双星鞋，是全方位、多层次的包括三产在内的所有行业都有一个创名牌的问题。名牌战略的运用是一个新的课题，应该全方位地总结探讨。

（二）怎样认识用名牌来壮大集团实力

在跨世纪的今后10年把双星集团发展成为综合性跨国大集团，必须充分运用好名牌战略。无形资产用好了发展是很快的，国外的大集团都是运用名牌覆盖迅速发展壮大的，不用名牌战略很难形成规模。依靠我们建厂、一个个工厂发展是缓慢的，实施名牌战略是壮大集团实力的一条捷径，双星集团在十年市场竞争中形成了名牌效应和高层次的企业文化，这是不可估量的宝贵财富，是老一代创业者对双星事业的最大贡献。在双星事业第三个发展新里程，不用名牌我们将失去大发展的机遇。在国内市场上，要使用名牌进行跨行业创业，用我们的名牌去开拓大市场，开创大事业，而不是小打小闹。在国际市场上，我们也要发挥名牌效应，实行跨国经营，用少量人换取最大效益，用少量人换取大发展。总之，名牌具有高附加值，名牌本身就是财富，价值是无法估量的，就看我们怎么去用。燃料公司利用双星名牌做买卖，汽油供应商对我们非常信任，集团未投资就运转起来了。财务处利用双星名牌争取股票上市，可以筹集巨额资金。所以我们要会用、敢用名牌的价值，在各个行业都要用。没有名牌的时候，我们想名牌，有了名牌之后，我们应该更感到有压力，去研究如何用名牌。

（三）怎样用名牌强化思想政治工作

在市场经济中，对于思想政治工作应该如何去做，政治与经济应该如何结合，目前尚未有明确的答案，双星人创中国人自己的名牌就鲜明地回答了这个问题。用创名牌来加强思想政治工作，是市场经济中思想政治工作最好的内容，是市场经济中思想政治工作的最好措施。

市场经济中仍然需要精神支柱和思想追求，空洞的说教是计划经济的流毒。我们用名牌对职工进行教育，就是最好的弘扬爱国主义，中国人创出自己的世界名牌，为中国人争气，为中华民族争光，就是最好的爱国行动。我们用名牌对职工进行教育，为思想政治工作充实了内容，使政治工作看得见、摸得着，既有压力，又有动力，有了硬指标。我们用名牌对职工进行教育，创名牌需要高素质的人才，必然形成铁的纪律，培养出新时代的"铁军"。我们用名牌对职工进行教育，开展轰轰烈烈的"创三名"活动，是政治与经济结合的有效途径，是符合企业实际的得力措施。双星人用创名牌深化思想政治工作，回答了有中国特色社会主义企业政治工作如何去做的问题，解决了政治、经济"两张皮"问题，政治经济相互对立，政工人员没有事干等一系列问题，开创市场经济中政治工作的新模式，这是双星人的一个创举，是对有中国特色社会主义企业理论与实践的一大贡献。

居安思危、永不满足是双星人的优良传统。在进入市场十周年取得巨大成绩的今天，集团公司从上到下召开了多次会议，进行了思想作风上的务虚整顿和生产经营上务实整顿，经过研究探讨，大家认识到集团公司形成规模经济之后，既是促进发展的一件大好事，又带来了潜在的危险，这两个方面是对立统一的。在理论上和会议桌上同志们都深刻认识到这些问题，关键是在会议结束后如何贯彻到生产经营实践中去，使潜在的危险尽快得到解决。全体双星人在集团公司党委的领导下，只要正确处理好市场与经营、质量、开发、服务的关系，扬长避短，加快步伐实施名牌战略，壮大集团综合实力，不久的将来一个销售额达到百亿元的大型企业集团将立足于世界企业之林。

东南亚成功企业的启示

（一九九五年一月十四日）

东南亚是新兴起的工业区，是全球经济增长速度最快的区域。本世纪末下世纪初将是亚洲人主导世界的时代，亚洲形成经济圈，世界上许多国家把注意力转移到东南亚。东南亚在世界制鞋行业具有重要地位，其鞋类消费市场也深具潜力。双星集团出口的地理结构过多地集中在美国，在中美贸易摩擦频繁的情况下，考察并开拓经济快速成长的东南亚市场，对双星集团实现市场多元化、发展成为综合性跨国公司非常有意义。

一　东南亚鞋业市场状况

（一）东南亚制鞋行业按照自身的经济规律在不断地调整变化

从世界范围来讲，美国、意大利等发达国家曾是主要制鞋基地，随着经济发展和结构性产业调整，劳动密集型的制鞋行业已经完成了向外转移，最初是转移到东南亚、东亚韩国、南美等地区。东南亚地区同样也遵循着客观经济规律。韩国和我国台湾曾是运动鞋的主要生产基地，目前正在萎缩，逐步转到印尼、菲律宾、泰国等地区。但多数厂家经营不成功，以我国台湾为代表，逐步转向中国内地，内地受政治因素的影响较大，目前开始向越南转移。国际市场受政治因素影响，这是企业本身无法解决的。总起来说，东亚、东南亚制鞋行业的变迁印证了客观经济规律。东南亚的制鞋行业处于上升形势，运动鞋的需求也在不断上升。当前世界级水平运动鞋制造商是台湾人，已经不是韩国人了。东亚、东南亚运动鞋的主要生产基地在哪里？在中国内地。中国的广东、福建等沿海地区有适宜的投资条件，以台资为主要代表，有几百条运动鞋生产线，从而成为主要鞋业生产基地。最近台湾鞋业制造商开始向越南转移建厂，近年内将形成气候，这主要是因为部分发达国家对越南的优惠政策及越南自身具备适合鞋业发展的经济条件，这对我国内地制鞋行业将产生影响。

（二）东南亚制鞋行业的主体力量是华人

无论是菲律宾、印度尼西亚，还是泰国、中国内地及台湾，华人是制鞋工厂的主要投资者、经营者和管理者。华人以其聪明才智在制鞋这个复杂行业中取得了成功，东南亚制鞋商之间的竞争也主要是华人之间的竞争以及华人和韩国人之间的竞争。

（三）东南亚是鞋业生产基地，同时也是消费运动鞋的发达市场

据不完全统计，世界上仅有四种名牌运动鞋一天的产量在 100 万双左右，年产量在 3 亿双以上，这验证了"有人就穿鞋，关键在工作"的道理，说明运动鞋市场非常广阔。

（四）东南亚鞋业市场是个名牌竞争的市场，不是名牌在市场上寸步难行

东南亚地区非常讲究等级身份，存在追求名牌、崇尚名牌的消费习惯。双星人经过十年开拓，创出了中国人自己的世界名牌，这笔无形资产是我们最大的财富，一定要坚持"两条腿走路"的方针，在有 13 亿人的国内市场上名牌优势不能丢，在进军海外市场的过程中也要大力塑造双星的名牌形象。在东南亚市场上，凡是名牌鞋都有名牌的连锁店，凡是名牌鞋都是服装、鞋帽等产品配套发展，在依靠母体企业起家后，向相关行业渗透发展，形成多种产品的名牌系列。

二 韩国鞋业状况和我们应该吸取的教训

韩国曾经是世界的制鞋王国，1988 年我们去考察时，正是韩国制鞋的鼎盛时期，制鞋大公司为数众多，有的公司拥有 120 条生产线之多。但是近两年中，韩国制鞋行业迅速滑坡，大多数制鞋企业关停倒闭，据该国统计，整体上下降了 80%，目前其最大的制鞋工厂有 13 条生产线。由于制鞋行业

不景气，制鞋材料配套行业也相当萧条。韩国制鞋工业从顶峰走向低谷，是有着深刻原因的。

从企业外部来讲，第一，国内高科技、高效率工业及大化工、大钢铁、汽车工业发展快，劳动力成本不断上涨，劳动密集型制鞋工业失去优势；第二，国内三产、四产迅猛发展，冲击了制鞋行业；第三，台湾在中国内地发展鞋业，进行了工艺、技术的改造和突破，在价格和品质上具有优势，但韩国鞋业向外转移慢了，20 世纪 90 年代台湾在运动鞋制造上占据了领先地位，对韩国制鞋业构成竞争威胁。

从企业内部来讲，韩国制鞋业的倒退有三个关键问题没有解决好。第一，没有解决好自己的牌子问题，在发展中没有创自己的牌子，只是给人家的世界名牌加工，当人家转移订单之后就一无所有了；第二，没有解决好自己的销售网络和渠道问题，不进行推销，不了解市场，严重地依附于世界名牌销售商；第三，没有解决好产业结构的调整问题。物极必反，最兴旺发达的时候往往潜伏着最大的危险。在韩国制鞋业高峰时期，企业领导人盲目骄傲，形成规模之后，没有在母体企业的基础上跨行业发展，产品结构没有发生变化，导致经受不了市场波动和变化的经营风险。

双星集团目前也处于事业发展的兴旺时期，我们要吸取韩国制鞋企业的深刻教训，必须认识到如果我们不能克服潜在的危险，韩国制鞋行业的今天就是双星的明天。双星集团在前十年的发展过程中，一开始就打出了自己的牌子，形成了自己的名牌；一开始就建立分公司，形成了独具特色的销售流通体制，目前我们正在推行工贸一体化，在山东经营总公司和开发区运动鞋厂联合进行试点，在取得经验的基础上准备全面推开，生产与销售、后方与前方合二为一的崭新体制，一定会促进双星事业更快地发展壮大。应该看到，目前集团公司的热硫化鞋出口，其实质就是控制在美国大经销商手中。没有自己的牌子，没有自己的市场，没有自己的销售渠道，企业就难以生存，企业也很难在高峰时期进行调整。没有任何一个行业永远兴旺发达，局限于一个行业，企业风险很大。同时在集团公司制鞋业形成规模之后，我们要积极调整产业结构，采取多元化经营战略，加快三产、四产的发展步伐，加快向跨行业综合性方向发展。这是从韩国制鞋企业身上要吸取的深刻教训。

三 从东南亚及韩国成功企业身上 我们应该借鉴什么

（1）成功的公司、企业都有一种追求卓越、追求一流的精神，有民族精神和企业精神结合在一起的志气，这是企业发展的根本保证。最可怕的就是人没有一种志气。大宇集团的成功，有其"用户愿望高于一切"的经营理念；而双星集团的成功，"创中国人自己的世界名牌"是我们的精神支柱。

（2）无情的纪律和有情的领导结合好。台湾人在内地和印尼的工厂管理都很严格，同时他们也很关心职工的生活，从饮食、住宿、娱乐乃至卫生间都创造较好的条件，这对于以手工操作为主的制鞋生产具有特殊意义。双星要想继续发展壮大，各级领导必须注意关心职工生活，把"严"和"情"有机结合好。

（3）在韩国鞋业萧条的情况下，也有成功的厂家脱颖而出。凡成功的公司都公认有三条经验，一是严格的管理，二是高品质的产品，三是高科技的保证。在跨世纪的今后10年发展中，双星人要高度重视科技的作用，依靠科技振兴双星。对在科技上有成果的人才要发挥作用，大胆引进，注意做到宁精勿多，少用人多给钱，拉开分配档次，用高报酬调动积极性，同时要维护集团公司的权益，对关键岗位实行终身或长期合同制。

（4）名牌的产品要有名牌的员工素质，要有名牌的原材料，要有名牌的质量意识，要有名牌的营销方式和服务措施。凡属世界名牌对原材料采购都有严格控制措施，双星鞋作为中国名牌与世界名牌，在采购皮材等原材料上要严格把关，要求外经贸部尽快在韩国选择符合要求与条件的皮革工厂发展定点供应商。

（5）要学习他们尊重经济规律、按经济规律办事的态度。大宇集团24小时接待客户的精神，晓星物产及双鱼集团不错过一个客户推销自己，不漏过一个机会宣传自己，就体现了把客户当做"上帝"的意识。他们不放过任何一个信息去发展自己，只有这种强烈的责任心和事业心才能捕捉到成功的机遇。双星股份改制和股票的获准发行，就体现了事在人为、自己创造条件、自己发展自己的胆识。

（6）东南亚地区是人口集中地区，是经济快速增长的地区，也是运动鞋消费上升的市场，集团公司拟在新加坡设立经营公司，在东南亚展开双星鞋销售的阵地战。

（7）名牌本身就具有高附加值，是一种特殊的高科技、高利润的产品，形成规模经济后，必须配套发展。我们在发展五鞋并举的同时，要借助双星的知名度向与鞋有关的行业发展，向海外市场发展。母体企业发展到高峰的时候，大三产必须发展，向国际水平迈进；我们的配套行业刚刚起步，要建立大型鞋材配套工厂。综合性跨国公司不是一句口号，而是要有实实在在的措施。只有跨行业、跨国度地发展壮大，制鞋母体企业才能不断发达，集团公司才能经得起风吹雨打。

以成本为突破口　从基层抓管理

（一九九五年五月七日）

一　为什么要召开成本管理教育、交流会议

　　为缓解集团公司 1995 年面临的沉重压力，四个月来，我们已连续召开了包括经济工作会议在内的多次会议，使我们认识到，在市场经济的条件下，继续依靠计划经济的工作方法、靠喊口号的工作作风已经解决不了问题，必须要具备市场经济的意识，采用适应市场经济要求的工作手段和管理手段。而以成本为突破口，从内部、从基层开始抓管理，既可以克服浮在上面的弊病，又能深入实际，对贯彻经济工作会议精神、消化不利因素将是一个非常大的促进。集团公司 1995 年面临的不利因素近 1 亿元，与去年完成的利税总额相等，如果不赶快采取措施，今年将会出现亏损。形势已不允许我们再靠下去，这也是我们之所以要把这个会提到其他一系列会议前召开的一个重要原因。

　　目前面临的鞋业市场形势相当严峻，成品鞋持续降价，鞋用材料持续涨价，矛盾日益突出。我们的鞋参与市场竞争已不能再提价，而且维持在原先价位上也不可能。我们的时装鞋价格比同类品种高 3 元 ~ 4 元/双，出口布鞋比南方平均高 0.2 美元 ~ 0.5 美元/双，竞争优势和竞争力正在减弱。并且，各地的大小鞋厂也正在加班加点地生产，降价竞争愈演愈烈。在这种形势下，如果不首先算好自己的账，提前把成本降下来，要参加市场竞争只是一句空话，不可能成功。这就要求我们从自己身上想办法，通过加强管理、节约降耗把成本降下来，增强市场竞争力，是市场逼着我们回头抓成本，抓成本管理。

　　原材料价格持续暴涨，迫使我们必须抓好成本。棉纱、生胶、鞋用辅料价格一直在上涨，企业负担日益沉重。如果我们的管理仍停留在原先的

水平上，对成本、成本管理的理解仍停留在原先的认识上，仍然不问成本、不关心成本、不算成本，必将受到市场的惩罚。所以说，由于市场、形势、思想观念、工作作风等正紧张地压迫着我们，不开这一次会议是不行的。

在企业管理上，基础管理要上新台阶，要向深层次发展已连续喊了几年，却一直没有进展，我们为巩固、提高基础管理水平，推行过数字跟踪卡，下过大气力来抓数字准这个问题，但最终也没有解决成本、效益和市场竞争这一根本问题。数字的准与不准是相对的，而成本的准与不准是绝对的。我们之所以在企业管理上裹足不前，关键是没有找到实实在在的落脚点，工作只做了一半，没有落到实处。所以说，必须在数字准的基础上，抓好成本管理，只有把消耗降下来，把成本降下来，才能促使企业管理再上新台阶。成本管理是基础管理的最终结果，是基础管理抓得是好是坏的最终标准，抓基础管理而不抓成本，到头来，一切等于零。企业的一切管理，不管采取什么形式、什么名称，归根结底只有一个归宿，那便是降低成本，提高市场竞争力。成本是所有管理的落脚点。

二　怎样认识成本及这次会议

首先要认识到长期以来我们一直在计划经济的体制下生存，假、大、空的成本，伴随着我们度过了几十个春秋。现在我们是成功者，是同行中的佼佼者。这也产生一种假象，认为我们的一切管理、达到的水平也是最优秀的。特别是基础管理、成本管理一直喊在嘴上，浮在面上，写在纸上，又使部分人误认为价格的高低是多挣少挣的问题，消耗、成本真抓假抓都无所谓，喊一喊，动一动，抓一抓，效益就上来，虚假的成本使我们养成了空口喊价的坏习惯。而在目前，这种条件已经消失，市场经济、规模经济已经形成，而集约经营、集约管理正在形成，虚假成本的存在已成为一大危害，部分人在这上面还存在模糊认识，没有跟上要求。所以我们必须要进行教育，首先在思想上明确成本在企业中的地位，解决计划经济下的假成本问题；解决以往认为成本只是财务人员的事情的认识；解决以往成本是"账先生"用虚报的、假报的数字算成本的坏做法；解决领导决策、行事不考虑成本的坏习惯；解决生产与成本相脱节，成本与市场、与价格、与效益相脱节的矛盾；解决关起门来谈成本、算成本的坏习惯，把计划经济下的假成本转变成市场经济的真成本。

今年以来，特别是经济工作会议以来，各部门贯彻会议精神的热情与去年同期相比，有一定提高，但是仍不认真，很不扎实，没有联系到实际，没有联系到成本，成本的管理仍然停留在编成本、造成本、靠财务人员提供成本的水平上，工作方法不对头。我们希望通过今天这次会议，对大家再教育一次，再动员一次，以抓真实的成本为突破口，以成本为标准练内功，全员转向成本，全方位算好成本，引导大家动真格地、实实在在地贯彻经济工作会议精神。这本身就是经济工作会议要求抓的一件具体事，一项具体措施。

成本是市场经济中要闯的两关中的一关。在市场经济中，我们必须要闯过质量关和成本关，必须要自己去闯，这是关系企业生存的关键性问题。闯过了这两关，企业就能成功，闯不过这两关，企业就要关门。所以我们说，成本是市场竞争的龙头，质量是市场竞争的关键，质量与成本是相辅相成的，不可分割的，是竞争中实打实的东西，来不得半点虚假和应付。而闯这两关也是一个企业面临的最大问题。能否过好这两关，是衡量整个企业素质、水平、志气、精神的一个标准。对过好质量关，我早已做过详细论述，这里不再重复。在市场竞争中，最敏感的因素是价格，而每一个价格都对应着一个成本。成本与价格的对比，决定着企业的盈亏和竞争力的大小：成本低于价格，就赚钱，就有活力；成本高于价格，就赔钱，就失去了活力。在这当中成本是最根本的、实实在在的东西。任何单位、任何部门、任何集体、任何个人都存在一个成本问题。成本不仅仅是事后算账，更在于它的事中控制和事前预测，成本管理是一个综合性的大工程。以往，我们只是孤立谈成本，片面地去谈事后成本，这是不对的。成本及成本管理是全局性、全方位的，成本及成本管理本身就是一个互相配合、互相协调的统一体。成本管理是企业管理的根本、必须抓好的东西，任何忽视成本、不管成本、以假充真的成本，都是我们要坚决反对和坚决根除的。从某种程度上讲，成本的地位更重要，抓成本管理比抓基础管理、抓质量要困难得多，抓成本管理就是一场革命。在过去的岁月中，双星的先驱者们，已经带领我们走了很长的一段路，付出了很多的心血，积累了丰富的经验，并且成本管理从去年起，已正式开始探索，走在了同行业的前头。以双星目前所拥有的基础、素质和水平，只要我们努力去干，闯过这一关是没有问题的。桃子已经熟了，只要跳一跳，肯定能摘到手，我们有这个信心，也有这个能力。也就是说，企业练内功、搞活动、搞劳动竞赛、抓基础管理，都可以归结到成本这一点上来，都可以归结到闯成本这一关上来。

目前，集团公司正在开展的"三名三放心"竞赛、"三个百分之百"竞赛、"三个质量"竞赛、"三高一低"竞赛，ISO－9000 质量认证及推行数字跟踪卡管理等，检验这些工作进行得好坏的最好标准就是成本，推行的目的也是为了降低成本，竞赛进行的是好是坏将由成本的高低来评说。所以政工人员要懂成本，会算成本，把工作方向转移到成本管理上来，开展好教育，抓好、落实好成本管理。

三　当前我们存在的问题

（一）对待成本和成本管理有错误和模糊认识

成本意识不强普遍存在，对成本在企业中的地位和重要性认识不清，没有当做工作重点和工作中心，仍旧一般看待。

（二）在抓成本上，怕苦怕累，不认真

认为成本只是财务人员的事情，认为成本就是算账，就是写写画画，与自己无关。厂长对生产的品种是亏是盈心中无数，不打听、不过问，这是严重错误的，也是非常危险的。为此，我提出抓成本管理是双星企业管理史上的第二次革命。我们进行第一次革命，是在进入市场、适应市场时，狠抓基础管理。而在目前，我们要在市场经济条件下不断前进，必须克服懒、散、喊、假的弊病，树立认真、扎实、实事求是的工作作风，对关系到企业生存、市场竞争的根本——成本进行强化管理，困难要大得多、要苦得多、要累得多。所以我们要进行革命，拿出革命的信心和勇气来，先革自己思想认识跟不上的命，革怕苦、怕累的命，革旧标准、旧要求的命，革财务人员、管理人员多年来不认真、不扎实，搞假、大、空的成本的工作作风的命，只有这样，才能抓好成本管理。

（三）我们的大部分领导，在工作方法上不适应

受计划经济的影响，一味强调要大干，拼时间，热衷于喊口号，举行誓师大会，却没有在组织生产时首先把成本研究透，成本依然停留在"账先生"算账，科长报表，厂长看表，甚至连表也不看、不打听的水平上。大家对大面上的组织形式、工作方法容易接受，而对成本管理，真抓实干，

做无名英雄不适应，对如何去抓实事、办实事、算实数也不适应。我们的政工人员、党委书记、支部书记误认为成本就是厂长的事情，是生产的事情，与己无关，只要站在圈外喊口号就行了。所以在工作方法上要纠正过来，领导干部要带头算成本，了解成本，以后汇报工作以成本为主要内容，账要自己算，不准再带财务科长。

（四）真正管成本的人不懂生产

算账的人深不下去，管生产的人能深入下去，却又不过问成本，报假数，算假账，出假成本，提假建议，纸上谈兵，从上到下对成本心中无数。经营人员只顾卖鞋不在乎成本，供应人员只管采购不考虑成本，也根本不懂成本，而外经人员在对成本一无所知的情况下，参与谈判，商讨价格，又如何能谈判好？抓成本要从基层开始抓，从管理人员的岗位，从操作人员的机台开始抓，特别是脏、累、大家都不愿去的工序，往往是消耗大、易造假、成本管理薄弱的地方，如炼胶、裁断、配料等工序。我们的管理人员要敢于做无名英雄，穿上工作服，深入实际，深入生产，深入基层，认认真真地干实事、抓数字、算成本，把成本管理真正落到实处。

（五）大手大脚，花钱不讲成本

抓成本管理浮在面上，不踏实、不认真。我经常讲"吃不穷，喝不穷，计算不到就要穷"。因而，抓成本要既抓大头，又不要放过小头。抓小的成本要从一张纸、一个电话、一个传真、一克胶上抓起；抓大头的成本，要从成型的上、下游工序，从设备的利用上，从棉布和生胶的改进工艺上，从开发设计和业务人员的工作质量上，从三产和辅助部门的工作上，抓住不放。抓住这些花钱的大头，等于抓住了成本管理的重点。同时，抓成本管理，不能搞好人主义。好人主义与抓成本、干事业是相左的。抓成本，就要考虑优化劳动组合，就要优化资源配置，提高工作效率；抓成本，就要抓管理，就要抓人，肯定要得罪人，而好人主义则恰恰相反，不愿去得罪人，不愿去管人，不会把管理抓严、抓细，也就抓不好成本，干不好事业。我们的工段长、组长、车间主任、生产厂长、各部门负责人在第二次革命中不要当老好人，不要搞形式主义，谁再去走回头路，谁将会被淘汰。好人主义在市场经济中，在二次革命中是没有立足之地的，这也是我们要再动员，要进行二次革命的原因之一。

（六）一切和鞋的成本挂钩，一切和鞋的生产挂钩，这方面做得还很不够

讲到生产，只考虑鞋本身的生产，忽略三产、辅助等部门的生产；只注意了鞋，而忽略了鞋的配套工作，将鞋的成本与各行各业的成本割裂开来，这是不对的。我们的各行各业、各个部门、各个处室目前仍以鞋为基础，立足于鞋，从鞋身上汲取营养。但是不能只顾自己，不能忘本，吃鞋、挖鞋是不允许的。我们已是一个大的企业集团，领导层在思想上、认识上不能再停留在原橡胶九厂的概念与水平上，更不能仍局限于原先设定的单位、部门职能上，副总要发挥集团副总的作用，助理要摆正集团助理的位置，把分管的工作统起来，对集团公司的利益综合考虑，综合平衡，保证鞋——这个母体产业的发展壮大。只有鞋壮大了，别的才能发展。昨天我在党委扩大会上提出要树立大集团意识，目的之一就是要把鞋的成本，通过不同渠道降下来，首先保证鞋的生产，提高鞋的市场竞争力。同时，通过抓鞋的成本总结经验，带动辅助、三产等部门，把本部门的成本降下来。

四　怎样抓成本管理

（1）将成本管理当做下一步工作的重点和中心，不管是鞋的生产，不管是第二产业，还是第三产业，都结合自己的情况，进行成本管理，进行第二次革命。

（2）把基础管理落实到成本管理中去，通过抓成本管理，真正促进基础管理上台阶、上水平。

（3）借好东风，在全体员工范围内强化成本意识，各单位、部门的厂长、书记对成本首先要懂，会算、会用，能抓、能做示范，积极引导教育好员工。各单位、部门要搞好宣传教育，抓好自己的典型，以点带面，促进全员成本意识的提高。

（4）成本的高低、成本管理的好坏，将作为检验领导政绩、员工工作的主要内容和依据。成本和质量一样，具有否决权。通过全集团上下按阶段按分工抓成本管理，都要算好分段成本和责任成本，开发设计人员算好设计成本。将成本算到机台、算到个人，算出真成本，并以此作为奖惩的依据。靠责任心的提高，来降低机台、个人的成本。

（5）成本是各种竞赛、活动的落脚点和检验标准。开展的好与坏，将

由成本来说话、来鉴定。

（6）降低成本不能影响质量，降低成本要与科技进步、工艺技术改进相结合，要靠科学技术来降低大成本。

（7）财务处要强化宏观监控协调职能，组织人员对各单位的成本管理给予检查、监督和指导，一月不得少于一次，发现问题，及时通报，及时改正。

总之，成本管理是集团公司年内克服不利因素，乃至今后使管理上台阶，保证双星大发展的重大举措，既是一项管理创新，又是工作方法的进步。抓成本就是实事求是，抓成本就是与外部市场相接轨。各单位、部门要认真对待，认真学习，尽快落实，力争在短期内见到效果。只要我们把成本抓好了、抓实了，我们一定会再上新台阶，双星事业一定会大发展。

实行年薪制　深化分配制度改革

（一九九五年六月六日）

一　为什么要实行年薪制

（一）实行年薪制，是市场经济客观规律的必然要求

年薪制的发明者是资本主义企业，是随着资本主义市场经济发展到一定程度而产生的。社会主义市场经济发展到一定程度，在分配形式上也可以实行年薪制。前几年企业的外部环境和内部体制不具备实行年薪制的条件，如果超前实行了不但收不到好效果，而且会导致失败。随着市场经济的发展，今天已经具备实行年薪制的要求和条件。双星集团的竞争对手不只是国内企业，而且包括国际大企业和众多的"三资"企业，要与它们进行市场竞争和人才竞争，就要求我们率先在部分骨干中实行年薪制，创造条件逐步向全员性的年薪制过渡，保证双星事业今后10年的发展。

（二）实行年薪制，既是集团公司深化改革的必然要求，也符合中央精神

集团公司推行承包制已经多年，而在分配上拉开档次也实行七八年了，如果在新的形势下分配仍然停留在原有档次上，就难以调动各单位、部门和骨干的积极性，就不能适应今后10年双星事业的大发展。双星集团作为改革的试点单位，实行年薪制也是和中央改革的精神相一致的。

（三）实行年薪制，是深化分配制度改革的必然要求

体制、机制、分配政策从来不是一成不变的，必须不断实事求是地进行调整，企业才能充满生机和活力。分配制度是企业激励机制的关键所在，

一方面我们要抓精神，让骨干和员工树立强烈的事业心和责任感；另一方面我们要抓物质，深化分配制度改革，调动骨干和员工的积极性。双星集团的分配制度改革，从打破八级工资制，实行多种形式的工资制度，到砸烂"铁饭碗"，推行"五定"，再到实行年薪制，已经迈出了三大步。

（四）实行年薪制，是增加压力继续前进的必然要求

企业在建立激励机制的同时，必须建立自己的约束机制，增强压力感是约束机制的核心。人没有压力，就不会前进，增加了压力，年终清算就是对完成预订指标的检验。特别是我们的生产厂，实行工贸一体化崭新的经营机制之后，在市场上唱主角，主角当好了，配角都会跟着发展，主体企业巩固、提高、壮大了，就会带动全集团的壮大；而主角当不好，全局都会受到影响。

（五）实行年薪制，是过好质量关、成本关的必然要求

质量和成本是市场经济必须闯过的两关，是市场竞争实打实的硬功夫，来不得半点虚假。在当前集团公司推行质量否决权、深化成本管理革命的时候，我们实行年薪制，必然会促进质量管理和成本管理水平的提高，促进企业内部市场和外部市场的接轨。

（六）实行年薪制，是培养适应今后 10 年大发展人才的必然要求

实行年薪制，有利于人才竞争，吸引、培养、发现、选拔一批各方面的优秀人才，为今后 10 年跨世纪大发展奠定基础。

二　怎样正确认识年薪制

（一）年薪制是个新东西，需要在实践的过程中不断完善

由于我们搞得比较早，不成熟、不完善是正常的，允许在开始实行的时候出现一些问题。这些问题是发展前进中的问题，只有在实践中不断理顺调整，才能不断符合实际。如果我们顾虑重重，不敢实践，永远也完善不起来，所以大家首先要端正态度，以改革者的姿态支持、理解年薪制，

积极地参与完善它。

（二）年薪制划分档次，体现的是不同的单位、不同的岗位承担的责任与压力不同

首先考虑承担的工作压力，根据工作压力的不同区分分配档次，适当地向各单位"一把手"倾斜，虽然有相应的职务及级别，却没有相应的压力，就不能划在一个档次上；其次考虑在市场上承担的压力与风险，直接进入市场参与竞争的，与依靠集团内部市场的就要有区别；再次考虑在整个集团中承担的责任与作用的大小，那些既处于集团的母体行业——制鞋，又直接进入市场的生产厂、公司就要多拿。分配档次标准确实尚未形成科学的定量标准，公平是相对的，不公平是绝对的，分配档次需要在发展中不断调整、不断完善。集团公司这次对中层以上的主要管理人员实行年薪制，各单位、部门也要积极稳妥地在本部门试点，对主要管理人员和骨干实行年薪制。

（三）年薪制也为我们正确处理好国家、企业、个人的分配关系提供了一条新思路

就是国家要富，企业要富，职工也要富，特别是要让那些勤勤恳恳、真心真意干双星事业的人先富起来，大幅度提高双星骨干的收入。十几年来，双星骨干在极端困难与恶劣的环境下，拼搏奉献、流血流汗，没有伸手向国家要一分钱，靠发扬艰苦奋斗、自力更生的光荣传统，白手起家，为国家、为社会作出了贡献。通过实行年薪制，从分配的角度来承认他们的贡献，认同他们的功绩。我们正在开创一条新路子，一条正确处理国家、企业、职工三者分配利益的新路子，让三者都富起来。

（四）实行年薪制，要坚决反对弄虚作假

提倡正大光明地赚钱，正大光明地富，堂堂正正地做人。为了个人的利益而弄虚作假，党性、人格不允许，一经发现要严肃追究责任。要建立健全经济指标的考核和全面审计制度。要求人事处加快步伐完善劳动合同、责任合同，利用合同的办法建立约束机制，加强对集团公司骨干和主要管理人员的管理，使企业和职工双方都有约束，双方都有压力。

推进工贸一体化，实施重大体制改革

（一九九五年九月七日）

集团公司最近全面而深刻地分析了前 10 年生产经营的成败得失及近期的经营状况，一致认为：我们目前的经营运作体制已不能适应双星规模经济的要求，生产和经营脱节，工厂与市场脱节，经营上的中间环节不畅通。例如：有的产品供不应求，但是长期以来生产组织上不去；有的产品在市场上滞销，成品大量积压，帮片、半成品大量积压；长年以来旺季供不上货，淡季分公司不要货；遍布全国的销售网络已经形成，但是没有利用好，皮鞋厂、布鞋厂等单位不懂得充分利用这些渠道。大家也研究了我们的成绩和优势，认为集团公司自去年 10 月份以来推行的工贸一体化新机制，是市场竞争的最终归宿。以山东经营总公司为代表，按照集团公司党委的部署大胆在实践这个新机制，积累了宝贵的经验，取得了可喜的成果，为形成适应今后 10 年大发展的崭新机制树立了榜样。大家取得了思想认识上的统一，一致认为当前改革体制、转换机制是非常必要的。当前，集团公司集中精力进行了大刀阔斧的体制改革、机制调整，彻底让市场指挥工厂，彻底推行工贸一体化，使市场与生产接轨，按"前店后厂"的模式进行运转，这标志着集团公司进入了一个新的发展时代。

一 怎样认识这次重大体制改革

（一）企业体制和机制必须按照行业规律和市场规律的要求不断进行调整

生产力决定生产关系，随着生产力的发展、企业规模的扩大，客观现实要求调整企业体制，到了一定的时候不调整体制，就会阻碍事业的发展。调整了体制，转换了机制，事业就会继续前进。这是总结双星进入市场 12 年正反两个方面的经验教训。我们在公有制的基础上形成了市场的机制，公有制与市场经济机制的有机结合，是双星人的一大创造，是符合行业规律和市场规律的。

（二）从思想观念上我们要认识到社会是在不断变革中发展前进的

静止是相对的，运动是绝对的。世界进步的历史就是不断变革的历史，大到一个国家，小到一个经济实体，变是正常的，不变才是不正常的。有了 1984～1985 年双星第一次机制大变革，才有了前 10 年双星事业的大发展；有了 1994～1995 年双星第二次机制大变革，才为今后一段时间乃至今后 10 年的发展奠定了基础。对于这次体制改革、机制转换，大家不应该感到突然，说明我们的事业在前进，说明我们认识了不足，总结了成绩，敢于否定自己，又敢于肯定自己，在辩证发展中不断前进。

（三）双星知名度的空前提高和双星名牌的形成，要求我们进行机制转换

当前双星知名度空前提高，双星集团在整个制鞋行业占有举足轻重的地位，国内市场为我们提供了极好的发展条件。双星事业进入市场十几年来第三次发展高潮已经到来，这个机遇能否把握住，关系到双星事业发展的全局，而原来"生产厂生产什么，经营公司就卖什么"的经营体制不可能适应名牌战略的要求。要抓住这个机遇，迎接大发展，必须进行体制、机制创新。

（四）国内市场的大发展也要求企业进行体制转换

随着中国经济与世界经济的接轨，一些鼓励出口的优惠政策将逐步取消。从今年起国家已经对出口退税的政策进行了调整，企业必须顺应国家宏观政策的变化调整自己的发展战略。出口政策变化之后，我们必须加大国内销售，抢占国内市场，同同行业厂家展开激烈竞争，按照"先内后外"的原则组织生产，这是关系企业总体发展方向的大的转折，要适应这个新变化不调整机制是不行的。

（五）双星事业规模的扩大，要求实现企业的制度化、科学化、规范化发展

双星集团已经成为一个规模庞大、附属单位众多、地域广阔的世界最大的制鞋企业集团，必须形成分层决策、分层负责的体制。企业的总裁就是负责战略决策，就是研究企业发展方向和关系企业全局的战略问题，而决策的实施则由中间管理层及具体操作层负责。如果形成规模经济后，总裁仍然忙忙碌碌地去抓质量、抓消耗、抓仓库，他的精力不可能跟得上，企业的发展也是很危险的。只有实现企业发展的规范化、制度化、科学化，才能形成企业发展的良性循环。推行工贸一体化，市场需要什么，生产厂就生产什么，冬天就生产夏天需求的产品，夏季就生产冬季需求的产品；厂长抓厂长的事，经理抓经理的事，总裁抓总裁的事，该谁办的事谁去办，使决策者腾出更多的精力，从事跨行业、跨地区的发展，保证双星规模经济的不断壮大，保证不论遇到什么问题双星都能前进。

（六）新的体制能够最终实现双星事业的长盛不衰

工贸一体化的新体制实现了市场与工厂的有机接轨，实现了企业发展的良性循环。在这种体制下，不论谁当总裁，企业都能正常运转，而以前的体制把企业的命运维系在一个能人身上，这是非常可怕的。双星事业来之不易，是以双星人经过几十年的苦干，奉献了青春和热血取得的。把双星事业保持下去，一代一代发展下去，是对社会的最大贡献，也是我的心愿。有的国外的大企业历经百年不衰，最终发展成为企业王国，就是因为它有适应市场的机制。所以这次体制改革，是从事业的大局和双星发展的大局出发，这个体制形成后，可以发挥集团上层领导群体的作用，化整为零，发挥各副总、助理及战区的作用，光靠一个人再有本事发展也是缓慢的。体制的改革是根本的改革，在不久的将来大家会发现，这次体制改革最大的贡献就是保证了双星事业今后 10 年乃至今后上百年的发展，这种新体制利在当今、功在千秋。

（七）新体制能够保持快节奏、高速度的发展

新的体制使企业由一个增长点扩大到多个增长点，由一个压力扩展到多个压力，由一个总中心扩展到多个地区总中心，能够保持快节奏、高速度的发展。光坐在青岛永远不可能及时掌握外地的信息。而工贸一体化实

施以后，各大战区成为相互独立的经济实体，利用当地的人、财、物力可以迅速壮大发展自己。通过工贸一体化，最终形成"化整为零，副总分工，市场指挥，区域作战，全面发展"的企业新格局，必将促使双星集团以几倍乃至十几倍于前10年的发展速度超常规地发展壮大，为全面完成第二个10年中年销售额100亿元的目标奠定基础。

二 怎样保证企业新体制的运转

（一）保证新体制的运转，一定要去爱护、支持、完善新体制

从道理上讲，新体制说明了一个社会、一个经济实体又前进了一步。开始的时候出现一些问题是正常的，我们一定要高瞻远瞩，从长处着眼，正确对待新体制。双星一直在体制的转换过程中不断发展、不断完善，什么时候我们抓了体制转换，什么时候就前进一大步。那些重视体制转换的单位，搞得都很好；而不重视研究体制、抓机制的单位，都因为管理混乱、关系不顺成为集团公司的落后单位。双星进入市场十几年的历史雄辩地证明，没有机制不断转换，就没有双星事业的今天。

（二）保证新体制的运转，一定要出以公心

体制的调整，核心是权力和金钱的再分配，能人脱颖而出，一部分人的权力受到影响。体制调整牵涉到人的权力利益调整，如果不能出以公心，总是考虑个人的得失，任何新体制都不会成功。有的领导不能正确评价自己，认为新体制的调整侵犯了自己的既得利益，思想上不接茬，行动上不积极，站在了新体制的对立面上；有的领导搞山头主义，画自己的圈子，水泼不进，针扎不进，这套封建主义的残余作风是站不住脚的；有的领导把分管的范围看成自己的地盘，不允许别人过问，也不与别人沟通联系，分管部门的领导直接向集团领导汇报工作，没有经过分管领导，也不满意，搞独立王国，你的我的他的界限分明；有的领导不能光明正大，专门搞小动作，背后议论人；有的领导对新体制的变化从个人利益出发，说三道四，胡乱猜疑，说什么总裁信任谁了，又不信任谁了，不是积极支持、积极探讨。这些都是私心杂念重的表现，是自身素质差的表现。这些作风会造成新体制的垮台，也会使自己跟不上事业发展的步伐，最终被淘汰。有一句

话说得好，"事业重如山，名利淡如水"。希望各级领导从双星事业的大局出发，及时调整自己的心态，积极投身到新体制的运转中去。

（三）保证新体制的运转，要运用好两个机制，一个是激励机制，一个是约束机制

两者有机结合，做到重奖严罚，干得好的就要大奖，干得不好的就要重罚。既想当官说了算，又不去得罪人是不可能的，人人都拥护你，说明你根本没有把事情管好。为了正义、为了事业不能怕得罪人，要有这个勇气和胆量。贯彻利用好奖励和约束机制，也就是我七八年前总结出的"无情的纪律，有情的领导"。有的人总是讲，中国必须搞私有制才有希望。我认为私有制不是灵丹妙药，关键不在所有制，而在于机制。资本主义企业天天都有倒闭的，股份公司的董事长也时常有跳楼的。这说明没有好的机制，没有建立健全激励机制与约束机制，不管是公有制还是私有制企业，都要垮台。我们双星在公有制的条件下，在恶劣的外部经营环境下，相对来说用好用活了奖励和约束机制，所以才有今天的成功。回顾双星前10年的发展，关键是两个机制运用得好。激励机制与约束机制的运用，培养了一批人，也淘汰了一批人，在人才不断涌现、积极性充分调动的过程中，才有了双星事业的发展。

（四）保证新体制的运转，要建立新的章法，及时理顺关系，解决新的矛盾

在新体制的推行过程中必然会遇到这样或那样的问题和矛盾，这并不可怕，新生事物从来不是十全十美的，要抓具体人、抓具体事，解决具体矛盾。必须用新思维、新观点、新办法来贯彻新体制，用新的规章制度去完善新体制。如果我们继续用原来的老章法贯彻新体制，就一定不习惯；继续用原来的老习惯看待新体制，也一定不顺眼。必须用前进的、发展的观点和眼光来处理推行新体制中出现的问题。

（五）保证新体制的运转，要培养扎扎实实的工作作风

不能光说不干，或说的是一套，干的是另一套。当前从社会上来说，生活改善一些，车坐好一点，只要能创出效益，这是正常的，是我们的目标，也是市场经济的需要。有的人只说不干，或者写文件、讲话、宣传是一套，干的是另一套，有的高高在上，脱离实际，正义的事情得不到支持，

这是最大的腐败。腐败不光是领导层，工作不认真、不扎实都是腐败。双星医院的领导为了维护集团利益，不怕得罪人，按规章制度办事，这是正义的，要大力支持。

双星事业历经磨难，来之不易。这次机制转换是集团公司历史上一次大的转换，奠定了今后10年大发展的基础，奠定了双星伟业长盛不衰的基础。希望大家正确认识机制调整的必要性和重要性，大力支持、积极参与新体制的运转，并深入开展第二次管理革命，深化成本管理、质量管理，过好成本关、质量关，为双星事业作出新的更大的贡献。

创中国人自己的名牌

（一九九五年九月二十七日）

今天，我们相聚在双星度假村，隆重召开以创中国人自己的名牌为主题的"三名"研讨会。参加今天会议的有来自全国各地最著名的130多家商场的朋友，有来自中央、省、市新闻界的朋友。首先，我借这个机会，代表两万名双星员工，并以个人的名义，向千里迢迢来到双星的各界朋友表示热烈的欢迎，并致以衷心的问候。

这次研讨会可以说是我们召开的第一次创中国人自己名牌的会议，民族要振兴，经济是基础，而经济的振兴又离不开相当数量名牌的支持。中国应该有自己的名牌，中国应该树自己的名牌，中国人应该爱自己的名牌。借这次与大家共同研讨的机会，我首先作一个发言，谈几个问题算是抛砖引玉。

一 为什么要举办商业界和企业共同参加的 创中国人自己的名牌研讨会

（一）召开"三名"研讨会，是为了答谢多年来各界朋友对创双星名牌的支持

双星进入市场已经整整12年了，12年来正值新旧经济体制转换，市场经济发育不完善的时代，双星人经历了严峻的考验，经受了艰苦的磨难，但是在青岛市委、市政府的领导和支持下，在各界朋友的帮助下，双星集团蓬勃发展，成为当今世界实际生产规模最大的制鞋企业集团，双星运动鞋成为中国名牌和世界名牌，荣获中国制鞋行业唯一的全国驰名商标。双

星人仅仅用了 10 年时间，就走完了发达国家企业用几十年，甚至上百年走过的道路。应该讲，双星名牌的创立，有双星人拼搏的一半，也有商界朋友支持的一半；有双星人努力的一半，也有新闻界朋友宣传的一半。商界和新闻界是双星事业成功的两大靠山，今天邀请大家来参加研讨会，就是让大家一起来分享创立双星名牌的成果和喜悦。

（二）召开"三名"研讨会，是为了与商界朋友交流市场经营的体会

名牌离不开名店，名店也离不开名牌。名店作为销售名牌的主渠道，最了解消费者的需要和产品存在的问题，商业企业和工业企业之间需要不断地互通情况、相互支持，进一步把我们的名厂推向世界，把我们的名店推向世界，把我们共同的名牌推向世界。

（三）召开"三名"研讨会，是为了正确认识我们的优势，增强创中国人自己名牌的信心

我们民族中某些人存在崇洋媚外的心态，妄自菲薄，使外国名牌借机充斥中国市场，冲击了中国民族制造工业，特别是对制鞋业、服装业冲击最大。中国人可以创出自己的名牌，而且中国人创名牌要比外国人聪明得多，在这方面我们一定要增强自尊心，正确认识自己。

今年 4 月份，我在新加坡举办的"面向二十一世纪的中国企业"研讨会上演讲，有两个朋友提问："双星怎么可以称世界名牌呢？"我当时马上回答：美国人口才 2 亿多人，他们搞一个牌子就宣传说是世界名牌，发展中国家总是把美国的产品捧得很高，看不起自己，这是应该感到羞耻的。中国有 12 亿人口，加上海外的炎黄子孙有 13 亿人，占世界人口的 1/4，双星牌运动鞋在 13 亿中国人中几乎是家喻户晓的，13 亿和 2 亿相比，美国产品能成为世界名牌，双星为什么就不能成为世界名牌呢？我的回答在异国他乡的新加坡引起了热烈的掌声。所以我认为我们应该有自己的决心和志气，创出名牌称雄国际市场。我发现上帝造人的时候就偏爱我们，无论是白人、黑人、黄色人、棕色人，我们黄皮肤的中国人最聪明，而且我们有优势，中国本身是一个巨大的市场，海外华人分布在世界每一个角落，世界上很多大城市都有唐人街，华人在历史上下南洋、闯海外，分布于世界各地，给开拓国际市场打下了基础，创造了条件。由于双星人在开拓海外市场上的不断努力，在海外的知名度也不断提高，青岛、上海和北京出国的人员

中，捎信带鞋子、买鞋子的人很多，一买就是一二十双，专门买双星鞋。前年美国机构在加利福尼亚州 12 所大学 1500 名大学生中调查：你最喜爱的名牌运动鞋是什么？"达堡斯达"（Double Star）的得票率占 12%。假如这个事情出现在中国，我就没有资格请大家来研讨名牌，但是在运动鞋发达的异国他乡，超级大国美国，双星能取得这样的成就，达到这样的知名度，是值得骄傲和自豪的。

中国企业应该敢于向世界名牌挑战，勇于同世界名牌竞争。最近，我们将与美国康奈斯公司打官司。该公司是比阿迪达斯历史还悠久的制鞋企业，说我们侵犯了它们注册的商标权。理由是它们每只鞋上都带了一颗星，所以我们不能叫双星也不能带星。我们集团公司要求美国分公司理直气壮地与它打官司，对它们的无理要求坚决予以驳斥。双星已经生产十几年了，过去它们也不是不知道，现在双星的知名度空前提高，中国人创出自己的牌子引起了它们的不安。我给美国分公司讲：我们双星一定要压倒康奈斯的一颗星，双星几十亿元的资产，就是拿出来一半打官司，也不能让外国人欺负我们。

（四）召开"三名"研讨会，是为了抵制假冒伪劣产品

现在市场上出现了大量的假冒伪劣产品，这是中国经济生活中极不正常的现象，就我们掌握的材料，生产假双星鞋的就有 7 家工厂。我们曾和工商局、新闻界的人共同打假，协同作战，但遇到了地方保护主义的抵制，甚至受到南方一些工厂的威胁。应该看到，在假冒伪劣产品横行的时候，名厂、名店在消费者心目中还有依赖感。这是一个机遇，需要我们抓住这个机遇，携手打假，双星要高举质量和信誉的旗帜，在消费者心目中树立国货精品、质量上乘的概念。

（五）召开"三名"研讨会，是为了呼吁社会对名厂、名店、名牌的支持

创名牌是民族的大事、国家的大事，不仅仅是一个企业和一个商场的问题。名厂是民族工业的支柱，没有一批规模较大、管理优秀的名厂，民族经济的发展就失去了基础；名店是民族经济的流通主渠道，没有一批设施先进、经营出色的名店，国内市场就要丢失。社会上对这个问题的理解很模糊，有的人认为创名牌是企业的事，是商店的事，他们可以站在岸边指手画脚，评头论足，究竟对名厂、名店怎么支持、怎么帮助并没有解决。

我们名厂、名店都是共产党的买卖，应该自己拿自己当骨干，向社会呼吁对名牌的支持，鲜明地提出"创中国人自己的名牌，振兴民族工商经济"的口号，长中国人的志气，长中华民族的志气。

二 对名牌的意义怎么去认识

名牌是市场经济的必然产物，你既然承认市场经济，就必须承认名牌的存在和作用，名牌凝聚了心血，名牌沉淀了文化，名牌标志着典雅。在优胜劣汰的市场竞争中，消费者对于名牌产品给予更多的青睐和喜爱，发达国家之所以经济飞速发展，应该说首先是利用了牌子，推动国内市场并向世界扩展经营。

（一）就市场而言，名牌是市场竞争的标志和代表

特别是中国人都有一个印象购买力，追逐名牌比美国人、欧洲人要厉害得多，欧美人除了那些真正有钱的人非常讲究牌子以外，一般人不像中国老百姓那样讲究牌子，很多外国的服装、鞋子名牌都是中国人给炒起来的，结果庞大的国内市场外国牌子满天飞。我们要解决好我们内部的名牌意识，使全国上下都能够统一到名牌在市场上就是代表着一个国家的水平、代表着一个民族的精神面貌这个高度上来认识，把创名牌看成是全社会、全民族的事业。在市场竞争中，名牌具有很高的含金量，牌子是一切市场经济的炸弹，是原子弹，是航空母舰。计划经济可以不要牌子，但市场经济没有牌子就寸步难行。

（二）就工业、商业、企业而言，名牌就代表着企业的形象

企业有无竞争力，管理水平高与低，在市场上能否站住脚，标志并不是看它有多少产值，关键是看企业有没有树立自己的牌子。就企业在市场上的竞争而言，有了名牌就可以发展壮大，没有牌子就难以经受住严峻的考验。韩国的制鞋行业曾经称雄世界，最大的制鞋厂有120多条生产线，但是它们只是替名牌加工，没有树立自己的牌子，当经济条件发生变化，制鞋商将订单转往别处生产时，韩国的制鞋业迅速滑坡，至今已相当萧条。牌子、工厂、销售渠道是企业成功的三个支柱，没有创出牌子只能说进入市场成功了一半。

名牌不仅仅是企业的标志，而且凝聚了企业的血汗，是拼搏努力的成

果，是获得社会认可的结果。牌子既代表着物质，又代表着精神，抓好了牌子，就是全面抓了思想政治工作。双星集团曾开展了轰轰烈烈的"三名"活动，即创世界名牌，当世界名厂，做双星名人。人家说名人难当，我们双星就要敢于标新立异，迎着风浪上，敢于创名牌、当名人，振奋职工精神，使企业进入了名牌发展战略的历史新阶段。

（三）就国家发展而言，创名牌是弘扬民族精神，发扬爱国主义的最好行动

我们天天都在宣传爱国主义，天天都在感叹思想教育太空洞，其实创出中国人自己的名牌就是最好的爱国，就是最好的爱民族，就是最好的爱厂、爱岗。

近几个月来，我国政界、新闻界都在纪念抗日战争胜利 50 周年，新闻界摇旗呐喊，回顾"七七"事变、南京大屠杀，不忘过去屈辱的历史。

日本人 50 年前的梦想，是要把中国变成它的殖民地，中国人民同仇敌忾，终于取得了近代中国抵御外敌的第一次胜利。当代日本是利用它的牌子在侵略我们，我们不能把它单纯地看成只是一个牌子问题。

我认为市场经济在某种程度上就是商战，市场经营上的竞争，与过去硝烟弥漫的战争一样，都是你死我活的战争；从弹火纷飞的战场到琳琅满目的市场，用一句前些年的话来说，都是国际上的阶级斗争，没有不带政治色彩的经济。我们的鞋子出口到欧共体，限制严格的配额，出口到美国，征收高关税。但是欧美出于一定的原因，对俄罗斯和越南提供优惠的政策，这说明政治与经济是不可分的。我们的民族工业现在还有一些自己的商标，假如再经过三五年、几十年，继续让外国牌子侵蚀我们，我们的后代就不知道什么是中国名牌。他们要问，中国人聪明的祖先创造了复杂的汉字，创造了灿烂的文化，但连块牌子也创不出来，吃、穿、用全是外国人的牌子，那是非常可悲的。去年年底，国家邀请了部分企业家研讨，我提出：21世纪的规划首先应该规划中国人要创出多少自己的牌子，现在国人身上穿着外国牌子，街上跑着外国车，自己生产的轿车也叫奥迪、桑塔纳，还是人家的牌子，坐着更不光彩。过去外国人用坚枪利炮侵略我们，是在流血，现在用外国牌子占领民族经济领域，是在麻醉，是向我们输入了高级鸦片。我们作为共产党的国有企业，作为名厂、名店当然不能去提倡"禁烟"，抵制外货，我们不能去学习封建的闭关锁国，但我们要学习林则徐这样的民族英雄的民族气节和爱国精神。我们有义务、有责任创出中国人自己的牌

子，振兴民族经济。我们回顾历史，回顾民族耻、国家恨，是必要的，但回顾不是目的，更重要的借回顾历史的时机，激励民族自强的精神，激励公民的爱国热情，响亮地提出：振兴民族经济，不要再当亡国奴，不要再重演"七七"事变。这是我们全民族都应该考虑的问题。美国之所以欺负我们，新加坡和日本对待美国敢于采取强硬措施惩罚触犯该国法律的美国人，一句话就是我们穷了，我们的经济上不去，落后就要挨打。我们应该认识到：我们中国拥有 12 亿人的市场，本身就是名牌的王国，是产生名牌最好的土壤和摇篮。中国要富强，民族要振兴，要想把口头上的爱国、爱党、爱厂变成实际行动的话，最好的行动就是创名牌。进入市场后，作为一个企业，作为一个商场，首要的任务就是把名牌意识和爱国精神联系起来，把名牌和精神文明、物质文明联系起来，把名牌和长中国人的志气联系起来，在这场世界性的商战中，创名牌就像中国人梦想的洲际导弹和航空母舰一样，在民族危亡的时候用名牌可以挽救它。现在整个世界范围内阶级矛盾已经淡化了，而民族精神越来越重要。特别是在纪念抗日战争胜利 50 周年的时候，这是个时机，不能一味地去回顾过去，更重要的是向前看，把创名牌提高到爱国、爱民族这个大的概念上来。

三　我们应该怎样去创名牌

（一）工厂要树立创名牌的志气

敢于向世界名牌挑战，敢于与世界名牌竞争，形成自己创名牌的一套理论，这是关系企业大局的战略部署。工厂要实施全方位的名牌战略。作为企业来讲，有义务、有责任制造最完美、最优质、最理想的产品，创出最好的牌子，供给它的"上帝"和客户。只有这样，才能使我们的牌子巩固和发展下去，双星集团从 1984 年开始就致力于创立名牌，采取了符合市场规律的发展战略和策略。经过艰苦努力，双星名牌获得了社会各界和广大消费者的广泛认可，双星集团通过的 ISO 9000 系列质量认证，在世界制鞋行业是第一家。世界上没有的，双星人就要干。但有些人不这样认为。几年前我们创立了"双星九九管理法"，在企业收到良好成效，在社会上引起广泛反响。但在参加评奖的时候，有些人讲这个管理法符合中国国情，但在西方理论中找不到依据，套不上西方管理理论。过了几年，"双星九九管理法"被广泛学习、广泛引用，他们才认可。

（二）树立用创立名牌来衡量估价企业和企业家的标准

衡量一个企业领导者是真企业家还是假企业家，有一个重要标准，就是看他敢不敢把名牌用到振兴国家经济、振兴中华民族上。市场如战场，市场上的企业家就是战场上的将军，只有创出名牌的企业家，才是商战中最优秀的将军。每一个企业家，每一个员工都能达到这个高度，把创名牌同爱国、爱民族联系起来，我们一定可以搞好，而且可以超过外国人。

（三）政府要支持中国名牌

政府不应该把创名牌看成是企业的事，与己无关，认识到政府应当承担的责任，企业创名牌是在为国家争光。民族的振兴必须以经济的振兴为基础，而经济的振兴必须以若干个在世界占有一席之地的名牌为保证。作为政府，应该义不容辞地去扶持名牌，为创名牌开绿灯，采取得力措施，打击假冒伪劣产品，维护名牌产品的知识产权不受侵犯；采取得力措施保护民族工业，限制外国产品的侵蚀；更不应该给创名牌的企业设置障碍，指责刁难企业，用腐败的作风来对待企业。

（四）商场要推销中国名牌，新闻界要宣传中国名牌

名牌不光是靠工厂干出来的，还必须靠商界推销。商场应该积极推销国货名牌，以卖国货为主，推销国货名牌本身也是爱国。

（五）消费者应该爱自己国家的牌子

关心、支持、爱护自己的牌子，作为中华儿女应该以自己的牌子为荣耀。支持国货也是我们应尽的责任，很多外国名牌都在中国制造，连自己国家的牌子都不爱，怎么谈得上爱国呢？在全社会形成风气：用中国人自己的产品感到荣耀，穿中国人自己制造的产品是民族的光荣，这一点我们比韩国差远了。七八年前韩国的经济刚起飞时，各方面都比较差，但他们支持自己的产品。虽然韩国汽车在世界上只属中等水平，但他们都说韩国汽车是世界最好的，街上跑的都是韩国国产车，凭着这种精神，韩国才成为亚洲"四小龙"之一。

国家兴亡，匹夫有责。我们作为名厂、名店肩负着振兴民族经济的神

圣使命。人类即将迎来新的世纪，历史留给我们的机遇不多了，工商携手
创出中国人自己的名牌，是民族精神的体现，是民族振兴的希望所在。让
我们以创立名牌为目标，迎接新世纪的挑战，发挥中华民族的优良传统，
弘扬爱国主义精神，为中国人争气，为中国人争光，使中华民族屹立于世
界民族之林。

发挥战区优势　加快连锁经营

（一九九五年十月）

一　双星事业今后 10 年发展的
经营思路和设想

（一）双星进入市场以来经营的发展历程

双星人进入市场已经整整 12 个年头了，双星的经营队伍也增添了很多新鲜血液，对于 12 年来经营的艰苦历程有的人还不明了，下面我先回顾一下双星经营的发展历程。

自 1984 年进入市场，双星人从背着包推销鞋开始，持续到 1988 年、1989 年，是双星市场经营的第一阶段。其突出特点是打游击战，打一枪换一个地方。这个阶段是学习摸索市场、交学费的阶段，也培养、锤炼了大批开拓市场的精英。

1986 年双星人首先在首都组建了北京公司，1989 年从建成济南、潍坊、深圳、沈阳等公司开始，双星的市场经营逐步由游击战向阵地战转移，由一个地区为主逐步向全国辐射，实现了"立足山东、挺进中原、辐射全国"的经营目标。双星经营人员素质不断提高，规模不断扩大，形成了在市场一线战斗的 800 名战士。这一阶段对于保证双星最近五年的发展起到了关键作用，假如没有这支队伍开拓市场，就没有双星事业的今天。

自 1994 年底开始，双星市场经营进入了第三阶段——推行工贸一体化，扩大规模经济的新阶段。形成了八大经营战区，分公司和生产厂联手，新体制带来了双星的大发展，这个发展是符合市场规律的。双星之所以成功，就是我们目前双星的生产已经形成了规模经济，成为世界实际生产规模最大的企业，而且发展成为"以鞋为主，多种经营"的综合性集团公司。伴随着规模的扩大，原来的小门店、小公司的经营规模也必须扩大，以保证双星事业的顺利发展，经营规模的扩大不可避免要发展连锁经营。另一方面，各个公司、连锁店要经营集团所有的产品，进行综合经营。要做大买卖，发展大公司，保证综合性大集团的健康发展。

（二）双星今后 10 年发展的经营思路

为了抓好市场经营这个龙头，双星今后 10 年发展总的经营思路是：在规模上要壮大，管理上要上台阶，品种上要上档次、上花色、上品种，综合性的经营上要上水平，体制上要发挥工贸一体化的优势，发挥大战区的作用，形成连片综合经营的新体制，发挥好副总分工制的协调指挥中心的作用。各副总及大战区经理要充分认识自己肩负的重任，更新思想观念，用新思维、新观点去组织指挥生产经营，理顺各种关系，在建立健全激励机制与约束机制上有创见，确保双星发展成为"以鞋为主、多种经营"的跨国界、跨产业、跨所有制的综合性跨国集团战略目标的实现。

（三）充分发挥各大经营战区的作用

根据今后 10 年双星发展的经营思路，各大经营战区是工贸一体化新体制的载体，在生产经营过程中发挥着重要作用。

第一，扩大规模经济，发展连锁经营，利用好双星名牌综合发展自己，分管副总和战区总经理要成为工厂和市场的桥梁。

第二，强化集团意识，大区之间相互通气，驻外公司包括连锁店要主动联系，确保指挥畅通，有令就行，有禁就止。确保市场信息尽快反馈，确保内外两个市场接好轨，形成良性循环的经营新体制。

大区之间要取长补短，有的品种只有一家工厂生产，但全国各地都要卖。每个厂生产而不相互联系，就形不成规模经济，达不到规模效益。只有发挥出集团整体优势，各大战区相互协调，调剂品种，交叉供货，才能既发挥工贸一体化的优势，又避免工贸一体化的弊端。例如山东总公司生产的高档鞋，既要保证本战区的供应，又要适当保证全国市场的供应。

第三，大战区的总经理要提高指挥水平，站得高一点，看得远一点，从本位主义的小圈子中跳出来，要敢于和善于使用人才，重视选拔培养当地的人才。

第四，要形成分工明确，适应市场的经营体制。总公司应该干什么，分公司和连锁店应该干什么，要有明确的规范和目标，形成从经营、供应、生产到市场的符合规律的经营体制。体制问题是头等大事。从体制上彻底解决，才能最终保证双星事业的长盛不衰。

第五，各大战区之间要相互协调，加强内部管理，注意做到几个统一，只有统一，才能发挥战区优势，才能树立战区形象。

在市场经营上，要做到销售统一、调整统一、价格统一、对外宣传统一，一致对外。

在内部管理上，要做到统一调配和使用资产，统一调配和使用资金，在资金上坚决不能乱，治而不乱，管而不死。人事上要统一，相互之间不能拆台、挖墙角。

在生产组织上，计划要统一，仓储运输要统一，包装统一，运输一定要在各大区范围内统一组织，肥水不流外人田。

二　对于今后 10 年经营的要求

双星集团经过今年的风浪、考验，渡过资金紧张、原材料价格和工资费用上涨三大难关，我们经受住了考验，为今后的发展奠定了基础，同时使我们认识到双星事业的大发展是历史发展的必然要求。关于今后 10 年的经营，我再提几点具体要求：

（一）学会用名牌带动其他产品经营的全面发展

名牌就是财富，双星名牌不仅只在鞋上应用，而且可以在服装、饮料等各行各业应用。通过名牌运动鞋，可以带动双星的大发展。

在确保质量的前提下，学会用名牌下订单，学会当老板。创出了一块名牌是老一辈双星人最大的贡献，是我们最宝贵的财富。关键是看我们这一辈双星人怎么把无形资产变成有形财富，把名牌用好了，才能带来双星事业的大发展。

（二）明确一个真理：形成名牌之后质量高于一切

每个人都要强化这个概念，形成了名牌，双星产品就畅销，而名牌的基础在于可靠的质量，质量下降，名牌就失去了形象，市场也就丢失了。所有大战区对自己的产品，还有名牌覆盖的产品，都必须坚持质量高于一切的原则，不能赚了小钱而砸了名牌。

（三）要明确适销对路的产品是在市场上，而不是在工厂里

分公司不能光说供不上货，要主动根据市场要求下订单生产畅销品种，到市场上拿来我用，这个捷径非走不可。依靠生产厂闭门造车是搞不出畅销品种的，分公司就在市场一线，最了解市场的需求，应该自己去开发畅销的品种，但不要生产什么就卖什么，好的品种抢着要，不好的品种躲着走。

（四）要注意发挥驻外公司当地的优势

离集团公司近是优势，但远的公司也有当地的优势。例如哈尔滨公司的冬季来得早，别的公司是淡季时东北的鞋已经开始卖了，这个时间差就是优势。

（五）要注意分析预测市场，提供准确的信息

信息是决定胜负的重要因素。集团公司形成这么大的规模，这么大的知名度之后，大家一定要准确提供信息，要讲真话不要讲假话。如果对质量和信息不负责任，就等于拿企业的生命开玩笑。

（六）连锁店要尽快连点成片，联片成岗，创造独具中国特色的市场新体制

连锁店模式在双星今后 10 年要大力发展，各战区、各经营公司有组织、有步骤地发展连锁店，扩大连锁经营，一年后达到什么水平，3 年、5 年再达到什么水平，都要制定切实的计划。

（七）充分利用现代化的管理武器

例如微机、传真、大哥大，形成生产、信息、供应、销售、仓储五位一体的信息网络，走向管理的现代化、正规化，每个战区要选择一个基础好的公司试点，争取明年各战区联网，后年整个集团公司联网，建成双星集团的信息高速公路。

（八）要逐步解决好驻外公司的所有制问题

既要保证国家利益，又要调动个人的积极性，大胆探索股份制、国有民营等模式。

（九）要培养造就一大批新的双星人

创造双星人在市场上的新形象，提高这批新双星人的自身素质和业务水平。不能局限于青岛这个小圈子，要选择使用全国各地的人才，发扬五湖四海的优良传统。

三　名牌背后存在什么样的危险

创中国人自己的名牌，是我们向往已久的事情。但当我们成为名牌之后，既给我们带来荣誉和市场，也给我们带来更大的压力和风险。我们一定要树立居安思危的忧患意识，干名牌就像走钢丝，稍有失误就要失败。

（1）应该看到，形成名牌后，社会对我们的要求更高，不原谅、不理解的现象时刻都可能出现。我们应该正确去认识它，通过努力达到社会和消费者的要求。

（2）应该看到，形成名牌后，供和销的矛盾必然明显，必然是供不上货，我们很可能要得罪一批客户。在供销矛盾焦点突出的情况下，要有计划地保重点客户，保重点渠道，要更加细致地做客户工作，把矛盾降低到最小限度。

（3）应该看到，成了名牌之后，既有紧俏的品种，不可避免也有卖得慢的品种，要求我们及时调整好。例如当前不要一个劲地抢大时装，而应该想办法开拓皮鞋、布鞋等品种的市场，使其他品种也成为畅销产品。

（4）应该看到，成了名牌之后，原材料的质量、新材料的应用和新品种投产之间存在矛盾，往往会出现质量事故。要坚持质量第一的原则，宁可停产一个月，也不能盲目投产。驻外公司经理发现质量问题，坚决不能卖。当发现质量事故影响生产经营时，要一切服从质量第一的原则。

出了问题并不可怕，分公司、连锁店要及时反馈信息，并选择新款式、新品种重新投放市场，而不能继续投放老品种，用新品种消除影响，重新打开市场。

（5）应该看到，成了名牌之后，在售后服务上要跟上。对个别不讲理的消费者要妥善处理，维护双星形象；对犯有"红眼病"、对我们故意刁难的人要正确处理，不管别人说什么，自己把自己的事情办好。

（6）名牌形成后的压力感、危机感和紧迫感，双星人什么时候都不能忘记，对任何工作都不能马虎，任何工作失误都不能原谅。

总之，今后10年跨世纪大发展要抓好经营这个龙头，对内抓管理，对外争市场，迎来新的一轮大发展。各级领导，特别是驻外公司要借这次会议的东风，转换经营机制，推行工贸一体化，发展规模经营、连锁经营、综合经营，取得双星事业的更大的胜利。

市场领导工厂

（一九九六年一月十日）

一　对1995年经营工作的基本评价

1995年集团公司面临的外部形势相当严峻，而双星集团却是大发展、大提高、大前进的一年。双星集团的发展首先归功于市场经营工作的进步，在市场经营方面取得了前所未有的历史性成绩。

（一）在市场的巩固、发展、提高方面初见成效

1995年是驻外公司建设壮大发展的一年，集团公司形成了39个驻外分公司，在胶东地区建成了19个连锁店，发展了上百家联营、合作经销单位，基本上形成了以分公司为中心的、覆盖全国的经销网络，承担了集团公司85%以上的内销任务，成为双星产品进入市场的主渠道，是工厂与市场相接轨的大动脉。

1995年是经营规模扩大发展的一年，经营额和销售量都是历史上最高的一年。集团公司各种鞋的总产量达到4200万双，销售额达到13亿元，其中内销占60%以上。布面胶鞋和冷粘鞋迅速形成规模，五大类鞋平均每天要销出15万双，这是历史上从未有过的经营规模。

1995年是经营空间不断拓展的一年，老市场的巩固和新市场的开拓双管齐下，我们扩大了中原市场，启动了华北、东北市场，打开和发展了京、津、沪三大城市的超级市场，壮大了大西南、大西北市场，发展巩固了胶东、山东、苏北市场。一些前些年成效不明显的地区如华北、中原市场销量迅速上升，一些前些年处于停顿状态的市场如北京、天津开始上升，为最终双星鞋走向全国大市场奠定了基础。

1995年是经营质量全面健康发展的一年，对顺利渡过生产上的大调整

作出了贡献。广大销售人员战斗在市场第一线，以双星人的标准严格要求自己，不管市场上有什么困难，不管销售、回款上有什么困难，不管个人家庭上有什么困难，他们处处以双星大局为重，积极工作。在 1995 年年初冷粘鞋出现大量积压，10 月份出现部分热硫化鞋积压，今年下半年冷粘鞋由于市场变化旺季不旺的情况下，他们不讲条件、不讲困难，主动承担重担，想方设法消化库存，把这些产品推向市场。驻外公司承受了很大的压力，没有驻外公司发挥的积极作用，今年生产上的大调整就很难实现。

1995 年是销售新渠道逐步形成的一年。多年来我们一直以批发为主，依靠商业客户的老渠道，这种经营模式在 1995 年内已经发生了重大转变，原有的销售渠道与分公司、连锁店和个体户形成的新渠道逐步接轨，通过驻外公司、连锁店形成的销售新渠道将在中国大地上遍地开花，为双星事业十年的大发展奠定基础。在这方面我国台湾、韩国鞋商对我们非常佩服，他们讲：你们拥有自己的销售渠道，拥有自己的销售班子。他们往往就缺少这些东西，韩国人、台湾人没有解决的问题，双星人自己成功地解决了。

（二）在驻外公司独立经营方面初见成效

过去驻外公司独立作战能力差，不管干什么事情都需要集团公司帮助，现在驻外公司经营意识、经营水平不断提高，从只知道卖鞋，已经转向了自己开拓市场，自己在自己的区域造了一个市场。各个分公司能够根据当地的情况，根据不同的品种和季节的变化，采取各种广告形式，宣传自己、宣传产品。过去集团公司是一个宣传主体，现在以集团公司和各个分公司为主体的分层次的广告宣传网络已经形成。

各个驻外公司、连锁店根据当地的情况，调整价格、调剂品种，五大类鞋全部走进了连锁店，走上了柜台。对市场的认识有了进一步的提高，要占领日用品这个市场，不把连锁店、销售网络搞起来是不行的。连锁店最知道所在地区需要什么品种、什么花色，按照连锁店反馈的信息，品种、花色、产量都出来了，才能真正地实现以销定产。

（三）在发挥规模经营的优势上初见成效

应该看到 1995 年外部市场形势非常不好，冷粘鞋持续了五年的消费高潮发生变化进入了低潮，热硫化鞋出口由于宏观上的政策调整而下降。但同时我们的生产规模、产量又大幅上涨，冷粘鞋产量达到 480 多万双，假如没有规模经营的体制和销售渠道，今年光冷粘鞋就能把集团公司拖垮。我们的皮鞋、布鞋、注射鞋产量都接近翻番，假如没有规模经营的体制，五大鞋的全面发展根本不可能。在宏观市场的调整中，别的制鞋工厂处于调整时期，我们却大踏步前进，顺利渡过了淡季，渡过了难关，规模经营形成之后，更重要的是保证了今后 10 年的大发展。双星集团公司要想进一步发展成为跨国公司，在规模经营上还必须继续扩大。

（四）在建立战区经营体制上初见成效

进入市场十几年来，对驻外公司如何进行领导、管理一直没有解决好。集团公司及时总结了山东经营公司的做法，1995 年推行了经营战区的管理体制，通过经营战区对分公司的管理，把全国的分公司化整为零，便于管理、便于检查指导工作。驻外公司多少年来没有像现在这样健康发展，初步克服了长年来的游击习气、流寇作风。要想搞好工贸一体化，要想搞好前店后厂，必须把战区经营搞好。

战区经营的体制，有利于制止"三乱"，一是制止在这个地区价格混乱，二是制止工厂盲目生产、生产组织乱，三是制止发货乱。战区经营解决了市场经营中十几年来没有解决的"三乱"，调活了市场，调活了资金，调活了驻外公司。战区经营体制在今后 10 年发展规模经济的过程中还要进一步完善。

（五）在市场领导工厂、内外市场接轨方面初见成效

我们解决了计划经济体制下多年没有解决的难题，总结出了市场领导工厂的新理论。以前我们只知道进入市场，认为卖鞋就是进入市场，缺乏对市场深层次的研究。现在我们推行了工贸一体化的新机制，以内外市场接轨为原则，认识到了经营是门科学，是社会科学的综合体现。搞企业光会做鞋、不会卖鞋不行，例如皮鞋和布鞋开发了那么多新品种，但是没有研究好市场，价格定得不合理，没有积极上山下乡去推销，造成产品积压，企业发展缓慢。

内外市场接轨，还体现在企业内部管理环节上。为了适应市场变化及时调整的需要，鲁中公司五天就可以把帮子调整过来，天星公司七天就可以把冷粘鞋帮子调整过来。反过来讲，高档鞋厂产品积压达 12 万双，就说明没有研究好市场，不按市场的要求来调整，就会造成经济损失。

（六）在强化集团意识方面初见成效

各大经营战区、驻外公司的经理，集团意识提高很大，认识到了整个集团公司是一盘棋，只有保证了集团公司的整体利益，才能保证局部利益。无论是分公司，还是生产厂，都能积极配合调整，坚决执行集团公司的部署和指令。"三北"工贸一体化顾全大局，在内部调活了 2000 多万元资金，对渡过资金难关作用很大。他们积极想办法调订单，解决了蒲田鞋厂的淡季生产组织难题。华北战区承担了集团公司不少困难。通过"两强化一整顿"，使大家受到了深刻的教育，集团意识有了普遍提高。

二　1996 年经营工作的战略思想和
具体要求

（一）1996 年经营工作的战略思想

完善、提高工贸一体化的新体制，尽快实践市场领导工厂的新理论，落实内外两个市场接轨的新思路。

为了实现 1996 年经营工作思想，我们在战略上采取的措施是：巩固、覆盖山东市场，继续扩大中原市场，壮大"三北"、西南市场，继续占领以京、津、沪为代表的超级市场。

在战术上，化整为零，缩小战区，加强领导，发展、巩固战区经营管理的新机制。以省或地区为单位，成熟一个组建一个，设立新战区。作为集团公司的派出机构，行使监督、检查、协调、管理的职能，工厂和战区都要增加透明度，不能抓人权、抓财权，形成臃肿的中间环节。要继续扩大阵地经营和连锁经营，全面形成新的经营渠道。

实现经营战略的具体途径是：各驻外公司包量、定产，由分管副总、助理安排落实生产厂家。

（二）1996 年要坚持"七定、一包、一个真理"

各个驻外公司要做到定品种、定款式、定花色、定配比、定数量，由集团公司副总或助理负责定厂、定线，各公司要包销售量，作为考核的重要依据。

大家始终要坚信一个真理：只有疲软的产品，没有疲软的市场，尽管经济会滑坡，但是有人就穿鞋，只要人口不减，我们的制鞋行业就不会萧条。关键是看我们的品种、花色，如果像我们的冷粘鞋那样，一个模式，一个价格，一个标准，就不可能适应市场的要求。不同的地区对产品有不同的要求，有不同的消费习惯，我们既不能盲目上新品种，也不能盲目下老品种。要做好分析，要预测到购买力下降，冷粘鞋向农村市场转移，我们就不能生产高价位的全皮的冷粘鞋，而应该生产合成革的低价位的冷粘鞋。坚持薄利多销，经营上不造成不合理的库存，不造成资金的积压，要算资金周转的大账，让钱在快速周转中生钱，像滚雪球一样越滚越大。

（三）要坚持五种经营方式，强化一个宣传

随着双星生产量的扩大，在大战区经营的前提下，我们要善于借外部的人、财、物，不能光自己投钱，要抓住机遇，发挥名牌优势，把我们的销售渠道逐步扩大。

第一，借国营商店搞双星产品系列。

第二，借个体渠道把低档市场打开。实践证明，鞋这种小商品越来越需要进个体市场。凡属成功的公司，都是两条腿走路，既跟国营大商场打交道，又与个体经营者交朋友。个体经营具有加价低、周转快、现款交易、成本低等优点，个体经济取代大商场是个趋势，而且现在个体户也开始卖名牌了。大家要抓住机遇，和个体户交朋友，让他们了解双星。产品进高档商场加价率太高，而社会上的消费者两极分化严重而明显，还是去低档市场的多，进高档商场的毕竟是一小部分。

第三，要选择简单的营销方法，推广代理制，设联络员。

第四，要利用好双星在各个商场的专柜，把工作做到柜台去，搞好与售货员的关系。

第五，要进农村、进供销社，特别是布鞋，要走农村包围城市的路子。

要强化宣传，宣传到哪里，产品就卖到哪里。要搞好大宣传，树立良好的企业形象，集团公司宏观上要集中力量加大广告宣传力度，各个驻外公司也要加大宣传力度，树立在本区域内的知名度，要开动脑筋采取新颖的有吸引力的宣传方式，双星专柜上要有明显的宣传标志。

（四）发挥两个优势，克服一个弊端

我们要发挥集团公司规模生产和规模经营两大优势，克服一个弊端，

即本位主义，集团意识差。这两者是相辅相成的。要扩大规模生产，必须有规模经营作保证，没有规模经营，规模生产就必然垮台。我们只知道形成规模生产后骄傲和高兴，不知道规模经营的压力，集团一天15万双鞋的产量，一旦造成积压，资金占用是惊人的。所以规模经营必须坚持薄利多销，这是关系规模经营的长久大计。薄利多销，生产出来的鞋源源不断地发走，生产正常运行，就促进成本下降，使生产和经营形成良性循环。工厂应该在形成规模生产后做出成本低、质量好的好产品，为规模经营提供优质炮弹。驻外公司应该以扩大销售为目标，坚持薄利多销，合理加价。生产厂和驻外公司齐头并进，相互协调，达到最佳结合，才能发挥好规模生产和规模经营两个优势。规模生产和规模经营达到最佳结合，双星事业就无往而不胜，就能经得起市场竞争的大风大浪。所以发挥两个优势，克服一个弊端，是牵涉双星事业今后10年发展的根本问题。

（五）坚持集团大经营的思路，抓住一个关键

第一，双星系列产品要全面经营，包括双星鞋、双星酒、双星饮料、双星服装等集团公司生产的各类产品。

第二，六大鞋要系列经营，热硫化鞋、冷粘鞋、皮鞋、布鞋、注射鞋和体育专业用鞋要六鞋并举，研究好男女儿童鞋、男女青年鞋、男女老人鞋各个层次的市场。

第三，专业体育用品系列要经营，根据市场情况逐步发展，不能盲目上马。

第四，名牌覆盖系列产品要经营。

第五，各个战区要有专门人员搞好大经营。

要抓住一个关键，就是产品质量。任何时候也不能忽视产品质量，宁可停产，也不能让质量不好的产品进双星连锁店。包括名牌覆盖的产品也要加强质量管理，严格遵守集团公司的规定，特别是时装鞋的大底模具应该全面更换，提高耐磨性，提高内在质量。

（六）坚持"五创新"，注意敏感问题

第一，坚持市场领导工厂的新理论，在实践中去完善、提高。

第二，坚持工贸一体化，前店后厂的新体制。

第三，坚持连锁经营的新模式。

第四，坚持拿来我用的新措施，厂长、开发人员、销售人员都要经常

去市场，敢于借鉴他人的优秀成果。

第五，坚持多渠道地扩大市场覆盖面。

要注意一个最敏感的问题，就是价格。要采取灵活的定价策略，宁可价格低一点，也不能把新品种卖死。定价低一点，市场普遍能接受，在形成抢购之后再慢慢提价，这是我们要掌握的定价策略。生产厂也要积极配合，增加透明度，赚你该赚的钱，分公司要处理好加价幅度，加到合理的价位，生产厂和分公司的两个价位调整好了，市场才能不断扩大。这是我们进入市场十几年来的一条宝贵经验。

（七）做到"五个调活"，搞清一个问题

我们要坚持大市场、大经营、大集团的调整，调活市场，调活产品，调活资金，调活驻外公司，调活工厂；要搞清的一个问题，就是每个品种的鞋到底是由哪些人穿的，穿这种鞋的人具有什么消费习惯、什么生活水平，只有把市场研究透，才能真正搞活经营。

（八）坚持"两个接轨"、"两个三"的生产经营原则

内外市场一定要接轨，按照市场的要求，抓好"两个三"，即抓好"三个质量"、抓好三个层次的市场。

"三个质量"是工作质量、服务质量、产品质量，在经营过程中对于工作质量和服务质量，我们也必须高度重视，双星能否在市场上站住脚，最关键的就是保证质量。

三个层次的市场是指高、中、低档三个市场。高档市场不能忽视，但中、低档市场更不能忽视，中、低档市场是大头，是我们研究开发的重点，要发展规模经济，不重视中低档市场是不行的。今年春天集团公司要组织召开好两个订货会，即专业体育用品订货会和个体经营订货会，达到广交朋友、宣传企业、宣传产品、扩大市场的目的。

（九）坚持"五强化"，做到"三个不能忘"

第一，坚持"强化集团意识、强化组织纪律"的思想教育，不断进行思想整顿和思想建设。

第二，强化战区的经营管理作用，完善战区经营体制。

第三，强化工厂与公司的透明度，中间环节要保持畅通。

第四，强化市场经营的法制化、制度化管理，运用好经济杠杆的作用。

第五，强化副总、助理、战区总经理的管理、协调、指挥、监督、检查职能。

做到"三个不能忘"：

一是不能忘了"感情＋产品＝市场"；

二是不能忘了"价格＋质量＝信誉"；

三是不能忘了"名牌＋款式＝畅销"。

时刻警惕名牌背后潜在的危险

（一九九六年三月三日）

双星名牌是伴随着双星产品进入市场而创立发展的。我在1990年12月27日讲话中提出双星名牌的概念，1993年底提出实施名牌发展战略，先后十三次比较集中地论述了名牌和名牌发展战略，论述了名牌的形成和在社会、在市场上的作用、地位和意义，对名牌的概念和含义是逐步认识深化的，对名牌发展战略的认识也是逐步深化发展的。前十三次论述主要着眼于名牌的外部环境和外部条件，今天我主要从名牌的内部环境着眼，联系企业内部潜在的问题和名牌背后潜在的危险，联系每个双星人的实际谈一谈名牌问题，作为集团公司名牌教育活动的第一课，引导大家进入自己的角色。

一　如何认识这次"两强化、一保证"教育大会的重要意义和党委扩大会提出的"名牌背后潜在什么危险"的深远意义

（1）大家一致认为，在集团公司进行一场"强化集团意识、强化三个质量、保双星名牌"教育活动，是完全必要的，这是由集团公司当前的现状决定的。

领导层不适应双星名牌发展的需要，集团公司部分领导身居高位，处于集团公司的最高决策层，但是缺乏集团意识，本位主义严重，各自为政，互不通气。我反复强调质量的重要性，多次指挥进行调整，但就是贯彻不下去，分管领导把质量和名牌不挂钩，一而再、再而三地出现工作失误。

上层领导是这样，中层领导和员工也存在对名牌的错误认识，认为名牌是集团公司领导的事，与己无关，职能作用发挥不力，管理人员工作责

任心不强，给名牌抹了黑。所以从一定程度上讲，双星名牌到了最危险的时候，双星事业的命运也到了生死攸关的时候，在这个时候进行一次"两强化、一保证"的深刻教育是完全必要的，是形势所迫、大势所趋。

（2）大家一致认为，集团公司提出"强化集团意识、强化三个质量、保证双星名牌发展"的课题，在党委扩大会上提出"名牌背后潜在什么危险"的课题，以及联系从上到下暴露出的问题提出"名牌到底和每一个双星人有没有关系"的课题，这三个问题是关系当前双星事业能否前进、能否发展非常突出的问题，假如我们解决不好这三个问题，整个名牌发展战略、整个双星今后10年大发展、整个双星集团的命运就可能毁于一旦。在党委扩大会上，大家回顾了集团公司自1994年形成规模经济之后，特别是1995年在冷粘运动鞋生产经营上暴露出的问题之后，大家切切实实地感到再也不能高枕无忧，更不能躺在名牌上面睡大觉。尖锐地提出这三个问题是双星人高瞻远瞩、居安思危的充分体现。

缺乏集团意识、缺乏质量意识是名牌背后的第一大敌，而认为双星名牌与己无关是名牌背后潜在的一大毒瘤。不仅在普通员工中，就是在管理人员、骨干中，也普遍存在名牌与我无关的事，认为名牌是集团公司总裁的事，是生产厂厂长的事，是做鞋的事，认为名牌与行政、与政工、与三产、与技术开发无关，一线的市场经营人员也认为自己只管卖鞋，名牌与自己无关，而没有意识到名牌与我们每个双星人息息相关。甚至还有一批人，他们只向名牌索取，不向名牌奉献，只想依靠名牌享受，不想为名牌拼搏，这类人大有人在。个别人存在极端错误认识，认为没有功劳，还有苦劳，不愿再去出力为名牌添砖加瓦。有的人不仅不为双星事业添砖加瓦、增光添彩，而是张口闭口对双星不满；不是去说十几年来你做了什么、付出了多少，而是永不满足地索取，伸手要权、要钱、要地位，无原则地大发牢骚。我们应该认识到，没有双星名牌就没有大家的安居乐业，没有双星名牌，就没有大家的小康生活。在当前许多企业连工资也发不出的情况下，双星人的日子过得还比较好，我们还有什么理由可伸手索取？还有什么理由可以对双星大发牢骚呢？

所以集团公司党委明确提出这三个尖锐问题必须解决，这三个问题是双星事业兴旺发达的最大敌人，是我们前进道路上必须铲除的拦路虎。这三个问题在各行各业各个单位都存在，我们提出这三个问题，应该讲是看到双星事业的要害，看到了中层干部队伍的要害。通过名牌教育，大会要解决"两个强化、一个保证、一个克服"，这是名牌战略在1996年以至今后长期要抓的工作，集团公司党委要抓，各级党组织要抓，热爱双星事业、吃双星饭的人要抓。抓住了这个问题就抓住了双星事业的方向和指南；抓住了这个问题就抓住了双星在市场经济中的最大政治，这是对双星名牌的高度认识，什么是讲政治？这就是最大的政治。所以说这次"两强化、一保证"教育大会，这次为期四天的党委扩大会，是具有重大现实意义和划时代历史意义的，是双星事业发展的里程碑。双星在创名牌的道路上前进了十几年，从低档名牌发展到高档名牌，需要全面总结、统一思想，在开始一个新的发展阶段、开始一个新纪元的时候，需要找一下攀登高峰时面临的矛盾。解决了这些问题，双星事业就将有一个大发展，将从一个高峰跨越到新的高峰，将从一个弱小的名牌企业发展到综合性的跨国集团公司。名牌要发展，就需要我们每个双星人团结一心，树立全局观念，艰苦奋斗，以质量保名牌，以名牌增效益。

对于这三个尖锐问题，我们每一个骨干、每一个双星员工都要认真回答，回答你在集团意识和三个质量方面还有什么问题，回答你所从事的工作和名牌之间还有什么差距，回答名牌和你存在什么关系。在"名牌背后潜在什么危险"研讨会上，与会的100多名骨干认真回答了这些问题，受到了一次非常深刻的名牌再教育。大家感到集团公司党委能够面对现实、揭露矛盾，使大家对双星的未来充满信心，认为双星事业在今后的发展中更有希望，前途更加光明。

（3）大家一致认为，通过前前后后数天来的党委扩大会，大家反复地进行讨论和探讨，明确了一个真理：有了双星名人，才有双星名牌，只有人的优良素质、人的拼搏、人的奉献，再加上对双星事业的一片赤诚之心，形成优秀的员工群体，才能够建成名牌的大厦。名牌包含了老一代双星人的心血，包含了老一代人为双星事业付出的酸甜苦辣。老一辈双星人最大的贡献就是创出了中国人自己的世界名牌，为我们双星后代打下了一个艳阳天。而由于我们新一代双星人没有很好地珍惜、保护它，使这个来之不易的名牌至今还站立不稳，使我们感到惭愧。所以在党委扩大会上，一大批老同志语重心长地提出：要无比珍惜双星名牌。双星这块牌子能否站住脚？在激烈的市场竞争中能否求发展？双星这面红旗能否打下去？这是老一辈双星人非常担心的问题。大家认为，这种担心是可以理解的，这种危险也是存在的，要想消除这种危险，就必须从提高双星人的素质入手。只有高素质的人才能创出高素质的名牌。人是名牌的创造者，人也可以是名牌的毁灭者，一个牌子的兴衰成败，客观因素很重要，但是人的因素是第一位的。提高双星人的名牌意识，提高双星人的名牌素质非常重要。只有通过查找名牌背后潜在的危险，解决"两强化、一保证、一克服"的问题，解决名牌与己无关的问题，提高自身的素质，才能保证双星名牌的发展，才能使名牌的"金字塔"不断增高，才能使双星红旗永远打下去。

（4）大家一致认为，通过这次会议对名牌的认识达到了一个新的更高的境界，名牌就是市场经济的"金饭碗"，我们端着它，是该让其锦上添花，还是应该把它变成"泥饭碗"？大家认为：要把这个饭碗端得更牢、锦上添花，就应该继续拼搏，继续奉献。部分年轻的副总、助理联系实际工作回顾了自己的工作失误，感到非常惭愧，非常痛心，认为上了一堂非常生动的市场名牌教育课。古人十年磨一剑，我们十年创一牌，名牌带给我们的将是取之不尽、用之不竭的效益源泉。过去我们没有对名牌进行回味总结，现在进行总结大家感到非常有意义，在这个时候提出"名牌背后潜在什么危险"这个命题，大家认为提得好，抓住了要害，抓住了关键，抓住了双星能否前进的核心。不仅我们领导要认真对待，整个骨干队伍，产品质量上、工作质量上、服务质量上、基础管理上、成本革命上都要对名牌负责，把企业真正当成自己的家。

（5）大家一致认为，通过这次会议达到了"三个深化"，一是名牌、名厂、名人"三名"活动的再深化，"三名"活动必须深入持久地搞下去，以前我们停留在喊口号上抓得不深不够；二是市场经济政治工作的再深化，使我们认识到市场经济必须加强政治工作；三是名牌在市场经济中的重要性、紧迫性、必要性认识的再深化。

通过这次会议达到了"三个教育"，即市场经济、市场意识的再教育；集团意识、"三个质量"的再教育；强化名牌、爱护名牌的再教育。

通过这次会议，抓住了一个纲：国有企业在市场经济中如何站住脚？要想站住脚，必须先统一人的思想，要想统一人的思想，必须抓住名牌不放。用名牌这个纲带动一切工作的全面提高。

（6）大家一致认为，在名牌背后潜在的危险非常多，危害性最大的敌人就是缺乏集团意识和质量意识，对这两个敌人必须时刻提防，任何时候不能存在任何犹豫。

（7）大家一致认为，这次会议加深了我们对名牌内涵的理解。名牌是企业的形象和标志，名牌是双星人的价值、位置、身份、形象和素质的代表，名牌标志着责任心、压力和动力，名牌是市场上的原子弹、导弹和航空母舰。名牌是市场经济中最大的政治，名牌是市场经济中一切工作的纲，名牌是企业一切工作的核心，名牌是我们双星人的"金饭碗"。

二 如何认识创名牌和保名牌的伟大意义

（1）我们应该认识到，创名牌难，保名牌难，发展壮大名牌是难上加难，这是一条被实践证实了的真理。必须用高素质，高水平才能够保名牌，才能攀登新高峰。创名牌，一代人可以完成，但是要保名牌，几代人才能完成。国外有名的跨国公司都是经过几代人的努力才形成的，例如，三菱公司利用名牌渗透到了各行各业，形成了雄厚的经济实力。保名牌要付出血汗和代价，光靠口头上的爱，既创不了名牌，也保不了名牌，必须靠发扬老一辈双星人的拼搏精神，不但要索取，而且要付出，索取的同时必须付出，在某些关键时期付出的还要大些。

（2）我们应该认识到，双星这个牌子在市场中才刚刚起步，但在1994～1995年中我们差点把它扼杀掉。冷粘鞋质量问题，几乎砸了牌子，冷粘鞋是需要通过改商标或改包装才能重新赢得消费者的认可，创这个牌子用了十年，而砸这个牌子仅仅一年就够了。我们这个牌子是非常弱小的，在市场中它的竞争实力不强，作为品种也是非常单一的。我们刚刚跨入其他行业综合经营，但是没有形成规模和量，和国外的大公司相比我们小得可怜，和国内的大公司相比，我们也有差距。我们不能盲目骄傲自满，认为了不起了，认为可以经得起大风大浪，可以胡干蛮干了。

（3）我们应该认识到，由于双星超前进入市场，我们在宣传上也先行一步。当别人不认识市场的时候，我们进入了市场；当别人没有认识宣传的重要性时，我们大张旗鼓地进行了宣传。过去的十几年我们宣传了很多，同时扎扎实实地抓了内部工作，使内外市场相接轨，狠练内功完善提高自己，但是现在我们有的领导只会吹，不踏踏实实抓内部，问题必然愈演愈烈，最后导致垮台。可以讲，这个牌子在一定程度上是宣传出来的。目前从质量、品种上经不起市场的严峻考验，经不起不负责任地胡干蛮干，而我们有些同志认识不到宣传和实干应该是相辅相成的，盲目地自高自大，认为有了这个牌子就有了一切，就有了市场，不管什么价格也有人要，也能卖出去。前几年开发的时装鞋及"达堡斯达"由于价格合理，价格策略科学，打开了市场。近几年来我们不是没有新品种，一年也有几十个新品种投产，如气垫鞋、多功能鞋、休闲记者鞋以及新品种热硫化鞋，但是由于定价太高，把新品种卖死了。我们对自己的名牌估价过高，是非常有害的，其实鞋作为日用消费品，不是非穿你的鞋不可，谁的鞋价格适中就好销，会做鞋不会卖鞋照样垮台。不要认为有了牌子，就可随心所欲，不要认为有了牌子，就可以胡乱卖鞋。台湾制鞋工厂也是在内地生产，生产的牌子比我们更响，但为什么打不开市场，走到了关门停产的境地，就是没处理好价格问题，违背市场规律，违背行业规律，必然受到规律的惩罚，造成事业的损失。历史把双星事业推到这个地步，把我们这一代人推到这个地步，双星能发展到今天，我们经历了复杂的社会上里里外外的压力，创出了今天的天地，大家应该珍惜，我们再也不能随心所欲、不负责任，再也不能对这个牌子有任何的估价过高。

（4）我们应该认识到，双星名牌的成功，除了拼搏贡献，就是我们坚持了双星经验十八条，没白没黑不是标准，不能光讲拼搏，而要遵循客观规律，利用好一切政策。第一是要遵循市场规律。在形成规模经营后必须薄利多销，前店后厂，只有先让工厂正常运转，才能不断壮大实力，越滚越大。规模经营与规模生产是相辅相成的，但是我们有的领导市场规律不遵循，薄利多销不执行。第二是遵循行业规律。有的人不遵循行业规律，不顾制鞋到农村发展是个方向，而往大院拉人，喜欢人多。我们这种劳动密集型行业，不是高科技，不是高附加值，不向农村转移行吗？我们有好多同志不去尊重这个现实，盲目决策，使工作非常被动。到现在还认为人减少了，就是撤摊子，管的人少了心理上就不平衡，认识不到牌子这块无价之宝，其实你10个人创几千元的利润，人虽然少，但不是最大的成功吗？第三是遵循流通规律。鞋作为一种小商品，要在市场上站住脚，就要采取灵活的经营策略，如进入个体市场，充分利用国家的政策等。

（5）通过对名牌的研讨，首先明确了"三个没有"：没有名牌，就没有市场；没有名牌，就没有双星；没有名牌，就没有今天双星的安乐。

其次搞清了"三个知道"：知道名牌来之不易。知道名牌不是永恒的，不是终身制。回顾一下我们胶鞋行业的老名牌，由于双星名牌的崛起使人们对那些老名牌的认识越来越淡薄；再看看我们青岛原来不少名牌，现在已经从我们身边消失了，如果双星也和它们一样，不去认真对待自己，不去找潜在的危险，不去随着市场的变化而变化，也会被淘汰，名牌不是永恒的。知道名牌的形成、发展、提高，必须强化市场意识、强化严格管理、强化产品质量、强化经营宣传、强化人才素质。

最后，理解了"三个意义"：名牌的伟大意义——名牌代表了中国民族工业的形象，是国家富强、人民幸福的基石，创名牌是最好的爱国主义。

名牌的重要意义——没有牌子就没有市场、就没有饭碗。名牌的历史性意义——面对双星的大发展，必须提高双星人的名牌意识，爱名牌、保名牌、为名牌无私奉献，双星要实现跨世纪宏伟发展目标，必须用好名牌，用名牌创效益，用名牌去发展。

（6）通过对名牌的研讨，我们提出"三爱"：

爱这个品牌，才是真正爱双星，连牌子都不爱，爱双星也是假的；

爱这个名牌，才是真正的双星人；

爱这个名牌，才是关心自己的饭碗，你不爱这个牌子就是不关心自己的饭碗。

（7）通过对名牌的研讨，我们提出"六用"：

用做人的标准对待名牌；

用自己的良心做好名牌；

用自己的道德去认识名牌；

用优秀的素质去创名牌；

用过硬的素质去干名牌；

用坚强的素质去保名牌。

没有优秀的员工，就不具备过硬的素质；没有优秀的素质，就不可能有双星名牌。

（8）通过对名牌的研讨，认识了砸牌子的三大危害：

砸了名牌就等于砸了饭碗；

砸了名牌就等于砸了市场；

砸了名牌就等于自杀。

名牌的创立和发展是无止境的，是没有终身制的。

（9）通过对名牌的研讨，大家提出：

不关心名牌，空喊什么集团意识、质量意识，都是空谈；

不关心名牌，说热爱双星就是空喊口号，热爱双星必须和爱名牌一致；

不关心名牌，就是对自己不负责任，就是对市场不负责任，就是对事业不负责任，就是对做人的标准不负责任。

（10）通过对名牌的研讨，我们进一步认识到五个没有名牌的后果：

没有名牌，就没有市场，就没有双星的一切；

没有名牌，就会有一批双星人吃不上饭；

没有名牌，一大批双星人就没有目前的幸福家庭和幸福生活；

没有名牌，就有一大批双星人过不上现在的小康生活，就不可能发家致富；

没有名牌，就没有双星的社会地位、价值和双星人的身份，经常出差的双星人都能感受到双星名牌给我们带来的影响。

（11）通过对名牌的研讨，达到了"九个明确"：

明确名牌不能只索取，不奉献；

明确只有创出名牌，才能成为名人，才能得到社会对你的尊重；

明确名牌和集团公司每一个人都有关系，名牌和每个行业都有关系，反对名牌与我无关论，所有的人不能站在圈外；

明确名牌是人干出来的，不是吹出来的，我们把名牌当成宣传的资本，去推销自己是对的，但是我们不能光吹，还要面对现实，在宣传的同时脚踏实地地干，吹到多大就要付出多大的努力，这是相辅相成的；

明确名牌是含金量最高的"金饭碗"；

明确名牌是企业综合素质的体现，必须全面强化企业素质，我们之所以务实又务虚"两手抓"，不断进行思想教育，就是要提高自身素质和企业素质；

明确名牌是高科技的高科技；

明确名牌是市场大风大浪中最经得起考验，最能够使你成功的标志；

明确名牌背后潜藏着危险，只要承认市场经济，就必须承认名牌背后危险的存在，因为名牌来自于市场，市场瞬息万变，名牌的危险绝不是今天找到克服了，明天就没有危险了，而是随时随地都有危险。

三　如何认识名牌背后潜在的危险

名牌背后潜藏着巨大危险，成为名牌之后压力比不是名牌之前还大，对名牌背后潜在的危险我们不能回避，不能推卸，不能站在圈外，不能评头论足。

（1）名牌、名厂、名人与我们的产品不成比例，三个知名度很高，但是我们的产品与之不相称。

（2）名牌的知名度和双星人现在的素质不适应。

（3）名牌和三个质量水平不成比例。

（4）名牌存在一大危害——认为名牌与我无关，站在圈外。

（5）用人过多、技术工艺落后，是潜在的很大危险。

（6）一部分人把名牌当成新的"大锅饭"，用名牌、挖名牌、吃名牌，不愿得罪人，对下讨好人，须知市场经济与"大锅饭"是不能相容的。

（7）名牌的两大敌人是缺乏集团意识、缺乏质量意识。

（8）我们的产品开发设计、技术进步与名牌不相称。

（9）经营人员对市场心中无数，市场的主动权不在我们手里，没有引导市场潮流的拳头产品，整体上讲我们的产品在市场上全年都是淡季。

（10）我们思想作风上存在问题，反映情况不真实，工作态度不扎实，办起事来不务实，搞起关系来却最积极。

（11）更可怕的是我们不能珍惜名牌，感到无所谓，认识不到给名牌抹黑就等于犯罪，应该受到良心上的谴责。

（12）最大的危险是把名牌当成终身制。

这些危险并不可怕，可怕的是我们意识不到这些危险，可怕的是我们自己把自己打垮。我们应该主动为名牌分忧，主动为名牌添光彩，主动为名牌补台，主动为名牌去实干，主动为名牌承担责任。

"一年之计在于春"，进入 1996 年以来，集团公司以名牌为纲领，以"两强化、一保证、一克服"为目的，召开了一系列会议，这必将对提高全体双星人的素质、意识和水平产生巨大作用，必将为今后各项工作的顺利开展产生巨大的作用，必将对双星事业今后 10 年跨世纪发展产生巨大作用。让我们认真积极地贯彻这一系列会议的精神，广泛深入地开展全员性名牌教育活动，为双星事业争光。为中华民族争光。用下面 8 句话作为我讲话的结束：名牌深入心，双星再前进。人人创名牌，金碗绣锦边。双星知难进，市场星星真。二十一世纪，双星笑开怀！

领导思想要从生产任务型转到
资金效益型上来

（一九九六年三月十一日）

一　如何认识这次以资金为中心的全面大检查

（1）这次检查，从集团总体部署上讲是为了更好地贯彻党委扩大会和"两强化、一保证"教育大会的精神。度假村的两次会是务虚，而这次高层领导参加的大检查是务实，硫化鞋和冷粘鞋是集团党委和公司领导1996年抓的中心，应该认识到前面一系列会议与这次检查目的都是一致的，都是为保证1996年和今后双星事业的健康发展。

（2）这次检查，使我们能够发现许多生产经营中的漏洞和问题，特别是当前急需解决的问题，现场研究，现场指挥解决。这有利于我们1996年渡过从1995年变本加厉延续下来的难关，特别是冷粘鞋库存积压过大的难关。

（3）这次检查是我们深化管理和深化成本革命的一次现场的再教育、再动员。我与检查组的同志每天都是走六七个小时，检查十一二个小时，工作十五六个小时，边检查、边讲评，晚上还要总结、讨论、再讲评。这种言传身教对各厂的干部与普通工人在工作上都是一个帮助提高，在思想上都是一次再教育，在深化管理与继续成本革命方面起了极大的作用。

（4）这次检查是一次以资金为中心的全面调查研究，对指导1996年的工作及下一步以资金为中心的管理革命起到巨大的带动与深化作用。从1987年开始，我们以现场管理为突破口，先做表面文章，以出口鞋为典型，提出抓基础管理五年不变；从1990年开始，又以抓"数字准"为突破口，狠抓基础管理，促进了企业综合管理水平上台阶；1994年提出了狠抓深层次管理，开展成本革命，深化成本核算。今天的以资金为中心的深层次管理就是前面几次管理的一步步深化。我们对企业的管理是逐步认识、一步步前进的，符合当时实际情况的。

二　要解决当前存在的几个模糊认识

通过检查，我们发现管理停留在原有的水平上，深化不下去，关键还是有些错误的或模糊的旧观念、旧思想在影响甚至支配着我们的实际工作，是我们前进道路上的"拦路虎"。铲除它才能使我们的工作越做越好，才能使我们的管理继续深化下去。

（1）当务之急是发挥骨干的作用，但利用好骨干，充分发挥其作用，不只是多给奖金，搞好私人关系，而是信任他们，多给压力，多加任务、多出题目，是对他们最好的关心，这可以使他们得到锻炼提高的机会，进步会更快，在某种程度上，这比钱重要。用人要用踏踏实实搞生产的，只会说不愿做的不行。更要纠正青岛人能搞好、当地人就是搞不好的错误认识，青岛人不是万能的，要放手培养当地人，给他们平等竞争的机会。

（2）不问资金，以保生产为名，影响成本与资金的占用，这是当前存在的一大毒瘤。生产要保，但在市场经济条件下，不能不算经济账，只为保生产就不管付出多大代价，这会造成生产流程中的严重失误。"不惜一切保生产"是计划经济时代的口号，人们对它的认识有些片面，我们现在要对实际情况做到心中有数，哪里该停，哪里该关，哪里该投多少料，头脑里都要有本清醒的账。

（3）怕停产、怕自己分管的那摊影响了生产，打保险球。中间环节越多，就越不好控制，害怕停产，各环节就不负责地增大保险系数，增大周转量，增大库存，最终滚雪球般增大了集团的资金占用。

（4）不问资金，应付行政命令，为了图名，为了好看，搞起来的东西也不用或是盲目投入。硫化车间几乎都没有用好，连刀的应用也越来越差，很多厂有其名无其实。成型厂不讲效益，不问资金打保险球，盲目增大保险系数，大量拉走布和胶料；而染织公司与炼胶厂同样不负责任，为了好看，盲目发料，不能把好关，这就造成极大的浪费。为了在出现紧急情况时能及时刹住车，以后胶料的库存储备就是三天，布的库存储备要达到从裁断到成型五天内全部消化的程度。我们生产的最大弊病就在裁断盲目上，必须要按规定严格控制，谁出了问题就追究谁的责任。

（5）不问资金，不管产品的销售对象，不管成本，错误地谈质量，做法不灵活。体操鞋用 7826 布，功能过剩，可以适当改换一下材料；中小白网球鞋也可用 6826 布；时装鞋、儿童鞋等低档产品，要用低档材料。进城市的要用好包装，进入个体市场的低档产品，我们根据个体户的需要，甚至可以用麻袋装，这样既能降低成本，又能适应不同需求拓宽市场。另外，出口方面，开发部门用好布订制了样品，客户依样品下了订单，但因我们的成本高干不了，白白错过了机会。低档价格，就要用低档的原材料，F 鞋欧洲客户那里仍有 0.80 美元一双的，根本没有商标。要尊重客观事实，不务实的话就要犯错误。这个问题讲了十几年，开发部门一直没解决好，能不能借此东风，各厂抓一下。不该随便拿来什么大底，顺手摸来一块布就盲目搭配，成型要考虑实际情况、市场情况、消费者心理，不然做出来的样品也仅仅是样品而已，起不到什么作用。一说质量，就不管成本，不管产量；一说成本，一说产量，就不顾质量，这都不对。不问资金，不管市场，只管任务不行。我们现在的标准是很高的，要求我们的厂长既要重视质量，又要降低成本，既考虑市场实际，又要考虑生产实际，以资金为中心，把库存和周转量压到最低限度，这就逼着我们厂长提高自身的水平，既要懂生产又要懂市场、懂资金、懂成本，要问资金、管资金、管市场，保成本，保质量。

三　领导班子思想要转到以资金为中心的生产指挥上来

（1）要从生产任务型转到资金效益型上来，时时处处以资金效益为标准。

（2）从名牌与己无关转到对双星负责，对自己负责，对事业负责上来，站到圈内，进入角色。

（3）从资金的"大锅饭"转到分车间、分工段、分班组，资金切块，分灶经营、分灶管理上来。

（4）从多数人不讲成本转到用小改小革，科技进步上来。

（5）从抓流水线的产量成本转到抓半成品、胶料、胶部件、运输及机械设备的管理上来。

（6）从以保生产为名而实为懒惰转到资金包干定额，各负其责上来。

（7）从吃鞋、挖鞋转到保鞋的成本上来，鞋保不住了我们就要全线崩溃。原材料供应不能乱加价，坚决执行大供应，要做到管不能管死，活又不能搞乱。各专业经营公司都不能吃鞋、挖鞋，要站在集团的整体利益上来处理好价格。你们是经营单位，客观上有监督检查的责任，也可以互检，确保我们能降低成本。鞋是我们的命根子，硫化鞋和冷粘鞋是我们的母体。我们卖成功的品种是遵循了薄利多销的原则，如果我们中间环节加价太大，势必要增大成本，降低竞争力，最终就会把鞋卖死，把工厂搞垮。

（8）从单位抓流水线转到抓不易看见的、小的、辅助的工序，即抓布、胶等原材料的定额，抓煤、电、水的定量，抓工模器具的充分利用等，我们要尽快制订科学的考核标准，使工作量化，严格按制订的标准执行，超标的要制订相应的处理措施。

（9）从务虚转到全面的落实。通过这一检查，把目标集中到资金管理运用，提高经济效益上来。不能光喊不做，光吹不干，光开会表态没实际行动。我们要虚实结合，先从虚到实，再从实到虚，这样经过多次反复，我们的工作将会有一个很大的提高。否则工作停留在原有的水平上，就不如像鲁中一位复员战士给我写信时说的"与其让市场淘汰自己，不如自己淘汰自己"。

（10）从单纯的口头喊成本转到比可比产品成本，找出自己的问题。例如大时装，各厂原材料用得都一样，费用却差得很大，要抓住这样一两个产品，深刻剖析自身原因。把它作为一面镜子，好的方面看如何继续发扬；不足的方面，看如何认真克服。用具体的品种成本来教育我们的领导，教育我们的骨干，作为一个突破口，把以资金为中心的管理带上来，推动成本的再次革命。

（11）从为了好看，不停产，不减产，转到适应市场需求上来。市场需要我们怎么干就怎么干，特别是冷粘鞋的调整时期更要严格执行集团的决定，绝不能再我行我素一意孤行。

（12）从单纯的一个品种算价格想多挣钱转到算大账，靠规模经济赚大钱，保证正常生产上来。我们规模生产、规模经营的优势都没有发挥出来。除了价值规律以外，人们的消费还有一个心理学的问题，例如现在能花100多元为孩子买双鞋的顾客不算太多，对于童鞋，就要改用低档一点的原材料，把价格降下来，以适应竞争，靠量挣钱。

名牌是最大的政治

（一九九六年四月十六日）

一 对这次教育活动的看法

这次强化集团意识、强化质量意识、保证名牌发展、克服与己无关教育活动是得人心的，受到了广大双星人的支持。很大一部分人由原来的认识模糊、不理解到认识较为清楚、认识有了很大的提高，很大一部分名不副实的骨干通过教育干劲足了，工作踏实了，成了真正的骨干。我们这一段时间既务虚又务实，虚实结合取得了良好的效果。

集团党委抓住机遇进行教育，是符合当前双星发展形势的。双星发展的每一步都没有离开过思想教育。而在目前双星今后 10 年发展的开始，我们也必须抓思想建设，先统一思想，提高认识。在市场经济的新形势下，我们进行名牌的再教育，加深对名牌的认识，增强了对双星的感情和干名牌的决心，增强了双星人的压力和责任感。大家用自己亲眼看到或亲身经历的例子，自己教育自己。这次教育是应该的，也是及时的。

集团公司党委抓这次教育，联系实际，联系自己，使广大员工进入了角色，深得人心，效果明显。无论搞什么教育，不能喊，重要的是联系实际，联系自己，并且敢于公开讲评，敢于面对面地进行批评与自我批评。所以这次教育活动，才真正为今后 10 年的发展奠定了思想基础，奠定了强化深层次管理的基础，奠定了使内部市场更加完善、更加提高以适应外部市场的基础。

这次名牌教育活动，大家都做了不少工作，出口鞋厂、鲁中公司、开发区三个党委做得更好一些。虽然整个集团都有提高，但是单位之间差距很大，生产一线与生产一线不一样，同一党委的不同单位也不一样。部分单位仍有敷衍了事的，光喊光听的，认为无关痛痒的。我们的教育将是长期的。各处室、各公司、各配套厂要考虑如何与生产挂钩，如何与双星今后 10 年的发展挂钩，支持各生产厂。

二 向出口鞋厂学习什么

学习出口鞋厂的用钱管好人的经验。出口鞋厂钱用得最好，它们用钱来管人，用钱来管物，用钱来教育人。通过出口鞋厂这个典型使人们悟出一个真理：不抓人的管理一切就等于零。很多部门的报告文件都是口号式的，都只是冠冕堂皇的话，没有什么具体的，这种作风该改一改了。必须要学出口鞋厂敢抓敢管、严格要求，敢抓具体人具体事。我们必须用好钱这个杠杆，严格具体地抓管理。如何去完善、提高管理，我们需要进一步探讨。

学习出口鞋厂的经验最重要的一条就是认真。我们的工作都是统一布置、统一要求的，在 3 月 12 日开发区会议上我要求资金切块，切到车间，切到工段，切到班组，现在只有出口鞋厂全做了，就是因为它们认真。我们这个行业，由于劳动密集型的特点，目前机械化、自动化程度还不高，这样工作关键就在于认真。去年招收的 200 名复退军人中，在鲁中已有几个顶起副厂长重任了。我原来也不会做鞋，并且不想入鞋道，但入了这一行后，我确确实实扑下身子学习，干了，所以才带领大家使双星走到了今天。要认准一个真理：管理能不能搞好，关键看认不认真，只要认真就能管好，不认真就不能管好。所以我早就提出来，只有没管好的企业，没有管不好的企业。最危险的领导就是不认真去管理的领导，最危险的工作就是不认真操作的工作。最难做的是认真，最可贵的也是认真，特别是持之以恒的认真。认真不认真关键就是带头人，关键就是"一把手"，"一把手"不到位，下面再怎么干也无济于事。双星之所以能到今天，毫不客气地讲就是因为我认真。我们很多在领导岗位上的同志就缺乏这种精神，尤其年轻的同志更需要严格要求自己，否则占在位子上，会阻碍双星大业的发展，最终毁了这番事业。

学习出口鞋厂既务虚，又务实，更重要的是务实，在务实上下大工夫。上头只务虚，不务实，下面跟着学，就会败坏了作风。难就难在务实上，务实才真正考验一个人，真正考验一个单位。出口鞋厂这种可贵的务实的传统值得大家借鉴。抓以资金为中心的深化管理必须实实在在、扎扎实实地在每一个工序、每一个班组落实。假如没有务实的精神，光喊口号，不抓落实，就不可能抓好以资金为中心的深化管理。出口鞋厂从 1983 年开始就是双星的标杆、典型，就是因为三届领导都是务实派。当然我们说务实重要，并不是说不要务虚了，要虚实结合，二者缺一不可。上头只务虚，不务实，下面跟着学，就会败坏了作风；反之，只务实，没有务虚，就没有良好的思想基础，最终还是不可能很好地务实。假如没有党委扩大会议，没有"两强化、一保证"教育会议，没有两个多月来的学习讨论，就不可能有今天以出口鞋厂为典型代表的务实。所以我们要求既务虚，又务实，虚实要很好地结合。而在实际工作中，难就难在虚和实如何完美结合，在务虚的同时如何务实，在务实的同时如何务虚，这都需要大家在实际工作中进一步探索。

通过两个多月的教育，我感受到，名牌是政治，名牌是一种精神，名牌是一种凝聚力。进入市场后就要以此为标准来教育人、培养人，以此来激发双星后一代热爱双星，振兴双星。

三　如何保名牌

单纯为了保名牌而保名牌是保不住的，名牌只有在创的前提下才能保住。很多牌子形成之后，几年就垮了，就是因为它们不能主动去创新自己，只维持在原有的水平上。假如各单位、部门都像出口鞋厂那样坚持创新，坚持提高，双星就会永远兴旺发达。必须在创的前提下才能保，这是一个硬道理，墨守成规毫无变化是行不通的，只有不断提高自己，增强名牌的含金量，创出名牌的新形象，才能保住名牌。

创名牌必须有名牌的新思想，必须实事求是，踏踏实实，必须有超前的意识、超前的指挥。在这样的前提下，不断地去拼搏，拼搏不是蛮干，要有科学的态度，才能创出名牌。双星的发展其实也就是摒弃旧思想的过程。我们一直坚持任人唯贤、能者上庸者下的观点，并且用发展的眼光处理问题。你在一个历史阶段是骨干，说明你跟上了发展，在另一阶段如果不提高素质就适应不了双星的变化，跟不上发展就可能被淘汰。淘汰是正常的，不能怨天尤人，不能骂娘，这是自身素质、能力水平不能及时提高的结果。大家就应该有这种认识和紧迫感。我们提倡靠真本事吃饭，同时也要求德才兼备，干事业能出以公心。太平天国的失败就是因为取得胜利后，主要领导人私心太重，权力欲望太高，头脑不清醒，互相争权夺利，不团结。双星在创出牌子之后，上层领导要吸取这个教训，扔掉旧的思想，提高这方面的认识。在双星进入一个新的发展时期的时候，标准要进一步提高，正确对待事业，正确对待自己，自己给自己加压力，自己给自己出题目，在踏踏实实的工作中不断地创新、发展。

保创名牌必须有高素质，真管理，树公心。创出名牌显示了我们良好的素质、一流的管理水平与强大凝聚力，而要保证这个名牌的发展壮大则需我们进一步提高。股票上市代表着双星事业发展又进入了一个新时期，必须要用新的良好的名牌形象去面对广大股民，要体现双星人更为良好的素质。在市场经济中创出牌子是我们的成功，而保住这个牌子是摆在我们面前的一个新课题。我们苦干的同时要巧干，管理上要抓具体人、抓具体事，抓住不放，一抓到底。把名牌作为我们工作凝聚力的源泉，把保名牌作为我们在市场经济中大发展的纲。相信大家都能提高素质，提高认识，真抓实干，为名牌增光添彩，使我们的事业更发达昌盛。

论市场政治

（一九九六年八月二十一日）

一 对市场政治的几点看法

双星的成功首先是政治上的成功。假如没有政治上的成功，就不可能取得经济上的发展和振兴。假如双星在政治上不成功，也就不会有双星这个名牌，不会有双星今天的巨大规模和蓬勃局面。应该看到 15 年来，双星进入了市场，首先是思想上进入了市场，超前的思想在实践中形成理论用来指导事业的发展才取得成功。这种思想、理论、哲学观点和方法应该说就是双星市场经济条件下的政治。假如没有好的思想理论，事业就没有方向，就不但不会成功甚至可能惨败。双星在市场经济中走在前列，在风口浪尖上打政治的牌，取得了经济上的发展。回顾过去，双星人在政治上和经济上都是成功的，是可以为之自豪的，经历了 15 年的风风雨雨，双星人为双星的后来者创造了符合社会主义市场发展的政治。

每个历史时期，双星人都提出符合双星实际的理论来指导实践。我们不否认各级政府领导、各界朋友对双星事业的支持，但实事求是讲，主观能动性的发挥是第一位的，即双星人的自我奋斗、认真探索、努力拼搏是主要的，是决定性的。我们的理论是务实的，也是为广大员工所接受的，我们的政治工作是有双星特色的。在每个历史的转折时期，双星人都及时提出了自己的理论观点，如在对市场认识上提出了"市场如战场，竞争如战争"，"市场是检验企业的唯一标准"，"市场是企业的最高领导"，"市场领导工厂"；在对质量的认识上提出了"企业什么都可以改革，唯有质量第一不能改革"；在对管理的认识上提出了"人是兴厂之本，管理以人为主"，"管理无句号"；在对名牌的认识上提出了"创名牌是市场经济中最大的政治"，"名牌是'三爱'的具体表现"，把名牌和政治融合在一起。

在市场政治工作当中，双星人发展创造了政治工作方法。在这方面，很多人错误地认为共产党人是不讲市场的，市场与共产党人的事业是水火不相容的，但我提出既然承认市场，就要承认牌子，我们双星人也应创出自己的名牌。于是选择了创名牌作为政治工作的目标，创造性地把政治工作运用到经济建设上来。

双星的政治工作最大的特点是务实。假如政治理论与奋斗目标、精神支柱是空洞的，是人们所怀疑的，就不会有成功的政治，不务实害了很多人，坏了很多事。在每一个历史阶段双星人都有自己务实的理论。例如，1984年底我讲企业精神，其中一项是"兴利"，这引起了许多人的不理解，好心人都来极力劝说这样提法是很可怕的，是要犯错误的，不要"兴利"。把政治神秘化、教条化，没有真正理解政治的含义，不切实际地空喊政治，也就使政治工作越来越枯燥，越来越空洞，越来越被人们所厌烦。现在随着时间的推移，人们观念在更新，"兴利"是很正常的事，但当时提出"兴利"，舆论上还很不一致。我指出，毛泽东在湖南搞农民运动时，按马克思主义的实事求是的原则，研究了当时农民祖祖辈辈没有田地，想得到一块属于自己的土地来过上好日子的心理需要，提出了"打土豪、分田地"的口号，广大农民积极响应，跟着他干革命，这就是实事求是的政治。我们遵循了同样的原则，也就获得了成功。对于政治而言，总的要有一个政治目的、思想支柱，但在每一个具体的历史阶段，必须要有符合当时实际的理论，能得民心，顺民意，具体来讲这就叫政治工作。1992年我又提出双星人要"靠勤劳、靠努力、靠拼搏"先富起来，当时一部人也不理解。我们应该把精神与物质结合好，平衡好，运用好，不能偏袒任何一方。之所以社会上一听讲政治就不太愿意听，甚至厌烦或嘲笑，不是政治过时了，而是在社会和人的思想发展变化以后，没适时地实事求是地提出新的理论、新的思维来进行教育，使大家明确方向。做人做事有个标准，政治不务实，就是虚假的、空洞的，最终就会失败。

双星人创造性地实现了政治与经济的最佳结合。政治、经济要解决"两张皮"的现象喊了很多年，但到现在也没很好地解决，而我们双星却成功地解决了。从最早开展的"三个百"竞赛到"三名"竞赛、"成本在我身边"的竞赛、"刀下留钱"的竞赛等，以及市场经济应不应该严格管理的大讨论，"三个知名度"的大讨论，都既是精神的又是物质的，是政治与经济的有机融合。

双星人创造性地运用了市场经济这个动力，培养了双星精神，创造了双星事业，塑造了双星人。我们的成功就是有了精神，具体来讲就是创名牌，塑双星人的形象。这种精神可归纳为"三气"：志气、士气和勇气。今年的大调整、大搬迁，是有史以来范围最广、难度最大的一次，但工作进行得十分顺利，产量不但没减，还上涨了25%。没有一个单位讲条件，没有一个单位提困难，这不就是靠了一种精神吗？不就是靠了志气、士气和勇气吗？做人做事就需要这样一种精神，没有精神就没有支柱。

双星人找到了在市场经济中最大的政治是创名牌，这是双星人的创造。最早把牌子和爱国、爱党、爱民族融合在一起的是双星人，在双星集团，爱国主义教育以创名牌来具体化是极富有成效的。

政治工作不仅是谈心、谈话、作报告、念文件、开会，这些仅是政治工作的一部分。在人们思想普遍较为单纯的时候，这些方法是可以的，但到了经济突飞猛进，社会飞速发展的今天，政治工作也应更新，内容也应更加丰富。在双星，我们既继承以往传统方法又进行了创新，提出管理也是政治，要在实际工作中管理人、教育人、解放人。管理人、教育人才能解放人，解放生产力。我们提倡的"有情的领导"是政治，"无情的纪律"更是政治。只是口头说教来搞政治工作而不抓具体人、不抓具体事是不能深入下去的，是不可能真正成功的，所以我们提出政治工作要抓具体人、具体事，开展了一系列的讲评。双星政治工作成功的一个重要原因是主人进入。从1983年开始职工代表就参与管理，参与政治工作。职工代表对领导层、企业内部的具体人、具体事进行面对面的实事求是的讲评，是双星政治工作方法之一，也是双星政治工作的一大特色。

作为双星政治上的成功，双星高尚的政治境界，我认为可以简洁地总结为：客观地想，认真地做，科学地创，务实地干，愉快地过，潇洒地活。

二　市场政治与双星

市场需要政治，市场越活跃，政治越重要。好多人认为市场不需要政治，政治是精神的东西，市场是物质的东西，是钱的问题，这种错误观点害了很多人。其实，市场越活跃，越需要务实的政治理论工作。只有正确的思想、理论在市场上做指导，有正确的政治工作，有务实的工作作风，才能创造性地扮演好自己的角色，否则就失败。市场需要政治，但绝不是要空喊的政治，僵化的教条的政治，双星之所以成功就是克服了这种僵化教条的口号政治，创出了自己的务实的政治。

市场就是战场，所以首先应当讲政治，这个政治就是一种精神。在商海大战当中敢于斗争，敢于拼搏，敢于做别人没有做的事情。假如在商海大战中不去拼搏，不去竞争就不会成功。我们进行体制改革，但在具体的推行中，很多人就想退缩，因为怕冒风险。在市场这个舞台上竞争是异常激烈的，更需要智慧、才干和敢于冒险的精神，这就要求每位领导都要有过硬的心理和才干。驻外公司经理对这一点体会尤为深刻，假如不冒风险，不敢竞争，哪一个公司都不会成功。济南公司最初的成功就是储存了两库鞋，这毫不夸张地说是下了大赌注，冒了极大的风险。在市场经济这个舞台上能经得起考验的成功者都是真正的企业家，但他首先又是政治家。谁敢于拼，谁敢于竞争，谁才可能会成功，否则必定失败。应该看到市场上的竞争与拼搏，是人才的较量、谋略的较量、智慧的较量，是政治的较量。

在市场当中，经济的好坏、胜败和在社会上所展现的价值是政治上是否成熟的表现。在商海大战中是成功者，在市场中是佼佼者，那么你就是政治上的成功者。政治是精神的，它需要通过经济来表现，通过经济实力、经济规模、产品的牌子和企业的管理来表现，政治上的成功是用经济来说话的。双星是市场经济条件下政治上的成功者，因为我们有规模经济的实力，也创出了自己的世界名牌，我们是商战中的成功者。市场经济条件下的政治不是空的，每位领导不仅要理论上讲得头头是道，更重要的是如何使之在实际的经济工作中得以体现。在当今市场条件下，检验政治成功与否的标准是经济，检验经济的标准是效益。双星适应市场的需要，及时进行机制调整，在宏观经济不断变化的过程中一直在发展。今年出口历史上空前地下降，我们仍然靠内销走出低谷，不能不说我们是政治上的成功者。但更应清醒地看到，下半年硫化鞋要开到80多条线，加上冷粘鞋、皮鞋、布鞋、注射鞋等共有100多条线，出口最多在10月份可望达到10条线，内销面临更为巨大的压力。各公司经理要有这个心理准备，要想办法把鞋卖出去，还要保证回款。光投入不回款，无止境地投下去，必然会拖垮集团，这就需要大家做好政治工作，使之收到实效，确保各项指标的完成。

认清市场与政治的关系，也就是经济与政治的辩证关系。政治和经济是相辅相成的，经济是基础，政治是保证，政治在某一历史阶段，会超过经济。双星人有高昂的双星精神，这是政治上的成功。在经济上必须体现双星的实力、双星人的形象和双星人的精神。假如我们在政治上喊得很好，但经济上却一塌糊涂，只能说明我们的政治是空喊的政治，不是务实的政治。双星要发展，需要政治作保证，双星要发展，必须在效益上做文章，没有一定的经济实力空谈发展也是枉然。双星的发展不能靠银行，不能靠贷款，而是要靠自己。靠过硬的产品，靠良好的经营策略，向商业要效益滚动发展。只有经济实力有了保证，事业才能继续发展。再好的政治也需要经济做基础，再讲奉献的双星人也需要钱。双星人必须不断地提高自己的物质水平，工资、奖金年年要有提高，待遇年年要有提高。我们的拼搏是为了双星，也是为了自己。我们不能光讲奉献，不讲索取，企业有发展，国家能受益，个人也要有所得，只有这样才能保证政治在市场经济中的成功。我们要务实，实事求是，不空喊政治，在经济上为大家创造条件。例如现在各大鞋城都有一批为双星事业辛辛苦苦干了五六年的农民合同工骨干，他们已是车间主任、班组长。我们花了很大的心血把他们培养成骨干，他们也不愿离开双星，但如何让他们保持干劲、安心工作就是领导层要考虑的一个问题，这是一项重要的政治课题。他们和我们一样也是人，随着年龄的增长也有一些现实的需要，作为领导都要给予考虑，视不同的实际作不同的安排。例如鲁中公司已为部分骨干结婚安排了房子就是一个良好开端。在外面招的农民合同工，从思想上要教育他们，引导他们，但同时物质上要有保证。各单位都要把这个问题提到议事日程上来。当然我们不主张"大锅饭"，不能人人都一样，所以要制订相应的标准和考核办法。人事处要认真考虑，逐步纳入正常的人事管理制度中来。否则，一批骨干可能就要流失。我们区别于外资企业，高明之处就在于不只让工人吃青春饭，我们要实行内部的合同制，使骨干人员物质上能有所保证，长期安心工作下去。我反复讲这个问题，就是要引起大家的重视，经济上有保证，才能实现政治上的成功。政治促进了双星经济的发展，另一方面，经济也要为政治提供坚实的基础。这个问题各个单位的领导，要进入角色，人事处要牵头抓好建立符合一线工人结构的新的人事管理法规。城市管理人员的待遇也要合理。在工厂外迁之初，企业处于创业阶段，条件较为艰苦，派去的骨干适当加点补贴，给点待遇是应该的，但现在各工厂已走向了正规，工作条件得到了改善，特别是再往各鞋城派城市工不是各工厂急需，而是因为调整疏散人员的需要，这部分城市工人不一定全是骨干，甚至部分是长年来工作没有成绩混日子的人，只是现行制度不能把他们不负责任地辞退，而又随着工厂外迁调整去的，这就不能再搞过多的特殊。没有什么贡献却总是特殊待遇，就会使当地的工人不平衡，长期下去就很危险。一旦出现这样的症结就很难解决，甚至会很快垮台。职工食堂也是关系人心民意的大问题，也一定要抓好。关心职工生活不能只喊在嘴上。集团已安排工会进行检查，这项工作一定要特别深入细致，不能搞一阵风，不能搞形式，要全面检查和突击抽查相结合，真正为员工做点实事。饭菜价格要降下来，质量要保证，这是政治工作范畴内的，也是良心与人格的平衡问题。讲了这么多，核心还是为了双星的精神，为了双星的形象，为了在政治上打胜仗，来促进集团经济的发展。

市场政治更需要严格的管理。市场是无情的，在市场中只讲有情的领导是错误的，是不会成功的，打击歪风邪气就是在政治工作中树正气，我们不反对谈话、谈心、读文件，但更重要的是进行抓具体事的教育，这是政治工作具体化的一个表现，这是更重要的更过硬的政治工作。在市场政治工作当中应大力提倡敢抓敢管，敢于处理，敢于抓具体人、具体事，把政治工作深化、细化。

市场与政治与双星的关系我简要总结为六句话：市场越活跃，政治越重要；市场要成功，政治要先行；集团要发展，政治要领先。

三　开创市场政治工作新局面

现在双星人的精神支柱是什么呢？如何体现双星精神呢？

始终把创名牌作为市场经济的中心，创名牌是市场政治工作的纲。一切工作都要围绕双星这个名牌去进行，为双星名牌去拼，去创造，去付出，去奉献。创名牌是最好的"三爱"——爱国家、爱民族、爱企业；把名牌搞好，能保证"三个兴旺"——国家兴旺，民族兴旺，企业兴旺；巩固名牌发展名牌能达到"三个促进"——促进国家富强，促进社会富强，促进个人致富。

继续开展"创三名"活动，继续建设"三铁队伍"。各级党委、工会、团组织的工作重点必须转到"创三名"，建"三铁队伍"上来。没有铁的意志、铁的纪律、铁的作风，我们的队伍就不能吃苦，不能奉献，不能打硬仗。创"三铁队伍"，可为"创三名"打下良好的基础，"创三名"活动，又可促进"三铁队伍"的建设，二者互为条件、相辅相成。无论政工部门、人事处还是各级领导都要把"三名"、"三铁"作为长期考核的标准。今后要把"三名"、"三铁"作为政治工作的主线来贯彻来落实，不能变成口号，不能流于形式。

在市场经济当中，要把用好钱作为政治工作的一个重要措施和手段。要把这项措施与马克思的按劳分配紧密结合起来。一定要把树正气，压歪风，把双星人的精神用这种途径表达出来。特别是当前要认真抓好以资金为中心，以降低六大费用为重点的深层次的管理。名牌没有终身制，名牌只有在创的前提下才能保证，所以管理也是没有句号的，要不断地深入下去。

在市场经济当中，要敢于用好中华传统优秀文化，最大限度地调动员工的积极性。我们提出"行善积德"，传统文化源远流长，这种教育是人人都可以接受的，要进一步细化使之转向全员。无论哪个单位、哪个公司，无论哪个人都要提倡为双星积德，为双星行善。干好产品质量是行善，保证工作质量和服务质量是行善，无论是领导层还是负责物资或销售的业务人员实权派，不见钱眼开、掌权后不忘乎所以是行善，有集团意识、不搞本位主义是行善，敢于管理、扶正压邪也是行善，都是在为双星积德。要进一步教育员工自觉地管好自己，自觉地行善积德，凭良心道德做好工作。只有高尚的道德才能使人有高尚的素质，才能在工作中创出好成绩，企业创出高效益，要把加强道德建设作为今后市场政治工作的新途径，认真加以总结完善和提高，充分运用到具体的实际工作当中去。

在市场经济当中，必须运用换位思维的新方法。在政治工作中，除了有精神支柱、辩证唯物的观点以外，还要提倡换位思维。在工作中，不可能每件事每个人每个单位都考虑得全面周到，不可能人人收入与付出都绝对平衡，甚至在某段时期有的还会受到不公平的待遇，这就需要换位思维。领导与部下，同事与同事，单位与单位之间都应站在对方的角度上考虑问题。只有这样才能正确对待他人，正确对待自己，达到相互理解和谅解，处理好上下级平时的矛盾，处理好因不同观点而出现的矛盾，工作的开展就会顺利得多。这种换位思维使政治工作真正成为全方位的，真正具有全员性，也真正具有实效。

当然，换位思维不是不要大局，各人考虑各人的，要有一个原则，即要站在集团整体利益的角度去换位。否则站在个人利益的角度去换位，任何事情都讲条件，任何困难都不主动克服，任何工作中都想挖集团、肥自己，双星事业还怎么发展？

双星的发展给很多人创造了机遇，包括一线一些有才干的农民合同工都从流水线上脱产成了管钱、管物、管材料、管销售的实权派。到了管理岗位上以后，部分人利用手中的权欺上瞒下，能捞就捞，能骗就骗，能浑水摸鱼就浑水摸鱼，不讲道德良心，这些人自己应好好考虑一下一线工人是如何出力流汗，总裁和大批领导是如何天天加班加点甚至可以说日夜操劳，他们都比你们这些实权派的工作强度大，比你们辛苦得多。每个利用职权搞歪门邪道的人，都应进行这样的换位思维净化自己，凭道德良心把工作干好。另外，换位思维并不是不要纪律，不要严格的管理，但也绝不是不讲道理地蛮干，不尊重别人，特别是当领导的不能随便骂人。工作一发急就出口伤人的现象还在一定程度上存在，这是绝对不允许的，要尊重别人的人格。一个领导者工作上有了问题不能不假思索地就骂部下，要去认真总结，头脑冷静，先从自身找原因，同时换位思维为部下考虑一下，综合后再拿出一个正确的处理意见，这才能显示一个领导的水平和风度。各级领导都要自我规范，自我提高。当然，个别员工不尊重领导，一而再、再而三地犯错误，却蛮不讲理也是不能原谅的。任何事情都有公理存在，不能偏袒任何一方。

在市场经济当中，政治工作要掌握好心理平衡的原则。掌握好这个原则，就可得民心、顺民意，得到广大员工的支持，使工作开展顺利，使双星事业不断前进。思想工作做不通或问题没能得到妥善处理的，都是没掌握好心理平衡的问题。自己和自己比有一个心理平衡问题，自己和他人比更有一个心理平衡问题。例如开工资、奖金，自己这个月比上个月涨了100元，可能很高兴，但别人付出同样努力却涨了200元，心理又会不平衡。工资、奖金、个人待遇、职务升迁、工作分配、日常事务等都存在心理能否平衡的问题。掌握好心理平衡，处理好各类问题要作为政治工作的一条标准去认真执行。这个标准掌握得恰如其分是很有难度的，这就需要各位领导工作时要全面、深入、细致。只有这样政治工作才能做得恰到好处，员工心理才能平衡，工作的开展才能更为顺利。

作为一个领导，处理员工的问题时，要分析得全一些、细一些，使下面尽量平衡，对自己而言，遇到问题，则要自我平衡，客观地对待。要看到成绩是大家的，本单位有成绩，其他单位也不错，待遇上如有点偏差，也要理解上面，从更高的角度看问题。要防止事事都对你好，有一件事上照顾不够就不满意，也应考虑他人的难处，考虑上层看问题的角度，公正客观地对待。

按照市场的规律，认真务实地去做事。我们提倡说实话办实事，既报喜又报忧，树立认真负责的工作作风，创造性地开创市场政治工作的新局面。

壮大发展集团的整体实力，弘扬民族工业，创中国人自己的名牌，使双星人尽快地富起来，这是双星人工作的目的，这是今后政治工作努力的方向。只有这样，才能使双星今后 10 年大发展，只有这样，才能完成历史赋予我们的重任，只有这样，双星才能真正成为跨国界、跨行业、跨所有制的综合性企业集团。

回顾过去，双星人以超前创新为特点，创立了自己的市场经济政治工作的理论和方法，保证和促进了集团的壮大发展；放眼未来，让我们继续发扬好的方法和作风，继续创出和运用适应市场经济发展的政治工作的新思维、新理论和新方法，以经济为基础，以政治为先导，把双星大业推向一个新的高峰。

美国鞋业市场对双星发展的借鉴意义

（一九九六年九月）

9月下旬，我在双星美国公司检查工作的同时对美国市场进行了考察。美国市场是一个成熟的正规的市场，它的现状与发展代表了世界各地市场的趋势，对它的研究与分析有着十分重要的价值。而名牌产品在美国市场的现状又对双星名牌的发展有着很重要的借鉴意义。结合美国鞋业市场及其名牌市场的现状及趋势，结合我们集团的实际，我来谈几点意见。

一 市场容量是有一定限度的

统计表明，美国 1995 年人均收入增长是近几年最高的。但从市场上来看，鞋类消费品除了部分工作鞋，其他硫化鞋、冷粘鞋、皮鞋、布鞋却大幅度下降，比 4 年前降了一倍，比 8 年前降了两倍。鞋子的大批积压，这说明供过于求，供求严重失调。美国是一个消费大国，很多人就误认为市场是无限量的，结果各方竞相出口，导致了市场的饱和。在国内，我们很多领导头脑里有同样的倾向，认为国内市场趋旺，无论生产多少都能卖出去，这种倾向很危险。我已讲过多次，集团规模太大，一旦造成积压，后果不堪设想。美国市场的现状再次给我们敲响了警钟，希望引起大家的足够重视，深入研究市场，踩着市场的步伐下达生产计划，尤其老品种该限量的一定不能再犹豫。

二 名牌也要遵循规律

现在美国市场上穿运动鞋的人明显增多，但不论阿迪达斯还是菲拉，也不论锐步还是耐克，价格均大幅度下调，由 8 年前的 120 美元 ~ 130 美元/双降为 4 年前的 70 美元 ~ 80 美元/双，再降为现在的 40 美元 ~ 60 美元/双。这说明什么呢？这说明鞋是民用小商品，人们虽然生活水平不一，但每个人都离不开它，无论什么时候，还主要靠普通大众的消费市场。所以名牌在供不应求或供求相当时价位适当高一些是可以的，但过高也行不通。在供过于求时，再保持原来的高价位已不可能，也要随行就市，把价格降下来，这样才能保证名牌的竞争优势，尤其硫化鞋实际差别并不大，不随行就市就一定会失败。例如名牌 KEDS 鞋，现在皮帮仍卖 30 美元/双，而同类的其他牌子最低卖到 6 美元/双，买一双 KEDS 就可以买 5 双普遍牌子的。像这类小商品，在品质相差不大，但价位如此悬殊的条件下，人们肯定不买 KEDS。不尊重规律，盲目要价，名牌也是站不住脚的。我们集团内一些同志对名牌的价值存在着不同程度的错误认识，认为名牌就应比其他牌子的价位要高很多，凭主观意志定价，结果许多品种都被卖死，白白丢了市场，浪费了人力、物力、财力，已给了我们很深的教训。耐克等世界驰名品牌都能遵循规律，我们也不能例外，根据市场情况灵活调整价格，这应引起每一位领导和经营者的高度重视。

三　中低档是主要市场

通览美国运动鞋市场，价位 19 美元 ~ 69 美元/双的居多，低于 19 美元或高于 69 美元的均占少数，这还是说明鞋这类小商品是普通民用品，主要消费群体是普通大众，富翁穿的毕竟有限，利润再高也形不成规模。要始终盯住大多数的消费者，在普通消费者中站住脚后再带动高档和最低档的发展。普通消费者决定大市场，应首先抓好。我今年早就下过对新品种要实行最终限价的命令，尤其冷粘运动鞋生产最终限价 60 元 ~ 100 元/双的中档鞋，但很多领导理解不深。网球鞋从一开始就价位合理，最终限价不超过 60 元/双才供不应求，应该说对大家是一个很好的教育。现在网球鞋不能再涨价，随着季节的变化必要时还要降价，否则就站不住脚。目前最终限价仍推行得不够理想，各生产厂及驻外公司应联合把这项工作做好。鞋的价格一定要实事求是，不可过高。回顾历史，每一个好卖的品种，都是我研究了市场后亲自定的价，双星之所以成功，很重要的一条就是价格适中。价位高了，需求量就会减少，工厂的生产就会不正常。质量不好反馈会有个过程，但价格不合适立即反映出来。今后，我们仍要坚持以中低档市场为主，先占领主要的市场，新品种必须有最终限价。双星产品质量可以说基本上能够保证。款式再好，价位不合理就不会有可观的利润，即便款式一般，但只要价位合适也能保证吃上饭。价格关系到人们的切身利益。中低档特别是低档市场，价格的竞争比质量、款式更为关键，甚至某种程度上、某个时候、某个阶段可以说是决定性的，价格没有竞争力就会失去这个市场，规模经营就很难正常运作，质量再高、款式再好又有什么用呢？对此任何厂、任何公司都不可忽视。

四　加大加快名牌覆盖

名牌覆盖是在牌子形成之后必然的发展趋势。耐克、锐步等名牌不是一开始就靠别人的厂加工，是发展到一定程度后让别人加工。现在世界各名牌都没有自己的生产厂。名牌覆盖所占份额的大小可以说是一个名牌成熟程度的标志。双星现在就要抓住机遇，迅速扩大名牌覆盖，据说火炬、奇安特也已在外加工，开始学我们。而我们在这方面的工作与双星在国内的知名度还很不相称，力度还很不够。分管的领导要真正靠上抓，但机构与激励约束机制均要进一步建立健全，这是今后工作的一项重要内容。特别要指出的是，名牌要有代表性的产品，双星可借名牌覆盖来实现产品的高档次。虽然现在美国鞋业市场竞争激烈，但在各连锁店、专卖店里，在普遍的19美元～69美元/双之外，总有一二款百美元以上的耐克鞋，这类鞋不见得量很大，但它代表了名牌的档次，也是必不可少的。目前双星的MD–EVA系列、专业足球鞋系列可以说是代表双星档次的鞋，但还差得很远。我们应有更为高档的有代表性的鞋子，专业鞋和皮鞋、冷粘鞋都应加大发展力度。主要应加大加快名牌覆盖步伐，借他人之力壮我实力，特别是专业鞋，就是要拿来我用，不能每个品种都自己去开发，要借合资厂不景气的时机加大篮、排、足等三大球类专业鞋的名牌覆盖，使这三类鞋迅速上档次、上规模。

五　加大开发力度

名牌的创立与成功，很重要的是依赖于开发。耐克起步最晚，但发展得最快，主要就是因为款式占了优势，以新取胜，才能吸引顾客，才能赚取可观的利润。New Balance，Converse，PonyBrooks原来都比耐克牌子响，但因为款式不好，开发力度不够，价位又没调好，市场占有率越来越低，现在几乎很少看到了。双星的发展要借鉴各个名牌成败的经验教训，提高开发能力。硫化鞋我们在世界上有一定优势，但冷粘鞋、皮鞋等差距则很大，要想短时期内超过其他名牌也不现实，我们要正视现实，先以模仿为主。南方一些厂家在这方面就比我们行动快得多，各鞋厂一有新款问世，立即就可仿制出来，所以它们鞋的质量不见得比我们好，甚至可以说大部分很差，但因为款式的原因，销得也还不错。我们在这方面也应花大力气，争夺市场份额。在硫化鞋开发方面，要考虑开发设计缝帮套楦加活动中底垫的鞋。现在正逢保龄球热，这种鞋开发中心也要抓一下。乒乓球、羽毛球、排球鞋、出口鞋开发要抓好。冷粘鞋在美国就是黑白大反差的款式，我对此也讲了几次，但大家做得不够理想，各冷粘鞋厂还要下大工夫。另外，在设计开发的时候，要注意如何突出商标，使之醒目难忘。例如一提耐克鞋，人们就会想到钩的标志。这个钩的标志可以说在耐克鞋上被表现得淋漓尽致，有大的有小的，有红的有绿的，有在帮面和鞋舌上的，有在鞋后跟上的，有在大底上的，还有跨侧帮与大底的，总之，大小、颜色、位置变化无穷。双星的商标和图案也要灵活多变，但万变不离其宗，让消费者一看就知道是双星鞋，突出形象，这是最终目的，这也是我们一直未能很好解决的问题，各开发部、各厂、各有关单位和部门都应集思广益，争取尽快有新的突破。

六　要更加重视质量

款式、价格、质量是鞋能否畅销的三大制约要素。美国市场的现状是价格低，款式好，质量好。质量是产品的一个基础，虽然美国市场价格已变低，但并没因此鞋子质量下降，而是精益求精，做工特别细致。双星的产品并不是像我们"王婆卖瓜，自卖自夸"的那样是绝对没问题，是世界一流的。我们的鞋子与其他厂家、其他牌子的做工、外观也没什么差别，甚至很多地方很落后。在考察中，我就发现有大底不平、帮面不挺、胶糊不齐等现象，我们做的皮帮鞋有的胶糊竟高出围条十几毫米，返黄很严重。在一个低档鞋店里，费了很大的劲，才找到了一双我们做的GTS，与摆在一起的其他厂家做的GTS相比，别人的因为挺性较好显得生龙活虎，而我们那一双就毫无生机可言了。帆布鞋的挺性问题是制约双星硫化鞋发展的一个瓶颈问题，美国市场上很多鞋用的材料比我们差，但挺性好，价钱也高。

在这方面，双星鞋厂已在试验，应尽快解决，在全集团推广。总之，世界鞋业的市场现状就是价格低、款式好、质量高。我国内地及东南亚其他厂进入美国市场的鞋质量越来越好，并不比我们逊色，别人提高赶上来，我们仍不提高就是落后，双星人应认清这个现状，不仅靠做工，更要靠工艺来进一步提高质量，以适应竞争。

七　要加快运动系列产品的配套

任何一个牌子在知名度达到一定程度之后，都不再是单一经营，而是利用名牌的效应向相关产品辐射。在美国各专卖店里，耐克、FILA 等从运动帽、运动衣、运动袜到运动鞋，运动系列无所不包。哪一个牌子都可把你从头武装到脚。双星在这方面也有所发展，但仍属刚刚起步，运动产品系列化、专业化的效果还不明显，作为全国为数不多的驰名商标，更是鞋类唯一的一个，我们应进一步加快配套经营。运动装、休闲装、运动包、运动袜、运动器械等均应加快步伐进行覆盖，以期迅速壮大集团规模，发挥名牌无形资产的作用；双星运动饮料要正式推出，酒业公司要加大工作力度，展示双星运动系列产品配套经营的新形象；集团总部的体育用品大世界要尽快开起来，江西的全国体育用品会要做更为充分的准备，争取借这次会的东风，双星系列产品能一炮打响。

八　要加快连锁店、专卖店的发展

PSS、WALMA 等连锁店在美国各商业区都能看见，它们在全国拥有上千个，甚至几千个连锁店，庞大的网络使它们具备了规模经营的优势。但它们也仅仅是有了商店，而没有自己的牌子，没有自己的工厂，靠经营别人的牌子，靠中间商，很大程度上受制于人。而双星，则既有自己的牌子，又有自己的工厂，也有自己的销售渠道。我们自己掌握着主动权，但我们现在的连锁店还太少，如果发展起来，有上千个，甚至几千个店，将比其他厂家商店或牌子有更大的优势。这样我们就可随时监控销售进展情况，随时下达产品结构调整计划，随时按市场实际调整价格，畅销时适当上涨，滞销时不惜大幅降价甚至亏本倾销处理，我们都有主动权。在世界较为发达的国家，连锁店的经营已处于成熟时期，而在国内，则刚刚起步。双星的内销经营要抓住机遇，抢先发展，各驻外公司一定要完成年内建成 3 ~ 5

个连锁店、专卖店的指标。有条件的要大发展，谁早发展，谁大发展，谁就早受益、多受益。另外，连锁店、专卖店经营要规范化、统一化，不仅门头要统一，对外服务形象要统一，内部管理也要统一，管理公司要把连锁店的建立情况作为驻外公司除经营额、回款率之外又一项最重要的考核指标。要把连锁店用微机联网，管理统一化的规章制度年内初步搞起来。

另外连锁店、驻外公司的发展必然需要吸收人才，青岛总部不再往各地派人，各公司自己在当地招，靠双星的知名度，可以很容易地吸引一批大学生和个体户进来，这比从青岛派人更易于开展工作。

九 库头库尾，敢于甩卖

美国市场的每一个店都有大甩卖的鞋摆在那里，其中有一款锐步原价70美元的高档鞋竟只卖20美元，高档皮鞋50美元～60美元/双的甚至甩卖到5美元～10美元/双，凉鞋则15美元元/双。对于库头库尾、断号鞋，在大批量的销售时总体上已经赚了钱，既然只有一小部分甚至只有几双不好卖，就不要再坚持原价位，要算大账，随时甩卖，加快资金周转，以资金回笼为目的。各公司在这方面的步子迈得太小，这与工作不够也有很大关系。驻外公司的基础管理借以资金为中心降低费用、强化管理之机还要进一步深入抓下去，要做到每日的经营、库存情况清楚。这便于集团及时掌握市场信息，便于集团的决策和控制。每日出现了哪些库头库尾、哪些断号的都要单独列出来，要做到随时清仓利库，库头库尾、断号鞋要随时甩卖保证资金周转。否则不管不问等形成了死库存，错过了好的机会之后还要被跳楼大甩卖。

十 广告宣传做细做活

在美国，广告除了做在报纸、电台、电视上以外，还有直接寄到家里的宣传品，这种广告使人们更能感觉到自己是上帝，更能产生购买欲。在国内市场上，我们也正向这条路子走。这也就是我一直讲的要注重区域性的广告宣传。中央台的广告、各种形式的全国性会议是在为整个集团造声势，但这仅仅是宏观上的，微观上还远远不够。各驻外公司要结合所销售地区的实际，要考虑不同年龄、不同收入的消费层次，有针对性地去宣传。要把广告做到学校、企业、街道办事处、小城市和县镇。除了常规品种的宣传外，每出新品种都要有单页广告配合促销。要印制优惠券、手提袋、文化衫、精美一点的宣传品去分发，因为中国市场是一个新兴的市场，这类促销方法还不多，对此人们还有些新鲜感，这会比在类似广告铺天盖地的美国市场效果会好得多。在这方面，哪个公司实践过，哪个公司就取得了成功。这不再是一个提倡和试行的问题，而是要作为政策坚决执行，要持续不断地搞，使产品永远保持在消费者心中的影响力。广告公司要考虑意见，配合各厂、各驻外公司把广告宣传推向一个新层次。

十一 克服困难，提高完善，保证出口

（一）出口的主要问题是价位

美国一直是双星的主要出口市场，可以说双星硫化鞋前几年在开拓美国市场方面很成功，这也是我们的拳头产品。但出口量今年骤减，突出的就是去年 JCPENAY 公司还有我们三个品种在卖，今年却一个也没有了，这种市场的丢失和惨败，主要是价位问题，其次才是质量。美国市场虽然市场饱和、价位变低，但我国内地鞋仍大量涌入，说明很多厂家在价位上比我们有优势。这就要靠技术进步、工艺更新来提高生产量，解决成本问题。在国内因为双星牌子很响，同样的产品我们稍高一些的价位消费者会认同。但在国外，双星的影响就弱得多，价位与其他客户悬殊太大，则不可能有订单。

（二）新品种经过一段时间仍咬定原来的价位不放等于自杀

可以说我们是美国硫化鞋市场的开拓者，皮鞋是由我们先干的，GTS 鞋我们交了几百万元的学费也是先成功了，当时都有大量出口，并且价位也不错。现在虽然这两类鞋仍充斥着美国市场，但双星却几乎再没有订单了。这种恶果的形成原因就在于新品种逐步变成老品种后我们没有及时调整价位，确切地说是因为我们没有及时改进工艺、降低成本而无法使价位降下来，让别人乘虚而入抢占了市场。这方面的问题应该好好研究。

（三）美国市场是一个永恒的市场

现在欧美市场对中国实施了反倾销，热硫化鞋已很难进入，虽然美国市场价位趋低，但仍有大量鞋从中国源源不断地运来，这说明里面还有文章可做。美国市场很庞大，如果丢掉，双星整个热硫化鞋的国际市场就会丢失。美国市场对我国内地产品的依赖性很强，不到万不得已美国不会实施高关税来制约打击，所以从长远看，美国是一个永恒的市场。只要我们工艺调整好了，量能上来，在价位上能与其他厂家看齐，重振美国市场是没有问题的。美国市场是双星的一个主要海外市场，任何时候都不能丢。丢掉了美国市场，就丢掉了出口的支柱。如果明年在美国市场仍十几家店见不到一双双星鞋，双星出口的这张王牌也就丢了，内外销将不再互为依托和呼应。对于市场而言，双星就是要想办法适应，而不是让市场来适应双星，真正与市场接轨才能成功。在市场不景气的时候要想办法稳住，挺过去就是胜利。现在品种的价位要调整好，能接单的尽量接单，要改造旧的流水线，机械模具厂承担研制任务先一条条地改，尽快把长的台湾式的流水线改造过来。海江的台湾线要开起来，双星厂要先改造两条台湾线，以适应美国市场低价位的要求。美国市场一定要重新启动，各厂长、业务人员都要尽可能地争取客户和订单，在秋交会上力争有所突破，明年要全面启动。

（四）积极开拓新市场

鉴于东欧市场的反倾销和美国市场的不景气，在稳住美国市场、不放过东欧市场的同时，要积极开拓南美、南非、中东等前景看好的市场，尽快把业务展开，来弥补欧美市场的困难。

（五）掌握和运用市场规律以求发展

每个市场都有其规律性、周期性，都有高潮和低潮，高潮时抓住机遇要大发展，低潮时保住成本挺过去就是胜利。美国市场是大约七年一个周期，现在正处于最低潮，我们就是要想办法挺过去，不能丢掉市场，不让市场再继续萎缩。而国内约三年一个周期，现正是高潮时，正可借机大发展来保国际市场。这就是国际国内两个市场作战的优势，任何时候任何一个市场也不能丢，只有这样，才能保证我们的优势。

（六）业务人员的素质、水平要进一步提高

这方面我已讲过多次，由于一些不良作风的影响，双星业务人员的素质水平还有待于进一步提高。双星的文件、上级的指示精神要认真学习和执行，做业务要再认真再扎实。例如对于国际市场的现状是不是掌握得很

清楚，现在双星出口骤减能否找准原因，对于自己所负责的业务进展到底如何是否很清楚，能否及时了解客户的情况，有的订单量本来很大却突然没有了，订单量的变化反映了什么实质问题，趋势是什么，都要进行认真的思考和总结。

（七）切实发挥外经管理公司的作用

我在美国公司检查工作后，认为有以下几个方面的工作要做好：

1. 及时传达集团重要信息

海外公司的同志从来看不到《双星报》，也从来没有集团的重要指示精神传达，他们常年在外，不及时了解集团的情况怎么能行?!

2. 抓好信息工作

外经管理公司要求每月报一份市场情况，但从来没有一次在《外经巡检报告》中体现。驻外公司提供的信息，都是直接来源于市场，都有着重要的参考价值，可为领导决策提供依据，但恰恰我们对此不重视，使信息汇报几乎流于形式，失去了应有的作用。信息的搜集是很重要的，外经管理公司要广泛利用海外公司、展销会、客户、新闻媒体、亲戚朋友来掌握信息，向集团汇报，每月至少一次。但汇报时不能断章取义，更不能弄虚作假。外经信息集团要一个季度组织研究一次，由外经管理公司牵头。真正研究透各方信息，就不会只是天天喊订单，向客户求订单，订单会自己送上门来，主动找我们。

3. 帮助和支持海外公司，并加强管理

我们的海外公司还是刚刚起步，要采取放水养鱼的办法，支持他们。驻外的同志在外都不容易，工作很辛苦，集团里的职能部门和生产厂都应全力支持，使他们能感受到集团的温暖，这样大家在外面工作的积极性才会高。从长远看，集团国际业务的开展，还是要靠自己的公司，抓不好的话，国际营销网络不建立，总是依赖中间商，还会处于劣势。在国内我们就是利用了自己的公司，刚开始大家还不太理解，但发展起来后大家就尝到了甜头，外经工作也应走内销经营的路。外经管理公司应向内销经营管理公司学习。另外，有合同的海外公司外经管理公司要统管起来，但统管不是只要钱，应从制度上理顺关系，从感情上与各海外公司配合好。

4. 真正发挥宏观协调作用

业务还是主要以各厂为主去做。外经管理公司从宏观上要起协调服务、监督检查的作用，掌握情况供领导决策。

认识国际市场　进入国际市场

（一九九六年十一月七日）

　　近几年来，为了双星出口工作的开展，我多次带队出国考察，先是考察了发达的欧美市场，去年又两次考察发展中国家，前一次考察了非洲、南亚几个国家和波兰、莫斯科两个海外公司，这一次又考察了南美、西亚等地和美国、中东两个分公司。综合这些考察的收获，我对国际市场来做一下分析，以便让大家认识国际市场，了解国际市场，更好地进入国际市场，进一步拓展国际业务。

一　对国际市场的认识

（一）国际市场的基本规律

　　有人就穿鞋，鞋是人类文明进步的产物，所以制鞋这个行业可以说是一个永恒的行业，只要有人的存在，这个行业就不可缺少。世界上无论黑人、黄人或是白人，无论哪个国家、哪个民族对鞋子的基本需求是一致的，都希望穿款式好、质量高、价格低的鞋。人往高处走，人人都希望穿名牌，但又由于每个人的经济地位的差异，必然产生不同的消费层次，有钱的人买名牌，普通的没钱的人买杂牌，再穷的人买地摊货。无论多么富有的国家都有穷人，无论多么贫穷落后的国家都有贵人和富人，所以在任何一个国家和地区，都会有高中低不同的消费档次，只不过是所占比重不一样的问题。当然这只是从人类市场的基本规律角度看的，由于民族风俗习惯、性格、所在地区的自然条件的不同，市场上鞋的品种不是千篇一律的，如靠近赤道地区的国家，气候炎热，拖鞋的需求量大；而西欧、北欧则崇尚绅士、淑女风度，皮鞋、工作鞋占了主要的市场；在南北美洲、亚洲，人们追求无拘无束的生活，体现这种情调的休闲鞋、运动鞋就比较受欢迎。

（二）国际鞋业市场现状

因为消费水平的不同，国际鞋业市场顺应不同的需求，可以分三个层次，一是名牌的超级市场，二是大众化的潮流市场，三是收入少的低市场。但在当今世界各地市场，鞋子普遍供过于求。无论是超级市场，还是地摊上，到处都是各种各样的鞋，连运动鞋名牌在市场最看好的巴西也是分期付款，一双鞋平均 3~4 个月付清，最多的竟达 8 个月之久。总体上讲，无论是发达的地方还是不发达的地方都有名牌的存在，不一定有名牌的专卖店，但至少有名牌专柜。以意大利、巴西的皮鞋，美国的运动鞋为代表的名牌占领着各地的超级市场，因为在一定程度上名牌代表身份和地位，它们以一流的原材料、一流的款式和质量渗透各地的贵人和富人阶层，甚至可以说是根深蒂固。当然占主流的还是普遍大众所消费的档次，即杂牌和低价位的鞋。在这个广大的市场上，起决定作用的因素是款式、花色，要求的是更实惠的价格、更优良的质量，但不一定非要用高级材料如 MD-EVA 大底、真皮等。假如在一二年前就认识到这个问题，我们的冷粘鞋就不会造成大批积压，外销也不会几乎是空缺。南方的福建、浙江鞋厂顺应了这个规律，款式好，仿得快，价位低，用 TPR 或橡胶大底每双在 4.5 美元~6.5 美元左右，在全世界畅销。因此现在中国鞋充满世界各个角落，但同时又是最便宜的产品。硫化鞋和冷粘鞋是中国鞋业的强项，但我们低价位的做不了，而在国际上牌子的知名度不够，高价位的又做不上去，差距还是相当大的。鞋子是民用小商品，变化非常快，生活是五彩缤纷的，人们追求多彩的生活，鞋的潮流就要多花色，但我们花色款式又是一大弱项。面对国际市场，在这样一种极具竞争力的情况下，双星的出口还是过了几年好日子，主要是一个皮帮 CVO 系列起了关键的作用，现在这个品种在走下坡路，将来还会恰好再遇到这么好的机会吗？我们应着眼于大路货，别人能干我也能干才行。各类鞋的出口要求大致情况是这样的：冷粘鞋要款式新、价位低，不高于 7 美元；硫化鞋就是价位低，一般不高于 3 美元；皮鞋、工作鞋要求价位低，不高于 16 美元，但要真皮子；拖鞋要求则是价位低、款式新。综合起来，当今市场的现状就是款式越来越新，花色变化越来越快，市场越来越饱和，价位越来越低，交货期越来越严格，回款越来越慢，竞争越来越激烈。在出口方面，我们仍然是新兵，还有很多不适应。

双星应看到这些方面还有很大的差距，应付出更多的努力去适应这个市场，赢得这个市场。

另外，附加值高的市场我们没抓住，市场上高利润的鞋有名牌女士鞋、童鞋、专业鞋。因为我们起步较晚，在国际上还没有其他名牌的知名度和竞争力，而恰好女士鞋、儿童鞋、专业鞋这三类我们的注意力又不够，这就使我们既没有赚到贵人、富人市场的钱，也没有赚到时髦的妇女、儿童、体育专业市场的钱。高利润的市场几乎没有涉足，只是做低附加值的鞋，赚了穷人的钱。特别应指出的是因为人们生活水平的提高，由休闲运动而引发的大众体育热已开始风靡全球，势头越来越猛，这就昭示了体育专业鞋的广阔前景。同时体育专业用鞋是鞋国际水平的标志，如果档次上不去，国际名牌也就只是一句空话，没有说服力和影响力，所以要加快步伐开发专业鞋，首先解决篮、排、足三大球鞋。只有过硬的拳头产品的专业鞋，才真正进入高档次，才可称为国际名牌。以后我们应注意研究名牌和时髦的市场、专业鞋的市场，模仿名牌，跟上潮流，逐步发展。就我们的产品档次和知名度，要先赚中低档市场的钱，以中间带两头，逐步再赚富人的钱，现在的重点应放在大众化的潮流市场上，追随和模仿名牌、赚时髦人的钱，占领体育运动爱好者、年轻人、妇女、儿童的市场。有这样一个较为实际的定位，我们经营的潜力会是无限量的。下面我就经济发展程度的不同分别谈一下对各国市场的看法。

1. 对发达国家市场的看法

总体来讲，由于这些国家经济的高度发达，人们的购买力较强，基本上是名牌的市场，时髦的、领导潮流的市场。但由于经济增长速度有快有慢，民族习惯不同，发达国家的市场又可分为两类：一是以西欧市场为代表的、名牌的、古板传统的市场。这类市场经过一段时间的高速增长已趋于平稳，由于流通上的传统经营，有一个长期的模式与固定的渠道，很多牌子在这个市场上闯了几十年甚至上百年，已经左右着人们的消费意识，可以说已较为古板；又由于东西方国家间、民族间的交流并不频繁，贸易机会相对少得多，所以实际上民族性的大公司在控制着这片传统性的感情市场，要想在短时期打开这个市场很难。同时进入市场受政治影响较大。像西欧这类经济发达的国家，中国轻工业品的大量涌入，只会繁荣它们的市场，降低产品价格，使民众受益，但它们害怕因此中国加速壮大发展，削弱它们在世界上的影响而采取了高关税、配额制及所谓的反倾销等方式来制约中国产品的进入。经济与政治不能分开，这种宏观上的问题是企业自身无法解决的。对于这个市场就要树立持久长期的坚韧不拔的精神，择其一点为突破口，如一个单一品种逐步打开或者通过拿到其他国的产地证进入此市场。既然有人的存在就有市场，那么就有不同层次的市场，我们应发挥自己的优势，凭着低价位、多花色，依靠国际个体户，运用灵活多样的方式展开地摊战、麻雀战逐步渗透。二是以美国为代表的自由开放的发达国家，这类市场近几年来经济仍有所增长，较为活跃。因没有高关税的限制政策，各国产品竞相涌入，名牌领导潮流，杂牌产品也充斥市场。这个地区由于民族的大融合和经济的高度发达，人们已不特别注重身份和穿着，而讲究的是吃和旅游，消费心理和导向发生了变化，所以已不十分注重鞋是否是名牌，而追求的是款式和舒适。过去美国没有人会把鞋刷了再穿，现在却有很多人开始刷鞋子。所以虽然我们进入市场时间短，但我们利用价位低、品质好的优势也迅速占领了很大的一部分中低档市场。虽然因为产品的供过于求，目前对美国的出口相当困难，但只要挺过去，美国市场仍是我们出口的主要阵地。

2. 对发展中国家市场的看法

发展中国家的市场很不均衡，贫富悬殊很大，巴西、土耳其、泰国、中国的一部分人较为富有，市场也较为活跃，但印度、巴基斯坦、缅甸、非洲等地则相对落后。发展中国家人口多，大大超过了发达国家的总和，应当讲是一个发展中的市场，也是潜力很大的市场。另外，独联体的一些国家因为以前没有注重日用品工业的发展，鞋子大量依靠进口，市场也不错，加上社会主义的东欧诸国，也是个很大的市场。目前，总的来讲这些市场是不规范的，流通渠道众多，经营法规不甚健全，大部分人又消费不起名牌，而同时，这些国家鞋的产业的发展也不是很强，有些甚至刚刚起步，这也给我们创造了发展的条件。这些国家在国民收入、消费水平、政治领域与我们都有些共同点，沟通也较容易，双星在国内的声誉已相当高，但在国际上的知名度还需要下大力气去扩大。我们应立足于发展中国家的强国，利用它们的相对较高的消费扩大出口，同时又利用其市场正在大发展还不尽完善的机会创自己的牌子。这些发展中国家牌子远不如第一、二世界国家那样根深蒂固，我们可乘虚而入，建立自己的营销网络，建立自己的经营公司，有条件的可在海外设厂拓展实力，逐步在其他国际名牌影响还不太深远或名牌还未达到的地方打响自己的牌子，这应是我们的主攻方向。

二　开拓和适应国际市场应遵循的原则

从国内市场成功的经验和进入国际市场以来的体会，我认为开拓国际市场应做好以下六个方面。

（一）信息要及时准确

只有信息准，才能做出正确的决策；只有信息及时，才能抢时间抓住机遇。例如现在的市场，普遍来讲是硫化鞋趋冷，超级市场里已很少有人问津；冷粘鞋畅销但价位已大幅度下降；皮鞋是一个永恒的市场，款式、价位变化不大；而全球最热销的是工作鞋，价位一直未跌，市场需求趋大。掌握了准确的信息后，要迅速做出反应，根据目前的鞋业现状，我们应在力保硫化鞋母体优势的前提下，大力开拓低价位新款式的冷粘鞋，深圳、莆田两厂要发挥地理位置的优势，争取成为集团冷粘鞋出口的前沿阵地。同时我们还要靠名牌覆盖来占领一部分工作鞋市场来弥补集团本身生产的欠缺。从更长远一点看，冷粘鞋要逐步取代硫化鞋，所以要逐步缩小硫化鞋的生产，扩大冷粘鞋和工作鞋的产量。

（二）款式和花色要跟上潮流

这是脸面，是第一印象。双星已发展成为中国的驰名商标，但款式和花色极不适应，开发速度太慢，很多款式模仿都跟不上，突出表现在冷粘鞋上。国际上黑白大反差已成为冷粘鞋的潮流，我也调强过多次，但总是见不到如意的样品。今年的出口宏观上又增加了不利因素，如果我们在这方面仍没有突破，出口将是极其困难的。在这里顺便总结一下鞋的流行趋势，希望能对大家有所启发。在各类鞋里，冷粘鞋无论大底还是帮面都变化最快，我想用这样几句话来概括：后跟高前头尖，大反差要协调，合成革、尼龙面，突出商标花色多。冷粘鞋在设计上最突出的特点就是流畅协调，体现活力，底的材料 MD－EVA 加气垫是最高级的，但帮面上各种透气性好又美观耐用的合成革、尼龙网有逐步代替真皮的趋势。我们在以后的开发设计中，也要更新观念，不要一出口就是真皮是最好的，不能以内销的标准来衡量全世界，这种观念实际上在很多国家和地区已经落后，要区别不同地区作不同的对待。另外，硫化鞋也在向冷粘鞋学习，但无大的突破；拖鞋也开始采用 MD 材料和气垫底，体现轻便、柔软、舒适；工作鞋和皮鞋仍是较古板、传统，没有大的变化。

（三）价位要适中

款式和花色得到消费者认可以后，他们关心的另一重要方面就是价位。如果价位不适宜，消费者心有余而力不足，或认为不值得只是望鞋兴叹，无法使消费者的购买欲变为行动，那么我们也就站不住脚。鞋这类小商品在世界各地现在都是供过于求，还没有听说哪个地方鞋子是紧俏商品。在竞争越来越激烈的情况下，很多企业垮了下来，而有的企业却照样生存下去，其关键就是靠了好款式、低价位，这是占领中低档市场的诀窍。而我们很多品种不按市场要求漫天要价，结果丢了订单，吓跑了客户。例如登山鞋，市场近年持续看好，很多地方已成为一种时装鞋，价位也一直没有卖起来。但我们因为定价过高，又没有形成量，在国内一直没卖起来，想向外出口更是让客户退避三舍，不敢问津。正是因为定价不当，很多本来市场潜力很大的品种却是开发后投入生产，生产后形成库存，一放几年最后被迫大甩卖。只会做鞋不会卖鞋不是真本事，做出鞋来还要能卖出去，只做不卖不如不做，劳民伤财形成包袱等于犯罪。冷粘鞋的价位也高了，天星厂要不是为处理库存原材料来做童鞋，价位也不会降下来，也就不会有莫斯科公司今年的成功。

（四）质量要保证

款式好、价位低是消费者所追求的，但同时必须有过硬的质量。如果质量不过关，和原来南方很多地方的"过街丢"、"一周鞋"一样，就只会是昙花一现不能长远下去。这方面应当讲我们比南方厂家质量意识强一些，但这次考察也发现了围条返黄、帮面不挺、凉鞋开胶等现象。我们是大企业，不是搞游击战，做一锤子买卖，要把眼光放长远，坚持打阵地战，就要特别重视质量问题，这是任何时候都不可忽视的。

（五）经营策略要灵活

要研究好各个国家的政策，要研究好各地方的市场特点。摸准客户的心理，选择合适的经营决定。例如巴西市场是一个很活跃的市场，政府没有过多限制且人们的消费水平大部分不在名牌，这个市场的最佳切入点就应是个体市场，时髦款式、低价位。在这样的一个发展中的市场，想靠超级市场、大客户是不可能的，还是个体市场行动迅速、影响面广。如我们的一家老客户，今年只半年的时间已发南美十多个货柜，因为款式新、价位低在个体市场上供不应求。如果他选择了超级市场或大的客户，可能还不会迅速打开局面。另外，为避免反倾销，我们可以想办法以中性包装出口，避开政治上的封锁，就可直接进入欧共体与越南、印尼等国竞争。

（六）要认真拼搏

任何时候做任何事这种精神是必须具备的，否则不会成功。在考察期间，我就了解到很多别的国家来的客商为了抢时间做生意，已很久没回过家，都引起家人的不满了，这种吃苦精神、拼搏精神是值得大家学习的。随着国际鞋业市场竞争的日趋激烈，必然要求我们付出更多的努力。尤其随着集团的发展，要在国外进一步设立公司或建厂，这就必须有一批会经营、会管理、懂外语、懂生产的骨干离开家乡，从国内走向国际。这些骨干除了要具有现代开放意识外，更需要具备吃苦耐劳、认真拼搏的精神。我们需要这样一批特别能吃苦、特别能拼搏的骨干，也希望他们通过自身的认真拼搏首先富起来。

三　开拓海外市场的几点想法

（一）抓住老客户，稳住老市场

双星自1988年取得自营进出口权以后，业务量可以说是直线上升，现在已有20余家长期客户，其中有些业务量还很大。正是有了这些稳定的长期客户的合作，双星的出口才得以顺利开展下去，才使得内外销"两条腿走路"变为现实，保证生产厂的正常运行。要看到假如失掉了这些长期客户，双星的出口也就成为空谈，内销再有波动生产厂也就不能正常生产，很快会垮下来。所以在市场看好的时候，我们要跟客户配合好，让客户满意，在市场不景气的时候，更要与客户搞好关系，互相体谅，长远看问题，关键时刻宁肯牺牲点利益，也要保住他们的订单，稳住已占领的市场。

（二）发挥好集团优势

要充分利用大集团的优势，订单哪里适合哪里干，哪里能干哪里干，关键时刻要像为抢做 ESO 公司皮帮 CVO 订单那样几个厂同时开工。一定要发挥好团结协作的精神，把出口被动局面扭转过来。

（三）大力支持海外公司的发展

双星在国内的成功，很重要的一条就是建成了自己的营销网络，全国各地有一批驻外公司和连锁店，甩开了中百站，掌握了销售的主动权，在内销量增加了一倍多的情况下我们仍走了过来。如果只是依靠中百站，可以断言双星不会有今天。和内销一样，我们要占领国际市场，就必须在国际上建立自己的营销网络。现在我们外销基本上通过客户，也就是中间商，他们就如同内销的中百站，这种过分依赖难免受制于人。假如我们现在在世界各地有 10 家海外公司，每家的业务量能达到 300 万美元，那么我们的出口就会更为可观。同时，也应该看到，现在的国际业务，中间商的地位越来越低，厂家的驻外公司很受重视和欢迎，随着国际交往的更加便利和频繁，建立自己的驻外公司也是集团企业发展的一个方向和趋势。假如不发展自己的海外公司，以后国际业务的拓展将会越来越困难。我们应抓住机遇，大力支持海外公司的发展。集团各生产厂要认识到发展海外公司的重要意义，不能因为是自己的公司就放松了要求，认为是自己的公司，有什么事都好商量。正是因为这种错误思想的存在，才造成了海外公司的订单不按期交货、错发货、滥发货、断档缺码、质量差、价位高等一系列的问题，这也就造成了海外公司的库存。集团各厂有关部门都要端正态度，以后凡属于自己海外公司的订单要优先干，确保质量、数量，确保交货期，价格应比给中间商的更有竞争力，在有些关键时刻，还要顾全大局，宁愿牺牲一点工厂的利益也要保证海外公司的发展。另外，现在无论国内还是国际市场，延期付款越来越普遍，都是以信任来做买卖，这几乎有成为不成文规定的趋势。既然我们自己有海外队伍，那么放账最好放给自己的公司，这既支持了海外公司的发展，也有利于集团内的生产。放账给自己的公司有风险，但应该说比给中间商风险小，自己的人至少是不会跑掉的。建公司有风险，但现在不建，以后别的企业都在海外直销，我们却靠中间商风险就更大，这方面也应有一个正确的认识。集团对海外公司寄予了很大的期望，无论搞得好一些的，还是暂时有困难的都希望大家看到自己有集团这个坚强的后盾，坚定工作的信心。同时进一步加强与生产厂、外经管理公司的沟通，及时互通信息，及时汇报工作进展情况，对当地市场进行周密详细的调查研究，给集团和各生产厂提供准确的信息。有什么问题和困难也要及时反映，必要时可直接报告给我。

（四） 进一步增设海外公司和专卖店

随着集团的进一步壮大发展，我们海外公司的数量应进一步增加，在条件成熟的地方注册双星商标和双星公司，逐步地由给当地和附近客户代理服务到打自己的牌子独立扩展业务。并且逐步考虑在海外设专卖店，树立集团的形象，巩固和发展海外市场，像内销一样形成网络，逐步由游击战转为阵地战。南美市场同中国的情况差不多，人口集中，也比较活跃，购买力越来越旺。集团要在近期成立南美总公司，负责南美的业务，并辐射中美诸国。以巴西的圣保罗为中心注册公司和商标，在巴西几个主要城市设立营销分公司，力争在较短时间内创出自己的牌子。我们已决定参加1月份在圣保罗召开的国际展览会，各生产厂要准备适合南美市场，中低价位的多花色的样品参展，巴西的中低档运动鞋和拖鞋的市场需求量很大，这应是我们进入此市场的突破口。另外，东欧、中东、西亚、北非这些区域市场比较活跃，潜力较大，集团也计划在土耳其设公司，这样可与迪拜公司呼应，充分借助迪拜自由港的优势，向周边辐射，这些区域应成为集团国际市场的重要阵地。

（五） 加速海外建厂

行业的规律使韩国、我国台湾鞋厂转到我国内地、东南亚，我们也顺应规律主动进行了转移，出城下乡、上山。作为海外经营的重要一步就是要在国际上有相当优势的落后地区建厂，利用当地国家的优惠政策，利用当地的厂房与廉价劳动力在国外建厂或在国内生产大底、帮片等半成品运到国外成型，减少运输时间，降低运输费用，同时可避开贸易壁垒扩大经营。我们已决定在南非建厂，这既可以占领当地的市场，同时可往巴西、土耳其出口，也可往欧共体出口，不再受配额和高关税的限制。如有可能，也将在西亚设厂，供应当地市场，同时还可以利用土耳其是欧共体成员国的优势，进入欧洲市场。

（六） 利用好各国政策和当地人

在海外无论是设公司，还是设厂，都要研究好各国的政策，同时思想要开放，让熟悉当地市场的当地人参与进来，交好当地的朋友，借用好当地的人力、物力，利用好政策，灵活经营、合理避税，这也是国外经营的重要一方面。鞋这类民用小商品，在南美、中美、中东、东欧这类不规范的市场上，经营手段更需要灵活。这里面风险与机遇同在，敢冒风险才能成功，敢冒大风险才能挣大钱。匈牙利、南斯拉夫最乱时进去做买卖的几个客户都发了财，就是因为他们瞅准了机会，利用好了当地政策与当地人。我们现在在南美、中美、中东、东欧的贸易也要走同样的路子。

（七）利用好各种展销会

各种国际性或地方性的展销会都是认识客户、扩大宣传、拓展业务的好机会，集团公司和各海外公司在这方面应研究各地的市场情况，多参加一些重要的会议。如迪拜展销会，土耳其展销会，巴西展销会，南非展销会，东欧展销会，等等。

（八）利用好名牌覆盖，向经营贸易型转轨

国际市场竞争越来越激烈，很多低价位的鞋子我们集团根本做不了，还有许多新款式的鞋我们也不可能有现成的模具和帮刀，这都完全可以靠名牌覆盖的方式争取货源，拉住订单。如拖鞋是南方的强项，北方根本无法比；运动鞋南方款式新、花色多，价位也低；北方有很多厂则在工作鞋的制作上有优势，这些力量我们都可借用。而从一些国家和地区来看，制鞋企业也逐步由最初的做鞋变为卖鞋，再涉足其他行业。如韩国、我国台湾很多厂在关闭了之后凭着自己早发展的优势、有固定客户的优势逐步转向了贸易公司，做起了中间商；巴西已有60%的厂关闭，靠外加工来提供货源；土耳其的客户也是一个例子，他现在每月销售8万双冷粘鞋，但在国内只生产4万双，另外4万双从中国、东南亚等地进口，把国内的生产线由3条压缩为1条。中国内地鞋子已做到了每个角落，一旦进入了饱和期，我们怎么办？现在原则上生产线的规模不要再扩大，利用政策优势不等于扩线，鲁中开业时我们关闭了运动鞋厂，并且其他三产行业发展了，假如集团总部的线还不关闭，现在就可能被迫停一半，我们要利用优势争取主动，而不盲目扩线。在海外设厂后逐步地还要关掉国内的厂。在现有生产规模不再扩大甚至缩小的前提下，加快名牌覆盖和连锁店的建设步伐。这是集团总体的发展趋势，望集团各单位、部门思想都统一到这方面来，加速名牌覆盖步伐，加速驻外公司连锁店的建设步伐，在将来顺利过渡为贸易经营公司，保证集团的壮大发展。

双星共产党人的党校

（一九九六年十一月十八日）

双星集团第一期厂长经理培训班经过精心筹划和准备，今天终于开学了，这是双星发展史上的大事。在筹备过程中，制鞋专科学校的领导、鲁中公司的领导、集团各级组织、单位都给予了很大的支持，做了大量的工作，发扬了双星人拼搏奉献的精神，显示了双星人强有力的集团意识。我们下决心花大力气对厂长经理进行轮训，是对国家改革开放政策贯彻的再深入，是对党的加强队伍建设方针的具体化，是对双星干部市场经济与市场政治知识的再教育，是为"创三名、建三铁"培养骨干队伍，是为双星今后 10 年大发展奠定坚实的思想基础和人才基础。这期厂长经理培训班，就是社会主义市场经济条件下双星共产党人的党校。双星的发展赋予了你们重大的历史使命，你们是双星今后 10 年大发展的中坚和希望，要求大家能够端正态度，进入角色，明确自己的历史责任，集中精力完成这次学习任务。

一　这种轮训是符合规律的

应该看到每一项重大的决策，生产上的决策、经营上的决策和市场调整的决策都离不开人，一切决策都是由人来完成的，没有人才，决策也就成为空谈，事业也就得不到发展。事业要发展，人才早培养，不培养人才，没有一定数量、一定素质和知识水准的人才，事业就不可能发展。并且在经过一个历史时期以后，人才的素质、水平不提高就会跟不上发展，事业就会停滞不前，甚至会倒退。我们在双星事业大发展的今天，在双星刚刚进入今后 10 年的开始，在各单位较繁忙的旺季，集中所有的中层领导进行大规模的轮训，也并不是偶然的，更不是凭空想象的。双星事业迅速壮大发展，出现了波澜壮阔的蓬勃局面，我们在为之自豪的同时，也强烈地感觉到了人才的匮乏，人才与双星发展的不适应。双星的飞速发展与人才培养的严重滞后，成了双星的主要矛盾，人才的匮乏成了双星发展的主要障碍，需要加大力度进行培养。

实际上，双星之所以成功，就是在每个历史时期都注重人才的培养。20世纪70年代末、80年代初，黄解放鞋堆积如山、卖不出去的时候，我们就开始筹备对人才的培养，强化生产计划，强化推销力度。在此之前，早在1977年、1978年办过"七二一"大学，青岛市第一家企业职工电大等，组织对骨干进行培训。在1984年、1985年我们又组织了共产主义学习班，我亲自授课，对管理人员进行了轮训，培养了一大批干部，现在很多中层乃至集团领导都是当时的学员。假如没有十多年前的共产主义学习班，双星可能就不会是现在的局面，事业可能成功，但不会如此蓬勃壮大，实际上共产主义轮训班为双星前十年的发展奠定了人才基础。微观上双星成功离不开人才，而宏观上一个国家、一个政权的胜利也是人才的胜利。如孙中山先生当年为推翻半殖民地半封建社会，成立了黄埔军校，培养了大批军事人才。再如毛泽东同志在当年抗日战争正在进行，解放战争还未开始的时候，在前方仍激烈厮杀的时候，就在后方组织培养了一大批抗大学员，他们在解放全中国、参与对新中国成立初期国家的管理、党的建设方面发挥了重要的作用。抗大的培训也是短期的，实际上就是进行马克思主义理论的教育，进行中国革命的实践总结、回顾的教育，进行建设国家、管理国家的教育，为解放战争、为社会主义建设从理论上、思想上、人才上做了准备。从现代来看，人才是国家、政权胜利的保证；从古代讲，每一个开明的皇帝，也都是张榜纳才，网罗一大批能人，进入他们的朝廷，为其出谋划策，共商治国大计。综上所述，由宏观到微观，由历史到现在，在大转折的时候，在事业不断前进、从一个高峰向另一个高峰跨越的时候，一个国家、一个政党、一个团体、一个企业首先要抓的是人才。我们这次对厂长经理的轮训，也是解决人才的问题，提高双星中层干部知识、素质和意识，以适应双星的大发展。我在几年前就想抓这件事，因为生产经营一直不稳定，大家的认识有个过程，我的精力也有限，就拖了下来。今年我们是下定了决心，一定要把中层干部轮训一遍，无特殊情况，不参加轮训的将取消中层干部的资格。如果制鞋学院筹建顺利的话，在后年将对全体骨干进行一次轮训。

双星的成功有诸多因素，但重要的一个原因就是时时抓人才的培养。

在以前历史大发展、大转折时期，双星也进行了几次比较集中的人才轮训。我们这一次轮训是双星有史以来最高层的学习班，是适应双星跨世纪 10 年大发展需要的，是符合规律和现实需要的，不是偶然的，更不是一时头脑发热的怪事，广大学员要首先端正态度。

二 这种轮训是非常必要的

这种轮训不是正规的系统的包括数理化知识在内的中学或是大学教育，而是在短时间内集中起来，联系自身实际，进行总结、回顾和理论的升华。这种总结、回顾和理论的升华就是很好的自我教育，很好的再提高的学习。大家可以结合在实际生产、经营中，在创名牌中的经验教训，在短时间内通过集训，回顾总结，广泛交流，提高认识，进一步净化双星人的小环境，进一步完善双星人提出来的市场理论和市场政治，进一步实践社会主义市场理论和政治理论。

大家都在各单位负责一方，平时工作十分紧张，没有更多的精力和时间静下心来很好地回顾总结，哪些应该提高，哪些应该完善，哪些应该发扬。我们进行这种短期培训，实际上是深化市场经济的再教育，是深化市场政治的再教育，是提高双星高层管理人员水平素质的再教育，是政治经济有机融合、互相促进的再教育，是为"创三名、建三铁"再夯实基础。鉴于学习班的特殊目的，我们就不能沿用传统的教学办法，沿用传统的教学体制，而是要实事求是地来学，创造性地来总结。我想集训的必要性具体可分为以下几个方面。

（一） 从目前双星发展需要来看，是非常必要的

大家都知道，双星进入市场已近 15 个年头了，在十几年当中，双星的发展锻炼培养了一大批人才，这些人才大致可以分为以下几类：（1）从实践中培养出来的土生土长的干部；（2）复转军人；（3）大学生、知识分子；（4）驻外公司经理；（5）其他各种原因进来的。其中从实践中培养出来的干部占了大部分，双星发展的大潮把这部分人推向了领导岗位，其中也包括一些农民出身的干部。培养人、教育人经过长时间的学校教育是必要的，但真正成才都是在实践中磨炼出来的。在市场的商海大战中练就了一定本领的领导者，一直没进过高等学府，在实际指挥上、组织上有自己的一套，但理论却跟不上，有必要进行集训一段时间，回顾自己走过的路，来总结

和提高自己，尤其在理论上得到升华。来自军队的这部分领导者，具备了一些军人的优良传统、优良作风，除了一些已在双星干了多年的老兵以外，大部分对生产和经营很陌生，干了一段时期以后，也需要集中一些时间进行学习，来总结回顾和提高。来自大学生、知识分子的这部分中层领导，则因古板传统甚至有些教条的大学教育，政治上不充实，对中华民族传统优秀的文化理解太少，社会上不好的东西倒学了很多。大学里所学的东西理论性太强，基础的东西多，已成为历史的东西多，可操作性的东西少，实用的东西少。到了双星以后，靠双星提供好的条件才慢慢在实践中得到了锻炼，结合大学所学的有所提高，但终归是所学知识与双星实践结合得不是很好，也需要一段比较集中的时间来很好地回顾和总结所学知识与实践如何更完美地结合，进一步升华和提高。另外一部分是驻外公司经理，无论是在实践中锻炼出来的，还是复转军人、大学生知识分子，这部分干部长年在外，对集团指示学习不够，领会双星精神上有欠缺，更需要一次双星精神、双星意识的再教育。来自不同层次、不同岗位的人组成了双星领导群体，有不同的思维、不同的意识和水平，如果没有统一的思想作指导，没有统一的步调，没有统一的标准是不行的。通过集训就是要统一大家的思想，提高大家的认识，强化双星的厂长经理标准。没有一个统一的标准和要求，就不能适应双星的发展，就不能实现今后 10 年大发展的宏伟计划，甚至会一事无成，最终毁了已创建的双星事业。假如不组织起来集训，不同程度地存在于不同领导身上的小农习气、流寇作风、本位主义、个人主义、自由主义就会在一定时期泛滥，就会阻碍双星的发展，葬送了老一代双星人辛辛苦苦发展起来的事业。所以在双星进入 10 年跨世纪大发展刚刚起步的时候，进行这样一次高层领导轮训，是非常及时和必要的。

（二）从目前双星的事业来看，也是非常必要的

十几年前，双星是一个名不见经传的中型企业，经过十几年的发展，现已成为全国有相当影响力的国有大型企业集团。在同行业中，双星是全国乃至世界上实际规模最大的制鞋企业，六大鞋并举，高中低档齐全，并且我们已从只生产鞋到涉足饮食、娱乐、房地产、金融、广告等第三产业。事业发展如此迅猛，需要大批优秀的人才，但恰恰我们的人才相当匮乏。就鞋而言，硫化鞋是我们的强项，但缺乏高档的硫化鞋，运动鞋、专业鞋就更弱，靠了双星的知名度搞名牌覆盖的人都不懂，也是边学边干，和别人的差距太大。1997 年集团将开展"我们与世界名牌的差距有多大"的大

讨论，但看到差距后如何来缩短，谁来缩短，还是靠人，还是靠厂长经理带着骨干及员工们苦干加巧干。运动装、运动饮料、运动器材我们还只是刚刚开始，还是小学生；袜子质量越做越差，就是因为我们对这方面的知识知之甚少。集团现在靠了双星这个牌子，涉足了很多行业，但实事求是地讲，很多领域的知识我们还是一片空白，人才的匮乏问题是相当突出的。从整个集团产业经营的方式来看，还是粗放型的，甚至可以说是相当低级的，差距还很大。就市场领导工厂理论的实践来看，还是相当滞后的，实践上仍是总裁领导工厂，总裁领导市场。我一个人的精力毕竟是有限的。特别是名牌形成以后，规模形成以后，要求对市场的预测更准，决策更有水平。一大批市场的经理对市场不做深入分析，甚至对市场一无所知，只凭感觉和个人私心、本位主义在报告市场信息，给集团造成了很大的被动和威胁。这样的领导水平长期下去，将是非常危险的。国内的经营是这样，国外经营的人才就更缺，假如国外的公司能达到国内经营额的 1/4，就是3000 万美金，会极大地缓解国内市场的压力。双星需要的人才是大量的，素质要求也是非常高的，没有高素质、高水平的人才，今后 10 年的大业就很难成功。作为一个领导，最重要的是决策指挥能力、协调平衡能力、独立作战能力。但很多领导综合指挥能力很弱，独立性差，还停留在班组长的水平、埋头苦干的水平上，素质能力差距太大。我们必须尽快培养出一大批人才，有相当综合指挥能力、协调能力的人才，促进事业的发展。

（三）从目前双星发展的档次来看，也是非常有必要的

双星现在从一个新的起点走向另一个高起点，人员素质上也必然要求与之相适应。就目前双星知名度和所处的重要位置，实际上已是民族工业的典型之一，这需要具有民族精神的领导群体来驾驭这个集团。双星担负着民族工业的重任。中国人能不能把自己的企业管好，中国人能不能在不改变所有制的情况下把企业搞好，是不是公有制的企业就没有希望了，这些亟待解决的问题在双星得到了答案。振兴和发展民族工业，需要大力提倡民族精神、民族意识、民族志气，需要一大批有思想、有才干的企业领导者，过好社会主义市场经济这一关。

双星的事业需要人才，双星目前的状况及再发展、再提高需要人才，国家、民族的发展更需要人才。我们把厂长经理集中起来进行培训，就是为完成这个历史使命，提前打基础。我们不应该辜负国家、民族和全体双星人对我们的期望，为了事业的发展，为了民族、国家的强盛努力学习，

更好地为事业、为民族、为国家作出贡献。

三 从厂长经理的实际情况来看，更需要轮训

从目前存在的问题来看，就更能体会到这次轮训的必要性和重要性。应该说，大多数的厂长经理对双星事业能够积极认真地工作，也能够吃苦，也愿意拼搏。双星大业发展到今天，大家都有贡献，取得这样的成绩，大家都付出了很多。但同时应该看到，在骨干队伍当中存在的问题还相当严重，假如这些问题得不到解决，这支队伍也就不是健康的队伍，事业就不会发展。

（一）知识、素质都要提高

由于这支队伍大部分是随着双星的发展通过实践成长起来的，是历史的原因推到了这个岗位上来的，学识、素质都很欠缺，在锻炼成长的过程中，虽然交了很多学费，但仍对双星的大发展越来越不适应，只是靠了集团的整体优势在支撑着一方天地，假如都如个体那样独立作战的话，适应能力将会很差。在市场经济中，我们对主、客观条件都要有一定的分析认识水平，对社会、对现实、对自己都要有个正确的评价。我们很多干部唯物辩证法不懂，民族精神不讲，改革开放意识差，吹牛、说大话，吃喝玩乐，甚至搞江湖的愚昧的东西，不懂什么是原则，什么是标准，分不清是非，虽然地位变了，但自身素质不提高。就有这么一批人阻碍了双星事业的发展，影响了双星形象。资本主义的老板能成功的，自身素质也是相当高的，并不是如很多人想象得那样整天糜烂在酒里，整天糜烂在情里。还有一部分领导干部工作做不好，不是在主观上查找原因，而是强调客观理由，如现在的私有化的论调在很多同志中盛行，认为只要私有化了就会大发展，实际上是非常错误的。我经常讲，所有制不是决定性的，资本主义国家的企业也随时有破产的，天天都有跳楼的资本家。国家给了一定的权力，双星又实行了"放水养鱼"的政策，只要不亏，交足集团的固定费用，剩余的全由自己支配。有集团做后盾，有名牌效应，有比资本主义更灵活优越的政策，还干不好，却想下海自己闯，这种想法就未必太幼稚天真了。在这样的环境条件下，工作仍没有什么起色，只能是因为素质不过硬，自身能力不强，自己也不学习。集团给了一方天地，手中有了一定的权力，要想办法用好，素质要过得硬，组织指挥能力、综合协调能力要强。事业

发展变化以后，自身素质和水平要相应提高。双星与 10 年前相比，已是翻天覆地的变化，假如我现在仍是 10 年前的水平，也早就被淘汰了。除了素质和知识之外，我认为作为一个领导者最可怕的是意志和精神的缺乏。特别是创新意识、改革意识、推进社会发展和前进的意识的缺乏，敢于竞争和为民族、为国家奉献的精神的缺乏。集团现在有一大批人通过各种渠道走上了领导岗位，自身地位变了以后，知识上、自身素质上要提高，意识上更要提高。学习一定要联系自己的实际，特别不能盲目骄傲。一部分厂长经理创造性很差，改革的意识更差，有很多守旧僵化的思想在左右着自己，这对事业是非常有害的。社会的每一点发展是闯出来的，闯必然是冒风险的，双星也是在闯中发展起来的，也冒了很大的风险。但这种闯并不是盲目的，敢冒风险的同时要有科学的态度。我讲过四句话："客观地想，认真地做，科学地创，务实地干。"需要大家认真地体会思考，不冒风险不会成功，只去冒险，无科学性，也同样会失败。

（二）部分领导惰性太强

能力水平有限，可以谅解，但惰性太强，则不能原谅。要想做点事就不能偷懒，懒就容易出是非，闲着无聊就会东扯西扯，说三道四，破坏了同事之间的关系，败坏了作风，阻碍了事业的发展。

（三）部分领导私心太重

有了权以后，滥用权力，见钱眼红，以权谋私，这是很大的危险。随着企业的发展，我们应该得的、国家允许的，我们该得就得，该享受就享受，但离格的事却坚决不能做，否则谁都无法为你解脱。有权的人最可怕的是让亲戚朋友拉下水，有的人有权以后就忘乎所以是相当危险的。在此告诫大家在原则问题上，在大是大非面前，一定不能犯规。我们在用人问题上就是选贤任能，外不避仇，内不避亲，自己的亲属有真本事也可以用，但不能搞特殊。在集团内也有我的亲属，但任何单位、任何人不能对他们搞特殊，更不能允许个别人打着总裁的旗号做违反原则的事。对于你们，也不能让自己的直系亲属在本单位管钱、管物。作为一名领导者，在经济问题上、在是非原则问题上，为了事业的发展，为了自身的发展，不能空喊双星素质，不能空喊双星政治，一定要正确处理好。

（四）组织纪律性要加强

双星的组织纪律必须要遵守，有令就行，有禁就止。作为一名领导者，对职工有情是对的，但这也有一个标准，就是看这情是否对事业有利。只有严、情结合得好，才会真正发挥作用。现在部分领导不是严得过分，而是照顾太多，原则掌握不好。要实事求是，好的就要发扬，差的就要批评，这样才能让员工心服口服，才是真正体现一个领导者的水平。

（五）要正确对待目前社会上存在的问题

社会上存在的某些腐败现象和不正之风，无原则的江湖义气，关系压倒一切等，这些都是与有事业心的人、有良心的人、正直的人格格不入的。但我们有些同志对这些糟粕的东西却接受得很快。一批人到了领导岗位以后，江湖义气太重，原则性太差，甚至有些人沾染了社会坏的习气，弄虚作假，欺上瞒下，报喜不报忧。对社会的腐败现象和不正之风不能正确对待，认为已是社会潮流，而把中华民族做人的标准讲良心、讲道德抛在脑后，这是完全错误的。腐败和不正之风是客观存在的，但凡有事业心的人、正直的人都要自觉地去抵制，不能带到双星的队伍中来。大家齐心协力，使现在较好的双星小环境得到进一步净化，发扬真正的共产党人的精神，相信社会主义市场经济之路双星人是能够走得通的，而且会越来越宽、越有希望的。

四　这次培训班的指导思想、目的和方法

这次培训班总的指导思想是通过轮训，提高厂长经理的素质，提高大家敢于竞争的精神，提高大家敢于拼搏的志气，提高大家在本单位、本部门的决策指挥能力和协调能力，让大家学会运用双星的市场理论和观点指导各项工作，能够把前十年双星发展的经验总结出来，能够把今后 10 年双星发展的目标定得更为现实。在特定的历史时期，双星得到了高速发展，其中必然有些奥秘。大家为什么能坐到一起、共同为双星事业拼搏呢？就是为了国家的富强、民族的荣耀、双星人的生存，大家别无选择。因为这些沂蒙山的妹子、复员军人和历史上留下来的橡胶九厂的底子使我们只能这样选择。有了名牌做动力，能为国家和民族献出一份力量，大家都心甘情愿来做，因为大家在爱国、爱民族上是一致的。双星的发展就是抓住了市场，利用了名牌，把人的思想拧到一个目标——市场创名牌上。我们抓

管理的一个标准就是市场要认可。我经常讲，质量必须要保证，要市场认可，质量要保证，管理就必须抓上去。不是我与你们过不去，而是市场不认可会砸了我们的牌子，也砸了我们的饭碗，毁了我们的事业。双星成功更实质的一个奥秘是我们实事求是。我讲话从来不讲套话，从来不欺骗我们的干部，欺骗了你们，我就先失掉了民心。你们再去骗普通工人，最终失去领导的号召力，散了民心，乱了制度，坏了事业，毁了集团，砸了饭碗。我们实事求是地利用公有制发展了市场经济，为各厂、各公司创造了一个较为宽松的环境。鉴于目前集团的总体实力还不十分强大，我们不能吃光分光，只有逐步滚动发展，才能成功，大家所得也才能逐步提高。公有制利用得好，比私有制更有优势，关键是厂长、经理能否发挥好作用。另外，理论上有突破，名和利是客观存在的，要正视这个现实，当士兵的想当将军并不是坏事；我们搞股份制，并不是迷信股份制，而是想让大家在增强爱厂意识、增强责任心的前提下多提钱。双星人在探民族工业之路，我们向世界证明中华民族能够搞好自己的企业，中国人能够创出自己的世界名牌。

通过学习，我希望大家素质能够得到提高，凡事以大局为重，知晓"大河里有水，小河里不干"的道理，克服本位主义，使双星的集团意识得到进一步强化。通过这个学习班，希望能把"两强化、一保证、一克服"的教育进一步深入开展下去，保证名牌的顺利发展，为"创三名、建三铁"再打基础。通过轮训，真正理解市场政治与经济融为一体才能成功，要真正理解只有用市场这个动力，才能把我们的管理进一步提高。总之，这次学习班是强化市场竞争、市场意识的深层次的再教育，是一次系统的全面的总结回顾市场竞争的再教育，是强化双星精神、强化民族精神、强化爱国精神、强化名牌意识的再教育，是做一个市场上真正合格的双星领导者的再教育。我们希望每个学员在学习期间能够遵守纪律，为成为双星合格的跨世纪的厂长经理而努力，不辜负双星老一辈对你们的期望，能够继续和发展双星事业，使双星能够成为具有雄厚实力的中国名牌和世界名牌，使双星红旗永远飘扬。

培训班学习的方法，我同意学校规定的一些原则。以自学为主，但每位学员都要认真地听讲，认真地学习，结合自己的实际去谈体会，结合自己的实际找教训，结合自己的实际摸经验，结合双星的管理理论和管理哲学去提高市场竞争意识和综合指挥作战能力。我们要在跨世纪的 10 年取得成功，就必须认真积极刻苦地学，理论联系生产、经营、管理的实践，互相切磋，集中精力，圆满完成学习任务，全面提高自身素质，使这次轮训成为当代市场经济条件下真正共产党人的党校。

强化七个意识
做合格的厂长经理

（一九九六年十二月二十二日）

第二期厂长经理培训班，在第一期刚刚结束后不久，又胜利开学了，对集团高层领导的培训我是非常重视的，在这里还是要再谈几点意见。

这次培训班我认为要从以下七个方面进行再强化、再提高，这是检验培训班成果的标准。只有做好这几个方面，才能达到培训班的目的；才能达到为双星今后 10 年大发展奠定坚实的人才基础的目标。

一 集团意识必须再强化

（一）集团意识是保证集团健康发展的关键

我们的管理层，特别是厂长、经理、集团领导在集团内手中都有部分权力，肩上也有不小的压力，对集团的发展和队伍的建设都起着关键性的作用。无论是谁，只要进入了这个骨干队伍、领导层，就应具有强烈的集团意识，在集团利益与本单位、本部门甚至个人的利益发生矛盾时，要坚决地以集团利益为重，以大局为重。我认为无论是厂长经理还是集团领导首先要抓的，要持续深入强化的就是集团意识。本单位搞得再好，其他单位搞得都不好，整体上仍是不好。但如果只是个别单位有些问题，集团其他单位都不错，可以通过调整协调，通过努力，仍能够保证集团整体上的提高和发展，保证大家吃上饭不失业。如工贸一体化划分以后，最初东海公司与黄运联合，在黄运内销只有 4 条线时，东海公司经营顺利。当国际市场发生变化以后，内销量猛增到 9 条线就难以承受，阻碍了生产的正常运转。但经集团及时调整，很快就理顺、救活了黄运，这就是集团整体的优势。再如去年年底以来，由于冷粘鞋积压，各冷粘鞋厂的生产出现大滑坡，几乎难以维持。但通过集团的整体运作，以硫化鞋来保冷粘鞋，使冷粘鞋有时间进行调整理顺，扭转了被动局面，终于使 1996 年胜利度过来，并取得了可喜的成绩。但假如各单位站在自己的角度上，不积极贯彻集团决定，孬的单位会垮掉，好的单位因没有了呼应，也会垮掉，逐步地将会全集团垮台。

（二）集团意识是衡量双星领导品德的一个标准

集团意识是保证集团顺利发展的最重要的关键一环，是衡量集团领导、厂长经理和骨干品德的一个标准，要切实落实到行动上。今年鲁中公司在服从集团调整、保集团整体效益上作出了很大的贡献，假如不是鲁中积极服从，集团今年也不会取得这么好的成果。鲁中公司一班人的拼搏精神要提倡，他们的集团意识更值得大家学。而另一方面，有的单位只是空喊集团意识，服从大局，但只要涉及本单位利益，就想挖集团，涉及个人就更受不了，就开始搞小动作。集团意识差，就是本位主义、个人主义在作怪，是严重的私心在作怪，克服私心不容易，但保证不了集团，一切利益都是空谈。所以在关键时刻，集团利益和部门利益、个人利益发生矛盾时，大家都应该服从集团利益。集团意识的核心就是反对严重个人主义、本位主义，保证集团的利益，使绝大多数双星人生活安定，逐步富裕。集团意识是集团整体健康发展的最基本的保证，要把它看做管理层是否真心为双星负责的一把尺子，并要在以后的工作中常抓不懈。

二 市场意识必须再强化

（一）克服惰性，深入市场

双星的发展靠了市场这个动力和压力，但实际上又有几个真正进入市场，在市场上承担着风险？新品种推不动，老品种保险，大家都在打保险球。今年硫化鞋和冷粘鞋，特别是冷粘鞋开发了许多新品种，但大多因驻外公司的惰性没有推下去。这种情形最后的恶果是老品种不适应市场被挤出来，而我们的新品种还没有被认可，最终丢掉所有市场，全军覆没。冷粘鞋的销售，现在仍以 01、02 等老品种为主，如果不是因为我们开发了农村市场，今年冷粘鞋只卖老品种，日子就很难过。人们喜欢追求新鲜事物，喜欢多彩的生活，鞋子也就应该不断推陈出新，款式、花色都要研究，尤其代表时髦和潮流的城市市场必须有新品种才能站住脚。我们的 MD 系列档次并不低，穿着也较舒服，但在北京、上海等大城市为什么卖得不好？关键就是款式太老。相反，福建、广东的鞋子却很畅销，就是因款式新，顺应了潮流，跟上了发展。我们不能充分认识到推销新品种的重要性，满足于卖点老品种省心省事，过有酒喝、有车坐的安逸生活，不愿卖新品种，不愿出力，更不愿花广告宣传的费用，不做市场调查和分析盲目粗放经营，的确是很危险的。我在北京检查工作时，到两个市场实施考察，结果随我考察的两位公司经理都不知哪个品种卖完了，哪些品种积压。搞经营不问市场，不去市场，不考察、不了解、不深入、不分析，还怎么搞？每位公司经理每个月都必须到商场考察两三次，公司每天每个品种卖了多少？库存多少？预计市场前景如何？都要做到心中有数。公司主要管理人员每周要开碰头会，汇总各个品种的销售数量，分析一周经营情况，每周要和有关生产厂联系沟通一次，提供准确的市场信息。以后要逐步实行微机化管理，每个公司，甚至每个商场都实行微机联网，使销售情况一目了然，这样就可以每天衔接一次。经营管理公司已在着手这项工作，但力度仍需进一步加强。我们不能空喊市场意识，尤其驻外公司经理不能偷懒。你们不认识柜台售货员的不在少数，不直接进市场、考察市场，就无法分析市场，无法预测市场，还怎么做到市场领导工厂！有了集团这样一个坚强的后盾，还不好好扎实工作，不知市场，也不问市场，是非常不应该的。由于各公司心中无数，盲目要货，各厂高峰时时装鞋达到 50 多条线，这是非常危险的。我下了三次命令，才最终调下来，要是任其自然拖到现在，后果就不堪设想。很多驻外公司不是想卖老品种不出力，就是想新品种卖高价，不能为生产厂提供准确信息，使生产被动再被动。明年再有这样的事情发生是坚决不允许的。硫化鞋要巩固提高原有的工贸一体化，冷粘鞋则要分地区包线、包品种，出现问题，要追究有关公司经理的责任。同时，同样是驻外公司，有的还是新建公司，为什么一起步经营额就达到几千万美元呢？无非是勤快。石家庄二部、郑州公司、武汉公司、济南公司、临沂公司都搞得不错。临沂公司坚持薄利多销，适应市场，货周转快，款回收快，滚动发展，发展成了一个新兴的大公司；济南公司在所辖 500 万人口的地区，每年经营额达 7000 万元；而北京两个公司在 1400 多万人口的全国购买力最强的市场上今年共卖了不足 3000 万元。这种工作的差距是相当大的，稍微再尽尽心，下点工夫，就不会是这样。

（二）抓好市场上的服务质量

考察市场、了解市场、分析市场是市场意识的体现，而服务质量则是市场意识的另一个重要方面。市场竞争是无情的，但市场上的服务必须是有情的，只有把有情的服务做好，才能在无情的市场上取胜。我们提出 100％ 的产品质量，200％ 的服务质量，工厂尽最大努力干好产品，但难免偶尔有问题发生，一旦发现问题要用加倍的服务来弥补。我已做过多次批示，对厂长经理的考核首先看集团意识，其次就看服务质量。出现问题，公司、工厂不能互相推诿，而是要积极协商，圆满解决，变坏事为好事。服务是商业道德的最好体现，反之就是在砸牌子、丢市场。不能把服务简单地理解为换双鞋，说几句好话，而应该把它视为一种宣传，一种无形资产，真心真意为客户着想。最近一段时期，有关质量方面的信我看了十几封，不同的处理方法所得的效果就截然不同。青潍公司登记拜访几次换鞋的老人，受到了好评，感动了客户而为名牌增了光；太原公司为一消费者三次修鞋都没有修好，且工作态度很差则引起了消费者的强烈不满，为名牌抹了黑。要认识到市场上名牌的无形资产的体现就是服务，市场对名牌服务的要求更高、更苛刻。产品在生产上、市场上都得到广泛认可才是真正的名牌。质量＋款式＋价格＝生产上的名牌。服务＋信誉＝市场上的名牌。只有这两方面完美结合才是真正过硬的名牌。不能一谈名牌就只是生产厂的事，除了生产中创名牌，还要市场上夺金牌。要按双星人的标准，把双星塑造成高服务水准的名牌，被广大消费者广泛理解和认可的名牌。市场上长期的最终的胜利是竞争的胜利，是靠真本事，大家一定要扎扎实实干，勤于探索，勤于创新，精于推销，精于服务。

（三）广告宣传要有针对性

要考虑不同层次、不同年龄的人穿不同的鞋，并根据其特点有针对性地做广告。双星的成功，一个重要方面就是靠了广告宣传，但我们的宣传大多在新闻，只被官员、行政人员注意。双星的拳头产品是运动鞋，包括硫化运动鞋和冷粘运动鞋。最大的消费群是学生，我们却没把主要宣传精力对准他们，以后应想办法多在学生喜爱的体育节目中做广告。明年我们准备和几家新闻单位联合搞一次百名校长"爱我中华、穿我名牌"研讨会，印刷双星宣传品、优惠券上百万份，分送各个学校，以引导市场，掀起学生消费层穿双星国货的热潮，把我们的影响进一步扩大，市场进一步拓宽。

（四）加强连锁店、专卖店的建设

连锁店、专卖店是今后双星经营的一个方向和目标，要花大力气去开拓。

1. 经营方法还需进一步改进

既然是自己的专卖店、连锁店，适合当地消费者的各种鞋要尽量齐全。顾客在其他地方不可能满足的一些特殊要求，要想办法满足，如大号鞋、定做特型鞋，甚至为残疾人做单只鞋等。总之，要想办法提高服务水平，展示双星良好的经营形象，才能迅速拓展专卖店、连锁店的业务，真正形成覆盖全国的经营阵势。

2. 大建连锁店、专卖店

这项工作 1997 年在城市、农村都要广泛展开。各个大城市如济南等专卖店、连锁店要不少于 20 个，在各中等城市如潍坊、烟台等则不少于 10 个，每个公司都要形成自己的连锁经营网络。其中一定要重视学生市场，各公司要选 5～10 所中学、大学搞直销，也可以设学校专卖店。鲁中、瀚海、工业园、青潍公司则要考虑建乡镇连锁店、专卖店，以农村包围城市，占领广大农村市场。鲁中和瀚海联合，工业园和青潍公司配合，都要在 1997 年建成 30～50 个连锁店、专卖店。这样减掉中间环节，釜底抽薪，可以加速拓展市场。大量连锁店、专卖店的建成可使集团的市场阵地更为稳固，步步为营，为集团壮大发展提供一个强有力的保障。强化市场意识，空喊是没有用的，关键还是干点实实在在的工作。1997 年连锁店、专卖店、直销点的建设作为各公司的一项硬指标，要扎实地完成好，这是衡量各公司是真进入市场还是假进入市场，是真干还是假干的一个标准。

三 质量意识必须再强化

质量问题我已讲了很多，如企业什么都可以改革，唯有质量第一不能改革；质量问题不能放过，质量问题不能原谅，质量问题不能讲情等，这里再强调这样三点。

（一） 再论"三个质量"

质量包括产品质量、工作质量和服务质量。我们重视产品质量的同时不忽视工作质量和服务质量，才取得了今天的成功。没有好的工作质量，不可能有好的产品质量；没有好的服务质量，再好的产品质量、工作质量也没用；没有好的服务质量，就不会赢得市场，一旦产品质量出了问题，要靠细致周到的服务质量去弥补。这就是三者的内在联系，我在几年以前就专门对此做了阐述。希望这期培训班的同志能很好地学习一下，深刻体会质量的重要性。对"三个质量"抓得怎么样，是检验我们工作成绩的一个重要标准。"三个质量"抓不好，再怎么喊质量意识也是假的。深圳合资厂、胶运厂自更换领导班子以来，抓生产的同时狠抓职工生活，调动了员工的积极性，使生产上了一个台阶，工作质量和产品质量有了很大提高，扭转了以前的被动局面。实际上领导层抓职工生活就是抓服务提高，就是促进了工作质量和产品质量。

（二） 强化驻外公司的工作质量

我一再讲库头库尾要及时甩卖，但很多公司贯彻不好；质量鞋要及时退回集团，但在北京一部检查工作时却发现有 1000 多双压在库里。集团做了明确规定的都不执行，还怎么搞好工作质量？有的驻外公司经理不问市场、不问工作，甚至连集团文件收没收到都不清楚，更谈不上如何学习，如何传达和贯彻。被检查的公司存在问题，没被检查的公司存在问题也要照此加强自检。

（三） 质量要全面抓、具体抓

抓质量不能只抓产品质量，"三个质量"同时抓才会有成效，只抓任何一项都不会抓好的。同时，抓"三个质量"必须要抓具体人、具体事，才能真正抓好，不然仍会流于形式，全是假的、空的。质量是集团健康发展的最基本的筹码，抓不好质量，一切都等于零，一定要把抓质量、保名牌真正落实到抓具体人、具体事上来。

四 名牌意识必须进一步强化

有关名牌的论述我以前也讲了很多，每位学员不仅在培训期间要学，回去后仍需要学，这里我再强调几点。

（一） 彻底解决名牌与己无关论

要进一步深刻理解名牌在市场经济中的重要作用，不能认为名牌只是总裁的事、厂长的事、经理的事、工厂的事，名牌应是每个员工共同的事业和财富，集团的任何单位、任何人都要以名牌、名厂、名人的要求做好自己的工作。在 1997 年将组织"我们与世界名牌的差距有多大"的大讨论，从集团领导到普通员工都要参与。我认为我们与其他世界名牌的最大的差距是认识上的差距。给名牌加工的台湾厂员工名牌意识比我们强得多，他们认为自己做的是世界上最高品质的鞋，就要用最高的标准来要求自己。我们则在我讲了很长时间名牌要有名牌的思想、名牌的品质、名牌的原材料、名牌的经营之后，仍有很大一部分人对名牌重视不足。名牌是我们的"金饭碗"，大家都沾了名牌的光，尝到了甜头，但我们不能只向名牌索取，不为名牌奉献，不为名牌尽责任。在沾了名牌光的同时要用名牌的更高更细的标准来严格要求自己的工作，去维护、发展、壮大这个牌子。现在最为可怕的是名牌与己无关论，大家要清醒地认识到这个问题，要求厂长经理和骨干都必须把名牌作为压力和动力，以名牌的标准来生产名牌、经营名牌。

（二） 实施三大战略，保创名牌

双星发展要靠三大战略——人才战略、名牌战略和科技战略。人才战略是为保名牌、发展壮大名牌奠定人才基础，而科技战略是保名牌、发展壮大名牌最有竞争力的手段，名牌战略则是把无形资产变为具体的更多的有形财富。人才战略和科技战略是名牌战略的基础和保障。三大战略的核心是发展壮大名牌，增强名牌实力，提高名牌含金量。每位厂长、经理都要进入角色，提高认识，抓住机遇，积极实施三大战略，为名牌的发展尽义务，为名牌的壮大添光彩。

五 组织纪律性必须再强化

纪律是一切工作胜利的保证。毛泽东同志讲过"加强纪律性，革命无不胜"，当时是指战场，在现在的商海大战中，我认为"加强纪律性，名牌无不胜"，没有组织纪律性，一切都等于零。这对于集团领导来讲，有着更为重要的意义。集团意识和组织纪律性将作为考核集团领导的重要指标。每一个政党、每一支队伍凡是强大发展的都有严明的纪律，而凡是衰败的，都是因为纪律先涣散松弛了下来。在集团大发展的今天，每一位厂长经理都要加强组织纪律性，这是关系到双星成败的大事，也关系到每个人能否继续发展，能不能成功，能不能不犯错误或者少犯错误的关键。

有令就行，有禁就止，强化纪律。组织纪律性是所有厂长经理都要时时刻刻讲的，在这个问题上不能有丝毫的犹豫和放松。集团领导在严明纪律方面为大家做出了榜样，但仍有部分人特别是部分驻外公司经理视集团规定为耳旁风，我行我素。其核心问题是个人主义、本位主义、小团体主义在作怪。不经同意，也不请示，更不汇报，就自作主张，这在世界任何一个角落都是不允许的。党有党纪，国有国法，厂有厂规，哪里也不是绝对自由。没有规矩，不成方圆。党纪国法和规章制度都是为了保证社会和团体的正常运转，没有了这些，就会出现混乱，社会的、团体的、大多数人的利益就要受损害。所以要有令就行，有禁就止，集团有规定不执行就是违反纪律。如果觉得有不合理的地方可以提出来，但出于本单位、本部门或个人的目的，不执行是坚决不允许的。执行规定时必须站在集团利益上。有规定不执行不如不规定，既浪费了精力，又败坏了作风。任何工作只有先从严明纪律开始，才能抓好。严明纪律是对一个单位每个成员最基本的要求，也是最难做到的，但组织纪律性是一个团体、一个单位制胜的最根本的保证。各集团领导、各厂长经理一定要克服私心，一贯地严明纪律，强化纪律，保证集团的健康发展。

六　资金管理、降低费用的意识必须要再强化

今年以来，我们提出强化资金管理，降低六大费用，通过集团领导抓几次具体事，通过各单位的努力，取得了很大的成效。这是我们今年找到的深化管理的一种好办法，是要常年抓住不放的一项持久的工作，通过厂长经理培训班，要把这项工作再深入一步。鲁中公司的管理在全集团是较好的，但最近通过进一步深化管理又大幅度降低了费用。鲁中有潜力，其他单位也应有潜力，驻外公司有更大的潜力，还需要进一步深入细致地开展工作。在全集团狠抓管理、降低费用的工作中，生产厂的成绩是卓有成效的，但各驻外公司行动上不明显，六大费用降低的控制情况就更差，好像资金管理、降低费用是工厂的事，与己无关。被检查到的单位是这样，

没被检查到的单位落实得如何，费用合不合理，也要加强控制和约束。数字说话、资金管理、效益证明是衡量各集团领导、厂长、经理政绩的三把尺子，一切工作最终都要落实到资金效益上来。管理无句号，强化管理、降低费用的工作一定要常抓不懈，深入再深入，细致再细致。

七　要讲点精神的意识必须再强化

讲精神就是讲政治，讲精神就是克服一切困难的法宝。双星的成功首先是政治上的成功，政治的体现就是精神，所以实际上双星的成功首先是精神上的作用。人没有精神，就会一事无成。比别人有差距都不可怕，最可怕的是没有了精神，不敢突破，不敢超越，不敢拼搏。人只要有了精神，就没有吃不了的苦，就没有克服不了的困难，就没有过不了的关。我们就是靠这种精神，才创出了一个世界名牌，而今年我们经历的有史以来最大的搬迁和调整，都是按期完成的，也充分体现了双星人的精神。

讲精神是道德管理的最高体现。讲精神就是有勇气，有士气，有事业心，有奉献精神，实干，创新，活得充实，有价值。我认为讲精神的核心就是时刻保持旺盛的士气，扑下身子扎扎实实干，如果只浮在表面上，不深入抓具体工作是不可能干好事业的。精神是支柱，没有了精神，就没有了方向，就没有了事业心，就不可能干好工作。工厂、公司搞得不好的就是因为领导者精神状态不正，员工缺乏士气。鲁中公司一班人99天建成瀚海就是靠了精神，靠了强烈的事业心。大家都觉得工作很辛苦，但对照他们的工作，应悟出点东西，继承和发扬这种精神。素质是根本，知识是基础，意识是关键，意识的核心就是讲精神，没有精神就没有超前的意识。意识的体现是精神，政治的成果也是讲精神。有了精神就会自觉地提高素质，自觉地加强学习，自觉地认真工作，自觉地总结、自觉地突破、自觉地创新。只要讲精神就会把自己的事情做好，有成绩了，别人也会尊重你、支持你，工作的开展就会更为顺利。发展是硬道理，把自己的事情办好是主旋律。在办好自己事情的前提下处理好各方面的关系，这样就能站住脚。双星给了你这个牌子，给了你一定权力和实力，就要认真地去发展，要有事业心，有发展壮大名牌的精神，不能搞表面文章，投机取巧，扯皮撒谎，不扎扎实实做事，否则就不可能做出成绩。

精神是支柱。市场创名牌，为名牌拼搏，为名牌奉献，则是双星人的精神支柱。精神不是虚的，双星人的精神要落实到市场创名牌上，集团意识、市场意识、质量意识、名牌意识、组织纪律性体现精神，资金管理、降低费用更体现精神。希望大家一定要结合本单位的实际，按集团公司的具体要求去抓落实，去提高，只有这样，才能真正地成为双星合格的厂长经理，才能真正为今后 10 年跨世纪大发展宏伟目标的实现奠定基础。祝愿大家能够努力学习，认真总结，净化思想，提高认识，用实际行动来体现学习的成果，成为真正合格的厂长经理。

国有企业前程似锦

（一九九七年一月）

这些年来，随着社会主义市场经济的建立，随着个体、乡镇、"三资"等非国有企业的急速发展，我国的国有企业面临着严峻的考验。国有企业能不能搞好？优秀的传统的管理办法对国有企业还有没有用？中国民族工业能不能参与国际市场竞争？这些都成为人们普遍关注的问题。

这里我们可以告诉大家的是，国有青岛双星集团公司在历经十几年的风雨沧桑后，发生了翻天覆地的巨变，已从十几年前的一个仅有2000多名员工、资产总额不足千万元的中型鞋厂，发展成为当今世界实际生产规模最大、拥有2万多名员工、130多家成员单位、资产总额高达16亿元的跨国企业集团。1984~1995年，双星的销售收入由3900万元增至20亿元；年出口创汇由100万美元增长到5000万美元；由原先的亏损企业发展到现在利税达1.6亿元。双星全体职工发扬艰苦创业的精神，自我积累，自我发展，在没有向国家伸手要一分钱的情况下，累计上缴利税3.4亿元，相当于上交了33个1984年规模的老厂。

从双星十几年的创业来看，国有企业完全能够搞好。造成某些国有大中型企业不景气的根本原因不在所有制，也不完全是"企业产权制度不明晰"的问题。资本主义国家实行私有制，产权该是清晰了吧，照样有大量企业亏损、倒闭。这说明，私有制并不是"万能"的。

从双星十几年的创业来看，我们在借鉴外来先进管理经验的时候，一些传统的优秀的东西绝不能丢。如思想政治工作作为我们党的传家宝，对今天的国有企业来说，仍是相当重要的，是企业凝聚力与向心力的有力保证。

从双星十几年的创业来看，中国的民族工业一定要有走向国际市场的勇气与志气，大胆地参与国际市场竞争，创出中国人自己的名牌，为祖国争光，为民族争气。

一　工夫下在管理上

一部分国有企业所以处于困境，在很大程度上是管理不善造成的，市场的激烈竞争使这一弱点明显暴露出来。因此，十多年来，双星一直是眼睛盯在市场上，工夫下在管理上。

一个企业最烦琐、最基本的管理是现场管理。对于劳动密集型的制鞋企业来说，管理就显得更为重要。过去一提起鞋厂，给人的印象就是"脏、乱、差"。为此，创业伊始，双星在全厂职工中进行了一场"要不要从严治厂"的大讨论，确定了"严、高、细"的治厂方针。特别是我们将部队的优良传统和作风引入企业管理中，对严明厂纪、增强职工战斗力起到了相当大的作用。如许多车间至今还保持着上班前集合排队、合唱厂歌的做法，让人感到一种团结、紧张、严肃、活泼的气氛。我们的严格管理也是真格的，像工作帽戴得不整齐、下班不收拾机台、进出车间不换工作鞋……在别人看来也许是些小事，但在双星都能找到厂规厂纪，让挨罚者心服口服。

我们还学习部队的一些管理方法，如实行公开化的管理，在生产车间设立了各种各样的讲评栏，对每天的工作情况、劳动纪律、好人好事等都公开讲评，受到处罚扣分的，得到嘉奖加分的，都一清二楚地公布出来。我们还设立了日工资公开栏，将工人每天的工资收入也公布出来，真正体现了社会主义按劳分配的原则。这样，严格了企业的管理，进一步激发了员工的工作热情和积极性。

基础管理要科学化。针对制鞋劳动力密集、工序复杂等特点，我们在生产一线首创了投入产出一条龙管理方法，实现了静态管理向动态管理的转变，使生产井然有序。一双鞋从原材料入厂到最后出厂，要经过200多道工序，中途发现问题怎么办？为此，我们又发明了数字跟踪卡，使每道工序每个职工的职责都一清二楚，解决了几十年来世界同行业中的一个"老大难"问题。

质量是一个企业的生命，为此，在质量管理上，我们建立健全了一整套质量监督保证体系。如通过明确质量责任与考核落实，将职工收入与质量问题挂钩，奖优罚劣；在国内鞋业首家通过 ISO 9000 国际质量认证，与国际质量标准接轨；对产品质量进行超标准检验，超常规考核，用国际名牌的质量标准来要求自己、检验自己。1994 年，双星撤销了原设在各大城市的维修服务点，规定发现质量问题的，不许退换，一律由责任者自己掏钱买回去。我们认为，质量是干出来的，而不是检查出来的。现在，双星人有了共识：虽然双星已拿到了国家质量免检证书，但在企业内部是永远没有免检之说的。

多年的创业经验，也使我们认识到，国有企业的亏损，在很大程度上是"成本亏损"，能否以最小的成本投入获取最大的效益，是一个企业成功的关键。针对过去一些员工把成本看成仅仅是厂领导、财会部门的事，我们以"盘活资金资源，深化成本管理"为中心，从一分钱的成本抓起，在全集团展开了一场成本管理革命。通过实施成本目标责任制，将生产成本层层分解，落实到从原材料入厂到成品出厂，直到进入销售渠道的每一个环节中。如生产车间每生产一种鞋前，首先要将每双鞋的成本包括每一个鞋扣、每一根鞋带、每一张塞鞋纸的价钱，每做一只鞋的工资等，都一一算出来，制成目标费用控制图，公开张贴在每道工序的作业现场，超则罚，降则奖。我们又实施资金切块制度，将原来由集团统一管理的"大锅饭"资金，分切到各个分厂、车间、工段乃至班组，将资金的使用情况作为考核干部、职工成绩的重要标准。这两项制度的实施，大大调动了员工们节约降耗的积极性，避免了资金的多占和乱用。例如，在实行成本与收入挂钩后，裁断车间的工人们提出的口号是"刀下留钱"。他们每接到一种新产品后，都想方设法算出最佳排刀法，使每千双鞋用料平均降低了5%多，仅此一项，集团全年即可节约成本千万元。如今，双星的成本管理改革已大见成效，1996年上半年，我们在产量增加25%的情况下，资金投入却下降了40%，节约生产成本6000万元。

有些人过分欣赏国外的管理模式，认为只有它们才是先进的。但我们从自己十几年的实践中认为，我们的一些传统优秀的东西丝毫不比外国的差。所以，我们的原则是：继承传统优秀的，借鉴外来先进的，创造自己特色的。如国外一味注重微机化管理，我们在引入微机管理时，也坚持自己的管理方式，所以企业的管理水平才会突飞猛进，被国内外同行公认为一流水平。

二　职工当家做主

充分发挥工人的主人翁责任感和主观能动性，这是社会主义国有企业所固有的优势，也是双星集团特别注重的问题。有人说，在市场经济条件下，国有企业职工与企业之间也成了纯粹的利益关系，职工当家做主的观念早已过时了。但从我们双星的创业经历来看，社会主义公有制决定职工在企业中的主人翁地位不能变，全心全意依靠工人阶级办企业的原则也不能变，只有让职工们真正当家做主，企业才会有希望。

这些年来，双星的职工处处表现出了自觉的主人翁意识。一桶胶料用完了，工人们马上就会把桶倒放过来，让剩余的胶料一滴一滴地滴到一个小桶里，这样，每个生产车间一个月至少也能"滴"出好几百元来。一位入厂不久的统计员，有一天发现鞋帮少了一双，她硬是把几十道工序查了个遍，终于找回了那双鞋帮。

1993 年，我们开始建设双星工业园时，由于离市区较远，职工们上下班很不方便，有人开玩笑给"双星"作一个新的说法："早晨顶着星星上班，晚上顶着星星回家。"在如此艰苦的条件下，却没有一个人提出要调走的。相反，由于工业园缺少人才，一些职工还主动介绍自己的朋友、同学来双星工业园工作。正是在这样一群以厂为家的双星人的努力下，不到三年时间，双星工业园就发展成为一个拥有员工 5000 多名、年产值近 5 亿元的现代化的"鞋城"。

我们认为，要想让职工们把自己当做企业的主人，就要使他们真正能当家做主。因此，我们除了在生活条件、生产环境等方面关心职工外，更重要的是建立和完善了民主管理制度，从而确立了职工在企业的主人翁地位，他们参与企业管理的热情越来越高。我们实行职工代表脱产参与企业管理的制度，职工代表有权听取和审议集团总裁的工作报告，对企业的经营方针、长远规划、年度计划和职工福利等重大事项行使审议权，对中层以上干部的表现行使评议监督权。1996 年 7 月，一位分管三产的副总裁，因为分管单位的纸箱子积压超过集团规定数，被职工代表检查出来，职工代表民主评议后免了他一个月的奖金。我们还明确规定，凡是被职工代表点名批评超过三次的中层以上干部，就地免职，下车间当工人。仅近两年来，双星的职工代表就考察管理人员 190 多次，并建议集团对 17 名不称职的中层干部作了免职处理。所以，双星的干部都有一种压力感，自称是"黑板干部"，干好了名字可以留在上面，干不好，名字马上就会被擦掉，等干得好了还可再上来。十多年来，双星"几上几下"的干部并不罕见。

双星的职工当家做主还体现在干部任免制度上。我们通过公开考评和竞争招聘等方式选拔人才，改革了传统的干部人事制度，打破了工人和干部的界限。每年都要通过举行胶鞋设计大奖赛，从优胜者中选拔专业设计人员，使一大批生产一线的工人脱颖而出。现任的产品开发中心主任以前就是一线工人。十多年来，我们根据以事择人、择优用人的原则，先后从一线工人中选拔管理人员 1600 多名，在 180 多名中层干部中，竞争上岗的工人就占了 70%。1995 年，我们从部队一次招聘了 200 名退伍兵，在全国引起较大反响，而如今，这些退伍兵中 80% 走上了管理岗位，有的还担任了中层干部。这种"唯才是举"的人才制度，不仅使双星的普通工人感到有用武之地，也吸引了不少大学生和有专业技术的人才慕名而至。

实事求是地说，以双星目前的知名度和实力来说，职工的收入在青岛也算不上是最好的。但我们坚信，在社会主义市场经济条件下，企业要想长盛不衰，光靠金钱是不行的，关键还要靠人的精神，一个没有精神的企业是毫无希望的。在创业的十多年中，我们不仅靠金钱和物质来激励职工，而且靠一种精神力量，靠坚强的思想政治工作来教育我们的员工。三年前，双星提出要建立一支无私奉献、吃苦耐劳、能征善战、敢拼敢闯的职工队伍，一支具有为国家争光、为民族争气的志气、士气和勇气的"铁军"。正是这支"铁军"，仅用 110 天时间，就建成了一个年产 800 多万双鞋的运动鞋厂；仅用 34 天时间，就建成了一个年产 200 万双鞋的出口鞋厂；又仅用 99 天的时间就建成了一座年产 1300 多万双鞋的大型鞋城，创造了一个又一个奇迹！

三 创中国人自己的名牌

有人说，中国的对外开放，为国有企业提供了千载难逢的机遇，但同时也给国有企业带来了一大批竞争对手。据统计，现全国仅国有大中型制鞋企业就有 300 多家，还有近 10 年崛起的集体、私营、个体以及合资、独资鞋厂，已逾 5000 余家。要想在这种强手如林的环境中生存下来，绝不是一件轻而易举的事。但双星不仅生存了下来，而且还成为家喻户晓的名牌。据最近公布的评估结果，"双星"的商标价值已超过 16 亿元，成为名副其实的"中国名鞋"。

然而，十多年前，我们双星集团的前身青岛橡胶九厂几乎可以说是默默无闻。当时，我们的销售人员到西北一家商场推销鞋子时，人家竟误以为是卖香蕉酒的。这让双星人感到无地自容，也第一次感到企业和产品知名度的重要性。

不久后，又一件事情对我们震动很大。当中国女排获得五连冠时，人们都在电视机前欢呼雀跃，我们却发现女排队员脚下是清一色的日本美津浓鞋，对此我们十分感慨。咱中国人站着不比外国人矮，躺着不比外国人短，为什么他们能创出世界名牌，而我们却不能呢？我们下定决心：双星人一定要让女排队员穿上中国人自己生产的鞋子！为了使国产运动鞋能与国际名牌相媲美，我们从北京请来了体育运动专家，整整苦干了 100 天，终于研制出了中国第一代高档排球鞋，使中国女排第一次穿上了国产排球鞋。正是这次成功，激励双星人立下军令状，一定要创出足以与国际名牌相抗衡的中国人自己的名牌！

1986 年，以淘汰解放鞋为标志，双星人发动名牌战略的首场战役，即对老产品进行彻底的更新换代。为此，我们建立了一支专业化的产品开发设计队伍，通过强化新产品的开发，使产品达到了"生产一代、储备一代、开发一代"，从原来的单一品种发展到 45 个系列，1000 多个品种，3000 多个花色。国际制鞋业的六大鞋即注射鞋、冷粘鞋、热硫化鞋、皮鞋、布鞋、专业运动鞋，双星全都能生产，年制鞋总量达到 5000 万双，为双星名牌奠定了坚实的产品基础。

1986 年，以在北京设立第一家分公司为标志，双星人在名牌战略中又进行了一场全球化的商业竞争。经过几年的努力，我们在全国建成了 9 大销售区，40 多个分公司，600 多家双星连锁店，市场占有率高居全国鞋业首位。在占领国内市场的同时，双星又将自己的触角伸向了国际市场。我们通过独立组团参加国际鞋业博览会、展销会，召开国际新闻发布会、国际订货会等，千方百计地扩大双星在国际市场上的知名度，还相继建立了美国、俄罗斯、阿联酋、波兰、匈牙利、加纳、香港等 7 个海外分公司，产品打入 80 多个国家和地区，先后有近 200 家客户与双星建立了贸易关系，使双星成为国际市场上享有盛誉的制鞋公司。

我们深深感到，名牌代表了一个国家的经济实力和民族形象，中国要做 21 世纪的巨人，就必须要有一大批自己的名牌。名牌也代表着企业的形象，一个企业有无竞争力，管理水平高与低，有没有发展潜力，衡量的标准不是看有多少产值，关键要看能不能创出名牌。

名牌不是吹出来的，是干出来的，没有一流素质的员工，就出不了一流的名牌。为此，我们教育广大员工：创出名牌就是最好的爱国，就是最好的爱厂、爱岗，名牌是每个双星员工的"金饭碗"，从而更好地激发了广大员工用自己一流的工作质量、产品质量，来创名牌、爱名牌和保名牌。

双星的名牌战略已初见成效。1994 年，中国社会科学院、中国商品社会评价中心等多家机构采用联合问卷的形式，在全国消费者中进行运动鞋"心目中理想品牌"和"实际购买品牌"调查，结果"双星"品牌两项得分均列第一，超过了耐克、阿迪达斯，首次动摇了这两大名牌在中国维持了十余年的霸主地位。1995年，"双星"又成为中国制鞋业唯一的全国驰名商标。

"双星"产品从1993年以来就以惊人速度向外国市场扩展，到1995年，在美国的销售总量达到1700万双，也就是说，平均每15个美国人中就有1人穿过双星生产的鞋子。美国加州大学的一名教授曾对加州11所大学的500名大学生作过抽样调查，竟有12%的大学生喜爱穿双星运动鞋。在世界头号强国、名牌竞争最激烈的美国市场上，一个发展中国家的民族工业产品能达到如此高的市场占有率，是极其罕见的。可以说，十多年的名牌战略，双星人用自己的信念和胆识，创出了民族工业的自豪与骄傲。

四 发展战略大转移

作为一个劳动密集型企业，在全国80%的国有同行纷纷亏损、倒闭的情况下，双星能够迅速发展成为当今世界上实际生产规模最大的制鞋企业，也是我们较早地实施战略大转移的结果。从发达地区向落后地区转移，是国际制鞋业发展的普遍规律，韩国和我国台湾制鞋业的崛起就得益于美国、日本等制鞋大国纷纷向这些地区转移生产线。双星的发展之路，再一次验证了国际制鞋业的这一发展规律。

20世纪80年代初，当我们发现自己的老产品严重滞销时，便作了一个大胆的决策：打破城市工厂不能下农村的框框，将老生产线向周围农村地区转移。当时，连双星的一些职工都不太理解，认为这是把自己的饭碗让给了别人。但我们还是顶着各方面的压力，坚决将老产品、老生产线转移到了农村，走出了"出城下乡"的第一步。通过这次战略大转移，我们借用农村便利的条件，不仅扩大了生产规模，降低了生产成本，也使双星的产品结构迅速发生了变化，从原来单一生产"解放鞋"，开始转向运动鞋、旅游鞋等高档产品。经过短短的几年建设，我们已先后在青岛周边地区建成了开发区、工业园两座大规模的鞋城，占集团总产量的2/3。

如果说"下乡"是双星被动作出的战略决策，那么，"上山"却是我们主动作出的战略决策。1992年，我们从一个社会主义国有大企业的义务、共产党人的责任感出发，主动选择了交通、通信、水电等都极其不便的沂蒙山区投资建厂，从而开始了双星扶助老区人民脱贫致富的西进壮举。

从1992年"上山"开始，双星仅用四年时间就在沂蒙山区先后建成了鲁中、瀚海两座大规模的"鞋城"，先后招工近8000名，结出了扶贫的累累硕果。如最早建成的鲁中鞋城，拥有员工4000多名，1996年人均收入达到4000元。按当地的标准，一人进鲁中，全家可脱贫；二人进鲁中，全家进小康。鲁中鞋城所在地沂源县金星乡，人均收入已从原来的全县倒数第三上升到了名列前茅。我们"上山"四年来，已经使数万名老区人民摘掉了贫穷的帽子，所以，当地的老区人民都称"双星"是他们的"致富星"。当地的领导认为，双星不仅为老区一部分劳动力找到了出路，更重要的是为老区人民引入了现代企业的管理经验和沿海地区的市场经济意识。

我们的"上山下乡"既带动了老区和其他落后地区的经济发展，也增强了双星的发展后劲。如鲁中鞋城经过发展，现已成为一个年产800多万双鞋、1000多万双鞋帮的大型鞋城，1995年实现销售收入过亿元，利税近千万元。更为重要的是，通过"上山下乡"，我们也为劳动力密集型加工行业中的国有企业找到了一条新的发展思路。

1993年，我们提出"西部开发，东部发展"的发展战略，利用生产线大量从青岛市区开始向外转移的契机，将腾出的黄金地段用于发展第三产业。正是这一战略性的大转折，使双星进入了一个二产、三产共同发展的新轨道。目前，双星的第三产业已涉及房地产业、保税业、旅游业、商业等30多个行业，三产企业多达70余家，形成了一种全方位、多层次的发展格局。在很多国有企业都把下岗职工当成企业包袱时，我们的下岗人员从二产转入三产后，不但没有成为包袱，反而成了企业的财富。1995年，双星三产从业人员已多达2000人，产值近2亿元，使双星成为一个以鞋为主、多种经营的综合性的企业集团。

十几年创业，双星之所以能够成功，就在于双星始终坚持打"国字号"的招牌，自力更生，艰苦创业，继承传统，不断开拓，实施大集团创名牌战略，寻求新的经济增长点，从而走出了一条中国国有企业的自强之路。

国有企业前程似锦！

（原载《求是》1997年1月）

百分之二百的服务

（一九九七年二月十四日）

我们对产品的要求就是百分之百的质量，但事实上也难免有不尽如人意的地方，这就需要我们用良好的服务质量去弥补。没有良好的服务质量，不但不会有良好的市场企业形象，而且会失掉广大消赞者对我们的信任，砸了牌子，丢掉客户，丢掉市场，全盘皆输。所以我们提出百分之二百的服务，不能单纯去解决售后服务、产品质量方面的问题，它关系着双星名牌企业的形象，关系着广大消费者对双星的信任，关系着双星名牌和集团本身的生死存亡。大家一定要站在这是关系到企业与牌子命运、关系到个人切身利益的高度来认识这个问题。最近一段时间，各驻外公司的同志在贯彻百分之二百的服务方面做了很多工作，也取得了一些好的效益，这充分说明良好的服务质量可以弥补产品质量的不足。今后还要继续深入地贯彻下去。当然，我们抓服务质量不是说要放松产品质量，相反，产品质量也要进一步努力提高，对于出现的质量问题，生产厂除了协助经营战线上的同志给消费者一个满意的解决外，还要认真分析研究，查找原因，确保质量问题不再出现。

与市场紧密接轨
加大企业形象宣传

（一九九七年七月二日）

一 加大产品形象的全方位宣传

随着双星集团规模生产、规模经营、规模经济的同步发展，各种宣传、公关活动、广告策划和企业形象包装等，在市场竞争中显得越来越重要。例如，目前我们的产品已形成系列化，不仅有专业运动鞋、皮鞋、冷粘鞋等六大鞋类，而且还有运动装、运动饮料、运动器材和衬衣、酒等配套产品。我们的新闻宣传和广告宣传在偏远地区很薄弱，许多老百姓只知道双星名气很大，是做鞋的，但不知道双星名牌产品已经形成系列化、专业化；只知道"穿上双星鞋、潇洒走世界"的广告语，但却不知道双星产品的性能和特点，对双星产品的整体形象并不认识。由此可见，以前那种就宣传而宣传，与市场脱节的宣传要立即转变。今后无论是新闻宣传还是广告宣传，都要增强系列产品的宣传意识，加大系列产品的宣传力度，塑造系列产品的整体形象，并与市场紧密接轨。宣传只有与市场紧密结合，才能增强名牌的竞争力，才能更快地提高名人、名牌、名企业的知名度，推动双星名牌发展的进程。

二 加大企业形象的全方位宣传

加大企业形象宣传既是双星无形资产保值增值的有效途径，也是推动双星向高层次发展的关键。过去由于我们集团的整体形象宣传没有完全到位，尤其是在偏远地区和一些中、小城市的宣传力度不够，宣传面不广，宣传的形式不活，没能把企业整体形象的策划和宣传真正落实到市场上，总认为市场就是卖鞋。

通过考察市场，我们明确认识到企业形象宣传实质上是开拓市场、扩大营销的重要手段；认识到企业形象的立体宣传在市场和消费者中所占有的重要位置；认识到企业形象的宣传不能仅局限于中央和部、省级新闻媒介，而且要在地方和地区新闻媒介加大宣传力度，这对今后拓宽经营渠道、扩大市场占有份额是相当重要的。

三 改变广告定位，创新宣传方式

双星在全国的知名度很高，是中国鞋业第一品牌，但宣传的方向、宣传的方式、广告的定位怎样随着名牌的发展和市场的拓展而不断改变和创新，这是当前亟待解决的问题。目前，双星正在向高层次发展，向世界名牌迈进，所以，广告的定位、宣传的方向和方式也不能一成不变，宣传、广告也要向高层次、高水平发展，不能仍沿袭十几年来的宣传套路和思路，否则很难在当前激烈的市场竞争中取胜。

双星从创业初期开始，就是利用新闻做广告，用宣传开路，使一个名不见经传的橡胶九厂发展成为海内外知名的企业集团。各驻外公司经理要学会做"新闻广告"，这种宣传在地方区域内投入小、效果大。因为我们是全国明星企业，是中国名牌、民族工业，是国有大中型企业在实现"两个转变"过程中的成功体现，所以我们要敢于宣传，也有素材宣传。过去，我们靠中央、省、部级新闻单位做了大量新闻宣传，如果能将这些经验报道、名人专访和报告文学等拿到地方区域内做宣传，会取得意想不到的宣传效果。集团的广告投入要拿出一部分向偏远城市和地区倾斜，双星名人、名牌、名企业的整体形象要重点宣传，新闻、广告力度要加大，宣传形式要多样化。

四 转变工作作风，做好阵地宣传

（1）各驻外公司可以利用近两年来与新闻界建立的关系，举办各种新闻发布会、座谈联谊会、双星有奖知识问答、双星十五年成功经验系列报道等，利用多种形式、多种宣传媒体，扩大双星在当地的知名度和影响力。如既可以通过广播、电视、报纸做一些企业形象的软广告，也可以做霓虹灯灯箱、路牌和印有双星商标的彩旗等硬广告，做好阵地宣传。有条件的可以用双星系列产品作为广告补偿和投入，既压缩了库存，又宣传了产品，真正做到少投入，多产出，影响大。

（2）各驻外公司经理应进一步增强市场宣传意识，一手抓销售，一手抓宣传，坚持两手同时抓。实质上销售和宣传同等重要，它们之间的关系是相辅相成、互相促进的。广告定位准，宣传攻势强，一方面可以显示双星的优势和势力；另一方面也可以在消费者中树立很好的企业形象，促进双星名牌的市场占有率越来越高。

（3）各驻外公司经理要对各分公司的广告宣传方式、意见及建议，包括广告投向、广告定位等做具体的分析和指导，特别是企业形象的"新闻广告"和系列宣传，要转变作风，紧密围绕市场做好宣传工作。

总之，加强地区宣传的范围很广，方式很多，各公司根据本地区的实际情况，因地制宜，认真做好宣传策划和广告创意，使其达到最佳宣传效果。

西欧市场对双星发展的借鉴意义

（一九九七年九月二十四日）

8月中旬，我借到美国接受由中美友好协会颁发的国际优秀企业家贡献奖的机会对欧洲市场进行了考察。欧洲市场（特别是西欧市场）对鞋业界来说是一个成熟的、正规的市场，它的现状与发展代表了世界制鞋业发展的趋势，对它的研究与分析有着十分重要的价值，而名牌产品在西欧市场的现状又对双星的发展有着很重要的借鉴意义。结合西欧市场，尤其是名牌市场的现状及趋势，结合我们集团的实际，我来谈几点意见。

一 西欧鞋类市场现状

这次我带领美国、俄罗斯、波兰三个海外公司经理对制鞋业历史悠久且发达的西欧市场进行了比较细致的考察。过去欧洲人平时以穿皮鞋、皮靴为主，但几年以后发现穿着粗壮结构运动鞋的人数明显增加，人们对运动鞋的需求呈增长趋势，运动鞋这种产品已被许多人认可。同时，我们也发现硫化鞋市场的萎缩在西欧表现得更为明显。几年前市场上以意大利田径鞋、翻帮篮球鞋、矮子乐鞋为主的硫化鞋目前在市场上很少有人穿，取而代之的是帆布帮面的运动鞋，如耐克、锐步、菲拉运动鞋，这些运动鞋占了很大的市场比例，从而挤占了档次低、款式老的硫化鞋市场。即便是在市场上见到的硫化鞋，在款式上也有了很大的改进，以粗放型的硫化鞋代替了传统型的意大利田径鞋，市场销售比较好。而外观上与硫化鞋几乎完全一样，即便是行家也难以分辨的粗放型注射鞋也对硫化鞋造成了强烈的冲击，并以其成本低廉挤占了本来属于硫化鞋的市场。帆布帮面的冷粘式运动鞋呈发展上升趋势，占了大量市场，注射鞋仿硫化鞋占了市场，因此造成了硫化鞋市场的进一步萎缩。硫化鞋要夺回失去的市场，必须在现有传统硫化鞋的基础上进行彻底改造，无论是在帮面结构上，还是大底、围条的花纹上，都要给人以耳目一新的感觉，否则市场会越来越小，这种情况在国内市场也普遍存在并呈发展趋势。从现在开始，我们就必须逐步向注射高档次过渡。而从出口方面来讲，打开西欧硫化鞋市场也必须以粗放型高档次硫化鞋为突破口，进军西欧超级市场。

西欧市场各有差异。在经济比较发达的德国、法国，穿时装鞋的人比较多，特别是年轻的女性，穿厚底的 MOD EVA 时装女鞋在大街上经常可以见到，而且价格昂贵。时装鞋在市场上占有一定比例，但这种鞋在不同的国家和地区是否会成为一种流行鞋还需要进一步观察，尤其是海外公司要做好市场调查，加强市场信息反馈。

在考察中到处都能见到旅游的人群，无论是老年人还是青年人，80% 以上穿着运动鞋，20% 穿着休闲鞋、帆布硫化鞋，而其中 60% 的人穿着耐克鞋，其余的主要是锐步、菲拉、阿迪达斯等名牌。

由于旅游业的发展必将带动运动鞋、旅游鞋的发展，因此，旅游鞋从全球市场来看依然还是发展时期，而我们国内的旅游业正处于方兴未艾的发展阶段，旅游运动鞋也同样呈发展趋势。我们在西欧各城市经常碰到外出旅游的中国人，可穿旅游运动鞋的并不多，大部分是西装革履。但随着观念更新，生活水平提高，中国人外出旅游的也会越来越多，穿运动鞋的也会越来越多，我们作为国内的名牌产品，要立足国内市场，抓住运动鞋发展的大好机遇，把我们的运动鞋搞上去。我们应该做到让出国旅游的中国人都穿上中国人自己的名牌——双星。

二　西欧制鞋业发展状况

以前我曾对南美、北美、南亚、欧洲市场进行过考察，但大都是由客户安排考察行程，而这次与以往不同的是我们的行程均由自己公司安排，这样可以随意深入到各种市场考察，如大城市的超级市场、个体市场、农村小城镇市场等，可以比较深入地对西欧市场进行考察。从考察的情况来看，西欧仍代表了当今世界制鞋业的最高水平，领导了世界潮流。

西欧作为制鞋业的发源地，有着悠久的制鞋历史。代表当今世界最高水平的皮鞋、时装鞋、注射鞋的新款式、新花色均出自于西欧，只有部分领导世界潮流的运动鞋产地在亚洲，所以西欧地区仍不愧为制鞋王国。如果认为西欧的制鞋业正在萎缩，制鞋中心正在向东方转移，这种认识是片面的，也是不完全的；如果说西欧鞋业在萎缩，则萎缩的也只是低档的硫化鞋，而其余各类鞋正在向更高的档次发展，正在加快新产品的开发，采用新型的专利技术（如耐克的透明气垫技术、锐步的蜂窝气垫技术），应用新型的帮面技术，采用表面粗糙的新型原材料代替表面光滑的原材料，使鞋类与时装配套等，促进了产品向高档化、高附加值方向发展。所以说西欧制鞋业在新产品的开发上、在制鞋技术上、在新材料应用上、在工器模具配套上、在制鞋工艺上均处于世界领先的地位。例如，去年我带队考察西班牙皮鞋厂时发现，尽管其厂房小、用人少，但是由于产量大、用料好、档次高、附加值高，效益也相当可观，这不能不说是一种趋势。特别应当指出的是在西欧以注射法生产的硫化鞋、冷粘鞋档次很高，让你根本分不清到底是注射鞋还是硫化鞋、冷粘鞋，这是今后发展的方向，我们一定要下大力气从现在起抓注射鞋的生产和开发。

促进西欧制鞋业发展的因素主要有：

（1）西欧市场采取了保护主义政策，实行配额制限制进口，以维护其制鞋业的发展。

（2）西欧市场有一整套规范的竞争机制，产品之间的竞争靠的是质量，靠的是新技术，靠的是采用新型原材料，靠的是新产品，市场上的高档鞋也没有假冒名牌产品。

（3）激烈的市场竞争。世界名牌鞋竞争的焦点在欧洲，尤其是在德国、法国。世界四大名牌鞋如耐克、锐步、菲拉、阿迪达斯竞相争夺欧洲的贵族市场，表现得比争夺美国市场更为突出和激烈。美国的名牌鞋耐克为争夺名牌充斥的欧洲市场，扩大其在市场当中的占有份额，将它在美国本土都不曾见到的最新款式投放到西欧市场，参与市场竞争，并以超过阿迪达斯、锐步的新款式、新技术而取胜，在欧洲市场站稳了脚跟。这说明了一个道理：名牌只有不断创新，敢于竞争才能发展。假如世界名牌没有新产品，很快就会徒有虚名而无人问津，以至于产品到后来没有市场。假如双星再不创出新品种，也会导致市场的逐步萎缩，直至产品没有销路、没有市场。另外，在考察西欧、美国市场时看到，名牌在不同市场采取了不同价位，耐克在美国市场分高、中、低三个价位，分别根据不同的商场、商店、专卖店而定价；而在西欧超级市场则采取高价位竞争，其中最贵的一双鞋竟高达210美元。同时，名牌的竞争在西欧采取"两高一新"的竞争手段，即高档次、高价位、款式新，这说明了鞋的竞争中心还是在西欧。

目前国内的制鞋业仍旧是跟在名牌后面仿制、抄袭或采取低价位的办法生产低档产品，尽管这些做法会在短时期内收到一定的效果，对欧洲市场造成一定的冲击，但毕竟因为没有自己的特色和独到之处而永远不会领导潮流，处于落后的局面。所以，欧洲（特别是西欧）在当今世界仍然是制鞋的中心，是当之无愧的制鞋王国。

三 名牌的市场地位

随着人们生活水平的不断提高，追求名牌已成为一种时尚。人们对鞋类的需求不仅仅是为了穿着，同时也把穿着名牌视为一种身份的代表和象征。各大城市名牌专卖店的生意总比一般鞋店要好得多，一般鞋店门庭冷落，而名牌专卖店却应接不暇，特别是年轻人，大都在选购自己所喜爱的名牌鞋，这鲜明的对比就充分说明了名牌在人们心目中的地位。尽管名牌鞋的价格要比一般同类鞋的价格高出一倍或者两倍，但仍会很快被人们所接受。

作为名牌，要有自己的独到之处，更要有鲜明的特点，形成自己的风格。耐克、锐步以透明气垫和蜂窝气垫等高新技术高人一筹，而菲拉鞋则以流线型的帮面、粗放的大底、黑白大反差等特点作为后起之秀而后来居上。同时，名牌要参与市场竞争，并在竞争中取胜，唯一的出路就在于新品种的开发及开发适销对路的品种上。

名牌既要具备自己的特点，又要借鉴吸取别人的优点，在借鉴的基础上再创新发展成为自己的特点。如果只是固守自己原来的东西而不去借鉴、创新、发展，则最终必将落伍。各驻外公司应当注意和学习耐克的经营方式，它在不同市场、不同商店，采用不同价位。为了与其他名牌竞争，与不是名牌的产品竞争低档市场，耐克在不同市场、商店一种鞋可以标39.9美元、69.9美元、89.9美元三种价位，而在竞争激烈的西欧市场每双都在100美元以上。不同市场、商场、商店应当有不同的价位，不能说我是名牌，不管是什么市场、商场、商店都用一种价位。虽然是名牌，不会经营，价位定不好，也同样会失败。

双星产品是国内名牌，在创名牌的过程中我们借鉴了其他一些名牌的经验，如加大宣传力度研究市场经营渠道，在新产品的开发上下工夫等。我们的硫化鞋之所以能在国内享有较高的知名度，并成为名牌产品，主要是从1985年起就注意加大对企业及产品的宣传力度，并冲破当时经营旧体制的束缚，建立自己的销售网络，积极地参与市场竞争，开发出一大批具有双星特点的新产品，如 123 田径鞋、透明大底排球鞋、亚运兰、时装鞋等，这些新产品不断地被市场所接受，逐步使我们的产品成为国内名牌。可是回顾一下硫化鞋，我们已经吃了 6 年时装鞋的饭，而冷粘鞋也已经吃了 12 年，老样子假如再不更新，再不开发出适销对路的新品种，我们这个中国名牌很快就会被市场淘汰。因此，目前双星压倒一切的问题就是如何加快各种新产品的开发。

四　如何看待"双星"名牌

"双星"这个名牌在国内市场已经得到了认可，并在市场当中发挥着重要作用。我们借助"双星"名牌的信誉有效地开展了名牌产品的覆盖，不断地充实了双星产品的花色品种，并取得了一些经验。但通过考察我觉察到我们与国际名牌之间的差距之大，在制鞋技术上、在原材料上、在制鞋工艺上我们都还刚刚入门，还是小学生。例如 1990 年在德国博览会上见到过 MOD EVA 大底，当时还不知道是由什么材料制成的，直到今天我们才研制出来，这就是我们最明显的差距。去年我们曾经开展过"名牌背后潜在的危险"大讨论，我认为名牌背后最大的危险就是我们盲目乐观、骄傲自大、故步自封、吃老本。我们的差距不仅仅是在技术上、产品上，更为重要的是没有创出新产品、积极地参与市场竞争。

前几年，皮帮 CVO 曾经克服工艺上的难关带动了硫化鞋出口的新局面，成为我们的拳头产品，但现在的出口产品还没有像 CVO 这样的拳头产品，以至于造成出口的被动和萎缩，这也说明出口也要有新技术、新产品才能生存发展。作为内销的硫化鞋仍是以时装鞋、123 田径鞋为主，没有新产品及时开发出来，总是老一套，老面孔、无新意。

注射鞋从 1985 年生产至今，仍以老人健身鞋为主导产品，没有更适合市场需求的新产品开发出来；冷粘鞋生产 12 年来仍以 01、02 鞋唱主角。回顾一下我们刚开始生产冷粘鞋时与世界名牌耐克相比差距并不太大，可这几年耐克在新技术、新材料应用、新产品开发、市场推销等方面发展很快，可我们还是生产老品种、老样子，经营公司开始时也只卖硫化鞋，不卖冷粘鞋，造成了冷粘鞋只是名牌而没有创新，结果让南方厂抢占了市场，使我们的冷粘鞋处于被动，这些都是与我们的名牌极不相称的。作为名牌产品要具有"新"、"特"、"奇"、"怪"的特征，名牌是高质量产品的象征。我们近几年来没有像当年开始闯市场、创名牌那样抓新产品开发，在新产品上下工夫，积极地参与市场竞争，我们的产品还没有领导新潮流，在模仿的基础上也没有创新，结果造成了全集团的被动。现在认识到并迎头赶上还不晚，所以从现在起，全集团上下都要行动起来，开发适销对路产品，以迎接新挑战，使双星名牌大发展。

名牌没有终身制，名牌产品要永不满足地创新，才能成为真正的名牌。没有创新，不敢积极参与市场竞争的名牌将变得有名无实，最终导致市场占有率的降低。

通过考察更清楚地认识到耐克、锐步等世界名牌均有庞大的新产品开发研究机构和遍布全世界的销售网络，却没有自己的生产工厂，这是它们的优势。而我们作为国有企业，既生产又销售，但我们不能只片面地追求生产规模的扩大、简单的产量增加，而不追求质量好、款式新颖的产品，这样的名牌在市场上是不会长久的。双星今后10年要在新技术上有突破，在工器模具上有突破，在经营思路上有突破，才能推动双星名牌的发展，别无其他选择。

要利用名牌的优势继续加大产品覆盖力度，有效地借用外部的开发力量和技术力量来弥补我们的不足，还要加强对产品覆盖工作的领导和组织。要明白双星这个牌子就是最好的科技，我们必须转变思想，把抓生产的劲头和干劲用到名牌覆盖上去，并逐步培养那些对双星有感情、事业心强的人加入到名牌覆盖的队伍中去。另外，根据世界名牌的成功经验，它们都没有工厂，只有牌子和销售队伍，今后双星的工厂规模也不要再扩大，而双星连锁店、专卖店却要大建、快建，把骨干抽到经营的第一线加强培养和指导，使这支经营队伍逐步发展成为双星市场一线创名牌的尖兵。只有一手抓产品开发（含名牌覆盖开发），一手抓连锁店建设，我们这个牌子才能在商海大战中不断前进，我们的员工才能过上好日子。

"双星"这个名牌来之不易，我们要把这个名牌在现有的基础上再发展、完善、壮大。目前在管理上，我们与世界名牌已无明显的差距，关键是我们要以新的观念、新的思维、新的工作方法在短时间内花大力气把产品开发抓上去，使生产与经营有机地结合，使我们"双星"名牌牢牢地站稳国内市场，并逐渐走向国际市场。

发展连锁店　壮大规模经营

（一九九七年十月十日）

一　如何正确认识连锁店

（一）从世界名牌、世界市场的范畴来看

许多在市场竞争当中取得成功的名牌都是靠自己的连锁店发展起来的。耐克作为鞋类中的知名品牌，可以说其连锁店几乎遍布了世界各地，尤其是世界各大城市的商业中心都有耐克连锁店；而制鞋行业之外的可口可乐、肯德基、麦当劳等世界其他知名品牌之所以能够深入人心，并得到社会的最终认可，也是因为其遍布全世界的连锁店。同时，从世界名牌竞争的规律来看，谁早建连锁店，谁就会尽早成为名牌；谁加快连锁店的建设，谁的名牌就会得到进一步的发展壮大。作为中国名牌——双星来讲，同样也离不开大建连锁店这个规律，也必须走其他名牌所走过的路，这不仅是唯一的捷径，也是成为真正世界名牌的必经之路。

（二）从名牌发展的规律来看

几乎所有的世界名牌没有是一夜之间产生的，而都是在一个地区或产地通过自己的发展积累逐步形成的。在形成名牌以后，要想进一步全面发展，以求得更大的突破，得到全世界的认可，不单要靠进大商场、超市等商业渠道，更重要的就是快建、多建连锁店。因为无论是资本主义国家还是社会主义国家、商业均以赢利发展为目的，而作为自身的连锁店不仅仅是为了赢利发展，更大程度上是为了牌子、为了企业的生存和发展，必要时还要牺牲利益。所以说连锁店的发展从某种程度上来讲是名牌企业进入市场后的必经之路。

（三） 从双星发展的角度来看

目前双星发展已进入了两大转折阶段，即由名牌发展的初级阶段向高级阶段转折，由产品的中低档次向更高档次转折。在初级阶段向高级阶段转折的过程中，为了更好地深入人心、家喻户晓，单纯依靠电视、报纸等新闻媒体的广告宣传已是远远不够的，应感观与视觉互补，全方位地进行广告宣传定位。要充分发挥地理位置的优势，根据市中心繁华但地价高的特点，组建一至两个高档次、能充分体现双星形象的连锁店，并以突出双星、宣传双星、打广告为目的，将用于广告的资金投入到连锁店的建设中，其余的连锁店均建在居民区、学院区和城乡交界处，通过质优价廉、薄利多销的方式，减少经营成本，弥补闹市区建连锁店的高额费用，扩大双星鞋的市场占有率，增强了双星品牌在当地的宣传力度。在这个特定的历史条件下，通过加大连锁店的建设来扩大双星品牌的影响并最终深入到平常百姓的心目中去是行之有效的方法。另外，随着集团的发展，我们目前已是多品种、多档次的综合性制鞋集团，其中我们品牌还延伸至包括配套的运动饮料、运动服装、运动器械等。为了使广大消费者认识、了解、接受并认可我们的产品，使产品档次再上一个新台阶，我们必须加快连锁店的建设。如果没有那么多连锁店，我们定牌加工的近40万双高档鞋往哪儿销？产品的低档次结构怎样改变、怎样发展？因此，在这关键时刻，快建、多建连锁店的工作不能再停滞不前，要明白这是牵扯到今后10年发展的战略部署问题，是今后10年战略发展的重要措施和手段。

（四） 从双星发展的规模来看

要想再上一个台阶，今后10年双星再有大发展，只有快建、多建连锁店。目前牵制我们最大的是经营，品种结构调得慢的也是经营，要想把经营这个龙头抓好，使企业更具有生命力、有活力、有战斗力，使双星这个牌子更具有影响力，同样也要通过多建、快建连锁店来实现。另外，大建连锁店还是双星今后10年"三大战略"，即人才战略、名牌战略、科技战略的体现和保证，如果能在本世纪末建立2000个连锁店，包括店中店，就可以促进"三大战略"的真正落实并最终实现。同时，也只有快建、多建连锁店才能更好地调整并保证生产和经营良性循环，才能实现我们今后10年大发展的奋斗目标。

（五） 从市场竞争的主动权来看

尽管随着集团规模的不断发展壮大，品牌逐渐为人们所认可，但在当今市场竞争激烈、不进则退的形势下，有时仍摆脱不了在市场竞争当中的被动局面。为了更好地使企业在市场竞争当中由被动变主动，由劣势变优势，我们必须自己解放自己，快建、多建连锁店，争取主动权，只有这样才能够把进入市场经济十几年来困扰我们的问题解决好。

（六） 从有形和无形的结合角度来看

大建连锁店是有形和无形的最佳结合。双星发展到目前为止无形资产已达 20.89 亿元，但影响力并不像想象的那样大、那样广，在长江以南、东北、西北地区，我们的影响力还很小。要想把无形资产在现有的基础上继续扩大，除对现有的广告及宣传媒体进行报道外，还要通过各大战区的努力把无形资产尽量扩大，最好的办法就是大建连锁店。连锁店越多，给我们加工的工厂越多；工厂越多，产品款式、品种越多；产品款式、品种越多，顾客选择余地越大、购买力越强；购买力越强，无形资产就越大。随着有形变无形、无形促有形的良性循环，必将推动我们综合实力的提高，这是一个辩证关系。建一个连锁店，就会使双星的无形资产变为有形资产，并增加一倍，甚至更多倍。因此，不能单纯地把连锁店看成是一个普通的商店，而应看做是有形和无形的最佳结合体。

（七） 从整个商战的角度来看

连锁店是商海大战的前沿阵地，是桥头堡。如同打仗一样，取胜的前提是如何把自己的实力保护好，在战斗中唯一的方式方法就是多建碉堡以更好地保护自己，我们的战斗力才会越强，才能更好地打击敌人，战胜对手。同时，商海大战中信息的传递也是取胜的关键，信息传递越快越主动，而掌握信息的第一手资料其来源也是位于前沿阵地的碉堡、桥头堡。因此，多建、快建连锁店不仅是商海大战的需要，也是商战中必不可少的。

（八） 从双星的市场形象角度来看

每建一个正规化、规范化的连锁店，都会很好地体现双星的市场形象和综合实力，连锁店建得越多，对我们的自身形象、集团的综合实力越有利。它不仅是双星名牌的体现，综合实力的保证，同时还是有形资产和无形资产的标志。

（九）从经营、广告及人才培养的角度来看

双星连锁店建得越多，越能显示经营和广告的最佳结合。同时，大建、多建连锁店还是发现人才、选拔人才、培养人才的最好方式和基地。

二 怎样更好地建立连锁店

（一）领导层首先要有一个高层次的认识

要站在集团大局、双星发展全局的高度上去认识。如果单纯地以各位总经理自己所管辖或所经营的店不亏为标准，则连锁店的建设永远发展不起来，领导层重视是建设连锁店很关键的一个方面。同时，总经理负责制要首先负责连锁店，分管副总或助理也要把连锁店的建设作为首要课题来抓，要持之以恒地把连锁店建设抓下去，真正把市场打开，增加名牌的知名度。

（二）在组织形式上要不拘一格、多种形式

可借用外部的力量，如租借学校、亏损商场、垮台公司、个体户等办公室、商店建连锁店，利用它们的力量来发展壮大自己；利用各种优惠政策，如建立下岗职工连锁店、劳动模范连锁店、"三好学生"专卖店等，最大限度地创造效益。在借用外部力量的同时，还要注意内部资金调配、货源发送、管理考核等多方面的问题，并由总公司和公司统一纳入各自所管辖的范围内，以便更好地把连锁店管理好、建设好。

（三）因地制宜建立连锁店

要坚持以当地人为主扩大人才来源；以当地人为主发展连锁店；以中心城市为重点、总公司为中心向周边发展连锁店；以交通枢纽要道为阵地建立连锁店，特别是在城乡接合处，一定要有选择地建立连锁店，以达到投入少、见效快、广告宣传效果好一举三得的目的。

（四）要敢用人、会用人、用新人，特别是要敢用当地人，敢于选拔人

要解放思想，培养新一代双星经营战线上的精英，让他们在经营第一线上发挥各自的才干和智慧。应该看到双星发展到目前这种规模，单单依靠老一代双星人是不行的，双星要发展，首先要奠定人才基础，所以必须起用新人。无论是在经营上、生产上，还是产品开发和高科技上都要敢于起用新人，不能误认为只有老一代双星人才会对双星有感情，新一代双星人通过企业文化教育同样可以热爱并建设好双星。

（五）在组织结构上要有保证

要有一套专门机构负责，并建立一整套管理、营销、服务等措施，自己培养自己、自己教育自己、自己发展自己。从前期的市场调研、连锁店筹建，到后来的连锁店启动、店内管理都要自己干，要以总公司为单位，不要教条，不能用一种模式、一种观点、一种办法来建店，要根据当地的实际情况，根据好公司介绍的经验来确定到底应该成立什么样的机构。

（六）要成立在总公司领导下的中心连锁店的总部

要做到"六个统一"，即统一店面、统一服饰、统一价格、统一服务、统一管理、统一考核，要使中心连锁店的总部成为所有连锁店的配货中心、协调服务中心、信息和质量传递中心、计划控制中心、资金运用调配中心。

（七）要解放思想、建立新体制，不能拴在集团的战车上高枕无忧

过去已建好的连锁店要改制，新组建的连锁店要全部变为股份制的控股形式或承包形式，但债权、债务要由自己承担。可以根据各地的不同情况采取租、包等不同形式，彻底杜绝在体制上"吃大锅饭"的现象。但无论是什么形式都要在现有国有资产不流失的情况下，向集团上交利息和无形资产使用费。同时，对于连锁店的入股形式，不能单纯地以钱作股，还要有责任股、无形股，因为作为连锁店的经理，由于其承担风险最大，就应该提倡让他多拿钱、多控股，增加压力，提高责任心，以充分调动人员的积极性。在实行承包或租赁后，对于人员结构的调整，各公司有充分的自主权，提倡减员增效，但下岗人员工资费用要由所在公司负责，集团不

再负担。为了更好地促进连锁店健康稳步发展，并求得法律上的保护，在制度上要建立健全合同、法规，对于经营不好的单位和个人要追究相应的法律责任。

（八）要注意掌握外部信息

掌握好市场动态、流行趋势，这样我们整个思路和外部的网络才能统一，上下情况才能组织好。在内部要制定符合实际的政策，双星发展到今天不能再论资排辈，一定要充分体现多劳多得、靠本事挣钱的原则，以充分发挥所有人员的才干和智慧，调动人员的积极性。

三 如何处理好连锁店的几个关系

（一）处理好连锁店与生产组织之间的关系

连锁店发展越快、越壮大，生产组织越要跟上去。我们必须要"以鞋为主，多种经营"，要把集团内部的其他品种带起来，无论是服务、饮料还是其他各行业都要向更高档次发展，这不仅是个实力问题，也是形象问题。另外，名牌覆盖也要拉开档次，高、中、低三个档次都要上，春、夏、秋、冬四季的品种都要有。如果产品档次拉不开，四季品种不齐全，则连锁店的发展就会很危险，甚至会走下坡路。连锁店要想更好地发展壮大，各厂厂长的思想观念首先要适应市场。进行名牌覆盖加工的人员也要有名厂、名店的意识，并要按地区研究品种，研制开发适合连锁店所在市场的产品，要提前针对连锁店所在市场分区域下单，在保证质量的前提下保证高、中、低档相结合，保证品种、花色齐全。因此，从这个发展角度来看，整个集团要逐步由生产经营型向经营贸易型转换；从单一经营向多品种经营转换；从单独经营集团内的产品向经营集团内外产品相结合的产品转换。这样才能体现双星在市场上的影响力和集团的整体实力。

（二）处理好连锁店与人才战略的关系

名牌如果没有新品种，在产品开发设计上没有自己的独到之处，就不能成为真正的名牌，也就不可能把连锁店建设得更好。名牌、新品种、连锁店三者是辩证统一的，是缺一不可的。而所有这一切都需要通过人的努力去实现。要发展就需要人才，没有人才一切都等于零。因此，各公司一定要注意培养、开发、教育新一代双星人，特别是总经理，宏观上要到位，在人才问题上不要再搞区域性划分。要想发展事业，必须在当地培养人才，经理胸怀要宽广，要用新的、发展的、辩证的观念来认识人才。各公司要有自己的培养计划，要用价值观念来解决人才问题，要用价值规律来选拔人才。不能把人才列为次要的、无所谓的，而应把人才放到各项工作的首要位置，以此来充分发挥年轻人的才干和作用。

（三）处理好专卖店和广告宣传之间的关系

要通过实地考察、市场调研，认真分析到底在这个位置上是单纯地做广告有利，还是既打广告又卖鞋有利，二者之间的关系一定要处理好。在建店选择方面不能盲目，不能忙了一年都把钱交给房东作租赁费自己却一分钱的效益也没有，一定要综合考虑市场情况、广告影响、出租价位等多种客观存在的因素，不一定在店挨店的位置建连锁店，这样不仅受租价高的影响，而且广告效果也不一定好。

（四）处理好店中店、个体专卖店和集团所属连锁店三者之间的关系

要统一领导、价格一致，采取多劳多得的方式，特别是给人第一印象的服务和管理，是整个集团形象的象征和代表，所以一定要按集团的标准进行统一，丝毫不能马虎。

（五）处理好建店和资金全盘使用、调配、占用的关系

建店越多固然是件好事，但是因为店多而出现占用资金多、资金周转慢等问题绝对不行。而要走建店多，占用资金相对多，但资金周转快的路子。绝对不允许出现以建店为由而占用资金的现象。

（六）处理好店与店之间的关系

店与店之间要相互通气，互通有无，中心连锁店的总部必须尽职尽责，要及时建立各项规章制度，理顺各种关系。

四 如何加大连锁店的宣传及管理

对于连锁店的宣传，可以通过召开新闻发布会、座谈会、研讨会等形式加大宣传力度，但不要过分，除了宏观上集团将在全国进行广告覆盖外，微观上一定要以我们的产品为主，用产品进行宣传，如可以利用业余时间各家各户送小报的方式进行宣传。宣传的形式要由原来面上、形式上的东西转到脚踏实地地推销产品上来；由原来搞花架子那一套转到扎扎实实地经营、服务管理上来。作为给人第一印象的服务一定要抓好，连锁店多了以后，服务要是抓不好、上不去，还不如不建。要达到100％的经营，达到200％的服务，更好地维护双星人的形象，把双星人的形象在连锁店中充分体现出来，这也是连锁店宣传方式的主要手段之一。

对于连锁店的管理，各位总经理、经理要到位，要制定相应完善的制度，在制度建立健全以后，还要加大从服务到形象、价位、制度的贯彻落实的检查力度，如果制度建立健全以后不检查、不落实，一切都等于零。

贯彻十五大精神
加大国企改革力度

（一九九七年十月十日）

在党的十五大胜利闭幕之际，我们组织全体中层干部学习江泽民总书记在十五大开幕式上的讲话，我认为是非常及时的，也是很有必要的。为了把十五大精神贯彻得更好、更具体，特别是如何实事求是、扎扎实实地联系自身贯彻十五大精神，切切实实地把十五大精神付诸行动、见成效，下面我从几个方面谈谈集团党委学习后的一些想法和思路。

一 学习党的十五大精神的体会

党的十五大召开给国家、民族指明了 21 世纪中国的发展方向，解决了小平同志逝世后中国的发展道路问题，使所有的炎黄子孙及所有关心爱护祖国的人都明白了 21 世纪的中国将继续沿着小平同志所提出的改革开放道路走下去，并从根本上否定了那些"左"的想法和思潮，彻底根除了"左"的想法和思潮对改革开放的干扰，增强了全国人民在 21 世纪把我国建设成富强民主文明的社会主义国家的信心。这是一次世纪之交、承前启后、具有划时代历史意义的会议。

这次会议还解决了中国人的旗帜问题，即小平同志所提出的改革开放、解放思想问题。这不仅使整个中华民族从精神上到行动上有了支柱，有了方向，还使我们国家在整个世界上的威信有了提高。因此，中国必须高举改革开放、解放思想这面旗帜，这也是我们富民强国必经之路。

这次会议还提出解决了树立旗帜以后该怎么干的问题。我们树立了旗帜，信仰也随之确立，行动也有了方向。其核心就是小平同志所提出的改革开放、解放思想这个理论，这也是马克思列宁主义、毛泽东思想的核心，即实事求是，一切从实际出发。把它作为一切行动的纲领并写进党章，这也是本着对中国人民负责、对 21 世纪的中国负责的态度，在务实的前提下科学地分析了当前中国现实社会的实际情况后提出的旗帜问题，是比较现实的。回顾过去近 20 年的发展，我们沿着小平同志的理论进行改革开放，中国发生了翻天覆地的变化，双星也发生了翻天覆地的变化，主要有两点原因：

（1）高举改革开放、解放思想的旗帜，充分运用反思维和逆向思维。

（2）坚持务实、创新的理论。

其中，逆向思维和反思维就是在符合发展规律、科学地分析社会的前提下解放思想，这是推动历史前进、社会发展的动力，也是我们双星成功的前提。

二 回顾前五年双星发展历程

党的十四大召开后的 5 年是双星发展提高的 5 年，是双星形成规模、经济飞速发展的 5 年。经过这 5 年的发展，我们由原来单一品种经营的小厂发展成为目前多种经营并存的企业集团，这是国有企业发展的一个奇迹。

党的十四大召开后的 5 年是双星发展壮大、创名牌的 5 年。与 1992 年前相比，我们牌子的知名度和影响力在市场上、社会上有了质的飞跃，积累了巨大的无形资产，这是双星人共同努力的结果，也是全体双星人最大的财富。

党的十四大召开的 5 年是双星人高举邓小平理论伟大旗帜，响应党中央号召进行体制改革、多种形式并存的 5 年。1993 年国有转民营，1994 年实行股份制，并实现了多种机制并存。广告公司、生活服务公司自己养活自己；医院无脱产干部；船运公司卖和包的运作；服务公司实行承包提成制；管理公司实行股份制；机关办商业；工贸一体化的运作都取得了成功。尽管有些单位在体制改革过程中没有成功，但我们闯出了一条新路，也总结了经验和教训。更重要的是我们在发展了社会主义管理理论的同时，又借用了资本主义好的管理理论，创出了一套在公有制下如何深化内部改革、具有巨大价值的管理理论和管理哲学。

党的十四大召开后的 5 年是双星有形资产和无形资产大提高、大发展的五年。无形资产是我们的牌子、知名度，正是因为有了巨大的无形资产，我们的酒业公司、制衣公司、体育运动器械公司才得以成立，名牌才得以发展，并给我们带来了巨大的经济效益；而有形资产使我们在全国各地都有资产运作，从而更好地促进整个集团综合实力的提高。

党的十四大召开后的5年双星彻底解决了一个问题，在外部环境特别恶劣的条件下，双星集团完成了由计划经济向市场经济的过渡，走出了一条属于自己的路，创造出了一套自己的管理理论和管理方法。提出了市场政治，即名牌是中心，创名牌是最好的政治，是最大的政治；提出双星的发展理论、反思维的新观点，以此引导产品更新换代的革命。这也使我们更好地认识到管理无句号、竞争无终止、名牌无终身，认识到尽管市场是琳琅满目的，但同时也是看不见的流血战场，并以市场为标准指导、组织、指挥国有企业的发展。使双星集团固定资产由1983年的900万元发展到现在的20.8亿元，无形资产由零发展到目前的18.6亿元，产品由单一、低档发展成为17个门类、上千个花色，产品销售由单一市场发展到面向全国、全世界的市场，并建立了几百个连锁店，创出了中国人自己的名牌，弘扬了民族工业，长了中国人的志气。所有这一切的取得都是按小平同志所提出的改革开放、解放思想这个理论走下来的，是高举马列主义、毛泽东思想、邓小平理论的伟大旗帜，自我解放、不断创新、自力更生、自我完善、不断滚动发展起来的，这都是党的十四大的市场理论给我们创造的好环境，双星就是市场经济发展的产物。党的十五大提出继续改革开放、解放思想，更使双星如虎添翼，给今后的发展提供了更好的机遇。我们一定要紧紧地抓住目前这个大好机遇，不断地自我总结，解放思想、实事求是走双星的路。

三　存在的问题和不足

在学习贯彻十五大精神的同时，我们应该看到虽然双星是市场经济的产物，是在市场中发展起来的，但我们更应该看到双星进入市场的时间和发达的资本主义国家进入市场几十年相比还很短，在市场竞争当中还是小学生，在市场发展中还处于初级阶段。特别是在形成名牌以后，别的企业发不出奖金、工资，而自己的奖金、工资、福利待遇都比较高的情况下，有些骨干产生了满足现状、不求进取、贪图安逸、懒惰骄傲的思想，阻碍了双星的发展进程。在生活上我们不比高是对的，但在事业上、在市场竞争当中、在双星发展的道路上我们还刚刚起步，我们对市场的认识、适应市场的能力还远远不够，与国际名牌相比差距还很大，特别是骨干盲目骄傲、停滞不前，这是我们学习党的十五大精神后急需解决的问题。双星现在最大的问题就是不适应市场，产品不适销对路，究其原因，主要有以下四点：

（一）思想僵化，品种调整慢

12 年前我们在科研技术和产品开发上和耐克相比差距并不大，可 12 年后的今天，我们还停留在模仿阶段，耐克则通过多色大底、黑白大反差、气垫、MD 大底、气垫和 MD 大底与曲线的整体构思的五次变革，以及新材料的运用，使我们与耐克之间的差距不断增大。实践证明光模仿是不行的，必须要有创新，有超越。可回过头来看看我们自己，无论是硫化鞋，还是冷粘鞋、注射鞋，全都是在吃老本，整个集团产品一片白，我们发展的也只是低档鞋。所以说计划经济的旧观念、旧思想是束缚我们前进的主要原因。

（二）存在有了牌子就万事大吉的思想

名牌没有终身制，可有些骨干在市场考察时一听别人说牌子好就沾沾自喜，这不是检验名牌的标准，检验名牌的标准关键是看产品能不能得到市场的认可，鞋能不能卖出去，货款能不能收回来，而不是听别人说几句奉承话，就把牌子当成骄傲的资本。这是极端错误的，也是造成自己懒惰、集团被动的主要原因。

（三）一批骨干不求进取，满足现状

满足于高薪待遇而无所求，满足于取得成绩就狂妄自大。作为骨干，一定不能忘记双星能有今天来之不易，高薪待遇要通过不断进取才能够保持并提高。要讲良心，因为目前真正富裕的双星骨干并不多，通过我们的努力多创造一些高附加值的东西，让一线的骨干也富起来，这才是我们所要达到的最终目的。总之，造成这种被动局面，关键是市场竞争意识差，不敢到市场上竞争，可以说是住在市场，不进市场，进了市场，不懂市场所造成的。

（四）事业心差

没有那种不断地把事业推向前进所应有的事业心、责任感，对自己做的事负责到底做得不够。可以说这是个做人的标准问题，如果这个问题不解决，在今后双星事业发展中会起很大的阻碍作用。

四　贯彻落实十五大精神的具体做法

（一）"两个突破"

1. 思想上要有突破

要把思想上存在的计划经济教条的、僵化的、墨守成规的东西彻底根除掉，提倡反思维，特别是针对产品品种和产品开发一定要有"喜新厌旧"的观念，一定要有"四不像"的创新。

2. 体制上要有突破

国有民营我们运作得比较早。通过对党的十五大精神的学习，我们一定要在国有民营的基础上，在目前运作较好的基础上进行总结，并进行五方面的体制变革，即"包、租、股、借、卖"。要根据大、中、小三个档次、不同规模进行体制变革；在人员结构上，可通过毛遂自荐、个人组阁的形式调动人员的积极性；对于各大经营总公司的体制改革，各总公司总经理要根据各分公司的实际情况进行改革；可以先试点后推广，尽快加大驻外公司、连锁店的改革步伐。

（二）"三个圈子"

（1）跳出计划经济的圈子。产品品种不能一条线一年不变，要有一条线一个月变两次甚至三次、四次的胆识与魄力，多品种，多花色。

（2）跳出不愁吃喝贪图安逸的圈子。

（3）跳出老品种、老传统、老工艺的圈子。

（三）"三个用好"

1. 用好一个集团

依托集团优势，实现多种经营体制运作。

2. 用好一个牌子

发挥牌子的最大优势，促进整个集团综合实力的提高。

3. 用好一个政策

要制定好、运用好政策，让"一把手"压力和动力并存、权力与责任共担，更大限度地调动积极性。

（四）"三个活"

1. 思路活

我们的思路不能局限于做鞋、做服装、做器械，可以跳出这些条条框框，向其他行业发展，开拓多种经营的新思路。

2. 有形资产与无形资产结合运用活

要在国有资产巩固的基础上，让个体经营者、股份持有者等一部分人先富起来。

3. 多种经营运作活

无论通过什么方式，一定要灵活。我们每个人要在政策允许的范围内充分调动大脑的积极性，去发明、去创造。

（五）"三注意"

（1）要注意保护、发展、壮大名牌、要给名牌增光彩。

（2）要注意研究市场发展、社会流行、行业趋向等规律。

（3）要注意培养人、教育人、会用人、敢管人，要不拘一格选人才，进入市场育人才。

（六）"五统一"

（1）无论结构如何调整，体制怎样运作，执行什么政策，质量控制要统一。

（2）强化教育要统一。

（3）大供应要统一。

（4）制度要统一。随着整个体制的运作，各职能处室对制度要逐步修改和调整，更好地适应市场，适应体制。

（5）产品开发研制、科学技术要统一。

（七）达到"三个有利于"

（1）有利于促进生产力发展。

（2）有利于员工生活水平提高。

（3）有利于集团综合实力提高。

总之，希望通过本次会议，能给全集团带来新的生机，注入新的活力，争取在最短的时间里再上一个台阶，以落实的精神迎接双星美好的明天。

质量是企业的生命

（一九九八年二月三日）

对于质量的认识可分为感性认识和理性认识。感性认识，是指对产品的认识仅仅是表面上的，是一种一般性的感觉，是非常浅薄的，但只有有了感性认识，才可慢慢过渡到理性认识。理性认识，是指对待质量由过去那种表面上、形式上、口号式、一阵风的东西转换到扎扎实实、认认真真、坚持不懈的形式上来。下面我从三个方面就质量的理性认识进行阐述。

一　从名牌形成的角度来看

（一）名牌是市场当中最大的政治

质量和款式是名牌存在的两大要素，也是名牌的综合代表和标志。但质量和款式相比，质量更具有永恒性和竞争力，也永远是第一位的，在人们心目中的信誉度和信任感也比款式要高得多，因为在名牌形成以后，标志名牌好坏、辨别名牌真伪的唯有质量。纵观世界名牌，无论是家用电器、大型设备还是民用小商品，对于质量的控制永远是第一位的，是高于一切的；就制鞋业本身而言，无论是耐克、阿迪达斯，还是美奇、派莱斯，对于质量的控制同样很严。因为在市场竞争当中，最有竞争力、最能站住脚的就是产品质量，最能表达政治价值和政治影响力的也是产品质量。名牌是市场当中最大的政治代表，而这个最大政治代表的标志就是质量。质量好了，说明市场政治取得了成功，从这个角度来讲，质量不单纯是产品自身的问题，对企业而言更是一个政治问题。我们必须把产品质量放到同市场政治同等重要的位置上去认识；如果仅仅局限于"我是名牌"这种骄傲的态度和自满情绪上，却不知道如何发展提高名牌，不知道名牌的实质是什么就不是质的飞跃。以青岛为例，过去青岛曾经有过好多老牌子，它们在当时的影响力也很大，可随着时间的推移，牌子的影响力不是在增大而是在萎缩。究其原因，除了经营不得力以外，最重要的就是产品质量上不去，款式又跟不上，才导致了这种局面的发生。所以名牌是没有终身制的，破坏名牌，对名牌冲击最大的是质量。我们必须从理性上认识到产品质量同名牌的知名度是相辅相成的，名牌的知名度越高，产品质量就应该越高；名牌的知名度越大，产品质量就应该越好；名牌在人们心目中的信誉越好，产品质量就越应该达到顾客的满意。只有从这种理性上去认识产品质量，才能够发展提高名牌，增加名牌的含金量。

（二） 从世界范畴、从名牌的发展规律来看

名牌的兴衰与质量的好坏有着直接的关系。在竞争日益激烈的今天，外部力量打垮双星是不大可能的，但是产品质量不过关是杀伤力最强、最厉害的武器，也是自己最终击败、打垮自己的致命武器。假如我们对产品质量不重视、不严格，任其发展，双星这块牌子最终不是垮在别人手里，而是垮在自己人手里。近几年，由于双星实施"东部发展、西部开发"的发展战略，使产品销售量稳居同类产品第一；实施多元化发展战略，使双星品牌成为中国鞋类唯一驰名商标。所以，随着名牌知名度的不断提高，顾客对我们的要求就越严、越苛刻，在这种状况下，我们的产品质量如果达不到顾客的基本要求，必然会带来销售量的下降和对双星产品质量的怀疑。经济上的损失是小事，也是暂时的，可在政治上的影响则是长期的，是用金钱无法计算的。因此，在当时这种社会对我们敬仰、人们对我们羡慕、我们自己也感到自豪的情况下，唯一能打垮我们的就是产品质量，如果这个问题不上升到我们最大的敌人是产品质量，产品质量不好就等于自杀的理性高度上去认识，我们在竞争日益激烈的今天就会垮得很快、垮得很惨。

（三） 从双星发展的角度来看

随着双星的发展，尽管双星名牌知名度在整个社会当中占有一定的份额，但仍不为一部分人所熟知。因此，当这部分人对我们不了解、不知道时，观察我们、检验我们好坏的试金石就是质量，能否给我们以公正评价、

得出正确结论的依据也是质量。作为间接性的媒体广告宣传仅仅是表面上的，是一种感性认识，真正使人们认识并最终了解，只有接触到双星产品、接触到双星人后才能得到最公正的结论，才能认定我们是真名牌还是假名牌。如果我们的产品质量好，无论社会对你的评价如何，最终将使人们所信服，要懂得间接的、表面的东西可以被实质的产品所征服、所战胜的道理，也可以通过产品质量来教育那些对双星品牌表示怀疑的人们；反之，如果牌子在外面很响，可质量上不去，无论我们如何用文字去渲染，用媒体去表白，人们都不会相信你，更不会说你好，我们所做的一切也都将等于零，最终只会落得适得其反的效果。因此，对于产品质量的认识必须从表面上到实质上有一个质的飞跃。

二 从双星内部质量管理而言

（一）要想更好地从表面转换到实质上来，从感性转换到理性上来，当务之急应该解决一个认识问题

即由"要我抓质量"变为"我要抓质量"，要明白质量不光是集团领导的事，也不是为哪一个人去抓，而应是人人动手、齐抓共管的事，是自己为自己的生存去抓，自己为自己的饭碗去抓，自己为自己的家庭去抓的事。对于我们所有人来讲，命运安排了我们从事这份职业，老一辈双星人经过十余年的奋斗创业后，又给大家创造了目前的这种好环境、好条件，因此，我们更应该去把本职工作做好，更应该对质量尽心尽责。如果认识不到质量的重要性，不想干或是不愿干，还不如不干，实际上对质量问题敷衍了事比那些背叛双星的人更可恶、更危险。明白了这一点，作为我们的质检人员及一切与质量有关的人员还有什么理由不去把质量抓好呢？因此，从这个角度来讲，对于质量的管理更应该转到用道德管理的方法来提高对产品质量的认识。鞋作为民用小商品是不分国界的，因此我们的服务也是针对全球60亿人口的，我们做的每一件合格产品，每一双合格鞋都是在积德，都是在做善事，我们不能让人烦恼，而应叫人穿了放心。可实际当中有时却事与愿违，从全年的销售额下降我们不难看出，尽管有宏观形势不好等因素的影响，但真正导致销售收入下降的原因还是因产品质量不好而影响了销售。如运动鞋的开胶、断底、皮裂，硫化鞋的开线、开胶、帮面破损

等质量问题都是影响销售收入下降的直接原因。可以说，出现这种问题不是在积德，而是在作恶，是对双星、对顾客的犯罪。因此，对待产品质量不能是应付公差，或是迫不得已去做，在质量问题上更不能随心所欲，必须把对质量的控制上升到是在道德上、良心上、品德上的检测，上升到是一种道德的修养、品德的净化的高度上去认识。如果不提高到这个高度上去认识，我们所说的道德管理也是空的，所说的自觉地把产品质量抓好也是假的。

（二）不能把产品质量简单地理解成为是一线员工的事，是工厂的事，是厂长的事

应认识到产品质量是和每一位双星员工都息息相关的。如果从原材料就潜在质量问题，它所造成的损害将比一线员工严重得多，危险性也更大。另外，在产品质量上不能说"我是第一次，可以原谅"，而应做到产品出厂后100％的放心。如果每个人都以"我是第一次"来原谅自己，那么我们的产品质量将是所有第一次的累加，最终体现到消费者手中就对我们可能是最后一次，也不会再相信我们的产品，更不会再购买我们的产品。因此，在质量问题上即使是第一次也不能原谅，保证每一只鞋都符合质量的标准和要求，要做到不合格的原材料坚决不准进车间，不合格的半成品坚决不准流入下道工序，以此来杜绝质量隐患。同时，质量作为衡量一切工作的标准，所有工作也都最终体现在产品质量上，对于与产品质量有直接关系的一线员工而言，他们的操作失误可能会使几双鞋或是几十双鞋出现问题。而作为那些手中有权、说了算的指挥者、领导者及供应、配套等人员而言，如果自身对产品质量不重视，工作质量上不去，造成的恶果比直接的操作人员还厉害。

质量问题关系到企业的命运问题，关系到每个人的饭碗问题。我们必须从空喊质量转到干好质量上来，从说质量重要转到抓质量重要上来，从原来单纯地靠检查质量转到从原材料进厂到成品出厂都放心上来。如果在质量问题上依旧停留在空喊或是其他旧形式、旧体制、旧的质量控制模式等流毒上，那么整个1998年以质量为中心的工作就将成为泡影，以质量为中心的总方针就会落空。质量不是喊出来的，也不是靠空讲质量重要性讲出来的，而是脚踏实地干出来的，是认真严格做出来的，是大家共同努力的结晶和成果。

（三）不能用私情损害产品质量，不能用感情代替产品质量

对产品质量不负责任，可以说明所有的工作质量都是假的，也是表面的。对待工作不认真，对双星没感情，更是双星的败类，这种败类比双星的叛徒更坏、更可恶。因为那些背叛双星、对双星说三道四的人只能给双星人增加压力，可是我们身边这些对待质量不认真、不负责或是睁一眼闭一眼的人，尽管主观上高唱热爱双星、热爱本职工作，可客观上却对质量控制不严而导致因质量不好砸了双星的牌子，甚至使双星垮台。这难道还不能够说明这些披着质量检测外衣却对质量控制不严、高喊热爱双星的人比那些背叛双星、咒骂双星的人更危险、更可怕吗？因此，在产品质量问题上，不能用感情代替产品质量，不能用人情掩盖产品质量，不能用私情损害产品质量，不能有任何的原谅语气，无论是谁都应该一丝不苟地对产品质量负责，都要把产品质量当做自己的事去抓，当做自己的饭碗去抓。负责原材料的供应人员要做到对每一批原材料都心中有数；负责产品检测的质检人员要对每一只成品鞋进行检测，都让人放心；负责定牌加工的人员更要驻厂跟线，对于每一个订单都要坚持到最后一只鞋下线、装箱、签字为止，以确保将合格的产品推向市场，推向社会。

三　如何从本质上达到对质量认识理性上的飞跃

（一）在体制上进行彻底改革

技质处作为全集团的质量控制中心要负责对全集团的质量进行监控，尽快制订出相应的制度进行约束。在当前集团进行大调整的情况下，集团越分散，宏观上的制约越要加大，制度越要严格，检查落实越要认真。质量"法规"作为整个集团的生命大"法"要尽快研究，重新整理。对于所有的检测、测试、控制的仪器、手段、人员均由技质处和各生产厂及定牌加工单位统一管理，并要建立完整且行之有效的制度；还要建立完整的质量控制卡、市场质量返回卡，要形成制度，常抓不懈，今后所有的质量问题都要有处理意见，坚决不准搞"下不为例"。同时要培养造就一批在质量方面能够严格制度、六亲不认、敢抓敢管的双星质量"包公"、双星质量

"法官"。

（二）在政策方面给予倾斜

对在产品、供应、生产、定牌加工质量负责，尽心尽力且不出问题的人员要给予重奖；对不负责任的要给予重罚，直至开除。在质量问题上绝不手软，遇到重大质量事故要追究其法律责任。

（三）树立质量在企业的权力高于一切的意识

实行质量否决权，当生产和质量发生矛盾时，无论是谁、不管是什么理由都必须服从于质量；不要为了抢市场、赶产量而造成质量的一塌糊涂，砸了自己的牌子，也砸了自己的饭碗。对于定牌加工工作也要把质量放在一切工作的首位，即第一是质量，第二是质量，第三还是质量。

总之，在质量问题上一定要做到"四严"，即严格制度、严格管理、严格执行、严格奖罚。在严格的基础上，我们只要认真去做，双星的质量问题就一定能够有一个大改观。一定能够改变过去那种人人不重视质量的局面，彻底根除质量与我无关的流毒，做到人人抓质量、人人干质量、人人关心质量。只有这样，我们在今后的工作当中才会有一个大的提高，质的飞跃，才会在今后的工作中无往而不胜。

资本管理和资本运营

(一九九八年三月五日)

一 如何认识双星发展的战略新课题

在宏观形势低迷、市场经济出现低潮萎缩的时候，作为一个知名企业来讲，低谷萎缩为我们的发展提供了绝好的机遇，关键就看我们如何去把握这个机遇，抓住这个时机。经济规律本身决定了低谷与高峰并存，机遇与挑战并存。在低谷时，我们应该首先研究可乘的机遇有哪些？我们应该怎么办？要想在低谷中求生存、求发展，我们的思维不能仅局限于母体行业——鞋的生产、制造、销售上，而应该凭借经济低谷这个机遇考虑怎样进行产业调整。目前我们所进行的"关、停、并、转"的资产运作方式实际上就是低谷当中所选择的新经济增长点，是在选择母体行业新的运作方式及发展趋势。对于具有70多年历史的制鞋企业来说，对于第二产业，我们已经在实践中总结了一套符合市场规律的、具有双星特色的管理方法和管理理念。因为我们过去一直研究的是人，以人为本的管理、以成本为主要要素研究得比较多，但以资本为主则研究较少。我们这次主要就解决我们的资本怎么才能保值、增值的新课题。为了更好地发展壮大集团，必然要求我们在低谷时跳出原来的圈子，跳出母体行业这个概念，向全方位发展，包括房地产业、金融业及三产等各行业。假如我们能够按照这个思路进行拓展，一旦引进、培养了这方面的人才，就会有一个大的突破，取得更大的进展。三菱公司是最早和双星打交道的外国公司之一，当时的三菱公司兼营日用小商品，在双星下单加工鞋时价位只有1.2元人民币，但销往美国的售价就高达7美元~8美元，它们通过这种经营方式赢得了高额利润。而现在的三菱公司发展成为主要从事金融业和高科技产业，原因就是在整个世界流通领域发生变化后，如果大公司再操作小商品，它就将与自身发展格格不入，其利润也远远不能够满足于成本管理的需要。三菱公司由过去那种低档次、粗放型、全方位的发展逐步过渡到向高科技、高档次、高利润、高附加值的方向发展的例子，启发我们现在不能仅仅局限于制鞋行业，要改变企业结构框架、产品结构框架，要运用好这个牌子，使其在一产、二产、三产当中都发挥作用，做到哪儿有市场，双星贸易就开拓到哪儿，形成鞋业带三产、三产促鞋业、鞋业三产共同发展的格局；不能仅仅局限于青岛，局限于家门，要迈出青岛，走向全国；既有整体性，又有相对的独立性，由"产地销"变成"销地产"，我们的公司结构就可能出现东北双星、西南双星、华北双星等，那么双星就真正地覆盖了全国；不能仅仅局限于一种经营模式，要采取多种形式并存的运行机制，广开思路、拓展视野，在经营好母体行业——鞋的基础上，多方面探索新的经济增长点，充分利用双星的无形资产和有形资产，并发挥它们的潜力获取最高的价值和利润。如我们去年操作的一产、二产及定牌加工工作，实际上就是一种试点，一种通过操作无形资产扩张、低成本扩张，发展壮大双星的最好的经营模式。我们的金融业、房地产业、旅游业等行业能否也在鞋类市场低迷饱和的情况下发挥作用，扩大双星知名度和影响力？这些行业中我们如果缺乏人才可以去聘请，缺乏经验可以去试点，缺乏知识可以去学习。我希望通过试点和探索，1999～2000 年双星的各行业的新经济增长点能够尽快发展起来，双星的战略新课题能够尽快实现。

二 双星必须进行资本管理和资本运营

就资本而言，包括看得见的资本（如土地、房屋、设备等）和看不见的资本（双星品牌），即无形资本和有形资本。在名牌发展的初级阶段，双星房地产、广告公司、三产、服务公司、旅游公司等都走在了青岛乃至全国的前列，但在资本运作方面都没有运作好，究其原因，关键是大家守着双星这棵大树，面对相对稳定的生活条件满足现状，不想再革命、再创业，也缺少必要的事业心，用资本的观点来看，就不想用有形资本发挥其最大的潜力。回顾过去，双星之所以能够成功的奥秘在于：一是无论什么时候总感到有问题；二是和他人相比总感到有差距；三是什么时候都能够居安思危。我作为双星的决策人和带头人从来就没有满足过，也没有自满过，总感到存在很多问题。所以说我们在安定的条件下更应该感到危机感，认识到与世界知名企业相比差距还很大。我们只有发挥自己的优势，在资本运营方面才会取得成功。

在资本管理及运行过程中，无形资本和有形资本是不可分割的，如果有形资本运作好，就能促进无形资本的发展和提高，才能达到资本运行和管理的最佳。如果我们只注重抓母体的成本，却看不到有形和无形的资本，双星想发展也很困难。目前，双星出台的政策对每一个人都是公平的，给每个人带来了机遇，即无论是用无形或有形的资本，只要想创造一番新的事业，都可以重新注册，重新办理手续，按新体制运作。但有一个前提，重新注册的公司要建立在国有资产不流失，并使其保值增值的基础上，决不允许违反国家法律虚报或隐瞒资产或违背双星集团利益。

在资本运作过程中，如何处理好无形与有形当中大和小的关系？我们的牌子是最大的资本，这是十几年双星人共同努力的结晶。我们首先要保住双星名牌这个大的无形资产，这是当前压倒一切的任务。目前我们在二产方面选择了定牌加工这条路，目的就是为了增加有形和无形的资本扩展。今后凡是从事于定牌加工工作的单位和人员都要进行承包，但管理职能不变，必须由集团统一管理，对于进行定牌加工产品款式好、质量好的负责人同样可享受驻外公司经理的政策，其他人员则按正常运行体制办理。体制改革不能光算个人小账，改革有一条总原则就是国有资产只能增值而不能流失，所以无形资产要想扩大要靠大家共同努力，在有形资产得到效益时，应该首先想到无形资产如何增值，改革既要保证国有资产保值增值又要保证大家共同富裕。

三　如何进行资本管理和资本运营

（1）要抓住母体的发展和壮大。母体的发展和壮大是我们一切新经济增长点的前提和保证，如果丢掉母体这个中心盲目去抓，那我们就很危险，所探求的新的经济增长点也不会成功。

（2）在工作中既要大胆实践又要有科学性的创新，既要冒风险又要坚持实事求是的原则。只有具备这种综合素质，我们所探索的新的经济增长点才能够成功。

（3）低谷作为发展前进的良机，我们一定要牢牢抓住。不能错过低谷这个机遇，从现在开始，无论是二产还是三产，都要通过仔细研究论证，提出一至两个切实可行的新的经济增长点的实施方案。

（4）以发展自己的有形资产为主，借助外部资产发展为辅助，把资产先盘活起来，尽快搞活。在三产中先把有形资产盘活，并运用无形资产这一优势促使有形资产见成效、出成果；在有形资产发展提高的同时，无形资产要借用好外部环境条件大发展。

（5）要利用好高科技这一新的经济增长点，将高科技成果运用好。如微机作为高科技产品不能简单地作为数学计算、打印报表等使用，而要全面发挥其功效，发掘其最大潜能，使生产、管理、销售形成网络化。

经济低谷：企业的发展机遇

（一九九八年七月四日）

一 对本次会议的认识和看法

这次会议是双星集团进入市场 15 年来召开的具有划时代历史意义的一次会议。它标志着双星集团完成了从计划经济向市场经济过渡的全过程，特别是"两个最佳"（最佳连锁店、最佳营业员）会议的召开，标志着双星进入市场 15 年来，随着市场网络的不断完善，创造性实现了社会主义市场经济下机制建立的成功。实践证明了我们的市场机制、市场理论和市场政治，我们所走的具有创造性的社会主义市场经济之路是正确的，也是成功的，市场政治、市场理论也是符合双星发展、符合社会主义市场机制的。"两个最佳"会议的召开，使我们看到跨世纪发展的"三大战略"已经取得了初步的成绩和成果，尤其是建立了 1000 余家连锁店，标志着"三大战略"的发展是健康的、顺利的；"两个最佳"会议的召开，标志着双星市场一线的骨干和精英在今后的市场经济当中和双星跨世纪的发展当中完全有能力担负起发展的重任，使双星有希望继续夺冠；"两个最佳"会议的召开还标志着双星人在宏观经济大滑坡的情况下，由于坚持了走双星人"自己解放自己，自己走自己的路"的道路，按照市场规律办事，创出了具有中国特色、具有双星人个性的市场之路，我们在整个连锁店的建设上，在整个市场经济、市场政治、市场理论的贯彻落实上，既有实践的经验，又有自己的理论，在经济上取得了丰硕成果，在精神上获得了重大丰收。我们相信：通过这次会议的总结表彰，下一步的双星发展将有一个更大的提高，双星在跨世纪的发展当中将会进入一个快车道。

这次会议通过交流经验，达到了相互交流、共同提高的目的。不管是生产一线的同志，还是市场一线的同志，都有很大触动。因为尽管我们最早进入了市场，但我们的生产组织、我们的思维方式还是计划经济的，我们的产品质量没有做好，没有把好关，给第一线的经营人员带来了麻烦，给他们造成了很大的被动。他们用200%的服务方法来弥补产品质量所存在的问题仅仅是手段，也是暂时的，真正需要解决的还是我们生产第一线一定要干出优质的产品，使经营第一线的同志卖起来确实放心，说起来确实有勇气，宣传起来确实感到自豪。作为生产第一线的同志来讲，我们应该深思，也应该反思，更应该扪心自问，究竟我们是给经营一线同志减轻压力，还是增加麻烦？他们受到的侮辱和委屈，我们究竟应该承担多少？认识到这个问题以后，我们应该感到惭愧，在惭愧的同时，应该把他们的委屈和泪水变成我们发展的动力和压力。相信参加会议的同志通过经营一线的发言都会有提高，达到相互学习、内外学习、前后方学习、两个第一线互相促进的目的。

这次会议通过交流发言，使我们很多好的做法得以体现，也都是具有创造性的，特别体会到无论哪一个公司、哪一个战区只要抓好人头，就能带好鞋头；只要抓了人才的培养和人才的培训，这个地区就能朝气蓬勃；只要有了好的经理，连锁店就能买卖兴隆。通过交流以后，总经理、经理要知道"市场理论和市场政治能够融化和培养一批人才"的道理，在市场一线上的经营要想搞成功，要想把区域内的双星发展起来，需要在这一地区培养人才，需要一大批精英进入双星行列，原来的游击作风、哥们义气、守旧的家庭观念都要尽快得到克服，只有这样，我们才能尽快得到发展和提高。经营第一线的成功者是我们最可爱的人，他们为双星所作的贡献是巨大的，是不可磨灭的，正是他们忘我的工作才使经营第一线发生根本性的变化，使制约双星发展的薄弱环节得到彻底扭转，使我们发展不平衡的地区、落后的地区能够尽快前进。

二　机遇与重任

（一）机遇是指目前宏观上的经济低谷

在低谷情况下，所有的企业都经受了严峻的考验，也给名牌创造了极好的发展提高机遇，越是低谷的时候，越是名牌发展的最好时机，我们一定要抓住、抓牢低谷机遇，在发展代表双星形象的高档鞋，特别是在制鞋工艺和制鞋技术上，除了原材料以外，我们都已经达到了世界水平，但是由于缺乏对市场的足够分析，款式和价位掌握不好，再加上质量及原材料出现问题，使得我们在市场当中一度被动，看到了我们的不足与差距，关键就是如何去改正。"只有疲软的产品，没有疲软的市场"，我们现在牌子已经存在，技术已经存在，关键就是做什么鞋来适应市场，适应消费者。因此，在目前最好的机遇前提下，给每一个双星人都提出了很重要的课题，就是如何抓住机遇，在自己职权范围内，在自己能承担的区域内尽快把自己的工作做好。应该看到，机遇已经客观存在，可我们所承担的重任并没有引起大家足够的重视，并没有感到有压力，特别是当领导的、说了算的同志更是如此，如果照此下去，我们就必然要失掉这个机遇，也必然要被历史所淘汰。机遇与重任是相辅相成的，给了你多大的机遇，就要求你所具备的思想和境界承担多大的重任。另外，经营第一线的同志也不要感到满足，你们所经营的仅仅是母体——鞋，但是我们所生产和下一步名牌战略发展及所有要经营的东西你们都应该经营。作为连锁店的同志，特别是新进入双星行列的同志，应该看到双星给大家提供了一个很好的施展才华、发展自己的机遇，要认识到自己身上所承担的双星跨世纪发展的重任，承担着名牌含金量增加的重任，承担着双星真正走向全国的每个角落、双星的每个行业都形成名牌的重任。所以你们应该在这个基础上看到双星的希望和你们的希望是共存的，这种希望和你们承担的重任也是相辅相成的，不能满足于现状，双星之所以成功，就是永远不满足，也正如我所说的三句话"市场无止境、名牌无终身、管理无句号"。

（二）低谷给大双星的发展提供了机遇

综观世界名牌发展规律可以看出，要想使牌子在全国乃至世界有一个大的发展，必须从青岛走向全国，从全国走向世界。所以我们大双星的发展，特别是原来单纯的由生产经营型要转向以经营贸易型为主，名牌发展的步伐还要加快，不仅要在一个地区搞，还要在全国各地搞。要形成既独立地经营，又独立地操作，大家都来用这个牌子，并在这个牌子的照耀下，发挥我们的才干和才能，这就需要一批能人尽快把牌子操作起来，使整个战略由原来宏观上的转为阵地式的，形成一个地区一个双星。我们也不要把它看得过于神秘，做鞋不是高科技，但做鞋却是很复杂的一项工作，关键就是认真。"用力只能够做好，用心才能够成功"，我们整个大双星的发展给大家提供了发挥才干的机遇，创造成果的机遇，希望有才干的人能够尽快为大双星的发展施展你的才华。

（三）机遇给每一位双星人发挥才干提供了好的时机

虽然来自于双星一线的营业员成分不一样，有受过高等教育的，有合资企业、国有企业下岗退休的，也有来自于农村打工的，但是应该看到加入双星是你们的光荣与自豪，也应该感受到加入名牌行列以后大家所承担的压力与重任。所谓压力与重任，具体表现在以下三方面：一是形象的窗口；二是优质的服务；三是双星人的标志。在双星当营业员，顾客对你的要求就会是名牌的要求，就要求你必须以名牌的素质、以名牌的表率、以名牌的形象来为他们服务，要用你的爱心、用你的热心去迎接他们、感动他们、打动他们。所以我们在发展名牌的时候，每一个人都可以表现自身的价值，每一个行业都可以当状元，每一个连锁店、每一个在第一线服务的人员，包括三产的同志都应该以名牌的形象和名牌的重任服务于每一位顾客。要懂得名牌给了你饭碗，给了你表现的机遇，而你应该有名牌的形象并承担起名牌的责任与重任。假如你没有名牌的重任，你将给双星带来的不是增光，而是抹黑，你将给双星带来看不见的影响，而且不是对你，是针对整个双星，所以说二者是息息相关的。我们有些连锁店的经理可以多管些店，有些优秀的营业员可以提拔当经理，尽快把人才用到最佳位置，才能实现我们在 2000 年建成 2000 个店的目标，即每个县城不得少于 2 个店，50 万人口的城市不得少于 10 个店，上百万人口的城市至少要有 20 个店，这么一个发展的蓝图需要大量人才，我们必须在建店的同时把人才培养好。我们应该看到，连锁店是"三大战略"的综合体现，是人才、名牌实力的标志。我们必须有这种压力，有这种紧迫感，更重要的是在经营上不能光卖鞋，还要学会选鞋、买鞋，因为仅仅依靠工厂开发，依靠青岛开发而想使品种适应于东北、新疆、海南岛等全国各地区是绝对不可能的，这就要求公司经理、连锁店经理依据本地区的实际情况提出符合于当地的产品。大家就是最好的开发部主任，最好的开发员，并且可以在条件允许的前提下，以公司为单位，逐步走名牌发展的道路，走世界名牌成功之路。同时还要克服不管什么鞋，只要低价位就能卖的坏习气，要懂得名牌不一定都是低价位。随着市场经济的发展，整个市场已逐步向两极分化过渡，贵人市场已经形成，穷人市场也客观存在，我们不能把所有产品都当成低价位就好卖，一定要尽快扭转过来，该标高价位的就要标高价位，该赚钱的就一定要赚钱。这就需要我们全面提高各项综合素质，要做到不但旺季有鞋卖，淡季也要有鞋卖。关键是我们的产品组织有问题，我们必须尽快抛弃旧观念，树立新思维，全面把市场打开。

要做到"五大员"（服务员、宣传员、检查员、信息员、开发员）的同时，还要做到"两克服、两转变"，即克服"不管什么鞋只要低价位就好卖"的错误观念，转为"自己到市场选样品、买样品、开发样品"上来；克服"淡季不卖鞋"的旧观念，转为"只要品种提前组织好，就没有淡季"上来。

三　服务与希望

（一）真诚的服务就是感情的投入，只有很好的感情投入才有理解

经营一线的同志，不光是一名战斗在市场一线的营业员，同时还承担着双星的希望，不要把自己这种光荣的职责单纯地看成我是卖鞋的。来双星就是为了赚钱，钱是应该赚的，商品经济、市场经济没有钱是不能生存的。要想赚得更多的钱，必须要有高超和高尚的服务，必须要有代表双星形象的优质服务，要牢固树立"双星的发展有你的服务"这个新观念，你的服务就是你付出的心血、泪水及委屈，一定要珍惜它，如果单纯地理解成我就是一个雇佣的人，对我们每一个有思维、有远大抱负的人来讲都是狭隘的。既然加入了双星行列，成为一个知名度很高的企业中的一员，就应该为"我是双星人"感到自豪，同时也应该为它去付出，并通过付出增加双星名牌的含金量。在这一点上，我们的操作应该是与国际接轨的，国际上所有成功的大公司都引用了全世界各个国家的能人，而且这些人没有一个说"我是某某国人"，而是"我是某某公司人"，所以大家也同样要说"我是双星人"，要真正发自内心。当别人说"你是双星人"，你也感到自己是双星人时，可以说你的服务已经到了一定的档次，也应该感到你在双星的高兴和看到双星的希望，只有把服务当成自己的事情去做，我们的服务才是有希望的服务。

服务是名牌的标志，服务是名牌的希望。面对最刁难的顾客，面对最苛刻的要求，才是服务与希望表现最佳的时候，在这种时候也是最难使人接受的时候。如果服务得好，就可带来双星名牌的希望和发展；如果服务

不好，就可能造成很难挽回的影响。特别是当顾客不理解、蛮横不讲理的时候，更要用我们200%的服务去化解，所以在这个时候你才能感到名牌的含金量是越来越高，要知道越是这些刁难的顾客越可以臭你一大片，但扭转过来又可以宣传一大片。我们不能在刁难的顾客面前、在苛刻要求面前，忽视了服务质量，而是在这种时候更要沉住气，我认为我们成功的经理及营业员都具备了这一点，也都做到了这一点，这也实现了我十年前所说的"感情 + 产品 = 市场"。我们应该看到服务、希望与名牌是紧密相连的，服务到了什么程度，名牌的知名度就会增加到什么程度，你所得到的希望与未来就会是什么程度。

而就我们内部而言，就处室与处室之间，工厂与工厂之间，公司与公司之间，上下工序之间等所有部门之间乃至所有的双星人之间都存在着一个服务问题，但这都不是为了个人服务，而是为了双星这个大家庭服务。如果说双星是一台高速运转的巨型机器，那么每个公司、每个部门就是这台机器的零部件，每一位双星人，包括我本人在内都是属于某个部件的螺丝钉，只要每个零部件正常运作，大家劲往一块使，双星这台机器就能发挥它最大的功率，每个螺丝钉才能保持它的韧劲；可只要一个螺丝钉松了或是锈住了，就可能会使某个零部件失去它的功效，乃至影响整个机器的运转，可以说每个螺丝钉所使的劲，最终都是为了整个机器的运转。但如果某些螺丝钉松掉或锈坏了，迫使整个机器停下来，那么时间一长，不但整个机器要报废，每个螺丝钉也会因此被锈蚀。所以，作为每一个双星人来讲，都应该干好自己的本职工作，努力为自己的相关部门服好务。服务得越好，大家关系协调得越好，干起工作来也就越团结，大家的向心力和凝聚力也会越来越大，我们双星这台巨型机器也就会越转越好，大家的"金饭碗"也就会越来越沉，端得也越来越牢。

（二）无声无形的服务是高尚的广告是用金钱无法计算的

这种高尚的服务也是用广告的价值无法计算的，只能用双星人的精神和双星的人情味才能够计算这个价值。这种无声的广告是通过优秀、优质的服务换取了有形和无形资产的再扩展、再壮大，我们应该为作出这种贡献的双星人称赞叫好，也应该为有这么多无声、无形、高尚的广告营业员而感到高兴，通过这种无声的广告、优质服务这种高尚的广告看到了双星的未来和希望。如果在2000年2000个店的规模形成以后，那么将有2000个这种高尚的、有形和无形的广告，我们的作用将会多大？我们要大力培养这样的人才，只有有这样一大批高尚的、优质服务的广告员，我们才能够在跨世纪的发展当中有一个大的希望，这也正是服务与希望的辩证关系。

（三）产品质量的好坏是服务质量好坏的先决条件

从某种意义上讲，产品质量的好坏，决定了服务质量的好坏。产品质量越好，服务质量越有希望；产品质量越差，服务质量就很难保证。要使最佳服务保持到良好状态，必须要有优质的产品作保障，以使营业员服务得更好，因此，从这方面讲服务是有限度的，产品质量不好了，仅靠服务来弥补也是骗人的。我们工厂的同志必须做出优质的产品，使我们的服务保持良好的状态，只有三位一体协调一致，共同前进，双星这个名牌才是最理想和最有希望的名牌，也是最有前途的名牌，达到这个程度，我们今后10年的发展目标就有希望，大家的生活就有保证。

总之，不管新老双星人，是双星把我们的命运连在了一起，我们生活在双星这个大家庭当中是我们的缘分，希望大家认真贯彻会议精神，取长补短，将这些好的做法尽快变成千家连锁店的行动，使好的精神尽快在工厂当中开花。让我们共同祝愿这次会议能够圆满成功，并使这次会议能够变成"三大战略"发展的再动员、再发动，成为双星跨世纪发展的进军号、进军令。

跟着市场走，围着市场转，随着市场变

（一九九九年一月十四日）

一　怎样看待"1998 生死年"

1998 年是双星发展史上最具历史意义的一年，这一年双星内部发生了质的变化，无论是机制转换还是资金管理，都取得了决定性的突破，特别是海内外各经营公司都实行了改制，进行了承包；1998 年也是全集团各方面工作提高最大的一年，我们所倡导的深层次管理已在全集团范围内被职工所接受；1998 年还是扎扎实实、扑下身子、牵住资金这个"牛鼻子"取得显著成效的一年；是市场理论、市场政治贯彻落实、深入发展、不断提高的一年；是减人增效、换脑袋最为成功的一年；是变机制、增活力取得重大突破的一年；是"三个根本"（根本办不到、根本不敢想、根本不可能）改变最明显的一年；是"大双星"框架初步形成的一年；是自我教育、自我提高、自己给自己加压力，闯出一条新的双星之路的一年。在看到我们取得众多成绩的同时，我们不能忘记工作中还有很多失误和教训。总之，无论是从成绩而言，还是从失误来讲，1998 年都是很值得我们总结的一年。

二　如何看待此次会议所达到的效果

通过查找 1998 年工作当中的失误与教训，大家对双星市场理论、双星市场政治的认识有了进一步的提高，为下一步的发展提前进行了思想教育，也为"大双星"框架的形成和跨世纪双星发展奠定了坚实的思想基础和理论基础。

通过大家的交流发言，对"1999 双星发展年"有了很好的认识，一致认为集团党委做出这个分析是对的，只要我们抓住机遇，组织好生产，双星就能赢得第二个大发展的新高潮；对"发展是硬道理"有了更深刻的理解，明白了发展是我们唯一的出路。只有发展，才能前进；只有发展，才能保证名牌；只有发展，双星事业才能兴旺发达。

通过发言进一步交流了思想，提出了看法，总结了教训，找到了差距，接触了思想，增进了团结。使我们在失败面前头脑更清醒，在教训面前头脑更明智；使我们更加明白了一个道理，即"市场无止境、名牌无终身、管理无句号"，从而告诫我们"成绩只能说明过去，一切还需要从零开始"。在今后的工作当中必须以"高标准、严要求"的工作态度对待。

三 1999年总的指导思想、工作方针和经营原则

（一）总的指导思想和工作方针

转换脑袋改机制，不换脑袋就换人；
转换机制抓承包，减人增效增活力；
降低费用加压力，战胜自我创名牌。

1. 提倡"一种精神"

即"落实"精神，对待任何事情都要刨到根、问到底，落实再落实。

2. 坚持"三个不变"

即"以质量为中心不变、以资金为重点不变、以降低六大费用为尺子不变"。

3. 做到"四个发展"

即连锁经营大发展、科技进步大发展、双星事业大发展、双星名牌大发展。

4. 争创"六个一流"

即名牌要创第一流；质量要创第一流；管理要创第一流；规模经营要创第一流；连锁经营要创第一流；领导组织、指挥能力要创第一流。

（二）总的经营原则

跟着市场走，围着市场转，随着市场变。

1. 促销方式要做到"四进、一展、一找"

"四进"即进个体、进学校、进商场、进专业（专业店、劳保店等）。

"一展"即无论大小展销会都要参加，都要进行展和销，同时要不定期地在各公司开订货会。

"一找"即找有信誉、品德好、有实力的代理商。

2. 产品销售要做到"五卖、一坚持"

"五卖"，即高中低档的大路货要卖；各种专业鞋要卖；男女皮鞋要卖；季节鞋要卖；取好名、专名专卖的鞋要卖（如爸爸鞋、妈妈鞋、静电鞋等）。

"一坚持"，即"三压、一甩"还要坚持。

3. 广告宣传

要坚持"以鞋抵款打广告"。

4. 做到"按规律办事"

（1）按市场规律办事；

（2）按价格规律办事；

（3）按"严情"规律办事。

四 分析形势，研究对策

（一）面对 1999 年严峻的国内外市场形势，我们要做到"抓住机遇，打下基础，增加'悟'性，发展双星"

1. 抓住机遇

就是要抓住目前出口工作出现新的转机的机遇。双星在十年前第一次出口高潮时形成了规模，并借助当时大好的出口机遇进行了发展壮大，如开发区鞋城和鲁中鞋城的建立、双星工业园的初具规模都是第一阶段出口形势好的时候发展起来的。而时隔十年我们又迎来了出口工作的第二次高潮，我们一定要抓住这个难得的机遇来扭转整个内销被动。这次机遇来得非常好，订单小而且新品种多，这对我们提高出口档次、增加花色品种、提高工艺技术提供了难得的机遇。抓住此次出口转机的机遇，可以全面提高我们的工作质量、产品质量和服务质量，并以此带动所有工作上台阶、上水平。

2. 打好基础

就是一年中重要的第一季度必须打好基础，第一季度各项工作理顺了，上半年才不会背包袱，上半年没有包袱，下半年才能取得更大的发展，这是辩证统一的。但要想打好第一季度的基础，我们必须做好两方面的工作，一是干好硫化鞋、冷粘鞋的出口；二是抓好春节前冷粘鞋甩卖。如果这两方面工作干好了，我们就能夺取1999年的全面胜利。

3. 增加"悟"性

就是要善于静下心来总结工作，学习双星理论。在总结学习的同时，要多"悟"双星发展的道理，多"悟"双星提高的原因，多"悟"自己对双星贡献的大小、与双星的关系，并要使"务虚"与"务实"结合到最佳状态。务虚方面要务在双星事业的根子上，要换脑袋；务实方面要务在扑下身子干工作上，要抓落实。通过总结学习，要"悟"出人情味，"悟"出良心，"悟"出做人的准则，"悟"出事业发展的决心，更要"悟"出如何创造性地工作，"悟"出如何增强集团意识，"悟"出干好事业的责任心，"悟"出如何报答双星对我们的培养。

（二）在行动上必须做到

（1）领导层在总结1998年工作教训的基础上，进一步指导自己分管的单位、区域、处室继续找教训、查不足、谈失误，使大家的头脑更加清醒。

（2）加大皮鞋的生产量，特别是要加大定牌加工的步伐，尽快完成由"油桶"经营型向"哑铃"经营型的转变，而冷粘鞋也要加快步伐，把被动经营变为主动经营。

（3）春节前促销力度要加大，要利用各种促销手段将包袱甩在春节前，尽快将死钱变成活钱，特别是库头库尾及滞销品种的冷粘鞋、皮鞋不能再积压。

（4）要利用座谈会等形式进行促销，进行单品种的宣传，把健身鞋、静电鞋等专业鞋推出去；要善于用金捷富鞋打广告、做宣传；要力争使"妈妈鞋"、"爸爸鞋"的销售在春节前出现一个旺季。

（5）继续加大承包改制力度，尽快把机制调活。

（6）集团副总、战区总指挥的工作方法一定要变，不能是原则性的领导，应该是抓具体事的领导。如果不去抓具体人、具体事，不去抓落实，事业就不能成功。

（7）解决"好人主义"的不良习气，要学会管人。管好人、用好人，但管人一定要把人情和原则分开，这个问题解决了，人也就管好了一大半；同时，管好人还要解决两面派的问题，对搞两面派的人要进行揭露，进行批评教育。

（8）1998年工作当中所总结出的好做法、好经验各职能处室要继续进行总结推广，要召开各种形式的专业会进行总结推广，不管是大会、小会，每个处室都要抓一到两件事落实。

（9）在技术、工艺、操作上的改革和机关的制度改革要不断深入，不能改革完了就不管了。可能在改革、改进初期出现一些不令人满意的地方，但坚持不能走回头路，一定要坚持下去，不能搞形式主义，要形成制度，形成作风。

目前我们已经具备了各方面发展壮大的条件，在同行业中，具备我们这种素质、实力、知名度、名牌效应的企业还没有，我们已经走在了别人的前面，如果我们继续往前走，那么这个距离就永远存在。因此，希望大家在今后的实际工作中不断提高认识，提高自身素质，并切实落实到行动中去，为今后更好地发展双星打下坚实的基础。

不换脑袋就换人

（一九九九年四月十五日）

一 如何看待内销经营工作会议

（1）此次会议是将"三讲"读书班的务虚教育转向抓好经营这一具体行动上来的务实性会议；是对经营一线的骨干加深对持续三年的市场低迷形势进行一次再认识、再分析、再教育；是对各驻外经营公司进行机制转换、体制改革后战胜市场低谷，取得经营战果，对整个经营承包工作进行总结；是本世纪末最后一次大型的经营专题会议，对双星跨世纪的发展、跨世纪的经营将会起到承前启后、继往开来的作用。在整个会议的筹备过程中，各职能管理部门依据集团党委的指示一改过去"与己无关、不管不问"的做法参与进来，并很好地学习了双星市场经营理论，达到了预期的目的，统一了大家的思想，提高了市场意识，强化了组织观念，对在新的历史条件下用法律、法规的手段来管理经营工作奠定了坚实的思想基础，为经营龙头尽快提高提供了强有力的保障。

（2）通过学习彻底根除计划经济年代那种陈旧的经营观念、经营模式，实现向市场经济条件下经营方法、经营体制的转变。

（3）进一步学习双星市场经营理论，并全面理解掌握，特别是在1999年低迷、严峻、困难的局面下，如何运用好双星市场理论来武装头脑，用双星市场理论、依据市场规律来指导经营工作都需要大家很好地进行探讨，这也是本次会议很重要的一个议题。使大家充分理解认识到"市场是非常科学的，而且市场的运作也是很有规律的"，在市场竞争当中，要想更好地掌握驾驭市场，只有以双星市场理论为指导，才能够把工作搞好。

（4）对1998年及1999年第一季度内销经营工作中存在的主要矛盾及经验教训进行总结，达到"自己教育自己、自己提高自己、自己完善自己、团结一致、共同对外"的目的。

（5）对我们经营一线的骨干们进行一次思想上、组织上、法规上、作风上的全面整顿和集团党委所提出的"产品是市场的、经营工作也必须是市场的"、"市场领导工厂"的全面落实。

（6）总结 1998 年在经营工作中进行的机制转换、体制改革后所暴露出的问题及教训，针对暴露出的问题及教训，制定一套完整的市场经营"法规"，并通过"法规"的约束来保证经营工作的顺利开展。在经营"法规"制定完善后，都要坚持贯彻执行，特别是制定"法规"的各职能管理部门更要首先带头执行、贯彻落实，彻底改变过去那种研究制定"法规"的部门在各项"法规"颁布实施后"不管不问"的坏习惯，以保证双星经营"法规"实施当中的畅通无阻，真正达到"有令则行，有禁则止"。

（7）统一大家的思想，提高全员素质，彻底杜绝"三乱"（乱生产、乱定价、乱销售）现象的再发生。必须用新思维、新观点、新意识来指导工厂、指导价格，同时在处理问题时要灵活掌握，做到"管而不死"。

二　成熟、饱和、过剩市场条件下的基本特征

（1）由过去的卖方市场转向了买方市场，导致品种销售由过去的畅销、短缺变为现在的滞销、过剩。当前市场形势就是艰难、严峻、残酷、低迷，具体表现就是成熟（市场成熟、消费者成熟）、饱和、过剩，正在按市场规律自行运作，我们必须尽快改变经营思维，适应当前的市场规律。

（2）处理积压、倾销库存、相互压价。消费者由于自身更加成熟，市场选择余地大，这种状况在当前和平年代、安居乐业的大环境下仍将持续相当长的时间。我们必须做到"二低、一高、一好"，即成本低、价位低、质量高、服务好。

（3）大路货、高利润的经营年代已经过去，大进、大出、大储备的经营方式已经过时，"等一等、看一看，还能卖个好价钱"的计划经济年代已经一去不复返，取而代之的是"少进、勤进、快出"。我们必须改变观念，进行思维上的转变、方法上的调整、观念上的更新才能适应"少进、勤进、快出"的经营局面。

（4）以工厂为标准的定价、定位、定品种、定花色，全国上下一个价的局面已经成为历史。我们必须以市场为标准，服从于市场，必须以双星

事业为重，潜心研究市场，彼此间多通气、多联系，真正做到"低档鞋与高档鞋不一样、畅销品种与滞销品种不一样、积压品种与正常销售品种不一样"。

（5）必须保证过硬的产品质量。如果自己原谅自己，降低质量标准，就会最终被市场所淘汰。市场是无情的，消费者也是无情的，他们不会可怜我们，我们只有通过严抓管理、降低成本、干好产品质量、抓好服务质量，才能够保证市场竞争的最终成功。

（6）"一个品种、一个配比、一个价位"卖全国，一个花色大家都喜欢的计划经济的做法已经严重阻碍了经营工作的开展，我们必须坚决予以打破。

（7）不管市场、不问市场、乱生产、乱定价、乱销售、不管资金周转、不用资金的办法来管理指挥生产经营的年代已经过去。我们必须牵住资金这个"牛鼻子"来指导各项工作。

（8）整个市场价格不统一，工厂与工厂、公司与公司、工厂与公司之间经常发生纠纷。在低迷的市场形势面前我们必须以集团利益为重，及时发现问题、解决问题，才能战胜低迷市场。

三　面对市场形势我们应该怎么办

（1）要解决好内部问题，充分发扬"团结就是力量"的光荣传统，发扬双星人所特有的创新精神，团结一致，共同对外。要将自己作为最大的敌人来对待，做到"自己否定自己、自己战胜自己，自己打垮自己"，那么我们就会在成熟、饱和、过剩的市场形势面前无往而不胜。

（2）要由计划经济的经营头脑转向市场经济的经营头脑，做到"不换脑袋就换人"，彻底根除长年占据我们经营头脑的官商作风、商场观念、商业思维。在"跟着市场走、随着市场变、围着市场转"经营总原则的指引下，在把握好市场规律的前提下，根据当地情况，自行运作，相信自己，依靠自己，战胜困难。

（3）要由计划经济的经营作风转向市场经济的经营作风，特别是计划经济那种足不出户进行指挥的"懒散"官商作风必须彻底根除。"懒"是计划经济条件下官商作风的总代表、总体现，正是由于"懒"，才使得我们在经营当中较为被动；才使得在整个市场竞争当中垮了一批企业，害得大家失业下岗。

（4）要由计划经济的经营方法转向市场经济的经营方法，充分发挥连锁店在低迷市场条件下的"桥头堡"作用，彻底克服在过去的工作当中"先进货、后付钱"、"跨季（特别是在淡季）大储备"的旧习气，真正转到市场经济条件下的"一手钱一手货"、跨季看样订货。形成一种符合市场经济的良性循环，做到"低档大路货低价位，高档产品小批量、多品种、多花色"，并且可以将订单直接下到连锁店，以保证连锁店品种的适销对路。

（5）要由计划经济的经营手段转向市场经济的经营手段。谁在市场经济条件下把风险降低到最低限度，谁就能够成功；谁能够在保证质量的前提下争时间、抢速度，开发出适销对路的产品，谁就会在市场竞争当中争取主动。但所有这一切都必须以"法律法规"、经济杠杆和双星精神、双星感情为保证，同时还要求我们私心不能过重，只有这样，在"市场是最好的开发部"、"拿来我用"、"在市场竞争当中要采取正竞争"等市场理论的指引下，我们才能做到"走量保工厂、拼量占市场"。

（6）要充分发挥好双星名牌的优势，掌握运用好经营网络的优势，从市场当中获取最大的效益。

（7）要突出一个"调"字，要通过相互间的调剂，把库存调活，把品种调活，把资金调活，把市场调活，把公司调活，把工厂调活，从而把集团调活，将整个损失减少到最低限度。要强调一个"甩"字，甩掉包袱，甩掉库头库尾。但要明确"甩"并不是一项权宜之计，更不是临时手段，而是一项长期的工作，要不断甩、时时甩，我们才能争取主动，减少损失。

（8）要把自己辖区范围内的市场研究透，由过去"工厂生产什么品种公司卖什么品种、公司依靠工厂甩卖发财"的旧的经营方法、经营策略转到市场畅销什么品种就开发预定什么品种、在自己的市场上做文章、严肃合同上来。

（9）要由过去单纯凭感情、印象、好人主义开展经营工作的经营思想转到双星市场理论、市场"法规"严格管理上来。

（10）要由过去不问、不管资金周转运用，只讲究产量大小的旧恶习转到一切用资金的观点、算账的办法加速资金周转。

（11）要由过去盲目生产、盲目储备、盲目进货转到"三定、二进、一快"，即"定量、定品种、定花色、少进、勤进、快出"。

总之，在双星市场理论的指导下，克服老观点，提倡新思维，在"不换脑袋就换人"强有力的措施保证下，我相信：双星在1999发展年一定能够搞得更好，取得更大的发展，也一定能够创造经营工作的新奇迹。

加快"二十九个转变"
彻底与计划经济决裂

（一九九九年八月五日）

一　怎样理解"计划经济"和
"市场经济"的含义

（一）市场作为社会发展的必然产物，是社会主义社会和资本主义社会矛盾的主要集中点

作为社会主义社会，由于受"公有制"概念的影响和束缚，在整个发展当中，只承认计划经济在社会中的存在，而不承认市场经济对社会的影响，由此也使"市场"这一概念成为社会主义社会和资本主义社会根本性的分水岭。随着社会的发展，社会主义社会开始对市场有了初步的了解和认识，但仍不敢承认市场，面对市场。双星人却很好地捕捉到了市场的先机，超前认识市场，先后与官办"二级站"斗争过，与国营大商场斗争过，与个体小商贩斗争过，但不管怎么斗，我们最终都取得了胜利，使我们由一个即将垮台的小厂走出低谷，向当时全国的"老大哥"靠拢，直到创造了后来的双星名牌。应该说双星发展成功的最大特点就是超前认识市场，主动进入市场。

进入市场后，我们很快意识到自己在各方面的不适应。如解放鞋作为30年一贯不变的老品种无人问津，在这种情况下，我们顶住各种非议，坚决将老产品、老生产线转移到了农村，走出了"出城下乡"的第一步。通过这次战略大转移，扩大了生产规模，降低了生产成本，使双星的产品结构迅速发生了变化。产品由原来以解放鞋为代表的旧产品发展创造了123田径鞋，试制成功了冷粘鞋，并通过冷粘鞋与硫化鞋的相互渗透，开发研制了亚运兰，这些成果很快得到市场认可。但由于"跑、冒、滴、漏"严重，导致整个成本降不下来，使产品在价格竞争上极不适应市场的要求。在这种情况下，我们提出了"基础管理一抓五年不变"的口号，以定置定位的现场管理为突破口首创了投入产出一条龙管理、数字跟踪卡，开展了深化内部管理的成本革命，提出了"资金切块"的管理模式等，所有这一切的管理方法及管理模式都是出于市场的驱动和压力，都是为了更好地适应市场的要求。但在抓管理的同时，我们遇到了管理方法、管理模式持续深入的最大阻力，即"人"的问题，因此我们率先推行人事制度改革，砸掉了铁交椅、铁工资、铁饭碗的"旧三铁"，砸掉了铁关系、铁锁链、铁栏杆的"新三铁"，我们在体制改革、激励约束机制等各方面制度的建立走在了全国的前列。

（二）在名牌发展的提高阶段，如何提高双星名牌的含金量、扩大双星品牌的知名度是摆在我们面前的一个突出问题

我们提出了"创名牌"这一在当时最具争议的理论观点，并加大了广告宣传；建立了自己的销售框架和营销网络，并逐步向全国渗透。在这当中我们着重抓了人的培养和教育，"舍小家、顾大家，发扬双星精神"。正是由于当时大家的远离家乡，才建成了以北京、济南为代表的经营公司，并最终形成了自己的市场营销体系，使自营销售由游击战转为中心城市向四周辐射的阵地战，又逐步转为遍地开花的地雷战，使集团的市场阵地更为稳固。

我们依据市场形势，结合自身特点，总结一系列符合双星自身发展的市场理论、市场政治和管理方法，在推行成本革命的基础上进行一系列深层次的管理改革，使领导干部的素质、"三个质量"与过去相比都发生了根本性的变化。市场教育了我们，提高了我们，完善了我们，没有市场，就没有今天的双星。

皮鞋和冷粘鞋发展虽然较早，但由于在近几年发展中，有好多东西推不动，深入不下去，致使发展速度相当缓慢，使双星在名牌发展提高过程中与同行业相比是落伍的，尤其是皮鞋和冷粘鞋严重拖了集团发展的后腿。在别人都不了解市场时，我们沾了先进市场的光，取得了成功；而在别人都进入市场以后，我们仍是无动于衷，吃老本。计划经济东西太多，封建迷信色彩太浓，哥们义气感情太深，好人主义思想严重，办事无原则，不适应市场，是我们所有问题存在的根源。

二　如何与计划经济决裂

做到"二十九个转变"是尽快与计划经济决裂的唯一出路。

（1）要由"计划经济的开会指导的行政型领导或是官场上的会议领导"转到"到公司、到车间、到班组、到仓库、到连锁店，既抓小事又抓大事的、全面的生产经营型领导"上来。

（2）要由"计划经济的组织生产、经营品种"转到"经营牌子、经营无形资产、发展壮大名牌"上来。

（3）要由"计划经济的'工厂干什么，市场卖什么'的以产定销"转到"市场要什么，工厂干什么，提前预测、提前下单"上来。

（4）要由"计划经济一个配比、一个花色、一个价位卖全国"转到"价位、花色、配比随着不同的市场、不同的地区多花色、多配比、多价位"上来。

（5）要由"计划经济的按百分比顺加定价、成本定价"转到"分系列、分品种、分渠道、分前后进货的市场定价"上来。

（6）要由"计划经济的依靠工厂开发产品，工厂开发什么就卖什么"转到"自己在市场上买样品、提样品、改样品，拿来我用、自主开发"上来。

（7）要由"计划经济单纯片面追求经营额、不讲资金效率"转到"考核资金周转天数、考核资金运作质量，以增值补亏为标准，以资金管理为重点，全面提高市场经营和工厂管理"上来。

（8）要由"计划经济的'卖货员'"转到"'五大员'（服务员、宣传员、检查员、开发员、信息员）"上来。

（9）要由"计划经济只知道卖货，不重视信息的经营方式"转到"用现代化管理手段，重视信息，建立现代化经营网络"上来。

（10）要由"计划经济狭隘的连锁店经营"转到"市场经济广泛的经营连锁店"上来。

（11）要由"计划经济的账先生，不到工厂、不进市场、不到仓库、不参与管理、账物脱节、账与市场经营脱节的记账会计"转到"与市场接轨，做工厂与市场的会计，做以资金为重点的管理会计"上来。

（12）要由"计划经济的满足账、物、卡相符的静态管理"转到"追求进、销、存平衡的动态管理"上来。

（13）要由"计划经济的'叫货号'"转到"起好名，做好单品种宣传"上来。

（14）要由"计划经济以去年为标准，对比有增长，满足现状的思维"转到"以市场需求为标准，以市场发展为标准，市场需要发展多快就发展多快"上来。

（15）要由"计划经济只要排满生产线、面子好看，不问资金、不管亏损、不管销售"转到"用资金、讲效益、按需求、统算账，以工厂不亏为原则，按市场标准组织生产、抓好经营"上来。

（16）要由"计划经济的不问生产、不管工艺、不算成本，一味地满足客户要求，盲目开发设计"转到"以市场需求为导向，在保证质量的前提下，成本合理，符合生产工艺要求，全面提高开发设计的市场成功率"上来。

（17）要由"计划经济单纯为了搞科研而搞科研，满足于实验室出成果"转到"科研讲市场、科研服务于市场、科研服务于生产，提高经济效益、提高产品质量、提高产品档次"上来。

（18）要由计划经济的"为了转移矛盾，产品先拉走、后开票、卖了再说、帮帮忙的坏作风"转到"根据市场实际，实事求是，及时暴露矛盾、及时解决问题"上来。

（19）要由"计划经济的配配车、装满车、'萝卜带大葱'这种违背经营规律的经营方式"转到"以市场需求为标准，需要空运就空运等多种运输"上来。

（20）要由"计划经济的'出口质量高于内销质量'的不正常观点"转到"内销更应该干好，更应该与出口标准在同一个起跑线上，双星名牌质量高于一切"上来。

（21）要由"计划经济的保底工资、大锅饭、吃皇粮"转到"提成包干、多劳多得、不劳不得、按劳分配"上来。

（22）要由"计划经济的'只有青岛双星人才是正宗的双星人'的观点"转到"工厂、公司建在哪里，就在哪里培养双星人的全国大双星人的范畴，真正用牌子凝聚人才"上来。

（23）要由"计划经济的安于现状、满足小康生活水平"转到"更好地为自己负责，为牌子负责，为下一代双星人负责而舍小家、顾大家、保全局、积极进取、继续拼搏"上来。

（24）要由"计划经济以'没白没黑'为标准考核三个质量、管理三个质量"转到"以市场为标准，考核三个质量、管理三个质量"上来。

（25）要由"计划经济空喊学双星理论、讲市场政治"转到"联系问题、联系实际、联系工作、学以致用"上来。

（26）要由"计划经济官场的东西，讲空话、说假话、爱面子这种虚伪的、与市场背道而驰的做法"转到"实事求是、务实认真，用双星市场政治、市场理论提高自己"上来，真正做到"随着市场变机制，跟着市场换脑袋，围着市场去开拓"上来。

（27）要由"计划经济的讲排场、摆阔气、人浮于事、好人主义现象"转到"认真务实、精简机构、减人增效、狠抓落实"上来。

（28）要由"计划经济空喊名牌、发展名牌"转到"心往名牌想、劲往名牌使、事往名牌做"上来。

（29）要由"计划经济公有制、国有企业体制"转到"发挥国企优势，用好双星名牌，实现民营转变"上来。

三 感受与体会

（一）产品＋服务＋宣传＝连锁店成功

（1）在经营工作中，200％服务是永恒的。大家服务好一个人，就可以给名牌发展创造一片大市场，因为人传人的广告是最直接、最有效的广告。

（2）凡是经营业绩好的连锁店，都是在充分了解集团概况、产品性能后，根据当地情况，因地制宜，运用各种形式、不同手段、主动宣传、大胆宣传、实事求是宣传所取得的，而且是宣传到哪里，产品就卖到哪里。

（3）连锁店经理在整个经营中能够认真工作，带头宣传，服务到位，用耐心、细心和爱心去感染顾客，影响顾客，就一定能够取得销售的成功；反之，如果连锁店经理不到位，整个经营就亏损被动。因此，经营不好的连锁店想撤店，我看不是要撤店，而是要撤经理。经理到位了，一切工作就理顺了，整个连锁经营网络才会尽快成功。

（二）培养新一代双星人必须坚持"三个原则"

（1）用双星市场理论、市场政治去培养、教育。

（2）用严格的制度、无情的纪律去要求、锻炼。

（3）用情、利和名三者间的最佳结合去引导、激励。

（三）连锁店是"三大战略"的龙头，是双星跨世纪发展的龙头

通过连锁店，可以培养教育人才；通过连锁店，可以发展壮大名牌。连锁店是人才战略的培训阵地，是名牌发展的战略阵地。

钱 管 人

一 在鲁中公司召开生产厂市场现场
汇报会的目的

（一）学习鲁中公司市场经济条件下算账的办法

1. 由过去算死账的方法转为现在算活账的办法

今年七八月份，鲁中公司主管财务人员换了计划经济算账的"脑袋"，尽管算账方法没变，但算账方式与实际工作挂钩，由过去算死账的办法依据自身实际转为当前算活账，从而为领导决策提供了有力的依据。激活了排球鞋及淑女鞋的生产，保证了鲁中公司及瀚海公司的淡季生产组织，闯过了今年硫化鞋的被动关。说明财务人员是领导最好也是最重要的参谋。

2. 用资金深化管理、细化管理、量化管理

鲁中公司的流动资金深化、细化、量化得到很好的深入，解决了困扰集团资金管理取得成绩的基础上如何进一步深化的心病。如鲁中公司用有限的资金逼着制帮厂处理积压的库存，用资金的工资含量配合公司减人取得了很好的效果。

3. 算活账、算市场的账

根据具体品种，依据市场情况，灵活机动地算账，做到算账的办法不变，但算账的思维必须依据市场来定。

4. 老账新算，静态的死算变为动态的活算，先算后干

运用这些算账方法，能够控制工厂的流动资金，防止生产流通中出现大的失误，避免工厂在产品生产结束后造成库头、库尾新的积压，形成新的资金沉淀；解决了淡旺季生产组织的"老大难"问题，治了多年来财务人员"软、懒、散"的坏毛病和坏习气。做到根据市场情况，及时算账。配合好厂长，控制好工厂，调活好市场。

（二）学习鲁中公司领导班子扎实工作、顾全大局的工作作风

为了调活鲁中公司、瀚海公司两个硫化鞋厂，从而调活集团整个硫化鞋的生产，鲁中公司领导在整个生产安排中，把一切困难留给鲁中公司，而将容易组织的品种让给瀚海公司，形成了生产的良性循环。而要做到这一点，除了具备好的人品之外，还需要扎实认真地工作，并能够及时通气，及时汇报，说明依旧运用过去的思维方式、依靠上层部门调整生产在市场经济当中是行不通的，由工厂自己调整也是不可能的，必须由以市场为主体的中心指挥部进行调整，进行调节。

（三）学习鲁中公司领导班子模范认真、带头做样子的工作态度

二 体会与感受

（一）在虚实结合方面有了好的苗头，看到了发展的希望

1. 双星理论务虚与务实的结合有了提高

双星人在16年市场搏击中总结出来的、具有双星特色的、符合自身发展的市场理论已被大多数双星人所认可，但被全体双星人认可还需要一段过程，还要付出更大的代价。尽管时间目前尚无法确定，但上至集团领导下至一线员工，如果都能够运用双星理论指导自己的工作，那么双星的整体发展还会更好，变化还会更大。

2. 双星理论在生产实践中见到了成效

鲁中公司作为集团内销硫化鞋的生产基地，对集团的整体发展起着举足轻重的作用，如果鲁中公司运转正常，就会带动瀚海公司发展，再加之海江公司、双星鞋厂两个出口专业厂生产正常，则会保证全体双星人的生活稳定；而如果鲁中公司生产不正常，则会形成连锁反应，造成恶性循环。所有这一切都说明双星理论在工作中的重要性、正确性与超前性。

3. 做一名市场当中合格的领导要全方位发展，靠"单打一"是行不通的

它不仅要求自身具备做人、做事的基本标准，又要懂得整体的生产情况，还要很好地研究人们的心理，更要拥有一身正气，不断加强自身修养。

4. 务虚与务实的核心就是抓具体人、具体事

要想使务虚与务实二者结合达到最佳,不抓具体人、具体事,再好的理论都等于零,而且也没有针对性。在今后的工作中千万不能满足现状,满足目前取得的成绩,更不能认为"今年能过去"就可以高枕无忧,应继续深化、继续常抓不懈。

5. 认清了整个行业的形势

市场竞争中我们主要的竞争对手就是个体户,他们的优势我们无法与之相比,同他们竞争更不在同一条起跑线上。在当前市场极为严峻的情况下,如果依旧满足于现有的管理、现有取得的成绩而不思进取,就会被市场淘汰。面对这样的对手,只有继续学好双星理论,强化管理,改变思维,逐步向个体体制、市场机制转变,并充分发挥好自身名牌、网络及管理的优势,才能战胜我们的对手,适应降价的局面。

(二) 理解认识"换、勤、懒"

1. "换"即"换脑袋"

尽管各厂机构都进行了大幅度的调整,但还应继续合并,尤其是非生产人员还要继续精简,压缩到最低限度。因为我们本身就是由计划经济条件下大国营转换过来的,其机构本身就是臃肿、庞大的,而转入市场经济以后,如果仍旧以过去那种大国营的机构设置搞市场经济,是不会成功的,虽然也精减了不少人员,但仍达不到个体企业"几个人就可以操作一个厂"的组织形式。所以说"换脑袋"是理论联系实际获得成功的前提。

2. "勤"即"勤奋"

只有用勤恳扎实的工作作风开展工作,才能够将市场理论落到实处。勤奋的本身标志着一种高尚的品德,是一种道德的体现。人的天分是有限的,要想在工作当中取得成功,唯有依靠后天的勤奋去努力才能获得。勤奋是理论联系实际获得成功的基础。

3. 治"懒"

懒是人们惰性的体现,是人的本能的表现,是一切事情干不好的温床。好多工作之所以推不动、深入不下去是懒在主要领导身上,得过且过,遇到问题绕道走,仅仅是做了些表面工作,瞎"忽悠"的多,而扑下身子、联系实际干实事的少。战胜自我的懒是理论联系实际取得成功的保证。

（三）在理论学习、增强悟性方面有了好的苗头，看到了发展的希望

1. 悟出不合格领导的"九种表现"

（1）不抓人的管理的领导不是一个合格的市场领导。

（2）不抓制度贯彻落实的领导不是一个合格的市场领导。

（3）不抓具体人、具体事的领导不是一个合格的市场领导。

（4）不抓按贡献大小认真分配的领导不是一个合格的市场领导。

（5）不抓用钱管理的领导不是一个合格的市场领导。

（6）不抓"严、情、钱"三者结合最佳的领导不是一个合格的市场领导。

（7）不抓顾全大局，只为了体现自己、表现自己的领导不是一个合格的市场领导。

（8）不认真抓落实的领导不是一个合格的市场领导。

（9）不抓用市场理论指导工作的领导不是一个合格的市场领导。

2. 达不到市场要求、搞不成市场经济的"八个方面"

（1）没有冒险精神，不负责任的人搞不成市场经济。

（2）弄虚作假、欺上瞒下的人搞不成市场经济。

（3）出了问题总是找人家的原因，总是怨天怨地不怨自己的人搞不成市场经济。

（4）心胸狭窄、没有大志、疑心病大的人搞不成市场经济。

（5）不顾全大局、不实事求是的人搞不成市场经济。

（6）不搞市场机制、个体体制搞不成市场经济。

（7）不按市场需求，盲目生产，不懂得"低档走量保成本，中、高档挣效益"的人搞不成市场经济。

（8）不管材料、品种、价位，盲目生产、不问市场生产的人搞不成市场经济。

（四）在深化资金管理、提高管理水平方面有了好的苗头，看到了发展的希望

（1）用资金深化管理、细化管理、量化管理找到了方法，变成了现实，说明了"管理无句号"的真正含义，给全集团管理上台阶、上水平走出了一条新路。

（2）由过去用人管钱转为目前用钱管人方面发生了质的变化。通过用钱来管人，可以最大限度调动人的积极性，是当今市场经济中最好的办法。双星要想在跨世纪发展当中立于不败之地，必须在正确的理论指导下，充分用钱来管理，这也是双星成功、今后发展最好的"金钥匙"。

（3）做到用钱管人、用钱减人、用钱用人、用钱抓人。

（4）明确了怎样算市场的账、如何老账新算、如何由静态的算账转向动态的算账、先算后干的重要性，改变了计划经济几十年来算账的老方法，这是双星人进入市场以后，继以资金为重点的管理之后创造的又一个奇迹。

正确处理权力、位置与价值的关系

（二〇〇〇年二月十八日）

一 为什么要举办集团党委（扩大）民主生活会暨新世纪管理骨干思想教育培训班

（一）召开此次会议的目的和想法首先是想通过思想整顿，通过反面典型，联系自身开展批评与自我批评，把新世纪、新千年管理骨干思想教育培训班的第一课上好

一年一度的思想整顿教育我们从 1992 年开始已连续搞了多次，总的来讲取得了一定的效果，受到了一定的教育，但效果和教育在某些同志身上，基本上没有什么体现。有些人作为集团的高层领导、超级骨干，在以往的思想教育培训班上都是教育帮助别人的同志，但由于自身素质不高，认识能力不强，不联系自身工作，不联系自身思想，更不联系所犯错误同志的根源来对照自己，看看自己思想上是否存在有类似这样的问题，工作上是否存在有类似这样的失误，作风上是否存在有类似这样的做法，致使在批评教育当中光当动力、不当对象，长年来批评教育别人，而自己却站在一边当评论员、看笑话，由此酿成了严重的错误。所以今天把大家召集在一起，使大家受一次深刻的、能够触动自己思想的自我教育，就是为新千年的各项工作，为跨世纪的双星发展奠定坚实的思想基础，使我们的各级骨干在今后的工作当中能够不犯错误或是少犯错误，做一名合格的双星人。

（二）召开此次会议的目的和想法其次是使大家通过反面教材更好地对待责、权、利的关系，使老一代双星人能够洁身自好，新一代双星人能够戒骄戒躁

应该看到，双星事业的发展是经过新、老双星人不断地拼搏奉献所获得的，并由此创造了一个牌子，发展了双星大业。在发展道路上，新生力量及新一代双星人已逐步培养锻炼起来，老一代双星人如果不能够正确地对待自己，特别是不能够正确地对待表扬，不能够正确地对待双星所赋予的权力及组织、领导对自己的巨大信任，在双星发展的历史进程当中必然要遭淘汰，因此大家一定要认真对待。此次党委扩大会及骨干培训班就是要用经济上的反面教材、用政治上的反面教材对新、老双星人进行一次最深刻、最现实的再教育，使老一代双星人永远保持光荣的一页，使新一代双星人不出现不应该出现的问题，更好地适应双星跨世纪大发展的要求。

（三）召开此次会议的目的和想法还在于使"三讲"教育能够继续得以深化和发扬

在当前双星发展的紧要关头，大家为人处世必须要讲正气，要知道正气什么时候都必将压倒邪气。尽管在一个阶段、一段时期内可能大家不理解你，也可能你的谣言四起，但是经过长时间的考验，事实将证明你是正确的。小到个人、大到集团均是如此。我如果不讲正气，不主持正义，而是支持歪风邪气，双星会有今天吗？所以说"正气压倒邪气"是一个不争的真理。在今后的发展当中，每一个单位的领导者都必须树双星正气，讲双星政治，这个双星政治就是看一切事情是否符合于双星的最大利益，是否符合于名牌的发展提高。如果符合于双星的最大利益，符合于名牌的发展提高，就是最好的讲双星政治；反之，就是对双星最大的不负责任，就是对双星最大的犯罪。所以说采取这种反面典型与正面帮助相结合的教育方式，不仅是去年"三讲"教育读书班的继续和发扬，同时对大家也是一次联系双星理论、联系双星政治、联系双星正气最现实、最生动的教育。

（四）召开此次会议的目的和想法还在于进一步发扬共产党人讲真话、讲实话、开展批评与自我批评的优良传统

通过对所犯错误同志的批评教育帮助，通过在党内开展批评与自我批评，不仅是发扬民主生活作风，提倡在党内讲真话、讲实话的具体行动，更是一次学理论、讲政治、树正气最生动、最现实的教育方式。正是因为我们本着"治病救人、警戒他人"的务实态度在党内开展了批评与自我批评，并联系实际把口号的东西变成现实，所以说我们是发扬了共产党人的民主好传统，由此也进一步对我们的各级骨干进行了一次发扬共产党人好传统的再教育，是一次在党内树正气、敢于面对事实的现实行动。

（五）召开此次会议的目的和想法还在于进一步学习运用双星市场理论，贯彻落实"抓人质、保品质，提高企业综合素质"

可以说此次会议不仅是"人是兴厂之本，管理以人为主"的"以人为本"的管理理念得以全面贯彻最好的教科书，还是学习市场理论、贯彻市场理论、落实市场理论一次最好的、最生动的、最现实的教科书。如果大家不把"人"抓好，所谓的大发展都将是一句空话，也是不可能实现的。所以在新世纪、新千年开始之际，我们的首要任务、关键工作就是抓"人"，这也是一切工作的重中之重。

二　如何正确对待这次集团党委（扩大）民主生活会暨新世纪管理骨干思想教育培训班

（一）我们应该看到以"治病救人"的务实态度对犯错误的同志进行批评教育帮助，是出于对双星事业高度负责的一次教育整顿

在整个发言当中，发言的同志都本着一种公心，出于对双星事业的热爱，想把双星事业搞好的态度进行发言；如果大家没有对双星事业高度负责的务实态度，可能有些同志发言也不会这么积极踊跃。当然，在发言当中，尽管有些同志言辞过于尖锐，问题揭露得比较严厉，但他们的出发点和总想法没有任何个人成见，应该看到发言的同志都有一颗双星赤诚的心。他们的这种"敢于发言、敢于揭露矛盾、敢于面对面地提出批评"的精神，我认为又恢复了共产党人的光荣传统，可以说在双星跨入新世纪之初开了个好头，这个好头就是共产党人批评与自我批评优良的光荣传统再一次在双星得到了体现，由此也看到了双星未来发展的希望，看到了集团党委这级组织是主持正义的一级组织，也能够带领大家在新的世纪当中发展双星、壮大双星，应该说增强了信心，看到了希望。所有这一切都说明了一个道理，即正义压倒了邪气，正气受到了尊重和支持，邪气受到了唾弃和打击。所以说这次会议为今后双星干部队伍的建设从思想上奠定了坚实的基础，提供了极其重要的保障。

（二）受批评的同志要正确对待大家所提出的意见

尽管其中有些言辞可能过于激烈，有些批评可能过于严肃，但应该看到发言同志的出发点是对双星负责，也是对你们负责，更是希望你们能够改正。另外还应该看到，你们作为双星付出巨大代价和高额学费所培养起来的管理骨干，而且在双星都是高层次、高待遇、独当一面的管理人才，在这个时候犯这种本来不应该出现的错误大家又感到可恨和惋惜。因为你们所犯的这些错误在过去都是有过前车之鉴的错误，都是过去批评教育别人、要求大家注意的错误，而这些错误恰恰在你们身上出现，所以大家听起来很痛心，也很气愤。因此希望你们一定要正确对待，特别是通过大家的批评教育帮助后，一定要洗心革面，重新做人，并从思想深处认识到自己对双星所造成的危害，以此激发一下你们对双星的感情，激发一下你们自己的良心，激发一下你们的人情味，激发一下你们做人的标准。

（三）作为所有参会同志来讲，大家也要正确对待此次会议

要认识到此次会议是集团党委新世纪培训班的第一课，大家有什么问题？自己应该接受什么样的教训？今后应该如何做人？都要很好地联系自身，千万不要在教育帮助别人的同时自己隔岸观火看笑话，而不联系自己。要认识到让大家来接受教育，是希望大家能够将集团赋予的权力和位置运用好，让事实和成绩来体现你的自身价值。

三　我们应该接受什么样的教训

（一）我们应该看到在双星名牌及集团实力得以进一步壮大的条件下，我们最大的敌人不是外部，而是我们自己

在处理任何问题上首先要战胜自我，因为这个敌人对双星的危害最大，

对双星的威胁也最大，我们千万不能忽视这个问题。要接受这个教训，并不断地教育自己，不断地改造自己，不断地提高自己，以适应双星整个事业的发展。

（二）我们应该看到越是在集团扩大的时候，越是在集团发展的时候，越是在名牌发展的时候，越要强化各级领导的集团大局意识

特别是要强化部门"一把"手的集团大局意识，要把双星利益高于一切作为头等大事来抓。在这个问题上，无论是谁都要有一种"侵犯了双星的整体利益就好像是侵犯了自己的个人利益一样"的态度去对待我们的事业，对待双星名牌，从思想深处能够把集团利益与个人利益联系在一起。要知道，只有集团这个"大河"有水，自己这个"小河"才会长流；如果"大河"无水，"小河"必将干枯。因此，我们各级领导首先要强化集团大局意识，在处理问题时屁股一定要坐正，要首先考虑是否有利于集团发展，是否有利于名牌提高，千万不能想办法去坑集团，挖集团，而应想办法为集团创效益，谋发展。在当前集团发展的历史关头，大家一定要强化集团大局意识，一定要将双星利益摆在首位，说话办事及处理一切问题都要考虑到是否有利于集团发展，是否有利于名牌提高，这也是衡量每一位双星骨干的重要标准。

（三）严格执行制度、法规

我们应该看到越是在双星事业发展的时候，越是在规模经济形成的时候，越是在整个市场竞争走上规范的时候，我们越要严格执行各种制度、法规，这也是一切工作的重中之重。在这个问题上，只要违反了集团规定及制度、法规，无论是谁都要从严、从重处理，绝不姑息。

（四）我们应该看到不能正确处理位置、权力、价值三者之间的关系所造成的恶果是严重的

大家有了位置、有了权力以后，体现自身价值并不是靠声音大、拍桌子、玩手腕、讨好人、送人情、收买人心来体现，而是要通过对双星尽职尽责来体现自身价值。因为大家的权力和位置都是双星赋予的，大家应该尽双星发展、事业提高这个义务，尽对双星负责、不给名牌抹黑这个义务，说到底就是对双星负责。因为大家在这个位置上，就一定要谋双星发展这

个政，谋事业提高这个政，只要对双星尽到了你应尽的义务，只要你实现了对双星负责的权力，自身价值就会自觉不自觉地体现出来。因此，大家一定要摆好位置，用好权力，并正确处理好位置、权力与价值三者之间的关系，把这支骨干队伍发展壮大好，这也是此次党委扩大会及骨干培训班的核心问题。

（五）我们应该看到不能正确对待表扬、荣誉所带来的危害是严重的

领导表扬是表扬大家好的一面，并不代表一切都好；表扬是表扬成绩，并不是要凌驾于别人之上，更不允许搞特殊。过去，我们往往强调怎样正确对待批评，而忽略了如何正确对待表扬，殊不知，如果不能够正确对待表扬，所犯的错误将更大、更严重，所带来的后果将更厉害。因为在受领导表扬和取得荣誉以后，由于受自身素质的限制，又不能够正确对待，误认为所有的成绩都是自己的，从而忘乎所以，无法无天，甚至拿双星利益当儿戏，这都是极其不应该的。要看到所取得的成绩是大家共同努力的结果，并不是个人的私有财产，只要摆正这种心态，大家在工作当中一定能够处理好表扬与荣誉的关系。

四　在今后的工作中我们应该怎么办

综观受批评的同志所犯错误的根源是多因素、多方面的，但究其根本就是不能够正确对待集团所赋予的一切，更不珍惜集团花费巨额代价、付出巨大心血培养造就他们，使之成为双星超级骨干的机遇，这也是他们的共性所在。为了使大家能够从思想上保持一致，从而在今后的工作当中不犯错误或少犯错误，我们必须做到以下"十个珍惜"。

（一）珍惜我们目前的幸福生活

这是在国家经济大变革的年代中对每个双星人的总要求。在目前国家宏观经济跌宕起伏的变革当中，有些企业人员面临着下岗找职业、下岗找饭碗的尴尬境地时，我们的骨干不仅能够保证自己的生活稳定、家庭幸福，而且绝大部分骨干已基本达到了小康生活水平。因此，面对这安居乐业、来之不易的幸福生活，我们应该首先感谢双星这个大家庭，感谢在发展当中为我们作出贡献的全体双星人，从而更应该珍惜我们今天的幸福生活。

（二） 珍惜双星目前的最好形势

通过三年时间的不断调整，通过大家的拼搏奉献及所付出的巨大代价，我们已经逐步适应了市场，渡过了双星发展史上最艰难的时刻，创造了双星现在的大好形势，并逐步在向好的方向发展，可以说形势十分喜人。因此，大家一定要珍惜，把各自分管的工作搞上去。

（三） 珍惜来之不易的双星名牌

就是要珍惜我们在 20 年的艰苦创业当中，在顶住社会上的压力和流言飞语、顶住亲属及员工不理解所造成的各种创伤创造的双星名牌，这个名牌是来之不易的，是付出了巨大心血换来的。

（四） 珍惜我们自己的双星市场理论

双星市场理论是经过近 20 年的实践运作，在商海大战当中不断拼搏、不断探讨、不断摸索总结出来的一套完整的、符合于市场发展、符合于行业规律、符合于自身实际的理论，是双星人自己的理论。因此，我们要想在新的世纪、新的千年当中把自己的工作干好，在工作当中不犯错误或少犯错误，唯有很好地珍惜双星市场理论，学好、用好双星市场理论，以此来指导我们开展各项工作。

（五） 珍惜切合实际的科学管理

这套科学管理是 20 年来我们顶着员工及少部分骨干的不理解，在进行内部改革、机制转换、砸烂新旧"三铁"即"铁工资、铁饭碗、铁交椅、铁关系、铁锁链、铁栏杆"的过程中所创造的一套符合于双星、符合于行业、符合于市场的、成熟的科学管理，也就是目前统称的"工厂与市场接轨"的管理。这套科学管理不仅是双星人的无价财富，更是双星人对国有企业的最大贡献，因此，我们一定要珍惜它、运用它，要按照"以人为本"的管理，抓具体人、具体事的管理将这套科学管理进一步完善提高。

（六） 珍惜双星交了巨额学费培养大家成为双星管理骨干的机遇及大家今天所处的位置

要知道，大家现在的本事和能力都是双星赋予的，都是双星培养的，特别是有知识、有文化、有才干、有能力的一批会管理、懂经营、热爱双星、乐于奉献的双星骨干已在双星的每个部门、每个岗位承担起双星发展的重任。因此大家要正确对待并珍惜双星用巨额学费、付出巨大代价所培养的大家的才干和能力，要将大家的才干和能力用在为双星事业服务上，而不要用在谋取个人私利上，只有双星这个"大家"发展了，个人的"小家"才能够提高，这是相辅相成、互为一致的。

（七）珍惜目前自己所拥有的地位、权力和价值，并正确处理好三者之间的关系

正是由于双星发展了，才有了大家今天的位置。这里所说的权力，是为双星负责、尽职尽责的权力，而不是以权谋私、大搞特殊的权力；所说的价值也是双星发展、名牌提高的价值，而不是表现自我、忘乎所以的价值。因此，大家要珍惜自己的位置，发挥好位置的作用，并站在集团的高度上行使好双星所赋予的权力，只有这样，才能够体现自身的价值。

（八）珍惜双星名牌的形象，珍惜双星名牌的发展

我们现在之所以不愁吃、不愁穿，过着幸福的生活，在社会及家庭当中有地位、受尊重，都是因为我们吃的是双星名牌的饭，端的是双星名牌的碗，是双星名牌做后盾，是双星名牌起作用。因此，大家的一言一行、一举一动都要考虑是否有利于双星名牌的发展，是否有利于整个事业的提高。

（九）珍惜自己取得的荣誉和待遇

要认识到自己取得的荣誉和待遇及领导给予的表扬和肯定，只能说明自己在双星事业的发展当中曾经有过贡献，但并不代表一生都有贡献。如果以此为"资本"，工作干不好，甚至走上犯罪的道路，到时无论是谁都无法挽救你。希望各级领导要认真对待，珍惜自己的荣誉，并以此为动力和标准干好双星活，为双星大发展添砖加瓦。

（十）珍惜双星创造的条件和机遇

要靠勤劳、智慧促双星发展、个人发财。在做到"十个珍惜"的同时，我们还要做到"一学、三放心"。所谓"一学"，就是要认认真真、踏踏实实学好双星人自己所创造的符合于市场发展、符合于行业规律、符合于自身实际的市场理论，并以此来强化集团大局意识，强化市场竞争意识，强

化拼搏奉献意识，强化严格制度法律意识，增强 21 世纪大发展的信心和决心，做一名 21 世纪合格的双星骨干。所谓"三放心"，即做集团党委放心的厂长和经理，做集团党委放心的工厂和公司，做集团党委放心的骨干和员工。只要达到了以上"三放心"，我们跨世纪的第一个管理骨干培训班就达到了预期的目的，双星在 21 世纪的发展当中就将更迅猛、更辉煌。

市场经济下的机关工作标准

（二〇〇〇年二月二十三日）

一　为什么要召开职能管理部门
市场交流总结汇报会

（一）召开此次会议的目的首先是对集团机关的管理骨干进行一次党委扩大会及骨干培训班的再教育，使大家能够更好地适应双星跨世纪大发展

因为机关管理骨干要比基层管理骨干所担负的责任重要得多，所处的位置比基层重要得多，所做的各项工作也比基层影响面大，机关部室的管理人员到工厂、公司检查工作，代表的不光是机关部室的形象，也代表了集团公司的形象，从某种意义上讲，甚至代表集团党委及我本人的意见，所以大家的一言一行、一举一动将直接影响基层工作的开展。因此，进行思想素质的再教育，提高整体水平，不仅是双星发展的需要，更是21世纪发展的需要。

（二）召开此次会议的目的其次是交流座谈机关进市场的体会和感受

汇报各部门1999年所做的各项工作，通过查找存在的不足与差距，进一步提高大家的市场意识、组织能力及管理水平，从而为今后工作更好地服务。总的来说，机关部室的整体工作（包括工作作风、思想觉悟、业务水平等方面）通过1999年的反复整顿，以各部部长为代表的所有人员发生了很大变化，特别是在对市场的认识以及与市场接轨方面表现得更为突出。过去，我们一说进市场就误认为是经营一线的事，就误认为谁在市场上卖鞋谁就进入市场，这是对进市场的片面理解。通过教育，大家认为除经营一线外，工厂也有进市场的问题，尽管认识上提高了一步，但仍没有和自己挂钩。从去年"机关进市场"以后，经过一年来在市场当中的实践，确实有了明显的体会和感受，普遍感到机关进市场很有必要，也很有好处，如果我们不进市场或对市场认识不深，由此所造成的工作被动及负面影响将比工厂、公司大得多。如在制度、法规的贯彻落实方面，如果大家抓紧了、认真了，市场意识增强了，所取得的效果就相当明显；反之，就将造成不必要的浪费和损失。如资产财务部由于严格执行制度、法规，严格资金管理制度，从而增加了基层单位的资金观念，为集团无形当中增加了效益；由于生产经营部、技术开发部、供应总公司等部门能够以市场为主线密切配合，使得整个出口工作与去年同期相比十分主动，在产量提高近 1/3 的情况下，工厂不但没有增加，反而减少了一半，而且效益还有大幅度提高；由于质量监督部能够严格执行质量法规，加大质量检查力度，使得各生产厂质量鞋数量明显减少；由于工会人教部能够按照集团党委指示抓落实，使得减人增效工作及人事制度改革收效十分明显；由于名牌发展部能够积极发挥自身作用，正确行使集团所赋予的权力，使得定牌加工工作已逐步纳入正轨，并在向好的方向发展。所有这一切都说明正是由于我们进入了市场，并将市场作为机关的动力和压力，所取得的效果是十分显著的。由此可以看出机关进市场的重要性和必要性，也进一步提高了大家的市场意识、组织能力及管理水平。

（三）召开此次会议的目的在于进一步研究探讨如何落实 2000 年的奋斗目标等问题

2000 年是双星大发展的一年，机关部室如何适应双星跨世纪的大发展已是摆在我们面前很重要的问题。随着工厂、公司机制转换、改制承包的不断深入，机关部室如果再沿用过去计划经济的方式、方法来指导基层工作已明显不适应集团的改革步伐。在集团上下改体制、换机制、大发展的情况下，机关部室如何在配合、服务、指挥、监督、检查、落实等方面适应集团的整体发展；如何转换机制，加快发展，适应基层的转变；如何在已完全服务于市场，完全与市场接轨的条件下使一部分骨干先富起来，都需要大家提出很好的意见和建议。以此作为双星改革发展的动力，而不是影响改革发展的阻力，更好地适应双星机制的改革，体制的转换。

（四）召开此次会议的目的在于进一步完善制度、法规，带头研究好、落实好、执行好各项制度、法规

看看在法规的贯彻执行上还有哪些不适应的地方？哪些不完善的地方？哪些地方需要补充？哪些地方需要修改？哪些地方做得不够？都需要大家很好地坐下来研究探讨。同时在制度、法规的贯彻落实上，大家一定要严格认真，要充分认识到"执法"、"立法"和运用法的重要性，确保双星大业健康和稳步地发展。

（五）召开此次会议的目的在于进一步强化集团意识

要知道集团意识并不仅仅体现在集团领导、战区指挥、工厂厂长等部门领导身上，机关骨干同样有一个集团意识问题，有一个顾全大局问题，在这个问题上具体操作者集团意识不强所带来的危害和后果并不比上层领导小。如果大家能够站在集团利益上考虑问题，不搞虚的、假的，能够说真话、说实话、主持公道，即使再大的问题集团领导也好决策；如果大家站在个人利益上考虑问题，用感情代替原则，欺上瞒下，即使芝麻小事也可能酿成大祸。另外，在强化集团意识方面，大家一定要根除"当面一套，背后一套"的坏习气，这不仅是素质不高的主要表现，更是品德败坏的集中体现，这种品德和素质的人不可能达到集团意识、双星利益高于一切的总体要求。

二 如何看待机关人员的位置、权力和价值

（一）应该看到作为承上启下、具有桥梁和纽带作用的机关骨干来讲，双星发展对大家的要求更高，大家所承担的重任更大

尤其是在当前机制转换、改制承包以后更是如此，因为在工厂、公司进行改制承包以后，经济实体的承包单位或个人本位主义是客观存在的，站在单位或个人立场上处理问题也是极其正常的，因为毕竟是自己承包，与自身利益有着直接的关系，从这方面讲应该理解他们。但如果机关骨干处理问题的立场和角度同他们一样，不能够站在集团的高度上考虑问题，不能够一碗水端平，不能够主持公道，而是好人主义严重，只讲个人感情，

那么集团意识、大局观念就将是一句空话。回顾双星的发展历程我们不难看出，哪个地方骨干集团意识强，能够将双星利益摆在首位，哪个地方工作就有成绩、有起色；反之，工作就搞不好、上不去。也可以说事业的发展和提高都是骨干作用起得好，事业的垮台和亏损也是骨干作用没做好。因此，我们要提高骨干的自身素质，位置要摆好，屁股要坐正，要将双星利益高于一切放在首位，站在集团的高度上处理问题，要从思想教育方面强化集团意识，强化大局观念，充分认识到自身存在的重要性，以此来指导自己开展工作，这是双星 2000 年能否大发展的关键问题。

（二）应该看到机关骨干承担着双星大发展的重任，其作用是不可估量的

因为在集团较为分散的情况下，由于所处的位置及赋予的权力不同，机关骨干与基层骨干的影响面及涉及范围也大不一样，机关骨干到基层检查工作不光代表本人、本部门，更代表了整个集团，如果大家不能够坚持正义，主持公道，那么集团就会很危险。所以说大家是在给全集团做榜样的骨干，是赋予权力最大的骨干，是承担着集团发展重任的骨干。希望大家一定要站在集团的利益上当好骨干，站在集团的角度上处理问题，以集团利益高于一切做好各项工作。

（三）应该看到在某些问题上机关骨干还有些不适应

思想上虚的东西多，不务实的东西多，这主要体现在责任心不强、工作压力不大等方面。究其原因就是没有摆正自己的位置，没有把集团利益与自身利益联系在一起，没有很好地珍惜集团赋予自己的权力和位置的结果；是满足于现状，满足于能混下去，满足于能过得去而不求进取、但求无过的结果。可以说生活上的满足、工作上的满足以及对整个现实的满足是包括集团领导、部门领导在内的所有骨干所存在的严重问题和主要障碍。也正是由于以上问题的存在，使得大家在工作当中只能喊口号、当动力，而不能扑下身子扎扎实实、认认真真地去工作；这个问题如果不解决，将严重影响整个双星事业的发展，满足现状就等于事业倒退。作为机关部室的部长来讲，要尽快制定出硬指标，使各级骨干从思想上首先重视，从思想上树立正确的观点，在出现问题以后，光用教育的方式、方法不行，还必须付诸行动。这就要求大家在机制转换方面要动大手术，在分配制度方面要实事求是地进行表彰奖励，真正做到在使用骨干方面好的重奖、差的

重罚，并将减人增效工作落到实处；同时对骨干从管理、生活、工作等各方面予以考虑，使大家在提高认识的前提下，充分认清自己存在的价值及难得的机遇，并对照"十个珍惜"指导提高各自工作，这也是引导启发骨干最好的教科书。

三　在今后工作中应该怎么办

（一）作为机关骨干，大家首先要将工作的重点及主线放在市场上

进一步强化集团意识，增强市场观念，强化组织纪律，并逐步与市场接轨；在以市场为主线的同时，要有创新精神，遇到新生事物要用市场的观点和思维去解释它、改造它，千万不能保守，更不能以"过去没有、我们学过、不能改变"等理由为借口来指导开展工作，这不仅有损于双星事业的发展，还必将成为工作前进的阻力。作为骨干来讲，大家更应该是市场的，更应该跟着市场走，随着市场变，围着市场转，以此来调整各自工作，适应市场的发展步伐，符合双星的发展，推动事业的前进。而要真正做到以市场为标准，以市场为主线，大家在今后的工作当中要做到以下"六个基本原则"。

1. 配合

就是相互间要配合好，要与市场衔接好。要强化集团意识，提高自身素质，可以说大家彼此间配合得好坏是集团意识、自身素质高低的体现。

2. 服务

就是以市场需求为标准，市场要求我们怎么干就怎么干，市场需要连夜解决就连夜解决，千万不能以"原来有规定、过去没搞过、自己不认识"为由阻碍市场发展。从某种意义上讲，服务也是一种精神，这种精神就是鼓励大家在市场当中创新，攻破市场风险，更好地发展双星大业。

3. 指挥

就是站在全局的位置上指挥、指导基层工作，包括对基层单位的不理解、不适应或是集团意识不强等问题都要进行指挥、协调，从而更好地引导大家开展各自工作。

4. 监督

就是站在集团的高度上充分发挥职能管理部门的监督作用，屁股一定

要坐正，要以集团大局利益为重，坚持正义，主持正气，彻底杜绝好人主义。

5. 检查

就是要求大家将集团利益高于一切放在首位，检查基层工作的开展情况，检查党委精神的贯彻情况，检查制度、法规的落实情况，从而保证双星大业健康稳步发展。

6. 落实

就是在监督、检查的基础上进一步落实各项工作的完成情况，这也是监督、检查的最终目的。要知道，大家不进市场而是站在圈外不行，进了市场而没有制度、法规也不行，有了制度、法规不抓落实更不行，因为在市场问题上，我们毕竟还是小学生，千万不能误认为进入市场就等于适应了市场。大家要想继续端双星碗、吃双星饭而不被双星发展所淘汰，在市场问题上必须端正态度，转变作风，彻底将官场的东西，将说假话、不干实事的作风根除掉，才能真正与市场接轨。

（二）作为机关骨干来讲，大家还要尽快由务虚态度转到务实作风上来

所谓务实，就是抓具体人、具体事，就是抓制度、法规的贯彻落实，将过去搞了多年形式主义的通知、没有价值的文件、犹如废纸的规定、不起作用的竞赛等计划经济的东西尽快变成适应市场发展、指导各自工作的东西。在这个问题上，机关部室首先要养成良好的务实工作作风，要带头严格执行集团的制度、法规、规定，抓具体人、具体事，这也是我们在市场竞争当中能否站稳脚跟很重要的筹码。大家不仅要用力去做，更要用心去做，相互间要积极主动地认真配合，要把虚的指标变成实的指标，一步一个脚印去落实集团的制度、法规和管理规定。

（三）作为机关骨干来讲，大家还要尽快实现各自工作的办公现代化

充分运用现代化的办公设备为我们服务，将富余人员尽快减下来，规范管理，步入正轨。综合管理部及计算机中心要组织人员进行业务培训，使大家逐步掌握现代化的办公设备，并充分掌握运用好。在掌握运用的前提下，能够联网的要尽快联网，能够配合的要尽快配合，使 2000 年及今后机关这种粗放、笨重的手工工作方法尽快得以转变，更好地适应新世纪信

息年代对我们的要求。

（四）作为机关骨干，大家还要充分利用好目前计划经济的政策、法规，使之更好地为我们服务

换句话说就是驻外公司在借助外部力量发展壮大双星的同时，机关部室更要借助外部力量发展壮大双星，这个外部力量就是我们所说的关系和政策。只要我们利用好企业优势，处理好一切对外关系，运用好一切政策、法规，解决好存在的难题，借助自身优势来争取"少投入、多产出"，就能争取双星事业大发展，双星名牌大提高。

总之，在新世纪、新千年中，希望大家做一名集团党委放心的骨干，做一名有创造性的骨干，做一名有集团意识的骨干，做一名双星利益高于一切的骨干，做一名珍惜自身位置和权力的骨干，做一名双星发展、个人发财的骨干，从而更好地形成合力，带好集团，为基层做出榜样，使整个骨干队伍能够在思想上、观念上再提高一步，适应双星跨世纪的发展。

在市场竞争中应该怎样冒险

（二〇〇〇年五月十六日）

一 为什么要召开冒风险、市场分析研讨会

（一）召开此次会议的目的是想提高大家冒风险的意识

大家首先要了解"市场"的概念。所谓市场，说到底就是竞争，也就是说在市场发展当中，残酷竞争是市场的直接代表，优胜劣汰是市场的最终体现。在这种形势面前，如果大家还像过去那样依旧抱有"等一等、看一看，休息一会儿再说"的想法和念头，那么我们将永远处于落后状态。因为市场是永不停止的战场，在战场拼杀当中，根本就没有喘气休息的机会，只有不断地向前冲才能夺取最终的胜利。在市场竞争面前，谁能够抢在前头，把握住时机，谁就会在市场竞争当中取得成功，因此，这就有一个冒风险的问题。另外，无论是工厂、机关，还是经营一线，都在吃市场这碗饭，都有个冒风险的问题，并不单纯仅仅是经营一线的事。因此我们有必要利用淡旺季的交叉时期静下心来分析市场、研究市场，与经营公司共同承担市场的风险。

（二）召开此次会议的目的是想端正大家对市场的认识

过去由于我们的思维、观念一直受计划经济条条框框的束缚，使得大家误认为市场是经营一线的事，殊不知，我们现在都在依靠市场而生存。这就要求大家必须进一步贴近市场，缩短与市场的差距。贴近市场，并不是天天要向市场跑，到市场上去检查工作，而是要从思维、观念上贴近市场，从工作方法及工作态度上贴近市场，从组织策略、认真程度及指导工作的手段上贴近市场。另外，机关搞好服务、掌握信息、提出建议、及时

决策也是贴近市场，只要大家真正与市场贴近，那么我们在 2000 年的市场竞争当中就能够有发展、有提高。

（三）召开此次会议的目的是想进一步总结今年前 4 个月工厂和机关在市场竞争当中冒风险的经验和不冒风险的教训，从而为后 8 个月更好地冒风险奠定基础

回顾前 4 个月的工作我们不难看出，由于我们敢冒风险，提前组织了30 万双凉鞋及 T 恤衫等部分夏季产品充实市场，不仅延缓了淡季的到来，由过去的 3 月底推迟到今年的 4 月底，而且也使淡季经营出现了以往从未有过的好局面。而由于我们不敢冒风险，没有抓住新品种，没有加大高档硫化鞋的组织，只是一味地采取低价位、老品种的储备，由此造成硫化鞋在前 4 个月的被动局面。另外，冷粘鞋的问题、专业鞋的问题、配套产品的问题始终发展不起来，究其原因也是由于大家对市场研究不透、不敢冒风险所造成的。因此，大家一定要增强冒风险的意识，以此扭转我们的被动局面。

（四）召开此次会议的目的是要解决市场销售一味地依靠经营公司的问题，尤其是要解决冷粘鞋与皮鞋直接进市场、选好总代理的问题

目前冷粘鞋与皮鞋的发展已处于劣势，说明经营战区及驻外公司在冷粘鞋与皮鞋的销售方面是被动的，是不成功的。如果我们还是一味地依靠驻外公司来经营，必将不利于整个双星下半年乃至今后的发展。作为冷粘鞋生产厂及"两个中心"来讲，必须直接进市场、选好总代理，在利用好经营公司这一经营渠道的同时，更要利用好经营总代理的经营渠道，扭转当前冷粘鞋与皮鞋的被动局面。

（五）召开此次会议的目的是要解决产品开发长年没有创新的问题

我曾反复强调"产品开发一定要和市场接轨"，但由于大家意识不到这一点，总是喜欢呆在屋子里搞设计，使得我们自从时装鞋之后，再也没有像样的拳头产品出现。因此，召开此次会议，就是要大家能够有充裕的时间开发新品种，适应市场对我们的要求。

二 在市场竞争中应该怎样去冒风险

所谓冒风险，就是在充分了解掌握市场情况的前提下，加大新品种的开发和储备力度，以抢占市场竞争的先机，从某种意义上讲冒风险就是改革，就是创新，就是人的智慧、斗志和事业心的具体表现。但由于大家目前斗志不强，满足于小康生活水平，无论大、小领导都不敢去冒风险，也不愿去冒风险，究其原因就是私心过重、懒惰成性、对自己要求不高、没有被生活所迫、不愿意革自己的命所造成的。另外，冒风险还是真正的市场企业家、真正的市场经营者的基本条件和检验标准，是做人标准的真实检验；不敢冒风险、不愿冒风险则是心里发虚、害怕丢人、认为冒险没必要的具体体现，其实质就是对双星的感情不深，对名牌发展和提高的不负责任。如果大家只是一味地享受名牌的成果，并抱有"当一天和尚撞一天钟"的想法，抱有"双星垮了与我无关，也不光我一个人的事"的想法，抱有"不管怎么说，反正现在有饭吃"的想法，肯定不敢去冒风险，也不愿去冒风险。如果大家还想继续端双星碗、吃双星饭，还想继续保持今天的权力、地位及所拥有的一切，必须首先要保住双星名牌，必须加大冒风险的力度。大家因此要处理好以下几种关系。

（一）要提倡科学严谨地冒风险

所谓科学严谨地冒风险，就是在充分掌握第一手资料之后，通过对具体事例的分析，进行科学的判断、合理的推论之后再去冒风险。只要大家能够建好档案，进行单品种分析，并对取得的成果和存在的失误进行认真剖析，那么大家就掌握了冒风险的第一手素材，再加上大家勤跑市场、勤看市场，并抱有对双星负责的态度，我相信大家在冒风险当中必将会成功；而如果大家既不动脑子，也不研究市场，既不分析历史，也不研究行业规律，只是一味地低头向前走，冒险注定要失败。所以说冒风险不仅是人勤快、有事业心的具体体现，更是人的综合知识、社会阅历及对行业规律充分了解的综合体现。

（二）要杜绝盲目乱干地冒风险

所谓盲目乱干地冒风险，就是不问市场地冒风险，不问规律地冒风险，随心所欲地冒风险，不负责任地冒风险，将宝押在一个品种上地冒风险，这都是不对的，也是市场竞争当中的一大害。如果盲目乱干地冒风险、随心所欲地冒风险还不如不去冒风险，这也是大家在冒风险当中所要坚持的基本原则。

（三）要克服没有创新地冒风险

所谓没有创新地冒风险，就是经验主义地冒风险，是对市场分析不透、心里没底的具体表现。并误认为今年卖得好，明年还是它，后年也不差，由此导致单品种的库存积压过大。我们在过去冒险当中所造成的失误已经太多，大家一定要从中吸取教训。大家冒风险必须在创新上做文章，在多品种、多花色上做文章，只有这样，我们才能将市场风险降低到最低限度，这也是市场成功者的基本条件。

（四）要防止模仿人家地冒风险

所谓模仿人家地冒风险，就是一味地追随模仿而没有超越创新地冒风险，这个问题不解决，我们在市场竞争当中将永远受制于人。因为同类品种在市场当中已经出现，如果还是一味地模仿人家冒风险，注定要失败。我们必须彻底杜绝模仿人家地冒风险，尤其是要杜绝模仿人家、单品种、大批量地冒风险，而应坚持"拿来我用、进行改造"的冒风险，坚持多品种、多花色的冒风险，我们才会将风险降低到最低限度。

三　如何看待目前所面临的形势

总的来讲，当前形势对我们十分不利，概括来说就是形势逼人，形势急人，形势不等人。

（一）所谓形势逼人

从工厂角度来讲，我们所面对的竞争对手已发生了根本性的变化，他们非常有生机，非常有活力，也非常有干劲，而且当地政府还给他们提供了创名牌的优惠政策。另外，他们的竞争观念、管理意识、质量概念与过去相比发生了根本性的转变，产品开发又比我们强，厂长干劲也比我们足，不仅有资金，而且机制也灵活，又没有包袱，这就给我们造成了很大的压力。从市场角度来讲，他们进入市场之后，吸取了我们经营被动的教训，直接选择了具有十多年卖鞋经验的总代理，由此使得他们的销售网络已经形成，经营渠道十分畅通。而作为我们来讲，尽管有双星名牌这棵大树的优势，但大家的干劲不足，能力太差，一直是卖硫化鞋的水平，使得冷粘鞋的市场销售极为被动。从产品结构来讲，我们也没有自己的特色产品，仍然是和他们在同一档次上竞争，尤其是在低档次的冷粘鞋上竞争，没有丝毫的优势；我们的配套产品上不去，专业运动鞋发展不起来，这一系列因素使得我们在市场竞争当中已经处于劣势，并出现了滑坡，开始倒退。面对这种形势，我们只能前进，发扬双星人"再来一次拼搏"的劲头与干劲，因为市场给我们的机会只有这一次，而且也顶多只一年半的时间，如果大家通过"这一搏"能够发展提高的话，我们就能在市场竞争当中扼制住竞争对手的发展，并逐步超过他们，在下半年或是明年打一个漂亮的翻身仗。

（二）所谓形势急人

就是急在大家仍看不到竞争的危险性上；急在大家仍处于养人的低水平上；急在大家仍看不到如果这样下去，双星名牌就要垮的可能性上；急在大家仍然是说市场竞争，喊市场重要，但总是没有竞争意识上；急在大家仍不能将双星活当做自己的活去干，全部依靠我一个人上。尽管我反复讲"狼来了"，"给我们的时间不多了"，但始终没有引起各级骨干的高度重视，什么事非要等着我去部署、去落实才见成效。如工厂要等着我去检查胶料、检查质量、检查线头；公司也要等着我去检查品种、价格、检查库存。这都是很低级的，也不是总裁干的事，而都应该是公司经理、营业员干的事，应该是车间主任、值班长干的事。作为机关部室来讲，尽管有制度、有法规，但大家应该依据制度、法规去检查、去落实的事也都要等着我去布置，一点主动性都没有，这都很叫人着急。而作为三产、配套行业来讲，目前的发展形势同样也很让人着急，因为目前整个三产、配套行业的发展仍是以养人为标准，以和去年相比有提高为标准。如果大家还是一味地局限于养人这一低档次的水平上而没有发展提高，那么整个事业就会不打自垮，到时可能连大家的吃饭问题都无法解决。因为在市场竞争当中，养人并不是衡量企业发展的标准，真正的标准是市场、是名牌，就是说是否能够适应市场的发展，能否为名牌配套这才是真正的标准。但由于大家认识不到这一点，致使整个三产、配套行业发展缓慢。如运动服装，在我们涉足这个领域时李宁还没有出名，但正是由于我们局限于养人这一低档次的水平上延误了发展的良机，致使李宁、康威等品牌取得了迅猛发展，给我们造成了巨大的压力，使整个服装行业一再被动。所有暴露出的这一切都充分说明大家还没有真正进入市场，仍旧满足于小康生活水平，觉得日子过得还不错，鼠目寸光，没有居安思危的意识，看不到竞争的危险性所造成的，该挣钱的品种也没有挣大钱，这都是极其不应该的。目前我们的对手竞争意识比我们强，广告宣传也比我们厉害，促销手段又比我们高明，而且内部管理正在逐步强化，质量意识正在不断提高，花色品种也在不断变化，这都将给我们造成巨大的威胁与压力。希望大家从思想上认识到问题的严重性，真正将双星的活当做自己的活去干。

（三）所谓形势不等人

就是要求大家在市场竞争中不要再抱有任何幻想，期待"救世主"的到来，期待过去好形势的出现，期待冷粘鞋暴利的年代，期待国家能够给我们好政策。这都是不现实的。而是要在这种形势面前不能等、不能靠，更不能再犹豫。等，就是后退的开始；等，只有死路一条。因此，大家必须借好此次会议的东风，从产品开发上、从经营销售上加快步伐，以此适应市场对我们的要求。

依法治企

（二〇〇〇年六月十四日）

今天，我们在鲁中公司召开双星集团制度、法规检查落实现场讲评交流会议。目的就是总结推广鲁中公司好的经验和做法，以此使集团各单位都能够很好地遵守执行我们所创造的制度、法规，用制度、法规作为我们一切工作的指南，用制度、法规指导我们的工作。

一 为什么召开这次制度、法规检查落实现场讲评交流会议

（一）召开此次会议的目的首先是要通过学习鲁中公司用法制管理企业好的经验和做法，提高大家对制度、法规重要性的认识，进一步推动全集团制度、法规的制定、贯彻和执行

回顾双星的发展历程不难看出，双星之所以能够发展到今天，与制度、法规的贯彻落实有着密切的关系。以定置定位的现场管理为突破口，通过数字跟踪、资金切块、管理的细化、量化、深化，双星取得了突飞猛进的发展，由此创出了双星名牌，构筑了"大双星"的发展框架。这当中尽管以我为代表的老一代双星人创造了一套独具双星特色的管理方法，创造了一套行之有效的市场理论，并且提出了"人治管理、道德管理、权威管理、法治管理"的论述，但由于各级执行层和管理层用法制的办法管理企业的意识还很淡薄，甚至在某种程度上还是个盲区，总是认为只有国家宏观上的"大法"才是"法"，而企业内部的规章制度就不是"法"；在贯彻执行当中，遵守执行国家的宏观"大法"认真，而将贯彻落实双星的制度、法

规不当回事，致使我们近几年发展慢、有失误。殊不知，"国有国法，家有家规"，尽管我们是个企业，是个经济实体，但同时也是个"家"，这个"家"必须有"家规"，而这个"家规"就是双星的"大法"，同样也需要大家很好地贯彻落实。应该看到，人治管理、道德管理、权威管理及法治管理是相辅相成、互为补充的。尽管我很早以前就对此进行过论述，也都运用过，但由于大家理解认识得不好，贯彻落实得不力，在工作当中强调人治管理、道德管理和权威管理强调得比较多，用得也比较多，而我所提出的法治管理一直没有形成。在事业发展当中，权威管理及人治管理是必须的，但它仅仅是暂时的；而道德管理则是一项长期的教育问题，如果完全依靠道德管理也是行不通的，必须和法治管理相结合才能见到成效；唯有法治管理才是长期的、永恒的。概括来讲，道德管理是事业发展的基础，法治管理是事业发展的根本，人治管理是事业发展的措施，权威管理是事业发展的保障。因此，我们在鲁中公司召开现场会，就是要通过学习鲁中公司用法制管理企业好的经验和做法，进一步提高大家"依法治企"的意识。这就要求大家不要将自己置之圈外，更不能感到"与我无关"或是"无所谓"，这都是不对的。因为双星发展到今天，名牌发展到现在的关键时刻，无论哪个部门、哪个环节都有一个双星形象能否继续提高的问题，都有一个双星经济能否继续壮大的问题，都有一个双星名牌能否继续发展的问题。希望大家一定要认识到此次会议的重要性，认识到制度、法规的重要性。

（二）召开此次会议的目的其次是要用制度、法规战胜计划经济的旧思想

用制度、法规战胜传统观念的坏作风，用制度、法规克服僵化教条的老观念，这也是我们搞好经营、把市场理顺、把各项工作管理好的前提和保障。这就要求大家必须充分学习鲁中公司好的经验和做法，联系本单位、本部门的实际，制定出切实可行的制度、法规，用制度、法规抓好管理、干好质量，用制度、法规管好人、解决无法解决的问题。

（三）召开此次会议的目的再次是要通过制度、法规的贯彻落实解决过去会议开得多、自己讲得多、个人说得多而不见效果的不正常现象

由于没有制度、法规来约束，没有制度、法规作保障，致使好多工作都流于形式，甚至出现已经落实的东西多次回潮的现象。这次会议就是要彻底解决我们工作浮在面上而深入不下去的不良现象，通过制度、法规的健全完善，将各项工作执行好、理顺，以此适应双星"三大、三高"大发展的要求。

二 参观鲁中公司的体会和感受

通过近一天的经验交流、现场参观，应该说鲁中公司各项工作已走在了集团公司的前面，尤其是在制度、法规的贯彻落实方面做到了"全、细、严、深、变、带"六个字。

（一）所谓"全"

并不单纯地表现为鲁中公司所制定的 8 大方面、1281 条制度、法规，要知道这仅仅是形式上的一种体现，更重要的是鲁中公司所制定的制度、法规是涵盖了包括公司领导、职能处室、生产经营、后勤保障等多方面内容的制度、法规，尤其是对管理人员所制定的制度、法规更值得其他单位很好地学习借鉴。通过学习借鉴，将管理层的制度、法规健全完善起来。过去，我们总是抓生产车间多，抓一线员工多，所制定的制度、法规也主要是针对生产车间及一线员工，但如何抓机关部室、辅助部门我们却很少研究，这也是我们工作之所以管不好、上不去的原因所在。

（二）所谓"细"

就是鲁中公司制定的法规细到了一根针、一根线，细到了每个岗、每个人，而且基本做到了"有人就有岗、有岗就有责、有责就有法"，由此使每个岗、每个人做事有标准，行动有指南，工作有方向。

（三）所谓"严"

就是鲁中公司在制度、法规的贯彻落实方面，制定严、考核严、执行严。如果有了"全而细"的制度、法规，大家不去严格执行，而是将制度、法规"写在纸上，挂在墙上，锁进抽屉里"，必将是废纸一张，由此也必将使制度、法规流于形式，并带坏了作风。严肃法规、严格执法是一切工作得以顺利发展并巩固提高的基础和保障。

（四）所谓"深"

就是鲁中公司所制定的制度、法规能够不断地延伸，不断地完善，不断地提高，尤其是能够将制度、法规与工资分配结合起来，能够和"钱"紧密结合起来。因为"深"的含义不仅仅体现在形式上、口头上或是纸面上，更重要的是要和自身利益挂钩，通过重奖严罚，才能够真正达到"无缺陷管理，零质量损失"的目的。

（五）所谓"变"

就是鲁中公司所制定的制度、法规能够根据工作当中暴露出的问题及失误所取得的经验和教训不断地修改，不断地完善，这也是符合市场发展运行规律的。因为市场是在不断发生变化的，产品是在不断发生变化的，这就要求我们所制定的制度、法规必须随着市场及产品的不断变化而变化。如果大家在制定完制度、法规之后就认为一切都"万事大吉"而不管不问，必将不适应市场发展对我们的要求，因为市场经济没有一成不变的东西。我们各级领导必须依据市场变化不断地学"法"、制定"法"、执行"法"，只有这样才能跟上市场快速多变的发展步伐，才能符合市场对我们的要求。

（六）所谓"带"

就是鲁中公司各级领导在制度、法规面前能够带头学习、带头考核、带头执行，即使公司领导触犯了制度、法规，同样也是依法办事，照章处罚，根本不存在网开一面的做法，真正将"在双星'法规'面前人人平等"落到了实处。

总之，鲁中公司在制度、法规的贯彻落实方面突出了一个"严"字，破了一个"情"字，做到了一个"实"字。正是由于鲁中公司能够在制度、法规面前打破情面，严格执行，严格考核，严肃认真，才使各项工作能够扎扎实实稳步地前进，这也是鲁中公司发展提高很重要的原因。

三 今后如何贯彻此次会议精神

早在两年前我就提出"双星进入新世纪发展必须依法治厂、依法管理、依法管人"，指出"2000年要作为保证名牌高级阶段顺利发展的法制管理年的开始"。可以说要想真正达到"依法治企"的目的，更好地适应市场的标准，过上市场的日子，吃好市场这碗饭，必须用制度、法规来约束、来管理、来提高，我们才不会被市场所淘汰。这就要求大家必须做好以下几项工作。

（一）要提高对制度、法规的认识

（1）要认识到我们所创造的这套符合市场运行规律、符合国有企业发展、符合自身实际的制度、法规是全体双星人总结了我们进入市场近 20 年来在工作当中的经验教训之后所创立的，这不仅是全体双星人的共同财富，更是全体双星人的伟大创造。

（2）要认识到我们所总结创造的这套制度、法规是市场让我们创造的。通过进入市场近 20 年的实践及市场对我们的惩罚我们体会到，要想创名牌、发展名牌，要想过好市场这一关，吃好市场这碗饭，必须建立一套完整的、适应于市场发展的、符合自身实际的制度、法规，这是不以人的意志为转移的。正是因为我们过早地认识到了这一点，所以我们能够依据市场需求总结创造出这套制度、法规，由此也说明这套制度、法规不仅是双星人超前认识的结果，更是双星人集体创造的结晶。

（3）要认识到我们所总结创造的这套制度是双星市场理论进一步深化、细化的具体体现。要知道双星市场理论仅仅是务虚的概念，是具有社会哲学观点、具有辩证统一观点的理论；而观点和理论的理论性很强，贯彻落实的难度比较大，要想使这些理论观点更好地指导我们的工作，必须要有一套符合这些理论观点的制度、法规作保证。制度、法规是双星市场理论进一步深化、细化的具体体现。由此也说明我们所总结创造的这套制度、法规不仅是双星人进入市场近 20 年来最宝贵的财富，更是对新一代双星人、对整个双星事业的发展提高的最大贡献。

（4）要认识到"用制度、法规约束我们的行为，规范我们的管理，以此培养建立一支'政治领先、素质过硬、作风硬朗、纪律严明'的新一代双星骨干队伍"不仅说明双星人的成功、双星人的成熟，更说明双星人在政治上的提高，如果我们做到了这一点，必将在今后的发展当中再上一个台阶。

（5）要认识到要想将名牌的高级阶段不断发展，不断提高，必须要不断地完善、提高、塑造自己。发展、提高仅仅依靠理论是不行的，还必须要有制度、法规作保证，用制度、法规去约束、去塑造、去提高。从某种意义上讲，抓住了制度、法规的贯彻落实就等于抓住了名牌高级阶段发展提高的"纲"。

（6）要认识到在双星的发展过程当中，尽管我们运用了各种手段，采取了各种方法，但不管什么办法、什么手段，都是我们在感情上、人治上及权威上的管理，也就是说在过去的发展当中，尽管我对人治管理、道德管理、权威管理及法治管理都进行过论述，也都运用过，但由于大家对理论认识得不好，在工作当中强调人治管理、道德管理和权威管理强调得比较多，用得也比较多，而我所提出的法治管理一直没有形成，这也是我们工作之所以发展慢、上不去的原因所在。因此，在当前双星名牌发展的高级阶段，我们必须强化法治管理的意识，这不仅是双星发展的规律，更是名牌发展的规律。

（二）要抓好制度、法规的建立

要通过制度、法规的不断建立、不断完善，彻底解决当前管理回潮的问题，解决当前不能持之以恒的问题，解决当前不能规范市场的问题，解决当前工作长期上不去的问题，解决当前各级领导责任心不强的问题，尤其是要解决各级领导不敢管人、不敢抓人、不敢考核人、不敢处理人的问题。可以说制度、法规是解决以上问题的"金钥匙"，是给各级领导真正能够当好领导、做到"在其位谋其政"开出的"好药方"。因为有了制度、法规，大家管人、抓人、教育人、约束人就有了依据和方向，由此也必将对本部门、本单位的工作起到积极的推动和促进作用，这也正是"用法管人人不累"的原因所在。

（三）在制度、法规面前，要处理好"四个关系"

1. 要处理好制度、法规和"钱"的关系

制度、法规的贯彻落实要和利益挂钩，要和奖罚结合。如果做不到这一点，仅靠单纯地"说教"，制度、法规必将流于形式，形同废纸一张。

2. 要处理好制度、法规和考核的关系

制度、法规健全完善以后，不认真贯彻，不认真考核，而是将它"写在纸上，挂在墙上，锁进抽屉里"，同样也见不到任何效果。这不仅浪费了时间，浪费了精力，而且还必将流于形式，带坏了作风，造成执行层、管理层弄虚作假、欺上瞒下的现象发生。所以说制度、法规执行得好和坏，作用的大与小关键要看大家在工作当中考核得认真不认真。

3. 要处理好制度、法规和市场的关系

正是因为大家缺乏集团大局意识，没有制度、法规约束，致使以"本位主义"、"小团体主义"为代表的不良现象滋生蔓延，这是事业发展、名牌提高潜在的最大危险。大家要通过树立集团大局意识，严格执行制度、法规，将"本位主义"、"小团体主义"等坏作风彻底根除掉。另外，在制度、法规的贯彻落实中还必须要有铁的手腕，无论是谁，只要触犯了双星制度、法规，都要依法办事，照章处罚，将"在双星'法规'面前人人平等"落到实处。

4. 要处理好制度、法规和管人的关系

制度、法规的建立就是为了约束人、管理人、教育人，如果大家做不到这一点，尤其是手中掌有实权的管理层、执行层或是实权派"好人主义"严重，或者"遇到问题绕道走"，那么必将被双星的发展所淘汰，也可以说这些人不仅不是"好人"，而是最大的"坏人"。

（四）要用制度、法规缩小与市场的差距

我们要想进一步提高各项工作，搞好市场经营，抓好三产发展，使"上去的不能下来，落实的不能改变，客观的东西要用主观去战胜"真正落到实处，而且执行层和管理层都能够对双星负责，认真做好本职工作，我们别无其他选择，只有通过制度、法规的贯彻落实、严格执行才能达到这一点。各级领导必须实事求是地去学，认认真真地去做，扎扎实实地去落实，各项工作的深入发展才不会回潮。

（五）要用制度、法规将双星市场理论进一步贯彻落实好，用制度、法规去塑造完善新一代双星人

在法制年当中必须将学法、守法、普法、执法纳入工作的议事日程，并贯穿全年工作的始终，一切工作都要用制度去"套"，用法规去"卡"，用标准去"抓"，确确实实将制度、法规落到实处，实现由"人治"到"法治"的转变。

总之，在制度、法规的贯彻落实面前，大家不能敷衍了事，更不能搞一阵风，而要认识到这是一项常抓不懈的艰苦工作。希望大家能够以此次会议为契机，认真贯彻，认真落实。我相信，通过严肃法规、严格执法，双星大业在 21 世纪的发展必将大有希望。

加大宣传力度，树立双星新形象

（二〇〇〇年六月十七日）

在双星进入名牌高级阶段以后，如何使包装形象、广告形象、宣传形象与双星名牌的知名度相符，以适应双星名牌的发展，适应高级阶段的要求，这是此次会议的中心议题。

所谓包装形象，就是包装自己，包括生产中的内外包装、连锁店、店中店形象的包装以及产品外观设计和构思的包装等；所谓宣传形象，也就是政治包装，包括政治宣传、单品种宣传、企业形象宣传、"三个知名度"的宣传，这其中既有商业广告的性质，又有新闻由头的宣传，是政治和新闻相结合的一种宣传方式，概括而言，在市场经济当中，宣传自己也就是推销自己的一种表现，如我们所赞助参与的双星马家军、双星羽毛球队、双星济军天马篮球队等都是宣传包装的具体形式；所谓广告形象，则是纯商业性质的广告宣传，就是通过电视画面等新闻媒体对集团的整体形象、产品系列进行宣传。过去由于大家产品宣传意识不强，促销手段又不得力，使好多新品种失去了占领市场的机遇，如出口日本的高级空调皮鞋、高级气垫防震皮鞋，尽管鞋的档次很高，用料很考究，做工也很精细，而且在技术上有新的突破，但由于我们工厂介绍得不好，厂长、经理宣传得不好，经营公司推销得不好，价位定得不好，产品开发以后不管不问，致使该品种至今也没有打开市场。另外，设计开发出的好多冷粘鞋、皮鞋款式并不差，也非常超前，但由于我们在包装、广告、宣传等方面不重视、跟不上，使好多开发出的新品种得不到市场认可。因此我们要充分认识到"宣传本身就是引导消费"、"在某些品种方面，高价位就是高档次"的重要性。

一 新世纪树立双星新形象的
重要性与必要性

（一）在当前双星发展步入 21 世纪、双星名牌进入高级阶段的关键时刻，我们必须重新塑造双星的整体形象

这不仅是发展的规律，更是市场的要求，具体而言，形象的塑造问题也就是与市场的接轨问题。过去由于我们产品不到位，宣传、广告、形象组织也不规范，延误了发展步伐，如果在当前名牌发展的高级阶段，我们依旧沿用过去双星的形象，已不能代表双星新时期的整体形象。这就要求大家必须在新时期树立双星的新形象，可以说新时期树立新形象已经和名牌高级阶段的发展有着直接的关系，也是牵扯是否能和市场进一步接轨的问题，更是我们对市场的认识和意识问题。因为名牌的知名度越高，要求我们的形象就要越好，每一个双星人、每一个管理骨干、每一个市场经营者及生产组织者必须要提高认识，要认识到这是名牌发展到高级阶段必须做的工作。

（二）双星新形象的树立是一项综合性的系统工程

这是给双星人脸上"贴金"的一项工程，是和"三个知名度"有直接关系的一项工程，需要所有双星人的积极参与。工厂、市场要在生产销售组织当中体现双星的整体形象，不要再像过去那样"一说广告宣传就认为是集团领导的事，是广告公司的事"，这是极其错误的，而应看到我们组织的每个产品要想真正进入市场，必须都要关心这个形象工程。负责策划、设计、管理、研究的广告部门及职能部室要站在集团的高度、名牌的高度，用发展的眼光在宏观上进行操作，如负责标准的同志在标准制定方面就要体现出双星的整体形象，负责广告设计的同志也要设计出具有双星特色的形象广告。做到了这一点，形象管理就达到了系列化，并由此将促使整个管理再上一个台阶。另外，形象是无形的广告，在市场当中所产生的动力是巨大的，只有产品形象好了，大家才愿意买，愿意听，才能记得住双星产品，也就是说卖产品实际就是卖形象，这也是古语所说的"货卖一张皮"的原因所在。只有这样，我们才能更好地提高双星知名度，"三个知名度"

的含金量才会更高。如果在当前名牌发展的高级阶段不树立双星新形象，事业就没有发展，双星就不会前进。因此，我们必须在新时期树立双星的新形象。

二 对新时期树立双星新形象的具体阐述

（一）关于形象问题

所谓形象，就是要庄重统一，给人一种好的感觉，但不能杂乱无章，无论是连锁店、店中店的店面形象，还是整体外观形象及产品包装形象都必须有统一的标准、模式和规格。另外，服务形象的好坏也是体现双星整体形象好坏的重要内容，这其中不光包括连锁店、店中店的服务形象，也包括机关部室对外的服务形象。因为我们是名牌，消费者对大家服务的要求也必将是名牌的要求，这就要求大家必须以名牌的素质、名牌的表率、名牌的形象搞好服务。机关部室是直接与政府部门及有关业务部门打交道的部门，是双星对外形象的代表，机关部室自身形象的好坏、业务水平的高低不仅代表着整个双星的对外形象，更代表着全体双星人的整体形象。在对外联络过程中应积极主动地去宣传双星，热爱双星，牢固树立"我是双星人"的自豪感，不仅要通过我们的一言一行体现出双星的整体对外形象，更要从工作方法、工作水平方面体现出双星的整体对外形象。

（二）关于包装问题

包装的含义是广泛的，包括形象包装、产品包装及宣传包装等多方面内容，但其目的只有一个，即包装自己就是塑造自己，就是更好地体现双星形象。具体到产品包装而言，产品的外包装不宜过多，原则上分两种颜色，如果外包装颜色过多，不仅不利于集团的整体形象，而且还会给人一种杂乱无章的感觉；而内包装则可以适当放开，但原内包装盒的图案必须保留，在保留的基础上进行创新。无论内外包装，都要由生产厂提出意见，开发中心制定标准，广告公司负责设计。印刷包装公司及外加工的纸箱厂、包装厂必须严格按照集团的标准和工厂的要求认真执行，并保证内外包装的质量。

（三）关于宣传问题

市场经济就是一个自我推销的过程，不仅需要一种充满自信心的精神，更需要一种"王婆卖瓜，自卖自夸"的精神，也就是说形象问题除包装以外，还有个宣传问题，只有宣传自己，才能使大家更好地了解自己。我们必须发挥好自身优势，发挥好"三名"的优势扩大宣传。集团在宏观上要加大宣传力度，突出整体形象的宣传，突出"三个知名度"的宣传，达到立体化、全方位、多层次的目的。同时还要借马家军、奥运会进行造势，力争产生一次比"八运会"轰动效应更广、更大的宣传效果。各公司要利用好当地的电视、报纸，利用好群众喜爱的晚报、导报、生活报等报纸媒体，借助集团提供的新闻稿件等其他相关材料，做好单品种宣传，做好企业形象的宣传，做好"三个知名度"的宣传，可以说这种做法投入少、影响大。另外，集团所属生产厂、配套厂和挂双星牌的各类工厂以及各地区大的形象店必须放置白猫、黑猫塑像，给人一种全新的感觉，达到"见到白猫、黑猫就是双星的工厂或连锁店"的目的。

（四）关于商标问题

为了使双星商标更具有动感，使商标形象与产品形象相符，各地区要加大"名人"商标的宣传，除淑女鞋、解放鞋、时装鞋、体操鞋、甲B足、M足等低档品牌外，其他所有鞋类产品的生产设计均要逐步改为"名人"商标，以达到产品设计简单、明了、动感、高雅的视觉效果。

（五）关于产品说明书及信誉卡问题

价格高、档次高的产品必须要有说明书和信誉卡，要有详细的说明；低档产品只要注明"一等品"或是"合格品"即可。因为产品的价位已定死，如果大家教条地、机械地执行，永远也搞不好市场经济。

三　新时期如何树立双星新形象

（一）关于宣传形象问题

首先要发挥自身优势宣传双星，要充分发挥我们是国有企业、是"三名"企业、是行业内知名度最高的企业的自身优势宣传双星，利用政治宣传的手段来进一步扩大双星的知名度。

其次，我们要借势、借力、借名宣传双星，尤其是要借助马家军的名气，借助奥运会的时机，借助新闻界朋友的力量扩大宣传，这就要求从集团到公司，大家都要动脑子、想办法，集思广益，加大宣传，以争取在下半年将宣传工作推向高潮。

（二）关于包装形象问题

我们要在连锁店、店中店包装方面下大力气，连锁店、店中店作为市场经营一线的"桥头堡"，自身形象的包装对体现双星整体形象极为重要，可以说连锁店、店中店形象包装好了，作用发挥到了，就是双星形象的最佳体现。这就要求大家必须将包装连锁店、店中店作为经营公司今后工作的头等大事来抓。而连锁店、店中店的包装又可分为内包装与外包装。所谓外包装，就是在连锁店、店中店的整体设计方面，要突出"名人"商标的视觉效果，尤其是今后所有新建的连锁店、店中店必须突出"名人"商标，突出"鹰"的图案；而所谓内包装，则侧重于连锁店、店中店营业员200%的服务。因为我们是名牌，就必须以名牌的优质服务体现出名牌的良好形象，服务是名牌的标志，服务是名牌的希望。如果大家服务得好，就可以带来双星名牌的发展；而如果大家服务不好，就会给自身形象抹黑，给双星名牌抹黑。所以说服务形象在连锁店、店中店的包装方面有着极其重要的作用，另外，各连锁店、店中店还必须要有代表双星形象的高档次、高价位产品，要知道，高档次、高价位也是形象包装的一个具体内容。

（三）关于广告形象问题

首先，我们要加大电视广告的宣传力度，宏观上在央视频道的广告宣传由集团公司统一负责，要根据目前的经济实力和实际情况做好形象广告宣传，尤其是要利用好现有条件，如利用好马俊仁的名人效应为我们做好广告宣传。在此基础上，可以根据我们的实际情况聘请国际上有影响的知名人士为我们的形象代表，而具体到地方电视台，各公司要侧重于单品种的宣传，企业形象的宣传，"三个知名度"的宣传。另外，各公司还要注意参加有影响的展销会及相关的庆祝活动，以进一步扩大双星品牌在当地的知名度。

其次，我们要进一步树立好产品的特色形象，形式可以多种多样。但千万不能机械、教条，如在产品形象方面，可结合我们的消费群体主要是学生这一特点，选中学生做产品广告宣传，关键是要通过我们的解说词与产品性能吸引消费者。

总之，大家一定要将广告宣传工作当做一项系统工程，作为新时期的重要任务来对待，要纳入工作的议事日程当中，并以此次会议作为双星进入新世纪、新千年，进入名牌高级阶段树立双星新形象的新起点，通过我们的努力，重塑双星在21世纪的新形象。

诚信——企业的基本商德

（二〇〇三年六月）

　　双星是国有企业最早下海进市场的，也是最早在市场中创出名牌的企业，可以说，是中国民族工业创名牌的代表之一。在 20 多年创名牌、发展名牌的经历中，我们深切地体会到，市场经济不仅是利益经济，更是信誉经济。

　　诚信是企业的基本商德，是企业生存和发展的基础；诚信是企业发展无形的推动力，是企业发展之魂；诚信是企业最宝贵的无形资产，是企业的最大财富。

　　企业创名牌需要诚信的社会环境，而诚信的社会环境需要每一个人共同努力来创造。一个成功企业不仅仅要求社会改善信用，更重要的是自己要诚信经营，做一个对社会负责的企业。只有全社会共同努力，才能建立起整个社会的信用体系。不讲诚信，失去信誉，企业长此下去，融不了资，贷不了款，上不了项目，有的虽能风光一时，到最后还是落个昙花一现的命运，这样的例子很多。我认为，企业要创名牌，要实现做大做强，必须始终把诚信放在首位！企业家要在全社会信用体系建设中发挥中坚力量。

　　双星集团原是一个仅能生产黄胶鞋、濒临倒闭的制鞋企业，从 20 世纪 80 年代初进入市场以来，企业迅猛发展，在最早创出鞋业名牌之后，又通过品牌和资本运作，成功涉足轮胎行业和机械行业，形成包括"鞋、服装、轮胎、机械、热电"五大支柱产业在内的，跨地区、跨行业、跨所有制的特大型企业集团。双星的成功，来自于一贯高举诚信旗帜，坚持诚信经营。

　　双星自 20 世纪 80 年代初开始创业时，就把诚信建设作为精神文明建设的一项重要内容，提出"爱厂、求实、拼搏、兴利、开拓、前进"，其中的"求实"既有实事求是的意思，又有诚实守信的思想，成为企业发展恪守的原则，为创名牌奠定了思想基础。

为创名牌，双星打响质量攻坚战，因为质量是企业之本，也是对消费者诚信的根本。在闯市场的 20 多年中，双星人一直坚持"产量是钱，质量是命，要钱更要命"的原则。20 世纪 80 年代初期，有一批鞋因原材料存在轻微质量问题，并不影响穿着，我们却在《人民日报》、《光明日报》、电台、电视台等媒体打广告，向消费者讲明并公开致歉，承诺换鞋，使没有发现任何穿用质量问题的消费者深受感动。双星为此损失了 10 多万元，但这一行为却比说一万句"诚信经营"更加深刻地铭刻在了全体双星人的头脑中，用实际行动体现了双星人"要钱更要命"的质量理念。

诚信状况除了依赖于环境和法制外，还与人的品质有关。诚信建设的关键在于企业领导者和领导班子。企业"一把手"要有好的人品，讲职业道德，这样才能带好一班人，在企业中形成良好的道德氛围，可以给全体员工产生榜样的力量。"产品等于人品，质量等于道德"。双星人坚持"做事要先做人"，把人生中的诚信原则，移植到企业经营中来，逐步塑造坚实的企业伦理基础，保证了诚信思想贯穿于双星生产经营的每一个环节。

严格科学的管理制度是诚信建设的重要保证。双星建立了一整套的企业内部管理制度，保证诚信原则能够得到认真贯彻。双星集团提出市场经济下企业的法制管理理念，制定了《双星市场质量大法》，使质量管理真正走上了"制度化、法制化、规范化"的轨道。用"钱"管质量是双星的特色做法，"谁出不合格品谁掏钱买回去"，大大增强了广大员工的质量意识。

20 多年来，双星产品质量不断提高，产品合格率达到 99.99% 以上，1995 年双星在同行业第一个通过了 ISO 9001 国际质量体系认证；同年，双星成为中国第一批驰名商标获得者；1998 年，双星成为制鞋业唯一获全国质量出口免检资格的企业；2001 年，双星成为全国首批"信用企业"；去年双星荣获"中国名牌"称号，并获"全国质量管理先进单位"称号。

诚信是企业的社会责任和应尽的义务。企业作为社会成员之一，应当自觉承担起维护社会整体利益的责任。企业守法诚信经营有助于全体社会成员的生活品质的提升、社会风气的净化和文明程度的提高。在质量体现诚信的基础上，双星在市场经营上也确立了自己的诚信经营理念，致力于创服务名牌。

双星人的服务标准是"200% 服务"，即好上加好的服务，把诚信至上，对顾客负责放在首位。双星"200% 服务"已经成为双星闪亮的服务名牌，其内涵已延伸至亲情化服务、知识型服务、速度效率服务等。

双星的每个连锁店都设有《顾客意见簿》，记录顾客的意见和建议，为不能上门的顾客提供预约登记、供货上门服务，还为特殊脚型顾客实行定做服务。双星张家口公司曾经为解决一双鞋的问题到派出所查户口；双星鲁中公司曾经为消费者晾晒时丢失的一只鞋"速配成对"；双星郑州公司为跛足少年联系特制鞋底厚薄不同的足球鞋；双星西安、股份公司等为满足消费者的急需不惜"空运"，这种在其他企业被视为赔本的服务在双星不胜枚举。

诚信是一项重要的无形资产，可以提升企业品牌，转化为企业的竞争优势。2003 年 3 月 9 日，国家质检总局首次发布 18 个行业的顾客满意指数调查结果，双星荣登"顾客满意指数最高品牌"榜。这是双星诚信经营取得的成就。

全球经济一体化，市场竞争更加激烈。双星要由大做强，就必须一如既往地坚持诚信经营理念。双星也一定会实现强双星、强名牌目标，并为诚信社会的建立作出新贡献。

（原载《齐鲁名人》2003 年 6 月）

企业家要讲"三性"

（二〇〇五年十一月十日）

作为企业家要认识到党性、个性、人性三者之间相辅相成、不可分割的整体关系。

说到个性，即便是在今天，我们也常常将它贬义化，一是将它与骄傲自满画等号，认为有个性的人就是不虚心，就是不好管，就是不听话；二是将它视为蛮干、胡干、乱干的代名词，因为有个性的人走的都是前人没走过的路，做的都是前人没做过的事。正因为人们对个性有这两种世俗的偏见，而且在理解上有着如此大的偏差，所以个性往往给人带来不好的影响，甚至是社会上最吃不开的人。但凡事的发展都有它的特殊性。企业家要想成就基业，必须讲"三性"。

个性是个人特有的能力、气质、兴趣、性格等心理特性的总和，是在一定社会环境和教育的影响下，通过长期的社会实践逐渐形成和发展起来的。个性不光有以上解释所赋予的含义，它更是一个人与生俱来就有的性格和秉性，就是骨子里头就要和别人不一样，像反思维、实事求是、敢为天下先等都属于个性化的范畴，而这恰恰是一个人走向成功的基础。将个性与不听话、骄傲自满、蛮干、胡干、乱干混为一谈是极其错误的，也是不公平的。

个性的东西是一个人才能和智慧、职位和才干的体现，它不光要求你具有超前意识，更要具有冒险精神，其目的就是为了创出一番事业，走出一条新路，体现自身价值。个性的东西绝对是一个企业家能否走向成功的关键所在。企业家与政治家、军事家是可以相提并论的。因为他们身上不仅具有指挥千军万马的共性，更有不断否定自己、不断超越创新的个性。不唯书、不唯上、只唯实，能够把握社会的发展规律，能够根据当时的历史条件和社会背景做出正确、超前而又果断的决策。尽管当时他们的所作所为不被人们所理解，但后来发展的事实证明他们是正确的，而这恰恰是他们能够高人一筹、能够取得成功的关键之关键。想别人没有想过的事，做别人没有做过的事，应是企业家个性中很重要的品质。双星能够走到今天，形成"五大支柱"、"八大行业"，可以说是汪海个性的集中体现，是反思维在实践中的极大成功。

谈到人性，我们就不能回避一个"私"字，一个"情"字，而这往往又是人们最忌讳、最不愿意谈，甚至感到最神秘的东西。

企业家还要讲人性，因为人是一个有着丰富情感的高级动物，所以对人的管理，就不能只用一种办法或一把尺子。除了硬性的规章制度的约束、道德管理的要求之外，还要有善意的说服教育，还要给他温暖，给他情感，做到"无情的纪律，有情的领导"。

所谓有情的领导，就是尊重人、关心人、理解人、体贴人。关心人、理解人就是设身处地、将心比心，这种能理解他人的人也是最伟大的人。因为我始终认为，对一个企业的领导者来讲，真正的考验是看他是否具备一颗同情心，能不能做到换位理解，遇事有没有设身处地为他人着想的能力。如果具备这些素质，就是一个好领导，他所领导的企业也必将是一个好企业；否则，他领导的企业就搞不好，就是一个缺乏人情味的企业，而且人与人之间也会变得冷漠和没有感情。在"情"字当中要有一个信誉和信任问题。

另外，人最容易被"财"打中，被"色"击垮，因为装错了腰包、上错了床而身败名裂的企业家不是没有，所以在感情问题上，关键就看你能否保持清醒的头脑。在人性问题的处理上，不讲名、不讲利、不讲情是不现实的，关键是如何平衡把握好这个问题。

所谓"党性"，从大的方面来讲，是阶级性最高、最集中的表现，是执政党的一种政治纲领和政治需要，具体到共产党而言，就是无产阶级阶级性最高、最集中的表现，比方说共产党提出的"无私无畏、勇于奉献"，"为共产主义奋斗终生"等，都是为了政治需要所确定的目标，尽管不是每个人都能达到的，但却是所有共产党人的努力方向，这就是党性。从小的方面来看，就是我们常说的标准、原则和立场问题，就是看你在处理问题时，是否坚持了原则，把握了标准，站稳了立场。做到了，就坚持了党性；做不到，就丧失了党性。尤其是当党性与个性和人性发生冲突时，取舍哪一方是衡量一个人自身素质很重要的尺子。个性和人性一旦超越了党性，就必然会有失误，要犯错误。企业家要讲党性。

　　个性可以推动人类发展，社会进步；人性可以体现善良友爱，凝聚人心；党性则是确保人性和个性有序发展，不越界、不犯法、不出格的保证。作为企业家要认识到党性、个性、人性三者之间相辅相成、不可分割的整体关系，努力平衡、把握好三者之间的关系，在为党的事业奋斗过程中，真正体现出自己的人生价值。如此，方能成就企业家的长寿现象。

（原载《中国企业报》2005 年 11 月 10 日 ）

应从六方面提高企业自主创新能力

（二〇〇六年四月十三日）

"十一五"期间，中央财政将重点从"建立和完善财税政策的激励约束机制、财政资金鼓励企业加大科技创新投入、完善企业财务和分配制度、增加财政科教投入"四个方面积极鼓励、支持、促进提高企业自主创新能力。在市场运作中，企业如何增强科技竞争力，提升自主创新能力，掌握核心技术，是企业可持续发展的关键。新时期，企业如何提高自主创新能力，应从以下几点考虑：

在理念创新上要实现新突破：创新是企业发展的灵魂，是竞争成功的支柱，是市场永恒的主题，只有创新才能树立新形象，只有创新才能实现强名牌、强企业、强国家。

在技术创新上要实现新突破：目前，中国制造加工业的"四低"制约着企业的发展，主要表现在低水平、低档次、低质量、低价位。比如，目前国内鞋类企业大部分是中低档产品，大家都在这个"四低"的层面上竞争市场，真正能走向国际市场与外资企业高水平竞争，目前还没有形成这个力量。这种"四低"的竞争，造成市场上和经营中的无序竞争，出口方面企业之间相互压价竞争，肥水流入他人田，国外商人从中得利。因此，我们首先应一致对外，停止内耗，停止价格战，停止恶性竞争。其次，从"制造"提升到"创造"、"创新"，从国内知名品牌提升到争创国际知名品牌，真正从"量"的扩张转变为"质"的提高。

在管理创新上要实现新突破：目前，应对生胶原材料继续上涨，战胜今年原材料涨价、劳务费增高、能源成倍增长所带来的不利因素，我们必须创出新思路和新方法，从管理上来降低生产成本。双星人用"软橡胶，硬管理；硬机械，细管理；小商品，抠管理"的管理新理论，抓住"成本管理"这个企业发展的"纲"，通过资金切块、一天一算，企业在原材料成倍增长、同行业降价竞争的情况下，使企业保持了足够的利润空间和快速的发展势头，双星集团各行各业在双星特色的文化理念管理、质量管理、工艺技术管理、成本管理、体制机制管理等各个方面实现了新突破，为双星名牌做大做强打下了牢固的基础，使双星打造中国综合性制造加工业大集团的发展有了核心竞争力。

在体制创新上要实现新突破：企业的自主创新能力是强还是弱，首要的一点，就是要理顺创新机制。企业只有以良好的体制、机制作保证，才能有前进的动力，才会有发展，才会有希望。20 世纪 80 年代初，双星冲破统购包销的计划经济流通体制，最早走向了市场，开了企业自营自销的先河。20 世纪 90 年代初，在全国各地建立自己的经营公司，并打破国有企业的老模式，进行了"包、租、股、借、卖"等多种体制创新，全面完成了对市场一线的买断改制，实现了销地产和产地销的良性循环，双星成为全国乃至全世界生产规模最大的制鞋企业。现在，双星开始进军高端市场，将小平同志在农村改革初期推行的"包产到户"的机制引入企业，使机台成了"责任田"，承包人成了"小老板"，激活了每名员工的积极性，最大限度地整合了社会资金和人才。

在设备创新上要实现新突破：目前，世界上发达国家的经济增长越来越多地依靠知识和科技的推动，我国还比较多地依靠资源、能源和低成本劳动力投入。2005 年，我国研究实业发展经费只占国民生产总值的 1.3%，我国虽然成为加工制造业的大国，但是我们多数产品和技术水平与发达国家相比有较大的差距，由于研究设备配置不足，研发能力与国外相比还有较大差距，企业缺乏技术改造能力，难以进行深入的开发研究。

在人才创新上要实现新突破：在当前科学发展的浪潮中，企业必须本着"引进、利用、激励、培养和评价"的人才选拔和激励、淘汰机制，给技术创新人才，特别是给中青年技术创新带头人创造良好的技术创新环境，让企业成为人才聚集地，企业才可以做大做强。同时，企业应有计划、有步骤地引进、培养研究人员，不断创新人才培训形式，举办专业技术人员、开发设计人员、计算机人员、市场销售人员和质检人员等培训班，培养不同层次的专业人才，聘请国内外专家，定期对相关技术人员进行相关培训，对解决关键技术、疑难问题提供技术上的支持，增强人才队伍素质，增强企业自主创新能力。

民族精神·民族品牌·民族企业家

（二〇〇六年六月二十六日）

在全球经济一体化的今天，作为一个企业家，我们应该怎么来捍卫民族的尊严、维护民族的利益呢？根据胡锦涛总书记提出的社会主义"八荣八耻"荣辱观，我认为在市场经济的新时期，我们必须振奋民族精神，创造民族品牌，培养民族企业家，这是最好的爱国精神。

一　民族精神

民族精神是民族尊严的标志，是一个民族在历史活动中表现出来的富有生命力的优秀思想、高尚品格和坚定志向，具有对内动员民族力量、对外展示民族形象的重要功能。

民族精神是民族进步的灵魂，是一个民族自立于世界先进民族之林的必要条件。中华民族在自强不息、威武不屈、坚韧不拔、不畏强权等民族精神的支撑下，穿越了5000年的文明史，多次抵御外侮，经历了艰难险阻，得以绵延生息，成就了地球上最古老的文明。那么，在市场经济的新时代，各阶层劳动人民又如何体现民族精神呢？我认为，市场经济中企业民族精神的体现就是创出中国人自己的民族品牌。

20多年前，中国从长期以阶级斗争为纲的计划经济年代开始步入商品经济时代，社会的转型导致人们的精神和信仰追求出现缺失和混乱，一切向钱看，一切以利益为纽带，战争年代炸碉堡、堵枪眼、把牢底坐穿的行为都失去了条件，政治工作脱离实际僵化教条，职工包括企业都迷失了方向。唯洋是举，崇洋媚外，一切都觉得是西方的好，什么都学外国的，产品起个洋名，管理披上"洋皮"，嘴里说着洋词，身上穿着洋装。更有甚者，一些人说不要再提民族工业了，中国做世界的加工厂就行了。这些所言所行背离了民族精神，淡忘了爱国情怀。市场经济真的不需要民族精神了吗？双星人一直旗帜鲜明地坚持商战同样需要民族精神。战场上夺权的年代，在敌强我弱的形势下，共产党人靠精神战胜了敌人。在现代商战中，我们反而害怕发达国家的经济实力，出现这个反差是因为什么呢？是不是充满硝烟的战场上夺权需要精神力量的支撑，琳琅满目的商战中就不需要精神激励了呢？答案显然是否定的。无论在什么时代，民族精神都是鼓舞人民奋斗的原动力，是一个国家、一个民族的灵魂。为此，双星人提出"在市场商战中，发扬民族精神，振兴民族工业，创造民族品牌就是最大的爱国"的理论和目标，确立了双星在市场经济中的航向。

双星创中国人自己的民族品牌的理论以人人都潜藏在心底的爱国情怀来感召干部员工，使广大双星人树立了一种精神，这种精神是双星精神，更是爱国主义的民族精神，这种精神使双星人永远充满了追求超越、战胜对手的力量。在名牌理论的指导教育下，双星造就了一支在市场中战之能胜的"铁军"，这支"铁军"得到了优秀民族文化的感召，继承了共产党人服从指挥的优良传统，保持了人民军队不怕困难的顽强作风，发扬了工人阶级吃苦耐劳的光荣美德。正是这支铁的队伍不断开拓创新、拼搏奉献，使双星在国家经济的多次波动起伏中，始终保持了健康、稳定、高速的发展，从一个单一微利的制鞋企业，发展到拥有鞋、轮胎、机械、服装、热电五大支柱产业，创造了中国传统加工制造业的发展奇迹。

20多年来，双星在中国国有制鞋企业99%都垮台的情况下实现了一枝独秀，就是因为双星在时代的变革中坚持了民族精神，创新了自己的发展理论。社会主义市场经济企业要创民族名牌的理论，明确了企业创民族品牌要和民族精神、要和爱国联系在一起的道理。把创民族品牌和爱国联系起来，是双星人的创造。把创民族品牌作为企业一切行动的纲领，把创民族品牌作为振奋民族精神、发展民族工业、壮大民族经济的途径，是双星人的创造。双星人在理论上的创新回答了共产党人在市场经济中怎么爱国的问题，解决了共产党人搞市场经济的方向、精神信仰的理论问题；回答了企业如何实践邓小平提出的建设中国特色社会主义的问题，解决了在硝烟弥漫的战场上敌人怕我们，在琳琅满目的市场上也让他们怕我们的问题。可以说，民族精神是双星发展的灵魂；是双星人始终敢于迎着困难走，20多年站在市场潮头的根本精神支柱；是双星人立志创自己的民族品牌的力量源泉。

二 民族品牌

在全球经济一体化的进程中，有些所谓的专家、学者和个别高官说什么中国做世界的加工厂就行了，不要再提民族工业了；还有人说保持民族的东西，必然影响企业的国际化进程，只有接近和融入国际市场，才能迎合消费者的心理。我认为这是片面的甚至是错误的。因为，21世纪是名牌的天下，是名牌竞争的市场。中国改革开放的伟大设计师邓小平很早就提出："我们一定要有自己的拳头产品，一定要创造出中国自己的民族品牌，否则就要受人欺负。"在1995年国务院发展研究中心组织的中国21世纪发展规划研讨会上，我也明确讲过："21世纪的中国首先要规划创出多少自己的牌子。"中国市场经济发展20多年来的事实已经让我们看到，名牌是企业的形象和代表，民族品牌是一个国家的实力象征。

目前，全球制造基地中心向中国转移的趋势十分明显，中国在全球制造中所占的比例逐渐加大，成为世界公认的"制造大国"。但是，制造大国却并不意味着是制造强国。去年，我国进出口贸易总额居世界第三位，但世界知识产权的97%掌握在发达国家手中，我们的产品出口真正获得的利润很低，许多工厂没有自己的牌子，依靠代工生产，赚取微薄的加工费。即使如此，强权国家在经济形势不好的时候，还会随时挥舞反倾销的大棒对中国企业进行制裁，把市场风险强行转嫁给中国企业。目前，根据中国制造业的现状，许多有识之士提出要将中国制造升华为中国创造。但中国创造的标志是什么？我认为，首先应该是我们中国人自己的民族品牌，民族品牌应该是中国创造的核心，民族品牌是民族工业的代表，民族品牌是民族经济振兴的标志，我们必须创造自己的民族品牌。

改革开放初期，在中国人民还没有品牌概念的时候，洋货就先入为主，也因为那时候的中国产品确实与洋品牌存在差距，因此，当时的消费选择有崇洋媚外的心理还可以理解。但发展到今天，中国制造业已经有了质的飞跃。虽然在高科技领域中我们还需要不断进步，但作为鞋、服装等劳动密集型的日用消费品来说，世界上百分之七八十的产品都出自中国打工妹之手，可以说，我们制造业的管理、技术和质量水平已经毫不逊色。更何况，中国有一个全世界最大的、最有发展潜力的市场，华夏民族是一个优秀的大民族，中国人是一群最聪明、最能吃苦耐劳的人，这些得天独厚的条件足以让我们树立起创民族品牌的信心。

日前，国家统计局中国行业企业信息中心召开第 10 届新闻发布会，双星牌运动鞋连续 10 年夺得同类商品销量第一位。能在中国进入市场 20 多年的历程中驾驭复杂多变的竞争形势发展起来，这个过程是艰难的。大家都知道，作为计划经济下的国有制鞋企业，99% 都已经在市场的洗礼中垮掉了，双星的一枝独秀是个特例，之所以说是特例，是因为双星的生存不符合中国国有制鞋企业的发展规律。但双星确实又取得了大发展，不仅 20 多年来坐稳了鞋业龙头的宝座，而且发展到拥有了鞋业、服装、轮胎、机械、热电五大支柱产业和包括印刷、绣品、三产在内的八大行业，成为一个综合性制造加工业特大集团。双星这个特例说明了什么？它首先说明了中国人是有能力创造自己的民族品牌、发展自己的民族工业、壮大自己的民族经济的。正是有了双星这样的民族品牌，我们才具有了和国际品牌相抗衡的力量。但是，现在我们的民族品牌还太少。中国是"制造大国"而非"制造强国"的事实已经给我们敲响了警钟，创民族品牌刻不容缓。

在这个地球上，无论经济如何一体化，民族利益永远是一个国家不可放弃的底线。事实也证明了这一点。在经济一体化的过程中，不同的国家站在不同的起跑线上，大家都有同等的条件去享受一体化的成果和利益吗？答案显而易见。在这个世界上，永远是强权经济、强权军事支撑强权政治，掌握了"话语权"的强权国家可以横行霸道、可以信口雌黄、可以颠倒黑白。国外企业将中国古典文化的精华《西游记》、《三国演义》等抢先注册就敢说是自己的知识产权。这不是强权是什么？因此说，在这个地球上，只要存在国家、民族、政府，就不可能实现我们理想中的经济一体化。共产党人最大的创造是政治经济学，在这个地球上，没有孤立的经济，也没有孤立的政治，什么矛盾都可以解决，唯有民族矛盾不可调和。唯经济论、唯技术论都是站不住脚的，任何经济手段都是为政治目的服务的。我们应该奋发图强，创造自己的民族品牌，做大做强自己的民族品牌。因为民族品牌是民族经济的生死牌。民族品牌体现民族精神，民族品牌代表民族形象，民族品牌维护民族利益，民族品牌体现民族尊严。

改革开放 20 多年，中国经济保持了持续的高速增长，但在高速增长的背后，我们已经透支了资源消耗、成本优势、优惠政策、人口红利和中国这个世界上独一无二的大市场。今后 20 年的高速增长我们拿什么来支撑？只能是具有自主创新精神和自有知识产权的民族品牌。双星的民族品牌之路经过了初级阶段、发展阶段、高级阶段和运作品牌四个阶段（20 世纪 80 年代初到 80 年代末，是双星创名牌的初级阶段；20 世纪 90 年代是双星名牌的发展阶段；2000 年开始是双星名牌与世界名牌接轨的、发展的高级阶段，在这一阶段，双星名牌产品开始进军高端市场，与国际名牌开始了全面的竞争，并取得了初步的成果），现在，双星名牌已经步入新一轮的发展高峰期。在这个过程中，双星以自主创新为武器，实现了由"中国制造"到"中国创造"的跨越。从下海进市场开始，双星就建立了以满足专业运动产品为核心的产品研发体系，具备了与洋品牌同台竞技的资本。各类自有知识产权的不断研发和应用，使双星产品的科技含量和品质日益提升，双星专业鞋、休闲鞋、时装鞋、功能鞋等高档鞋的开发不断迈向新台阶。"绝缘鞋"、"防火鞋"、"无垫底气道运动鞋"、"名人专业篮球鞋"、"专业网球鞋"等专业运动产品不仅占据国内高端市场，而且在国际上也处于领先水平；独一无二的"空调皮鞋"、"公对公"皮鞋、超轻量化跑鞋更成为敢于向国外品牌叫板的产品。2005 年，双星专业运动鞋、双星旅游鞋、双星皮鞋同时被认定为"中国名牌"产品，加上双星轮胎，双星成为中国橡胶行业唯一同时拥有 4 个"中国名牌"的企业。双星的品牌价值达到492.92 亿元。在世界鞋圈里，双星敢说无论是质量这个硬件，还是管理这个软件都不比任何牌子差。

在中国经济形势大好的情况下，我们不能忽视民族品牌的培育。中国经济的持续发展必须靠自己的民族品牌来带动。创民族品牌是中国经济融入全球经济的需要，是中华民族伟大复兴的需要，是中华全民族奔小康、强国富民的需要，是中华民族最终超越发达国家的需要。我们应该创造更多的像双星一样的民族品牌，为国家增光，为民族争气，争取中华民族的世界尊严。

三　民族企业家

双星是进入市场最早的国有企业，在别人不承认市场时就进来了，经过 20 多年的风风雨雨，双星第一个实施横向经济联合，第一个推行"东部发展、西部开发"战略，第一个实施企业由"二产"向"三产"的转变，第一个在国际舞台上展示中国企业的风范，第一个提出市场是检验企业一切工作的标准，第一个提出市场政治、市场理论的哲学观点，第一个在工业企业发展连锁经营，第一个创出了纯粹中国企业实践结晶的企业管理理论——"九九管理法"、率先根据社会主义的荣辱观，提出了双星人的"八荣八耻"，即以热爱双星为荣，以损害双星为耻；以奉献名牌为荣，以见利忘义为耻；以大局意识为荣，以本位主义为耻；以做好样子为荣，以浮在面上为耻；以团结协作为荣，以自以为是为耻；以创新提质为荣，以满足现状为耻；以道德诚信为荣，以弄虚作假为耻；以遵章守纪为荣，以不讲原则为耻……正是这一系列遵循规律、符合实际的超前行动，使双星取得了巨大的成功。

一个企业的成功和企业家是决然不能分开的。我认为，成功的企业家的基本素质至少应该包括以下 8 个方面：政治家敏锐的头脑、哲学家的思想、军事家统领全局的谋略、诗人的浪漫风情、实干家锲而不舍的苦干精神、外交家的翩翩风度、演说家的激情和口才、冒险家的胆识与创新勇气。而新时期，我们更需要民族企业家，民族企业家在具备企业家的基本素质之外，更要具有"特质"。

第一，民族企业家要有以民族文化为底蕴的独创的管理理论。在带领双星人创名牌的过程中，我挖掘了中国传统文化儒、道、佛"行善积德"的精髓思想，以"干好产品质量就是最大的行善积德"为基础，以毛泽东"实事求是"的思想为原则，以邓小平中国特色社会主义的承包机制为内容，构建了双星特色的社会主义企业文化、市场理论。我把我们双星人从30 年的市场实践中总结出来的被证明行之有效的理论称为"ABW 论"。A 代表第一，也代表中国 13 亿人这个全球最大的市场，意寓敢为天下先，双星的无数个第一就是这个 A 的体现和实践；B 是指个性，代表了创新、进取的内涵，见人所未见，想人所未想，行人所未行，敢于和善于走自己的路，走面向未来的新路，实事求是，追求企业和人生美好的未来；W 形似搏击长空的雄鹰，有硬功夫、有真本事，飞得高，看得远，有智慧、有悟性、有勇气、有胆量、有精神，果敢并心胸宽广。双星企业管理的 ABW 论是对西方 MBA 的突破和反向思考，是符合中国国情和实践的理论，是从中国特色市场经济之路中提炼出来的，是中国改革开放的大潮中涌现出来的少有的对中国企业经营和经济发展极具指导意义和启发作用的"中国特色企业发展哲学"。双星能把中国的传统产业做大做强，走向世界，靠的是继承了民族文化的优秀内涵，吸收了外部先进的管理经验，创造了自己特色的发展模式。现在，双星的外壳还是国有的，双星的文化理念以毛泽东"实事求是"和中华传统文化"行善积德"的精髓思想作为理论基石，而双星企业内部的操作则是用邓小平社会主义特色的、内部市场化的承包制度来管理，可以说，是兼收并蓄成就了双星的"独花一放"。

第二，民族企业家要有气节。民族企业家首先要爱国，要有强烈的民族责任感。因为商战中的利益从来都是有属性的，民族企业家必须在国际商战中能代表民族利益，坚持民族尊严，具有民族气节。民族企业家就像战场上的将军、元帅一样，在市场上也代表民族的利益能打胜仗。爱国的、有民族精神的、坚持民族尊严的企业家才是现阶段我们急需的人才，只有民族企业家才有骨气和志气创造我们自己的民族品牌。

我在厂区建起了代表中国文化的 18 米高的大佛，在大佛旁边建了一座西方人喜爱的圣诞老人形状的厕所，这一做法震撼了我的国际对手，外商们认为这体现了中国人的骨气；双星的管理闻名世界鞋圈，连以管理著称的韩国企业都来找我要厂长；我们还在双星度假村的山坡上塑了岳飞、戚继光、杨靖宇等英雄的塑像，因为在市场商战中，我们更需要民族精神，民族企业家就是当代的民族英雄；我们还建了 24 孝亭，弘扬中国的孝文化，使广大职工从孝敬父母开始进一步爱企业、爱国家；面对加入 WTO 之后，中国企业如何应对的诘问，我用"我是老虎我怕谁"来激励员工们的斗志，首先在精神上不能垮……我认为民族精神、民族气节是民族企业家创造民族品牌永不枯竭的动力源泉。

同时，民族企业家创造了民族品牌之后，民族品牌的健康发展还必须依靠全社会的关心和关注。因为不管是哪个企业、哪个行业，创出的品牌首先是国家的、是民族的。既然是全民族的，民族品牌就需要全社会的关心，在企业做出民族品牌的同时，政府要支持民族品牌，专家、学者要研究民族品牌，商家要推销民族品牌，新闻界要宣传民族品牌，消费者要热爱民族品牌。中国人具有强烈的民族意识和民族精神，只要我们正确引导，将很快掀起创民族品牌、热爱民族品牌的热潮。在中国经济的复兴中，世界级的民族品牌将层出不穷，世界级的企业家也将不断涌现，这必将使中国成为世界经济大舞台的主要力量，使中华民族更有尊严地屹立于世界民族之林。

诚信管理 积德行善

（二〇〇七年五月二十八日）

今天，我们在机械公司召开诚信质量教育总结交流表彰大会，专门对三个质量工作尤其是产品质量工作进行总结、表彰、奖励，这已成为双星进入市场20多年来的光荣传统。上午，生锡顺同志首先带领大家学习回顾了我历年来对质量工作特别是诚信质量工作的重要论述；沙淑芬同志也代表集团对各单位一年来的诚信质量工作进行了全面总结；两个诚信质量先进单位和20名诚信质量先进个人，结合各自工作，围绕诚信与质量，从带好头、做好样子、践行诚信质量等方面进行了汇报交流。对于他们的总结汇报和交流发言，我完全表示同意，尤其是两个先进单位和20位先进个人的发言，谈到的经验都非常好，都很值得大家学习借鉴。希望大家在学习讨论中，结合这些同志的好经验、好做法，继续运用好诚信管理，提高我们的产品质量，把我们今年的工作搞得更好，取得更大的成就。下面，根据大家的汇报发言，结合我掌握的实际情况，我再总结归纳一下，主要谈三个问题、六个字，即回顾、做法和认识，目的就是希望各单位结合自身实际，将诚信质量工作更深入地开展下去。

一 回顾

回顾，就是回顾一下我们诚信管理和诚信质量的推广历程和取得的成果。

（一）历程

诚信，是中华民族的传统美德，是我们一贯倡导的"积德行善"在现实中的具体化，将诚信应用到企业管理当中，不仅是我们双星人的伟大创造，而且确确实实在实践中见到了效果。应该说，机械总公司是全集团最早提出诚信管理的单位。在他们提出诚信管理的企业管理新模式后，我针对机械总公司的实际做法进行了不断总结，并在去年下半年给机械总公司提出了新要求，要求他们认真研究，如何更好地把诚信这种传统优秀文化运用到我们企业管理当中，来提高我们的产品质量，提高员工的自身素质，促进整个企业管理再上一个新台阶。按照我的要求，机械总公司在去年下半年开展了"讲诚信到底是吃亏还是受益"的大讨论，收到了比较好的效果。这个做法在全集团推广后，通过诚信抓质量，人人管质量，提高了全员质量意识，提高了企业整体素质，提高了综合管理水平。我们今天在这里总结交流诚信质量的好经验和好做法，就是为了进一步发挥诚信管理的巨大作用，促进我们企业健康稳步快速发展，这就是我们诚信管理一年多来简单的推广历程。

（二）成果

总体来讲，一年多的发展和变化证明，我们用诚信做人、积德行善这些传统优秀文化来管理企业，是现实可行的，效果是比较显著的。概括来讲，主要取得了以下成果。

1. 诚信管理塑造了一代双星新人

各单位结合自身实际，以传统优秀文化为基础，创新和创造了新时代市场竞争的双星新文化和新理念，塑造和锤炼了一批敢于竞争、敢于拼搏的双星一代新人。对于这一点，机械总公司汇编的《百名诚信员工的一百个诚信故事》就是最好的说明。这些诚信员工，大部分是由后进变为先进、由不诚信变为诚信、由原来不理解变为理解、由原来被动诚信变为主动诚信的典型。在他们的带动下，诚信管理的范围越来越广，由原来单纯地围绕经营讲诚信，转变为围绕企业管理、产品质量等方方面面讲诚信，由原来只是单纯地个人讲诚信，开始向班组讲诚信、车间讲诚信、工厂讲诚信等全员整体讲诚信过渡，营造了"做诚信人，讲诚信话，办诚信事"的浓厚氛围，促进了企业各项管理发生了质的转变和提高。这说明，我们用传统优秀文化结合企业发展现实来管理企业是可以搞好的，并且培养塑造了一代双星新人，这是我们诚信管理的第一个成果。

2. 诚信管理促进了企业生产经营

机械公司诚信管理取得初步成果后，以鲁中公司为代表的集团各单位，结合自身实际，进行了深入落实，使诚信管理在企业生产经营的各个方面都发挥了重要作用。机械公司在推广诚信管理、诚信质量后，生产的硫化机不仅没有因为质量问题受到客户的索赔，而且在行业普遍不景气甚至产能过剩的情况下，还提高了销售价格，这是过去从来没有过的；鲁中公司去掉专职检查员后，通过诚信抓质量，人人管质量，一份订单的 21000 双鞋没有出现一个疵点，这简直就是一个奇迹；海江公司在人员减少的情况下，日产量达到了 24000 双，这在过去是根本不可能也是不可想象的事情。这些现象说明，诚信管理、诚信质量已经越来越被员工所接受。正因为员工对诚信有了信心，鼓舞了干劲，激发了关心企业的热情，各单位的生产经营才搞得越来越好，才促进了企业发展的大好形势。

二　做法

通过大家的交流汇报，我认为各单位在围绕诚信搞好企业管理、搞好产品质量、提高员工素质等方面，主要做到了"五抓、两用"。

（一）"五抓"

1. 抓教育引导诚信

我多次强调：思想政治工作必须结合企业发展、结合自身实际来开展和进行，不能把教育当成就是读报纸、念文件，看成就是空对空的说教。这样的思想政治工作不但起不到任何教育效果，还有可能引发员工的抵触情绪，我们目前开展的诚信教育工作更是如此。正因为大家能够认识到思想政治工作的重要性和现实性，能够认识到"我们一贯倡导的积德行善也是诚信教育的范畴，和诚信一样，都是虚的、空的，是看不见、摸不到的"，所以在推广过程中，各单位都结合自身实际，结合市场竞争，结合管理当中存在的问题，尤其是围绕产品质量这个主题，对诚信教育进行了具体化、现实化的引导，这是我们取得今天这样好的成果很重要的原因之一。这种实事求是、联系实际、解决问题的教育，使原来一大部分不理解、不认识、不愿意讲诚信，认为讲诚信是根本不可能、不现实的人，思想上发生了根本性的转变。从诚信教育的成果我们也可以看出，只要教育结合了实际，联系了员工的切身利益，把"空的、虚的和灵魂的东西"具体化、现实化，我们员工是愿意听的，是能够接受的，是确确实实可以解决问题的。前几天我去工厂检查工作时发现，我们很多员工结合自身的实际，提出了很多行之有效的诚信理念，像股份公司负责大底硫化的赵建红，就在自己的工作岗位上写下了自己的诚信座右铭："用我的诚信对待我的产品，用我的诚信让上下工序满意。"正因为我们诚信教育抓得好，才出现了像赵建红这样的一大批诚信员工，才创造了符合企业管理和市场竞争的新文化、新理念和新思想，才激发了广大干部员工的新精神、新干劲和新理想，才引导了广大干部员工在精神上不空虚，干起活来有方向，彻底明白了"到底为谁干，应该怎么干"的道理。假如不进行理论和实际相结合的教育，不进行传统优秀文化和现实工作、和岗位机台、和我们身边事物相结合的引导，我们是不可能有今天这个成果的。

2. 抓领导骨干做样子带动诚信

今天发言的 20 位同志，有一个共同的特点就是带头讲诚信，扑下身子做样子，帮助员工解决实际困难。这种精神是非常可贵的，这也是我们企业在竞争当中立于不败之地、保持健康稳定发展、每个家庭都能够过上安定幸福的生活的基本保证。这一点，鲁中公司和机械公司做得较好，其他单位也都有很大转变和提高。机械公司以张成良为代表的领导一班人，敢于"亮丑"，敢于暴露矛盾，让员工来监督检查自己，带头给大家做出了好的样子；鲁中公司郭建英书记主动带头讲诚信，严抓骨干队伍的工作作风，出现工作失误后，领导主动带头自罚；双星东风原来基础条件比较差，现在之所以有进步，关键也是领导深入基层和一线，主动做样子，带头讲诚信，和员工打成一片的结果。应该说，全集团大到单位，小到部门，凡是工作搞得好、有起色的，首先是领导样子做得好。所以我们要想发展好企业，光靠空洞的说教是不行的，只有领导首先带头做好了样子，带头树立诚信和正气的氛围，才能带动广大员工都来关心我们的企业，都来为企业发展负责，我们的企业才能有希望、有前途。

3. 抓典型推动诚信

过去一年来，各单位通过竞赛等多种形式，不断推动诚信管理深入开展。据统计，去年以来，全集团共产生 365 种竞赛形式，评选出 680 余种好的操作法，开展了 1569 次形式各样的劳动竞赛。在狠抓正面典型、对诚信个人进行表彰奖励的同时，各单位也抓了反面教育，对那些不称职、做得不好的进行帮扶教育，对那些屡教不改的进行处理考核，同样起到了很重要的作用。例如机械公司，在推广诚信的过程中，采取"一帮一"的措施，有重点地进行帮扶，利用正反两方面典型，推动整个诚信工作深入进行。还有我们今天发言的 20 位同志，真正通过教育主动讲诚信或是开始就对诚信理解得比较好的只有 8 人，其余 12 人都是由原来不认识、不理解，通过教育或处罚后，成为诚信质量标兵的，这也是此次交流发言很大的特点，也说明典型教育的力量是巨大的。假如我们不利用反面典型和行政手段，仅仅依靠正面典型作引导，取得今天这样好的成果是不可能的。所以通过大家的发言和他们的转变，我们也应该认识到，要搞好一个企业，必须做到教育、约束和帮助相结合，必须坚持"正反两方面两手都要抓，两手都要硬"。要做到这一点，需要我们领导有勇气、有胆量、有责任心，需要我们领导对事业、对名牌、对企业的忠诚度，因为广大员工是好的，是希望企业发展前进的。可如果我们当领导的总想讨好人，不敢得罪人，企业就不可能树立正气，就不可能发展前进。所以说，在今后工作中，我们要想把各项工作搞好，要想依靠诚信管理把我们企业管得更好，把产品质量提到更高水平，领导骨干首先要主持正义，带头做样子，加强正反两方面的教育，特别是一把手，不仅自己要走得直、行得正，更要不断提高自己的能力和水平。只有领导带头做样子，树立了正气，才能凝聚人气，鼓舞士气，我们企业才能保持健康稳定发展。

4. 抓制度的检查考核保证诚信

诚信同检查和考核既是对立的，也是互为一体的。没有制度的约束、严格的检查和考核，就不可能反映和体现出诚信；而没有诚信作保证，就不可能实现"人人都是检查员，每道工序都把关"，也不可能去掉专职检查员。正因为各单位不断建立健全制度，加强监督、检查和考核，才保证了诚信管理的顺利推进，促进了质量管理的不断提高。像轮胎公司，通过诚信质量教育，产品质量明显提高，退赔率开始逐步下降，扩大了企业的赢利水平；海江公司的一线员工自己提出"人人都是诚信员，天天都是质量日，岗岗都把质量关"，切实做到了质量问题没有空子可钻。这些进步，都是诚信发挥作用后取得的，从另一个角度讲，也与我们各级领导严抓制度落实、认真检查、严格考核分不开。所以作为领导骨干，扑下身子抓检查，深入一线抓落实，实事求是帮助员工解决实际困难和问题，就是最大的责任心和最大的讲诚信。因此，我们要抓好诚信教育，提高我们的产品质量，领导骨干必须首先带头强化诚信自律意识，并在抓好员工教育的基础上，强化制度贯彻，强化检查考核，强化互检互查，才能让更多的员工自觉诚信、践行诚信、愿意诚信。

5. 抓市场化承包促进诚信

一年来，通过细分细化、市场化承包等体制机制的推行，各单位把管理责任化整为零，把原来工厂厂长和车间主任管的事，变成承包人管的事，把原来单纯一个职能部门监督考核的事情，变成"人人考核，岗岗把关"。这种细分细化、市场化承包的体制和机制的改革，促进了企业的透明化管理，为诚信管理的推行创造了条件。像热电厂，以前因为煤渣处理环节不到位，经常造成停水、堵气等质量事故，不仅影响正常生产，还会造成很大浪费；可推广市场化承包以后，调动了承包人的积极性，使他们自觉主动想办法进行创新，不管领导在不在，都能做到诚信对待，不仅解决了这个难题，保证了正常生产，而且一年就可节约120多万元。从这一点我们应该看到，体制和机制的变化是非常重要的，是促进诚信管理的有效保证，是促进诚信质量不可缺少的重要措施。我们要想不断促进企业管理的再提升，就必须不断转变体制和机制，依靠体制和机制的创新，促进诚信管理的再深入，调动广大员工主动参与企业管理、主动关心企业发展的主观能动性。只有广大干部员工都来关心企业发展，都来为企业发展尽心尽力，我们才能够不断创出新的业绩。

（二）"两用"

1. 用产品质量的好坏来检验诚信

在机械公司主动讲诚信后，各单位学习机械公司的做法，也在生产区域设立了诚信区和待检区，主动把产品质量的好坏作为是否诚信的标准，用产品质量来检验诚信的好坏。这种把无形的、没有明确标志的东西，变成现实的、能够看得见、摸得着的做法，是我们对"积德行善"这一传统优秀文化的具体化，是我们双星人的又一大创造。正因为我们结合现代企业管理的主要矛盾，将传统优秀文化量化、具体化、现实化，才出现了"岗岗讲诚信，件件是诚信，事事都诚信"的喜人局面，才出现了"诚信就在你身边，诚信质量每一天"的良好氛围。可以说，我们结合企业发展实际，借鉴传统优秀文化，创造了我们自己的新文化，又打造了一支商战中的新队伍，才有效地促进了企业各项工作都创新提质上台阶。

2. 用市场竞争的事实来深化诚信

在诚信质量教育中，各单位结合名牌形象，结合企业发展，结合市场竞争，结合消费者对我们的具体要求和产品质量不好对企业的危害和影响，不断对员工进行教育，特别是我们开展的"讲诚信到底是吃亏还是受益"的大讨论，把员工的家庭幸福和个人收入同诚信管理和诚信质量结合起来，把名牌利益、企业兴衰和市场竞争同员工利益、家庭幸福联系起来，使广大干部员工受到了很好的教育，认识到只有自己先讲诚信，保证产品质量，才能得到消费者认可；认识到如果产品质量不好，消费者不认可，企业就没有希望，生活就没有保障。可以说，通过不断的教育引导，诚信管理和诚信质量已经深入开展到每个单位和每个角落，涉及每件事和每个人，激发了大家"说诚信话，做诚信事，当诚信人"，对提高三个质量起到了很重要的推动作用。

三　认识

认识，就是通过一年多的推广，通过我的体会和感受，结合企业内部的管理，结合我们的市场竞争，结合身边所发生的人和事，对诚信管理作进一步的阐述，具体来讲，主要谈"诚信是什么"、"诚信靠什么"、"诚信看什么"三个问题。

（一）诚信是什么

就企业管理而言，诚信是我们企业管理的最高水平，我们要想真正把管理搞上去，需要广大干部员工主动讲诚信、自觉讲诚信，只有这样，企业各项管理才能真正到位，才能把干好产品质量、积极主动创新、参与企业管理作为员工的自觉行动，彻底解决好"叫我管"还是"我要管"的问题，真正做到对企业负责、对名牌负责、对自己负责。

就我们个人来讲，诚信必须落实到我们平时的工作中，落实到三个质量特别是产品质量上。具体来讲，就是对工作诚实、扎实、认真；对自己所分管的工作敢负责任，能够高标准地要求自己，主动找自己的缺点和短处；对企业、对名牌、对领导有感情，敢于拼搏竞争，能够怀着感恩的心把工作干好。特别是遇到侵犯企业利益和名牌利益的人和事时，要敢讲、敢揭发、敢于斗争，这才是一名合格的双星骨干诚信做人、诚信做事的基本标准和基本表现。

落实到具体工作中，诚信体现在机台，体现在岗位，体现在每一天；上升到精神境界来说，诚信也是一种精神，一种勇气，是一个人人品和境界的最高体现。一句话，诚信就是胸怀坦荡，心里敞亮，是企业管理的基础和保障，是企业管理的最高标准和最高水平，这就是诚信的概念。

（二）诚信靠什么

首先，诚信靠自己的认真负责，靠对企业、对员工的忠诚，靠对分管工作的尽心尽责。特别是领导骨干，本事大小和能力高低只是一方面，即便本事和能力暂时达不到集团的要求，但只要做事尽职尽责，工作中能诚信负责，按照集团党委的部署和要求认真去做，同样可以依靠自己的努力把企业搞好。所以说，诚信是我们在具体实践当中干出来的，不是空口喊出来的，一定要靠事实说话，靠大家认可。另外，三个质量是衡量诚信好坏的尺子，反过来讲，诚信也是衡量一个人道德和品质的"试金石"。要求大家一定要把诚信和质量作为我们做人做事的基本标准，带头抓好诚信，认真干好质量。

其次，诚信靠文化理念的引导和体制机制的保证。就是在诚信当中，一定要建立一套诚信的新标准、新文化和新理念，建立一套检查约束、赏罚分明的体制和机制，建立一套诚信的自律体系、检查体系和考核体系，从工作的点点滴滴去营造一种诚信的氛围和环境，通过不断的教育、培养，塑造、磨炼我们的员工，逐步向全员诚信、自觉诚信方向发展。

（三）诚信看什么

就企业而言，诚信的好坏，关键看我们能不能把企业搞好。只有将诚信真正落到实处，我们的企业才能有希望，员工才能过上长久幸福的生活，双星才能做成百年企业和百年品牌。所以，是否讲诚信，主要看以下三方面。

第一，要看对企业、对品牌是否忠诚。忠诚，是我们干好本职工作最基本的条件。你只有对品牌、对企业忠诚，有感情，相信我们企业能搞好，才能全身心地把工作干好，才能在工作中发自内心地主动讲诚信。所以讲诚信，首先要对企业、对品牌忠诚。这个忠诚不是虚的，是有实际内容的，具体来讲，就是相信品牌、相信企业、相信总裁，工作中一心一意，而不是三心二意；要靠自己的才干和智慧、靠自己给企业创造的效益发财，而不是靠坑企业、挖企业、骗企业发财；要靠自己在岗位上不断创新、干好质量来讲诚信，而不是靠空洞的说教，不是靠"不干实活，光喊口号"来讲诚信。一句话，是否讲诚信，首先要看你对企业、对品牌是否忠诚。

第二，要看我们的本职工作是否做到了诚信。特别是围绕三个质量来检验我们的工作到底做得怎么样，不能将诚信管理、诚信质量仅仅停留在口头上，一定要变成我们认真扎实地把工作干好的实际行动。通过为企业和名牌的发展，为员工和家庭的幸福去竞争、去拼搏、去奉献，来体现我所提出的"诚信做人、诚信做事、诚信质量"的真正含义。

　　第三，要看大家能不能带好团队和凝聚团队。特别是我们领导骨干，自己是否讲诚信，关键要看你这个团队是否团结，能不能将广大员工的心拢在一起，为了"双星发展，大家过上好日子"这个共同目标而努力奋斗。这就要求大家在工作中，不能画圈子、搞小团体、讲本位主义，分什么"你的、我的、他的"，或是"一家人说两家话"，这是坚决不允许的。要看到，我们是一个整体，是一个战斗的团队，只有团队的力量才是巨大的；离开了团队的支持，谁的价值都得不到体现。这就要求大家一定要低调做人、高调做事，工作中要相互尊重、相互理解、相互沟通、相互支持。这样我们班子才会有合力、凝聚力、决策力、执行力和战斗力，整个工作才能搞好，我们事业才能有成。这才是最好的诚信和最大的诚信。

　　希望大家回去后，在充分理解我结合企业管理、结合发展实际所阐述的"诚信是什么？靠什么？看什么？"的深刻含义后，按照我所总结提出的"五抓、两用"的具体要求，继续抓好诚信管理、积德行善这一传统优秀文化的量化、具体化和现实化的落实，实现集团党委所确定的 2007 年"高人品、高质量、高市场"的奋斗目标。

战危机　增活力　再创新　快发展

（二〇〇八年十二月二十二日）

　　进入 10 月份以来，受美国次贷危机引发的经济危机的影响，轮胎市场出现了惨淡经营的局面，机械行业也受到较大冲击，原材料价格从 9 月份以前的见风就涨，转为 10 月份以后的暴跌。面对这种过去从未遇到过的严峻形势，集团党委迅速调整思路，果断做出部署。我也在一个月内亲自主持召开了 4 次专题会议，做出了 58 份重要批示，稳定了大家的思想，调整了发展的思路。应该说，在广大干部员工的共同努力下，我们三个轮胎公司在调整中比较稳定，机械行业也适应了形势变化的要求。在这种情况下，我们有必要回过头来认真总结一下原材料疯涨暴跌时我们的经验和教训，看看我们工作当中还有哪些不足，还存在哪些差距，通过彼此的汇报交流，达到"相互借鉴，共同提高"的目的，为明年的生产经营工作提前打好思想基础、做好思想准备。而请鞋厂、印刷公司、绣品公司的领导列席会议，也是希望大家能够吸取轮胎公司的教训，提前做好应对危机的准备。为了更好地统一大家的思想，指导明年的工作，在大家汇报交流的基础上，我再作一个中心发言，主要讲四个问题。

一　如何认识这次经济危机

　　从市场发展来讲，经济危机是社会发展的必然规律，这是因为：社会经济本身就是在冷热交替、跌宕起伏中发展的，当经济发展过热时，通常表现为通货膨胀；当经济形势遇冷时，一般就称为危机。所以只要经济发展存在跌宕起伏、冷热交替，就会有经济危机的产生。我们挺过了这一次，过几年危机可能还会再来，还会重复发生，这就是规律。

　　从实际发展来看，经济危机产生的原因是多方面的，发起点可能是经济发达国家，也可能是发展中国家。像这次经济危机就是由美国次贷危机导致了金融危机，由金融危机引发了经济危机，并迅速席卷世界各国、各地区，对实体经济造成巨大伤害。所以在许多企业看来，经济危机就是一次洗牌，是一次淘汰，但从辩证的眼光来看，经济危机在以下方面却有着积极作用。

（一）经济危机的发生给我们创造了一个很好的跨越和提高的机遇

经济危机对企业来讲，是一次考验，是一个考场。在这样的考验、考场当中，不同的企业有着不同的命运：对那些平时管理不扎实、各项基础不牢固、市场操作不到位、产品没有竞争力的企业来讲，经济危机就是一次洗牌，是一次淘汰；对那些基础管理好、适应能力强、能够上得了考场、能够经得起考验的企业来讲，经济危机不但不是坏事，反倒是件好事，只要能在洗牌和调整中取胜，就是又一次发展的机遇。所以我要说：危机既是挑战，也是机遇；没有危机，就没有垮台；没有危机，就没有机遇。

具体到我们轮胎公司来讲，正因为有了这次危机，我们又在危机中抓住了机遇，按照集团党委的要求及时进行调整，才经受住全球经济危机这个世界级考场的考验，才使我们在同行业中的评价有了进一步的提高，我们在市场上的信誉度和美誉度得到进一步地树立。因此，我们既然不能避免经济危机的发生，就要学会在危机中寻找机遇，善于在危机中提高自我，用更加扎实的工作、更加有效的措施实现我们更大的发展和提高。

（二）经济危机的发生给我们提供了一个难得的学习和积累的机会

我们面对的是一次全球性的危机，等于我们加入到世界级的考场，参与了世界级的考验。而通过这次全球经济危机的磨炼，我们又在市场商战中经历了一次兵戎相见的实战演练，达到的效果和起到的作用都是从书本上学不到的。所以大家通过这次危机，一定要好好地总结自己，进一步提高我们的竞争意识和市场意识，增强我们"把握规律，抓住机遇"的才干和知识，提高我们"快速决策，综合指挥"的能力和水平。通过自己教育自己、自己总结自己、自己提高自己，把自己从原来对危机"没有思想准备，感到很突然，无所适从"的困惑当中尽快解放出来，以更加有效的措施、更加得力的手段促进企业尽快从危机的影响当中走出来，步入正常有序的发展轨道。这也是我们召开这次会议很重要的目的。正如我在开始动员时讲得那样：我领着大家总结，是为了教育提高大家，而不是要处理哪个人，或者追究谁的责任，因为这种情况我们谁都没有经历过，所以经历以后有必要静下心来总结一下，找找自己的失误，看看存在的问题，这样才能在失误和教训当中，不断提高和完善我们自己。但是从大家的发言汇报当中，我认为并没有完全起到预期的教育目的，整个发言还是谈工作的多，讲经过的多，真正联系自身"查不足，找差距，谈失误，讲教训"的基本没有，归根结底还是大家怕揭短亮丑、说自己的问题。希望大家特别是我们领导同志，能够进一步端正态度，借年底搞总结的机会，再冷静反思一下，重新梳理一遍，看看在这次危机中，在贯彻集团决策、落实我的批示等方面，自己做得怎么样，积累了哪些经验，应该吸取什么教训，还存在哪些不足和差距，都要认认真真地总结出来，作为各口、各部门1月份工作汇报的主要内容报给我。

二　危机中我们取得了哪些成绩

应该说，今年9月份之前，由于大家贯彻落实集团"三高"的战略总方针比较到位，集团各行各业、各个单位一直保持了较好的发展，特别是轮胎公司，在全国同行业中增长速度是最快的，发展态势是最好的。进入10月份以后，受全球经济危机的影响，原材料价格由疯涨到暴跌，轮胎市场由火暴到惨淡，给我们企业带来了从未有过的困难，使我们企业经历了前所未有的考验。但是在集团党委的决策部署下，经过广大干部员工的共同努力，我们挑战危机初见成效，主要表现在如下几个方面。

（一）在生产组织的提高上初见成效

应该说，这次危机给我们轮胎生产组织提供了一次很好的锻炼机会。在经济危机爆发初期，轮胎公司按照我提出的"减产、限产不停产"的具体要求，迅速调整思路，坚持以销定产，做到细水长流，在"人员、设备、动力、能源"配置最佳、最合理的前提下，果断关掉了子午胎一厂，对人员重新进行分流，对生产班次进行调整，集中力量生产市场急需的产品，日产量也由过去的2000条逐步扩大到现在的5000条，基本达到了轮胎公司开足打满时60%的产能，这在同行业中是比较好的。双星东风在我6月份提出严厉批评后，"一把手"的工作作风有了提高，班子之间也能够团结一致、相互协作，使整个工作有了较大起色，危机中的表现也比较好，目前订单正在逐步增加，库存也在不断减少。中原轮胎在这次危机中，以特色的管理、特色的经营模式作保证，积极发展终端市场网络，也取得了比较好的成绩，这都是不容易的。所以说，我们在危机当中，在生产组织的提高上初见成效。

（二）在员工队伍的稳定上初见成效

关掉子午胎一厂后，轮胎公司有部分员工离岗、待岗。针对这种情况，我提出了"向员工讲明形势，保技术、骨干队伍不流失"的要求。接到我的批示要求后，三个轮胎公司做了大量细致的工作，双星东风轮胎、双星中原轮胎人员非常稳定；青岛轮胎公司尽管有部分员工离岗、待岗，但没有一人下岗被推向社会，特别是领导一班人，带头做样子，在部分员工离岗、待岗的情况下，主动提出减少自己和机关人员的工资待遇，并在详细摸清职工结构和人员状况的基础上，采取了一系列的"区别对待，灵活处理，待岗不减员"的政策，既得到了离岗员工的理解和支持，又使留下来的员工能够安心工作，保证了骨干员工队伍的稳定，为产品质量和生产秩序的稳定奠定了坚实的基础，为企业稳定运行创造了良好的环境。

（三）在经营方法的创新上初见成效

青岛轮胎公司面对"高材料、高成品、高库存"的巨大压力，在我提出的"用'人鞋'推动'车鞋'销售"的启发下，积极动脑子、想办法，迅速从一线待岗人员中抽调30余名表现良好的员工充实到市场一线，同市场三人小组一道加大产品促销力度，通过在高速公路停车场发传单，给过往的大车司机讲政策，迅速激活了我们的内销市场，逐步从被动的局面中走出来。可以说，在这次危机当中，由于我们行动迅速，措施得力，目前已取得初步成果，各个行业都在向好的方向发展和转变。特别是受冲击最大的轮胎产业，通过积极主动的调整，降低了库存，回笼了资金，把死钱变成了活钱，保证了资金链的完整，促进了总体生产经营的稳定，这是我们在此次危机当中最大的收获。

（四）在企业资金的保证上初见成效

在危机爆发初期，由于企业库存短时间内增加较大，市场流动的资金一时又收不回来，导致我们生产流动资金极为紧张；再加上我们做出减产、限产决定后，贷款的银行和外欠的供应商又很担心，无形当中又增加了我们资金的压力。在这种情况下，为避免出现两头被动的局面，我又做出了"加快货款回收，保证资金链完整，处理好客户关系"的具体要求。通过大家积极努力的工作，以及轮胎生产不断趋于好转，我们在短时间内消除了外部压力。在此基础上，我们加快货款回收，加速资金回笼，并按照我提出的"压缩开支，加快资金周转，控制非生产性开支"的要求，对在建子午胎项目调整了进度，严格控制付款，确保了我们资金链不断，保证了生产资金的正常运转，为企业渡危机、求发展创造了条件。

（五）在产品结构的调整上初见成效

经济危机爆发以后，我们在改变生产组织、加大促销力度的同时，在继续加快出口轮胎轻量化改造，使用新材料、新配方降低成本的同时，也没有放松对产品结构的调整，平均每三天就开发出一个新品种。像我们在短时间内研制开发的 20 层级防刺扎矿山胎、小规格轻卡全钢胎等新品种，投放市场后均表现良好，抢占了市场空间，促进了市场销售，增加了市场卖点，扭转了被动局面。

作为鞋和机械来讲，由于大家上半年按照集团党委"三高"的战略部署积极工作，及早进入了高端，提高了产品档次，所以危机爆发以后，鞋和机械基本没有受到太大影响，甚至可以说是提前做好了抗危机的准备。假如鞋和机械还像过去一样，停留在低档次、低附加值的水平上，也许这次危机到来以后，经营状况比轮胎还要严峻。但我们也应该看到，受上游轮胎行业不景气的影响，橡胶机械受到的冲击比较大，可他们通过危机改造自我，提高了设备精度，提高了产品质量，所有设备基本做到了一次试车成功；再加上我们充分发挥集团化的优势，加大了橡机产品的内部供应，使橡机公司在这次危机中也保持了比较稳定的发展。这都是我们在危机中取得的成果。

除此之外，大家在工作中还做到了"三个没有放松"，即管理没有放松、质量没有放松、创新没有放松，并通过努力实现了"三降"，即降库存、降费用、降成本，这才有了我们轮胎今天相对主动的有利局面。

一句话，面对危机中的诸多困难，不管是鞋厂和机械公司，还是轮胎公司，都在积极动脑筋、想办法、找出路，特别是三个轮胎公司，在危机中做到了"减产不减斗志，减产不减精神，减产不减干劲"。正因为集团各单位都做了大量工作，付出了很多努力，我们目前才保持了较好的发展局面，这是应该充分肯定的。

三 危机中我们应该接受什么教训

虽然我们在危机当中取得了一些成绩，但我们在应对危机的过程中，还存在很多差距和不足，这也是我们在今后工作当中应该吸取的教训。概括来讲，主要表现在"五不"。

（一）不认识

应该说，这次经济危机的苗头早在 7 月份就显现出来，但由于大家犯了经验主义错误，盲目地认为"形势不好是因为迎奥运，国家关闭大小煤矿造成的"，所以把对市场的期望寄托在奥运会以后。但奥运结束后，市场经营仍面临着非常惨淡的局面，我们又错误地认为"8 月份是淡季，到了 9 月份就好了"，又把希望寄托在 9 月份的旺季。即便是在危机爆发初期，我们轮胎公司也没有认识到危机的严重性，仍把受危机影响表现出来的各种不正常现象，当成是"市场常规性的调整"来对待，看成是"'停停产、降降价'就能解决的问题"，根本没有认识到"这次危机不同于一般性的市场变化，是决定企业生死的大问题，搞不好企业就要垮台，个人就要丢饭碗"。这种错误的理解和认识一直持续到 10 月底，直到我第三次到轮胎公司召开专题会议后，大家才意识到危机的严重性。客观上讲，是因为"轮胎公司班子比较年轻，阅历不足，没有切身经历过经济冷热交替"造成的；但从主观来看，还是我们大家"能力水平不够，对市场分析不透，又过分相信自己，犯了经验主义错误"造成的。因此，本着教育、爱护、提高的原则，集团党委决定以此次危机为教材，召开今天这次汇报会，目的就是对大家进行培训和教育，通过培训教育，提高我们对市场、对行业的了解和认识，提高我们分析市场、驾驭市场的能力和水平。这是我讲的第一点，也是我们所要吸取的第一个教训。

（二）不主动

在认识到危机的严重性以后，大家并不是以一种积极的姿态来应对，而是认为"全行业、全社会、全世界都这样，我们能有这个局面已经很不错了"，抱着一种"没办法、听天由命"的心态在等待和观望，导致在执行集团决策、落实我的批示上拖拖拉拉，不紧不慢。如我在意识到危机的严重性后，于 10 月 5 日做出的"让利要一步到位，赶紧把货变成钱，然后快买低价胶，做市场急需产品"的决策，轮胎公司一直没有执行到位，结果贻误了战机，造成了暂时的被动。直到我 10 月 23 日到轮胎公司开会后，大家才逐步加快了落实集团决策的步伐，后来的事实也证明了我们主动出击的正确性。假如这三个月集团不积极主动地进行调整，不果断采取一系列措施，不督促大家进一步落实，我们今天就不可能坐在这里总结经验教训、查找自身不足了。所以说，"市场如战场，竞争如战争"，在战场和战争面前，我们一定要主动进攻，特别是在困难时期，绝不能轻言放弃，绝不能缴械投降。只要我们主动出击，就能一直坚持到最后，就能看到胜利的曙光。这是我们通过这次危机必须懂得的一个道理，也是我们今后参与竞争需要永远牢记的法则。

（三）不沟通

在这次危机当中，我们信息明显滞后，就是有时掌握了一定的信息，也不知道怎样分析，如何共享，尽快统一认识，而是各人抱着各人的那一块，各人琢磨各人的那一摊，拿不出一个完整、统一的意见，结果往往拿不定主意，严重贻误了战机。因此，作为企业"一把手"，必须广泛搜集各种信息，提高信息决策水平，看准了的事情，就要说明自己的观点，坚持自己的意见，不能无休止地研究讨论，更不能疑而不决、决而不断，这是关系企业命运、决定竞争成败的大问题。作为分管各项具体工作的副职，必须在宏观上了解掌握信息后，运用到微观的具体工作中，提出自己切实可行的意见和建议，不能只把信息提报给班子或"一把手"就算完成任务了，这是非常不负责任的。轮胎公司高价原材料之所以库存那么大，就是因为我们信息沟通不够、缺乏快速决断造成的。假如在 9 月份，我们库存已经急剧加大，生胶价格仍徘徊在 2900 美元/吨，已经给我们轮胎生产造成巨大压力时，我们主要领导和分管领导能够坐下来认真研究，分管领导也能够根据自己掌握的信息把形势分析透，主要领导最终拿出一个相对集中、比较正确的意见，可能我们轮胎公司就不会像现在这样被动。这一点也说明企业"一把手"正确处理信息、果断做出决策的重要性，特别是在形势严峻时，哪怕是决策上的一点点失误，都有可能给全局造成影响。这是我们必须接受的教训，也是需要我们继续提高的地方。

（四）不灵敏

在市场竞争中，除了沟通之外，对信息的捕捉也很重要。但由于大家对信息不灵敏，分析不认真，凡事都以"别人怎么说"为标准，导致市场发生变化、遇到不好苗头时，我们轮胎公司从上到下都不以为然，盲目认为"还像过去那样处理就行了，实在不行就再停停产、再降降价"，缺乏一个企业领导所具备的市场警觉性和敏锐性。例如，从5月份开始，一直到9月份，生胶已经高位运行了很长一段时间，我们完全应该时刻保持警觉，在采购模式和思路上提前进行预防，但大家并没有像我平时要求的那样做，特别是从9月下旬开始，以生胶为代表的原材料价格开始出现回落，一汽、重汽等配套市场开始发生变化之后，还是没有引起大家足够的重视和警觉，以生胶为代表的原材料采购仍按两个月的储备量作准备，结果造成了我们原材料高价位、高库存的被动。这些失误和教训都非常值得我们好好总结。

（五）不适应

就是我们产品不适应市场，特别是我们的轮胎产品，同质化的产品太多，不适应市场的需求。关于产品同质化的问题，我不止一次地强调过，但始终没有引起大家的高度重视，对我做出的"轮胎轻量化改造、扩大无内胎推销，尽快生产小规格的轻卡全钢胎"等一系列决策不理解，拖了很长时间也没有执行到位，还是一味地抱着同质化的大路货不放手。直到通过这次危机，大家才意识到当时我逼着大家搞的"出口轮胎轻量化的改造、小规格轻卡全钢胎的生产、无内胎全钢子午胎的推销"等工作的重要性。也可以说，如果没有这些超前的决策，在这场前所未有的危机当中，我们可能会一败涂地，甚至有被市场淘汰的可能。因此，我们必须接受"同质化产品太多，不适应市场需求"的教训，通过不断创新来掌握自己的核心技术，向专业化、系列化、轻量化方向发展，这也是我们战胜危机最拿手的武器。这就要求大家必须借着这个机遇，进一步加大创新改造力度，加快技术改造步伐。在这里，需要特别说明的是，我们鞋厂和机械公司之所以对危机感觉不大，并不是没有受到危机的影响，而是提前做好了准备；假如没有集团年初的"三高"战略，或者鞋厂和机械公司在执行当中也不认真，我们机械公司就没有现在好的局面，鞋厂也不会像现在这样主动。但暂时没有影响，不等于年后没有变化，希望大家一定要吸取轮胎公司的教训，克服麻痹大意的思想，从思想上高度重视起来，提前把各种不利因素估计全、分析透，争取把各项工作主动做到前头，这样才能防范风险，保持企业的长盛不衰。

四　下一步应该怎么办

尽管我们目前战危机的各项工作已初见成效，但并不代表我们已经走出了困境、摆脱了危机。大家在总结经验教训的基础上，还要继续坚定信心，发扬过去好的做法，把企业健康稳定地发展下去。具体来讲，大家要做到并做好以下五项工作。

（一）要在危机之中抓机遇、找商机，在商机当中求生存、求发展

在第一个问题当中，我已就经济危机的积极作用做了阐述，指出：经济危机的发生，给我们创造了很好的跨越和提高的机遇，提供了难得的学习和积累的机会，并要求大家"认真总结经验教训，尽快提高能力水平"。这既是对我们大家的希望，也是对今后工作的要求。所以在下一步的工作当中，大家在总结经验教训的基础上，一定要抓住机遇，找准商机，在保生存的前提下求发展。我还是那句话："经济危机对责任心强、想干点事的人来讲，到处都是商机；对不管不问、不想干事的人来讲，到处都是困难，关键就看大家如何把握。"希望大家在今后的工作中一定要牢记这一点，抓住机遇，把握商机，在商机当中求生存、求发展。

（二）要把危机的压力变成广大骨干的责任，变成生存发展的动力

我们目前最大的压力就是高材料、高成品、高库存，只有解决好这个压力，我们才能求生存、求发展，但这个压力谁都帮不上我们，只有依靠我们自己救自己。面对压力，大家不要害怕，不要气馁，而要把压力变成我们生存发展的动力，变成我们继续创新的活力，变成对企业、对员工的一种责任和标准，从而在工作中继续把深化承包、提高质量、厂币运作等各项工作贯彻好、落实好，并在保证产品质量的前提下，实现设备管理、生产组织、能源消耗的最佳匹配，达到"用人少，费用低，效率高，能耗降"的企业管理目标，把我们的成本和损失降到最低。大家还要学会分解压力，要像中原轮胎公司那样，做到"小机关，大体制"，实现"人人进市

场，个个有压力"，特别是技术、销售、供应等人员，只有"人人进市场，个个有压力"，形成对外的战斗力，我们各项工作才能争取主动，企业发展才能更有希望。

（三）要把危机当中遇到的难题变成发展的起点，变成创新的课题

要认识到：我们要想战胜危机，保持企业健康发展，根本出路就是创新，只有依靠新产品、新规格的不断开发，依靠新材料、新工艺的不断应用，我们才能具备应对危机的实力。像我一直要求的轮胎减重问题，在这次危机当中就显示出了它的重要性。如果我们轮胎还是过去的重量，不用等到这次危机来淘汰我们，恐怕我们自己就把自己淘汰了。所以在下一步的工作当中，大家一定要继续加大创新力度，特别是涉及设备、工艺、结构、配方、流程等一些大的创新项目，在这次危机中一定要尽快落实、尽快见效。像我们积压的高价原材料，供应和技术就要联合起来想办法，通过采购低价原材料吃掉高价原材料，把包袱甩在即将过去的2008年，这样我们才能为节后开产争取更大的主动。

（四）要变"坐商"为"行商"，树立争市场、夺市场、抢市场的信心

要认识到：市场经济不养懒人，不同情弱者，我们只有主动走出去，在市场当中找市场、找客户，才能创出一条新路子。这就要求我们大家必须转变工作作风，变"坐商"为"行商"，用新产品、新技术、新结构、新的促销办法、新的经营模式、新的体制机制来开拓新的市场空间。我还是那句话："有人就穿鞋，关键在工作；有车就用胎，关键在工作。"这是实话，也是规律，危机当中也如此，希望大家一定要认真对待。

（五）要另辟蹊径，创新营销模式，建立独具双星特色的营销新体系

不管是内销还是外销，在现有网络的基础上，都要主动走出去选择新地区、新客户，找准新的经济增长点；要抓住我们在危机当中信誉度和美誉度提高的机遇，搞好宣传造势工作和客户发动工作；要打破过去每年只花钱、不办事、走形式地召开经销商会议的老模式，争取在春节前分批次把客户请进来，召开不同性质的小型座谈会或专题会，尽最大可能在节前

把我们轮胎的库存再减少，张金泉和葛文两位同志要抓好这项工作的贯彻落实。

　　总之，在新的一年即将来临之际，更加严峻的考验已经摆在我们面前，要求我们各级领导必须在思想上高度重视，要认识到危机当中没有捷径，只有自己救自己；认识到摆脱危机没有"良药"，唯一的办法就是创新。在此，我代表集团党委提出 2009 年的奋斗目标，即"战危机，增活力，再创新，快发展"。我相信，我们在危机当中已经看到了曙光，并有了好的发展苗头；在新的一年里，在广大干部员工的共同努力下，我们一定会迎来双星发展更大的光明，一定会迎来双星名牌更好的春天。

图书在版编目（CIP）数据

市场是企业的根/冯并主编. —北京：社会科学文献出版社，
2010.2

（汪海书系）
ISBN 978 - 7 - 5097 - 1146 - 0

Ⅰ. ①市… Ⅱ. ①冯… Ⅲ. ①企业管理 - 市场竞争
Ⅳ. ①F274

中国版本图书馆 CIP 数据核字（2010）第 014225 号

·汪海书系·

市场是企业的根
—— 全国首届优秀企业家汪海文选

主　　编/冯　并
执行主编/张来民　生锡顺　郭　林

出 版 人/谢寿光
总 编 辑/邹东涛
出 版 者/社会科学文献出版社
地　　址/北京市西城区北三环中路甲 29 号院 3 号楼华龙大厦
邮政编码/100029
网　　址/http：//www. ssap. com. cn
网站支持/（010）59367077
责任部门/财经与管理图书事业部　（010）59367127
电子信箱/caijingbu@ ssap. cn
项目负责人/周　丽
责任编辑/张景增　于渝生　王玉水
责任校对/丁新丽　张立生
责任印制/董　然　蔡　静　米　杨

总 经 销/社会科学文献出版社发行部
　　　　　（010）59367080　59367097
经　　销/各地书店
读者服务/读者服务中心（010）59367028
排　　版/北京步步赢图文制作中心
印　　刷/北京季蜂印刷有限公司

开　　本/787mm×1092mm　1/16
印　　张/27.25
字　　数/474 千字
版　　次/2010 年 2 月第 1 版
印　　次/2010 年 2 月第 1 次印刷

书　　号/ISBN 978 - 7 - 5097 - 1146 - 0
定　　价/158.00 元（全三册）

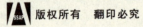

汪海书系

主　编／冯　并

执行主编／张来民　生锡顺　郭　林

引领改革大潮的先行者

全国首届优秀企业家汪海新闻报道选

社会科学文献出版社

SOCIAL SCIENCES ACADEMIC PRESS (CHINA)

目　　录

一个党委书记的职责

　　——记橡胶九厂党委书记汪海做人的

　　工作的几件事　　　　　　　　《青岛日报》郑明宜 / 1

治厂有方　经营得法

　　——记橡胶九厂厂长汪海　　　　《青岛日报》郑明宜 / 4

一位富有个性的厂长　　　　《人才天地》开　红　忠　奎 / 6

"销售大王"

　　——访青岛第九橡胶厂厂长汪海　《青岛日报》张春华　董淑照 / 10

志在"双星"遍五洲

　　——访全国优秀经营管理者汪海　　《大众日报》许严刚 / 12

寻找东方启动点

　　——青岛橡胶九厂厂长汪海改革纪实　《青岛日报》刘志刚 / 14

"双星"从这里升起

　　——访"五一"劳动奖章获得者青岛

　　第九橡胶厂厂长汪海　　　　《中国化工报》殷　强 / 28

厂长汪海依靠职工治厂赢得高效益

　　——青岛橡胶九厂成为全国胶鞋行业

　　首家"六好"企业　　　《工人日报》董学昆　杨祝夫 / 31

敢为天下先

　　——记青岛橡胶九厂厂长汪海　　　《大众日报》陈大良 / 33

打出一面新旗帜

　　——记汪海和他带领的"双星"人　　《半月谈》王德艳 / 37

"鞋王"汪海　　　　　　　　《经济日报》童之琦 / 43

活力源自卓识
　　——访国家级有突出贡献的
　　管理专家汪海　　　　　　　《特区时报》薛　滨　军　赤／46
全国首届优秀企业家汪海：他让
中国鞋扬眉吐气　　　　　　　　《北京日报》李　锦／48
青岛访"鞋王"　　　　　　　　　《天津日报》肖秋生／50
双星是办好有中国特色社会主义企业的典型
　　——汪海在双星集团公司第二届记者招待会上
　　答记者问　　　　　　　　　　　　　　　汪　海／54
双星要照遍全世界
　　——汪海在美国纽约答记者问　　　　　　汪　海／66
"将军"与鞋王　　　　　　　　　《经济日报》李寿生　温　洪／71
汪海语录　　　　　　　　　　　《粤港信息日报》刘　勇／79
汪海"将军"　　　　　　　　　　《天津日报》王道生／82
现代企业欢迎优秀退伍兵
　　——访全国优秀退伍军人、青岛双星集团
　　总裁汪海　　　　　　　　　《解放军报》祝寿清　刘明学／97
"创名牌是市场经济中最大的政治"
　　——双星集团总裁汪海答记者问　《名牌时报》王丽萍／100
思想汪海　　　　　　　　　　　《环球市场》雷咸盛／103
国有企业家太难当了
　　——双星集团总裁、首届全国优秀企业家
　　汪海访谈录　　　　　　　　《东方企业家》任　森／112
汪海的偶像　　　　　　　　　　《中国化工报》谢湘宁／123
"鞋匠"的市场理论
　　——汪海与《人民日报》记者的对话　　　汪　海／127
汪海的人生经典　　　　　　　　《名人传记》纪　宇／130
汪海对鞋子、情感与权力的态度　《中华儿女》赵少钦／139
走进双星探思源
　　——汪海与美国K²传媒公司库恩博士的对话　汪　海／150
布尔什维克的思想者
　　——国企改革中的共产党人汪海　《人民日报》朱建华／156
誓要"创名厂、出名牌、做名人"
　　——中国鞋王汪海敢为天下先　《联合早报》王宏源／164

国企改革："终身总裁"挑战"退休制"　　　　《中国改革报》张来民 / 167

中国企业家价值：从官本位走向金钱化

　　——关于青岛双星集团总裁汪海

　　身价10亿的思考　　　　　　　　　　《中国企业报》张来民 / 174

从市场中创造更多利益

　　——访双星集团总裁、党委书记汪海　　《人民日报》宋学春 / 184

敢讲真话的人

　　——汪海印象　　　　　　　　　　　《中国化工报》李玲修 / 186

"黑猫"总裁　　　　　　　　　　　　　《中国化工报》石　湾 / 190

汪海：让品牌接班　　　　　　　　　　　　《市场报》宋明霞 / 194

汪海的质量情结　　　　　　　　　　　　《招商周刊》李天旭 / 197

汪海坚决不干

　　——华青股份并入双星　当地政府

　　要价太狠　　　　　　　　　　　《中国经济时报》李慧莲 / 201

"鞋是我的生命"

　　——访双星集团董事长汪海　　　　　　《中国市场》王　艳 / 205

名牌，就是财富

　　——与双星集团总裁汪海对话　《中国化工报》王葆林　朱建华 / 208

汪海的金钱、荣誉和品牌观　　　　　　　　《经济日报》徐立京 / 214

汪海的"人道"、"鞋道"、"车道"　　　　　《中国化工报》王开良 / 219

双星集团总裁汪海：中国企业

要用好民族文化　　　　　　　　　　　　　《企业研究》程继隆 / 225

长寿总裁　　　　　　　　　　　　　《中国经济周刊》穆　易 / 232

我是老虎我怕谁

　　——"双星"20年本刊记者

　　二十问汪海　　　　　　　　　　　《半岛新生活》宁馨儿 / 236

国企改革我有话说

　　——访双星集团总裁汪海　　　　　　《中国经营报》张曙光 / 244

中国鞋王托管轮胎天王　　　　　　　　　《中国经营报》梁美娜 / 252

创中国人自己的世界名牌

　　——访全国首届优秀企业家、双星集团

　　总裁汪海　　　　　　　　　　　　《中国企业报》陈昌成 / 256

解读汪海　　　　　　　　　　　　　　《中国化工报》赵晏彪 / 259

人管人累死人　文化管人管灵魂
　　——访双星集团总裁汪海　　　　　《中国皮革信息》李　宏 / 264

双星缔造者的非常之"道"
　　——访双星集团总裁汪海　　　　　《青岛财经日报》高　明 / 267

汪海：外国月亮并不都是圆的　　　　　《中国化工报》王开良 / 271

中国企业呼唤理论创新　　　　　　　　《中国信息报》王海峰 / 275

汪海：从"中国鞋王"到"中国轮胎王"　　《十堰晚报》严　谨 / 285

布尔什维克的思想者（续篇）
　　　　　　　《中国化工报》朱建华　生锡顺　郭　林 / 288

青岛双星集团总裁汪海谈企业经营之道　《深圳特区报》蓝　岸 / 300

汪海走上微软讲坛　　　　　　　　　　《招商周刊》苏金生 / 303

双星集团：为农民工建功立业搭建

　　崭新大舞台　　　　　　　　　　　《经济日报》胡考绪 / 306

双星总裁汪海：另类老板打造本土品牌　《中国产经新闻》李　桧 / 313

汪海的"大质量"观　　　　　　　　　《经理日报》沙　洲 / 316

汪海：我始终是"市场一兵"　　　　　《青岛日报》林　刚 / 319

汪海"将军"：不走官场走市场　　　《中国企业家列传》张来民 / 325

汪海：一个"敢为天下先"的企业家　　　《工人日报》杨明清 / 345

汪海：企业改革的先行者　　　　　　　《中国企业报》翟学智 / 349

汪海：市场"不倒翁"　　　　　　　　《经济导报》张成亮 / 354

没登富豪榜也不后悔　　　　　《名人传记·财富人物》峥　嵘 / 357

"孤本"汪海：30年双星非常道　　《名人传记·财富人物》峥　嵘 / 361

从汪海30年实践看职业企业家精神
　　——关于双星集团实践社会主义市场经济
　　道路的调查和思考　　　　　　　　《中国化工报》康纪武 / 367

改革开放30年，解读双星缘何巨变
　　——关于双星集团实践社会主义市场经济
　　道路的调查和思考　　　　　　　　《中国化工报》康纪武 / 374

大道无边
　　——汪海的中国布尔什维克市场经济之道
　　　　　　　　　　　　　　　《人民日报·海外版》朱建华 / 382

一个党委书记的职责

——记橡胶九厂党委书记汪海做人的工作的几件事

郑明宜

在经济体制改革中，青岛橡胶九厂党委书记汪海重视做人的工作。最近，我们访问了他。

让工人多休息20分钟

汪海同志是1983年11月任橡胶九厂党委书记的。一上任，他就抓住了工人群众反映最大的问题来解决。这个厂的成型车间，三十多年来一直沿用着包括吃饭在内的8小时20分钟的工作制度。上早班规定5点40分进厂，工人就得在早上4点钟起床，赶第一班汽车，上中班规定晚上10点20分离厂，路远的工人回到家也近十一二点了。特别是有小孩的女工，每天早上急匆匆地赶车上班，遇上寒冷天气，困难更大，有的经常因为赶不上早车迟到。汪海同志把这件事先在领导层中提出来，建议把8小时20分钟工作制度改为8小时工作制。然后他又找车间主任、党支部书记和工人征求意见，大家都十分支持。这年12月，这个车间实行了新工作制，当月全车间工作效率就提高了10%。今年1月，厂里又为工人配备了上早班的大客车，更为工人提供了方便。现在，这个车间的工作效率又提高了20%。

为知识分子敞开入党的大门

这个厂有六十多名具有大专学历的知识分子，其中有不少同志有入党的要求，有的在三十多年前就写过入党申请书。汪海同志深深感到，吸收有知识、有才能的人入党，是加强党对"四化"的领导，提高党的战斗力的迫切需要，因此，他找政工干部了解情况，找知识分子谈心，在党员大会上讲发展优秀知识分子入党的重要意义，批判"左"的思想，力排影响知识分子入党的阻力。厂里有位年近六十岁的知识分子，是工作中的骨干，因家属在海外，家庭出身又是地主，本人虽然热爱党，但没有勇气提出入党申请。党的十一届三中全会后，在落实知识分子政策中，汪海同志和他亲切交谈，使他有了勇气，积极向党组织提出了入党要求。不久，这位老知识分子和其他三名技术人员被所在的党支部吸收入了党。这些知识分子的入党在全厂引起了强烈的反响，在很短的时间里，又有二十多名知识分子交了入党申请书。

不重关系重人才

在改革中，这个厂通过机构调整，在重要岗位上起用了一部分知识分子，又从工人中选拔了一批干部，从服务部门招聘了一部分工人。在这个过程中，有的人用旧眼光揣度书记的选择，说什么："×××和他关系不错，这回能上去。""×××反对过他。这次上不去。"结果，大出人们的意料，不管是反对过他的，还是关系一般的，只要有才有识，汪海同志一视同仁，向厂长推荐重用。厂政工部门新来的两位小青年，是汪海同志在厂举办青工轮训班和"振兴中华读书演讲会"上发现的，被提拔到科室工作。厂里成立服务公司，决定从部分工人中招聘服务员，消息一传开，不少人来找汪海同志要求照顾，但他坚持按考试结果择优录用。四车间有位考试成绩优良的女工被录用后，感动地说："像我这样没'门'没'窗'的人能到这里工作，真是做梦也没想到。"

遇到矛盾不回避

汪海同志在做人的工作中，也遇到过不少矛盾，听到过不少闲言碎语，但他从未打过"退堂鼓"，总是按原则办事。一次，要从一个办公楼上腾出部分办公房间，厂领导动员后，大部分同志行动积极，但也有个别同志思想不通，拖着不搬。汪海同志向这个同志讲明道理后，限他三天之内腾出房子，这位干部回去就搬出了大楼。今年年初，在全厂3%的调资工作中，汪海同志根据平日了解的情况，曾向厂长推荐了一份有关几个应调资的人员名单。不久他就收到了进行指责的匿名信，说什么给一个"捣蛋的"调工资是不对的。原来这里所说的"捣蛋的"，是指一位车间主任说的。他在8年前，曾因在厂外参与了一起民事纠纷，受到行政警告处分，但后来他在生产中表现一直很好。从1981年到1984年连续被提升为班长、车间副主任和主任，入了团，入了党，工作干得很出色。汪海同志收到匿名信后，让职能部门征求车间群众和职工代表的意见，并在有关会议上反复陈述自己的观点，得到干部和群众的支持，给这位同志调了资。

采访结束时，汪海同志笑着说："党委书记的职责，就是做思想政治工作的，思想政治工作就是做人的工作。过去我做得还不够，今后要更好地去做。"

（原载 1985 年 3 月 5 日《青岛日报》）

治厂有方　经营得法

——记橡胶九厂厂长汪海

郑明宜

　　青岛橡胶九厂原党委书记汪海当了厂长以后，既抓生产又做思想政治工作，带领职工进行改革，使生产有了很大的发展，大伙都说他是一个好厂长。

　　汪海同志每天一进厂第一个落脚点就是车间，到机器旁，看看工人的生产情绪，了解生产中的困难，遇到问题就召集有关人员来现场研究就地解决，一改过去厂领导坐办公室层层听汇报拖拖拉拉的旧习，大大缩短了解决问题的时间。去年冬天，汪海去北京出差回来，坐了一夜火车，顾不得回家休息，就匆忙来厂进车间。当他发现正在生产的运动鞋鞋底有点撅时，马上通知技术人员来现场研究改样板，第二天就解决了这个问题。又有一次，汪海来到四车间，发现分厂生产的425大底有的缺胶较多，他立即和车间领导商量，先弄个筐把它拣出来，然后，他组织职工代表和技术人员来检查，找出原因，通知分厂做了改进，保证了425大底的质量。

　　汪海在深入车间时，还注意做职工群众的思想工作。二车间粉尘多，劳动条件差。许多青年人不安心在这里工作。汪海注意到他们的情绪，就常到这里找他们谈心，解开了小伙子们心头的疙瘩，使他们树立了主人翁思想，不仅生产搞好了，而且还改善了工作环境。三车间一青年工人，好绘画，也有一定的水平，就是劳动纪律太差，汪海听说后，专门来车间找这位青年工人谈心，表扬了他的优点，指出了他的缺点，并根据工作需要，建议党委把他调到有关部门工作，发挥了这位工人的特长，也使他很快改正了缺点。

　　在对外开放，对内搞活，市场竞争日趋激烈的情况下，工厂的开拓和发展，成为汪海同志经常考虑的大问题。那还是在1984年年初，厂里唯一的老产品解放鞋在市场上还十分畅销的时候，汪海就在厂领导中提出了产品要更新换代的设想。当时，许多同志不理解，有顾虑，怕影响经济效益。汪海同志在厂党委领导下，讲形势讲任务，统一大家的思想。在这个基础上，汪海又带领大家着手做准备工作，引进国外先进技术和设备，并积极搞内联，与附近各县合作建立分厂，扩散老产品，集中人力物力，搞好产品结构改革和工艺布局的调整，上新品种、上新工艺、上中高档产品，以适应市场竞争的需要。

对向国外引进先进技术和设备，大家是高兴的，但对建分厂却不理解，有人说："建立1个分厂就树立1个竞争对象，这不是自找麻烦吗？"汪海笑笑说："没有竞争就没有发展。有了竞争对象，我们厂会发展得比现在还快。"正像汪海讲的那样，当连续建起6个分厂以后，不仅把老产品解放鞋扩散了出去，而且上了新品种，发展速度比任何时候都快。1984年提前3个月零8天完成国家计划，研制新产品23个。1985年提前3个月完成国家计划，研制新产品30个，投产6个。像老人健身鞋、排球鞋、护士鞋和蜜月鞋等投放市场后都受到群众的热烈欢迎。原来思想不通的人，如今也都心服口服了。

（原载1986年5月17日《青岛日报》）

一位富有个性的厂长

开红 忠奎

　　1984 年 11 月中旬，橡胶九厂党委书记汪海斗胆在青岛市举行记者招待会，邀请山东省内外 18 家新闻单位的记者做产品宣传。一人除送一双新产的旅游鞋外，仅苹果、啤酒就花去四五千元。有人暗中算了笔账，这次招待会共耗资七千多元，全市轰动。在整党中出现如此不正之风，等于顶风上，半个月后，由上级部门联合组成的调查组就气势汹汹地开进厂区，汪海此时已飞赴日本考察引进新设备、参观新产品去了。市纪委在内部简报上已点了他的名，火药味很浓。一听说他回来，市整党办立即打了电话找他，这位身高马大的山东大汉在电话上是这样说的："这件事的责任我全部承担！"

　　口气大得吓人，像吃了豹子胆。知道汪海的人都替他捏了一把汗。这人敢顶敢撞，一些人对他早有成见，在厂里又说一不二，其专横跋扈之风早也有人反映，说不定这次真要捅娄子，乌纱帽也会保不住的。汪海却很坦然，他对来访的记者说："办这件事是冒风险，但这不是为我私人啊，记者都是有能量的人，他们一动笔，比花钱做广告要合算多少倍，搞企业的不能不算这个账。"

　　这毕竟是违犯财经纪律的事啊，当然，这也牵扯一个观念的变革问题。幸好市委领导出面保了他，才平息了这场官司。

　　说起这个厂子，它已历尽了半个世纪的沧桑，在国内是有名的三大胶鞋生产厂家，新中国成立以来一直靠包销过日子。在穿得稍好一点就会被斥为"资产阶级思想"的年代，"劳动鞋"可真是畅销货。单一的产品是养家糊口的传家宝，利润虽然微薄，但不赔钱，这已是不错了。偏偏历史在前进，进入 80 年代后"劳动鞋"却成了滞销产品，堆积如山的胶鞋严重威胁着九厂的命运。刚由副书记提为正书记的汪海深感身上的担子沉重，他知道这是不适应气候变化的外感反映。输氧换血已迫在眉睫。他把搞供销的和科技室的人全请进会议室，摆上烟、倒上茶，共商如何恢复企业活力之大计。在会上他一连串提出了如下几个问题，叫大家思考：本厂最大生产能力是多少？现在国家包销多少？人们喜欢厂里哪些产品？什么鞋在什么地方销路好？现在最受欢迎的是哪种样式？

思索随着调查向纵深进行，然后他亲自率人，兵分四路，向13个省派出供销人员。既是摸清情况，又是开订货会。从深山僻乡，到繁华闹市区的柜台前，他收集了大量的市场信息。

视野的开阔，使思维的触角也变得相当灵敏。一批新产品陆续问世，老产品也换了代。1983年，九厂开始走上复苏之路。

谁知随之而来的是胶鞋面料涨价，生胶升值而鞋价下调。汪海一方面大胆推行承包责任制，一方面抓薄弱环节以降低成本，并从信息反馈中摸准了主攻方向。即山东山区对"解放"和"篮网"感兴趣；东北人喜欢"黑鞋"；城市喜欢中档鞋。西北长期以来是南方产品的天下，而我们有路近的优势；北京聚国内同类产品的精华，而我们以专用鞋可以占领市场。

占领市场，说得严格一些是技术和人才的较量。

三千多人的大厂岂能没有人才，说起起用人才，汪海也不是没冒风险，撇开正常的技术人员不说，工程师里有几位当前闻名全市的风云人物，有的甚至当过市革委会常委。对人才，汪海决不因为政治上的原因搁置不用，他以充分的信任让他们担任技术攻关的负责人，包括与外商谈判。难怪知识分子们都说："在汪海手下工作，干起来痛快！这人不计前嫌，有本事就用，且敢作敢当。"

为了调动青年职工学技术的积极性，他还张榜举办了全厂青年样品设计大奖赛，并规定获前八名者可调厂技术室工作。厂内出现空前未有的技术热，一些青年拿着照相机专在街头上注意行人穿的新样子。比赛结果，有七名具有高初中文化程度的青年走上了技术岗位。

在干部使用上，汪海从不徇私情，不称职就免。中层原提上来的几十名年轻大学生，已有五六人免职了。用他的话说："这是正常现象，谁能干谁干！"

更重要的一点是，这位具有战略眼光的企业家摆脱了制鞋生产的老路子。冷粘鞋的上马，凝聚了他的胆识和心血，冷粘车间的成立开创了这个厂创新产品的新纪元。

九厂以不断增加的花色品种把生产推向高潮，使企业逐步走上了良性循环的轨道。

1985 年，全市企业领导班子调整。上级明文规定，28 家大型骨干企业的第一把手，即厂长必须具有本科文凭。而汪海只有中专学历，在部队当兵多年，转业后在地方一直搞政治工作，年龄 43 岁。如果按规定的条件卡，他的"仕途"到了该"寿终正寝"的时候。

民意测验汪海竟获得了全厂 98% 的选票。他最终以自己的实力，使决策者的天平向自己一方倾斜了。他成了这次调整班子中，唯一没有大专文凭的厂长。

1985 年，全国 290 多家工厂举行全国胶鞋联赛，橡胶九厂的双星牌新产品第三次夺得冠军，与其说这是对汪海工作的真实评价，不如说这是解放思想，搞活经济的改革政策的胜利。

善于动脑筋的汪海是不会放过任何一个宣传产品机会的，举几个例子，就会活灵活现地勾勒出这位企业家的经营头脑。

1984 年 12 月亚洲十佳运动员评选揭晓，汪海带上新出的排球鞋和工程师、厂办主任星夜兼程赶往北京。真是英雄所见略同，"蓝天"服装厂的人也来了，并决定在授奖完毕后，举行时装表演。给运动员赠送完鞋后，谈判又在私下进行，免费送时装表演队每人新鞋一双，条件：配上此鞋上台表演。

1985 年 3 月，袁伟民应邀去橡胶九厂作客，对排球鞋提出了改进意见。恰逢这年 10 月，要在东京举行排球大赛。汪海指令厂里尽快投入生产。鞋刚拿下机器、压粘部分正烫手呢，汪海就迫不及待地塞进提包，踏上去北京之路。但中国女排正抓紧操练，体委有规定拒绝一切来访者。辗转找到训练场地，同样吃了闭门羹。抗不住汪海的死磨硬缠，教练胡进来到体育馆门口，仍然不准进。汪海沉不住气，火爆脾气又上来了："不要以为这是做产品广告，九厂的鞋市场上还供不应求呢！只是觉得十亿人的大国，比赛时穿日本人的鞋，我觉得脸红，得了冠军也不光彩！"

这顿火还真奏效，胡进客客气气地把他让进体育馆，全体女排队员夹道欢迎，最后还合影留念。

胡启立听说这件事，一定要见见这位送鞋使者，并称赞他想得周到，鞋也做得漂亮。同年，全国老年人协会评选出八十多位老寿星，汪海同样奔赴大会，给每人赠送了新出厂的"老人健身鞋"。胡启立把他介绍给郝建秀说："你有个老乡，是个很能干的厂长。"郝建秀还约汪海去中南海做客，宴请了他。万里副总理一面抚摸着鞋，一面称赞他说"你想得好，为中国一亿多老人做了一件大好事，是一位爱国的厂长。"

应该说，这是至高无上的荣誉了。而这些，恐怕也只有汪海敢于获得。说这话并不过分，没有前边那一幕，也不会有九厂这样的声誉，也不会有"双星牌"鞋的今天。

九厂产的"双星牌"鞋已风靡全国大部分省、市、自治区，1985年利润已达720万元。1986上半年又有11个新品种50个花样投产，系列产品也开始问世，如健身锤、健身圈、鞋垫等。仅自销一项，厂里这几年的净利润就达70万元。除各种花色品种的旅游鞋、专业运动鞋外，1986年9月"教师鞋"又走向市场，纺织女工鞋也已定型投产。这些轻便美观、代表20世纪80年代新技术的新产品一进入市场，就成了畅销货。

是改革，为汪海施展才华提供了多彩的舞台。他的经济联合体，除本厂3000多职工外，9个分厂职工已达2000多人。可以想象管理这样一个具有五六千人大厂的厂长该是多么繁忙。但工厂的一切都井然有序，走进厂门，醒目的三行大字是"热爱九厂、建设九厂、振兴九厂"。厂内有花园、楼阁、喷泉，长满鲜花绿荫的曲径长廊和灯光球场。车间里，可以看到最现代化的设备正在正常运转，女工们穿着洁净的工作服在紧张地操作。几百人的大车间，一眼望去简直如同进了电影画面上的天使之国，而这一切均是这几年才有的巨大变化。

当然，汪海在改革中的政绩和这位企业家在抓职工生活福利、多种经营、职工教育方面的事迹是这篇短文所无法包容的，会议室里那琳琅满目的锦旗、奖杯、奖状里已有定论，也自有人会去写他的报告文学。当我们结束采访，向这位乐天派厂长问起今后的打算时，他毫不犹豫地对我说："面向全国，冲出亚洲，走向世界，是我们的目标。"

口气仍然是那么大，这大概是这位具有雄心壮志的厂长鲜明个性使然。难怪呵，九厂的产品现已远销30多个国家了，相信汪海的目标一定会实现的。

（原载《人才天地》1987年第1期）

"销售大王"

——访青岛第九橡胶厂厂长汪海

张春华　董淑照

去年年底，我们慕名来到青岛第九橡胶厂访问了以改革供销渠道，搞活企业而闻名的厂长汪海。

汪海今年 46 岁，给人的印象是爽快、果断、颇有山东大汉的气魄。他和我们拉开了话匣："我当厂长一年多来，体会较深的一点，就是要当好厂长，除了抓好生产，还必须抓信息、抓经营，树立市场观念。信息是企业的耳目，是企业生产和销售的枢纽。这项工作既要研究市场，又要分析人们的心理，观察行业的情况。它关系到企业的命运和职工的切身利益。如果信息不灵销售渠道不畅通，质量再好的产品也会积压。"

从汪海的介绍中，我们了解到青岛橡胶九厂是以生产布面胶鞋为主的工厂，也是全国三大胶鞋生产厂家之一，有职工 3000 多人，年产"双星"牌运动鞋、专业用鞋 1500 万双以上，占全省胶鞋总产量的 60%。过去，产品由国家包购包销，"皇帝女儿不愁嫁"，随着经济体制改革的深入，南北各大胶鞋厂家的产品大量涌入山东，省内各中小胶鞋厂纷纷崛起，使企业面临严峻的挑战。

"那你是怎样抓经营信息的呢？"我们问。

"从 1985 年开始，我就亲自带队，分 4 路人马，对全国 13 个省市、25 个城市、165 个地县进行了社会调查，做到边调查、边宣传、边建点。同时扩大了信息员队伍，专职信息员由 1 人增加到 6 人，并在全国设兼职信息员 22 人，负责调查收集整理编写信息简报和反馈表等工作。不少职工和家属还主动当义务信息员，及时向工厂反映产品销售情况和市场需求信息，为我们生产经营决策提供了重要依据。此外，我和其他厂领导人还常到商店、柜台前听取顾客反映，参加各种用户座谈会、订货会、展销会，广泛听取意见。我们组织专人筛选信息，作为新产品开发的科学依据。产品定型投产时则邀请商业部门和用户'挑刺'。"这时，秘书在旁插话说："我们厂长对外出的同志有条规定，不论到哪里，首先要到市场看一看本厂产品销售情况，他常常亲自听汇报。他常对我们说，不关心厂里生产、销售和市场信息，就不是好干部、好工人。"

"在抓市场信息过程中，我们还抓了产品的宣传工作。"汪海继续向我们介绍，"因为产品的销路，一看是否价廉物美，二看产品的知名度如何。前者属企业内部因素，后者则取决于社会。因为产品再好，如果消费者不了解，照样不会有好销路。"1985 年底，山东省老年人体育协会在济南召开理事会。汪海带着老人健身鞋样品，顶着漫天大雪赶到济南，亲自到代表住处，请他们看样试穿。结果，5 万双老年健身鞋一订而光。现在，这个厂在全国的销售网点已增加到 400 个，去年销售量比 1985 年翻了两番，产品连续 3 年获全国 12 厂家胶鞋评比冠军。

（原载 1987 年 1 月 21 日《青岛日报》）

志在"双星"遍五洲

——访全国优秀经营管理者汪海

许严刚

"你穿的是我们厂 3 年前生产的第一代旅游鞋,这鞋的缺点是容易开胶。"当我访问刚荣获全国"五一"劳动奖章的青岛橡胶九厂厂长汪海时,一见面他便首先打量我的双脚,直言不讳地声明本厂产品的缺点。

汪海今年 46 岁,颇有山东大汉的气魄。他领导的青岛橡胶九厂生产的双星牌胶鞋,有 8 种产品获省优称号,6 种产品获部优称号,其中足球鞋和排球鞋夺得了目前全国胶鞋产品仅有的两个最高奖——国家银质奖。去年,汪海被全国胶鞋协会评为优秀企业家,最近他又被中华全国总工会授予优秀经营管理者称号,荣获"五一"劳动奖章。

我向汪海请教成功的秘诀,他笑了,说:"我们的秘诀就是诚心诚意对待消费者,不断地奉献广大消费者满意的产品。这看起来平淡无奇,但这是我们从痛苦的教训中得出来的。"橡胶九厂曾走过追求产量、产值,忽视消费者需求变化的弯路,生产的胶鞋 30 年没变模样,消费者称之为"傻、大、黑、粗",结果到 1982 年,产品严重滞销,从仓库到厂部办公室,全都堆满了鞋,工厂陷入困境。痛定思痛,汪海认清了消费者是企业的"上帝"的道理。他带领技术、设计、销售人员,先后走遍大半个中国,研究各地男女老少的脚,调查他们喜欢穿什么样的鞋。两三年工夫,九厂就变成了一个绚丽多彩的"双星"胶鞋世界:新潮鞋系列,有橄榄鞋、牛仔鞋、蜜月鞋、迪斯科鞋;运动鞋系列,有篮球鞋、排球鞋、足球鞋、网球鞋、乒乓球鞋、田径鞋;老年鞋系列,有健身鞋、旅游鞋;童鞋系列,有芭蕾鞋、体操鞋等等,多达 20 多个品种,150 多个花色。社会各界人士,不管男女老少,春夏秋冬,都能在这里选到称心如意的胶鞋。很快,"双星鞋"冲出山东市场,风靡全国 24 个省市。他们根据老年人特点设计生产的健身鞋，楦型宽松，轻便柔软，便于穿脱，并配以健身垫、健身环、健身锤，老年人为能穿上"双星"健身鞋而欣慰。日产量从几百双增至 1500 双，至今还是供不应求。良好的社会效益，给九厂带来了旺盛的财源。从 1983 年到 1985 年，九厂实现利润平均每年递增 16% 以上，去年又提前半个月完成国家下达的各项经济技术指标，在全国同行业厂际竞赛中第四次夺魁。

当厂长的既要讲求社会效益，又要讲求企业效益。当这两者发生矛盾时应当如何处理呢？汪海说："当然要服从社会效益。因为不讲社会效益，就不可能有持久的企业效益。"他谈起这样一件事情：今年 2 月，由于设备原因，他们厂生产的一批鞋投放市场后发现有的黏合不牢。汪海当即做出决定：花钱在报纸上刊登"亮丑广告"，向用户道歉，请他们退换产品，欢迎各界人士给九厂揭短。许多干部工人想不通：这不等于砸自己的牌子吗？汪海说："不，这不是砸牌子，而是为了正牌子。"这一招果然灵，广告一刊登，压力变动力。过去，"质量是企业的生命"这句话，许多职工只是当做口号喊，现在真正掂出了这句话的分量。各分厂纷纷制定新的措施，加强质量管理，不长时间产品质量就上去了。他们这种对用户负责的精神，赢得了商业部门和广大消费者的一致好评，"双星"鞋的信誉更高了。

汪海深知，企业没有永远的第一，产品没有永久的顾客和市场，所面临的是无止境的竞争。作为一个拥有 3500 人的胶鞋大厂的厂长，他今后的路仍然是艰难的。但是汪海信心十足，他说："全国十亿人口，人人都要穿鞋，只要我们心里时刻装着消费者，消费者就决不会忘记'双星'鞋。我们的目标是：让'双星'鞋占领国内市场，冲出亚洲，走向世界！"

（原载 1987 年 5 月 1 日《大众日报》）

寻找东方启动点

——青岛橡胶九厂厂长汪海改革纪实

刘志刚

鞋是文明的产物，人们穿着它，却可以走出不同的路。汪海，全国"五一劳动奖章"获得者、青岛双星运动鞋公司总经理，穿"双星鞋"，探索"双星路"，在全国胶鞋行业里使一个生产民用微利产品的大中型企业，展现出夺目的"双星"风采。

改革，是一个开放的宇宙，每颗星都有自己的位置和轨迹。

上篇　企业家

如何建设具有中国特色的社会主义企业，人们在"撞击式反射"中寻找着各种"热点"；而企业家，是其中最能动的实践者。

1. 滑坡的鞋山

1982 年仲夏。

骄阳似火，烤灼着灰色铅板似的大气层。稠密的绿叶下，干瘪的蝉声鼓噪着。

汪海，一个一米八的山东大汉，在海边疾走，脚踏下去，燃起一串串白烟。

潮卷上来的海水溅湿了脚下的鞋，他脱下来，瞅着这双崭新的解放鞋，苦笑了一下，抬起手，把它扔进了大海中。

青岛栈桥西海岸边、占地 130 亩、具有 50 多年历史的橡胶九厂，"温度"炽热。积压的近 200 万双鞋堆成了山，封锁住全厂 2000 多人的视野和道路。

自然界会发生滑坡。九厂 30 年一贯制生产"劳动"鞋，"大鹏"（原产品商标）没能展翅，却跌落在滑坡的鞋山里，受到了商品经济规律的惩罚。

九厂人心涣散,纪律松弛,管理混乱。厂领导下车间,旮旯里常会打出"胶疙瘩"。

面对冷酷的现实,42岁的党委副书记汪海想了很多很多……根据化工部1964年的鉴定,九厂现役设备(多是日本30年代的机器)早已超负荷运转。应该逐渐停止老式解放鞋的生产,把产品扩散到农村去,腾出人力物力财力开发中高档新产品。

汪海在思考,干部职工在扪心自问:九厂向何处去?

一年多后,汪海成为九厂的党委书记。他最大限度地利用"厂长负责制"是在"党委领导下"的大前提,果断地把自己深思熟虑的改革设想付诸实践,立即成立了厂产品扩散办公室(现在的"官话"叫横向经济联合)。

开始有的干部职工骂他是"卖厂贼"。

汪海向当时的主管上级汇报了3个小时……

"企业改革没有现成的模式,摸着石头过河吧。"汪海这样安慰自己。早晨,妻子黄淑兰给汪海捎上饭盒,他揉了揉疼痛的肝区,蹬上那辆旧自行车,向七八里远的工厂奔去。

在短短的时间里,汪海五下定陶,十进隐珠山乡,远征乌鲁木齐,在10县1市建起了13家联营分厂和加工点。九厂从产品、生产、技术、设备、资金、人员全面给予它们无偿的或优惠的支持,把整套的管理方法辐射到乡镇企业,并使其中的4个厂由原来的长期亏损扭转为当年赢利。

把自己成熟的定型的"锅里肉"慷慨地让给别人吃(13家联营分厂和加工点年加工鞋帮1000万双,产值达4000多万元),为自己树立了竞争对手,而自己再去"找米下锅"。这不仅仅是一种风格,在汪海身上表现了一个现代企业家的危机感和开拓精神。

当众多企业轰轰烈烈地开始横向联合时,九厂已完成了自身的"脱皮"。1987年元月,以橡胶九厂为主干、以"双星"牌优质鞋为龙头,包括工商、工工、工贸20家单位一体化的双星运动鞋联合公司宣告成立。李鹏副总理为这个崛起的企业集团挥毫题名祝贺。

汪海没有停止脚步,他又在寻找"亲家",企业集团没有银行直接参与还只是"光棍汉"……

2. 靠山与上帝

扩散低档产品,以超前意识闯出横向联合的新天地,是关系到九厂前途命运的"生死改革"。

与此同时，汪海在改革的棋盘上又下出两手妙棋：一是走企业自销的路，二是加速产品的更新换代，以跟上市场瞬息万变的步伐。

"别看我们是全国最大的胶鞋厂，但只是一棵向日葵，市场才是太阳。"汪海这样说。

说说容易。全国有近300家胶鞋厂，年生产能力9亿多双，年消费加出口才不过5亿双。企业完全走自销的路行吗？这是一项"走钢丝"的风险决策：资金、库房、信息、销售人员、运输及销售网络一无所有。

大西北，朔风吹。

汪海披着一身雪花，闯进一家百货公司进行市场调查。经理问他："你们是哪儿的？"

"青岛橡胶九厂。"

"你们香蕉酒厂还生产鞋？新鲜。"经理莫名其妙地说道。

汪海感到耻辱。这不能怪人家，怪自己躺在商业统购包销的床上酣睡了30年。

知耻者当能奋起。

回厂后，他张榜纳贤，公开招聘销售人员。

他与另一家工厂合办产品订货会，鞋没卖出多少，"学费"却花了几千元。

他大胆改革，把厂设计人员编制下放到各车间，大大缩短了新产品试制到定型投产的周期。为了加快产品的劣汰择优，实现"生产一代、研制一代、储备一代"，汪海又一次在厂里贴出招贤榜。工人王可全、缝纫工沙淑芬、仓库保管员陶花敏、锅炉工王学义等都被破格选聘为设计人员，为九厂的新产品设计作出了贡献。过去九厂不管东西南北风，少品种大批量盲目生产；现在有110多个品种300多个花色供客户挑选，只要市场需要，1000双的小批量也干。

现在九厂已成立了70多人的销售公司，在全国28个省、市、自治区建立了110多个供应点、320多个销售点。去年以来，九厂独家在青岛和全国各地举办订货会40多次，今年7月还成功地在香港举办了展销会。9月1日，青岛—香港双星贸易公司开业。在此之前，双星深圳分公司、北京办事处、徐州淮海双星贸易公司已财源茂盛达三江了。

1983年九厂生产了新式足球训练鞋3万双，直至1985年还压在商业仓库里无人问津。1986年九厂开始完全自销后，1987年这种鞋的订货达到300万双以上。

1986年，全国积压鞋4亿多双，但贴着"双星"商标的1300万双鞋，无一积压。今年上半年，九厂生产520万双鞋，自销已占到5/6。

企业从生产型向经营型转变，市场销售是晴雨表。《西游记》里有一段"真假美猴王"的故事。在计划经济体制下，厂长真假难分，反正都是躺在国家的通铺上吃大锅饭。但在商品经济的烈火中，真的"美猴王"就会脱颖而出，大显神通。在一次业务洽谈会上，汪海笑着对商业系统的同志说："老朋友，别不知足啦。过去你是我的靠山，现在你是我的客户，用户是上帝嘛！"

从理论上讲，九厂投入了大量的人力物力财力去做本应商业去做的分内事，不符合专业化分工、提高劳动生产率的原则。

那么，哪里出了毛病呢？

3. 推销中的插曲

产品的销售离不开产品的知名度。1984年11月，汪海第一次在青岛以企业的名义召开记者座谈会，邀请了省内外记者40多人，介绍自己的产品。为此，花了一点招待费。

有人告了汪海一状：假公济私，捞取功名。

在发展商品经济的年代，企业自主召开新闻发布会如同花钱打广告宣传产品一样，是一种经济行为。如果说有效的改革与不合理的制度的矛盾是触犯"高压线的硬摩擦"，那么，旧观念的束缚则是一种"软摩擦"。有人习惯于用过时的道德标准去评价今天的商品经济行为。

一个阳光明媚的早晨，汪海登上飞机的舷梯，飞赴东邻扶桑考察引进设备。就在同一天，上级调查组进驻九厂。当然这不是历史的巧合。

在日本，汪海这个冒牌"厂长"（为出国需要临时报批的），根据60万美元的协议书，连续考察了14家工厂的流水线，一条也没看中。精明的日本老板想赚大钱，做出了种种馈赠的表示，并派上自己的儿子招前顾后，但都被汪海谢绝。汪海坦然地对他说："你的流水线虽然效率高些，但并不先进，是靠拼劳动强度带来的。同时工作时会产生有毒气体，这更不符合我们的国情。我要对我的国家、我的职工负责。"

当时国内正在查汪海，但汪海的心没有动，手没有松。与他同去的几位干部为汪海担心，劝他别太认真，流水线不买回去岂不"罪上加罪"？汪海笑笑说："我宁愿赚个出国旅游的罪名，也不能把人民的血汗钱白白抛出去。"最后，汪海以现代的内行的眼光，花了54万美元引进了先进的制鞋单机设备。

就在这些日子里，工作组在九厂找了几十人次谈话……最后汪海受到了通报批评。

汪海回来了，妻子没能在提包里找到自己叮嘱丈夫给女儿买的连衣裙，却翻出来一大堆世界名牌鞋的样品书。

风暴过去了，是非功过，自有公论。汪海中了"箭"，却换了一匹"马"。他由党委书记改任厂长，冒牌的变成了名正言顺的。当然，这不是历史在开玩笑。

要造就偌大的企业家队伍，首先要使具有企业家素质的人能够走上厂长、经理的岗位。青岛市委的主要领导并不认识汪海其人，在听取汇报后，发现这是一个善于企业经营管理的人才。改革者应该保护，企业家需要扶持，经济改革迫切要求政治体制改革同步配套。

汪海以改革赢得了支持，汪海以改革开拓了市场。

霹雳鞋、牛仔鞋旋转地跳着迪斯科舞步；橄榄鞋穿在了渴望团结安定的人们的脚下；想当女演员的青年穿上明星鞋去踏青踩梦；风度翩翩的男青年有了骑士鞋。护士鞋、教师鞋、新潮鞋、健美鞋、蜜月鞋、网眼鞋……源源不断投放市场，带着汪海"推销"的"观念"飞入寻常百姓家。

新的产品产生新的应用，新的应用需要新的用户，新的用户创造新的消费，新的消费促进新产品的商品化开发。这一良性循环，离不开"推销有术"。

汪海在自己的波动中得出一个新鲜大胆的结论：什么是企业？"企业就是创造顾客。"

4. 竞技体操的启示

"月久空翻、佳妮腾跃"——创新，使中国体操走向世界。随着人民生活水平的提高，"体育热"兴起，汪海的目光又盯住了"三连冠"的中国女排。

当亿万国民欢声雷动时，没有谁注意到姑娘脚下的鞋是进口的，汪海在电视屏幕上看到了"美津农"（日本一家运动鞋公司）的牌子。没过多久，汪海背着特制的红色排球鞋兴冲冲地赶往北京，不料在训练馆吃了闭门羹。汪海不死心，硬等到日落西山，浑身汗雨的姑娘们走出来。他迎了上去，教练胡进警惕地拦住了他。胡进问明来因婉言道："国家体委有明文规定，不准向中国女排送礼物、做广告性宣传。"

汪海说："我们双星鞋在市场上可不是卖不出去，我一个做鞋的，看女排穿外国鞋夺冠军，心里难受。"这话让胡进深受感动，经过请示后破天荒地接受了他的"馈赠"。邓若曾、胡进、郎平等人与这位爱国的厂长合影留念。从此，"双星"排球鞋伴随中国女排走向世界。袁伟民来九厂参观时，曾高兴地对汪海说："你为祖国的排球界做了一件好事。"

这样的"好事"汪海做得多了。

全国老年人首届年会召开时，汪海为"老寿星"们送去老人健身鞋。万里试穿后，赞扬说："你们为全国的老年人办了一件好事。"

山东女子足球队穿上了"双星"。

山东女排率先与九厂挂钩，打出了"双星"的牌子。

在全国体育美展会上，双星健美鞋备受500多名著名艺术大师和体育明星的青睐。

九厂的产品结构，在汪海的调整下，由"劳动鞋"变成"生活鞋"，又由"生活鞋"升级"运动鞋"。

运动员是运动鞋最权威的鉴定者。汪海从运动员身上获得了大量宝贵的第一手资料。于是，双星足球训练鞋、排球鞋获国家银质奖，田径鞋在全国质量评比中获第一名，老人健身鞋获化工部优质产品称号。

竞争是企业腾飞的杠杆，在商品经济的竞技场上，没有靠"走后门"取胜的企业家。他们的唯一诀窍，只能是创新。

当眼花缭乱的各种冷粘鞋充斥市场的时候，九厂从西德引进了PU双色注射机，60秒就能生产出一双市场紧俏的高档注射鞋，至今在国内独此一家。

汪海拿出10万元资金，支持胶南县轻工机械厂，两家合力技术攻关，研制出我国第一台具有20世纪80年代国际水平的冷粘法流水线设备。

他改造了日本的制鞋单机，发挥集体的智慧，用110天的高速度建成了运动鞋综合成型车间。他们自己设计、自己施工、自己安装调试的这条热硫化法流水线，不但填补了国内空白，在世界上也处于领先地位。

国际上目前有热硫化、冷粘、模压、注射4种制鞋方法，九厂一应俱全，为中国的制鞋行业争了光。正因为如此，九厂才能在激烈的市场竞争中，做到你无我有，你有我优，你优我新，变中取胜。

企业家（Entrepreneur），在英文里意即创新。

企业家的功能就是求实创新。

5. 千呼万唤始出来

1986年橡胶九厂靠改革承包，消化了原材料大幅度涨价、胶鞋价格不变甚至跌价的不利因素，连续"四连冠"夺得全国胶鞋行业竞赛评比第一名。随后又荣膺唯一的部级"六好企业"称号，被山东省列为 15 个经营效益好的企业之一。近两年来，九厂的职工仅人均基本工资就增长了 27 元。

不知从哪里传出"消息"，汪海要走人。九厂人心浮动。

中国的老百姓朴实得可爱，一部改革电视剧《新星》使多少人牵肠挂肚。他们把自己的命运押在"能人"身上，这是"国情"。能人干出了成绩，将会得到提拔，这也是"国情"。

企业家，在中国还不是"职业"。

在全厂班组长以上负责人大会上，汪海郑重其事地"辟谣"："没有的事。有句诗怎么说来着，叫做千呼万唤始出来，犹抱琵琶半遮面。我冒出来了，就不走了……"下面的话被掌声淹没了。

在汪海的改革交响乐中，下一章将是发展"外向型企业"的奏鸣曲。九厂的产品已有 1/6 供出口，曾在 30 多个国家和地区打开销路。他笃信，"双星"——中国的"耐克"（国际名牌鞋）一定会"立足山东，面向全国，冲出亚洲，走向世界"。为此，汪海在 1983 年以来的 4 个层次 5 种形式的经营责任制基础上，在全国胶鞋行业里率先把车间改为分厂，独立经济核算，实行分厂承包制。分厂有权与外商直接谈判、签合同。企业办外贸、民间办外贸，汪海的探索之路正长。

企业家面前永远没有理想的"宽松和适宜"，只有待冲破的禁区。

汪海，九厂的改革需要你！

企业家，中国的改革呼唤你！

下篇　企业魂

现代化需要全新的人去建设。

当鞋山滑坡的时候，汪海已感受到——人心的滑坡。

改革，绝不只是企业家的事，没有全体职工尽主人心、做主人事、负主人责的参与，企业是一具没有灵魂的躯壳。

汪海，开始在寻找本属于哲学家去探究的"企业魂"。

这是更艰苦的跋涉。

6. 专职职工代表

秋高气爽。九厂十届三次职代会召开，和过去的"包子会"不一样，这次通过了汪海的新建议：建立专职职工代表制度，工人直接参与企业管理。

二车间的一个普通工人，作为第一任脱产的职工代表，忐忑不安地来请示汪海。几天来，他调查掌握了少数干部迟到早退的事实。汪海内疚地说："你们本来就是企业的主人，怎么处理我不过问，若出了事，我承担。"

厂大门口的宣传栏里贴出了职工代表对干部指名道姓的讲评意见。工人们里三层外三圈地围着，争相传递着消息。

工人有了责任，干部感到压力。

——一次厂里没有完成月生产计划。职工代表决定扣发汪海的奖金。在全厂300多人参加的干部会上，汪海登台检查，引咎自责。

——从1984年开始，从中层到厂级干部发奖金都要听取职工代表的意见。

——1985年夏，职工代表连续发现足球鞋大底厚薄不均、硫化压模出现毛边等问题，直接向汪海陈述，不到一个礼拜全部解决；全年节约混炼胶20多吨。

——仅1987年上半年，职工代表就写出提高产品质量、加强企业管理的调查报告21篇。

无论多忙，只要职工代表汇报情况，汪海总是立即放下手头工作，认真听取，有则改之，无则加勉。他是"仆人"。这是一条纽带。当然，仍有人"鸣冤喊屈"地告状：九厂工人管干部，造反了。

然而，九厂的3000多名职工是汪海坚强的后盾。他们不仅是在保护汪海，而是在捍卫自己庄严的权利。

7. 搬掉铁交椅

九厂机修车间工作不适应厂内深化改革的要求，必须调整，可当时企业还没有任命中层干部正职的权限。1984年初汪海"悄悄地"在机动室试点。由30多个党员在无候选人的情况下，无记名直接投票选举党支书，由他主持"行政"工作。结果，原负责人落选被调离。这是在九厂对干部终身制改革的尝试，汪海冒了"风险"，却赢得了民心。

一炮打响，排炮齐发。自那以后，九厂彻底搬掉了中层干部的铁交椅，全部采用选聘制。工人吕忠庆选聘为机修车间副主任，工作一般，又被免职，到销售科干业务员。他在新的岗位上工作出色，又被职工推荐选聘为机动室主任。基建科是厂里落后的一个单位，施工员生锡盛毛遂自荐，在竞选答辩中受到职工好评，他被选聘为科长后，很快解决了3个拖了两年多的"胡子工程"。3年多来，中层干部选聘80人次，其中调下去的竟达42人次。干部能上能下蔚然成风，因为已形成制度。因年高体弱原因下来的老干部，汪海因材施用，派往联营分厂当驻厂代表，代汪海行使权利。他们很好地发挥了经验丰富的优势，把"双星模式"辐射到一个个分厂。

这里没有"少帅、中将、胡子兵"，有的只是压力、责任、动力。

有这样一件事：汪海带队去京参加展销会，顺便到化工部汇报创"六好企业"的情况。当问及企业一个环保数据时，随去的企管办陈主任说不上来。回到旅馆后，汪海狠批了他一通，老陈快60岁的人啦，直拍打自己的脑瓜。半夜12点，汪海突然敲开他的门，让老陈乘零点58分的特快车赶回青岛去。汪海送他到火车站，又派了一位同志陪同照顾。老陈算是来了一趟北京城，可连屁股还没坐热就这么回来了。第二天是厂休日，老陈一出火车站，就望见一位副厂长以及厂里的小车，原来汪海下半夜打来长途电话做了安排。眼下，老陈的烦恼一扫而光。几个月后，是汪海派他去吉林从化工部召开的表彰大会上，喜滋滋地抱回了"六好企业"的大金杯。

在九厂，几乎没有一个中层干部没挨过汪海批评。但每一个挨批的人心里反而高兴，因为他干工作了，谁的工作没有失误呢？

选聘制，汪海管"聘"，职工主"选"。中层干部处在全体职工的监督之下，"主人"允许"仆人"失误，但"仆人"不能总是失误。

今年，九厂选举参加市南区人代会的代表，汪海在3000张有效票中，是唯一得票2900多张的人。

职工以无记名的方式写出了他们心中念叨的名字。

8. 不是感情投资

职工拥戴汪海为领路人，汪海心中时刻惦记着职工。他常说："工人不是机器，我们搞社会主义，搞改革，不就是要让人民得到更多实惠吗？工人在我们厂工作，以厂为家，九厂总得置办点家当。"

——汪海从1983年起，就想方设法挤出资金建宿舍。1986年3栋宿舍楼落成后，成立了以专职职工代表为核心的分房小组，他们以最民主的方式，公布了分房方案，解决和缓和了340户干部职工的住房困难。

——早班时间原为5点40分，还是30多年前资本家经营时留下的制度，工人乘车有困难。汪海把时间改为6点，区区20分钟，工人所看到的是汪海的一片情，改点后当月生产任务提高10%。汪海又从有限的资金中挤出30万元，购置了8部大客车，专门接送工人上下班。中秋节是中国传统的节日，很多上两班的职工十几年没有和家人团圆过了。汪海破例放假4小时，让职工回去过节。

——厂托儿所爆满，汪海腾出机关办公室，增加入托量；厂里成立职工医院，汪海硬是挤出一层办公楼，为医院添设几十张床位；双职工的低年级孩子暑假无人照料，九厂举办夏令营，把他们集中到厂里来；九厂完成承包任务，上级奖励厂领导5150元奖金，汪海带头捐献，1000元给了辛苦巡逻的"护厂队"买电视机，剩下的给了幼儿园的小朋友，添置了电子琴、电动玩具。

——厂里经济效益提高了，汪海独出心裁，给一线上的工人放了半月假，还补助每人70元出去旅游。

九厂有凝聚力。一家有3口人以上在九厂工作的有400多户。最多的一家有8口在厂里工作。九厂职工的亲属很多都想调进九厂来，图的不是奖金福利，图的是九厂有一个关心职工生活的厂长。

一次，一位外单位的干部碰到汪海，认真地问："你耍了什么法子，我那个在你厂工作的儿子硬是不许别人说九厂半个不字。"

青岛一位较有名气的诗人来到九厂，受妻子之托，打听在九厂工作的妹妹有了病从不休息，开了病假条也藏起来，非要坚持出满勤不可，这是为什么？

当众多的记者要采访报道汪海"感情投资"抓得好时，汪海这样说："这是发扬党的优良传统，这是一个共产党员的职责。"

干工作要提倡忘我精神。有人问："我把自己都忘了，怎么办？"在九厂，你可以得到这样的回答："你忘了自己，九厂想着你。"

销售员王清湖常年在外奔波，爱人工作单位离家远，上有老下有小十分困难。汪海把她调到本厂，还分给了住房。星期天，九厂派人派车给她搬家。

九厂3000多人，拖家带口就是上万人，汪海操碎了心，以致妻子叫他去市场割肉包饺子吃，他却提着菜篮子"串门"去了。

9. 双星人

实行厂长负责制，厂长要对物质文明建设负责，更要对精神文明建设负责。做过多年党政工作的汪海，轻车熟路地发挥了自己的优势。

只有和谐才是美的。

当社会上刮起"政治工作过时论"的歪风时，汪海"顶风"上，办起了"共产主义理想学习班"，轮训青年骨干。

青工政治轮训，汪海亲自作动员，亲自讲课并作总结。

当推行经营承包责任制时，汪海组织了"我与企业是什么关系？"的全厂大讨论。五车间还主动开展了"职工当家理财"演讲会。

九厂的墙壁上写着："热爱九厂、建设九厂、振兴九厂"，"以第一流的职工素质，促第一流的质量，作第一流的贡献，创第一流的工厂"等醒目的口号；九厂的门口有花园、喷水池、足球运动员腾飞的石雕；九厂的院子里有"文明路"、"海滨路"、"双星路"的标牌；九厂的职工有自己的厂歌、厂服、厂徽，直至大规模的厂庆活动（演讲、征文、文艺演出、请老干部讲传统……唯独没有大吃大喝）。十年树木，百年树人。精神文明建设的核心是育人。

一车间有个青工，曾因打架被公安局拘留过两次。按理说，九厂早可以将其除名。汪海胸怀大度，硬是把他留在了厂里，并多次找他谈心。当厂里成立护厂队时，吸收他为护厂员。这个青工变了，他把过去会拳击打架的本领用在正道上了。代表九厂参加全国拳击邀请赛，被国家队教练相中。汪海说："能为国争光，是九厂的光荣，我不拦他，开灯，放行！"

火车鸣起了汽笛，站台上，昔日的打架王穿上了军装。这个硬朗的小伙子有生以来第一次号啕大哭，他实在舍不得给他第二次政治生命的九厂啊。他对前来送行的保卫科长恳切地说："请转告汪厂长，不论走到哪里，我仍是'双星人'。"

双星人，自有双星人的个性。

车间主任王观根到济南上学进修。每到星期天，他都去逛市场，却不见他买啥东西回来。同学们戏谑他有"市场癖"。但是，汪海每个月都收到他发来的一封市场调查信。

服务公司的女职工兰孝英去内蒙探亲，在街上看不见"双星"鞋，给汪海来信，建议九厂去开拓新市场。就在笔者采访汪海的一个下午，突然来了安徽某报的记者。原来，他和九厂的一个职工同乘一列火车，在听了这个职工对本厂的"夸耀"后，慕名而来，非要见见汪海。

失人心者失天下，得人心者得天下。

对改革的期望值和付出的代价，在双星人的行动中是统一的。

只有小学文化程度的女职工张瑞云，被选聘为四车间主任，她把一直是两个半条的生产线改成一条流水线，1 项建议年增产 21 万多双鞋。她所领导的车间是九厂的样板车间。

厂团委书记缺额，九厂呼啦一下，有几十名青年报名，在"假如我是团委书记"的竞选答辩会上，他们争得"面红耳赤"。他们不是为了争 1 顶小小的乌纱帽，而是准备为九厂倾尽全力。

九厂的政治空气是"透明"的，双星人的心灵是"透明"的。

人，在企业中，企业家，在人流中；"双星"，镶嵌在九厂每一个人的心中。

有谁能不相信，在九厂，确实存在一个令人着魔的"企业魂"呢！

10. 双星精神

"企业魂？"汪海如是说："这名词挺玄，不如叫它企业精神，改革中，作为法人企业，应该形成有自己个性的企业精神。我们强调和树立的是双星精神——爱厂、求实、拼搏、兴利、开拓、前进。"

企业精神是一种企业文化，是企业的整体经济观念。改革首先是观念的变革，而观念本来就属于精神领域。培育企业精神，是"两个文明"建设中一项重要的基本建设。

在这个高度上，汪海下了大气力。围绕着"销售第一、质量第一"的战略思想，汪海提出了双星人的"商品观念、竞争观念、市场观念、质量观念"——以质量为基础、以创新为优势、以销售为生命的"核观念"。围绕着"集体意识"，激发团体动能，汪海强化了"主体意识、创新意识、开拓意识、仆人意识"。围绕着"敢为天下先"的争上游精神，创一流气势，汪海适时地提出了"知识观念、效益观念、人才观念、时间观念"等。

双星人在大张旗鼓地进行着观念的变革。人们思想水平和素质的提高本身就意味着精神文明水平的提高。

精神力量是可以转化为物质力量的。

S—09 鞋出口欧洲，时间紧、批量大，尚缺劳力 73 人。厂教育科闻讯后，悄悄到车间把任务承担下来。中午，厂办第四期脱产电大班的学员利用休息时间到车间顶班，一连半个月，保证了出口。没有任何报酬，不用惊动厂长。

女工于青，4 年完成了 5 年的工作量，在参加市"五讲四美三热爱"积极分子大会期间，每天提前到车间干上 2 小时，然后顶着满头汗水，准时赶到会场。

1985 年 9 号台风时，九厂损失了 60 多万元，是青岛市的重灾户。今年 7 月 28 日晚，当职工看到了电视台播出 7 号台风将夜袭本市时，包括全体科室、车间负责人在内的 300 多名职工自动地来到厂里护堤护院。今年 8 月酷暑季节，九厂因停电放假 4 天。工人主动来厂，将堆放的胶料一天翻几遍，为其散热，防止胶料自硫。第 4 天晚上 11 时厂里来电，早班和中班的职工一齐拥进了车间。

面对如此忠于企业、爱厂如家的职工，汪海不止一次地流下激动的泪水。

九厂中层干部一行 20 多人下榻深圳兴华大厦，白天他们风尘仆仆地四处考察，晚间每每开会总结到下半夜。临别在总服务台结账的时候，经理开玩笑地对他们说："冲你们的双星精神，我破例不加你们的灯光费了。"

赵紫阳、万里、郝建秀、胡启立、田纪云、李鹏等领导人接见汪海或视察九厂后，对九厂坚持"两个文明"一起抓都给予高度赞赏。企业家马胜利参观九厂后，情不自禁地说："你们九厂的气魄比我们大，向你们学习。"

爱厂是双星精神的突出表现。

求实是双星精神的基本内核。

开拓是双星精神的改革支柱。

汪海以不知足为常乐。

今年 5 月的一天，汪海突然"心血来潮"，想起来该办一个"质量差距展览会"，给双星人兴奋的眼睛里滴点儿"清洁剂"。展览第二天开展，九厂的职工还没轮流看一遍，市经委主任带着大队人马赶来了。原来市经委听说九厂"自揭疮疤"，带全市的厂长经理赶到此处，召开现场会推广呢。

一次汪海出差归来，一进厂就扑进车间，这已是他的老习惯了。他突然发现设备有一个小毛病，随即下令停产，但已有 6000 双老人健身鞋投放市场了。汪海派人去电视台做广告，诚恳地要求购买这批鞋的消费者来厂退换。高风亮节的"反广告"虽花费了 3000 元，但这是双星人必须恪守的职业道德。

1986 年 6 月 23 日下午 5 时 30 分，九厂展览室门前。

锣鼓喧天，鞭炮齐鸣。请注意，这不是为九厂又迎来一面先进的锦旗，只是一双普通的黄解放鞋。

这是九厂生产线上最后的一双解放鞋，汪海和九厂职工把它恭敬地"请"进展品室，并在鞋面上竖了一块白木牌，用红笔记下了这一时刻。

一段历史在这一时刻凝固了。

精神却获得了永恒。

11. 东方启动点

中国有自己的国情。

中国的企业家的根本任务是创建具有中国特色的社会主义企业。

人多不一定是好事，没有主人翁地位，不调动人的积极性，人们只能在"内耗"中相互牵制。

改革开放搞活和四项基本原则是两个基本点，汪海在"两个文明"一齐抓中使其得到了统一。于是，九厂又获得了山东省"五讲四美三热爱先进单位"、"清洁文明工厂"的称号；获得了青岛市"思想政治工作先进单位"、"花园式工厂"、"精神文明单位标兵"的一面面锦旗。

春节过后，职工穿着整齐的厂服，安稳地坐着班车回到工厂，班车里回荡着"双星广播电台"的"厂内新闻联播"。在厂门口，伴随着喇叭里传出的汪海的"新年祝词"，九厂的领导一字排开列队欢迎职工。双星人，又迎来崭新的一年。

中午，吃饭的铃声响过，职工们进入食堂就餐，九厂的领导们却挤在办公室里吃"小灶"。饭菜五花八门，有的是他们自己从家里带的，有的是买的，汪海叫它"团圆饭"。大家边吃边谈，天天如此，许多重大的决策和改革的探索正是在"团圆饭"的桌子上酝酿、争论和通过的。

汪海是幸运的。他有一个团结协作的班子，他有一个朝气蓬勃的干部群，他有一个特别能战斗的职工队伍。

在托夫勒的《第三次浪潮》中预示了"后工业社会"即将到来。

在奈斯比特的《大趋势》中阐述了"信息化社会"的诱人前景。

整个世界都面临挑战。中国，要迎接挑战，唯一的出路是改革。

这是中国的大趋势。

改革，就是发展生产力，而生产力中最活跃的因素是——人。

人，是有感情的。

中国人，向来是精神富有的民族。

寻找人的物化和物的人化的最佳交融点，也许正是企业改革的一个有效启动点。

路漫漫其修远兮，吾将上下而求索。

汪海，你是这样的吗？

（原载 1987 年 10 月 7 日《青岛日报》）

"双星"从这里升起

——访"五一"劳动奖章获得者青岛第九橡胶厂厂长汪海

殷 强

　　记者来到青岛第九橡胶厂的第一天，赶上厂里每星期一次的生产调度会。厂长汪海面对400余名干部和工人宣布："明年上半年，我们现在拿到手的订货合同就有460万双，九厂的形势从没有像今天这么好，'双星'胶鞋的知名度从来没有像今天这么高！"

　　尽管这个企业在全国胶鞋行业评比中已荣膺"四连冠"，而且是该行业中唯一的"六好企业"，可去年这个时候，各种"双星"鞋订货不到40万双。

　　会后，记者采访了汪海，他带着刚才的兴奋说："'双星'出名了，有人说我汪海是幸运儿，这我承认，如果没有改革，没有商品经济的发展，就不会有九厂的今天。九厂在这几年的改革中，逐步打破了传统的生产格局，确立了与商品经济相适应的崭新观念，所以形势一年比一年好。"

　　这也许就是青岛第九橡胶厂在激烈的"胶鞋大战"中，能够蒸蒸日上的诀窍。

　　"请你谈谈九厂是基于哪些观念去参与竞争的？"

　　"归纳起来，我们确立了以下几个观念。"

　　市场观念 汪海说："30年一贯制的解放鞋的生产，使我们都麻木了，是改革让我们看到了在生产之外还有个市场，那就是你的产品生产出来有没有人要。1982年和1983年，厂里大约积压了200万双鞋，占地130亩的厂区，除了厂房，就是堆得高高的'鞋山'。现在看来，与其说我们在计划经济体制下成了瞎子，不如说我们受到了商品经济最严厉的惩罚。当然这也使我们猛醒，开始意识到市场的无情。这以后，我们抓了市场信息和市场调查，并利用各种形式进行产品宣传，再就是建立了一支人称'敢死队'的销售队伍，收到了很明显的效果。"

1986 年 6 月 23 日，青岛第九橡胶厂停止了解放鞋的生产。在这之前，他们开始了小批量、多品种、多花色的商品生产，并试着自己销售。1984 年他们自销了 200 万双，1985 年自销了 500 万双，从中尝到了以销定产的甜头。目前，橡胶九厂在全国 28 个省、市、自治区建立了 110 多个供应点、320 多个销售点，各种胶鞋的自销量又扩大到 80% 以上。

汪海在市场这个大海里探求。山东省共有 118 个县、市，他跑了 102 个；厂里由 4 人增加到 74 人的销售队伍创造出奇迹：在全国胶鞋积压量接近一年生产总量的今年，"双星"产品却畅销不衰，无一积压。

现在，"双星"产品在全国已遍及除西藏、台湾以外的省、市、自治区，汪海 1985 年提出的"立足山东、面向全国"的经营目标已基本实现。

质量观念 在橡胶九厂的每个分厂里，都能看到这样赫赫的大字标语牌："不关心质量的厂长不是好厂长，不关心质量的主任不是好主任，不关心质量的工人不是好工人。"

汪海说："1985 年和 1986 年，我们的足球鞋和排球鞋荣获了国家银质奖，此外，还有 6 个产品获得部优、9 个产品获得省优称号。但我们没有盲目乐观，而是对自己提出了更高的要求。我们从全员抓起，转变了在质量问题上的 3 个旧观念，即：转变过去只局限于检查外观质量的旧观念、单纯由检查员负责质量检查的旧观念、只对成品进行被动式检验的旧观念，树立起以市场信誉和消费者穿用为质量标准、产品质量好坏每个职工都有责任、从原材料进厂开始每道关口都要从严把关的新观念。同时，还提出了以工作质量、服务质量促进产品质量的提高，以产品质量检验我们的工作质量、服务质量。实践证明，这是强化全厂职工质量意识的有效办法。"

把质量视为企业的生命。在九厂不是一句空话。今年 1 月，这个厂的橡塑分厂因自控设备发生故障，一部分鞋底可能脱胶的产品流入了市场。汪海当即决定，花钱在电视台做广告，公开向购买这批鞋的用户道歉，并请他们将鞋送到厂里修理或更换。

5 月，九厂办了一个"质量差距展览会"，青岛市经委主任带队来参观，并提出要在全市推广这种做法。

汪海揭自家短处，是不是缺点人情味呢？不是，因为企业和人一样，是有生命的。

时间观念 汪海这位身高一米八、几年前还可以一口气喝下半斤白酒的汉子，虽然年仅 47 岁，两鬓却平添了不少白发。他对时间有自己的见解，他说："对于一个企业来讲，错过了时间，就等于错过了发展的机会。深圳曾提出'时间就是金钱',我看不仅如此,浪费时间将失掉比金钱更重要的东西。"

今年,九厂在青岛市薛家岛上新建一个双星鞋厂,从厂房建筑施工到设备安装再到出产品,仅仅用了34天,年产值1000万元。汪海曾对一个香港老板说:"我们用这种深圳速度加'双星'精神,一定可以超过香港。"

商品观念 在激烈的市场竞争中,汪海总是比别人先走半步。他常说:"别看我们九厂是个大型胶鞋厂,但市场是太阳,我们只是一棵向日葵,离开市场,我们并没有优势。"他对记者说:"最近我参观了10个不同行业企业,更感到我们丝毫不能放松。我们九厂现在具备热硫化、模压、冷粘、注射4种生产方法,而我去的这些厂也都有这4种生产线。参与市场竞争,必须不断以新的品种和花色投入市场,这就是我们提出的'以老养新、以新搞活、以优创牌。"

是啊,当记者走进橡胶九厂的样品室,的确就像来到了一个绚丽多彩的世界,鞋的种类和名目令人瞠目。仅用冷粘法制成的就有橄榄鞋、明星鞋、霹雳鞋、骑士鞋,还有护士鞋、牛仔鞋、蜜月鞋、新潮鞋等等。

如今,这个厂已有110个品种、300多个花色的胶鞋投入生产。

价格和效益观念 汪海认为:价格是商品市场的晴雨表,从某种意义上讲,确立了价格观念,就是确立了市场;日常过日子是这样,企业的生产经营也是这样,所以他要求职工都去关心价格。比如今年的生胶进厂价比过去几乎翻了一番,这给生产增加了难度。职工们知道了这个情况,就努力降低消耗,促进了"双增双节"运动的开展,提高了企业的经济效益。他们先后对老人健身鞋大底、足球鞋涂糊工艺、模压海绵大底裁断硫化工艺进行了改革,每年可节约胶料100多吨。另外,九厂的职工全都知道胶鞋不能涨价,所以他们除提出各种合理化建议之外,努力提高产品的合格率,降低生产成本,今年九厂产品的综合合格率达到99.72%,高于国家标准。

前不久在柳州召开的全国鞋帽订货会上,各胶鞋厂家纷纷降价,九厂虽然没有降价,但一次订货200多万双,创造了建厂以来的最高纪录,这就是汪海常说的"价格同质量和知名度成正比"。

现在,在橡胶九厂,人人关心企业经济效益已不是什么新鲜事。

青岛第九橡胶厂,汪海,这两颗新星升起来了,而催之向上的,正是改革的大潮流。

(原载1987年12月25日《中国化工报》)

厂长汪海依靠职工治厂
赢得高效益

——青岛橡胶九厂成为全国胶鞋行业
首家"六好"企业

董学昆　杨祝夫

"我就是浑身是铁，又能打几个钉？不真心实意地依靠广大职工群众，再能的能人也会寸步难行。"这是全国优秀企业家、山东省青岛第九橡胶厂厂长汪海的治厂"诀窍"。几年来，他紧紧依靠全厂广大职工，艰苦创业，争创一流，从而使这家默默无闻的老厂成为全国胶鞋行业第一个"六好"企业，并在全国同行业17项经济指标考核中连续6年夺魁。

产品单一、花式单调一直是胶鞋行业的老大难问题。汪海认为，光靠几名设计人员很难解决这个问题。于是他发动群众想办法，在全厂开展了产品设计竞赛，由职工们各展所长，结果，一个多月就收到100多个新样品设计方案，还从中发现了一批年轻有为的设计人才。近几年，这个厂陆续开发了150余个新产品、400多个花色品种，其中95%是工人设计的。事实使汪海进一步认识到：群众是真正的英雄，只有充分发动、紧紧依靠群众，企业才能向前发展。

20世纪80年代初，该厂生产的一种高档鞋原料一直靠进口，一时进不来就要"断顿"。汪海到职工中找主意，有人提出了自己研究配方的建议。汪海立即采纳，并委派一位副总工程师牵头攻关，结果仅用4个月便实现了原材料国产化。

汪海认为，工人分布在企业的各个角落，对存在的问题看得透，最有发言权，企业管理同样离不开他们。为了发动职工参与企业管理，该厂专门设立了由职工代表组成的民主管理委员会，从中选出两人脱产，参加厂内重大问题的研究和决策，监督包括厂长在内的各级干部和管理人员，每半年轮换一次。这一措施，使职工代表有职有权。几年来，这个厂共收到民主管理建议 1300 多条，绝大多数落实到了实处。此外，这个厂还建立了职工代表为干部"画像"的制度，每半年由民主管理委员会组织职工代表全面评议上至厂长、下至一般干部的工作情况。

（原载 1989 年 10 月 16 日《工人日报》）

敢为天下先

——记青岛橡胶九厂厂长汪海

陈大良

今年 4 月，赵紫阳总书记在中南海会见 20 位全国优秀企业家时，一位黑黑的山东大汉无拘无束地谈了足足 30 分钟。

他，就是"双星运动鞋联合公司"董事长、青岛橡胶九厂厂长汪海。

汪海，这个只有中专文化程度的基层干部，短短 5 年时间，一跃成了全国闻名的企业家，荣获"五一"劳动奖章、"全国优秀经营管理者"、"全国胶鞋行业优秀厂长"、"山东省富民兴鲁劳动模范"、"山东省先进企业管理工作者"等光荣称号。党和国家领导人赵紫阳、李鹏、胡启立、万里、田纪云、张劲夫等先后接见了他。

这些荣誉，记录着他的改革业绩，记录着他敢为天下先的开拓精神。

1983 年初，汪海出任青岛橡胶九厂党委书记。那时的九厂，人心涣散，纪律松弛，管理混乱。30 年一贯制产品大鹏牌解放鞋积压了 200 余万双。九厂再也没有力气往前走了，2000 多名职工都悬着一颗心：九厂向何处去？面对严峻的局面，汪海果断地抛出了自己的改革方案：把解放鞋扩散到乡镇企业去，腾出人力、物力、财力开发新产品！

这一改革方案像油锅里撒进了一把盐，全厂"炸"了。"咱们一个厂生产解放鞋还卖不掉，再让别的厂也生产，那不是把咱们往坑里挤吗！"

汪海深深地理解职工们的心情。但是，他深信自己深思熟虑过的改革方案一定能成功。他向职工们解释说：咱们厂已走到了一个大坑的边上了，再按老法往前走，就非掉到坑里不可。因此，我们要往后退几步，再起跑、起跳。跃过这个坑就是光明大道！于是，他的改革方案在人们的半信半疑中开始实施了。短短两年多的时间，他们在 10 县 1 市建起了 13 家联营分厂和加工点。九厂从生产、技术、设备、资金、人员等方面给予无偿的或优惠的支持，使这 13 家乡镇企业年加工鞋帮达 1000 万双，产值达 4000 万元。其中的 4 家企业由长期亏损转为当年赢利。与此同时，汪海集中人力、物力开展新产品开发研制工作，不到两年，共开发 60 多个新产品。目前，全厂已有 110 多个品种、300 多个花色，在全国胶鞋行业中，第一家成为拥有运动鞋、橡塑鞋、PU 鞋、老人健身鞋、女便鞋、健美鞋、儿童鞋和出口鞋八大系列产品的企业。不仅完成了产品由以低档为主向以高档为主的过渡，而且走上了"生产一代、储备一代、研制一代、开发一代"的轨道。在这些新产品中，有两种荣获国家银质奖，6 种获化工部优质产品奖，8 种获山东省优质产品奖。

1986 年 6 月 23 日下午 5 时 30 分，青岛橡胶九厂结束了 30 多年生产解放鞋的历史，他们把从生产线上下来的最后一双解放鞋放进了厂展览室。一段历史凝固了，新的画卷展开了。

去年，在全国胶鞋产品严重滞销、许多胶鞋厂效益下降、亏损甚至倒闭的情况下，青岛橡胶九厂的产品不仅无一积压，而且供不应求，产值、利税均创历史最高水平。

在橡胶九厂开始产品扩散 1 年多后，当众多的企业看到横向联合是一条发展之路时，九厂已完成了自身的"脱皮"，开始迈向更高的台阶。1987 年元月，以橡胶九厂为主干，以这个厂的"双星"牌优质鞋为龙头，包括工、商、贸 21 家单位一体化的"双星运动鞋联合公司"宣告成立了，汪海当选为董事长。李鹏同志挥毫为这个崛起的企业集团题写了牌子。

此时，橡胶九厂的职工们才真正认识了厂长的气魄和胆略。于是，他们一呼百应，积极支持自己的厂长搞改革，使全厂各项改革都走在前面：在青岛市大中型企业中，这个厂率先进行了机构改革，把 27 个科室合并为 17 个处，精减下来的管理人员充实到了生产第一线。并在企业内部实行了选举制、组阁制、自荐制、招聘制、任命制等，把竞争机制引入了干部制度的改革。他们创造性地设立了职工专职脱产民主管理小组，让职工参政议政，评价和监督干部，为企业民主管理探索出了一条新路。他们在全国同行业中首先到 28 个省、市、自治区的 320 多个县建立了 670 多个销售网点，在香港、深圳、北京、西安、武汉、徐州等设立了分公司、办事处，产品每年自销 1200 多万双。他们在青岛市第一个成立了跨省、市，由工、贸、商 21 个单位组成的我国北方最大的胶鞋联合集团。他们不失时机地抓住世界产业结构调整的机遇，提出了向外向型经济转移的"多渠道、多口岸、多客户、多形式、多品种"的"五多"方向，两次以企业名义参加了香港国际鞋业展销。今年 8 月，汪海飞赴美国参加了在纽约举行的国际鞋业博览会，签订了 15 万双鞋的供货合同，并同美国亚洲矿艺公司、加拿大鲁兴公司签署了合作经营协议书，注册成立了"双星 USA 公司"和"双星加拿大公司"，实现了让九厂产品"占领山东，面向全国，冲出亚洲，走向世界"的目标。

要闯出一条新路，不仅需要有敢于探险的胆识，更需要有忍辱负重的精神。1984 年 11 月，汪海第一个在青岛以企业的名义召开了记者座谈会，邀请了省内外 40 多名记者，向他们介绍九厂的产品，九厂的改革。谁知却有人把此事当成"不正之风"而告了汪海一状，说他是假公济私，宣扬自己。"风雨"之狂，大有倒"海"之势。恰在这时，汪海正打点行装准备去日本考察引进制鞋流水线设备。就在他飞赴东邻扶桑的同一天，上级调查组进驻了九厂。

国内在"查"汪海，而肩负重任、身在异国的汪海却玩命似地连续考察了 14 家工厂的流水线。精明的日本老板为了把汪海腰中的 60 万美元掏到手，做出了种种馈赠的表示，并殷勤相待。可他不知他的对手有自己的"定盘星"：不先进的设备坚决不要！汪海坦率地对他说："你的流水线虽然效率高一些，但并不先进，工作时会产生有毒气体，这不符合我们的国情，我要对我的国家、我的职工负责。"最后，汪海断然决定，放弃流水线的引进。对此，日本老板十分佩服汪海的内行和精明。而与汪海同去考察的同志却为他捏着一把汗，担心流水线买不回去岂不要"罪上加罪"？汪海却很坦然："我宁愿赚个出国游玩的罪名，也不能把人民的血汗钱白白扔掉！"

就在这些日子里，进驻九厂的工作组先后找了几十人次谈话。最后，汪海受到了通报批评。

于是，社会上飞传：汪海中"箭"了！可是，这一"箭"非但没把汪海射下马，而且提高了他的知名度。原本不认识汪海的青岛市委主要领导同志，听取汇报后，充分肯定"汪海是善于企业经营管理的人才"。于是，汪海换了一匹"马"，由党委书记改任厂长。在改革的道路上，他跑得越发欢了。

改革造就了一代人才，也造就了一代企业。短短几年，青岛橡胶九厂由一个老厂房、老设备、老工艺、老产品的"四老"企业，变成了具有 20 世纪 80 年代先进水平的"四新"企业。经济效益自 1983 年以来平均每年递增 10% 以上，居全国同行业之首。1983 年到 1987 年，在有 200 家胶鞋厂参加评比的全国胶鞋厂际联赛中，九厂连续 5 年被评为第一名，去年又被化工部评为全国胶鞋行业第一个"六好企业"。还先后荣获了山东省、青岛市授予的"文明标兵单位"、"省先进企业"等 30 多个荣誉称号。

（原载 1988 年 11 月 18 日《大众日报》）

打出一面新旗帜

——记汪海和他带领的"双星"人

王德艳

我们常常感叹，

"三资"企业、乡镇企业的活力，

国营大中型企业的艰难。

我们也常常抱怨，

竞争没有在同一起跑线。

国营的"体制病"是否有治？

改革自有回天力，

不信东风唤不回。

我们何妨不更多地去

捕捉、探究，

已经露头的那一个个闪光点。

一个普普通通的企业。生产胶鞋（鞋业市场已连年疲软），是个老厂（老厂房，老设备，老工艺，老产品），挂着国营的牌子（同行业中，"三资"企业、乡镇企业、私营企业数不胜数）。

一个令人赞叹的企业。国家二级企业；在全国胶鞋行业厂际竞赛17项经济技术指标综合评比中，夺得"八连冠"。

它，就是胶州湾畔双星鞋业集团主厂——青岛橡胶九厂。厂长汪海带领"双星"人在探索国营企业的发展之路中，敢为天下先，争创第一流，写下了闪光的篇章。

市场篇

　　"要能在起跑线不同的市场竞争中取胜，才有资格成为有中国特色的企业家"。

——汪海

　　九厂人也有苦涩、艰辛的过去。想当年，式样花俏、做工考究、价格昂贵的各种进口鞋风靡中国市场的时候，正是九厂落难之际。一堆堆积压滞销的解放鞋躺在大操场上、办公室走廊里，生产陷入困境。一些外国鞋商来厂参观后，又耸肩又摇头："No！No！这就是你们最大的鞋厂？"

　　市场魔幻般的变化，深深地刺痛了职工的心。几十年的统购包销，长期形成的面向上级、面向计划的意识，使得国营企业在陌生的市场波动面前显得分外的孱弱。要生存，要发展，就得从政府的庇护中走出来，接受市场的挑战。

　　九厂举起改革的旗子。第一步：调整结构，突出重围。1986 年 6 月 23 日下午 5 时 30 分，他们在同行业中第一家把自己生产的最后一双解放鞋，作为"历史文物"送进了厂样品陈列室。在市场的魔力召唤下，100 多个品种、300 多个花色的新鞋，源源流向市场。

　　第二步：在建立市场调节机制上与"老外"、"老乡"比活，比灵！

　　统购包销的铁饭碗被端掉了。全国 780 个销售网点、15 个经营分公司，联成了"双星"自己的销售网络。

　　进军海外市场，打开国际通道。"双星"抽调精兵强将，组成进出口公司；多次以国内首家企业名义，参加国际鞋类和运动用品博览会；分别在美国和中国香港建立代销公司。产品出口 30 多个国家和地区，去年创汇 1000 万美元。

　　以市场为龙头调整组织结构。成立生产经营信息公司，将产品设计、开发试制、生产安排、产品销售、信息传递联成一体，大大缩短新产品的生产开发周期。

　　建立全员面向市场的机制。在"双星"，有一项特殊的章程，出差、探亲人员市场考察反馈信息规定：没有信息考察报告，差旅费不予报销。"硬指标"培养出"双星人"特殊的"癖好"：出差走在大街上，眼睛总爱盯着过往行人的脚，耳朵对各种鞋的信息也特别灵敏。

　　当然，汪海厂长也有牢骚：中国企业的市场竞争并不完全依靠经济规律。特殊政策，保护主义，长官意志，都在起作用。在化工部召开的一次座谈会上，他向总理当面陈词：我要求不高，国营企业能不能与其他企业在同一起跑线上竞争？在公平竞争中如果失败，我甘愿退出。牢骚归牢骚，"话说回来，要能在起跑线不同的市场竞争中取胜，才有资格成为有中国特色的企业家"。

集团篇

> "适应现代企业竞争，我们必须走出固有的封闭型体制模式，建设具有自我调节、自我配套、自我完善功能的开放型企业结构。"
>
> ——汪海

面向市场竞争，橡胶九厂的包袱特别沉：退休人员多（工厂已有70年历史），劳务费用高（城市招工），价格竞争力弱。怎么办？只有挖潜，可年年挖，哪来那么多潜力？

九厂人被逼上梁山：利用农村充裕、廉价劳动力的优势，实现向农村、由国营向其他所有制企业的战略性扩散。

汪海对记者说，国营企业不应是封闭的、僵化的。它的生存、破产、繁衍、萎缩，都应当顺应于市场的抉择。从制鞋势头来看，发展企业集团是一条兴厂之路。

适应这一战略性扩散，九厂敞开大门，向沂蒙山区等地招收农民工，产品向农村扩散，以承包、租赁、投股等方式，在10县1市建起了13家联营分厂和加工点，形成集团核心层、紧密层、半紧密层、松散层4个经营圈。

1987年1月，双星运动鞋联合公司宣告成立。不过，汪海对发展企业集团还有他独到的思路——紧密型、配套型、自主型。

"我要真联合，不要假联合，不要装潢门面。"双星人着力探索突破"三不变"途径，重点发展跨地区、跨行业、跨所有制的紧密型联合，一是以集团核心层企业法人代表的资格租赁新企业，二是以兼并新企业划归集团公司统一管理，三是以集团公司名义投资入股建设配套厂。

"双星"的事业要向产前产中产后服务延伸。公司注重自我配套，先后建成织布厂、印染厂、饮料厂、印刷厂等18个配套企业。

"船大好压浪，船小好掉头。"双星集团统中有分，统分结合，引入风险机制，把一些分厂直接推入市场竞争，自负盈亏。分厂按"小批量、多品种"要求组织生产，产品更新节奏加快。橡塑分厂 1985 年还亏损，产销自主权下放后，逼出一条生路，1987 年便赢利 20 多万元。

双星集团，已经成为中国北方最大的综合性多层次制鞋集团公司。

改造了企业结构，"双星"的能量大增，经济实力、竞争能力显著提高。近年来，中国的制鞋业一直处于供大于求的状况；市场持续疲软，众多的鞋厂处境艰难。而在"双星"我们听到的是什么呢？汪海厂长很自信地回答："我们不知道什么叫疲软！"去年九厂完成产值 1.95 亿元，实现利税 2101 万元，分别比上年增长 37.14%、60%。

管理篇

"我们要充分发挥公有制企业的优势，既靠责任制，又靠责任感。在管理方面，我们敢同国内外所有同行企业一比高低！"

——汪海

汪海的这番话，在不知底细的人听来，是否"狂"了些？当你到"双星"去走一走，看一看，感受可能就不一样了。

刚进厂门，迎面便是一块大标牌，标牌上赫然两行大字：距离建厂 70 周年还差（　）天。一种紧张的工作氛围扑面而来。

走进出口鞋厂，抬头便见粉红色的"部门精神"：勇于拼搏　争先创优同心奉献　立足世界。

每一个车间里，都有一块"讲评栏"，一天的成绩、问题，不管干部、职工，全写在栏里，公开化管理方式一目了然。每一片生产场地，都是"一条线、一个面、方格化"管理。针对器具繁多，物流量大的特点，全厂绘制了 300 多种定置图，574 个岗位制订了现场管理标准 659 项、2544 条。

"双星"的管理者认定：既要靠责任制，也要靠责任感。国营企业大锅饭、铁交椅等弊端，要改革，要根除；国营企业重精神文明、重思想教育的优势，要坚持、要弘扬。

跟工人们攀谈起来，他们说起"企业精神"、"双星人性格"、每一个岗位的"双星人形象标准"，都如数家珍，分外自豪。

工厂里还流传着一串串的"顺口溜"："工作任务面前，自己拿自己当骨干；出了问题，自己跟自己过不去"、"无情的纪律，有情的领导"。

更令人称绝的是，双星大胆地改革人才管理制度，而且是真刀真枪地干。汪海说得好：人才，要有一套开发、竞争、流动的良好机制，否则我这个企业就得完蛋!

在双星,选拔干部,不靠资历、不靠文凭,更不靠关系或哪位领导的一句话,靠你的真才实学,靠公平竞争的机制,这里绝对是"同一起跑线"。

厂里每年还举办两次产品设计大奖赛,自愿报名,职工投票评选。前3名录取进开发科。原制帮分厂青年缝纫工沙淑芬,设计出"排球训练鞋",荣获大赛第一名,立即被选拔为专业设计员。去年她主持设计出"亚运高帮篮球鞋"畅销市场,立了大功,如今已提升为开发科主任。

在双星,使用干部,没有铁交椅,没有"太平官","无功就有过"。每半年或一年公开考评时,优秀的奖励,称职的续聘,有重大失误者,无突出成绩者免职。去年8月考核,4个中层干部、2个部门主要负责人下去了。结果,上来的群众拥护,下去的心悦诚服。因为下去的,如果干得好,还可以上来,依然跟大家机会均等。

谁有多大本事,谁就有多大的舞台。双星为每一个职工充分实现自己的价值,释放自己的能量,开拓了广阔的天地。

在双星,工作最累的是中层,最担风险的是中层,最能拼命的也是中层,人称"敢死队"。就说宣教中心主任赵军赤,多年来以厂为家,从没有8小时内外之分。偶然一次他按时坐了班车回家,反而引起全家人的惊讶:"今天你怎么了?"

在双星,劳动纪律以严著称,劳动强度也是公认的高,但奖金在青岛市只算中等偏上,可工人的精神风貌堪称一流。仅举一例:1990年公休日自发到厂义务劳动的达10万余人次。一些港台客商来厂后连连称赞,赞扬这个厂"充满高昂的士气和干劲,志在一流的精神和气魄尤使人难以忘怀"。

这就是汪海和他的"双星"人。

采访之初,笔者曾向汪海厂长请教过一个问题:"有人称,国营企业的公有制性质注定了它的活力比不上'老外'、'老乡',对此你怎么看?"汪海笑答:"你看我们这个公有制企业,不是活得挺好吗?"

是的,汪海带领他的职工们大胆改革,再造国营新机制,重塑国营新形象,使公有制企业生出蓬勃的生机和活力。

双星人的奋斗业绩令我激动,双星人的开拓精神更令我振奋。

[编后] 搞活国营大中型企业这本改革的经,已经念了好几年,但真正念活的还不多。与厂长们谈起来,不少人都有满腹自卑牢骚,两眼盯着

"外部环境不适应","企业缺少自主权",等等。确实,这都是企业改革绕不开的焦点问题。可是,企业内部改革的文章,我们是否已经做足、做透、做好了呢?在大环境没有根本改造之前,我们是否就该理直气壮地无所作为呢?从青岛橡胶九厂的实践中,我们当可得到一些有益的启示。

(原载《半月谈》1991 年第 15 期)

"鞋王"汪海

童之琦

汪海这人常有惊人之举。9月初我去采访他和他的双星企业,刚到青岛,先把我"吓了一跳":只见满街文化衫。男男女女们(不光是年轻人)穿着赤橙黄绿青蓝紫及说不清色彩的套头衫,胸前一律为"瀚海双星"泼墨大字,背后印着"70"数码和一只硕大的旅游鞋。双星鞋业集团公司有员工1.5万,一件文化衫成本不过2元,汪海花了3万元钱便让全岛城的人一夜之间知道了这个从手工作坊到企业集团的鞋业王国的70周年。且这种一次性投资带给青岛人潜移默化的影响和滞后绵长的效益,更是难以估量。这招儿汪海是怎么想出来的?

去参加双星鞋业集团公司成立70周年庆祝会,又是一惊:青岛市体育馆前,几十面双星厂旗环绕着鲜艳的五星红旗迎风飘扬。双星乐队高奏国歌厂歌,6000盛装的双星人方队入场。接着便是彩球腾空、白鸽飞翔、鞭炮炸响。夜晚还有焰火点缀夜空。当地人告诉我,一个企业办这样大规模的庆祝活动,在青岛市的历史上还无先例。有人嘀咕这个庆祝活动是不是花钱太多了。汪海硬邦邦一句话:该花就得花!别以为这个年产值3.6亿元、税利3000万、创汇1000万美元的中国最大制鞋企业的当家人财大气粗,他为了搞一套先进的生产流水线,带领有关人员攻关奋战取得成功,硬是省下了60万元外汇;他省下盖办公楼的钱为数千女工建一座大浴室;一个普通工人搞出重大发明,他一次奖励3000元……不该花的锱铢必较,该花的重金不惜。当庆祝会上6000双星人齐声喊着"爱厂、求实、拼搏、兴利、开拓、前进"口号行进的时候,那令双星人回肠荡气的自豪感,那萌生在旁观者(客户)心中对双星的信赖与崇敬,又怎一个"钱"字了得。这就是汪海的气魄。

我查了这次庆祝活动(兼订货会)的订货记录。此次共光临中外客户

670 余家，国内订货突破 1 亿元，外商 50 多人，来自 32 个国家和地区，订货额达 620 万美元。又听说如果单纯开订货会外商决不会如此踊跃。这次外商们不仅来了，还送来了花篮。日本三菱商事株式会社的一位先生代表外商留下一句美好的祝词："祝愿世界上每个人都能穿上双星鞋。"能让过去只认"柏仙奴"、"卡玛士"、"耐克"、"阿迪达斯"的苛刻挑剔的外商由衷地说出这样的话来，谁能说不是汪海的一大成功呢！

汪海的惊人之举并非始自今日。1983 年，汪海出任青岛橡胶九厂党委书记，第一个政令便语惊四座：3 年内停止生产解放鞋。这解放鞋是厂里 30 年的老产品，也是全厂工人的饭碗，尽管它早已卖不出去，厂内堆积如山。

置之死地而后生。"有人就穿鞋，关键在工作"成了汪海的口头禅。他上山下乡，走场进店，满脑子想的是鞋，满眼看的是鞋，张口闭口还是鞋。别人出国带回几大件，他背回的是洋鞋。千辛万苦，千难万险，不一而足。如今的橡胶九厂即现在的双星集团，胶鞋、皮鞋、布鞋、塑料鞋款款出新，双星新产品已形成 35 个系列、300 多个品种、1000 多个花色。以皮帮硫化鞋为代表的运动鞋已达到国际先进水平，双星产品已成为国内同行业三大名牌之一，高档鞋的出口更标志着双星产品的质量和信誉得到国内外的认可。汪海，这个十几岁前连鞋都没有穿过的人，如今当之无愧地被拥戴为中国的"鞋王"。

刚刚进入"知天命"之年的汪海，8 年奋战功成名就。眼下他仅国家级的荣誉称号就有：全国优秀企业家、全国劳动模范、全国"五一"劳动奖章获得者、全国中青年有突出贡献的管理专家等。而汪海自称只是个"鞋匠"，脚上也时常只踏着双星旅游鞋，可他头脑中仍不断有奇想。占领个体户的柜台，便是他的奇想之一。双星名气大了，商界趋之若鹜，并时有个体户光顾。有几次，前来要货的个体户被厂销售部门婉言拒之门外。汪海知道后，火了：个体户也是客户，双星要走向世界，外商不都是个体户吗？不能端着国营大企业的架子自己断自己的财路。这次庆祝会兼订货会，他专门约请了几十位有影响的个体户。不久，他喜滋滋宣布：这些个体户共订货 230 万元。虽然是个小头，可也是个甜头。他知道，随着有计划商品经济的逐步实行，个体经济成分会日益增多，他的甜头会越来越大。

汪海下一个惊人之举是什么？人们无从猜测，但我注意到一个细节：很少参加大会也很少给别人鼓掌的汪海在双星集团 70 周年庆祝大会上为他的市长鼓掌，鼓掌的原因并不因为对方是市长。青岛市市长俞正声在照例该讲几句祝词的时候却讲了这样一段话。他说，"今年 4 月，我去南朝鲜考察，汪海嘱咐我一定去某地看看运动鞋，我遵命去了。一看，那里的生产环境、工作状态等都不如我们的九厂。有人问我，市长先生，听说中国国营企业的工人都不干活，劳动效率低。我说，不对，请你来看看我们九厂！"（掌声）市长接着说："但是，同志们，南朝鲜这家企业虽然某方面不如我们。但它一个千人企业一年出口1亿美元。我们还有差距。双星要戒躁，才能早日走向世界，成为世界最大的制鞋集团之一。"

汪海第一个鼓掌，全场掌声雷动。

（原载 1991 年 10 月 2 日《经济日报》）

活力源自卓识

——访国家级有突出贡献的管理专家汪海

薛　滨　军　赤

　　"双星"是我国目前最大的胶鞋鞋业集团，已形成从沿海到内地，从内地到边疆的跨地区、跨行业的制鞋业联合体，现有集团成员单位 45 家，职工 1.5 万人，年产值逾 3.6 亿元。在全国鞋业经济出现"滑坡"的时候，"双星"生产速度与效益为何蒸蒸日上？为此，记者访问了被誉为"中国鞋王"的国家级有突出贡献的管理专家汪海。

　　企业活力从何处来？从风风雨雨中深谙工人、企业与国家命运之机理的汪海，道出了值得世人深思的"活力论"。

　　企业搞活，首先是人的思想要搞活。人的活力是企业活力的源泉。汪海说"双星"围绕这一主题，先后进行了人事制度、管理结构、经营机制、工艺技术等十个方面 58 项全面系统的综合性配套改革（记者语：企业进行配套改革的思路，关键在配套上，这是一种卓识），促进了"双星"人思想意识不断更新，人人有压力感、紧迫感、危机感，压力变动力，动力变活力，为企业整体的活力奠定了坚实牢固的思想基础。

　　在上段妙论之后，汪海又具体分析由这一卓识导引出的实践活动。"双星"在人事制度搞活的措施是搬掉"铁椅子"，干部能上能下、能官能民；在分配制度上，砸烂"胶皮碗"，干多干少、干好干坏就是不一样。这一措施的推行，培养了一批能打硬仗的骨干队伍，在搞活双向管理上，成立民主管理委员会，实行工人代表讲评考核干部制度，行使工人主人翁权力，增加了管理的透明度。搞活班组建设，强化管理细胞，通过两个文明相结合手段强化企业管理的最基本单位——班组建设（记者语：细胞活跃），企业自然生机盎然，仅质量指标提高一项，通过劳动竞赛，一年来增加效益 100 多万元。搞活管理手段，完善内部机制，"双星"运用内部银行和厂币流通，加强了经济杠杆作用，走出了创造效益、摆脱困境的新路。

经过一段苦苦寻求、饱受了灵与肉折磨的总经理汪海，在一个新的境界上谈论了市场、营销、竞争手段与企业活力的辩证关系，可谓妙语连珠，珠珠流光溢彩。

关于"双星"市场意识，是全员转向市场，人人关心质量。

关于"双星"市场观念，是用户是上帝，市场夺金牌。

关于"双星"市场准则，是市场为检验企业一切工作的标准。

关于"双星"生产经营方针，是两眼盯在市场上，功夫下在管理上。

关于"双星"产品质量，是做到领导安心，用户称心，职工放心。

这种卓识，在企业员工思想意识里，成为双星鞋业集团迅速发展的驱动力。几年间的奋斗成果，令前几十年望之项背。如今，解放鞋和蓝白网为代表的 30 年一贯制的老产品已经淘汰，"双星"的新产品开发与生产已经形成 35 个系列、300 多个品种、1000 多个花色，以皮帮硫化为代表的硫化运动鞋，已经达到了国际先进水平，并形成 15 个系列；冷粘鞋已经达到或接近国际先进水平，并形成 10 个系列。

汪海有句大实话："有人就穿鞋、关键在工作"。这就道出了"双星"成功的"秘诀"。

（原载 1991 年 1 月 28 日《特区时报》）

全国首届优秀企业家汪海：
他让中国鞋扬眉吐气

李 锦

　　一个人的知名度，是和他在历史转折时期的作用分不开的。汪海如今闻名遐迩，不仅是因为他领导着中国最大制鞋企业——青岛双星集团，享有中国"鞋王"的盛誉；更因为在从计划经济走向市场经济的道路中，他常在全国同行业做出第一个举动而引人注目。

　　1983年，第一个走出计划经济单一流通渠道的束缚，实行自营自销；

　　1983年，第一个把农村承包责任制引进中国大型企业；

　　1984年，第一个搬掉干部"铁交椅"，开始劳动人事制度改革；

　　1984年底，第一个在中国内地举行企业产品新闻发布会；

　　1987年，第一个改革机构，把销售队伍逐渐扩大至100倍，把计划科隶属于销售公司；

　　1988年，第一个争取到经营出口权；

　　1992年，带领"鞋文化"表演队赴德，第一个把中国企业文化推向欧洲市场。

　　汪海是典型的山东大汉，一米八的个头儿，膀大腰圆，性格刚烈而豪爽，声朗朗笑也朗朗。这位出生在微山湖畔的穷家孩子，当小学校长克扣学生伙食费时，他半夜划船横渡微山湖到县政府告了一状，赶走了这个校长。因为这敢作敢为的脾气，有人称他为"梁山泊第一百零九条好汉"。

　　80年代中期，汪海一年有二百多天跑市场，历经风餐露宿，饱尝世态炎凉，有时下雪天，躲在人家屋檐下，有时候找不到地方住，就一个人席地而躺，挨到天亮。"宁愿自己忍饥挨饿，也不能让企业受饥饿"。正是抱着这种想法，他逢县必停，逢集必进，逢外厂鞋必购，逢本厂鞋必询。在广州大街上发现一位姑娘的鞋很漂亮，汪海想看个明白，眼盯着人家脚紧紧追赶着，看一个彪形大汉紧追不舍，吓得姑娘要跑，汪海忙解释说自己是鞋厂厂长，姑娘这才松了口气。就是这样，双星运动鞋、旅游鞋、霹雳舞鞋、老年健身鞋一个个出现了。

汪海把每一次全国鞋帽展销会当做战场，他常亲率几十人甚至上百人到市场"会战"。烟台会战、武汉会战、郑州会战。在柳州全国鞋帽订货会上，双星第一次订货量居全国之首。柳州会战后，双星不仅向游击战告别，也很快由阵地战向大战役转移，形成"立足山东，面向全国，冲出亚洲，走向世界"的战略。在北京、武汉、兰州、深圳、徐州等地设立 18 个销售公司，覆盖全国 28 个省、市、自治区。

1986 年 6 月 23 日下午 5 时 30 分是汪海难以忘记的时刻，他领着双星人敲锣打鼓地把生产线上最后一双解放鞋送进展品室，当 30 年一贯制的解放鞋交给历史的时刻，双星人也从僵死的计划经济桎梏中获得彻底解放。35个系列、300 多个品种、1000 多个花色的双星鞋奔涌而出，属于双星人自己的自销市场、原材料市场、信息市场与劳力市场体系也建立起来了。

一次，在北京开会。汪海在西单商场发现一双双星霹雳舞鞋底部有一颗钉子没拔掉，他打了张欠条，把鞋放入包中。回到公司，他没进办公室，一下子把车开到橡塑鞋厂。当着数百人的面，让厂长穿，厂长"哎哟"叫了一声；再叫车间主任穿，车间主任脚套进去，眉头皱了一下，不敢吱声；汪海又叫值班主任穿，值班主任不敢动身，全场静得能听见喘气声。汪海发火了："有钉子的鞋上柜台，让我们的上帝穿，这不是砸双星的牌子吗?"厂长、车间主任、质检员和工人都要求扣发自己的奖金。就此，双星展开一场全面质量管理的大讨论。经过长期不懈的努力，双星产品胶料半成品百分之百合格，成品鞋制造百分之百合格。美国一家大鞋厂的总裁参观双星后，连声赞叹：在这里工作的，是我见到的世界上最好的制鞋人。

双星人终于结束了中国鞋长期挂别人商标出口的局面，双星已在美国、德国、加拿大、中国香港等五十多个国家和地区闪烁。

汪海仍在奋斗，执著地实现着自己的志愿："东半球一颗星，西半球一颗星，双星最终踏遍全球!"

（原载 1993 年 1 月 22 日《北京日报》）

青岛访"鞋王"

肖秋生

　　人称他是中国鞋王；他说："我是一个鞋匠"。

　　外电评论：你们社会主义国家的共产党人在美国公众面前脱鞋的就两个，一个是赫鲁晓夫在联合国脱鞋砸桌子，以显示他超级大国的威力；第二个就是这位中国鞋王了，改革开放的中国人敢于用自己的产品向美国市场挑战，这才是真正的厉害！

　　一踏上青岛，耳朵里就灌满了关于"鞋王"的种种传说。又神，又玄。4月24日下午，难得一个晴朗天。我随13个沿海开放城市"开放10年看青岛"新闻采访团，乘车来到双星鞋业集团。

　　果然，鞋王汪海站在厂门口。他冲我们一挥手："走，进山喽！"一猫腰，像个顽皮的孩子，领着我们钻进了一座假山。他说他小着呢，才28"公岁"（56岁）。攀登在鹅卵石铺成的羊肠小道上，我们好生奇怪：这是干啥？峰回路转，柳暗花明。"哇！"我们不由得惊叫起来。这山中却原来隐蔽着会客室，屋在山中，山在屋顶。不是1处，而是3处：山腰、山顶、山底下（地下室），冬暖夏凉，别有洞天。

　　好大的一座人工山。不时有石桌、石凳于身旁闪现。问题自然就提出来了。原来，这是双星集团的一座商贸谈判山。既可以在室内谈，也可以在露天谈，还可以边走边谈。这山里，还养着一群猴子。

　　"为什么要养猴子？"这个问题早在我们之前，已经有美国《华尔街日报》的一位记者提出来了。汪海又使出他在外国人面前的牛劲："我们把猴子用到商品经济中去，这是比你们高明的地方。"商贸谈判紧张激烈，双方往往因价格争论不休，以致陷入僵局。被人称为商业界鬼才的汪海，别出心裁，请了一群猴子上山，每遇僵局，便叫"暂停"，大家一起看看猴子，开开心，松弛一下，就谈妥了。如此匠心独运，不仅惊得那位美国记者直喊"OK"，也令我们为大型国有企业里有这么精明的企业家而自豪。

我们从一进厂门，就感受了他的一系列与众不同。

参观生产车间，我们又被鞋王拦在大门口——"请换拖鞋"。

新闻记者见多识广，却从没见过这样的制鞋厂。走进车间，不由你不服——一尘不染，井井有条，见不到一个闲人。每条生产线旁，都有一排一排碧绿的盆栽鲜花。

与"无标语工厂"相反，在双星，标语随处可见：

——有人就穿鞋、关键在工作。

——无情的纪律，有情的领导。

——眼睛盯在市场上，功夫下在管理上。

——企业什么都可以改革，就是质量第一不能改革。

……

我们很想知道这连珠妙语的作者。鞋王淡然一笑："这是'汪海语录'。"

关于"汪海语录"，曾引起波澜。有人非议：在中国，只有毛泽东的话才被称为语录。汪海把自己的话挂得到处都是，岂不是太狂妄了？

为此，险些拿掉了汪海的先进称号。

化工部顾秀莲部长来双星视察，她问汪海："中央文件你们是怎么学的？"

汪海说："我都认真学习、研究过了，但工人学起来觉得离他们远。"

"那工人们学什么？"

"学我的话。因为我根据中央文件精神，再结合企业实际讲的话，工人学起来通俗易懂。"

如此坦率的回答，令部长大为惊讶。但她看到，汪海这些话的确是治厂之道，经验之谈。联想到当年在中南海，参加首届全国优秀企业家表彰大会的汪海，就提出了优秀企业家的八条标准：政治家敏锐的头脑；哲学家的思想；军事家统领全局的谋略；诗人的浪漫风情；实干家锲而不舍的苦干精神；外交家的翩翩风度；鼓动家的激情与演说才干；冒险家的胆识与创新勇气。部长会心地笑了。她肯定了汪海的语言摘录，为汪海撑了腰。

双星不仅出口高质量的鞋，还出口"汪海语录"。

双星公司的人到韩国去考察，在一家企业见到许多熟悉的标语。一问，对方很不好意思，说是把"汪海语录"偷着"引进"了。

1991年，从中国台湾来了一位年逾花甲的鞋商。他对大陆国营企业抱有很深的成见：大锅饭养懒汉，能做出什么好鞋来？他说，大陆的鞋厂要想和我做买卖，得跪着接我的订单。

老头儿很傲：叫你们总经理用他的车来机场接我。

汪海很牛：不接，不见。

鞋商租了一辆奔驰，来到双星。在会客室迟迟不见鞋王露面。他便在《产品介绍》上写道："我知道坐在我对面的，是个什么东西。"递给负责接待的副总经理。副总经理提起笔来，也以"东西"回敬。双方闹得很僵。汪海指示："撤掉预约的宴席，送客！"老头儿从没吃过这个，气得转天要飞回台湾。手下人再三劝他，不妨先到车间里看看。第二天，老头儿面沉似水，到车间里转悠，边看边在小本子上记。整整三天。终于开口说话："我要见你们的总经理，他再忙，我也要见。我一定要见到他！"

汪海出场了，老台商紧紧握住他的手，一连说了三个真没想到。

"真没想到共产党会有这么好的国营企业；真没想到双星规模这么大；真没想到双星管理得这么好。"

老头儿举着小本子，颇为得意："我已经找到双星成功的奥秘。"

汪海问："那是什么？"

"厂里、车间里贴着你的语录呀！"

"你抄这些干吗？"

"这是你们独特的企业文化，我要把它带回台湾，让同行们学习学习。"

1992年最后的夏日，在哈得逊河畔的纽约。汪海又写出惊人的一笔：第一个以企业的名义召开新闻发布会。在刚刚结束的拉斯维加斯国际鞋业博览会上，双星集团1993年第二季度的产品已被外商全部订光。汪海踌躇满志，自豪地宣称："双星的管理水平是世界同行业中最好的企业之一；双星已具备跨国经营的条件，准备以美国为基地，成立股份实体性双星国际经营公司，高层次地参与世界竞争！"

美国鞋业新闻杂志、纽约《世界鞋报》、纽约《侨报》等记者先后提问。鞋王侃侃而谈，引来阵阵掌声。纽约《美东时报》记者威廉·查理站了起来，蓝眼睛里闪着狡黠的目光："汪海先生，大家都叫你中国鞋王，都讲双星鞋是品质一流的。我冒昧地问一句：你现在脚上穿的皮鞋是双星鞋吗？谢谢！"

他想看中国人的笑话。

天赐良机！汪海笑得开怀："感谢记者先生提供这样一个好机会。我知道在公共场合脱鞋是不文明不礼貌的行为，但是……"汪海弯腰脱鞋，高擎在手上，说出带浓重山东口音的英语："China，Doublestar（中国双星），看到双星商标了吧？我不穿双星，还配称中国鞋王吗？不仅我一年四季穿双星鞋，我们所有员工也都穿双星鞋。我们要脚踏双星，走遍世界！"

刹那间，照相机的闪光灯映出一片灿烂。

汪海马不停蹄，又率队挺进德国西部的杜塞尔多夫市。在蒙蒙秋雨中开幕的第 124 届国际鞋业博览会，各国公司不惜重金投入"商战"。汪海有备而来，以巧取胜。6 位双星姑娘身穿中国旗袍，足登手持双星鞋，进行中国鞋文化表演。

回忆起当时的盛况，跟随鞋王出访的人员依然抑制不住激动的泪花："真是出尽了风头。为中国人争了光。不管我们走到哪个展馆，人们都伸出大拇指说：'中国，达堡斯达！'一下子订出 200 多万双鞋，欧洲客户占 80% 以上，连世界著名的彪马、皮尔卡丹也当场与我们签订了供货合同。"

双星在博览会上的闪烁，激动的《欧洲鞋业报》总编辑、一位即将退休的老报人，打着手势比划着对汪海说："过去中国人到欧洲来做买卖，中国人是兔子，欧洲人是蛇。蛇吓唬兔子，兔子后腿直立着，害怕发抖，往后退，今天，你让我感到中国人是蛇，我们欧洲人是兔子了。"他装出一副恐惧相，引得众人大笑。

汪海不以为然："我本人属龙。我们不是蛇。我们中国是一条巨龙，一条正在腾飞的巨龙。"

这就是鞋王的胸怀。他说，双星追求的是美国式的规模经济，不怕风浪；日本式的经营机制，灵活机动；共产党的精神武器，有特色的企业文化。

在联欢会上，鞋王为采访团记者高歌一曲"潇洒走一回"，激荡人心。我却在欢笑声中，于汪海面孔上察觉出一缕惆怅。我问："欢快的鞋王，您心中可曾有过苦恼？""岂止是可曾有过……"鞋王一下子变得好深沉。他拉着我的手，在歌厅的一个角落坐定。我们似乎进入了另一个世界。他向我倾诉满肚子的苦水……他告诉我，在中南海，他见到一群群野鸭子，感慨万千：他的家乡在微山湖，小时候，野鸭多得飞起来能蔽日，落下来能盖湖。可后来，难得遇上一两只了。因为人们又打、又抓，几乎要绝迹了。而中南海虽然处于闹市中，就那么一湖水，但环境好，受保护，有自由生息的空间，所以野鸭活得很好。

中国鞋王，一个多么刚强的汉子，说到这里，眼圈已经湿润了。

我，那时无言。只有默默地祝福。

感谢汪海这一番倾诉，让我认识了一个完整的鞋王，感谢汪海这一番倾诉，为我们留下沉重的思考。

（原载 1994 年 5 月 7 日《天津日报》）

双星是办好有中国特色
社会主义企业的典型

—— 汪海在双星集团公司第二届记者招待会上答记者问

《经济日报》记者童之琦：我想请教两个问题。首先请教一下顾部长。刚才顾部长在讲话中说，双星是办好有中国特色社会主义企业的典型，并且要在全行业推广他们的经验。我想请问一下，双星集团公司作为加工工业企业，对搞活全行业的国营大中型企业有什么指导意义？另外我想请教一下汪海总经理，从1984年第一次新闻发布会到现在已经八年了，我在厂里也听说八年辛苦不寻常，确实是双星集团在商品经济的海洋里"八年抗战"。那么我想请问一下这八年当中企业在发展中遇到哪些困难和阻力，在哪些方面取得了重大成绩？谢谢！

顾秀莲（原化工部部长、出席招待会的贵宾之一）：因为汪海这个双星集团是个加工工业企业，因为制鞋、橡胶行业都在我们的化工系统，同样是加工工业，汪海同志是橡胶胶鞋协会的理事长，所以我认为，在我们行业来推广他们的经验是很值得的。首先一点是转换经营机制好，开拓了市场，用市场来保证市场，这一点我认为是非常值得推广的；另外它的内部机制也改得很好，内部调动广大工人的积极性也搞得好；第三，我觉得就是他们领导机制也转换得好，它也是思想政治工作的典型，另外内贸和外贸的关系这一方面我觉得都值得我们借鉴，所以我想要总结他们的经验在全行业推广。特别是在当前加快改革、开放的前提之下，它的这些做法完全符合现在中央、国务院的要求，它已走出了路子，取得了成就，实践证明这是走得通的。

汪海：《经济日报》的童记者提出的问题，对我们1984年到现在整个发展已做了肯定。刚才我们书记已经介绍了我们的发展。我觉得我们是一靠中央宏观上的政策，就是改革、开放；二靠各级领导。今天在座的我们市里的各位领导，特别是我们市里的主要领导和原来我们的市委书记，现在的山东省顾委副主任，咱们的刘主任，对我们这个集团公司支持很大，假如说没有当时刘书记的支持，可能今天这个第二次记者招待会就开不成了。再就是我们的部长、市长亲自参加我们这个会议本身就是对我们的支持。第三就是靠我们刚才那九条。讲到阻力，这八年来阻力说起来可能得说三天三宿。但是概括起来我觉得有那么几点，最大的阻力是思想上的阻力，观念上的阻力。做一件事情最难的就是观念、思想和社会上的不理解，这种阻力比任何阻力都大。在上运动鞋厂和出口鞋厂这两个项目的时候，我都是 24 小时办公。我的工人们有的两口子在这儿会战，晚上孩子就放在案子上躺着啊，我去看的时候我都流泪了，我这个男子汉一般是不流泪的。我说一百天要上去，10 月 1 日献礼，我向山东省银行行长保证的，因为我们那时候名气不像现在这么响，我要了 60 万元钱做了保证，三个月上不去，我这个党委书记就不干了。从这儿打响了以后，我觉得这是最大的阻力。内部的问题我觉得随着这些年的改革，我们的思想工作有很大的转变。就是旧的习惯势力、旧的思想观念阻力还大，这是我第一点感到阻力最大的，也是在这八年来，我们在不断解决的。特别是刚才思想政治工作那六点突破，我们认为是很有特色的。怎么解决阻力，在我们这个小环境、小气候当中我们就用了这六点突破，解决了内部问题。外部我有什么招呢，来一个干脆不理他。他们说我的时候，我就自我感觉良好，就行了。所以说在处理这个问题上，我们按照中央的改革政策，结合着我们的具体情况进行不断的探讨。下一步，随着今天集团公司的成立，我们将继续攀登，走向一个新的、更高的起点。就像刚才部长、市长对我们提出的要求那样，我们比他们提的这个要求还要高一点，不辜负他们对我们的希望。

中国国际广播电台记者臧国华：在双星这两天里，感觉到从上到下有一种自豪感，我们也觉得他们有理由感到自豪。同时我们也听到双星的领导和职工在讲，市场是战场，竞争是战争，既然是战场，既然是战争，那么打仗就有胜有负，胜败乃兵家常事。我想问的问题是，双星是否到了立于不败之地的地步了呢？双星所面临的最大的潜在威胁是什么？双星为了应付这样的威胁采取了哪些具体措施，有哪些具体的设想？

汪海：我觉得我们事业的发展是无止境的，竞争也是无止境的，停止就意味着倒退。一切从零开始，我们相信只要宏观上给一个好的环境，我们内部坚持务实这种精神的话，就凭我们现在的条件和基础，和我们现在职工的精神面貌，我认为我们是可以不断地攀登、可以不断地领先的。能够实现我们东半球一颗星、西半球一颗星的目标，不久的将来，我们的双星将照遍全世界。

臧国华：制鞋行业从世界上看有一个自西向东移的迹象。因为制鞋业现在在美国已经没有了，发达国家也就是德国、意大利还做一些。东方的中国台湾过去是制鞋的大户，现在也不做了，南朝鲜还做一点，印度尼西亚、泰国也在做一些。我想说的就是，现在厂商主要集中在像中国这样的市场，因为我们劳动力便宜，可是我们应该看到一些国家也许比我们更便宜，比如说像越南这些国家和一些非洲国家，世界的鞋商也许还要到那儿去投资，到那儿去建厂，那么它们如果和我们竞争起来，可能比我们占一些优势。我就是想，我们所面临国际上的竞争，这些竞争可能不是和发达资本主义国家的竞争，而是和一些第三世界国家和一些条件比我们差的国家竞争，对于他们，双星有没有意识到有哪些威胁？

汪海：你提的问题是我们经常考虑的问题。你对我们的鞋类的情况也比较了解，实际情况现在竞争得相当激烈，不但在国内而且在国际上，菲律宾、马来西亚、泰国、印度尼西亚、印度、缅甸等国家。现在制鞋业已由西方转向东方，也就是说我们东方人现在都开始做鞋，为什么呢？因为亚洲人多，劳动力便宜。做鞋世界上没有什么先进的技术、自动化，你现在看到的我们的热硫化和冷粘工艺，这就是带有世界水平的工艺。作为技术来讲，我们比别人还差一些，但是我们的设备和工艺都是世界水平的。威胁我们早就意识到了，为了解决这个问题，了解这个情况，去年我带队去泰国、马来西亚、印度尼西亚进行考察。前天又派了一批，对这些地区进行考察。我们竞争的对手不是在西方，而是在东方，但是我相信，我们中国人，比他们有优越性。为什么这么讲呢？我到泰国和印度尼西亚看了一下，他们制鞋企业的班组长都是中国人，他们的车间主任就更不用说了，他们真正的当地人做鞋子的还不行。但是这不是个绝对优势，人家可以改变的。我认为我们要想和他们竞争的话，现在我们的条件、制度、中央的政策加上我们集团的努力是可以的，关键是配套没有上去，现在你们看的高档鞋，除了做鞋底的橡胶，基本没有国内的。上次纺织部长来，我跟她说，这个毛巾布都是我进口的，一年需要 300 万美金。就是配套问题解决不了，配套解决了，宏观上再允许的话，我认为我们和他们竞争是没问题的。宏观上和配套不解决的话，他们比我们的政策优惠，他们的产品到各个发达国家都免税，我们没有这一条，我现在到美国去的鞋子都是 48% 的税，如果再不给咱最惠国待遇，那一下子就演砸了。所以我们国家整个宏观上的政策，再加上这两条，再加上我们的拼搏，我想没问题。

臧国华：我再问第二个问题，汪总和集团公司其他领导说，集团公司现在创汇达 3400 万美元，当然这个消息我们也感到很高兴。但国外有一些制鞋商，他们不谈赚了多少钱，只谈我的质量多么好。如果你特别大张旗鼓地宣传赚了多少钱，实际上就是把你的生意推到了一个不利的位置。比如说，你已经挣了那么多钱了，也让我挣一点。我就是在想，汪总经理在这方面有什么考虑没有。因为世界除了咨询调查可以查到这个事情，一般他们是不说的。

汪海：这一点我可能没说清楚，创汇今年我开始报 2000 万美元，我们橡胶司司长和市长说我吹牛。后来一下来了个政策，就是你报多少，就给你多少优惠政策。我一计划，不行，我认为到年底可以达到 3000 万美元，创汇 1～5 月份我已经达到了 1500 万美元，所以说，到年底 3000 万美元是没有问题的，估计比 3000 万美元还多。这一次又冒出来了，因为创汇越多，给的优惠政策越多，我干得越有劲。但是我得到的钱多少没有说，得到的钱并不多。我是大进大出。买的材料，然后又付出去。

俞正声（青岛市市长，出席招待会的贵宾之一）：一个是净创汇并不是太大；第二个利润是微利的。我们现在利润水平比他们高，主要是我们的卖价还没上去，利润是微利的。

顾秀莲：赚得还不多，很少。

《中国企业报》记者刘宏义：在对双星的采访中，我了解到，双星有一套比较成功的有中国特色的管理经验，就是"九九管理法"。我想请汪总简单介绍一下这一套管理经验的形成过程，另外，随着企业的发展，这种体系有没有新的发展和补充？

汪海：刘记者是搞企业报的，很注意研究企业管理，在这方面我非常感谢企业报对我们的支持，企业报在总结这个"法"时，给了我们大力支持。同时我们提出的"九九管理法"，随着我们现在的管理在不断发展。我认为，第一，我们在不断完善我们的"九九管理法"，第二，我们的"九九管理法"又注入了新的内容，所谓新的内容，就是我关于市场论述的这一段。市场是检验企业的唯一标准；市场是战场，只有像打仗那样，我们才能在市场站住脚，才能取得胜利。在政治思想方面，我们又提出了六个突破。新的时期在政治工作的观念上不进行突破的话，想振奋职工的精神面貌，想把你的小环境净化是很难的，所以说我们是不断完善、不断提高的，也希望我们企业报的同志下次再来总结。

美国《商业日报》记者珊笛：你们是中国北方的制鞋厂家，在这里你们要和国内许多合资企业和其他厂家竞争。你们面临这么一个现实，靠近香港的一些厂家他们装运起来比较方便，广州、南方一带，他们装运起来也比较方便，运费也比较低。在相当一些合资企业中，它们可以把所有的时间和所有的精力花在接受订单上。我在美国和许多经销商谈过，有些做生意的人，他们不是合资企业，而是一些国营企业，那么这两方面有一些差距了。现在美国国会在讨论我们的最惠国待遇，在讨论过程中，现在一些议员提出了一些最新的提法就是将不全撤销最惠国待遇，只撤销中国国营厂家的最惠国待遇，如果这个情况变为现实，您这个厂家是不是要受损失，像华南我们有一些合资企业，他们不在其中，因为他们不是国营企业。

汪海：我们青岛也是一个开放城市，我们的通讯、交通条件都很好。当然在这点上显然和南方有差距，但我认为越来越小。刚才我们介绍的情况，我们也有我们的优势。我们在深圳有我们的合资厂，我向部长和市长都汇报了，这个合资厂在深圳开起来已有两个月了，我们想在这个基础上多增加一些鞋，增加一些线，减小一些差距。不管是合资厂，还是国营厂，最后的竞争是品种上的竞争，是服务上的竞争和信誉上的竞争。今天来的十五六家"上帝"，都是我的大客户。他们就是从南方过来的。事实说明了这个问题。关于在美国贸易的问题，国家领导人多次讲话阐述得已很清楚，双方都得依靠。在这个问题上，我相信国家领导人说得很清楚了，我是个鞋匠，这个也讲不太透，请谅解。

越南通讯社记者阮春正：请问汪总经理，你们强调市场因素，一切以市场规律办事，全员转向市场。我看你们不强调计划因素，作为一个国营企业，现在国家计划对你们的控制，对你们的约束如何呢？你们强调向市场迈大步，市场是战场，对你们来说最大的压力是什么呢？来自哪个方面？请问总经理先生，您的收入和你们的领导班子的收入是多少，比普通的工人高多少？谢谢！

汪海：我和越南有特殊的感情。在1964、1965年你们最困难的时候，我在你们那里帮了15个月，我是指挥排的排长。你的问题对我们企业和宏观不一样。宏观上邓小平讲了，计划也有市场，市场也有计划，这是指宏观上来讲，但是作为我们这个企业来讲，过早地进入了市场，因为我们这个企业是一个劳动密集型的加工工业企业，生产日用品，它本身就存在于市场，始终受其控制的。国家计划，现在可以说一点没有。市场就是我的计划。每年我们报计划，每年年初我们都大约估摸个数，估个最低数，到年终都超。所以我们整个产品是市场计划。我们现在的压力就是竞争。工资，我的工资最高，当然我得的称号按照国家有关部门下的文件我算了算，接近七八百块钱了。但是后来中央组织部下了个文件，不管获得什么称号，只准长3级，压了下来。现在我的工资是350元钱，比二位政府官员都高，所以说我的生活很好。从去年和前年实行了承包以后，我的职工的工资大幅度地增长，最高的一个月有拿到600多元的，包括奖金，什么都在内。最低的保持生活费。虽然内部改革拉开了档次，但是我们这个制度下有好多福利待遇，如我们的班车就不要钱，所以我们的职工还有我们领导层的生活是年年在提高，我们争取提前奔小康，这一点我们很有信心。我的回答完了。

《中外管理》杂志社记者涂永红：我想提两个问题，第一个问题是向顾部长提，刚才顾部长讲了要给企业放权，就是说实行承包的方式。那么对企业怎么扩大，向哪个方向扩展呢？我想问一下，像现在的双星集团发展已经跨过了本行业，就是说超过了化工部的行业，涉及其他行业。但我们现在实行的是行业归口领导，这中间肯定涉及行业之间的矛盾。如果双星集团涉及这些矛盾，部里给予什么样的支持？有什么政策没有？第二个问题是向汪总经理提的问题。咱们这个行业是一个微利行业，集团要发展，肯定要向高利行业发展，比如：旅游、服装、电子行业，这些都是高利的行业，那么您这个鞋业大王是不是也能成为服装大王和电子大王？如果能成功的话，有什么具体措施？

顾秀莲：作为我们部里讲，企业都放给基层了，当前企业放权的问题，就是放五权吧，劳动工资权啦、经营权啦等等。至于跨行业、跨部门我认为没问题，现在我们提倡跨行业、跨部门，组织集团公司。要一业为主多种经营。我们中国的讲法是东方不亮西方亮，反正咱们要跨出去。至于跨出去以后，现在是一种新鲜事物，但是我认为任何事物都是发展的，发展过程就可以创造经验，创造办法，这是一。第二，我老实地讲，要依靠我们的市长。因为市长不是个条条，他是个块块。今天市长来了，经委主任也来了，这很重要，他可以全市来平衡来协商，我觉得这个问题是可以解决的。

俞正声：她提的这个问题，作为政府来讲，支持企业跨行业经营，首先的问题是要解决一下企业的主管部门和行业的主管部门要分开。我们青岛准备在两个系统做试验，一个是轻工系统，现在有一轻、二轻两个公司，还有一个是机械电子系统，现在有机械局、电子公司。在这几个系统里企业的主管部门和行业的主管部门分开，行业的主管部门准备成立机电局，20个人；轻工方面也要成立主管部门，轻工局，20个人。然后把原来的主管局和主管公司改成资产公司，资产公司经营范围不受原来行业的局限，可以跨行业经营，也就是说企业的主管部门还是一个企业，这个企业不是面向直接的物质生产，而是面向资产的管理和资产的经营，行业的主管部门要大大地压缩，不直接管企业，我看这可能是我们将来改革的一个方向。这个问题解决了，像汪海他们跨行业经营和主管部门的矛盾就容易解决，容易处理了。

汪海：我们企业就是要赢利，所以说什么赚钱，企业家就干什么。现在除了房地产这个权市长不给我以外，其他我都想干。

俞正声：房地产也不是不给你，只是居民住宅的房地产开发不放开，为什么这一块不放开呢？因为房地产开发对我们是新事物，全面放开，条件不成熟。居民住宅太敏感，比如说房地产搞完了，房地产公司走了，质量问题找谁？水、电出问题找谁？在这个问题没有比较完善的法规的情况下不能全面放开房地产。我们现在放开的是什么呢？是公寓、写字楼、别墅、商业设施，你汪海愿意搞什么搞什么。居民住宅我现在在统制，为了避免社会的动荡。因为房地产市场没放开的时候，房价在一定阶段是要上升的，对居民住宅影响大，我们承受不起。公寓、写字楼、别墅没有问题。再一个，综合性的房地产公司，少批。珠海就两家，我们现在有１０家已经够多的了。搞公寓、写字楼、别墅的有多少批多少。第三点，建议我们市内的企业，目前经营公寓、写字楼、商场的要慎重，因为房地产太热了。我建议大家慎重，如果你愿意冒险，我也让你冒。

汪海：刚才记者提到我们发展的问题，我们一天要生产１５万双鞋子，这１５万双鞋子所用的东西我要配套，不知纸箱厂你看到没有，还有印刷厂，那都是相当规模的。所以我们想以集团自身配套，自我完善，肥水不流他人田，来壮大我们的势力，提高我们的效益。像我们这个屋子的天花板就是我们裁断裁下的下脚料、布毛和合成革，我们通过加工搞成的。我出了个点子，工程师搞出来的。就这个屋子我们要节约上万元钱。像装潢，我自己成立装潢公司。现在我们要上袜子，高档鞋全部配袜子，现在我的袜子针织二厂给我提供，他们正好没活儿。所以在逐步配套的前提下，提高我们微利产品的效益，保持我们这个鞋王的想法。当然能不能保持，还要靠拼搏了，在其他行业能不能成王，我但愿如此。我认为我的年龄不允许我再那么个拼法了，以后可能交给我们的下一代去完成。所以说随着宏观上的发展，我们这个模式越来越扩大，我们的事业越来越发展，你们看到我们外面就是13个商场。现在我让机关建成实体化，我给机关两个项目，机关今年我就给平均3300块钱，其他200块钱他们自己挣。他们现在糊纸盒，一年就是110万元加工费，过去在高二团和团岛部队干，今年让我全收回来了，收回来以后，这110万元就在我职工手里了。我们先自己富起来嘛。我们正在向这方面不断探索，我相信，我们能够富起来，但我们的阻力也很大，我相信随着宏观的发展我们也能解决。

山东人民广播电台记者范建山：请问汪总经理，在山东对外开放中，青岛是龙头城市，双星集团对山东经济发展，尤其是对外开放将发挥什么作用？第二，双星鞋业集团在不断发展，在吸引外来技术方面，有何优惠政策？

汪海：山东的鞋厂我们是最大的，作为一个综合性集团来讲，在山东的竞争我们是有规模的。目前，山东的厂子，除了威海，都是我们的工程师帮着搞起来的。后来我联营搞了十几个，"离婚"4个，基本上小的鞋厂和我竞争是有威胁的。但是我们认为目前双星在整个鞋业，特别是热硫化鞋方面是龙头，由原来的全国同行业的对抗竞争变成模仿竞争。在去年和前年，特别是在大厂，包括我们的上海老大哥在内，他们是不服气双星的，从去年下半年特别是今年以来，是仿双星、跟着双星走，所以由对抗竞争转为模仿竞争，由过去的不服气，到今年一些大厂的厂长在成都开会一致推举我当他们"帮主"，这是一点争议也没有的。我认为这个在山东来讲能起到一点作用。但是我们假如不前进，这个作用也不是永久性的，是暂时的，这一点我们很有自知之明。所以我们在山东还是能起龙头作用的。第二个问题是优惠问题，最近我们从外地来的工程技术人员大约50多名，我都给他们提供了房子，有创造性的都有重奖。我们在不断地引进技术人员，对技术人员的政策是相当宽的。我的老工程师，现在有的都67岁、68岁，还有70岁的，我也没让他们退休，我算了什么账呢？他们还能帮我做好多事，什么待遇我都给他们，住旧房子的都调到新房子来，这些技术人员一直在双星领导下为双星奋力拼搏，为双星贡献终身。

《中华儿女》杂志社记者张志刚：借双星集团招待会，向我们青岛市的俞市长提几个问题。一是青岛市改革开放的热度在全国影响比较大，您是否能从宏观上介绍一下下步青岛市改革的打算和想法？第二个问题，如果下步美国真的对我国实行制裁的话，作为市长，您该如何处理？

俞正声：最惠国待遇本身是对等的，它不是美国的一个恩赐，也不是我们乞求，是两个国家对等的一个条件。美国如果取消对中国的最惠国待遇，那是对中国的歧视，对中国人民的污辱，这是我的基本看法。如果真的取消，我们将告诉我们的工人，是美国对我们中国人的污辱。会不会有打击呢？肯定会有。青岛啤酒厂，国家企业，一年出口 3000 万美元，如果对国营企业取消最惠国待遇，那青岛啤酒厂的出口要受影响，但是我们也有的是办法，改革开放这么多年了，变通办法有的是，仍然可以维持我们的出口不受影响。美国现在正在酝酿对国营企业进行限制，对集体和合资企业不限制，这是坐在屋里想出来的天方夜谭，是很蠢的一种办法，也是实现不了的一种办法，我们照样可以有办法来对付他们，没有问题的。第二个问题是改革打算，今年我们改革有这么几项，一是三项制度改革，企业就是经营机制了，企业转换经营机制是多方面的，我认为最重要的是约束机制，这个问题我们还没有突破，企业亏了怎么办，企业破产了怎么办，没有这一条的话，内部经营机制缺少动力和压力，这个问题我们没有突破。我们青岛在做试验，双星也在试验了，叫做"双自"试点。"双自"试点是在增加约束的情况下才放权，不要笼统地谈放权。过去十年我们一直在谈放权，但放权里头缺少个约束是不行的，所以我们搞这个"双自"试点。我们这个试点就是你亏了怎么办，你的利润完不成怎么办，工资怎么降，厂长怎么办。但这个东西还不是最根本的，根本的是破产的问题，这个问题我们还没有解决。青岛企业改革，当前抓的重心还是三项制度改革。全员合同制、岗位技能工资制和待业保险，这是我们今年的一项。政府机制改革主要是政、企分开试点，政、企分开，企业主管部门改成经营公司，政府的主管局变小、变精干，这是第二项改革试点。第三项改革就是政府机关实行辞退试点，已经在工商局和税务局开始了实行辞退制度试点。第四项是住房制度改革，7月 1 日就要出台了，大体上当前青岛的改革分这几个方面。

《经济参考报》记者高鹤君：现在流行这样一句话，就是不找市长找市场，现在国家的一些经济体制改革，也是要把企业推向市场，让企业有足够的自主权，走自我发展，自我积累的道路。双星集团在以前的几年已经走了这条路了，这一次双星集团由市政府管理，化工部同时也在管理着这个企业，这样一来，双星自主权是增加了还是减少了？另外我想问问俞市长，企业由市政府直接领导，直接管理以后，市政府对企业究竟要有一些什么样的职责，扩大一点说，是青岛市对企业实行怎样的管理模式？

汪海：这个不受什么影响。部里是作为宏观上行业指导性管理。市里是全面的宏观管理。整个来讲都按国家宏观上的放开、放权，企业搞活、搞好这个原则办，你搞好搞活了，不管部长、市长都支持，你搞不好，搞不活自己遭点罪就是了。

俞正声：把双星变成一个市直企业减少了一个管理层次，原来的管理层次，它上面还有一个公司，现在变成市里的，就跳过了橡胶公司。第二是扩大了它本身的管理权限，它原来的管理权限跟市里的管理权限还是有差别的，现在它级别高了以后，它的管理权限就扩大了，出国的权限，项目的审批权限都扩大了。第三，变成市政府和化工部直接领导，我们管不过来，实际上等于全是它的了。他们这里是"双自"试点，我们市政府有规定，叫管三个一，其他不管，一个是党政一把手要管，第二个是承包基数，第三个是工资总额，其他的用工、干部的任命都自己管。刚才问我，我们市里的经济管理模式。企业的管理方面是不是大体可以分两个部分，大型企业将来是市政府委托经营，市政府直接管理，国有资产管理局监督这是一类，是大的企业集团。所谓委托经营，这块财产是国家的，市政府代表国家来管理，这个管理是把企业的财产交给你来经营。大型的联合企业，像电冰箱厂、啤酒厂，还有双星这儿，还有自行车公司，都是这种形式。还有别的企业集团，它们由国有资产管理局来监督，要不要组成监事会，还是别的什么会，将来再议。第二类，大量的中、小企业要由资产管理公司来管理，取消行政性的公司和主管局。行业的主管局缩小，只管行业，不管企业。资产管理公司也是企业，也要实行合同制，它的工资也要和下属企业挂钩，大体上分这么两类管理。这是设想，还没开始实施，要逐步实施。

《中外管理》杂志社记者黄朝晖：请问汪总经理，现在双星集团资金周转天数是多少？

汪海：我们资金周转天数现在是87天。淡季这个时候可能又上来了，也要100多天，旺季时最短达到87天。

山东人民广播电台记者李世全：今天看到省里的老领导，省顾委的刘鹏主任来了。我们和汪总经理多年的接触中谈到双星时，汪总总是要提到青岛市老市长——现在的刘鹏主任，对我们双星的关心和支持。有时确实表露出一种感激之情，请刘鹏主任谈一下对双星的总体印象和对双星有什么希望和要求。

刘鹏（原山东省顾委副主任、出席招待会的贵宾之一）：双星所以能搞起来是改革开放的结果。刚才提到第一次记者招待会，是八年以前。在青岛市来讲，企业请记者来开发布会，这是第一次，当然大家就有点惊奇了。说三道四难以避免，也有其他不同的看法。这一点当时的市委大家看法是一致的，总觉得这是一个好事情。企业的知名度，产品的知名度对企业的经营关系非常大。刚才讲到了企业离不开新闻界，借助于新闻进行宣传。那时对广告还不大认识，唯一的主要问题是觉得它多管闲事。另外每个记者一双鞋宣传产品，就对双星有说法，是不是不正之风啊，现在大概没人提这个问题了。当时出现那种情况，因为是1984年。咱们的改革开放是1979年开始的，但作为城市改革是1984年开始，那时出现，是可以理解的。今后的双星，路还很长，我完全相信双星人会搞得更好。也预祝他们搞得更好。现在部长、市长都支持，我们的顾问委员会只是敲敲边鼓吧。

新华社记者张荣大：因为今天是联合办公，就提个联合的问题。外人称汪总经理为"鞋王"，在同行业被称为"帮主"，刚才顾部长和俞市长也予以比较高的评价。在这种盛名之下，汪总经理您是只想做一名中国鞋业的鞋王，还是想作世界鞋业的一方霸主，对此您有什么雄心？第二个问题，如果汪总经理有此雄心，困难和胜利也是并存的，在座的顾部长、俞市长怎么扶上马送一程。

汪海："鞋王"最早叫出来的是你们新闻界，开始我是不同意的，这种叫法有点过大，我说还是叫企业家，不知什么时候有人发表文章，叫中国"鞋王"汪海，我看完以后没办法，不承认也要承认了，我感谢那位记者。我觉得"鞋王"和"帮主"总是都差不多，不论是"鞋王"还是"帮主"我都想当，但是要付出很大的心血和努力。问题我刚才说了，在宏观允许的情况下，怎么样再继续把我们各项工作搞好，这就要看我们的努力了。我想在整个宏观前提下，又有我们的条件和基础，能够继续搞好。我们不是为了"王"，不是为了霸主，因为我是共产党员，我想为共产党做点事业，我自己有自知之明，我是个事业型的，不是什么"王"型的。

顾秀莲：我们肯定支持，他有困难我们帮他排除困难。

汪海：一般他们不告我的状我不找市长。企业内部的事，包括资金的事，我找金融界的朋友支持，企业的事我从来没有增加市长的一点麻烦，都是他们告了我状了，我不说明不行。刘书记在这里也是这样，半夜砸门我得说明，不说明不行，我要申诉。所以我一般不找市长，但我找到了以后，他们是绝对支持我的。假如说没有各级领导的支持，就没有双星的今天，也没有汪海的今天。部长作为一名中央委员参加一个企业集团的成立大会，这就是最好的事实支持。我们省顾委刘主任在大连专程赶来，参加我这个会，这都说明了这个问题。在座的我们市里的领导，他们今天出席这个会议就是对我的支持，所以我讲主持正义的还是多数的，支持我这是没问题的，问题在于我自己怎么干。

云南电视台记者曾松林：我想结合云南实际，提一点与乡镇企业有关的问题。汪总经理，在我们采访当中了解到，双星企业下属有 75 家企业，还有不同的经济成分，有国营、有集体、还有其他的，其中乡镇企业占有相当比例。我的问题是，你们在过去工作中是如何处理好同他们之间的关系的？

汪海：对乡镇企业，我是一个最大的支持者。最早从 1983 年开始，那时中央还没有提出横向联合的时候，我叫老产品扩散。我们这个企业，当时鞋堆得就和我这个假山这么高，我们这个办公楼，有一半装鞋。当时情况很艰难，就是产品不适应市场。我们上市里，上各个口去要钱，怎么办，我就不说了，牵涉我们一些主管部门的事情，最后没办法，我汇报给当时的刘鹏书记，他说我这个想法很好，我说不搞不行，那是 1983 年底。1984 年我就开始扩散老产品，因为 1983 年我正式任这个厂的党委书记。我 1975 年在这个厂政治处干了两年主任，以后干副书记干了六七年，然后又干了厂长，一共 18 年的历史，青年献给了部队，壮年献给了双星，"误入鞋途"，但是我对鞋有了感情。搞扩散的时候，我搞了 13 个联营厂，13 个联营厂现在配套厂还都是紧密型的、半紧密型的，其他的成型厂已经都"离婚"了，还有两家到三家还没有算清账，一直占用着我的钱。但是现在来讲是我的竞争对手，有它们也好，增加了我的竞争的压力。乡镇企业的发展，这是国家宏观上的政策，但是我有一个观点，借这个机会你提醒我了，就是说加工工业应该是壮大集团势力，不能那么个分散法。我们的优势在农村，集团已经形成规模了，怎么发挥集团的势力？你看我现在搞的这几个大的帮厂，都有八九百人，一千多人，五六百人，他们一动我就受不了了。最近，就有点晃荡，假若说帮子能够供得上的话，今年的创汇我可以告诉大家，不是 3500 万是 4000 万。可帮子我说了不算，干不起来。我说你不能停产，他说，我得休息。加工工业这种集团怎么搞法，我觉得体制要破，但是没有捅破，开始的时候我希望大家都干，但是到了一定的时候要发挥我们党的优势，把它们统一形成一个拳头。我觉得宏观上这个是对的。乡镇企业我的总的想法就是应该分别对待，这样对指导整个宏观经济的发展有好处。

（原载《潇洒的奥秘——双星》）

双星要照遍全世界

——汪海在美国纽约答记者问

新华社联合国分社社长刘其中：从我们所掌握的情况来讲，中国企业界以企业名义单独在美国举行国际新闻发布会，你们双星还是第一家。在此，我代表分社全体同仁，向汪海总经理表示热烈祝贺。同时，我也想向汪总经理提一个问题，您这次到美国来开拓市场，是不是很有信心？双星集团每年向美国出口多少双鞋子？

汪海：双星自1985年发展出口以来，产品销往世界50多个国家和地区，对美出口也有几十年的历史了。事实证明，美国人民喜欢我们的产品，双星产品在美国市场上是很受欢迎的。美国作为全球鞋类消费大国，鞋类80%都要靠进口，市场潜力很大。我们双星对美出口数量年年大幅度增长，今年就有1500多万双鞋进入美国市场。今后国际政治经济形势如果不发生什么大的变化，我们对美出口还将有一个大的增长和大的发展，扩大贸易的前景非常好，我对此充满信心。

美国《鞋业新闻》杂志记者狄克·塞尔曼：很抱歉，汪海先生。我无法想象得出您的双星集团是个什么样子，能向我描绘一下吗？它生产什么产品，同国际同类产品相比怎么样？

汪海：我们双星集团公司坐落在风光秀丽、气候宜人、著名旅游风景区青岛海滨的黄金地段，已有建厂71年的悠久历史。现有成员企业75家，占地1000多亩，拥有员工2万多人，年产各种胶鞋、皮鞋、布鞋、冷粘鞋、注射鞋达4000万双以上，其中60%以上出口，是中国目前规模最大的制鞋企业集团。而且还同时拥有印刷、印染、纺织、服装、肥皂、汽水、涂料、橡塑制品、宾馆、酒店、旅游、运输等20多个配套产业，目前开始逐步向运动装、运动包、运动帽、运动袜及运动器械、运动饮料、制鞋器械方向进行综合配套发展。1988年被国家批准为第一个、也是目前唯一一个有自营进出口权的国营制鞋集团。出口主导品种帆布硫化鞋和皮帮硫化鞋已经达到世界一流水平，其他品种因起步较晚，目前距离国际先进水平还有不小的差距。但我坚信，在不久的将来，双星人有能力、有信心通过积极努力，将各种制鞋工艺的双星产品全部达到和超过国际制鞋业先进水平。

中国国际广播电台驻纽约记者刘晖：据我所知，目前国内制鞋国营企业70%以上出现亏损，甚至面临倒闭、被兼并的危险。为什么单单双星能搞得这么火红？你们靠了什么？

汪海：双星之所以搞得好、之所以到今天，一是靠了中央改革开放的好政策，给双星提供了一个大展宏图的好机会；二是靠了坚持按经济规律、市场规律办事，坚持实事求是的原则，主动进入了市场、自觉参与了竞争；三是靠了双星人"有民族志气、有爱国热情、有敢为天下先、争创第一流"的勇气和魄力，坚持了自力更生、艰苦奋斗、滚动发展、自我提高。形成了一个团结一致、配合默契的领导班子，一个开拓创新、能征善战的干部队伍，一个勇于拼搏、敢打硬仗的骨干队伍，一个兢兢业业、无私奉献、吃苦耐劳的职工队伍，这是我们搞好企业、搞好双星事业的动力源泉和根本所在。

纽约《世界鞋报》记者 Trcfaey·Gidds：汪海先生，我从美国中兴公司总裁艾伦先生、美国凯美可公司总裁拉夫尔·桑克斯先生那里得知您的鞋厂管理是第一流的，请问您是怎样管理这样大规模企业的？采用了什么先进管理办法？

汪海：双星的管理在目前中国国内来讲，是最好的。超过了所有外国人在中国办的那些合资厂、独资厂，也是世界制鞋行业管理最好的企业集团之一。对这一点，到过双星、今天在座的"上帝"和朋友们可以当见证人，我一点也不用吹。双星现在每天的产量就达十万多双，在生产工序流转的半成品、工模器具多达几百万，管理的难度可以想象，我们针对制鞋行业劳动密集型、手工操作的特点，提出"人是兴厂之本、管理以人为主"，坚持管理以人为本，采取了"超微机的管理"，并且形成了一整套自己的管理理论和管理哲学，创造了具有鲜明特色的"双星九九管理法"。"双星九九管理法"是改革开放以来，双星人在实践中探讨总结出的抓好人的管理和物的管理、使两者达到最佳结合的概括总结以及成功经验的归纳和升华，被国家评为现代化管理成果一等奖，得到国内外同行业及理论学术界的高度评价。双星管理理论形成的过程，也就是双星人改革八年来所走过的道路是非常不平凡的，双星人饱尝的酸甜苦辣、艰辛磨难，真是一言难尽。我们的管理达到今天的高水平，是十分来之不易的，是全体双星人集体智慧和群体力量的结晶，是双星人八年来无数个日日夜夜拼搏奉献、付出巨大心血和代价换来的。在双星全面进入国际市场参与国际竞争新里程开始的时候，我们还要继续"眼睛盯在市场上、功夫下在管理上"，按国际标准强化企业各项管理，将整个管理百尺竿头、更进一步。百闻不如一见，在此，我也代表集团全体职工欢迎诸位到双星现场参观指导，希望能给大家留下一个美好的印象。

香港《文汇报》驻纽约记者张烯培：当今世界发达国家将做鞋列为夕阳工业，大规模向中国等第三世界国家转移，而国外客户，特别是香港买家一般喜欢将订单下到南方鞋厂。双星地处北方，为什么那么多客户偏偏舍近求远，愿到双星下订单，你们出口为什么能搞得这样好，有什么奥秘吗？

汪海：世界制鞋业由西方向东方转移，双星人早就意识到这是个很好的机遇，而且赶上了这班车。我们按照中央改革开放的精神，坚持了以市场为导向、按市场规律办事，将巩固扩大内销市场、实现全国销售覆盖的成功经验应用到国际市场竞争上来，大力开拓国际市场，做到了出口内销两条腿走路，逐步实现了企业由内向型向外向型的转变。要说为什么双星出口搞得好、"上帝"能自己找上门来下订单有什么奥秘？我可以告诉大家，就是一条，我们双星产品的品质好、质量过硬，赢得了上帝的信任和市场的认可。我经常向我的员工讲"质量是企业的生命，质量不好就等于自杀"，将质量列在一切工作的首位，反复强调参与国际市场竞争第一靠质量、第二靠质量、第三还靠质量。并且组织开展了成品、半成品、原材料质量三个百分之百竞赛，建立了严格的质量保证体系，使产品出口达到了厂长放心、职工安心、用户称心。质量是双星人参与国际市场竞争的一大法宝。双星人的目标是把"双星"变成高品质的代名词，为全世界的消费者提供质量最好的鞋。

纽约《侨报》记者侯文怡："双星"在中国国内市场上可以说是闻名遐迩、老少皆知，而在国际市场上牌子还不是太响。我想问一下"双星"的含义是什么？汪总经理在提高产品商标国际知名度上有什么新打算吗？

汪海："双星"的含义是一颗星照遍东半球、一颗星照遍西半球，双星要照遍全世界。按照多年前我提出的"立足山东、面向全国、冲出亚洲、走向世界"的经营战略，全体双星人经过不懈努力，已经取得了初步成果，闯出了一条符合商品经济的企业发展成功之路，为中国国营企业树立了榜样、提供了新鲜经验。随着人类社会的发展进步和中国人民的日益广泛交流，我感到地球越来越小，同各国朋友的感情越来越深，距离越来越短，因此我们决定在国际上注册"双星"商标，用双星自己的牌子直接进入国际市场，让双星—达堡斯达走向世界。

美国中文电视台记者王艾冰：美国作为世界超级市场，各国贸易商千方百计、挖空心思进行渗透，都想挤进来，占有一席之地。双星距离美国远隔几万公里，你们能在陌生的美国市场上站住脚吗？你们开拓美国市场下一步有什么好办法？

汪海：双星目前已经是美国市场最大的供应厂家之一，产品源源不断进入美国市场，并得到美国广大消费者的喜爱。我们这次举行国际新闻发布会，就是为了让更多的美国人民了解双星、喜爱双星，成为双星的朋友。我相信，靠双星高品质的产品、靠美国新闻界朋友的宣传、靠与双星密切合作的美国各大公司的支持，双星在美国市场上一定能够站住脚，并且还会有更大发展。在这里，我也向大家宣传：随着双星集团的高速发展，目前已经具备了跨国经营的条件，因此要在互惠互利平等原则基础上，以美国为基地，成立股份实体化的双星国际经营公司，逐步做到原材料、生产、销售、经营一体化，将双星发展成为在国际同行业和国际市场上具有较大影响和作用的跨国经营型企业集团。

美国《星岛日报》记者甄荣光：请问中国鞋王，如果美国取消中国最惠国待遇、实施特别 301 条款，您的企业会不会受影响？您对此持何态度？

汪海：对这一问题，我国政府已有明确态度，我只是个鞋匠，对政治不想多谈。但作为一个中国人、作为一个国营大企业负责人，我的回答是：第一，最惠国待遇本身就是对等的，不是哪一方恩赐给哪一方的，贸易是相互的，同样制裁也是相互的。第二，美国实施 301 条款，我们发展出口会不会受影响？肯定会受影响。但东方不亮西方亮，美国有 2 亿人，但中国有12 亿人，整个世界有 50 亿人，市场是很大的，我们丢个美国市场算不了什么，可以再开拓其他市场，有人就穿鞋，关键在工作。第三，双星高品质的产品已经赢得了上帝的信任和市场认可，为美国人民所喜爱，即使实施301 条款，我们也照样有办法继续进入美国市场，这是不以哪一个人的意志为转移的，是市场规律、经济规律所决定的。

纽约《美东时报》记者廉·查理：汪海先生，大家都叫您中国鞋王，都讲双星鞋是品质一流的，我冒昧地问一句：您现在脚上穿的皮鞋是双星鞋吗？谢谢。

汪海：查理先生的提问有点突然袭击。我先把穿的这双鞋脱下来让大家看看。看到鞋底上的双星商标了吧。我穿的是双星鞋。我不穿双星鞋，还配称鞋王吗？不仅我一年四季都穿双星鞋，就连我的员工也都不到外边买鞋，都买我们自己的双星鞋穿。我要脚踏双星，走遍世界。

（原载《潇洒的奥秘——双星》）

"将军"与鞋王

李寿生　温　洪

　　前不久，青岛双星集团总裁汪海收到美国名人传记协会与国际名人研究所联合发来的证书。证书中称，由于汪海先生的努力，使他对当今时代作出了杰出贡献，并为全人类及其同行们树立了光辉典范，所以，他们选举汪海为1995年世界风云人物。汪海成为第一位当选"世界风云人物"的中国企业家，而他在若干年前的愿望是当一位将军。

　　这是发生在几年前的一件事情。

　　纽约。嘉华银行大会客厅。

　　络绎不绝的美国新闻界、商贸界、金融界人士怀着兴奋和好奇提前来到会场。正值中美关系因中国最惠国待遇问题而变得十分微妙的时候，一个由中国企业独家举办的新闻发布会首次在此间召开，消息引起了不大不小的轰动。

　　青岛双星集团公司总裁汪海用颇富感染力和鼓动性的语言正式宣布："准备在西班牙的马德里和美国分别注册双星牌商标，并以美国为基地，成立双星国际经营公司，直接向全世界销售双星牌高档旅游鞋。"

　　美国《鞋业新闻》杂志、中国香港《文汇报》、纽约《侨报》、《世界鞋报》、美国华语电视和《星岛日报》……一个又一个记者争相提问，汪海对答如流，脸上始终挂着成竹在胸的微笑。突然，纽约《美东时报》记者威廉·查理出乎意料地提出："汪海先生，大家都叫你中国鞋王，都讲双星鞋品质一流，我冒昧地问一句：你现在脚上穿的皮鞋是双星牌的吗？谢谢。"

　　他搞了个突然袭击。如果情况刚好相反，中国人就会大大丢丑，整个新闻发布会就将一败涂地，会场气氛顿时紧张起来。汪海的脸上却立即绽开轻松而得意的笑容。令人有些吃惊的是，他一边高声说："感谢记者给我提供了这个宣传的好机会。"一边弯下腰去，脱下脚上穿的一只皮鞋不无幽默地说："我知道在公众场合脱鞋既不文明又不礼貌，但是不这样就无法证实鞋底的商标。"他举起颜色漂亮、款式新颖、做工精细的皮鞋，高声宣布："China, Doublestar! 看到了吗？地地道道的中国双星产品，不仅我一年四季都穿双星鞋，我的员工也都穿自己的鞋。我们要脚踏双星，走遍世界。"

霎时掌声、笑声、赞叹声，伴着一片镁光闪烁。

第二天，汪海满面笑容、手举皮鞋的大幅新闻照片出现在当地众多的报纸杂志上。一位记者评论说："当代共产党人在美国公众面前脱鞋的只有两个。一个是赫鲁晓夫在联合国脱鞋砸桌子，显示他超级大国的威力。第二个就是这位中国鞋王了。改革开放的中国人敢于用自己的产品向美国挑战，这才是真正的厉害！"

（一）

中国鞋王声名鹊起。汪海却似乎有些惋惜地说："我本来应该是战场上的一个将军。"

30 年前，越南战场。

长长的 450 多个日日夜夜，密集的空袭一次又一次地把他们固守的山头炸成一片片火海，他带领的一个排却始终顽强地"钉"在阵地上。当一批批亲如手足的战友躺在血泊之中，他对随时到来的死亡越来越产生一种超然的心态，复仇和胜利的渴望更加强烈。在血与火的洗礼中建立男子汉的英雄伟业，这是他从光腚娃娃时代便梦寐以求的理想境界。

好梦难圆。因为对"文化大革命"的理解有些跟不上要求，他的军人生涯被迫中止。但是，先天的禀赋加上后天的思考，却使他在脱下军装以后，继续沿着"将军"的轨迹走向人生的辉煌。辉煌的起点，却是一次"背水之战"。

1983 年冬。七八级的西北风刮了几天。海浪咆哮，枯木瑟瑟，天昏地暗。青岛的大街小巷人影杳然。

汪海裹紧棉衣，奋力地蹬着自行车，心里却像有团火在燃烧。作为一家国营重点胶鞋生产企业，他们的产品一直由国家包销。现在，商业部门忽然拒绝收购，200 多万双解放鞋堆积如山，而生产线上还仍然在按计划生产。账面上已分文不剩，眼看发工资的日子到了，两千多名职工的十几万元一点着落也没有，这使刚刚就任党委书记一个月的汪海急得嘴上长满了燎泡。

刚刚，他去找商业部门商量收购。答复是："人们的消费水平提高了，傻大黑粗的解放鞋根本卖不出去，我们再也不能做赔本的买卖了。"

汪海一扭头，骑上车又去了上级机关。得到的答复却是："我们只负责下达生产计划。商业部门不收购，我们也没办法。"

一个无星无月、滴水成冰的夜晚，汪海带着人背着鞋偷偷地溜出了厂门。他们不得不采取"秘密行动"，因为有明文规定不许企业私自销售产品，此举须得避开商业部门驻厂人员的耳目。不料，风声还是走漏了。于是引来制裁，不但他们生产的所有解放鞋停止收购，而且连新开发的产品也一双都不要了。

汪海反而如释重负。反正也是一个"死"，再也不必顾忌什么了。他决定破釜沉舟，干脆就在大白天与业务员一道背着鞋上了市场。

这一年，全厂职工一齐出动，八仙过海，各显其能，硬是把厂里的积压产品销售一空。他们开始懂得了一条真理：企业的唯一出路在于市场。

"市场如战场，竞争如战争"，初识市场滋味的汪海如是说。他庆幸自己找到了新的用"武"之地。从此，一个将军所应具备的军事指挥才能被他淋漓尽致地运用到现代"商战"之中。

（二）

1995年初夏，我们来到双星，立即仿佛置身于一座兵营：标语口号，许多内容与军事有关；负责干部，大多是军人出身；开会座谈，军事术语不绝于耳；下到车间，管理的严格也如军队一般。而用双星人自己的话说，十年改革最大的收获是掌握了一个市场，造就了一支"铁军"。

1987年，柳州全国鞋帽订货会。

入夜，汪海在潮湿阴冷的宾馆中辗转反侧，彻夜难眠。白天的情景一再浮现在他的眼前：会场门口，南方一些制鞋厂家的大幅广告鲜明而醒目。大红招牌之下，温州、福州的厂商使出"买十送一、买一千送三百"的绝招，要钱当场点钱，要物当场送物，引得客户蜂拥而上，对比之下，双星柜台却显得冷冷清清。汪海却相信只要工作到家，"正竞争"比"负竞争"更能取胜。他果断地做出一个决定：从现在开始，三十多名销售人员每人承包一个省，拿着产品找上门去攻关，用真挚的感情、过硬的产品和穷追不舍的工作态度去打动客户。

第二天凌晨两点半，各路人马才陆续回到"大本营"。

"柳州战役"终于大获全胜，订数高达280万双，比计划还超出100万双，在全体参展厂家中独占鳌头。那天凌晨，当最后一个销售人员冒雨归来，汪海一把将淋成水人的职工拥在怀里，两人都情不自禁地流下了百感交集的热泪。

此次胜利激发了汪海的灵感，一个新的"作战方案"迅即在他的胸中酝酿成熟。3个月后，青岛双星集团率先在国有企业中举办了独家召开的全国鞋业订货会。请柬发出265张，客户竟来了540多家。订货高达800万双，双星人在汪海的带领下，完成了从被动进入市场到主动驾驭市场的转变。

如果说，"柳州战役"是双星进入市场之后的正面作战，那么，在汪海的指挥艺术中值得一提的，还有多次的"屡出奇兵"。

1987年，双星收到几封顾客来信，反映他们的新产品老人健身鞋有些小毛病，问一问是否能够退换。汪海一查，问题出在设备上，而鞋的毛病并不影响穿用。当时，全国胶鞋滞销积压，原材料又大幅度涨价，双星的生产已经受到影响，如果停产整改设备，一天就会损失十几万元，所以大多数同志认为这个问题不必过于"较真儿"。可是，汪海的心却不得安宁。他力排众议，做出一个超乎寻常的决定：花几千元钱到电视台做广告，让所有买这批鞋的顾客都来双星门市部或代销点换鞋、修鞋。第二天傍晚，一个不同寻常的广告在黄金节目时间与电视观众见了面。这一下立即引起了强烈反响。《人民日报》、《经济日报》、《工人日报》等十余家报纸先后撰文发表消息，双星产品的信誉反而更加声名远扬。

（三）

在现代战争中，武器常常是制胜的一个关键因素，人们记忆犹新的海湾战争就是一个十分明显的例证。

双星在市场上初步打开局面以后，汪海便开始考虑如何创造自己的"王牌武器"了。

侦察兵出身的汪海，清楚地知道"情报"对于决策的意义。一年之中，他有半年时间是在搞市场调查。有关全国城乡、世界各地不同层次消费者对鞋的需求状况做到了然于胸。于是，"你无我有，你有我变，你变我新，你新我优"的产品开发策略得到了准确无误的实施。到1988年，双星已能生产五大类上千个花色品种。生产线上，几天就换一个新品种，从撒切尔夫人鞋到乞丐鞋、霹雳舞、时装鞋、老人健身鞋，名目繁多，既美观又实用，双星品牌名声大振，得到了社会各阶层的喜爱。

但是，汪海的眉头却常常锁得更紧：无论如何花样翻新，目前都只能算作"常规武器"。如何创出世界名牌，越来越成为他的一块心病。

机遇悄然出现了。美国布瑞克公司决定在大陆寻找厂家，合作生产国际高档名牌运动鞋 PONY。美国著名品牌 KEDS、CVO 和 BROOKS 随后也来寻求不同形式的合作。汪海果断地牵住了"幸运之神"，冒着失败的风险接受了苛刻的"合作"条件。

几乎所有国际名牌鞋都成了研究人员探求的对象。经过在材料、结构、款式、性能等方面的无数次优化组合，一种以 DOUBLESTAR 命名的高档运动鞋终于在 1988 年 8 月诞生。它不仅具备了许多国际名牌鞋的优点，而且在内在质量和外观上都有新的创造。汪海信心百倍地开始了向往已久的"远征"。

1988 年底，纽约国际鞋业博览会。汪海率队跨越太平洋，在国有制鞋大企业中，第一个独家参展，向世界推出双星商标命名的四十多种高档胶鞋样品。此后，双星的"名牌攻势"真可谓是机巧百出，花样翻新。

1992 年 9 月，德国，杜塞尔多夫市。汪海的"独出心裁"，轰动了 124 届国际鞋业博览会。

一块 8 米长 2 米宽的空地，被好奇的客商围得水泄不通。从华夏民族远古时代的树皮鞋和古代仕女穿的锦缎绣花鞋，一直到现代城乡的各种便鞋、运动鞋，各个历史阶段，各个文化层次，各种不同款式的鞋子，配上东方女郎美丽的面容和身段，通过舞蹈、小品、时装表演以及幽默轻喜剧等多种艺术形式，展示着东方文化特有的魅力，高鼻子、蓝眼睛们深深地被打动了。

这些"演员"、"模特儿"，全部是公司开发部的技术人员。她们展示的每一双鞋，几乎都出自自己的设计。为了使"双星"品牌在这次有着世界52 个国家和地区、1400 余家公司参加的博览会上打响，她们通宵达旦地排练了好几个月。现在她们知道，自己成功了。

"远征"归来，汪海并未陶醉在大获全胜的喜悦之中。从 1993 年开始，双星逐步实施了"名牌覆盖"战略。在重庆，收购了一个厂的两条流水线，由双星下订单，并派出技术和质监管理人员，利用双星商标生产，就地就近销往云贵川；南京有家合资企业经营不善，双星租赁下来，派去 7 个人加强经营管理，一年就赢利 150 万元。在莆田，双星也以商标作为主要投入，输出技术和管理，建立了合作生产企业。

南方市场的商标覆盖刚刚完成，汪海又踏上了西北的土地，考察了可能的合作对象。而在西北归来的列车上，他的心思又飞越关山，瞄上了广袤无垠的东北大地……

双星品牌，正以不可遏止之势悄悄地覆盖着全国市场。

（四）

相对于成功的战术运用，汪海更重视的还是正确的战略构想。

双星鞋业如日中天，汪海却出人意料地宣布：公司本部再也不能搞鞋了。

地处青岛海滨黄金地段的集团公司大院，变成了建筑风格中西合璧、园林设计独特新颖，集健身、美容、歌舞、餐饮为一身的双星娱乐城。在它的周围，有一条以销售双星鞋为特色的"双星商业一条街"、一条集山东各地风味小吃之大成的"双星大吃街"、一个宾馆、一个证券交易中心……第三产业迅速崛起，门类之多，时间之短以及效益之好令人瞠目咋舌。而与此同时，在秀丽的崂山脚下，在海边一片沉睡千年的荒坡之上，一个典雅别致的别墅式建筑群拔地而起，双星度假村以它独特的魅力迎来了国内外八方宾客。

这是双星集团生产经营结构的第三次战略调整。短短的两年之内，第三产业年营业额已达上亿元，占双星集团年销售额的10%。

历史竟然如此相似。十年之前，双星的第一次战略调整，也是在出人意料的情况下宣布的。那时，背着黄胶鞋四处去卖的销售人员汗渍未干，人们还沉浸在积压胶鞋销售一空的喜悦之中，汪海却提出"黄胶鞋不能再干了，两年之后全部下马；与乡镇企业联营，把老产品扩散出城，腾出生产线上新产品！"

积压产品销售一空，说明黄胶鞋还有市场，为什么偏要舍"易"就"难"呢？特别是国有企业与乡镇企业联营，在1984年的青岛还是闻所未闻的事，这样做是否有悖常理？

一双双疑惑不解甚至不信任的眼睛，一句句冷嘲热讽甚至公开的咒骂，职代会210条意见中有182条指责这一决策，有的上级领导也公开表示了不支持，这使汪海感受到了巨大的压力。但是，这一步对企业的发展却十分关键。作为一个"指挥员"，他的责任就是对"战局"的发展做出超前预测。

他把"乌纱帽"拿在手里，只身去闯市委了。没有想到，关隘重重的道路，在这里突然峰回路转，眼前出现的是少见的平川。市委书记对他说：

"这是一个很好的探索。我们可以先搞个试点。你放手实践去吧，遇到什么问题可以直接来找我。"就这样，7个联营企业陆续诞生，结果不仅老市场没有丢掉，而且新的市场又在更大范围内开辟出来。企业渡过了难关，走上了良性循环的轨道。不久之后，中央提出了要大力发展企业的横向联合，汪海心里更踏实了，而干部职工眼中的疑惑也逐渐变成了钦佩和信赖。

这次调整成功后，7个厂后来有6个与双星"离"了"婚"，成了他们在市场上竞争的对头。于是，双星又有了第二次战略调整。所不同的是，这次调整是由"产品出城"变成了"企业下乡"，他们不再去找别人联营，而是自己动手在乡镇建厂了。

位于胶州湾西海岸的黄岛开发区，是青岛市重点开发的一块处女地。汪海看中这里，准备大展宏图。但是，当时只有0.5平方公里大小的开发区，却无法提供标准厂房，也没有在规划中给他们留有发展的余地。汪海不甘放弃。便在开发区边缘找个村，不仅建起了鞋厂，而且制箱、印刷、织布、印染等配套企业齐全，形成了大规模、跨行业、综合性的企业集团。令他们始料不及的是，后来开发区扩大了，把双星也扩大进来。而双星的产值利税却分别占了整个开发区的一半以上。

（五）

汪海爱鞋，几乎到了痴迷的地步。在他的办公桌上，竟也有个"万国鞋业博览会"。那些从英、美、法、意、澳、加和中国香港带回来的，铜塑、泥塑以及用椰壳、木头、石头、陶瓷、塑料、有机玻璃等各种材料制作的工艺鞋，大到八寸，小到几厘米，琳琅满目，美不胜收。就连笔筒、电话机也专门做成了鞋的形状。有人开玩笑说，他真是入了"邪（鞋）门"儿。但是，作为一个"战略家"，他对鞋的发展趋势却始终保持了清醒的认识。制鞋业是劳动密集型行业，世界鞋业生产早已从发达国家转移到了第三世界。在我国，必然也会从经济发达地区向不发达地区转移。双星集团位于青岛海滨黄金旅游地段，更适宜于发展第三产业。而制鞋业的劳动力，更适于在贫困地区招募。因此，在全国许多厂家纷纷要求双星"收编"的情况下，汪海却把目光投向了沂蒙山区。

1993年春，灿烂的桃花映红了沂源滑石峪。在四面大山围绕的山坳里，集中了四面八方的村落，从青岛，从济南，从北京涌来了村民、干部、官员和新闻界人士。父老乡亲们奔走相告：双星集团鲁中公司正式开工，沂蒙老区脱贫有望了！

人们没有忘记，1992年深秋，汪海来选点调查，得知此地脱贫的标准仅为一个农户全年的收入400元钱。现在，一家如有一个双星工人，一年至少是千元以上纯收入，等于2～3家脱了贫，这是山民们致富的希望所在呀！

人们没有忘记，隆冬腊月，在一个仅花80万元就买下来的废弃已久的兵工厂厂址，10个工程技术和管理人员指挥民工进行了一场艰苦的"阵地战"。没水没电，太阳一落山，山坳里漆黑一片。厂房因长期无人管理，设备损坏丢失严重。他们挖渠道，修管路，架电杆，修厂房，安机器，昼夜奋战，仅用3个月就创造了开工生产的条件。

人们更没有忘记，鲁中公司肩负着双星鞋业的未来，一个现代化、综合性、农工贸一体的企业集团正有待于他们去建设去发展，未来的沂蒙山区，或许会出现一个令世界瞩目的大型鞋城。

汪海是一个有争议的人物。双星改革十年，几乎年年有人告他的状。即使在上级机关，也是褒贬不一，反差强烈。有人说他"狂妄自大"，也有人说他是"奇人怪杰"。而我们在十天调查中的所见所闻，终于逐渐澄清了曾有的困惑。

望着汪海那张棱角分明并带有典型军人气质的脸庞，我们总是不由得想起第二次世界大战中的一个杰出将领——以热血豪胆著称的美国陆军上将小乔治·史密斯·巴顿将军。他在北非登陆、西西里战役以及西方盟国与法西斯德国之间的最后大决战的先导——诺曼底登陆中，屡建奇勋，为最终击败纳粹德国立下了汗马功劳。尽管他的性格、脾气以及许多行为方式也给世人留下了一些争议，但是毕竟以一往无前的英雄气概和惊人的战绩而载入史册。

中国历史上的现代经济体制改革需要冲破旧时代、旧体制的一切"堡垒"，其残酷、艰巨与复杂不亚于任何一场惊心动魄的战争。那么，我们是否需要更多敢冒风险、善于开拓的"将军"呢？

（原载1995年12月1日《经济日报》）

汪海语录

刘　勇

许多年来，我们开始形成了如何向管理要效益的观念。我们向西方学习管理经验，我们便知道了世界上有两大管理模式，一是西方以美国为代表的，一是东方以日本为代表的，我们甚至还知道了 X、Y 理论，知道了方阵与矩阵，我们把西方的模式称之为现代的管理模式。然而对于东方的中国，在孔子的故乡，一个叫汪海的人却成功地运用了另一种管理模式，化工部把其总结为"九九管理法"。

双星集团，从 1984 年开始，经过 10 年，总资产增至 12 亿，经营额增至 10 亿，利税增至 1 亿，出口创汇突破 5000 万美元。一个做鞋的企业，能够把规模做到这样的分上，便有人把汪海称为中国鞋王。

1992 年夏季，双星集团在纽约的新闻发布会上，当一位记者问及鞋王你脚上穿的是什么鞋时，汪海笑了，他弯腰脱下脚上漂亮的棕色皮鞋，举在手中答道："China，Doublestar" 中国双星。

外电评论：你们社会主义国家的共产党人在美国公众面前脱鞋的就两个，一个是赫鲁晓夫在联合国脱鞋砸桌子，以显示他超级大国的威力；第二个就是这位中国鞋王了，改革开放的中国人敢于用自己的产品向美国市场挑战，这才是真正的厉害！

走进双星，看见墙上贴的标语全是出自汪海之口。汪海有一句狂言，是当着化工部部长顾秀莲说的，顾部长问他厂里的工人学不学文件，汪海说：他们不学，他们学我的文件，我的文件就是汪海语录。

这就是汪海语录——双星集团的"最高指示"：市场是企业的最高领导，市场是衡量企业的最好天平。

这样的汪海语录可以说在双星各种各样的建筑物上随处可见：没有疲软的市场，只有疲软的产品。

或许是齐鲁大地上背负着太多的历史，齐鲁的文化整个还是继承了传统的脉络。在老三字经下汪海挖出了双星的"三字经"。

如市场经济三规律，三次革命，三法宝，三战略，三根本；发展三捷径、竞争三前提，三武器等等。

或许你觉得这些语录并没有多少全新内容，无非就是把一些我们早已知道的东西换成了一种叫你朗朗上口的句子，叫你容易记、容易背。但慢慢你会琢磨出来，汪海这一套还是挺管用的，因为他说的对象都是鞋厂里来自乡村的农民工，文化程度不高，毕竟，这是一个劳动密集型企业。他们恐怕听不懂管理学上的 X 理论或是 Y 理论，他们听不懂"资产存量，盘活资产"之类的行话，但他们的确就能听懂汪海的语录，而且对他们的汪总裁绝对是体现齐鲁山东人的"无限忠诚"，达到了"理解的要执行，不理解的也要执行"的程度。

我在山东采访，就有这样的感怀和思考：有了这样一支忠诚的军队，实在是没有什么不可战胜的了。

能够制造语录的人，一般都有一种语出惊人的思维能力。

汪海在新加坡参加面向 21 世纪中国企业的研讨会上，外国记者问他凭什么说双星是世界名牌，汪海说，美国只有 2 亿人的市场，就总爱把他们自己的名牌称作是世界名牌，而我们中国有 12 亿人的大市场，为什么我们的名牌就不能说是世界名牌？

汪海这一说，我们还真觉得有点道理。

汪海说我们当然要提倡名牌概念，当前人们已进入一个凭印象购买的年代，经营中强调名牌，消费中追求名牌的名牌效应已成为时尚，同时由于消费名牌是地位象征，因此名牌商品的价格有时会超过实际价值，这就是名牌商品价值的升华。

山东企业家似乎有这样的脾气，一旦他认准了的事情，他就会有一种敢大张旗鼓地宣传的气魄。双星就被汪海这一整那一整，整成了个名牌。

或许汪海还有一种发散性思维，汪海当过侦察兵，大约侦察兵都有一种不按照常规来思考问题的习惯，总有一些超越常人的发挥，总去想一些常人思维很难作此想象的事情，比如他把自己的厂区彻底对外开放。这绝对是目前许多国有企业都无法做到的。

将部分厂区向社会开放，开办双星商业一条街，既扩大社会影响和知名度，又可以带动起第三产业，汪海称要用几年的时间逐步将集团公司大院建成双星大观园以及双星迪斯尼乐园。

把地产作为一种资源充分开发利用，汪海算是一把好手，而且他也正是借这一点而提出双星集团全员走向市场。不管什么部门，都存在一个生存的压力，要去挣钱找钱的压力，你会发现，有这个压力和没这个压力真是不一样的。

所以汪海敢宣称：双星集团公司采取的体制是当今制鞋行业最有竞争力的体制，我们不但发挥了集团公司规模经济的优势，而且采取了小巧灵活富有竞争力的自主经营机制，即日本式的内部小核算单位，全面进入市场的做法，在集团公司内部全面推行国有民营改革。

就这样，汪海以自己的方式，对一个国有企业实行了汪海式的改革。

（原载 1996 年 1 月 14 日《粤港信息日报》）

汪海"将军"

王道生

美国新闻界评论："社会主义国家的共产党人在美国公众面前脱鞋的就两个。一个是赫鲁晓夫在联合国发火，脱下鞋砸桌子，以显示他超级大国的威力；第二个就是这个中国鞋王了，改革开放后的中国人敢于用自己的产品向美国市场挑战，这才是真正的厉害！"

引子

汪海"将军"现在并不穿军装。他风华正茂时曾咬破手指写出"坚决要求参军，保卫伟大祖国"12个字，传奇般地穿上了军装。他那时候想，如果不在战场上牺牲，他就一定要当个将军。然而命运并没有让他如愿，他既没在抗美援越的战场上牺牲，也没等当上将军就回国转业调进青岛市第九橡胶厂，当了厂政治部主任、党委副书记、书记。可是连他自己也没想到，脱下军装以后，时代又逼着他带领着橡胶九厂这个弱小的国有企业，砸开锁链，毅然起义，从层层包围中突围出来，在市场上左拼右杀，艰苦卓绝，转战10年，节节壮烈，从国内打到国外，打出来一个威震四海、名扬五洲的双星集团——一个社会主义全民所有制、实行社会主义按劳分配原则的国有企业集团；一个年收入70个亿、创汇5000万美元、在43个国家注册商标、产品销往85个国家和地区的跨行业、跨地区、跨国集团公司；一个高举着中国名牌"双星"鞋向世界市场挑战的中国民族工业集团！汪海理所当然是这个集团军两万多名官兵的司令员，因为肩扛光芒四射的名牌"双星"，所以被人誉为"中将"。

起兵突围求生路

1983年，平地一声雷，把青岛橡胶九厂一下子炸蒙了，干部工人都在传:"百货公司批发站不收购咱厂的鞋了!"青岛橡胶九厂生产了几十年的"解放鞋",咯噔一下子没了销路。咋办?按照当时体制规定,工厂只能生产,不能销售,产品一律由国家商业部门统购统销。中百站一不销,橡胶九厂憋成了大肚子,仓库堆满了,就往厂院里堆,越堆越高,渐渐堆成了一座鞋山。

军人出身的厂党委书记汪海十万火急地跑到中百站去交涉。对方说:"没办法,这解放鞋傻大笨粗卖不出去……"

汪海一听就火了:"卖不出去,你们为什么下达生产计划?你们下的计划,我们按照规定的数量和质量完成了,卖不出去是你们的事。你们不收,我们的资金回不来,工人要发工资吃饭,工厂要买原材料生产……"

任你心急如火,对方不疼不痒,吵了,闹了,啥问题也解决不了。汪海只好去找上级。上级说:"商业部门不收购,我们也没办法。"汪海要钱,上级说:"哪来的钱?"汪海退一步,恳求道:"借给我钱,先把工资发了。"上级明确地摇头:"没钱借你。"

一块黑云把橡胶九厂罩住,罩得不透气,不透风。

"娘哎!"汪海叫天天不应,叫地地不灵,回到厂里,他看见楼道里堆满了鞋,进了办公室,办公室也堆满了鞋。200多万双鞋将要淹没橡胶九厂。他虎背熊腰、身高一米八的山东大汉,憋着满腔怒火,在鞋山鞋谷中踱步。"他奶奶的!"他想,那梁山好汉一百零八将,原先本没想占山落草为寇,而是环境逼得他们没了生路,才不得不起来造反的。

他召开了全厂职工大会,职工们的眼睛都火辣辣地注视着他。

"同志们!没人救我们,谁也救不了我们。企业要生存,我们要吃饭,只有自己救自己。"他举着一双鞋,"我们有鸡,还怕没蛋吗?"

国际悲歌一曲:"从来就没有什么救世主,也不靠神仙皇帝,要创造人类的幸福,全靠我们自己……"

汪海带领橡胶九厂2000名职工"造反"了,从层层包围,道道禁令中突围出来。自己背着鞋到各地找销路去了。原来厂里没有销售人员,汪海临时组建销售队伍,各路大军,四方出击。一面卖鞋,一面调查研究,了解市场需求。历尽艰辛,遭冷遇,看白眼,靠着一张嘴两条腿,靠着一颗心满腔情,奔波一年,硬是把积压的200万双解放鞋销售一空。

这一年的辛苦没有白受,踏遍神州大地,汪海总结出一句话:"有人就穿鞋,关键在工作"。更重要的是使他认识了市场,认识了自己的产品。"黄鞋帮,黑胶底,穿上两天臭无比。"汪海说:"再过两三年,把这种鞋白送人，恐怕都没人要了。"而全国国有大中型胶鞋企业就有 300 多家，以天津市的大中华橡胶厂为首实力都相当雄厚。珠江三角洲和深圳地区的个体鞋厂、集体鞋厂、合资鞋厂已发展到突破 6000 家，全国鞋的年产量接近 10 亿双，明显的供大于求使鞋厂竞争面临严峻的形势。橡胶九厂如果不开发新产品，不开辟新路，就不能从根本上走出困境。

汪海组建了新产品开发部，领导着技术人员设计出了新产品："双星"牌胶鞋。然而双星出世了，世界并不认识双星。要想让双星尽快出名，他想到了记者，想到了新闻。报纸、电台可以给新生儿双星插上翅膀飞往各地……

1984 年 11 月 4 日，在中国第一次由企业召开了记者招待会。新华社、中央人民广播电台、《光明日报》、《工人日报》、《中国体育报》等 43 家新闻单位的记者应邀出席。汪海不仅向他们介绍企业的情况，还领他们到车间参观。他自己很满意，向往着明天、后天、大后天，众多的报纸、电台将陆续报道关于橡胶九厂和双星牌胶鞋的消息。

但他没想到，这个记者招待会给他惹来了一场大祸。

有关部门要隔离审查他。为此，汪海找到青岛市市委书记刘鹏，如江河之水滔滔道来："开记者招待会是市场逼出来的，刘书记，我带着人去西北考察，一家百货市场的鞋柜经理问我们是哪里来的，我说我们是青岛橡胶九厂的，他说香蕉酒厂为什么不做酒，倒做起鞋来了？当时一听脸就腾地一下子红透了，又羞又愧，无地自容，咱青岛橡胶九厂也是有 60 年历史的老厂了，生产胶鞋几十年，愣是在卖鞋的经理那儿都没一点儿印象，更何况其他人呢？这说明咱没有知名度。没有知名度怎么打开销路？怎么打知名度，我想过做广告，一是花钱多，效果不见得多好，人家还会说你是'王婆卖瓜，自卖自夸'。要开个招待会呢，那可就不一样了，花不了多少钱，就能让各种新闻媒介同时报道，给社会的印象公正、客观。这才决定要召开新闻发布会呀。"他讲得条条是理，丝毫不觉得犯有什么错。他最后说："党中央不是让改革吗？改革不是摸着石头过河吗？我不知道错在哪儿，就是有错，也是改革过程中的错儿，是工作中的错儿，谁能保证工作中没错儿？他们为什么要审查我，制裁我？"

刘鹏听得很认真，他认为企业借助新闻界宣传自己的知名度是正常的，新闻应该为经济建设这个中心服务嘛，汪海只是第一个尝试，由于人们旧有的观念对此没有认识，便群起而攻之，这就是改革的阻力。

刘鹏看出汪海是个人才，关照市经委给予支持，在国有企业实行厂长负责制时，任命汪海为橡胶九厂厂长兼党委书记。

在最高统帅部慷慨陈词

汪海当了厂长，对橡胶九厂的管理机构、产品结构、领导体制进行全面改革。

破除与上级对口设机构的体制，按市场需要改革机制，在厂内张榜招贤，公开招聘100名销售员，把精兵强将派往全国各地去开辟市场，建立分公司。

1986年前后，中国女排在世界排坛上打出了国威，当人们在电视机前欢声雷动的时候，汪海的眼睛却盯在中国姑娘脚上问："咱中国嫚儿穿的啥鞋？"

"日本名牌'美津浓'。"

"看着咱女排穿着日本人做的鞋为国争光，我这鞋匠脸红啊！"9月8日，运动鞋分厂提前建成投产，他们首先研制成功了高级专业排球运动鞋。汪海背上鞋来到北京中国女排驻地，把那鞋一双双摆出来："这是铁榔头郎平的，这是二传手孙晋芳的，这是梁艳的……全是按照她们脚的尺寸特意制作的。"

中国女排的教练员、运动员被深深感动了，他们破天荒地接受了双星人的一片心意，特意委托袁伟民专程到双星赠送签名排球。这么一来全国16支甲级女排队都确定"双星"牌运动鞋为专业用鞋。

继排球鞋后，汪海又研制出足球训练鞋、篮球鞋、乒乓球鞋、羽毛球鞋。女排的崛起带起全民性的体育热，群众性的体育运动为双星开辟了广阔的市场，销量成倍成倍地增长。

汪海越干越火，越战越勇，他率领的青岛双星集团在全国同行业中创下了一个又一个的第一：

第一个实现产品100%的自产自营自销；

第一个实施企业横向联合，向乡镇企业扩散，建立分厂；

第一个以企业的名义召开记者招待会；

第一个以厂的名义召开全国订货会；

第一个按市场需要改革领导体制、管理机构……

1987年4月，汪海被选为中国第一批优秀企业家，出席在北京召开的表彰大会。党和国家领导人亲手把一枚枚金质奖章颁发给共和国的第一批国家级优秀企业家。发奖仪式之后，国家领导人和企业家们一起座谈。代表们发言很热烈，纷纷表达对中央改革政策的拥护和赞赏之情，只有一个人讲了不同的意见，他就是山东大汉汪海。显然，他的这些意见是经过深思熟虑后很郑重地提出的。

第一，中央允许三资企业办厂3年免税，进口原材料免税，许多政策都很优惠，而国有企业作为国民经济的主干，国家财政收入的主要来源，却没有任何优惠政策，这种竞争是否在同一条起跑线上？国外都讲究公平竞争，我们中国为什么搞不公平竞争？

第二，对于外贸出口，同样是给国家创汇，但给国有企业的补贴却不一样，待遇很不平等，各种政策都不能兑现。一个放得很宽，一个卡得很死，这种状况什么时候能够改变？

汪海抑制不住自己的激动，打了一个比方进一步阐述了自己的观点："在市场竞争中，就好像上了拳击场。人家放开了，活蹦乱跳，我们仍然被捆住手脚，我们只有挨打的份儿，不能还手。"

对于这突如其来的意见，对于一位优秀企业家伸手为国有企业要政策，要权力，领导者一时难以答复。主持会议的首长哈哈一笑，说了两个字"散会"。

第二天傍晚，代表们被请进中南海，党中央最高领导人要接见他们。在这样庄重的场合，汪海向当时的总书记直抒胸臆"今天来到中南海，心里十分感动，因为我在这里见到了一群一群的野鸭子。在我的家乡微山湖，湖面方圆600多平方公里，周围是茂密的芦苇荡。小时候，那里的野鸭子多极了，飞起来能蔽日，落下来能盖湖。可惜现在再去看，已经难得见到一两只了。为什么呢？"

无论是领导人还是代表们，都静静地听着，都还摸不清他到底要讲什么。

"微山湖本来具有野鸭子最好的生存环境。但是人们打它、抓它，它在那里几乎要绝迹了。而中南海虽然处在闹市之中，就这么一汪湖水，但它不被惊扰，受到保护，有一块自由生息的空间，所以它在这里生活得很好。"

最后，他讲出了他的真正意思："中国的企业家为什么最容易打倒，是不是同样有一个生态环境的问题呢？"

他的发言被录音机句句不落地录进了带子里，全场一片宁静。而汪海如同亲儿子见到了亲娘那样，有啥说啥，不虚不拍，不躲不藏，心怀坦荡。

在纽约，一展大将风采

不知是不是汪海在党和国家最高领导人面前的一通发言起了作用，第二年，他领导的双星集团获得了自营进出口权。据了解，截至目前在同行业中仍然是唯一的一家。这就是说，国家解开了捆在他们身上的一条绳索，他们可以展翅飞出国门做买卖了，可以不通过外贸部门了。

汪海满怀信心，出海远征，双星集团开始向世界市场进军。

1989 年秋天，汪海乘飞机来到联邦德国考察那里的鞋业市场，这是他第一次到德国，于是要求去特里尔，接待他的克尔很诧异。

"去特里尔干什么？"

"去看看马克思。"

克尔把肩膀高高耸起来："汪先生此次来不是经商的吗？"

"我是共产党人。马克思虽然是你们德国人，可却是共产党的老祖宗啊，我第一次来德国，不去拜拜祖哪行，我可是他的孝子贤孙啊！"

克尔只好答应，一行四人前往莱茵省特里尔城。

找了很久才找到，一栋三层小楼，建筑风格与街上很多楼一样，小门小窗。汪海抬头看见了门上的马克思的小肖像，白白的长头发大胡子，就像在中国见到的一样。

"请进来吧！"他俨然像自家主人似的邀请克尔。

"不，我们不信他。"克尔几个人说什么也不进。

汪海一个人进去了，从一楼到三楼，仔仔细细地看。他突然看见一本中文版的《共产党宣言》。来到异国他乡，他只有在马克思家才看见中国的文字，好亲啊！接着他看见了一位位中国共产党领导人的像。他转着，沉思着。在东欧，一些国家已经和马克思告别，和社会主义告别，第一个社会主义国家正在解体……

"马大爷呀，不是你的经不好，是和尚们念歪了。他们思想僵化教条，不从实际出发，继而又迷信西方，亦步亦趋跟西方学，还是教条主义……"

看了马克思，汪海一下子觉得自己成熟了不少，他觉得共产党人无论是在战场上还是在市场上，应该有政治家的头脑，做好鞋，卖好鞋，展现出中国国有企业的实力和风采，就是展现社会主义事业的一部分。

1992 年夏季，汪海第二次飞越太平洋，降落在美国最大的城市、联合国总部所在地纽约，他将以中国的一个国有企业的名义，在世界瞩目的纽约召开新闻发布会，这无论在中国还是在纽约都是第一次。事先，他们邀请新华社驻纽约分社社长刘其中出席。

开会那天，刘其中被汪海请到主席台上就座。看着挤满大厅各种各样装束的美国记者和商贸界人士，刘其中忐忑不安，新闻发布会可不是闹着玩的，有的西方记者提问题很刁，万一出点岔子，他出席了他就有责任。

作为发言人，汪海发布了五条新闻，其中有一条是：双星已具备跨国经营的条件，准备以美国为基地，在互惠、互利、平等的基础上，成立股份实体性双星国际经营公司，逐步做到原料、生产、销售、经营一体化，高层次地参与世界竞争行列。

他发言后，记者们开始提问。刘其中的心一下子悬了起来，但听了汪海一个接一个的答记者问后，渐渐踏实下来，这位汪海颇有大将风度，面带微笑，从容自如，手中没有讲话稿，却能对答如流，口若悬河。但是没过多久，他异常地紧张了，《星岛日报》记者提出了他最担心的敏感问题："请问中国鞋王，如果美国取消中国最惠国待遇，实施特别301条款，你的企业会不会受影响？你对此持何种态度？"

汪海的口气十分平淡，但句句说得清楚明白："对这个问题，我国政府已有明确态度，我只是个鞋匠，对政治不想多谈。但是作为一个中国人，作为中国国有大企业的负责人，我的回答是：第一，最惠国待遇本身就是对等的，不是哪一方恩赐给哪一方的。贸易是相互的，同样制裁也是相互的；第二，美国实施301条款，我们肯定会受影响。但东方不亮西方亮。美国有2亿人，中国却有12亿人，全世界有52亿人，市场是很大的。我们丢个美国市场算不了什么，可以再开拓其他市场，有人就穿鞋，关键在工作；第三，双星高品质的产品已经赢得了'上帝'信任和市场认可，美国人民很喜爱。即使实施301条款，我们也照样有办法继续进入美国市场，这是不以哪一个人的意志转移的，是市场规律、经济规律所决定的。"

一席话说得台下没了声音，刘其中昂起了头，他心里对汪海充满了敬佩和感激之情。正在这时，纽约美东时报记者威廉·查理站了起来，狡黠地问道："汪海先生，大家都叫你中国鞋王，都说双星鞋品质是一流的，我冒昧地问一句：你现在脚上穿的皮鞋是双星鞋吗？谢谢。"

他看见汪海脚上穿的皮鞋很漂亮，就搞了个突然袭击，认定要看看中国人的笑话。

汪海笑了，他说："感谢记者先生给了我一个宣传自己产品的好机会。我知道在公共场合脱鞋是不文明不礼貌的行为，但是……"他开始弯腰脱鞋。

刘其中惊呆了，在这样庄严的国际场合，这怎么行呢，他要阻拦，已经迟了。汪海把他穿的鞋高高地举在手里，用带有山东口音的英语高声说道："China，Doublestar（中国双星），看到鞋底上的双星商标了吗？我一年四季都穿双星鞋，就连我的员工也都穿双星鞋，我们要脚踏双星，走遍世界。"

霎时间，镁光灯闪烁、闪烁……

第二天，汪海手举皮鞋的照片登在了纽约许多家报纸上。美国新闻界评论："社会主义国家的共产党人在美国公众面前脱鞋的就两个。一个是赫鲁晓夫在联合国发火，脱下鞋砸桌子，以显示他超级大国的威力；第二个就是这个中国鞋王了，改革开放后的中国人敢于用自己的产品向美国市场挑战，这才是真正的厉害！"

在德国，导演一场鞋文化表演

纽约新闻发布会开过不到半个月，汪海又带队飞往欧洲。位于德国西部的杜塞尔多夫市将要举办第 124 届国际鞋业博览会，这次参展的有 52 个国家和地区的 1400 多家公司。这堪称是世界最大的鞋业盛会，各参展公司都使出浑身解数，把自己的展馆装饰得引人注目，吸引客户，扩大销售。

双星集团仍然是中国唯一的一家参展企业。面对 1400 多家制鞋厂商和久负盛名的老世界名牌产品的挑战，双星毕竟刚刚起步年轻资浅啊！一个纽约新闻发布会使双星在美国名声大震，但在欧洲双星怎样打开局面呢？

汪海"将军"又有新的战术绝招儿。他事先导演了一台精彩的鞋文化表演，这是他在国外看了服装模特表演后顿生奇想创作出来的；另外印制好了两万多份传单。

鞋业博览会开幕那天早晨，来自世界各国的鞋商们一到博览会门口就见到一个奇观。四个大门，每个门口都站着两位漂亮的中国小姐，一色身着旗袍，脚穿高跟鞋，斜挂标有"中国双星"的英文绶带。她们如花似玉，笑迎嘉宾，把一份份宣传单递到各国朋友的手中。

各国客商纷纷拥向双星的展厅。这叫先声夺人，导向夺人。

在双星展厅，搭起一个小舞台，东方情调的中国古典音乐绕梁悦耳，6位气质高雅的中国小姐款款而行，向人们展示脚上的各种鞋：

华夏民族远古穿的树皮鞋；

古代仕女穿的锦缎绣花鞋；

活泼村姑们争购女便鞋；

运动员们脚蹬各种运动鞋；

华贵少妇穿着双星高跟皮鞋……

"啊，太美了！太美了！"老外们全都倾倒了。其实，这些姑娘没有一个是请来的演员，全是开发部的技术人员。她们向人们展示的一双双鞋，大多数都是她们自己设计出来的。由她们主演的鞋文化，借鉴了中国古代戏剧、现代小品、民族舞蹈和时装表演等多种艺术形式。汪海的目的很明确，他就是要向西方人展示中华民族几千年悠久的鞋文化的演变史，把鞋展提高到民族文化的档次上去，这使其他制鞋厂商都望尘莫及。

鞋文化表演的间歇时间，是双星幸运抽奖活动。汪海说："外国人并不缺这点奖品，而是他们很讲究幸运，抽到奖就会高高兴兴去观看我们的展品。"果然，前来抽奖的人将柜台围得水泄不通，真可以说人山人海。许多电视记者扛着摄像机前后左右地奔忙。新闻热点同时也变成洽谈热点。双星接待了4000多家客户，懂外语的几个人来回跑着当翻译，连世界著名的彪马、皮尔·卡丹这样的大客户也当场和双星签订了供货合同。这一次共订出去200多万双鞋。

这之后，汪海在香港召开新闻发布会，宣布双星与美国稳达国际有限公司合作成立了以新产品开发为主，集信息、设计、生产为一体的星达鞋业有限公司；双星与台湾杰吟公司、香港恒发公司两家客户分别合资兴建了两家专营出口的鞋业公司，合作生产双星高档冷粘运动鞋。从此，使双星高档运动鞋大规模向世界市场进军，冲破国际市场强手如林的重围，在美国、中国香港、俄罗斯、阿联酋、波兰、匈牙利、加纳等七个国家和地区开办了分公司。产品出口到北美洲、欧洲、澳洲、中东、南美洲的80多个国家和地区。过去30年出口创汇只有2000万美元，而双星1995年一年创汇就高达5000万美元。

与此同时，双星在国内市场已建成稳固的销售网络。

双星的事业已日照中天，灿烂辉煌。

可是汪海却说："我预感到青岛这个地方不能再继续做鞋了，再做下去，双星就得完蛋……"

这几乎让所有的人都大吃一惊。

英明决策　战略大转移

当汪海导演的鞋文化表演轰动欧洲的时候，韩国的十大制鞋企业全部破产解散，10万名制鞋工人失业，流落街头。辉煌的中国制鞋业会不会也有这一天呢？

汪海在国外进行了认真的考察，深入地研究了制鞋行业的发展规律。20世纪60年代，它辉煌在发达国家，70年代转移到韩国和中国台湾，80年代迁移到中国大陆，其规律就是向发展中国家和贫困地区转移。这是因为制鞋工业是劳动密集型的微利行业，在很大程度上，劳动力的成本决定着产品的成本，决定着竞争力的大小。这样一条规律决定了这个行业的发展走向——哪里劳动力便宜就到哪里去生产。

1992年深秋，汪海先后到东北、华南、华中考察，最后落脚在山东省的沂蒙山区。沂蒙山，那是抗日的老区，是闻名的孟良崮战役所在地，是用乳汁喂养人民子弟兵伤员的红嫂生活的家乡。现在是全国的重点贫困县，一户农民全家的年收入能达到400元就算脱贫了。

汪海把他的战略决策讲给双星的干部和职工听。他说双星现在正处在上升时期，无论在国内还是在国外，都如火如荼。但是双星人不能只看眼前，还要看到未来。10年以后，到了21世纪双星会怎样呢？假如现在不赶快从城市跳到农村，就会一年被动一年，等出现危机了再跳，那就为时太晚了。接着，他讲到了沂蒙山，他说那里有最好的人民，也是最穷最苦的人民，双星转移到那里，就有了最丰富、最廉价的劳动力；当地群众也有了最有效的脱贫致富的途径。

双星人听得激动了。他们的司令汪海"将军"绝不是那种只顾眼前不顾长远的急功近利之辈，不是那种只顾自己捞，捞足了就走人的某些国有企业领导人。他心里装着双星的21世纪，装着双星2万多工人的前途和命运，因而能居安思危，深谋远虑领着双星人从胜利走向更大的胜利。

汪海经过考察，在沂源县，花80万元买下深山里的一座被废弃3年的兵工厂，它拥有600多亩地，6万平方米的厂房和职工宿舍楼，还有大礼堂和篮球场……他派副将姜桂圣到那里成立双星集团鲁中公司，招工告示一贴，轰动整个沂蒙山区，报名者成千上万，从各个山头、山坡、山沟里走出来，通过各种关系走后门的也排成队。汪海下了一道特别指令：凡是军烈属的后代，够招工条件的，一律优先；凡是孤儿，够招工条件的，双星全要。

孤儿程光英姐弟3个得救了。她自幼母亲故去了，13岁那年，父亲又在车祸中丧生。她是老大，领着两个弟弟种3亩地，住在山上一间小石头屋里，她哭得很伤心，泣不成声，断断续续地说："……没钱，没吃的，没衣服穿……双星来了，从青岛拿来衣服给我们穿，拿来被子给我们盖……"

姜桂圣看她的弟弟骨瘦如柴，小胳膊小腿，没法工作，就都放在食堂。姜桂圣说："会喂猪吗？我交给你一个任务，猪每天长一斤肉，你也每天长一斤肉，要使劲吃，快长起来！"

那年春节，姜桂圣把十来个孤儿集中在一起，包饺子，唱歌。程光英哪有过这样的欢乐！她反反复复重复着一句话："这里就是我的家，双星人就是我的亲人！"

在工厂后面的山上，姜桂圣遇见了一位老人，全身衣衫褴褛，右脚穿着一只破解放鞋，左脚穿着一只农田鞋，年近八十岁了，还在山上劳作。

姜桂圣心酸地说："老人家，双星送你一双鞋穿吧！"

老人坚决摇头："我不要，那是公家的！"

一句话说出来，使姜桂圣的心受到震撼。在老人的心目中，至今还认为公有的东西是神圣不可侵犯的。

一双胶鞋算什么呢？但这位老人宁愿贫困而不要！

姜桂圣被深深地感动了，他事后了解到这位老人的身世，他叫张成彩，滑石峪村人，1944 年参加八路军打日本鬼子，解放战争中参加了孟良崮战役、淮海战役、解放大上海；后来又跨过鸭绿江参加抗美援朝战争，负过伤、立过功，1953 年复员回村……青春和生命，热血和信仰都献给了中国人民的解放事业，临到晚年穷得连一双完整的鞋都穿不上！

姜桂圣也曾经是一个兵，面对着张成彩这位老战士出生入死战斗了十年、艰苦奋斗了四十年至今仍一贫如洗的事实，胸中涌起大潮，汹涌澎湃难平息。姜桂圣被一种强有力的信念所激励，社会主义国有企业有义不容辞的责任，让全体人民脱贫致富。他帮助滑石峪村办起了塑料袋厂、纸箱厂、织布厂，由双星提供厂房、提供流动资金，生产出的产品全部销给双星，主要吸收家庭妇女和老人，解决了 200 多人就业。没有进厂的人还可以开饭馆、理发馆，搞各项服务行业。

四年过去，孤儿程光英的弟弟吃成了一个壮小伙子，他和另一个孤儿参了军。程光英当上了食堂管理员。原来吃不上、穿不上的农民娃，现在每月能收入 400 元，一年就 5000 元。走上管理岗位的姑娘和小伙的收入就更加可观。滑石峪村的年人均收入达到 2800 元，一个家庭若有一个人在双星工作，就能达到小康了。现在女工们穿皮衣，骑摩托车已不是新鲜事。每到上下班，就能看见摩托车群在坡路上奔驰，很是壮观。

四年后，双星建成的鲁中公司，已拥有工人 3700 名，年产运动鞋 1600 万双，产鞋帮 2000 万双。1996 年双星又在沂蒙山区的另一处，建起了瀚海公司，拥有工人 3000 多人，年产鞋 1100 万双。双星的战略大转移，使数万沂蒙山区人民脱贫的同时，也使自己的劳动力成本降低了近 2/3，还扩大了 1000 多亩地、10 多万平方米的厂房和宿舍。

汪海"将军"高兴地说："双星的事业进入了一个新的阶段，树立了一座新的里程碑，在探索有中国特色的社会主义道路方面，我们又有了新的进展。"

下一步，汪海将军雄心勃勃，要重上井冈山，挺进大别山，再回延安……

春节献辞

现在一提国有企业，人们马上就会想到不景气、亏损、停产停业、工人下岗、领不出工资……把堂堂社会主义企业搞得灰溜溜，把"有力量"的工人阶级搞得直不起腰。这是怎么了？

汪海告诉中国的国有企业，精神上不能垮，青岛橡胶九厂原来也濒临倒闭，工人们也要吃不上饭。但他们没有束手待毙，汪海大吼一声："同志们，跟我冲！"跟管、卡、压拼，跟传统观念战，终于打下了双星的天下。有人说，市场经济就是钱，根本不需要精神。汪海说："不，市场经济离不开钱，但更不能没有精神。就如同战争年代决定胜负的往往是精神一样，现代商战也靠精神。一个没有精神的企业就是一个毫无希望的企业。"1994 年 1 月，一个美国鞋商带着几只号称世界热硫化第一名牌的"凯斯鞋"来到双星，他问双星能不能干？他得到的回答是："洋人能做到的事，我们中国人也一样能做到。"仅仅 40 天，一双双合格的凯斯鞋摆在美国鞋商面前。他很惊异，他说这种鞋没有半年的时间是生产不出来的，这是规律。他曾拿出 500 元钱请攻关小组的人吃饭，被毫不含糊地拒绝了，那几个中国人吃几袋方便面又投入紧张的工作。他问："你们为什么这样拼命干？"攻关小组的人说："我们做出世界一流的鞋，不仅是双星人的骄傲，也是中国人的骄傲！"

双星曾进行过一场"合格双星人标准"的大讨论，结论是：在市场上要想取胜，必须有一支过硬的队伍和高昂的士气，需要有一支具有铁的意志、铁的作风、铁的纪律的"铁军"。

所以，青岛市市长俞正声（现任市委书记）对韩国人说，谁说中国国有企业的职工懒散，工作效率低？请到我们双星看看吧！

汪海"将军"说他从来不相信搞合资、搞股份制就可以解决国有企业的一切问题，如果搞私有制就能把国有企业搞好，那为什么外国资本家也天天有破产的，有跳楼的？中国搞好国有企业的关键一靠政策，二靠人，"政策和策略是党的生命"，也是企业的生命；"路线确定之后，人就是决定的因素。"双星人十多年走出一条自己的路，双星人没有依靠合资、没有依靠外援，而是依靠自己的力量，自我积累、自我发展、自我决策，发扬共产党人不怕牺牲、艰苦奋斗的优良传统，日益壮大起来。1995 年，在阿联酋有一位鞋商提出用一个亿买下"双星"的商标权，汪海当时毫不犹豫地拒绝说，"双星"是百分之百的纯共产党血统，你就是给十个亿我也不会卖！在美国，汪海和中兴公司总裁艾伦先生会晤。艾伦执意聘请他出任中兴公司总经理，并主动提出给他 3000 万美元的股份。他婉言谢绝了，他说："我是中国人，我得为我的祖国干。"

干什么？汪海"将军"说："干世界名牌、创世界名厂、当双星名人。"在双星的每个厂每个车间到处能看见这样的大红横幅。汪海对全体双星人说："创出名牌为国争光，为民族争气，为企业争辉。""创名牌就是最好的爱国，就是市场经济最大的政治。"

1995 年，国务院发展研究中心组织部分著名企业家研讨中国 21 世纪的发展规划。汪海的观点一鸣惊人，他说："21 世纪的中国首先要规划创出多少自己的牌子；现在很多中国人以洋货为荣，身上穿着的是外国牌子，满街跑的是外国车，继续这样下去，我们的后代或许有一天将不知道什么是中国的名牌了。中国要做 21 世纪的世界巨人，就必须要有一大批自己的名牌。因此，衡量一个企业家的标准也不是看他有多少产值，而是应该看他敢不敢创名牌！"

在双星的各厂厂区和车间参观，到处可见"汪海语录"。

化工部部长顾秀莲来双星视察大为惊叹，所谓"汪海语录"都是他的治厂之道，经验之谈。"取千家之长补我之短，借四海之力振兴双星"、"对外走双星路，自己发展自己；对内走改革路，自己解放自己"、"只有没管好的企业，没有管不好的企业"、"等待别人给饭吃，不如自己找饭吃"、"琳琅满目的市场就是硝烟弥漫的战场，市场上夺钱就是战场上夺权，市场中的企业家应是战场上的将军"、"人是兴厂之本，管理以人为主"、"敢为天下先，争创第一流"、"干好产品质量就是最大的积德行善"、"靠智慧、靠拼搏、靠勤劳先富起来"……

汪海还对双星的干部们讲过这样一句话："人无远虑，必有近忧。"他说创业难，守业更难，双星要想在现有的规模上再有大的发展，那就难上加难。其威胁和隐患主要不在外部而在内部。有些掌了大权实权的管理人员，因为受了大环境腐败现象的影响，也染上了贪污吃喝、以权谋私损害集团整体利益和职工利益的瘟疫。任其发展，双星事业将毁于一旦。汪海汲取了枪毙大贪污犯刘青山、张子善的历史教训，对那些企业的败类、蛀虫、害群之马进行毫不手软的坚决打击。1993年，双星召开了第一次打击经济犯罪大会，打击的几个对象，是他过去的得力干将。创业时不要命的跟着打前锋，现在有权有势了、思想上起了变化，干出了"搬起石头砸自己的脚"的蠢事。为此汪海在全集团开展了深入的市场经济专题教育活动。腐败是国家的大敌，人民的大敌，同样是双星的大敌，病入膏肓，从一个细胞一个细胞坏死。要想双星继续前进，永葆青春，就得不断地新陈代谢，自我完善自我发展。

1993年，汪海将军被编入《世界五千名伟人》第4卷。1996年又被推选为1995年世界风云人物。"客观地想、科学地创、认真地做、务实地干、愉快地过、潇洒地活"这是他的信条。

春节假日里写汪海将军，就不能不写写1991年的春节。那一年，双星集团把首都100名老将军请到人民大会堂，举行将军春节茶话会。市场上的汪海将军向战场上的将军们拜年。参加茶话会的仅1955年授衔的老将军就有68位。那天下午，一辆接一辆的小轿车缓缓驶入人民大会堂北门的停车道，陈再道、王平、李德生、陈锡联、洪学智、耿飚、张震上将等陆续步入会议厅。

在老将军面前，汪海是一个兵。他以一个老兵的身份向首长们汇报他转业后的工作。他说："是军队造就了我，培养了我。双星今天的成绩也是在老将军、老前辈们的精神鼓舞和带动下取得的。在战争年代，你们靠坚定正确的政治方向、艰苦朴素的工作作风、机动灵活的战略战术，靠铁的纪律和小米加步枪，打败了使用洋枪洋炮的强大敌人，赢得了全国解放。这些经验不仅适用于夺取政权，同样也适用于和平年代的经济建设。市场也如战场一样。只要掌握和运用好这些经验，企业就会在市场竞争中攻无不克，战无不胜。"他向将军们汇报了双星企业实行军事化、家庭化管理，把解放军的"三八作风"引进企业的做法。

老将们听得很激动、很振奋，鼓励他们继续发扬"三八作风"，让国有企业不断发展壮大。老将军激动之余，欣然挥笔为双星题词。

苍山如海，残阳如血。茶话会后，汪海代表双星全体职工向老将军们每人赠送一双老人健身鞋。老将军们当即脱下旧鞋穿上新鞋，喜笑颜开，在会议厅里踱来踱去，陈再道老将军竟兴奋得手舞足蹈起来……

这难忘的镜头永远留在了汪海的心里。

创业十几年间，双星企业销售额从 1984 年的 3900 万元增长到 1996 年的 20 亿元，增长 51 倍；利税从 1984 年的亏损增长到 1996 年的 1.6 亿元。国有资产由 1984 年的 900 万元增长到 1996 年的 16.8 亿元，增长 180 倍，在没有向国家伸手要一分钱的情况下，累计上交利税 3.4 亿元，现在双星已成拥有 130 个经营实体、2 万多员工的跨国公司。

采访汪海将军那天，正是 1997 年元旦。

记得我和他谈话的最后两句是：

"你今年 55 岁，还可以大干 5 年。"

他说："怎么还有 5 年呢？我要活过 99，干到 88，再补 10 年差，哈哈哈哈……"

那豪爽的笑声扬满了这个世界。

（原载 1997 年 2 月 19 日《天津日报》）

现代企业欢迎优秀退伍兵

——访全国优秀退伍军人、青岛双星集团总裁汪海

祝寿清　刘明学

《解放军报》编者按　今天，我们刊登本报记者对青岛双星集团总裁汪海的访谈录，旨在告诉即将退伍的老战士：你们在部队受到了严格的锻炼，具备了良好的素质，一定能够进入新的生活，适应新的环境，开拓新的天地。愿我们的老战士满怀信心奔前程，开拓进取创佳绩。

11月初，记者奔走于胶东半岛的千里海防线，采访了一个个即将退伍的老兵。沐浴党的十五大春风，满怀信心奔前程，是绝大多数老战士的心声。但也有少数战士担心在当前深化企业改革的形势下，回去安排不了工作。带着这些问题，记者走访了全国优秀退伍军人、青岛双星集团总裁汪海。

对于转业退伍军人，汪海有着特殊的感情。这不仅因为他有着10年的军旅生涯，更在于他凭在部队积攒的"本钱"，把一个濒临倒闭的橡胶九厂，建设成为当今世界一流的现代化制鞋企业集团，从一个优秀士兵成长为中国一代"鞋王"。

"有了战场上的磨砺，在市场上就没有搏击不了的风浪。"汪海说，集团领导班子11名成员，有5名是转业退伍军人；分公司、分厂的"掌旗人"，"解甲"战士占了1/3；管钱管物关键岗位上的人员，60%有过从军的经历。集团在风云变幻的市场上能稳操胜券，这些当过兵的人发挥了中流砥柱的作用。当年，集团调偏师上山，占领农村市场；挥主力下海，进逼城市市场；遣师越洋远征，打入美国市场，无不是扛过枪的老兵站排头、打先锋。

当没当过兵就是不一样。谈及此，汪海深有感触地说，"双星人"有这

样一个共识：转业退伍军人是双星之"星"。他们除了具备社会青年共有的优秀素质外，还拥有其他人无法比拟的长处：部队长期培养起来的敬业奉献精神，敢打硬拼的战斗作风，令行禁止的纪律观念，灵活机动的战略战术，急难险重任务面前敢说："看我的，跟我来"，勤学肯干，适应性强。具备了这些优势，就没有办不好的企业，打不开的市场。所以，集团不仅年年圆满完成退伍兵安置任务，而且 1995 年 11 月，还一次从部队的退伍优秀士兵中特招了 200 名佼佼者。

"特别能吃苦，特别能战斗"，是"双星人"对这 200 多名退伍兵的共同评价。去年 2 月，这 200 名退伍兵结束了公司 3 个月的岗前培训，48 人主动报名离开工作、生活条件舒适的海滨城市青岛，奔赴刚刚建厂的沂蒙山区鲁中公司创业，150 多人愉快地服从公司安排，分赴东北、西南等 40 多个分厂、驻外经营公司开拓市场。如今，这些同志已有 128 人走上了中层领导岗位，66 人成为生产管理方面的骨干。

去年 7 月，创建瀚海公司的工程到了较劲关口，13 名退伍老兵主动组成突击队，他们光着膀子，冒着难耐的酷暑，昼夜不停地平整厂区、凿石开路，有的一干就是两昼夜。在这些退伍兵的影响带动下，5 个月工程仅用 3 个月就拿了下来。

莫道校场天地小，军旅操戈铸辉煌。汪海说，军人不应淡漠军旅，应当珍惜自身职业的伟大。退伍战士藏惠建在部队时是军区的训练标兵、班长。进厂后，他凭良好的军事素质崭露头角，在不到两年的时间里，就从一个普通职工成长为车间主任、副厂长、厂长。他有一个重要体会：是部队这所大学校锻造了他，赋予他敢揽"瓷器活"的"金刚钻"。

"只要是人才，就有施展的舞台"。退伍战士董志荣，在部队举办的两用人才培训班中学过微机，鲁中公司用其所长，把他安排在了微机室。他勤学苦钻，开发软件，培养了 30 多名微机操作手，使公司财务、统计、员工管理实现了自动化。他被破格提升为政工部副主任。

素质优秀的军人，拧到哪个部位都不"滑丝"。退伍兵蔡强一进厂当起了"鞋匠"，但他没有嫌弃这份工作，而是虚心好学，在很短的时间里就成为一名做鞋的好手。正当他干得起劲的时候，一纸命令把他调到了宝鸡摆起了卖鞋的地摊。他靠讲信誉和实干打开了市场。今年 5 月，公司又让他去汉中开辟新市场，小蔡不负众望，在不到两个月的时间里，就使双星鞋在当地市场上异军突起。8 月底，公司西安专卖店经营不景气，公司领导立马想到了蔡强，一个电话，小蔡二话没讲又走上了专卖店的柜台。他看市场，访顾客，做宣传，使专卖店很快出现了转机。

改革越深入，军人的用武之地越广阔。谈到一员员爱将，汪海按捺不住内心的激动。他说："企业正在推行股份制，改革劳动分配方式，事实上，不论何种形式的改革，优秀素质始终是各项改革中最大的一'股'，没有这一条走到哪里都吃不开。广大官兵只要在部队好好干，回到地方一定会大有作为。"

采访结束之际，汪总紧紧握着记者的手，一往情深地捎话给部队官兵：人才旺，事业兴，改革为人才创造了成就事业的广阔舞台，优秀退伍兵，现代企业欢迎您！

（原载 1997 年 11 月 26 日《解放军报》）

"创名牌是市场经济中最大的政治"

——双星集团总裁汪海答记者问

王丽萍

在最近召开的青岛市企业思想政治工作研讨会上，人们对双星集团如何解放思想转变观念，解决市场经济条件下政治和经济"两张皮"的问题深感兴趣，记者就此采访了双星总裁汪海。

记者：汪总，您提出的"创名牌是市场经济中最大的政治"，一方面我感到很新鲜，一方面觉得会不会有"政治口号"之嫌？

汪海：我喜欢用"市场政治"这种简洁的语言来表述。这绝不单纯是一句政治口号，双星的成功首先是政治上的成功。很简单，在有人群的地方，必须有政治，我们承认市场，搞市场经济，那么"市场政治"是很自然的。战争年代，毛泽东曾指出：战争是政治的最高形式。那么，现在的商战，无非是一场不流血、看不见弥漫硝烟的战争，市场便是战场。在市场经济中，经济的发展与否是政治上是否成熟的表现。政治是精神的，它需要通过经济来表现，通过经济实力、产品的牌子和企业管理来表现。政治上的成功是要用经济来说话的。假如没有政治上的成功，就不可能取得经济上的发展和振兴。在双星，如果政治上是不成功的，也不会创出双星这个名牌。应该看到，双星进入市场，首先是思想上进入了市场，超前的思想在实践中形成理论用来指导事业的发展才取得成功。这种思想、理论、哲学观点和方法就是双星在市场经济条件下的政治。

回顾双星进入市场 15 年来，我们进行了一场轰轰烈烈的 9 个方面的"二次革命"，9 个方面的战略大转移，基本上没有大的失误，就是因为我们在每个历史时期都认真地研究市场，提出符合双星实际的思想观念来指导具体工作。如在对市场的认识上提出了"市场如战场，竞争如战争"，"市场是检验企业的唯一标准"，"市场是企业的最高领导"；在对质量的认识上提出了"企业什么都可以改革，唯有质量第一不能改革"；在对管理的认识上提出了"人是兴厂之本，管理以人为主"，"管理无句号"；在对名牌的认识上提出了"创名牌是市场经济中最大的政治"。由于思想观念顺应了市场经济的规律，所以在市场经济的实践中极具指导意义，收效是巨大的。作为双星政治上的成功，我认为可以简单地总结为：客观地想，科学地创，认真地做，务实地干，愉快地过，潇洒地活。

记者：提起政治工作，许多人有一种反感的情绪，马上会想起"假、大、空"的一套东西。那么，与计划经济体制下的政治工作相比，双星在市场经济条件下的政治工作最大的不同是什么？

汪海：是选择了创名牌作为政治工作的目标。

双星政治工作的最大特点是务实。如：1984 年底我讲企业精神，其中一项是"兴利"，引起许多人的不理解，好心人还劝说我，这样提法是很可怕的，是要犯错误的。其实就这么简单，再好的政治也需要经济做基础，再讲奉献的双星人也需要钱。我们不能光讲奉献，不讲索取，企业有发展，国家能受益，个人也要有所得，只有这样才能保证政治在市场经济中的成功。不务实害了很多人，坏了很多事。不切实际的空喊政治，只能让人们厌烦。毛泽东在湖南搞农民运动时，研究了当时农民祖祖辈辈没有田地，想得到一块属于自己的土地来过上好日子的心理，提出了"打土豪、分田地"的口号，广大农民积极响应，跟着他干革命，这就是实事求是的政治。又比如，在市场经济中，我们把中华传统的优秀文化，充实到政治工作内容中来，最大限度地调动员工的积极性。我们提出"行善积德"，传统文化源远流长，这种教育是人人都可接受的。在双星我们提出人人都要为双星积德，为双星行善。干好产品质量是积德，保证工作质量和服务质量是积德，手握实权不见钱眼开是积德，有集团意识不搞本位主义是积德，敢于管理扶正压邪也是积德，都是在为双星积德，为社会、为消费者行善。我们准备把加强道德建设作为今后市场政治工作的新途径，认真加以总结完善和提高，充分运用到实际工作中去。

记者：可以说双星的"市场政治"创造性地把政治工作运用到经济建设上来，汪总，请您谈一下这种创造性在双星具体体现在哪几个方面。

汪海：双星人提出了在市场经济中最大的政治是创名牌。一切工作都要围绕双星这个名牌去进行，为双星名牌去拼、去创造、去付出、去奉献。创名牌是最好的"三爱"——爱国家、爱民族、爱企业；创出名牌，才能保证三个兴旺——国家兴旺、民族兴旺、企业兴旺；巩固名牌发展名牌才能达到三个促进——促进国家富强，促进社会富强，促进个人致富。在双星，爱国主义教育以创名牌来具体化是极富成效的。这也是双星人的创造。

双星人创造性地运用了市场商战这个动力，培养了双星精神。我们的成功就是有了精神，这种精神可归纳为三气：志气、士气和勇气。1996年的大调整、大搬迁，是双星有史以来范围最广、难度最大的一次，但工作进行得十分顺利，没有一个单位讲条件，没有一个单位提困难，产量不但没减，还上涨了25%。这不就是靠了志气、士气和勇气么，在商战中就需要这样一种精神。

双星人创造性地实现了政治与经济的最佳结合。政治、经济要解决两张皮的现象喊了很多年，但到现在也没有很好地解决，而我们双星却成功地进行了探索。从最早开展的"三个百"竞赛（原材料质量100%，半成品质量100%，成品质量100%）到"三名"竞赛（创国际名牌，当世界名厂，做双星名人），及"成本在我身边"，"刀下留钱"等竞赛和市场经济应不应该严格管理及名牌背后潜在的危机等讨论，都既是精神的又是物质的，是政治与经济的有机融合。

政治工作不仅是谈心、做报告、念文件、开会，在经济突飞猛进、社会飞速发展的今天，政治工作也应更新，内容也应更为丰富。在双星，我们既继承以往的传统方法又进行了创新，提出管理也是政治，要在实际工作中管理人、教育人、解放人。我们提倡有情的领导是政治，无情的纪律更是政治。抓具体人具体事，在市场经济中，把用好钱作为政治工作的一个重要措施和手段，认真抓好以资金为中心、以降低六大费用为重点的深层次管理，仅此一项1997年挖潜创效益3500万元。双星的"市场政治"用这种途径充分表现出来。总之一句话，名牌没有终身制，名牌只有在创新前提下才能保证，所以管理也是没有句号的，要不断地深入下去。

"市场政治"同双星的关系我简要总结为六句话：市场越活跃，政治越重要；市场要成功，政治要先行；集团要发展，政治要领先。

记者：谢谢！

（原载1998年4月2日《名牌时报》）

思想汪海

雷咸盛

汪海小传

汪海，山东省青岛市双星集团总裁。

作为国有大型企业负责人，汪海一直坚持实践着改革与发展的新思路，并率先成功地完成了一个国有企业由计划经济向市场经济转变的全过程。他还第一个将中国优秀的传统文化如佛教、道教文化运用到现代企业管理中，创造了具有双星特色的管理模式。在他的带领下，青岛双星集团由一个亏损企业迅速成为拥有 130 条制鞋生产线、年产鞋超过 5000 万双的当今世界上生产规模最大的制鞋企业。其产品 100 多个品种，5000 多个花色，是全球少有的同时具备热硫化鞋、注射鞋、冷粘鞋、布鞋、皮鞋、专业运动鞋等六大鞋生产工艺技术的制鞋企业。

在汪海的领导下，双星集团已在北京、武汉、深圳、济南等国内大中城市设立了 40 多个经营公司、1600 多家连锁店，市场占有率稳居全国同行业第一名，并在美国、香港、俄罗斯、波兰、中东地区设立了 9 个对外经营公司，先后与 100 多家外商建立了长期贸易关系，产品销往近二百多个国家和地区，年出口创汇 5000 万美元，雄居全国同行业榜首。汪海成为名副其实的当代中国鞋王。

汪海 1941 年出生在山东微山湖畔的一个小村庄里。1965 年随中国人民解放军抗美援越，当了一名普通军官。

而立之年，汪海奉命调入青岛橡胶九厂任政治部主任。期间，因坚持为被打成"反革命"的原厂长彻底平反，悖逆上级意见寸步不让，被发配到农村劳动，直到"四人帮"垮台，才获赦回。1978 年任党委副书记兼政治处主任，1983 年出任党委书记，从此开始了他的创业生涯。

作为中国改革开放后的第一代优秀企业家，汪海为世界鞋业的发展作出了不可磨灭的贡献。1993 年，他的名字赫然列于《世界五千名伟人》一书中。1995 年，又被美国"名人传记协会"推举为"世界风云人物"。在中国，他是继邓小平之后被美国"名人传记协会"举荐为"世界风云人物"的第二个人，也是中国企业界唯一获此殊荣的企业家。

从 1988 年至 1997 年，汪海连续当选"中国鞋业协会"理事长，并获得了众多荣誉。

打开"鞋王"的光环，我们看到的是一个总在思想着的汪海。他的市场哲学、管理哲学、人生哲学，无一不放射着独特的思辨光彩。"鞋王汪海"已被千百万人所熟悉，而我们更感兴趣的是"思想汪海"——如果没有"思想汪海"，也就没有"鞋王汪海"。

在中国提起"双星"，无人不知，无人不晓，就连顽皮无知的稚童，也能流利地说出那句"穿上双星鞋，潇洒走世界"的广告语来。

这是世界鞋业王国的"巨无霸"：它已向全球销售了 12 亿双鞋；它拥有员工 3 万余名；它拥有 130 多个经济实体；它拥有资产 21 亿元……而汪海——"双星"的老板，也伴随着 12 亿双"双星"鞋的足迹名扬四海。

初次相见，汪海就给我们留下了很深的印象：山东大汉，虎背熊腰，壮实而又刚毅。一双睿智的眼睛让人看去感到心正、机智；他那纵论笑谈、出口成章、从容不迫的神态，更给人一种万事成竹在胸的感觉。

汪海爱鞋，几近痴迷。在他的办公桌上，有个"万国鞋业博览会"。那些从英、美、法、意、澳、加等 20 多个国家和地区带回来的，用铜塑、泥塑、椰壳、木头、石头、陶瓷、有机玻璃等各种材料制作的工艺鞋，大到 8 寸，小到几厘米，玲珑剔透，琳琅满目，就连笔筒、电话机也专门做成了鞋的形状。汪海坦言："每天除了睡觉，我终日想鞋，鞋是我的生命。"

汪海是改革开放后中国的第一代企业家。在这代企业家中，马胜利、褚时健、步鑫生……已纷纷落马，汪海缘何会长盛不衰？这次见面以及在随后几天的参观采访中，我们终于找到了答案：

"双星"能有今天，离不开汪海；汪海能有"双星"，离不开他的思想。

"没有疲软的市场，只有疲软的产品。"

——汪海的市场哲学

一切企业家的成功，均立足于他脚下的市场，而许多中国企业家往往在成功后忘掉了这一点。汪海让人激赏的，正是他永远清醒地知道自己是谁，自己的衣食父母是谁。他明白，没有市场占有率就没有"鞋王汪海"，更没有"鞋的王国"——双星。请看闪烁着独特市场哲学光彩的"汪海语录"：

市场是企业的最高领导；

市场是衡量企业的最好天平；

没有疲软的市场，只有疲软的产品；

像坚持四项基本原则那样坚持市场导向，像学习最高指示那样学习"上帝"的意见，像接待国家领导人那样接待重要客户；

全员转向市场，人人参与竞争；

闯市场要有胆量；市场是企业发展的动力和源泉；不能被动等市场，而要主动造市场；

没有市场便没有今日的"双星"；

琳琅满目的市场就是硝烟弥漫的战场，市场上夺钱就是战场夺权，市场中的企业家应是战场上的将军；

创出名牌为国争光，为民族争气，为企业争辉；

创名牌就是最好的爱国，就是市场经济最大的政治；

用户是上帝，市场夺金牌；

盯住全世界50多亿人的脚，闯遍全国闯世界。

在激烈的市场竞争中，企业既不能靠天，也不能靠地，只有靠自己，才能生存和发展。所以，汪海谁也不认，只认市场！他的思维和举止全都围着市场转。这恐怕是新的企业体制建立起来前，企业谋求发展时唯一可用的武器。

"只有没管好的企业，没有管不好的企业。"

——汪海的管理哲学

听说汪海有一句狂言，是当着化工部部长顾秀莲说的。顾部长问他厂里的工人学不学文件，汪海说："他们不学，他们学我的文件；我的文件就是'汪海语录'。"把自己独到的经营思想、经营方针、经营艺术、经营之道用浅显易懂的语言表述出来，形成员工共同遵守的行为准则，这就是"鞋王"汪海的管理方式。

那么，汪海的管理思想又有哪些呢？再看激荡着豪情壮志的"汪海语录"：

只有没管好的企业，没有管不好的企业；

两眼盯在市场上，功夫下在管理上；

有情的领导，无情的纪律；

全员从严、领导从严、严而公正、严而有度、严而有情、严教结合；

人是兴厂之本，管理以人为主；

等待别人给饭吃，不如自己找饭吃；

人在双星自豪，干在双星光荣。

在黄岛开发区的一家双星鞋厂里，坐落着一尊小山似的大弥勒佛，其对联为：拿自己当骨干，自我感觉良好。这就是汪海要求的"双星"管理人员的行为准则；而"双星"管理人员的培养方法呢？那就是"自己给自己出题目，自己跟自己过不去"；还有："双星"管理家庭化——爱厂如爱家，理厂如理家；"双星"管理军事化——市场如战场，竞争如战争；"双星"企业发展目标——创国际名牌，当世界名厂，做双星名人。

在双星美食厅的小餐巾上，赫然印着："跟着'双星'干，到处都管饭；跟着'双星'走，到处都有酒。"进餐者能不为这样贴心的话而动容动心吗？

"双星"总部院子里有尊弥勒佛，许多人表示异议。汪海则认为，现在的工人结构发生了很大的变化，大量的农民工涌入工厂，你给他讲大道理未必管用，他们听不懂管理学上的各种理论，也听不进报刊上的一些行话套话，但像"干出最好的产品质量就是最大的积德行善"这种道理却浅显易懂。

汪海以中华民族的传统美德为主线，将做鞋与积德行善、敬业报国等传统的道德教育有机结合起来，开创了独特的企业管理之路。

"有人就穿鞋，关键在工作。"

——汪海喷涌的思想之泉

"鞋王汪海"的信条是："客观地想，科学地创，认真地做，务实地干，愉快地过，潇洒地活。"有人看不起制鞋行业，这影响了干部工人的生产积极性。汪海知道后，说了句："有人就穿鞋，关键在工作。"通俗易懂的大白话，蕴涵着深刻的哲理，谁听了都会激起豪情。听说，韩国某大型鞋厂的老板，还专门把这句话制成标语，张贴在自己的办公室墙上。

我们在青岛采访期间，正值"双星"连连召开中层干部会议，讨论集团下一步发展规划。从汪海的讲话中，我们可以发现他不断爆发出的新的思想火花：

——市场不等人。市场竞争分两步，工厂厂长和开发人员首先要打好"前半场"：投放什么新品种——市场的位置——消费者层次——选择什么原材料——确定什么价位；还要打好"后半场"：鞋的名称——性能、特点和优势——单品种或系列品种的广告宣传。

——争市场要"五变"：帮面花色不断变；大底花色经常变；随天气气候变；随市场变化变颜色；随市场需求变名称。

——"双星"的成功就在于不断地进行调整，念好了"调"字经。十几年前，"双星"从青岛市区调整到郊区。5年前，"双星"又从市郊调整到沂蒙山区。现在"双星"要离开山东，走向全国，开创"双星"跨世纪发展的新天地。

——离开山东，走向全国的大调整战略确定后，战术上要走卫星城市包围大城市的道路，即利用"双星"大建快建连锁店的优势，先攻占大城市的卫星城市，选准目标，加大宣传力度，做到"双星"产品卖到哪里，"双星"的宣传就做到哪里，使全国的宣传形成网络。

……

不断地创新，不断地调整，不断地冒出新的思想火花，也许这就是汪海不同于中国其他第一代企业家、至今仍然活跃在市场上并且能够称王称霸的关键原因。

我们在双星，处处都能感受到汪海的个人魅力和威信。他的思想已变成独特的企业文化，变成职工的思想——我们称之为"双星文化"。这种文化可以让成千上万的双星人按照汪海的信念，团结一致地拼搏在市场上，为中国民族工业树起一杆大旗。

集体"哗变"

1983年冬，汪海刚就任青岛橡胶九厂党委书记不久，商业部门忽然拒绝收购该厂生产的胶鞋。而作为一家国营重点胶鞋生产企业，他们的产品一直由国家包销。现在，200多万双"解放鞋"堆积如山，而生产线上仍然在按计划生产。账面上已分文不剩，两千多名员工该怎么办？

一个无星无月、滴水成冰的冬夜，汪海带着人背着鞋偷偷地溜出了厂门。他们不得不采取"秘密行动"，因为有明文规定不许私自销售产品，此举须得避开商业部门驻厂人员的耳目。

这一年，全厂职工一齐出动，八仙过海，各显其能，硬是把厂里的积压产品销售一空。由此，汪海开始懂得了一条真理：企业的唯一出路在于市场。

德国绝活

德国杜塞尔多夫市第 124 届国际鞋业博览会。双星集团是中国唯一一家参展企业。面对 1400 多家制鞋厂商和老世界名牌产品的挑战，"双星"怎样打开局面呢？

鞋业博览会开幕那天早晨，来自世界各国的鞋商们一到博览会门口就见到一个奇观：四个大门，每个门口都站着两位漂亮的中国小姐，身着旗袍，脚穿高跟鞋，斜挂标有"中国双星"的英文绶带。她们如花似玉，笑迎嘉宾，把一份份宣传单递到各国朋友的手中。

在"双星"展厅，搭起了一个小舞台，东方情调的古典音乐绕梁悦耳，6 位气质高雅的中国小姐款款而行，向人们展示脚上的各种鞋：

华夏民族远古穿的树皮鞋；

古代仕女穿的锦缎绣花鞋；

现代村姑们穿的女便鞋。

"啊，太美了！太美了！"老外们全都倾倒了。

鞋文化表演的间歇时间，是"双星"幸运抽奖活动。汪海说："外国人并不缺这点奖品，但是他们很讲究幸运，抽到奖就会高高兴兴去观看我们的展品。"果然，前来抽奖的人将柜台围得水泄不通，真可以说人山人海，许多电视台的记者也扛着摄像机前后左右地奔忙。

纽约脱鞋

1992 年 9 月，汪海在纽约嘉华银行召开新闻发布会。

就在新闻发布会接近尾声的时候，纽约《美东时报》记者突然发问："汪海先生，你脚上穿的是双星鞋吗？"

只见汪海不慌不忙，弯腰脱下鞋后举在手上说："看到鞋底上的双星商标了吧？不仅我一年四季穿双星鞋，就连我的员工也都不到外边买鞋，他们也穿双星鞋。我们要脚踏'双星'，走遍世界。"

一时间，镁光灯频频闪烁……

第二天，汪海面露微笑，手举一只漂亮的"双星"皮鞋的大幅照片刊登在当地众多的报纸杂志上。其中有一家报纸还配有醒目评论："共产党人在美国公众面前脱鞋的只有两位。一位是苏联首脑赫鲁晓夫在联合国脱鞋砸桌子，以显示他超级大国的威力。第二个就是这位中国鞋王了。改革开放的中国人敢用自己的产品向美国挑战，这才是真正的厉害！"

百变"双星"

汪海刚刚在厂里提出"双星"这个品牌名称时，他的解释是："一颗星是物质文明，一颗星是精神文明。"

平日里在市场上碰到消费者颇感兴趣地问"你们这个双星是啥意思"的时候，汪海总是张口就来：

"一个星是老寿星的意思，另一个星还是老寿星的意思。"他这样答，那提问者一定是个老年人。

要是碰到年轻伴侣提此问题，他的回答又变了："一颗星是牛郎星，一颗星是织女星。"应该说，汪海对"双星"的释义极富中国特色。那么，该如何向外国人解释"双星"的含义呢？

1988年年底，汪海率队飞往美国参加一个国际鞋业博览会。当众多的观众看到多达数十种样式新颖、做工考究、颜色漂亮的"双星"鞋时，纷纷流露惊讶之色。其中的一个意大利鞋商指着"双星"忽然问道：

"一个圆圈两颗星，什么意思？"

这次问得汪海一愣，但他闪电般地排除了"两个文明"的"中国特色"，又是张口就来：

"圆圈就是地球，两颗星的意思是说东半球一颗星，西半球一颗星。现在，我们东半球这颗星已经很亮了，你们西半球这颗星也就要亮起来了。我们的'双星'，最终将踏遍全球！"

"OK！OK！"当那位意大利鞋商和展台前的所有观众听完翻译的话后，响起一片热烈的掌声。

本刊姊妹刊《环球体育》的记者问汪海："如果碰到球迷，又该如何解释'双星'呢？"

汪海答曰："男子一颗星，女子一颗星。"

鞋王"下海"

当"双星"在国内外市场上连连告捷的时候，汪海突然出语惊人："我预感到青岛这个地方不能再继续做鞋了，再做下去，双星就得完蛋……"他说："双星要想发展壮大，只有寻求新的突破口。如果双星还呆在寸土寸金的市区黄金地段做鞋子，即使做得再好，也远不如发展高效益、高附加值的第三产业更有前途。中国的'鞋业大王'，为什么不能做中国的'房地产大王'、'金融大王'呢？"

汪海一步跨入更广阔的大商海，他把这个突破口选在了第三产业，提出了新的发展目标：二产促三产，三产带二产，二产三产共同构筑"大双星"的框架。把双星的生产基地外移，位于城区海边的 200 亩老基地全部搞第三产业。

如今走进双星集团的大本营，已全然不见鞋厂的旧貌，第三产业搞得红红火火：别具风格的古希腊城堡、秦代的长城、江南的山水、伊斯兰的建筑、乐山大佛、新时代的娱乐场等多种风格不可思议地组合成"双星城"，已经成为青岛市又一新景点；建有宾馆、旅行社、卡拉 OK 厅、美食城、房地产开发公司、广告公司等经济实体的"双星商业一条街"，人称"小香港"；"双星大吃街"整天人流不断；规划建设 11 座各 32 层高、集工商贸于一体的楼群，其中以"双星海富楼"命名的两座已经拔地而起……三产与二产正在成为"双星"战车上滚滚向前的两个轮子。

西进沂蒙

让出市区的"双星"，除了把一部分制鞋企业安置在青岛市的郊外，主力军却上了山——到沂蒙山安营扎寨。

1992 年，汪海考察韩国制鞋业。令人吃惊的是拥有 120 条生产线、号称"世界最大"的那家制鞋公司正大规模地裁员，这引起了汪海的震惊和沉思："双星不能再固守在沿海城市，必须向劳动力相对便宜的地方转移。"汪海经过缜密的思考果断做出了决策。

1992 年 7 月，原来设在沂源县的山东裕华机器厂搬迁到日照市，留下了 600 亩厂区，6 万平方米的建筑，县里迫切希望有实力的企业前来投资设厂。

这一想法与正在准备实施"东部发展，西部开发"战略的汪海的思路一拍即合，为此汪海曾 6 次带队考察沂蒙山，结果，双方达成协议，双星来沂源建设制鞋生产基地——青岛双星集团鲁中公司。

开业第一年，鲁中公司实现产值 7000 万元，利税 300 万元；次年，该公司又实现产值 1.3 亿元，利税 1000 多万元，不仅成为整个集团公司中最大的制鞋基地，而且一举坐上了沂源县工业企业第三把交椅。

（原载《环球市场》1998 年第 4 期）

国有企业家太难当了

—— 双星集团总裁、首届全国优秀企业家汪海访谈录

任　森

认识汪海

○ 1995 年评的全国驰名商标 19 种，"双星"榜上有名。

○ 周总理是世界上在位时间最长的总理，再过两年，汪海担任国有企业厂级干部也将 26 年。

○ 首届全国优秀企业家 20 名中，把企业办到全国，走向世界的也只有汪海！

○ 汪海，来自微山湖畔，敢说敢干，人称水泊梁山第 109 条好汉。

○ 汪海是光着脚走出微山湖畔的，一不小心做出个世界级的名牌。

○ 汪海，土生土长，经过五代国家领导人，至今仍在"上蹿下跳"的中国第一代企业家。

○ 敢与省领导较劲的、从未进过党校和任何学习班的国有企业家，也只有汪海。

○ 有人说，美国报纸上登共产党人手里拿鞋的照片有两次，一次是苏联的赫鲁晓夫，在联合国大会上用皮鞋敲着讲台，怒不可遏；一次是中国的鞋王汪海，笑容可掬地极富感染力的展示自己的产品。

○ 汪海说，我是国家"二级干部"：一级是鞋匠，二级是鞋王。
职称："中将"（双星）。

汪海语录

○ 有人就穿鞋，关键在工作。

○ 等待别人给饭吃，不如自己找饭吃。

- 只有没管好的企业，没有管不好的企业。
- 无情的纪律，有情的领导。
- 两眼盯在市场上，功夫下在管理上。
- 爱厂如爱家，理厂如理家。
- 全员转向市场，人人关心质量。
- 树中国人自己的商标，创中国人自己的名牌。
- 创出中国人自己的名牌是最好的爱国行动。
- 只有疲软的产品，没有疲软的市场。
- 市场靠预测，预测靠信息，信息靠群众，群众靠决策。
- 下海进市场，出海闯市场，上山（山区农村）争市场。
- 用名牌创效益、用智慧去经营、用商标来覆盖。
- 创国际名牌，当世界名厂，做双星名人。
- 名牌是市场经济的"原子弹"，名牌是双星员工的"金饭碗"。
- 质量是名牌的基础，素质是质量的保证。
- 价格的竞争是暂时的，质量的竞争是永恒的。
- 名牌为我增光，我为名牌增辉。
- 干好产品质量就是最大的行善积德。
- 居安思危，稳定发展，再展宏图。
- 自己给自己出题目，自己给自己加压力。
- 自己教育自己，自己提高自己，自己完善自己。
- 市场如战场，竞争如战争。
- 取千家之长补我之短，借四海之力兴我双星。
- 创名牌是市场经济中最大的政治。
- 像坚持四项基本原则那样坚持市场导向，像学习最高指示那样学习"上帝"意见，像接待国家领导人那样接待重要客户。

汪海，1941 年出生于山东微山湖畔，1961 年参军，1976 年任青岛橡胶九厂（双星集团前身）党委副书记兼政治部主任。1983 年担任橡胶九厂党委书记，经过十多年的奋斗，将昔日一个专业制作"解放鞋"的中型鞋厂，发展壮大为全国规模最大、效益最高、信誉最好的国有制鞋集团，现任青岛双星集团公司总裁兼党委书记、青岛双星鞋业股份有限公司董事长。

1987 年 4 月，首都北京春意盎然。中国企业家协会主办的首届全国优秀企业家表彰大会会场，党和国家领导人把共和国一枚枚"金球奖"金质奖章颁发给国有企业当家人中的 20 名佼佼者。

发奖仪式之后，领导们和企业家们一起座谈。代表们发言很热烈，正当与会者对中央一系列改革政策报以发自内心的赞赏时，突然出现了一曲不谐之音。来自齐鲁大地的一位山东大汉发言了，他向中央领导提出两条意见：

第一，中央允许三资企业办厂 3 年免税，进口原材料免税，许多政策都很优惠，这很好，但是国有企业作为国民经济的主干，国家财政收入的主要来源，却没有任何优惠政策，这种竞争是否在同一条起跑线上？国外都讲究公平竞争，我们中国为什么搞不公平竞争？

第二，外贸出口，同样是给国家创汇，但国有企业补贴却不一样，待遇不平等，各种政策都不能兑现。一个放得很宽，一个卡得过死，这种状况什么时候能够改变？

山东大汉情绪激动，打了一个比方："在市场竞争中，就好像上了拳击场。人家放开了，活蹦乱跳，我们仍然被捆住手脚，我们只有挨打的份儿了，不能还手。"

对于这突如其来的谏言，望着这位大汉伸手为国有企业要政策、要权力，大人物们一时难以答复。主持会议的首长仰头哈哈一笑，说了两个字："散会！"

第二天傍晚，党中央最高领导人在中南海接见 20 名优秀企业家。在这样庄重的场合，又是这位山东大汉，向当时的总书记慷慨陈词：

"今天，我来到中南海，心里十分感动。因为我在这里见到了一群群的野鸭子。在我的家乡微山湖，湖面方圆 600 多平方公里，周围是茂密的芦苇荡。小时候，那里的野鸭子多极了，飞起来能蔽日，落下来能盖湖。可惜现在再去看，已经难得见到一两只了。为什么呢？"

大家静静听着，都还摸不清他到底要讲什么。

"微山湖本来具有野鸭子最好的生存环境，但是人们打它、抓它，它在那里几乎要绝迹了。而中南海虽然处在闹市之中，就这么一汪湖水，但它不被惊扰，受到保护，有一块自由生息的空间，所以它在这里生活得很好"。

他进而直言："中国的企业家为什么最容易被打倒，是不是同样也有一个生态环境的问题呢？"

他的发言被录音机句句不落地录进了带子里，会场一片宁静。

这位具有将军风度、仗义执言的山东大汉，就是后来头顶全国劳动模范、五一劳动奖章等 20 多项桂冠，被中外新闻界、制鞋业公认为"中国鞋王"的人——汪海。

首届 20 名全国优秀企业家评选至今，整整过去 11 年光阴。据初步了解，只有 3 人仍在原来企业领导岗位上奋战；而率领企业走向全国、冲向世界的，唯汪海是也。这么一位传奇人物使我产生了浓厚的兴趣，我认为选他作为本期封面人物应该是当之无愧、无可争议的，便立刻与双星集团宣传处联系。

很快，宣传处副处长回话："汪总对你刊的创意颇感兴趣，但如果要收费上封面就算了。"

翌日，我飞抵青岛，晚上住下来，先拨通老朋友纪宇的宅电。这位青岛作协、文联副主席知道我的来意后立即赶来，他说："我和汪总也是十年以上的老朋友了，青岛人都知道他，他说话大胆、直率，是青岛最具争议性的企业家。他把一个破烂不堪的橡胶九厂办成双星集团这等规模，确实不容易！"

次日下午，在总裁新搬的办公室里，我和纪宇一起采访，终于见到了11 年前敢在中共中央总书记面前发牢骚的汪海。3 个半小时的访谈，使我完全跳出宣传处昨晚给我的一大堆文章所产生的伟大形象般的感觉，我真切聆听到了一位长者对人生、对国家、对社会的真知灼见，他果真有啥说啥，不虚不躲。

记者：首届全国优秀企业家评选已经过去 11 年了，20 名精英人物大浪淘沙、流向各异，仍在原企业岗位上奋战的仅剩下 3 位，分别倚在烟台、青岛、杭州这个沿海城市三角上。11 年来，您与其他 19 名企业家后来有过交情吗？

汪海：有联系的不多。大连的黄春萼有过两次交往，他升官后就失去联系。于志安早年回山东老家路过青岛时见过一次面，当时他认为我搞鞋太累；后来在深圳、香港碰巧两次相遇。10 年前我曾经病得很厉害，他派人送我去黄山疗养院学气功，还真治好了病。他曾劝我在青岛也搞发电，准备投两个亿，没想到后来竟发生了这种事（出走）。

我们做鞋的刀具所用的钢材是进口的，很贵，又不让我直接进口。我打电话找鞍钢的李华忠，问他能不能帮助生产这种特殊钢。李华忠一听就明白，说我产量太少，鞍钢不好干，劝我找青岛的小钢厂，也没搞成。李华忠是山东掖县人，有一次县里搞活动，邀请掖县籍知名企业家列席。李华忠回去了，张瑞敏没有请来。我不是掖县人，但在这里有两个厂，一年产值两个亿，副县长出面硬把我也请过去。李华忠悄悄告诉我，已经不让他干了，回去就下台。因为他是副部级，县里安排他发言，讲完后他对大家说："我不是企业家，真正的企业家今天来了一个，他就是坐在我身边的这位——青岛双星总裁汪海。"他后来调全国人大一个专门委员会当咨询员去了，我俩就再也没有联系。

马胜利以前来青岛参观过我厂，对我的企业管理比较服气，他曾在留言簿上写道："这回我找到了学习的目标和榜样。"1987年4月在中南海座谈会上，我和马胜利坐一起。当时的中央领导问马胜利："你包了多少个分厂？"马胜利说："36个。"这位领导哈哈一笑，随便说了一句："老马，三十六计，走为上策。"我悄声问他："老马，现在中国的经济体制和现实环境不允许你到处兼并，你这么包法能行吗？"马胜利一笑："这个你不懂。"当时他要是谦虚点儿，我还会劝他几句，听他这么一说，我也就不吭声了。

记者：《东方企业家》这份刊物恰好在全国首届优秀企业家评选结束后，当年底应运而生。实际上，有一个问题一直困扰着我们：国有企业的厂长、经理算不算企业家？以前，我们刊物的英文名称叫 Oriental Entrepieneur，后来因为有反对意见就不标了。按照西方人的说法，企业家 Entrepieneur 实质上是企业的创建者、拥有人。据说中央电视台经济部曾有一个"企业家"栏目，后来中央有指示，"企业家"提法不妥，这个栏目就称为"经营有道"，1998年4月又改为"财富"。全国优秀企业家评选六届之后，1997年起暂停。您怎么看待这个问题？

汪海：实际上1987年4月那次首届全国优秀企业家表彰大会上，对中国有没有企业家就争执不休。我当时讲，企业家首先是与市场经济相互依存、相互制约的，离开市场经济谈论企业家，就好像离开战场谈论将军。我把中国企业家分为四类：产品企业家、关系企业家、机遇企业家和市场企业家。只有市场企业家是凭其本事生存和发展的。确实，当时国有企业和计划经济一统天下，国有企业中的厂长、经理都是在上级部门的"计划"中按职尽能，与市场脱节，实际上是各级政府部门派往企业的经济管理官员。但如果这个厂长、经理挣脱计划经济的镣铐，完全依靠市场，把弱小、亏损的小舟在狂风巨浪中铸成万吨巨轮，那他就可以称之为企业家。既然有科学家、政治家、军事家，为什么不可以有企业家呢？企业家在中国这种公有制为主体的特殊社会里一样存在，强调对企业的创建拥有，那是相对现代企业制度中的董事长与总经理而言的。

千万不要把所有制说成是中国企业中的主要问题。资本主义国家中的大公司与咱们的公有制有什么区别？经理一样都是打工嘛！发达国家的企业到了今天，实际上也是大集体，99％的人都是打工，我也是给共产党打工。不管什么体制的企业，关键是选好一个负责人。

中国市场经济中的国有企业家比外国的企业家付出的劳动更多。我当时讲过，要想成为中国的优秀企业家，必须具备八项素质：政治家敏锐的头脑；哲学家的思想；军事家统领全局的谋略；诗人的浪漫风情；实干家锲而不舍的苦干精神；外交家的翩翩风度；鼓动家的激情与演说才干；冒险家的胆识与创新勇气。

今天一当厂长，明天就称企业家，这怎么行呢？顾名思义，最基本的应该把企业当成自己的家。人都是有私心的，你能把这个大家当成自己的家，你就会全身心扑在企业上，我把双星当成我自己的企业，你浪费一张纸我都不干。

你承认市场经济，就得承认企业家。国有企业厂长经理是很辛苦的。他们个人所得与其贡献大小不成比例，如果连精神鼓励、上级肯定也没有，无助于增强他们的事业心。我认为不评是消极的，评是积极的。评优秀企业家总是有一部分人可以推出来。当然这里面掺杂了一些复杂问题，如评选标准、不正之风等。前几年也有些乱，评完后真正让人服气的企业家确实不多。当时北京几家新闻单位搞评"鞋王"活动，找我要5万元赞助。我对一位记者朋友说："你一上来就要钱买这个荣誉，你应该了解我的性格，这5万元钱你要是真缺，我可以给你，但要我拿5万元买这个'鞋王'，我不干。"我没参加。有的企业出5万、10万、还有20万的，花钱买来了"鞋王"牌匾挂着。五六年过去了，到底谁是真鞋王？因此，今后若评选优秀企业家，必须研究怎么避免这些弊端。

记者：首届全国优秀企业家中，后来有6位向政界发展了。在中国社会现实中，政治家的权力和地位高于企业家。俗话说，人往高处走。您是否对当官不感兴趣？是不是您的直性子影响了您的宦途？

汪海：说实话，你说我一点进官场的野心也没有，那是不对的，因为官场地位高，这是自然的，不要回避这种现实。我47岁那年正逢青岛市政府改选，有人暗示我会当主管工业的副市长。刘鹏书记（后任山东省顾委副主任）支持我，舆论已经传开了。我那时也准备走，因为毕竟不到五十岁嘛！但后来上级不同意，说有人民来信告我。

当时省委书记和我是相距十里路的老乡，与我大哥还是战友，都是当时县党组织的创建者。我们县就出了两个名人：一个当省委书记，一个是全国优秀企业家。但是我一直未去找过他。因为我选择的路是走市场。后来他离休了，来青岛时刘鹏书记带他来双星看我。第一句话是你过去怎么不去找我，我说都知道俺是您老乡，我去看您怕别人说闲话。他来了以后我叫大夫把他的腿疾治好了。我送他一双鞋，他不敢穿。我说没关系，"文化大革命"以"阶级斗争为纲"时，我都敢送人鞋，您穿就是了。您离休不干了，小老乡送大老乡鞋，您还不敢穿吗？从那以后再也没有见过面。

青岛市政府改选没我的份，刘书记安慰我说：下届吧！我回来以后就立即召开了一个全体管理干部会议。我情绪激昂地向各位保证：不要再议论汪海到哪儿当官了，汪海决定走市场不走官场，以后不会再走了！

但后来一直还是有人提议我去省里干什么工会副主席；成立威海市时点我的名，叫我到威海市当一把手。中央组织部有人捎信来，说我在组织部挂了号，说起汪海来都服气，说真正的第一代企业家就那么一个还在为国有企业干，并且始终本色不变。

有个省领导当小学老师时认识的一个同事的女儿在双星，该同志找到这位省领导要求将他女儿调出企业到机关工作。我认为这个女同志是技术骨干，若调走后企业工作就会受影响，也怕有人效仿，所以就顶着不同意调。过了两年，这位省领导来青岛时亲自向市长过问，我还是坚持不放。又过了三年，最后双星人员要分流，这个人按规定交了钱才放。为了双星的利益，我得罪了这位省领导，以致我在沂蒙山搞了一个 1 万人的扶贫大厂，离他作示范的扶贫村只有 10 里路，他每年去一趟都不进我那个公司瞧一眼。

我和市委、市政府领导交往，是因为他们支持我。他们比较了解我，知道俺讲理，俺是为人民做事。青岛市两届书记对我评价是好的：那么差的一个企业搞成这个样子，而且现在还在不断发展。其实呢，我跟他们都没有私人来往。他们两届市委书记总觉得没重用我是个遗憾。后来我跟刘书记说，你那个时候叫我当副市长，我敢说第一个是让我少活 10 年，可能会累死，第二个无非是青岛市老百姓跟着我多沾点光。我敢肯定在我上任时青岛老百姓能得到很多好处。因为我要干实事，我不可能当一个为自己捞的市长。

一般没人告我的状，我就不找市长。企业内部的事，包括资金的事，我找金融界的朋友支持，其他企业的事我从来没有增加市长的一点麻烦。但是有人告了我的状，我不说清不行，半夜砸门我也得说清楚。所以我一般不找市长，但我找到了以后，他们绝对支持我。假如没有各级领导的支持，也就没有双星的今天。

记者：我看一篇文章说您曾三次"带枪"上下班，这是怎么回事？您把一个严重亏损的橡胶九厂发展成全球实际生产规模最大的鞋业王国，为什么还是有人告您？

汪海：1984年搞机构改革，斗争你死我活，有人深夜藏在林中向我抛石头。我有意识白天带枪吓唬他们；1989年"六·四"期间，我带枪将那场政治风波堵在了厂门之外；1992年带枪是为了表示打胜一场战略转移的坚定意志和决不妥协的勇气。我是复员军人，平素爱枪。

青岛橡胶九厂"文化大革命"期间很乱，第一个军管的是它，最后撤的也是它。军代表拿它也没办法。全青岛市工业只有它上不去的时候我进了这个厂。最早双星有两帮人，两个头各带一帮，都是社会渣滓。我把两个头都吸引过来交朋友，变成我的部下，叫你"镇压"这些，叫他对付那些。政局稳定后他俩闹矛盾了，我各自再治，这叫以毒攻毒啊！

搞机构改革，我不可能所有的人都对得起。我没有原则、没有标准就不可能有今天的双星。这个厂过去遗留下的问题很多，尤其是人的问题，盘根错节，牵一发而动全身，你弄不好就会中箭落马，顷刻覆舟。斗争一直就是你死我活的。虽然，我每干一件事，都要先研究他们会有什么样的反对理由。但是，我也很清楚，在中国，要整倒一个改革者，说容易也容易，说不容易也不容易。有两条我认为非常重要，处理不妥，你自己就先把自己打倒了：一条是你作为企业家，能否抵抗得住金钱的诱惑；一条是与女人的交往要特别注意分寸，而恰恰在这两个方面，他们任何人都抓不住我的把柄。

现在有几个私营企业老板没有情人、小蜜之类的？他们进卡拉OK、桑拿浴甚至境外色情场所，大家一定不觉得奇怪，甚至还会羡慕。因为他很辛苦，人有七情六欲。但假如我有这方面的事，比方与某某小姐外出几天，回来那还了得！国有企业家为社会替国家所付出的血汗、所作的贡献再大，你敢越雷池一步吗？

青岛人并不开放，思想非常保守。青岛也出了很多名牌、很多企业家，哪一件事不是双星带头的？为什么对我说三道四的多呢？都是因为看不惯新观念、新事物。我认为逆向思维的东西就是创新，有人说这是四不像。我说四不像推动历史发展。要都像，从原始到现在，我们哪有高楼大厦？哪有小汽车？"喜新厌旧"除男女之事以外，喜欢新的讨厌旧的有什么不好？我不搞创新，双星能有今天吗？

　　我把治厂经验总结成一些简明扼要的标语挂在厂区。有人告我"搞个人迷信"、树自己。幸亏化工部领导顾秀莲听到反映后，亲自来双星看看所谓的"汪海语录"的内容。顾部长认为这些治厂之道很管用。

　　许多人对双星总部院子里的弥勒佛表示不理解。我曾应邀参加新加坡一个"中国著名企业家面向 21 世纪研讨会"，我的发言题目是"佛教文化用于现代企业管理"，一个多小时被听众的掌声打断了 20 多次。488 新加坡元一张的门票，让组织者赚了一笔不少的钱。我认为现在企业提倡的敬业精神很像佛教所谓的奉献精神，"觉悟"与佛教的"悟性"也有相通之处。企业中的职工没有信仰，企业是无法搞好的，现在工人的结构发生了很大的变化，大量的农民工涌入工厂，你给他讲大道理未必管用，但像"干好产品质量就是最大的积德行善"这种道理却浅显易懂。从启发工人的良知和善良的本性出发，双星收到了良好的效果。

　　琳琅满目的商场上纵横驰骋的企业家就如同硝烟弥漫的战场上指挥若定的将军，竞争和拼杀同样激烈和残酷无情。我最早说企业家一定要和战争年代的将军画等号，啊哟，北京记者吓得哟，说你小子野心不小。我当年在抗美援越战场上当过排长。现在我统领这个双星集团军近三万名官兵，因为肩扛光芒四射的名牌"双星"，所以被人誉为"中将"。我说我是当然的将军，你们的认识不如我。后来只有《天津日报》1997 年 2 月 19 日敢以《汪海"将军"》为题将这个口号喊了出去。

　　记者：首钢原总经理助理周北方被抓的第二天，他的父亲周冠五被宣布"退休"。您把双星当成自己的家，那您是如何处理子女在这个大家里的位置呢？

　　汪海：我的女儿不在双星工作，我的儿子现在派到美国一个分公司干去了。儿子在身边干，总是不好办。双星在海外有 9 个分公司，难以遥控，今年开始全部搞承包，利用双星的商誉，谁有本事谁干去，按规定向集团交纳费用，完不成指标的你下来；超额完成的归你自己。有一次我儿子发现给他的出口鞋价钱比别人的低，赶紧打电话问我是什么原因。我严肃责问有关人员，你们这么做不是害我吗？

　　至于我个人，1992 年美国中兴公司总裁艾伦先生曾执意要聘我为总经理，并提出先给我 3/10 的股本和 3000 美元的月薪。当时我月薪才 350 元人民币，我都谢绝了。我是党员，有党性，也讲人性：既信仰马列，也信仰佛教。

　　记者：首届全国优秀企业家尚在原单位工作的只有 3 位，但烟台港务局局长实际上与厂长经理不一样；冯根生的杭州"正大青春宝"是中外合资企业，只有您是真正的国有企业家。在当前企业兼并、资本经营热当中，双星还是100%的国有企业吗？

汪海：据统计，现全国仅国有大中型制鞋企业就有300多家，还有近10年崛起的集体、私营、个体以及合资、独资鞋厂已逾500余家。制鞋业利润低，竞争激烈。双星干得最好，这些年来先后有100多家鞋厂上门要求被兼并，今天还有两家等我回话。

我没有向银行借一分钱，也没有兼并、合资、联营。全靠自己滚动发展，双星130多家成员都是我生的、我养的。1992年成立双星集团的时候，市里叫我兼并几个亏损的厂子。当时帆布厂亏损3400万元，帆布厂可与我配套，接过来成立集团名正言顺。我说我没这个本事，亏太多我没钱填。布鞋厂亏36万元，我一看这个厂就在我门口，又处在黄金地段，一共500多人，我养也养得了。还有一个是第二布鞋厂，800多人，亏损800万元。市经委叫我兼并这3个厂后成立集团。我只答应要一个布鞋厂，后来赔进去2300万元，500多人养了5年，去年实在不行了，厂子散了，全部人员在双星内部重新安置。这个厂是市里硬给的，不算兼并，现在也不存在了。我向来不主张兼并别人。他不是你生的，30多岁一身病，叫你去当爹，你能干吗？

我公开讲，我也搞了几个合资，但全都是假的。干什么呢？为了要这个优惠政策，那没办法。人家来挂个名，一分钱不出，全是双星自己的钱和人。共产党给别人这个好政策，我为什么不去争取？

纯共产党血统，一点也没有兼并、合资、合作、联营，全都是公有制；当有些人打着"开放、搞活"的旗号使国有资产不断流失的时候，双星的国有资产不仅没有流失，反而以年均33%的速度递增。现在这样的企业有几个？

记者："穿上双星鞋，潇洒走世界"的电视广告语家喻户晓，"双星"已无可争议地成为中国制鞋业唯一的一个驰名商标。可我听说您一直在双星集团灌输名牌忧患意识，这几天也在连续举办这方面的学习班。您的忧患意识是否过分了？

汪海：20世纪90年代初，当双星蒸蒸日上，品牌逐渐在全国叫响的时候，双星人筹划用名牌的优势扩大规模。然而，当双星人兴冲冲地拿着他们刚生产出来的运动装去工商局注册商标时，却发现国内某厂已在生产双星牌运动服。无奈，双星人只得注册了Double Star的英文商标。

那时候，想不到集团会有这么快的发展规模，更谈不上品牌意识。等想到时，早已来不及了。辛辛苦苦创出来的名牌，只有眼睁睁地看着它无法发挥最大的价值。不过，吃一堑长一智，双星集团去年开发的一些新产品，如运动器械、酒类、食品类、矿泉水等，都及时抢注了双星的标志。

名牌战略初战告捷。然而随之而来的却是双星内部暗中滋长的自满情绪。集团内部许多人看不到名牌潜在的危险，躺在名牌上睡起了大觉，于是，集团内部工作松懈了。1995 年由于质检人员疏忽，致使一批劣质皮子流入厂内，造成了严重的质量问题。1996 年、1997 年也出现过质量问题。我不得不经常向大家敲警钟，前不久还烧了一批劣质鞋。

我及时向全集团敲响了警钟：市场竞争中，创名牌不易，保名牌更难，市场形势千变万化，没有终身制的名牌，而且随着制鞋业规模的扩大，潜在的危险也就越来越大，一点点马虎就可能使十几年的名牌毁于一旦。

市场竞争中，创名牌不易，保名牌更难。国家 80 年代正式命名了三大名牌鞋，短短 10 年后，只有双星保住了；90 年代初，韩国的十大制鞋企业也几乎是在一年的时间内相继败落。与新兴产业相比，制鞋业是公认的微利行业，由于原材料等价格的上扬，市场压力不断增加，内外环境相当严峻。在位一天，我就忧心忡忡啊！

记者：在双星，处处能感受到您无人能比的个人魅力和威信。这种在企业创业中形成的威望可以让 3 万双星人按照一个指令团结一致地拼搏在市场上。但如果有一天，您不担任双星总裁了，双星还能像今天一样辉煌吗？

汪海：那是继任者的事情了，我管不了那么远的事。但我现在运作的双星品牌，我是不愿意看到它倒下去的。如今双星已基本形成了一整套科学管理方法，谁来领导，只要按这个思路走下去，我认为双星可以继续发展。现在双星一是地域扩大了，山东公司倒了，四川公司可以起来；二是行业很多了，东方不亮西方亮。我对集团管理层说过，只要我汪海在位一天，保证大家有饭吃。我舍不得丢下这么多年追随我的干部职工。

进入 1998 年，双星面临十分严峻的外部竞争形势。尽管我的身体比不上以前，出现了一些毛病，但我对双星的感情和干事业的劲头丝毫没有减弱。为了双星能渡过暂时的困难，我甘愿舍弃了年初去中央党校学习 40 天的机会，义无反顾地投身到保住名牌、壮大双星的事业中去，以无愧于"全国优秀企业家"这个光荣称号。

（原载《东方企业家》1998 年 4 月总第 109 期）

汪海的偶像

谢湘宁

主持人语:

我们早已从各种新闻媒介中认识了青岛双星集团和它的总裁汪海先生。相信大多数读者在颇为强大的媒介推荐面前,一定会把双星这个企业和汪海先生想象得十分"超凡脱俗"。但这篇文章会告诉我们,汪海其实是个很"简单"的人,他把他的企业也灌输得很"简单",就是要做到忠奸分明、是非分明、好坏分明。人嘛,其实就是这么简单,一撇一捺,一忠一奸。

另外,在所有双星集团的业绩报道中,我们对这样一组数字印象最深:该集团1984年开始进入市场,国有资产总额从2000万元增长到1997年的18.9亿元,相当于84个进入市场以前的企业。从1984年起,在国家再没有投入一分钱的情况下,双星共向国家上交利税6.4亿元。按北京名牌权威机构的评估,"双星"这一品牌的价值目前为20.89亿元,是我国制鞋业唯一的最有价值的品牌。

那年,汪海在青岛开发区建了分厂。厂区空荡荡的,他想该竖个什么呢?他不知怎的就想到弥勒佛了。弥勒佛人缘不错呀,虽大庙正座没他的位置,可他总是笑迎来客,一点不闹情绪。人家那两句话说得多好,忍天下难忍之事,笑天下可笑之人,双星创业这么难若不是如此想得开,能有今天?就竖他老人家了!弥勒佛像一竖起来,马上就招来好一通议论责难,说他宣传封建迷信搞"愚民政策"。汪海是个犟性子,你说他不该竖,他接着又在双星新建的沂蒙新厂区里竖了尊菩萨,还刷了条大标语:干好产品质量就是最大的积德行善。他说,当地的老百姓都信菩萨,菩萨往那一站,偷鞋楦的果然见少,质量也上去了。让菩萨为我们做工作有什么不行?有关领导一看,反正是企业行为,汪海也没跑到大街上去竖,怎么说双星的税收也是交政府的,爱竖谁竖谁吧。后来也就没人跟他较劲了。

双星度假村坐落在崂山脚下一个叫吞山的小山上。小山现在改名叫双星山。山上盖起了一座座欧式风格的别墅和各种娱乐设施，汪海还嫌不够。他觉得有山就得有庙，有庙就得有仙。山不在高，有仙则名嘛。于是，汪海让人塑了座胡三太爷泥胎摆在庙里。这位爷据说有化险为夷之能事，在当地老百姓心目中威信挺高。果然，胡三太爷往庙里一坐，烧香进供许愿的就多起来了，小庙香火不断。双星还给善男信女们创造条件，专门修了一条通往山顶的小路。这一下，四乡八镇的人都知道了，附近有座庙，庙里有胡三太爷，胡三太爷是双星集团帮大家伙儿请来的。甚至还有人传说双星的总裁就是个神人，说他怎么怎么能掐会算，怎么怎么乐善好施。

这话传到汪海的耳朵里，汪海咧嘴一笑，扯。弥勒佛也好，菩萨也好，胡三太爷也好，那都是汪海请来帮着做广告的，哪是汪海的偶像呀！汪海自知自己凡人一个，七情六欲外加桀骜不驯，无论如何是成不了完美之身的。他打心眼里也没想朝那方面努力。用他自己的话说，请来这各路神仙，是为了造市场，吸引别人来和双星做生意，最起码还有广告效应呢。

话说回来，汪海有没有自己的偶像呢？有。

还是在双星准备建造度假村时，汪海就在这座其貌不扬的小山上转了好几圈。他左端详右端详，指着山的一侧说，我要在这边立上岳飞的像，又指着对称的另一侧说，这边立包公。他上了山又下了山，站在山脚往山上看，又指指点点地说，那儿是杨靖宇，要让他冲群山方向站着，那是林则徐，让他冲海方向，那是戚继光吧，让他手里拿杆枪……一旁的人笑了，汪总你想开个塑像馆呀？再说他们也不是一个朝代的，撂在一座山上也说不通呀！汪海眼一瞪，怎么说不通？他们都是国家的忠臣，怎么说不通！

旁边的人只好依了他。他们都是跟随汪海多年的，对汪海太了解了。他们知道汪海有一种忠臣情结，稍一触动就会情绪激动。

果然，一说起历代忠臣，汪海就变得滔滔不绝起来。他少不了要把当时的皇帝奚落一顿，再把几个臭名昭著的奸臣痛骂一顿，最后点题到做人上："做人哪，首先要有信义，要讲义气，不能见利忘义。咱们办企业也同样，要办，咱就一心一意把它办好，不能吃里爬外。我为什么要竖这些忠臣，就是为了要让每个双星人明白做人的准则……办企业也同样"他越说越具体：对，岳飞面前还要跪着奸臣秦桧夫妇。包公像前也得有人跪着，跪一个潘仁美，再跪一个陈世美，让大家看看，什么人该站着什么人该跪着！

汪海亲自担任了塑像的总策划和总设计：忠臣怎么站怎么坐，奸臣怎么跪，人物扛什么家伙挎什么刀；塑像找哪儿做，用什么材质……本来本省就有石刻厂，但他一听说福建的石刻技术更好，就是价钱贵时，马上拍板："贵个五六万的没什么，只要能把塑像做好！"

1997年9月9日，正值双星厂庆，群雕完成了。只见岳飞须髯飘逸，战袍微抖，宝剑横身，一副壮士提刀顾八荒之威。包公则正襟危坐，双手抚案，目光似铁，一脸正气。再看那四个跪着的，个个卑躬屈膝，低眉垂眼，身上还五花大绑。这一文一武两组雕塑，分别被安置在双星山东西两侧，其他雕塑也分别立在山上。汪海还觉得意犹未尽，又在岳飞塑像基座上刻上"浩然正气"和"光明磊落"八个大字，在包公塑像基座上刻上"黑白分明"和"以正压邪"，有人建议把"以正压邪"换成"一心为公"更为合适，他听了大摇其头："天下哪有一点私心没有的人？别来虚的，就以正压邪，这才是老包的个性。"

汪海又继续发挥了一下：他让人在包公像脚下盖了个能容纳数十人开会的会议室，取名"包公厅"。"厅"里除了一条长桌两排椅子就只有四墙落地了。照他的意思，最好邀请纪委领导们今后都上这来开会，让包大人就在头顶上盯着。今年7月的一天，青岛市新上任的王家瑞市长主动赶到双星度假村拜访汪海，手下请示汪海，市长第一次来，安排在六号楼（度假村最好的一幢小楼）吧！汪海不高兴了："我早就告诉过你们了，凡是政府官员来都上包公厅！"手下人面露难色，包公厅里是不是太简陋了，光溜溜的水泥地，连个沙发都没有。汪海说，这就对了，市长是谈工作来的，又不是度假来的，在包公脚下谈工作，比什么都强！汪海果然在"厅"里向市长汇报了工作。"厅"里比平常只多了几个电风扇。

双星山成了汪海最爱去的地方。只要他在这里开会，早晚必登一次。他最喜欢带着客人登双星山，边登边讲。客人们若对他的作品有不解之处，他就不厌其烦地解释他的创作意图。客人们若对他的作品提出异议，他表面上笑笑称是，但不出三步，他就得把人家的异议堵回去。有一次，一位女记者对汪海说，你不该让陈世美跪在这儿，现在时兴喜新厌旧，陈世美也没什么错呀。汪海笑笑说有道理，但他马上又说，陈世美喜新厌旧可以，但他不该杀自己的结发妻子和孩子呀！他妻子对他那么好，他怎么可以恩将仇报？忘恩负义的东西就该跪！跪着，一点不冤！双星人说，我们汪总这个人其实特简单，简单到他的爱憎只用四个字就可概括：爱忠恨奸。

曾有记者问过汪海，你立这些人是不是还有什么更深的含义？言外之意，他的举动"小儿科"得让人有点不放心。汪海回答说，我立这些古代的、近代的、当代的民族英雄，是因为他们身上的那种民族精神民族气节什么时候也不过时。你没看到吗？那几个小鬼子像（分别跪在戚继光和杨靖宇像前）被人砸得缺胳膊少腿，那是什么，那就是民族气节。我们双星为什么能有今天，就是我们从一开始就憋着一口气，一定要为中国人创出一个自己的名牌来！这种民族精神，就是要世世代代传下去，我汪海争的就是这口气！我要是自己干，现在也不止百万千万了吧？可我就是要把双星搞好，因为它是国家的。我就是要证明，我对国家是忠心的，我们双星对国家是忠心的。

企业领导者的风格就是企业的风格。有汪海这样的总裁，"忠臣情结"自然也深深渗透到双星整个企业之中。走进双星，就像走进一个誓师大会场，到处都是大标语："走民族自强之路，振民族工业之风"、"发扬名牌，振兴民族工业"……好像双星人个个马上就要冲出国门跟外国人论个高低。汪海不管走到哪儿，哪怕是面对着浑事不懂的孩子，只要让他开口，他必定是这几句话："双星是我们中国人靠自己的努力创出的中国自己的名牌，爱自己国家的名牌就是爱国。"别人提醒他"说过了"，还有个开放搞活的问题呢。他最不爱听这个，他拧着眉毛，胳膊也不知不觉架到了腰上："说得过分吗？让我们的孩子从小就只知道什么耐克、阿迪达斯，什么可口可乐、麦当劳，他们长大了能爱国吗？一说就是国外的好，他能愿意待在中国吗？中国的怎么就没有好的？我们双星敢跟世界任何一种鞋比，这是我们自己创出来的名牌，百分之百的中国血统，为什么不敢骄傲?!"

谁能说，对我国民族工业来说，双星不是一个大写的"忠"字呢？

谁能说，对我国民族工业来说，不需要大写的"忠"字呢？

（原载 1998 年 7 月 28 日《中国化工报》）

"鞋匠"的市场理论

——汪海与《人民日报》记者的对话

记者：双星市场理论研讨会的召开，是否标志着"双星市场理论"正式确立？

汪海："双星市场理论"不是今天才确立的，事实上，双星人16年来始终如一地坚持"市场标准"，牢固树立了市场领导工厂、市场是检验企业一切工作的标准的理论，把市场作为企业的最高领导。正因为如此，双星集团才能在市场竞争中崛起，在市场竞争中前进。当然，"双星市场理论"也在市场竞争中不断完善。

说到召开这个研讨会，我就要感谢一些领导、经济理论专家和新闻界的朋友，他们一直关注双星的探索和发展，他们了解双星、支持双星，认为双星市场理论"确有独到之处"、"对国有企业改革具有参考价值和借鉴意义"，就建议我们开这个会并帮助我们筹办。

记者：我们有兴趣了解这个理论的"独到之处"。

汪海：从宏观意义上讲，"双星市场理论"的精髓及实质就是小平同志提出的改革开放、解放思想和毛泽东同志倡导的"实事求是"精神，这也是"双星市场理论"之所以具有强大而又鲜活的生命力的原因所在；具体到双星而言，就是"市场是主线，名牌是核心"。

正是在市场、名牌的牵引下，我们才在历史发展的每一个阶段都创造出属于自己的新的观念和新的改革措施；也正是因为我们宏观上遵循了"实事求是"这个原则，在实际中按照市场、名牌要求发展，才在十多年的改革实践中战胜了各种风险，克服了各种困难，使得企业在国家宏观经济几次冷热交替的升降中健康发展，不断前进。

记者：我注意到，在研讨会上，许多专家都提到"汪海带领双星人创立了双星市场观念"，对这个"创"字，您有很深的体会吗？

汪海：创，就是闯。我办公室挂着一个"敢为天下先"的条幅，而我也一直坚信，无论对于一个人、一个企业，还是一个国家、一个民族，最可怕的是无创造性，因为，没有创造就没有发展。但是，你创出来的一定是新生事物，是一定会有争议的，所以，你就必须要"敢"，要去闯。

双星集团原来是化工部按全国统一编列的国营第九橡胶厂，1982 年注册"双星"后，于 1992 年成立了青岛双星集团，并作为国有企业在全国第一个转换经营机制，在社会主义商品经济的萌动初期率先进入市场。"双星市场理论"就是在中国从计划经济向市场经济的转轨过程中探索出来的，为此，我们也冒了很大风险，遇到了不少阻碍，做出不少牺牲。

在实践当中，我们常常思索这样一个问题，过去我们不承认私营企业，现在承认了；过去不承认市场经济，现在也承认了。许多过去不认可的东西，现在都认可了。理论不变行吗？"双星市场理论"也是在环境不断变化的情况下不断完善、逐步形成的。

记者：双星市场理论之所以能够立住，是因为今天的双星在激烈的市场竞争中立住了？

汪海：制鞋业是劳动密集型企业，利润微薄。进入市场初期，我们账面上分文不剩，发工资借贷无门；而现在的双星集团，已经建立起鲁中、瀚海两大鞋城，在全国同行业第一个获得全国驰名商标，并从 1993 年起以惊人的速度向国外市场扩展，品牌影响力与耐克、阿迪达斯相当。1995 年出口创汇高达 5000 万美元，在美国的销售总量已达到 1700 万双，平均每 15 个美国人中就有 1 人穿过双星鞋。

记者：能否具体地谈谈"双星市场理论"在双星集团发展中起到的作用？

汪海：思想观念大转变，是双星 16 年创业的先导。我们认识到，在市场经济条件下，企业建设如果只注重经济效益，忽视了思想政治工作，其结果只能导致畸形发展和短期效应，"双星市场理论"是思想教育与市场经济的有机结合，干好产品质量就是最大的贡献。正是由于具备了符合自身发展的理论，使得我们全体双星人在工作中精神有支柱，行动有方向，干劲有保障，迅速完成了由计划经济向市场经济过渡的全过程。

记者：国有企业改革攻坚到了最关键的时候，您认为国企脱困最需要解决的问题是什么？

汪海：理论。需要一套真正能指导国企摆脱困境、健康发展的理论。没有理论没有思想的企业，就是没有希望的企业。

记者：您一直是个有争议的人。虽然您的"双星市场理论"得到许多专家的肯定并且被认为"有借鉴意义"，但您是否认为它会被其他国有企业接受？

汪海：我们并没有想让任何人接受。市场经济中的行为最重要的是被市场接受，市场经济中的理论要靠市场检验。在国有大中型企业普遍面临困境时，我们双星人走出了一条国有企业改革成功的路子，这条路子不是一年两年、昙花一现式的，而是已走了十多年，越走越宽了。双星事业的成功表明市场接受了双星，实践承认了"双星市场理论"。你可以不接受任何理论，但是不可以不承认每个人、每个企业都已经置身于市场经济的大潮中。如果不以市场经济的思维去决策，如果没有市场经济理论来指导经营行为，企业是站不住脚的。不过，企业的市场理论，一定要符合企业自身特点，一定要实事求是。

（原载《潇洒的奥秘——双星》）

汪海的人生经典

纪　宇

　　看上去，一米八几的个头，五大三粗。不动声色时，俨然一棵泰山劲松，跟黑铁塔一般；说起话来，激昂慷慨，妙语连珠；办起事来，敢闯敢干，雷厉风行，豪气里裹着义胆，磅礴中富有精明。他当过人民的兵，但与其说洋溢军人的气质，倒不如说他身上澎湃着"梁山好汉"的热血。这人，就是青岛双星集团总裁汪海。

　　汪海所在的企业原为青岛橡胶九厂，现发展成为青岛双星集团。他从担任厂政治部主任、副书记、书记、厂长、董事长、总裁，至今已经24年。24年风雨坎坷创业路，24载书写辉煌奋斗史，酸甜苦辣倾诉多少肺腑言，摸爬滚打留下了几多刀伤痕！

　　双星是全国规模最大的国有制鞋集团，位列中国工业企业综合评价最优500家，鞋业第一个驰名商标获得者。"双星"品牌价值21亿元。她拥有3万名职工，130多条生产线。热硫化鞋、冷粘鞋、布鞋、皮鞋、注射鞋、专业鞋六大类鞋并举，产品达到1000多个品种，5000多个花色，成为世界制鞋业规模一流、管理一流、品质一流的名牌企业。十几年来，双星经过"出城"、"下乡"、"上山"一系列战略大调整，集团资产总额由1983年的近1000万元增加到19亿元，净资产也由800万元猛增至近7亿元，相当于80多个当年的青岛橡胶九厂。

　　在汪海的领导下，双星已在全国建立了40多个经营公司，1000多家连锁店，并在全球建立了9家对外经营公司，年出口创汇5000万美元，雄居全国同行业榜首。汪海从1988年连续当选"中国鞋业理事会"理事长，成为名副其实的"中国鞋王"。而他的第三产业已涉及房地产、证券、餐饮、娱乐、旅游、商业等30多个行业，形成了以鞋业带"三产"，"三产"促鞋业，"三产"鞋业共同发展的格局。

人生短暂又漫长，创业艰辛却幸福。在漫漫的人生中，往往有那么几个关键时期、关键事件，对人进行测试和考验。抓住机遇，路走对，事办好，人就会成功，就能创造出无愧于历史和时代的业绩。这非同寻常的精彩可称之为人生经典。汪海的人生经典，有不少是动人心魄的。

"这流水线我们不要了！"

1984 年，青岛橡胶九厂默默无闻。当时，为了扩大企业和产品的知名度，汪海想到了新闻媒体。他调动各种关系，邀请来了中央级新闻单位记者 18 人，省市记者 30 多人，介绍厂的历史、现状、产品和规划。会议结束时，厂里给每位记者 10 筒易拉罐啤酒，市价每筒 0.8 元，个人掏 0.5 元，厂里补 0.3 元。外地记者每人 20 斤苹果，市价 0.3 元 1 斤，个人掏 0.2 元，厂里补 0.1 元。每位记者发 1 双鞋，均填写试穿证，负责反馈对产品的意见。这次会议，总计花费近 7000 元。会后，多家报纸、电台和电视台都见了"成果"。谁也想不到，这事却引来厂里的舆论纷纷，有人竟告到了市里。新闻发布会不久，汪海率领技术人员带着国家化工部已同日本签订的引进设备的意向书，到日本考察进口设备。前后两件事加在一起，可不得了，真是惹下了塌天的大麻烦。根据厂里的举报，市纪委决定当成大案来查。

而汪海一行踏上日本国土，代理商冈正泽先生就黏住了他。为了把生意做成，冈正泽鞍前马后，殷勤有加。只要你汪海买我的设备，一切都没说的。你有什么要求，我一概应允。你没有什么要求，我还"启发"你的要求。换成别的企业家，这成套的日本制鞋流水线能不买吗？来考察不就是为了买设备吗？没有买设备而回国不意味着失败吗？

冈正泽陪同汪海跑了好几个城市，看了一条又一条流水线。汪海皱紧双眉，只摇头不点头。汪海是内行，他熟悉世界制鞋技术的发展情况，他知道这些流水线在国际范围里来比较并不是最先进的。更要命的是，这些机器开动起来会散发出一种有毒的气体，而这种气体无疑将危害工人的健康。再说，这套设备的价格也贵得离谱。原来报价 60 万美元，经过几番讨价还价，日方最后坚持要最低价 27 万美元。日方全力以赴要做成这笔生意，除价格不能再降外一切都好商量。你个人有什么要求，包括好处费啦，都考虑在内了。冈正泽先生是商人，明里暗里把心思表达得很充分。越是这样，越见有弊，汪海越是摇头。一看这笔赚钱的生意要黄，冈正泽急了，软中带硬地说："贵国化工部是签了意向书的！"汪海心里有数，他依据意向书中有考察验货的条款说："意向书中写明要考察，就是说要根据考察结果来签订正式合同。考察发现不合适，我们有权不要。"正当汪海在日本同日商谈判最艰苦的时候，国内青岛橡胶九厂里正沸沸扬扬为汪海出国前举办的新闻发布会是否合法搞得焦头烂额呢。如果此行空手而归，那反对他的人不知还会说出什么难听的话，搞出什么样的行动来呢。

不为小利所迷惑，不惧流言满天飞。为了中国的制鞋业，也为了中国工人的健康和尊严，汪海断然拍板："这流水线我们不要了！"没想到的是，谈判破裂却是和没做成生意的冈正泽先生友谊的开始。这个精明的日本商人被中国对手打败了，但他服气。眼前这个中国男人正直、爱国、有胆有识，是个优秀企业家的材料，更是个可交的朋友。后来，冈正泽派他儿子到中国来，专门来看看这些由汪海带领的中国人是怎样生产，如何管理的。他预言，在汪海领导下的双星集团会有飞跃的发展。

汪海从日本回国，一到青岛，劈头就是两个坏消息：一是市纪委限令他立即去报到，接受审查；二是他父亲几天前去世。如五雷轰顶，他感到木然。他含着眼泪回到家中，嘱咐忧心如焚的妻子，如果这一去被隔离审查，一时回不来，你们一定要顶住，实在不行，就回老家微山湖去。然后，汪海去市纪委报到，顿时，双方剑拔弩张。纪委书记拍一下桌子，汪海拍两下。谁也压不住谁，汪海摔门而去。清凉的海风吹冷了汪海有些发热的头脑。他冷静下来，去找了市委书记刘鹏。自我介绍后，他含泪倾吐肚里的冤屈。两人谈了两个小时，谈着谈着，开始神情严肃的书记眉头慢慢舒展了。事后很久，汪海才知道，市纪委关于对他隔离审查的红头文件已经拟好上报，只是刘鹏书记当时还没有签发。经过组织上深入的调查，汪海才避免了一场灾难。

组织上的实事求是，激发了汪海的工作热情。他带领厂里的科技人员自己设计、自己制造的同类流水线，只花了7万元人民币，圆满解决了生产急需。这套解决生产难题、填补了空白的设备还在国家专利局申请了专利。

"中国企业家是否也有一个生态环境的问题呢？"

1987年4月，汪海被中国企业家协会评选为中国首届优秀企业家，出席在北京召开的表彰大会，从党和国家领导人手中接过"金球奖"。发奖仪式之后，领导人和获奖企业家们进行座谈。在全国成千上万名企业家中，获奖者仅20名，可谓好中选优，凤毛麟角。在这种喜气洋洋的气氛中，与会者对一系列改革政策报以发自内心的赞扬是很自然的。但汪海却觉得这种机会非常难得，他要抓住这次机会对领导同志进言，有问题，有意见，此时不讲更待何时？过了这个村就没有这个店了。

他出于对国有企业命运和前途的严重担忧，率直地提出两条尖锐的意见：第一，中央允许三资企业三年免税，进口原材料免税，许多政策都很优惠，而国有企业作为国民经济的主干、国家财政收入的主要来源，却没有任何优惠政策。这种竞争是否在同一条起跑线上？国外都讲究公平竞争，我们中国为什么不搞公平竞争？第二，对于外贸出口，同样是给国家创汇，但给国有企业的补贴却不一样，待遇很不平等，各种政策都不能兑现。一个放得很宽，一个卡得过死，这种状况什么时候能够改变？

汪海是率领着一个国有企业在各种困难中艰难创业的，对现实中的矛盾和不平等待遇体会最为深切。他干得太苦太累太不容易了，所以提起不公平的政策难免情绪激动。他打了个比方说："在市场竞争中，就好像上了拳击场，人家松开了，活蹦乱跳，我们仍然被捆住手脚，到头来我们只有挨打的份儿，不能还手。"

国有企业的困难和问题当然不止这些，但汪海的意见不能说不是一针见血切中要害。对于这突如其来的意见，面对着这位刚评上全国优秀企业家的山东大汉伸手为国有企业要政策、要平等竞争的权力，领导者们一时难以答复。主持会议的首长哈哈一笑，说出两个字："散会！"

第二天，党中央最高领导人在中南海接见这20名优秀企业家。他们早早地进了中南海，预定接见时间还不到，汪海在湖水边散步，却意外地看见野鸭子，他的心一下子被触动了。想起昨天在座谈会上的发言，他觉得意犹未尽，他今天还得再多说几句！于是，这位山东大汉对当时的总书记慷慨陈词：

"今天，我来到中南海，心里十分激动。因为我在这里看到了一群群的野鸭子。在我的家乡微山湖，湖面方圆600多平方公里，周围是茂密的芦苇荡。我小时候，那里的野鸭子多极了，飞起来能遮日，落下来能盖湖。可惜现在再去看，已经难得见到一两只了。为什么呢？"

无论是中央领导还是代表们，都静静地听着，一时摸不透汪海到底要讲什么。

"微山湖本来具有野鸭子最好的生存环境，但是人们打它、抓它，它在那里几乎要绝迹了。而中南海虽然处在大都市中，就这么一汪湖水，但它不被惊扰，受到保护，有一块自由生息的空间，所以它在这里生活得很好。"说到这里，他进而直言道："中国的企业家为什么最容易被打倒，是不是同样也有一个生态环境的问题呢？"

汪海的话被录音机句句不落地录进了带子里，会场里一片宁静。不知这些肺腑之言是否也能句句不落地让领导者听进心里。反正实践已经证明汪海为国有企业要生存发展的权力，要公平竞争的呼吁绝非危言耸听。他对中国企业家生态环境的忧虑已被当时 20 名优秀企业家后来各自的命运所诠释注解。

"看到鞋底上的商标了吗？"

一家中国的制鞋企业，能在美国的大都会纽约召开新闻发布会，这本身就是有价值的新闻。可国外不比国内，人事环境复杂，随时可能发生意想不到的情况，因此开这种新闻发布会有很大的风险。

新华社驻纽约分社的社长刘其中先生起初对国内一家劳动密集型的制鞋企业漂洋过海到美国来开新闻发布会颇有些不以为然。他为这个会两种可能发生的情况担心，一是企业领导人头脑发热，是不切实际的异想天开，不会有什么实质性的宣传效果；二是如果把握不好国际国内不同情况的区别，说出不得体的话，就会造成不良影响。没想到的是汪海稳重大方，风度翩翩，以富有感染力的声音发布新闻："双星集团决定在国际注册'双星'牌商标，并以美国为基地，成立双星国际经营公司，直接向全世界销售。"他还自豪地宣称："双星的生产管理水平是当今世界同行中最好的企业之一。"

一阵掌声之后，到会的记者们开始提问。这些问题都是意料之中的，汪海胸有成竹，对答如流。几个回合下来，刘其中先生放心了，他感到这个新闻发布会是成功的。

突然，纽约《美东时报》记者威廉·查理站起来，出其不意地提出一个问题：

"汪海先生，大家都叫你'中国鞋王'，都讲双星鞋品质一流，我冒昧地问一句：您现在脚上穿的皮鞋是双星牌的吗？谢谢。"

这显然是一个突然袭击，这一问使会场热烈轻松的气氛顿时紧张起来。汪海笑了。他突然意识到这个千载难逢的好机会来了，他兴奋地说："感谢记者先生给我提供了这个宣传的好机会。我知道在公众场合脱鞋是不文明、不礼貌的行为，但是鞋不脱下来就无法回答您的问题。"他开始弯腰脱鞋，然后将鞋高高举在手中说："China, Doublestar! 看到鞋底上的商标了吗？地地道道的中国双星产品。不仅我一年四季都穿双星鞋，我的员工们也都穿我们自己的双星鞋，我们要脚踏双星，走遍世界。"

顿时，镁光灯闪亮，掌声、笑声爆发出来。

第二天，汪海满面笑容、手举皮鞋的大幅照片登上了当地许多报纸的版面。甚至有记者将汪海脱鞋与赫鲁晓夫在联合国脱鞋砸桌子相提并论，认为社会主义国家的共产党人在美国公众面前脱鞋的仅此两人。"中国鞋王"代表改革开放的中国人，敢于用自己的产品向美国挑战，这才是真正的厉害！

在脱鞋这件轰动新闻背后，还有些不为人注意的细节。美国记者为什么会提出这样一个刁钻的问题？他的目的决非给你汪海一个表现自己的机会，让汪海在如此严肃和正式的场合名正言顺地宣传双星的产品，关键在于：汪海脚上穿的这双鞋从式样、做工、皮质各个方面来看，都挺独特，不像是双星常见的产品，帮面上也没有双星商标。生着鹰一般眼睛的美国记者发现了这一点，抓住了这一点。他以为汪海脚上这双皮鞋肯定是别的世界名牌，不是双星的产品。这样问题就一下子尖锐起来：你号称"中国鞋王"，你的广告语是"穿上双星鞋，潇洒走世界"，现在你汪海总裁到美国来潇洒了，却不穿你自己生产的鞋，这就说明你的鞋还是不行，说一千道一万，都是美丽的废话。如此这般，鞋王这"丑"就丢到美国来了。出于这样的目的，或者说出于新闻记者的特别敏感，才有这"将"军的一问。以老牌记者的老辣刁钻来说，这是一针见血让你人仰马翻的提问。

记者没想到他这一问，真是正中齐鲁汉子汪海的下怀。汪海做鞋、研究鞋，琢磨鞋，鞋就是他的爱好、思维和梦想，维系着他的喜怒哀乐。可惜，他只有一双脚，若能长出更多的脚来，他就会更多地把自家生产的鞋都穿上一试。试试才能真切地感觉到，哪里舒服，哪里不舒服。鞋挤不挤脚只有脚指头知道。汪海说，当时他脚上那双鞋，是他亲自选料、亲自择型、亲自设计的最新产品。没想到这双鞋给在美国举办的新闻发布会带来如此戏剧性的场面，产生如此爆炸性的效果。

当然，汪海作为双星集团的老板，他的一举一动都会被人纳入视线。所以从来重视广告、强调形象的汪海就干脆用双星产品把自己"包装"起来：除了双星鞋，他穿双星袜、双星裤、双星衣，戴双星帽，后来连吃饭饮水也都双星化了：双星马家军矿泉水、双星啤酒、双星白酒、双星葡萄酒，登双星山，住双星度假村。当然，这都是另外的话题了。

"双星集团汪海同志来了没有？"

曾经有个民谣说："国民党的税多，共产党的会多。"我们生活中各种各样应该开的和不太必要开的会太多了。作为一个企业集团的总裁，组织生产，开拓市场，要做千头万绪的工作，开会往往是个沉重的负担。如果老是沉在会海中，企业还怎么抓，瞬息万变的市场又怎么闯？

而中国各级政府，大小官员都把自己分管的一块看得很重要，召集会议常常强调要一把手参加。可一把手只有一个，分身乏术，怎么办？汪海选了一位同志担任副总裁，专门代表他前去开会，听讲话，做记录，把文件和上级精神带回来。时间长了，汪海"应该"参加的会他不参加，由他的代表参加已经习惯了，被认可了。常常是会议主持人问："双星集团汪海同志来了没有？"准有人回答："来了！"你若信以为真，满会场找汪海，那肯定是上当了。因为喊出"来了"的是一个替他开会的全权代表！

替他开会不说，还要替他去学习。各级的党校点名要汪海去学习，他也总是请年轻的同志代替他去。年轻同志是党的希望，也是今后事业的希望。他们去充实提高一下，回来担负更重要的工作，多好！何必要我这个"老朽"去么？再说汪海去了，集团多少人多少事要找他，那不要耽误大事吗？汪海牢牢记住邓小平同志说的话："发展是硬道理。"企业要发展，咱汪海个人自觉地多学点，多总结出点"语录"，就别往"仕途"方面发展了，人的精力总是有限的。他迷的是"鞋途"，走的是"鞋道"，任是什么力量也改变不了。

"拆开！看看鞋里夹着什么秘密？"

双星集团发展了，企业壮大了，在全国制鞋行业成了龙头老大。他又连选连任全国制鞋业理事会的理事长。他所到之处，许多发不出工资、濒临倒闭破产的胶鞋厂希望汪海拉他们一把，其情殷殷，其言切切，或收购或兼并或联营，只要能加入双星，汪海怎么决策都行。对于同行业的困境他充分理解，并给予力所能及的帮助，但原则是有利于双星集团自身的扩张和发展，决不能盲目地背上包袱压垮自己。在哈尔滨，由于工作原因，他结识了原化工局的洪局长，两人言谈投机，成为好友。洪局长牵线力促双星兼并他属下的一个橡胶厂，条件优惠，政策倾斜。连哈尔滨市委、市政府的有关领导都出面了，一位副市长与汪海连连碰杯，以至于从不贪杯的汪海同这些劝酒者都不胜酒力了。

经过考察评估，几番商谈，事情至此，仿佛已经可以拍板了。可兼并这家厂的利弊大小还是盘算在汪海脑中。可与否，虽是一字之差，胜与负却有天壤之别呀，还要认真考虑，慎之又慎。临别时，为测试这家厂设计、生产等方面的能力，汪海提出要该厂设计生产一种他指定样式的鞋，尽快将样品提供出来，样品出来后双星集团党委再做出何去何从的最后决策。

不久，样品鞋送来了。从设计、做工、样式上都无可挑剔，说明这个厂还是有能力的，汪海感到满意。可紧接着他又觉得这鞋怎么越看越觉得眼熟，越琢磨越觉得有疑问呢？双星的设计开发人员也有同感。汪海说，将鞋拆开！看看里面究竟夹带着什么秘密？这双鞋被"解剖"开了，真相大白。这家全心全意要投靠双星以谋生存和发展的橡胶厂居然送来的是双星自己的产品！看来他们还没加入双星就把自己毫不客气地当成双星了。

这一下子，汪海的难题迎刃而解，一心归附的厂家羞愧难言，牵线搭桥的洪局长心服口服，为此事碰杯喝醉的副市长无话可说。

谁能将一个企图以欺骗手段用大老板的产品来蒙混大老板的厂家收编于麾下进行合作呢？

至今，洪局长与汪海还是很讲哥们义气的好朋友。后来，他对汪海实话实说："幸亏你没要那个厂。"

"我的妻子黄淑兰最大的优点是不贪。"

改革开放之初，为了扩大生产规模，汪海决策向乡镇企业进军，选择临近青岛的县市"联姻"，发展了13个工厂，说白了就是13个外加工点。制鞋底鞋帮的工序转移出去了，印刷、印染、制箱、织带等辅助生产也转移出去了。可随着生产的发展，加工点的生产扩大，形成一定的生产规模，狭隘的小农意识、地方保护主义等不利于联合的想法冒出来，问题和矛盾也就产生了。

当乡镇企业刚刚挣到钱时，他们没有忘记是双星给他们带来的利益，没有双星就没有他们的今天。双星的大老板是谁呢？是汪海。

为了表达心意，也许出于淳朴的感激之情，也许另有所求，他们千方百计地打听汪海家的住址，带上礼物就去了。汪海大多数的时间是不在家的，他的妻子黄淑兰就成了接待员。黄淑兰深知汪海创业的艰辛，她支持和理解丈夫，也知道该怎么处理这种事。送东西不收，送钱的坚拒。送礼品者，或是海边的，或是山里的，送来的或鱼虾，或土特产、农产品。东西不少，值钱不多。除了扔下就跑她追不上的，统统请来人带回去。说实话，这些东西送来即是负担。家里人少，谁能吃多少？倒是来送钱的，说这是汪总天经地义该得到的一份报酬，是去年该分未分的奖金，是分厂职工的心意，如此等等。理由充分得很，言词质朴得很，仿佛黄淑兰不收下就是不通人情，就是交代不过去的。汪海曾说，我的妻子黄淑兰最大的优点是不贪。她清醒，知道由丈夫筑起的堤坝不能在她这里、在家中发生溃口。既然是汪海该得的一份，你们直接送给他，我不能代他收，至于心意，我领了，请把钱带回去。她把来路不明的钱和物统统拒之门外，给汪海筑起一条无形的防腐堤坝。

乡镇企业发展的过程中产生膨胀，在利益驱动下，当地政府也会有自己的想法。有人说："你们自己干吧，何必让双星剥削你们。"后来，这"联姻"的13家乡镇厂几乎全部与双星"离婚"。"联姻"时是喜事，怎么说都好，怎么办都行，"离婚"就没那么愉快了，揭短唯恐少，算账撕破脸。如果谁真收了什么不义之财，人家小账本上都记着，世上哪有不花钱的午餐呢？汪海由于后院的门户关得紧，没有把柄在人家手里，理不短，手不软，秉公处理，心地坦荡。

汪海的儿子叫汪军，也在双星集团里工作。他肯学习，工作很努力，从工人到基层干部，后来干到分厂的厂长，外经部经理，工作是称职的、有成绩的。父子同在一个单位，老子又是总裁，这对青年人的成长既是有利因素也是不利因素。汪海三令五申，对各个部门讲，对汪军不能搞任何特殊，要一视同仁平等竞争，靠自己的本事奋斗，谁要对他不讲原则，等于害我。五年前，双星集团分房子，汪海决定不分给汪军。与汪军条件相同的200多个中层干部都分了套住房，唯独汪军没有。为此，汪军感到很不理解，和他妈妈一起质问汪海："就你革命！革命也应该一碗水端平，凭什么不给我房子，就因为是你儿吗？"汪海说："是呀，孩子！就因为你是我儿！这次该给也不给你，给你我就不好做工作了。"5年后汪军才搬进新居。再后来，双星集团需要在海外建立分公司，汪军有做外经部的经验，就被派驻国外。有记者质问此事，汪海坦然回答说："我儿子遵守国家政策，遵守集团规定，代表公司做生意，有什么不行吗？"

（原载《名人传记》1999 年 5 月总第 155 期）

汪海对鞋子、情感与权力的态度

赵少钦

公元 1999 年 1 月。战争的阴云沉沉地笼罩在科索沃上空，火药味的气息已经弥漫了这个地区的每一个角落。就在这剑拔弩张的当口，却风尘仆仆地走来了一位中国企业家。当看到自己的产品在科索沃不少市镇的百货店里都很受欢迎时，他满意地笑了。

这位中国企业家不是别人，正是双星集团总裁汪海。

汪海说："科索沃局势紧张，别的竞争者不敢去了，而这正是我们抢占市场的好时机。一开始双星在南欧的经销商还畏畏缩缩，我就鼓励他赶紧进去赚大钱，现在果然见效了。"

颇富戏剧色彩的科索沃之行，只是汪海人生长河中一朵微微荡起的浪花罢了。

被人称为"中国鞋王"的汪海本人，简直就是一个谜一般的传奇。都说国有企业领导不好当、当不长，可汪海为什么干了 25 年而不倒？当年获"金球奖"的 20 位首届全国优秀企业家升的升、退的退、倒的倒，而为什么只有汪海还"硕果仅存"地留在原来的企业里"大展宏图"？如今韩国、中国台湾等国家和地区的制鞋企业都陷入窘境，国内更是 80% 的国有鞋厂都亏损倒闭，而为什么汪海领导的双星集团却红红火火一枝独秀，成长为世界上实际生产规模最大的制鞋企业？

汪海，山东大汉，豪爽坦荡，睿智幽默。1999 年初春，带着种种思考和疑问，我们走近汪海，开始了一次深邃的思想探秘。汪海弯腰脱下鞋，举在手上，嘴里发出一句带有山东口音的英语："'China Double Star'，看到鞋底上的双星商标了吧？我穿的是双星鞋。我不穿双星鞋，还配称鞋王吗？"

汪海至今不能忘记 1983 年 11 月那段透心凉的日子。西伯利亚的寒流突然袭来，在青岛刮起了七八级的大风。在这令人心烦的大风天里，汪海任党委书记的青岛橡胶九厂正面临着空前严峻的考验：商业部门停止收购他们厂生产的解放鞋了！面对堆积如山的 200 多万双解放鞋，汪海决定冲破不准企业自行销售产品的禁令，带工人背上鞋闯荡市场。一年工夫下来，职工们凭着一张嘴两条腿，硬是把积压产品卖了个精光。

市场上一次又一次的摸爬滚打使汪海成熟起来，他越来越准确地号准了市场的脉搏，并将自己的思考逐步提炼为独具特色的双星市场政治和市场理论。汪海响亮地提出："市场是企业的最高领导。"汪海说："世界上什么最准确？有人说是天平最准确，我看不对，应该是市场最准确。市场是对好与坏、真和假的最好检验。市场超越了制度，超越了信仰，只要在这个地球上，对企业最好的检验就是市场。市场是人才的天地，是人才施展才华最好的天地。不靠关系，不靠门子，市场就客观摆着。谁有本事谁干，谁有本事就进入市场演练演练。"

有了"橡胶九厂"被人误听成"香蕉酒厂"的尴尬经历，汪海敏锐地意识到了创出名牌是赢得市场的关键，是市场经济中的"原子弹"。汪海把双星的市场经济意识归纳为"创名牌是市场经济中最大的政治，创出世界名牌是最好的爱国行动。"

为了准确地给市场把脉，汪海以其近乎痴迷的勤奋经年累月地开展调查研究。平日里他满脑子想的是鞋，满眼看的是鞋，张口闭口说的还是鞋。他每年都要驾着小车风尘仆仆跑几个省、几十个县，做到逢市、县必停；逢店、集必进；逢外厂鞋必购；逢本厂鞋必询。在沂蒙山区，他碰到一位老农穿着一双自制的用汽车轮胎作底的鞋，赶忙上前询问，原来山区沙石多，一般的胶鞋底不耐磨。汪海回厂后迅速组织设计生产了一种牛筋底的耐磨的"开山鞋"，在山区一下子就卖火了。在广州街头，汪海和厂里几个人注意到一个女孩子的鞋跟很好看，就跟在后面观察。女孩子不明就里，看到几个彪形大汉紧盯着自己，吓得越走越快。汪海他们也跟得越来越快。走了一段路，汪海终于清醒过来，赶紧向那位女孩子赔礼解释。近些年来，汪海的足迹更是遍及世界五大洲的各个角落，国际鞋业市场上任何一点新的变化都逃不过他那双敏锐的眼睛。正由于有了这种对市场需求的准确把握，才有了双星新产品开发的一路凯歌：1990 年全国掀起迎亚运高潮，双星的"亚运"篮球鞋一炮打响；年轻人中掀起霹雳舞热，双星的迪斯科霹雳舞鞋成了抢手货。另外还有老人健身鞋、小学生体操鞋、撒切尔夫人鞋、骑士鞋、农村妇女劳动鞋……本着"你无我有，你有我新，你新我变"的战略思路，双星开发的新产品层出不穷，到目前已有热硫化鞋、冷粘鞋、布鞋、皮鞋、注射鞋、专业鞋六大类 1000 多个品种，5000 多种花色，每一种卖得都挺欢。难怪汪海要说"只有疲软的产品，没有疲软的市场"。春节期间，记者来到双星工业园区，看到此地仍是机声阵阵，车间里"打工妹"们正忙着加班加点赶订单。

汪海敏锐的眼光不仅仅盯在市场上，更是时时刻刻地盯在双星的问题和不足上。双星风风雨雨十几年取得的辉煌成就，好像从来就没有让汪海满足过。相反，他思考的总是缺陷，关心的总是问题，强调的总是风险。在双星，危机的警报就这样时时被汪海拉响，提醒全体职工不能有半点松懈。1997 年被称为经历了"一场恶战"；1998 年是一个"生死年"；1999年春节第 4 天，双星又办起了"读书班"，由各部门仔细检查自己的差距和不足，找出改正和提高的途径，同时制定当年的市场战略。这样的一年一度春节学习检查会，双星已经坚持了十几年。汪海总是说，市场是瞬息万变的，不能适应市场的变化就要被淘汰。尤其是双星这么大的集团，一旦垮下来，后果真是不堪设想。正是具备了这样一种"如临深渊、如履薄冰"的危机意识，汪海领导的双星集团才能在制鞋这个竞争趋于白热化的微利行业脱颖而出，越战越勇，历经磨难而不衰，千锤百炼更坚强。

汪海还具有很强的超前意识。他不仅仅用"显微镜"发现了市场需求和自身不足，他更用"望远镜"洞悉了整个产业的未来，把握住了市场发展的大趋势。早在全厂职工刚刚欢庆将积压产品推销一空的 1984 年，汪海就敏感地意识到：时代的发展迫切要求推陈出新。传统的"解放牌"胶鞋再过两三年，恐怕站在街上白送人都不会有人要了。于是他斩钉截铁地决定：老产品 3 年之内全部退役。从那时起，双星开始逐步地将老生产线转移到农村，转而生产运动鞋、旅游鞋等新产品。1986 年 6 月 23 日下午 5 点 30分，双星生产出了历史上最后一双解放鞋。汪海在深入研究了世界制鞋产业的发展规律后，进一步得出结论：守在寸土寸金的青岛市区黄金地段做鞋子，只会使生产成本逐年增加，越来越无利可图。于是，汪海开始实施"出城上山下乡"的战略，80 年代在青岛市郊建成了开发区、工业园两座鞋城，90 年代又挺进劳动力成本低廉、享受国家扶贫政策的沂蒙山区，建成了鲁中、瀚海公司。1997 年 6 月 11 日，双星总部正式结束了制鞋的历史。在一个个鞋厂、一条条生产线迁出双星集团总部的同时，代之而起的是娱乐城、商住楼、保龄球馆、证券公司、超市等第三产业的大发展。目前，双星的三产已涉及 30 多个行业，1998 年销售收入达到 10 亿多元。

在开发新产品、扩大生产规模的同时，汪海也在一步步实现他的营销"三级跳"。创业伊始，他就把4个人的销售科扩大成了400人的销售公司，全力开拓市场。紧接着，双星在全国建立了40多家经营公司，并在1988年获自营进出口权后在国外设立9个公司，用坐地行销，分片负责的"阵地战"结束了一张嘴、两条腿的"游击战"。近两年，汪海总结了海内外鞋商兴衰成败的经验教训，认识到只有把销售网直接延伸到用户，才能更充分地发挥名牌的价值，于是就着手大建连锁店。到2000年，双星连锁店将达2000多家。

在企业内部组织机制上，具有远见卓识的汪海凭着"敢为天下先"的勇气采取了一系列标新立异的举措，从而每一步都争取到了主动。早在刚刚"逼下市场"的1984年，汪海就开始按市场需要调整企业机构，改革干部人事制度，"拆庙搬神"，破除计划经济的老框框。1985年，汪海又开始在总厂推行分厂制的改革，实行分厂独立核算、自负盈亏、利润留成等一系列承包措施。1993年，双星又全面实施国有民营的新机制，下属单位向集团租赁厂房、土地及其他设备并交纳折旧费，占用集团的资金就交纳利息，另外还要交纳管理费和无形资产使用费。甚至对所有机关处室，双星也是"既断奶又断水"，所有人员全部进入市场，自办经营实体，工资奖金全靠自己解决，并向集团公司上缴利润。通过这种"国有民营"的改造，每一个企业都成了一个利润中心，而集团财务处相当于一个资金融通的内部银行，里面流的全是"源头活水"。汪海说，如今的双星集团就好比一个太阳系，集团内100多个企业都围绕着双星这块牌子转，同时它们又都在自转。

为了打响双星名牌，汪海在对外宣传方面同样新招迭出：最早以企业名义召开新闻发布会，最早独家在国外召开新闻发布会，最早在世界鞋业博览会上举办鞋文化展览，向中国女排赠送排球鞋，赞助马家军女子中长跑队，向全国100名老将军祝贺新春并赠送老年人健身鞋……而最令人惊讶的神来之笔，莫过于1992年8月28日汪海在纽约记者招待会上的精彩表现。当汪海对答如流地回答了一个个提问后，纽约《美东时报》记者威廉·查理搞了一个突然袭击："请问中国鞋王，您现在脚上穿的是双星鞋吗？"汪海笑了，他脚上是一双非常漂亮的皮鞋。他说："感谢这位记者给我提供了一个宣传的好机会。我知道在公共场合脱鞋是不文明不礼貌的行为，但是……"，他弯腰脱下鞋，举在手上，嘴里发出一句带有山东口音的英语："China Doublestar（中国双星），看到鞋底上的双星商标了吧？我穿的是双星鞋。我不穿双星鞋，还配称鞋王吗？我不仅一年四季都穿双星鞋，就连我的员工也都穿我们自己的双星鞋。我们要脚踏双星，走遍世界。"顿时，会场上摄影灯闪烁。第二天，汪海手举皮鞋的照片登在了当地许多报纸的版面上。一位外国记者评论说，"在我们的记忆里，社会主义国家的共产党人在美国公众面前脱鞋的就两个。一个是前苏联的赫鲁晓夫在联合国发火，脱下鞋砸桌子，他要跟美国对着干，显示他超级大国的威力。第二个脱鞋的就是这位中国鞋王了。改革开放后的中国人敢于用自己的产品向美国市场挑战，这才是真正的厉害！"

"一双不合格的鞋对于双星来说只占 5000 万分之一，而对购买它的消费者来说却是 100%，它对双星名牌所造成的负面影响是不可估量的，因此这样的鞋决不允许卖给消费者。"

汪海的心很大很大，但汪海从来就不是一个做白日梦的人。

翻开厚厚的两大本汪海的著作《市场·企业·创新》和《市场·企业·名牌》，我们找不到一句不切实际的空话，字里行间渗透的全是汪海对双星员工一遍又一遍的叮咛：扎实些！再扎实些！

汪海的名言"有人就穿鞋，关键在工作"成了双星集团的座右铭。而这"工作"二字在汪海眼里，就是每时每刻都要老老实实地干，脚踏实地地干，一点一滴地干，来不得半点花架子。

汪海始终把扎实细致的管理看做是企业的立身之本。他提出，"市场无止境，管理无句号。"因此必须始终做到"两眼盯在市场上，功夫下在管理上"。

如何加强管理？汪海认为管理说到底还是管人，人管好了，其他的管理也就搞好了。所以汪海将其总结为"人是兴厂之本，管理以人为主"。为了管好人，汪海自 1984 年改革以来可谓呕心沥血，步步为营：首先抓好企业整顿，紧接着选取突破口，强化现场管理，接下来抓好基础管理，再后来推进创新管理。"十年磨一剑"，独具特色的双星"九九管理法"终于在汪海手中"百炼成钢"。汪海如此解释这套崭新的管理办法："三环"求新路（继承传统的、借鉴外国的、创新自己的），"三轮"求效力（思想教育、经济手段和行政措施），"三原则"求效应（教育人办实事、一体化全方位、民主开放增加透明度），这"三环"、"三轮"、"三原则"构成"管人"的经线；而"三分"增活力（分级管理、分层承包、分开算账），"三联"增实力（加工联产、销售联营、股份联合），"三开发"增竞争力（人才开发、技术产品开发、市场开发），这"三分"、"三联"、"三开发"构成了"管事"的纬线；这样九九经纬交织，就构成了一个纵横交错、条理清晰的科学管理体系。这一套体系甚至深深折服了前来调研的中国社会科学院工业经济研究所的专家们。他们在专题考察报告《双星之光》中，对"九九管理法"给予了高度评价，认为是具有中国特色的企业管理模式，丰富和发展了社会主义市场经济理论体系。中国企业管理协会、中国企业家协会还将其列入向全国推广的 22 种现代管理方法。

为了从技术上解决生产管理现场混乱的问题，实现"定置管理"以掌握每一个生产环节的工作情况，双星人在全世界首创了"投入产出一条龙管理法"。他们对各种原材料、鞋帮、鞋楦及各种工模具，从数量、性能到放置的位置、运行的线路等均做到核准无误；生产流程中推行数字跟踪卡、技术跟踪卡，每条生产线、每个班组在鞋的有关部位标明各自的标记……这整套厂规厂法、管理标准有 255 项 1561 条，技术标准有 42 项 233 种，251 个岗位有各自的形象标准，29 个部门有各自的部门精神……一位台商参观后连声惊叹：双星的管理真是"细到家了"。

在双星，大概没有人不知道那个著名的"一张纸的故事"。

那是在 1995 年底，双星一位处长给汪海递交了一份只有三四行字的报告，却用了一张很大的纸。汪海就在这个报告上批示："一张纸虽然不值几个钱，但如果全公司两万职工每人一天浪费一张纸，全年会浪费多少呢？家大业大就不要节约了吗？"这位处长看到这个批示后，主动提出免了自己一个月的奖金。因为一张纸处长挨罚的事，极大地震动了全体双星员工，从而引发了一场"家大业大还要不要节约"的大讨论，让大家都来算账。生产车间算到了一克胶、一度电；机关科室算到了一张纸、一个电话。结果是不算不知道，一算吓一跳，仅仅看得见的无效成本一年就算出了几千万。这一算把大家都算清醒了，认识到只有一分一厘地"抠"低成本，企业在市场竞争中才能真正赢得主动。

于是参观者在双星就会看到一个莫名其妙的现象：许多车间的墙角处总是倒放着一些空胶桶。原来，这是工人们把用完的胶桶倒置在盆中，让残留的胶一滴滴地慢慢地流进盆里去，以便充分利用。就这样一"滴"，每个车间一个月至少也能"滴"出好几百块钱。

汪海就是这样"斤斤计较"地推进他的成本管理。他通过实施成本目标责任制，将生产成本层层分解，落实到每个环节、每个人、每一产品、每种原料。比如生产车间每生产一种鞋之前，首先要将每双鞋的成本，包括每一个鞋扣、每根鞋带、每一张塞鞋纸的价钱、每做一只鞋的工资等，都要一一算出来，制成目标费用控制图，公开张贴在每道工序的作业现场。工人据此开工资，超则罚，降则奖。清清楚楚，一目了然。另外，双星还实行了资金切块制度，将原来由集团统一管理的"大锅饭"资金，分切到由各个分厂、车间、工段乃至班组管理，并把资金的使用情况作为考核干部、职工成绩的一个重要标准。

在千方百计降成本的同时，汪海的眼光始终紧紧地盯在产品的质量上。他反复强调："价格的竞争是暂时的，质量的竞争是永恒的"，"企业什么都可以改革，唯有质量第一不能改革"。在双星的牌子越来越响，一些员工开始有一些松劲麻痹情绪的情况下，汪海更是再三告诫：愈是名牌愈要重视质量，愈是名牌愈要提高质量。

一次，汪海到北京开会。走访西单商场时，营业员说有一只双星霹雳舞鞋鞋底有一颗钉子没拔掉，汪海就把这双鞋借出来带回了公司。火车下午两点到青岛，两点半他就在车间里召开了现场会。当着橡塑厂数百工人的面，汪海让厂长及车间主任穿上这只鞋，厂长被扎得"哎哟"叫了一声。汪海火了："这样的鞋上柜台，不是坑害消费者、砸双星的牌子吗？"没有二话，从厂长到有关工人，半年的奖金被一抹到底。紧接着，汪海又与技术人员一起研究，想办法彻底解决了鞋内留钉子的难题。

在1990年，由于使用部分中国台湾产的尼龙绸鞋面料质量不高，用户反映有部分老人健身鞋鞋帮有破裂现象。汪海得知后下令立即封存未出厂的鞋，拉回已出售到商业部门的319箱鞋，并花钱连续两次在《青岛日报》刊出向消费者致歉的信，通知前来退换。为此双星一共封存鞋4863双，损失20万元。类似这样的自我揭短的"反广告"，双星就做过4次。1997年12月30日，双星甚至当众焚毁了1000多双不合格鞋。汪海说，一双不合格鞋对于双星来说，只占5000万分之一，而对购买它的消费者来说，却是100%，它对双星名牌所造成的负面影响是不可估量的，因此这样的鞋绝不允许卖给消费者。

汪海认为，虽然双星对产品的要求是100%的质量，但事实上难免会有不尽如人意的地方，因此就需要有200%的服务来弥补。市场一线的双星人在付出真诚的微笑、辛劳的汗水乃至委屈的泪水的同时，收获的是更多的消费者对双星产品的信赖。

在双星山上建了"四不像"，在双星总部大院里塑了一座"会说话的大佛"，双星的假山上还有几只猴子。

"海纳百川，有容乃大。"汪海，这个或许是世界上含水最多的名字，让人联想到的是海的博大与深沉。

而汪海的确人如其名，具有海一般广阔的气魄与胸襟。

汪海在双星山上建了一座塔，被人称为"四不像"。这座双星塔分为四层，第一层是飞檐翘角，是中国传统的建筑风格；第二层镶嵌了一圈双星的标志；第三层是长城的造型，作为中华民族的象征；第四层是大鹏展翅，而最顶上则是金色的皇冠，喻示着双星要像大鹏鸟一样展翅飞翔，在市场上勇夺冠军。

这座"四不像"塔，很好地诠释了汪海的发展思路：取千家之长补己之短，借四海之力振兴双星。

创业十多年，汪海从来没有停止过向别人学习和借鉴：考察南方市场回来，汪海就找出了南方厂十大可借鉴的经验；到美国市场转一圈，汪海更好地把握了价格与品质的互动关系；李宁牌运动服卖火了，汪海琢磨的是前几年就开始搞的双星运动服为什么没有很快发展起来；研究"耐克"、"阿迪达斯"等世界名牌，汪海又找出了双星与它们还存在的差距……

正是有了这种兼收并蓄，把一切有用的都拿来为我所用的"海纳百川"的胸怀，双星才在汪海的塑造中经历一次次成功的嬗变而不断发展壮大。

今天的双星，有着美国式的规模经营，日本式的内部划小核算单位管理，更有中国特色的思想政治工作优势。双星这个国有的大盘子里面，更是各种花色杂呈：股份制、租赁制、承包制、国有民营，甚至还有个体户。汪海居然还在双星总部大院里塑了一座18米高的配电子音响因而会说话的大佛。大佛建好后，各式各样的疑问和非议就从来没有停止过：汪海在提倡什么？而汪海却说，他要让中国优秀的传统文化都来为双星服务。佛教里蕴藏着优秀的思想文化，如其提倡的道德、觉悟、敬业等精神，就很适用于现代企业管理。佛教宣扬的"普度众生"与我们提倡的"为人民服务"，不是很有共通之处吗？双星的员工大多来自于落后地区，文化水平低，温饱尚难解决，他们到工厂就是打工赚钱，还不太容易接受"质量是企业的生命"之类的教育。所以汪海就提出"干好产品质量就是最大的积德行善"，一下子把企业领导与打工妹的心愿统一起来了。1995 年汪海到新加坡演讲，专门阐发了把佛学文化应用于企业管理中的观点，引起了广泛的共鸣。

不光大佛，连猴子也被汪海"拿来"为双星服务。1992 年，美国华尔街日报记者大卫专门跑到双星来，仔仔细细看了个遍，最后目光落在了双星假山前的几只猴子身上，感到大惑不解。汪海解释说："你看，猴子旁边就是我们的谈判室,我跟外国老板谈累了或者谈僵了,就一起出来跟猴子玩。等猴子把人逗乐了,彼此的气也就消得差不多了,再谈判就顺利多了。"大卫叹服了,临走时留下一句话:如果双星在纽约发行股票,他一定要购买。

汪海在用人问题上,也充分展现了他的大气魄。在双星的改革进程中,各种诬告、刁难从来就没有停止过。斗争最激烈的时候,有人甚至夜晚藏在树林里,等汪海骑车经过时用石头砸过来,差点就要了他的命。保卫科要去查,汪海阻止了。后来汪海没有被告倒,那些诬告他的人就担惊受怕,害怕汪海会打击报复。但汪海早把这些恩怨是非看淡了,这些人在企业该干啥还干啥,表现好的还照常提拔,有的甚至还担任了重要的职务。

"成就都是全体双星人一把汗一把泪干出来的,可金都贴到我一个人的脸上了,我还能再要什么呢?名和利总不能让我一个人都占了吧!"

汪海的词典里似乎从来就没有软弱和畏惧这两个词。

他所展现的,是百折不挠的毅力和大无畏的勇气。

当年商业部门拒收橡胶九厂的鞋之后,汪海四处求爷爷告奶奶无门,最后愤怒地在主管部门办公室扔下一句话:"下次谁再来找你们要钱,谁就是孙子!"就放开胆子闯荡市场去了。

改革之初,各种失去了既得利益的人采取种种手法想把汪海搞下去。汪海回家对妻子黄淑兰说:"你要有个精神准备,不知哪天他们会害死我。"吓得黄淑兰在家里一天到晚坐卧不安。而汪海依然义无反顾大搞改革,甚至还把厂里唯一一支手枪别在腰里,有时还撩一撩衣服让它露出来,显显它的震慑力。

可刚强的汪海也有流泪的时候,而且不只流过一次。

1988 年,年产 300 万双的运动鞋厂建设工期特别紧张,汪海吃住都在工地上。有一天,他发现有一对工人夫妇在日夜奋战,孩子就蜷缩着睡在旁边简单搭起的台上。此情此景令汪海止不住泪如泉涌。多好的工人啊!为了他们汪海我就是拼出老命来,又有什么不值得呢?

1991 年双星在潍坊召开经营工作会议时,汪海患了脑萎缩症,正在住院治疗。他强撑着病体来到会场,边哭边讲:"我现在身体已经不行了,但大家一定要好好干下去,一定要把双星搞好……"后来会议录像带拿回厂里,看了录像的职工没有一个不哭的。

无情未必真豪杰。汪海笃信的是"无情的管理,有情的领导"。对于员工,他总是满怀了一腔的爱,总是鼓励他们要"自己拿自己当骨干,自我感觉良好"。为了照顾好职工的生活，双星还规定了三个"特别假"，一是正月十五元宵节全公司放半天假；二是八月十五中秋节放半天假；三是每年夏天运动鞋生产、销售淡季，给大家发一些补助，放几天旅游假或探亲假。更富有情趣的是，双星还有一个已经坚持了十多年的"三个一"制度，即每个职工过生日，企业给职工放一天假，赠送一个有"双星"图案的生日蛋糕，职工为企业提一条合理化建议。看，这制度定得真有人情味！

对一个男人，尤其是一个成功的男人而言，了解其性情最好的镜子，莫过于看他对于权力、女人和金钱的态度了。

这些年汪海也曾经有多次"入仕"的机会，有一次甚至已经板上钉钉地要提拔他做青岛市主管工业的副市长，但由于某种阻力而未果。从那以后，汪海公开宣布：不走官场走市场，一辈子埋头做鞋匠。汪海对记者这样说："回到双星我就舒心愉快，到了市场上我就精神振奋。可是走上官场我就不灵了，感到事事受阻不顺心。"

而汪海与女人的关系，也是他的各种"反对派"千方百计想打开的"缺口"。有人甚至找到厂里的一个女同志，说只要她同意宣称与汪海有男女关系，就给她10000元钱。可汪海身正不怕影斜，这些人从来就没有抓到一点把柄。后来汪海更是公开宣称自己是"三不变"干部，跟着共产党不变，做鞋匠不变，结发妻子不变。

人非草木，孰能无情？更何况有那么多的女人倾慕汪海的成就与才能？对此汪海有一条始终不渝的原则，他戏称："爱色不贪色，有情没有妇。"堂堂正正，光明磊落。

双星的总资产将近20亿，年创利税达1亿多元，可汪海一年的工资收入加起来不过30000多元。对此汪海想得特别明白："成就都是全体双星人一把汗一把泪干出来的，可金都贴到我一个人脸上了。我还能再要什么呢？名和利总不能让我一个人都占了吧！"

汪海就是这般的轻松和洒脱！

有哲人这样说，一个人的失败，很可能是某方面素质导致的失败，而一个人持久的成功，则一定是综合素质整体的成功。汪海说过，要想成为中国的优秀企业家，必须具备八项素质：政治家敏锐的头脑；哲学家的思想；军事家的统领全局谋略；诗人的浪漫风情；实干家锲而不舍的苦干精神；外交家的翩翩风度；鼓动家的激情和演说才干；冒险家的胆识和创新勇气。汪海还说，企业家必须把企业当成自己的家。只有全身心扑到企业上，自己身上的潜能才会充分发挥出来。

　　而汪海本人，不就是这样一位综合了各种素质的企业家吗？不，汪海已不仅仅具备这样的素质，他更是进入了一种"化境"。在这样一种"企业家境界"里，汪海可以"客观地想，科学地创，认真地做，务实地干，愉快地过，潇洒地活"……

　　难怪汪海会这样成功，这般精彩了！

　　今天的中国鞋业是幸运的，因为有了双星；今天的中国双星是幸运的，因为有了汪海；今天的中国经济是幸运的，因为有了以汪海为代表的一大批民族企业家。他们正凭着百倍的坚韧与勇气，在艰苦卓绝的国际经济竞争中，越来越坚强地支撑起了共和国的脊梁。他们，是我们时代真正的英雄！

　　汪海今年57岁了，他总有一天要从双星老总的位置上退下来。汪海之后怎么办？双星还能亮多久？在这些疑问面前，汪海显然已经成竹在胸。他目前正在筹划推进一项大规模的股份制改造工程，以便把双星打造成一个具有多个基地的"联合舰队"。将来各下属公司有充分的自我发展的结构空间，山东公司垮了，四川公司可以照样起来，这样就能保证双星长盛不衰。汪海说，他从来不相信靠选择接班人会成功，只有靠机制的力量，才可以真正铸就双星的百年辉煌！

（原载《中华儿女》1999 年第 6 期）

走进双星探思源

—— 汪海与美国 K² 传媒公司库恩博士的对话

库恩：K² 传媒公司通过这些节目真实地反映中国经济的情况，特别是反映中国的经济变化及老百姓的生活变化。因为在美国，人们看到的听到的中国情况，不是一个真实的情况，我想通过这个片子（与中央电视台合作摄制的"资本浪潮"）反映出来，相信片子播出后，在美国人民和中国人民之间一定会产生较大反响，也会让世界人民了解一个真实的中国。我认为，今天通过中美企业家之间的见面交流，比政府之间所做的工作还要有效。

汪海：我非常赞赏库恩博士的观点，国家与国家之间的交流带有很多政治色彩，作为企业家却是无国界的，我们之间的交流是最真实的，并通过库恩博士的传媒公司，传递给美国人民，让他们了解一个真实的中国。特别是达成共识之后，将会形成一个合力，这个合力会保证整个全球经济健康地发展，进而推进整个人类的和平与进步。

库恩：因为双星在"资本浪潮"英文版中所占的比重较大，因而，我将采访四个方面的内容：一个是双星集团；一个是关于你个人；一个是关于你如何使双星成为中国最大的制鞋企业的；一个是关于中国国有企业在改革开放过程中所面临的一系列问题，双星又是如何面对这些问题的。

汪海：对库恩博士的问题，我很感兴趣，也很高兴回答，有什么问题，请你尽管问。

库恩：这是你写的吗？（指双星海富楼三楼大厅墙上的"客观地想，科学地创，认真地做，务实地干，愉快地过，潇洒地活"。）

汪海：是的，这是双星的思想，有的朋友来双星看到了说"这是共产党人 21 世纪的宣言书"。

（在双星鞋文化博览中心）

库恩：双星出口的情况怎样？

汪海：双星的出口量占一半，出口美国又占总出口量的80%。

库恩：双星总的销售收入是多少？

汪海：22亿元人民币。

库恩：双星在中国市场上占有率是多少？

汪海：双星的市场综合占有率、市场销售份额、市场覆盖面三项指标占全国第一。

（在双星鞋文化博览中心古代鞋展示区）

库恩：汪海，你为什么在这里展示这么多鞋？

汪海：鞋是整个人类文明的标志，我们之所以展示这些鞋是为了研究人类鞋的发展史，双星人要把鞋做好，走好"鞋道"，必须把鞋的历史研究好。

库恩：整个鞋发展历史对双星的发展是否产生较大的影响？

汪海：我们之所以研究这么多鞋，是因为鞋是人类文明成果的一种载体，研究这些鞋，对中国鞋业的发展，特别对双星的发展，对双星名牌发展，起到很大的推动作用，只有知道过去，才能研究现在，才能看到未来。

（在双星发展史展览室）

库恩：你是什么时候加入双星的？开始从事什么工作？

汪海：我进双星在70年代，当厂级领导26年了，用中国话说"误入鞋途，不能自拔"。开始主要从事思想政治工作，后来，搞生产抓技术，直到后来带领双星人创出了双星名牌。

（在双星海富楼正门前：门前安置白猫、黑猫雕像）

汪海：在白猫这边，写上"不管白猫、黑猫，抓住老鼠就是好猫。"在黑猫这边写上"不管说三道四，双星发展是硬道理"。这是双星人学习邓小平理论的例证。

库恩：邓小平的理论对双星就那么重要吗？

汪海：改革开放以来，邓小平理论极大地推动了中国经济的发展，也促进了双星的发展，所以我们将他的黑猫、白猫理论，竖在门前，我们不但要学，还要用，也是我们今后努力的方向。

库恩：在中国，绝大多数企业是按照小平的理论运行的，双星能够成功，而其他的企业为什么不能成功呢？

汪海：话应该这样说，各个企业的情况各不相同，作为双星来讲，不仅按照小平的理论，扎实地工作，同时，还按照市场的运行规律来不断地完善自己，所以双星发展了。小平的理论只能在宏观的原则上、方向上进行指导，企业在市场中如何操作，还要看企业家，还要根据企业的实际情况。双星之所以发展，是因为我们既按照小平理论，同时，在体制上，不断进行转换，分配上改革，产品不断地更新换代。

库恩：我认为，企业家的作用更为重要。双星之所以成功的秘密，是因为双星有了像你这样的企业家，按照市场的运行规律，企业家更为重要，而不在于用了谁的理论。

汪海：但在中国，特别是计划经济向市场经济过渡的时期，必须有个理论来作为改革的理论指导，企业也以此作为发展的方向。在双星，我首先学好小平的理论，再结合自己企业的实际进行改革。

库恩：如果在美国像你这样的企业家，应该拥有很多股份，而你没有，以后你怎么办？

汪海：我生长在这片沃土上，这个环境里，我感到非常自豪，给中国人创了一个名牌，我自己感到欣慰。随着国家体制改革进一步深入，双星也会随着国家的宏观经济发展而壮大。

库恩：（指着门前的小轿车）这是你的车吗？

汪海：是的。

库恩：在双星每人都有车吗？

汪海：在双星工作的骨干都有车，随着经济的发展，我们的待遇会越来越好，并不像美国人所想象的那么落后。据我所知在美国也是很高级的老板才有这样的高级轿车。随着中国经济的发展，特别是市场经济的健康有序运行，我相信中国人的生活会越来越好。

（在双星城内，假山后）

库恩：你在运营双星集团时是不是用了佛教文化？

汪海：我们选用了中国儒家、道家、佛家的思想，将其精华的东西，运用到企业的管理上，这也是我们的创造。不要一说到佛文化，就是迷信，这是不对的。

库恩：你用的道家、儒家思想与共产主义有没有冲突？

汪海：我认为文化的东西，是一个民族的东西。所以我们就要继承这一优秀的文化，这和一个历史阶段的信仰来说，是完全不同的两个概念，能够将中国最优秀的文化融入信仰之中，这也是中国企业家最大的发明与创造。

库恩：在双星这个企业的管理层，是不是大部分是共产党员？

汪海：大部分都是。

库恩：15 年，或者 20 年之后，是不是你的企业部分人还是共产党员，会不会有变化？

汪海：对于这个问题，我看要是有变化的话，只会按照市场规律发展而变化，随着人类社会的发展而变化，这一变化会顺其自然地按照规律而运行。

库恩：作为美国的企业家，我愿意到双星来投资，但我还是有些顾虑，因为你们是个国有公司，如果你是个私人公司，或者你占有更大的股份，这样我会更放心一点。

汪海：作为美国的企业家，你选择了中国的市场，你就选择了最好的市场，你选择中国来投资，这是对的，你选择了双星，你更对了。投资的主要依据还是要看企业家，企业家如果合格的话，你可以投资。

库恩：你主要用了哪些佛教的文化？

汪海：只要符合双星企业发展的佛教文化，我们都要运用。我们根据职工文化程度较低这一客观实际，运用了佛家文化里"行善积德"学说，提出了"干好产品质量就是最大的行善积德"，这样把职工与总裁的距离拉近了，达到了管理目的。

库恩：还有别的吗？

汪海：还有佛教里的"敬业精神"、职业道德等等，都是佛家文化。我认为，不管用什么文化，只要能达到教育人，提高人的觉悟，发挥好人的积极性，提高企业经济效益，企业能够得到发展，我们都要拿来我用。

库恩：你是怎样想起用佛家文化的？

汪海：这是根据企业的实际，特别是根据员工的实际，我又考虑到，我国的佛家文化，在历史发展中促进了人类的进步，对企业来说，完全可以将中国佛家文化中优秀的东西，运用到企业的管理当中，让这些文化发挥作用。

库恩：我想请你谈一谈越战时，你的经历，不知合不合适？

汪海：当然可以谈。

库恩：请你谈谈你对参加越战的感觉，对美国人你有没有敌对的情绪？

汪海：参加越战时，我当时正当兵，服从命令是军人的天职。我和很多美国朋友做过买卖，有很多买卖都很成功，还交上许多好朋友。我不知道今天我们成为好朋友，如果当时知道的话，我也必须服从命令，这是作为军人的天职。

库恩：在商战中，你作为企业家必须不断地创新和突破。当你作为军人时，你又必须服从命令，你是如何处理这两者之间的矛盾的？

汪海：服从命令，这是军人的天职。而作为商人我必须随着市场形势不断调整，"跟着市场走，围着市场转，随着市场变"，按照市场的规律运作，这是企业家的天职。

库恩：现在设想一下，假如你不是双星的老总，而是统一领导中国经济的领袖，你所做的会不会与现在不同？

汪海：这个问题非常简单，马克思有句话叫"存在决定意识"，也就是说你处在怎样的地位，你担任怎样的职务，那你考虑的问题，就会不一样，我是一个鞋匠，我要考虑的问题就是，怎样把双星这个企业搞好。

库恩：你为什么要造这个假山？

汪海：我造这个假山，主要有三个意义：一个是80年代，在计划经济的体制下，双星生产的黄胶鞋没人要，堆积如山，为了纪念并教育职工，才堆了这座假山。第二个意义是为工人创造一个幽雅的休闲去处。第三个意义是按照中国的风俗，调调风水。

库恩：你是如何改变这种情况的？（指产品积压）

汪海：当时为了克服这种被动的局面，我带领销售人员"下海"进市场，双星也开始由被动转为主动，双星人才真正进入了市场，不仅消化了积压产品，还为双星闯出了一条市场经济的经营道路。

库恩：现在在中国仍然有许多企业没有利润，而国家仍然在支持他们，你对此有什么看法？

汪海：我的看法，国有企业仅靠国家的支持，企业家不带领职工下海闯市场，还是没有希望的。

库恩：中国的国有企业如果没有利润，会不会有大批的职工下岗，会不会对中国的经济产生很大的影响？

汪海：我认为，中国的下岗和美国的失业是一样的，再说，当中国从计划经济向市场经济转轨过程中，出现下岗，这是正常的，没有这样的一个调整期，中国经济不会有大的发展，这是经济发展的必然规律。

库恩：在10年或20年的未来，双星会变得怎样，中国的经济会变得怎样？

汪海：随着中国企业家的不断成长，国有企业会不断地发展壮大。双星和中国的经济一样，只要按照市场的规律运行，我想一定有更大的发展。

库恩：请你谈谈对国有企业的看法，特别是国有企业的优势你可以利用，但也有些条条框框限制了你们的发展，请你也谈谈。

汪海：随着国有企业在市场中运作越来越好，国家对国有企业的政策也会不断地调整，国家给我们的空间和环境也会越来越宽松。为什么国有企业大部分搞不好，其中也有历史的原因，也有企业家自身素质的原因。我认为，所有制，不是一个根本的问题，关键是选好一位企业家。

库恩：如果中国的政治改革进行得快，经济的改革会更快，你对这个问题，是怎样看的？

汪海：我的观点，政治和经济是两个完全不可分割的整体，经济的改革没有政治改革作保证，也不会成功，同样，经济的改革达到了一定程度，政治的改革也必须进行，否则两者无法相互适应，这是个规律。

库恩：在很多年前，你可能是毛泽东思想的追随者，而现在你成为市场经济的领先者，这两者之间有没有矛盾的地方？

汪海：我认为，在整个发展的过程中，人类离不开它生存的政治环境，同样，我们搞经济建设，不是不需要毛泽东思想，因为毛泽东思想也有许多有益于经济发展的东西。双星之所以能成功，不仅遵循了市场的规律，又吸取了毛泽东思想的理论。真正的成功者，必须把世界上一切有益的东西，都能用得上，并且能够用得好，这才可以称得上真正的市场企业家。

库恩：我很为你担心，因为在双星你没有什么股份，如果你退休了，今后的生活会怎样呢？

汪海：非常感谢你对我的关心，我很相信我们的政府会考虑我今后的生活。我告诉你一个秘密，我还会给人治病，退休后，维持自己的生活还是不成问题的。

（原载《潇洒的奥秘——双星》）

布尔什维克的思想者

——国企改革中的共产党人汪海

朱建华

世界共产主义运动是在西德莱茵省的一个叫特里尔的小城起源的。20世纪80年代末的一个秋日，有一位中国共产党人不远万里专程来到特里尔的一条颇具18世纪特色的小街上，当他神态庄严地走进卡尔·马克思故居，向这位全世界无产阶级革命领袖行完注目礼之后，便开始了长达两个小时的世纪思索。

这位表情严肃的中国共产党人在回顾了世界无产者艰难而伟大的历史航程之后得出一个结论：中国改革开放的总设计师邓小平同志提出的走中国特色的社会主义道路的理论之所以有强大的生命力，就是因为它抓住了马克思主义的精髓，符合实事求是的原则。他苦苦思考着一个既非常尖锐又不容回避的问题：为什么我们现在有许多人对人类社会发展的真理——马克思的理论感到陌生了？在市场经济的海洋里，当代的布尔什维克们该怎样把握航向？

当这位名叫汪海的共产党人即将离开那栋三层小楼时，以无比崇敬的心情再次端详门上方的长头发大胡子的马克思肖像，从内心深处发出自己的呼唤，立誓要为先行者们未竟的壮丽事业奋斗终生。

敢"闯"禁区的"将军"

闻名中外的青岛双星集团总裁汪海在商海中的世纪之航是从他自身的思想解放开始的。

1995年，全球最具影响力的名人名录评选机构——美国名人传记协会和美国名人研究所，又联合推选汪海为"95世界风云人物"，这也是中国企业家首次获得这个殊荣。

25 年风雨坎坷创业路，25 载书写辉煌奋斗史。如今产品达到 1000 多个品种，5000 多个花色，已成为世界制鞋业规模一流、管理一流、品质一流的"双星"，资产总额已由 1983 年的不足 1000 万元增加到 19 亿元，净资产也由 800 万元猛增至近 7 亿元，相当于 80 多个当年的青岛橡胶九厂。

漫漫改革路。从计划经济走向市场经济，双星经历了最彻底的脱胎换骨。一个成功的企业必然有其成功的奥秘，双星成功的奥秘是什么？这个奇迹的创造者，被人们誉为"市场将军"的汪海却将这些成绩的取得归结为双星人灵魂深处的一次又一次的思想解放运动。双星的成功首先是政治上的成功。

汪海经常对一些到双星进行思想探秘的来访者说："要想搞好国有企业，就必须先有胆量冲破思想禁区，高举马克思主义实事求是之剑，斩断怪结，杀开一条血路！"

或许，是某一个晨雾弥漫的清晨，或许，在某一个海风劲吹星光满天的夜晚，这位激流中的思想者站在胶州湾畔的海滩上，一遍又一遍地进行着本世纪末中国工业经济最深邃、最艰难的理论探索：造成某些国有大中型企业不景气的根本原因难道真是所谓所有制问题吗？资本主义国家实行私有制，产权该是清晰了吧，为什么照样有大量企业亏损倒闭？该用一套什么样的思想理论来指导我们今天的国企改革？

曾经参加过抗美援越经历过硝烟弥漫战场洗礼的汪海说："琳琅满目的市场就是硝烟弥漫的战场，市场上的企业家就是战场上的将军。"这位豪爽坦荡、睿智幽默的中国共产党人，在经历了一番痛苦的思想搏杀之后，终于放开他浑厚的男中音，开始了他那惊世骇俗思想的歌唱。

不是说反对强调金钱的作用么？汪海却说："用好钱就是最大的政治工作。"不管你如何评说，"名"和"利"都是客观存在，关键是看你怎样去引导；不是反对突出个性么？汪海却认为，个性是企业家的标志，个性与个人崇拜是两个概念，没有个性就没有发展，没有创造，否定个性就会成为一个模式；不是不提倡喜新厌旧吗？汪海却响亮地喊出，搞经济的企业家在市场上就必须要喜新厌旧，市场经济要不断创新，才能取得成功推动历史前进；不是反对骄傲自满么？汪海却说要骄傲但不要狂妄，骄傲才能自信，没有自信就没有民族精神，我骄傲，但不头脑发热……

双星经济发展的高速源于它有敢于创造的勇敢和思想观念的先进！

创名牌是市场经济中最大的政治

汪海率领他的军团闯市场是高擎爱国主义之旗踏上征程的。名牌是市场经济的必然产物，你既然承认市场经济，就必然承认名牌的存在和作用。正是基于这种清醒的思考，汪海在国家邀请部分企业家参加的一个研讨会上响亮地提出：21 世纪的规划首先应该规划中国人要创出多少自己的牌子，现在国人身上穿着外国牌子，街上跑着外国车子。过去外国人用坚船利炮来侵略，我们是在流血；现在用外国牌子占领民族经济领域，是一场没有硝烟的战争。我们有义务、有责任创出中国人自己的牌子，振兴民族经济！

汪海时常用这样一句朴实的话来教育双星员工："我们天天讲政治，一个企业这个政治该怎么讲？我认为我们创造一个牌子就是讲政治。马克思曾经说过，战争是政治的集中表现。我们在这场看不见流血实则更残酷、更复杂的全球化的大商战中，创出更多的名牌，就是最大的政治！名牌就是原子弹，创名牌就是造航空母舰，在商战中没有名牌，就是政治上最大的失败！我们天天讲爱国，究竟体现在哪里？一个企业能创出中国人自己的名牌，难道这不是最大的爱国主义吗？"

振兴中华民族，让"实业报国"之旗在双星高高飘扬！

然而，创出一个名牌又谈何容易？哪一个世界名牌不是耗费了几十年的时间？"耐克"用了 30 年，"阿迪达斯"则用了 70 年，双星要用 10 年就创一个名牌，需要何等的努力与付出？

这位"市场将军"高举爱国主义之剑，率领他的军团开始向国际市场发起冲锋。

1986 年，当中国女排在世界排坛连连夺冠，比赛场上国歌高奏、国旗高升之时，汪海为中华民族有这样的巾帼英雄感到自豪。但当他听说中国女排是穿着日本名牌鞋一次次奔赴战场时，他的心感到阵阵刺痛。

这简直是中国制鞋业的耻辱啊！咱中国人站着不比外国人矮，躺着不比外国人短，他们能做到的我们为什么做不到？！汪海从家里搬到厂里，吃住都在办公室，经过"百日会战"，终于让中国女排穿上了双星鞋。

紧接着，汪海又吹响向世界名牌进军的号角，接下了美国布瑞克的"抛尼"、"凯斯"、"布鲁克斯"的订单。三种国际名牌鞋经过六十多个日日夜夜的奋战，终于第一次在中国全部研制成功，每年返销欧美市场 100万双。

当这次向国际名牌的攻坚战敲响胜利的钟声时，指挥者汪海却又一次病倒了。再顽强的人，弦绷得太紧，总有断的一天。工人们心疼地说："为了创名牌，我们流的是汗，厂长流的可是血啊！"

汪海康复后，站在一条条生产线旁，又开始做"梦"了。他向职工们宣称："双星已经完全具备了生产各种国际名牌运动鞋的能力，现在该研制我们自己的足以与国际名牌匹敌的运动鞋了。"

"敢于做梦的人是生活的强者，脑子要海阔天空地想，工作要一丝不苟地干，这就是成功者的诀窍！"汪海眼里闪烁着自信的光。

80 年代中期，一种以"双星"命名的高档运动鞋诞生了。它不但具备了"抛尼"的全部优点，还比"抛尼"更结实、更舒适、更美观。在市场的竞争检验中，成为中国的名牌高档运动鞋……

10 年磨一剑。有这样一组数字足以让炎黄子孙扬眉吐气：目前，双星仅每年销往美国的鞋就已达到 1700 万双，平均每 15 个美国人中就有 1 人穿过双星。在美国加州大学，竟有 12% 的大学生喜爱双星运动鞋。在名牌竞争激烈的美国市场，一个发展中国家的民族工业产品，能达到如此高的市场占有率是极其罕见的。

新时期的共产党人汪海终于实现了他平生的夙愿：全国鞋业市场调查显示，双星品牌的市场影响力及市场占有率均超过了"耐克"、"阿迪达斯"等国外品牌而雄踞榜首，也首次动摇了两大世界名牌在中国维持十余年的霸主地位……

"市场将军"用他创名牌的实践告诉人们："名牌无终身。"

市场是检验企业一切工作的标准

汪海常常思索这样一个问题：我们过去不承认私有制，现在承认了；过去不承认市场经济，现在也承认了。观念变了，理论不变行吗？我们必须创造一套新的市场理论指导今天的改革实践。

1998 年 9 月 29 日，双星集团在青岛总部召开了双星进入市场 15 周年研讨会。与会者达成一个共识："市场将军"汪海创造的双星市场理论，是双星人在激烈复杂的市场商战中立于不败之地的法宝和行动指南。是市场在驱动双星的发展，是市场逼着双星"出城、下乡、上山"，是市场逼着企业变，使双星由"四老"企业变为"四新"企业，由一个单一的劳动密集型企业，变为能生产多种名牌运动鞋的名扬国内外的现代企业……

"你的市场意识？"

"市场是企业发展的动力源泉。"

"你的市场理念？"

"用户是上帝，市场夺金牌。"

"你的市场态度？"

"只有疲软的产品，没有疲软的市场。"

"你的市场经济三原则？"

"市场是企业的最高领导，市场是检验企业一切工作的标准，市场是衡量企业的最好天平。"

当众多探秘者向这位布尔什维克思想者发出连珠炮般的提问时，我们不妨调转视线，去追寻一下这个"市场将军"的机制革命。

双星进市场，风雨十六载。汪海带领双星人革了保守僵化旧观念的命，换了一个新脑袋；革了计划经济旧框框的命，造了一个新机制；革了等、靠、要守业方式的命，创了一个新模式……

汪海建立的是"全员转向市场，全员参与竞争"的机制。从 1993 年开始，双星就开始实施下属单位向集团租赁厂房、土地及其他设备并交纳折旧费，占用集团的资金交纳利息。通过这种"国有民营"的改造，每一个企业都成了一个利润中心。集团好比一个太阳系，集团内一百多个企业在自转的同时都围绕着双星这块牌子转。汪海统帅的这支在商战中出生入死的队伍，是一支永远向着太阳的队伍。

汪海建立的是按照市场规律主动运转的机制，又是按照行业规律发展的机制，还是按照市场需求超前的机制。

美国式的规模，日本式的快速应变能力，乡镇企业的经营灵活，股份制、租赁制、国有民营……形成了独具特色的"双星机制"。

市场变，产品结构不断地变；市场变，经营策略不断地变；市场变，内部机制不断地变。哪里有市场，哪里就有双星生产基地，哪里就有双星连锁店。如今双星不仅以山东、华北、中原、中南、西南、东北、华东七大经营指挥部为大兵团，以北京、郑州、武汉、西安、哈尔滨、南京、兰州等 60 多个经营分公司为根据地，以 3000 壮士为尖兵，形成了强大的国内营销体系，而且主动出击，大踏步走向国际市场，出口扩大到美国、日本、德国、中国台湾、中国香港及中东、南美、澳洲等 100 多个国家和地区，年创外汇 5000 万美元！

面对已取得的辉煌，双星人却时刻不忘昔日的坎坷与艰辛。

那一年双星集团公司召开一个重要会议，汪海因病不能到会，他在给全体职工起草一封公开信时禁不住热泪滂滂。难道这位"市场将军"，这位有泪不轻弹的硬汉子，在市场商战中也有过令人心碎的经历吗？

汪海闯市场迈出实业报国第一步是在他担任了青岛橡胶九厂党委书记后开始的。那时的橡胶九厂因产品积压而面临破产，工人们领不到工资，叫天天不应，喊地地不灵。汪海振臂一呼："没有饭吃找饭吃，不靠神仙皇帝，全靠我们自己！"

敢为人先的汪海带领他的战士背上鞋子，放开胆子闯市场去了……

在双星发展的历史进程中，每一转折关头，都有双星市场理论之光导引前进方向，都有汪海和双星人敢为人先的拼杀，因而创下了中国企业界的诸多第一：第一个实施横向经济联合；第一个推行"东部发展，西部开发"战略，实现"出城、下乡、上山"的战略转移。"出海越洋是开放，上山下乡也是开放。"汪海率领部属，六进沂蒙，将"双星"落户"红嫂"的故乡，建立了鲁中、瀚海两座年产值近四亿元的规模巨大的鞋城；第一个以企业名义在美国举行新闻发布会；第一个在国际博览会上弘扬"东方鞋文化"；第一个创立了家庭化、军事化、道德化、科学化的高层管理；第一个打破"旧三铁"和"新三铁"；第一个实践用市场经济观点强化政治工作；第一个带领企业二产转三产腾笼换鸟，将一个个鞋厂、一条条生产线迁出地处城区黄金地段，代之而起的是娱乐城、商业楼、证券公司、保龄球城；第一个提出了"市场无止境，管理无句号"；第一个提出了市场政治、市场理论的哲学观点；第一个实施名牌战略；第一个创出了中国人自己的世界名牌……

作为市场经济的企业家，汪海敢为天下先，敢于创造性思维，敢于超前创新，敢于承担风险，敢于同任何对手竞争的精神，不正是当今我们正在商战之中的共产党人所呼唤的时代精神吗？

总结双星闯市场的经验，正像布尔什维克思想者汪海说的那样："只有市场，才是检验企业一切工作的标准！"

干好产品质量是最大的积德行善

伟人马克思、毛泽东、邓小平"实事求是"的理论是指导国有企业改革的强大思想武器。"市场将军"汪海遵循这一原则创造性地提出"干好产品质量就是最大的积德行善"的企管新概念。

1841 年，人类近代工业史上诞生了第一个职业企业家，管理科学从此登上历史舞台。进入 20 世纪，世界上诞生了"现代经营管理之父"亨利·法约尔、"工业心理学之父"雨果·芒斯特伯格、"社会系统方法论之父"

马克斯·韦伯。我们不禁要问：世界上最大的民族的"经营管理大师"呢？

"继承传统的，借鉴先进的，创造自己的。"生长在齐鲁大地、孔孟之乡的汪海深知博大精深的中国传统文化是最能有效地动员社会资源的一种文化，他无时无刻不在思索圆一个管理之梦。这位布尔什维克的思想者在深深地思考：儒、道、佛是中国古代文化的代表，前人给我们留下了那么多宝贵的文化遗产，就看我们怎么去继承了。传统的东西蕴藏着优秀的思想，他们提倡的道德、觉悟、敬业精神，不就很适用于现代企业管理吗？为此，汪海就在全体员工中灌输中国传统优秀文化，倡导道德管理，以达到企业管理的更高境界。比如，双星的生产基地大多在山区和边远地区，部分职工文化水平低，温饱尚难解决，他们到工厂就为打工赚钱，如何会接受"为人民服务，质量是企业的生命"之类的说教？汪海就提出"干好产品质量就是最大的积德行善"，"企业什么都能改革，唯独质量第一不能改革"，要积德，要行善，就要搞好产品质量。这使总裁的心愿与打工妹的心愿统一起来了，这个质量管理观点将企业和职工的距离一下子就拉近了。

这是一个敢为天下先的中国共产党人在企业管理文化中的一次努力创新和探索，是对传统经营管理理论的一次突破，是马克思主义实事求是原则在经济工作中最有力的体现，也是中国传统优秀文化和现代企业管理的最佳结合。

1995 年，汪海应邀飞往新加坡，在世界管理论坛上首次阐发将传统文化应用于现代企业管理的观点，这位布尔什维克思想者将马克思实事求是的哲学观点、积德行善的道德观点和双星理论的市场观点有机结合在一起的演讲赢得了一阵又一阵经久不息的掌声。这大概也是美国名人评选权威机构，一群因意识形态不同冷眼看中国的美国学者，也不得不钦佩地将"世界风云人物"的桂冠戴在汪海这位中国共产党人头上的一个重要原因吧！

1999 年 7 月 3 日，汪海接受美国 K² 传媒公司库恩博士的独家专访。

库恩："你在运营双星集团时是不是用了传统文化？"

汪海："我们选用了中国儒家、道家、佛家的优秀文化运用到企业管理上，这是我们的创造。不要一说到佛，就是迷信，这是不对的，中国的传统文化与封建迷信是两个不同的领域。"

库恩："你用的道家、儒家、佛家思想与共产主义有没有冲突？"

汪海："我认为文化的东西，是一个民族的东西，所以我们就要继承这一优秀文化，这和一个历史阶段的信仰来说，是完全不同的两个概念。能够将中国最优秀的文化融入信仰之中，这也是中国企业家最大的发明与创造！"

库恩："你是怎样想起来用传统文化的？"

汪海："是根据我们的老祖宗马克思的辩证唯物主义，根据小平同志实事求是的理论，根据企业的实际，特别是根据员工的实际，我考虑到，我国的传统文化在历史上促进了人类的进步，对企业来说，完全可以将中国传统文化中优秀的东西运用到企业管理中，让这些文化为市场服务，促进生产力的发展。一切能为我所用的文化都要拿来使用，这就是'实事求是'。"

正是因为其有了深邃的思想，优秀的文化，新颖的观点，"双星管理模式"才在市场商战中独树一帜！

世纪宣言

"客观地想、科学地创、认真地做、务实地干、愉快地过、潇洒地活。"这是一个布尔什维克思想者的世纪宣言。

六年前，"市场将军"汪海敢于在美国纽约的新闻发布会上当众脱掉鞋子，举在手上向全世界宣称，要脚踏双星，走遍世界！来自社会主义国家在美国公众面前脱鞋的就两个。一个是前苏联赫鲁晓夫在联合国发火，脱下鞋子砸桌子，他要跟美国人对着干，显示他超级大国的威力。第二个脱鞋的就是我们这位商战中的共产党人汪海了。改革开放后的中国人，敢于用自己的产品挑战美国市场，这难道不是这位"市场将军"最大的潇洒吗？

在马克思的故乡德国，在杜塞尔多夫国际鞋业博览会上，双星人的"东方鞋文化"表演轰动整个展馆，也震惊了已连续看了三天的欧洲鞋业报社总编。他主动找到汪海说，我们过去将中国人比作兔子，把欧洲人说成是蛇，蛇吓唬兔子，兔子害怕得发抖；今天看到双星鞋文化表演，感到中国人应该是蛇，欧洲人反而成了兔子了。汪海听了开怀大笑说："先生，你的比喻不恰当，你难道不知道中华民族是巨龙吗？"

扬威世界，为祖国争光！这是一个坚定的改革者，一个华夏之子献给祖国母亲的最神圣、最丰厚的礼物！

新时期共产党人汪海正用自己的行动实现着他的宣言。

祝布尔什维克思想者们的世纪之战成功！

（原载 1999 年 10 月 19 日《人民日报》）

誓要"创名厂、出名牌、做名人"

——中国鞋王汪海敢为天下先

王宏源

　　中国经济改革开放令无数企业家横空出世登上了中国乃至世界的经济舞台。青岛双星集团总裁汪海即其中之非同凡响者。

　　作为中国改革开放后的第一代优秀企业家，汪海以十年时间将一个专门制作"解放鞋"的小型国营企业，发展壮大成为一个享誉国内外的庞大的鞋业集团，为中国和世界鞋业的发展作出了积极贡献。

　　有鉴于此，1993 年汪海名字赫然列入《世界五千名伟人》一书中；1995 年，又被全球最具影响力的名人名录评选权威机构——美国名人传记协会推举为"世界风云人物"。在中国，他是继邓小平之后被举荐为"世界风云人物"的第二人；亦是中国企业家登上"世界风云人物"榜的第一人。

　　汪海出生于山东省微山湖畔的一个小村庄，曾参加援越抗美战争。军人出身的他，黑黑壮壮，像历史上的山东大汉一样，说起话办起事来风风火火，不知愁滋味。骨子里有一种"敢为天下先"的胆魄和气量。

　　汪海主持青岛橡胶九厂工作之后，为了复兴单靠生产"解放鞋"维持生计、已濒临倒闭的企业，他力主更换产品，停止生产"解放鞋"，并且视计划经济约束于不顾，冒着工厂被罚、个人被撤职的风险，亲自背上新产品，跑遍全省、全国各地的大商场、大百货公司，登门搞推销。"企业自己推销产品是计划经济所绝对不允许的。但厂子里上千人要吃饭，要生存，只好豁出去了。"汪海如是说。

　　一次，他亲临大西北一家百货商场作推销考察，与同仁在其鞋柜台前指指点点，引来了该商场的经理，双方进行了如下对话：

　　请问，客从何来？

　　青岛橡胶九厂。

香蕉酒厂打听鞋干啥?

我们是做鞋的。

香蕉酒厂不做酒,怎么也做起鞋来了?

嗜酒如命的西北人听"九"为"酒"的一番讥讽,深深刺痛了不甘人下的汪海的心,他因此立誓要"创名厂、出名牌、做名人"。回厂后,他大刀阔斧地对企业的经营管理实行改革,用自己创造的管理方式向计划经济的管理模式宣战,在对人、对生产经营的管理上达到了最佳结合状态,使企业超前迈入了市场经济的门槛,迅速发展起来。

中国企业家也有生态环境问题

1987 年,在首届全国优秀企业家表彰大会上,汪海发言与众人唱反调,当着中央领导层面的人提了两条意见:其一,"中央允许三资企业三年免税,进口原料免税,许多政策都很优惠。但国营企业作为国民经济的主干,却不享受任何优惠政策。这种不在同一起跑线上的竞争,能说合理?!"其二,"外贸竞争同样给国家创汇,但对国营企业却补贴不一样,待遇不平等,各种政策亦不予兑现,一个放得很宽,一个卡得很死,这种状况何时能够改变?"

翌日,赴中南海接受中央领导人的接见时,汪海看到成群的野鸭子浮游在水面上,又引发了自己的情怀,他毅然向当时担任党的总书记的赵紫阳慷慨陈词:"我的家乡微山湖原本有着野鸭子最好的生态环境,野鸭子多极了,飞起则蔽日,落下则盖湖。可现在经人又打又抓,失去了其自由生息的空间,几乎要绝迹了。中国企业家为什么最容易被打倒,是不是同样也有一个生态环境问题呢?"

赵紫阳总书记无言以对,录音机啞啞有声。

汪海心里发狠说:"看来我只有'敢为天下先',走自己的路了。"

于是,此后 8 年中,汪海披荆斩棘,无所畏惧,率领双星集团员工在全国同行业中创下了一个又一个第一:第一个实现企业产品百分之百的自营自销;第一个实现企业的横向联合;第一个以企业名义召开全国订货会;第一个以企业名义闯入世界博览会;第一个在国外举办鞋文化展示表演;第一个创立中国自己的世界名牌……最终将一个名不见经传国营小型鞋厂,发展成了一个海内外闻名、拥有 3 万员工、年销售额 70 余亿元、年上缴利税逾亿元、年出口创汇 5000 万美元、在世界 47 个国家注册了商标、涉足 30 多个领域拥有 130 多个经济实体的多元化综合性跨国企业集团。

断然回绝 3000 万美元挖角

汪海是一个具有强烈爱国心的企业家。1995 年 4 月，在新加坡召开的"面向 21 世纪中国企业"大型研讨会上，一名外国记者问汪海，你凭什么说"双星"是世界名牌？汪海理直气壮地回答说，除了凭质量，再就是凭市场。"美国仅有 2 亿人的市场，就总爱把自己的名牌称作是世界名牌。我们拥有 12 亿人的大市场，为什么不能把自己的名牌确认为世界名牌呢？"全体与会者为汪海这一充满民族气节的回答，报以长达 5 分钟的热烈掌声。

1992 年 9 月，在美国的一个公众场合中，一个美国记者指着汪海脚上穿的皮鞋说，总裁阁下，既然你说"双星"是世界名牌，那你脚上穿的是"双星"鞋吗？

汪海闻听二话没说，当即脱下鞋来举到记者面前，指着鞋上的"双星"商标，不无大度地说："谢谢记者先生给了我这样一个表现双星鞋的机会。"

第二天，美国的新闻媒体上赫然登出了汪海脱鞋示众的大幅照片，旁边的说明为：在美国的公众场合脱鞋的共产党人有两位，一位是当年的赫鲁晓夫，脱鞋击案显示其霸权主义；另一位便是当今的中国鞋王汪海，他脱鞋示人，用高质量的产品向美国市场挑战——这才是真正的厉害。

中国鞋王汪海名扬美国，令美国商界人士对其刮目相看。一位美国著名鞋业公司的老板，以给汪海个人 3000 万美元的该公司股份为条件，要汪海到他的公司出任总经理。汪海断然回绝说："不。我是中国人，我要为自己的祖国干。"

在汪海办公桌后的墙壁上，挂着"敢为天下先"的大型条幅；在其办公桌对面的墙壁上，挂着中国佛教协会会长赵朴初为之书写的楹联，联曰：名利淡如水，事业重如山。这条幅和楹联之所云，当是中国鞋王汪海其人性格、心灵、品德的真实写照。

（原载 1999 年 10 月 30 日《联合早报》）

国企改革："终身总裁"
挑战"退休制"

张来民

[原编者按] 青岛双星集团第一届职工代表大会第15次联席会议决定，汪海总裁为双星集团"终身总裁"。这在我国国有企业中是第一次，它对现行国有企业干部"退休制"提出了挑战。

中共中央近日颁发的《深化干部人事制度改革纲要》指出：要加强对改革的分类指导，对尚无经验和需要探索的，要尊重基层和群众的首创精神，鼓励大胆实验和探索；及时总结推广各地好的经验，发挥典型示范作用。认真研究和解决改革中遇到的新情况、新问题，提出对策和办法，推动改革不断深入发展。

双星集团职代会关于汪海为"终身总裁"的决定显然是国企改革中出现一个新问题。本报记者近日围绕这一问题对国内一些著名经济学家、企业家和地方政府官员进行了采访，撰写了《国企改革："终身总裁"挑战"退休制"》一文，现予以刊发，相信对落实《深化干部人事制度改革纲要》精神，进一步深化国有企业干部人事制度改革会有裨益。

"终身总裁"问题的提出有突破意义

中国社会科学院研究员宋养琰先生说，虽然早在1993年"企业家"这个概念就被写进党的文件之中，但时至今日，我们很多地方政府仍把国企的厂长、经理当做自己的行政官员来选拔、评价、奖罚，至于工资待遇、离退休年龄也均由上级组织部门实行管理，在这种情况下，这些"企业家"似乎成了"亦官亦商"的"两栖动物"：既是企业的"老板"，又是政府的"官员"。作为"老板"，他管理和经营企业，像个企业家；作为"官员"，经常出入官场，又受制于政府，由政府来安排，市场对他没有约束力，所以，在这种体制下，企业家的"上马"或"下马"就不是市场行为，而是政府行为。

"事实上，政府与企业、公务员与企业家不是一回事儿"。中央党校教授王东京博士在接受记者采访时认为，"用政府公务员的管理办法来管理企业家，事实证明是不适合的。"我们一直强调"政企分开"，这就意味着政府官员与企业家不是一回事儿。最近中共中央《关于国有企业改革和发展若干重大问题的决定》明确提出：对企业及企业领导人不再确定行政级别。这就进一步表明，企业与政府、公务员与企业家不是一个序列，不应同样对待。对企业家来说，60岁是他的"青春时期"。因此，早就有不少人建议，应适当延缓企业家的退休年限。从这个意义上看，"青岛双星'终身总裁'问题的提出有突破意义。"

"青岛双星集团'终身总裁'问题的提出，是向现有国有企业干部的'退休制'提出了挑战，是国企改革中的一个新问题。"河北建设集团副书记、副董事长兼河北一建公司总经理、党委书记霍建炉表示，"对于这个问题，我个人认为它是对人们观念的一种冲击。青岛双星集团职代会提出'终身总裁'问题，实际上是集团员工对集团发展的肯定，是对汪海个人的肯定。不仅反映了汪海在集团不可替代的历史作用和现实作用，同时，也从另一个侧面反映了年轻优秀企业家的后继乏人。"

企业的成败与得失往往与杰出企业家的命运息息相关

60岁退休制，从实践上看，不利于企业的持续性发展。与汪海同时被评为"首届全国优秀企业家"的"中国改革风云人物"马胜利告诉记者，他任石家庄造纸厂厂长的后期，虽然在大环境的影响下效益有所下滑，但远远未到停产的地步。他完全有能力、有办法扭转当时的局面。但是，上级强迫他退休了。两年后，石家庄造纸厂宣布破产。"好端端的一个企业就这样垮了。"马胜利十分痛心地说。

"尽管一个企业成功与否的因素很多，但企业家的因素至关重要，特别是成功的企业，成败与得失往往与杰出企业家的命运息息相关。"提出这一观点的是洛阳春都集团董事长、总经理赵海均。记者在河南采访时，商丘市商业贸易局党组书记、局长陈守田为赵总的观点提供了一个现实的事例：睢州酒厂的厂长到年龄退休了；但不久这个厂的效益开始下滑。换了几任厂长都难以扭转这种局面。后来县委、县政府果断做出决定，又把老厂长请了回来。很快这个厂又恢复了勃勃生机，目前已扭亏为盈。

60 岁退休制很容易使处于黄金时期的优秀企业家流向非国有企业，这就会给国有企业的竞争带来不利影响。与汪海同时被评为首届全国优秀企业家的徐有泮，退休后有许多国有企业邀请他加盟，但都被他一一谢绝了。后来他来到一家股份制企业——沈阳物业投资发展股份有限公司任常务董事。当问到"为什么做出这样的选择"时？徐有泮答道：除非你不是国家干部，否则，你就逃脱不了"一切行动听指挥"的国家干部的命运。他称"自己选择沈阳物业的目的"，是为了换一种活法，也为日后其他想做企业家的人蹚一蹚路。

武汉市东西湖啤酒集团公司、东啤（集团）股份公司董事长兼总经理陈尔程退休时已经 67 岁。尽管如此，上级通知他退休时，他也感到"缺少心理准备"，颇有壮志未酬的遗憾。因为前不久他刚根据企业发展和市场形势提出了二次创业的宏伟蓝图；为此，公司招聘了不少研究生、双学位大学生，准备进军高科技、房地产。尤其值得注意的是，陈尔程退休后，请他重新出山的电话、电传不断。其中，有上市公司，有私营企业，其中有本地企业，也有远在山东的大公司。而且其开价远远高于政府对他的重奖（别墅一栋、轿车一辆、人民币 20 万元）。作为优秀企业家，陈尔程的价值再次充分显示出来。

马胜利被迫退休后也曾受到过许多海内外公司的真诚邀请，但最后他自己成立了"石家庄市马胜利纸业有限公司"。最近记者见到他时他的名片上赫然印着：香港健隆投资集团总经理，类似的事例大量存在。陈守田局长说，这说明：现行国有企业退休制，对优秀的企业家来说，不仅是他生命的浪费，而且也是国有企业的重大损失。当然，"总裁"能不能"终身"是另外一个问题有待进一步研究；但双星职代会关于"终身总裁"问题的提出，对我们反思现行的国企干部退休制有着重要的现实意义。

由市场来选择企业经营者和相应的任免制度

几年前，深圳赛格集团董事长兼总经理王殿甫曾说："现有的人事制度在很大程度上挫伤了企业家的积极性。企业家弄不清是谁、是什么在决定着自己的命运。一个企业家要干成一件事至少要几年乃至几十年的时间，可现在企业家也有个期限。一个企业要想得到长期而持久的发展，企业家必须杜绝短期行为，可任期制又逼着企业家只顾眼前见效。"

近日，王殿甫回北京参加理工大学校庆时在电话里告诉记者，今年三月他已退休，但比 60 岁退休的规定延长了五年。尽管如此，他依然不赞成把企业家当成政府官员的管理办法。他强调指出，"这种办法不利于企业的持续性发展。"

"企业家的行为是一种经济行为，应该按市场规律办事；政府官员的行为，主要是执行党的方针政策。"海南椰树集团董事长王光兴认为，"因此企业家与政府官员在退休制度上不能一刀切。60 岁是企业家最成熟的时期，特别是对于中国企业家来说，他们经历了几十年的正反经验的教训，从经验上和能力上都处于巅峰状态。国有企业要想发展，在很大程度上应发挥他们的作用。然而现行的任期制客观上给企业家的短期行为提供了外部条件。"

"对于一个企业的领导是否留任的条件应是：其是否有做人的表率、创新的观念、超前的意识、敏捷的反应、积极的活力、健康的体魄以及企业认可且需要等。"霍建炉总经理认为，"一个企业家的成熟时期应在 40～50 岁之间，50～65 岁 是黄金时期。因此，60 岁不能作为企业领导是退休还是继续留任的唯一条件。如果 60 岁退休，对企业是一个损失。"所以他也强调："对于企业经营者，不能搞一刀切。"

早在 1992 年 4 月，中国企业家协会会长、著名经济学家袁宝华在考察了浙江一些企业之后，给中央领导写的报告中，建议厂长、经理任职年龄应作适当调整，实行有条件的企业干部职业化，不要在企业实行政府机关干部的离退休制度，以利于稳定和造就一批社会主义中国的企业专家。1998 年 5 月他在《企业管理》杂志上发表《再论企业家的修养》一文，明确指出："本来企业经营者不应有'到点'的问题，只要能干，过了 60 岁也可以干下去；只要培养出接班人，不满 60 岁也可以交班。我国目前企业经营者退休年龄与政府公务员实行同一制度，是不尽合理的。我曾提过多次意见，建议改进。这同激励机制无关，只说明在企业人事制度改革方面确实还存在许多问题。"他还在《营造社会主义企业家成长的良好环境》一文中强调："要改革目前的干部管理制度，要把国有企业经营者与国家公务员管理制度彻底脱钩，建立完善的企业经营者人才市场，由市场来选择企业经营者和相应的任免制度。"

企业家代表着一种精神，代表着国家魂、民族魂

美国西点军校（Westpoint）有句名言：一只狮子带领一群羊要比一只羊带领一群狮子更强大。在战场上，只有最出色的统帅才能百战百胜。"将

帅无能，累死三军"。而在商业场上，只有优秀的企业家才能带领企业走向成功。市场经济的时代正是企业家的时代。日本松下总裁松下幸之助认为，企业的兴衰，70%取决于企业的经营者。"企业管理要以人为本，人就是企业的灵魂，而企业家则是灵魂的核心。"宋养琰先生这样认为。

"长期以来我们之所以把企业家当成国家公务员来看待，一个主要原因就是对企业家在社会中的重要地位和作用缺乏认识。"王殿甫说。洛克菲勒竞选美国总统的时候，选民说，如果他被选为美国总统，等于降级使用，不如董事长的地位重要。在美国，企业家的社会地位是最高的。柯立芝讲过，"美国的事业是企业家的事业。""企业家不仅仅代表着一个创造财富的群体，更代表着一种精神，代表着国家魂、民族魂。"

要成为成功的企业家，汪海总裁在接受记者采访时认为，必须具备"思想家的睿智，政治家的敏锐，外交家的灵活和军事家的韬略"。赵海均总经理的看法与汪总类似。他在赠给记者的《什么在左右中国经济》一书中提出，作为一个职业企业家，在社会主义市场经济的特殊条件下应具备7项基本素质：要具有创新素质和开拓进取精神；要具有战略头脑；要具有政治远见；要有高超的领导艺术；要有竞争意识；要树立风险意识；要有良好的职业道德。他告诉记者："当今社会人们对企业家的要求非常高，政治素质、业务素质、文化素质、政策水平、外交能力等，标准几乎是一个完美无缺的人或者说是伟人的要求。他们付出了很多，而社会给予的和他们得到的却是很少。尽管企业家队伍中确有一些不良分子，但我们必须认识到，中华的振兴，需要一大批企业家，需要企业家阶层。从这一点上来说，国家、政府、全社会都要关心、理解、尊重、支持企业家的成长。"

赵海均说，"企业也是一个'有机'体，同样有它的运行规律、生命周期，既要解决企业家的供求机制，又要解决企业家的交替问题，还要考虑好企业家的进退问题。不断创新、不断推陈出新，才可能有生机。从这一点上双星集团的'终身总裁'无疑是一种创新。"

当然，"企业领导的终身制有其有利的一面，也有其不利的一面。"霍建炉认为，就企业领导"终身制"相对"退休制"而言，使优秀企业家不受现行退休年龄限制，在个人体力、精力允许的情况下，充分施展才华，而这种个人才华不仅是企业财富，也是社会财富，这是其有利的一面。其不利的一面也很明显，人在生命方面存在自然周期，在才能方面也同样存在自然周期，提出"终身总裁"有违客观规律，会从客观上压抑年轻优秀企业家的成长。因此，不可提"终身制"，应该在优秀企业家个人体力、精力允许且企业需要的情况下，放宽其退休年龄（如 65 岁）。在放宽退休年龄的同时，让其承担培养接班人的责任。通过培养接班人，形成企业家的合理梯次，实现企业家的新老交替，在企业家的新老交替，在企业家的职业化建设方面实现创新。

王东京博士认为，就像不能搞一刀切的退休制一样，也不能搞一刀切的"终身总裁"制。要维护企业家的地位和利益，关键是要按照《公司法》的要求，建立现代企业制度，形成公司法人治理结构。在这种机制下，企业家的进与退从根本上取决于市场，让市场选择企业家。应当说，这是我们国有企业干部人事制度改革的方向和目的。

附录：最高的荣誉

双星集团董事长、总裁、党委书记汪海

职工代表大会推选我为双星的终身总裁，这是给我的最高荣誉。我在双星 17 年获得过许多荣誉或称号，比如"全国首届优秀企业家"、"全国劳动模范"、"全国五一劳动奖章"、"全国思想政治工作创新奖特等奖"、"优秀共产党员"、"世界风云人物"、"中华十大管理英才"等等。但是所有的荣誉都没有这个荣誉高，用现今流行的话来说，没有这个荣誉的含金量大。因为这是双星 30000 多职工给予我的，是对我 17 年工作和改革的肯定。

我是 1941 年出生在山东省微山湖畔的一个小村庄里。7 岁时，就当上了"儿童团长"。1965 年，我咬破手指写下血书："坚决要求参军，保卫伟大祖国" 12 个字，穿上军装，奔赴越南战场。那时候想，如果不在战场上牺牲，我就一定要当上将军。然而命运却没有让我如愿以偿，1975 年，回国转业调进双星集团的前身——青岛第九橡胶厂，先后任政治部主任、党委副书记，1983 年起任党委书记。当时的橡胶九厂作为一家国营重点胶鞋生产企业，处于我国从计划经济向市场经济转轨的初期，产品大量积压，职工的工资发不下来，上级不给拨款，企业陷入困境。在这种背景下我对工厂的营销体制、组织结构、管理体制、人事制度、用工制度、分配制度等等进行了大刀阔斧的改革。但是由于改革触犯了一些人的既得利益，所以各种谣言四起，匿名信、恐吓电话不断，甚至有人躲在黑暗中朝我扔石头，上级还派来了调查组。然而，改革究竟是对还是非，究竟对谁有利，

广大职工心里最清楚。所以职代会推举我为"终身总裁"是对我改革的充分肯定，是给予我的最高荣誉，也是对我以后工作的极大激励。

当然，职工这样做也表现出了对双星前景的一种担忧。改革开放20年已经充分证明，企业家对一个企业的生死存亡具有重要的影响。一个濒临倒闭的企业因为企业家的更替而走向坦途；相反，一个发展很好的企业因为仅仅换了一个企业领导人而陷入困境。我不是说，我在双星的地位和作用多么重要。双星主要是制鞋的，改革开放初期全国有多少鞋厂，而现在还剩几家？制鞋这个行业是一个微利的行业，竞争又十分激烈。据说我们很快就要加入WTO，国外许多制鞋的大公司摩拳擦掌，跃跃欲试，并把双星作为他们占领中国市场的主要障碍。一旦中国加入WTO，我们制鞋这个行业更是雪上加霜。双星每天生产30多万双鞋，一旦销售不出去，后果就难以想象。所以职代会做出决定，希望我到点后不下岗，和他们一起继续作战。我能理解双星职工的心情，也非常感谢他们对我的信任。

但是，职代会的决定仅仅表达了一种心愿，实际上是行不通的。因为它不符合我们现行"60岁退休"的规定。我今年已经59岁，明年就到了退休年龄。如果组织上今天让我退休，我明天就不干，后天就走人，自己干。当然，真让我当"终身总裁"，我也不会干一辈子，事实上我们一直在培养接班人，最近我们对集团领导班子进行了调整，让年轻人挑大梁。我的态度是：只要有利于企业的发展，谁当总裁都一样。

（原载 2000 年 10 月 19 日《中国改革报》）

中国企业家价值：从官本位走向金钱化

——关于青岛双星集团总裁汪海身价 10 亿的思考

张来民

> "著名企业家、杰出企业家自身是具有价值的，其潜能是极其丰富的，不承认这一点不是唯物主义者。企业家自身价值评价也是一门综合性的新型的研究课题。经专家组的调查论证，青岛双星集团公司的杰出领导者、总裁、全国首届优秀企业家汪海先生的企业家自身价值为 10.2099 亿人民币。"
>
> ——摘自《双星品牌暨汪海总裁企业家价值评价结果报告》

"企业家"的名称，应当说，是我国 20 年改革开放的一个重要成果。在此之前，五千多年的华夏文明史上人们很难找到"企业家"的概念；尽管有一个概念十分相似——"商贾"或"商人"，但其内涵却是贬义的。随着我国从计划经济转向市场经济，人们对商人的认识逐渐发生了变化，同时企业家的概念也引入国内。

但是，究竟如何理解企业家？如何看待企业家的地位？如何评价企业家的社会价值？仍然是国有企业改革中一个尚未解决的重要问题。2000 年 12 月 23 日，北京无形资产开发研究中心在北京人民大会堂举行的新闻发布会上，对全国首届优秀企业家、青岛双星集团总裁汪海自身价值的评价，对解决这一问题提供了一个科学的办法。它从市场经济的角度确立并肯定了企业家的社会地位和自身独有的价值。这一评价，标志着我国企业家的价值从官本位走向自身评估，不仅对于更新我国民族传统的"金钱"观念，而且对于进一步深化国有企业改革和政府机构改革都具有重要的意义。

应该造就一批又一批具有"中国特色"的企业家

"企业家"的概念究竟是什么时候第一次引入中国，没有必要进行确切的考证，但是 1988 年 4 月 12 日，则是中国改革开放史上永远值得纪念的日子。

这一天，在首都中南海怀仁堂里，来自全国各省、区、直辖市的厂长、经理等 600 多人欢聚一堂。中国企业管理协会第九次年会、中国企业家协会成立大会开幕式在这里举行。开幕式上，有一项特别议程，即党和国家领导人为首届全国优秀企业家和 1987 年度全国企业管理优秀奖获得者颁发奖品。

上午 9 时许，大会开始。在欢乐的乐曲声中，汪海、冯根生等 20 名首届全国优秀企业家走上领奖台，从党和国家领导人的手里接过"金球"奖奖杯。"金色的翅膀，金色的世界，象征着企业家的胸怀"。接着，10 个管理优秀企业代表从党和国家领导人手里领取了"奔马"奖奖杯。

开幕式虽然不长，但其历史意义却十分久远。它不仅结束了中国几千年来"重农抑商"的历史，而且开辟了中国从农业社会进入商业社会的新纪元。因此，这一天不仅在中国企业家史上具有划时代的意义，而且是中国从计划经济转向市场经济历史进程中的一个重要里程碑。从此，一股"10 亿人民 9 亿商"的热潮在中国古老的土地上，一浪高过一浪，汹涌澎湃；而那些成功的商人或企业家，也越来越受到社会的尊重。

就在这次会议上，一位企业家提出：中国的企业家应该更多一些，造就一批又一批具有"中国特色"的企业家，发展外向型经济就大有希望。

的确，在中国，"企业家"的概念具有鲜明的"中国特色"。其中，一个最大的特色，就是他们的头上都戴着一顶大小不同的"红帽子"，即都有行政级别，或科级，或县处级，或厅局级，或省部级等等。正如北京企业研究所所长、北京恒和投资发展有限公司董事长贺阳所说，国有企业的厂长、经理以至董事长、总裁，"与其说是企业家，不如说是另一种形式的行政官员。上级主管部门在观念上，一般是把他们作为一定行政级别的经济干部来看待的；在工作的安排上，一般是按照相应的行政级别来'就位'的；在对经营者的要求和考核上，采取的是同党政干部大同小异的标准；在对业绩突出人员的激励上，最大的激励往往体现为'加官晋职'。"不同的行政级别享有不同的物质待遇，而且厂长、经理可以"上"调行政机关任官员；官员也可以"下"到企业任厂长、经理。总之，我国企业家的价值坐标是比照传统的"官本位"标准制定的，而且官员的地位显然高于企业家。所以，在这样的坐标中企业家很难找到自己的位置和价值。

给企业家戴上"红帽子"，把他们当成政府官员来对待，从"重农抑商"的历史传统来看，是我国社会的一大进步。早在战国时代，法家就已提倡以农为本，以工商为末，重本抑末。商鞅变法后，秦国厉行强本抑末、农战合一，奠定了秦国强大、并吞天下的基础。秦灭六国后，秦始皇沿用重本抑末政策，加强中央集权制度。西汉建立后，这种政策仍为汉室所采用，如汉高祖甚至明确限制商贾不准穿丝织衣服，更不许"当官"。明朝中期，我国出现了资本主义的萌芽，商业活动得到很大发展，但依然遭到"重农抑商"政策的限制。"重农抑商"有利于封建统治阶级加强中央集权和君主专制，所以这一政策到了清代仍被袭用。一些商人要想获得成功，就必须与官府勾结；红顶商人胡雪岩的发家史，就是那个时代的真实写照。新中国成立后，尤其是在"无产阶级文化大革命"时期，商人何止是被"抑制"，任何商业活动都被视为"资本主义的尾巴"，被统统割掉。在如此几千年的中国历史环境中根本找不到商人的政治地位，更何谈"企业家的价值"。所以，改革开放的初期，把商人、企业家当成"政府官员"来看待，突破了"重农抑商"的文化传统，肯定了商人、企业家的社会作用，提高了商人、企业家的政治地位，这是我国从计划经济转向市场经济、从农业社会走向商业社会的至关重要的一步，具有深远的历史意义。

企业家的职能就是创新

然而，在成熟的市场经济社会里，商人、企业家与政府官员毕竟扮演着两个完全不同的社会角色。

企业家（entrepreneur）一词最早来自于法语，其原意是指"冒险事业的经营者或组织者"。西方经济学家一般认为，企业家是使土地、劳动力和资本这三大基本生产要素有机结合而创造财富的第四大要素。美国经济学家萨缪尔逊说，"企业家是推动企业生产发展、推动企业这部大机器运转的心脏"。他的基本特征是，敢于承担风险，通过创新增加社会财富。法国经济学家 J. B. 萨伊说："企业家把经济资源从生产率和产出较低的地方转移到较高的地方。"换句话说，"企业家运用新的形式创造最大限度的生产率和实效。"英国经济学家马歇尔认为：企业家是以自己的创新力、洞察力和统帅力，发现和消除市场的不平衡性，创造交易机会和效用，给生产过程提出方向，使生产要素组织化的人。美国经济学家熊彼特认为：企业家是不断在经济结构内部进行"革命突变"，对旧的生产方式进行"创造性破坏"，实现生产要素重新组合的人。"企业家的职能就是创新。"德鲁克也认为，企业家是革新者，是勇于承担风险、有目的地寻找革新源泉、善于捕捉变化、并把变化作为可供开发利用机会的人。企业家的创新精神、冒险精神，不但造就了企业的利润和企业的发展，也优化了社会资源的配置，推动了整个经济社会的发展。

当然，不能认为，政府官员在推动经济社会的发展中没有作用，但政府官员的作用是间接的，他的一切行政行为不以"商业赢利"为目的。也不能认为，政府官员不需要创新精神，但政府官员的创新是"制度创新"，是营造有利于企业发展和社会进步的政策环境。而且，企业家由于承担着经济风险，所以他的两眼紧紧盯着市场，并随着市场的变化而变化（所以汪海曾说："我的上级是市场"）；政府官员由于主要是执行政策，所以他要对上级负责，所谓"下级服从上级"。企业家的进退取决于市场形势；政府官员的升降要由上级任免。企业家的生活状况依赖于企业效益；政府官员的物质待遇决定于行政级别。尤其需要强调的是，在市场经济时代中，企业家是主角，而政府官员是为企业家服务的配角，这一点与计划经济的时代恰恰相反。

如果认识不到企业家与政府官员的根本区别，而将政府官员的价值坐标简单地移植到企业管理中，那么随着我国计划经济体制逐步退出历史舞台而市场经济体制渐趋成熟，企业管理中的"官本位"弊端就会日益显露出来，并成为阻碍我国经济发展的一个严重的体制性障碍。首先，由于厂长、经理的职位由上级任免，所以，企业家必然要对上级负责，不能把主要精力用在提高经济效益上。其次，在经营过程中，无论是新型产品的开发，生产规模的扩大，员工薪金的增减，还是引进设备，对外合作，资产重组，兼并破产，上市融资等等，最后都要由上级部门来决定，企业家没有自主权，导致企业缺乏效率。第三，由于厂长、经理与政府官员一样实行任期制和交叉轮岗制，这就必然带来两种倾向：一方面，干得好的厂长、经理上调政府机关"升官"；另一方面从政府机构精简下来的行政官员"下到"企业任厂长、经理。结果导致优秀企业家大量流失，经营决策短期行为，企业经济效益下滑。第四，在物质待遇上，由于厂长、经理与同级别的政府官员相比照，这就难以激发一些厂长、经理创新的积极性，同时使一些业绩卓著的企业家感到心理不平衡，加上与政府官员一样"到点"就退休，这就很容易产生"59岁现象"。不仅断送了企业家的前途，也容易滋生腐败。

企业家不是官衔，而是一种职业

"我们想大喝一声，莫搞企业厂长经理级别了！"

发出这一呼吁的，是云南省经委副主任姚建友。1999 年他在接受记者采访时，结合云南省的具体实际指出了"行政级别"对国有企业的危害。据云南省统计局统计，1998 年云南省 1451 户独立核算国有工业企业中，亏损企业 768 户，亏损额 25 亿元。该省国资局的数据表明，全省 6609 户国企总资产 1654 亿元、总负债 1161 亿元，资产负债率 70%。姚建友认为，体制不顺、政企不分、政府过多干预企业经营自主权是其中的重要原因。

其实，中国社会科学院研究生院副院长邹东涛教授，早在 1983 年就已提出："企业不应有行政级别"。在他看来，国有企业取消行政级别，有利于企业经营者的市场化，更有利于我国职业企业家队伍的形成。长期致力于企业研究的经济学博士、复旦大学教授石磊认为，这些年来我们一直都在探索"政企分开"，但实际上并没有很好地解决，其中一个重要原因就是企业挂靠行政级别，经营者的选拔和考核都是依照政府官员的标准来进行的，经营者往往追求满足一种"行政偏好"：对上级负责。即使经营者无能，但只要不违法，他的行政级别不会受到影响。企业行政级别不取消，不仅使真正的经营人才难以脱颖而出，而且"旱涝保收"的制度也无法调动经营者的积极性。取消国企行政级别，可以斩断政企长期分不开的"链条"，为建立国企经营者择优录用的竞争上岗机制奠定坚实的基础。不仅原不同行政级别企业间经营者流动变得通畅，更为重要的是那些"外围人才"也有可能走上经营管理者的位置。一句话，经营者的选择是面向市场的选择。"经理市场"不是提供交易的一种狭隘空间，它更是一种制度，一种能有效评价、筛选经营者的机制。

事实上，随着我国改革开放大潮的深入发展，传统的"官本位"观念也渐趋淡化。一些成功的企业家已经认识到，在公平竞争、优胜劣汰的市场经济中，一个企业关键的问题是看它能否占领市场，创造最大化的经济效益。只要企业的经济效益好了，也就什么都有了；反之，经济效益不好，再高的行政级别也不管用。所以，古井集团总经理王效金说："企业家不是官衔，而是一种职业。企业家要淡化当官意识，避开拥挤的官道，以经营企业、发展企业为己任。"

甚至一些政府官员，自己摘掉"红帽子"，主动走上了下海经商的道路。今年元旦前夕，福建省游宪生博士辞去信息产业厅厅长官位到一家民营企业当总裁就是一个最新的实例。据介绍，今年 46 岁的游宪生 1977 年毕业于成都理工学院，1988 年担任福建地质工程勘察总公司总经理兼党委书记，1992 年担任福建龙岩地区行署常务副专员，1995 年任龙岩地区行署专员兼地委副书记，1997 年龙岩地改市担任龙岩市市长兼市委副书记，1998 年任福建电子工业厅厅长兼党组书记，2000 年 3 月担任福建省信息产业厅厅长兼党组书记，取得复旦大学经济学博士学位，再读博士后。福建省省长习近平对游宪生辞官下海表示支持。他说游宪生有这个能力，应该鼓励更多像他这样的干部到商海里去闯。

作为厅局级官员，游宪生回老家时，曾是"欢天喜地，锣鼓喧天，有时候是放鞭炮"——当官，被中国老百姓看做一种光宗耀祖的头等大事。现在游宪生辞去官帽，下海经商，却是另一番境遇。"这实际上是一个价值取向问题。"他说，"如今当官已经进入了一个平台，很难再有新的突破，上市公司能实现更大的个人价值。当官时总是前呼后拥，如今注重效率，身边往往只有一两个汇报工作的部门经理；以前案头总堆积着如山的文件和报纸，如今每天关注的只有股市行情。辞官下海使整个价值取向都变了。"游宪生认为自己不完全是奔着钱去的，当然游宪生也希望能通过一定数量的钱来体现他的"市场价值"。福建省社科院院长严正认为："这是一个信号，一个我们国家整个价值观念取向变化的信号。"

与此同时，我国各地政府也在加快国有企业管理体制改革步伐。1998 年 3 月，上海市有关部门决定，自今年起，上海国有企业与行政级别脱钩，经营者择优竞争上岗。国有中小企业凡新建、重建、改制的，经理、厂长均竞争上岗；有条件的大型企业，则开展经营者竞争上岗试点，均打破"铁交椅"。1999 年 9 月武汉市决定，该市所有在企业中兼职的党政领导干部都要做出选择，要么经商，要么从政，官商不分扰乱了经济秩序，滋生了腐败。11 月，酝酿多年的广东深化国有企业领导人员管理体制改革进入实施阶段，具体方法包括：取消企业的行政级别，企业领导人员的待遇与原行政级别脱钩；试行董事长和总经理年薪制，用红股或股份期权奖励有特殊贡献的企业经营者等等。

在此期间，人事部部长宋德福透露，我国将对国企经营者的任用制度进行重大改革，建立职业化的国企经营者队伍，改变过去把国企领导当成经济管理干部管理的模式。今后不能再把干得好的企业经理都调到党政机关去当领导，而应当给他们一个更大的企业舞台，委以重任、发挥作用。这就像目前的足球职业联赛，好的甲 B 队员，可以去甲 A 发挥更大的作用，而这种去留的决定因素就是市场，而不是某一个领导的个人意图。为此，将加速构建市场起基础作用的企业家形成、配置、运行、监督和培训等机制。

2000 年 10 月 28 日，国务院办公厅转发了国家经贸委起草的《国有大中型企业建立现代企业制度和加强管理基本规范（试行）》，宣布正式取消国有企业的"行政级别"。《规范》明确规定："企业不再套用党政机关的行政级别，也不再比照党政机关干部的行政级别确定企业经营管理者的待遇，实行适应现代企业制度要求的企业经营管理者管理办法。"这就为企业家从官场转向市场的价值导向提供了制度保障。

企业家是一种特殊的智能商品

但是，行政级别并不仅仅是单纯的政治符号。实际上，它是通向物质财富之门的一把金钥匙，同时也是衡量一个人社会地位的主要价值尺度。俗话说，"千里来做官，为了吃和穿"；"三年清知府，十万雪花银"，"升官"和"发财"总是连在一起的。一定的行政级别，不仅必然带来一定的物质财富，而且与一定的社会评价密切相关：所谓"官为贵，民为轻"；官阶越大，越受到社会的尊重。国有企业"行政级别"的取消，意味着企业家的分配方式和价值尺度都必然会发生相应的变化。换句话说，在市场经济社会中，如何看待企业家的社会作用？如何对待企业家的生活待遇？如何评价企业家的社会价值？

市场经济的一个基本特征，就是一切商品都以金钱来衡量。商品具有使用价值和价值；一个商品的使用价值越大，价值就越高，价格也就越贵。在市场经济社会中，作为与土地、劳动、资本和技术等一样的最基本的生产要素，企业家也是商品，也具有商品的基本属性，也需要用金钱来衡量。所以随着我国市场经济的日益成熟和国有企业改革的深入发展，尤其是国有企业行政级别的取消，对企业家自身价值的评估就成为时代进步的必然。

青岛双星集团总裁汪海身价 10 亿的评估就是在这种社会历史背景下完成的。

当然，企业家作为商品，与土地、劳动、资本和技术等其他物化的商品有很大不同。这是一种特殊的商品，一种由血肉构成的创造潜力无限的活的智能商品。他的使用价值主要通过创造性的企业管理，不断提高经济效益，为社会和人类创造社会财富等体现出来。如果说土地、劳动、资本、技术等等是有形资产，那么企业家的管理就是无形资产。在生产过程中，无形资产统领和支配有形资产，并使有形资产增值。

北京无形资产开发研究中心对汪海企业家自身价值的评估，事实上就是根据这一理论进行的。1980 年，汪海在主持全面工作之前，青岛双星集团的前身——青岛第九橡胶厂，已经濒临崩溃的边缘。厂房简陋，设备陈旧，产品积压，工资拖欠，总资产不到 800 万元，职工不足两千人。20 年后，在汪海总裁的领导下，双星集团已发展成为中国鞋业的龙头企业，拥有世界一流的制鞋设备和技术，拥有国家级技术开发中心，具有六大鞋类生产能力以及自主开发的 30 多个系列产品，计 1000 多个品种，5000 多个花色，年产各类鞋 6000 万双。拥有 136 个成员单位，130 多条生产线，近 3 万名员工，资产总额达 26 亿元，销售收入 27 亿元，在 46 个国家进行了商标注册，产品已出口到美、日等 100 多个国家和地区，每年出口各类鞋达 2400 多万双，创汇 5000 万美元，是中国鞋业最大的出口基地和唯一的出口免检企业。"双星"品牌的价值达 50.5 亿元。正是根据改革开放 20 年来青岛双星集团资产增值过程和社会贡献，北京无形资产开发研究中心采用国际通用的品牌评价方法，做出了汪海企业家自身价值为 10.2 亿元人民币的评估结论。

人的价值，等于他的价格

用"金钱"，而不是用"官阶"或"行政级别"来评价企业家的价值，大致开始于 1997 年。当年广东省南海市良奇钢瓶总厂曾委托亚事国际无形资产评估公司和中国社会调查事务所对该企业的无形资产进行评估，经过一个多月的调查研究和数据分析，以 1997 年 12 月 31 日为基准，良奇钢瓶总厂的无形资产的现值为 16.42 亿元人民币，企业家张良奇身价为 5.02 亿元人民币；1998 年媒体曾报道广东格兰仕集团总经理梁庆德的无形资产为 3 亿多元人民币；1999 年 12 月浙江浙经资产评估所对浙江正大青春宝集团总裁冯根生企业家自身价值进行量化评估，结果为 2.8 亿元人民币。还有一些实例，企业家不愿意让媒体公开。总之，把我国几千年来被认为"铜臭"的"金钱"与企业家联系起来，是我国改革开放以来出现的一个值得注目的新现象。

台湾作家罗兰指出："中国历史上，有富强的朝代，也有很贫弱的朝代。但中国哲人、文学家、诗人、画家所歌颂、所倡导的都不是金钱的追求；相反，他们用了几千年的时间，来塑造成中国人对金钱的淡泊，甚至戒惧。"因为"金钱给人约束，使人不得自由，金钱使人羡妒，引人钻营谋夺，导致人们滋生恶念，影响人格的正直与人际关系的真诚。"所以，孔子说："君子喻于义，小人喻于利。"王建说："但令在家相对贫，不向天涯金绕身。"李白说："人生贵相知，何必金与钱。"陆游说："富贵苟求终近祸，汝曹切勿坠家风。"冯梦龙说:"钱财如粪土,仁义值千金。"

然而,实际上,金钱本身并不是"恶",也不是"善"。它是社会发展和商品交换的产物。金钱(经济学上称为"货币")也是商品,但由于金钱能充当一般等价物,所以就从商品世界中逐渐分离出来而成为一种特殊商品,成为商品交换的媒介和物质财富的一般代表。同时,既然也是商品,就意味着金钱(货币)也有价值,这就使它具有一般的价值尺度的职能。英国哲学家托马斯·霍布斯在《利维坦》中指出:"人的价值,和其他一切物的价值一样,等于他的价格,就是说,等于对他的能力使用所付的报酬。"所以,一方面,金钱可以购买一切商品:金钱是权力的象征,金钱越多权力就越大,就越能满足多方面的需要;另一方面,金钱是衡量人类劳动的价值尺度:一个人的身价越高就意味着他付出的劳动越多,对社会的贡献也越大,人们对他也就越尊重。

因此,正如台湾作家柏杨所说:"用正当的手段赚钱,'谋利'不是一种耻辱,谈钱谈利也不是一种耻辱。恰恰相反,那是一种光荣。儒家那种口不言利,口不言钱,但心里却塞满了钱和利的畸形观念,必须纠正过来,社会民主,才能蒸蒸日上。"

要把国有企业搞好,就应该给企业家一个价值

用金钱来衡量事物,包括人的价值,是市场经济社会的一个基本特征。在国外,歌星、影星、球星有出场费,企业家有年薪制,包括总统也有金钱上的价格。在我国,随着计划经济向市场经济的时代转型,金钱方面几千年来积淀的所谓"铜臭"的污垢,已被清除到历史的垃圾堆;相应的,金钱的观念已成为一个新的价值尺度,并逐渐渗透到我国现代社会生活的方方面面。用金钱来评价企业家自身的价值,完全可以说是我国价值观上的一次深刻革命。这对于肯定企业家在市场经济中的社会地位,进一步激发企业家的创业精神具有重要的意义。

北京大学教授周其仁先生有句名言:"我们有天下最昂贵的企业制度——大量亏损;我们也有天下最便宜的企业家——工资最低。"据统计,1998年上市公司年报中所披露的650家公司的1050位董事长、总经理的平均年薪为49379元。其中国企改制上市公司经理的年薪仅一两万元;而在发达国家,企业家是"打工皇帝",其薪酬数额平均为一般工人的24倍,近年美国一些企业已扩大至200多倍。所以,冯根生在接受企业家自身价值评估时说,"要把国有企业搞好,就应该给企业家一个价值,一个肯定。""常

常说要我们厂长经理去调动职工的积极性，可谁来调动我们厂长经理的积极性？如果厂长经理没有积极性，又让谁去调动职工的积极性？""有一种说法：'盈得沉重、亏得轻松。'这说明我们现在的分配机制确实存在一些问题。其实，一个成功的企业家走了，导致企业下去的事例已经很多了。搞好一家企业，一靠约束，二靠激励。现在对企业的约束多，但激励少。搞企业家价值评价，形成比较规范化的、经得起历史检验的企业家价值评价体系和激励机制，对充分调动企业家的积极性，深化国企改革是有必要的。"

十五大报告中提出，不仅应该按劳分配，也可以让生产要素参加分配。朱镕基总理在今年全国人大会议上作《"十五"计划纲要的报告》时说，要深化收入分配制度改革。认真贯彻按劳分配为主体、多种分配方式并存的制度，鼓励资本、技术等生产要素参加收益分配。有关专家认为，企业经营者的才能，既包括劳动，又包括技术和管理能力及无形资产（如名人效应）。因此，应该把企业家的经营管理才能看做一种综合的、特殊的生产要素。对优秀企业家的管理效益价值进行量化评价，是一种公开的激励机制。事实的确如此。汪海在人民大会堂举行的"双星品牌暨汪海总裁企业家价值评价结果发布会"上表示："此次评估对双星以及我本人来说，既是一种肯定和安慰，也是一种动力和压力。新的世纪，我们双星将会让名牌的有形资产更大、无形资产更高、名牌的含金量更纯，为民族争辉。"

对企业家自身价值的确立，也有利于我国政府机构的改革。俗话说，"天下熙熙，皆为利来；天下攘攘，皆为利往。"追逐"利益"或"财富"是人的内在驱动力。在"官本位"的体制下，似乎只有"当官"才能"发财"，所以千军万马都拥挤在通往仕途的独木桥上，以致造成我国政府机构日益庞大，国家财政不堪重负，腐败现象也不断产生。随着官本位的跌落和企业家自身价值的确立，人们越来越认识到，在市场经济社会里，经商比当官更容易"发财"，而且更容易实现自己的潜在价值，所以就会从当官的独木桥转向经商的康庄大道。同时，在我国现存庞大的政府机构中，不乏具有潜在企业经营能力的人才，企业家自身价值的确立，客观上引导他们像游宪生一样脱掉官帽，下海经商。所有这些都会从不同方面，壮大我国企业家队伍，加速我国民富国强的现代化建设。这也是企业家价值从官本位到身价评估这一历史转向所带来的一个重要意义。

（原载 2001 年 4 月 19 日《中国企业报》）

从市场中创造更多利益

——访双星集团总裁、党委书记汪海

宋学春

到今年 9 月 9 日，双星集团已走过了 80 年的风雨历程。日前，记者采访了双星集团总裁、党委书记汪海。他说，江总书记的"七一"重要讲话，对"三个代表"重要思想进行了全面阐述，为我们实现国家的强盛和人民的幸福安康，为实现中华民族的伟大复兴提供了强有力的思想武器。对我们国有企业的发展也具有深刻、长远的指导意义。

在双星集团 80 年的生涯中，有一道明显的"分水岭"：前 60 年它是举步维艰的青岛橡胶九厂，后 20 年是一个在改革中快速发展的双星集团。如果说双星集团前身的青岛橡胶九厂的发展历程，浓缩了中国民族工业的沧桑与艰辛，那么，近 20 年来双星则创造了一个民族品牌走向世界的奇迹。

80 年代初期，青岛橡胶九厂基本上是连惨淡经营的局面也无法维持，机制僵化、产品积压、资不抵债、人心涣散等，像四条索命的绳索窒息着这个企业。1983 年，汪海出任厂党委书记时，这家专门生产解放鞋的老企业已濒临倒闭。面对绝境，汪海以"敢为天下先"的气魄，毅然割断了企业与计划经济的"脐带"，率领职工们走上了闯市场之路。

通过近 20 年艰苦卓绝的制度创新、管理创新、市场创新和理念创新，双星硬是从内忧外患的制鞋业中杀出了一条血路，在激烈的市场竞争中获得新生：企业资产总额从 1980 年的不足 1000 万元增至目前的 27 亿元，增长了 270 倍。年销售收入从 3600 万元增至 27 亿元，其中创汇额为 5000 万美元。年利税总额也由 770 万元上升到 1.2 亿元。双星作为全国首批的驰名商标，其品牌价值如今已高达 50.5 亿元。

紧随经济全球化的进程，双星加强了与国际大公司的合作，通过加入国际联销网络，扩大产品的国际市场份额和影响力。去年 3 月，双星出口生产基地——海江公司成为世界最大的鞋业经销商 PSS 公司的"核心工厂"。借助 PSS 这个国际桥头堡,双星大举进军美国市场。目前,双星对美国出口额占了其出口总额的 70%,每年从这个名牌云集的市场上可创汇 3000 万美元。随着双星品牌国际化战略的实施,DOUBLESTAR(双星)在国际市场上的份额和声誉与日俱增,双星不仅在世界 40 多个国家注册了商标,而且产品出口覆盖了美、日、德、南美、澳洲等 100 多个国家和地区,并在美国、俄罗斯、波兰、中东建立了 10 多个国际分公司。

汪海认为,企业应该有自己的文化特色。一个只知道做鞋的企业、企业家,充其量是个"鞋铺"和"鞋匠"。"鞋匠"是难成大事的。所以,双星坚持党的领导,以社会主义初级阶段理论为指导,把优秀的中国传统文化与西方先进科学管理思想、成熟的经营管理理念有机地结合起来,塑造了双星独具特色的企业文化。这特色文化的重要一环就是——以人为本,从权威管理到道德管理。"管理无句号",双星特别注重人的管理。他们在制度管理和权威管理的基础上,追求的是道德管理。汪海说,再严密的制度,也有漏洞可钻。责任心再强的领导,也会有疏漏。管理的学问就在于,既要管又要理,要在"理"字上多做文章。要运用政策、制度、道德、感情、精神综合地进行人的管理。这些年,双星的产品优质率一直保持在 99% 以上。

(原载 2001 年 9 月 30 日《人民日报》)

敢讲真话的人

——汪海印象

李玲修

一

盛名之下，其实难副？

新世纪第一年的酷夏，我走进双星集团。未见总裁汪海之前，不知怎的，想到了这句话。

不是双星有什么事情使我产生这种印象，而是采访过一些名企业的老总后，曾使我有过这种遗憾。如今要见大名鼎鼎的汪海，便隐隐有几分担心，是一种害怕失望的担心。

或许因为我是山东人，乡情使我对鲁籍企业家和企业有几分偏心。

汪海同时接受来自北京的四位作家采访。这种方式我很不习惯，只能把自己放在"无为"的位置。

汪海讲话快人快语，而且富有幽默感，让人听着很过瘾。他不仅没文字稿，也没腹稿。天马行空，想到哪儿说到哪儿。的确，两小时的采访很难容纳他那传奇而漫长的奋斗经历。

该讲的他讲了，不该讲的他也讲了。对他形象有利的话他讲了，对他不利的话，他也讲了……

看来，他不想在生人面前或者说在媒体面前把自己装扮成完人，他对生人没有戒心，也不设防。

将自己的优点和缺点同时袒露在客人面前，不仅需要勇气，也更需要自由的心境：他自信，但是不认为自己是完人，所以无须装扮。

"这是一个敢讲真话的人。"

我在心里暗暗下了这个结论。

二

汪海曾为讲真话付出不少代价，亦可说吃过不少亏。

在前线打仗时，他如实报告击落敌机的情景，被上级臭骂一顿；

在"支左"时，他仗义为被关押的"走资派"辩护，被视为丧失立场复员回北方；

在"反击右倾翻案风"时，他为对江青有非议而被打成反革命的老厂长抱打不平，被发配到农村挂职当工作队员去了……

但他本性难改，成了总裁，当了企业家后，依旧如故。

有朋友劝他：有些真话不中听，你可以不讲；有些真话领导忌讳，你可以沉默；有些真话只利他人不利自己，你必须回避；有些真话与现行政策相悖，你可以装聋作哑……

汪海何等聪明，他并不是看不出有人靠假话升了官，有人靠假话发了财，有人靠假话出了名，有人靠假话八面灵通……

汪海很有口才，常常是妙语连珠。他并非不会说假话，而是厌恶说假话。

他说："我这个人务实，喜欢说实话。不会见人说人话，见鬼说鬼话。""我认为说话只要不伤害他人的感情，那么不隐瞒自己的观点，实事求是去讲并没有什么不对的。凡是务实的人总是说实话。真正的大实话才最有哲理、最真实、最容易被人们接受。我们这个社会最可怕的现象是假话连篇……"

1991年春天，中宣部部长来到双星，他请汪海介绍一下企业政治思想工作经验。汪海却问部长："你愿意听真话还是听假话？"

"当然听真话！"

汪海又说："真话好说，就是难听。"

"难听不怕，只要是真话！"

汪海口出狂言："你们中宣部抓思想政治工作，又是下文件，又是喊口号，又是号召学习马列，我一条都不执行。"

"那你抓什么？"

"我就抓一条：一个中心两个基本点，只要不违背党的基本路线、党的原则就行了……"汪海介绍了双星怎样运用党的基本路线原理，结合实际来提出一些深入浅出工人能接受的观点后，直言不讳地说："在新的形势下，政治工作要加强要提高，必须创新。让大家听起来感到你说的是实话，叫人家感到你这个事说来确实有道理，我说这就达到目的了。假如你在这个地方念社论，在那个地方念报纸，他觉得离他的思想十万八千里，这样的政治工作白白消耗你们的精力，不如不念。比如现在讲市场，我们的思想政治工作就提出全员转向市场。全员转向市场，不是说你都上街卖鞋去，而是一针一线与市场相连。扎鞋帮的，扎不好到市场就影响质量，影响我双星的形象，砸了双星的饭碗，就等于砸了工人自己的饭碗……"

一个难得或说有的企业家求之不得的向中央领导机关首长汇报成绩、联系感情的机会就让汪海这样放过了。部长虽没对汪海的一套表示异议，但也没说他是新创举。

的确，汪海的一套套论点往往是超前的。推广起来不容易，否掉也不易。因为未来的实践会证明真理往往和真话站在一起。

汪海常出逆耳之言，但谁也不能否认他有政治头脑。

有一阵子上面要求党政分家，有的企业连党委会的牌子都摘了下来，似乎企业不再需要思想政治工作。汪海却有他自己的独特认识："党委会牌子不能摘！新形势下厂长要抓政治，党委也要抓经济，这样才能保证经济的健康发展！党的中心工作转移为发展经济，一切围绕经济转，怎么能党政分家呢？"

后来上边又传达了新精神：党政班子不但不分家，还要加强党的工作。一些企业又纷纷重建党的机构，增加党务干部。汪海也不盲从："折腾什么？两套班子，两张皮，岂不是又要造成党政矛盾吗？"

三

汪海讲真话是不分场合地点和对象的。

1987 年 4 月，汪海被评为全国首届优秀企业家。

在人民大会堂，党和国家领导人把一枚枚金质奖章颁发给这些奋战在全国各地的企业精英。

发奖仪式后开了个座谈会。

正当与会者对中央在工业战线的一系列改革政策发出由衷的赞扬与感谢时，汪海发言了，他是向中央领导提意见：

一、中央允许三资企业办厂三年免税，进口原料免税，许多政策都优惠，这很好；但是国有企业作为国民经济的主干，却没有任何优惠政策，这种竞争是否在同一条起跑线上？

二、外贸竞争，同样给国家创汇，但国有企业却补贴不一样，待遇不平等，各种政策都不能兑现。一个放得很宽，一个卡得很死，这种状况什么时候能够改变？

"在市场的竞争中，就好像上了拳击场。人家放开了，活蹦乱跳，我们仍然被捆住手脚，我们只有挨打的份儿了……"

汪海讲出了在场和不在场的所有国企负责人的心里话。

这些心里话，有人没水平讲，有人没场合讲，有人有顾忌不敢讲。而汪海，却在这样一个场合一个气氛中不识时务地一针见血讲了出来。需要何等的胆量！

翌日，优秀企业家被请进中南海，当着总书记的面，汪海又慷慨陈词，他由中南海的野鸭子讲到家乡微山湖消失了的野鸭子，进而话题转向了主题：

"微山湖本来具有野鸭子最好的生存环境，但是人们打它，抓它，它在那里几乎绝迹了。而中南海虽处于闹市之中，就这么一汪湖水，但它不被惊扰，受到保护，有一方自由生息的空间，所以，它在这里活得很好……中国的企业家为什么最容易被打倒，是不是同样也有一个生态环境的问题呢？"

和昨天一样，没有人直接回答他的问题……

这是巧合还是历史规律的必然？

在所有获奖的企业家中，唯一发出逆耳忠言的是汪海。十几年过去，在所有获奖的企业家中，唯一还"幸存"在国企领导岗位的还是这位汪海……

真话是金，它一时可能会蒙上灰垢，被喷上黑色，但真理的岁月终究会还它本来面目。

（原载 2001 年 12 月 2 日《中国化工报》）

"黑猫"总裁

石　湾

　　我们是在抵达双星集团后的第三天才见到汪海的。也就是说，我们先用两天的时间，参观访问了这个集团在青岛的本部和建在邻近两个县的工厂、车间和度假村之后，才在他办公室的外间集体采访了他。他是一个相当魁梧的山东大汉。一看他黝黑的脸膛，我立即就联想到双星集团大门前的那尊标志性的石雕——立足于双星鞋的黑猫。

　　我没有考证过为什么过去的官府门口总塑有一对石狮，但在双星集团本部和所属厂、店门口都塑有一对石猫（一只是不抓老鼠的白猫，一只是抓住了老鼠的黑猫），其用意是显而易见的。因为邓小平的名言"不管黑猫白猫，抓到老鼠就是好猫"早已家喻户晓，深入人心，这就是向世人宣告，双星集团举的是邓小平理论的旗帜，在市场经济年代，是一只为国家创造了巨额利税的"好猫"。我不知道当初为什么要把黑猫塑成是抓住了老鼠的好猫，但当"黑不溜秋"的汪海出现在我的面前时，我就断定这是汪海的主意：自喻其为勇于实践邓小平理论的一只"黑猫"。

　　勇于实践并坚持实践邓小平理论，并非是一件容易的事情。因此，双星集团的每对大小石猫的底座上都刻有一段汪海的语录："不管说三道四，双星发展是硬道理。"

　　那么，别人是怎样说三道四的呢？这里，先不说旁人，就说我自己一走进双星集团的感受：这里随处可见用汪海的话录制成的标语口号，诸如"有人就穿鞋，关键在工作"，"自己拿自己当骨干，自我感觉良好"，"创名牌是市场经济中最大的政治"，"干好产品质量是最大的积德行善"，"客观地想，科学地创，认真地做，务实地干，愉快地过，潇洒地活"……我倒不是说汪海的这些语录在政治上有什么偏差，只是出于文学编辑的职业习惯，觉得有些句子在语法修辞上还不够讲究，尚有可挑剔的细微之处，如最后一条完全可以删去"务实地干，愉快地过"，使之变得更加简练、易记，等等。然而，汪海告诉我们，他的这些语录真还引起过一场轩然大波呢！

汪海说，那时双星集团还隶属化工部管，有人对他的这些语录议论纷纷，说他是搞个人崇拜，树自己。于是，就因此而要取消双星集团"精神文明先进单位"的称号。这事报到部里，部长顾秀莲赶赴青岛，到双星集团考察，了解情况。没想到顾部长看了被称做双星集团的最高指示——汪海语录之后，竟然表态说："这些语录都是汪海的经营方针和治厂之道，没有什么不好嘛！"是的，汪海把自己独到的经营思想、管理艺术用浅显易懂的语言表述出来，形成员工共同遵守的行为准则，这不就是一种富有创造性的精神文明建设吗？就这样，双星集团"精神文明先进单位"的牌子就没有被摘下来，汪海语录在双星集团也就更加深得人心，说一不二。

据说曾有人问过汪海，你这些语录的精髓是什么？他回答："实事求是。"谁都知道，邓小平曾将马列主义、毛泽东思想的精髓概括为"实事求是"四个字。汪海这样说，不就意味着他的语录也深得马列主义、毛泽东思想、邓小平理论之精髓吗？我理解，汪海语录确实是马列主义、毛泽东思想，尤其是邓小平理论与双星集团改革、发展实践相结合的产物，或可以说，是一种具有双星特色的邓小平理论。

汪海对我们说，他见到中央来的领导干部，讲的都是真话，而像他这样年龄的人，年轻时学的却是向领导撒谎。他讲到，"文革"之前他在援越抗美前线当指挥排长，每次战斗之后都要立即打电话向司令部报告战绩。参谋长问他打下几架美机，他如实回答说："光见美机冒烟，不知打下来没有？"参谋长一听火了，说："放屁！冒烟就是打下来了。"从此，他就学聪明了，见来多少架美机，就报打下了多少架美机。累计起来，共打下了七千多架。还不是撒谎吗，美国哪有那么多军用飞机？但自改革开放、邓小平再次倡导"实事求是"以来，汪海再也不在领导面前说谎话了。这也有以下例证。

1991年春天，原中宣部部长王忍之到双星集团考察，他第一句话就说："你听真的还是假的？"王忍之不禁一愣。汪海向王忍之供认：上边发下来的文件，他并不是都去机械地执行。王忍之问：那你抓什么？他说他抓一条：一个中心两个基本点。只要不违背党的基本路线、党的原则就行了。我们双星有自己的三热爱：爱双星、爱集体、爱岗位。工人爱国得先爱厂，爱厂先爱岗。只要爱这三点，就是爱党、爱国、爱社会主义。所以，我们提出双星人的形象是"为国家争光，为民族争气，为双星增辉"。双星人的意识则是"想双星事，说双星话，做双星事，尽双星责"……

　　一个大、中型国有企业的总裁，要对中央来的领导干部讲实话、真话，确实不是一件谁都能做到的事。更难能可贵的是，汪海的这些实话、真话，并不是靠他聪明的头脑凭空想出来的，而是被市场逼出来的，或可以说，汪海本就是一个市场造就出来的优秀企业家。

　　汪海在回顾他就任青岛橡胶九厂（双星集团的前身）党委书记时的情景感慨万分："那时候，国营商业系统拒收我们厂生产的解放牌胶鞋，积压两百多万双，堆成了一座山。开不出工资，全厂上下人心惶惶。没有办法，我只得去向我们的上级单位——市橡胶公司要。在橡胶公司领导的办公室里坐了一个上午，领导一声不吭。到 12 点时，领导把笔记本一合，说了声'该吃饭了'，我一个子儿也没要着。那怎么办？就只有自己背着鞋去卖啦！我临时组建起销售队伍，各路大军四处出击，奔波了一年，终于把积压的产品销售一空。因此可以说，我们是被逼上市场的。从那天开始，直至市橡胶公司撤销，整整 8 年，我没有进市橡胶公司的门。我认准了一条：市场是企业的最高领导！"

　　在汪海看来，要不断解决企业的生存和发展问题，只能找市场，而不能去找市长。一个企业的党委书记兼总裁居然只走市场而不走官场，汪海告诉我们，他已经有七八年不出席市里召集的会议了。凡要党委书记参加的会议，他往往是让副书记代他去出席，他说："我若有会必到，企业垮了谁负责？"

　　汪海的只走市场不走官场，还表现在对仕途毫无兴趣。他说，早在 13 年前，市委负责人就向省领导提议，让他到市里去当领导。后来，还有人提议他去省里当工会领导，建立威海市时又点他的名……可他却情绪激昂地公开表示："请大家不要再议论我汪海到哪儿当官了，我下决心走市场不走官场！"

　　这些年来，汪海不走官场走市场的业绩是有目共睹的：1980 年，他在主持全面工作之前，作为双星集团前身的青岛橡胶九厂，已濒临崩溃的边缘，厂房简陋，设备陈旧，产品积压，工资拖欠，总资产不足 800 万元，职工仅 2000 人。如今，双星集团已发展成为中国鞋业的龙头企业，拥有 136 个成员单位，130 多条生产线，近 30000 名职工，总资产达 26 亿元，销售收入 27 亿元。双星商标已在 46 个国家注册，产品出口到美、日等 100 多个国家和地区，年创汇 5000 万美元，是中国鞋业最大的出口基地和唯一的出口免检产品……与此同时，他也几乎获得了中国企业家所能获得的各种荣誉称号。尤其是 1995 年，他继邓小平之后，被美国名人传记协会与国际名人研究所联合推举为"世界风云人物",更是令世人为之瞩目,国人为之骄傲。

我们在为汪海所赢得的辉煌业绩和崇高荣誉感到振奋时,也不免产生了这样的忧虑:汪海还能辉煌和荣耀多久?这是因为我们在双星集团的陈列室里,看到了一张获全国首届优秀企业家称号的劳模在中南海与党和国家领导人的合影,见那照片上的 20 位优秀企业家(包括大名鼎鼎的马胜利),除汪海外,全都离开了国企的经营舞台。当然,这其中有的是升了官、退了休,但中途落马者也不在少数,甚至出逃海外、银铐入狱……那么,在腐败现象越来越令人触目惊心的年月,汪海何以能成为这样一个不倒翁的呢?我们当面把这个问题向他提了出来。

汪海很坦率地说:"作为一个共产党人,要保持本色,必须抓两条:第一条是不贪财,第二条是不贪色。"我也有情。但有一条,有情而无妇,不当情夫。要做到这一条很不容易。以前,我们的女团委书记年轻漂亮,很令人心动,但我每次去向团委布置工作,总是一只脚在门里,一只脚在门外,与她保持距离。她调南京去工作后,回来看过我五六次,说明对我很有感情。然而,她在这里工作的时候,我俩连手都没握过一次。最近她回来,当着她丈夫的面,我俩才握了握手。她告诉我,她写了一本关于我的书,正在修改,但她就是不肯给我看,说发表了再送给我。她是真正了解我的,等她的书出版了,你们再看她与我的情是怎么回事吧!哈哈哈哈……

从汪海爽朗的笑声中,我感受到了他的豪放与自信,狡黠与精明。他已年届花甲,到了理应退休的时候,可他依然在市场上南征北战,叱咤风云,显得比任何时候都要精神焕发、风流倜傥、胜券在握!

在中国第一代优秀企业家中,他成了一个幸存者。他能幸存下来,不仅是因为他所处的"生态环境"相对优越,而且更是因为他能严于自律,并不断完善自己。无论怎么说,这是件值得庆幸的事。更令人高兴的是,去年秋天,双星集团第一届职代会第 15 次联席会议做出了汪海为双星集团"终身总裁"的决定。这就意味着,双星集团的广大职工为汪海这只会抓老鼠的"黑猫"提供了一个更加优越的"生态环境",一个可以长期"自由生息的空间"。我们完全可以相信,他这位"黑猫"总裁,一定会有更大的作为、更大的贡献。因为在我看来,像他这样的"黑猫"总裁,就是中国先进生产力的象征、当代企业家的优秀典型。

(原载 2001 年 12 月 2 日《中国化工报》)

汪海：让品牌接班

宋明霞

中国企业家调查系统连续 10 年跟踪调查我国企业家获取现任职务的途径，结果显示：自 1998 年起，通过"组织任命"的企业家比重呈下降趋势。

在 1998 年以前，通过"组织任命"的企业家比重超过 75%，1998 年以后，这个数字是 40% 到 50% 左右。相应的，比较市场化的任职途径的比重明显增加。相对而言，国有企业采用组织任命方式的比较多，而非国有企业采用市场选择等方式的比较多。

另外，调查还显示，企业家期望的选拔任用方式主要是"组织选拔与市场选择相结合"，其他依次是"市场双向选择"、"自己创业"等，组织任命排在最后，仅占 0.9%。

汪海是全国首届优秀企业家里硕果仅存的人物，亦是 1995 年的世界风云人物。他今年 63 岁了，人们关注他的去留，关注他是否已选好接班人。

中国企业走市场经济之路 20 多年，第一代创业企业家有许多已经到了"国家规定"的退休年龄，因此，企业接班人也是一个媒体普遍关注的话题。今年是双星进入市场 20 周年。汪海总裁——"企业常青树"，引领双星 20 年超前、主动、创新，走出一条具有中国特色的社会主义企业的成功之路，成为国有企业由计划经济向市场经济转变的成功典范，引发媒体强烈关注，纷纷到该集团采访这位传奇式的人物，提出关于接班人的问题。

汪海说：天公不作美，每个人都要老，都要退出历史舞台。关心双星事业的人很关心我什么时候退，谁来接班。关于选择接班人的问题，从古到今都很难办到，列宁那么伟大的导师没有选好，斯大林也没选好，伟人们那么聪明，在选接班人上也会看走了眼，难道我比他们更聪明不成。选接班人的方法，实际上就是一种扩大的家族意识，是一种封建落后的观念。在我国的历史长河中，很多指定的接班人，最终都很难接上班。一个有战略眼光的企业家，是不会刻意培养一两个人作为接班人的，那样可能会毁了他们，因为一个未来企业掌舵人的成长，蕴涵着很多锻炼过程，接班人的培养要靠一群人通过激烈的拼打竞争，最终使真正有能力的人凭干出来的威信担当起企业重任，而那些败下阵的人才会心里服气，甘愿当配角，一个新的决策管理层就形成了。

汪海认为，市场经济条件下，企业家选接班人与官场上的换届不同。官场上靠任命，任命错了不用负责任，干不好可以换个地方当官。企业家是市场选出来的，任命接班人要是出了问题，一个企业就垮了，大家都得下岗。汪海说："跟我干的这些经理一起奋斗打拼了几十年、十来年，从情感上说我不愿淘汰他们，但市场要淘汰。他们不要等我宣布谁是接班人，不要等待观望，不要不思进取，也不要找我拉关系。"

关于接班人问题，汪海宣布，他已创造性地解决好了，是国有企业的一个创举，即：人人都是接班人，人人又都不是接班人，让市场来决定谁是谁不是。选人在计划经济可以，市场经济不行；官场行，市场不行！我们只能搞大双星的战略。

所谓人人都是接班人，就像是说"我们都是共产主义接班人"一样，加入双星集团的人都是主人，都是接班人。所谓又都不是，是说市场竞争无情，保不准哪天不努力，企业就迅速垮了。下岗了，也就不是主人、接班人了。汪海严厉告诫双星集团的主要领导，千万不能松懈，否则公司就会迅速完蛋。他说，双星在我手里高速发展、扩张，以后双星交给年轻人，若选择不好就会垮在年轻领导手里。

为了防止出现把宝押在 1 个接班人身上，汪海创造性地提出让市场来培养接班人，即规划"大双星"跨世纪发展战略，在国内外布局，尤其是在国内开辟了"十大经营战区"，以后要扩大到 12 个，18 个，派出"战区司令"在外打市场，"你死我活"地寻求发展壮大，用双星的品牌、文化来统一各个区域的双星公司。这样发展下去，即使双星本部（青岛）垮了，全国照样有大双星，即使"18 战区"垮一半，还有 9 个存活下来，并得到锻炼，双星还是很辉煌。汪海要培养的是多个接班人，这么多个接班人争的不是 1 个位子，而是与双星的市场对手去拼争。在全国范围内，双星已扩张到 60 多个分公司、3000 多家连锁店。谁有本事谁自己锻炼成长为接班人。哪个经营战区指挥将双星品牌在当地运作得最好，其经营势力越来越大，谁就是双星的接班人。现在双星集团已进入品牌经营时代。

他曾对记者说过，我与马胜利、周冠五、于志安、陈清泰是同一届的全国首届优秀企业家，当年的 20 位现在还有几个继续干呢？在国有企业的只有他自己一人了。

汪海坦言：为了双星的事业，为了 4 万员工的饭碗，我不能任命接班人，我要放手让市场来检验、挑选，市场规律比我聪明，不会看走眼。再说，双星在形成名牌之后，已经不单纯是物质的双星了，"双星"这个名牌的无形资产已经远远大于有形的财富。作为双星名牌的缔造者，我毕生的心愿就是把双星名牌不断地做大做强，不断地提高双星名牌无形资产的含金量，不断地提升双星名牌的良好形象。只要双星这个牌子是有巨大价值的，是有独特文化和精神内涵的，那么她无论在谁的手中，都会被发扬光大。我的让"品牌接班"的思路应该是对双星名牌最负责任的办法了。

汪海还将在双星集团总裁位置上干下去，他开玩笑说："活过九十九，干到八十八，再补十年差。"在中国，企业厂长的任期大多在 3 至 5 年，10 年的很少，20 年的就罕见了，而我在一个老牌国有企业里 30 年没挪窝，带领双星人执著地创名牌。等哪一个人在市场锻炼中成长起来，我自然就退下来了。

回首 30 年风云变幻，我最自豪的就是自己始终活跃在改革开放实践的第一线，做了许多"敢为人先"的事。我是计划经济向市场经济转轨时代的实践者、开拓者，也是到目前为止为数不多的成功者和幸存者。我不管到鞋厂，还是到双星轮胎总公司，一进车间，就四五个小时不出来，经常是走一路，讲一路，教一路。我所对得起的就是这两颗星……我追求个名，要争个气，这就是精神。企业家必须把企业当成家，要做真正的市场企业家。现在，双星行业在扩展，我现在是 60 岁的年龄、40 岁的身体、20 岁的思想，我要拼一拼我 20 年前的劲头，在市场上把牌子操作下去，将双星发展得更大更强。

现在，汪海总裁想好了接班人问题，也就解决了双星集团的后继领导问题，使双星事业不会因为领导的变动而出现大的波动。

汪海不愧是市场将军。

（原载 2002 年 2 月 22 日《市场报》）

汪海的质量情结

李天旭

一封投诉信函

前不久，正忙于吸收合并青岛华青公司事宜的双星集团总裁汪海，接到了一封投诉信。信中称：双星的鞋子质量有问题，而且专卖店的人员的态度不好……

汪海立即停下手头的工作，马上处理这件事情。经过了解，事情经过是这样的：

2001年11月13日，消费者程振江在河南夏邑的双星专卖店购买一双白色的双星旅游鞋，穿后半月出现轻微磨脚的现象，找到该店要求换一双黑色的，营业员满足了这位消费者的要求。回去后，该消费者对黑颜色的鞋子又不满意了，遂再次要求换成灰色的。由于该款非常畅销，各经营公司均告急，营业员耐心地让顾客等一等。消费者觉得是在推脱，于是一封信"告"到汪海那里。

汪海非常重视这件事，他立即批示赶快从生产厂调鞋给这位消费者，并让该市双星公司经理亲自上门送鞋，向顾客道歉，同时赠送了一双双星纳米袜，还有一张终身享受八折的打折卡，亲自表示了歉意。

这件事深深感动了程振江，他在给汪海的致谢信中说："谢谢！双星的服务的确是200%的好，至于我在信中所反映的内容，当时心想只有语气加重了，才能换到灰色的鞋子，没想到我这封普通信函能得到双星集团总裁这样关心与重视，我太感动了！我今后穿就穿双星鞋，还要带动我的朋友穿双星、宣传双星！"

据了解，像一般普通消费者来信，汪海都是亲自批示。仅在去年，汪海批示消费者来信就达到35封，给双星质量监督部一个部门的信息报告批示高达57次。

一种服务宗旨

新时期的竞争不再是打价格战，而是打信誉战，服务战。据有关部门统计，2001 年，双星的顾客抱怨率仅为 0.05%（包括顾客来信、来电投诉，质量鞋的调换等），这在我国制鞋企业来说，似乎是"办不到"和"不可能"的事，但双星却办到了，使"不可能"变成了"可能"。

在双星集团，你会强烈地感到，这里的员工已把产品质量视为企业的生命线。公司宣传处处长赵军赤告诉记者："汪海总裁要求最严格的就是产品的质量，不管在什么时候，什么情况下，公司一切事情都要给产品质量让路！"

"给产品质量让路"，"顾客永远是对的"，"什么时候都不能忘了消费者，什么时候都不能忽视质量，什么时候都要把消费者放在第一位"。汪海坚持"顾客第一"的企业服务宗旨，给全体双星员工做出了榜样和表率，给了消费者春天般的温暖。

双星济宁公司第二连锁店的营业员刘香环讲述了这样一件事情：

一天早晨，我们店里进来两位刚锻炼完身体的 60 岁的老太太，我忙上前去服务。老太太问我，有没有既便宜又舒适、轻快的鞋子？我首先给二位推荐了"白网球鞋"。她们试穿后，说"不错，不错，比她们脚上穿的鞋子舒服多了。"但是，她们又说"天马上就要冷了，有没有保暖性更好的鞋子？"我又向她们推荐了一款"校园时装鞋"，她们试穿后很满意，连说"双星的鞋子不但好，服务态度更好！"看着她们满意的背影，我心里很高兴，因为我们的产品质量和服务质量得到了顾客的认可和好评，作为双星人，我感到由衷的自豪和骄傲！

记者在采访中得知，双星的产品之所以得到消费者充分的认可，双星的出口产品之所以赢得国外客户高度的称赞和信赖，双星的质量管理之所以获得质量监督检验检疫总局专家组的高度评价，在于双星长期坚持"以质量为中心不变"的理念；在于双星靠过硬的产品质量，靠先进的质量管理方法，与世界名牌接轨，与国际水平同步的做法；在于双星"无缺陷管理"和"零质量损失"的高标准的质量目标。

一套质量理论

"质量等于人品"、"质量等于良心"、"质量等于道德"；

"产量是钱，质量是命，双星人要钱更要命"；

"质量管理要由'人治管理'向'法治管理'转化";

"抓人质，保品质，提高企业综合素质";

"质量管理要走制度化、法制化、规范化的管理轨道"。

……

十多年的实践，汪海经过摸索、积累、提炼、创造的这些脍炙人口的质量管理理论，已成为广大双星人执行质量工作的标准。

现今，双星年产量已经达到 6000 万双，产品销往 100 多个国家和地区，年销售收入达到 39 亿元，汪海创造的这一套双星质量管理理论，不仅使双星得到持续健康的发展，也为其他企业的改革管理提供了值得借鉴的经验。

"旺季抓质量，淡季搞培训"。为了让质量理论深入人心，双星注重加强对员工的培训教育，提高员工的思想素质和操作水平。去年，集团公司先后组织各种形式质检人员培训 500 多人次，举办了三期质检科长、技术人员、开发人员质量管理骨干参加的质量培训班，系统地学习了双星质量管理基础理论，并进行了考试，实行质检人员持证上岗，并建立、完善了各单位质检科长培训档案，定期对各单位质检科长进行考评，进一步提高了质量管理骨干、全员的质量意识。

一套管理模式

"严格制度，严格法规，用法规制度进行管理"，质量管理由"人治管理"向"法治管理"转化，使双星质量管理走上了"制度化、法制化、规范化"的管理轨道。

在汪海的亲自参与下，双星质检人员在制定了《双星集团质量大法》的基础上，又制定了《市场质量信息管理规定》、《售后服务管理规定》、《质检人员考评规定》、《质量监督检查考核规定》、《计量工作管理规定》等五个质量法规，共计几千条款，形成一部综合质量管理法规汇编。

"执法必严，违法必究"。用经济的手段管质量，是双星质量管理的一大特色。2001 年，双星集团公司共下发各类质量通报 120 多个，做到"有人就有岗，有岗就有责，有责就有法"，使质量管理真正走上了"制度化、法制化、规范化"的管理轨道。

坚持"以质量为中心不能变，以资金为重点不能忘，以降低六大费用为尺子不能丢，以提高效益为目的不能放"的准则，向质量要效益，以创新求发展，开展"四个九质量竞赛"、"三放心活动竞赛"，"谁出质量鞋，花钱买教训"等一系列的劳动竞赛活动，增强质量意识，大大调动了员工的积极性、创造性。"零时间整改，零质量损失"的迅速反应，"市场零投诉"的高标准严要求的质量竞赛活动，保证了消费者的利益。

"与世界名牌接轨，与国际水平同步"。为加快与国际标准接轨，双星按照 ISO9001—2000 版新标准要求，建立了符合新版标准要求的质量管理体系，并顺利通过了省评审中心的换版、换证审核，成为青岛首批通过新版标准认证企业。2001 年 3 月份又顺利通过了中国进出口商品质量认证中心的年度监督审核。

凭借过硬的产品质量和双星人特有的 200% 亲情化服务，双星产品连续 8 年被山东省质量技术监督局评为"免检产品"；连续 5 年被中国质量监督检验检疫总局评为出口产品免验资格。

汪海感慨地对记者说："面对国外名牌的进攻，企业要生存，要发展壮大，只有一条路，就是面对市场，把质量作为企业的生命线，把产品质量、工作质量、服务质量做好，就能抢到更大更好的'奶酪'。"

（原载《招商周刊》2002 年第 3 期）

汪海坚决不干

—— 华青股份并入双星　当地政府要价太狠

李慧莲

"四年了，资料太多。"2月26日上午，记者在双星集团总会计师、资产财务部部长宋新的办公室采访，董事会秘书郭维顺抱着厚厚的一大摞资料进来时说，"我只能拿来一小部分你们先看一看。"

"青岛双星"（青岛双星集团公司）对"华青股份"（即青岛华青工业集团股份有限公司）的吸收合并工作，从1998年初开始到2001年12月底，经过近4年，才在证监会规定的最后期限完成前期工作——注销原公司。

但新公司的注册仍然遥遥无期。双星集团董事长汪海2月25日在他的办公室问："我还要等到什么时候？"4月2日记者打电话给汪海时，他仍然不知道答案。

华青停止柜台交易
青岛双星出手相救

"双星想寻找一个新经济增长点并不是一时心血来潮。"2月25日，汪海在自己的办公室里向记者细说起这种转型缘由。

作为一个纯国营制鞋企业，80年代初双星还只是一个手工作坊；90年代初，双星已经风靡全国。在国有制鞋企业大多数垮的垮、倒的倒情况下，"双星"生产规模不断扩张，在全国中西部重要省市相继建起了10个生产基地。市场销售量不断提高，在国内市场销量连续9年稳居第一。品牌价值不断升值，达到了100亿元。汪海说，作为一个进入门槛比较低的行业，制鞋业的投资回报率也较低。因此，虽然是国内鞋业唯一的上市公司，要想发展，双星必须找到新的经济增长点。

经过市场调研，双星判定汽车工业将会在中国有一个大的发展。而轮胎一直是被作为战略物资对待，轮胎业发展很不充分，没有多少名牌，产品档次不高，量也少。外商的投资建厂也大都集中在1995、1996年，虽说对中国轮胎业的冲击比较大，但能做好人鞋的汪海，自信给汽车"做鞋"也一定能行，"毕竟二者同属橡胶行业。"

1998年，面临退市压力又缺资金的华青股份找到了双星，正好撞到双星的痒处。

华青股份的前身为青岛第三铸造机械厂，1994年9月改制设立青岛华青铸造机械股份有限公司，业务范围包括轮胎、铸机、橡胶制品、橡胶机械和绣品等多种产品的生产和销售。该公司股权证自1997年3月17日获准在青岛证券交易中心挂牌交易（即一般而言的柜台交易），股权证简称"华青股份"，同年12月更名为青岛华青工业集团股份有限公司。当时，"华青股份"是青岛柜台市场的龙头股，每股曾一度冲高到14元。但好景不长，根据国发办（1998）10号文和中国证监会关于"清理整顿场外非法股票交易"文件，自1998年10月13日起，柜台交易停止。

对华青的发展而言，如果就此退市，那将是致命的一击。幸好这份文件允许行业相同或相近的上市公司，吸收合并资产质量好、有发展前途的挂牌企业，双星恰好符合这一条件。同属橡胶行业的青岛双星被华青锁定。

于是双星与华青一拍即合。

双星投入巨资
做大华青"蛋糕"

双星和华青所在地的胶南市政府分别于1998年12月17日和1999年1月29日向青岛市人民政府打报告请示合并。青岛市政府于1999年3月24日发文同意"青岛双星"吸收合并"华青股份"的试点。

1999年，"青岛双星"以现金5936万元向华青轮胎有限公司增资。2000到2001年，双星又投进去5000万，并为其担保贷款3500万，这些投入加起来一个多亿。双星集团总会计师宋新说，"对一个县级企业来讲，这是个天文数字。"

双星的巨额投资使华青快速发展起来。

2001年，华青销售收入21亿元，利税2.1亿元，出口创汇3200万美元。2002年，华青引入双星品牌、市场和管理理念，实现销售收入26亿元，利税3.6亿元，出口创汇4500万美元的目标。

法人股成为矛盾焦点
双星与政府各持己见

实践证明，双星公司吸收合并华青公司是一个双赢的方案，这对培植双星公司新的增长点，缓解华青公司急需发展资金，妥善解决权证企业的出路，增加胶南市的税收等都有积极作用，但吸收合并工作进展得并不顺利。

矛盾的焦点在于469.2万华青法人股。据杨同德介绍，这469.2万法人股是由于1997年要在青岛上柜台交易时，有关政策要求需政府持股。在这种情况下，这469.2万股就被华青在上报材料中写明为政府持股。谁也没料到一年后，华青就面临退市，这469.2万股就演绎出了一连串的故事。

早在1998年10月，当双星对华青进行评估和财务审计时，胶南市政府提出，这469.2万法人股要由政府无偿持有。双星认为这些股本应属华青工会持有，政府拿走不合法，而且政府也没有投资行为。经过半年多的扯皮，胶南市政府暂时放弃了这一要求。

1999年双星与华青签订《合并协议书》后，胶南市政府提出要在新设立公司中控股，双星拒绝。政府又提出要占48%，双星占49%。双星同意只要政府出资就可以扩大股权，估计需要近2个亿的资金。胶南市政府又提出一种思路：以该政府在企业中的现有财产作为48%股份，双星投入的1.1亿元占49%，剩余资产作为公积金放在企业。

2001年6月27日，双星吸收合并华青的要求得到中国证监会的批复后，7月到8月份，双星通过增发定向募集，完成了对华青的股权置换工作。同时，双星依法着手注销华青公司的工作。但当华青公司到当地工商局办理有关手续时却遭到阻止。胶南市政府提出，要在成立新公司的同时，注销原公司。据业内人士讲，这既无法操作也违法。

按中国证监会的批复，双星股份吸收合并华青公司应在8月31日前完成，并在15日内将吸收合并情况总结报告中国证监会。由于不能依法完成吸收合并程序，双星多次向市委市政府呈报了紧急报告。青岛市领导对此问题均做出了明确指示，"吸收合并是不可逆转的，必须依法推进"。并召开了多次专题会议，2001年11月2日的专题会上形成的"会议纪要"确定：按照上市公司吸收合并的规定程序，立即注销华青公司在青岛市工商局的工商登记。

此次会议后形成的纪要11月5日发出，要求一周内回复，但胶南市政府一直到 11 月 27 日才有回音，而且仍然坚持在新公司注册的同时注销原公司。

11 月 6 日至 12 日，中国证监会青岛特派办在对双星的巡检中，对其吸收合并工作的滞后发出了警告，并下达了限期整改通知。青岛市政府于 12 月 24 日又下达了正式的《青岛市人民政府会议纪要》，而且由青岛市体改办专程送达。

12 月 28 日，汪海找青岛市委书记张惠来，张惠来当即给胶南市委书记刘泳打电话，30 日，拖了 4 个月之久的注销终于得以完成。12 月 31 日期限截止日，青岛双星才将此事上报深交所。

胶南市方面称：

"此事无可奉告。"

注销工作虽然结束了，但矛盾并没有完结。2002 年 1 月 6 日，《青岛日报》头版头条发表了《快速发展的"华青之路"》一文，宣传这家被注销了的企业的业绩。

汪海在接受记者采访时说，宣传一家被注销了的企业，给人一种华青仍然独立存在的印象，这将给新公司注册及今后的发展设置障碍，埋下隐患。

双星集团总会计师、资产财务部部长宋新说，这篇文章是胶南市委提供的，华青公司事前既不知道，也没有参与。

2 月 25 日晚，记者与胶南市委书记刘泳取得联系，他只说了一句："双星和华青吸收合并的事，你应该找企业，这事我不管。发展党员的事找我。用你们记者的话来说，此事无可奉告。"随即挂断了电话。

"改革开放 20 多年了，怎么还有这样的事？"汪海说，"两个企业本来可以实现优势互补，快速发展，但现在连最起码的生存发展环境都谈不上。双星作为上市公司，本来在吸收合并完成之后，计划在 2002 年从证券市场融资 5 亿元注入新公司发展，可现在融资计划受到严重影响，势必阻碍企业参与激烈的市场竞争，为新公司的发展埋下隐患。"

双星一位管理人员说，"在适当的时候，双星将对胶南市政府提起诉讼，披露由地方一级政府所造成的上市公司重大经营风险。"

这位管理人员认为，事情并未结束，在新公司中胶南市政府要不要占股份、占多大股份及公司注册地点等问题都没有解决。

据记者了解，新公司的评估工作正在进行当中。

（原载 2002 年 4 月 5 日《中国经济时报》）

"鞋是我的生命"

——访双星集团董事长汪海

王　艳

　　汪海对鞋可以说已经到了痴迷的地步，正如他自己所说，"每天除了睡觉，我终日想鞋，鞋是我的生命。"

　　即使是双星总部汪海的办公室，也俨然一个鞋的世界。他的办公桌上，好似一个"万国鞋业博览会"，那些从英、法、德、意等20多个国家和地区带来的几十双鞋摆满了桌子的三边，那一双双铜塑、泥塑、有机玻璃等各种材料制作的工艺鞋玲珑剔透，琳琅满目，就连电话听筒也是一只漂亮时尚的红色皮鞋。

　　风华正茂时，汪海曾咬破手指写下"坚决要求参军，保卫伟大祖国"12个大字，那时的他想，如果不在战场上牺牲，就一定要当个将军。然而命运并未让他如愿，转业后，他受命于危难，接手陷入困境的橡胶九厂。近20年来，他以一个军人的风范带领员工在市场中左拼右杀，突出重围，打出了一个名扬中外的双星集团。他是一个当之无愧的市场将军，因为肩扛光芒四射的"双星"，所以被称为"中将"。

　　在不少人的眼里，他是一个颇受争议的人物——在被称为"山东怪杰"、"崂山奇人"的同时，也有人说他"妄自尊大"。但说汪海"敢为天下先"的英雄气概，却很少有人表示异议。

　　有关这一点，最具戏剧性的一幕发生在当年双星去美国开拓市场时的一场新闻发布会上。有美国记者问汪海："双星的广告宣传说：穿上双星鞋潇洒走天下，请问你现在穿的是什么鞋？"汪海马上脱下自己所穿的鞋，举起来将鞋底上的商标给记者看，告诉记者："双星的经理当然要穿双星鞋走天下，不但我穿双星鞋走天下，我们厂的职工都穿双星鞋走天下，我劝你也买一双双星鞋，它可以让你伴随你的爱人蜜月旅行走遍世界没问题！"

第二天美国报纸就登了一张汪海举鞋的镜头并发表评论：共产党人在美国举鞋的镜头有两次，一次是当年赫鲁晓夫举鞋拍桌子，另一次就是中国共产党的经理汪海。

关于成功奥秘

记者：您纵横商海几十年，得到过相当多的殊荣，有何奥秘所在？

汪海：企业家这个词已经提出有20年了，但由于历史的原因，对于它的内涵、理解存在问题。今天在现实生活中，有一些人今天是厂长，明天就成了企业家，这是一种错误的认识。企业家，顾名思义，就是要以企业为家，一个合格的企业家是要具备一定的综合素质的。他与军事家还不一样，在战场上，失败了还能够举手投降，而在市场中，企业垮了，是不能举手投降的。

我把企业家分为五种：产品企业家、机遇企业家、关系企业家、贷款企业家、市场企业家，其他几种也好理解，真正的企业家是最后一种。无论市场是冷是热，他均能驾驭自如，市场发生变化时，他决不是教条地、盲目地、头脑发热地去做决定，而这样的企业家为数不多。

我在一个企业中担任一把手二十几年，这种情况是不多见的，说到奥秘，总结起来那就是：客观地想，科学地创，认真地做、务实地干，如果能做到这样，那你就能愉快地过，潇洒地活。对于一个企业家来说，考试在市场，答卷也在市场，我们要永不满足，要借鉴国外先进的技术及经验，继承历史的、传统的做法，创造现实的、现代的东西。

关于市场开拓

记者：鞋是属于小商品行列的，那您如何为它开拓出一片大市场？

汪海：鞋是属于小商品，行业进入门槛低，科技含量少，大家也都不重视，认为很简单。但它面对的却是永恒的大市场，人类是生生不息的。正如我们所说的，"有人就穿鞋，关键在工作"。在生活用品中，鞋和其他的电子、家电产品还不一样，其产品面对的是一个家庭，而鞋面对的是每一个个体，况且，每个人都拥有不止一双鞋，俗话说"爹脚和娘脚还不一样"，由于每个人的需求是不同的，60亿人就可能有60亿种看法、要求、选择，要想让他们完全满意是非常难的，是要付出很大代价的，从这几个方面来说，制鞋业其实是一个复杂的大市场。

面对这个大市场，我们既做高档鞋，也做中、低档鞋。我们根据人们的要求选择价格空间，价位在四五块钱的鞋和价位上千元的鞋我们都做，都有市场。

生活中很多人是崇洋媚外的，我认为千万别迷洋，因为"洋鞋并不洋"，像耐克，它的很多产品都是在中国生产的，只是它已经形成品牌，所以价钱才会被炒得很高。我们和耐克几次谈合作都没有成功，因为在它看来，双星是耐克在中国最大的敌人。总之，我们将鞋这样的小商品做出大市场，是动了许多脑筋的。

关于道德管理

记者：双星的企业文化非常独到，而在几年前，您又提出了道德管理，用意何在？

汪海：双星的企业文化应当是非常独到的。现在的企业很多走了两个极端，一个是对传统的绝对抛弃，一个是除了艰苦奋斗、打足精神几个口号外，根本没有企业文化。而双星的企业文化是在吸收优秀理念的同时，与中国的国情相结合而产生出来的。我可以这样说，一个没有思想、理念、文化的企业是一个没有希望的企业。

我们在全国很多地方都有工厂，我虽然不去，但他们的管理、作风和要求都是一样的。这靠的就是一个企业的文化，时间一长，就逐步形成一种精神。我提出的一个要求就是"干好产品质量就是最大的积德行善"，不少人认为我在搞封建迷信，我觉得不是。中华民族自古以来就以道家、佛家、儒家为三大文化，其中尤以佛文化最为普及，而佛文化的核心归根到底就是要积德行善。

作为企业的总裁，我希望每个产品的质量都是好的，但不是每个打工的人都是这样想。我们要求每个鞋刷三遍胶，但不排除有的人刷两遍，甚至一遍。一条生产线一天生产六千多双鞋，面对六千多个客户，出现了质量问题，制鞋的人可能已经换了地方到别处打工了，但对于企业的声誉却是很大的损失。

在传统思想中，人们是非常忌讳被说缺德的，尤其在农村，很多人相信因果报应。我们的工厂大多建立在农村，提出这样的口号，也是运用了人们这样的心理。我们想让每个员工知道，自己的一针一线不仅牵连着市场，牵连着企业的效益，也牵连着对每个消费者的责任感和道德感。

总的来说，双星的道德管理，就是用一些朴素的道德观来塑造企业精神，从而将三万多名员工凝聚成一支战无不胜、攻无不克的铁军。

（原载《中国市场》2002 年 8 月号）

名牌，就是财富

——与双星集团总裁汪海对话

王葆林　朱建华

理论之树常青

汪海是改革开放后首批国家级优秀企业家之一。这首批 20 位被铭刻入中国史典的人物，在历史大潮的冲击下，升迁者有之，落马者有之，而至今依然活跃在中国国有企业舞台上叱咤风云的却只有汪海一人。2002 年 11 月，在凭窗临海的青岛双星集团总部汪总办公室，我们再次见面。汪海的下属告诉我们，总裁昨天针对集团的发展战略进行了新的部署，讲出了许多新观点，相当振奋人心。我们正在消化、贯彻和落实，你们来得正是时候。

显然汪海还沉浸在昨天的兴奋之中。对于公司的发展、对于中国民族工业的发展乃至于世界经济的发展，汪海都进行过周密、科学的分析和思考。他自觉地承担起一名中国企业家的历史责任，他认为一个合格的企业家，要能以政治家和科学家的思维方法研究变化着的经济现象，直到从纷杂的现象中找出了线索，碰撞出火花，摸索出规律，归纳出结论。汪海认为双星的发展到了高级阶段。双星将迎来新的更大的发展。汪海说我们要做好思想上、组织上、物质上乃至心理上的准备，迎战最艰巨考验的时刻表已经摆在了面前，能不能经受住历史的检验，就看我们有没有充分的理论准备。

理论是实践活动的指南针。回顾双星的发展史，正确的理论指导是克敌制胜的法宝。双星的理论，或者准确地说是汪海的理论，曾引领双星从一个辉煌走向又一个辉煌。如今双星做大了、做强了，做成了世界名牌。市场曾不断验证了双星理论的正确性，同时市场要继续对双星理论提出新的诘问和拷打。与时俱进是双星理论的核心，实事求是是双星理论的灵魂。

汪海在"中国西部论坛"上的发言，在上海"APFC 2001"上的演讲，在全国橡胶协会年会上的讲话，基本凸显出汪海面对新世纪的新思索。而在接受我们的采访中，汪海正式向媒体和盘托出了已经形成了的理论观点。

汪海的理论是面向集团的，面向市场的，面向经济的。而针对企业、企业家的理论不可避免要涉及政治、历史和意识形态领域。中国特色的代表观点认为，求真求实见成效的理论就是好的理论。如同双星总部门前那两尊别具风格的猫的塑像：谁能抓住老鼠谁就是好猫。

汪海思维敏捷，谈吐酣畅淋漓。充满哲理并诙谐生动的访谈，进行近三个小时，我们的对话进行得顺畅而愉快。汪海的笑声极具感染力，如他豪爽的性格一样，使整个采访始终沉浸在兴奋的氛围之中。我们感叹汪海思想的魅力，想起了先贤那句名言：理论之树常青。

创新是永恒的主题

主持人：我们研究了独具特色的双星市场理论中有"创国际名牌、当世界名厂、做双星名人"的论述，感到这是对一个企业终极目标的全面涵盖。双星达到这个目标了吗？

汪海：我们一直在朝着这个目标努力。理论应当是与时俱进的，目标的追求也无止境。对目标的追求可以为企业提供精神上的动力。我们达到了一个目标，还要确立下一个目标，在当今全球经济一体化的时代，企业今天不创新，明天就落后；明天不创新，后天就可能被淘汰。

双星确定的"名牌发展高级阶段"和"新时期树新形象，做双星新人"两大战略就是对双星市场理论的完善。在产权改革基本完成之后，我们把目标确立得更高，只有这样，才能不断创新，不断发展。

主持人：我们了解到双星产权改制工作进行一年多了，进展得怎么样？

汪海：我们七大战区、60多家公司2000多个店，目前为止除一个哈尔滨公司正在办理手续之外，已经全部卖光。

主持人：卖后的经营情况怎么样？

汪海：好哇！卖后与卖前相比较，公司的销量提高了44%，经营收入增加了50%，经营者的收入正好翻了一番。你看这是多大的变化。国有企业的公司把店卖给个人，变成民营的经营公司和连锁店，公司还是原来的公司，店还是原来的店，却因私而活了。原因很简单，店是自己掏钱买的，责、权、利都攥在自己的手里，积极性自己就调动起来了。

制鞋产业是传统工业，而传统工业基本是微利产业。对这个产业横向观察就会发现，由于南方私企的崛起和国外品牌的进入，国企几乎是不堪一击被纷纷挤垮。虽然双星一枝独秀，但目睹了激烈竞争后的惨状，我们不能不作深入的思考。我们非常清楚，尽管人们对鞋的要求越来越高，国内外制鞋业仍然以手工作业为主没能实现自动化，成本高而利润少、人员多而赢利少，国有资产很难在这个微利产业中增值。兵临城下了，企业是在情况好时就改？还是垮了再改？这是明摆着的事。我们只是顺应经济规律办事。事实也证明了我们这一步走得恰是时候。在双星这个品牌还响当当的时候转体改制，为今后双星的生存和发展及早奠定体制基础优势。

主持人：您说在双星品牌响当当的时候转体改制，为今后的发展打基础，是不是说，您在品牌的运作上有了成熟的设想。

汪海：现在已经不是设想，而是进行。双星的发展同所有成功的企业发展一样，要经过三个阶段。我们经过了创业的初级阶段和壮大的发展阶段，现在到了进行扩张的高级阶段。前两个阶段艰苦，仅仅是对企业家能力的考验，而高级阶段则是对企业家全面素质的检验。面对新世纪，双星的两大战略是"名牌发展高级阶段"和"新时期树新形象，做双星新人"。而名牌发展的高级阶段就是品牌运作。

将名牌的无形资产有形化

主持人：我们知道双星品牌价值是 100 亿，而您自身的价值是 39.99 亿，是否两大战略的目标是将无形资产有形化。

汪海：对。评估出双星的无形资产是 100 亿元，这是有科学根据的，但你到街上对卖冰棍的老太太说，我拿 100 个亿无形资产买你一根冰棍，她不会卖给你。那 100 个亿有什么用？有用！这就要看你怎么用。南方有一家皮鞋厂，到青岛来找我。我没在青岛，他们就等了 7 天，一直等到我回来。他想用双星的牌子。我们对这个厂进行考察后认为，确实不错，有一定的规模，质量也相当好，但就是卖不出量，也卖不上价，因为没人认他的牌子。他们非常聪明，知道双星是世界名牌，是中国鞋业的第一品牌，想借双星的牌子打入市场。我们制定了相应的规则，每年他们交双星一定的品牌使用费，双星给他牌子用。他的皮鞋纳入双星系列，他受益，双星也受益。无形资产转化为有形化了。

主持人：现在确实是一个品牌至上的时代，品牌的作用已清晰可见。一项调查表明，在品牌上每投资 1 美元，便会获得 127 美元的利润。双星10 年培育品牌，现在到了收获季节了。

汪海：我们依然在对双星品牌进行培育。我们的两大战略就是围绕做品牌做出的决策。品牌含义又叫品牌意义，品牌精神是指一个品牌所承载的内涵，所代表的精神，双星的两颗星可以解释为精神文明一颗星，物质文明一颗星；也可以解释为东半球一颗星，西半球一颗星；甚至可以解释成双星一颗星，双星的朋友是另一颗星。发展一下，还可以解释说双星的产品一颗星，双星的服务一颗星，等等。星星辉映是我们双星的含义，也是我们双星的精神。

我们做出了双星的品牌，双星品牌的价值在社会上传递，得到了消费群体的认可，创立了品牌忠诚度，我们的品牌权益为我们双星集团提供了许多竞争优势。双星的三大支柱产业——鞋、服装、轮胎统称双星。我曾说过"名牌是市场经济中的原子弹"，手里握着原子弹，心里会踏实得多。

主持人：对轮胎厂的收购，是否标志着双星在调整产品结构？有没有由微利产品转产高利产品？

汪海：产品结构的调整是企业正常运行的需要。过去要改动一个品种，需要 4 个月的时间，现在就只能在 1 个月内，甚至 15 天内必须完成。一条流水线一天生产的品种可能会变换好几次，一个订单 120 双鞋也做。市场对产品的调整提出了很高的要求，跟不上这样的速度必然会被淘汰。现在不是大鱼吃小鱼的年代，而是快鱼吃慢鱼的年代。

双星给汽车做"鞋"，生产轮胎，也是我们品牌运作的一个方面。轮胎与鞋都是橡胶行业，都是传统产业。人这样高级动物的鞋我们都做出了名牌，而人的一个交通工具的"鞋"，我们有什么理由做不好？收购轮胎厂有资本运作的因素，更重要的是品牌运作。昨天芝加哥打来一个电话，要订 15 万条双星轮胎，人家就是冲双星这个牌子来的。我们已加大了轮胎的投入。你们从北京来，一定看到了北京到处都在没完没了地扩路、修路，全国哪个城市不是这样？这就是因为汽车越来越多，中国 10 年之内汽车的增量不会降低，轮胎的销量必增无疑，我们已把轮胎作为新的经济增长点之一。

关于产业结构调整，有人主张不要再提什么民族工业了，全球经济一体化，都按西方那套运作模式，全西方化，发展高科技。我认为这是一种新的卖国主义论调。在经济高速发展的今天，我们应该避开发达国家在核心技术方面的锋芒，把我们的传统加工行业发展起来，这是我们的优势。我们传统行业的技术上不是低档次的，有些加工行业我们比国外的还好还强。比如，在鞋底上安装气垫，这是耐克的专利。双星鞋不仅有气垫防震，还有空调功能，可以调节温度。双星的高档产品卖到了美国和日本的高档鞋市场。中国基本是传统工业支撑着国家的经济命脉，解决着吃饭问题，肩负着国家安定团结的重任。怎么能说我们民族工业、加工行业不重要了，不要再提了？这不对，不符合国情。中国这么多人，都去搞高科技，现实吗？可能么？

名牌代表先进生产力

主持人：双星的牌子得到认可，已经做成了中国鞋业第一品牌。但加入WTO后，我们将面临国外品牌挑战，双星企业扩张中将运作品牌，能不能认为来自外部的压力会更大些。

汪海：来自外部的压力一直存在，我们从来没有怕过。与国外的名牌竞争并不可怕。我们因为了解内情，所以有充分的获胜把握。我们做的鞋卖给日本人是19美金，日本人在白盒白纸上印上日本字，卖给美国人就是60美金，美国人再卖给世界各国，也包括中国，就是130美金。他卖的是什么，卖的就是牌子。

我参加新加坡面对21世纪的中国企业研讨会时，有人问我，你双星为什么叫世界名牌？有什么根据？其实在中国也有很多人这样问过。我说，你真可笑，难道说世界名牌都是联合国大会公布的，安理会讨论的吗？全世界有55亿人，中国就占13亿，华人圈还分布在世界各个角落，出国的许多人都带双星鞋，在鞋圈里不知道双星的不多。为什么美国才2亿多人，他们不管搞什么牌子，只要到中国就叫世界名牌，中国人创个牌子就不能叫世界名牌呢？这公道吗？

去年中国加入WTO，北京有家媒体找到我，说和耐克老板对话感不感兴趣。我说非常感兴趣。经过半年协商，双方确定在青岛双星总部实施对话。中央电视台的转播车开出北京那天，耐克方面突然反悔了，说对话可以，但要双星总裁与耐克的副总裁对话。我一听坚决不干，我说耐克派副总裁，我就派总裁助理。我认为，经济舞台的竞争，实际上就是政治舞台上的斗争，我们每一个企业在国际上代表的都是中华民族，都是中国人。我们要学习外国先进的东西，但学习不等于祈求，在人格上不能矮，要有点志气和信心，我们应该有与外国企业竞争必胜的信心，我们的企业才有精神，才能把自己的企业搞好。

主持人：既然我们知道未来的竞争，主要集中在品牌的竞争上，中国的民族产业应当怎样应战？

汪海：21世纪是名牌的天下，是名牌竞争的市场。中国经济发展近20

年来的事实已经让我们看到，消费者选择名牌的倾向越来越突出。名牌是企业的形象和代表，名牌更是一个国家的实力象征，代表一个国家的先进生产力。国家与国家的竞争，更多地体现在大企业与大企业之间，体现在强名牌与强名牌之间，中国要在竞争中后来居上，就必须创自己的名牌。在创名牌上，首先企业要做好名牌的产品；其次，政府应该扶持中小企业创自己的牌子，这是符合市场发展规律的，同时要宣传民族工业产品，引导消费者选择自己的民族品牌。只有这样，我们才能创出自己的牌子，只有这样，我们在外国牌子进来的时候才能与之抗衡。

到了布尔什维克领导创名牌的时候了

主持人：作为企业家，面对激烈的市场竞争，怎样才能准确把握企业发展方向，使企业立于不败之地？双星的发展证明了双星理论的正确性，而我们也看到相当一些国有企业依然在为扭亏为盈奋力拼搏着，企业家的作用对于一个企业来讲是至关重要的，我们想听听您对中国企业家状况的分析和评论。

汪海：搞经济不是搞运动，不能赶时髦。中国的企业家首先是布尔什维克这一点不能动摇，现在是到了布尔什维克研究市场经济的时候了，到了布尔什维克领导创名牌的时候了，怎么能使先进的东西为我所用，创出我们的名牌。前两年一窝蜂上高科技，什么高速公路、网站，这个不行。企业家就要有清醒的头脑，结合自己企业的实际情况做出判断。我们双星在这个时候没有跟风，上了传统产业的轮胎，作为我们的效益增长点。

去年香港《大公报》发给我们一个通知，说从 600 多个广告中我们的广告排到前 5 名，我们也不知道是怎么回事。经了解才知道，现在的企业都搞个形象代言人。我们没搞，没必要搞，我本身就被列为第一代优秀企业家，我就是我们集团最好的形象代言人。结果我们没搞，反而给评上了。我主张反思维，企业家要具有反思维的头脑。所以说，别人都去搞的事，我不搞反而获胜。

企业家的基本工作方法应当是发扬传统优秀的、借鉴外来先进的、创造自己的名牌。企业家的头脑要不断发展，但绝对不能发热。也许政治家做不了企业家，但企业家必须是政治家，每一项决策都得站在时代的高度，在正确理论指导下进行，理论联系实际，实事求是地办事。

（原载 2002 年 8 月 19 日《中国化工报》）

汪海的金钱、荣誉和品牌观

徐立京

15 年前与汪海一同当选的首届全国优秀企业家，不止一位栽在"59 岁现象"这个坎上，汪海是怎么想的呢？

在双星集团 82 周年庆典的欢快氛围中，记者见到了总裁汪海。他还是那一身"招牌"打扮：头戴红色棒球帽，脚登"双星"运动鞋。虎虎生风地走过来，爽朗、高亢的谈笑声顿时使得整个会议室生动起来。看他那浑身上下透出的精气神，哪里像是一个年过花甲的人？

但年龄对于这个阶段的汪海，已是一个绕不过去的话题。汪海今年 62 周岁，他自称"虚岁 63"。记者自然想知道，汪海本人和双星集团将如何面对"后汪海时代"？在这个敏感的年龄段，汪海的心态究竟是什么样的？"我的心态不用我来说，你在采访中还感受不到吗？"汪海呵呵一笑，气定神闲。

钱买不到荣誉和成就

在中国，企业厂长的任期大多在 3～5 年，10 年的很少，20 年的就罕见了，而汪海在一个老牌国有企业里愣是 30 年没挪窝！这在全国也是"珍稀动物"了。1974 年，33 岁的汪海来到青岛橡胶九厂（青岛双星集团前身），1983 年出任厂党委书记，从此成为双星集团的领头羊。20 年过去，公司发展成为当今世界上生产规模最大的制鞋企业，资产总额从不到 1000 万元增至 35 亿元，当年的主导产品"解放鞋"变成了品牌价值达 100 亿元的"双星鞋"。

面对 1987 年首届全国优秀企业家与中央领导合影的照片，汪海笑称现在只有他"硕果仅存"，还在市场风云中"上蹿下跳"，而当年一起吃改革开放第一只螃蟹的同路人，早已淡出人们记忆了。

回首 30 年风云变幻，汪海最自豪的就是他始终活跃在改革开放实践的第一线。他这样评价自己："是时代的实践者、开拓者，也是到目前为止为数不多的成功者和幸存者。"30 年潮涨潮落，经历险境无数，以汪海那张扬的个性，竟然都能安然涉过，汪海自己想来亦觉惊异。其实深究下去，看似锋芒毕露、性喜挑战、不惧争议的汪海，骨子里却是一个本分、简单的人。唯其本分，方能管住自己，抗拒名与利的诱惑；唯其简单，方能一心一意做一名纯粹的企业家。汪海说："回头看自己，我给自己投两票。一票是优秀的共产党员，解决了近 10 万人的吃饭问题。一票是优秀的企业家，为国家把'双星'这个品牌做起来了。"

当年与汪海一同当选首届全国优秀企业家的周冠五、于志安，都栽在"59 岁现象"这个坎上。对此，汪海十分平静："到了我这个年纪，对于人生的价值，对于如何把一生走下来，都已经想得很清楚了。大自然的惩罚谁也跑不掉，我当然在考虑汪海以后的双星将怎样运转。改革方案在做，但现在还没有成型。像双星这样规模大、运转好的纯国有企业，改革必须慎之又慎，否则处理不好，反而破坏企业已有的良性循环。双星目前处于平稳发展时期，除了我以外，员工们的收入都已按市场化机制和绩效挂钩，他们的心理是平衡的。59 岁现象的存在，是企业家心理失衡的表现。但我自己给自己找到了平衡。怎么平衡呢？人很难回避名和利，那是本能的东西，不过对我而言，名比利更为重要，党和人民给了我这么大的名誉、这么高的社会地位，我不会因为捞钱而断送自己的事业和名声。我是一个职业企业家，一切目的就是做好企业、发展企业。你想，我 33 岁进双星，大半生心血都扑在企业上了，几十年的荣誉感和成就感不是用钱能买来的啊！"

汪海的办公室挂着一副"名利淡如水，事业重如山"的对联，他几十年以此自警自励，终于达到了这种心平气和的境界。

逆境生存的五大原因

汪海向记者分析了他和双星能一直"存活"下来的五条原因。

第一，"是时代造就了我和双星。"汪海说，"改革开放必然伴随争议，我这 20 多年一直在争议中生活，但不管争议有多少，改革开放的方向不可逆转。我有幸能生活在这样一个伟大的时代。"

第二，"我遇到了两位好书记，原山东省委副书记刘鹏和原青岛市委书记俞正声。没有历届青岛市委、市政府为企业和企业家创造宽松的发展环境，双星在海里游不了这样好，我也很可能早就被水'呛'死了。"

汪海讲了一件往事。20世纪80年代初，那时工人拿厂里东西很普遍，大家心目中这不算"偷"，几乎人人都是厂里有什么，家里就有什么，不仅偷成品鞋、布料，连制鞋的铝模具都偷，因为当时1吨铝能卖3万元。这时，汪海就任党委书记，他知道再听任4000多名职工这么偷下去，企业就垮了。可是，怎么管？怎样才不会激化矛盾、触犯众怒呢？开党委会、举行班组以上职工大会，讲道理、发通知，汪海不断做思想工作，舆论造了一个来月。"光那一个月的讲话摞起来就有这么高。"大多数职工理解了，170多名班组长也支持了，汪海开始动真格抓"小偷"：职工下班出厂经过警卫时，要把包打开进行检查。第一天就抓了28个。一名女工由于偷得太多而被开除。青岛市顿时就炸了！告状信铺天盖地涌向信访处，连市工会主席也告汪海侵犯人权。事情到了市常委会议，时任市委书记的刘鹏同志在会上说了三句话：一、汪海抓小偷是为了他自己还是为企业？二、小偷抓到了没有？抓到了。三、要常委会做个决定支持小偷，我做不出。抓小偷风波就这样平息了。

第三，"双星在市场起落中能持续健康发展，不断创新起了决定性作用"。汪海他做了许多超前决策和敢为人先的事，当时不被人理解，实践却证明是正确的：1983年，双星产品严重积压，全厂人心惶惶，在危急关头，汪海对员工说了两句话，"有人就穿鞋，关键在工作"、"等待别人给饭吃，不如自己找饭吃"。他第一个带领全厂职工摆脱商业部门计划，背着鞋箱到市场上找饭吃；90年代初，双星在青岛发展势头正好，汪海果断提出，制鞋基地从沿海向外地转移，通过"出城"、"下乡"、"上山"三部曲，突破了微利产业的地域性瓶颈……汪海的一个观点很有启发性："所有制不决定企业生死好坏，关键在于创新。"他说，国有企业也有充满活力的，民营企业也有体制落后的，所以企业"姓"什么不重要，重要的是能不能顺应企业管理规律和市场变化，持续不断地创新。创新是企业发展的根本，创新创造企业效益。汪海最近提出了一个管理新理论："打赢商战中创新的人民战争"。其核心理念就是要全员创新，带动各项工作全面提高。他说："商战更需要人民战争。如果你看到我们的打工仔天天都在琢磨怎样搞创新、降成本、保质量，你会不感动吗？双星的成本有很多就是他们从一点一滴的创新中，一厘一分抠下来的。是他们教育了我。"

第四，"双星有一帮拼命干事的骨干，有一个稳定的、极富战斗力的团队。我是出头露面的，他们是埋头苦干的。"

第五，"没有思想和文化的企业长不了。"汪海说，"双星能有今天，就是用精神、理念和文化，将双星人凝聚起来，不停地创新，不停地调整，不停地发展。"

我不与"双星"永远同在

毫无疑问，汪海现在依然是双星集团的灵魂。那么，"后汪海时代"的双星集团将会怎样？"即使我退了，甚至双星集团公司总部垮了，'双星'这个品牌也会存活下去并发展壮大。"汪海坚定地说。

汪海认为他这辈子最大的成功就是培植了"双星"这块名牌。而他现在感到最宽慰的，是"双星"这块牌子已经具备了自我生存与发展的机制和条件。

"除了我是政府任命的以外，双星集团的一切都已经按市场化机制运转。能市场化的，都已经市场化了。"汪海说。

全员面向市场的机制得以建立。在双星，有"黑板干部"一说，无论你在什么位置，今天称职名字在黑板上，明天不称职就会被抹掉，等到干好了还可以再上来。谁有本事谁"上岗"！汪海选的绝对是拿耗子的"猫"。在双星总部、十大生产基地、遍布全国的 2000 多家双星连锁店大门口，立着的吉祥物都不是一般的狮子，而是一只正抓老鼠的黑猫雕塑和一只漂亮的不抓老鼠的白猫雕塑。塑像的底座上分别镌刻着两句话："不管白猫黑猫，抓住老鼠就是好猫；不管说三道四，双星发展是硬道理。"原来，汪海最烦的就是那种自己不干活，却变着法儿琢磨着去整干活的人，这种人就像那只不拿耗子却也鲜亮的漂亮猫一样。因此在双星，那些不干的、看的、捣蛋的、光知道喊口号的人很难有市场。"不干活的要下岗"、"功劳平平的要换位"，双星欢迎的是那些勤勤恳恳、扎扎实实做事的人。"双星猫"往门口这么一站，让所有的双星员工都骤生压力，其作用不亚于哈佛商学院案例中的"鲇鱼效应"。

"双星"这块牌子能够自我生存与发展的另外一个重要原因，是以市场为中心的双星理念、双星文化已经深入人心。"文化的威力比原子弹不知大多少倍。"汪海说，"用员工都能认同的理念、文化来管理企业，作用是无穷的。"而最有双星特色的理念之一，则是："干好产品质量是最大的行善积德"。

车间内鲜花盛开，生产厂区地板一尘不染，连锅炉工也穿着干净的白大褂——来到位于革命老区沂蒙山的双星鲁中公司，大多数人都不会相信，这里的工人98%是当地的农民，由他们生产的一流鞋子源源不断地运到国际市场。20年来，双星遵循行业规律和市场规律，不断进行调整，从1984年开始向外转移生产线，陆续在青岛郊区及成都、贵阳、张家口等地建起了生产厂，员工大多来自西部落后地区，这给管理带来了难度。最初，厂里不是丢鞋就是丢工具，工人做出的鞋合格率不高。管理人员搬出红头文件给他们上教育课，效果却不理想。汪海琢磨开了："高技术、高科技管理绝对不能丢，但另一个指导思想就是要实事求是。打工妹文化水平低，他们的目的是打工赚钱，你跟他讲'命运共同体'、'质量是企业的生命'之类的说教，现实吗？双星垮了跟他们有什么关系？还可以找三星、四星嘛。制鞋工艺有很多人为的东西，如果不能让员工自己管理自己，再高级的微机也没办法。儒、道、佛是中国文化的源头，在老百姓心里的影响很深。我们为什么不能把优秀的传统文化充分利用起来呢？"于是，汪海把佛教文化引入企业管理，告诉员工"干好产品质量就是最大的积德行善"，如果一双鞋出了质量问题就是"缺德"！结果，这个理念一下子就把基层员工的心态和最高决策层的想法拉到一块儿了。此后不仅再也没有发生过丢鞋的事情，而且企业上下形成了强大的合力，每一个岗位都为保证产品质量竭尽全力。

"没有思想和文化的企业长不了。"汪海说，"商战更需要人民战争。双星之所以能有今天，就是用精神、理念和文化，将双星人凝聚成为一个极富战斗力的团队，不停地创新，不停地调整，不停地发展。如果你看到我们的打工仔天天都在琢磨怎样降成本、保质量，你会不感动吗？双星的成本，有很多就是他们一厘一分抠下来的。是他们教育了我。"

如今，双星集团已进入品牌经营时代。在全国范围内，"双星"品牌的经营权已由各地代理商买断，扩张到60多个分公司2000多家连锁店。"总公司50多个人管理着全国10万人，但我感觉很轻松。如果不做轮胎只做鞋，我现在可以有一半的时间来旅游。"

"你应该了解我目前的心态了吧。两耳不闻窗外事，一心只走鞋道、车道和人道。60岁的年龄、40岁的身体、20岁的思想，这就是我的心态和状态！"汪海笑语。

（原载2003年9月17日《经济日报》）

汪海的"人道"、"鞋道"、"车道"

王开良

汪海，63 岁。他名片上印着：高级经济师，双星集团总裁，国家级管理专家，中国胶鞋协会理事长，中国橡胶工业协会副理事长，中国皮革工业协会副理事长。

出生于微山湖畔，1983 年出任青岛橡胶九厂（双星集团前身）党委书记，使双星集团由一个只能生产黄胶鞋的亏损企业迅速发展成为国内同行业市场销量第一、居同行业之首的当今世界上规模最大的制鞋企业，并涉足轮胎、机械等大行业，创造了中国传统产业走市场之路的奇迹。他个人则荣获了中国企业家所能荣获的几乎所有奖项，并于 1995 年被美国名人传记协会与美国名人研究所推荐为世界风云人物。

2001 年，汪海自身的企业家价值及他所创立的双星市场理论价值被量化评估为 39.99 亿元，是中国企业第一人。

"人道"：不走"官场"走市场

在中国，企业厂长的任期大多在 3 至 5 年，10 年的很少，20 年的就罕见了，而汪海在一个老牌国有企业里愣是 30 年没挪窝！1974 年，33 岁的汪海来到青岛橡胶九厂（双星集团前身），1983 年出任党委书记，从此成为双星集团的领头羊。

习惯一身"招牌"打扮，头戴红色棒球帽，脚登"双星"运动鞋，浑身上下透着精气神的汪海，面对 1988 年首届优秀企业家与中央领导合影的照片，笑称现在只有他"硕果仅存"，还在市场风云中"上蹿下跳"。和他获得"首届全国优秀企业家"称号的 20 人中，其他人有去当官的，有退休的，有中途落马的，有进了监狱的，也有出逃国外的，而他还是当他的"鞋匠"。

回首 30 年风云变幻，汪海最自豪的就是他始终活跃在改革开放实践的第一线，并总结创立了一套双星市场理论，创造了双星名牌。汪海说，我的性格是喜欢挑战，不惧争议，敢为天下先。诸如，在全国第一家开新闻发布会，第一家到贫困地区建厂，第一家破"三铁"，第一家提出"用好钱就是最好的思想政治工作"……46 岁那年汪海被列为青岛市副市长人选，推荐材料送到省委后，因为"人民来信"及各种争议太多，就搁下了。搞市场经济跟官场是不一样的，改革必然触及某些人的利益，就是在那个时候，汪海在厂内 500 多人的大会上宣布了："我永远不进官场，我就走市场了"。从此，汪海带领双星人执著地探索中国传统产业走市场经济的新道路，使双星把握住了社会、市场、行业发展的规律，始终保持了高速、持续、稳定的发展。

汪海这样评价自己：是时代的实践者、开拓者，也是到目前为止为数不多的成功者和幸存者。我没有栽在"59 岁现象"上。因为我认为，人活着是为了名和利，但是，假如又想名又想利，天都不容。不贪钱财，这是做人的根本，也是企业领导者树立形象、增强威信的重要法宝。作为企业负责人，要常修为企之德，常思贪欲之害，常怀律己之心。我从扑下身子走市场之时，就把自己定位为职业企业家，最终的目的是做好企业，发展企业。我不管到双星的哪个厂，一进车间四五个小时不出来，经常是走一路，讲一路，教一路。我所对得起的就是这两颗星……我追求个名，要争口气。一个人要专心做一番事业，就需要达到一种境界。党和人民给了我这么大的荣誉、这么高的地位，我不会因为钱断送自己的事业和名声。我的素质，我的世界观，我的信誉也是一步步提高的。为什么好多人不理解，我说你到了一定环境的时候，就理解了。说实在的，有我自身不断的提高，有外界对我的影响和压力，另一方面也有国家法律法规的约束。我的观点是，名誉要比钱重要。就是我现在拼命地活，活过 100 岁，我究竟可以用多少钱？你花不了那么多钱，有好多的人要有 1000 万元，2000 万元，你干什么用？你总是要离开这个世界的，这就是种素质。我 33 岁进双星，大半生心血都扑在企业上了，几十年的荣誉感和成就感不是用金钱能买来的。

汪海的办公室里挂着一幅"名利淡如水，事业重如山"的对联，他几十年以此自警自励，作为自己的立身之道，强身之道，终于达到了一种心平气和的境界。

汪海说，回头看，我给自己投两票。一票是优秀的共产党员，解决了近 10 万人的吃饭问题；一票是优秀的企业家，为国家把"双星"这个品牌做起来了。2000 年，双星职代会自发推举我为双星的"终身总裁"，我觉得这是我一生获得的最高荣誉。现在，双星行业在扩展，我要拼一拼 20 年前的劲头，在市场上把牌子操作下去，将双星发展得更大更强，为中国民族工业发展争气。

"鞋道"："夕阳工业"做出"朝阳气象"

制鞋业，劳动密集、手工操作、产品微利，素来被称为"夕阳工业"。然而，汪海把所谓的"夕阳工业"做出了"朝阳气象"，彻底摆脱了行业的局限，探索出了中国特色的企业发展新模式和新道路。

世界上一些国家不做鞋，将该行业向发展中国家转移。但汪海认为，世界人口不断增加，市场存在，这个行业应是最有希望的行业，完全可以做出"朝阳气象"。

20 世纪 80 年代初，双星便把握了制鞋业向贫困地区转移的规律，打破城市工厂不能下农村的旧框框，坚决将老生产线转移到农村，走出了"出城"的第一步。1986 年，双星结束了解放鞋在市区生产 36 年的历史；1997年，双星又告别了在青岛总部制鞋长达 76 年的历史。"出城下乡"，使双星开始突破了劳动密集型行业发展的地域瓶颈。

进入 20 世纪 90 年代，双星提出了"东部发展，西部开发"的新思路，变国家的"输血"扶贫为企业的"造血"扶贫。从 1992 年起，先后在沂蒙老区建起了鲁中、瀚海两座大规模的"鞋城"，企业不仅找到了发展的空间和出路，而且带动了当地经济的快速发展，并使老区人民告别贫困，员工年人均收入达到 6000 元，取得了沂蒙双星万人奔小康的扶贫成果。汪海因此获得了"全国扶贫状元"的荣誉称号；更重要的是，通过"上山下乡"，双星为国有劳动密集型加工行业找到了新的发展出路。

双星按照行业规律创造性地主动转移，迅速形成了规模经济，占据了全国鞋业市场的龙头地位。在完成"出城、下乡、上山"的战略大调整后，他们充分运用双星名牌优势和管理优势，先后合作成立了成都鞋业、张家口股份、中原鞋业、贵阳鞋业、东莞、莆田和沈阳等公司，逐步形成了青岛开发区、工业园、海江、鲁中、瀚海、张家口、中原、成都、贵阳、福建、东北等 11 个生产基地，既盘活了当地闲置的厂房、设备，增加了就业机会，也使双星一步到位地占领了当地市场。双星的战略转移实现了利国、利企、利民的"三赢"策略。

在市场商战摸爬滚打中，汪海总结出一整套"道"管、"情"管、"成本"管、"钱"管、"制度"管的"双星市场理论"。"道"管就是运用道家、儒家、佛家等中华民族传统文化中的精髓，把佛教的一些教义与企业管理结合起来。中国人骂人最狠的话就是"缺德"，汪海提出"干好产品质量就是最大的积德行善"、"质量等于道德，质量等于人品"。在沂蒙山区建厂时，总有农民工偷厂里东西，汪海在厂区塑了一个观音菩萨，告诉职工说，你们偷东西我看不见，但观音菩萨看得见，后来偷东西的人几乎没有了；"情"管，就是汪海提出"无情的纪律，有情的领导"，对待员工体现一个"爱"字。以情感管理人，以情感凝聚人，使4万多名员工团结一致地拼搏在市场上；"成本"管，就是狠抓成本管理，通过实施"现场管理带动成本管理"、"调整配方，提高产量，以成本促管理"、"数字跟踪卡"、"资金切块"、"分段核算、一单一算"，创造出"当天出成本"的数字一条龙管理；"钱"管，就是汪海提出"用好钱是最好的思想政治工作"，对做出成绩的员工奖房子、彩电、轿车等，在生产、市场一线用好奖罚机制，充分调动了员工积极性。现在双星每天、每周、每月、每季度、每年都对岗位明星、创新能手、营销明星及时进行表彰、奖励，使双星的凝聚力和向心力不断增强，充满生机和活力。"制度"管就是建立、完善各种制度，严格执行，奖罚分明，肯定成绩，培养员工的忠诚度。

双星战略转移的内容就是产品的调整，而产品调整的过程就是双星创名牌的过程。双星产品一步步升级，形成了多档次、多品种、多花色，并实现了市场围着产品转，产品引领市场潮流，成为国家首批认定的中国名牌，品牌价值达100亿元。双星在国有制鞋企业纷纷倒闭的情况下，却一枝独秀，创出鞋业的"朝阳气象"。这是汪海带领双星人由计划经济向市场经济过渡中按行业规律超前发展的伟大创造。

"车道"：反思维进军轮胎业

汪海认为："反思维是人类成功的开始，只有反思维，才能创造奇迹。"1999年前后，全国各地兴起一股高科技风潮。当时各行各业最时兴的就是生产所谓科技含量高的产品。"逆向思维很强"的汪海说："这并不是双星的最佳选择。"他阐释道，中国企业搞高科技很容易跟在老外的屁股后面跑。而老外不可能把最先进的生产系统转让到中国。一些所谓先进的生产线，其实是国外80年代、甚至70年代的机器。中国这个大国正是传统工业支撑着经济命脉，解决中国人吃饭问题，解决中国人脱贫奔小康问题，肩负着国家安定团结的重任。在经济高速发展的今天，我们应该避开发达国家高科技的锋芒，把传统加工业发展起来。中国是一个拥有 13 亿人口还在发展中的国家，劳动密集型企业和加工制造行业，是我们创中国名牌最好的条件、最好的土壤。同时，汪海分析市场形势认为，我国随着高速公路的建设和汽车走进千家万户，轮胎行业将会有很大的发展，双星人给人做鞋能做好，给车做"鞋"也一定能成功。虽然双星在鞋业上不再大规模注入资金，但仍保持快速发展；另一方面，双星在轮胎上下了多颗"棋"，1998 年吸收合并原华青轮胎公司，成立了双星轮胎总公司；2004 年 2 月 24 日，双星集团投资 1.5 亿元的双星中原工业园轮胎工程项目在河南汝南县举行了奠基仪式，使双星形成了全面参与子午胎、农用胎、小拖拉机胎竞争的局势。汪海提出三年后双星轮胎年生产能力将达到 1000 万套。

双星通过品牌、文化和资本运作，成功涉足了轮胎行业。在完成对华青轮胎工业集团公司的吸收合并后，双星通过独特的企业文化和市场理论教育，采取一贯的换脑不换人的做法，对轮胎公司进行了文化再造，创造了双星轮胎新文化，建立了双星轮胎新体制；明确了创双星轮胎名牌的新目标，彻底改变了原来的乡镇企业管理模式。汪海说，双星做鞋可以做成名牌，那么轮胎、机械，包括其他的行业，如服装，双星都可以做成名牌，所以双星的定位就是综合性的制造加工行业。全世界用的、穿的全是中国货，都是中国名牌，大家都光荣。所以我就是和别人不一样。这个就是"ABW"。"A"是中国的市场是世界市场的第一，我们要根据中国的国情操作市场，"B"是企业家的个性，汪海是 B 型血的人，反思维；"W"就是汪海，而不是 MBA，始终不要忘了自己是市场的一分子，要始终把市场作为检验自己工作的标准，用自己的人品来做好企业。从 2001 年正式涉足轮胎业之后，轮胎作为双星集团新的经济增长点，已显示出强大扩张潜力。自2002 年至今，双星轮胎产品先后被评为"青岛名牌产品"、"山东名牌"、"中国十大民族品牌"等中国名牌。目前，双星轮胎已跻身全国十大轮胎制造企业行列。

谈及双星成功的经验，汪海说："搞经济不是搞运动，不能赶时髦。企业家要有反思维的头脑。企业家的头脑要不断发展，但绝对不能发热。企业家必须是政治家，每一项决策都应该在时代的高度、在理论的指导下，理论联系实际、实事求是地办事……"

到目前为止，双星已形成鞋业、轮胎、机械、服装、热电五大支柱产业和包括印刷、绣品以及三产配套在内的八大行业共同做大做强双星名牌的新格局，描绘出双星做大做强的新蓝图。

汪海，正高举中国民族工业的大旗，率领双星人奋进在新世纪的大道上……

（原载 2004 年 5 月 10 日《中国化工报》）

双星集团总裁汪海：中国企业要用好民族文化

程继隆

双星集团原是一个仅能生产黄胶鞋的濒临倒闭的制鞋企业，在总裁汪海的带领下，从 80 年代初进入市场以来，企业迅猛发展，在创出鞋业名牌后，又通过文化、品牌和资本运作，成功涉足轮胎、机械、热电行业，形成包括"鞋、服装、轮胎、机械、热电"五大支柱产业在内的跨地区、跨行业、跨所有制的特大型企业集团。资产总额从 20 世纪 80 年代初不足千万元，增长到 44 亿元。双星在国内外品牌激烈的角逐中，各项指标保持年均 30% 的增长速度，品牌价值已飙升至 100 亿元，在国有制鞋企业纷纷倒闭的情况下，双星却一枝独秀，被誉为"双星现象"。

双星的企业文化和管理特色，引起了政界、理论界、企业界和新闻界的广泛关注。我国传统的企业文化，讲求以伦理为本位，强调社会需求和集体利益，讲求道德诚信，崇尚美德。透过双星发展的轨迹可以看出，具有民族特色的企业文化，在双星多元化和品牌运作中起到了最有效的管理作用。

作为一个国企总裁，汪海认为，真正的企业家不是具体地管，而是用理念、文化来管。近几年，双星积极实施资本和品牌运营战略，连续兼并了许多亏损企业，但对大多数生产厂的管理，双星只派几名主要的管理人员过去，兼并之后的这些厂却在短期内全部扭亏为盈。

弘扬爱国传统 争创民族品牌

名牌是振兴民族经济、激励民族自强精神的强大支柱。为此，汪海提出要弘扬爱国精神，创出中国人自己的名牌，提出"创名牌就是最大的爱国"，"创名牌是市场经济中最大的政治"，使双星人找到了政治工作的落脚点，明确了奋斗目标。

1992 年，双星第一次在纽约召开记者招待会，汪海"脱鞋打广告"，宣布双星在世界鞋圈达到了规模一流、管理一流、品质一流；双星第一次在世界鞋业博览会上进行东方鞋文化表演，展示中国鞋类文明史的精粹，在世界经济舞台上，展现了中国企业的风采。

综观世界制鞋业名牌形成的历程，耐克创牌子用了 30 年，阿迪达斯用了 70 多年。双星从 1984 年到 2002 年，仅用了不到 20 年的时间，就创造出了双星名牌，原因是多方面的，但汪海在双星弘扬的爱国主义精神，强烈的名牌意识和名牌战略，是双星名牌创立的关键所在。

运用华夏精粹 倡导道德管理

生长在齐鲁大地、孔孟之乡的汪海，深知博大精深的中国传统文化是最能有效动员社会资源的一种文化。传统的文化中提倡的道德、觉悟、敬业，很适合现代企业管理。为此，汪海大胆汲取"儒、道、佛"的精髓，用于现代化的企业管理，提出了以"干好产品质量就是最大的行善积德"等独具双星特色的管理新概念，以此教育员工自信、自强、自律、爱业、敬业、乐业。

随着双星事业的不断壮大，员工队伍结构也发生了根本性的变化，大部分一线员工都是来自农村的青年，向他们灌输"质量是企业的生命"往往不容易接受。双星改变教育方式，用最朴实的"行善积德"来启发员工的良知和本性，引导员工强化质量意识，使员工从思想深处感到自己手中的活不仅连着市场，连着企业的效益，连着每一名消费者，更连着自己的品德。为此，双星产品质量合格率由过去的 86% 达到了 99.99%，达到了名牌产品所要求的质量标准。

这种运用传统文化教育员工、加强管理的方式方法，可说是双星人探索出的新途径，它不仅将企业和员工的距离拉近了，将市场和企业拉近了，也使政治工作更为生动活泼。1995 年，在新加坡举行的"面向 21 世纪的中国企业"研讨会上，汪海在世界管理论坛上提出了将"道德管理"用于现代企业管理的观点，引起了世界管理专家的关注。1995 年，汪海被美国名人传记协会和国际名人研究会，推荐为继邓小平之后中国第二位世界"风云人物"。

妙用"孝文化"培育企业文化

中国是个崇尚仁义的国度，自古就讲究"忠孝"。汪海认为："尊老爱幼、孝敬父母，仍旧是社会安定、中兴盛世、和谐繁荣的重要内容。一个人只有首先爱及父母，才可能友善于他人，才能爱工作，爱国家；一个人只有心存孝心，才能自守有度，整个社会才和谐太平。"

双星不断激发员工对企业的感恩之情，努力打造"名牌员工"，在职工中开展"争当孝星，做企业和家长放心的员工"活动，请优秀职工的家长到双星做客，使职工自觉树立起尊老爱老的人文精神，培育企业成员的道德情感。沂蒙山老区的百姓感慨最深的是，不仅仅是因为双星让他们脱了贫，给他们带来了富裕生活，而是自从双星到来，山里的娃娃们到双星鞋厂当了工人，一个个像变了个人，变得知道尊老爱幼不再打架斗殴了，村规民约管不了的偷盗现象也不见了，生活变得祥和有序了。

汪海说，职业道德说到底是个权责观的问题。你只有履行了职责，职业权利的获得才名正言顺。所以，汪海在向双星员工灌输职业道德理念时，没有一句空洞的说教。他说："企业是什么？是我们大家的衣食父母；企业不仅给了我们衣食之用，还给我们提供了施展才干、成就一番事业的用武之地。那么，我们该怎样来报答企业的养育之恩呢？"

利用"时中思想"打造管理特色

管理特色既是静态优势，又是动态优势，是企业综合竞争力。所谓管理，就是要"管得合理"。要管得合理，就要讲究合时宜。我国传统"君子时中"的思想，具有重要的现代价值。作为劳动密集型传统制造工业，双星积极利用"时中思想"，打造管理特色。正如汪海所言，企业发展靠的是"三分技术，七分管理"，合理的、科学的、恰当的管理是推进企业快速发展的"助推器"。

"经"与"权"的运用。"经"是指企业管理制度的规章、制度、原则；"权"是指企业管理中随机应变的管理技巧。前者体现管理的原则性，在管理活动中，坚持基本原则、基本制度，从实际出发，因时、因地、因事制宜是矛盾的统一。

双星20年来的成功发展，首要的一点是不断建立和完善管理制度，包括企业的战略制度、企业人力资源的开发、企业的财务管理、企业的审批制度等等，它更多地体现为生产力运用的过程。双星有严明的纪律，有严格的落实。而该集团更重要的是不断地创新和灵活运用。如当新入厂职工出现产品质量问题时，第一次是告诉法规制度，第二次是警告，第三次才是按制度严格考核。又比如企业改制，在制度上也体现出灵活性："包"、"租"、"股"、"借"、"卖"，多种形式并存，充分运用了内部激励机制，充分调动了经营者的积极性。

"律"与"和"的实践。企业要保持稳定发展，企业精神就显得尤其重要。双星各单位经常举办各种谈心会、民主生活会，领导骨干结合工作情况查找自身差距，并主动制定改进措施。"自己跟自己过不去，自己教育自己，自己提高自己"是双星人在市场商战中自己培养自己，强化市场意识，增强双星精神的有效办法。"做双星高级人、做市场能人、做新时期的双星新人、做代表双星形象的好人"是双星人的自律意识；"和"是群体和谐，是整体优势。

"威"与"情"的发挥。"威"是企业管理者的一种权威，表现为企业组织的"刚性"；"威"也是企业"社会政治"的象征。但是，企业又是一个大家庭，家庭里的"情"也是调动职工积极性的最重要因素之一。儒学中"情"是一种"仁爱"思想，主要包括爱人之心、怜悯之心、宽恕之心。在汪海看来，东方的情感模式是人类经济社会珍贵的财富，它能极大地增强群体的凝聚力，这种群体作用远大于个体相加所产生的作用。从 80 年代中期起，汪海就致力于创新这种管理模式，提出了"人是兴厂之本，管理以人为主"的双星管理思想。

孟子曰："善政得民财，善教得民心"。在双星，你可处处感受到汪海的人格魅力和威信。双星员工把汪总裁看做自己的"家长"，最崇拜的是汪总裁，讲得最多的也是汪总裁。汪海是双星最好的形象代言人。在双星各生产单位和大的形象店内都挂有汪总裁的大幅照片。汪海认为，必要的"个人崇拜"是应该的。一个企业领导，没有个人魅力和威信，员工离心离德，这样的企业就不会形成凝聚力。但一个领导一定要树立正气，领导骨干自觉带头树新形象，做到一级做给一级看，一级带着一级干，关心、理解员工。

"纵"与"横"的协调。纵向管理即高层、中层、基层管理。横向管理即计划、组织、人力资源、科技、生产、营销、财务管理等。纵向管理其实质是"威"与"情"的和谐，横向管理是企业内部矛盾的调和，多种经营要素的优化组合。"横"也包括横向比较，与国内国际同类企业比较。汪海认为，市场是永远无止境的，双星虽然在市场竞争中取得了不少的成绩，但还只是迈出成功的第一步。所以，要正确地估价自己，要横向比较，看到自身的差距。汪海认为，双星的使命应该是更广泛地参与国际市场竞争，与世界名牌论英雄。双星一直咬着耐克、阿迪达斯这些国外品牌，从各个方面下力气与他们竞争。"今天不创新，明天就落后，明天不创新，后天就淘汰"等新的市场理论观点，进一步激发大家的市场意识，促进企业不断创新上台阶。

用"和为贵"思想创造和谐环境

在我国传统中，特别注重"仁"与"礼"的统一，反对搞片面性和走极端。

现代企业生产分工精细，任何产品的制造都通过许多环节，经由许多人的共同努力才能完成。双星受儒家思想的启发，强调"人和"，认为企业的成功非"人和"不能取胜。双星在进行以建立现代企业制度为目标的改革时，打破原有职工之间竞争机制不健全的状况，引入新的人事分配制度，实行了"黑板干部"，哪位领导干不好，名字就随时被擦掉。在发挥竞争作用的同时，同样加强协作，提倡互助和谐精神，处理好员工间竞争与协作的关系。

在培养人才上，双星不拘一格。汪海依据邓小平的经济论述，提出"不管白猫、黑猫，抓到老鼠就是好猫；不管说三道四，双星发展是硬道理。"在双星比赛的是真本事，会不会捉"老鼠"市场上见。同时，双星下属140多个成员单位，内部不仅要有竞争意识，更要有合作意识，对集团要有大局意识。员工做到相互支持、相互帮助、互相合作、顾全大局，时时处处为企业着想，树立了团结一致，配合协调的新形象。跨入新世纪，汪海更提出了"领导、员工和工程技术人员三者结合，共同协作，人人参与，全员创新"的创新理论，使员工认识到创新仅靠少数人是不够的，人人动脑筋、想办法，形成创新的合力，才有市场竞争中不可阻挡的强势。

协调职工与管理者的关系。管理者在同职工的关系上，贯彻孟子的"爱人者人恒爱之，敬人者人恒敬之"的思想，关心职工工作生活，搞好劳保福利，帮助职工解决实际困难。汪海认为，"优良的品质来自优秀的职工，善待员工是办企业最起码的要求"，每个领导和管理人员都要以"无情的纪律，有情的领导"这句管理格言严格要求自己，实现科学管理，对待员工体现一个"爱"字，关心员工疾苦，想尽办法让双星员工富裕起来。在吸收合并新企业时，双星坚持换脑不换人，换岗不减人，让员工靠勤劳致富走上小康路。

早在 80 年代初，汪海就提出"用好钱是企业最好的思想政治工作"，对做出成绩的员工奖房子、彩电、奥迪轿车。在生产一线用奖励机制调动了员工积极性。现在，双星每月、每季、每年都对岗位明星、创新能手、营销明星进行表彰、奖励，使双星的凝聚力和向心力不断增强，4 万多名员工团结一致拼搏在市场上。

协调企业与外部环境的关系。市场环境在不断发生变化，企业要不断适应。为从源头上把握产品质量，双星提出"名牌产品要有名牌配套，名牌产品要用名牌原材料"，专门帮助上游供应商进行培训、指导。双星的配套厂成为双星的"核心工厂"。汪海说，2003 年是橡胶行业历史上最艰难的一年，原材料价格上涨一倍多，而产品价格却不能上涨。双星采用加快创新挖潜的办法，创独特的工艺流程来提高工艺效益，成本管理到位，考核细到一个螺丝垫，为消化不利因素、创造效益奠定了坚实的基础。

为提高双星社会美誉度和社会形象，双星不忘国家、不忘社会、不忘贫困地区，在企业发展壮大并取得丰硕经济效益的同时，又积极地承担起社会责任，取得了可喜的社会效益。双星集团的"到贫困地区，到西部去"的战略获得了巨大成功，双星积极开展"买走双星产品，带回千缕温馨"活动，开展"五一"给劳模送鞋、"七一"向建国前的老党员赠鞋、"八一"向现役军人赠鞋、"教师节双星大献礼"等各种亲情促销活动，进一步提高了产品的知名度和美誉度。

双星始终热心参与各种文化活动，1998 年，双星为青岛市教育发展基金会捐赠价值 100 万元的双星产品，支持文化体育教育事业。1999 年双星集团举办了大型的"双星山会"，送文化下乡。90 年代初"马家军"正处于低谷，双星第一个站出来支持，"只要能振兴中华体育，我甘当马家军的后勤部长"，不仅向马家军赠送双星运动装备，在资金上也倾力支持。2001 年，双星鼎力赞助九运会山东体育代表团。2002 年双星向山东省运会青岛体育代表团赞助了 40 万元的比赛服、运动鞋。2003 年双星赞助五城会青岛体育代表团 40 万元体育运动装备。为改善体育场馆设施，同时宣传企业，双星出资 200 万元冠名青岛体育馆。双星集团还成立了双星羽毛球俱乐部、双星篮球队，每次比赛，双星鞋、双星服装齐亮相。

倡导"均无贫"实现"双文明"

我国古代就提倡"天下为公"，体现了华夏民族对共同富裕的向往。

"均无贫"分配观是我国社会主义"共同富裕"的根源。双星早在80年代初就把"兴利"作为双星精神写了进去。1999年，双星实施了"百千万工程"，在全国100个城市建1000个连锁店，解决10000名下岗职工就业问题；1995年双星招收200名退伍兵的目标，受到社会高度评价。随着社会发展，双星人又提出了要"靠勤劳、靠智慧、靠拼搏先富起来"、"企业要壮大，牌子要发展，双星员工要能够买得起车子、买得起房子"，对原国有的双星经营公司、连锁店实行卖断改制，实现"民有民营"，使社会上很多生活困难的人，靠经营双星走上富裕之路，使众多双星人走上企业制造百万富翁流水线。将精神和物质平衡好、运用好，突破了长久以来政治工作不敢言钱的禁区，使双星取得了物质文明和精神文明的双丰收。

　　企业文化是企业家精神的体现，是企业家品格精神的反映。应该说，汪海的"双星市场理论"是双星企业文化的精华，是我国劳动密集型企业管理的宝贵财富。双星形成的一系列市场理论、市场政治、管理哲学和企业文化等，是双星进入市场20年来的结晶，是双星人的宝贵财富。正是因为有了深邃的思想，优秀的文化，双星管理模式才在市场商战中独树一帜，长盛不衰。

（原载《企业研究》2004年第35期）

长寿总裁

穆 易

汪海是 1988 年评出的全国首届优秀企业家之一，当年 20 位首届企业家，到现在还在国有企业领导人位置上的，只有汪海 1 人。尽管许多大公司在严峻的全球经济中纷纷倒台，它们的总裁也像走马灯似地变换着，可是汪海在双星总裁地位上岿然不动，不断创造着公司收入和收益的奇迹。

双星的汪海时代

汪海常说："一个企业家没有能力在挑战面前沉着冷静，就不配做一个优秀的企业家。企业经营和打仗差不多，企业家应该是战地指挥家"。纵览汪海传奇式的人生经历，却也名副其实。

1983 年底，汪海第一个带领全厂职工背着鞋箱到市场上找饭吃；1988 年，双星人拿到自营进出口权，实现了从国内市场向国际市场的突围；上世纪 90 年代初，双星的制鞋基地从沿海向外地转移，通过"出城"、"下乡"、"上山"三部曲，突破了微利产业的地域性瓶颈……汪海这样评价他自己："是时代的实践者、开拓者，也是到目前为止为数不多的成功者和幸存者。"

他敢于向洋品牌说"不"，"脱鞋打广告"和"鞋文化表演"的壮举，令许多中国人为之振奋的同时，也震动了美国市场。

他敢于率先闯"雷区"，进行产权制度的改革，卖掉连锁店，完成了职工从"给公司卖鞋"到"给自己卖鞋"的转变。

企业家的贡献有多大？身价几何？汪海要"量化"一下。北京无形资产评估中心做出评定：汪海的自身价值是 39.9 亿元人民币。

自己投两票

20 年潮涨潮落，经历险境无数，以汪海那鲜明的个性，竟然都能安然度过，汪海自己想来亦觉惊异。其实深究下去，看似锋芒毕露、性喜挑战、不惧争议的汪海，骨子里却是一个本分、简单的人。唯其本分，方能管住自己，抗拒名与利的诱惑；唯其简单，方能一心一意做一名纯粹的企业家。汪海说："回头看自己，我给自己投两票。一票是优秀的共产党员，解决了近 10 万人的吃饭问题。一票是优秀的企业家，为国家把'双星'这个品牌做起来了。"

汪海的称呼有很多，消费者称他为"鞋王"；新闻界朋友称他为"市场将军"；同行称他为"帮主"；各界人士称他是"山东怪杰"、"崂山奇人"。他率先提出了"市场经济下的布尔什维克要进行理论创新"的观点，并带领双星人顶着社会的不理解、冷嘲热讽，甚至"胡闹、瞎折腾"的谩骂，完成了市场经济的理论探索：他第一个提出了要正确理解和运用"三性（人性、个性、党性）理论"；他第一个确立了市场为核心的企业发展思路；他第一个坚持探索劳动密集型产业的转移发展之路；他第一个提出要正视名与利对现代人的影响；他一贯崇尚反思维，在高科技涌动的大潮中依然"钟情"于传统制造行业；他一贯出其不意，在代言人潮流中宣称"我就是双星最好的形象代言人"；他具有浩然民族气概，在大家都甘心做洋品牌的工厂时，坚持将民族名牌进行到底……

59 岁现象

对于今天的汪海来说，年龄已是一个绕不过去的话题。对此，汪海十分平静："到了我这个年纪，对于人生的价值，对于如何把这一生走下来，都已经想得很清楚了。大自然的惩罚谁也逃不掉，我当然在考虑汪海以后的双星将怎样运转。像双星这样规模大、运转好的纯国有企业，改革必须慎之又慎，否则处理不好，反而破坏企业已有的良性循环。双星目前处于平稳发展时期，除了我以外，员工们的收入都已按市场化机制，和绩效挂钩，他们的心理是平衡的。59 岁现象的存在，是企业家心理失衡的表现。但我自己给自己找到了平衡。怎么平衡呢？人很难回避名和利，那是本能的东西，不过对我而言，名比利更为重要。我是一个职业企业家，一切目的就是做好企业、发展企业。"

企业家都很爱惜自己的名声，汪海当然不会例外。汪海的办公室挂着一幅"名利淡如水，事业重如山"的对联，是他几十年来自警自励的座右铭。

后汪海时代

毫无疑问，汪海现在依然是双星集团的灵魂和核心。那么，"后汪海时代"的双星集团将会怎样？"即使我退了，甚至双星集团公司总部不存在了，'双星'这个品牌也会存活下去并发展壮大。"汪海坚定地说。汪海认为他这辈子最大的成功就是培植了"双星"这块名牌。而他现在感到最宽慰的，是"双星"这块牌子已经具备了自我生存与发展的机制和条件。

在双星，"黑板干部"早已使大家习以为常，无论你在什么位置，今天称职则名字在黑板上，明天不称职就会被抹掉，谁有本事谁"上岗"！在双星的总部、十大生产基地、遍布全国的 2000 多家双星连锁店大门口，立着的吉祥物都不是一般的石狮子，而是一只正抓老鼠的黑猫雕塑和一只漂亮的不抓老鼠的白猫雕塑。塑像的底座上分别镌刻着："不管白猫黑猫，抓住老鼠就是好猫；不管说三道四，双星发展是硬道理。""双星猫"往门口这么一站，让所有的双星员工都陡生压力，其作用不亚于哈佛商学院案例中的"鲶鱼效应"。

市场是唯一标准

企业之所以长久地生存与发展，靠的是企业家的宏观驾驭，靠他们对各种资源的掌控和利用。搞市场经济，一个好的企业家可以让濒临破产的企业起死回生；一个不好的企业领导人可以一夜之间把好端端的企业搞垮，这方面的例子不胜枚举。可以说企业家的选择，决定着企业的发展走向；企业家的指导方向，决定了企业的生死存亡。

当年双星产品严重积压时，全厂人心惶惶，在危急关头，汪海对员工说了两句话，"有人就穿鞋，关键在工作"、"等待别人给饭吃，不如自己找饭吃"，很快起到了稳定人心的作用。20 世纪 80 年代，国外名牌产品大举进入中国市场，汪海又提出"创出世界名牌是最好的爱国行动"、"创名牌是市场经济中最大的政治"，激励员工与外国名牌一决高低。10 年前汪海讲过的一句话现在成为人们的共识，"企业如果只会找部长找市长，是找不来市场的"。

在 20 年商战的摸爬滚打中，汪海总结了一套"双星市场理论"，用深入浅出的办法将其归纳成格言警句，使之朗朗上口，好记易懂。比如双星的市场原则是"市场是企业的最高领导"、"市场是检验企业一切工作的标准"。比如双星的市场态度是"只有疲软的产品，没有疲软的市场"。而最有双星特色的理念之一，则是"干好产品质量是最大的行善积德"。

20 年来，双星遵循行业规律和市场规律，不断进行调整，从 1984 年开始向外转移生产线，陆续在青岛郊区及成都、贵阳、张家口等地建起了生产厂，员工大多来自于西部落后地区，这给管理带来了难度。最初，工人做出的鞋合格率不高。管理人员搬出红头文件给他们上教育课，效果却不理想。汪海琢磨开了："高科技管理绝对不能丢，但要实事求是。打工妹们的目的就是赚钱，你跟他讲'质量是企业的生命'之类的说教，现实吗？双星垮了跟他们有什么关系？还可以找三星、四星嘛。儒、道、佛是中国的优秀文化，在老百姓心里的影响很深。为什么不充分利用起来呢？"

"没有思想和文化的企业长不了。"汪海说，"商战更需要人民战争。双星之所以能有今天，就是用精神、理念和文化，将双星人凝聚成为一个极富战斗力的团队。如果你看到我们的打工仔天天都在琢磨怎样降成本、保质量，你会不感动吗？双星的成本，有很多就是他们一厘一分抠下来的。"汪海说："现在，双星各行各业都在扩展，我要拼一拼我 20 年前的劲头，在市场上把牌子操作下去，为将双星打造成中国综合性加工制造业大集团争气。"

（原载《中国经济周刊》2004 年第 21 期）

我是老虎我怕谁

——"双星"20年本刊记者二十问汪海

宁馨儿

中国企业的成功之道,大多是一个企业家成就了一个企业,双星也不例外。作为中国最早的制鞋企业,"双星"虽然已有83年的建厂历史,但真正壮大发展却是1984年以来的这20年,而这20年,正是在著名企业家汪海的指挥下,双星才发生了翻天覆地的巨变。

近日,在双星人庆祝进入市场20周年之际,双星集团总裁汪海接受了本刊记者的独家专访,通过对记者提出的二十个问题的答释,让人们读解了汪海这个传言颇多,但却经受住市场检验的真正的企业家的成功秘籍和远见卓识以及他独特的人格魅力。

关于双星的成功秘籍

一问:我们都知道,双星原本是一个"四老"企业,即老产品、老设备、老工艺和老厂房。能够在这个基础之上实现脱胎换骨的变化,主要原因是什么呢?

汪海:这样的转变完全取决于双星一直以来所推行的四个三:"创民族品牌,创大市场,创综合性大集团"的三创;"主动转移转出的大双星,国内市场转向国际市场,经营产品转向经营品牌"的三转;"从计划经济的旧体制变为市场化的新体制,从计划经济空喊管理变为市场化严、高、细的管理,从计划经济的守旧变为市场化的创新"的三变;"特在企业文化,特在长寿总裁,特在一花独秀"的三特。

二问:中国加入WTO,在给中国经济带来新的更大的发展空间的同时,也带来了"山雨欲来风满楼"的挑战,这引得一些企业无奈哀叹:"狼来了"。双星是怎么面对这个挑战的?

汪海：我们要做虎，用我们的优势和所谓的世界级大企业集团竞争。我们既拼不死，更不会被吓死。中国人力资源丰富，劳动密集型的制鞋产业是中国的强项。加入 WTO 对于劳动密集型行业的开放竞争并不可怕，只要加强管理、改进技术、提高效率，完全可以跟国外名牌一竞高低。目前在全球制鞋业中，所谓的世界名牌鞋大多是在中国沿海地区鞋厂加工的。这说明中国完全有生产名牌鞋的能力。与外国名牌相比，双星所采用的材料和工艺只高不低。此外，双星涉足轮胎业也是为了在更大范围内参与经济全球化竞争而采取的一大战略步骤。目前，双星已经在国外相继建起了美国、俄罗斯、波兰等 10 个经营公司，产品出口 100 多个国家和地区，与 200 多家客商建立了贸易关系，在 46 个国家注册商标。双星已经牢牢地把握了国内外市场。

三问：产权制度多年来一直是国企改革的雷区，对大型国有企业来说尤其如此。而双星却在全国大企业集团中率先走出产权民营化改制这一步，这样的勇气和魄力是从何而来呢？

汪海："国有国营"的企业制度一直是双星集团的"软肋"，极大地制约了企业的进一步发展，窒息了这个品牌应有的活力。产权制度是企业改革中一块绕不过去的"拦路石"，不解决这个问题，作为拥有 55 亿固定资产、4 万多名员工的双星集团就会因为产权改革滞后而最终倒闭，我们只有加快国有民营的步伐，进行深层次的产权制度改革，以适应市场环境的变化，增强企业的市场竞争力。改制以后，许多职工买断连锁店，实现了"从职工到老板"的愿望，销售收入大幅度增长。到 2004 年，双星所有连锁店都实行了民营化改制，为实现"企业发展，代理发财"搭建起崭新的平台。事实证明，国有资产逐步退出竞争激烈的微利产业，这是铁的市场规律，也是制鞋行业的发展规律。改制还是要尽早啊！

四问：我们都知道双星是靠做鞋发展起来的，为什么又要向服装、轮胎、机械、热电等行业发展呢？

汪海：高科技不是我国创名牌的最大优势，制造加工业才是中国人创名牌最大的优势。随着生产全球化程度的日益加深，中国拥有的劳动力优势和低成本优势，已经使中国制造业越来越成为推动世界制造业的主要力量，只要我们树立"高端"观念，联合起来，中国的制造业就能改变在国际市场的低档次形象，适应国际市场的游戏规则。我们发挥品牌优势，运作品牌，跨行业发展，提高产品科技含量。转攻高端市场，一是树民族品牌的需要；二是市场规律的需要；三是维护行业合理利润的需要。走高端市场是市场发展的需要，也是大势所趋。

五问：制鞋行业被称为"夕阳工业"，发达资本主义国家都不愿做鞋，制鞋工业向发展中国家转移，你是如何看待这个问题的呢？

汪海：传统加工业不应妄自菲薄，"夕阳工业"仍然能做出"朝阳气象"。在经济高速发展的今天，我们应该避开发达国家的锋芒，把我们的传统加工业发展起来。我们传统行业在技术方面不是低档次的，有些加工行业我们比国外还好还强。同时应当看到中国这个大国还是传统工业支撑着国家的经济命脉，应该抓住机遇发展我们的加工行业，把中国民族工业尽快发展起来。创加工行业名牌，用这个优势去争夺世界消费市场。不管是鞋业，还是轮胎、机械等行业，我们都在不断创新，决心将双星发展得更大更强，为中国民族工业发展争气。

六问：作为一个名牌企业，双星是如何走自己的品牌之路的？

汪海：上个世纪 80 年代初，我接任双星集团的前身——橡胶九厂厂长时，因为原来生产的解放鞋市场不认可，库存最高时达到近 300 万双，企业为了生存，被迫走上了市场，可以说，是市场逼着双星人最早开始了创名牌之路。最早进市场，使我们最早掌握了市场的游戏规则，最早把握了市场的运行规律，最早锻炼了应变市场的能力，从而最早创出了双星这个中国人自己的名牌，但我们丝毫不敢松懈。我认为，市场不认可，一切等于零。只有不断得到市场认可的名牌，才是真名牌。名牌是一种信仰，是一种灵魂，是一种道德。把创名牌视为市场经济中的"政治"，只有这样才能把名牌做好。

七问：在 2003 年全国大型零售企业主要商品销售情况信息发布会上，双星集团生产的"双星"牌旅游鞋荣列全国同类商品市场销量第一名，这是双星集团连续 15 年夺冠。双星是如何做到这一点的呢？

汪海：在与世界名牌的"过招"中，快则生，慢则亡。如果没有技术创新能力，一切都是空谈。双星从来不敢有"一招鲜，吃遍天"的沾沾自喜，而是以创新加务实的精神，苦苦埋头在技术创新的探索中。企业要占领市场制高点，必须占领技术制高点，而运用高新技术，则是双星高端市场初现曙光的基点。双星集团对市场售后服务人员提出的要求是首先应该是技术人员、应该是工程师，其次才是消费心理学和市场营销学的行家。而且考核销售人员的指标不仅仅是回款和销量，更应该是市场需求信息的反馈数量和质量，从这一点上讲，销售人员和市场调研技术人员之间的概念区分已经模糊，也许将来两者会重叠。

关于双星的创业理念

八问：这些年来，双星集合"儒"、"道"、"佛"等优秀民族文化，进行企业管理的方法一直被外界所关注，你能简单介绍一下它的内容吗？

汪海：东方的情感模式是人类经济社会非常珍贵的财富，有其可吸收借鉴的宝贵价值，它能极大地增强群体的凝聚力。法律与物质利益虽然也能保证群体的利益和生存，但是只有真诚而美好的情感才能使群体成为一种充满活力、生机勃勃的生命体。比如以儒家的"忠孝"思想培养员工的忠诚度，比如运用佛文化精神，倡导道德管理的概念……"继承传统的，借鉴先进的，创造自己的。"这是中国传统文化给双星带来的思想财富。

九问：在商品同质化、消费个性化日趋明显的今天，文化经营显现出强大的生命力。双星在推行企业文化中做了哪些工作呢？

汪海：企业文化是企业管理一只无形的手。创名牌必须有文化、有思想，干好产品质量就是最大的行善积德等质量文化观，将双星文化融入名牌概念，并在员工中广泛倡导。"产品等于人品，质量等于道德"、"产量是钱，质量是命，要钱更要命"，这些通俗的理念使双星员工深刻理解了产量和质量的辩证关系，从而自觉地将质量放在第一位。此外，我们还开展了"黑猫白猫"之类的特色企业文化推广活动，营造了市场氛围，创造了市场空间和机遇，拉动了市场经营的潜能和特征。可以说，双星卖的是产品，更是文化。

十问：走"人性化"促销之路一直是双星这些年来所推行的营销策略，具体操作表现在什么地方呢？

汪海：品牌人性化是消费者对品牌产生感情乃至引以为自豪的关键。在营销上双星注重抓住消费者心理特点，如在广告上，双星没有千篇一律地请明星做形象代言人，而是根据消费者喜欢新意和厌恶俗气的心理，反思维地以高科技含量的专业鞋打广告，用产品为自己"代言"，出奇制胜，既加深了消费者印象，又提高了强名牌形象。心理促销实际上就是亲情化文化服务，抓住顾客的心。现代商战的胜利，关键在于我们占据了多少消费者的心。

十一问：有种说法，现在中国鞋类行业生产强，但是市场营销差。双星是如何解决这个问题的呢？

汪海：制鞋业缺乏统一协调，为争夺市场，企业之间竞相压价，导致企业效益下降，这些是一直存在的问题，而双星鞋没有打价格战。我们所采用的营销方式除了渠道营销、文化营销、知识营销这些比较传统的以外，还有网络营销、时空营销、天气营销、体育营销等等一些比较时尚新奇的方式，总称"双星营销十二式"。把脉市场，不断创新，掌握和运用一些新的营销思路，这应该是双星在竞争中不断发展，始终走在全国制鞋业前列的主要原因。

十二问：我们在双星集团总部和双星形象连锁店门口都能看到，双星的吉祥物不是狮子，而是一黑一白两只猫，选择这样的吉祥物原因是什么呢？

汪海：这就是双星所提倡的"不管白猫黑猫，抓住老鼠就是好猫；不管说三道四，双星发展是硬道理"的企业发展观。美国西点军校有句名言：一只狮子带领一群羊要比一只羊带领一群狮子更强大。可见一个优秀的企业家对企业的影响是多么重要。究竟白猫是好猫，还是黑猫是好猫？毋庸置疑，如果不捉老鼠，再"漂亮"的猫也不能算好猫。国有企业搞不好，不是职工不行，关键在于企业家。双星的干部有一个普遍的感受是双星的"官位"不好坐，原因在于双星的干部是"黑板干部"，今天干好了，名字就在上面，哪天干得不称职了，名字就可能立刻被抹掉。企业的内部市场和外部市场都应该是有动力、有压力、有竞争、有淘汰的，企业要想立于不败之地，就要有竞争、有淘汰。

关于企业家的个人魅力

十三问：请明星担任企业产品的形象代言人，这好像是国际国内很多体育用品企业纷纷效仿的潮流。"耐克"有飞人乔丹，"阿迪达斯"选择布莱恩特，"安踏"找到了孔令辉。那么代言"双星"的人是谁？

汪海：谁是企业真正的代言人？支撑一个国家经济的人是谁？代表这个国家竞争实力的是谁？都是企业家。没有品牌的国家是可悲的，不认识企业家价值的民族也是没有希望的。我有"首届全国优秀企业家"、"世界风云人物"等荣誉，还有"中国鞋王"、"山东怪杰"、"市场将军"等雅称；2001 年北京无形资产评估中心评估企业家，我的评估价值是 39.9 亿元。我靠滚动发展，已使双星成为包括鞋业、轮胎、机械、服装、热电五大支柱产业以及包括印刷、绣品、三产配套的八大行业并驾齐驱的综合性制造加工业大集团，解决了近十万人就业，我的社会价值和经济价值效应不会输给任何一个影视明星吧?！我在什么地方出现，都是双星的企业形象代言人，我是最能表现出双星企业和双星人精神内涵的形象代言人。

十四问：我们都知道，双星的生产车间里到处都是标语，人称"汪海语录"，这真是有些人所说的搞个人迷信和个人崇拜吗？

汪海：举个例子来说，1983年双星鞋因国营商业系统拒收，积压近300万双，整得人心惶惶。紧急关头，我提出了"等着别人给饭吃，不如自己找饭吃"，这句话使双星人成功地摆脱了计划经济的束缚，成为中国市场经济大浪中最早的搏击者。"汪海语录"有上百条，像"有人就穿鞋，关键在工作"、"名牌是市场经济的原子弹"、"今天不创新，明天就落后，明天不创新，后天就淘汰"等等。二十年来，双星走的每一步几乎都能从"汪海语录"中找到注解。其实所谓"汪海语录"应该是双星人集体智慧的结晶，是对双星人多少年来的理论和实践的总结和升华，所以才能受到职工的热爱，从而深深地刻在每个员工的心灵和头脑之中，被理解、相信和实践。

十五问：在社会上都风行MBA热的时候，你提出了不唯文凭的"ABW"论，它具体的含义是什么呢？

汪海：我认为把13亿人的市场做成功，就是A；B代表了个性，由两部分组成，"I"像一个顶梁柱，代表企业家要有鲜明的个性、要用顶天立地的精神去拼搏。"3"则好像一个人俯身弯腰，是要求企业家要脚踏实地、认认真真地工作。我的血型就是B型，据说这种血型的人是适合反思维的，只有反思维才能创造奇迹；W是我名字的第一个字母。就是始终不忘自己是市场的一分子，要以自己的人品来做企业。中国的MBA们，假如能研究透了"ABW"理论，就会走出"纸上谈兵"的误区，成为中国社会真正需要和欢迎的实用型人才；企业也只有结合行业和企业自身实际，利用适用型人才才能真正适应市场新变化，不断发展。

十六问：有人说，双星敢用亲戚朋友，属于"家族企业"，你是如何看待这个说法的？

汪海：看一个企业是不是"家族企业"，首先要看企业的性质，双星的资产是国家的，并不是我个人的，所以我所带领的双星集团不是"家族企业"。而且不要一说"家族企业"就认为那是一种落后的企业形式。承认市场，承认非公有制，就要承认"家族企业"。只要是靠牌子、靠勤劳、靠诚信经营发家致富，没有什么可丢人的。实际上，"家族企业"现在是世界主流，全球范围内，"家族企业"的比例高达65%～80%，世界500强有几个开始的时候不是"家族企业"？可见，家庭、家族制是私营经济与生俱来的形态，是市场经济规律下的必然现象，是世界主流。

关于双星的"后汪海时代"

十七问：双星集团职工代表大会推举你为双星集团"终身总裁"，这在国有企业中是第一次，也引发了社会上的广泛争论。你是如何看待这个问题的？

汪海：政府与企业、公务员与企业家不是一回事儿，对企业家来说，60岁是他的"青春时期"。因此早就有不少人建议，应适当延缓企业家的退休年限。从这个意义上看，双星"终身总裁"问题的提出有突破意义。60岁退休制很容易使处于黄金时期的优秀企业家流向非国有企业，这就会给国有企业的竞争带来不利影响。当然，"总裁"能不能"终身"是另外一个问题，有待进一步研究；但双星职代会关于"终身总裁"问题的提出，对我们反思现行的国企干部退休制有着重要的现实意义。

十八问：那么你认为企业的任免制度应该由什么来决定呢？

汪海：有人问，"后汪海时代"的双星集团将会怎样？其实即使我退了，甚至双星集团总部不存在了，"双星"这个品牌也会存活下去并发展壮大。我这辈子最大的成功就是培植了"双星"这块名牌。而我现在感到最宽慰的，是"双星"这块牌子已经具备了自我生存与发展的机制和条件。除了我是政府任命的以外，双星集团的一切都已经按市场化机制运转。能市场化的，都已经市场化了。所以，以后的双星也应该由市场来选择企业经营者和相应的任免制度。为了双星的事业，为了4万员工的饭碗，我不能任命接班人，我要放手让市场来检验、挑选，市场规律比我聪明，不会看走眼。

十九问：那么在你看来，一个合格的企业家应该具备什么样的素质呢？

汪海：企业家必须把企业当成家，要做真正的市场企业家。企业家代表着一种精神，代表着国家魂、民族魂。必须具备思想家的睿智、政治家的敏锐、外交家的灵活和军事家的韬略。企业的成败与得失往往与杰出企业家的命运息息相关。一个企业家要干成一件事至少要几年乃至几十年的时间，可现在企业家也有个期限。这也就是一个企业要想得到长期而持久的发展，企业家必须杜绝短期行为的原因所在。

二十问：在中国，企业厂长的任期大多在3至5年，10年的很少，20年的就罕见了，而你在一个老牌国有企业里愣是30年没挪窝，是什么让你创造了这样的奇迹呢？

汪海：是的，我与马胜利、周冠五、于治安、陈清泰是同一届的全国首届优秀企业家，当年的 20 位现在还有几个继续干呢？在国有企业的只有我自己一人了。到了我这个年纪，对于人生的价值，对于如何把这一生走下来，都已经想得很清楚了。大自然的惩罚谁也跑不掉，我当然在考虑汪海以后的双星将怎样运转。59 岁现象的存在，是企业家心理失衡的表现。但我自己给自己找到了平衡。怎么平衡呢？人很难回避名和利，那是本能的东西，不过对我而言，名比利更为重要。党和人民给了我这么大的名誉、这么高的社会地位，我不会因为捞钱而断送自己的事业和名声。我是一个职业企业家，一切目的就是发展企业。你想，我 33 岁进双星，大半生心血都扑在企业上了，几十年的荣誉感和成就感不是用钱能买来的。现在，双星各行各业都在扩展，我要拼一拼我 20 年前的劲头，在市场上把牌子操作下去，为将双星打造成中国综合性制造加工业大集团争气。

（原载《半岛新生活》2004 年第 24 期）

国企改革我有话说

——访双星集团总裁汪海

张曙光

国企改革，我有发言权

主持人：20 多年的国企改革，从最开始的放权让利，到后来的明确责任，再到现在的明晰产权，可以说改革到了一个攻坚阶段。汪海先生在国有企业工作了几十年，双星集团仍然是一个发展良好的国有企业，你在国企改革方面应该有非常深刻的体会。

汪海：我在这个企业当厂长、书记有 30 年了。在中国当一辈子厂长的人有的是，但是在一个企业不动，你可以调查一下，我想大概没有比我更长的。我以前是鞋匠，我给人做鞋，现在还给汽车做"鞋（轮胎）"。我 1974 年来的，当时是厂革委会的核心成员。从它以"阶级斗争为纲"开始，因为我是当政治部主任的，到后来革委会的解散，成立了党委领导下的厂长分工负责制，再后来又改成承包负责制。也就是说从阶级斗争、计划经济，到改革开放，我经历了这个企业发展至今的全过程。这个企业还都是我领导的，从当初的 2000 人，发展到现在的 4 万人，从原来产值不到 800 万元，发展到现在资产达到 40 多亿元。从原来不知名的一个鞋厂，现在变成中国乃至世界知名的企业。你要问这个企业的发展，我最有发言权。

所有制不是决定因素

主持人：刚才提到，国有企业的改革已经走到了明晰产权的阶段，现在理论界和企业界人士大都把企业所有制的改革作为国有企业改革的一个最主要的突破口。

汪海：我认为对国有企业并不能完全绝望，所有制不是决定一个企业命运的决定因素。假如所有制可以决定企业命运的话，那资本主义国家的企业都是私有的，就不会有倒闭的了。假如所有制可以决定企业命运的话，乡镇企业和个体户都不会倒闭了。所以，以我 30 年在这个国有企业的经历，我认为所有制是非常重要的因素，但不是决定因素。决定因素是人，是企业家，是企业经营者。看他面临国有企业的情况，面临社会的环境，面临当时的市场情况时，如何驾驭它，如何操作它。使这个企业在市场好的时候，市场热的时候，能够发展；在市场冷的时候，市场萧条的时候，也能够过去。双星集团在中国改革开放的 20 多年里，披荆斩棘也过来了。怎么能说国有企业就不行呢？

主持人：现在中央已经明确提出，股份制是公有经济的主要实现形式。双星集团是较早实现股份制改造的国有企业，双星集团的股份结构是怎样的？

汪海：双星这个企业是非常特殊的企业，其资产股份一直是国有资产为主。上市公司这一块国有股占 48%。一开始国有股占 68%，假如今年再调整股份的话，国有股可能还要逐步地减少。

主持人：这实际上就是国有控股的形式，上市公司这一块占整个集团的多少股份？

汪海：上市公司股份占整个集团的 2/3。还有 1/3 就是国有的，双星集团这一块是国有的，就是说现在面向农村低档市场的产品还是国有部分生产的。轮胎及机械企业都是股份制的，所以说这个企业已经转轨了。什么转轨了呢？它的资产、它的产品转轨了。由原来给人做鞋为主，到给汽车做"鞋（轮胎）"为主。其投资的方向，从原来的给鞋投资为主，现在就是给轮胎和机械投资为主，就是转型了，企业顺利地实现了转轨过渡。

重德行　不炒作　不骗钱

主持人：青岛双星上市公司的 48% 股份是国有的，这一块还有没有其他的能进入董事会的大股东？

汪海：没有其他的大股东，都是社会上的散股。这一块我也不主张搞什么资本运作。我们上市就是最高的资本运作方式。好多操作市场的人来找我要操作，我也没同意。因为我觉得操作金融市场的人都是赚老百姓钱的人，吃亏的都是那些下岗的、好歹积攒了点儿钱买股票的人。双星没有炒作股票，我也反对炒作股票。因为我觉得不应该再坑害善良老百姓了。那些炒家炒作股票发他们的财，我不会做，所以我的股票你买了以后，不会大起大落，我反对炒作。资本市场的做法是不会管别人的死活，虽然我们借鉴了资本主义的资本运营方式，我们还是自由的，股价自动地自我调节。这就是积德行善。

我是党的"打工仔"

主持人：如果你自称是个"打工仔"的话，现在产生这么一个问题了，就是说汪海是共产党员，就要对国有资产负责。如果双星是个案的话，这个是很难推广的，就是说这个事只能在双星由汪海来这么做，换一个人做就出问题。

汪海：我在三年前就讲了，双星、汪海的经历不是一般的情况，而是特殊的情况。是因为出了汪海这个人，才有了现在的双星。我的素质，我的世界观，我的信誉也是一步步提高的。为什么好多人不理解，我说你到了一定的环境的时候，就理解了。说实在的，有我自身不断的提高，有外界对我的影响和压力，另一方面也有国家法律法规的约束。我的观点是，名誉要比钱重要。就是我现在拼命地活，活过 100 岁，我究竟可以用多少钱？你花不了那么多钱，有好多的人要有 1000 万元，2000 万元，你干什么用？你总是要离开这个世界的，这就是种素质，我们现在这种管理，就是用优秀的文化引导大家，这个是没法用价值衡量的。你再加上一定的物质条件和资金的配合，我觉得可以运作成功。双星一直运行得非常好。关键是靠优秀的文化理念管理我们的企业。

进一步改革，我没权力

主持人：双星集团下面的企业是国有股，还是其他什么股份？

汪海：都是国有的。像沂蒙山的鞋厂是纯国有的，像我们的轮胎、机械、高档运动鞋有点儿其他股本，其他的低档产品也都是国有的。

主持人：双星商业连锁这一块是不是都卖给个人了？

汪海：连锁经营这一块卖掉了，全都是"资本家"了，培养了很多千万富翁、百万富翁。实施商业买断的政策，使他们一夜就变成千万富翁了。所以说这一块，特别是这种小商品，只有卖给个人才能搞好。市场全部是私有化，生产这一块全是国有，包括上市的，国有也是占大股。我们这些骨干，很少有持股的。

主持人：骨干也有持股的？

汪海：我们持的就是社会股，你愿意买可以。双星上市时我们没有搞内部股，你要买可以买市场上的股票。

主持人：现在从理论界到企业界，不断要求对国有企业进行管理层收购，结果去年一推行马上被财政部叫停了。双星虽然是上市公司，已经股份化了，但在国有股减持方面，会不会进一步改革，也推行管理层收购（MBO）？

汪海：进一步改革我们没有权力，上市公司这一块必须中央给政策。比如说双星现在国有股还有多少，你送我多少股，送我以后我给骨干分一份。

主持人：如果上面有政策可以实行 MBO，你是否也准备持有双星股份？你觉得持有多少股份算合适呢？

汪海：合法的当然要了，如果不合法，我一点儿也不会沾。我还得领着企业发展，还要研究我的竞争对手，如果管理层可以持股的话，我觉得我应该占大股，把后来增值的那部分资产股份给我，我给国家缴税，这个是很简单的事情。

国企 MBO 应区别对待

主持人："企业家在企业发展中起决定性作用"，但现在国企改制遇到的一个主要问题是如何评估企业家在企业中的价值。说得更直白些，就是在国有企业改革中怎样表现这种价值。有些企业家的价值是无可争议的，可现在很多地方的国企改制非常不规范，很容易造成国有资产的大面积流失。改革改到现在的时候，包括 MBO，缺少一个评价的体系，或者是一个指标，就是汪海在双星的贡献怎么算出来，给他多少股才合适。有没有一个可行的东西？

汪海：这还是部分搞理论研究的人脱离实际。他们总是在研究，却不知道这个企业实际是如何在运作。基础工业，像国家的电业、钢铁、炼油厂，国家投入几百亿元，能让企业领导人持股吗？而像我们劳动密集型的企业，是自己发展起来的。是我们一双鞋一双鞋做出来，再一双鞋一双鞋自己卖出去，职工跟我不要命地在这儿干，才发展起来的。企业向国家依法缴税，然后股份我可以分给职工，老王干了 20 年了，我给你 20 股，老李干得好，我给你 10 股，最后我还有多少股，这就完了。

我在"十五大"的时候就提出来，企业是好的时候改还是垮了再改？我说制造加工行业、劳动密集型行业，不要等垮了再改，好的时候就改。这个是多聪明的事，国有企业有不同的情况，要分开对待。

现在搞调查研究，有的长达两三个月，但最后还是不了了之。这个道理有一个人讲透了，就是小平同志，小平同志最大的贡献一是"改革开放"四个字，还有就是"发展就是硬道理"。

所以说，像在加工行业、劳动密集型行业，真是应该进行改革。像纺织、服装、冶炼这些企业，在中国做好了，给中国人争了气，养活了中国人，钱还在中国，还不用往外跑。你给他创造一个环境，都是自己家，该买房子就买房子，该买地就买地。应该解剖一下企业，全世界做鞋的企业有几个国有？除了中国。我觉得国企改制，你定一个政策，各层面应该由自己操作。

国企的壳　市场的核

主持人：如果按上市公司来讲，目前双星这个体制，它应该是由股民大会选出董事会，然后任命董事长。国有股就是你来代表了，代表所有的国有股。

汪海：对，代表48%。他们那些38%的、18%的都不来，就是48%的说了算。到时候我们打电话通知开会了，他不来，他不来怎么办？也有几个来的，都是炒股票的。

主持人：但是实际上你是代表国有股这一块，你如果一股不持的话，你就只是一个代表。

汪海：那这个还是空的。

主持人：这个很独特，包括联想，我曾问过，联想的控股公司也是国有股，是中科院，但是中科院对柳传志有一个界定，就是中科院控国有股，柳传志代表。但是双星这一块没有。

汪海：上面就是让我当总经理、总裁，意思就是说我说了算。市里组织部一年一度对我进行考查。我真正吃的是市场的饭，端的是市场的碗。

我们国有企业的性质没有变，但企业内部20年前就市场化了。我是国有企业改革的开拓者，第一个吃螃蟹的人，我为什么敢在湖南电视台讲我是功臣，我敢讲这个大话，讲官场的话和市场是不配套的。我全部是按照市场操作，整个集团4万人，总部人员不超过50人。

主持人：现在有一些理论，比如国有企业从一般的竞争领域退出。

汪海：老讲我们是典型的竞争企业，应该退出，能全退吗？谁来落实？

家族是个战斗主体

主持人：对双星，还有一个问题，就是所谓汪海是不是搞家族化的问题。这个事情在家族企业就不是问题，但是在国有企业似乎就是一个问题了。

汪海：正好我也要谈这个问题。有一个杂志社报道说双星家族化问题。你首先要搞清楚这个企业是一个什么样的企业，它的所有者是谁，如果它的所有者不是他的话，起码这个家族的概念就是错误的。第二个，看它是一个什么样的主体，它是一个面对市场打仗的主体，不存在家族化对与错的问题。我们不要一说"家族"就是一个贬义词，这是不对的。这就和打仗上阵父子兵的道理一样。就是说这个主体是不是在市场中、在打仗中就是一个战斗的主体。全世界500强，家族企业占了40%。硝烟弥漫的战场和琳琅满目的市场都是战场，商场是不流血的战场，只要可以打赢仗，都要大胆用，不要回避，亲戚不行，不行照样撤。

"ABW" 创传统产业名牌

主持人：双星目前还是不断地在传统产业里扩展，你是怎样考虑企业发展的？

汪海：这是我反思的另一个问题。包括我用老马（注：起用马胜利任双星集团副总裁兼双星马胜利纸业公司总经理）。我用老马比我用海归派还有把握。真正的人才不在学历、文凭，而在实践，我们缺的就是这个。现在是学历当能力，文凭当水平，文凭当业绩。我用人从来不用一个模式。不解决这个事，我们什么企业也搞不好，家族企业败在哪儿，也是败在经营者的手里。

主持人：这个可能与双星是劳动密集型企业有关。

汪海：我研究了中国企业发展的特点，就是在五年前大家大喊高科技的时候，我就研究了。我说高科技这个东西，咱们拼不过国外，发达国家不会把高科技给我们，高科技人才也不会给我们。但是人们崇洋媚外的思想，我们不可能改变。中国是一个拥有13亿人口还在发展中的国家，劳动密集型企业和加工制造行业，是我们创中国名牌最好的条件、最好的土壤。我做鞋可以做成名牌，那么轮胎、机械，包括其他的行业，如服装，我都可以做成名牌，所以我的定位就是综合性的制造加工行业。这个是中国在世界创名牌的地方。全世界都用中国的，鞋全世界都穿中国的，服装也是中国的，可是我们在世界上没有一个特别叫得响的品牌。假如给我们一个好政策，我们就可以创中国名牌。你不要笼统地讲给一个好的政策，而是应该能解决我们的实际问题，我们仅退休职工就3000人，多么沉重的包袱。

所以我觉得中国人成为世界名牌的优势就是在制造加工、劳动密集型产业。假如有很好的政策的话，全世界用的、穿的全是中国货，大家都光荣。所以我就是和别人不一样。这个就是"ABW"。A是中国第一，B是企业家的个性，W就是汪海，而不是MBA。

建立中国名牌希望工程

主持人：你在1995年的时候提到一个为中国名牌建立一个希望工程，希望工程是救助弱势群体的东西，但是你现在把这个希望工程和中国名牌联系在一起，有点儿讽刺意味，中国名牌的危机好像迫在眉睫。

汪海：企业家要务实。那个时候就提出来我们中国人创自己的名牌完全有希望。市场上最大的政治是什么，就是名牌。我要创造名牌，所以我提出这个希望工程，就是要教育和引导这个观念。21世纪要抓紧创中国的名牌，从孩子抓起。

我们最近有几个言论，我们说在制造加工业坚持创造中国自己的名牌，我们要挺得过去，13亿人的市场不可能都被外国人全占去，我相信我们这个民族5000年的历史决定她一定会有自己的名牌，至于双星这杆国企大旗，党让我扛多久，我就能扛多久！

主持人的话：企业家的两重性

任何事情都有它的两重性，如同一个硬币的正反两面。如果用一个标准去衡量它的两个方面的话，就会出现困惑。我想，汪海现在遇到的困惑也是相当一部分第一代国企企业家的困惑。作为硕果仅存的第一届全国优秀企业家，汪海不可避免地要有那个时代的烙印，而在改革开放的大时代背景下，这些人又是中国市场经济的先知先觉者，是第一代市场经济的弄潮儿。作为共产党员，"汪海们"在国家最需要的时候担起了国企改革的重任，这种使命感让他们不计报酬地为之付出；而作为企业家，他们又不能不自觉地利用价值规律和市场规律指导企业行为。但当企业在市场上真正成长起来后，人们才发现，成功的国有企业领导出现了自身价值与特定身份的矛盾。这种矛盾困惑决定了这一代人的命运。

人有精神与物质两种需求，社会有公平与效率两种选择，作为企业家也有经济利益与社会责任两种标准。如何取舍恐怕从来也没有过合适的答案。如果在这个问题争论下去，将是永无分解。但从另一个角度看，人的认识却是有规律的，总是从简单到复杂，再从复杂到简单。

毛泽东同志的伟大之处就在于当中国革命处在最复杂的时期，他用最简单的道理指出了前进的方向：农村包围城市，武装夺取政权。邓小平同志也是在改革的关键时期提出，不争论，发展才是硬道理。中国经济改革是世界最复杂的一种经济现象，现成的理论肯定是没有的，但道理却是简单的，就是按经济规律办事，企业家的才能也是生产要素，那就应该还给企业家一个本来的身份。

（原载 2005 年 2 月 15 日《中国经营报》）

中国鞋王托管轮胎天王

梁美娜

3月18日下午5点，随着青岛双星集团与东风金狮轮胎有限公司战略合作协议的签订，沸沸扬扬的中国轮胎业第一例国有企业重组案终于尘埃落定。双星集团正式托管金狮轮胎，国企一代传奇人物汪海也一夜之间由"中国鞋王"成为"轮胎大王"。

城头变幻大王旗

用"无心插柳柳成荫"来形容这次跨省的大型国企整合，也许是最恰当不过了。

2月1日，在马来西亚金狮集团宣布放弃与东风轮胎合作的前一天，双星方面却抢先发布了重组东风金狮轮胎的意向公告，双方合作的轮廓终于浮出水面。

仅仅用了半年多一点儿的时间，就一举拿下了曾经在国内叱咤的东风金狮轮胎，双星的速度也似乎印证了汪海的军人性格。

然而，据双星董事会秘书透露："真正促使这次重组实现转机的是湖北省的一位主要领导，正是这位主要领导亲自点将，才有了后来双星与东风轮胎的实质性接触。"

曾经做过青岛市市长和市委书记的俞正声对青岛的国企可谓知根知底，自然，这位"娘家人"对双星集团的底蕴和实力也是了如指掌；而现在作为湖北省的主要决策者，东风轮胎的现状也成了俞正声的一块心病。所以，尽管在东风轮胎的重组过程中，不乏三角集团、昊华集团这样的知名企业，但基于湖北与青岛之间这种特殊的关系，双星与东风轮胎之间的牵手也就顺理成章了。

"尽管，现在的重组定位只是托管关系，但托管将是双星成为东风'买家'的前奏"，业内人士对国内轮胎业第一例国有企业重组案判断说。对于和东风轮胎的合作，汪海一直强调是收购，而不是托管，至于价格，不愿对外透露。谈及对华青轮胎和东风轮胎的收购的看法，汪海直言不讳：华青是乡镇企业，收购时尚属于初级阶段，它是市场化运作；而东风则不同，它是大型的国有企业，曾有过轮胎行业"四大天王"的美誉，它欠缺的是管理的规范、体制的革新、观念的转变。它急需提升档次，在这一点上，我们看得很清楚。"老国有、老军工"在管理、体制、观念方面的欠缺是很大的，我认为双星进入后，会发生质的变化。

轮胎业拉开重组的序幕

通过企业整合和重组来达到拉长产业链的想法，在汪海心中由来已久，而事实也是如此，这个靠制鞋起家的著名国企，现在80%的利润就来源于自己的轮胎产业。

据透露，双星现在缺的就是半钢子午胎项目，为此双星始终在苦苦寻觅合作对象。早在两年前，双星就和世界轮胎第四强德国大陆轮胎公司频频接触，甚至已经达成了某种程度上的合作意向。

据一位了解收购内幕的人士说，仅建设一个200万套以上的半钢子午胎生产线，就至少需要5亿元资金。

当然，对于双星来说，这次重组东风轮胎又是一个极大的考验。毕竟汪海面对的是国有企业一次跨省份的整合。而且，现在的东风轮胎已不是原来的东风轮胎了，要把完全已经停产的破摊子理出头绪，绝非易事。

汪海告诉记者，重组东风以后最大的压力我认为还是来自市场。我们进入东风，肯定是按市场化的方式运作。至于以前东风跟马来西亚合作的失败，有人认为是政府干预过多，对这一点我不做任何评论。作为企业来说，发展是硬道理，如果发展不好，就会找各种原因，而不注重从自身找原因，这样的企业是没有希望的。但如果政府不提供好的环境我是不会同意的。在合作过程中，十堰市总共去过双星四次，是他们请我们过来的。既然把我请过来了，我也不会轻易走的。

"双星对东风轮胎的重组可能会引发一场涉及全行业的重组风暴。"有专家说。

因为从2002年以来，国内全钢载重子午胎发展迅猛，增长速度连续两年超过60%。2005年，根据国内一些大中型企业的扩展规划，致使国内子午胎产能急速增长。目前一些企业正处于规模扩张阶段，而轮胎产能的无序扩张势必将在今年下半年显现出来。那么，轮胎行业的新一轮洗牌也将就此展开。可以预见，国内轮胎行业的几家主要企业，如黄海股份、风神股份、黔轮胎、轮胎橡胶等企业亦会有类似的举动，或并购国内其他企业，或与外资巨头加强合作。

可见，此次青岛双星宣布托管东风金狮轮胎，同时也宣告了我国轮胎行业新一轮整合大潮的提前到来。

国企重组开启"1+1+1"新模式

"无论是对东风轮胎来说，还是对双星集团，这次的重组者都是一家国企再加一家外资机构，这是国企重组的一种新尝试，国企改革的一个新思路。"十堰市国资委的一位副主任对此评价说。

自1993年以来，中国的第四轮国有资产重组热潮已经开始。这其中，国企重组的方式主要以民企和海外跨国公司收购为主。

提前进入双星东风的"恢复生产领导小组"的成员在谈及以前东风和马来西亚的合作时指出：这本来是很好的一个机会，但这个机会没抓好，反而管理更加松散。马来西亚的领导很想合资，光在中国考察就跑爆了6条轮胎，但他们对中国国情不了解。有些想法听起来很不错，但没法实施。

现在东风轮胎虽有半钢子午胎生产线，但是需要技术改造，而濒临破产的东风轮胎显然没有足够的技术力量作支撑。一旦双星集团成功进入东风轮胎，德国大陆可能提供技术研发。在成功重组金狮之后，双星的轮胎产能将达到每年1000万套的规模，这个数据足以让双星处在国内同行第一的位置。

2004年"郎顾公案"争论之后，管理层收购（MBO）和民企参与国企收购几乎被烙上了"侵吞国资"的印记，而民营企业入主后搞垮收购企业、掏空上市公司的案例又层出不穷。健力宝收购闹剧更为民企参与地方国有企业改制蒙上了一层阴影。因此，舆论无形中为地方国企改革打开了另一扇门——卖给同行业的跨国资本。从张裕集团33%股权被转让给意大利意利瓦葡萄酒公司；柯达公司入股乐凯胶卷；美国凯雷集团入主徐工集团（徐工集团改制明确将民间资本排除在外）；印度米塔尔集团收购华凌管线37%股份；南孚电池转手摩根斯坦利；从河南新飞电器国有股全部撤出，到华北制药正在与荷兰帝斯曼（DSM）制药集团的洽谈重组。事实显示，大量地方国有企业正在纷纷向跨国资本投怀送抱。

有专家预言，随着全国人大今年年底将启动制定《国有资产管理法》

的立法程序，一旦该法出台，国企改制限制将会更多。因此业内预计，一些地方大型国有企业的改制将集中在今明两年完成，以目前地方政府的心态和社会舆论来看，出售给外资巨头的案例将会更加集中。

然而在这场专业机构（跨国公司）与非专业机构（地方政府）的博弈中，中外权力失衡的现象表现得十分突出。毕竟丧失话语权的南孚电池在重组中被摩根斯坦利"玩死"的例子就在眼前。

另外，东风金狮轮胎本身的遭遇也很能说明问题，与马来西亚金狮的合资并没有挽救东风金狮的生死危局。因此，今年2月2日，马来西亚金狮集团宣布将持有的东风金狮轮胎有限公司股权，转让给原股东东风轮胎集团公司，双方11年的合资关系就此结束。

由此看来，单一引进外资合作的方式并不可靠。而这次双星对东风轮胎的重组可能开启一个新思路：一个国企对接一个国企，同时，吸收另一个海外企业在资金和技术上的支持，三方制衡将可能成为一种新模式。

（原载 2005 年 3 月 19 日《中国经营报》）

创中国人自己的世界名牌

——访全国首届优秀企业家、双星集团总裁汪海

陈昌成

    名牌是一个国家、一个民族实力的象征，代表了国家先进的生产力。从某种意义上讲，名牌体现了国与国之间经济实力的较量。因此在汪海看来，只有创出在国际市场上站得住脚的世界名牌，中国的企业才能在国际经济舞台上立于不败之地，中华民族才能不断强大起来。

    "双星成功的法宝是什么？"全国首届优秀企业家、双星集团总裁汪海在 8 月 20 日北京人民大会堂举行的"经济全球化：中国制造与民族双星品牌研讨会"上接受记者采访时回答："我们成功的法宝是抓住了一个牌子，一个由中国人自己创造的名牌。"

    双星品牌是我国民族品牌的一个杰出代表。早在 20 世纪 80 年代初期，在别人还不知道、不认识什么是名牌的时候，双星集团总裁汪海就提出了"创名牌就是最大的爱国"的思想，将创名牌作为一切工作的"纲"和最大的政治来教育引导员工，并把创造中国民族品牌的重担自觉地担到了自己的肩上。经过 20 多年的改革发展，如今的双星，从单一制鞋的微利企业发展成为鞋业、轮胎、服装、机械、热电五大支柱产业和包括印刷、绣品及三产配套在内的八大行业的综合性特大型企业集团，产品远销美国、日本、俄罗斯等 100 多个国家和地区。先后有 200 多家国外客户与双星建立了贸易伙伴关系，资产总额由不足 1000 万元增加到 48 亿元，增长了 480 倍；累计上缴利税总额近 30 亿元，相当于在没有向国家伸手要一分钱的情况下，向国家上交了 300 多个当年的橡胶九厂；销售收入由近 3000 万元增加到 60 亿元，增长了 200 倍；出口创汇由 175 万美元增加到 8000 万美元，创出了中国人自己的民族名牌。美国一所大学曾经做过一次调查，在美国市场，中国的双星是个奇迹，平均每 12 个美国人中就有 1 个人穿中国双星生产的鞋

子，一个中国民族工业的品牌在竞争最激烈的美国市场上能够取得这样的经营业绩是罕见的。

据介绍，双星民族品牌的发展经过了三个阶段，即名牌初级阶段、名牌发展阶段和名牌高级阶段。

名牌初级阶段：从 20 世纪 80 年代初到 90 年代初，双星以淘汰解放鞋为标志，对产品进行不断的更新换代，从最初的追随模仿到后来的创新超越，双星靠产品的更新换代成为全国制鞋业的"领头羊"。当时，通过对工艺、技术的反复改造，双星实现了"抛尼"、"布鲁克斯"等世界名牌鞋在中国的生产，每年返销欧美市场 100 多万双。通过"四鞋渗透"的结合，双星又生产出中国第一双高档冷粘运动鞋、第一双皮帮 CVO 热硫化鞋，一步完成了与国际制鞋业的接轨，这是双星名牌发展的初级阶段。

名牌发展阶段：20 世纪 90 年代，在这期间双星建立了一支专业化的产品研发队伍，使产品达到了"开发一代、生产一代、研制一代、储备一代"，设计安装了中国第一条高档冷粘鞋流水线，创立组建了全国鞋业唯一的国家级技术研发中心，形成了六大类鞋（硫化鞋、冷粘鞋、皮鞋、布鞋、注射鞋、专业鞋）的生产能力，成为全国鞋类首家驰名商标获得者、第一家鞋类上市企业。在原化工部的行业评比中，双星各项经济指标连续 15 年位居第一。

名牌高级阶段：从 2000 年至今，双星再次调整发展思路，将"专业化、高档次、树形象"作为主攻目标，开始了与世界名牌的抗衡。相继推出了专业跑鞋、专业篮球鞋、专业网球鞋、专业足球鞋等高档专业鞋，全面实现了由低档单一产品向高档次、系列化的转变。目前，双星年制鞋总量已近 1 亿双，连续 15 年全国销量第一，成为国家首批认定的"中国名牌"，品牌价值高达 100 亿元。

在母体鞋业做大做强的同时，双星又通过运作品牌、运作资金，成功涉足轮胎业，吸收合并"华青轮胎"、托管"东风"。短短几年，双星轮胎已成为中国五大轮胎企业之一，被评为中国"十大民族品牌"，并荣膺"中国名牌"称号。与此同时，双星服装由小做大，双星机械也由过去低档次、低水平向"高、精、尖、细"迈进。目前，双星产品已全面瞄准并开始进军高端市场，展现出双星名牌高级阶段的新形象。

在创名牌的三个阶段中，双星没有民族老字号得天独厚的条件、没有国家垄断行业的政策支持、没有合资独资企业的优惠政策、没有个体乡镇企业的灵活手段，但双星人在汪海的率领下超前决策，按照市场和行业的发展规律，凭借"超标准检查、超常规考核、超微机管理"，用"市场无止境、名牌无终身、管理无句号"的创新和进取精神创出了中国人自己的民族品牌，实现了中国民族工业的名牌梦想。

企业家是创民族品牌的关键。在"经济全球化：中国制造与民族双星品牌研讨会"上专家学者一致认为，汪海成就了民族双星，没有汪海就没有双星民族品牌。汪海是一位具有超前意识和创新胆识的企业家。他带领双星人在我国企业界创造了无数个"第一"：第一个实施名牌战略；第一个进行多元化经营；第一个实施横向经济联合；第一个推行"东部发展、西部开发"战略；第一个带领企业主动由二产转三产；第一个撇开官办流通渠道，自己进市场偷着卖鞋；第一个砸烂"旧三铁"和"新三铁"；第一个以企业的名义召开产品订货会；第一个成为全国同行业中获准发行股票的企业；第一个以企业名义在国外召开新闻发布会；第一个在国际博览会上弘扬"东方鞋文化"；第一个进行产权制度改革；第一个将传统优秀的佛教文化用于现代企业管理当中；第一个提出个性、人性、党性的"三性"理念；第一个提出"市场无止境、名牌无终身、管理无句号"的发展理念；第一个完成了由产品微利的制鞋企业向高科技含量的轮胎、机械的成功转型……由于汪海的巨大贡献，先后获得全国优秀经营管理者、"五一"劳动奖章、全国劳动模范、首届全国优秀企业家、国家有突出贡献的中青年管理专家、全国十大扶贫状元、中华十大管理英才、十大化工风云人物等上百个荣誉称号。继1993年被载入"世界五千伟人录"、1995年被评为"世界风云人物"后，又先后获得"国际优秀企业家贡献奖"和"世界杰出人士"称号，并成为大型文献纪录片《共和国外交风云录》中我国唯一最具个性的外交企业家。2001年，经北京无形资产评估中心评估，汪海身价高达39.99亿元，成为中国企业第一人。

（原载2005年8月30日《中国企业报》）

解读汪海

赵晏彪

2005 年秋，在人民大会堂，北京一家著名资产评估中心的负责人朗声宣布道："双星品牌价值 492.92 亿元，汪海作为企业家的自身价值高达 321.42 亿元！"

台下议论纷纷。这时有记者起身提问："汪海先生，据我所知，歌星、影星、球星喜欢谈身价，您作为企业家有必要定身价吗？"

一时间，会场的气氛骤然紧张。众人的目光再次聚焦在汪海身上。只见汪海面带微笑，用一口特有的胶东话答道："回顾二十多年的国企改革路程，我给自己投两票。一票是优秀的共产党员，解决了近 10 万人的吃饭问题；一票是优秀的企业家，为国家把'双星'这个品牌做起来了。应该说，我是一个成功的企业家。歌星、影星、球星都有身价，为社会创造了直接财富的企业家为什么就不能有身价？我这个做鞋匠的有没有身价并不重要，关键在于这必会带来一次彻底的思想解放！"

那一刻，我们从汪海被围得水泄不通的场面观察到，人们对企业家的呼唤和肯定，反映了社会对企业家的重新定位；那一刻，人们不再犹豫，企业家既是劳动的创造者，也是价值的创造者！

汪海，是怎样的一位企业家呢？

民族品牌情结

2005 年 5 月 15 日 22 点 40 分，双星总裁汪海出现在首都体育馆的颁奖台上，他要为"双星·苏迪曼杯"羽毛球赛的获奖运动员颁奖。双星赞助这样的体育赛事已经不是第一次了，汪海希望借助大型体育比赛来提升民族品牌的形象。

当一位学者见到戴着双星帽、穿着双星鞋的汪海为民族品牌摇旗呐喊的形象后,深有感触地说:我们不难看到,中国并不缺乏有钱有实力的企业家,改革开放后中国有许多人通过各种方式富起来,但这些人的企业并没有成为知名企业或者永远都不可能成为知名企业,因为他们的老板只想赚钱,而不是追求一种事业,他们不缺乏做事业的能力与勇气,但缺乏做事业的胸怀与眼光,缺乏爱国主义精神和弘扬民族品牌的意识。

新世纪伊始,汪海在上海参加"APEC 之夜"的会议。组织者别出心裁,给 80 位与会代表发了两张牌,一张是绿的,一张是红的。主持人对中国的企业家们提议道:"同意做世界品牌加工厂的请举绿牌,不做世界品牌加工厂的请举红牌。"很多人不假思索地举起了手中的绿牌,一部分举起了红牌,而汪海既没有举绿牌,也没举红牌,主持人在环视一圈后发现只有汪海没有举起手中的牌子,便走过来好奇地询问这位中国"鞋王":"您是想举绿牌还是举红牌?还是举棋不定?"

汪海举起双手坚定地说:"我想举民族品牌!"主持人似乎没有弄明白汪海的意思,紧接着问了一句:"民族品牌是什么意思?"

汪海看着那位主持人大声地说道:"民族品牌的意思就是坚决不做加工厂!"话音一落,会场立刻响起了热烈的掌声。

汪海站起身来接着说道:"我们这么大的国家,有世界四分之一的人口,如果我们都穿上自己国家的产品,本身不就是名牌了吗?想想看,哪个牌子是联合国投票选出来的?还不是中国这个大市场推出去的。耐克就是典型的例子。最开始在美国耐克牌子没打起来,后来来到中国,在北京设立了公司,是我们中国人帮它搞起来的。耐克利用中国低价的劳动力,利用中国的优惠政策,在中国市场赚了个钵满盆满。这些巨额利润他们用来干什么了呢?拿回到美国再打广告,再推广,卖高价,品牌是这样树起来的。中国人能给耐克推波助澜,为什么就不能打自己的品牌呢?十几年来,双星在中国创品牌,已经打下了基础,中国人认可这个牌子,世界上许多国家包括美国的消费者也认可双星品牌,我做他们的加工厂干吗?双星不但要做中国名牌,还要做世界名牌,因为名牌是市场经济的原子弹!"

汪海的民族精神和双星的民族品牌战略,是在与国际名牌的较量中成长起来的。

正如一位经济学家所言,中国民族经济的未来,维系于中国企业的发展;中国企业的最终命运,维系于中国企业家的素质。企业做到一定规模之后,以什么作为永续发展的核心竞争力?产品?技术?品牌?资本?营销渠道……这些都是企业成功的重要因素,但还不是最核心的动力。企业最根本、最深层的、最核心的竞争力是企业领导人的文化素养、思想内涵和决断能力。汪海，当属这样的企业家。

敢对美国人说不

2005 年汪海做客中央电视台《对话》节目演播厅，在谈到企业家的民族精神时，他说"民族精神，是民族文化的深层内涵，是一个民族在历史活动中表现出来的富有生命力的优秀思想、高尚品格和坚定志向，具有对内动员民族力量、对外展示民族形象的重要功能。民族精神是一个民族自立于世界民族之林的必要条件，任何一个成功的民族品牌靠的都是民族精神的支撑。"

汪海的民族气节是名声在外的。在与外国人打交道时，他总是把民族尊严放在第一位。

1995 年，汪海继邓小平之后，被美国名人传记协会和国际名人研究所联合推举为"世界风云人物"，令世人特别是令美国人瞩目。因此，美国《华尔街日报》的一位资深记者便来到青岛采访汪海。

当时国家安全部、青岛安全局各派了两个人，陪同他们的还有青岛市的三位领导，总共七人。汪海见了这样的阵容，哈哈一笑，十分自信地说："对付老美？60 年代我在越南就打过他们，现在我见了他们劲头更足了。我一人就可以对付得了。什么问题也问不倒我汪海。"安全部和青岛市的领导们听了汪海铿锵有力的话仍有些半信半疑。因为经济与政治从来就是一对孪生兄弟，怎能如此简单？他们不敢大意，依旧如临大敌，严阵以待。

会议一开始，汪海就说道："我是个鞋匠，是中国第一代优秀企业家，有关鞋和企业管理等问题可以敞开问，有问必答，至于其他问题只能探讨。"

尽管汪海想缓解紧张气氛，但美国记者却不听那一套，两个多小时内所问的基本全是政治问题。一开始气氛的确很紧张，但汪海回答机智，渐渐地变被动回答为主动进攻，对那位大记者处处"将军"，步步紧逼。

那位《华尔街日报》的资深记者话锋一转，提出了更加敏感的问题，你是全球知名的企业家，曾经被美国评为世界风云人物，请问汪总裁的待遇是什么？你满意不满意？你的心情如何？作为国有企业的管理者压抑不压抑？你对所处的环境觉得舒服不舒服？

汪海听后哈哈大笑地说道："你看，你来采访我，我们国家不但让你采访还有这么多的人陪同，你说这待遇如何？身体那么棒，心情不好早就见马克思去了。从我跟你的谈话中你应该得出结论，我所处的环境和我的心情如何吧。"

汪海实在而巧妙的回答让美国记者大失所望，因为他并没有听到所希望得到的"反面意见"。最后他破釜沉舟，提出了一个更为尖锐的问题，"你对台湾问题怎么看？"

只见汪海先是朝着大家笑了笑，然后面部表情异常严肃地说道："台湾问题很简单嘛，这是我们自家的事。"几句话说得对方哑口无言。

一时间会场有些尴尬，但汪海是谈判高手，自然不会让场面难堪。他对美国记者说，既然来采访我就一定要参观我的鞋厂，穿穿我的鞋，看看我的管理，我的鞋比过你们美国的耐克。

参观了鞋厂后，美国记者服气了，他对汪海说，企业确实管理得好。临行前，汪海送给他一双鞋，让他穿一穿，说有了质量问题只管来找我。那份自信，那份豪迈，又让这位专爱与中国人找别扭的美国记者无言以对。

汪海驰骋国际市场十几年，与美国人、韩国人、德国人、日本人、英国人、法国人等几十个国家的商人和记者打交道，从没给自己掉过价，无论什么场合，政治上没给国家丢过脸，经济上从没上当受骗过。

逆向思维闯市场

翻开报纸杂志，对汪海最多的评论莫过于"时代的实践者、开拓者，也是到目前为止企业界为数不多的成功者和幸存者"；然而在我采访了双星的职工，并与汪海零距离接触后，突然发现，汪海之所以成功，虽然有诸多因素，但最主要的因素在于他善于运用逆向思维。

1999年前后，全国各地兴起一股高科技风潮。当时各行各业最时兴的就是生产科技含量高的产品。逆向思维很强的汪海对双星的员工们说："这并不是双星的最佳选择。中国企业搞高科技很容易跟在外国人的屁股后面跑。而外国人不可能把最先进的生产系统转让到我国，很多企业最终只能做'贴牌生产（OEM）'。"

这就是汪海，无论在什么环境下，他都头脑异常清醒，绝对不跟潮流，而是运用他的反思维方式考虑问题。他边思考边跑市场，在走访了许多企业后证实了自己的思想是正确的。一些所谓先进的生产线，其实是国外20世纪80年代、甚至是70年代的机器。如此"先进设备"能搞成高科技吗？汪海认为，双星的强项还是在于加工业、传统产业。就这样，"逆向思维"进入轮胎业的草案摆上了汪海案头。轮胎业一是有一定的科技含量；再就是，给人做鞋和给车做鞋区别不大；最重要一点，橡胶轮胎是汪海的"初恋"——他本就是搞橡胶出身的，对于老本行有一种"亲切感"。

当许多企业纷纷沉浸在一片寻求合资的呼声中时，汪海却完成了他反思维的又一项创举：国企兼并国企。

2001年12月30日，双星历经两载终于成功收购华青轮胎，经过双星的资金投入、技术设备改造特别是双星的文化理念的输入，双星轮胎迅速崛起，于2003年11月被中国橡胶工业协会、中国工业经济联合会、《经济日报》评为中国"十大轮胎民族品牌"。2004年9月上旬，国家质检总局在北京人民大会堂隆重举行"中国名牌暨质量管理先进表彰大会"，授予双星全钢子午线轮胎"中国名牌产品"证书及奖牌。收购华青的成功，使汪海名声更震。

1997年，有着40余年制鞋历史的国有制鞋老厂"成都红旗橡胶厂"——一家与台商合资后失败的企业，在停产、人员下岗的情况下开始与双星联手，结果负债累累的"红旗"短时间内就充满了生机与活力。2005年3月，东风金狮轮胎公司在与马来西亚合资后瘫倒，在全面停产的情况下，经湖北省委领导亲自点将，汪海入主东风轮胎。这些注入外资、嫁接了先进的管理方法仍不能激活的企业，曾让多少人望而生畏。然而同样是这些失败的企业，经双星"输血"与恢复造血功能，再通过复制汪海的经营理念后，很快就起死回生。工人重新上岗，产品在市场热销，效益突飞猛进地增长。有人问双星文化为何有如此强大的生命力？汪海认为，是汲取了马克思列宁主义、毛泽东思想和邓小平理论的精髓，就是实事求是的原则。

（原载2006年1月10日《中国化工报》）

人管人累死人　文化管人管灵魂

——访双星集团总裁汪海

李　宏

　　在双星集团，谈及企业成功，双星总裁汪海出语惊人："我就是管人，管人是高科技的高科技。一个企业成功'三分技术，七分管理'。管人最重要的是文化管，人管人累死人，文化管人管灵魂，文化管理是最高层次的管理，是最顶尖的管理"。

　　"精神的东西永远是第一位的"，"没有文化和理论的企业是没有希望的企业"，文化和理论的创新是创新中的灵魂，是企业发展动力中的核动力。双星之所以发展到今天，不断发展壮大，就是用思想、用文化、靠理念，以企业文化这个软武器，贴近员工的思想，做好员工的思想政治工作。

　　从一个劳动密集型，并且有着几十年历史积淀的老国企，到一个享誉中外的著名品牌，从计划经济到市场经济，从砸烂新旧"三铁"，出城下海上山，到闯出国内外两个市场，双星一直以矫健的步伐引领着中国的制鞋业。而双星的旗舰地位，正是得益于汪海不倦的思想探索而形成的一整套指导企业实践的"双星理论"。贯穿其间的精髓，就是他实事求是、不断冲破禁区的求索精神以及对市场经济本质的深刻认识。汪海介绍说，双星是传统企业，它的发展靠的就是创新。双星这些年的发展，让我们体会到，首先是有了企业思想文化理念上的创新，企业才有凝聚力。现在双星生产企业遍布全国各地，要想管理好，只有靠文化理念的创新，企业文化是很重要的东西。

　　汪海说，用过时的理论指导今天的改革根本不行，理论落后了，在制度上、政策上就要犯错误。而今天不创新，明天就落后；明天不创新，后天就淘汰。所以创新是市场竞争永恒的主题。只有敢于"破"才能"立"。基于这样清醒的思考，他在企业改革实践中，第一个提出了要正确理解和运用"三性（人性、个性、党性）"；第一个提出"要正视名与利对现代人的影响，用好钱就是最好的思想政治工作"；第一个指出"名牌关乎民族的命运和市场竞争的成败，创名牌是市场经济中最大的政治，名牌是市场经济的原子弹"；第一个指出"琳琅满目的市场是当代布尔什维克的试金石，市场是检验企业一切工作的标准，我们永远要做市场的学生"；第一个将中国的佛文化列入当代的企业管理，创立了中外管理大师们为之瞩目的"干好产品质量是最大的积德行善"的管理新学说……

实践证明，正是汪海创新的"双星理论"，使得双星实现了思想文化管理，为民族扬威，为祖国争了光。自西进沂蒙山建起了两大鞋城后，十几年时间，双星在全国范围内建立起众多制鞋、轮胎、服装等生产企业。双星连锁店也迅速发展到 4000 多家，在中国制鞋业拉开了一场靠竞争合并走上扩张之路的战役。双星所到之处，不管当地风俗习惯、员工队伍结构、员工思想观念、原来的企业制度、管理方式是怎样的，现在各个厂的环境布置、职工精神面貌都是一致的，至于硬件的管理办法、管理手段更是一般无二，一看都是从双星脱胎出来的。这和双星在进行品牌运营过程中注重思想文化的传播和灌输分不开。"人管人累死人，文化管人管灵魂"。员工只有认同接受了双星独特的思想文化，将企业的价值观和企业精神融汇在自己的头脑中，才能领悟其中的精髓，才会在工作中自觉去实践、贯彻其中的思想，最终成为日常工作的习惯行为，形成双星人的独特气质。这些单位通过学习领悟双星文化，而很快走上正规化，并迅速展露生机，发展壮大，成为双星一颗颗耀眼的"明星"。

思想政治工作的先行创新是充分调动员工积极性和创造性的必要条件。汪海提出"用理论、文化和理念不断引导教育员工，适应企业发展的要求"这一方针，启发集团上下不断探索，找到了教育员工的新方法。除集团举办一系列的教育培训班以外，各单位都结合实际，开展思想教育活动。诸如，该集团各单位结合员工的思想，结合工作实际，实事求是地创造了自己的文化理念，把双星市场理论要求具体化、现实化、人性化、市场化。针对有些职工被外出"淘金热"所迷惑的现象，双星鲁中公司及时提出了"不用离家走他乡，干在双星奔小康"、"金山银山双星才是靠山"等口号，促进了员工队伍的稳定。双星机械总公司员工提出"成本核算是长计，精打细算持家旺"等口号，增强了员工的成本意识，提高了企业市场竞争力。双星股份公司用漫画诠释创新理论、用漫画体现创新精神、用漫画展示创新成果的做法效果很好，该集团及时推广了他们的经验，使政治工作由被动的、不自觉的创新转变为主动的、自觉的、有效的创新。各单位宣传栏中出现的"员工的话与画",用幽默直观形象的方法使创新思想深入人心。各单位在举办演讲赛时,不是比出名次就完成任务,而是组织巡回演讲,使每个车间都成了创新和质量教育的大课堂。思想政治工作的创新,成功地解决了如何与生产、与市场、与员工思想接轨的问题,创新、质量、名牌成为大家平时交谈的中心话题,发展成为大家经常琢磨的心头大事。

双星的领导层明白,单纯地依靠规章制度不足以使每个人发挥自身潜能,唯有每位员工热爱自己的企业,认同自己的企业,靠思想、信念和精神的力量,才能发挥潜能,实现自主管理。

将双星文化、双星精神植入这些企业,以此来统一员工的思想,重铸企业灵魂,以双星的企业文化这一无形资产去盘活有形资产是双星兼并行为中最重要的一招。双星吸收合并原华青轮胎,在鞋业界、轮胎业掀起了巨澜,通过不断进行双星企业文化教育,双星轮胎很快发展成为中国十大轮胎民族品牌。双星铸机居行业首位。现在,在轮胎总公司、机械总公司、绣品公司,无论是厂区、车间文化氛围的营造,还是职工精神面貌的变化、工作干劲的增强以及干部职工的价值观,都统一到了创名牌上,统一到了"拼搏奉献,忘我工作"的双星精神上,走进厂区,走近职工,我们已经能够感觉到鲜明的双星气息。

双星由一个2000多人的小厂,现在已发展成为拥有5万名员工的大集团;由原来的只占据青岛西部的100多亩地到现在生产基地、营销网络遍布全国,远驻海外;由原来单一生产解放鞋到现在不仅生产各类鞋,而且涉足30多个领域,形成拥有鞋、服装、轮胎、机械、热电"五大支柱"产业和包括印刷、绣品、三产配套在内的"八大行业"的特大型企业集团。虽然集团大了、人多了、行业多了,但无论在双星的哪个生产厂,你都会看到同一的管理模式;无论在双星的哪个连锁店,你都不会发现巨大的差异,双星的管理模式已经贯穿到生产经营的每一个角落,模式化管理正是双星文化管理的体现,是双星企业文化模式化特色的反映。

(原载 2006 年 3 月 8 日《中国皮革信息》)

双星缔造者的非常之"道"

——访双星集团总裁汪海

高　明

　　汪海，64岁。高级经济师，双星集团总裁，国家级管理专家，中国胶鞋协会理事长，中国橡胶工业协会副理事长，中国皮革工业协会副理事长。

　　汪海出生于微山湖畔，1983年出任青岛橡胶九厂（双星集团前身）党委书记，使双星集团由一个只能生产黄胶鞋的亏损企业迅速发展成为国内同行业市场销量第一、出口创汇1.6亿美元、居同行业之首的当今世界上规模最大的制鞋企业，并涉足轮胎、机械等行业，创造了中国传统产业走市场之路的奇迹。他个人则荣获了中国企业家所能荣获的几乎所有奖项，并于1995年被美国名人传记协会与美国名人研究所推荐为世界风云人物。

　　2005年，汪海自身的企业家价值及他所创立的双星市场理论价值被量化评估为321.42亿元，是中国企业第一人。

　　人生旅途上，商海搏击中，穿什么鞋？走什么路？是每个人都应该思考的问题。"鞋王"汪海却有着自己独特的思维。

　　汪海，双星集团总裁。一个最早提出"不走官场走市场"的企业家，一个最早带领企业"下海"、"出海"、"上山"闯市场的企业家，一个最早提出创名牌的企业家，世人公认的双星名牌的缔造者，改革开放的冒险者，市场之路的实践者，国企改革的成功者，企业家中的佼佼者。

　　双星从昔日一个几近倒闭的小作坊到如今的综合性跨国集团，汪海凭借自己独特的管理理念、企业文化和市场理论，创造了一个闪亮的中国名牌。

　　作为国有特大型企业负责人的汪海，坚持改革与发展新思路，率先成功地完成了一个国有企业由计划经济向市场经济转变的全过程，走出了一条国有企业市场的成功之路。

双星的成功不仅仅是青岛一家鞋业公司的成功，更是中国国有企业的成功。

汪海，为中国的企业家发展民族工业品牌树立了榜样。

汪海的办公室里有一幅"名利淡如水，事业重如山"的联语，也许，这就是他几十年来，以此自警自励的立身之宝，强身之道。

"商道" 名誉比金钱更重要

在中国，企业厂长的任期大多在 3 年至 5 年，10 年的很少，20 年的就罕见了，而头顶红色棒球帽，脚蹬"双星"运动鞋，一身"招牌"打扮的汪海，在一个老牌国有企业里硬是 30 年没挪窝。

回首 30 年风云变幻，汪海最自豪的是他始终活跃在改革开放的第一线，并总结创立了一套双星市场理论，创造了双星名牌。汪海说，我就是喜欢挑战！

1974 年，33 岁的汪海来到青岛橡胶九厂（双星集团前身），1983 年出任党委书记，从此成为双星集团的领头羊。46 岁那年汪海在厂内 500 多人的大会上宣布："永不进官场，就走市场"。从此，汪海带领双星人执著地探索中国传统产业走市场经济的新道路，使双星把握住了社会、市场、行业发展的规律，始终保持了高速、持续、稳定的发展。

汪海称，与他同获"首届全国优秀企业家"称号的 20 人中，有的已当官，有的已退休，有的已落马，有的进监狱，也有的正外逃，而汪海，还在做他的"鞋匠"。

不贪钱财，这是做人的根本，也是企业领导者树立形象、增强威信的重要法宝。作为企业负责人，要常修为企之德，常思贪欲之害，常怀律己之心。

面对 1987 年首届优秀企业家的合影照片，他戏言自己还能在市场风云中"上蹿下跳"。

"我从扑下身子走市场之时，就把自己定位为职业企业家，最终的目的是做好企业，发展企业。我不管到双星的哪个厂，一进车间四五个小时不出来，经常是走一路，讲一路，教一路。我要对得起的就是这两颗星……我不仅追求个名，还要争口气。一个人要专心做一番事业，就需要达到一种境界，我的观点是，名誉比钱更重要。"

"鞋道""夕阳工业"做出"朝阳气象"

汪海说，几十年过去，回头看看，给自己投两票。一票是优秀的共产党员，解决了近 10 万人的吃饭问题；一票是优秀的企业家，为国家把"双星"这个品牌做起来了。

原本，制鞋业劳动密集、手工操作、产品微利，素来被称为"夕阳工业"。然而，汪海硬是把所谓的"夕阳工业"做出了"朝阳气象"，彻底摆脱了行业的局限，探索出了中国特色的企业发展新模式。

世界上一些国家不做鞋，将该行业向发展中国家转移。人们把鞋这个行业从它的工艺分类上定为"夕阳工业"。但汪海认为，世界人口不断增加，市场存在，这个行业应是最有希望的行业，完全可以做出"朝阳气象"。

20 世纪 80 年代初，双星便把握了制鞋业向贫困地区转移的规律，打破城市工厂不能下农村的旧框框，坚决将老生产线转移到农村，走出了"出城"的第一步。1986 年，双星结束了解放鞋在市区生产 36 年的历史；1997 年，双星又告别了在青岛总部制鞋长达 76 年的历史。"出城下乡"，使双星开始突破了劳动密集型行业发展的地域瓶颈。

进入 20 世纪 90 年代，双星提出了"东部发展，西部开发"的新思路，变国家的"输血"扶贫为企业的"造血"扶贫。从 1992 年起，先后在沂蒙老区建起了鲁中、瀚海两座大规模的"鞋城"，企业不仅找到了发展的空间和出路，而且带动了当地经济的快速发展，并使老区人民告别贫困，员工年人均收入达到 6000 元，取得了沂蒙双星万人奔小康的扶贫成果。汪海因此获得了"全国扶贫状元"的荣誉称号；更重要的是，通过"上山下乡"，双星为国有劳动密集型加工行业找到了新的发展出路。

在国有制鞋企业纷纷倒闭的情况下，双星却一枝独秀，创出鞋业的"朝阳气象"。

"车道"逆向思维进军轮胎业

汪海认为："逆向思维是人类成功的开始，只有逆向思维，才能创造奇迹。"1999 年前后，全国各地兴起一股高科技风潮。当时各行各业最时兴的就是生产所谓科技含量高的产品。

汪海却提出：中国正是传统工业支撑着经济命脉，在经济高速发展的今天，我们应该避开发达国家高科技的锋芒，把传统加工业发展起来。中国是一个拥有 13 亿人口的发展中国家，劳动密集型企业和加工制造行业，是我们创中国名牌最好的条件、最好的土壤。同时，汪海分析市场形势后认为，我国随着高速公路的建设和汽车走进千家万户，轮胎行业将会有很大的发展，双星人给人做鞋能做好，给车做"鞋"也一定能成功。

虽然，双星在鞋业上不再大规模注入资金，但仍保持快速发展；另一方面，双星在轮胎上下了多步"棋"，1998 年吸收合并原华青轮胎公司，成立了双星轮胎总公司；2004 年 2 月 24 日，双星集团投资 1.5 亿元的双星工业园轮胎工程项目在河南汝南县举行了奠基仪式，使双星形成了全面参与子午胎、农用胎、轻卡胎竞争的局势。汪海提出三年后双星轮胎年生产能力将超过 1000 万套。

双星通过品牌、文化和资本运作，成功涉足了轮胎行业。在完成对华青轮胎工业集团公司的吸收合并后，双星通过独特的企业文化和市场理论教育，采取一贯的换脑不换人的做法，对轮胎公司进行了文化再造，创造了双星轮胎新文化，建立了双星轮胎新体制，明确了创双星轮胎名牌的新目标，彻底改变了原来的乡镇企业管理模式。汪海说，双星做鞋可以做成名牌，那么轮胎、机械，包括其他的行业，如服装，双星都可以做成名牌，所以双星的定位就是综合性的制造加工行业。全世界用的、穿的全是中国货，都是中国名牌，大家都光荣。

从 2001 年正式涉足轮胎业之后，轮胎作为双星集团新的经济增长点，已显示出强大扩张潜力。自 2002 年至今，双星轮胎产品先后被评为"青岛名牌产品"、"山东名牌"、"中国名牌"等。目前，双星轮胎已跻身全国十大轮胎制造企业行列，成为上市公司和利润的贡献大户。

谈及双星成功的经验，汪海说："搞经济不是搞运动，不能赶时髦。企业家要有逆向思维的头脑。企业家的头脑要不断发展，但绝对不能发热。企业家必须是政治家，每一项决策都应该在时代的高度、在理论的指导下，理论联系实际、实事求是地办事……"

到目前为止，双星已形成鞋业、服装、轮胎、机械、热电"五大支柱产业"和包括印刷、绣品以及三产配套在内的"八大行业"共同做大做强双星名牌的新格局，描绘出双星做大做强的新蓝图。

汪海，正高举中国民族工业的大旗，率领双星人奋进在新世纪的大道上……

（原载 2006 年 7 月 14 日《青岛财经日报》）

汪海：外国月亮并不都是圆的

王开良

进入 2006 年以来，跨国大品牌问题频发：从索尼、可口可乐，到麦当劳、特富龙、博士伦、亨氏……一时间，曾被视为高品质和高信誉度代名词的跨国公司在中国的光环似乎平添了几分阴暗的色调。这令消费者们难免发出这样的疑问：跨国公司还值不值得信赖？日前，全国首届优秀企业家、双星集团总裁汪海就国外一些品牌在中国市场屡屡出现问题，接受记者采访时说，从一些国外品牌在中国连连出现质量问题，让我们相当一部分中国人醒悟了，明白了"外国的月亮并不都是圆的"，洋品牌不是高品质的代名词，全社会都要珍爱我们中国人自己的民族品牌，这是爱国的一个重要体现，是践行社会主义荣辱观的一个具体行动。

曾几何时，高价的跨国品牌代表着高质量的产品与服务，而中国消费者对跨国品牌也有一种由来已久的仰慕。20 世纪 80 年代，不光是中国消费者，中国众多企业也追捧跨国企业。跨国公司在中国市场曾被过度追捧，消费者对洋品牌的选择基本上不加怀疑，而跨国公司也习惯了这种追捧，以致在全球同类产品出现质量问题时中国消费者常常遭受到不平等的待遇。中国消费者这种热爱使得跨国品牌在中国市场形成了整体的竞争优势，当本土品牌在拼价格时，跨国品牌仍能骄傲地维持高价，而"一分价钱一分货"的传统消费观念更巩固了中国消费者对跨国品牌的信赖。

但是，事实说明，虽然任何一个跨国品牌都不敢轻视中国在全球市场上的战略地位，而这些跨国品牌往往在中国市场表现得更急功近利而非精耕细作。抱着这样的心态，跨国品牌的产品品质难免出现意外。许多跨国企业在进入中国市场后，并没有用他们先进的国际惯例影响和改变中国企业的行为向良性转变，反而迅速自身异化。为了尽快占领市场，跨国品牌进入中国市场的速度越来越快，生产交给代工工厂、销售与服务找经销商代理、品牌传播交给公关公司，各项分工都显得水到渠成。随着时间的推移，现在人们越来越认识到，所谓的一些国际品牌，也都是在中国造，然后大部分销在中国市场，挣中国人的钱。比如做鞋，现在发达国家大都不做鞋了，几乎全在中国做。所谓的国外品牌运动鞋，无非在我国南方做，由四川妹、湖南妹、广西妹给他们做。双星产品无非是在山东等地做。改革开放初期，我们封闭了几十年，认为外国的月亮是圆的，可以理解。到了改革开放20多年的今天，中国作为最大的市场，中华民族作为最优秀、最聪明的民族，到了该理智的时候了，我们的民族品牌并不比洋品牌差。

民族品牌不仅代表着国家产业的高端水平，而且"只有民族的才是世界的"，更代表着国家的国际形象，他们承载着重构民族自尊心和自信心的历史责任。

"Made in Japan"曾经是低质品的代名词，"Made in Germany"在1890年时也是英国人打在德国进口商品上的廉价低质品标记，到了今天，他们却是优质品的代名词。

那么，"Made in China"为何就不能成为优秀品牌的代名词呢？

虽然现在中国品牌的竞争力优势比较弱小。但是，我们也应当看到，中国企业不缺乏产量优势，也不缺乏品质优势，我们能为那么多世界级品牌做加工就是例证。现在正好是中国企业品牌崛起的时间。中国经济已出现了从财富时代到品牌时代的契机，关键要看我们中国企业如何把握这一千载难逢的历史机遇。中国必须孕育出自己的强大世界级品牌。打造中国品牌的重任责无旁贷地落在了民族企业的头上。但是，也必须看到，处于起步时期的中国品牌，在最需要悉心呵护的时候，却经常无端地经受着非理性的轻视与无谓的消耗，品牌建设进三步退两步。

抬头一望，中国品牌成长的路上横亘着重重障碍，而且许多来自我们自己。有时候，我们甚至是自己在拖自己的后腿，自己砸自己的牌子。时至今日，我们的民族品牌跟洋品牌的差距也不至于是天壤之别，也并非如"口碑"那么糟糕。这里边还有一个深层次的原因，那就是许多人以购买国外消费品为荣耀的心理。脚下"耐克"鞋，身上"皮尔·卡丹"，腕上"劳力士"，这几乎成了炫耀的资本。这样的崇洋还是一种附庸风雅，是一种可悲的表现。不少国人平时对洋货痛恨不已，对国货怜爱有加，但到了买单的关键时候，还是"灭自己志气，长他人威风"。洋货的问题再大，也说成"例外"；国货挑不出太大问题，也结论为"买不得"！这是不少国人的购买倾向。更有甚者，在中国的某些商场，却明目张胆地亮出中国产品不准进入，这是何等的嚣张！

关于自主品牌的赞誉之词，我们没少听到，可是在现实中，这些"长江之歌"被淹没了，淹没在国人对洋品牌的趋之若鹜中……"崇洋货轻国货"的心态已经成为抑制民族品牌成长壮大的重要阻力。

塑造民族品牌，需要企业的自强奋进，也需要同胞的认可和追捧，否则，民族品牌就永远孤掌难鸣。这点，我们也许能从韩国人身上得到借鉴，他们近乎偏执地酷爱自己的产品，以买国货为荣。在韩国的大街上，极少看到外国的车。在亚洲经济危机期间，韩国民众甚至自捐钱物，让企业渡过难关。

我们不能总是苛刻，总是用放大镜去看待民族品牌在成长过程中的不足。民族品牌的羸弱，诚然与技术、品质有关，但更与同胞们在对待她的态度上的矛盾有关啊。一款民族品牌的产品哪怕再好，也架不住口碑的诋毁和习惯思维的惯性！毛泽东就提倡中国作风中国气派，我觉得现阶段更值得弘扬，中国品牌的成长甚至中国经济的发展都需要国人的认同，自家不兴，何以兴世界呢？国货要自强，国民心态也要自强，要给民族品牌和企业多一些信心，多一点鼓励。

现在一些人将全球经济一体化作为口头禅。我觉得应该提醒，谁在化？只有强权国家在化。在这个地球上，只要有国家，只要有民族，只要有军队，就没有独立的政治和经济。我们现在13亿人口，是消费能力最大的国家。在改革开放20多年的今天，关键是要自己做好名牌，发挥好中国大市场的优势。随着中国加入世贸组织以后，中国市场在许多领域里面，我们已经对国际开放。能够在国内站稳脚跟，也就必定能够在世界上站稳脚跟。我们应该发挥我们的大市场和深厚的民族文化优势，紧紧抓住13亿人的大市场，要"继承传统优秀的，吸收外来先进的，创造自己特色的"。我们共产党人的最大创造是什么？是政治经济学。只要有国家、民族、军队就没有空头的政治，经济的背后就是政治，政治必须与经济相结合。我们共产党人用土枪、土炮打败了洋枪、洋炮，靠的就是民族精神。中国这个大市场，要不要继承和发扬我们中华民族的优秀文化，要不要发扬我们共产党人的优良传统。现在的社会现象到了该提出这个问题的时候了，到了该解决问题的时候了。我们中国人要有志气，弘扬民族文化，树立民族精神，以高科技、高质量、高服务创造民族品牌，发展民族品牌，壮大民族实力。

另外，一个大面积品牌群落的崛起肯定和这些品牌的生态环境有关系。这种生态环境是通过品牌创新来实现中国创造所不可或缺的，中国企业想要走上品牌创新之路，必须先营造一个好的生态环境。品牌主体在企业，但是打造民族品牌的大旗仅是靠企业是扛不下来的。

现在，出于引进外资、带动地方经济增长的需要，中国一些地方政府对待外资企业，特别是对待跨国公司的态度过于宽容，不仅在审批、征地、税收方面给予一系列"超国民待遇"，而且对于外资企业的一些违规行为、侵害消费者利益的行为，也一再忍让纵容；对外资企业的产品质量、服务水准的要求，往往比对国内企业的要求还要低。其结果，就是让外资企业觉得中国市场是一个不规范的市场，中国消费者是一个可以随意对待的群体，于是某些跨国公司敢于采用双重标准歧视中国消费者，轻视中国消费者的权益。因此，各级政府、各职能部门要敢于以更高的标准严格要求企业，积极维护消费者权益，那么不管是外资企业、跨国公司还是国内企业，才能真正尊重消费者，以更高、更严的标准规范自己的商业行为。品牌建设是一个社会性的系统工程，是一个伟大的社会事业。只有我们的政府，我们的社会团体，包括媒体，也包括消费者，都关心品牌企业，然后形成了合力，我们中国的名牌才能够更快地、健康地成长。

改革开放以来，随着经济的发展，现实发生了很大的变化。在一部分人心中，特别是下一代的青少年中，爱国主义淡薄了，甚至忘掉了，大家都在挣钱，物质丰富了，精神的东西还需不需要了？这是一个非常现实的、关乎民族生存的问题。作为学校，如何帮助学生树立正确的名牌观，这对改变崇洋媚外现象具有基础性作用，各教育部门、学校应通过营造良好的校园氛围，及时对学生追求名牌现象进行引导和教育，帮助他们树立正确的名牌观，要以用我民族品牌为荣。

回顾双星名牌的发展历程，双星人深深感受到民族品牌的发展壮大需要全社会的共同关注，首先企业要做出名牌，政府要支持民族名牌，专家学者要研究民族名牌，商家要推销民族名牌，新闻界要宣传民族名牌，消费者要热爱我们的民族品牌。只有这样，我们的民族品牌才能做得更大、更强，才能在激烈的市场竞争中发挥民族的优势。双星运动鞋销量十连冠，证明了民族品牌并不比国外品牌差，只要全社会都支持民族品牌，珍爱民族品牌，我们就有能力发展好我们的民族品牌！

（原载《中国化工报》2006 年第 8 期）

中国企业呼唤理论创新

王海峰

对话背景

党的十六大报告指出:"实践基础上的理论创新是社会发展和变革的先导。通过理论创新推动制度创新、科技创新、文化创新以及其他各方面的创新,不断在实践中探索前进,永不自满,永不懈怠,这是我们要长期坚持的治党治国之道。"从此,一股基于实践的理论创新热潮在中国理论界、企业界蓬勃兴起。今年3月,温家宝总理又在十届全国人大四次会议的《政府工作报告》中,向全国人民发出了"建设创新型国家"的伟大号召。而有"布尔什维克的思想者"之誉的汪海、个人及其理论价值300多亿元的汪海,如何看待企业的理论创新?如何进行他的企业理论创新?他的理论创新方法有何独到之处?他的创新理论对中国企业的发展有何指导意义?日前,利用中国行业企业信息发布中心进行企业回访的机会,记者来到了青岛,在双星总部和汪海先生进行了一次坦诚、深入的对话。

专家简介

汪海,双星集团总裁兼党委书记。1941年生。汪海总裁任双星厂级领导30年,是中国首届优秀企业家中目前仍活跃在国有企业改革发展前沿阵地的唯一一位,在他的带领下,双星从单一制鞋的微利企业发展成为目前鞋业、轮胎、服装、机械、热电"五大支柱产业"和包括印刷、绣品及三产配套在内的"八大行业"的综合性特大型企业集团,创出了品牌价值492.92亿元的中国人自己的民族名牌,他自身的价值也达到了321.42亿元。截至2005年,"双星旅游鞋"、"双星专业运动鞋"、"双星皮鞋"、"双星全钢载重子午线轮胎"获"中国名牌"荣誉,成为中国橡胶工业唯一一个同时拥有四个"中国名牌"产品的企业。

汪海总结创造了一整套符合双星发展的企业文化和市场理论，最早把经济观点引入企业思想政治工作当中，提出"用好钱就是最好的思想政治工作"等一系列理论观点，凝聚了30年商海搏击的思想精华，解放了双星人的思想，为双星后来众多的超前和"第一"打破了思想和观念障碍。汪海组织双星人结合实际开展了十几次解放思想的大讨论，总结了一系列具有指导意义的"汪海语录"，现已被收录进大学教材；汪海创造的"三轮、三环、三原则"的"双星九九管理法"，被全国企业管理协会、全国企业家协会评为向全国推广的现代化管理方法之一。凭借积累的丰富管理经验，撰写了数百篇管理论文，出版了《市场·企业·创新》、《市场·企业·名牌》、《双星潇洒的奥秘》等多部管理专著，形成了一套融市场哲学、管理哲学、人生哲学于一体的符合中国国情的企业管理理论，丰富了世界管理理论宝库。

创新需要反思维

记者：党的十六大报告指出："实践基础上的理论创新是社会发展和变革的先导，不断在实践中探索前进，永不自满，永不懈怠，这是我们要长期坚持的治党治国之道。"在十届全国人大四次会议上，国务院总理温家宝进一步发出了建设"创新型国家"的号召。您作为第一届优秀企业家硕果仅存的代表，如何认识理论创新对中国企业的时代意义？

汪海：双星人认为，没有文化和理论的企业是没有希望的企业。近30年的改革开放，中国企业走过了一条学习和模仿国外先进的管理理论和管理模式的道路，但是，一个民族的企业不能老是邯郸学步、东施效颦地模仿别人。现在，中国的优秀企业都喊出了"走出去"的口号，怎么走出去？党的十六大报告说得明白，"实践基础上的理论创新是社会发展和变革的先导"，用别人的旧理论是走不好的，必须用最先进的理论武装自己。中国的教育也要加快改革创新步伐，要由以前的注重学习前人总结出来的过时的理论和知识，或国外的不切合中国实际的理论和知识，转变为结合国情和某一行业具体实际及特点，发挥民族文化、精神优势，以发展的眼光研究和探寻最新的理论和知识，并以此指导具体实践工作。企业只有选用那些适用型员工，才能不断发展，实现由市场弱者向市场强者的竞争跨越。

记者：有人说，评价您对社会的贡献，绝不仅仅是因为您力挽狂澜将一个濒临倒闭的橡胶九厂改变成一个名扬世界的跨国集团；也不是因为双星向国家上缴了多少亿元的利润；更不是因为您与世纪伟人邓小平一起获得了美国最具影响力的"世界风云人物"的殊荣；实际上，最宝贵、最具价值的是您那敢于闯禁区、跨雷区的勇气和那些惊世骇俗的思想果实。在记者看来，他们所指的是您创立的"双星市场理论"和反 MBA 的"ABW"论。请问，您进行理论创新的秘诀是什么呢？

汪海：很简单，实践、思考、总结、提炼。在实践中学习，总结和提炼实践经验，然后在实践中接受检验，循环往复。

记者：很多企业家并不缺乏创新精神，但是不得其法。您的方法是什么？

汪海：创新，需要反思维。企业家要学会反思维，只有反思维才能创造奇迹。

记者：说起反思维法，有这样一个故事：有一个屠夫和尼姑比邻而居，屠夫每天早起杀猪，尼姑每天早起念经，由于起床时间不一，相互影响睡眠。于是相约值班，尼姑值班时叫起屠夫杀猪，屠夫值班时叫起尼姑念经。结果，屠夫死后升入了天堂，尼姑死后下了地狱。记者以为这样惊世骇俗的反思维只是出现在故事中，没想到，在社会主义的国有企业，还有一个人在现实中也有惊世骇俗的表现，他将佛教思想嫁接到了企业管理中。您的反思维就是这样的吗？

汪海：民族工业发展需要民族精神支撑，而民族精神需要民族文化引导。文化理念的管理，这是最顶尖的管理、最高层的管理，能够不断去粗取精的民族文化是民族进步的根，同样，先进的企业文化也是企业发展的根。"儒、道、佛"是中国传统文化的摇篮，是中国人人格的基本构成框架，是中国人文精神无处不在的烙印，也是培育民族品牌最好的土壤。中国的传统文化特别丰富，特别是儒家崇尚的爱国、勤俭、敬业、创业精神，是我们华商文化的核心，至今仍然对我们做好企业文化建设有现实指导意义。双星政治理论正是继承了中国传统的儒、道、佛文化的优秀思想，突破了一说佛就是迷信的旧思维，大胆汲取了儒、道、佛传统文化的精髓，运用佛文化精粹，倡导道德管理，提出"干好产品质量就是最大的行善积德"，并将爱国作为企业文化的核心，提出"创名牌就是最好的爱国主义"的文化理念，激励双星人敢为天下先，勇争第一流。1995 年，在新加坡举行的"面向 21 世纪的中国企业"研讨会上，我首次在世界管理论坛上提出"道德管理"用于现代化企业管理的观点，引起了世界管理专家的关注。

记者：研究发现，反思维几乎成了您的性格，比如，在主导双星的发展方向上，您和别的企业走的路就是逆向的，别人"下山"你"上山"，别人投资高科技你投资传统制造业。您难道没顾忌过人言可畏，您难道不觉得自己太叛逆了吗？

汪海：叛逆？不如说是创新精神。要做企业家，就必须是一个反思维的人。因为真正的企业家，都具有一种永不停止的经济冲动，这个冲动就是围绕市场而不断地进取。那么，想别人没有想过的事，做别人没有做过的事，就成了企业家个性中很重要的品质。这种品质表现在工作和生活习惯中，总是不愿跟在别人后面亦步亦趋。我觉得我们比较缺乏反思维的人，大多数人遇事都习惯鹦鹉学舌，做事也满足于因循守旧，一成不变。这就很难有所创新啊！试想，假如中国不是邓小平出来搞改革开放，还按原来计划经济那一套，怎么可能有今天的局面？

记者：双星能有今天的局面，也是反思维的结果吗？

汪海：双星的成功也可以说是反思维的成功。为什么？"敢为天下先"。如果没有反思维能"敢为天下先吗"？敢于从另一个方向去看问题，去推论、去判断，才能创造出奇迹。一个企业的发展壮大不是三两年，也不是一阵风，而是经历了十多年的风浪。这条成功的路就是在不断地用反思维的精神，用新的理论、新的思维为自己不断制定新的起点去前进。顺着一条老路走，就会越走越窄，直到你走不下去了。

记者：您的"双星市场理论"和"ABW"论是对反思维实践的总结，也是反思维的成果吧？

汪海：可以这么说。

反思维实践的结晶

记者：记得 2002 年 1 月，北京无形资产开发研究中心在钓鱼台国宾馆召开了一个"双星"品牌价值和汪海总裁企业家价值暨双星市场理论评价结果新闻发布会，宣布双星品牌价值是 100 亿元，而您的企业家价值和双星市场理论价值是 39.99 亿元。国人还没从惊叹中醒来，2005 年 10 月，北京东鹏资产评估中心又在人民大会堂召开新闻发布会，双星品牌价值高达492.92 亿元，您自身和理论价值飙升至 321.42 亿元。读者朋友都想搞清楚，他们是如何估价的？科学吗？严肃吗？

汪海：是否科学和严肃，我说了不算吧（笑）？不过，我认为，太吃惊大可不必。如今一个世界级球星的身价动辄几千万欧元，大家都能接受，为什么直接创造财富的企业家和他创造的有价值的理论就不能拥有高价值？可以说，当我们的社会、我们的民众真正认识到企业家和理论的价值的时候，中华民族的伟大复兴就到来了。

记者：是啊。不过还是请您介绍一下评价的方法和依据，读者太想知道了，也不都是怀疑的意思啊。

汪海：最新评估是北京东鹏资产评估中心连续几年在对双星集团进行跟踪调查基础上，通过集中细致的考察，并与企业管理专家和行业专家共同论证，采用国际通用的品牌评价方法，对"双星"所蕴涵的无形资产价值进行的量化评价。

记者：能简要介绍一下"双星市场理论"的理论体系吗？

汪海：30年来，双星形成了以市场为核心的"市场与创新、市场与形象、市场与文化、市场与管理、市场与质量、市场与科技、市场与人才、市场与名牌、市场与发展"九大理论体系，总称为双星市场理论，双星市场理论凝结了双星企业文化的精髓。

记者：对不起，听起来有点宽泛。"双星市场理论"的独特之处体现在哪里呢？

汪海：简约地说，我认为"双星市场理论"有"四大亮点"。

第一亮点：市场是检验企业一切工作的标准。在这一理论的指导下，双星人以市场为中心自觉地转、主动地转、发展地转、超前地转，从而真正实现了"全员转向市场，人人参与竞争"，以此促进了整个双星的发展。

第二亮点：创名牌是市场经济中最大的政治。早在20世纪90年代初期，双星人就在国内第一个提出了这一理论观点，创造性地把政治工作运用到经济建设上来，使双星人找到了政治与经济的最佳结合点，使广大职工在市场经济的大潮中明确了奋斗目标与方向，增强了凝聚力。

第三亮点：用好钱就是最好的思想政治工作。双星在国内第一个实践用市场经济观点和方法强化思想政治工作，精神、物质一起抓，使思想政治工作内涵更丰富、达到的效果更好。它突破了思想政治工作不敢言钱的禁区，同时还用钱来衡量产品质量、工作质量、服务质量的高低，用物质的东西来调整平衡精神的东西，激励着双星人不断向世界名牌的目标奋进。

第四亮点：干好产品质量就是最大的行善积德。双星人正是遵循"实事求是、行善积德"这一基本原则，从思想深处根除了过去一说佛教就是迷信的旧思想，大胆汲取了"儒、道、佛"传统文化的精髓用于现代企业管理，通过与市场实际相结合，与企业自身实际相结合，创造出了以"干好产品就是最大的行善积德"为代表的、独具双星特色的、传统优秀文化与现代企业管理相结合的企业管理新理念，以此教育员工自信、自强、自律和爱岗、敬业、乐业。

实践证明，双星的成功，正是得益于双星人所创造的这套具有双星特色的社会主义企业的市场理论。正是由于双星具备了符合加工行业的发展理论，使得双星人在工作中精神有支柱、行动有方向。

反 MBA 的"ABW"论

记者：据说，有一年您应邀到四川大学演讲，您向 MBA 学子公开说，"学 MBA 不如研究我的'ABW'。"您还曾对人说，"如果你们这些记者、专家、教授、学生真要研究 MBA 的话，我倒建议大家研究研究我的'ABW'。"我们都知道，MBA 风行世界，有着很高的权威性，您挑战的勇气来自哪里？

汪海：我在企业领导岗位上干了 30 年，我的 MBA 是从市场上学来的。MBA 能培养一定的人才，但 MBA 不等于职业企业家。像我们首届全国优秀企业家中有几个是 MBA 出身的？

优秀的管理人才是在市场竞争中打拼出来的，是靠闯市场闯出来的。为什么这么讲？虽然 MBA 在发达国家是一种普遍性的企业知识和能力的教育，但在中国，却带有功利的色彩。中国绝大多数学校的很多老师自己都没有读过 MBA，更没有经过市场的实际锻炼。某些院校举办 MBA 培训只是为了获利；而某些学生报考 MBA，则是看中了它的金字招牌，是为了能在短暂而简单的培训后就能拿到高薪回报；用人单位则讲求人才高消费。各大院校为适应市场这种热门"需求"，盲目开办 MBA。除此之外，民间资本和海外院校也纷纷抢食这块"蛋糕"。造成学生只管交钱再简单地通过几门考试，一些学校就不负责任地授予学位，形成 MBA 证书泛滥的情况出现。实际上，院校选拔的都是一大批善于考试的"高手"，而真正有水平的人没有得到重视，不少 MBA 学生到企业担任管理人员没有达到企业领导人的期望值。

我认为，读 MBA 的职业经理人要具备"W"精神，具有十种素质，即有智慧、要精干、处理问题果断、有悟性、有胆量、要善良、要善于借脑、有民族精神、不贪钱财、心胸宽广。只有这样，才能成为符合中国企业实际需求、对中国企业发展有实际效用的人。所以我敢说，学 MBA 不如研究我的 ABW。

记者：如此看来，您的"ABW"论又是反思维的理论成果，是反 MBA 的思维。仅从字面上直观地看，就有明显的反向模样，您不但将 MBA 中的三个字母顺序颠倒了，还把"M"翻了个身。您为什么要拿 MBA 开刀？

汪海：改革开放 20 多年来，在中国社会出现了一个怪现象：教育界、企业界、专家学者、消费者等的中间，很多人盲目崇洋媚外。这 20 多年的改革开放，我们就明显地看到，经济固然搞上去了，可是，人们的心态却出了问题，大家都以为外国月亮比中国圆。一些学生热衷读 MBA；而一些企业盲目请来 MBA，用来装饰门面；一些消费者见产品上有个洋文字，就感到这是名牌；一些所谓的专家学者老是拿西方文化和企业作案例，社会过分地崇洋媚外，对民族文化淡漠，盲目搬来洋理论，唯国外名校的教材是举，唯国际大公司的案例是举，以至于培养出来的 MBA 在本土企业的实践中，常常错位，向国际大公司看齐，拿国际理论生套，即使有些折中和调和，但还是无法脚踏实地，去做本土的本位思考和决策。于是，一批悬浮的 MBA 被搁浅不得其用，而企业管理也因此并不得法。许多人都在迷失自己，症结在哪里？实际上就是迷失了自己的文化与传统。

记者：您拿权威而并不适用的 MBA 开刀，就是为了让国人更加深刻地理解由自身实践总结出来的创新理论的重要性和理论创新的紧迫性？

汪海：可以这么说。

记者：在 MBA 中，"A"是 Administration 的缩写，是管理、经营、行政部门的意思。在您的 ABW 中，"A"代表什么？

汪海：简单地说，A 就是第一的意思。ABW 理论的第一要义是：认识中国市场，把握中国市场，紧紧抓住拥有 13 亿消费者在全世界最具潜力的中国市场不放松。说得文一点就是：认识你自己、自己的民族精神、自己的民族文化、自己的企业、自己的市场，自己的独特优势，创自己的第一。

记者：双星一定创造了很多值得自豪的第一吧。

汪海：双星是进入市场最早的国有企业，在别人不承认市场时就进来了，经过 30 年的风风雨雨，双星从第一个实施横向经济联合，第一个推行"东部发展、西部开发"战略，第一个实施企业由"二产"向"三产"的转变，第一个在国际舞台上展示中国企业的风范，第一个提出市场是检验企业一切工作的标准，第一个提出市场政治、市场理论的哲学观点，第一个在工业企业发展连锁经营，第一个创出了纯粹中国企业实践结晶的企业管理理论——"九九管理法"，率先根据社会主义的荣辱观，提出了双星人的"八荣八耻"，即：以热爱双星为荣，以损害双星为耻；以奉献名牌为荣，以见利忘义为耻；以大局意识为荣，以本位主义为耻；以做好样子为荣，以浮在面上为耻；以团结协作为荣，以自以为是为耻；以创新提质为荣，以满足现状为耻；以道德诚信为荣，以弄虚作假为耻；以遵章守纪为荣，以不讲原则为耻……正是这一系列遵循规律符合实际的超前行动，使双星取得了巨大的成功。

记者："B"原本是 Business 的缩写，是商业、买卖、事情、营业、商行等意思。在您的 ABW 中，"B"代表什么？

汪海：我可不管这些。我的意思是做事做买卖，还是要先做人，做一个什么样的人呢？进取、创新、个性化的企业家。这就是"ABW"理论的"B"，就是要求企业家有能力，有魄力，见人所未见，想人所未想，行人所未行，发扬民族精神，培养民族自尊自强品格，敢于和善于走自己的路，走面向未来的新路。

所以，我将"B"拆开解释，"B"由两部分组成，"I"像一个顶梁柱，代表企业家要有鲜明的个性、要用顶天立地的精神去拼搏；企业家要学会反思维，只有反思维才能创造奇迹；"3"好像一个人俯身弯腰，是要求企业家要脚踏实地、认认真真地工作。

实际上，企业家个性最根本的就是民族自尊和民族志气、民族精神。企业家要勇敢诚实地面对市场、研究市场、挑战市场。只有这样，中国的企业家才有未来，中国的企业才有未来，中国才有美好未来。

记者：那么，这个"W"又代表什么呢？

汪海："W"是我名字的第一个字母，就是要求我始终不忘自己是市场的一分子。"W"还形似雄鹰。搏击长空的鹰从不随波逐流。要学习雄鹰终生都在磨炼硬功夫、真本事。

"W"就是"大我"和"小我"，"大我"即民族品牌，"小我"即企业家个人品牌。一个企业不但要创民族品牌，还要创出企业家品牌，更好地提高企业的知名度、社会声望、企业精神、品牌内涵，在参与国际品牌竞争中争取最大优势。

"ABW"论的理论基石

记者：有专家指出，您的中国特色企业发展哲学——"ABW"论，为中国企业发展提供了有益启示，也为 MBA 指明了新的突破口和方向，因此受到社会各界，尤其是企业界、教育界的高度重视，认为这标志着中国已形成自己的管理学说和管理学派。记者研究发现，您的"ABW"论处处散发着"民族精神、民族品牌、民族企业家"的光辉。这正是您新近提出的"新三民观"。是否可以说，您的"新三民观"就是"ABW"论的理论基石？

汪海：弘扬民族精神、打造民族品牌、培育优秀民族企业家是我多年追求的梦想。实现这一梦想，是"ABW"论的出发点和目标，也可以说是我建立这一理论的基石。

记者：可是有人说，在全球经济一体化的时代，好的东西就可以拿来用，老拘泥于是否是民族的，有点狭隘，过时了。

汪海：民族精神是民族尊严的标志，是一个民族在历史活动中表现出来的富有生命力的优秀思想、高尚品格和坚定志向，具有对内动员民族力量、对外展示民族形象的重要功能。民族精神是民族进步的灵魂，是一个民族自立于世界先进民族之林的必要条件。中华民族在自强不息、威武不屈、坚韧不拔、不畏强权等民族精神的支撑下，穿越了5000年的文明史，多次抵御外侮，经历了艰难险阻，得以绵延生息，成就了地球上最古老的文明。

经济全球化真的不需要民族精神了吗？我旗帜鲜明地说，商战同样需要民族精神。战场上夺权的年代，在敌强我弱的形势下，共产党人靠精神战胜了敌人，在现代商战中，我们反而害怕发达国家的经济实力，出现这个反差是因为什么呢？是不是充满硝烟的战场上夺权需要精神力量的支撑，琳琅满目的商战中就不需要精神激励了呢？答案显然是否定的。无论在什么时代，民族精神都是鼓舞人民奋斗的原动力，是一个国家、一个民族的灵魂。为此，双星人提出"在市场商战中，发扬民族精神，振兴民族工业，创造民族品牌就是最大的爱国"的理论和目标，确立了双星在市场经济中的航向。

记者：在全球经济一体化的进程中，有些专家学者和个别高官说什么中国做世界的加工厂就行了，不要再提"民族品牌"了；还有人说保持民族的东西，必然影响企业的国际化进程，只有接近和融入国际市场，才能迎合消费者的心理。

汪海：我一直认为这是片面的甚至是错误的。中国改革开放的伟大设计师邓小平很早就提出"我们一定要有自己的拳头产品，一定要创造出中国自己的民族品牌，否则就要受人欺负"。中国市场经济发展二十多年来的事实已经让我们看到，名牌是企业的形象和代表，民族品牌是一个国家的实力象征。

在这个世界上，永远是强权经济、强权军事支撑强权政治，掌握了"话语权"的强权国家可以横行霸道，可以信口雌黄，可以颠倒黑白。因此说，这个地球上，只要存在国家、民族、政府，就不可能实现我们理想中的经济一体化。共产党人突出的创造是政治经济学，在这个地球上，没有孤立的经济，也没有孤立的政治，什么矛盾都可以解决，唯有民族矛盾不可调和。唯经济论、唯技术论都是站不住脚的，任何经济手段都是为政治目的服务的。我们应该奋发图强，创造自己的民族品牌，做大做强自己的民族品牌。因为民族品牌是民族经济的生死牌。民族品牌体现民族精神，民族品牌代表民族形象，民族品牌维护民族利益，民族品牌体现民族尊严。

记者：只有优秀的企业才能打造优秀的民族品牌。而企业的好坏掌握在企业领导人手中。一个好的企业家可以把一个濒临破产的企业引入光明的前途，而一个平庸的企业家会把一个优秀的企业推向破产的深渊。在您的理想中，一个优秀的民族企业家应该具备哪些素质？

汪海：一个企业的成功和企业家是不能截然分开的。成功的企业家的基本素质至少应该包括以下八个方面：政治家敏锐的头脑、哲学家的思想、军事家统领全局的谋略、诗人的浪漫情怀、实干家锲而不舍的苦干精神、外交家的翩翩风度、演说家的激情和口才、冒险家的胆识与创新勇气。而民族企业家具有更高的标准。民族企业家在具备企业家的基本素质之外，更要具有以下"特质"：

第一，民族企业家要有以民族文化为底蕴的独创的管理理论；

第二，民族企业家要有气节。民族企业家首先要爱国，要有强烈的民族责任感，因为商战中的利益从来都是有属性的，民族企业家必须在国际商战中能代表民族利益，坚持民族尊严，具有民族气节。民族企业家就像战场上的将军、元帅一样，在市场上也代表民族的利益能打胜仗。爱国的、有民族精神、坚持民族尊严的企业家才是现阶段我们亟须的人才，只有民族企业家才有骨气和志气创造自己的民族品牌。

我深信，在中国经济的复兴中，有着伟大的民族精神的激励，有创新的、先进的理论武装起来的民族企业，世界级的民族品牌将层出不穷，世界级的企业家也将不断涌现，这必将使中国成为世界经济大舞台的主要力量，使中华民族更有尊严地屹立于世界民族之林。

（原载 2006 年 9 月 14 日《中国信息报》）

汪海：从"中国鞋王"到"中国轮胎王"

严　谨

作为中国改革开放后的第一代优秀企业家、"世界风云人物"，汪海特立独行地执掌双星集团 20 多年，至今仍奋战在市场的前沿阵地。由于他传奇般的经历，被世人称为"山东怪杰"、"崂山奇人"。他的"怪"和"奇"，主要表现在哪些地方？连日来，记者利用双星轮胎 2007 年代理商年会的间隙采访了他。

从石狮子穿鞋到白猫黑猫

作为企业家，汪海总会不断制造出一些轰动性的消息，有一些不同常人的做法。他说："这就是企业家和官员的不同。"

20 世纪 80 年代初，汪海要在公司门口立两个青岛最大的石狮子，并特意交代刻狮子的工人："我要的狮子与世界上所有的狮子都不同，你必须让它们穿上双星鞋。"这个工人回家跟父亲一说，父亲不相信："一定是你听错了！中国几千年来刻狮子哪有穿鞋的！？"第二天，父子俩到公司一问，汪海还是那句话。

这对巨大的石狮子在双星总部门前一放，青岛这个有着 200 万人口的城市立马轰动了。后来，这件事也成为全省乃至全国不少人谈论的话题，这对狮子的意义远远超出了景观点缀的范畴。

时间长了，穿鞋的狮子不再新鲜，汪海决定换成黑猫和白猫。黑猫前爪摁着两只老鼠，撅着个腚，两只眼睛看着前方；白猫却昂着头，张着大嘴喊口号，老鼠看着它，它也不抓。

这一次，他要对员工强调一种企业文化和做事理念："我们要做黑猫，市场经济不能喊口号。我们要做自己的品牌，抓着市场，干着市场，还要看着市场。"

今天的双星，人人都把汪海的"猫论"牢记在心。诸如：多用没学历有能力的"黑猫"，不用好吃懒做的"懒猫"，不养讨人喜欢不会捕鼠的"宠物猫"，防着不劳而获的"馋嘴猫"，撤换只说不干的"评论猫"……

红帽子和双星鞋是他的招牌装束

无论是接受采访，还是日常工作，这个山东大汉总是头戴红帽子、脚穿双星运动鞋。

有人问："您不怕这一身打扮显得另类？"他说："我是双星的缔造者，是最好的形象代言人，所以一定要戴好我的红帽子，穿上我的双星鞋，时时处处为双星做广告。"

1992 年，汪海在纽约举行新闻发布会，除了中央媒体的驻外记者，还请了四五十个美国记者。大家谈得正高兴，有个外国记者突然问："你是'中国鞋王'，请问你脚上穿的是不是双星鞋？"

很多人知道双星做运动鞋，而汪海当时考虑到运动鞋与西服、领带不相称，穿的是一双很漂亮的皮鞋。正当大家捏把汗时，汪海却十分从容地说："感谢这位记者给我提供这么一个机会，虽然脱鞋有些不文明，但你逼得我不脱不行。"

他把鞋一脱，人们大吃一惊，原来他穿的是双星皮鞋。后来，这位记者发表了一篇文章说，全世界在美国公开脱鞋的只有两个人，一个是苏联的赫鲁晓夫，脱鞋在联合国砸桌子；第二个是中国的企业家汪海，在美国脱鞋打广告。从此，双星品牌在国际上不胫而走。

从给人做鞋到给车"做鞋"

2005 年 3 月 18 日，双星集团在很多企业顾虑重重的时候，毅然与东风金狮轮胎有限公司签订重组合作协议，由此，双星的轮胎生产能力将突破1000 万套，成为国内最大轮胎生产企业。从当年的"中国鞋王"一下变身为"中国轮胎王"，行业跨度之大，一时让人颇费猜想。

事实上，双星早在 1998 年就涉足轮胎领域了，2003 年，双星轮胎的实力已跃居中国轮胎行业前 5 强，并荣膺"中国名牌"称号。今天，在双星集团的整体销售收入中，轮胎已占了将近 80% 的份额。

谈起双星进入轮胎行业，汪海风趣地说："1998 年，我上市募集了几个亿的资金。想引进高科技没把握，钱又不能白放着。当时，有个乡镇轮胎企业要找个上市企业捆绑，给人做鞋和给汽车'做鞋'都是走的鞋门鞋道，都是橡胶行业，我就把这个钱投过去了。"

双星与东风轮胎重组之后，汪海亲自坐镇指挥，企业机制、员工思想、产品质量很快发生了根本性变化，96天就恢复了生产，迅速实现了配套、零售、出口"三条腿走路"，不到两年就扭亏为盈，今年11月已实现利润98万元。

谈起双星东风的未来，汪海胸有成竹地说："明年，东风轮胎要实现产销230万套，利润1分也不带走，全部用于企业再发展。"

65岁年龄　40岁身体　20岁思想

汪海今年虽然已经65岁了，但他的壮志和激情依然不减。他说："我是60多岁的年龄，40岁的身体，20岁的思想。"

他的年轻，不仅表现在身体和精神上，更表现在企业的管理上。在双星集团，中层干部每年都有大的任免，因此，有人说双星的干部是"黑板干部"，可以随时抹掉和重写。此外，汪海打破了干部和工人的身份界限，"农民工只要有能力，照样当厂长。"

公司技术开发部部长沙淑芬，原是一名普通员工，可她勤于钻研，屡有创见，很快被提拔起来。王志宝原是双星轮胎总公司的工人，率领创新小组完成了15个创新项目，每年可节约资金350多万元，很快被聘任为工程技师。

很多企业迷信MBA，汪海却不信那一套。他说："凡是能适应企业发展要求，给企业带来效益的人都叫人才。'人'就要有人品，'才'就是要有真才实学。"

双星现在有5万人，集团的管理人员却只有48人。面对接连不断的大会小会，他找了两个专职开会人员。

正是凭着这种年轻的思想，双星已形成鞋业、轮胎、服装、机械、热电"五大支柱产业"及包括印刷、绣品、三产配套在内"八大行业"的多元化格局。而汪海并未满足，他计划再用3年时间，将双星打造成"中国销售收入过百亿元的综合性制造加工业特大集团"。

（原载2006年12月8日《十堰晚报》）

布尔什维克的思想者（续篇）

朱建华　生锡顺　郭　林

　　18 世纪中叶，当工业革命之父瓦特点燃动力之火，一批跃跃欲试的思想家便成为经济高速发展的助推者，历史早已证明，一个懂得尊重思想的民族，才能铺就发展之路。在欧洲，法国启蒙运动导师伏尔泰、思想家卢梭，英国自由主义经济理论创始人亚当·斯密，被称为"千年风云人物"的德国的卡尔·马克思，无一不用思想之光照亮整个世界。

　　一百多个春秋转瞬即逝，在世界东方的古老国度，有一位名叫汪海的中国共产党人，在当今国际共产主义运动中某些人对人类社会发展的真理——马克思主义理论产生怀疑，认为过时，甚至认为是错误的时候，挺身而出，坚持真理。这位经历了中国改革开放全过程的布尔什维克的思想者和国企改革的实践者用实事求是这一思想武器开启科学理性之门，在思想解放的晨钟的轰鸣中引领一个国有企业双星集团走上振兴之路。他将马克思主义思想理论与中国国情下的国企改革实践相结合，汲取西方发达国家市场经济的先进理念，创立在市场经济条件下布尔什维克的新观点、新思想，又一次放射出了一个思想者的理论之光……

布尔什维克的圆梦人

　　汪海在实践中常常思索这样一个问题：从巴黎公社和《共产党宣言》诞生到现在，一个多世纪过去了，地球和人类社会都发生了很大变化，但布尔什维克实事求是的基本原理没有变。实事求是就是从实际出发，反对僵化、教条，判断对错的唯一标准是看其能否推动社会生产力的发展，只要能代表先进的生产力，我们就努力实事求是地去发展，去创造，这就是符合 21 世纪多元化世界竞争的布尔什维克。

　　一百多年前，国际共产主义运动创始人卡尔·马克思在做社会调查时发现，机器已成为资本家榨取工人剩余价值的工具，工人对机器无比仇视。这种仇视关系只能是阻碍社会生产力的发展。

怎样才能改变这种状况？卡尔·马克思在苦苦思索。创造工人和机器的和谐便成为这位世纪伟人的一个梦想。

当21世纪的曙光照亮世界东方这个正在进行着深刻变革的古老的国度，国企改革的先行者汪海站在改革开放的最前沿，不断思索着，探索着，实践着在改革开放中的中国工业企业一个既严肃又不能回避的问题：工人当家做主的口号我们喊了几十年，增强主人翁责任感我们也强调了几十年，究竟有多少人能做到把工厂当做自己的家来对待？

布尔什维克的思想者汪海清醒地认识到：要回答这个问题，就必须首先进行思想理论的创新，再进行体制机制的改革！

汪海要自觉地承担起一名中国企业家的历史责任，就不能不面对现实发出自己冷峻的声音："过去，我们信奉的是平均主义的价值观，我们共产党人讲奉献而不讲金钱，历史发展了，时代前进了，价值观也必然要发生新的变化，真正的布尔什维克要敢于正视这个现实，重新确立布尔什维克在市场上的价值观，不这样做，我们的理论与信仰同现实和实践的距离就会越拉越远。因而确立市场经济条件下的价值观，就成为摆在我们共产党人面前的一个不容回避必须解答的问题。"

早在1992年我们还不承认市场经济的时候，在一次全国思想政治工作会议上，富有创新思维的汪海就勇敢地站出来提出了惊世骇俗的新观点：用好钱就是最好的思想政治工作！我们难道能对客观现实视而不见吗？

这是一个中国企业家对中国命运的最深切的思索，这是一个敢于冲破思想禁区，信奉实事求是真理的当代布尔什维克的世纪追问啊！

国有经济不是社会主义的专利，"公田不治"也不是社会主义公有经济的独特弊病。企业要有活力，有动力，有竞争力就必须进行文化理论创新，而文化理论创新也必然会带来管理体制与机制的创新。

破除旧思想，创立新观念，双星高扬改革之帆。

已经到了让马克思的梦想变为现实的时候了！

布尔什维克的思想者汪海创立的新机制是：对市场实行"包、卖、参"，对工厂实行"包、租、卖"。面向市场，根据双星集团的实际，在机械、轮胎企业中实行业务员承包经营市场，完成承包指标之上予以重奖；针对服装、制鞋企业，对市场上的公司、专卖店全部进行买断经营，而对专卖店中的员工实施参股，让每一个员工都成为名副其实的股东，变给公司、给老板卖鞋为给自己卖鞋,这里没有打工妹,人人都是股东,真正激活了市场。所谓对工厂进行"包、租、卖",也是根据工厂实际,将车间各个环节承包给员工个人,把岗位变成每个人的"责任田",促使员工"自己管理、自己算账、自己减人、自己降耗"的"四自一包",让员工真正自己当家做主;对于那些员工买不起的大设备就实行租赁使用,激发员工的劳动热情和创造激情。

2005 年,汪海又创造性地提出了让双星"人人争当小老板"的管理新思想,首先在机械公司试点,将机器评估后卖给员工个人,不但没让国有资产流失,反而让固定资产增值。设备卖断后,员工成了名副其实的小老板,这种新的体制机制改革,稳定了员工队伍,挖掘了员工潜能,生产效率和员工收益大大提高。过去职工"仇视"机器,不注意保养机器,现在把机器当成自己不说话的伙伴和战友,自觉保养、主动维修。争分夺秒多干活,掐着指头算消耗,提质降耗争第一,创效增收赢面子,实现了个人和集体的和谐发展。新变革实施一年来,集团生产效率平均提高 30% 以上,大大增强了双星的市场竞争力……

新机制带来的新变化正像汪海所描述的那样:"双星天天都是五八年,双星每天都热火朝天。"变"要我干"为"我要干"。汪海的新理论创造出的这种变化不正是解决了一百多年来至今没能解决的工人仇视机器的问题吗?

布尔什维克的思想者汪海在双星的改革实践中实现了前所未有的三赢:个人发财,体现价值;企业得利,巩固发展;国家受益,社会稳定。

汪海将马克思当年的梦想变成现实,这难道不是当代布尔什维克的思想者继承发展马克思主义和邓小平理论的新突破吗?

客观看现实的布尔什维克

马克思主义的世界观和方法论就是客观地看待一切事物,看问题坚持一分为二,要用发展和辩证的眼光看世界。

农民工现象就是摆在当代布尔什维克面前的一个新课题。

布尔什维克的思想者汪海认为,时代前进了,社会结构也必然会发生变化,新的等级矛盾是客观存在,我们就是要实事求是地正视这一现实。

社会的发展,工业水平的提高,农村剩余劳动力流向城市已成为规律。世界工业向中国转移,劳动力需求量与日俱增,而中国最廉价的劳动力恰恰是来自广大农村,中国要做世界加工业中心,就必须重视农村人力资源发生变化的现实。在农民工大军不断向城市涌入的今天，一个现代化城市如果没有了农民工就会瘫痪，这恐怕已是一个不争的现实。历史从来没有不变的原则，面对一个已然形成的新的阶层，世人应怎样看待他们？这是一个关乎生产力发展、生产关系变革的沉重的课题，这是一个面对新的社会矛盾如何解决的重要课题，当代布尔什维克必须做出回答。

汪海的回答是："双星没有农民工！"

这难道只是一句响亮的口号吗？不，这是在中国社会对待所谓进城务工农民依然存在歧视不公正现象，一个布尔什维克的思想者向世人提出的心灵拷问。

布尔什维克的思想者汪海阐发的新观点是：社会阶层重新组合，新的矛盾已经产生，传统的出身观念和等级观念都要随之改变，在城乡日益一体化的今天，在城市工业生产力来源愈来愈依赖农村的新情况下，任何对这一客观存在视而不见，采取头痛医头、脚痛医脚的做法都不能从根本上解决现时代变革中产生的新矛盾。

纵观双星发展的历史，汪海的理论都是从实践中总结出来的。双星从 20 世纪 80 年代初就因青岛人员结构发生巨大变化，城市有门子、有关系的人员都纷纷离开工厂进入新的经济领域，为解决城市招工难问题，汪海就到沂蒙山革命老区偷着招用近千名农民工，发展到今天农民工已成为双星军团的主力，集团的海江公司 2000 名员工中除 2 名来自农村的大学生外全部来自农村；鲁中、瀚海两公司的 5000 人中除 4 名青岛城市人外也全部来自农村。如何将农民工变成双星人？这是客观世界发生变化给汪海提出的新课题，在双星，没有农民工就没有生产力，他们已成为工厂的产业工人。如果汪海不正视这一现实，不用新的理论解决这一矛盾，双星能有今天的成功吗？

打破城乡身份界限，打碎农民工身上的枷锁，摘掉"农民工"名字的紧箍咒，变农民工为产业工人。早在 20 世纪 90 年代，双星就没有"农民工"之说，他们同正式职工一样被提拔重用，政治上尊重，生活上关心。他们都用企业名称，不问出身，不管来自哪里，只要进入双星大家庭就都叫双星人。

走进双星，你会发现，把员工当做企业最大的资本，这是双星企业文化的核心理念。来自沂蒙山区的"农民工"周士峰从山村来到城市走进工厂成为领导当上热电厂厂长；来自农村的张连彬创出"地脚螺栓折弯机"，使机械油利用率提高 5 倍，成为工人技师……在双星，从农民工成为管理骨干的竟有几千人之多。

一个客观的评价，在双星产生了怎样强劲的动力啊！

全员都创新，人人出成果。每个人都能够成为创新天才，每个人都能够激发出超乎自己想象的潜能："一天一算，当天出成本"的资金管理，创造了制造加工业成本管理的奇迹；坚持"质量是干出来不是检查出来的"过程控制法，创造了"产品＋人品＝免验品"的质量管理新模式；创出了一大批高科技含量、高技术性能产品，如双星超轻量跑鞋、空调气垫鞋、扁平无内胎子午胎等。继双星鞋伴随"神舟六号"遨游太空，双星机械总公司又获得了为"神州七号"飞船返回舱重要零部件铸造及火箭箭体外观清理设备的订单，还成功制作世界重大造型项目"V 法造型线"。仅 2005 年，双星实现自主创新项目多达 5500 项，广大员工提合理化建议 6700 条，创效 2.9 亿元……

这是布尔什维克的思想者运用马克思主义原理运作企业的又一成功杰作！

农民工问题，这一当今中国客观存在的社会矛盾，社会还未能解决，双星率先解决了，这是布尔什维克的思想者汪海客观看现实作出的又一重要贡献。双星成功经验表明，正像当代共产党人汪海警示世人的那样：对于客观存在的社会问题和社会主要矛盾，面对这个现实，我们必须认识它，解决它，这才是真正的实事求是的布尔什维克。

布尔什维克的"ABW 论"

进入新的世纪，30 多年来奋战在工业经济领域的布尔什维克的思想者汪海不能不对中国时下的管理理念提出新的诘问：改革开放几十年过去了，几十年对于一个国家一个民族或许是短暂的，但对于一代人的成长却是漫长的，时至今日，我们为什么还在沿用改革开放之初的西方的管理理论？诸如 MBA，仿佛一切企业管理案例都是西方的好，唯西方理论是举，唯国际大公司为例，以至于生搬国外管理程序在本土企业运用常常错位，即使某些人套用了一些中国的案例，也还是水土不服。为什么非要叫 MBA，难道不能换一个名字吗？

这种状况不能再延续下去了，中国要有自己的管理哲学！

那么，谁将承担起这个历史的责任？

创造了双星发展奇迹，获得了中国第一代优秀企业家和"世界风云人物"称号的国家级中青年管理专家汪海慷慨陈词："我们总感觉我们比巨人矮，那是因为我们跪在巨人面前，如果站起来，我们也能成为巨人！"

这是一个有志气的中国企业家面向世人发出的吼声！这是一个布尔什维克纤夫喊出的驶向胜利彼岸的船工号子！

早在 20 世纪 80 年代，汪海就创造了中国企业自己的"九九管理法"，有关部门却勒令他必须套用外国的管理原理，否则就不承认，汪海被激怒了，拍案而起，拂袖离去……

汪海苦苦思索，中国改革开放二十多年已经过去了，为什么一切还都是外国的好？就连节日文化也是外国的好，热衷于过洋节。外国人瞧不起我们，是因为我们盲目崇洋媚外，我们没有自己的管理理论，中国是文化大国，应该有自己的管理文化！

时代在呼唤，历史在鞭策。布尔什维克的思想者汪海以一个民族企业家的历史责任，在双星的实践中总结创造出了根植现实，合璧中西，贯通古今，实事求是，张扬个性，弘扬精神，贯穿创新，融市场哲学、管理哲学、社会哲学、人生哲学于一体的具有中国特色的企业发展理论体系——"ABW"论。

一个偶然的机会，汪海被邀请前往湖南卫视 MBA 大讲堂演讲，当波音747 呼啸升空，发动机的轰鸣唤醒这位市场将军悲壮的记忆，开启了智慧之门的布尔什维克的思想者汪海眼前一亮："我为什么要讲 MBA？我要借这个机会讲'ABW'。"何为"ABW"理论？西方经济学理论管理观念一般都用词意作注解，而布尔什维克的思想者汪海却用形意诠释自己的理论发明，继承中国传统象形文化，创造现代管理新理念……

在英文中，A 是 Administration 的缩写，是管理、经营、行政部门的意思。但到市场将军汪海这里意思就全变了，A 是所有字母的开头，形指老大、第一、塔尖的意思，寓意站得更高、看得更远、比它更全面。汪海的目光是：中国的企业家和企业要敢为天下先，勇于争一流，不但要当中国的第一，还要做国际老大，我们不仅要抢占先机，占领中国大市场，更要在世界市场争第一，我们站着不比别人矮，躺着不比别人短，为什么在全球不能做老 A？汪海进一步解释说：做大做强自己的企业是企业家的本性与追求，谁都希望像双星那样当本行业老大，这符合企业发展企业家成长的规律。中国是世界最大的市场，首先要在中国市场成功，然后再到世界市场去争霸。

市场将军汪海结合双星的实践，用双星创造的诸多第一来诠释 A 的含义：第一个实施横向经济联合；第一个推行"东部发展、西部开发"的战略；第一个在国际舞台上通过记者招待会的形式展现中国企业家的风范；第一个在世界性博览会上弘扬"东方鞋文化"；第一个实施企业由"二产"向"三产"的转变；第一个提出"创名牌是市场经济中最大的政治，创名牌是最好的爱国"，最早创造出了双星这个属于中国人自己的名牌；第一个提出"市场是检验企业一切工作的标准"；第一个提出"我是双星最好的形象代言人"；第一个提出"市场无止境，名牌无终身，管理无句号"……

双星争创第一的实践告诉世人：要搞好自己的企业，就必须无时无刻不走在时代前列，无时无刻不做百米冲刺的领跑者，只有这样，才能在激烈的市场竞争中一枝独秀，永不言败！

B 原本是 Business 的缩写，有商业、买卖、事情、营业、商行等意思，可汪海却把 B 拆开诠释，认为 B 是由两部分组成，B 被拆开就是 1 和 3，就是 13 亿人的大国、13 亿人的大民族、13 亿人的大市场。"1"像一个顶梁柱，代表企业要用顶天立地的精神、进取创新的个性去拼搏，"3"形似一个人俯身弯腰，寓意企业家要脚踏实地，认认真真地工作。

这就是布尔什维克的思想者汪海对"ABW"理论中 B 的注解，他认为，一个没有精神与信念的企业就是一个毫无希望的企业，今天不创新，明天就落后，明天不创新，后天就淘汰，市场法则永远是快鱼吃慢鱼。汪海进一步强调：企业在现代商战中好比一个战斗团队，团队靠什么来凝聚？只能是靠思想、靠文化、靠精神，双星之所以成功，就是由九大文化理念体系作支撑。企业家都要掌握我们共产党人创造的马克思主义政治经济学，一手抓经济，一手抓精神。竞争靠什么？狭路相逢勇者胜，勇者相逢智者胜！要有志气，有必胜的勇气和信念。

布尔什维克的思想者汪海用双星的实践对 B 进一步佐证：双星之所以取得成功，就是创立了适应市场竞争的机制，拥有了共产党人的精神与志气，所有这一切，都源于双星团队顶天立地的个性与双星富于进取的创新精神。

M 是 Master 的缩写，有硕士这层意思。但汪海认为学历不代表智力，不代表知识，不代表能力。所以，他将 M 翻了个身变成了 W，W 形似雄鹰展翅，寓意市场企业家要成为不屈不挠搏击长空的雄鹰。

汪海针对 W 论述说："一个企业垮在市场上，倒在管理上，死在决策上，败在创新上，作为企业家的决策人决定着企业的命运。首先，要承认企业家的价值，要破除旧观念，真正解决谁是企业主人问题，企业家是社会财富的创造者而不是政府官员的附庸者，企业家已成为一个阶层，是支撑国家经济的一批栋梁。企业家的人格魅力决定着企业的兴衰，企业家的道德风范影响着企业的形象，企业家的精神面貌代表着企业的精神风貌。企业家是市场上的将军。"

汪海进一步强调：就目前而言，中国有六种企业家：贷款企业家、关系企业家、评比企业家、产品企业家、机遇企业家、市场企业家。真正的企业家应该是市场企业家，是靠自己在市场上拼杀的企业家。市场企业家要根在市场上，魂在文化上，本在管理上，要具备过人的智慧和超凡的能力，要正确理解和处理好三性（人性、个性、党性），真正做到对国家民族负责，对企业发展负责，对企业员工负责。中国经济要强盛，管理要先进，就必须培育企业家队伍，为他们创造好的生存环境……

不断创新，永争第一，敢于竞争，善于竞争。布尔什维克的思想者汪海创造了中国自己的管理哲学。

国有兼并国有，双星成功进行了小吃大（从给人做鞋到给车做"鞋"）、快吃慢（双星托管东风轮胎）的资本运作；全国鞋业国企全军覆没，唯有双星一枝独秀；中国所有轮胎企业几乎都与外企合资，依赖外资谋求发展，双星仍然独撑天下，依托自身纵横市场，这难道不是 ABW 理论的成功吗？

"ABW"理论的出现，给当代布尔什维克们提出了一个新的要求：在新的历史时期，我们必须让思想与时代同行。

什么是邓小平同志提出的具有中国特色的社会主义？布尔什维克的思想者汪海做出了自己生动的回答。

创造"三民观"的布尔什维克

汪海常常提醒大家，有一种现象必须引起当代布尔什维克的高度关注：在经济一体化、世界一体化的今天，资本的逐利性使世界紧紧地联系在一起，跨国公司的触角伸到世界每一个角落，后发国家逐渐沦为发达国家廉价的原料供应地、产品生产地、廉价劳动力供给地，成为新的经济殖民地。

有这样一个现实必须引起我们的警觉：我国进出口贸易额居世界前列，但我们的产品出口真正获利却很低，许多工厂没有自己的牌子，依靠代工生产，赚取微薄的加工费，即使如此，强权国家在经济形势不好的时候，还随时会挥舞反倾销的大棒，利用他们制定的"游戏规则"对中国企业进行制裁。把市场风险强行转嫁给中国企业……

然而，有少数官员、理论家、经济学家似乎对上述情况视而不见，提出中国做世界加工厂就行了，不要再提民族工业了，他们担心：保持民族的东西，必然影响企业的国际化进程，只有接近和融入国际市场，才能迎合消费者的心理。

具有强烈民族自尊心和历史责任感的中国改革开放第一代企业家汪海无时无刻不在叩问自己：中国怎样才能成为世界经济大舞台的主要力量？中华民族怎样才能更有尊严地屹立于世界民族之林？

毋庸置疑，世界资本的流入加速了发展中国家的经济发展，提供了大量的就业岗位，提高了人民生活水平。经济上的改善往往使人们满足于当下的"繁荣"。然而，繁荣的背后往往隐藏着危机，潜藏着精神缺失，尤其是民族精神淡化丧失的危机。说得通俗一些，生活水平提高了，但却没有精神支柱了，把精神的含义歪曲了，把精神看成空洞的口号了。当人们沉醉于经济繁荣的表象中，有人却忧心忡忡，惯常的反思维方式和危机意识，使这位布尔什维克的思想者对当前经济运行进行了深深的反思。

不知有多少个海风劲吹、海涛轰响的夜晚，具有深深忧患意识的汪海敏锐的目光穿透胶州湾畔的夜空，思绪在幽深的历史隧道中徘徊：一百多年前，中国民主革命的先驱孙中山先生以"民族、民权、民生"的三民主义为纲领，领导中国民族资产阶级开始了反帝反封建的革命，在中华大地掀起了一波又一波缔造民主国家的革命浪潮，推动了历史的前进，推动了中国革命的进程。这之后，以伟人毛泽东为代表的中国共产党人又振臂一呼，引领中国人民赶走日本帝国主义，推翻蒋家王朝，建立新中国，使中华民族走上复兴之路。历史昭示未来，在充满硝烟的战场上，孙中山、毛泽东能用民族精神唤起民众、振兴中华，在今天的国际商战中，当代布尔什维克为什么不能高举民族精神大旗夺取商战的胜利呢？

"民族主义"和"世界主义"激烈碰撞，到了该觉醒的时候了！到了该用民族精神唤起民众的时候了！

布尔什维克的思想者汪海在经历了冷峻、深刻的思考之后，高扬马克思主义政治经济学理论之剑，终于响亮地喊出："在这个地球上，经济一体化谁在'化'？是发达的资本主义国家在'化'，但是无论经济如何一体化，民族利益永远是一个国家不可放弃的底线。在这个世界上，强权经济、强权军事支撑强权政治没有改变。只要存在国家、民族、政府、军队，就不可能实现我们理想中的经济一体化。我们共产党人最大的创造是政治经济学，没有孤立的经济，也没有孤立的政治，当今世界利益之争表明，什么矛盾都可以解决，唯有民族矛盾难以调和，唯经济论和唯技术论注定是站不住脚的！"

2006 年 4 月 23 日，汪海站在海南博鳌亚洲论坛的讲台上，以一个中国企业家的睿智与胆识，道出了他对振兴发展中国工业的最深切的思考，阐述了他的发展中国工业的"三民观"全新主张：振兴民族工业必须要振奋民族精神、创造民族品牌和培育民族企业家队伍。

布尔什维克的思想者汪海的论点是：民族精神是民族进步的灵魂，是一个民族自立于世界先进民族之林的必要条件。中华民族在自强不息、威武不屈、坚忍不拔、不畏强权等民族精神的支撑下，穿越了 5000 年的文明史，多次抵御外侮，经历了艰难险阻，得以绵延生息，成就了地球上最古老的文明。那么，在市场经济的新时代，又如何体现民族精神呢？在战场拼杀年代，敌强我弱，我们共产党人靠精神战胜了敌人，20 世纪 60 年代，在原子弹的研制中，我们的专家用中国古老的算盘计算技术参数，而在现代商战中，我们反而害怕发达国家的经济实力，难道充满硝烟的战场上需要精神力量支撑，琳琅满目的商战中就不需要精神激励了吗？答案显然是否定的，无论在什么时代，民族精神都是鼓舞人民奋斗的原动力，是一个国家、一个民族崛起的基石和保证！正像国歌唱的那样，在当今国际商战的炮火硝烟中，中华民族到了最危险的时候，让我们万众一心，凝聚华夏民族的优秀精神，去夺取现代商战的最后胜利！

布尔什维克的思想者汪海面对现实慷慨陈词：在商战，市场经济一体化年代，谁经济强盛谁就主导世界，而经济实力强盛的标志就是民族品牌，因而创民族品牌已刻不容缓！民族品牌是民族经济的生死牌，民族品牌体现民族精神，民族品牌代表民族形象，民族品牌维护民族利益，民族品牌体现民族尊严，民族品牌是国家实力的象征。今后我们拿什么做支撑？只能是具有自主创新精神和自有知识产权的民族品牌！民族品牌是全民族的，并不局限于国有企业的牌子，民营、台资企业创造的牌子也是中国的民族品牌。创民族品牌是一项全国性、全民族的行为，是一项从上到下都必须高度重视和认真对待的行为，不管是哪个企业，哪个行业，创出的品牌首先是国家的、民族的，既然是国家的、民族的，就需要全社会的关心和支持。在企业创造出民族品牌的同时，政府要支持民族品牌，商家要推销民族品牌，新闻界要宣传民族品牌，消费者要热爱民族品牌，专家学者要研究民族品牌。在韩国的大街上几乎很少看到外国汽车，为什么外国汽车制造商都用他们本国的轮胎给自己的汽车配套？外国人尚且能够做到尽力维护本国本民族的品牌，难道我们会做不到？

布尔什维克的思想者汪海依据自身体会提出自己的新主张：民族精神、

民族品牌要靠民族企业家去创造，国际商战要靠民族企业家去拼搏，民族企业家是民族工业的掌舵人，是民族精神的体现者，要实现"中国创造"就必须大力发展民族企业家队伍。民族企业家是民族企业的缔造者，是民族品牌的捍卫者。民族企业家要有以民族文化为底蕴的独创管理理论，民族企业家首先要爱国，要有强烈的民族责任感，民族企业家必须在国际商战中代表民族利益，坚持民族尊严，具有民族气节，能够肩负起民族振兴的历史重任。但是我们的民族企业家还没有完全被社会理解和认可，现在到了理解、支持民族企业家，需要民族企业家为振兴中国民族工业，实现中华民族伟大复兴贡献力量的时候了……

把创民族品牌作为企业最大的政治，作为市场经济中民族精神民族尊严的标志，这是布尔什维克的思想者汪海的创造。

在美国纽约，鞋王汪海敢于当众脱鞋与美国企业叫板，让华人扬眉吐气；在中国青岛，双星总裁敢于和耐克总裁平等对话，维护了中国人的尊严；德国大陆轮胎公司、韩国制鞋厂商也都佩服双星的管理，认为双星的管理最好。双星用民族品牌换来民族尊严，这是民族企业家汪海在实践中得出的切身体会。

由计划经济向市场经济转型，在经济发展过冷过热的多次起伏波动中，双星始终保持高速、持续、稳定发展，最终以制鞋为基础，发展成为一个拥有鞋业、轮胎、服装、机械、热电五大支柱产业和包装印刷、绣品、三产配套的八大行业的综合性制造加工业大集团，创造了国有劳动密集型经济制造加工业走市场之路的奇迹，创造了中国人自己的最早的民族品牌，成为中国由计划经济向市场经济过渡时期企业持续发展典范的伟大实践，难道还不能成为布尔什维克的思想者发展中国工业"三民观"理论的最有力的佐证吗？

以汪海为代表的双星人敢于探索、坚持不懈创民族品牌的精神；解放思想实事求是勇于改革的精神；把握规律、科学总结布尔什维克的新理论、新观点的精神；敢为天下先不断开拓创新的精神；冲破旧体制无私无畏的精神；不惧强手敢于竞争的精神；脚踏实地率先垂范的精神；不怕苦难勇往直前的精神；充满生机自信自强的精神；以厂为家艰苦奋斗的精神；弘扬正气主持正义的精神；拼搏奉献忘我工作的精神，是中国民族企业和民族企业家优秀精神最真实的写照！

经历了中国改革的大起大落，经历了中国改革开放的全过程，树立了商战中双星人的民族精神，创造了双星民族品牌，在双星缔造人汪海身上体现了民族企业家的创新基因，塑造了民族企业家一个冒险者、一个开拓者、一个成功者、一个幸存者的全新形象。双星改革开放 30 年，是体现民族精神的 30 年，是创造民族品牌的 30 年，是民族企业家敢于创新发展的 30 年！

继承传统优秀的，吸收借鉴先进的，创造现代和自己的，永远走创新之路……

祖国的荣誉高于一切，扬威世界，为华夏子孙争光，为中华民族争气，这是一个布尔什维克的思想者神圣的追求！

我们正在进行着前所未有的执著的寻找。

我们正在从事前无古人的伟大实践。

毕竟，中国已经走在了民族复兴的道路之上……

（原载 2007 年 1 月 12 日《中国化工报》）

青岛双星集团总裁汪海
谈企业经营之道

蓝 岸

"在美国接受电视台专访时，汪海面对中国鞋质量的质询，将脚抬到讲台脱下鞋子进行讲解，被美国媒体评为赫鲁晓夫之后第二个抬脚脱鞋的人。"在专访双星集团总裁汪海前，曾有人这样介绍这位老企业家。在深圳首届科博会上，在激情演讲三个钟头后，他大踏步爬楼梯来到会展中心三楼会议室，接受记者专访。期间，他又抬起这个"招牌脚"，让记者审视他脚上穿的双星牌超轻跑鞋。

作为被公认为不按常理出牌的企业家，汪海所走出的每一步都引起众多争议和非议，但他做大了双星鞋业，又收购做大了轮胎产业、热电、机械制造业，如今又瞄准了要建"中国最大的加工制造业大集团"的目标，67岁还在乐此不疲地工作着。

让国有资产在"卖掉"中增值

"现在我们的双星鞋，在国内一些地方已经进入了中高档市场，卖出了2000多元的高价。"汪海笑着对记者说，这是当初"卖"国有资产卖出来的结果。

20世纪80年代末，商场竞争十分激烈，汪海看到了这一现象，决定脱离商场这个单一的渠道，在全国各地建立了60多家经营公司，由企业来经营渠道。这种渠道改革，让双星迅速做大，国有资产随之膨胀。但问题也随之而来：无法搞活当地市场。

于是，双星决定在全国开始尝试连锁经营的实践，由以经营公司为主转为以连锁店为主，将经营权卖掉，用加盟方式来经销双星品牌。"因为双星是国有企业，当时有很多讲法，说双星在卖国有资产。"汪海说，"我认为我的看法是正确的，所以顶着压力，支持卖经销权，让双星营销网络在全国遍地开花。"

现在，双星不仅拥有4000多家连锁店，而且占据了全国各地的大批发市场，进入了各地主要的超市和商场，通过实行加盟制，这些渠道的活力被激活，"当专卖店装修档次上来了，服务上来了，鞋子质量上来了，价格自然会上来。如果不是当初放开渠道，我可以肯定双星早就'牺牲'了。"

企业多元化发展铺就成功路

"虽然进入了多行业，我一直还是认为我是卖鞋匠。"汪海用这句话，回答双星集团多元化抉择的心路历程，"我是搞橡胶产业的，卖鞋是第一步，然后是进入轮胎，再从轮胎自然进入机械，再从卖鞋到卖衣服，这些都是有内在的联系。开个玩笑，轮胎不也是汽车穿的'鞋'么？"

在汪海调教双星的发展历程中，企业多元化最受非议。他认为："企业形成品牌之后，多元化发展符合市场规律，符合品牌发展规律。"早在1975年3月2日，他被任命为橡胶九厂的政治部主任，首先是打破铁饭碗、铁工资、铁关系等"三铁"，进行了一系列的市场化改革。

"这个改革至今还未停止。改革的结果有目共睹，铁饭碗破了却有饭吃了，工资变动了反而涨了，企业的活力被激活了。"汪海说，接下来很自然的是，当地有轮胎厂不行了，要我们接管。"我们一管一改革，企业景气了，一发不可收拾。"于是，企业收购一个接一个，顺理成章地从轮胎进入附属的机械制造业，然后进入能源产业……

"当初我接手的工厂资产仅800万元，现在仅轮胎就进入了中国轮胎业前六名，年销售收入超过100亿元。"汪海说。

呼唤民族品牌消费意识

"名牌是市场经济中的原子弹"，汪海每到一处演讲，均会戴上红色双星帽，炮轰国外名牌，"实践使我们体会到没有品牌的竞争是无力的竞争，没有品牌的市场是脆弱的市场，没有品牌的企业是危险的企业，因此我们作为中国的企业必须要打造本民族的品牌。"

"改革开放以来，中国创出了一大批知名品牌和民族品牌。但是由于复杂的历史原因，民族品牌在我国消费者中尤其是在广大青少年中还不被广泛认同。"汪海炮轰所谓的一些"世界名牌"：这些名牌，尤其是我国内地、香港、澳门和台湾销售的一些"世界名牌"，很多都是"中国制造"，"这说明经过二十多年的改革开放和借鉴国外先进经验，中国制造的一些产品与在国外生产的在质量上并没有本质区别，而问题在于我国广大消费者的认识和消费理念还没有转变和提高。这不仅仅是一种群体消费行为，还是一种民族文化现象！"

"民族品牌是一个国家的形象，是国际市场竞争中的核武器。"汪海说，在加入世贸组织之后，呼唤民族品牌意识的觉醒、弘扬民族品牌精神，是中国经济进一步发展的必然要求。

（原载 2007 年 4 月 28 日《深圳特区报》）

汪海走上微软讲坛

苏金生

中国企业家走进微软，在某种意义上向人们证明了中国国有企业完全可以搞好，完全可以创造出中国特色的企业管理文化和管理模式。

8月16日，在美国西雅图全球最大的电脑软件公司——微软公司，百余名管理、技术、工程人员聚集一起，带着疑惑、好奇和欣喜，迎接着来自中国的著名企业家——双星集团总裁汪海。

一场由微软公司举办的"双星集团与微软公司企业文化交流活动"在热烈的掌声中拉开序幕。

首位登上微软讲坛的中国企业家

应该说，能够登上微软讲坛是当今许多人的梦想。中国著名企业家、双星集团总裁汪海受邀荣幸地登上了这个世界顶尖高科技企业的讲坛，围绕"中国文化与企业管理"这个主题作了精彩演讲，进行了对话交流。

当头戴双星帽、身着T恤衫、脚穿旅游鞋，一身双星装备的"中国鞋王"登上讲坛时，全场的人们啧啧称奇，继而掌声雷动。

随着全球经济的快速发展，中国已成为全球制造加工基地中心，在激烈的国内外市场竞争中，在国有制鞋企业纷纷垮台倒闭的情况下，双星能够"一花独秀"，能够长盛不衰，能够在竞争中生存下来并发展壮大，最终将小商品做成了大市场，将单一制鞋的小企业做成了综合性的制造加工业大集团，必然有其独特的地方。

作为一个竞争性极强、受国外品牌冲击最早的国有制鞋企业，双星的大发展靠的是什么？双星发展的成功奥秘回答了这个问题：双星成功的原因是多方面的，但独具双星特色的企业文化和管理理论起了很重要的作用。

正是汪海创造的独具双星特色的企业文化、管理理论和哲学思想，才让双星实现了制造加工业由"中国制造"升华为"中国创造"的成功跨越，也让汪海总裁走进了世界级企业——微软，成为登上微软讲坛的中国企业家第一人。

首次实现高科技与制造业的碰撞

作为中国传统制造加工业中竞争最激烈的制鞋和轮胎行业，双星创造了一个又一个发展奇迹。汪海指出："双星的发展由各种因素促成，最重要的一点就是企业文化发挥了作用。目前，无论是高科技产业还是制造加工业，没有自己的文化和理念，企业就没有希望；只有对文化和理念进行不断创新，企业才能更好地发展"。

这位来自东方的著名企业家的演讲极具感染力，在微软公司两个小时的演讲中，他用真实生动的事例、幽默诙谐的语言、独特思辨的方式，对中国文化和企业管理的关系，以及东西方文化的共同点与差异性进行了阐述和分析。

汪海创造性地提出的"干好产品质量就是最大的行善积德"、"诚信做人、200%服务"等道德、服务理念，与微软公司"责任至上，正直诚信，服务客户"的行为规范不谋而合；创造性地提出的"打一场商战中创新的人民战争"、"今天不创新，明天就落后；明天不创新，后天就淘汰"等创新观点，与微软公司"对新技术充满热情，勇于迎接挑战，坚持不懈创新"不谋而合；创造性地提出的"道管、情管、钱管、制度管、文化理念管"等管理理念，与微软公司"以德服人，用钱激励，重视和留用人才"不谋而合；创造性地提出的"以人为本，想员工之所想，急员工之所急"，与微软公司"给员工提供一个宽松、舒适的工作环境"不谋而合。

"由于东西方文化的差异，所处环境的差异，从事行业的差异，又造就了企业文化和管理形式的差异性。"汪海热情洋溢地说：改革开放发展到今天，双星的文化理念在企业发展中起到了关键作用，但是因为企业性质不同，文化理念的内涵不同，双星"有情的领导"的人性化管理与西方程序化的制度考核和标准考核也会产生碰撞，但不管是东方的还是西方的，由文化理念产生的管理形式和管理方法能够促进企业发展才是硬道理。汪海的演讲让所有人都更加深刻地感受到了这一点。

"这次文化交流就是在不同的国情环境、不同的行业领域、不同的文化背景情况下，在高科技 IT 产业的领军企业与劳动密集型、制造加工业的民族工业的相互交流中，如何更好地继承中国传统文化资源，吸收外来先进的绩效、技能考核等程序化的制度标准，创造自己现代特色的企业文化和管理理念"，汪海此行亦有"取经"之意。

纵论中国式管理

中国企业家走进微软，在某种意义上向人们昭示了中国国有企业完全可以搞好，完全可以创造出中国特色的企业管理文化和管理模式。

汪海结合双星改革发展的实践经验，运用三十多年来市场搏杀的亲身经历，论述了双星在企业发展中，不断创造新文化，产生新思想，运用新理论，实事求是地管理企业，实现了由单一的制鞋业发展成为"五大支柱产业"（鞋、轮胎、服装、机械、热电）、"八大行业"（印刷、绣品、三产配套等）的综合性制造加工业大集团，创出了中国人自己的民族品牌，走出了一条具有中国特色社会主义市场经济国有企业发展的成功之路。

汪海的演讲声情并茂：作为劳动密集型行业，人为因素直接影响着质量、产量和成本，双星提出了"干好产品质量就是最大的行善积德"的道德标准，抓住了"用文化理念教育人，引导人，管理人"这个最顶尖的管理核心，发扬了"工人阶级吃苦耐劳，顽强拼搏，忘我工作"的奉献精神，创造了"九九管理法"、"ABW"论等独特的管理理论，并结合"继承传统优秀的，吸收外来先进的，创造自己现代特色的"三句话以及"行善积德、实事求是"八个字，把中国传统制造加工产业做大做强，创出了"小吃大"、"快吃慢"、"国有吃国有"的成功案例。

"文化是灵魂，是思想，是精神，可以教育人、启发人、引导人，只有创造新文化、新理论、新思想，才能创出新奇迹，推动社会和历史不断发展前进。具体到双星文化，它代表着企业精神，是企业的生产力、竞争力和原动力，经济和科技是实力，文化也应该是实力，只有不断坚持'三句话、八个字'的理论精髓，才能发挥企业和员工的凝聚力、向心力和战斗力。"这是汪海对社会文化和双星文化的诠释。

作为双星的形象代言人，汪海超凡的智慧、敏锐的思维征服了所有听众，不断赢得阵阵掌声。他再次在美国脱鞋打广告的大胆之举，使现场的气氛异常热烈。对话交流中，就大家不理解和所关心的问题，汪海进行了答疑解惑。大家被中国这位市场企业家的爱国情怀和社会责任感所折服，被双星"以振兴民族工业为己任"的精神所感动。

走进微软，让世界真正认识了有思想的中国企业家，认识了成功的中国企业文化。

（《招商周刊》2007 年第 20 期·总第 273 期）

双星集团：为农民工建功立业搭建崭新大舞台

胡考绪

双星集团是我国规模最大的运动鞋制造企业和全国排名第 5 的汽车轮胎制造企业。集团 5 万多员工中，农民工占到 90%。在双星，农民工不仅仅是生产一线的主力军，更是技术、管理甚至是中层领导岗位上的主体力量。在集团下属的工厂和销售公司中，在班组长、车间主任、部门经理等岗位任职的，几乎全都是农民工。甚至现在一线的经理岗位有两三百人都是农民工成长起来的。

"其实，我们这儿早就没有了农民工的概念。"双星集团董事长汪海介绍说，"农民工一进厂，就和城市工人一样，享受着完全一样的福利待遇和完全平等的发展机会，不论出身论成就，不看文凭看水平，只要工作出色，都有晋级或提拔重用的机会。"

在双星集团的炼胶厂、轮胎厂、制鞋厂，记者与 20 多名农民工交谈，他们与其他工人一样，同工同酬同待遇，企业用人上的公平环境机制，使农民工们对前途充满憧憬。

"双星给了我勇气和信心。"今年 26 岁的封子海来自山东胶南市一个只有十几户人家的偏僻海岛，过去一见生人还没说话就脸红。2003 年一个偶然的机会，他择业来到双星青岛轮胎公司子午胎一厂成型车间当了一名主机手，由于勤奋好学，出自他手的胎坯合格率长期稳定在 99.95% 以上，最近几个月连续达到 100%，领导多次表扬他，他也找回了信心，性格开朗多了。"现在，我每月收入都在 2000 元以上，还在双星找了对象，在城市里买了一套 90 多平方米的房子呢。"他乐呵呵地说。

"来到双星，没想到我思想上会起这么大的变化。"1992 年从革命老区沂蒙山来到双星的农民工刘长海，是从"制鞋匠"一步步走上车间主任、厂长、双星海江公司副总经理岗位的。

"刚到双星时，就想这辈子能当上工人，有碗饭吃就很满足了，当上车间主任后，我的思想变化了，意识到双星是我创业发展的乐园，当上厂长后，我感到了责任，双星是我的，也是大家的，更是社会的、民族的，我必须尽到我的责任。"

几天采访，人熟了，农民工们渐渐地敞开了心扉，跟记者聊起了家长里短，记者从中得知，在这些人中，普通工人的年收入一般在2万至3万元左右，这还不包括劳动医疗保险、住房公积金等各种福利。单身职工住公司免费的集体宿舍，宿舍配备彩电室、图书室、阅览室、健身室、医疗室和网吧，另外还配备了部分探亲宿舍。夫妻双方都在双星工作的，很多人已经从农村搬出来，在工厂附近的县城或城市购置了商品房，落了户，完全告别了农村生活。还有一部分农民工自购了汽车。

双星集团生产线一角
"每次工作调整都是新的挑战"

张立，今年33岁，人长得虎头虎脑，说话底气十足。1993年，双星在沂蒙山开办鞋厂，在老家沂源县盖冶村务农的他放下农活打工来了。从一线的开炼工开始干起，一步步干到班长、车间主任、小厂厂长、大厂厂长。以下是他的感悟。

一到双星，我就发誓，一定干出个人样来！为啥？为这个来之不易的"饭碗"呗。去双星报到那天，父母千叮咛万嘱咐，要俺好好干。我心里明白，我干不好都无法向父母交差啊。

进双星后先是军训，接下来半个月是培训，这时候，我才知道工厂里还有一个企业文化。

记得干开炼工的第一天，一摸到机器我激动地真想大喊一声，我是一名工人了！

干开炼工短则一个月长则两个月才能出徒，我憋足了劲苦练了仅仅半个月就提前出徒了，记得当时手上被机器磕碰出了不少伤口。

半年下来，正当我对开炼工的活儿干得得心应手时，领导让我当上了一个管5个人的小班长，又不到一年，提拔我当了车间主任。更让我想不到的是，一年后，领导找我谈话，让我出任平板硫化厂厂长。2004年12月，集团一道命令，又把我调往青岛，出任轮胎公司炼胶厂副厂长、厂长！

问我为啥进步这么快？我想最重要的就是组织培养，自己要拼搏，工作要争先。干平板硫化厂厂长的头一年，我就狠抓管理不撒手，硬是把生产成本降下了15%，到我离开时，全厂由480人精简到218人，产量却年增20%。到炼胶厂干厂长两年间，每年靠挖潜降耗节约成本1000多万元，产量提高了15%。我体会，个人的努力，离不开组织的培养和领导的关怀。集团董事长汪海每次到厂里检查、指导工作，对各项生产、费用指标很严格，对"管理死角"也要督察，这就培养了我在工作上从来不敢马虎的作风。我特别感谢双星在用人上敢于"英雄不问出处"，坚持以能力论英雄，离开这里，我决不会有今天的进步。

要说压力，就是自己学识太浅，能力有限。我高中没毕业，就因家庭困难辍学了。这些年，集团来的大学生越来越多，他们视野开阔，思想活跃，怎样把他们的作用发挥好，为企业发展发挥才干，就是一个新课题。另外，从县城到城市，文化环境不一样了，员工的组成结构也变化了，轮胎炼胶厂的员工来自五湖四海，由于各自的文化背景不一样，在管理和领导上就不能简单化。总之，每次工作调整，都是一次新的挑战。

说最大的变化，就是我所追求的目标变了。

刚到双星时，我想这一生不再天天吃煎饼，而是天天吃白面馒头，就是最大的幸福了。而现在，我感觉幸福不仅仅体现在自我衣食住行的满足上，而更重要的是人生价值要赢得社会的承认。前年，俺村修桥，我自掏腰包捐助了1万元，父老乡亲知道后，都夸我出息了不忘故乡。

从一名农民到工人，从一名工人到厂长，从农村到县城，从县城到城市，一想起这些历史性的跨越，我至今仍像是在做梦似的，想都不敢想呵，是双星，圆了我的梦，扶我不断攀新高。

"在这里，我总有用不完的劲"

崔桂升，一看就是个机灵鬼，2002年，31岁的他从青岛市郊一个经济落后的村庄来到双星，先干裁断工，后是开炼工，现在成为管理100多人的承包经理。由于技术出色，2006年被中国橡胶工业协会评为"全国优秀操作工"。听听他是怎么说的：

嘿嘿，要问我这些年在双星感受最深的是什么，就是双星文化，让人像着魔一样，总是不忘工作，拼命干活。

在双星，学徒没有人给你规定时间表，早一天出徒早多拿钱，晚一天出徒就少拿钱，多干多得，少干少得，不干不得。干好了，不但有奖金，还可以上光荣榜，干得更好就可以进青岛双星科技专修学院深造，还可以享受集团组织的旅游。在这样的机制下，谁不想干好？因此，从学徒时，我就拼命学，到了下班点别人都走了，我还在那儿加班加点，不光为了收入，也为了脸面好看。这样，无论学裁断，还是学开炼，我都是最早出徒的，譬如学开炼，我 5 天就出徒了，而有的两个月还没出徒呢。

双星的文化，还体现在尊重个人价值。不论来自何处，有才干，有创造，有成绩，就是好样的，集团就承认你，信赖你，培养你。我虽然是个农民工，靠拼搏，靠技术，照样当上承包经理，现在我每月拿的工资，比车间主任还高呢。有一次与我一个中学同学聚会，他读完大学后找了一份工作，工资收入还不及我的一半。我永远忘不了 2005 年 10 月 18 日这一天，作为集团重点培养对象，我成为"双星学院"第一批学生，进行 3 个月脱产学习和培训，期间系统地学习了工厂各道工艺、工序流程，讲课的老师全是行业专家。这次深造，使我的技能素质有了很大的提升，回来后就攻克一道技术难关，完成了"轮胎 11R22.5 胎肩裂口"课题项目，为公司带来很好的效益。我被评为"十强职工"，获得"先进质量奖"。嘿嘿，我的一项创造发明，还冠上我的名字——"崔桂升系数法"。我最难忘的是集团汪总每次到厂检查工作，都要把我们学院生叫来听每个人的汇报，有时候还直接交给我们技术课题，让我们攻关。你说，领导对咱这般信任，这般器重，咱能不拼命干吗？

是双星，把我从农村带进了城市，由农民变成了工人，改变了我的人生轨迹，双星已经成了我的家，过去我下班一回家，马上就把手机关了，为了省钱，现在我每天 24 小时开机，恐怕厂里有什么事情耽误了办。

在双星感觉有奔头，不仅仅是我一个人，我所接触到的农民工兄弟姐妹们都有同感。2004 年初，组织把我从青岛轮胎公司子午胎一厂调到二厂当开炼班班长，当时，班里的 9 个人来自各个厂，嘿，就是我们这样一个班，当年就被公司评为"先进班"，而且还是"三连冠"。为啥？干得好呗。为啥能干好？每个人的主动性调动起来。来到新单位，就有干好了争口气的想法，特别是班里评上先进后，班里人特受鼓舞，争先意识更强了。

"要带着满腔的热情有创造性地工作"

周士峰，风度翩翩、谈吐不俗。今年 34 岁的他是沂源县鲁村镇舍庄村人。1992 年 12 月 20 日作为第一批员工进入双星鲁中鞋厂后，从钳工起步，历任维修班长、机修厂厂长，一路走到今日的双星热电厂厂长的职位上。下边听听他的大实话。

我当初进双星工作的原因很简单，就是为了将来能娶个好媳妇。您别笑，我说的可是实话。到双星的工厂里工作，这在我们当地可是小伙子找媳妇的很大资本。

刚到双星的时候，我干的是钳工岗位。对于从来没有离开过庄稼地的我来说，这可是一门完全陌生的手艺。咋办？不会咱就学！我的刻苦好学劲儿令带我的师傅和车间里其他的老工人都很感动，于是在我身上也就连续发生了两件在钳工这个岗位上很难发生的事情——用一年的时间掌握了从钣金到电气焊的全套钳工技术；刚出徒就被任命为维修班班长。

被任命为班长使我备受鼓舞，同时也意识到双星与想象中的一般企业不同：在这里，不论你是什么样的出身，只要好好干，就有升职的机会。这个时候的我已经不再是为了工作而工作了，我明白：要带着满腔的热情有创造性地工作。

干钳工会接触到大量制鞋中的数据，而我本身也在工作之外学习了大量有关制鞋的技术和工艺的理论知识。我就开始琢磨如何改进制鞋流程，提高制鞋效率。制鞋工序中的刷胶环节本来是手动的半机械化操作，一个环节至少需要4个劳动力。我结合自己的专业技术，将刷胶的设备改造成了电动的，一个人就可以操作，大大降低了成本。在一年多时间里，我做出了30多项革新创造，为企业节省资金380多万元，其中的一些创造在十几年后的今天仍然在双星各个鞋厂广泛使用。当然，我的付出再次得到了回报，厂里不但奖励我3万多元，还将我提拔到了更重要的岗位——运动鞋分厂的厂长助理。

这个时候的我已经不再是一名普通工人了，而是成长为一名高级技术人员。

1996年，双星准备在沂蒙山区建设第2家工厂——双星瀚海公司，让我负责建厂的任务。虽然那时候我已经是机修厂副厂长，但是我当年毕竟才23岁啊。心里有一点打鼓，但是我对自己的能力充分自信。带着14名技术人员和新招的30名农民工，在不到3个月的时间里我们就建起了工厂。

我现在管理着100多名文化都比我高的员工。我经常跟员工们说，你们手上的活一定得比我干得要好才行。为啥？你们是科班出身，我是外行；你们文化高，我文化低。就是这句话让员工们现在一点都不敢懈怠。

"谁干得更好，谁就胜出"

阎丰祥，浓眉大眼，绝对是一个帅小伙。1982年出生于山东省日照市两城镇安家岭村，2002年来到双星轮胎厂。从压延工做起，现在已经是子午胎二厂成型工序承包经理的小阎，今年在厂里干了一件引起不小轰动的事情！事情是这样的：

我刚到双星从事压延工作的时候，做的是副手，这是一个技术含量很低的纯体力活。干着最累的活却拿着最低的工资的我，很羡慕主机手的岗位——出体力最小，拿的工资却是最多。没办法，谁让人家干的活技术含量高呢。在羡慕的同时，我可没闲着，一有空就围在主机手身边转，有啥不懂的马上就问。结果一年后，我就干上了梦寐以求的岗位，月工资也比副手岗位上多了300元。

自己的努力当然是一方面，但是客观地说我的机遇是比较好的。2004年我被提拔为工序班长，因为工作努力和这几年在岗位上有不少的创新项目，去年我又被厂里选拔进入双星学院进行深造。

在双星学院里的学习，对我的影响很大，使我更敢于去思考一些问题，更敢于去创造了。今年年初学习期满回来后，我从压延车间来到了成型车间做承包经理，开始在承包区里推行"赛马制"。

其实这个"赛马制"并不是我首倡的，我们厂里这两年一直都在推行，不过是针对管理岗位而言的，为的是选拔优秀的管理人员。我本人就是在这种"赛马制"中被选拔出来走上管理岗位的。得益于这种制度，我就想能不能将它运用到基层的技术岗位上呢？

想好了就去做。我就在自己的承包区里开始了这项改革：不论哪位副手或者副机手，只要认为自己比承包区里的某位主机手干得还要好，就可以向其提出挑战。经过理论考试和操作考试合格以后，两个人在岗位上各干一个星期，结合产量、质量、消耗，进行综合评价，谁干得更好，谁就胜出。

这个改革的范围虽然不大，影响力却不小。我的这一制度刚一提出，就受到了承包区里绝大部分人的认可。

第一次"赛马"只有一个副手申请，结果这个徒弟还真就把师傅拉下了马。这可鼓励了很多副手和副机手，第二次就有七八个人申请了，结果更是有3个人成功上位了。没多久，我们车间的其他两个承包区也把我的这个"赛马制"给克隆了过去。为啥？他们看到我们推行"赛马制"以后，产量上去了，效益上去了，工人的工资也上去了！

现在在我们这个群体里，形成了你追我赶的工作局面，谁都不敢掉链子，因为掉链子就意味着掉位子。

我觉得双星给我最大的教育是——所有的惯例其实都是可以打破的。我期待着在以后的日子里还能做出更好的成绩。

（原载 2007 年 6 月 26 日《经济日报》）

双星总裁汪海：另类老板
打造本土品牌

李 桧

2007 年 10 月 12 日，青岛双星制鞋业务资产转让项目在青岛市产权交易所正式挂牌，履行"招、拍、挂"程序。公示时间截至 11 月 8 日。据了解，青岛双星制鞋业务资产最后将转让给青岛双星名人实业股份有限公司（以下简称"名人实业"），"现在只是履行程序问题。"据了解，67 岁的汪海就是名人实业第一大股东。

是他将双星集团做成拥有鞋、服装、轮胎、机械、热电"五大支柱产业"和包括印刷包装、绣品、三产配套在内"八大行业"的特大型企业集团，创出了双星轮胎、双星专业鞋、旅游鞋、皮鞋四类产品"中国名牌"。他就是 67 岁仍在商界驰骋的中国"另类"企业家——青岛双星集团总裁汪海。

脱鞋的故事

关于汪海，最早在"江湖"上流传的是这样一个故事——在美国脱鞋宣传中国品牌。

1992 年夏天，汪海在美国纽约举行了新闻发布会。会上，纽约《美东时报》资深记者威廉·查理提问："汪海先生，你是大名鼎鼎的中国鞋王，都说双星鞋品质一流，超凡脱俗，那么，我冒昧地问一句，阁下脚上穿的可是双星鞋？"威廉·查理早已注意到汪海脚上那双漂亮的皮鞋，以他的眼光看那应该是欧美货。他来这么一手，就是想看看汪海的笑话，挫一下汪海的锐气。汪海笑了："我十分感谢刚才这位记者的提问，是他给我提供了一个宣传双星产品的好机会，我知道在公众场合脱鞋是很不文明的行为，但是……"他开始弯腰脱鞋并高声说道："看到了吗？China Doublestar，地地道道的中国双星鞋。不瞒诸位，我一年四季都穿双星鞋，我们的两万多名双星人也都穿双星鞋，我们就是要脚踏双星，走遍世界。"

第二天，汪海面带微笑、手举皮鞋的照片刊登在美国许多报刊的显要位置。

轮胎就是汽车穿的"鞋"

"虽然进入了多个行业，我一直还是认为我是卖鞋匠。"汪海用这句话，回答双星集团多元化抉择的心路历程，"我是搞橡胶产业的，卖鞋是第一步，然后是进入轮胎，再从轮胎自然进入机械，再从卖鞋到卖衣服，这些都是有内在联系的。开个玩笑，轮胎不也是汽车穿的'鞋'吗？"

汪海在 2007 夏季达沃斯年会上就"中国文化与企业可持续发展"问题对双星企业发展进行了一次深层次的剖析。汪海认为，双星发展到今天，除了不断创新、深化管理外，双星持续发展的独特文化、独特理论所产生的独特思想起到了非常重要的作用。

汪海把双星的企业文化概括为"八个字，三句话"，即：行善积德，实事求是；继承传统优秀的，吸收外来先进的，创造自己现代特色的。20 世纪 80 年代初期，双星就提出了"高人品才能高产品，产品等于人品"等质量道德观念，并且把我国的传统文化、道德观念与实际生产的产品相结合，把职工思想统一到"做好每一件产品"上来了，产品质量明显提高。如今双星集团已出口鞋 16 万双、内销高档鞋 48 万双，无一双不合格。

拥有一颗好斗的心

收购湖北东风轮胎在当年也曾掀起不小的风波。湖北东风在轮胎行业有着"四大天王"之称，一家鞋企要去收购一个轮胎行业中的巨无霸，其困难可想而知。2005 年，就在汪海前脚迈进东风轮胎厂的第一天，让他意想不到的事情发生了。

十堰市三天全市交通瘫痪，当地人打着"汪海滚出去，双星滚出去"的条幅，当地人的强烈反对汪海始料未及，但汪海没有退缩。

用他自己的话说："从小就是爱斗的人，从小就是愿意竞争的人，而且小时候光着腚，一听说打仗就比过年吃饺子还高兴！我感到很高兴，而且这正是体现我的价值的时候，这正是需要我们在这儿试一试。"

汪海迅速意识到，这是由于当地人对双星误解造成的。当务之急，要稳定工人的心。在当地政府的支持下，汪海在工厂礼堂里给工人们作起了报告。他用报告成功地化解了这场误会，接下来的收购，汪海一帆风顺。如今双星的轮胎业务在全国已经做进了前十名。

老骥伏枥，志在千里。如今，汪海率"名人实业"又一次杀回制鞋领域，是否又会掀起一场风暴，人们拭目以待。

（原载 2007 年 11 月 1 日 《中国产经新闻》）

汪海的"大质量"观

沙 洲

2008 年 1 月 19 日，亚太（投融资）经济年会暨第二届中国国际循环经济高峰论坛在北京新世纪日航饭店隆重举行。当日晚 19 时，亚太投融资经济年会颁奖晚会揭晓了引人注目的"世华榜"。其中，双星集团总裁汪海在内的 10 位华人代表夺得"世界经济十大华人杰出企业家"奖项。

双星集团在"全国首届优秀企业家"汪海的带领下，将一个濒于倒闭的国营制鞋企业，发展形成了鞋业、轮胎、机械、服装、热电"五大支柱产业"及包括印刷、绣品、三产配套在内的"八大行业"，拥有 6 万名员工，140 余家成员单位，资产总额 60 亿元，年销售收入 100 亿元，出口创汇 2 亿美元的大型集团。

在发展过程中，汪海倾尽心血创造了双星管理理论和文化，缔造了"双星"名牌，更以创新精神不断推动改革创新和名牌发展。

记者在双星集团采访了解到，双星管理创新的主旋律是质量，双星的成功也来自质量。

质量理念——企业之帆

双星由小到大和由大做强的各个发展历史阶段，按市场经济规律，以市场需求和顾客满意为准绳，提出了质量管理的许多新理念，制定了与企业当时发展宗旨相一致的质量方针和目标，都是以提高产品质量为核心。

双星在 1983 年就开始了创名牌阶段，汪海提出了"创名牌是市场经济中最大的政治、创名牌就是最好的爱国家、爱民族、爱企业"，成为双星员工"创中国人自己的名牌"的一致目标和强大推动力；1995 年双星获得全国鞋类首家驰名商标，进入 20 世纪 90 年代中期名牌发展阶段，汪海又提出了"愈是名牌愈要重视质量，愈是名牌愈要提高质量"的要求，提出"名牌没有终身制",让员工警惕"名牌背后潜在的危险"。到了 2000 年前后，双星开始了名牌发展高级阶段，针对中国入世后面对新的发展机遇和挑战，汪海不失时机地提出了"创世界名牌，为国家争光，为民族争气，为企业争辉"的新要求。2007 年底，又提出了打造"鞋服、轮胎、机械三大集团"，实现"树百年品牌，建百年老店"的发展目标。

汪海不但是双星质量管理的创新者，还是一个模范的实践者，经常深入市场销售和工厂生产一线调查研究，总结新鲜经验进行推广，亲自阅批质量信息和顾客来信，从中发现问题及时采取纠正措施。当汪海发现有的工厂干出口鞋和高档内销鞋要求严，干内销产品松懈时，就立即提出"内销、出口一个标准"的要求，从每一件小事上抓起。正是在他的严格要求下，使"人人都把质量关"成为双星员工的自觉行动。

产品质量——企业的生命

为了使企业的质量方针目标被各级领导和员工理解并贯彻，双星借鉴国际先进的质量管理理论和经验，坚持不懈地对全体员工进行质量意识和持续改进的教育培训。每年定期举办各级领导和管理骨干培训班，让员工树立了"产品质量第一"的观念；在全集团开展"名牌与企业和名牌与饭碗关系"的大讨论，并把质量管理上升到"质量等于人品、质量等于道德、质量等于良心"关乎以德治企的高度，使"全员转向市场，人人关心质量"落到实处。对质量敢于"叫停"，抓质量"小题大做"，这在双星已不是什么新鲜事。

几十年来，双星始终坚持严格抓质量，实现质量管理与世界接轨。自 20 世纪 80 年代初期双星就推行日本的全面质量管理；1995 年作为制鞋国企首家通过了 ISO9001：1994 国际标准认证；1998 年顺利通过换证复审，同年双星获国家产品出口免验证书；2001 年又通过了 ISO9001：2000 换版和换证审核。2002 年为了强化产品实现过程的质量控制，又吸收兼容了美国 PSS 公司 TQA2000 标准在全集团推广，使双星海江公司成为 PSS 公司在亚洲唯一的硫化鞋"核心工厂"，使双星鞋类出口创汇额始终居行业之首。2005 年，双星专业运动鞋、旅游鞋、皮鞋荣获中国名牌，双星运动鞋荣获中国行业十大质量品牌。2006 年，双星运动鞋荣获中国行业十大质量品牌。

服务质量——市场竞争的保证

许多到双星考察的专家和长期追踪采访双星的记者都认为，双星产品能够赢得国内外客户的高度称赞和依赖，在于双星坚持"以质量为中心不变"，靠高标准的质量目标，同时也抓好了服务质量。

汪海认为，"什么时候都不能忘了消费者，什么时候都不能忽视质量，什么时候都要把消费者放在第一位"，汪海在向双星人强调工作质量、产品质量、服务质量"三个大质量观"时指出，这三个质量"缺一不可，互相促进，不能放松"；汪海告诫双星人"要诚信做人，诚信做事"，"只有讲诚信才能在市场站住脚"；"现代企业的市场竞争策略越来越和企业经营管理的其他多种要素紧密联系起来，需要高强的工作质量和服务质量来决策、协调和实现"。为了加强双星人的 200% 服务意识和观念，双星每年都要重奖一批经营一线的营业员和销售人员，激发他们的积极性，用诚信经营来赢得客户。

2007 年 11 月份，泰州一家客户定购双星机械总公司的数控冲床后，在使用过程中，由于工人操作不当把设备上的一个驱动器烧坏了，导致设备无法运转。根据合同规定，这种情况本不属于三包范围之内，按照程序应该让客户把驱动器发到公司，由公司进行维修或更换，然后收取客户费用，但这样，一来一往需四五天的时间，而客户接的是国外客户的订单，生产任务非常急。该公司业务员没有以"这是三包之外"为由加以拒绝，而是尽最大努力去帮助客户，连夜带着驱动器从青岛赶到泰州，给客户换好后已经晚上 11 点多，设备终于正常工作了，客户老板说："双星讲诚信不是空话，200% 的服务说到做到。"

像这样讲诚信的典型在双星有很多，他们用 200% 服务的经营理念，帮助双星赢得了订单，更让双星在市场上树立了闪亮的名牌形象。

（原载 2008 年 2 月 19 日《经理日报》）

汪海：我始终是"市场一兵"

林　刚

2003 年的一个秋日，美丽的西子湖畔迎来一群特殊客人，他们年龄最小的 59 岁，最大的年逾古稀，面对空蒙山色均是歔欷不已。1988 年，首届全国优秀企业家评出 20 人，无一不是当时叱咤风云的人物，然而 15 年之后的西湖聚会，只有十位前来赴约，20 人中，或已不在人世，或已退隐田园，或已银铛入狱，或已不知去向，仍然活跃在国有企业改革发展前沿的，唯余汪海一人。

军人出身的汪海，1976 年出任双星集团前身青岛橡胶九厂的党委副书记兼政治部主任，1983 年出任党委书记，从带领职工背着鞋箱到市场上找饭吃开始，与市场经济结下了不解之缘。近 30 年间，汪海执掌下的双星摸着石头过河，以"敢为天下先"著称，在国有企业中率先打破统配包销，率先由二产转三产，率先实行国有民营，率先进行低成本扩张，在从计划经济向市场经济转轨的过程中出尽了风头。

对于汪海和双星，激赏者有之，贬损者有之，效仿者有之，报以冷眼者有之，然而一个不争的事实是，自始至终从事传统制造业的双星，屹立市场近 30 年不倒，而且滚雪球般做大——资产总额从不足 1000 万元增加到 60 亿元；销售收入由不足 3000 万元增加到 100 亿元；由单一从事制鞋业，发展成为拥有制鞋、轮胎、机械、服装、热电五大产业的综合性制造加工业大集团。

同样参加西湖聚会的马胜利，曾在 20 世纪 80 年代后期先后吸收了横跨全国十多个省市的 100 多家企业，组建"中国马胜利造纸企业集团"，风头一时正劲。但不到 10 年时间，这位"国企承包改革第一人"的巨型企业就分崩离析，被迫退休后每月工资仅 135 元。马胜利在西湖聚会上反思说，国企改革有三大阻力——传统观念、习惯势力、官僚主义。"在那种环境下，是不可能成功的"。可他或许没有注意到，坐在他身边的汪海恰恰成功了。

抛却历史烟云，2008 年春节前夕坐在记者面前的汪海，依然是腰板挺直，个性张扬，放言无忌。但对于别人给予的"市场将军"的封号，他的回应显得相当低调："改革开放 30 年来，我始终是市场上的一名士兵，始终在市场经济的洗礼中成长，永不止步地冲锋陷阵。"

逼上市场，开始屡闯禁区的冒险之旅

汪海进入市场，完全是被逼无奈做出的选择。

直至 1983 年，有着 2000 多名职工的青岛橡胶九厂仍是跟着国家计划转，数十年一贯制地生产"解放鞋"，原料由国家统配，产品由国家包销。但到了这年年底，初期的改革开放使计划经济和市场经济之间出现了真空，商业部门告诉橡胶九厂，"傻大笨粗"的解放鞋卖不出去，所以拒绝收购。刚刚被任命为橡胶九厂党委书记的汪海又急又怒："生产计划是你们下的，生产任务完成了你们却不要了，那我们怎么办？"

200 万双解放鞋堆积如山，商业部门不包销，只有自己把鞋卖出去，企业才能生存下来。于是，这家日后叫做"双星"的企业被逼之下迈出了自销的第一步，成为全国同行业最早进入市场的企业。在一个个冬夜里，由汪海带领，职工们一人背着一包鞋，将解放鞋偷偷运出厂自己销售。很快，风声走漏，商业部门大怒，声称今后停止包销他们生产的任何产品。

商业部门的愤怒并非没有缘由——这家企业竟然置"红头文件"于不顾，做出明目张胆的违规行为。就在数月之前，一位国家高层领导在五届全国人大五次会议上说，党的十一届三中全会以来实行搞活经济政策，效果显著，但也要防止在搞活经济中，出现摆脱国家计划的倾向，搞活经济是在计划指导下搞活，不是离开计划的指导搞活。在这样的背景下，汪海的做法自然是离经叛道。

但那时的汪海，除了将解放鞋卖出去，让企业生存下来，已经管不了太多。在他的带领下，职工们索性在大白天背着鞋箱闯市场，不但在青岛本地卖，还跑到烟台、石家庄、南京、兰州卖，一年过后，200 万双解放鞋竟然全部卖了出去，企业就此活了下来。

被逼进市场的汪海，反而自此领略到市场经济的魅力，并且很快以热切的姿态拥抱市场经济，像一名果敢的士兵那样跃入市场密林，开始了屡闯禁区的冒险之旅。

胆子更大一些，步子迈得更快一些

汪海在 1984 年实行的企业改革，他的目光瞄向工厂门口那片矮房，它们占据了工厂的门脸，破败不堪，里面装着化验室、试验室等"科研部门"，但这家企业的所有人都知道，厂里几十年来只生产解放鞋，根本没有什么试验，所谓"科研部门"不过养着几十号闲人。在冲破重重阻力后，汪海硬是带人将这片矮房扒掉，然后根据开发新产品的需要设置相应的技术中心。

之后，汪海着力进行机构改革，促使内部机制与市场经济对接。当时，橡胶九厂的机构设置早已严重脱离了生产、销售的实际需要，300 多名干部人浮于事。当汪海宣布对部分机构进行合并、撤销时，矛盾爆发了，由一些上级领导亲属组成的武装部和安全科，拒不执行厂里的决定，告状甚至告到了劳动人事部，但汪海丝毫没有让步，坚决将两个科合并，并且将队伍庞大的计划科并进销售科，进而将原先只有 4 个人的销售科扩充为拥有 600 人的销售公司。目前，双星的销售人员已经发展到上万人，并在全国建起拥有十大物流平台、5000 多家连锁店的全新营销体系。

双星进行机构改革的目标最终指向一点，即有利于参与市场竞争。在这一目标之下，双星推出了市场化的用人机制、分配机制和奖励机制，彻底砸烂了"铁工资、铁饭碗、铁交椅"。如今，拥有 5 万名职工的双星集团，其总部大楼内却只有不到 50 名中高层干部。由于干部任免实行严格的绩效考核，今天称职了在上面，明天不称职就被抹掉，有人形容双星的干部是"黑板干部"。

在市场的博弈中，汪海认识到，国有体制在竞争性行业中并不能保持持续发展的优势。20 世纪 90 年代初，汪海在有利于国有资产保值增值的前提下，将双星经营公司进行承包卖断，完成了职工从"给公司卖鞋"到"给自己卖鞋"的转变，把众多双星人送上了制造百万富翁的流水线，同时为竞争性领域国有资产保值增值探索出一条新路。他还借鉴邓小平提出的"农村责任制"，将车间设备承包给职工个人，把企业的工作岗位变成了每位职工的"责任田"，实现了职工自己管理、自己算账、自己减人、自己降耗，整个集团的生产效率提高 30% 以上。

汪海坦言，由于改革触动了不少人的利益，这些年来他遭遇的打击难以计数，有些现在想起来仍惊心动魄，但一个又一个困难竟然全部被克服了。能够产生这样的"奇迹"，一个原因是双星的改革适应了市场竞争的需要，符合市场经济规律；另一个原因则是双星多年来的改革始终得到市委主要领导的支持，促使他"胆子更大一些，步子迈得更快一些"。

出海越洋是开放，上山下乡也是开放

20 世纪 90 年代中后期，由于国内具有一定规模的制鞋企业总数达到几千家，产能出现了严重过剩，全国 80% 的制鞋企业出现亏损，这时的双星却照样赢利，发展成为全球最大的制鞋企业。不少同行艳羡地说，还是汪海精明，十几年前就进行了低成本扩张，具备了成本优势。

1985 年，中央提出企业走"横向经济联合"之路，而汪海早在一年以前，就与黄岛橡胶厂搞横向经济联合，在挽救了这家即将倒闭的乡镇企业的同时，成功地将自己的老产品转移到农村生产，获得了廉价的厂房和劳动力。此后一年多，汪海在青岛周边地区一口气建起 13 家联营分厂，年产值加起来达到 1 亿元。现在看来，横向经济联合实际上就是低成本扩张。

在当时，国有企业从城市到农村办企业，同样是离经叛道之举。有人说，汪海这是在城里混不下去了；有人说，汪海这是主动把饭碗让给别人；还有人甚至直指汪海是"卖厂贼"。然而汪海的回答是：出海越洋是开放，上山下乡也是开放。

实际上，那时候双星的上山下乡，仅仅算是奏响了一个序曲。20 世纪 90 年代初，双星先后在沂蒙山建起鲁中、瀚海两个具有相当规模的鞋城，并一发而不可收。到现在，双星已经先后投资 20 亿元，在山东、河南、四川、贵州等地的偏远山区建起了十几个生产基地，在成功带动 10 万多名农民致富的同时，自己的资产规模也凭借低成本经营急剧扩大。

而当时间推进到 20 世纪 90 年代后期，白热化的市场竞争已使制鞋业完全进入微利时代、一双鞋甚至只能赚到 1 分钱的时候，汪海再次提前作出战略调整，吸收合并华青轮胎、东风轮胎等企业，适时进入轮胎和机械行业，找到了新的利润增长点。

人们称赞汪海眼光超前，时刻洞悉春江水暖，处处抢占发展先机。汪海却不以为然："我们只不过是数十年如一日地围着市场转，由此渐渐掌握了市场规律，看懂了市场的晴雨表。"可以证实此言不虚的，是汪海的两句话：一句是"找部长找市长，不如找市场"；一句是"市场是检验企业一切工作的标准"。这两句话至今悬挂于双星的大小车间，历经 20 余年不变。

管理是我们保持竞争不败的一大法宝

汪海曾说："我们最拿手的、最为外界佩服的就是管理，管理是我们克敌制胜、保持竞争不败的一大法宝。"

任何一家基业长青的企业，都要有一套过硬的管理方法，这几乎是一条市场铁律。1986年，双星以对人的九项管理为纵轴、以对生产经营的九项管理为横轴，勾画出一个直角坐标，创出了"双星九九管理法"。

按照这一管理法，双星在生产经营上实行分级管理、分层承包、分开算账，以"三分"增加企业的活力；实施加工联产、销售联营、股份联合，以"三联"壮大企业实力；进行人才开发、技术开发、市场开发，以"三开发"全方位提高竞争力。后来，这一管理法成为全国推广的22种现代化管理方法之一。

1994年，双星在生产管理和资产管理上实行"国有民营"。一是由集团把国有资产，包括厂房、设备、车辆等经评估后，"就高不就低"租赁给下属生产分厂，同时将流动资金切块下贷，改过去的统贷统用为统贷分用。分厂也可分贷分用，原则是谁贷款谁付利息。二是各分厂全部改为独立承担全部民事责任的一级法人，独立核算，自负盈亏，集团内部实行内部银行结算。三是各生产分厂除接受集团管理外，每年向集团上缴国有资产有偿使用费、社会统筹费和流动资金利息。

实行这一管理办法以后，双星内部的上下关系变成了纯粹的以资本为联结纽带的经济关系，"交够集团的，干好了都是自己的"，干部职工的积极性被充分调动起来。

后来，双星还推出了数字跟踪卡制度、厂币制度、诚信管理制度。在近年来原材料日益紧张的形势下，双星依靠独到的管理手段，一年居然可以节约资金1亿元。对于而今"成本为王"的制造业来说，这样的管理手段，意味着强劲的市场竞争力。

始终像一名优秀的士兵那样闯市场

作为一个自认"敢为天下先"的企业家，汪海带领双星在改革开放的近30年间，创造了国有企业中数量众多的"第一"，在业内反响强烈。

1984年，双星破墙开店，敞开大门办三产，成立了国内国有企业中第一个对外开放的劳动服务公司，建成双星不夜城、"大吃街"和旅游休闲度假村，成功地安置了2000多名富余人员。

20世纪80年代中后期，双星在国有企业中第一个以企业的名义召开新闻发布会，第一个在国际舞台上举行"鞋文化表演"，成为国内企业进入国际市场的先行者。

1988年，双星几经周折，成为全国首批获得自营出口权的企业，并在1995年成为全国第一个年出口创汇突破5000万美元的制鞋企业。

1996年，双星在国内制鞋行业中首家实现股票上市交易。而在尚留余温的2007年岁末，汪海又高调宣布，双星上市公司剥离制鞋业务，专心发展轮胎和机械业务，受让上市公司制鞋业务的双星名人实业公司则做大做强制鞋业。他表示，双星将通过新一轮的战略调整，进一步理顺产业分工，着力发展轮胎、机械、制鞋三大产业，实现"把双星打造成中国综合性制造加工业特大集团"的战略目标。始终以热切的姿态拥抱市场，像一名优秀的士兵那样不抛弃，不放弃，敢于冒险，勇于探索。这或许正是汪海和他率领的双星在国企改革前沿长盛不衰的秘密。

（原载2008年2月25日《青岛日报》）

汪海"将军":不走官场走市场

张来民

20 年前,全国第一次评出了 20 位优秀企业家,在中南海受到党和国家领导人的亲切接见。20 年后,这 20 位首届全国优秀企业家发生了巨大的分化。有的荣升,有的落马,有的出逃外国,有的锒铛入狱……汪海,作为当时青岛第九橡胶厂厂长、现在的双星集团总裁,依然在原来的企业奋斗着,被称为"市场将军"、"长寿总裁",中国企业界的"常青树"。汪海的路,今天看来,前程宽广,繁花似锦,但也曾经历了曲折坎坷,荆棘丛生,激荡着血与火的搏斗,生与死的考验……

"我要做梁山 109 将!"

"我本来应该是战场上的一个将军。"汪海不止一次地对前来采访的记者说。

1941 年,汪海出生在山东省微山湖畔的一个小村庄里。7 岁时,当上了"儿童团长"。1965 年,他咬破手指写下血书:"坚决要求参军,保卫伟大祖国" 12 个字,穿上军装,奔赴越南战场。那时候他想,如果不在战场上牺牲,他就一定要当上将军。然而命运却没有让他如愿,1975 年,回国转业调进青岛市第九橡胶厂,先后任政治部主任、党委副书记、书记。但 10 年的军旅生涯以及先天的禀赋和人生的追求,却使他在改革开放的大潮中和市场经济的"战场"上当上了肩扛光芒四射的"双星"的将军。

那是 1983 年 11 月,七八级的西北风一连刮了几天。黄海咆哮,树木萧瑟,天昏地暗,人迹稀少。

汪海只身一人,奋力地蹬着自行车穿行在大街小巷。

作为一家国营重点胶鞋生产企业,青岛橡胶九厂几十年来一直在国家计划经济的模式里运转,生产计划由国家下达,原料由国家统配,产品由国家包销。现在这一切都成了历史。商业部门声称没钱，拒绝收购九厂的产品。200 多万双解放鞋在仓库里堆积如山，运不出去；而生产线上还仍然按计划在生产。账面上只出不进，所剩无几。眼看发工资的日子到了，两千多名职工近 10 万元开销一点着落也没有。这一切使刚刚就任党委书记不到 6 个月的汪海急得嘴唇上起满了燎泡。

他去找商业部门。答复是："人们的消费水平提高了，傻大黑粗的解放鞋根本卖不出去，我们再也不能做赔本的买卖了。"

他去找上级机关。回答说："我们只负责下达生产计划。商业部门不收购，我们也没办法。"

汪海退一步要求借款，好歹把工资先发出去，但是对方连借贷之门都关得死死的。

汪海怒发冲冠："生产计划难道不是你们下达的吗？生产任务完成了，你们说不要就不要了，还讲不讲信义？还有没有法?!"临走时，他愤怒地扔下一句话："下次谁再来向你们要钱，谁就是孙子!"

回到厂里，见仓库里堆满了鞋，办公楼的楼道里堆满了鞋，连他的办公室也堆满了鞋。他置身在鞋的层层包围之中……

霎时，眼前的鞋化作了一座山，一座树木葱绿的梁山。

"我想到了梁山好汉。"汪海在接受记者采访时说，"那一百零八将并非愿意铤而走险，落草为寇，而是被环境剥夺了生存的权利，才占山为王，替天行道，干出了那一番轰轰烈烈的英雄壮举。"他发誓："我要做梁山一百零九将!"

他在全厂职工大会上直言："今天，企业的出路已被彻底切断。没人救我们，谁也救不了我们。难道死了张屠夫，就吃混毛猪？"他克制着内心的激动，"世上本没有路，路是人走出来的。企业要生存，我们要吃饭，任何的恩赐、施舍都救不了我们，只有自己救自己!"他顺手举起一双鞋，"有了鸡，我们还怕没有蛋吗？"

上级规定：不准企业私自销售产品。为了吃饭，汪海冲破禁令，带着几个人背着鞋偷偷地溜出了厂门，到市场上试销。为了避开商业部门驻厂人员的耳目，他们就像敌后武工队似的在夜间出动。

不料，风声走漏，商业部门勃然大怒，对此越轨行为进行制裁：不但停止收购橡胶九厂的解放鞋，连新开发的产品也一双都不要了。

汪海反而如释重负，干脆与业务员一道大白天背着鞋走上了市场。他们一面卖鞋，一面进行市场调查，历尽艰辛，奔波一年，硬是把积压的 200

万双解放鞋销售一空。

汪海由此悟出了一条真理：企业的命运不在天，不在地，而在市场。企业要想生存和发展就应该："适应市场去改，围着市场去创，跟着市场去变"。

"今天我们搞改革，首先要想办法把能人用起来，让能人来管理。"

市场宛如大海，时而风平浪静，时而波涛汹涌，潮起潮落，海啸飞来，有着自己的规律。橡胶九厂这只航船由于是根据计划经济的模式制造的，如今驶入市场经济的大海，很快就发出了刺耳的不和谐之音。尤其是它的内部组织结构，远远不能适应市场的需要。全厂27个科室，有的与生产经营严重脱节，空有其名。三四百名干部，靠工人的血汗养着，高高在上，人浮于事；相反，对市场信息的捕捉、新产品的开发以及销售网络、售后服务等经营环节都没有专门机构。"必须进行机构改革！否则，一旦遇上惊涛骇浪，橡胶九厂这条旧船就会遭到灭顶之灾。"

汪海首先制订出宏伟的战略目标："立足山东，面向全国，冲出亚洲，走向世界！"在此宗旨下他围绕市场开始进行大刀阔斧的机构改革。

安全科是汪海机构改革的突破口，也是橡胶九厂前进的重要障碍。这个科近20人，基本上由一些领导阶层的亲戚、子女、关系户组成。他们占据着办公楼整整一层的全部房间，一人一个办公室，连会议室都有七八十平方米，并专门配有打字员、放映员。而他们对工人做了些什么呢？橡胶九厂建厂以来，他们从来没有给第一线工作的工人们发过工作服，连手套也不发。工人仅有的一条围裙补丁摞补丁。相反，这些坐在办公室里养尊处优的人倒有工作服穿，冬天还发棉衣棉鞋。这个特权小王国被工人们称为"超阶级科"。厂党委会决定，撤销安全科建制，人员与劳工科合并。

汪海与安全科长、副科长谈话。

科长说："安全科的建制完全是按照上级的规定。如果现在部里、或省里、市里有撤销工厂安全科的决定，我们没有话说。"

汪海说："你要上面的决定，没有。但是让你们合并是党委会从实际出发做出的决定。希望你们能够理解，顾全大局。"

第一次谈话，没能说服。汪海让他们考虑一下，晚上又找他们第二次谈话。安全科态度仍然强硬，不执行。

汪海火了："你们这些年来，养了那么多闲人，占了那么多房子，可是你们对工人们做过什么好事？摆出来我听听。"他说，"给你们三间房子就够不错了，回去马上把四层给我腾出来！"

安全科放出话来：让我们搬家，没那么容易，我们要集体上诉。

汪海发出死命令：告到哪儿去都不怕！党委会的决定必须立即执行。明天下午6点以前如不搬到指定地点，制裁！

此令一出，全厂为之震动。人们的目光聚集在这一焦点：要看看汪海的刀硬还是上面有根子的安全科硬。

安全科连夜开会商量对策，并派人去上级主管部门游说，寻求支持。

第二天中午12点，汪海见他们按兵不动，又召开党委会，决定罢免科室领导。

会后，汪海一米八多的魁梧身躯，铁塔般地站在厂门口，两眼直视对面四层楼上安全科的一排窗户；安全科的人马也站在玻璃窗后看着他。

此时厂区一片寂静，人们屏息观望着这场正与邪的较量。

到了下午三点半，汪海派人上楼请科长下来，当众宣布党委会新决定。

在正气面前，安全科这才开始老老实实地往下搬东西。

就这样，原先27个科室精简到7个，管理行政人员也由占全厂职工的11.8％缩减为7.8％。与此同时，原来仅有4个人的销售科扩大为生产经营信息公司。

机构改革不仅仅是组织结构的调整，而且是人力资源的重新配置，其中最为关键的是要把能人放在管理的位置上。汪海说："中国的能人太多了。只是我们旧的人事体制，没有给他们创造一个好的环境，限制了他们聪明才智的发挥。今天我们搞改革，首先要想办法把能人用起来，让能人来管理。如果尽用些听话的庸人那事情怎能办好？我研究人家资本主义社会，说实在的没有咱的优越，弊病很多，但他们为什么能发展？就是人才制度好，谁有本事谁当总统。"

于是，汪海把竞争机制引入新的管理机构中。他郑重宣布：干部职工没有界限，谁能耐大谁来坐交椅，而且这个交椅不再是铁的。干得好则干，干不好将由群众评议，厂里重新聘任。汪海说："招贤纳士未必要跑遍天下，其实百步之内必有芳草。关键是能否造就一个好的环境，给他们一个公平竞争的机会，让他们有可能冒出来发挥自己最大的聪明才智。"

"王婆卖瓜，自卖自夸，过去一直从贬义上来理解，现在得重新评价王婆的才能。"

企业走向市场，最终体现的是产品。而"黄鞋帮，黑胶底，穿上两天臭无比。"这是人们对青岛橡胶九厂传统产品解放牌黄胶鞋的评价。汪海说："再过两三年，把这种鞋白送人，恐怕都没人要了。"他还了解到全国国有大中型胶鞋企业就有300多家，以天津市的大中华橡胶厂为首实力都相当雄厚。而南方珠江三角洲地区个体的、集体的、合资的制鞋企业已发展到3000余家，深圳地区也有2400多家，温州一带就更别说了，加起来，全国鞋的年产量已达10亿双。在这种供过于求的情况下，橡胶九厂如果不开发新产品，不开辟新道路，就不能从根本上走出困境。

汪海一方面在山东、新疆等地组建联营分厂，搞"老产品扩散"；另一方面成立新产品开发部，领导着技术人员设计新产品。然而，正当生产开始走上正轨，新产品在流水线上源源而出的时候，一件看起来微不足道的事深深地刺痛了汪海的自尊心。

一次，他带队到西北考察市场。一家大百货商场经理发现了几个外乡人站在柜台前指手画脚，问这问那，便好奇地问：客从何来？

"青岛橡胶九厂。"汪海答道。

"啥？"经理愈加好奇了，"香蕉酒厂打听鞋干啥？"

"我们是做鞋的啊！"汪海指了指柜台里的鞋。

"怪事，香蕉酒厂不做酒，怎么做起鞋来了？"

汪海无地自容，感到莫大的耻辱。他走出商场，一路无语。

青岛橡胶九厂从1921年建厂到新中国成立后成为国营制鞋大企业已有半个多世纪的历史了。然而连大商店卖鞋的经理都没有一点儿印象，更何况其他人呢？现代经营与企业及其产品的知名度密切相关。"王婆卖瓜，自卖自夸。"过去一直从贬义上来理解，现在得重新评价王婆的才能，她最起码懂得经商之道，会宣传自己。

回到青岛，汪海想直接在报纸上做广告，但想到厂里资金紧张，做广告花钱多效果也未必好，不如请来一些新闻记者开个记者招待会，几杯茶，一顿饭，让各报发个消息。这样既省钱又见效快，宣传范围也广。

1984年11月24日，青岛市，也是全国第一次由企业举办的记者招待会在橡胶九厂召开了。新华社、中央人民广播电台、光明日报、工人日报、中国体育报等43家新闻单位的记者应邀出席。汪海不仅向记者们介绍了企业的情况和发展规划，而且还带领他们参观了车间。最后，汪海捧出了厂里新开发的"双星"牌胶鞋送给了记者。

汪海说："我可不是送礼，而是让你们试穿，三个月后必须返回质量信息。"

记者们满意而去。整个会议一清账共花了6000多元，包括所送的鞋钱。

记者们果然不负所望。前脚走，后脚各类报道就源源不断地在媒体上刊登出来了，有的报道还被香港有关媒体转载。短短几天，"双星"名扬全国。

然而谁又料到，一些别有用心的人连夜告了他的恶状：假公济私、捞取功名、大吃大喝、浪费钱财……

汪海对此一笑了之。中国的事情就是这样：不做事没事，一做事就出事。他想，虽然由企业自主召开新闻发布会以前没有过，上面的红头文件也没做过此类规定，但它同花钱打广告宣传产品一样，有什么不对？他认为此事与中央改革精神顺茬，决定不予理睬。

但是有些人却不这样认为。就在汪海飞赴日本考察引进设备的那天，由市纪委和橡胶公司联合组成的调查组进驻橡胶九厂。

"我现在的领导就是市场。"

"在中国，要整倒一个改革者，说容易也容易，说不容易也不容易。有两条我认为非常重要，处理不妥，你自己就先把自己打倒了：一条是你作为企业家，能否抵抗得住金钱的诱惑；一条是与女人的交往要特别注意分寸。也就是，别装错了兜，别上错了床。而恰恰在这两个方面，他们任何人都抓不住我的把柄。"

汪海对自己的行为充满信心。

汪海清楚地记得，那是 1985 年 3 月 28 日。汪海一行人从日本风尘仆仆回到青岛。走出火车站，广场上空空荡荡，没有人迎接。

汪海感到十分诧异："通知办公室了吗？"他问随行人员。

"通知了。"

"打电话回厂，问我下台了没有。"

1983 年 6 月 2 日，汪海由山东省青岛橡胶九厂党委副书记升为书记。从那时起，汪海开始对橡胶九厂进行大刀阔斧的改革，不可避免地触动了一些人的既得利益，得罪了一些人。"此刻我想，出国在外一个月，谁知道家里闹成了什么样子；假若已被端了锅，赶下台了，咱就老老实实坐公共汽车回家。"

电话里说书记没换人。

汪海顿时来劲了："马上通知办公室派车来接！"

汪海曾当着全厂的职工立下誓言：工人们的通勤车一天不解决，他就一天不坐小车。他上下班都是骑自行车。现在，他执意要大家等厂里来车接，并非是为了派头，而是要争口气。

回到厂里，汪海首先接到市纪委发来的最后通牒：汪海一下火车立即去纪委报到。

汪海并没有感到紧张，反而幽默地说："我一个多月没有回家了，想老婆，我要先回家看看。"

回到家里，他把市纪委召见的事告诉了妻子：这回恐怕要进"小黑屋"了，一进去不知什么时候才能出来。他嘱咐妻子要带好孩子，在青岛生活不下去，就回老家……话还没说完，市纪委的电话就打过来了。

妻子含泪告别了丈夫，望着他向市纪委走去。

一进办公室，只见市纪委副主任正襟危坐，四个秘书分坐两旁，每个人手里一个记录本，五个人冷冷的眼色，都像是在盯着一个罪犯。见这架势，汪海故意昂首挺胸，大义凛然。

汪海问："谁找我？"

"我找你？"副主任说。

"你是谁？"

副主任略一愣神，报出自己的大名。

"你找我来说什么？"

"你错误地召开记者招待会，大吃大喝，乱发礼物，浪费国家钱财……"

又是记者招待会！汪海顿时火冒三丈，没等副主任把罪名罗列完就发了火：

"你们今天摆出三堂会审的架势吓唬不了我。记者招待会是改革的产物，你政府能开，企业为什么不能开？按国家规定，请客费一年是两万多，而我开会才花了6000元。用的是允许企业花的钱，是正当的职权，犯了什么法？你们给我扣一个乱发礼物的帽子，可是你们知道给记者送双鞋发了试穿证吗？三个月后他们返回质量信息，这有什么错？"

"你不但给记者送鞋，据我们调查，你们自己也多领了15双，这15双鞋干什么用了？"

"工作人员是多领了十几双，这不假。但我没让动一双，至今还都封存在办公室的柜子里，你们现在就可以去查。"

"那么，摆宴席、大吃大喝呢，你作何解释？"

"几个菜一个汤，那叫什么宴席？要检查只能检查开会期间我陪着记者们一起吃了，而效果是什么你们知道吗？"他掏出一卷报纸摔到桌上，"30多家新闻单位都发了消息，连香港报纸都作了转载。别的企业用钱打广告是宣传产品；我请新闻记者来同样是宣传企业、宣传产品。你们却为此兴师动众调查一个多月。即使有天大的错误，可以和我直接谈嘛！"

"汪海，你太狂妄了！"副主任终于控制不住内心的愤怒，拍案而起。"今天你到这里来是承认错误，还是强词夺理来为自己辩护？"

"我可不吃这一套，你拍一下桌子我要拍两下。"他后来说。

"啪、啪"两掌下去，震得四个秘书捂住了耳朵。

"我就是来为自己辩护的，我要看看你们到底讲不讲道理！"

双方剑拔弩张，互不相让，桌子拍得震天响。

"你再拍！"汪海逼到副主任跟前，"你再拍一下桌子我就把它砸了！"吼声震天，气势夺人。

势态发展到这般地步，纪委主任不得不出面圆场："冷静冷静冷静，问题还可以慢慢谈嘛……"

"说什么？还怎么谈？"

汪海明白他此刻的处境危如累卵，便转身拽门而去。

"嘭、嘭、嘭"汪海敲开了市委书记刘鹏的门。

刘鹏一边让座，一边从桌上的文件堆里翻出一份红头文件，说："这是市纪检委、市整党办联合上报的文件，要在全市县团级干部中第一个抓你的不正之风。但是我一直没有签发，我想更多地了解一些情况，也想听听你的意见。"

望着市委书记和蔼、宽厚、沉着的神态，汪海暴怒的情绪顿时平静了下来。

8个月前，汪海来过这里。当时，他想与乡镇企业联营，建立分厂，把老产品逐步扩散出去，总厂可以集中力量开发新产品。这样既保住了原有的市场，又开拓了新的道路。但是，他的这一想法遭到了全厂职工的反对，甚至有人骂他是"卖厂贼"。上级主管部门也不理解，不予支持。他找到了刘书记。刘书记听完了他的汇报后，兴奋地说："如果我们每一个企业的领导，都能像你这样大胆去想，深入调查，事情就好办得多了。"他鼓励说，"你放手去实践吧，先搞个试点。遇到什么问题，可以直接来找我。"正是在刘书记的支持下，汪海迅速在山东10个县、1个市建立了3家联合分厂，为后来组建双星集团奠定了坚实的基础。

再次见到刘书记，汪海感到很亲切。他从西北之行橡胶九厂被误认为是"香蕉酒厂"谈起，谈到记者招待会，一直谈到刚刚发生在纪委办公室里的一切。他最后说："党中央不是让改革吗？改革不是摸着石头过河吗？

我不知道错在哪儿。就是有错，也是改革过程中的错儿，是工作中的错儿，谁能保证工作中没错儿？他们为什么要审查我、制裁我？"

刘鹏听得很认真。他认为企业借助新闻界宣传企业和产品的知名度，不能不说是一种探索。给每位记者送一双鞋也没什么大不了。问题是人们对此还缺乏认识，所以才有了这起"枪打出头鸟"的风波。

他说："中国该办的事情太多了，但是由于人们陈旧的思想观念和工作方法的影响，造成了该办的事你办了觉得你不该办；不该办的事你办了却因为人们的习惯势力，反而认为是正常的、自然的。这就是我们改革面临的阻力。"

刘鹏不愧为改革的保护人。他不仅没签发"隔离审查"汪海的那个文件，而且关照市经委给予支持，在国有企业实行厂长负责制时，力排众议，破格任命汪海为橡胶九厂厂长兼党委书记。

古人说："千里马常有，而伯乐不常有。"汪海在创业时期多亏遇上了刘鹏这位高瞻远瞩、胆识过人的市委书记。他后来感叹："在中国的官场上没有靠山很难成事。但是我与刘书记没有任何私交，唯一两次去见他，都是陷入困境后找他解决问题。如果没有他的支持，双星早就被人打趴下了。"

刘鹏支持汪海，也不是没有压力。市里的其他领导以及有关部门都认为汪海这人太狂傲了。什么都敢说，什么都敢干。尤其是橡胶九厂成为自营自销、自负盈亏企业以后，你就再也见不到他了。天马行空，独往独来，大事不请示，小事不汇报，全由着他自己的性子来，把橡胶九厂弄成了一个无上级主管企业。

对于这些议论，刘鹏总是笑笑，"大家都在喊改革，而对于汪海，你们能不能对他宽些尺度呢？"

汪海说得更绝："1983 年企业处在危急之中，我登门请你们管，你们一脚踢开，谁都不管；如今又指手画脚。晚了！我现在的领导就是市场！"

汪海这样解释："在中国计划经济向市场经济的过渡中，作为企业光靠红头文件，靠首长讲话是不够的。真正推动企业改革前进的是市场。如果没有市场这个动力，再多的红头文件也只能是纸上谈兵。"因此，汪海把市场当做自己的领导。这是他几十年来改革实践的精辟总结。

"我宁愿得罪一个领导，得罪一些关系，也不能得罪我的事业。"

但是，在由几千年形成的官本位的社会里，把初露端倪的市场作为自己的领导并不是一件容易的事。人际交往中盘根错节形成的"铁关系"；旧体制中条条框框形成的"铁栅栏";人们头脑中旧观念形成的"铁锁链",纵横交错,头绪纷繁,构成了一个强大的铁丝网,使你难以与市场接近。汪海将其称之为"新三铁"。他激愤地说:"企业要走向市场,适应市场,必须砸破'新三铁'!"

有一位省领导,当小学教师时认识的一个同事的女儿在双星集团工作。这位同事找到这位省领导,要求他女儿调出企业到机关工作。于是有省里领导亲笔批示的条子传到了汪海手里。紧接着青岛市的有关领导又有四五个前来说情。

这位要求调动的人是"双星"培养出来的一个技术骨干。若调走后,企业工作就会受到影响,也怕以后有人仿效,因此,汪海坚决不放;不仅如此,他还把这件事公布于众。他在大会上讲:"我们双星的改革进行了这么多年,但是我们有些同志的思想观念却仍然是陈旧的,没有丝毫改变,既想图清闲,当懒汉,混日子,享有计划经济的'优越性';又想多拿钱,发财致富,得到市场经济的好处,天下哪有这么两全其美的事情?"

这件事很快传到了批条子的省领导那里。省领导颇不高兴,向市长说:"不放就不放嘛,汪海为什么要把这事拿到大会上讲?"

好心人劝汪海,何苦为个小人物而得罪上面的大人物呢?这不是因小失大吗?

"我宁肯得罪一个领导,得罪一些关系,也不能得罪我的事业。"汪海说,"她本来在企业干得很好,想调走无非是想轻松一些,舒服一些,想工资奖金拿得高高的,活儿干得轻轻的。这本身就是社会主义公有制、大锅饭长期以来形成的惰性。我的企业要在市场竞争中站稳脚跟,就必须扭转这种意识。"

有一天,青岛市有关领导通知汪海,省里有位领导来视察工作,让他送去几双"双星鞋"——那本意也是想让他见见领导。汪海说:"要鞋可以,可我没工夫去送,让办公室去个人吧。"

"鞋钱呢?"对方在电话里问。

"优惠,享受出厂价吧。"

电话里"嘿嘿"一笑。多少人想给上级领导送东西,苦于没有门路;现在找上门来的机会,汪海还不利用。怎么能给省领导要鞋钱呢?对方觉得汪海是在开玩笑。

汪海可是当真。他对办公室去送鞋的小伙子说:"鞋钱拿不回来,你就别回来。"

很快，送鞋的小伙子打回了电话："汪总，这些钱……"

"鞋钱拿不回来，你就别回来了。"汪海重复了那句话。

无奈，小伙子又找到青岛市有关负责同志。这位同志说："我们扭不过汪海。给你一张支票，你回去随便划好了。"

汪海事后说："我就是要改变一下人们的观念，破一破多年来形成的下级对上级的媚俗关系。要我卖鞋不收领导的钱，那就不是我汪海了，那样汪海也就没味了。"

为了满足国际市场的需要，双星要建一幢出口鞋大楼，但是光申报就等了两年多仍批不下来。等到1989年正式开工建楼时，时间已经不等人了，只有加快效率，厂房建筑和设备安装同时上。外装修时内部就安装设备，等工程竣工，设备也全好了。但是，市里有关部门禁止使用，说厂房我们还没有验收合格，你怎么连设备也安好了？这不合规定。

汪海不听这一套："我自己花钱盖厂房，还要等你同意了才能使用，耽误了生产，耽误了市场，你们谁也不会替我承担责任。用！一天都不能等。"

双星从青岛走向全国，又从国内走向国外；汪海出国考察、谈判、参加国际博览会的机会自然就多起来。

有关部门直嚷嚷："汪海怎么这个月出了，下个月又出？你出国起码也得轮换着出呀！"

汪海说："你当我出国是为玩去呀？我哪里有这些闲心！"

"你去可以，我们得派一个跟着。"

"我是特务还是什么？我出钱让你给我盯梢，那我何不带一个设计人员去呢？"

"啊，一次出国就十几个人。这么多人出去，不行。"

"我厂职工出国参加博览会，是为了工作，为了交战，为什么不行？"

"出国没有超过5人的，你这么多人，没这个先例。"

"古人还敢吃螃蟹呢，不能说以前没有的事，今天就不能干，否则社会怎么发展？！"

当初，企业要进入市场，汪海大胆地破除了铁饭碗、铁工资、铁交椅；现在，企业要继续发展，参与国际市场的竞争，汪海又勇敢地向"新三铁"冲刺。但无论是旧三铁还是新三铁，都是由人组成的关系网。这样，汪海的改革就面临着七种反对势力：

（1）"文化大革命"中上来的造反派，没有了派性斗争的市场；

（2）心怀叵测的野心家，被截断了靠歪门邪道向上爬的路子；

（3）部分退居二线的老干部，感到失落，心怀不满；

（4）观念陈旧，在计划经济的旧模式里生活惯了的人，如今跟不上形势而受到冲击；

（5）上有靠山下有根底，长年无人敢管敢问的人现在不能为所欲为了；

（6）不干活混日子的懒汉、二流子受到了纪律的约束；

（7）能力平平、庸庸碌碌的基层干部，因精简机构被撤换下来，怀恨在心。

除了这七种势力，还有来自主管部门的非难。

一天，他碰到市信访办的人。

"汪海，你别再胡折腾了。"那人说。

"怎么了？"

"一天不接到告你的信，我们就真是没事干了。"

"告什么？"

"你的一言一行，一举一动，没有不告的。"

汪海笑了笑："那就让他们告吧。那些不干事的告干事的是中国人的传统，没有什么可奇怪的。"

不仅如此，还有人深夜藏在树林里向汪海扔石头……

"改革是一场革命。是生与死的考验。"汪海说，"我不怕死。我本应该在越南战场上牺牲，活到现在就是多余的。"他有时把手枪挎在腰间，以示挑战。他把市场当成了战场，实践着他的"将军梦"。

让中国女排穿上中国双星鞋

市场经济是品牌经济。"品牌是市场经济中的原子弹"。汪海在创业之初就悟出了这一观点。更为难能可贵的是，面对 20 世纪 80 年代洋品牌大举进入中国的态势，汪海较早提出了"创中国品牌就是最大的爱国主义"的思想，并把创造中国民族品牌的重担自觉地担到了自己的肩上。

1986 年前后，正是中国女排以昂扬的斗志在世界排坛上连连夺冠，取得辉煌战果的时期。汪海虽然不是球迷，但凡是中国女排出战的世界大赛，汪海必看。

当汪海看到中国女排姑娘们脚上穿的竟然是日本"美津浓"时，他顿觉一股刻骨铭心的内疚涌上心头。汪海感到这是中国"鞋匠"的耻辱。咱中国人站着不比外国人矮，躺着不比外国人短，他们能做到的我们为什么做不到？

在一次厂领导班子会议上，汪海将自己憋了一肚子的话统统倒了出来："女排姑娘们奋力拼搏，给咱中国人争脸，却要穿人家日本人的运动鞋。这说明啥，说明咱们无能！我就不信，他们能做到的，咱中国人就做不到；我就不信，我们堂堂中华民族有几千年的鞋文化历史，如今倒不会做鞋了！我们双星人一定要创造自己的名牌！"

从这一天起，汪海就暗下决心，将复兴民族鞋业的责任揽在了自己肩上。

汪海打响的第一枪，就是要用100天时间建一座高档运动鞋分厂，向国庆节献礼。9月28日运动鞋分厂提前建成投产，他们首先研制成功了高级专业排球运动鞋，并且还专门为女排特制了一批红色排球鞋以表达职工们的敬仰之情。

深秋季节，汪海喜滋滋地背上鞋，代表双星人进京向女排赠送礼物来了。

只见这位青岛大汉热心地背来鞋，还一双双地摆出来，边摆边念念有词："这是铁榔头郎平的，这是二传手孙晋芳的，这是梁艳的，这是……放心吧，我们全是按照她们脚的尺寸特意制作的。"

女排管接待的同志微笑着望着这一幕，颇有意味地婉言谢绝道："感谢你们对女排的支持。但是国家体委有明文规定，不准任何单位和个人向中国女排赠送任何礼物，更不允许做广告性的宣传。"

汪海脸上的笑容渐渐凝固了，他双眼习惯性地一眯，说道："我们双星的鞋在市场上不是卖不出去，而是我这个鞋匠看着女排穿外国鞋夺冠军，心里难受。我们全厂职工心里都难受。你知道吗？为了赶制这些鞋，我们的工人整整苦干了100天啊……"

他的真诚感动了女排，他们破天荒地接受了双星人的一片心意。邓若曾、胡进、郎平等人赶来高兴地和汪海握手并与他一起合影留念。

中国女排的姑娘们终于穿上了双星鞋驰骋疆场，还特意委托袁伟民专程到双星赠送签名排球。

此后，汪海又上了足球训练鞋生产线。这两种运动鞋都先后成为企业的拳头产品，荣获国家银牌奖。不到两年时间，"双星"运动鞋以其质优、价廉畅销国内市场。全国16支甲级女子排球队都将"双星"排球鞋确定为专业用鞋。

在美国脱鞋宣传中国品牌

品牌的核心是质量，而质量是企业之本。汪海常说："企业什么都可以改革，唯有质量第一不能改革。"在双星发展跃入快车道以后，汪海经常告诫员工：愈是名牌愈要重视质量，愈是名牌愈要提高质量。

1990年初，双星收到几封顾客来信，反映双星集团销售势头正劲的新产品——老年健身鞋小有毛病，问能否退换。原来，这批鞋的问题出在设备上，而鞋的材料和坚固程度都比较可靠，不影响穿用。

产品质量是企业的生命，售后服务同样关系到企业的生命。汪海立即下令封存尚未出厂的鞋，停下生产线全面检修设备，从全国各地的批发零售企业撤下尚未出售的老年健身鞋。同时，在报纸和电视台登广告，向消费者致歉，请购买这一批老年健身鞋的顾客，到双星专卖店或当地营销公司退换商品。

出于同样目的，1997年12月30日汪海将价值10万元稍有质量问题的产品付之一炬。汪海对在场的上千双星人说："我们十年拼搏创下双星名牌，靠的就是过硬的产品质量，放松了质量，不合格的鞋就会几十倍、几百倍地泛滥膨胀，到那时我们十年辉煌就会毁于一旦。"

然而，高质量的产品，如果无人知晓，就很难成为市场中的名牌。因此，汪海不仅在国内，而且在国外利用各种方式宣传自己的产品。

1992年夏，汪海在美国纽约举行新闻发布会。会上，纽约《美东时报》资深记者威廉·查理提问："汪海先生，你是大名鼎鼎的中国鞋王，都说双星鞋品质一流，超凡脱俗，那么，我冒昧地问一句，阁下脚上穿的可是双星鞋？"威廉·查理早已注意到汪海脚上那双漂亮的皮鞋，以他的眼光那应该是欧美货。他来这么一手，就是想看看汪海的笑话，挫一下汪海的锐气。

汪海笑了："我十分感谢刚才这位记者的提问，是他给我提供了一个宣传双星产品的好机会，我知道在公众场合脱鞋是很不文明的行为，但是……"他开始弯腰脱鞋。

高声说道："看到了吗？China Doublestar，地地道道的中国双星鞋。不瞒诸位，我一年四季都穿双星鞋，我们的两万多名双星人也都穿双星鞋，我们就是要脚踏双星，走遍世界。"

霎时间，镁光灯频频闪烁。

第二天，汪海面带微笑、手举皮鞋的照片刊登在美国许多报刊的醒目位置。

美国新闻界评论："在我们的记忆里，社会主义国家的共产党人在美国公众面前脱鞋的只有两位。一位是赫鲁晓夫在纽约的联合国总部发火，他脱下自己的皮鞋敲桌子，以显示其世界超级大国的威力；再就是眼前的'中国鞋王'汪海了，这位一直站在国有企业改革前沿的中国人，微笑着用自己的产品挑战美国市场，这才是真正的厉害！"

汪海不仅善于利用国内外新闻媒体，而且运用模特表演，让双星驰名国际市场。

1992年9月13日，位于德国西部的杜塞尔多夫市，在一片蒙蒙秋雨中拉开了第124届国际鞋业博览会的帷幕。此次国际鞋业博览会，有52个国家和地区的1400余家公司参加。这是世界鞋业最大的盛会。双星依然是唯一参展的中国大陆企业。

开馆的第一天清晨，8位中国双星姑娘身穿中国旗袍，披着标有"CHINA DOUBLESTAR"的绶带，如花似玉，亭亭玉立，她们分别站在四个入馆的大门旁，将印有多种文字的邀请书送到进馆的客户手中，欢迎他们到双星展位观摩中国鞋文化表演，并且参加双星幸运抽奖。

一时间，整个博览会掀起了一股中国热。不同国籍的鞋商们争相涌向双星展厅。

双星在一个长12米，宽3米的空地上搭了个小舞台，东方情调的音乐不绝于耳，8位身着华贵旗袍的模特儿，气质高雅地款款而行，向人们展示着脚上各式各样中国双星设计的高跟皮鞋。这些美丽的东方女性不是从哪里请来的演员、模特儿，全是双星开发部的技术人员。

整个博览会期间，汪海和双星成了头号新闻热点，许多电视新闻记者扛着摄像机前来采访录像。这次博览会双星一下子收到200多万双的订单，其中欧洲客户占80%，还有少部分中东客户，甚至连世界著名的彪马、皮尔·卡丹这样的大客户也当场和他们签订了供货合同。

打造中国血统的世界知名品牌

随着双星品牌的日益做大，汪海的名气也漂洋过海，引起国外鞋业的注意。有的跨国公司老板甚至开出"天价"请他出山。东南亚、韩国的一些鞋商更是屈尊贵体，亲自到青岛请汪海为他们支撑门户。

一天，一份来自美国的传真放在了汪海的案头。那是美国中兴公司老板艾伦发出的，他热情邀请汪海出任他公司的总经理，认为汪海完全有能力把"中兴"做成美国的第二家耐克。

不久，艾伦又发来一份传真。这次艾伦拿出了美国人惯用的杀手铜——美元。艾伦表示，只要汪海答应出任中兴公司的总经理可以送给汪海中兴公司 30% 的股份，并且年薪不低于 50000 美元。对于当时月薪仅有 360 元人民币的汪海来说，50000 美元是个天文数字，更不用说还有 30% 的股份。

汪海看出这位美国人是认真的，明白自己再不说话，恐有损中国礼仪之邦的形象，遂款款回言："艾伦先生，承蒙错爱。我汪海是一位中国人，一位中国普普通通的鞋匠。中国有我的亲人和事业，相比之下这里更适合我，我要在有生之年为我的祖国尽力做些事情……"一颗拳拳爱国之心，跃然纸上。

美国不仅是世界上最大的人才进口国，而且是当今对企业家最推崇的国度。美国第十三任总统约翰·卡尔文·柯立芝甚至认为"美国的事业是企业家的事业。""企业家不仅仅代表着一个创造财富的群体，更代表着一种精神，代表着国家魂、民族魂。"

汪海不离开自己的祖国，不仅美国他不去，而且任何国家他都不去。他表示："我汪海发誓从此给共产党打一辈子工，做一个中国鞋匠，将双星打造成纯中国血统的世界知名品牌！"

给汽车做"鞋"，把双星做强

纵观世界知名名牌，有一个发展规律，即当它成长到一定阶段，就要向相关行业或领域进行拓展，形成"以母体为依托，多元化经营发展，共同做大做强"的局面。双星品牌的发展也经历了这样的阶段。用汪海的话说，就是"给汽车做鞋"——向轮胎行业进军。

按说，制鞋业与轮胎制造是两个不同的行业，可身兼中国橡胶协会副理事长的汪海，对中国轮胎制造一点也不陌生，他上学时学的就是橡胶专业。20 世纪 90 年代中期，汪海就从中国乃至世界范围内汽车行业的发展趋势中，看到了轮胎业广阔的发展空间。他预见到，随着高速公路的成倍延伸，汽车的需求将进一步增大，中国将是一个大的轮胎市场。况且，当时国内轮胎产业档次低、名牌少，"双星若能跻身轮胎业，在技术上领先一步，凭着双星在橡胶业的这块牌子和雄厚实力，完全可以后来居上。"汪海不止一次这样想。

常言道：机遇往往垂青那些时刻有准备的人。就在汪海四处寻找"新的利润增长点"时，在青岛市证券交易中心"上柜"交易的"华青股份"进入汪海的视野。

根据国发办（1998）10号文件和中国证监会"关于清理整顿场外非法股票交易"的文件规定，自1998年10月起，华青股份被停牌。股票停止上柜交易对华青股份而言，无疑是致命一击。但中国证监会的文件给上柜交易的企业留了一条生路：允许行业相同或相近的上市公司吸收合并有发展前景的挂牌公司。

华青股份在青岛证券中心停牌后千方百计地寻找能吸收合并的上市公司。在他们的心目中，由双星来兼并"华青"实在是再合适不过了。而双星也需要借"华青"这只小"船"，实现自己进军轮胎制造业的战略目标。双方经过几轮谈判，几乎没有讨价还价就达成了协议。2001年6月6日，中国证监会正式发文，同意双方按照1:1换股吸收方案。

经过短短几年的发展，双星轮胎总公司由一个粗放型、乡镇作坊式的小厂，迅速成长为中国轮胎行业的骨干企业，目前已具备年产值30亿元的规模，整体实力排名居中国轮胎行业前5位，世界第28位，并在2004年被评为中国名牌。

但是，双星吸收合并"华青"只是汪海进军轮胎业的第一步。2005年3月18日，双星集团托管东风轮胎合作协议在武汉正式签订。与此同时，"双星托管东风、东风重振雄风"恢复生产誓师大会也在东风轮胎所在地——湖北省十堰市隆重举行。这标志着汪海民族品牌战略的又一重大发展。

东风轮胎是由原化工部于1969年投入巨资组建的国家轮胎骨干企业，年生产能力曾接近300万套，曾被誉为中国轮胎业"四大家族"之一。1993年，东风轮胎集团与马来西亚金狮集团合资，组建东风金狮轮胎有限公司。金狮集团注资2.8亿元，持有东风轮胎55%股份，此一举使得该企业成为湖北省最大的外方控股合资企业。然而合资也未能扭转东风轮胎走下坡路的命运。终因其资金、管理、市场等诸多原因，企业举步维艰，未能摆脱困境。2004年5月起，这个一度辉煌的企业陷于全面停产的境地。双星托管东风轮胎协议的签订使"沉睡"的东风轮胎开始苏醒。

汪海在"双星托管东风、东风重振雄风"恢复生产誓师大会上作了长达3个小时的动员讲话，先后获得了47次热烈掌声。

"双星重组东风，是为国有轮胎行业争光的需要，是为中国人和中华民族争气的需要。"汪海在讲话中指出，中国"入世"后，加速了世界制造业基地向中国转移的步伐。目前世界轮胎十大国际品牌，已有九家在中国建厂。而双星下决心进入东风，就是要加快发展步伐，联合东风一道同国际品牌对抗，尽快抢占中国的轮胎市场，为中国人争气，为中华民族争光。他强调："这也是我们对国家负责，对民族负责，对国有轮胎行业的生存、发展和形象负责的一种做法。"

汪海最后表示："双星重组东风，东风重振雄风"这个目标一定能够实现，"新一代的双星人创中国轮胎业的民族品牌"这个志气一定能够实现！

"汪海决定走市场不走官场，以后当职业企业家！"

在中国，一些成功的企业家往往怀有一种"当官情结"。综观汪海的人生轨迹，他从来没有离开过双星企业。是否可以说汪海是个例外？

当记者把这个问题摆在汪海面前时，他笑了笑，"说实话，你说我一点进官场的野心也没有过，那是不对的。""因为官场地位高，这是自然的，不要回避这种现实。"汪海坦率地说，自己年轻时也曾经从"将军梦"中不时醒来，企盼着走另一条路：官场。

但是，问题在于当官为什么？是为了自己捞一把，还是为强国富民实现自己的政治理想？汪海回答："我敢肯定在我任上青岛老百姓能得到很多好处。因为我要干实事，我不可能当一个为自己捞的市长。"

汪海说这话时，是1988年。这时候正逢青岛市政府改选，传说47岁的汪海会当主管工业的副市长。市委书记刘鹏支持他。当时，山东省委书记是与汪海家相距仅10公里的老乡，与汪海的大哥还是战友。汪海完全可以找他帮忙，但是汪海不屑于这样做。他认为，当官要凭业绩。他任橡胶九厂党委书记以来九厂的改革成就和巨大发展是青岛上上下下有目共睹的。去年他被评为首届全国优秀企业家，走进中南海，受到党和国家领导人的亲切会见，这在青岛是首屈一指。因此他对自己的当选充满信心，并准备大干一场。没料到，上级不同意。理由是：有人民来信。

刘鹏书记安慰汪海说："下届吧！"

汪海回厂以后立即召开一个全体管理干部会议，情绪激昂地向各位保证：

"你们不要再议论汪海到哪儿当官了。汪海决定走市场不走官场，以后当职业企业家！"

但是后来一直还是有人提议让汪海去当山东省工会副主席；成立威海市时，上级点名叫汪海到威海市当一把手。对这些，汪海再也不会有往日的激情。他说："走官场我总感到事事受阻不顺心；可是到了市场我就精神振奋。"并强调:"市场是我的路。"

从此,汪海彻底断绝了"走官场"的念头,一心一意带着他的数万员工"走市场"。他脚穿"双星"鞋,从海南岛到乌苏里江,从天山脚下到东海之滨,走出了一条国有企业市场成功之路;他飞越太平洋,奔走东南亚,往来欧洲大陆,在国外开拓进取,创出了中国人自己的民族名牌。如今的双星,从一个濒临倒闭的鞋厂发展成为鞋业、轮胎、服装、机械、热电"五大支柱产业"和包括印刷、绣品及三产配套在内的"八大行业"的综合性特大型企业集团,产品远销世界100多个国家和地区,员工由2000多人发展为5万人,固定资产由不到1000万增长到55个亿,年销售收入由3000万元增至68亿,出口创汇由175万美元增至1.5亿美元。上缴利税总额达30多亿元人民币。

敢为天下先

原国家经委主任、中国企联名誉会长袁宝华在2004年人民大会堂举办的"双星进入市场20周年研讨座谈会"上说:"听了双星20年巨变汇报之后,一个很重要的感觉就是,国有企业是可以搞好的。双星的经验充分说明企业在市场经济浪潮中不进则退,企业领导人、企业经营者、企业家,要敢为天下先,像汪海那样敢于吃螃蟹,不断创新,这样才能将企业做大做久。"

"敢为天下先"是汪海的座右铭,也是汪海创业史的真实写照。回顾30年的创业历程,正是在汪海"敢为天下先"精神的指引下,双星从无到有、从小到大、从国内到国外,成为中国人自己创造的民族品牌。但是,敢为天下先要承担很大的风险。比如,汪海第一次召开记者招待会就被人连夜告到市纪委。然而汪海并没有被风险所吓倒,更没有成为风险的牺牲品,相反,他把风险化为机遇和成功的阶梯,率领双星人,把双星品牌不断做强做大。

汪海之所以敢为天下先,当然与上级领导的支持和保护密切相关,但更重要的是汪海本人的理念和素质。

第一,民族精神。他常说:上帝造人时特意把我们中华民族安排得比其他民族高一个档次,不论是长相还是智力都比其他民族高级。结果我们现在赶不上人家,处处落后,这本身是违背上帝旨意的,是要受到上帝惩罚的。汪海让中国女排穿上中国鞋、拒绝国外同行的高薪聘请等等,都表现了汪海强烈的民族精神。

第二，企业家的品质。汪海根据自己的经历和思考，将企业家的品质概括为八个特征：政治家敏锐的头脑；哲学家的思想；军事家统领全局的谋略；诗人的浪漫情怀；实干家锲而不舍的苦干精神；外交家的翩翩风度；鼓动家的激情和演说才干；冒险家的胆识与创新勇气。

第三，实事求是的作风。汪海曾说："正是因为我们遵循了实事求是的原则，才在二十多年的时间里战胜了各种风险，真正创出了中国人自己的品牌。"

第四，严谨的生活态度。在中国，要整倒一个改革者，说容易也容易，说不容易也不容易。汪海说："有两条我认为非常重要，处理不妥，你自己就先把自己打倒了：一条是你作为企业家，能否抵抗得住金钱的诱惑；一条是与女人的交往要特别注意分寸。也就是，别装错了兜，别上错了床。而恰恰在这两个方面，他们任何人都抓不住我的把柄。"

（原载《中国企业家列传》）

汪海：一个"敢为天下先"的企业家

杨明清

20 年前（1988 年），全国 20 位优秀企业家在中南海意气风发地接受国家领导人的颁奖；20 年过去了，20 位企业家中，一直留在国企并至今活跃在国有企业领导舞台上的只有汪海一人。

军人出身的汪海，今年 67 岁，当了 35 年企业领导人，这其中改革开放占了 30 年。中国改革开放 30 年，他既是一个实践者，也是一个见证人。1975 年，部队转业后的他调进了双星集团的前身——青岛市第九橡胶厂。30 多年间，汪海执掌下的双星摸着石头过河，滚雪球般做大——资产总额从 800 万元增加到 60 亿元；销售收入由不足 3000 万元增加到 100 多亿元；由单一从事制鞋业，发展成为拥有制鞋、轮胎、机械、服装、热电五大支柱产业的综合性制造加工业大集团。

逼进市场搞改革

双星在 1983 年进入市场，是在无奈之下做出的选择。当时，中国处于短缺经济与计划经济的状态，有着 2000 多名职工的青岛橡胶九厂仍是跟着国家计划转，数十年一贯制地生产"解放鞋"，原料由国家统配，产品由国家包销。但到了这年年底，初期的改革开放使计划经济和市场经济之间出现了真空，商业部门拒绝橡胶九厂的"傻大笨粗"的解放鞋。生产计划是商业部门下的，但生产任务完成了他们却不要了，刚刚被任命为青岛橡胶九厂党委书记的汪海，面对堆积如山的 200 万双解放鞋，被逼之下迈出了"自销"的第一步，将解放鞋偷偷运出厂自己销售，成为全国同行业最早进入市场的企业。

商业部门的愤怒并非没有缘由——这家企业竟然置"红头文件"于不顾，明目张胆地做出违规行为。但那时的汪海，除了将解放鞋卖出去，让企业生存下来，已经管不了太多了。在他的带领下，职工们索性在大白天背着鞋箱闯市场，不但在青岛本地卖，还跑到烟台、石家庄、南京、兰州卖，一年过后，200万双解放鞋竟然全部卖了出去，企业因此活了下来。被逼进市场的汪海，反而自此领略到市场经济的魅力，开始了屡闯禁区的冒险之旅。

屡闯"禁区"大胆越位

在1984年的时候，人事任命的上级和"红头文件"说了算，当时全中国还没有一家敢实行聘任制的，双星第一个跳出来砸掉计划经济旧体制、旧机制的锁链，打破身份界限，砸掉了"旧三铁"（铁饭碗、铁工资、铁交椅）和"新三铁"（铁锁链、铁栏杆、铁关系），偷着到农村招收农民工，双星又是第一家。

当时，橡胶九厂的机构设置早已严重脱离了生产、销售的实际需要，300多名干部人浮于事。汪海在实际工作中真切感受到了旧的管理模式弊端丛生，当时企业吃国家"大锅饭"，职工吃企业"大锅饭"，生产效率低下的体制机制窒息了企业的生机和活力。当汪海宣布对部分机构进行合并、撤销时，矛盾爆发了，有人质问汪海："你有政策根据吗？"一些上级领导亲属组成的武装部和安全科，拒不执行厂里的决定，告状甚至告到了国家劳动部，但汪海丝毫没有让步，坚决将队伍庞大的计划科并进销售科，汪海成了中国第一个打破"铁饭碗"的人。全部合同制，国有企业诸多弊病得到根治，效益好了、工资增加了，企业职工积极性自然更高了。之后，双星突破了与政府机关对口设置机构的禁区，直至今天创造了一个人应对着政府28个部门、6万人的大集团，其管理人员只有40多人、生产车间没有车间主任的新体制。

在市场的博弈中，邓小平提出来的"发展才是硬道理"的改革理论给了汪海很大的启示，20世纪90年代初，汪海又一次冒着蹲大狱的危险进行了"市场经营"的改革。在有利于国有资产保值增值的前提下，将双星经营公司进行承包卖断，完成了职工从"给公司卖鞋"到"给自己卖鞋"的转变，把众多双星人送上了制造百万富翁的流水线，同时为竞争性领域国有资产保值增值探索出一条新路。近几年，他将邓小平提出的"农村责任田"的方法移植到工厂，将车间设备承包给职工个人，把企业的工作岗位变成了每位职工的"责任田"，实现了职工自己管理、自己降耗，整个集团的生产效率提高30%以上。

超前扩张赢市场

改革以后，企业发展特别快。1992 年后，中国改革开放的市场经济体制初步建立，短缺经济逐渐结束，出现了产品过剩现象。由于国内具有一定规模的制鞋企业总数达到几千家，产能出现了严重过剩，全国 80% 的制鞋企业出现亏损，这时的双星却照样赢利，发展成为全球最大的制鞋企业。不少同行艳羡地说，还是汪海精明，十几年前就进行了低成本扩张，具备了成本优势。

1985 年，中央提出企业走"横向经济联合"之路，而汪海早在一年以前，就与黄岛橡胶厂搞横向经济联合，成功地将自己的老产品转移到农村生产，获得了廉价的厂房和劳动力。此后一年多，汪海在青岛周边地区建起 13 家联营分厂。现在看来，横向经济联合实际上就是低成本扩张。

在当时，这也是离经叛道之举。有人说，"汪海在城里混不下去了"；还有人甚至直指汪海是"卖厂贼"。但汪海顶着压力，自上世纪 90 年代初，先后在沂蒙山建起鲁中、瀚海两个具有相当规模的鞋城。到现在，双星已经先后投资在山东、河南等地的偏远山区建起十几个生产基地，在成功带动 10 万多名农民致富的同时，资产规模急剧扩大。

20 世纪 90 年代后期，鞋业市场竞争更加残酷。双星又选择了新的投资方向——与制鞋同属橡胶行业的轮胎业。在短短几年间，通过"小吃大"（吸收合并原胶南华青轮胎公司）快吃慢（收购原湖北东风轮胎公司），使双星很快形成了青岛、中原和湖北十堰三大轮胎生产基地，轮胎产品达到 1000 万套的年生产能力。轮胎业的发展带动了为其配套的铸造机械和橡胶机械的发展，使双星铸机和橡机行业的实力也在全国名列前茅。

在 2007 年岁末，汪海又高调宣布，双星上市公司剥离制鞋业务，专心发展轮胎和机械业务，受让上市公司制鞋业务的双星名人实业公司则做大做强制鞋业。

作为一个自认"敢为天下先"的企业家，汪海带领双星在改革开放的近 30 年间，创造了国有企业中数量众多的"第一"，在业内反响强烈，难以复制：第一个实施名牌战略，第一个进行多元化经营；第一个同行业中股票上市企业，第一个进行产权制度改革；第一个同行业中获驰名商标企业；第一个闯"雷区"，进行产权制度改革；中国橡胶工业唯一一个同时拥有四个"中国名牌"称号的企业……

汪海持续不断地对企业进行改革，用好了中国改革开放"实事求是"理论的精髓，这也是双星"30年之谜"的最好答案。

（原载 2008 年 5 月 8 日《工人日报》）

汪海：企业改革的先行者

翟学智

　　汪海，原青岛橡胶九厂党委书记，现任双星集团总裁，曾荣获首届全国优秀企业家（金球奖，1988）等荣誉。

　　汪海坚持改革与发展新思路，率先成功地完成了一个国有企业由计划经济向市场经济转变的全过程，走出了一条成功之路。他是最早一个提出"不走官场走市场"的企业家，一个最早带领企业"下海"、"出海"、"上山"闯市场的企业家，一个最早提出创名牌的企业家，世人公认的双星名牌的缔造者，改革开放的冒险者，市场之路的实践者，国企改革的成功者，企业家的佼佼者。他最吸引人的就是那敢为天下先的性格和能为天下先的才能。汪海带领双星率先成功地完成了一个国有企业由计划经济向市场经济转变的全过程，使双星集团成为国内市场占有率第一、当今世界上生产规模最大的制鞋企业。

　　记者：双星是中国制鞋历史最早的国有企业；是中国制鞋业向轮胎业快速转型的企业；是中国制造加工业最早进市场，最早创出名牌的企业。作为一个企业家，您创业初期是怎样将一个濒临倒闭的国有制鞋企业拉上发展快车道的？

　　汪海：双星是个国有企业，而且又是个做鞋的、劳动密集型的、门槛很低的一个行业。20世纪80年代初期，中国的国有制鞋企业有3000多家。现在国有的、集体制鞋企业全军覆灭，唯有双星这个民族品牌独花一放。我认为，在硝烟弥漫的战场上，我们共产党人所向无敌，在琳琅满目的市场上，我们更要发扬硝烟弥漫战场上的这种精神。

　　改革开放初期，社会风气盲目"媚外"较严重，我非常不理解。中国有着五千年文化史，中华民族是世界上最优秀的民族。我们不比外国人差。我想，我们共产党人一定要探索出一条适合中国市场经济的企业发展之路。

作为一名共产党人，我坚定了一个信念，走自己的路，创中国人自己的民族品牌。

刚开始，我经历了很多的社会不理解，领导不理解、包括家庭不理解，怎么办？就是不断地在探讨。当时的双星集团的前身青岛橡胶九厂，是最早的化工部做鞋的全国大企业。生产出来的解放鞋，在农村一改革开放，农民逐步富裕，包括上学的孩子都不愿意穿解放鞋了，一下子就堆积200多万双，卖不出去，怎么办呢？我就偷着卖鞋，先解决职工的工资问题。

解决吃饭问题后，又带来一个新的问题，员工无组织、无纪律，十分散漫，我就坚定了信心，加强思想政治工作。那个时候办了五期共产主义培训班，坚持从骨干开始培训。我认为道家、儒家、佛家这三大文化组成了中华民族文化，我们要从道德上来引导员工，我们做人的起码标准是什么？应该怎样把我们的产品干好？我们对社会应该尽什么责任？我们提出了"干好产品质量就是最大的行善积德"，用中国传统优秀文化教育员工，每做一双鞋都和自己的道德人品相连，解决了当时那种不重视质量、不管质量、粗制滥造的问题。

针对员工纪律涣散，我提出"我们工人阶级的光荣传统，就是最讲纪律"，提出了一些文化理念，像"有人就穿鞋，关键在工作"、"有情的领导，无情的纪律"、"爱厂、求实、拼搏、兴利、开拓、前进"。"兴利"，就是要提高工人的利益。有人告我，说我搞资本主义，公开地说我们搞"兴利"是为自己。但我们坚持用文化理念引导员工，找到了教育员工的路子。

怎么把员工凝聚起来，怎么能够增强他们的凝聚力、亲和力，有一种奋斗的目标和一种激情。我提出员工要具备一种新的精神，也就是说市场经济的精神；提出"名牌是市场经济中的原子弹"，我们要跟发达的资本主义国家竞争，没有创民族品牌这种决心，那么我们就搞不好。所以说我们解决了奋斗目标问题——"创名牌就是最好的爱国、爱厂、爱岗"，把创名牌和爱厂、爱岗、爱国三者联系了起来。

针对老国有企业庞大、臃肿的体制，我采取了合并的办法。比如说把武装部和保卫科合并，曾震动了全国；把计划、调度、销售、开发合并成一个部门，选一个得力的干将管着，这样一合并，干部队伍原来400多人减了一半，使全厂职工精神面貌出现大变化。我们开始砸"铁工资、铁饭碗、铁交椅"的"旧三铁"；砸"铁关系、铁锁链、铁栏杆"的"新三铁"。

双星开始主动进入市场，调整体制机制，主动地进行了政治思想教育，解决了企业发展的目标和方向问题，这是双星创名牌的初级阶段。

记者：双星在没有任何模式可循的情况下创出符合市场发展的新机制。体制机制的不断调整创新，激活了每个岗位、激活了每个人，给了双星名牌决胜市场的永恒动力。请您谈谈在双星名牌发展阶段，双星是如何大胆改体制、换机制的？

汪海：1984 年，随着改革开放逐渐加快，社会就业岗位增多，双星面临城市职工人员流失，我便背着青岛市到沂蒙山拉了 1000 名农民工。那时干活的大都是农民工在一线顶着，苦活、累活叫人家干，我发现这个问题，决定改变这种对来自农村职工的歧视，我最早喊出来："双星没有农民工，都是双星人"，彻底打破了城乡身份界限，"不看资历看能力，不看文凭看水平"，全力推行农村员工与城市员工待遇相同的分配制度，彻底推倒了老国有企业落后人事制度的"墙"。

企业要加快发展，我决定主动出城，在青岛的周围像王哥庄，建立 2000 多人的工厂，一瞬间在山东建了 13 个联营厂，双星得到了快速发展。发展快了以后，等到青岛开发区发展的时候，我们又主动上山，到山东革命老区沂蒙山建了两个鞋城，现在两个鞋城一天的产量接近 10 万双鞋，养活了那个地方 10 万多人，带动了几万人就业，而且也培养了一批人才。仅在沂蒙山调出的干部大概 100 多个，"出城、下乡、上山"，主动地调整，使我们适应了市场变化。

1984 年我们在北京设办事处，那时省一级在北京还没有设办事处的，双星陆续地在全国设分公司，实行连锁经营，建了 60 个分公司，1998 年双星开始卖断公司、卖断连锁店，从"给国家卖鞋、给集团卖鞋"转到"给自己卖鞋"。这一步，把一个国有企业搞活了。

正是双星始终本着"有利于名牌发展、有利于企业赢利、有利于员工奔小康"的三原则，不断对一个老的国有企业整顿、理顺、调整，才稳步地走过了名牌的发展阶段。

记者：您说过，在激烈的市场竞争中，不能继续前进就意味着后退。那么，在全球经济一体化竞争加剧、原材料价格暴涨、劳动力成本上升等新形势下，您将采取什么样的应对策略？

汪海：2000 年，我们提出了双星名牌发展的高级阶段。提出要"创中国人自己的民族品牌"。不能光喊口号，产品、工厂、管理、员工的精神面貌，都得有自己的民族特色，得有自己的高端市场、高水平的员工队伍。

我们首先提出，双星已经进入名牌发展的高级阶段，市场经济要求我们打响民族品牌，要有这种志气。市场经济中品牌就是"核武器"，特别是民族品牌，要长中国人的志气，我们一定要把中国人自己的民族品牌发展好。

从2000年至今，我们将"专业化、高档次、树形象"作为主攻目标，开始了与世界名牌的抗衡，教育员工时刻坚守这样一个信念，我们自己的民族品牌，会被我们13亿中国人民逐步认可的。首先定位双星的战略目标，以鞋和轮胎为代表的，必须向专业发展，像专业篮球鞋、足球鞋、羽毛球鞋、乒乓球鞋、排球鞋等，形成系列，进高端、做高档、树形象；作为轮胎，双星确定了发展以子午胎为代表的高档轮胎，并发展轿车胎；在机械方面，我们确立了盯上两个品种，要在世界上打响。像我们已经生产出了中国第一台 V 法造型线。我认为，和硝烟弥漫的战场一样，在市场竞争中，光靠拼只是暂时的，还得要靠高科技的东西。

我们创造了双星九九管理法，创造了一套符合中国国情的承包责任管理法，把小平同志提出的承包责任田的办法转移到工厂，现在效果非常好。我们的轮胎厂和机械厂都是目前世界上管理最好的企业。如，双星在沂蒙山的两个鞋城，一天10万双鞋的产量，没有专职检查员，可能世界上的鞋厂没有专职检查员的就是双星，而且双星创造了没有车间主任，车间主任就是承包人，谁承包，谁的质量好，谁的效率高，谁就多拿钱。

在双星名牌发展的高级阶段，双星子午胎在短短两三年的时间内得到快速发展。市场对双星轮胎开始认可，对双星鞋开始认可，双星实现了由小向大的转变，由给人做鞋到给车做"鞋"的转变。

我经历了以阶级斗争为纲到计划经济、改革开放全过程，这30年是双星改革的30年、奋斗的30年、创新的30年、发展的30年、辉煌的30年，说明了我是一个改革者、是一个开拓者、是一个创新者，在社会各界支持和员工、同事的共同努力下，我是成功者，也是幸存者。

记者：回顾改革开放以来双星创新发展之路，您最大的感受是什么？您对双星未来有着怎样的信心？

汪海：回顾双星改革创新发展之路，我最大的感受是改革开放后政府为我们企业发展创造了好环境，给了一个好政策，干企业别怕被"扣帽子"，要注重责任心，不怕告状，敢于改革，才能推动国有企业不断发展。

30年来，我"偷着卖鞋被扣了不务正业的帽子"；"召开新闻界座谈会被扣了贪污的帽子"；"创造文化理念被扣了个人崇拜的帽子"；"用佛文化管理企业被扣了搞迷信的帽子"，但最终，经过30年不屈不挠的奋斗和我特有的改革创新开拓精神，戴上了象征双星事业红红火火、"民族品牌——

双星"的红帽子。我始终认为，所有制只是决定企业命运的关键因素，起决定作用的还是企业家，企业家要"客观地想、科学地创、认真地做、务实地干、愉快地过、潇洒地活"，在面临当前新的国际竞争环境时，要始终保持发展的思维，不要发热的头脑，要永远保持创业时的激情，要永远做市场的一名列兵。

我坚信，在民族精神的鼓舞下，在双星全员创新商战——人民战争的推动下，我们一定能够实现"树百年品牌，建百年老店"这一奋斗目标，使双星这块中国人自己的民族品牌始终闪烁。

（原载 2008 年 6 月 10 日《中国企业报》）

汪海：市场"不倒翁"

张成亮

"干好产品质量就是最大的积德行善"，"不管黑猫白猫，抓住老鼠就是好猫；不管说三道四，双星发展是硬道理"。

我这个人习惯逆向思维，一般人认为不可能做成的事，我却认为可能，而且常常在逆向思维中做出选择和决策。

2008 年 5 月下旬，汪海等中国企业家集会江西南昌，由中国企业联合会、中国企业家协会等单位共同主办的"2008 全国企业家活动日"大会，向为中国企业改革作出突出贡献的企业家颁发了改革开放 30 年"中国企业改革纪念章"，双星集团总裁汪海获此殊荣。这一天距离 1988 年汪海荣获"首届全国优秀企业家"称号，已经整整过去了 20 年。20 年，对于汪海，依旧不变的是坚守在中国企业的第一线。

改革开放 30 年，因为每每有惊人之举和骇世之语，汪海成为一个争议颇多的人物，他本人也乐于被称为"山东怪杰"、"崂山奇人"。而实际上，在许多人片面夸大汪海"怪"的一面的同时，却恰恰忽略一个客观存在的事实，就是汪海利用 30 年时间把双星这个原来在青岛工业系统中属于末流的烂摊子型企业带成了今天的世界和民族的双星。而今天，他还在用自己剩余的精力，力图把双星带到一个更高的高度。改革开放 30 年，汪海，可以当之无愧地被称为这场思想革命和经济革命的真理实践家。

30 年走在市场第一线

所有荣誉中，1988 年获得"首届全国优秀企业家"称号一直最为汪海所看重。转眼 20 年后的 2008 年，当汪海再度回首寻找那些和自己当年一起站立在受表彰舞台上的伙伴时，才发现自己有些孤独：当初和他一起站在中南海的 20 位企业家，有的被抓，有的企业垮掉，有的已经逝世。

"改革开放 30 年，始终战斗在企业第一线的中国国有企业领导人，就我汪海一人，而且我始终是在一个企业。"每次接受采访，汪海都会这样自豪地表示。在中国改革激荡的 30 年里，像汪海这样始终在一个国有企业做领导工作的企业家的确找不到第二人，何况还是制鞋这样一个劳动密集型而且全国国有制鞋企业几乎全部垮掉的背景下形成的一枝独秀。

汪海的秘诀是什么？他本人给出的答案就是"走市场"。汪海当初来到橡胶九厂的时候，就体会到了市场的残酷：因为国有商场不再定向收购，几千人开不出工资，汪海毅然决然地走上了卖鞋的道路。这件事情改变了汪海的一生，也改变双星的命运。1984 年，汪海破天荒地召开企业产品发布会，用"四菜一汤"和"试穿双星鞋 1 个月"获得了全国铺天盖地的宣传效果。此后二十几年，汪海率领他的双星集团一路高歌猛进，卖掉零售终端、企业上市融资、转移主业产品、吸收合并壮大、零售终端控股……汪海用一系列令人眼花缭乱的手段使双星这个老牌国有企业，一次次获得新的生命力。

做老产业　成行业巨无霸

1999 年的夏天，汪海正在为一次新转折而苦思。当时，青岛双星已经上市并且新近进行了一次融资，手中握有几亿元的资本。全国 IT 业十分红火，诞生了许多 IT 业的成长神话，就有人劝说汪海把资金投入到 IT 产业。几经思索，汪海没有同意把资金投向这个当时看似十分有前途的产业，而是对准了轮胎这个老牌产业。

转眼间，10 年时间过去了，从最初的吸收合并原华青轮胎总公司，到 2005 年汪海和他的双星正式重组了曾经在中国轮胎产业有"四大天王"美誉的东风轮胎厂，今天，双星凭借胶南的双星轮胎总公司、湖北十堰的双星东风轮胎厂、河南驻马店的中原轮胎厂位居全国轮胎行业的第五，一个新兴的轮胎产业帝国已经现出了新的雏形。而反观当时进军 IT 产业的企业，今天能够生存下来的已经寥寥无几。

"做企业还是做那些踏踏实实的产业好，投机取巧终究不是什么好的发展道路。"汪海在庆幸自己进军轮胎成功的同时，对自己当年的决策也心存欣喜。今天，当我们观察考量双星集团这个老牌国有企业成长传奇的时候，发现无论它早年赖以成名的制鞋工业，还是当前成为它主业的轮胎产业以及未来可能成为其新的增长点的机械产业，都堪称传统产业，而双星的优势就是在这些看似沉重的老产业里注入新的技术优势和规模效应，进而成为行业的巨无霸。

2007 年，上市公司青岛双星的鞋业资产被成功剥离，至此，青岛双星把主业调整为轮胎和机械制造，而非上市公司双星名人将承接双星集团的衣钵，发展制鞋产业。在未来，双星集团将成为集合轮胎、机械、制鞋三大产业的综合型制造企业集团。

有市场的地方就有发展机遇，无论是制鞋这个人人所需的产业，还是"为汽车制鞋"这个目前蒸蒸日上的产业，或是为工业化生产"做鞋"的机械制造行业，都是依托市场需求放大为基础的产业。无论技术多么先进，规模多么庞大，市场终究还是第一位的。

在实践中发展管理真知

改革开放 30 年，中国企业为社会创造的财富，除了技术水平和品类多样的实际物质产品外，企业在改革实践中总结出来的管理思想和管理理念，也成为我们社会经济发展本身一项十分珍贵的精神财富。而从长远看，这些管理制度和管理思路的创新，更有助于社会进步。

"干好产品质量就是最大的积德行善"，这是汪海在看到双星产品质量存在问题的时候考问员工的心灵之语；"不管黑猫白猫，抓住老鼠就是好猫；不管说三道四，双星发展是硬道理"，这是汪海在看到企业管理中出现的一些不和谐因素时给员工留下的清心之笔。走进双星的办公大楼和工厂车间，到处都可以看到这样具有口头语色彩的语录，这些从实践中总结出来的管理语录，已经成为双星企业文化的重要组成部分。

凭借从自身工作中总结出来的管理理论，双星成为世界制鞋业同行中的佼佼者，甚至有台湾的制鞋企业家专门来抄写双星的语录。而作为一个民族企业的领导者，汪海还有他骄傲的一面，双星的车间对德国、日本这些对企业管理一向自傲的国家的企业是不开放的。

但这种关闭，并不等于双星放弃了自己文化传播的世界通道。2007 年 8 月 16 日，在美国西雅图全球最大的电脑软件公司——微软公司，百名相关管理、技术、工程人员聚集在一起，带着欣喜、疑惑和好奇，迎接一位来自中国的著名企业家——双星集团总裁汪海。在过去的几十年里，清华、北大演讲、达沃斯论坛……伴随着汪海的足迹，双星的文化以及汪海自身的传奇已经在大洋彼岸广为流传。

（原载 2008 年 7 月 4 日《经济导报》）

没登富豪榜也不后悔

峥 嵘

我们这一代都是"土八路"

《名人传记·财富人物》记者（以下简称"名"）：30 年前，你们这代企业家"戴着脚镣跳舞"，顶着体制上、观念上的重重阻力和压力，进行大胆的尝试、探索、改革，今天看来你们当时确实有一种很悲壮的精神，不怕失败，甚至不怕死。你觉得你们那一代人身上还有哪些共性的东西？

汪海（以下简称"汪"）：改革开放初期，中央政策要搞企业建设，像我们那 20 多个企业，都是劳动密集型的，马胜利是造纸的，冯根生是制药的，还有熊猫电子……这些都是国有企业，大国有，小国有。这些人的共同点就是"土八路"，参加过抗日战争、解放战争，都当过兵打过仗，像党的光荣传统呀，艰苦奋斗啊，吃苦耐劳啊，这些共性的东西身上都有。但是，当时我们对市场的认识、对今后的发展方向，认识不一样。为什么后来站住脚的少呢？就是因为大多还是计划经济的脑袋，市场意识差。

名：回首 30 年，有哪些经验、哪些教训？

汪：从阶级斗争、计划经济向市场经济过渡，反差太大。能不能适应，跟企业家素质有直接关系。计划经济时代，只要生产出产品就行，能不能卖出去与我无关。而像现在我这企业，假如鞋七八天卖不出去，轮胎三天还卖不出去，我肯定就麻烦了，因此只能从市场上找食吃。作为企业家，很多东西都要学，水平、能力、决策，还有对行业的了解，你不能是样样精吧，但你都得通一点。

我觉得人不能脱离历史、现实。我们那一代和后来的企业家不一样。原来的国有（制鞋）企业走到今天，全国只有双星这一家了，但一枝独秀是不正常的。如果国有企业都能进入市场，如果把市场上的好东西加进来

（比如家庭消费式管理等），再把共产党人过去的优良作风和精神保持下来，再和私有制结合一下，让工人责任心增强，我觉得所有国有企业都能做好。所以说，决定企业成败的不是所有制形式，而在于企业家和体制本身。

名： 企业家自身的因素很重要。火车跑得快全靠车头带。

汪： 对！对！对！

"30年来告我状的信，可以拉一小汽车"

名： 30多年来，你承受了那么多常人难以想象的压力、阻力，但你从没畏缩。你内在的动力是什么？

汪： 市场在变，创新是必然的，企业要创新，就要侵犯部分人的利益。这些人看不得企业发展，发展他眼红，眼红就告状。这30多年来，告我状的信可以拉一小汽车，到现在还有。

在青岛，人们经常评论完了市委书记、市长，就开始议论我了。议论我，准没好事。那玩意儿，谣言啊，坏水啊，多得很呢。不过，我的心态调整得比较好。我就是一个小厂长，话说到家，我就是一个鞋匠！

我培养的、提拔的、重用的同志，他们不管出现什么情况，我都觉得很正常。比如西南公司的刘树利，他做大了，想单干，这个我想得很开。儿子大了，要结婚；结婚以后，要成家立业，不想让老子管了。这个你要看开点。我在越南战场上打过美国鬼子，又当了30多年厂长、书记。我经历的那些事啊，比如，威胁的，到我办公室闹的，我早已看淡了。

名： 在人家手里，你有把柄吗？

汪： 违法的事情不能干，不能让别人抓住尾巴。特别是像我这种人，想干实事，干个事让人抓住小尾巴，那就没法干了。

没登富豪榜也不后悔

名： 你把当年濒临破产的一个小企业，做成现在的双星集团，可谓劳苦功高。可是，就个人财富而言，你从没进过富豪榜，后悔过吗？

汪： 哈哈，没后悔过。

名： 家人是否理解您？

汪： 家里人当然是支持的，家里的事我很少操心，脑子里全是厂子里的事。我能走到今天，用佛家的话说是，不断地修炼，不断地升华自己、净化自己，把常人的事情看得很淡，把不正常的事情当成正常的现象看。

名： 一个成功男人的背后总有一个伟大的女性，能否谈谈你身后那个人？

汪：我老伴姓黄，叫黄淑兰。我老伴对她自己要求比较严，从来不给我，也不给企业增加一点麻烦。她很少到我办公室来，不用我的车，出门她都自己坐公交车。另外，她从来都没有一点特殊感，这是对我工作最大的支持。我天天不在家，有事都是他们（指着旁边的同事）往我家打电话。她这30多年来，关把得好，送礼的、走后门的，不管任何人，她都能把住关，从来不收。我这么多年一直不倒，与她的支持是分不开的。要不，她如果背后开了口子，我可就站不住脚了。这一点，我真的很感谢她。

把企业做好是最大的积德行善

名：当年你"无奈"离开军营，是因为什么呢？

汪：当年刚换的确良军装，我一穿上浑身就痒，更严重的是，我一进到军营就神经衰弱，到现在也没查出是什么毛病。可能是命运的安排吧，命运中有很多东西是说不清的。如果我能坚持下来，现在也应该是个将军了吧。

名：听说你检查工作的时候，在前边走，年轻人都赶不上你？

汪：我最多一次走了7个小时，都没感觉累。我六七十岁的人了，其实我啥保健品都没吃过。好像有使命的。双星能到现在，我认为不是我的能力有多大，而是后面有些东西，这些东西我正在悟。

名：你在企业管理上综合佛儒道，与这也有关吧？

汪：明哲大师说，佛经他们会念不会用。而我是会用不会念，因此我说把企业做好就是最大的积德行善。

中国还是要讲精神的

名：现在双星几十个分公司，甚至连牙膏、白酒都做，摊子是否有些过大？

汪：没有！有些是别人做的，贴我们的牌子。

名：当初你选择做轮胎，是主动还是被动？

汪：1997年、1998年的时候，流行搞高科技，领导想让我做汽车。我说汽车这个我搞不了，我还得搞橡胶。前年收购东风轮胎，也不是主动的。现在我们在轮胎上已经做得不错了，去年轮胎的利润已经占到总利润的80%以上，远远超过了鞋子。

名：您所说的奥运反思维，是什么？

汪：奥运体现在精神上，但让有些人一搞，完全成了经济，扭曲了。中国足球队给的钱不少了吧，但就是不行。当年我跟马俊仁沟通时就说，要是还（只是）用钱摔的话，中国足球没有前途。汶川大地震，更说明中国还是要讲精神的。

名：双星在这次抗震救灾中捐了多少？

汪：我们捐了 500 万元。我们是国企啊，我手上就这么大权力。捐款上，双星应该是最早的吧，5 月 13 日，双星名人公司就捐了 10 万元的衣物了。在青岛市，我们是先搞的，也是反应最快的。我们的员工自发捐的就有七八十万。这主要体现了一种民族的感情。

（《名人传记·财富人物》2008 年第 8 期·总第 322 期）

"孤本"汪海：30 年双星非常道

峥　嵘

　　回首改革开放 30 年中国的企业发展史，有一个人物是怎么都回避不了的，那就是汪海，第一代企业家中硕果仅存的国企掌门人，一个堪称"孤本"的商海奇人。

　　今年 67 岁的汪海在双星已经"服役"了整整 34 年，而这恰恰是中国改革开放的完整历程。在风起云涌却又一波三折的改革大潮中，"敢为天下先"的汪海一直冲杀在第一线，将一个濒临破产的小厂带出困境，做成了如今销售收入过百亿的一个现代化企业集团，这不能不说是一个奇迹。而创造这个奇迹的汪海，也由当年血气方刚、勇猛无惧的青年企业家成长为一个纵横捭阖、稳健老练的大型国企的教父级人物。

　　具体地说，在双星的 30 多年里，汪海只做了两件事：一件是做鞋，另一件是给汽车做鞋。这两件事表面看似简单，但其中所蕴藏的曲折、风雨、坚毅和智慧，又绝非一般人所能想象。

一场怪病

　　1941 年 10 月，汪海出生于山东微山湖畔的小四段村。幼时的汪海曾参加村里的"儿童团"，站岗、放哨、查路条，俨然一个威武的小军人。淮海战役打响前夕，已做到解放军团参谋长的大哥挎着驳壳枪、骑着大马回家探亲，让汪海羡慕和佩服得五体投地，于是他立志也要做一名将军。

　　1959 年，从橡胶技校毕业的汪海被分配到青岛橡胶六厂做技术员。第二年，青岛市征兵，怀着将军梦的汪海，兴高采烈地第一个报了名。不过，他万万没想到自己的入伍申请竟被厂领导集体"封杀"了。怎么办？汪海是不撞破南墙不回头的主儿，他发狠整出一张"血书"，向领导表决心。或许精诚所至吧，本来已没名额了，但他意外地获得了一个替补的机会，最后如愿以偿地穿上了军装。

五年后越战爆发，部队奉命开往战场，参加抗美援越，汪海兴奋不已。在跟"美国鬼子"真刀实枪拼命的一年零三个月里，他几次大难不死，屡立战功。这段生死经历，对于日后的汪海来说，不仅是刻骨铭心，更是受益无穷的。

就在离实现将军梦越来越近的时候，一场怪病神秘地缠上了汪海：穿上军装就浑身发痒，吃了部队的饭就上吐下泻，一进军营就神经衰弱。而脱了军装、走出军营，他却跟正常人一般无二。虽然去了大大小小无数的医院，里里外外做了无数的检查，病因却一直没查明白。

汪海的将军梦被迫刹车，戛然而止。那是1971年，他不得不递上一张复员申请，脱下军装，黯然回到自己的起点——青岛橡胶六厂。

"大概这就是命运的安排吧。要不然我现在至少应该是个少将了！"30年之后，汪海回首这段神秘往事的时候，话语中依然透出一丝无奈和遗憾。

"鞋匠大老汪"

有人说汪海"骨头硬、好革命"。这话不假，但又不全面。别人革命，往往是革他人的命，而汪海不同，他索性连同自己的"命"一块儿给革了。

1974年，汪海被调往青岛橡胶九厂任政治部主任。当时的"九厂"，用的还是20世纪30年代的老设备、老工艺、老技术、老厂房，生产的是那个年代全国最流行的"解放鞋"。大概没一个人能从这个破破烂烂的小鞋厂看出日后双星集团的影子来，包括汪海本人。但这的确是"双星"最初的种子，也是汪海事业的真正起点。

当时属于"文化大革命"后期，虽说"抓革命，促生产"，但主要工作还在"抓革命"上。而汪海的心思显然不在这里，进厂报到以后，他就直接下到车间，跟工人师傅学捣鼓鞋帮、鞋底的手艺。由此，他有了第一个别样的称呼——"鞋匠大老汪"。

别看汪海现在是大名鼎鼎的"中国鞋王"，但他的制鞋手艺却是工人们当初手把手教出来的。他下车间的习惯也是从那时养成的，而且30年来一直未改。只不过，随着事业越做越大，汪海的个人魅力和领导威望早已征服了集团上下，以至于"鞋匠大老汪"的称呼早已被充满某种崇拜意味的"老爷子"所取代。

逼上梁山

20 世纪 80 年代初期，大江南北涌动着改革的思潮，市场经济成分日渐活跃，商品供应也越来越丰富。人们从精神风貌到衣着外貌都在发生着深刻的变化。这时，"黄帮黑底，两天不洗奇臭无比"的几十年不变的解放鞋，显然已完成了其历史使命，注定将退出历史舞台。但统销体制下的"九厂"还在照单生产着，似乎对这一切漠不关心。

1983 年，刚当上厂长没几天的汪海，遭遇到一个事关企业生死存亡的难题：200 万双解放鞋被统销部门拒收！一时间，工厂的走廊、办公室、篮球场堆得满满当当，全是鞋子。产品卖不出去，这还咋玩？关键是马上就面临着断炊的危险，全厂上下一片恐慌。汪海心急火燎地跑到商业局求救，但好话讲尽，得到的答复却是：解放鞋没人要，钱一分也没有！

在商业局碰了一鼻子灰的汪海，转而向自己的正管"婆婆"求援，希望能帮上一把，收购一部分鞋，以解燃眉之急。但得到的答复依然是：爱莫能助。

该作的揖全作了，该求的人都求了，该发的火也都发过了，几天跑下来，连一个大子儿也没划拉来。沮丧之后，汪海陷入了沉思。求人不如求己呀，既然过去的统销体制已经指靠不住了，与其坐以待毙，不如搏上一把。

怎么搏？汪海一咬牙，一跺脚：下海！

1983 年的数九寒冬，汪海亲自带领职工，穿着自己生产的解放鞋，扛着自己生产的产品，走出厂门去推销。但这在那时是一种"违规违法"行动，为统销体制所不容。

起初，汪海的行动颇为隐蔽，昼伏夜出，"跟武工队一样"。不料，他们的行动还是走漏了风声。商业部门大为恼火，声言从此不再要九厂一双鞋！被逼急了的汪海索性撂出去一句狠话"永远不要更好！"从此不再躲躲藏藏，开始大张旗鼓地直接进军销售市场。一年后，厂里积压的 200 万双鞋子销售一空。被逼上梁山的汪海第一次尝到了市场的甜头，也无意间充当了国企改革第一个"敢吃螃蟹的人"。

初露锋芒

20 世纪 80 年代中期，全国大大小小的鞋厂已经有数千家，市场竞争越来越激烈，尤其江浙一带的鞋厂更是咄咄逼人。这让汪海倍感压力。他必

须为企业找到方向和出路，否则，要么被市场大潮淹没，要么被市场竞争
摈弃，早晚不会有好结局。

一天，一筹莫展的汪海到厂区检查工作，看见厂里的工人正往厂里搬
鞋盒。员工告诉他这些鞋盒是外加工产品。汪海顿时豁然开朗，连鞋盒都
可外加工，这老产品不是也可以扩散出去吗？

在经过一番认真细致的考察后，汪海决定将老产品分给他人生产，腾
出精力上新产品。

没想到这一决定却遭到一些思想僵化的职工干部的反对，一时间汪海
陷入了四面楚歌的境地。"当时开了一次职代会，210 个代表，180 多条反
对意见。公开的、指名道姓的，说我拿着老祖宗的技术，拿着老祖宗的产
品，个人得了好处，个人装了腰包，自己换了鱼虾吃了。"汪海说，他当时
是既着急又生气，但也能理解他们，所以非常冷静。关键时刻，青岛市领
导站出来，为汪海说了话。

"假如当时没有刘鹏书记这个后盾，他要假如说再是糊涂书记的话，我
就完蛋了，我比谁都倒得快。"汪海说。

从 1984 年 6 月开始，汪海一口气在青岛周边地区建起了 13 家联营分
厂，一年加工鞋帮和制鞋的产值加起来达到了 1 亿元。"中国鞋王"初具规
模，并显露锋芒。

非常决策

20 世纪 90 年代初期，随着国外制鞋业的大举进入、江浙鞋业的日新月
异，鞋业大战必将上演。汪海决定再折腾一下：出城，上山，下乡。而这
一次，汪海再次被认为是瞎折腾。

实际上，制鞋业作为劳动密集型产业，干得热闹，但并没多少利润。
而当时，青岛的劳动力成本已涨了很多，利润空间十分狭窄，而内地欠发
达地区却有着大量的相对低廉的劳动力，这是汪海最看重的。

在选择合作对象时，汪海颇费周折。东北人的兄弟情深、推杯换盏吓
得汪海掉头就走；陕西一顿饭喝了 48 杯酒的官员，也让汪海断了合作的念
想……最后，汪海在临沂落了脚，为双星的扩张拉开了序幕。

在随后的几年里，双星在全国陆续建起了 10 大鞋城，并逐步形成 10 大
经营战区、5000 多家连锁店的营销网络。1995 年，双星成为中国第一个年
出口创汇突破 5000 万美元的制鞋企业。自此，汪海成功问鼎"中国鞋王"，
傲视群雄。

1997 年以后，受亚洲金融风暴的影响，国内市场疲软，公司亏损。即便是双星人引以为自豪的连锁店，整体上也只有 1/3 赢利。怎样在管理上做文章，扭转公司经营上的不利局面，已成为当务之急。汪海想到了一个字：卖！变国有为民营，转变机制，挖潜增效。

"对方说多少钱，我就多少钱卖。"汪海回忆当时的情况，"只有这样，不能再拖了，再拖这国有资产更没了。"等全国市场网络卖完了以后，汪海收获的却是如潮的骂名。但他不在乎，他坚信自己的行为是在非常时期的非常决策，只有这样才能保住好不容易建起来的市场网络，才能成为市场中的"剩者"。

给汽车做"鞋"

汪海对于市场的"嗅觉"之灵敏也是有名的。

作为一个在市场上打拼了几十年的"老江湖"，他绝不会放过任何一个可以赚钱的机会。当鞋业的竞争日趋白热化、利润空间已经压缩到极致的时候，汪海显然不愿意与对手过多地纠缠下去。他要寻找更赚钱的行业。而 1996 年，双星股票上市又给了他选择的底气。

当陌生的汽车与熟悉的轮胎同时摆在面前时，汪海毫不犹豫地选择了后者。

1998 年 10 月，国家出台"关于清理整顿场外非法股票交易"的规定，胶南华青公司（以下简称"华青"）也被作为"场外交易"的上柜公司，股票停牌。这对于华青来说，无疑是致命的打击。但是，中国证监会也给华青留了一条生路：允许同行业或相近行业公司合并。

要么瘫痪，要么与实力强的企业合作，这就是现实留给华青的机会。于是，他们想到了双星。

当时，刚从北京出差回到青岛的汪海，接到华青送上门来的绣球，喜不自胜，立即决定吸收合并华青。从 1999 年到 2001 年，汪海用募股资金，分 4 次给华青投入 1.45 亿元。而华青的销售收入也从 1998 年的 3 亿元猛增到 2000 年的 14 亿元。

这时，胶南市市政府单方面提出必须在新设公司中无偿持有华青 493.2 万股的股权。这些股份原本是属于华青工会的，胶南市也从没为这些股份投入一分钱。对此，汪海一口拒绝，寸步不让。虽然，后来迫于舆论的压力，胶南市市政府放弃了股权要求，但这些争端让他们大为恼火。后果当然很严重，他们开始百般阻拦华青公司的注销及新公司的成立。最后，走投无路的汪海再次敲响了青岛市市委书记办公室的门……

汪海最后赢了，赢得十分艰难。如果说接手一个名不见经传的华青是劳心伤神的话，那接下来的并购湖北东风轮胎公司，简直就是玩命。2005年2月，回天无力的马来西亚金狮集团黯然退出东风轮胎，这让中国轮胎业的首桩"中外姻缘"走到了尽头。在时任湖北省省委书记俞正声的撮合下，汪海准备接手东风轮胎，这个曾经让"中西医"都感到头疼的企业。

2005年3月17日，汪海一行来到湖北十堰市。一下火车，迎接他们的竟是"双星滚回去，汪海滚回去！"的标语。刚刚住进招待所，几百名东风员工就一齐围了上来。当时，湖北省副省长怕汪海出现意外，非要接他到宾馆去住。

"我哪也不去，就住这里了。"汪海的拗脾气也上来了。"在越南战场我都大难不死，还会死在那些闹事的人手里，我明天去会会他们。"

第二天早晨，当汪海带着几名业务骨干和几十名记者来到会场，准备召开"双星东风轮胎职工第一期培训动员大会暨恢复生产誓师大会"，正门外突然围上来几百名东风的职工，个个情绪激动，把会场围得水泄不通。虽然门里门外有400多名保安和400多名警察维持秩序，但依然难挡骚动的现场。

汪海不慌不忙，沉着应对，从东风轮胎的历史开始讲起，一直讲到眼下的结局，条分缕析公司存在的问题和他未来的打算，并大声告诉东风的职工们，他汪海来东风是为了发展东风，让东风重新崛起，决不是为了曲线捞钱。"我既然来了，就不会走了！"汪海斩钉截铁的一番演讲和他的坦诚与自信，终于感染了在场的职工，以至于掌声响起达49次之多。

2007年秋天，东风轮胎正式被双星收购。

汪海的夙愿得以实现：双星终于从给人做鞋，开始转向给汽车做"鞋"了。

如今，双星轮胎已跻身全国轮胎业十强，而且其创造的产值已经占到整个集团总产值的80%。"汪总做事的眼光和魄力，没有人能比。"双星集团宣传部的负责人对记者说。

改革开放的30年，是双星不断开拓发展的30年，也是汪海自我成就的30年。从某种意义上讲，双星就是汪海，汪海就是双星。因为，如果没有汪海，双星现在究竟是什么样子，实在是难讲。对此，每个双星人都认识得非常深刻，而这大概也是他们把汪海选为公司"终身总裁"的原因。

（《名人传记·财富人物》2008年第8期·总第322期）

从汪海30年实践看职业企业家精神

—— 关于双星集团实践社会主义市场经济道路的调查和思考

康纪武

"大江东去，浪淘尽，千古风流人物。……江山如画，一时多少豪杰。"改革开放30周年的今天，重读宋代文学家苏东坡的豪放词，感慨万千。30年改革开放，有如奔腾浩荡的大江波涛，一泻千里，不可阻挡；30年来发生的伟大变革，有如波澜壮阔的历史风云，惊天动地，荡气回肠；30年来经过风雨洗礼、市场锤炼的优秀企业家和优秀企业，有如千古风流人物，可歌可泣。汪海和他的双星集团，正是改革开放造就的著名企业家和著名企业。

一个杰出的企业，必定有一个杰出的企业家。双星集团是在汪海的领导下一步一步发展起来的。谁都不可否认，没有汪海，就没有双星。汪海是双星的领导核心。双星集团的广大员工在30多年的改革过程中，正是紧紧围绕在这个核心周围，披荆斩棘，克服重重困难，才赢来了今天的辉煌。

作为双星集团30年的领导者和掌门人，汪海究竟是个什么样的人？有人称他为"市场将军"、"山东怪杰"、"崂山奇人"，这些称呼虽不错，但还不足以全面概括汪海的形象和特点。汪海自己说，"我把自己定位为职业企业家"。1988年，国家经委组织评选了首届全国优秀企业家，汪海是20位优秀企业家之一。什么是企业家？做过多位美国总统顾问、有"现代管理之父"之称的彼德·德鲁克在《创新与企业家精神》一书中对企业家的定义是："企业家是那些愿意把变革视为机会，并努力开拓的人。"从这个定义出发，汪海应是当之无愧的。今年是首届全国优秀企业家评出后的20年，这20人中仍在国有企业岗位上兢兢业业工作的，唯有汪海一人。

人生写照
敢为天下先

在汪海的办公室里挂着一幅苍劲有力的书法作品"敢为天下先"，汪海很喜欢这幅书法，因为这不仅是他的座右铭，也是他的人生写照。

中国的改革是从计划经济转向市场经济开始的，可是，计划经济时代的旧思想、旧制度、旧框框无时无刻不在束缚着人们的思想和行动。汪海通过最初的几次碰壁悟出了一个道理，不冲破旧思想和旧制度的限制，只会一事无成，要想成就大事，必须做第一个吃螃蟹的人。在汪海的领导下，双星集团创造了诸多"第一"。

1983 年 11 月，第一个打破商业部门不许企业自销的规定，从最初偷偷卖鞋到后来公开组织企业销售网络，实现产品 100% 自销，成为最早进入市场的企业。

1984 年 6 月，第一个打破国营工厂不得到农村建厂的框框，先到青岛、崂山周围农村，后到沂蒙山区实行横向联合，建立了几十个联营生产企业，坚决将老产品、老生产线转移到农村，达到了双赢的效果。

1984 年，第一个打破国营工厂不能搞三产的旧框框，最早成立了劳动服务公司，二产转三产，实现了横跨 17 个行业的多元化发展。

1984 年 11 月，第一个冲破不得以企业名义召开新闻发布会的禁令，开全国之先河，以双星集团名义召开有中央、地方新闻单位四十多位记者参加的新闻发布会，借助媒体优势扩大了双星品牌在国内外市场的知名度。

1985 年，第一个进行了以砸烂"旧三铁"（"铁工资、铁饭碗、铁交椅"）和"新三铁"（"铁关系、铁锁链、铁栏杆"）为代表的管理制度改革，创立了市场化的竞争机制和分配机制。

1986 年，第一个突破只有行业主管部门才能召开全国订货会的惯例，以企业名义召开了全国订货会，直接听取客户的意见，促进企业产品花色品种的改进。

1988 年，第一个在《人民日报》呼吁要创名牌，并在 1995 年获得了第一批"中国驰名商标"称号。

1988 年，在中国制鞋企业中第一个获得自营进出口权，从此，双星集团正式进入国际市场，并和国际品牌一试高低。

1992 年，第一个以企业名义到海外召开新闻发布会，在这次会议上汪海的善意脱鞋之举引起了强烈反响，双星集团受到国外关注。

1995 年，第一个以企业家身份获得美国名人传记协会和美国名人研究所授予的"世界风云人物"称号，是中国继邓小平获得此称号后的第二人，并被载入"世界五千伟人录"。

1996 年，第一个成为改制上市的制鞋企业，获得了在资本市场融资的机会。

2001 年，第一个实现由单一制鞋企业向轮胎、机械行业的转型，完成了双星集团从给人做鞋到给汽车做"鞋"的跨越。

······

双星集团创下的这诸多第一，都是汪海"敢为天下先"性格的鲜明体现。正是双星的这诸多第一，才成就了双星集团今天的辉煌。

鲜明个性
善于逆向思维

汪海的鲜明个性还表现在与众不同的思维方式上。他经常逆向思维，一般人认为不可能做成的事，他却认为可能，而且他常常在逆向思维中做出选择和决策。

20 世纪 90 年代初，双星集团已经有了名气，许多大城市、大企业都纷纷找其联合办厂，双星集团内部许多人认为到沿海开放城市投资建厂是方向。可汪海偏偏选择了下乡，而且是贫困的沂蒙山区。汪海说，到哪里去办厂，要根据产品的特点来决定，我们现在从事的是制鞋业，劳动力密集，利润低，去大城市优势全无，最后会走进死胡同。几年后双星在沂蒙山区建设的鲁中公司、瀚海公司取得了企业、合作伙伴、当地政府三赢的效果，证明了汪海下乡的正确决策。

1995 年，科索沃战争爆发，大家都关心的是战争的进展和胜负，可汪海认为这是个卖鞋的好时机。他马上给双星在东欧的代理温科公司经理打了电话，让他赶快去科索沃，告诉他这是个非常好的时机。果然不出所料，许多外国公司纷纷撤离，新的公司轻易不敢进入，可当地的人们还得穿鞋，温科公司由此抢得了好商机，一举销售双星鞋两百多万双。

对营销网络的改制又一次显示了汪海独特思维的神奇。2000 年双星将所有营销公司、连锁店进行卖断改制，实行民营化，给代理优惠政策，让国有员工先富起来。当时这一举措受到很多人的质疑，认为这是出卖国有资产。汪海认为，双星集团是国有企业的性质不变，双星集团下属的公司实行多种所有制并存，这不是出卖国有资产，而是保证国有资产增值。营销网络改制成功，不仅把企业原有投资全部收回，用于更需要资金的产业，而且大大调动了营销公司和连锁店的经营积极性，进一步促进了双星产品的销售。汪海说，只要有利于国有资产保值增值，有利于双星品牌的发展壮大，有利于激励员工勤劳致富，就不怕担风险。

民族情结
勇担社会责任

在全球经济一体化的今天，还要不要提倡民族精神？汪海旗帜鲜明地提出，无论经济如何一体化，民族利益永远是一个国家不可放弃的底线。民族精神不是喊空话，而是实实在在的。他用创造民族工业品牌，发展壮大民族工业的实际行动弘扬了民族精神。

创民族品牌首先是汪海的个人信仰和工作目标。重要的是他将这种信仰和目标以企业文化理念的形式渗透在企业的经营管理之中，无论是对职工的宣传教育，还是国内外公共场合的演讲，汪海都注重宣传创造民族品牌的意义，注重宣传双星企业文化的内容。尽管开始有人对此表示怀疑，甚至遭到少数人的嘲讽，但随着双星品牌在国内外知名度的提高，所有怀疑和嘲讽都烟消云散。双星企业文化理念得到了进一步提升，创民族品牌的信念得到了进一步加强，民族精神得到了进一步振奋。国外企业对双星更是另眼相看，美国、德国的一些世界知名品牌纷纷寻求与双星合作，日本、韩国的企业也到双星学习管理经验。

企业的民族精神还体现在对社会的责任感上。汪海把双星企业做强做大的同时，始终在履行国有企业应该承担的或者不应该承担的责任。双星集团的产品是市场竞争性最强的产品，双星集团所在的行业是国家明确规定的属于国退民进的行业，在国有制鞋企业中类似双星集团的许多企业，或低价出售，或破产清算，或转让兼并，几乎全军覆没。唯有汪海带领的双星不仅没有倒下，而且坚持国有性质不变，硬是把几百万元的国有资产增值到 60 亿元，硬是把 7000 名就业职工发展到 6 万名，硬是把一个不起眼的小企业带向了世界。

从 20 世纪 80 年代初开始，汪海就积极支持我国体育事业，并在青岛市组建了中国第一家专业羽毛球俱乐部，后来又组建了双星篮球俱乐部；在中国女排勇夺五连冠的激励下，汪海带领双星经过百日会战，为中国女排特制了一批高质量的排球鞋；中国女排郎平和张蓉芳、中国女篮郑海霞、国家乒乓球队蔡振华、国家羽毛球队李永波等著名运动员都曾经穿着双星鞋驰骋赛场。特别是在 2001 年我国申办奥运会成功以后，汪海更是倾力支持体育赛事，从支持马家军田径场上夺冠，到冠名北京苏迪曼杯世界羽毛球赛；从支持中国登山队勇攀高峰，到连续 4 年赞助全国街舞大赛，都打上了"双星"的印记。

20 世纪 80 年代中期，汪海毅然决定到沂蒙山区和西北山区建厂投资，承担一份扶贫乃至帮助山区脱贫致富的责任。至今被双星集团通过横向联合脱贫致富的沂蒙山区、西北山区等地的老百姓仍在感激双星集团给他们带去的幸福。

双星集团拓展产业之际，面对经营不善的东风轮胎，汪海顶住各方压力对其进行重组，坚定地承担了国有企业挽救国有企业的责任。这也正如汪海说的，产业要有精神，这种精神就是自强不息的中华民族精神。

治企之道
理论与实践并举

汪海在 30 年的工作中，把马克思主义、毛泽东思想、邓小平理论与中国改革开放的实践紧密结合，与企业的改革、发展、管理紧密结合，总结并提出了一系列新思想、新理论和新观点。

他提出在社会主义市场经济中要振奋民族精神、创造民族工业品牌、培养民族企业家的新"三民主义"观。在管理中继承传统优秀文化，借鉴外来先进文化，创造自己的现代企业文化，并把它融入企业管理之中。25 年前双星设立了"民主管理委员会"和职工代表轮流脱产参与管理的制度，至今没有改变。企业不论怎么改，工会组织的作用没有改，职工代表的作用没有改。汪海提倡在员工中开展"三个一"活动，员工过生日赠送一个生日蛋糕，放一天生日假，提一条合理化建议。

他提出企业家要具备正确的个性、人性、党性的"三性"观；他在管理双星实践中总结提炼出"ABW"管理哲学和具有中国特色的"九九管理法"，以及关于市场经济的矛盾论和市场经济的红与专等等，正是这些融会贯通、深入浅出的思想和理论，指导了双星集团 30 年的改革和管理，不仅为双星集团的发展实践所证明，而且对整个国有企业的改革，对中国经济的长远发展都有重要的意义。

"千里之行，始于足下"，汪海深深懂得这句话的含意。他把"路在脚下"这句格言放在自己的办公室，经常用它来告诫自己要踏踏实实做事，认认真真做人。30 年来，汪海从当初管理几千人的工厂发展到管理几万人的大集团，他有一个喜好一直没有改变，那就是一有时间就进市场、下工厂。他常常是一身工作服，深入生产车间，而且一走就是大半天，一方面抓现场管理，抓承包经营，抓产品质量，指导和引导创新；一方面调查研究，了解第一手资料，为集团的正确决策做好准备。他总是从抓每一件具体事情开始，给各级领导骨干树形象，做榜样。

为人处世
淡泊名利 事业为重

汪海的办公室里还挂着一幅引人注目的书法，"名利淡如水，事业重如山"。毫不夸张地说，这句联语是他的立身之宝、做人之道。

在中国的国有企业里，做一辈子厂长、经理的人不在少数，但连续 30 年在一个企业当厂长经理的人就少了，像汪海这样 30 年矢志不渝地把一个濒临倒闭的企业发展成为世界知名的综合大集团的更是少之又少。

无论是在国内高等学府的讲坛上，还是在国际高级论坛上，汪海经常谦称自己只是一个"鞋匠"，是一个"市场上的列兵"，而对外界给他的诸多评论和称谓，他始终保持着清醒的头脑。

"我不进官场走市场"，这是 1987 年时任党委书记和厂长的汪海在厂内五百多人的大会上宣布的。当有人推荐他去担任主管工业的副市长时，他婉言谢绝了，他说："我就是干企业的。"

不贪钱财，这是做人的根本，也是企业领导者的必备品质。汪海说：作为企业负责人，要常修企业之德，常思贪欲之害，常怀律己之心。1996 年在美国旧金山和美国客商的一次商务谈判中，一个美国人问汪海："你的确是个人才，假如我们给你很高的薪水和用武之地，你愿不愿意加入到我们美国的鞋业巨头中来？"汪海笑着回答："我汪海有'三不变'的原则，一是跟共产党走不变，二是一辈子做中国的鞋匠不变，三是结发妻子不变。"这"三不变"的原则映出了汪海的人品和人格。

在一次座谈会上，汪海深情地说：几十年过去，回头看看，给自己投两票，一票是优秀的共产党员，解决了近 10 万人的就业、吃饭问题；一票是职业企业家，为国家把"双星"这个品牌做起来了。

毋庸置疑，汪海是一位经过 30 年考验的合格的优秀企业家。如果说双星集团下海闯市场，创造出了属于中国人自己的民族工业品牌是一场战斗的话，那么运筹帷幄之中，决胜千里之外的指挥家就是汪海。

从本质上说，企业史就是企业家创造的历史。试想，如果没有汪海，哪有今天的双星集团？所以，双星集团 30 年改革所取得的成功是在以汪海为核心的领导班子指挥下实现的，这并不否认双星集团广大员工为此作出的努力和贡献。

> "双星猫"是双星企业文化的独特代表。企业要发展，就要做"黑猫企业家"。
>
> 发展才是硬道理，是企业家就得用发展来说话。
>
> 个性是企业家的标志，个性与个人崇拜是两个概念，没有个性就没有发展，没有创造。
>
> 真正的企业家是市场企业家。市场认——热时认，冷时也认；冷时能够生存前进，热时能够壮大发展。他们能用一种精神去感召人们跟着他去做事；他们敢于打破常规，总是做别人认为不可能或根本办不到的事；他们对市场中不可知的风险，有着敏锐的直觉、嗅觉和极强的决断力。
>
> 企业家要永远记住邓小平的话："我们一定要有自己的拳头产品，一定要创造出中国自己的民族品牌，否则就要受人欺负。"
>
> ——汪海

（原载 2008 年 8 月 28 日《中国化工报》）

改革开放 30 年，解读双星缘何巨变

—— 关于双星集团实践社会主义市场经济道路的调查和思考

康纪武

事实证明，双星集团是国有企业改革的成功典范；她的改革之路是中国特色社会主义道路的成功探索和实践。

30 年来，双星集团能发生巨大的变化，取得辉煌的成就，绝不是偶然的，而是缘于他们在领导核心的指引下实施了一系列的改革工程，从而构筑了具有中国特色的、强大而坚固的双星集团。

抓住一根主线：一切工作围绕市场转

走进双星集团总部大楼，映入眼帘的是汪海的两句经典语录："市场是企业的最高领导"，"市场是检验企业一切工作的标准"。这不是空洞的口号，而是双星人的行为指南。30 年来双星集团的所有改革举措都是围绕市场这根主线进行的。

30 年前，中国实行严格的计划经济管理，当时的青岛橡胶九厂作为国家计划的胶鞋生产厂，一直在计划经济的模式下运行。20 世纪 80 年代初，计划经济的模式开始受到挑战，胶鞋生产首当其冲。商业部门突然通知橡胶九厂，不再收购工厂的产品了，这让从来没有销售渠道和销售人员的企业慌了手脚，一时间几百万双胶鞋堆积如山，工厂面临停产的危险。通过学习党的十一届三中全会有关文件，结合企业产品大量积压的实际，企业深刻认识到，必须冲破旧思想和旧制度，主动走向市场，才能生存发展。从此，他们就和市场结下了不解之缘，彻底告别了商业部门的统购包销制度，建立了企业自己的销售渠道，懂得了"等着别人给饭吃，不如自己主动找饭吃"的道理。

双星集团在向市场化转变的过程中，很快发现计划经济下旧的机构和

机制成为企业市场化的最大障碍。为此，他们首先根据市场需要重组管理机构，撤销、合并一批科室，精简一批机关干部，充实到生产和销售第一线。今天的双星管理机构对市场的反应及时而又灵敏、精悍而又高效。双星集团的另一手就是以砸毁"旧三铁"（"铁工资、铁饭碗、铁交椅"）和"新三铁"（"铁关系、铁锁链、铁栏杆"）为重点，改革内部管理机制，建立适应市场需要的用人机制、分配机制、奖惩机制，形成干部能上能下、人员能进能出、工资能高能低，管理严格、奖惩分明的局面，逐步探索出了具有双星特色的企业内部管理新机制。

1983 年，曾经在市场上销售不错的解放鞋，突然滞销了。企业通过调查分析，很快弄清产品滞销的主要原因是解放鞋几十年一贯制，不受市场欢迎，因此决定尽快开发新产品，抢占市场。他们在学习和吸收国外先进制鞋工艺和技术的基础上，很快研制生产出了中国第一款高档运动鞋，投入市场后，很受消费者欢迎。此后又研制出国内第一款皮帮硫化鞋和第一款 PU 鞋。根据各种专业运动的特点研制了专业篮球、足球、网球、羽毛球鞋等，根据职业特点推出了记者鞋、护士鞋、驾驶鞋、教师鞋等，按照不同人群需要生产出老人健身鞋、好妈妈鞋、好爸爸鞋等。还在其他产业和领域，如：双星服装、轮胎、机械等行业，同样注重新产品的研发和产品的更新换代。由于他们密切注意市场的变化，及时推出新产品投入市场，大大提高了双星产品的市场竞争力。

有了好的产品，还要有好的营销战略。双星集团在大力抓紧研制新产品的同时，审时度势，不断创新营销策略。一是实施连锁经营，建立全国营销网络，从 1998 年开始，实施了"百、千、万工程"，即在全国 100 个城市中建 1000 家连锁店，招 10000 名下岗女工。又经过几年的努力，在全国建起了十大营销战区和物流平台，连锁店达 6000 家。二是导入超市营销模式，开展特色营销。抛弃传统的会员制、返卷、赠礼等促销方式，在连锁专卖店导入超市营销方法，突出特色营销。三是整合资源，进一步深化经营体制改革。针对经营体系中存在的问题，双星集团打破一些经营公司各自为政的做法，强调集团利益，进行市场资源整合、人力资源整合。营销体制的改革使重组后的物流平台给连锁店提供了一个安全、放心的体制和环境，使代理公司更好地坚持"双星品牌第一，连锁店利益第一"的经营原则，从而更好地维护了双星的品牌形象和集团的整体利益。

进军国际市场始终是双星集团的战略目标，但当时企业没有进出口经营权，想去国际市场一试身手只能是望洋兴叹。1988 年，冰封的外贸体制开始松动，国家在青岛选取 7 家企业作为第一批自营进出口试点，双星集团名列其中，而且是唯一的制鞋企业。他们立即抓住这次难得的机遇，进军国际市场，先后在美国、俄罗斯、中东、南非、阿联酋、波兰、匈牙利等国家和地区建立了 10 家双星海外分公司，着眼全球战略。

随着双星集团轮胎、机械、服装等行业的扩张，双星的国际化经营从单一的鞋出口扩大到多品种、多领域，特别是双星机械产品，以高效的质量管理和控制实现与国际接轨，得到了国外客户的认可；双星轮胎选准非洲作为突破口，经过努力，先后进入埃及、阿尔及利亚等国家。10 多年来，双星集团的国际化经营战略取得了丰硕成果，实现了"立足山东，面向全国，冲出亚洲，走向世界"的战略目标。

坚持一条原则：发展双星是硬道理

在双星集团总部及所有下属企业的办公楼前都摆放着两只雕塑猫，一只白猫，一只黑猫，两只猫的下边分别刻着两句话："不管白猫、黑猫，抓住老鼠就是好猫；不管说三道四，双星发展是硬道理"。双星集团的每一次改革，都给企业带来了一次新发展。

1984 年，通过产品结构的调整和工艺技术的改进，企业出现了有史以来第一批富余职工，为了安排这批下岗职工，双星集团组建了全国国有企业中第一个对外服务的劳动服务公司。首先拆除了工厂临街的围墙，办起了对外服务的各种商店；接着利用厂区空地建成了当时青岛市最大的双星不夜城，举办了青岛市最早的"双星之夏"夜市；此后，双星集团通过战略调整，将位于青岛市黄金地段的生产企业转移到郊区，而原址则用于房地产开发和进一步发展第三产业。他们先后涉足旅游、房地产开发和广告等诸多行业，形成了主业和三产相互促进、共同发展的格局。这一改革措施可谓一举三得：一是平稳安置了七千多名富余或转岗分流职工；二是促进了双星品牌知名度的扩大和企业形象的提高；三是每年增加收入达几亿元。

未雨绸缪是双星集团在商战中的又一制胜法宝。20 世纪 80 年代中期，双星看到乡镇企业、外资企业纷纷进入制鞋业，给国有企业带来了挑战和威胁，于是果断做出决策：主动转移，发展横向经济联合，以大力开发新产品，扩大企业规模。1984 年 6 月，双星把位于青岛西海岸的乡镇企业黄岛橡胶厂改造成为下属分厂，并在山东周边地区建起了 13 个联营分厂，这样，双星用很少的投资就使每年产值增加了 1 亿元。20 世纪 90 年代初，双星集团又抓住沂蒙山区劳动力成本低、地价低以及可利用"小三线"兵工厂厂房的机会，在沂蒙山区建起了鲁中、瀚海两个规模较大的鞋厂，将双星的老产品全部转移到这两个企业，年产热硫化鞋两千多万双，增加收入2.5 亿元。至此，双星集团成功实施了"出城、下乡、进山"的战略。

1997 年，双星集团青岛总部停止了鞋产品的生产，致力于集团的规划和长远发展，实行双星集团"西进、北上、南下"的新战略。他们西进到成都、贵阳、重庆、乌鲁木齐，北上到沈阳、长春、张家口，南下到福州、西双版纳等地，利用闲置厂房、设备和富余人力建起了 14 个双星生产基地，很快占领了当地的市场，进一步扩大了双星的名牌效应。

随着中国资本市场的建立和逐步完善，双星集团认识到进入资本市场对一个成长中企业的继续发展具有重要作用。1994 年以后，他们就着手按照股份制条例，进行了企业改制。1996 年 4 月，双星股票在深圳证券交易所成功上市，以后又多次增资扩股，募集了大量资金。这就为双星的持续、稳定、快速发展创造了必要的条件。

股票上市募集到的资金需要寻找新的经济增长点。当时，全国上下都在上马高科技项目，双星经过冷静思考和分析认为：传统制造加工业是中国人的优势产业，而解决中国人的吃饭问题和脱贫奔小康问题，则关系国家的安定团结。因此，双星集团决定避开当时最热门的高科技产业，抓住当时不被人看好的隐藏在传统产业背后的商机——汽车轮胎产业。就在这时，同处于青岛市的华青轮胎厂主动要求和双星集团上市公司合并。这正合双星集团战略转移、涉足轮胎行业的意愿，他们很快达成了吸收合并的协议。从并购开始到 2001 年的 3 年时间，双星利用上市融得的 2.45 亿元资金分 4 次投入华青轮胎，用于技术改造和规模扩大，华青轮胎销售额从1998 年的 3 亿元增长到 2001 年的近 20 亿元。

由于双星集团成功实现了从给人做鞋到给汽车做"鞋"的转移，焦急的湖北省和十堰市政府把挽救被迫停产的东风金狮轮胎厂的希望寄托于双星集团。汪海和他的同事们经过冷静分析，于 2005 年 2 月做出了重组东风轮胎的决定。经过两年多艰苦细致的工作和大刀阔斧的改革，双星集团的企业文化理念和管理经验逐步融入了东风轮胎，潜在的生产能力得到了充分发挥，到 2007 年上半年，东风轮胎产量达到历史新高。2007 年 9 月，双星集团以 3.146 亿元的价格受让东风轮胎的有关资产，东风轮胎成为双星集团旗下的全资子公司。

双星重组东风轮胎的成功，既救活了东风轮胎这个老国企，又提升了双星集团轮胎生产的能力和水平，扩大了市场规模，完善了双星轮胎产业链。从此双星轮胎生产向着规模化、集约化和系列化的方向发展。

推进一个战略：创造民族工业品牌

历史告诉我们，正确的战略是战争指挥家掌握主动权并取得战争最后胜利的保证。双星集团在 30 年的商战中，之所以能从小到大、由弱到强地稳步发展，成为今天的胜利者，也是因为他们推行了一个正确的战略——创造民族工业品牌。

双星集团认为，在全球化的市场经济中，企业创造出更多的名牌，振兴民族工业就是最大的政治。这种深刻认识是他们在改革实践中得出的。在没有品牌的时候，企业只能接受国外知名大公司的来料加工订单，不仅条件苛刻，要求高，而且给予的加工费用低。双星从中感到了切肤之痛，更加深刻体会到邓小平同志曾经提出的"我们一定要有自己的拳头产品，一定要创造出中国自己的民族品牌，否则就要受人欺负"的论断多么正确。因此，双星集团提出了"创名牌就是最大政治"的观点，并通过开展"从严治厂大讨论"、"缩小与世界名牌差距"等主题教育活动，使创名牌这个政治目标深入人心，使员工认识到名牌是企业的形象和代表，民族工业品牌是一个国家经济实力的象征，创名牌是每个员工的责任。

20 世纪 80 年代初，双星集团逐步转移和淘汰了解放鞋的生产，对产品进行更新换代，从开始的模仿迅速转移到创新超越，很快生产出自己设计的第一款双星高档冷粘运动鞋，后来又经反复试验研究，生产出第一双皮帮 CVO 热硫化鞋，从而实现了与国际先进制鞋业的接轨。

20 世纪 90 年代，双星集团建立了一支专业化的产品研发队伍，他们根据市场的变化和趋势，不断研发新产品，真正达到双星产品"生产一代、储备一代、研制一代"的战略发展目标。他们创建了全国鞋业企业唯一的国家级技术研发中心，使双星产品由适应型向轻量化、专业化、舒适、卫生、功能保健、环保、休闲等方向转变。

由于双星品牌的崛起，一度在中国市场上称王称霸的国外品牌耐克、阿迪达斯和锐步等都感到了双星品牌的压力。中国贸易中心在"2000 年中国市场质量调查"中用权威数据表明，制鞋行业中"品牌和知名度"、"质量美誉度"、"市场占有率"、"服务满意度"、"2000 年市场首选"等五项指标，双星均位列第一。经过 8 年的努力，双星夺回了被耐克占据的霸主地位，成为真正的中国鞋业"老大"。

从 1995 年双星旅游鞋获得第一个"中国驰名商标"开始，接连又有双星专业运动鞋、双星皮鞋、双星轮胎等 3 个产品获得这一殊荣，这是中国橡胶行业中唯一拥有 4 个中国名牌产品的企业。双星集团以不懈的努力和心血，铸成了中国人自己的民族工业品牌。

市场经济时代已不是"酒香不怕巷子深"的时代了，一个好的品牌必须得到市场和消费者的了解和认可。双星集团在创造民族工业品牌的同时，懂得把每一分钱都发挥出最大的效益，他们一刻也没有放松过对品牌的宣传和推广工作。

1984 年，双星集团研制生产的国内第一款高档旅游鞋投放市场之前，他们冒着违反当时企业不能开记者招待会规定的危险，邀请 40 多位相关新闻媒体记者召开了新闻记者招待会。尽管会后受到有关上级的调查和批评，但他们却以较少的经费，得到了全国几十家新闻单位对双星集团和新产品的宣传报道，起到了几百万元都难达到的宣传效果。

20 世纪 80 年代，按照我国的风俗，多数工厂门前都摆放一对显示吉祥的石狮子，但为了达到出奇制胜的效果，双星别出心裁地在大狮子的脚上穿上了一双"双星"鞋，"给狮子穿鞋"这件怪事，立刻在青岛市引起了不同凡响的效应，许多人都赶来看个究竟，电台、电视台新闻记者纷纷来拍照报道，双星集团的名字频频出现在电视台和报纸媒体上。"狮子穿鞋"不是广告胜过广告。

1989 年 11 月，双星集团参加在柳州召开的全国鞋帽订货会，全国几千家制鞋企业都来到会上。会还未开幕，为了推销自己的产品，大家都八仙过海，各显神通，掀起了降价风，双星集团反其道而行之，坚决不降价，并在《柳州日报》登了一版设计新颖的广告："如果双星鞋不漂亮，你尽管不选择它；如果双星鞋不舒服，你尽管远离它；如果双星鞋质量差，你尽管不买它；如果你信得过双星产品，绝不要错过它。"配合会议的开幕，报纸一出版，新颖的版式，独特的广告语，诚实的态度，立刻博得了客户的注意和好感。双星集团在这次会上最终签订了 200 多万双鞋的合同，远远超过原定 100 万双的预期目标。

随着企业的不断发展，双星集团迅速将品牌战略移植到新的行业中。目前，双星品牌已经受到广大消费者的热爱和信任，成为真正的中国民族工业品牌。

弘扬一种精神：构建特色企业文化

探求双星集团 30 年不平凡的改革发展历程，会发现，有一种精神自始至终在激励着他们不畏艰难搞改革、一心一意求发展，这种精神就是自强不息的民族精神。正是依靠这种精神，构建了一套具有双星集团特色的企业文化体系。

我国进入市场经济时代以后，社会上出现了只顾经济发展，忽视政治、精神教育的倾向。双星集团看到了经济繁荣背后隐藏的危机，针锋相对地提出了"弘扬民族精神，创造民族品牌，振兴民族工业"的响亮口号，以马列主义、毛泽东思想的精髓"实事求是"和中国传统儒教、道教、佛教文化的精华"行善积德"为核心，构建了九大文化管理体系——市场竞争文化、名牌财富文化、思想管理文化、道德人品文化、质量管理文化、成本管理文化、创新知识文化、技术标准文化、执行形象文化。这九大文化体系既融入了市场化的管理手段，更注入了情感道德文化等理念，通过对情感道德和人品的教育引导，达到了比某些制度约束更有效的结果，形成了独具特色的文化管理体系。例如，改革过程中，企业为了大幅度地提高产品质量，在制定质量管理制度的同时，将传统文化的精髓融入现代管理，提出"干好产品质量是最大的行善积德"、"产品等于人品，质量等于道德"、"什么都可以改革，唯独质量第一不能改革"。用这种最朴实的语言来引导教育员工，起到了神奇的效果，产品质量的提高非常迅速，双星集团最大的制鞋企业鲁中公司撤销了 14 条流水线的专职质量检查员，因为人人都是检查员、人人都把质量关。

在创名牌阶段，双星创新知识文化管理发挥了巨大的作用。20 世纪 80 年代中期，面临国外名牌大举进军中国市场，对民族工业造成巨大冲击的形势，双星集团响亮地提出："创中国人自己的民族品牌"，"名牌是商战中的'原子弹'"，"创新是商战中永恒不变的主题"，这些饱含哲理的语言，简单而鲜明，给员工以明确而激情的号召，很快形成了全员都创新，人人出成果的喜人局面。

随着市场的发展变化，双星又创立了促进企业发展的"家庭消费式管理"新机制：在连锁专卖店中实施员工参股，让每一个员工都成为名副其实的股东，调动了员工的积极性；在工厂车间实行"包、租、卖"内部市场化承包，将车间各个环节承包给员工个人，把岗位变成每个人的"责任田"，促使员工"自己管理、自己算账、自己减人、自己降耗"，市场化承包让员工真正当家做主。内部市场化承包促进员工素质、产品质量、工艺技术、现场管理、创新意识的全面提高，进一步激发了员工的劳动热情和创造激情，生产效率和员工收益大大提高，由过去职工"仇视"机器，不注意保养机器，变成现在的把机器当成不说话的伙伴和战友，自觉保养、主动维修，实现了员工和机器、个人和集体的和谐发展，使集团生产效率平均提高 30% 以上。这种内部市场化承包和管理的新机制把双星集团的市场竞争力提高到了一个新水平。

后记

从汪海和双星集团实践社会主义市场经济道路的 30 年改革历程中能提炼出以下重要的启示：

其一，伟大的变革，需要伟大的思想作为先导。双星的发展史，就是一部思想解放史，那些新旧思想的交锋，新旧制度的碰撞，无疑是推动改革前进的动力。只有解放思想，才能产生新思路，拿出新办法，解决新问题。

其二，中国国有企业有着无限的潜力和希望。双星集团把一个传统行业里的竞争性产品创造成民族工业品牌走向世界，证明了所有制、企业规模、行业性质都不是决定因素，决定企业命运的是企业家。国有企业有了一个好的企业家，有新思想、新文化，不断创新管理体制和机制，不断开拓，不断进取，就能发挥出企业的巨大活力和市场竞争力，展现国有企业的优势和风采。

其三，中国特色社会主义之路是国家兴盛之路，民族复兴之路。双星集团在 30 年改革中坚持国有企业的性质不变，坚持弘扬中华民族精神不变，坚持自主创造民族工业品牌的决心不变，结果企业越来越兴旺，越来越发达。如果国有企业都像双星集团那样坚持走有中国特色社会主义之路，全面建设小康社会的目标就会指日可待。

(2008 年 8 月 29 日《中国化工报》)

大道无边

—— 汪海的中国布尔什维克市场经济之道

朱建华

20 个世纪 70 年代末叶的最后一个初夏，中国改革开放的总设计师邓小平在思谋创办深圳经济特区时喊出一句振聋发聩的声音："杀出一条血路来！"

当历史的尘雾散去，回望中国，千年遥看，百年鸟瞰，三十载观照，在世界东方有一群怀揣强国之梦，响应小平号召，立志工业企业改革的中国共产党人，为了那个一代又一代薪火相传的中华民族伟大复兴的理想和历史使命，以震古烁今感天动地虽九死而不悔的悲壮，探索新时期国企改革的振兴之道。在这场创新图强的肉搏拼杀中，有人昙花一现，也有人悲壮地倒下，而在齐鲁大地有一位在一个国有企业没调动厂长书记一干就是三十多年名叫汪海的幸存者，在中国国企改革的前沿阵地挺立至今，用他的破冰实践创出了一条通向成功的中国布尔什维克之道。

鞋道

汪海注定将演绎和见证东方古国的大变局，成为国企改革的开道者。

载入共和国史册的堪称"历史的转折、伟大的转变"的党的十一届三中全会，完成了中国布尔什维克决定国家命运的重大决策。

1984 年新年伊始，中国改革开放的领航人邓小平在南中国海岸指点江山，在刺破青天高 22 层的深圳国贸大厦顶端极目远眺，完成了举世瞩目关乎未来中国命运的第一次南方视察。

历史如此巧合，正是在这个时候，远在山东青岛的一个叫橡胶九厂的国营企业却发生了一件"大逆不道"的事件。一场国有企业变革图强的新的伟大革命就此拉开了帷幕。

直至 80 年代初，一直跟着计划转的青岛橡胶九厂，数十年一贯制地生产"解放鞋"，原料由国家统配，产品由国家包销。1983 年底，商业部门突然通知橡胶九厂，"傻大笨粗"的解放鞋卖不出去，拒绝收购。

厂党委书记汪海又急又怒，这位身高一米八多、军人出身的山东大汉凭着一身胆气推开政府主管部门的房门，操一口地道的微山湖口音向主管单位领导发问："生产计划是你们下的，生产任务完成了，你们却不要了，那我们怎么办？"

没得到答案的汪海不得不又去找商业部门，找完科长找局长，几乎跑断腿，就是要不来一分钱。气愤之下摔门而去。

产品堆积如山，灾难突如其来，企业顿时陷入绝境。

上天无门，入地无道。道在哪里？汪海站在胶州湾畔一遍又一遍进行着求道思索。

要在鞋道上走下去，就必须先解决生存问题。在那个令双星人难忘的冬天，汪海带着一帮人，背着鞋，开始自己偷着卖鞋。临出发前，汪海以壮士断臂的悲壮对职工们说：我们橡胶九厂从今天起，就是要穿自己的鞋，走自己的路，闯出一条道，置之死地而后生！

这家日后名为"双星集团"的企业，就此迈出产品自销的第一步。而此时，私自销售产品被视为违规。可汪海却卖出了积压的产品，救活了企业，以背水一战之勇气，迈向市场第一道……

改革本没有道，邓小平将其称为摸着石头过河。敢问路在何方？要前进就必须再创出一条新道，这是历史赋予中国布尔什维克的新使命。

"杀出一条血路"绝对不是一句轻松的口号，每前进一步，都是对传统与习惯的挑战和跨越。

低成本扩张是汪海创立市场经济新机制，抢占市场先机跨出的第一步。在人们还没有听说过"横向经济联合"这一词语时，汪海就以自己的技术主动找到了农村的闲置厂房，破天荒地在山东建立了 13 个联营分厂，之后又将联营厂办到了中国西部。可在当时那个思想僵化的年代，国家没有政策，以前没有人干过，一些人暗自盘算着"等汪海做大了，折腾垮了，把他抓起来就好了。"紧接着，在上头没有红头文件的情况下，汪海又依据鞋业劳动密集型行业的市场规律，做出了将生产企业从青岛市内主动迁往山沟，向革命老区沂蒙山等贫困地区转移的惊人之举，以争取低人力成本优势。对此有许多人不理解，四处散布"汪海和双星在城里干不下去了才跑到山沟里。"直到十几年后，国家出台了"西部开发"政策，人们才真正理解了汪海的超前思维。汪海谱写了双星"出城、下乡、上山"的发展三部曲，率先创出了主动转移、主动调整的国企生存发展之道……

懒、闲、富余人员多，闲着没事议论事的人多，是国有企业的通病和癌症。为破解这一难题，汪海主动把办公大楼腾出来办起服务公司，在出城之后的生产原址建起集旅游商业于一体的双星商贸城，由企业举办的名为"双星之夏"活动曾在青岛轰动一时。汪海此举改变了国有企业人浮于事的被动局面，在全国率先走出了二产转三产富余人员进市场的国有企业主动产业调整的发展之道……

在当时只有中央国务院政府部门才有权搞新闻发布会的计划经济年代，汪海却在青岛召开了第一个以企业名义举办的新闻发布会，此消息轰动全国，震动海外。在大家都不理解的情况下，以"挥霍公款、大吃大喝、铺张浪费、为了自己出风头"等罪名，被上级派来的联合调查组调查了 28 天之久，汪海也差一点被"隔离审查"。汪海以敢为人先之勇气，率先打出政治广告，闯出了打开市场的开门之道……

计划经济年代，国有企业"懒、散、乱"和"等、靠、要"的根源是"铁饭碗、铁交椅、铁工资"，要砸"三铁"就要触动一些人手中的权力和既得利益，可谓是生死较量。汪海高举改革之锤，合并机构、撤换干部、实事求是破格用人，将铁交椅干部变为"黑板干部"，招标竞争上岗，职工工资按贡献大小分配。一锤激起千层浪，失去"特权"的人到上级告状，丢掉利益的人向汪海砸黑石头。就是在如此险恶的情形下，汪海顶住压力，开创了国企内部体制改革的解放生产力之道……

旧外贸体制造成工厂与国际市场脱轨，在国际竞争中一直处于被动局面，出口产品一直是低价位、低档次、低形象，制约了国家外贸出口的发展。双星作为试点，第一批获得了自营进出口权。冲破计划经济外贸体制，主动走向国际市场，汪海在美国纽约新闻发布会上当众脱鞋打广告，美国媒体曾这样报道，在美国公众场所脱鞋的共产党人只有两个，一是赫鲁晓夫在联合国脱鞋砸桌子，显示其超级大国的威力，另一个就是汪海了，他举鞋微笑着进军美国市场，让美国各界对中国鞋王刮目相看；在德国杜塞尔多夫进行独具特色的东方鞋文化表演，令"老外"们于惊诧中赞叹不已；在新加坡国际研讨会上作"把佛文化用于现代企业管理"的演讲，在国际学术界引起轰动。汪海在国际市场的一个又一个漂亮转身，创出了国有企业第一个走出国门、走向世界、创世界名牌之道……

国企改革最深层次的矛盾当属产权问题。产权不明，责任心不强，富了和尚穷了庙一度使双星遍及国内外的经营公司运转失控，难以支撑。无道就要开道，汪海又一次开国企改革之先河，在双星主动进行退资卖店国企民营化的大胆尝试，将全国的经营公司和连锁店全部卖断经营。一场市场终端的产权改革，彻底激活了职工的积极性，实现了"双星发展、个人发财"的目标。汪海这一卖，创出了今天的大双星，不仅盘活了国有资产，还杀出了竞争性极强的国有企业市场发展之道……

主动战略转移，主动产业调整，主动解放生产力，主动走出国门，主动实施国企内部产权改革，汪海这位布尔什维克从鞋道开始冲杀，在血色中跋涉，每开创一道都要承担常人难以想象的巨大风险，付出常人难以承受的艰苦努力，堪称"生死之道"。他开创的市场竞争之道、创新发展之道发展壮大了制鞋行业，印证了小平提出的中国特色社会主义之路是可以实现的。

汪海鞋道的成功，打开了由计划经济通向市场经济的转型之道，为双星增强活力大发展奠定了发展之道，为探索中国布尔什维克市场之道率先起跑……

车道

站在即将进入新世纪的新起点，敢为人先的中国布尔什维克汪海在鞋道上将怎样继续走下去？汪海的中国布尔什维克之道还能走多远？

不辱使命的中国布尔什维克汪海不会停下脚步。

1998 年阳春三月，中国第三代领导集体的领航人提出"增创新优势，更上一层楼"的新要求。站在中华民族伟大复兴的历史制高点，国企改革转型的鼓点又一次在华夏大地擂响。

此时的双星，正面临深化发展产业拓宽转型的历史性跨越，地方政府表态支持双星上高科技项目。站在胶州湾畔的汪海敞开胸襟，延揽八面来风。在经历了审时度势的缜密思考之后，在村镇县全国都在蜂拥而上高科技的年代，这位惯于逆向思维的中国布尔什维克改革者却出人意料做出一个逆势而上的决策：双星不跟风，跟着规律走，依据自身产业特点，进军传统的与橡胶相关的轮胎制造业！汪海下决心开创从给人做鞋到给汽车做"鞋"的发展之道。

当汪海提出要给汽车做"鞋"时，行业上下、社会各界纷纷怀疑、置疑："一个做鞋的，能搞轮胎吗？"

布尔什维克汪海回答："有了做鞋的成功发展规律，运用到做轮胎上也一定能取得成功！"

用鞋道推动车道，汪海开始了他的车道之行。

历史总是格外眷顾这位国企改革的先行者。1998 年 4 月，国家出台"关于清理整顿场外非法股票交易"的规定，青岛胶南华青轮胎公司也被作为"场外交易"上柜公司股票停牌。这对于华青来说，无疑是致命的打击。但是，中国证监会也给华青留了一条生路：允许找同行业或相近行业上市公司吸收合并。要么瘫痪，要么与实力强的企业合作，这就是现实留给华青的机会。于是，他们想到了地处同一地区，同属橡胶行业的双星。

正在考虑给汽车做鞋的汪海通过考察决定吸收合并华青。

然而，车道并非一帆风顺，等待汪海的却是更大的艰难与险阻。

1998 年 10 月，青岛市政府正式批准双星吸收合并华青。进入车道抢市场，汪海决定马上向华青输血注入 2.45 亿元资金，发展市场前景看好的子午胎，使华青销售额大幅增长。不料风云突变，胶南市政府看到企业出现转机竟背信弃义，提出种种无理要求，逼迫双星与华青"离婚"，百般阻挠华青公司的注销及新公司成立，仅"图章风波"就拉锯半年之久……

到了该与不讲诚信的恶习和地方主义决战的时刻了！

向来"不找市长找市场"的汪海不得不连续五天登门市政府敲响了青岛市委书记的房门。在市委市政府的支持下，汪海与阻挡车道的狭隘势力激烈碰撞，取得了胜利。新时期中国布尔什维克汪海闯出了打破地方主义、本位主义之道……

如果说，接手一个名不见经传的华青与传统恶习决战就充满坎坷，那么，接下来的并购湖北东风轮胎公司，与老国企的旧观念决斗更是汪海在车道上的又一次惊险跳跃。

2005 年 2 月，无力回天的马来西亚金狮集团黯然退出东风轮胎，这让中国轮胎业这桩最早的长达十年的"中外姻缘"走到了尽头。在湖北省领导的撮合下，汪海准备接手东风轮胎这个让"中西医"都感到头疼的企业。

依照市场化规则对东风原有干部重新选择聘用，使一些失去既得利益的领导干部煽动组织一批固守老国企旧观念的职工闹事，一场风暴正悄然等待汪海到来。

当汪海一行兴致勃勃来到湖北十堰市，迎接他们的竟是"双星滚回去，汪海滚出去"的叫喊，闹事者致使全市交通堵塞瘫痪。刚刚住进招待所，几百名东风员工就一齐围上来，省领导怕出意外，非要接他到市里的宾馆去住。但汪海坚持住在厂里。次日，汪海去参加全厂职工大会，会场正门外又突然围上几百名职工，个个情绪激动，把汪海围得水泄不通，虽然门里门外有 400 多名保安和警察维持秩序，但依然难挡骚动的现场。汪海冲破人群阻挡上台演讲，他大声对东风职工说："你们知道'东风'两字是谁题写的吗？是我们共和国的创始人毛泽东，他期望'东风'压倒'西风'，可你们是在给'东风'抹黑。我来东风是为了发展东风，让东风重振雄风，我既然来了就不会走了！"汪海坦诚自信的讲话，终于感染了在场的职工，以至于掌声响起 49 次之多。打破国有企业旧体制、计划经济旧观念的阻力，中国布尔什维克汪海冲入轮胎发展的快车道……

经历两次惊心动魄的生死抉择，汪海又开始了他的车道新创举。

市场经济不同情弱者，要在市场竞争中站住脚就必须强化自身的造血功能。在没有资金的情况下，不用国家一分钱投资，五次向社会募集资金，注入企业，使双星轮胎充满勃勃生机。中国鞋业第一个上市公司连续五次成功募集资金，充分显示了中国布尔什维克汪海运作金融市场的高超能力。汪海高扬资本运作之剑，创出新时期金融资本与产业结合快速发展之道……

乡镇企业华青管理混乱，老国企东风机制陈旧。汪海创立的管理新模式使企业充满活力。一天一算，当天出成本；推行市场化承包；实施厂币家庭式消费管理和质量买单制……汪海创出独一无二、独具特色的企业管理之道……

思想因循守旧，创新意识缺失。汪海在轮胎企业再一次响亮喊出："创新是企业发展的灵魂和动力"，"外国人能造，双星人敢改"，"全员创新、全方位创新、全过程创新，打商战中创新的人民战争"，伴随一大批新产品与国家专利技术的诞生，汪海创出了一条从"双星制造"到"双星创造"的创新跨越发展之道……

坐商经营，相互内耗。打破几十年轮胎经营各自为战的老模式，强化诚信经营、服务经营，构筑"多元化、个性化、细分化"经营新格局，创造"高档次、高质量、高服务"市场经营模式，汪海创出了从单纯卖产品到卖文化、卖品牌、卖形象的市场经营之道……

一面旗帜、一个企业、一种文化，终于创造了一个奇迹：双星轮胎在短短几年内获得了快速发展，杀出轮胎业的一匹"黑马"，总体实力排名一举跃入国内轮胎前 5 名！

邓小平指出，什么叫战略思维呢？如果不知道什么地方可以生长力量，不知道怎么来生长力量，就不叫战略思维。

主动敞开国门的中国人分明已经听到了产业裂变惊涛拍岸的呼啸声，

中国布尔什维克汪海们已将世纪伟人的战略思想化为惊天地泣鬼神的具体行动。

别人搞几十年、上百年，双星轮胎几年就超越竞争对手。在中国轮胎工业几乎全被世界轮胎巨头操控的今天，汪海却创造了举世瞩目令中国人扬眉吐气的"双星速度"，小吃大，快吃慢，国有吃国有，汪海开创的只有中国共产党人才能实现的车道，难道不是中国布尔什维克之道的成功吗？

企道

汪海鞋道、车道的成功，首先应是企道的成功。

一切皆缘于 20 世纪 70 年代末激荡华夏大地的那场思想飓风。

发端于"真理标准"大论战的这场思想解放运动的发起者正是中国改革开放的总设计师邓小平，这位世纪伟人高擎马克思主义、毛泽东思想实事求是之剑，发出了洪钟般响亮的动员令："打破精神枷锁，使我们的思想来个大解放！"

率先觉醒的中国布尔什维克汪海从此便踏上了悲壮的思想破冰、新理论探索之旅。

"没有正确的理论做指导，企业改革就无法取得成功"，这是国企改革先行者汪海在经历了无数次挫折之后发出的痛彻心扉的泣血呼号啊！

邓小平说："计划经济不等于社会主义，资本主义也有计划；市场经济不等于资本主义，社会主义也有市场。"我们共产党人原来以阶级斗争为纲，现在以经济建设为中心，原来不承认私有制，现在民营老板可以入党，原来不承认市场经济，现在用市场经济手段兴国。

基于这一清醒的认识，布尔什维克思想者汪海不能不面对现实发出冷峻的声音："过去，我们信奉的是计划经济的平均主义价值观，我们讲奉献而不讲金钱。历史发展了，时代前进了，价值观也必然随之发生新的变化，真正的布尔什维克要敢于正视这个现实，重新探索确立社会主义市场经济的价值观。不这样做，我们的理论与信仰同现实的距离就会越拉越远。"

把金钱与思想政治工作相提并论，在当时那个政治极度敏感的年代，这可是大逆不道之言，是绝大多数中国人恐怕连想也不敢想的念头。汪海却大胆地想了，并在中国工业企业开了用经济杠杆调动员工积极性之先河。在中央召开的一个全国思想政治工作交流会上，汪海作为企业代表发言，面对近在咫尺的中央领导同志，汪海竟然说出一个石破天惊的观点："市场经济用好钱就是最好的思想政治工作。"当时语惊四座，引起全场代表共鸣，引发讨论高潮，汪海却从此创出一条探索中国布尔什维克社会主义市场经济理论之道……

用实事求是思想武器开启科学理性之门，在思想解放的晨钟轰鸣中开创中国布尔什维克之道。这是在市场经济新形势下，历史赋予中国布尔什维克思想者汪海的新使命！

早在改革开放之初，当中国还没有名牌这个字眼时，率先闯入市场的汪海从国外考察归来，就悟出一个道理，既然搞市场经济，就应该按市场经济规律办事，名牌既然是市场的产物，我们中国布尔什维克为什么不能搞？这位率先看到规律的思想者第一个在《人民日报》发表自己创名牌的观点，在社会惊诧的目光中，他又将名牌作为企业的发展目标，把名牌作为凝聚企业员工的合力，将创名牌与爱岗、爱厂、爱国紧密联系起来，用名牌激发员工的奋斗激情。可汪海的这一举动当时却不被政府和社会所理解，在双星与团中央联合举办为中国名牌筑起"希望工程"活动时，汪海号召要创中国人自己的民族名牌，中小学生要穿中国自己的名牌时，却听到台下有两名女教师说他"神经病"。在另一次由国家计委召开的21世纪中国工业发展规划研讨会上，汪海又一次提出既然承认市场经济，就应该规划21世纪创多少中国人自己的民族名牌，名牌才能代表中国形象，代表中国的经济实力，却不能得到会议组织者的理解。在国人对名牌还感到陌生的年代，布尔什维克思想者汪海就响亮地喊出："创名牌是市场经济中最大的政治"、"创名牌就是最好的爱国"、"名牌是市场经济的原子弹"，创出了中国布尔什维克创名牌的先导之道……

中国的工业企业刚刚步入管理正轨时，人们尚不知企业文化为何物。当时的企业管理者汪海却被一个现象深深困扰着，"假大空"的宣传口号，社会共性的东西多，符合企业实际的东西少。天天学文件读报纸，员工已听不进去，思想混乱而无法统一。汪海开始了艰苦的探索，在深入车间调查研究的基础上，创造了一批诸如"有人就穿鞋、关键在工作"等极富企业个性的警句，用来激励员工。根据员工不愿听空泛僵化、脱离企业实际的说教，创造性地将中华民族"佛、道、儒"中的优秀传统文化用于现代企业管理，提出"干好产品质量就是最大的行善积德"，成为企业员工的行为指南。坚持继承传统优秀的、借鉴外部先进的、创造自己特色的，汪海创造的一大批企业文化警句为方便警示员工被张挂上墙，却招来一场"语录风波"，行业主管部门领导看后不理解，给汪海扣上了一顶"搞个人崇拜"的帽子。可布尔什维克思想者汪海却从此闯出了企业文化发展之道……

时代前进了，企业发展了，可我们却没有自己的管理理论和管理哲学，还在沿用像 MBA 这样的西方管理套路，以致生搬国外管理方法、管理程序，在本土企业运用常常错位。为改变这一被动局面，汪海从 20 世纪 80 年代就开始研究探索中国人自己的管理哲学，曾创造"九九管理法"，填补国内管理理论空白。汪海的这一管理成果本应获管理大奖，可在那个一切都是外国的好的年代，评选者非要汪海引入日本、德国的管理案例，汪海一怒之下宁可放弃参评也要坚持中国人自己的管理之道。用中国传统的象形文化，在企业改革实践中总结创造出根植现实、合璧中西、贯通古今、实事求是、弘扬精神、贯穿创新、融市场哲学、管理哲学、社会哲学、人生哲学于一体的具有中国特色的企业发展"ABW 理论"。汪海充满豪气地喊出，"A 就是中国人称的老大第一，我们不仅要做中国的老大，还要做世界的第一；B 是 13 亿的大中国，13 亿的大民族，13 亿的大市场，企业家要鞠躬尽瘁去拼搏；W 形似雄鹰展翅，市场企业家要成为不屈不挠搏击长空的雄鹰。市场企业家要根在市场上、魂在文化上、本在管理上，要具备过人的智慧和超凡的能力，要正确理解和处理好三性（人性、个性、党性），真正做到对国家民族负责，善于竞争，永不言败！汪海还提出了市场经济的矛盾论和红与专的观点，创出了中国人自己的管理理论之道……

进入 21 世纪，伴随着世界经济一体化步伐的加快，中国是否有自己的经济发展战略尤为重要，独立的经济对外政策关乎中国企业的发展走向。然而，有少数官员、理论家、经济学家似乎丢弃了"政治经济学"这个布尔什维克的传家宝，提出世界经济一体化中国做世界的加工厂就行了，不要再提民族工业。"民族主义"与"世界主义"激烈碰撞，汪海旗帜鲜明地指出：世界上什么矛盾都可以解决，唯有民族矛盾不能解决。发展经济不能忘记政治。当今世界，没有谁会放弃国家利益与民族利益，这是一个不争的事实。我们不能再继续用市场换技术、用资源换外汇、用政策换政绩、用廉价劳动力换投资了。当代中国布尔什维克为什么不高举民族精神大旗去夺取商战的胜利呢？汪海以一个中国企业家的睿智与胆识，道出了他对振兴与发展中国工业最深切的思考，阐述了他的发展工业的"三民观"全新主张：振兴民族工业要振奋民族精神，创造民族品牌，培育民族企业家队伍。无论在什么时代，民族精神都是鼓舞人民奋斗的原动力，是一个国家、一个民族崛起的基石；在世界经济一体化年代，谁经济强盛谁就主导世界，而经济强盛的标志就是民族品牌，民族品牌是民族经济的生死牌，民族品牌体现民族精神、维护民族利益，是国家实力的象征；要实现"中国创造"就必须大力培育民族企业家队伍。汪海的中华民族之声振聋发聩，令人荡气回肠，创出了中国特色独立自主的经济发展战略之道……

汪海在企道中创造性地用企业文化规范员工行为，用管理制度规范企业发展，用激励机制激发员工潜能。对违规事件敢于处理，对有功人员敢于奖励，对有为干部敢于提拔，对无为干部敢于撤换。文化引导，制度约束，奖励驱动，三者相互结合，互为依存，创造出一条符合市场经济规律的竞争力、凝聚力之道……

拿破仑曾经说过：中国是一头睡狮，它一旦醒来将会撼动世界的。汪海就是一头率先觉醒的东方睡狮，他发出的吼声，足以让世界睁大惊诧的眼睛。

布尔什维克的思想破冰，再一次印证了只有中国共产党人才有如此的勇气与睿智。这难道不是中国布尔什维克之道创造的新奇迹吗？

人道

追求天人合一和谐共生，无疑是中国传统文化的理想境界。人本思想与人道情怀是汪海制胜的根本。

回眸历史，如果我们将镜头定格于1988年4月20日，就会有一个令人感慨万千的发现，"企业家"这个称谓在中国诞生了。这一天，首届"全国优秀企业家"来到中南海领取荣誉证书。一张发黄的照片记录着20张朝气勃发踌躇满志的面孔和当时党和国家最高领导人亲切的笑容。

大浪淘沙，沧海沉浮。20多个春秋转瞬即逝，照片上20人中至今仍活跃在国企舞台上的只剩下汪海一人。人们不禁要问：究竟是什么让一个冒险者、一个开拓者、一个实践者、一个成功者、一个幸存者，保持了长盛不衰？从给人做鞋到给汽车做"鞋"，是什么使一个本应与国内几千家制鞋企业一同倒闭的微利制鞋企业一枝独秀？

老子曰："道者万物之奥也"。这位中国哲学先贤似乎解开了神奇的双星的面纱。

双星因为有了汪海而成功，汪海因为讲道而得道。

响应胡锦涛总书记号召，以实现中华民族伟大复兴为己任，一个民族企业家，以丰厚民族底蕴的独创，以饱满的爱国情怀，以强烈的民族责任感，在国际商战中始终代表民族利益，坚持民族尊严，彰显民族气节，肩负民族工业振兴、创民族品牌之重任，汪海创出了一条实现强国之梦的民族振兴之道……

温家宝总理曾经说过："企业家的身体里要流淌着道德的血液"。产品出现质量问题勇于在媒体自己打反广告，出现不合格产品当众烧毁警示员工。产品等于人品，质量等于良心。把企业管理与人的道德良心联系起来，这是汪海的创造。心里永远想着员工，员工才能对企业负责。关心员工、依靠员工，依靠团队合力取胜，这是汪海的人心之道。双星讲道则大道无边，三鹿无道则必然垮台。用人格魅力凝聚人心，汪海创出了做人做事顺民意、得民心的人品之道……

坚持实事求是，一切从实际出发，别人都在喊全球经济一体化，汪海却清醒地看到当今世界强权政治、强权军事、强权经济依然存在，提出谁天真谁就陷入被动。"不管你说三道四，双星发展就是硬道理"，汪海创出了坚持布尔什维克基本原理的求实之道……

当今时代不是大鱼吃小鱼，而是快鱼吃慢鱼。"今天不创新，明天就落后；明天不创新，后天就淘汰"。新机制不断挑战旧体制，新技术不断创造新高度，才造就了速度双星、效益双星、文化双星、科技双星、人才双星、和谐双星、神奇双星……汪海创造出了市场竞争永不停止、创新永不满足的成功之道……

汪海30年矢志不渝把一个濒临倒闭的企业发展成为世界知名大集团。将一个原本资产只有800万元的橡胶小厂，发展成为拥有6万名员工、60亿元总资产、年销售收入过百亿的经济实体。"名利淡如水，事业重于山"，汪海创出了一条实现人生价值的事业之道……

在市场经济下经不住金钱诱惑，高官腐败屡见不鲜，只顾个人发财的市场企业家也不乏其人，汪海却旗帜鲜明地打出三不变原则：一是跟共产党走不变，二是一辈子做中国的鞋匠不变，三是结发妻子不变。正是这个"三不变"的汪海，面对美国公司的高薪聘请响亮地喊出："我只为我的祖国干，为中华民族干！"在一次座谈会上，汪海深情地说："不管你怎么评价，我自己拿自己当骨干，自我感觉良好。我给自己投两票：一票是市场经济的优秀共产党员，解决了近10万人的就业、吃饭问题；一票是职业企业家，不走官场走市场，为国家为民族把'双星'这个牌子做起来了。"市场经济更需要布尔什维克的奉献精神，更需要以世界大同、世界和谐为目标的高尚追求。汪海创出了成为真正的布尔什维克之道……

继承了社会主义优良传统，吸收了外部先进机制，创造了自己的新思想新观点，终于走出一条符合中国国情的发展之道——中国布尔什维克之道。

中国布尔什维克之道才是引领潮流伟业成功的崛起之源。社会主义市场经济的中国布尔什维克大道无边！

（2009 年 3 月 17 日《人民日报·海外版》）

图书在版编目（CIP）数据

引领改革大潮的先行者/冯并主编. —北京：社会科学文献
出版社，2010.2
　（汪海书系）
　ISBN 978 - 7 - 5097 - 1146 - 0

Ⅰ.①引… Ⅱ.①冯… Ⅲ.①汪海 - 生平事迹 ②制鞋工业 -
工业企业管理 - 经验 - 中国 Ⅳ.①K825.38 ②F426.86

中国版本图书馆 CIP 数据核字（2010）第 013889 号

·汪海书系·

引领改革大潮的先行者
——全国首届优秀企业家汪海新闻报道选

主　　编/冯　并
执行主编/张来民　生锡顺　郭　林

出 版 人/谢寿光
总 编 辑/邹东涛
出 版 者/社会科学文献出版社
地　　址/北京市西城区北三环中路甲 29 号院 3 号楼华龙大厦
邮政编码/100029
网　　址/http：//www.ssap.com.cn
网站支持/（010）59367077
责任部门/财经与管理图书事业部　（010）59367226
电子信箱/caijingbu@ ssap.cn
项目负责人/周　丽
责任编辑/于渝生　张景增　王玉水
责任校对/丁新丽　冯振华
责任印制/董　然　蔡　静　米　扬

总 经 销/社会科学文献出版社发行部
　　　　　（010）59367080　59367097
经　　销/各地书店
读者服务/读者服务中心（010）59367028
排　　版/北京步步赢图文制作中心
印　　刷/北京季蜂印刷有限公司

开　　本/787mm×1092mm　1/16
印　　张/25
字　　数/430 千字
版　　次/2010 年 2 月第 1 版
印　　次/2010 年 2 月第 1 次印刷

书　　号/ISBN 978 - 7 - 5097 - 1146 - 0
定　　价/158.00 元（全三册）

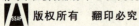

汪海书系

主　编／冯　并
执行主编／张来民　生锡顺　郭　林

市场经济与理论创新

全国首届优秀企业家汪海思想研究

社会科学文献出版社
SOCIAL SCIENCES ACADEMIC PRESS (CHINA)

汪海思想研究编委会

目　　录

引言　用理论创新引领企业成长壮大…………………………………………… 1

市场是企业的根
　　——论汪海的市场思想 ……………………………………… 13
文化是企业的魂
　　——论汪海的企业文化思想 ………………………………… 25
管理是企业的本
　　——论汪海的管理思想 ……………………………………… 35
求真务实，必得民心
　　——论汪海的实事求是思想 ………………………………… 47
敢为天下先
　　——论汪海的改革思想 ……………………………………… 60
不管说三道四，双星发展是硬道理
　　——论汪海的发展思想 ……………………………………… 67
知识是基础
　　——论汪海的学习思想 ……………………………………… 81
素质是根本
　　——论汪海的人才思想 ……………………………………… 93
意识是关键
　　——论汪海的反思维思想 …………………………………… 107
用好钱就是最好的政治
　　——论汪海的政治工作思想 ………………………………… 118
干好产品是最大的行善积德
　　——论汪海的佛学思想 ……………………………………… 129

创名牌是最好的爱国
　　——论汪海的爱国思想 ·················· 138

科技是市场竞争的法宝
　　——论汪海的科技思想 ·················· 149

质量是企业的生命
　　——论汪海的质量思想 ·················· 161

企业的生命力在于不断创新
　　——论汪海的创新思想 ·················· 173

名牌是市场经济的原子弹
　　——论汪海的名牌思想 ·················· 184

跟着市场走、围着市场转、随着市场变
　　——论汪海的"营消"思想 ··············· 196

无情的纪律、有情的领导
　　——论汪海的法治思想 ·················· 206

百分之二百的服务
　　——论汪海的服务思想 ·················· 218

管理无句号，名牌无终身
　　——论汪海的风险思想 ·················· 226

市场竞争需要媒体
　　——论汪海的新闻宣传思想 ··············· 238

拿自己当骨干，自我感觉良好
　　——论汪海的社会责任思想 ··············· 250

人是兴厂之本、管理以人为主
　　——论汪海的人本思想 ·················· 262

个性是企业家的标志
　　——论汪海的"三性"思想 ··············· 274

做市场企业家
　　——论汪海的企业家思想 ················· 285

附录　汪海语录 ······························· 298

引言　用理论创新引领企业成长壮大

"回首30年风云变幻，我最自豪的就是自己始终活跃在改革开放实践第一线，做了许多'敢为人先'的事。我是计划经济向市场经济转轨时代的实践者、开拓者，也是到目前为止为数不多的成功者和幸存者。"双星集团总裁汪海在"双星改革进市场30周年"新闻发布会上这样说。

汪海是我国首届优秀企业家。当年与他同时当选的企业家，有的升官，有的退休，有的被免职，有的出逃国外，有的银铛入狱；只有汪海至今仍然奋斗在企业第一线。30年来，他带领双星人，通过不断改革创新，使当年濒临倒闭的青岛橡胶九厂脱胎换骨，成长为今日生机勃勃的双星集团。因此，汪海被誉为"市场将军"、"长寿总裁"、企业界的"常青树"。

思路决定出路，理论指导实践。汪海的成功有着多方面的原因，但根本的原因是，汪海是一位"创新型"企业家。而且，他高度重视理论创新。他强调："理论创新是创新中的灵魂，是企业持续稳定发展的根本，是动力中的核动力。""在每一个历史时期都应该有符合本时期的理论做指导，理论在社会发展当中所起的作用是不可估量的。""假如没有好的思想理论，事业就没有方向，不但会失败，而且会是惨败。"汪海的这些精辟论述，深刻揭示了企业发展的一般规律。30年来，汪海正是以敢为天下先的英雄气概，不断进行理论创新，形成了完整的市场理论，从而引领双星集团实现了从计划经济向市场经济的成功转型，并不断发展壮大。

一　只有思想更新，才能改革创新

改革开放前，一直追溯到新中国成立时，我国仿照苏联经济模式，实行的是高度集权的计划经济体制。它的基本特征是，以社会化大生产为前提，在生产资料公有制的基础上，国家直接配置全社会的资源，通过指令性计划和指导性计划，直接控制企业和个人的经济活动，实行自上而下的行政管理。计划经济体制对我国的经济发展起过积极的历史作用，但是，随着社会生产力的发展，计划经济体制的弊端逐渐显露出来：政企职责不分，条块分割，国家对企业统得过多、过死，忽视商品生产、价值规律和市场的作用，分配中平均主义严重。所有这些造成了企业缺乏应有的自主权，形成了企业吃国家"大锅饭"、职工吃企业"大锅饭"的局面，严重压抑了企业和广大职工群众的积极性、主动性、创造性，使本来应该生机盎然的社会主义经济在很大程度上失去了活力。所以，党的十二届三中全会作出了以市场经济为取向的经济体制改革的决定。

汪海的市场理论就是针对计划经济体制并在计划经济体制向市场经济体制转型过程中产生的。汪海1983年接任双星集团的前身青岛橡胶九厂党委书记。作为一家国营重点胶鞋生产企业，青岛橡胶九厂几十年来一直在国家计划经济的模式里运转。到20世纪80年代初，国家的计划经济体制逐渐转向有计划的商品经济，企业原有的购销机制被打破。汪海上任时，厂里积压了大量按原有计划生产而卖不出去的解放鞋，发不出员工工资。在商业部门拒绝收购、上级部门不给援助的情况下，汪海冒着坐牢的风险，带领员工偷偷地到市场上卖鞋。奔波一年，他们硬是把积压的200万双解放鞋销售一空。这是汪海挣破计划经济体制的束缚走向市场的第一步。这一步，对汪海市场理论的形成及双星集团以后的发展具有决定性的作用。它使汪海切身感受到市场的价值。汪海后来说："双星发展成功的最大特点就是超前认识市场，主动进入市场。""市场教育了我们，提高了我们，完善了我们。"他强调："没有市场，就没有今天的双星。"

市场是市场经济的核心概念。在市场经济体制内，市场对资源配置发挥着基础性作用，使经济活动遵循价值规律的要求，适应供求关系的变化，促进生产力的发展。认识和尊重市场规律对企业生存和发展至关重要。但市场经济与计划经济在整体上是对立的。汪海进入市场后发现，企业原有的在计划经济时代形成的各个方面都不适应市场经济的要求。因此，汪海认为，企业进入市场，首先要进行一场思想更新，只有思想更新，才能改革创新。

汪海提出，双星人要以市场为导向，全员转向市场，并明确要求加快"二十九个转变"，彻底与计划经济决裂。要由"计划经济的开会指导的行政型领导或是官场上的会议领导"转到"到公司、到车间、到班组、到仓库、到连锁店既抓小事又抓大事的、全面的生产经营型领导"上来；要由

"计划经济的组织生产、经营品种"转到"经营牌子、经营无形资产、发展壮大名牌"上来；要由"计划经济的'工厂干什么，市场卖什么'的以产定销"转到"市场要什么，工厂干什么，提前预测、提前下单"上来；要由"计划经济一个配比、一个花色、一个价位卖全国"转到"价位、花色、配比按照不同的市场、不同的地区多花色、多配比、多价位"上来；要由"计划经济的按百分比顺加定价、成本定价"转到"分系列、分品种、分渠道、分前后进货的市场定价"上来；要由"计划经济的依靠工厂开发产品、工厂开发什么就卖什么"转到"自己在市场上买样品、提样品、改样品，拿来我用、自主开发"上来；要由"计划经济单纯片面追求经营额、不讲资金效率"转到"考核资金周转天数、考核资金运作质量，以增值补亏为标准、以资金管理为重点，全面提高市场经营和工厂管理"上来；要由"计划经济官场的东西，讲空话、说假话、爱面子这种虚伪的、与市场背道而驰的做法"转到"实事求是，务实认真，用双星市场政治、市场理论提高自己"上来，真正做到"随着市场变机制，跟着市场换脑袋，围着市场去开拓"；要由"计划经济的讲排场、摆阔气、人浮于事、好人主义"转到"认真务实、精简机构、减人增效、狠抓落实"上来；要由"计划经济空喊名牌、发展名牌"转到"心往名牌想、劲往名牌使、事往名牌做"上来；要由"计划经济公有制、国有企业体制"转到"发挥国企优势，用好双星名牌，实现民营转变"上来；等等。汪海强调，"做到'二十九个转变'是尽快与计划经济决裂的唯一出路。"

在以市场为导向、彻底与计划经济决裂的思想支配下，汪海对原青岛橡胶九厂的组织结构、生产制度、销售制度、劳动制度、人事制度、分配制度和企业文化制度等进行了全方位的改革创新。在这一过程中，他创造了无数个"第一"：第一个撇开官办的流通渠道实现产品 100% 自销；第一个实施横向经济联合；第一个以企业的名义召开新闻界座谈会；第一个砸掉"铁交椅"、"铁工资"、"铁饭碗"的"旧三铁"，砸烂"铁关系"、"铁锁链"、"铁栏杆"的"新三铁"；第一个实施名牌战略；第一个以企业名义召开全国产品订货会；第一个以企业的名义在国外召开新闻发布会；第一个将佛教文化用于现代企业管理；第一个创造企业管理理论"双星九九管理法"并向全国推广；第一个当"终身总裁"；第一个为自己进行身价评估……这无数个"第一"的创造，不仅为双星的发展不断开辟新的道路，而且为汪海市场理论的形成提供了实践依据。

二 坚持民族精神，创新发展理论

汪海在回顾双星集团成长壮大的历程时说，双星集团在中国国有制鞋企业99%都垮台的情况下实现了一枝独秀，就是因为双星在时代的变革中坚持了民族精神，创新了自己的发展理论。

双星的发展理论也就是汪海创立的"市场理论"，其内容极为丰富，涉及企业改革、管理、发展的方方面面。其中，"市场是企业的最高领导"的市场观；"不管白猫黑猫，抓住老鼠就是好猫；不管说三道四，双星发展是硬道理"的发展观；"创新是企业发展的灵魂"的创新观；"名牌是市场经济中的原子弹"的品牌观；"创世界名牌就是最大的爱国"的民族观；"百分之二百的服务"的顾客观；"干好产品是最大的行善积德"的文化观；"做市场企业家"的企业家观等，是汪海市场理论的基本内容。

行善积德"市场是企业的最高领导"。把"市场"而不是把"市长"作为"最高领导"是汪海理论最鲜明的特色。在汪海的思想理论中，"市场"的概念占据核心地位。他把"市场"看做"企业的根"，认为"市场是企业发展的动力和源泉"，企业的成败兴衰离不开市场。军人的阅历使他习惯于将市场比作战场，认为，"琳琅满目的市场就是硝烟弥漫的战场"，"市场是永不停息的战场"，"市场中的企业家就是战场上的将军"。基于这样的认识，他要求双星人"全员转向市场"，"下海进市场，出海闯市场，上山争市场，品牌运作抢市场"，提出"跟着市场走，围着市场转，随着市场变"，强调"市场是检验企业一切工作的标准"，"市场是检验企业的最好天平"。围绕"市场"这一中心，汪海提出了市场思维方式、市场行为准则和市场价值标准，指导双星人树立市场观念，增强市场意识，积极参与市场竞争。

"不管说三道四，双星发展是硬道理"。我国改革开放的总设计师邓小平说："不管白猫黑猫，抓住老鼠就是好猫。"他反对教条，讲求实效，重视业绩。邓小平说："发展是硬道理。"他不顾议论，讲求实干，追求进步。这两句经典是邓小平理论的重要组成部分，是我国30年来改革开放的重要指导思想和价值标准。汪海将邓小平理论应用于双星企业实践中，创造性地提出了"不管说三道四，双星发展是硬道理"的观点。他提出，"满足于现状就等于倒退，等于垮台的开始；向后看，一切都画句号；向前看，一切从零开始"。"对外走双星路，自己发展自己；对内走改革路，自己解放自己。"他把邓小平"不管白猫黑猫，抓住老鼠就是好猫"的名言与他的"不管说三道四，双星发展是硬道理"的观点分别镌刻在双星总部及各分厂门口两只石猫的底座上，作为双星的座右铭，指导双星不断发展壮大。

"创新是企业发展的灵魂"。创新是一个民族进步的灵魂，是一个国家兴旺发达不竭的动力，也是企业持续发展的源泉。汪海十分重视创新对企业生存和发展的重要性。他把"创新"看成企业生存和发展的"唯一出路"，认为"创新是市场制胜最有力的武器"，"是市场竞争永恒的主题"。因此，他要求双星人"用创新的眼光去看待问题，用创新的思维去思考问题"，告诫人们"今天不创新明天就落后，明天不创新后天就淘汰"，强调"企业只有不断创新才能生存；企业只有不断创新才能发展；企业只有不断创新才能创名牌"。谈起双星的30年发展历程，汪海感触颇深地说："如果不是我们主动适应市场、主动创新的话，估计双星鞋现在也只能存在于人们的记忆中了。可以说，双星是创新的先行者、创新的冒险者、创新的成功者、创新的受益者、创新的幸存者。创新是企业持续发展的灵魂和动力。"

"名牌是市场经济中的原子弹"。"名牌"是"品牌"的高级形式。在计划经济时代，无所谓"名牌"或"品牌"，因为企业的产品由国家统一生产、统一销售。随着计划经济向市场经济的转型，"名牌"和"品牌"的概念从国外传入中国。汪海是我国最早意识到"名牌"的重要性并致力于创造"中国名牌"的企业家。他在20世纪80年代中期就在《人民日报》上撰文呼吁中国企业家创造名牌。他将"名牌"的概念引入企业管理中，提出和实施名牌战略。他经常对员工说，一个企业要生存、要发展、要挤进国际市场，就必须要创出自己的名牌。名牌是一个国家、一个民族实力的象征，代表了国家先进的生产力。从某种意义上讲，名牌体现了国与国之间经济实力的较量。他强调："名牌，就是市场经济中的原子弹！""名牌的实质就是质量"，"质量是企业的生命"，他指出，"企业什么都可以改革，'唯独质量第一'不能改革；他将创名牌与"讲政治"结合起来，认为，对于企业，"名牌，就是最大的政治"，要"创中国人自己的世界名牌"。他还提出"名牌没有终身制"，"创名牌、发展名牌是一条没有尽头的路，永远不能画句号"。正是在这种思想指导下，汪海引领双星人创造了"双星"这一世界知名的中国名牌。

"创世界名牌就是最大的爱国"。汪海是我国具有强烈民族意识的企业家。随着世界经济一体化的发展，尤其是我国加入世界贸易组织（WTO）

以后，有人认为不要再提"民族工业"了，中国就是"世界的加工厂"；还有人说保持民族的东西，必然影响企业的国际化进程，只有接近和融入国际市场，才能迎合消费者的心理。汪海认为，这些观点是片面的，是错误的。他指出，无论经济如何一体化，民族利益，永远是一个国家不可放弃的底线；民族感情，永远是一个人心头不可磨灭的牵挂。因为在这个地球上，没有孤立的经济，也没有孤立的政治；永远是强权经济、强权军事支撑强权政治；只要存在国家、民族、政府，就不可能完全一体化。基于此，汪海提出了"民族精神、民族品牌、民族企业家"的"三民主义"。他指出："精神是一个人、一个企业、一个国家、一个民族的灵魂，精神的丧失，直接导致我们的企业随波逐流，没有明确的发展目标和方向。""这个精神就是民族精神。""民族品牌体现民族精神，民族品牌代表民族形象，民族品牌维护民族利益，民族品牌体现民族尊严。""民族企业家首先要爱国，要有民族气节，要有强烈的民族责任感。"他强调："民族企业家就像战场上的将军、元帅一样，在商战中也要代表民族的利益打胜仗。""无论经济如何一体化，民族的利益高于一切。""我们应该放弃天真的幻想，奋发图强，创造自己的民族品牌，做大做强自己的民族品牌。""只有创出在国际市场上站得住脚的世界名牌，中国的企业才能在国际经济舞台上立于不败之地，中华民族才能不断强大起来。"因此，2005年他在北京人民大会堂举行的"经济全球化：中国制造与民族双星品牌研讨会"上大声呼吁，企业家要创造民族品牌，政府要支持民族品牌，专家学者要研究民族品牌，商家要推销民族品牌，新闻界要宣传民族品牌，消费者要热爱民族品牌。

"百分之二百的服务"。服务，即服务客户，服务消费者。汪海指出："服务是名牌的标志，服务是名牌的希望。""在市场经济中，服务与市场的关系越来越密切，即使你有好的产品，如果没有好的服务也一样没有好的市场。"汪海对产品的要求是100%的质量，但事实上也难免有不尽如人意的地方，这就需要用200%的良好的服务质量去弥补。汪海指出，"服务是商业道德的最高体现"。"没有良好的服务质量，不但不会有良好的市场企业形象，而且会失掉广大消费者对我们的信任，砸了牌子、丢掉客户、丢掉市场、全盘皆输。"这个问题"关系着双星名牌企业的形象，关系着广大消费者对双星的信任，关系着双星名牌和集团本身的生死存亡"。因此他要求双星人牢固树立"双星的发展有你的服务"的新观念，抓好售前、售中、售后三个服务质量，真心真意为客户着想，为消费者服务。

"干好产品是最大的行善积德"。佛教从印度传入中国一千多年来，已逐渐与中国传统思想相融合，成为中华民族传统文化的重要组成部分。"行善积德"就是佛教中的常用词汇。汪海说："我发现在中国博大精深的佛教文化中，有许多有用的东西可以为今天的企业管理所用，况且，博采众长历来是共产党人的传统。这几年来，我尝试将中国传统文化中的佛学文化导入企业管理当中，正是体现了共产党人实事求是的精神。"汪海将提高产品质量与行善积德结合起来，提出了"干好产品质量就是最大的行善积德"的著名观点。汪海认为，你生产出来的产品质量不好，坑害了消费者，你的产品就会没有销路，企业就无法生存，这就是因果报应。所以，汪海要求无论哪个单位、哪个公司，无论哪个人都要提倡为双星积德，为双星行善。当年，双星集团在贫困的沂蒙山区建厂时，常常有当地的老百姓到工厂里偷东西，从农民中招收的员工也监守自盗，屡禁不止。汪海就在厂门口塑了一座菩萨像，还盖了庙。出于对观音的敬畏，偷东西的现象就此绝迹，当地的治安状况也好了许多。汪海还把中国古代著名的典故"二十四孝"塑成群像搬到双星山上，用于教育员工。正如国务院国资委研究中心主任王忠明指出的，双星能够发展到今天，汪海在企业经营管理当中创造了思想价值；正是因为他敬畏中国传统文化，并将它融于企业管理的各个方面，才促进了双星的发展壮大。

"做市场企业家"。这是汪海给自己的人生定位，也是他的价值追求。汪海将中国的企业家分为五种类型："机遇企业家"、"产品企业家"、"关系企业家"、"贷款企业家"和"市场企业家"。他反对将"厂长"、"经理"叫做"企业家"，认为这是对企业家一个不正确的看法，也是对企业家的贬低。在他看来，真正的企业家是"市场企业家"。企业家至少应该具备8个方面的基本素质：政治家敏锐的头脑、哲学家的思想、军事家统领全局的谋略、诗人的浪漫风情、实干家锲而不舍的苦干精神、外交家的翩翩风度、演说家的激情和口才、冒险家的胆识与创新勇气。汪海指出，企业家素质不是在学校里培养出来的，而是在市场经济的大潮中拼杀出来的。真正的企业家不光有适应市场的产品，还必须有思想、有理论。"只有市场企业家，才可能不论身处什么行业，不论遭遇了多么复杂的市场形势，不论面对什么样的宏观政策，都能立于不败之地。"这是汪海从30年来自身创业经历中总结出来的真知灼见。他本人就是从计划经济到市场经济转型的时代浪潮中拼搏出来的真正企业家——市场企业家。

三 破坏旧观念，创造新思想

汪海的市场理论，质朴无华，个性鲜明，思想深刻，是我国国有企业从计划经济向市场经济转型过程中理论创新的宝贵成果。但是，理论创新是一个艰难的智力活动，开始时往往不容易被人理解。尤其是在 20 世纪八九十年代，对汪海的市场理论，很多人嗤之以鼻，甚至指责和漫骂。

1986 年，青岛市委在双星主持召开了山东省企业改革现场会，汪海在会上介绍了双星改革创新的成功经验和他的市场理论。对此，有人赞同，有人持保留意见，但那些抱着计划经济旧观念不放的人则忍无可忍，拒绝接受。行业内一位"老八路"出身的领导当场气得满脸通红，怒气冲冲地拂袖而去。会后，这位老领导的满腔怒火终于失控，拍着桌子骂道："汪海胡说八道！市场是最高领导，市场在哪里？最高领导是市场，要我们干什么？我们怎么办？"

这不是个别现象。30 年来，汪海的理论创新和改革实践不断遭到非议、指责。在 2008 年 9 月 9 日双星改革进市场 30 周年新闻发布会上，汪海给自己总结出 30 年来被扣的 30 顶"帽子"：第一个偷着卖鞋，被扣上"无法无天"的帽子；改革初期进行企业整顿，被扣上"黑老大"的帽子；管理"严、高、细"，被扣上"比日本鬼子还坏"的帽子；实行"不看文凭看水平、不论学历论能力"的用人策略，被扣上"和中央干部路线对着干"的帽子；搞改革撤换庸人、起用能人，被扣上"拉新山头、搞新宗派"的帽子；支持技术人员搞科研，被扣上"唯生产力论黑后台"的帽子；第一个以企业的名义召开产品订货会，被扣上"目无组织"的帽子；第一个召开新闻发布会，被扣上"大吃大喝、挥霍国家钱财"的帽子；将双星生产的第一双高档 PU 鞋送给中央领导试穿，被扣上"有野心、想往上爬、看不起地方领导"的帽子；双星员工在车间里张贴汪海语录，被扣上"个人崇拜"的帽子；运用佛文化管理企业，被扣上"搞封建迷信"的帽子；在中央电视台打广告，被扣上"王婆卖瓜，自卖自夸"的帽子；合并保卫科和武装部，被扣上"搞独立王国，自成体系"的帽子；开发新产品，被扣上"不务正业"的帽子；进行经营体制改革设立分厂，被扣上"不自量力想当大官"的帽子；到国内外考察市场，被扣上"游山玩水"的帽子；带着女厂长、女开发人员出去考察，被扣上"男女关系作风不好"的帽子；"出城上山下乡"，被扣上"卖厂贼、捞好处"的帽子；战略转移沂蒙山，被扣上

"在城里干不下去了"的帽子；双星的老产品转移到农村实现低成本扩张，被扣上"剥削人"的帽子；强化企业管理，抓偷产品的工人，被扣上"侵犯人权"的帽子；实行职工代表民主管理，被扣上"第二次文化大革命"的帽子；双星卖断经营公司、连锁店，被扣上"国有资产流失"的帽子；提倡创民族品牌，被扣上"神经病"的帽子；创出九九管理法，被扣上"土八路、土包子"的帽子；创立具有中国特色的"ABW"管理理论，被扣上"企业文化没有用、自吹自播、自以为是"的帽子；给中国女排队员送鞋，被扣上"拉关系、捞资本"的帽子；发动全员创新，被扣上"瞎折腾"的帽子；双星鞋业改制成立双星名人公司集团化运作，被扣上"捞自己好处"的帽子；等等。由此，汪海一直被认为是一个"有争议"的人物。

　　这不奇怪。在计划经济转向市场经济的整个过程中，理论上的争论一直不断，有时甚至短兵相接，十分激烈。人们一直认为，计划经济是社会主义的基本特征和优越性的体现，市场经济是资本主义的本质特征，主张市场经济就是走资本主义道路。直到 20 世纪 80 年代末人们仍然把市场看做社会主义的异己力量，甚至宁可用"商品经济"，也忌讳"市场"的概念。1992 年邓小平南方谈话以后，"计划"和"市场"的争论告一段落。邓小平指出："计划多一点还是市场多一点，不是社会主义与资本主义的本质区别。计划经济不等于社会主义，资本主义也有计划；市场经济不等于资本主义，社会主义也有市场。计划和市场都是经济手段。"又说："改革开放迈不开步子，不敢闯，说来说去就是怕资本主义的东西多了，走了资本主义道路。要害是姓'资'还是姓'社'的问题。"党的十四大明确提出"经济体制改革的目标是建立社会主义市场经济体制"。至此，"计划"和"市场"的争论彻底结束。但围绕着如何建立社会主义市场经济体制的争论仍然在继续。

　　在这一时代背景下，汪海作为计划经济的破坏者、市场经济的建设者和先行者，备受争议在所难免。汪海头上被扣的 30 顶"帽子"，应该说是我国计划经济向市场经济的转型过程中新旧思想斗争的具体反映。正如邓小平所指出，"现在，有右的东西影响我们，也有'左'的东西影响我们，但根深蒂固的还是'左'的东西。有些理论家、政治家，拿大帽子吓唬人的，不是右，而是'左'"。"右可以葬送社会主义，'左'也可以葬送社会主义。中国要警惕右，但主要是防止'左'。""左"就是计划经济时期形成的陈旧理论和僵化思想。创新是创造性破坏。理论创新就是对旧观念的破坏、对新思想的创造。对此，汪海有着清醒的认识。他说："几十年了，挑我毛病的人不少，什么帽子都给我戴过，我为什么还敢往前闯？因为我相信我是对的。""因为我实事求是，我相信党的改革开放政策绝不会变，要搞市场经济，就得实事求是。"坚定的信念和信心，使他不怕争议、不怕指责、不怕打击报复。正是在这个过程中，汪海提出了一系列新观念、新思想，逐步形成了系统的汪海市场理论。

实践是检验真理的唯一标准。如今，30 年的改革实践已充分证明，汪海的市场理论是对市场经济规律的科学总结。汪海根据他的市场理论，30 年来使一个濒临倒闭的老国企挣破计划经济的束缚，脱胎换骨，成长为顺应市场经济发展规律的生机勃勃的新国企。

四 双星市场理论的核心是实事求是

如果说，创新是一种历险，那么理论创新则是险上加险。因为理论创新既不同于科技创新，也不同于管理创新，它直接针对人们的思想观念，有时涉及国家政策、意识形态，甚至政治制度。《中共中央关于建立社会主义市场经济体制若干问题的决定》指出，"建立社会主义市场经济体制是一项前无古人的开创性事业，需要解决许多极其复杂的问题"。其中，如前所述，新旧思想观念的交锋最为激烈，甚至演变为政治斗争。30 年来，汪海每走一步，总是伴随着非议和指责。幸运的是，汪海并没有倒下，反而成功地创造了他的市场理论。究其原因，与汪海正确把握五项创新原则密切相关。这五项创新原则就是深入实际的作风、实事求是的态度、反向的思维方式、"三个有利于"的准则和敢为天下先的哲学。这五项创新原则是汪海 30 年来在错综复杂的时代变革中理论创新的宝贵经验，也是我国改革开放 30 年来的重要理论成果，对我国企业在新的历史起点上继续理论创新和改革实践具有重要的启迪意义。

理论指导实践，又来源于实践；随着实践的变化，理论要与时俱进，发生相应的变革。这就为理论创新提供了空间，要求用新的理论指导新的实践。生活之树常青。只有深入生活实际，才能感受到实践的脉搏，为理论创新带来灵感。在汪海看来，市场是企业最大的实际。"双星市场理论的诞生是市场发展对我们的要求，也可以说是被市场逼出来的。"他明确指出："市场是企业的根。"因此，他一年 365 天中 300 多天都"泡"在市场里。他下车间，了解生产状况；他走访商场，调查客户的需求；他飞往国外，考察世界行情……"春江水暖鸭先知"。汪海的"有人就穿鞋，关键在

工作"的经典名言，就是在他偷偷卖鞋第一次进市场时感悟出来的。他的
"市场是企业最高领导"，"跟着市场走，围着市场转，随着市场变"，"名牌
是市场经济中的原子弹"，"干好产品是最大的行善积德"等著名观点，都
是在摸爬滚打的市场实践中总结出来的。市场是双星成长壮大的根，也是
汪海市场理论产生的不竭之源。

实事求是是马克思主义的精髓。邓小平指出："实事求是是无产阶级世
界观的基础，是马克思主义的思想基础。过去我们搞革命所取得的一切胜
利，是靠实事求是；现在我们要实现四个现代化，同样要靠实事求是。不
但中央、省委、地委、县委、公社党委，就是一个工厂、一个机关、一个
学校、一个商店、一个生产队也都要实事求是，都要解放思想，开动脑筋
想问题、办事情。"汪海是邓小平理论的实践者和创新者。他曾说："双星市
场理论的核心就是实事求是。""正是因为我们遵循了实事求是的原则，才
在 30 多年的时间里，战胜了各种风险，真正创造出中国人自己的品牌。"
汪海求真务实，反对弄虚作假；注重实用，反对教条主义；深入一线，反
对官僚主义；决策科学，反对主观主义；思想解放，反对因循守旧；敢为人
先，不管说三道四。实事求是是汪海市场理论产生的思想基础。

反向的思维方式，简称"反思维"，这是汪海市场理论的一个重要特
色。30 年来，汪海运用反思维思考问题，观察事物，制定战略，创造名牌，
应对逆境，出奇制胜。汪海指出："反思维是人类成功的开始，只有反思维
才能创造奇迹。"有时，汪海将"反思维"称作"逆向思维"，并与"逆向
思维"联用，认为"逆向思维和反思维就是在符合发展规律、科学地分析
社会的前提下解放思想"。他强调，"逆向思维"和"反思维""是推动历
史前进、社会发展的动力，也是我们双星成功的前提"。因此，他主张"要
把思想上存在的计划经济教条的、僵化的、墨守成规的东西彻底根除掉，
提倡反思维"，要有"喜新厌旧"的观念，要有"四不像"的创新。他给狮
子穿鞋，他给黑猫白猫穿鞋，他让大佛说话，他建"四不像塔"，别人降价
他涨价，他打反广告招回有缺陷的产品等都是他反思维理论的产物。

邓小平指出，判断姓"资"姓"社"的标准，应该主要看是否有利于
发展社会主义社会的生产力，是否有利于增加社会主义国家的综合国力，
是否有利于提高人民的生活水平。江泽民指出，我们党要始终代表中国先
进生产力的发展要求，始终代表中国先进文化的前进方向，始终代表中国
最广大人民的根本利益。汪海将邓小平"三个有利于"标准和江泽民"三
个代表"重要思想创造性地运用于企业实际，提出了双星发展的"三个有

利于"准则，即有利于国有资产的保值和增值，有利于经营者赢利，有利于双星品牌的发展。他还在别的场合提出：有利于促进生产力的发展，有利于员工生活水平的提高，有利于集团综合实力的提高。两种表述略有区别，但实质一样，即双星的发展要有利于国家、企业和员工。这"三个有利于"既是双星发展的标准，也是汪海理论创新的原则，是邓小平理论、"三个代表"重要思想的具体实践。

汪海在他的办公室里挂了一幅条幅，上写"敢为天下先"五个大字。这既是他人生历程的写照，也是他人生哲学的显现。汪海说："双星进入市场，首先是思想上进入了市场，超前的思想在实践中形成理论用来指导事业的发展，事业才能取得成功。"事实上，无论是机构改革，还是股份制改造、国有民营；无论是召开企业新闻发布会，还是在全国建立鞋业连锁店、转战沂蒙山，汪海总是领先一步，这和他奉行的"敢为天下先"的人生哲学密不可分。汪海曾说："当国企改革处于举步维艰的攻坚时刻，企业家应该有敢闯旧体制禁区的勇气，要有'我不下地狱谁下地狱'的气概。"正是这种"敢为天下先"的英雄气质，汪海能最早感受到市场发展的脉搏和走向。这使汪海的市场理论具有超前性和创新性的鲜明特色。

（撰稿：张来民）

市场是企业的根

——论汪海的市场思想

1987年，改革开放进入第十个年头。这一年4月的一天，在春风拂面古香古色的中南海怀仁堂，汪海与冯根生、邹凤楼、马胜利等20位企业家，接受党和国家领导人颁发给他们的中国企业界的最高奖项——全国优秀企业家金球奖！

时光如梭。20年过去了，我们迎来了改革开放30周年。举目搜寻当年的20名获奖者，如今只剩下汪海一人仍然是一位优秀企业家，仍然奋战在改革开放的第一线。在他的带领下，原来名不见经传的青岛橡胶九厂已经发展成为全国乃至全球的著名企业——双星集团。

2000年7月19日，时年59岁本该"退休"的汪海，被双星集团职工代表大会确定为"终身总裁"。这在全国企业界尤其是国有企业界，又是第一人！

今天，汪海已到68岁。但他依然在"执政"。他是中国心态最年轻、精力最旺盛、业绩最显赫的企业总裁！

无疑，汪海是改革开放之中获誉时间最长、坚持时间最久、名副其实、当之无愧的全国优秀企业家。他是中国改革开放整个历程的见证者、"活化石"和集大成者。

汪海成功的因素有千千万万，其中，最重要的就是他几十年探索和形成的"适应市场去改，围着市场去创，跟着市场去变，做市场企业家"的双星市场理论以及在这一理论指导下的企业实践。

一 适应市场去改

市场是人类社会发展过程中社会分工和商品经济发展的必然产物。在商品经济形态中，一个人、一个企业、一个组织、一个国家乃至整个人类，不管你认识与否、自觉与否，你必然处于一个个市场之中。市场是一只无形的手，制约着市场经济形态当中的每一个人。当你对市场及其规律没有清醒的、系统的认识的时候，你只能处于这一市场的"必然王国"之中，被动地去适应市场，盲目地按照市场的要求去做。

1983年，我国的改革开放已经进入第六个年头，各地市场尤其是农村市场已经日渐活跃，社会主义市场经济体系正在初步形成。但由于"左"倾思想的干扰，在许多人心目中"资本主义＝市场"仍然是一个铁定的规律，市场似乎仍然是资本主义的标签和专利，许多人依然被动地处于市场这一"必然王国"之中。

这是改革开放初期人们面临的一种必然的矛盾。当年的汪海和青岛橡胶九厂（双星集团的前身）也不例外。

汪海是1974年从青岛市第六橡胶厂来到这里的，那一年他33岁。开始时，汪海任政治部主任，1978年任党委副书记，1983年6月任党委书记，1985年任厂长兼书记。

作为一家国营重点胶鞋生产企业，青岛橡胶九厂一方面几十年来一直在国家计划经济的模式里运转，生产计划国家下达，原料国家统配，产品国家包销；另一方面经济体制和市场体制的改革也波及他们。到1985年，商业部门已经开始拒绝收购他们的产品，200多万双"解放鞋"堆积如山地被"束缚"在仓库里，而生产线上还在按计划生产。

账面上只出不进，资金链条几乎断裂，职工们的工资都无从保证。汪海亲自到有关部门去跑贷款希望缓解燃眉之急，但对方不贷。气得汪海拍起了桌子：谁再到你这里贷款，谁就是你的孙子！

拍桌子是解决不了问题的，当孙子更是不行。没别的，只有靠自己了！就在堆积如山的鞋箱旁边，汪海召开了全厂职工大会。他说："今天，企业的出路已被彻底切断。没人救我们，谁也救不了我们，我们只有自己救自己！"

他顺手举起一双鞋："有了鸡，我们还怕没有蛋吗？"

就这样，为了吃饭，汪海冒着坐牢的风险，带着几个人背着鞋偷偷地溜出了厂门，到市场上去试销。他告诉大家："有人就得穿鞋，关键在工作，只要大家齐心协力，鞋一定都会卖出去的。"

从此，汪海走出了青岛，走出了山东，走向大江南北、全国各地……他带领一班人一面卖鞋，一面进行市场调查；奔波一年，硬是把积压的200

万双解放鞋销售一空。

由此，汪海成了带领国有企业"下海"的第一人！

由此，汪海悟出了一条真理：企业的命运不在天、不在地，而在市场。

什么是企业？企业是以赢利为目的，进行知识创造开发、各类模型设计、经营方案策划、产品制造经营，为社会提供产品和服务的经济组织。在当今市场经济条件下，企业最显明的特征是它的市场性。企业是市场性组织，要对市场负责，市场化程度的高低决定了企业赢利能力的高低。

企业是鱼，市场是海。企业要生存，只有到市场中去。汪海说："没有王屠夫，就得吃混毛猪了？别人不给饭吃，我们只有自己找饭吃！"

话粗理不粗，汪海朴素的话语却饱含着深刻的道理。

汪海说，市场是太阳，企业是向日葵。朵朵葵花向太阳，企业就是要围着市场转。

汪海说，市长是市民之长，不是市场之长。企业的事情最终只能通过市场来解决，而不是事事都去找市长。

汪海说，要像坚持四项基本原则那样坚持市场导向，要全员转向市场，人人参与竞争。

汪海说，市场是企业发展的动力和源泉，没有市场便没有今日的"双星"。

汪海总结出独具特色的市场意识、市场理念和市场态度"三原则"。市场意识即"市场是企业发展的动力源泉"，市场理念即"用户是上帝，市场夺金牌"，市场态度即"只有疲软的产品，没有疲软的市场"。

在总结"市场三原则"的基础上，汪海又论述了"市场经济三原则"："市场是企业的最高领导，市场是检验企业一切工作的标准，市场是衡量企业的最好天平。"

适应市场去改，就是围绕"市场三原则"和"市场经济三原则"去改。这一"适应"，反映出当年汪海许多的无奈。汪海的这一思想过程，正好反映了辩证唯物主义必然与自由的辩证关系。自由是对必然的认识和对宏观世界的改造。在认识和改造世界的过程中，要发扬符合客观实际的自觉的能动性，才能不断从必然王国向自由王国发展。汪海的"适应市场去改"，正是他对市场认识的从必然王国到自由王国探索的开始。

二 围着市场去创

如果说汪海当时的"下海"去适应市场是被逼上梁山，是被动的无意识、不自觉的无奈之举的话，是"摸着石头过河"的话，那么，"围着市场去创"则前进了一步。这说明汪海已经开始认识到市场的重要性，开始关注市场、研究市场，主动按照市场的要求去探索、去创新。

这一被动与主动，有着天壤之别。

这一变化，完全符合马克思主义哲学的认识规律。辩证唯物主义认为，人类对物质世界的认识，是在实践的基础上，经过从感性认识到理性认识，并从理性认识到实践的辩证途径实现的。从感性认识到理性认识是实践的第一阶段，也是非常重要的一个阶段。

经过"围着市场去创"这一过程，经过认真仔细、深入系统的研究和思考，汪海创造出一套完整的双星市场理论。

1. 市场主线论

"市场是主线"，是企业的最高领导，是企业的太阳，要像坚持四项基本原则一样坚持市场导向。

2. "黑猫"标准论

在双星集团几乎所有的厂区、办公区、连锁店及度假村的门口，都有两尊动物塑像。不过，它不是传统中的狮子，也不是什么门神财神，它是一白一黑两只猫。漂亮的白猫只顾玩耍根本不抓耗子，而黑猫脚下却踩着一只耗子，气宇轩昂，神气十足。塑像基座还配有一副不很"规则"的对联。上联是：不管白猫黑猫，抓住老鼠就是好猫。下联是：不管说三道四，双星发展是硬道理。

这就是汪海对邓小平同志"不管白猫黑猫，抓住老鼠就是好猫"人才标准论断的最形象的贯彻。汪海不仅仅将它立在门口，更使它深入到每位员工的心中。

"埋头务实抓耗子，抬头创新看方向。"凡是符合这一标准的人才，在双星一律受到重用，"谁也挡不住"。凡是不符合这一标准的，"不换脑袋就换人"。

汪海对邓小平同志"黑猫"标准的贯彻，犹如"鲶鱼效应"一样，在整个双星集团形成了强烈的"黑猫效应"，督促全体员工形成了一种积极进取、奋发向上的企业氛围，成为双星跨越式发展的精神保障。

3. 敢闯创新论

汪海说，创，就是闯，就是敢为天下先。没有创造就没有发展。但是，你创出来的一定是新生事物，是一定会有争议的，所以，你就必须要"敢"，要去闯。

4. 质量"内核"论

汪海认为，产品质量是企业的"内核"，他认为，"产量是钱，质量是命，双星人要钱更要命"；"不管做什么产品，不管在什么时候，什么情况下，公司一切事情都要给产品质量让路"。在他给企业制定的"以质量为中心不能变，以资金为重点不能忘，以降低成本为尺子不能丢，以提高效益为目的不能放"的"四项基本原则"中，质量被放在了第一位。汪海说，市场经济中，什么都可以变，唯独质量第一的要求不能变；价格的竞争是暂时的，质量的竞争是永恒的。汪海在企业内部实行质量否决制，他强调："实行质量否决权，第一是质量，第二是质量，第三还是质量。"由于双星的职工大多数来自农村，为了使质量意识深入到职工的心中，汪海特别从中国传统文化中的儒学和佛教的角度将确保产品质量提到了人的品质和道德的高度，用最朴素的语言阐释他对质量的要求。他说："干出好的产品质量就是最大的行善积德！"

汪海不仅仅注重产品本身的质量，更注重产品售后的服务质量。汪海坚持"顾客第一"的企业服务宗旨，他说，"顾客永远是对的"，"什么时候都不能忘了消费者，什么时候都要把消费者放在第一位"。汪海提出了200%的质量服务观。他说："我们对产品的要求就是100%的质量，但事实上也难免有不尽如人意的地方，这就需要我们用良好的服务质量去弥补。我们提出200%的服务，不是单纯去解决售后服务、产品质量方面的问题，它关系着双星名牌企业的形象，关系着广大消费者对双星的信任，关系着双星名牌和集团本身的生死存亡。"

5. 名牌核心论

21世纪是名牌的天下，是名牌竞争的市场。名牌是企业的形象和代表，更是一个国家的实力象征，代表着一个国家的先进生产力。国家与国家的竞争，更多地体现在大企业与大企业之间的竞争上，体现在强名牌与强名牌之间的竞争上。中国要在竞争中后来居上，就必须创自己的名牌。因此，汪海将创名牌战略作为自己市场理论的核心。

关于名牌的作用，汪海说："名牌是市场经济中的原子弹，手里握着原子弹，心里会踏实得多。"

关于创名牌的节奏，汪海说："在当今全球经济一体化的时代，企业今天不创新，明天就落后；明天不创新，后天就可能被淘汰。现在不是大鱼吃小鱼的年代，而是快鱼吃慢鱼的年代。"

关于创名牌的方法，汪海说："企业家应当发扬传统优秀的、借鉴外来先进的，以创造自己的名牌。"

关于名牌的终极目标，汪海说："创国际名牌，当世界名厂，做双星名人。"

汪海的"名牌战略论"可以说是他的质量中心论的进一步延伸与深化。他把名牌思想提高到对产品质量的理性认识的高度，提高到战略的高度，甚至提高到政治的高度。汪海断言："创名牌就是最大的政治，就是最大的爱国主义。"

6. 市场政治论

汪海是军人出身，在企业任政治部主任、党委副书记、书记，做了多年的思想政治工作，深知政治对军队战斗力和企业生产力的影响。即使在完全市场化经营的条件下，他也没有放弃思想政治工作，而且顺时而变、顺势而变，不断加强。

汪海说，双星的成功首先是政治上的成功。现在的商战，无非是一场不流血、看不见硝烟的战争，市场便是战场。在市场经济中，经济的发展与否是政治上是否成熟的表现。政治上的成熟是要用经济来说话的。

双星人提出了在市场经济中最大的政治是创名牌。一切工作都要围绕双星这个名牌去进行，为双星名牌去拼、去创造、去付出、去奉献。创名牌是最好的"三爱"——爱国家，爱民族，爱企业；创出名牌，才能保证三个兴旺——国家兴旺，民族兴旺，企业兴旺；巩固名牌、发展名牌才能达到三个促进——促进国家富强，促进社会富强，促进个人致富。在双星，爱国主义教育以创名牌来具体化是极富成效的。这也是双星人的创造。

2001 年，汪海自身的企业家价值及他所创立的双星市场理论价值被量化评估为 39.99 亿元。汪海是中国企业第一人！

三　跟着市场去变

人的认识由感性认识质变到理性认识，只完成了认识任务的一半，只是解决了认识世界的问题。而人的目的是要改造世界，因此理性认识必须与实践相结合。汪海的"跟着市场去变"，就是把他的市场理论与实践相结合的过程。这一过程不是一次完成的，它经过了千锤百炼；同样，也正是千锤百炼的实践活动，使他的双星市场理论更加丰富、正确与成熟。

汪海的双星市场理论与实践的结合，总体上经过了横向联合、国有民营、股份制三个大的阶段。

1. 横向联合——"下海"、"出城"、"下乡"、"上山"及"西进"

1986年6月23日，是双星（当时的青岛橡胶九厂）发展史上一个值得纪念的日子。这一天，他们敲锣打鼓地将生产线上的最后一双黄胶鞋送到了厂展览馆。他们要集中精力创新研发新产品。

但是，他们并不是不生产黄胶鞋了，而是他们与乡镇企业搞起了横向联合，将黄胶鞋项目完全"下放"给了乡镇企业。他们出城、下乡、进山，在贫困地区建厂。之后，他们又进军轮胎业，与一些国有企业搞起了横向联合、强强联合，"给汽车做起了鞋子"。

汪海说："在乡镇企业建分厂，把老产品逐步扩散出去。这样，总厂的能源、设备、人力、物力就可以集中起来上新产品。这样既可保住原有市场，又可开拓新的道路，给企业带来效益，也扶持了乡镇企业。"

1984年6月，汪海与黄岛橡胶厂建起了第一家联营企业。接着，他们用很短的时间，在山东10个县、1个市建了13家联营分厂。与此同时，他的脚步还走向了大西南和大西北，在西双版纳和乌鲁木齐也办起了联营厂。

之后，他们又在沂蒙山区建立了鲁中公司。关于"进山"的理由，汪海说：

一是从国际产业结构大调整看，制鞋业由发达国家向发展中国家转移是规律，而最终由城市走向乡村、由沿海向内陆转移也是规律。

二是从国内行业与市场现状看，国有制鞋企业竞争能力降低、成本升高，普遍处在低谷。劳动力密集型加工工业向西转移只是个迟早问题。

三是从社会主义国有大型企业的义务、共产党人的责任心看，面对内陆相对贫困落后地区和8000万贫困人口，我们觉得应该发挥自身优势，变国家"输血"援助国有企业，为国有企业为国家和社会"造血"，帮助它们提高自我完善能力。这是企业全局观念的体现，也是中国特色的体现，也是公有制的体现。

四是从沂蒙山区情况来看，它也有其自身优势，比如劳动力丰富、资源丰富而且成本低廉等，只是受交通、通信、信息及工业基础等比较薄弱因素的制约。我们进山，采用优势互补、利益互惠的方式，可以对当地经济发展起到促进剂的作用。

五是从双星集团自身发展战略来看，也是"西部开发，东部发展"的一个重要组成部分。所谓"西部开发，东部发展"，就是说，我们要利用位于青岛市黄金地段的老厂区，大力发展高科技、房地产、旅游、商业等技术密集型、资金密集型产业或第三产业，追求高效益、高附加值。然后将老厂区制鞋企业向相对落后的西部转移，借用内陆劳动力丰富、成本低廉的优势，大力发展劳动力密集型的制鞋工业。

2005年3月，汪海决策由双星兼并位于湖北襄樊的东风轮胎厂。东风轮胎厂1969年兴建，是国内大型轮胎企业"四大天王"之一，厂名"东风"二字，为毛泽东亲题。由于种种原因，2004年东风轮胎厂被迫停产，8亿元资产闲置，4000名职工下岗。

这时，汪海接受了湖北省委重组东风轮胎厂的邀请。汪海说："东风与双星同属国企，联手不为别的，就是要把轮胎这个中国制造行业做大、做强，做成世界知名的轮胎品牌。"

一年后，东风轮胎开始扭亏；两年后，实现了赢利。

总之，无论"下海"、"出城"、"下乡"、"上山"还是"西进"，他们创造了一个个跨地区、跨行业、跨所有制横向联合、强强联合的范例。每一个重大战略步骤，都是汪海的市场理论与市场实际相结合的成果。不仅体现了市场经济客观规律，而且体现了社会主义的中国特色，同时也勾画了双星的一条发展轨迹。

2. 从"农村承包责任制"到国有民营

早在青岛橡胶九厂改革之初，他们就将农村承包责任制引入了企业经营中，大力推广承包经营，取得了丰硕成果。

1993年，双星又全面实施国有民营的新机制，下属单位向集团租赁厂房、土地及其他设备并缴纳折旧费，·占用集团的资金就缴纳利息，另外还要缴纳管理费和无形资产使用费。甚至对所有机关处室，双星也是"既断奶又断水"，人员全部进入市场，自办经营实体，工资奖金全靠自己解决，并向集团公司上缴利润。通过这种"国有民营"的改造，每一个下属企业和部门都成了一个利润中心。汪海说，双星集团就好比一个太阳系，集团内100多个企业都围绕着双星这块牌子转，同时它们又都在自转。

不仅仅是集团内部，2000年，所有的"双星连锁店"都开始引入民营机制。汪海以邓小平"三个有利于"思想为双星连锁店改制制定了三个有利于原则：一是有利于国有资产的保值增值；二是有利于经营者赢利；三是有利于双星的品牌发展。

从 2000 年开始，双星集团西南经营总公司所属 500 多家连锁店，已有 300 多家顺利实现了民营，出售价从十几万元到百万元不等。云南、宁夏、沈阳三家营销公司也卖了出去。到 2003 年春天，双星经营第一线的公司、店铺，基本上全部由国有转为民营体制，几十家集团所属第三产业单位也相继完成改制。

事实说明，一个"卖"字，彻底解决了困扰双星发展的一些难题。从"为集团卖鞋"到"为自己卖鞋"的转变，不仅大大降低了双星的市场风险，营销费用得到了有效控制，而且，使双星的营销能力大大增强。

汪海说：国有民营，从根本上解决了百年双星的发展问题。

3. 股份制改革

改制难，改到深处是产权。汪海较早地引领双星进行改革，也更早地接触到产权这一坚硬的"内核"。汪海早就思考："（国有企业）必须引进民营机制，进一步明晰企业产权。"

早在 1988 年，当全国上下还在争论股份制时，双星已出台了在企业内部推行股份制改造的实施细则。汪海的观点是，改革以来所实行的放权让利、经济责任制、承包制等方式，虽然增强了企业的活力，但对企业的一些根本难题，诸如职工的主人翁意识与"大锅饭"，企业兴衰与职工个人责、权、利等，都没有取得实质性的突破，而股份制的最大特点，就是通过人人参股，增加对每个职工、每个下属企业的压力，使企业的每个细胞都活起来。从 1989 年起，双星以下属联营厂和一些分厂作为试点，只用了半年时间，就实现了这些企业以设备、厂房在公司参股，在全国国有同行中率先进行了以多种所有制资产参股、以国有资产控股的股份制改造，并首先在同行中打破了干部职工的身份界限，使他们在平等的起跑线上相互竞争，共同担起双星兴衰的重任。

其实，汪海的"国有民营"战略，就是为实行股份制构架注入了现实的、可操作的"细胞"。

到 1994 年，双星集团的股份制全部完成，实现了多种机制并存。

四　做市场企业家

汪海给自己的定位是"市场企业家"。

不过，汪海的企业家概念与众不同。他认为中国的企业家有五种情况：

第一种叫"机遇企业家"，机遇来了什么都来了。第二种叫"产品企业家"，这个企业的产品正好有市场，他又正好在当厂长，宏观环境促成了他。第三种叫"关系企业家"，靠关系，靠哥儿们弟兄，靠大把的财力、物力、精力，跑官场，换了个"企业家"的称号。第四种叫"贷款企业家"，大量负债，靠国家的钱支撑着企业的经营活动。第五种叫"市场企业家"，是在市场中生成和发展起来的，有思想、有理论的企业家。只有市场企业家，才可能不论身处什么行业，不论遭遇了多么复杂的市场形势，不论面对什么样的宏观政策，都能立于不败之地。

汪海觉得，他自己就是在市场经济转型的时代浪潮中拼搏出来的真正企业家——市场企业家。

汪海的"市场企业家"具有以下特征。

1. 市场无国界，企业家不仅有国界，还有党性，有价值

汪海对自己有两个基本的评价：一个是优秀的共产党员，另一个就是市场企业家。近年来，许多国外的大企业高薪聘请汪海去当总裁。但他坚持自己的根基在祖国。汪海到德国去，首先是要到特里尔瞻仰马克思故居。他告诉德国的商人说："我首先是共产党员，然后才是一个商人。"他笃信马克思主义，他立誓要牢记毛泽东思想"实事求是"的真经，用自己的心血和智慧打造双星，为共产党打一辈子工，做一辈子鞋匠。

企业家也是有"身价"的。2000年12月23日，北京无形资产开发研究中心在北京人民大会堂举行的新闻发布会上，发布了《双星品牌暨汪海总裁企业家价值评价结果报告》："著名企业家、杰出企业家自身是具有价值的，其潜能是极其丰富的，不承认这一点不是唯物主义者。企业家自身价值评价也是一门综合性的新型的研究课题。经专家组的调查论证，双星集团公司的杰出领导者、总裁、全国首届优秀企业家汪海先生的企业家自身价值为10.2亿元人民币。"

当然了，汪海的"市场企业家"概念也是完全开放和包容的。因为他知道，企业家不见得都在国有企业，也没必要都是共产党员。但企业家起码是一个爱国者，起码要做一个优秀的公民。这就是企业家的"党性"。这一点，已经得到众多企业家的认可。

2. 打破官本位思想，立志经商办企业，做职业企业家

在过去的计划经济体制下，甚至在当前的许多国有企业中，中国的企业家是有行政级别的，"官本位"的影响根深蒂固。其实，汪海也是有许多机会"商而优则仕"的：1988年青岛市政府改选，他非常有条件任主管工业的副市长；后来还有人提议汪海去山东省当工会副主席；成立威海市时，上级点名叫汪海到威海市当一把手。

但这均被汪海谢绝。

1988 年，汪海在厂里全体管理干部会议上情绪激昂地说："汪海决定走市场不走官场，以后当职业企业家！"

2001 年 8 月 15 日，在北京人民大会堂举行的中国企业家价值暨双星现象研讨会上，汪海提出："中国企业家应该彻底摆脱'官本位'的影响，在市场中寻求自身的价值。"

从 1974 年至今的三分之一世纪的时间里，汪海从来没有离开过双星，从来没有离开过市场。他不仅摸索和创新出双星市场理论，而且努力践行，一以贯之，矢志不渝。

3. 终身"总裁"

在国有企业的领导中，有一种"59 现象"，主要是描述一些国有企业企业家甚至非常优秀的企业家在即将退休前一反几十年守法努力工作的常态，为自己大谋私利，侵吞国有资产的违法犯罪、晚节不保的现象。

而对于汪海而言，这种现象是绝对不会存在的。因为他不会面临退休，不会"顺手牵羊"，也不会当"太上皇"、"垂帘听政"。

2000 年 7 月 19 日，在双星集团第一届职工代表大会第 15 次联席会上，全体代表受集团三万名员工的委托，一致推举功勋卓著的汪海总裁为双星集团的终身总裁。

双星职代会强调，汪海总裁作为 20 世纪 80 年代初期中国最早的企业改革家，作为在中国改革开放年代中最成功的市场企业家，他不仅是双星人的代表，也是时代的代表，是一个时代先进思想的代表，是一个社会发展时期、一个历史时代最有代表性的人物。全国首届优秀企业家当中，坚持不懈地奋斗在企业第一线领导岗位上 26 年的，只有汪海总裁。对这样一位体现着中国国有企业改革全部历史和全部改革成果的，对历史的进步和时代的发展发挥着积极影响的杰出典范作出正确评价，不仅是双星人的事情，也应是社会的责任。公正地评价汪海总裁就是公正地评价双星，就是公正地评价双星对中国国有企业改革、对中国民族工业振兴、对中国市场经济发展的贡献。

汪海是几十年久经考验的、由职工代表大会合法选举产生的、光明磊落的"终身总裁"。他要战斗到生命的最后一息，真正兑现和实现他"为共产党打一辈子工，做一辈子鞋匠"的诺言和愿望。

　　"适应市场去改，围着市场去创，跟着市场去变，做市场企业家"，反映了汪海创立的双星市场理论及其实践活动一个完整的循环过程，是完全符合马克思主义认识论的，是富有中国特色的企业特别是国有企业改革与发展的科学理论体系。对这一理论的整理、提升与推广，必将极大推进国有企业的发展，极大地推进民族企业的发展，极大地促进中华民族的伟大复兴！

（撰稿：邹东涛　常建功）

文化是企业的魂

——论汪海的企业文化思想

在汪海率领双星成长的过程中，他创造性地将中国传统文化与我国改革开放的伟大实践相结合，创造出了独特的双星文化。2007 年元月，在北京大学举办的"中国文化与企业发展高层论坛"上，汪海关于将中国传统的"儒、佛、道"文化用于企业管理的观点引起了专家们的关注。他们一致认为，在双星的发展过程中，汪海创造的双星文化功不可没。在汪海初掌双星时，双星已濒临倒闭。在没有国家政策优惠的情况下，汪海带领双星人投入到市场经济中去，创造出了独特的双星市场理论，"上山、下乡、出城"，双星在市场经济的大海中游刃有余。汪海的精神、管理思想、管理文化对双星发展起到了极其重要的作用，可以说，双星文化就是双星的魂。

一 "没有文化的企业是没有希望的企业"

在企业的发展过程中，企业家的精神、企业文化起着至关重要的作用。企业文化不仅是企业管理的重要内容，更是现阶段企业竞争力的表现。在企业发展过程中，企业文化高屋建瓴，规范企业及员工的行为，统一员工的思想，像一只看不见的手引领企业奔向目标。像汪海提出的"ABW 理论"，无形中给双星人制定了自己独特的行为规范与行动目标：勇当老 A，敢为天下先，勤勤恳恳，努力拼搏，发挥每个人的聪明才智。在双星文化的指引下，双星人"上山、下乡"，敢于向国际市场叫板，将双星的事业当成自己的事业，形成了"每天都是五八年"、热火朝天干事业的壮观场面。

当今世界经济发展已进入高速度、快节奏、信息化的阶段，产品及技术的优势很快被模仿和超越，产品的同质性和可替代性越来越大。这时，企业之间的竞争更多的是一种资本和文化的竞争。企业要想在市场中占有一席之地必须形成自己独特的文化，满足当代人无穷尽的心理、文化需求，适应快速而激烈的竞争。"市场如战场，竞争如战争"，要想取得竞争的胜利必须发挥团队的优势，激发团队中每个人的潜力与积极性。但团队靠什么来凝聚呢？靠企业家的精神感召力，靠企业文化。阿里巴巴的马云曾说过：任何人都不可能挖走我的团队，这就好像一个习惯了在空气清新的环境中生活的人在其他地方是生存不下去的。汪海在塑造双星文化的过程中创造性地将中国传统文化中的"忠孝"文化引入管理过程中，提出了"在家当孝星，在企业当明星"的口号。双星的员工深刻认识到只有双星发展了，个人才可能得到发展，用一句通俗的话说就是"双星发展，个人发财"。既然自己的一切是双星给予的，自己的将来也依靠双星的发展，就要忠于双星，对双星"尽孝"。双星的每一位员工都把双星当做自己的家，把双星的事情当做自己的事情，自发、自觉、主动地为公司的发展着想。参观者在双星会看到一个奇怪的现象：许多车间的墙角处总是倒放着一些空胶桶。原来，这是工人们把用完的胶桶倒置在盆上，让残留的胶一滴滴慢慢地流进盆里去，以便充分利用。就这样一"滴"，一个车间一个月至少也能"滴"出好几百块钱。

二　"市场是企业的最高领导"

现代市场经济是一种交换经济，企业生产的产品必须通过市场交换才能体现出价值，企业只有将产品销售出去赚取足够的利润才能在市场中生存下去。随着市场经济的发展，生产能力的提高，买方市场逐渐形成。"二战"后在西方资本主义国家出现了一种以市场为中心的经营观，这种观点认为企业活动必须以市场为出发点，以市场为归宿。这种经营观虽有一定的局限性，但其强调了市场作为企业经营活动的中心这一重要观点，企业的生产经营必须以市场需求为出发点。

改革开放之后，我国的经济体制由计划经济转向市场经济，这对我国企业的经营方式是一种重大的挑战。它迫使企业的经营由以政府计划、指令为中心转向以市场销售为中心，把市场作为检验企业经营工作的标准，必须一只眼睛盯着管理，一只眼睛盯着市场。在这种历史性变迁面前，双星人并没有坐等"红头文件"，而是在汪海的带领下投入市场经济的大潮之中。20世纪80年代初期当时的青岛橡胶九厂产品积压、资金短缺、无钱发工资的困境迫使双星人由计划经济的统购包销走向了市场经济的自产自销，对市场经济逐渐有了清晰的认识，总结出了"跟着市场走，围着市场转，随着市场变"等独特的双星市场理论。随后双星人又开始了"上山、下乡"的进程，在沂蒙山老区建立了鲁中、瀚海两大鞋城，同时与兄弟公司合作实行股份制，变"产地销"为"销地产"，迅速扩大了生产规模，使母体行业逐步形成了"大双星"的战略格局，巩固了双星在中国制鞋行业的龙头地位。在双星市场理论的指导下，双星人"全员面向市场，人人参与竞争"，促进了双星集团的大发展。

进入新世纪，国际鞋市场竞争日趋激烈。而消费者的个性化消费和心理需求则越来越强烈。面对这种形势，汪海适时提出了"产品＋感情＝市场"的方针。为了贯彻这一方针，双星集团在汪海的带领下主要做了以下四个方面的工作：①从专业技术角度加强双星鞋的文化内涵。为了开阔设计人员的眼界，双星集团派人出国考察、学习千余次。2000年5月双星聘请"奥林匹克画家"查尔斯·比利奇先生出任双星"产品设计开发国际顾问"。新开发出的双星鞋美观、大方、新潮、个性，从产品角度满足了消费者的需求。②从包装角度改善双星鞋的外观形象，赋予双星鞋浓郁的中国传统文化色彩。例如，"老人健身鞋"鞋盒图案是寿星图，而"好爸爸"鞋、"好妈妈"鞋鞋盒图案是一对相拥相携的白发老人，体现出人们尊老、爱老和祝愿老年人健康长寿的心理。③参加社会文化教育事业，体现双星品牌的亲情化形象。④开展200%服务活动。大建形象店，提升双星的产品档次形象；推出微笑服务；在新建的大型连锁店内配备电视、书报架、饮水机、按摩坐椅等，使消费者在购物的同时，能享受到温馨休闲的环境。通过开展亲情营销，双星树立了自己的品牌形象，加速了双星品牌的发展、壮大。

三 "名牌是市场经济的原子弹"

当今国与国之间的竞争是以经济实力为基础的综合国力的竞争，而一国拥有的名牌数量是该国经济实力的最好体现。基于这一点，同时吸收韩国制鞋业由于没有自己的品牌而土崩瓦解的教训，汪海于20世纪90年代初指出，创名牌是市场经济中最大的政治，创名牌就是最好的爱企业、爱岗位，还是最好的爱国家、爱民族，将创名牌与爱国精神和民族精神结合起来，极大地激发了员工的工作积极性。

同时，汪海指出"名牌没有终身制"，提出双星人要时刻守护自己创建的品牌，"用做人的标准对待品牌，用自己的良心做好品牌"。当今社会信息高度发达，传媒无孔不入，企业在精神上稍有偏差就会导致自己多年辛苦创建的品牌形象瞬间倒塌，远有南京冠生园陈馅儿月饼事件，近有三鹿"奶粉门"事件。"名牌无终身，管理无句号"，管理上的一点小的失误就可能导致双星品牌的倒塌。1999 年《中国经营报》发表了这样一篇报道：《退休工人投诉贵阳双星 总裁汪海写信公开致歉》。事情的经过是这样的：贵阳一位老人在双星连锁店换鞋时遇到了不友好的服务，于是给汪海写了一封信投诉这件事情。汪海提出对这件事严肃处理，同时在电视上公开道歉。针对这件事，汪海提出"用优秀的素质创出品牌，用过硬的素质去干品牌，用坚强的素质去保护品牌"。

四 "打响商战中创新的人民战争"

创新是一个国家进步的灵魂，也是一个企业发展进步的必要条件，任何一家有雄心的企业都会在创新与研发方面投入巨大的人力、物力、财力。基于创新的重要作用，大企业集团都成立了自己的研发中心，或高薪聘请知识、技术骨干，或与高校、研究机构等建立合作关系。1989 年双星工业园落户青岛，2006 年 4 月双星鞋与服装研发生产中心落户贵州金阳科技产业园。在创新问题上汪海认为"创新不仅仅是科学家的事，不仅仅是工程技术人员的事，不仅仅是文化人的事"，在双星要形成"人人关心科技"的"全员创新"氛围。

现代管理理论认为在企业竞争中必须发挥团队优势，调动每个员工的工作积极性，激发每位员工的潜力。但是企业家如何管理才能达到激励的理想效果？美国行为科学家赫兹伯格认为，企业实行的管理政策可以分为两类：一类是保健因素，一类是激励因素。赫兹伯格认为激励因素是指与工作内在有关的因素，比如工作的挑战性、丰富性、重要性及发展前景，而保健因素是指与工作环境和工作条件有关的因素，比如工资、工作条件、监督管理、人际关系等。赫兹伯格的双因素理论告诉我们，要想真正发挥激励作用，必须调动人们的成就感、荣誉感，使工作富有挑战性。汪海提出的"全员创新"，其核心就是鼓励每个员工成为创新的主体，将他们大脑中蕴藏的创造力激发出来。在双星，几乎每台机器旁边都有一个卡片，说明这是一个什么样的工艺、这个工艺发明人是谁，也就是说，在整个双星技术改造、技术创新的过程中，每一个员工都在发挥自己的聪明才智，每一位员工都是双星的企业英雄，都将被双星人永远铭记在心。

双星发展的每一步都打上了创新的烙印。汪海说过，企业中除了质量外什么都可以改革，这和韩国三星集团李秉熙的创新思想有异曲同工之妙。李秉熙曾说："创新——除了老婆不变，什么都要变。"正是这种"敢为天下先"的魄力使双星人时刻保持创新的激情，走在市场前面，创造了多个第一。

五 "管理以人为本"

汪海在20世纪80年代就曾提出"兴利"的观点，也就是在双星发展的过程中一定要让广大员工富裕起来，即"企业要壮大，牌子要发展，我们的员工要能够买得起车子和房子"。针对农民工多的情况汪海又提出"双星没有农民工"、"人人都是双星的主人"，对员工进行思想教育，从物质方面到精神方面促进员工的发展。双星人认为，企业的成功，不全在于资金、管理、技术，而在于怎样爱护人才、尊重人才。汪海经常说："要把打工妹、打工仔变成双星'主人'，要让打工妹、打工仔认识到不是在为双星打工，而是为'自己干'。不光让他们打工，还要培养他们当领导，把有本事的人提起来，为他们成才创造良好的空间。"从1995年始，双星每年都要举办"人才培训班"，系统地讲授企业文化、企业管理、市场营销及专业技术课程，提高员工的素质，真正做到了"管理以人为本。"

人本管理是20世纪80年代兴起于西方的管理思潮，其核心是尊重人，满足人的合理需求，激发人的潜力，促进个人和企业和谐发展、共同进步。人本管理认为，一方面，企业即人，企业的发展离不开人的发展。因此管理的本质就是激励，不断满足人的合理需求，促进人的全面发展，进而带动企业的发展。另一方面，企业的发展为了人，企业发展的终极目标就是促进社会进步、人类发展。汪海提出的"管理以人为本"、"员工第一"的思想就是人本管理的一种实践。

一些研究美国社会制度的社会学家认为，美国社会之所以能够焕发出无穷活力就是因为美国的社会有两大基石：宪政精神和个性、人文精神。这给我们的启示是，一套有活力的制度既要有严格的纪律性又要促进人的发展，这样既能调动人们的积极性又不会导致组织及个人发展偏离方向，既注重制度又注重人性。汪海所说的"无情纪律，有情领导"，就是在企业实行以人为本、"员工第一"的同时狠抓管理制度。

六 "产品等于人品，质量等于道德"

美国社会心理学家马斯洛在《人的动机理论》一书中将人的需求分为五个层次，即生理的需要、安全的需要、归属和爱的需要、尊重的需要和自我实现的需要。①生理的需要，指维持生存和繁衍后代的需要，包括衣、食、住、用、行、医等。这是最低层次、最基本的需要，这层需要没有得到满足之前其他需要不会发生作用。②安全的需要，主要指对人身和财产安全、生活和工作环境安全等的追求，以期生活有保障。③归属和爱的需要，包括与亲人、朋友、同事等维持良好的人际关系，获得一种成为某一团体一员的归属感，希望被人关注、称赞、接纳、爱护、支持等。④尊重的需要，包括两个方面：一是内在的尊重需要，即自尊、自律、自主；二是外在的尊重需要，如地位、认可、荣誉、威望等。⑤自我实现的需要，这是最高层次的需要，指努力促使个人成长，尽力发挥自己的潜能，做出最大的成就，实现人生的理想。马斯洛指出需要是产生行为的基础，人的行为都是由这五种需要激发的，要达到激励的效应必须满足人们的主导需要。

针对生理的需要，汪海提出"用好钱就是最好的思想政治工作"，将满足员工的生存需要提高到思想政治工作的高度，这在我国改革开放之初，人们生活比较贫困的情况下起到了很大的激励作用。鉴于物质需求的重大作用，汪海又指出"企业要壮大，牌子要发展，我们的员工要能够买得起车子和房子"。随着双星战略的转移，面对员工构成成分的变化，汪海适时提出了"双星没有农民工"、"人人都是双星的主人"。汪海经常说："要把打工妹、打工仔变成双星'主人'，要让打工妹、打工仔认识到不是在为双星打工，而是为'自己干'。不光让他们打工，还要培养他们当领导，把有本事的人提起来，为他们成才创造良好的空间。"这些政策强化了员工的归属感，使员工紧密团结在双星周围，自觉把双星当做自己的家，愿意把自己的青春、热情、才智奉献给双星。

汪海在员工思想政治工作方面的一个伟大创举就是将佛学思想中的"行善积德"观念引入员工的管理，提出"干好产品就是最大的行善积德"、"用自己的良心做好品牌"等政策。这是与当时的实践相适应的、带有浓厚的中国乡土气息的管理创新。双星在产业转移之后不得不面对的一个问题就是员工思想层次比较低。当时双星的工人大多是周围落后地区的农民打工者，对他们讲授诸如质量管理等理论显然不适合，于是汪海针对当时农民的思想状态提出了"行善积德"的观点。

当时农民的思想状态有什么特点呢？汪海认为有两个显著的特点：一是强烈的群体认同感，也就是一个人一旦做错了事情将面对强烈的言论指责，他在乡村将无颜生存下去，也就是所说的"无颜见乡亲父老"。另一个是朴素的"良心观"。在中国的乡村中很重视良心的作用，做事情都是要想想是否对得起自己的良心，这是最起码的道德底线。因此，汪海提出要用良心来生产产品，要抱着"行善积德"的心理来对待经由自己双手生产的产品。汪海不但提倡"良心观"，而且把中国传统文化中的"忠孝"思想引入管理之中。可以说中国的五千年文明史始终贯穿着忠孝思想的教育，忠孝思想已经深深地流淌在中国人民的血液之中，一个不忠不孝之人是"人人得而诛之"的。汪海将这种思想引入双星文化，提出"在家当孝星，在企业当明星"，在双星形成一种忠于双星、甘于为双星作奉献的思想认识。

自新中国成立开始，中华民族进入伟大的复兴阶段，每一个具有爱国心的中国人都为振兴民族而努力。汪海提出每个民族企业家都要以振兴民族经济为己任，要爱国，有民族气节，有民族责任感。结合双星的实际情况汪海提出"创名牌就是最大的爱国，为名牌增光添彩就是最大的爱岗"，用伟大的爱国精神统领、感召员工，以民族精神来激励员工。正是以民族精神和创中国人自己的民族品牌来凝聚感召人，在双星才营造了一种"为企业干就是为自己干"的、争分夺秒的、"比、学、赶、帮、超"的浓厚氛围，使企业始终处于热火朝天、蒸蒸日上的发展之中。

七 "产量是钱，质量是命，双星人要钱更要命"

在当今激烈的市场竞争中，商品之间的竞争实际上是质量和服务的竞争。"千形象，万形象，产品质量是第一形象，质量形象树不好一切形象等于零。"在我国改革开放之初，一些有先见之明的企业家不惜牺牲资产来提高员工的质量意识，同时向市场传达公司的质量观。1980 年万向集团把价值 43 万元不符合标准的万向节送往废品收购站，全厂员工半年没发奖金。20 世纪 80 年代双星进入市场之初，就开始向员工灌输质量意识，如火烧不合格产品、举办质量曝光会、消费者座谈会等，使员工认识到"产量是钱，质量是命，双星人要钱更要命"。他们教育员工"好产品是干出来的"，"不是检查出来的"，并拉开了向"无缺陷"产品目标进军的序幕；坚持质量竞赛活动，加强对员工的质量教育，提高全员质量意识。

国际著名质量管理专家菲利普·克劳斯比在1961年提出质量管理的"零缺陷"观念。所谓"零缺陷"，其内涵是：第一次就把事情做对。他明确指出，"零缺陷"是"质量绩效的唯一工作标准"，并反复强调："改善质量的基础，在于使每个人都在第一次就把事情做对。"克劳斯比尖锐地指出："真正浪费财力、人力以及精力的恰恰是那些不符合质量标准的产品，原因就是没能在第一次就把事情做好。"所以为了避免时间、精力和金钱方面的浪费就要建立完善的生产质量制度，确保"第一次就把事情做对"。

为了达到产品"零缺陷"，双星建立了一整套从原材料采购到成品出厂一条龙的质量管理保证体系。将职工的利益与工作质量挂钩，提出"谁出不合格产品，谁出钱买走"，使双星实现了"无缺陷管理、零质量损失"的高标准，产品合格率达到99.99%的高水平。2001年，双星的内部质量管理继续向精细化发展。他们在以前跟踪管理的基础上，实施了分段管理法，量化到岗，细化到人。具体地说就是在每一条流水线上划分出不同的生产段，以醒目的图片做标志，并选出段长负责掌握工序之间的连接，对本段位内出现的问题做到及时发现、及时协调、及时解决，从而有效地控制了流水线上出现的积压或空当儿现象，使生产管理工作得到了进一步深化、细化和提高。

为了从源头上把握产品质量，双星提出"名牌产品要有名牌配套，名牌产品要用名牌原材料"，对公司所采购的各种原材料严格检验。为此，双星建立了国家级检测中心。双星还以传统的"行善积德"文化对待供应商，认为善待供应商就是善待自己；提高或者保证产品质量，必须善待供应商；损害或者剥夺供应商的利益就是损害自己的利益。因此，双星树立远大的理想和目标，对上游供应商进行培训、指导，使双星的配套厂成为双星的"核心工厂"。供应商的进步促进了原材料品质的提高，进一步确保了双星产品的"零缺陷"。

八　"敢为天下先，争创第一流"

一个伟大的企业对于社会的贡献不仅仅在于其生产出的高质量产品，至少还有以下三方面的贡献：①对当地区域经济发展和人民生活水平提高的促进作用。以诺基亚发展为例，诺基亚 1865 年成立于芬兰北部的一条小河边。之后当地人用诺基亚这个词特指当时正欣欣向荣的整个工业区。为了表彰当地最大的工业设施和雇主，1937 年芬兰政府决定将诺基亚所在的城镇改名为诺基亚镇。1977 年，诺基亚镇又升格为诺基亚市。时至今日，诺基亚成了芬兰的骄傲。②提高员工的素质。优秀的企业家可以创造优秀的企业，同样优秀的企业可以培养优秀的员工。20 世纪 70 年代企业文化学兴起后，管理者开始将员工作为"整体人"看待。整体人的含义是指员工不仅是公司的员工，还是社会上的一员，管理者不仅要关心员工的"八小时之内"，还要关心员工的"八小时之外"。也就是说一个优秀的企业不仅要关心员工的产量，而且要从整体上提高员工的素质。比如体现远大集团价值观的《远大宣言》、《七分钟读懂远大》都可以说从人品、素质方面对员工提出了要求。远大的制度几乎覆盖了员工的每一项活动，大到工作准则，小到衣食住行，比如远大规定员工不抽烟、只喝 24 度以下的酒水、每天刷牙 2 次且每次不少于 5 分钟等。优秀的公司不仅向社会输出优质的产品，还向社会输出优秀的人才。③优秀公司的管理文化是社会文明的发扬与创新。优秀的企业家都是哲学家，他们从思想的高度传承了我们的传统文明并有所创新。

对于社会上出现的优秀企业，我们要深刻挖掘其管理文化的内涵，对其优秀的企业文化进行总结、提炼和推广，启发广大企业家进行新一轮的创新和发展。对双星文化进行研究我们可以得到哪些启示呢？

1. 企业家要有强烈的民族精神和时代的责任感

民族精神是鼓舞人们奋斗的原动力，是一个国家、一个民族的灵魂。产品无国界，但企业家有国界，新时代赋予了民族企业家振兴民族经济的重任。汪海，作为首届全国优秀企业家、一位具有强烈民族责任感的领军人物提出了新时代的"三民"观，即"振奋民族精神，创造民族品牌，培育民族企业家队伍"，以此发展民族工业，振兴民族经济。同时，汪海将爱国精神和企业的生产实践相结合，提出"在市场商战中，发扬民族精神，振兴民族工业，创造民族品牌就是最大的爱国，就是最好的体现民族精神"。汪海不仅用民族精神和创民族品牌统领双星的发展，还在双星度假村的山坡上竖立了岳飞、戚继光、林则徐、杨靖宇等民族英雄的塑像，因为在市场商战中，民族企业家就是当代的民族英雄……这都体现了汪海的民族气节和振奋民族精神的决心，这是民族企业家创造民族品牌永不枯竭的动力源泉。

2. "敢为天下先，争创第一流"

创新是一个国家的灵魂，是一个民族进步的不竭动力。在创新的过程中要有敢为天下先的魄力，因为企业家的本质就是创新。同时要有当老 A 的目标与决心，要有向国际市场叫板的勇气。就像汪海说的："中国的企业家和企业要敢为天下先，勇于争一流，不但要当中国的第一，还要做国际老大，我们不仅要抢占先机，占领中国大市场，更要在世界市场争第一，我们站着不比别人矮，躺着不比别人短，为什么在全球不能做老 A？"

3. 将中国的传统文化与企业的管理实践相结合，创造出中国自己的管理理论

由于中国企业发展史较短，我们还没有形成中国自己的管理思想，重引进而轻原创，但引进来的西方管理思想存在"水土不服"现象。随着经济的发展，创建中国人自己的管理思想这一命题被提到国人面前。这需要我们站在全球化的背景下重新审视中国传统文化，弃其糟粕，让优秀的传统文化与现代文化、西方的管理理念相融合。中国传统文化博大精深，挖掘传统文化中的优良传统将会对我们的企业发展起到不可估量的作用。在这方面双星进行了很多有益的尝试，取得了令人重视的成果，比如将佛学思想中的"行善积德"观念引入员工管理，提出"干好产品质量就是最大的行善积德"，用中国传统文化中的"忠孝"思想凝聚员工，提出"创民族品牌就是最大的爱国"，以及汪海提出的具有创新精神的、具有中国文化特色的"ABW"理论，等等。这些都是需要我们借鉴与学习的地方，只要我们有恒心、有毅力，一定能创造出我们中国人自己的管理理论。

（撰稿：刘光明）

管理是企业的本

——论汪海的管理思想

制鞋业是竞争极为激烈的行业，没有任何的准入门槛。青岛双星作为一家国有企业，不占有国家任何垄断资源，不具有任何政策优势。面对国际名牌的打压和机制灵活的民营企业的围攻，在国有制鞋企业纷纷倒下的同时，双星不仅生存下来，而且不断发展壮大，30多年来不仅坐稳了鞋业龙头的宝座，而且发展到拥有鞋业、轮胎、机械、服装、热电五大支柱产业和包括印刷、绣品、第三产业配套在内的八大行业，成为一个综合性制造加工业大集团。这完全得益于汪海在"实事求是"思想的指引下，创造性地发展出了一套适应市场经济的企业管理思想。

一 两眼盯在市场上，工夫下在管理上

市场竞争从一定意义上讲是管理水平的竞争，一部分国有企业之所以陷于困境，在很大程度上是管理不善造成的，市场的激烈竞争使这一弱点明显暴露出来。汪海始终把强化管理作为企业永恒的主题，严格而又科学的管理，使"双星"受益匪浅。

1. 管理从基础做起

一个企业最烦琐、最基本的管理是现场管理。劳动力密集型的制鞋企业，过去给人的印象就是脏、乱、差。为改变落后的面貌，创业伊始，汪海发动全厂职工进行了一场"要不要从严治厂"的大讨论，确定了"严、高、细"的治厂方针。特别是将部队的优良传统和作风引入企业管理中，对严明厂纪、增强职工战斗力起到了相当大的作用。许多车间至今还保持着上班前集合排队、合唱厂歌的做法，让人感到一种团结、紧张、严肃、活泼的气氛。双星的严格管理是动真格的，像工作帽戴得不整齐、下班不

收拾机台、进出车间不换工作鞋……在别人看来也许是些小事，但在双星都能找到厂规厂纪对此的规定，让受罚者心服口服。在生产车间设立了各种各样的讲评栏，对每天的工作情况、劳动纪律、好人好事等都公开讲评，受到处罚扣分的、得到嘉奖加分的，都一清二楚地公布出来。另外，还设立了日工资公开栏，将工人每天的工资收入也公布出来，真正体现了社会主义按劳分配的原则。这样，严格了企业的管理，进一步激发了员工的工作热情和积极性。

2. 无情的纪律，有情的领导

作为劳动力密集型的制鞋行业，生产一双鞋要经过200多道工序，以双星20世纪80年代的生产规模，每天使用的原材料就有4200多种、鞋刀3380把、鞋楦43200双、底板8000种。不论哪一道工序、哪一个环节出了问题，就注定要出次品，其他工序的劳动就全部变得毫无意义。没有铁的纪律作保障，就不可能生产出优质的产品，"创世界名牌"就永远是一句空话。事实上，双星能够顽强地从困境中走出来，迅速超过竞争对手，主要得益于当初制定的一系列管理制度能够不折不扣地贯彻下去。

汪海认为："管理要做到'无情的纪律，有情的领导'。谁违反了双星的法规，谁就要受罚，亲儿子也不放过。当然，员工个人有什么困难的事，只要让我知道了，我就会关心、帮助。纪律和感情是对立统一的，只有关爱员工，他才能理解你的严格。管理高级动物不能简单化，如果简单化，公司早晚要完蛋。管人、用人，纪律、感情，都不能脱离现实。都要围绕人来管。人的问题做好了，一切都好；人的问题解决不了，最后也得完蛋。"

3. "家法"权威大

一提权威管理，有人往往会将其和独裁、专制联系在一起，但双星人却毫不避讳权威管理。他们反而认为，创业以来，正是坚持了权威管理，才使双星的事业得以稳定、持续、高速的向前发展。家庭般的温暖和雷厉风行的严明执法，构成了双星鲜明的个性。尽管汪海以他的人格魅力和对双星的卓越贡献，赢得了至高无上的权威，然而，双星的最高权力却掌握在汪海首创的一个由职工代表组成的"民主管理委员会"手中。这个委员会是集团职代会的一个常设机构，职工代表每年轮流一次脱产参与企业管理，他们上可管集团总裁、下可管普通员工，权力大得很。这个监督管理机构还在集团下属各公司、部门设立民主管理小组，随时监督评议干部和员工。在双星的"家法"面前，汪海也不例外。1987年1月份，全厂的生产计划没有完成，民主管理委员会经过一番激烈的讨论，最后形成决议，扣罚厂长汪海的当月奖金。在他们看来，尽管汪海对双星的贡献最大，但汪海作为一厂之长，应当对当月任务没有完成负责任。1996 年，一位曾经为双星发展立下汗马功劳的副总裁，擅自卖给个体户一车鞋，违反了集团制定的工贸一体化制度，被职工民主评议，免去了一半的年薪。像这种领导干部被职工代表点名批评或是处罚的事情，在双星时有发生。双星的职工民主管理委员会还有一项特权，那就是考评干部，并规定凡是遭点名批评达到三次的干部，将受到免职的处罚。因此，一些干部们说，双星的干部很不好当，首先就要有被工人们罢官的思想准备。有的干部还自称是"黑板干部"，干好了名字可以留在上面；干不好，就会被工人们擦掉；当然，等到干好了还可再上来。因此，"几上几下"的干部在双星比比皆是。几乎每月、每年都有一批员工和干部受到民主管理委员会的"弹劾"。

双星的各项规章制度，大都是经职工代表大会讨论后制定的，因此被职工们称之为双星的最高"家法"。谁要是违反了，不论资历、年历有多老，成绩、贡献有多大，处罚起来都是毫不含糊的。对此，集团总裁汪海认为，在一个企业的创业时期，企业的最高决策层必须要树立起绝对的权威性，否则就难以保证企业的凝聚力和战斗力。私有制企业向来是令行禁止、说一不二，由此构成了自上而下逐级的权威指挥机制；国有企业如果做不到这一点就无法与之竞争。譬如，"富了和尚穷了庙"的现象在很多国有企业中大量存在，而在私营企业中却很少，这就是由于国有企业领导者缺乏管理权威所致。对此，他曾在全厂干部大会上严肃提出：不管别人怎样，双星的内部必须保持一个净化了的小环境。谁敢挖双星的墙脚，双星就砸谁的饭碗。汪海说一不二，半年之内就让四五名吃私贪污的厂长、经理丢了"乌纱帽"，在全厂引起了极大的震动。

4. 一张纸引发的成本管理革命

一张纸对于一个资产总额达十多亿元的企业来说，也许算不了什么，但青岛双星集团公司因为一张纸而引发的一场成本管理革命，每年为企业节约生产成本好几千万元。

双星有一位处长给总裁汪海递交了一份报告，只有三四行字内容，却用了一张很大的纸。汪海一看，随即在报告上批示："如果全公司两万名职工每人一天浪费一张纸，一年会是多少呢？家大业大就可以随意浪费吗？"处长看到批示后，面红耳赤，第二天，自己主动提出免去了自己一个月的奖金。因为一张纸处长挨罚的事，在双星员工中引起很大的震动，并由此引发了一场"家大业大还要不要节约"的大讨论。双星人开始认识到，在日益激烈的市场竞争下，一个企业即使是名牌企业也只有拥有成本上的优势，才能保证其在市场竞争中立于不败之地。为此，双星发动全公司干部、职工都来算账：生产车间算到了一克胶、一度电，机关科室算到了一张纸、一个电话。结果是不算不知道，一算吓一跳：仅看得见的无效成本一年就算出了几千万元。于是，从一分一厘的成本抓起，从一张纸、一尺布、一克胶抓起，双星展开了一场全面的成本管理革命。

为了扭转干部员工中普遍存在的落后的成本管理思想，双星提出"不关心成本的厂长不是好厂长，不会算成本账的员工不是好员工"，要求从干部到一线职工，人人心中都要装有一本"成本账"。为此，双星还给员工们发放成本知识小册子，并对全厂的干部、工人们进行成本知识培训；管理人员成本知识考试合格后才允许上岗；对成本管理不善的厂长提出"黄牌"警告，限期改进，否则免职。有七八名厂长、经理，二十多名管理人员因成本管理不善而被免职。同时，也有一大批善于精打细算的工人走上了管理岗位。

双星集团总裁汪海认为，一家优秀的企业就在于能以最小的投入产出最大的效益，这就要求对从原材料投入到产品进入销售渠道的整个过程进行监督和控制，每个车间、每道工序、每个员工都要自觉地控制成本，从而将整个生产成本，科学合理地降到最低限度。双星提出用"两把尺子"衡量员工们的工作水准：一是用数字这把尺子来检验员工们的工作过程，二是用效益这把尺子来检验员工们的工作结果。为此，双星在全公司实行了目标成本责任制，将生产成本层层分解，又通过成本倒算法，将成本核算落实到每一个人、每一件产品上。如生产车间每生产一种鞋时，首先要将每双鞋所需的成本，包括每一个鞋扣、每一根鞋带，甚至每一张塞鞋纸的价钱，都一一算出来，并制成目标费用控制图，公开张贴在每道工序的作业现场，超者罚、降者奖。由于将成本直接与个人收入挂钩，大大调动了员工们节约降耗的积极性。如实行成本考核后，裁断车间的工人们提出了"刀下留钱"的口号：对于每一种新产品，他们都要想方设法算出最佳排刀法，从而使每千双鞋用料降低了5%。仅此一项，集团全年可节约成本数千万元。如今，在双星，成本已具有绝对的否决权，公司评优、考核干部、职工嘉奖等，都要看成本管理是否达标，从而使双星的每个厂、每个车间、每个人都变得"斤斤计较"起来。一张塞鞋纸只有两厘钱，但全集团一年仅从塞鞋纸里就能省下数十万元。

5. 抓住资金管理的牛鼻子

"以资金管理为重点，以提高效益为目的"，是双星管理的又一特色。汪海认为，资金作为工厂的血液在企业中发挥的作用是不言而喻的，对经营而言，资金的作用同样是不可估量的，可以说没有资金就无法经营。资金运作好了，公司就有希望；资金运作不好，公司就将垮台。所以说资金运作的好坏是衡量每一个公司经营好坏的基本标准。对总经理、经理来讲，要懂得资金，要会用资金，要用资金来管理公司、连锁店，这样才算合格。所以衡量经营好坏、管理水平高低就是要看资金运作的好坏，看资金转几圈，发挥多大效益。只有抓住资金这个"牛鼻子"，才能使各项工作有提高。

双星在全公司建立了资金切块制度，将原来由集团统一管理的"大锅饭"资金，分切到由各个分厂、车间、工段乃至班组管理，并将资金的使用情况作为考核干部、职工成绩的一个重要标准。在资金运作上，双星要求每一位经理达到"三学会"：首先，要树立资金观念，不懂不会要去学，要认识到资金在整个流通当中的重要性。一定要学会算账，用活资金。其次，在整个市场分析时，要学会研究资金，把资金用到最佳效果，达到资金周转的最快速度。在分析市场的同时，要学会研究分析资金的占用和周转。经理不能把资金的运用推给会计，不要认为有会计而不管资金，作为会计来讲也不能认为有经理而对资金不管不问，这都是不对的。再次，要学会借助外部力量、借用外部资金来赚钱，学会在短期内把钱运作得最快、最好。

实行资金切块和分灶经营，不仅加快了双星的资金周转速度，也大大节约了资金投入。他们创造的适应市场经济的动态资金管理新机制，强调的是用资金调控计划，用资金调控生产，用资金调控经营。这种资金管理打破了计划经济不问市场算死账的成本管理办法，加快了资金的回笼和资金的周转速度。

二　只有没管好的企业，没有管不好的企业

汪海认为，中国企业与国外企业最大的差距与其说是在技术上，不如说是在管理上。因此，双星人把管理作为企业生存发展的根本，坚信"只有没管好的企业，没有管不好的企业"，始终不放松管理，始终在细化、量化、深化管理上下工夫，始终在探索中国式的企业管理模式。30年的实践、总结、升华，双星创造了符合中国国情、符合制造加工业实际、独具特色

的管理模式，美国人评价"双星有世界上管理最好的工厂"，日本人到双星工厂学习，韩国人开出高薪找汪海总裁"要厂长"。双星凭过硬的管理赢得了市场的认可，赢得了行业的尊重，赢得了外国人的佩服。双星管理的最大特点不是盲目的照抄照搬，而是根据市场竞争的要求，结合企业的实际情况，创造自己的管理经验。

1．"九九管理法"

汪海认为，继承传统是必要的，学习外来先进经验更是不能缺少的。为此，汪海曾专门研究了日本松下公司的管理。他发现，松下公司取得成功，除了得益于组织机构、管理技巧、科学技术外，更重要的是得益于其经营理念：一种"繁荣、幸福、和平"的企业文化，把人的历史传统、价值标准、道德规范、生活观念等统一于企业内部共同目标之下，使企业如大家庭一般忠诚和谐。他更发现松下的这套东西不过是脉承中国的"诚意正心"、"修身、齐家、治国、平天下"的儒家思想。经过认真思考和分析，汪海紧紧抓住"人"这个决定因素，把发达国家严格制度，严格标准，程序化，绩效、技能考核吸收过来，结合中国及企业实际，以对人的九项管理为纵轴，以对生产经营的九项管理为横轴，为双星的管理勾画了一个直角坐标系，提炼出物质文明与精神文化互相促进的双星"九九管理法"。

"九九管理法"认为，在人的管理上，双星人要达到"三环"、"三轮"原则。他们继承传统的、借鉴国外的、创造自己的，以此"三环"来务实求新；他们把思想教育当前轮，经济手段、行政手段做后轮，此"三轮"同步运行，共同提高效能。在生产经营上，双星人要实行"三分"、"三联"、"三开发"原则。他们分级管理、分层承包、分开算账，以此增加了企业的活力；他们搞加工联产、销售联营、股份联合，进一步扩大了企业的实力；他们进行人才、技术产品和市场的全方位开发，使双星产品在市场上提高了竞争力。汪海在实施九九管理法的纵横交叉中，终于找到了把人与物管理相结合的最佳组合点。

改革开放以来，中国在加快经济建设的同时，社会上出现了一种崇洋媚外的现象，对自己的管理理论也缺乏自信。20世纪五六十年代我国创造的"三老四严"、"鞍钢宪法"，使世界上许多国家从中受到启发，经济得到发展。而在当今，这些却被我们中国人认为是过时的，甚至被淡忘、遗弃。就是这个"九九管理法"，还曾发生过这样一段趣闻。当时，许多到双星考察的省部级领导都认为汪海在管理上的确有一套，国家某部门就让双星将这套"九九管理法"材料报上去。上面收到材料后，先用日本的管理模式来套，套不上；又用美国的管理办法套，还是套不上；最后，又把材料原封不动地退了回来，并说这套管理办法不土不洋的，简直是个四不像。汪海认为，在当今这个日益创新求变的年代，不能食古不化，也不能食洋不化，只有继承、汲取其精华并不断地创新，才能顺应市场发展的趋势，创造出具有生命力的东西。有些人过分欣赏国外的管理模式，认为只有它们才是先进的，但实践证明，我们一些传统的优秀的东西丝毫不比外国的差。所以，双星的原则是：继承传统优秀的，借鉴外来先进的，创造自己特色的。是金子总会发光，后来，双星的"九九管理法"被全国企业管理协会、全国企业家协会评为向全国推广的 22 种现代化管理方法之一；中国社会科学院工业经济研究所在充分调查的基础上编写了《双星之光》一书，全面肯定了双星的管理模式。

2. 六大特色管理

管理无句号，在市场经济的遭遇战中，双星人坚持"严、高、细"的治厂方针，超标准检查，超常规考核，超危机管理，以比韩国鞋厂更低的成本，比我国台湾鞋厂更准确的交货期，比东南亚鞋厂更稳定的质量，赢得了企业的商誉和客户的信任，实现了争订单、抢市场的战术意图。为此，双星独创了"严管、细管、承包管、诚信管、钱管、情管"六大特色管理。

"严管"，是以"定置、定位、定人"的现场"三定"模式为突破口，坚持"严、高、细"的管理标准，首创了数字跟踪卡，使企业基础管理实现了静态管理与动态管理的融合，解决了世界制鞋行业在管理方面始终未解决的老大难问题。

"细管"，创出了资金切块、"一单一算、一天一算、分段核算、当天出成本"的资金管理新思路。在资金切块的基础上，双星实施"厂币"运作，进行"家庭消费式管理"，创造性地将市场机制引入到企业，在企业内部各环节之间实现货币化管理，下游用厂币买上游的合格产品，对厂币的占用收利息，迫使各个环节不断提高产品质量、降低产品成本，以实现厂币利用率的提高。这种市场化的手段使内部管理环环相扣，各环节之间能够相互比较、相互竞争，保持了很强的活力。做到"事事有人管，人人都管事"，出现了针尖磨细了再用、自己从家里带抹布、自己买配件维修设备的新现象，创造了"软橡胶硬管理、硬机械细管理、小商品抠管理"的制造加工业管理新模式。

"承包管"，是将农村责任田的方法移植到工厂，在经营上实行承包。在工厂车间进行"包、租、卖"，把岗位变成每个人的"责任田"，促使员工"自己管理、自己算账、自己减人、自己降耗",形成了双星市场化"四自一包"管理新模式。

"诚信管",坚持"质量是干出来的不是检查出来的",创造了将道德观念和产品质量相结合的诚信管理新模式。在质量上,人人都"做诚信人、说诚信话、做诚信事、守诚信则",采取"人人都是检查员、人人都把质量关"、"奖下罚上"的质量管理新办法,创造了双星机械制造 180 多米的 V 法造型线最小误差不超过 0.15 毫米,鲁中公司 14 条流水线全部取消专职检查员的新标尺。

"用钱管",双星创立了"质量埋单制",对出现质量问题的产品,从员工到领导,都按责任大小埋单;双星采取了"工资上墙制",当日工资当日公布,当日奖罚当日兑现;双星每年都表彰奖励"质量标兵"、"创新能手"、"最佳承包人"、"岗位竞赛明星"、"最佳连锁店经理"、"最佳连锁店营业员"等优秀员工。"用钱管"是市场经济物质和精神相结合的管理模式,树立了正义、正气,营造了积极进取的氛围。

"用情管",双星最早实施了民主管理,充分发挥职工代表的作用;最早实施了"员工过生日放一天假、送一个生日蛋糕、提一条合理化建议"的好做法;职工坐上班车后,领导才开始坐轿车;改善职工就餐、住宿条件,创造舒适的生活环境;建立"电话超市"、"电子阅览室";成立"城帮农"工作组,农忙时节帮助有困难的员工家庭抢收、抢种;举行各种文体活动、才艺大赛、文艺会演等,为职工搭建施展才华的舞台,增强企业的凝聚力,创造了企业和员工和谐共处的发展环境。

通过六大特色管理,双星实现了从"叫我管"到"我要管"的质的飞跃。在管理的除旧革新中,双星进一步认识到,管理是企业生存、发展、竞争成功的本:企业有竞争力,要靠这个本;队伍有战斗力,要靠这个本;打赢市场商战,要靠这个本。只有夯实管理这个根本,企业才能创造新的辉煌。

3. ABW 理论

何为"ABW"理论?西方经济学理论管理观念一般都用词意作注解,而汪海却用形意诠释自己的理论发明,继承中国传统象形文化,创造现代管理新理念。

勇争第一做大做强的 A。在英文中,A 是 Administration 的第一个字母,是管理、经营、行政部门的意思。但到市场将军汪海这里意思就全变了,A 是所有字母的开头,形指老大、第一、塔尖的意思,寓意站得更高、看得更远、比其他更全面。汪海的目光是："中国的企业家和企业要敢为天下先，勇于争一流；不但要当中国的第一，还要做国际老大；我们不仅要抢占先机，占领中国大市场，更要在世界市场争第一；我们站着不比别人矮，躺着不比别人短，为什么在全球不能做老 A？"汪海进一步解释说："做大做强自己的企业是企业家的本性与追求，不管是中国人，还是外国人，谁都想像双星那样当本行业老大，这符合企业发展和企业家成长的规律。中国是世界最大的市场，首先要在中国市场成功，然后再到世界市场去争霸。"

弘扬精神创新进取的 B。B 是 Business 的首字母，是商业、买卖、事情、营业、商行等意思。可汪海却把"B"拆开诠释，认为 B 是由两部分组成，"B"拆开就是 1 和 3，就是 13 亿人口的大国、13 亿人口的大民族、13 亿人口的大市场。"1"像一个顶梁柱，代表企业要用顶天立地的精神、进取创新的个性去拼搏，"3"形似一个人俯身弯腰，寓意企业家要脚踏实地、认认真真地工作。汪海认为，一个没有精神与信念的企业就是一个毫无希望的企业，"今天不创新、明天就落后，明天不创新、后天就淘汰"，市场法则永远是快鱼吃慢鱼。汪海进一步强调："企业在现代商战中好比一个战斗团队，团队靠什么来凝聚？只能是靠思想、靠文化、靠精神。精神的东西在一瞬间爆发的力量是无法估量的。双星之所以成功，就是由九大文化理念体系作支撑。企业家都要掌握我们共产党人创造的政治经济学，一手抓经济，一手抓精神。竞争靠什么？狭路相逢勇者胜！勇者相逢智者胜！要有志气，有必胜的勇气和信念。"

搏击市场缔造名牌的 W。M 是 Master 的首字母，有硕士这层意思。但汪海认为学历不代表智力、不代表能力。所以，他将 M 翻了个身变成了 W。W 形似雄鹰、大鹏展翅，寓意市场企业家要成为不屈不挠搏击长空的雄鹰，飞得高、看得远，练就绝技，扑得准。企业家靠真本事吃饭，具有鹰的气质、鹰的风骨、鹰的精神。30 年来，汪海率领双星人勇于搏击市场，在市场的风浪中得到洗礼和检验。

三　要么不干，要干就要干第一

著名经济战略伙伴研究专家詹姆斯·穆尔在《竞争的消亡》一书中提出：企业竞争不是要击败对方，而是要联合广泛的共同力量创造新的优势。竞合理念的出现，使得企业配置资源的范围大大拓展。如今一些昔日的竞争者开始联手，在竞争的基础上进行合作。谁也不吃掉谁，实现强强联合、强弱联合。以资本为纽带，在品牌、技术、管理等企业诸要素上优势互补，实现资源共享、市场共拓、利益共沾，共同采购、降低成本，共同推广、扩大市场。"竞合"的最大利益是，通过赢得相对垄断的市场，或者通过资源整合提高了市场反应能力，从而获得相对较高的利益，降低了市场风险。如苹果公司建立了"苹果生态联盟系统"，提出要像"生态链"那样集成企业产销群体，充分发挥销售商、供应商等协作者们的积极性，从而使苹果公司率先走出困境，实现了跨国经营和高速发展。"竞合"显然不是跨国公司和外国专家的专利，汪海对此也有独到的领悟，在将与国内、国际制鞋企业之间你死我活的竞争演绎得如火如荼的时候，双星集团举起联合大旗，走"竞合"经营模式，走上了发展壮大之路。

1. 联营走出竞合第一步

1983 年，中国国有企业大多躺在计划经济的摇篮里过悠闲日子的时候，在没有先例的情况下，双星第一个尝试用"竞合"模式闯市场。1984 年，双星与青岛周围的乡镇企业合作，建立了分厂，将老产品扩散给乡镇企业生产，集中力量在总部上新产品。企业既保住了原有市场，又扶持了乡镇企业，同时发展了自己，成功走出了"竞合"经营模式的第一步。之后，双星扩大了"竞合"联营的步伐，树立了"要么不干，要干就要干第一"的企业理念，在山东省范围内及乌鲁木齐建起 10 多家小型联营工厂，与它们建立了牢固的长期战略合作伙伴关系，共同发展提高，实现了竞争中的合作关系。

1987 年，青岛经济技术开发区建设起步之际，双星不失时机，进入开发区，以与多家企业合作或独资形式，建立了双星鞋厂、双星橡塑厂等工厂，开始了"下乡"的历程，并成立了当时中国最大的制鞋集团——青岛双星运动鞋联合公司。之后，双星与多家企业合作，相继在开发区建成了黄岛运动鞋厂、开发区分厂、双星工业园、双星印刷厂等多家企业，充分运用当地人力资源，加快了规模经济的发展。这种"竞合"的结果，使当地一些联营企业迅速发展成长，有的企业创业时只有几人、几十人，与双星合作后在短短的时间内，迅速发展成几千人的公司，年销售额达到了几十万元、几百万元、上千万元。而双星由于产品结构调整及时，适应了市场，生产得到了快速发展。到 1990 年，双星的鞋产量已经超过 2000 万双，有力地带动了合作企业的发展，并开始向相关行业延伸，成立了纸箱厂、织布厂、模具厂等，企业得到了快速的发展。

2. 西部开发实现跨区域竞合

双星"竞合"的第二个阶段是从 1992 年提出"东部发展,西部开发"的新思路开始的。在沂源县原裕华机械厂厂址上建立了第一个"根据地"——双星鲁中公司,开始了"上山"战略大调整阶段。鲁中公司当年产量达到 1600 万双运动鞋。1996 年,在山东省沂水县建起瀚海公司,使集团总部腾出了黄金地段发展服务行业。这使企业在自我发展中不仅实现了产业大调整,还为老区造了"血",扶了"贫",带动了当地经济的快速发展和老区人民的迅速致富:公司当地职工人均年收入达到 6000 元,取得了"沂蒙双星万人奔小康"的扶贫战果,企业经济效益与社会效益获得了同步发展。1997 年,双星与有着 40 余年制鞋历史的国有制鞋老厂——成都红旗橡胶厂合作成立了双星成都股份有限公司,使负债累累的"红旗"短时间内恢复了生机与活力;1998 年,与河北张家口五环鞋厂合作,成立"双星张家口制鞋有限责任公司";2000 年,与贵州永力橡胶公司合作组建贵阳鞋业公司。以后又建起了东莞公司、莆田公司等,逐步形成了青岛开发区、双星工业园、海江等 11 个生产基地。双星连锁店也迅速从零发展到 3000 多家,并初步形成了山东、华北、中原、西南、西北等 10 大销售战区,遍布全国的 60 多个总代理公司的销售网络。这场靠竞合兼并走上扩张之路的战役,使双星名牌在中西部生根开花。这些企业工厂、经营公司通过双星文化渗透,把质量放在第一位,争当双星的"核心工厂",迅速展露生机,发展壮大。从"竞争"上升为"竞合",由于遵循了市场规则,合作双方获得了较高的利润,赢得了相对垄断的市场。实践证明:双星的"竞合"之路是符合行业和市场经济规律的,取得了市场竞争的主动权。

3. 品牌延伸实现跨行业竞合

1998 年,双星开始跨行业"竞合",进入"竞合"的第三个阶段。当时,在全国上下都在争上高科技项目的时候,双星开始考虑选择为汽车做"鞋",将传统产业的轮胎作为企业发展新的增长点。2001 年 7 月,双星正式吸收合并青岛华青工业集团股份有限公司成立双星轮胎总公司,迈开了跨行业合作的重要一步。双星兼并华青,在鞋业、轮胎业掀起了巨澜。通过双星企业文化输入,短短几年,双星轮胎公司已跻身全国轮胎业五强,使得轮胎业重排座次。2003 年,双星轮胎获评"青岛名牌"、"山东名牌"、"中国十大民族品牌"荣誉,据 2003 年 10 月亚洲轮胎网转载《美国橡胶塑料》期刊公布,2003 年度全球轮胎 75 强排行榜,双星轮胎位居第 30 位。双星在坐稳"鞋老大"的基础上,又开始进军"轮胎老大"的战略计划。

目前，双星已形成鞋业、服装、轮胎、机械、热电五大支柱产业和包括印刷、绣品以及第三产业配套在内的八大行业共同做强双星名牌的新框架。短短 30 年间，双星由一个不知道什么是市场的计划经济的老牌国有企业，发展成为一个制鞋业的"领头羊"；从一个单一做鞋的民用小商品生产企业发展成为一个五大支柱、八大行业，并涉足 20 多个服务行业的多元化特大型企业集团；把一个劳动力密集、手工操作、产品微利、被称为"夕阳工业"的企业做出了朝阳气象。走"竞合"模式是双星能够在国有制鞋企业普遍萎缩的大形势下保持一枝独秀的重要原因，也是汪海带领双星人由计划经济向市场经济过渡中按行业规律超前发展的伟大创造。

（撰稿：缪荣）

求真务实，必得民心

——论汪海的实事求是思想

邓小平同志说："一个党，一个国家，一个民族，如果一切从本本出发，思想僵化，迷信盛行，那它就不能前进，它的生机就停止了，就要亡党亡国。这是毛泽东同志在整风运动中反复讲过的。只有解放思想，坚持实事求是，一切从实际出发，理论联系实际，我们的社会主义现代化建设才能顺利进行，我们党的马列主义、毛泽东思想的理论也才能顺利发展。"[①]他还说："解放思想，开动脑筋，实事求是，团结一致向前看，首先是解放思想。只有思想解放了，我们才能正确地以马列主义、毛泽东思想为指导，解决过去遗留的问题，解决新出现的一系列问题，正确地改革同生产力迅速发展不相适应的生产关系和上层建筑，根据我国的实际情况，确定实现四个现代化的具体道路、方针、方法和措施。"[②]双星集团总裁汪海就是这样一位既敢于解放思想、善于创新，又善于从实际出发、实事求是并作出杰出贡献的市场企业家。在他领导双星人进行改革奋斗的30年实践中，自始至终都贯穿着一条主线——"实事求是"。

一 实事求是是马克思主义的精髓

当社会上的错误思潮疯狂贬低、歪曲和攻击马克思主义之时，如何对待马克思主义，就是一个大是大非的问题。汪海以他执意要拜谒马克思故

[①] 邓小平：《解放思想，实事求是，团结一致向前看》，见《邓小平文选》，第二卷，人民出版社，1993，第143页。

[②] 邓小平：《解放思想，实事求是，团结一致向前看》，见《邓小平文选》，第二卷，人民出版社，1993，第141页。

居的实际行动，旗帜鲜明地表明自己坚定信仰马克思主义。

邓小平同志说："中国共产党人坚持马克思主义，坚持把马克思主义同中国实际结合起来的毛泽东思想，走自己的道路，也就是农村包围城市的道路，把中国革命搞成功了。如果我们不是马克思主义者，没有对马克思主义的充分信仰，或者不是把马克思主义同中国自己的实际相结合，走自己的道路，中国革命就搞不成功，中国现在还会是四分五裂，没有独立，也没有统一。对马克思主义的信仰，是中国革命胜利的一种精神动力。"①搞革命是如此，搞建设也是如此。

汪海第一次到德国，就执意要拜谒马克思故居。外国人对此很不理解，来经商为什么对政治人物感兴趣？他说："那是我们事业的老祖宗，能不拜吗？"在马克思故居，他想了很多。"邓小平提出走中国特色社会主义道路的理论之所以有强大生命力，就是因为它抓住了马克思主义实事求是的思想精髓。搞市场经济，就要实事求是地承认市场。"

他说："什么最公平？我认为市场最公平，好的坏的、真的假的都将在市场上接受检验。它甚至超越了制度，超越了国界。"

若用实事求是的态度，就得承认这句话：有汪海才会有双星，没有汪海就不会有双星。双星不但有一个善用经营之道的汪海，更有一个具有明确政治信念的汪海。他说："作为共产党人来讲，不管是什么思想、什么理论、什么主义，都是遵循了'实事求是'这个基本原则。"如在战争年代，就是因为毛泽东依据当时的形势创造了诸如"农村包围城市"等一系列符合当时历史条件的战争理论。如果当时带领全国人民一味地效仿苏联的做法，盲目地去"攻占大城市"，就不会有今天的新中国。而在20世纪70年代末80年代初，邓小平同志所提出的"摸着石头过河"、"不管姓资姓社，发展是硬道理"、"不管白猫黑猫，抓住老鼠就是好猫"等旗帜鲜明的改革开放理论又发展了中国经济，并一直指引着我们前进。

二　双星市场理论的核心就是实事求是

如何建设社会主义，如何经营管理好企业？这些重大的理论问题，马

---

① 邓小平：《建设有中国特色的社会主义》，见《邓小平文选》，第三卷，人民出版社，1993，第 62～63 页。

克思、恩格斯没有遇到，列宁没有来得及解决，斯大林也没有解决好，怎么办？汪海遵循邓小平同志的指示，坚持"实事求是"的原则，解放思想，独立思考，创造性地创立了"双星市场理论"。

邓小平同志明确指出："我们党的十一届三中全会的基本精神是解放思想，独立思考，从自己的实际出发来制定政策。因为在中国建设社会主义这样的事，马克思的本本上找不出来，列宁的本本上也找不出来，每个国家都有自己的情况，各自的经历也不相同，所以要独立思考。不但经济问题如此，政治问题也如此。"①

汪海认为，邓小平的话充分说明了一个道理，即在每一个历史时期都应该有符合本时期的理论做指导，理论在社会发展当中所起的作用是不可估量的。他说："我们同样也是本着'实事求是'的原则创立了双星市场理论，换句话说就是双星市场理论的核心就是实事求是。"

汪海曾这样描述"双星市场理论"的产生过程："正是在'实事求是'这一基本原则指引下，在进入市场初期，在当时集团账面上分文不剩、发工资借贷无门的艰苦条件下，在整个社会批判过'精神代表一切'的极'左'思潮后又出现'金钱高于一切'的极右思潮的情况下，在许多人失掉信仰、徘徊不前的时候，作为劳动力密集型而且负债高、欠账多的微利国有企业来讲，要想生存发展，最重要的是要创造一套符合现实的理论来武装我们的头脑，指引我们前进。同时，我们在实践当中还常常思索这样一个问题：我们过去不承认私有制，现在承认了；过去不承认市场经济，现在也承认了；过去好多不认可的东西，现在全都认可了。理论不变行吗？正是在这种思考与压力之下，在改革实践当中，我们以'敢为天下先'的胆识与魄力，通过反思维的创新，在当时别人不认可、不理解，甚至看着不顺眼的条件下，逐步创造了一套符合双星发展的理论。双星市场理论的诞生是市场发展对我们的要求，也可以说是市场逼出来的。"

"双星市场理论"的主要论点是：
- 市场是企业发展的动力和源泉。
- 用户是上帝，市场夺金牌。
- 下海进市场，出海闯市场，上山争市场，品牌运作抢市场。
- 市场是企业的最高领导。

---

① 邓小平：《解放思想，独立思考》，见《邓小平文选》，第三卷，人民出版社，1993，第260页。

- 市场是检验企业一切工作的标准。
- 市场是检验企业的最好天平。
- 市场需要什么，企业生产什么。
- 有人就穿鞋，关键在工作。
- 等着别人给饭吃，不如自己找饭吃。
- 只有疲软的产品，没有疲软的市场。
- 跟着市场走，围着市场转，随着市场变。
- 瞄准市场定位，瞄准品种变化，瞄准竞争对手。
- 市场是永不停息的战场。
- 市场中的企业家就是战场上的将军。
- 不找市长找市场。
- 市场理论不更新，企业不会再发展。

......

在激烈的市场竞争中，双星人的思维和行动始终坚持"实事求是"的原则，以市场为标准，"跟着市场走，围着市场转，随着市场变"，这也是新时期条件下国有企业谋求发展唯一可用的武器。

汪海激动地说："我是被逼进市场经济的，可不是靠政府官员瞎吹出来的。其实，世上本没有路，路是人走出来的。企业要生存，工人要吃饭，任何的恩赐、施舍都救不了我们，只有自己救自己！"

三 创名牌是市场经济当中最大的政治

如何看待四个现代化建设，如何搞好现代化建设，如何看待和创建名牌，如何看待和处理社会主义条件下的经济与政治的关系？这同样是史无前例的重大问题。在解决这些问题的实践中，汪海坚持"实事求是"的原则，同样作出了创造性的贡献。

邓小平同志说："我们当前以及今后相当长一个历史时期的主要任务是什么？一句话，就是搞现代化建设。能否实现四个现代化，决定着我们国家的命运、民族的命运。在中国的现实条件下，搞好社会主义的四个现代化，就是坚持马克思主义，就是高举毛泽东思想伟大旗帜。你不抓住四个现代化，不从这个实际出发，就是脱离马克思主义，就是空谈马克思主义。社会主义现代化建设是我们当前最大的政治。因为它代表着人民的最大的利益、最根本的利益。"① 他还说，我们一定要有自己的拳头产品，一定要创造出中国自己的民族品牌。

汪海则提出："创名牌是市场经济当中最大的政治。"这句话是双星市场理论的核心，是双星人的思想基石。名牌作为市场经济的产物，往往是一个国家经济实力的象征。几乎没有脱离经济问题而单纯存在的政治斗争，所以在国家与国家之间、民族与民族之间、集团与集团之间的政治斗争，从历史到今天，说到底都是一次次经济冲突。过去外国人为了掠夺我们的财富，靠坚船利炮来侵略我们，我们是在流血，但没有打垮我们；而当今在市场经济当中，外国人靠"牌子"不知不觉地侵蚀我们的国民思想，占领我们的经济领域，取得了他们用坚船利炮所达不到的效果。因此，在当前这场看不见流血、没有硝烟，实则更残酷、更复杂的全球化的大商战中，谁能够创出名牌，谁能够夺取市场，谁就是政治上的最终胜利者。

正是基于这种清醒的思考，汪海领导双星人早在 20 世纪 90 年代初期就提出了"创名牌是市场经济当中最大的政治"的理论观点，并把创名牌作为政治工作的最终目标，创造性地把政治工作运用到经济建设上来："创名牌就是最好的爱企业、爱岗位。创名牌还是最好的爱国家、爱民族。一个企业能创出中国人自己的名牌，这难道不是最大的爱国主义吗？名牌是市场经济中的'原子弹'，从那样的高度去认识名牌，去发展名牌，去壮大名牌；否则，我们在这场国际大商战中就很难取胜。"

双星仅用 10 年时间就走完了耐克用 30 年、阿迪达斯用 70 年所走的路，也从此改变了我国制鞋业 40 年的落后局面，奠定了双星在国内制鞋行业的龙头地位，并于 1995 年在同行业当中第一个获得全国驰名商标，也第一次在中国市场上在市场销售、市场占有率、市场影响力等方面全面超过了耐克、阿迪达斯等国外品牌，创出了真正属于中国人自己的名牌。在占领国内市场的同时，双星从 1993 年起就以惊人的速度向国外市场扩展，到 1995 年出口创汇已高达 5000 万美元，在美国的销售总量也达到 1700 万双，也就是说，平均每 15 个美国人中就有 1 人穿过双星生产的鞋子。在世界头号强国、名牌竞争最激烈的美国市场上，一个发展中国家的民族工业产品能具有如此高的市场影响是比较罕见的。同时，双星还通过各种形式千方百计地扩大双星品牌在国际市场上的知名度，除美国外，双星相继建立了 10 个海

① 邓小平：《坚持四项基本原则》，见《邓小平文选》，第二卷，人民出版社，1993，第 162 ~ 163 页。

外分公司，产品打入100多个国家和地区，先后有200多家客商与双星建立了贸易伙伴关系，使双星成为国际市场上享有盛誉的制鞋公司。可以说，10多年的名牌战略，双星人用自己的信念和胆识，创出了民族工业的自豪与骄傲。

四 干好产品质量就是最大的行善积德

如何将中国优秀的传统文化与马列主义、毛泽东思想和现代科学管理理论有机结合，对职工进行行之有效的思想品德教育？汪海遵照"实事求是"的原则，从大部分一线员工都是来自农村的打工者这个现实出发，按照"继承传统优秀的，借鉴外来先进的，创造自己特色的"的理论原则，创造性地提出"干出最好的产品质量就是最大的行善积德"来感召员工，收到了很好的效果。

1995年在新加坡举办的世界管理论坛上，汪海首次阐述将传统文化应用于现代企业管理的观点；后来，在接受美国库恩博士独家专访时再一次强调"干好产品质量就是最大的行善积德"。他对这一新的企业文化观情有独钟。

他说："伟人马克思、毛泽东和邓小平'实事求是'的理论是指导国有企业改革的强大思想武器；而儒家、道家、佛家所倡导的'行善积德'精神又在实际当中成为指导我们很多国民为人处世的原则。我们正是遵循了'实事求是'这一基本原则，从思想深处根除了过去一说佛教就认为是迷信的旧思想，大胆汲取了'儒、道、佛'传统文化的精髓用于现代化的企业管理，通过与市场实际相结合、与企业自身相结合，创造出了以'干好产品质量就是最大的行善积德'为代表的、独具双星特色的企管新理念，以此教育员工自信、自律和爱业、敬业、乐业。"随着市场经济的不断发展，双星事业的不断壮大，员工队伍结构发生了根本性的变化，大部分一线员工都是来自农村的打工者，向他们灌输"质量是企业的生命"不容易被接受。因此，双星果断地提出"继承传统优秀的，借鉴外来先进的，创造自己特色的"这一理论观点，及时改变教育方式，吸取发扬传统优秀文化的精髓，把佛教文化所倡导的"行善积德"运用到现代企业管理中，并用"干出最好的产品质量就是最大的行善积德"来感召员工；用最朴实的"行善积德"来引导员工强化产品质量意识，强化企业管理，使员工从思想深处感到自己的一针一线不仅连着市场，连着企业的效益，连着每一名消费者，也连着自己的道德，从而使大家能够自觉地管好自己，凭良心道德做好工作，抓好产品质量，使产品合格率由过去的86%迅速上升到99%，达到了名牌产品所要求的质量标准，而且资金占用也由过去每条生产线200万元降低到13万元，这都是道德管理、"行善积德"的结果。

这种把总裁的心愿与打工者的心愿统一起来，运用传统文化教育员工、加强管理的方式方法，可以说是双星人从实际出发探索出的市场政治的崭新途径。它不仅将企业和员工的距离一下子拉近了，将市场和企业的距离拉近了，也使政治工作更为生动活泼，更具有全员性和生命力。

在加强对质量方面道德管理教育的同时，他们还注重加强其他的道德建设，并依据市场形势及时提出了"自己教育自己，自己提高自己，自己完善自己"的理论观点。

正是在这一系列理论观点指导下，他们在市场当中始终超前、主动地给自己出题目，给自己加压力，和自己过不去。在进入市场时，他们自己给自己出题目，创出了名牌；在遇到困难时，他们自己拿自己当骨干，渡过了难关；在面对挫折时，他们始终自我感觉良好，调整了心态；在取得成绩时，他们自己和自己过不去，获得了发展；在创出名牌时，他们自己给自己加压力，取得了成功，从而也将3万名双星员工凝聚成一支攻无不克、战无不胜的"铁军"。可以说，铁的意志、铁的纪律、铁的队伍正是道德管理所取得的效果的真实体现。正是由于具有这样一支"铁军"，双星遍布全国各地的近50家生产厂才能保证都是一套管理，都是一个模式。正如汪海在美国新闻发布会上所说的那样："我们双星是当今世界上'规模一流'、'管理一流'、'质量一流'的制鞋企业集团。"

可以说双星之所以能够在商海大战中取得成功，在国际市场上站住脚，在"洋人"面前不低头、不弯腰，正是得益于他们创造的这套以"实事求是、行善积德"为核心的、独具双星特色的市场理论。双星人以中华民族的传统美德为主线，将做鞋与行善积德、敬业报国等传统道德教育有机地结合起来，开创了独特的企业管理之路，也使他们从思想深处认识到"只有没管好的企业，没有管不好的企业"，为丰富现代企业管理理论宝库作出了积极的贡献。

五　用好钱就是最好的思想政治工作

怎样做好员工的思想政治工作，怎样将物质利益与革命精神有机结合？

在"实事求是"原则的指导下，汪海做到了"精神物质一起抓，并使之达到最佳结合"。

邓小平同志说得好："为国家创造财富多，个人的收入就应该多一些，集体福利就应该搞得好一些。不讲多劳多得，不重视物质利益，对少数先进分子可以，对广大群众不行，一段时间可以，长期不行。革命精神是非常宝贵的，没有革命精神就没有革命行动。但是，革命是在物质利益的基础上产生的，如果只讲牺牲精神，不讲物质利益，那就是唯心论。"①

汪海也深谙此理。他经常教育干部，人作为高级动物，体现价值是与生俱来的本能，而有好多同志在工作当中往往只是一味地强调"精神"的作用。要知道，人的这种本能的体现形式有两种：一种是精神上的鼓励，如授予荣誉称号、颁发证书奖牌等；另一种形式就是物质奖励，这是精神鼓励所不能替代的。因为在市场经济当中，货币是商品交换最主要的前提和保证，它虽不代表人格，但却在社会上流通，没有它人就无法生存，因此，任何人都无法回避它。当然，这并不是"只谈物质，不讲精神"，而是要说明"精神还要讲，但物质也不能忽视，二者缺一不可"这个道理。只有真正做到了"精神物质一起抓，并使之达到最佳结合"，思想政治工作的内涵才会更丰富，达到的效果才会更好，才能更加充分地调动人的积极性和能动性。

六　双星发展战略"三部曲"

当制鞋行业在发达国家已是"夕阳工业"，在青岛这样的沿海开放城市也难以生存的严峻时刻，汪海遵照"实事求是"的原则，从实际出发，以超前的战略眼光和惊人的将军魄力，为双星制定了发展战略"三部曲"，使双星不仅摆脱了困境，而且发展成了举世闻名的双星集团。

1. 第一部曲：从青岛到山东

国家的手工产业，如服装、制鞋等行业，在 20 世纪 80 年代后期都面临着一个非常被动、非常尴尬的局面，但是很多企业都在等上级的"红头文件"，都在等市场的逐步好转。双星没有等，而是"自己拿自己当骨干"，主动进行调整。当时，各种费用（包括劳动力价格）急剧上涨，年轻人都

---

① 邓小平：《解放思想，实事求是，团结一致向前看》，见《邓小平文选》，第二卷，人民出版社，1993，第 137 页。

不愿意做鞋，就连青岛市市南区的居民也不愿在双星干。为什么？累，管理严，工资低。高额的劳务费逼得双星实在无法在青岛市里干，只有偷偷摸摸地到外面去招农民工，在郊区买了地，租了房子，在那里干。这在当时是违背计划经济下的用工制度的，是要冒很大风险的。但他们按照当时的实际情况，还是走出了城市，走进了山区，在郊区和沂蒙山建起了13家联营厂。

制鞋行业在发达国家已是"夕阳工业"，可以说发达国家基本上都不做鞋了，要做也是极少量的高档鞋，大量的制鞋工厂都转到了发展中国家、第三世界国家。青岛作为沿海开放城市，属于经济较发达地区，也不能再做鞋了，也要向外转移。双星主动进行战略调整，这是由行业发展的规律和青岛市的具体情况所决定的。

2. 第二部曲：从山东到全国

接着，双星又提出了"立足山东、面向全国、冲出亚洲、走向世界"，主动向全国发展。开始，他们就主动地进入西部的四川，在大西南建起了生产基地；随后又进入了塞外地区及中原大别山腹地，在全国形成了8大战区，建起了1000多家连锁店，60多个分公司。经过东西南北、纵横交错的调整，形成了"大双星"的战略格局。可以说，大销售网络的建立为双星从"油桶型"向"哑铃型"的调整奠定了基础。

3. 第三部曲：从全国到世界

双星出海闯市场是在1988年，当时由于外贸体制的改革，双星在全国同行业当中第一家获得了自营进出口权。他们抓住这个机会，主动出击，在国有制鞋大企业中，第一个以企业的名义参加了在美国纽约举办的国际鞋业展销会，取得了相当好的效果，一下子就拉来了五六个客户，并因自己拥有进出口权在当时美国客户当中引起了很大轰动。接着，双星又参加了在德国杜塞尔多夫举办的国际鞋业博览会，推出了具有东方神韵的"中国鞋文化"表演。随后，从1992年开始，在国有企业当中，他们又第一个以企业的名义在美国、新加坡等国家和我国香港地区举行了新闻发布会。1989年，双星出口创汇仅70万美元，到1992年就达到1000万美元，1995年一下子突破了5000万美元的大关。

就这样，双星从青岛走向了山东，从山东走向了全国，又从全国走向了世界，并在美国、俄罗斯、匈牙利、新加坡、伊朗、巴西、南非、波兰等国家和我国香港建起了10家分公司，将经营的触角伸向了国际市场。

七 跨行业 走新路 求发展

在"大双星"形成过程中，由于工厂的搬迁调整，致使原来工厂富余的近7000人没有活干。这些人怎么办？是推向社会、推给政府，还是自己想办法解决？面对当时形势逼迫的这个老大难问题，汪海还是坚持"实事求是"的原则，从实际出发，解放思想，勇辟新路，果断作出了"跨行业发展，多元化经营"的战略决策，并取得了出人意料的效果。

在20世纪80年代以前，双星所在的西镇一带叫做"西大森"，一直是青岛市的"贫困地区"。商业贫乏，夜晚漆黑一片，社会治安状况也不好，提起西镇的"八大院"，人们就感叹不已，厂里女工下夜班都要家人来接，要不就能碰上小流氓。

双星人再一次"自己拿自己当了骨干"，主动进行产业结构的调整。为了安置这些富余人员，他们"破墙开店、开门开窗、敞开大门、引进院内"，将过去的车间办起了"三产"，并建起了当时名扬岛城，集餐饮、娱乐、桑拿为一体，荟萃世界优秀建筑风格的"双星城"，这在当时青岛市乃至全国的国有企业中都是第一家。从此，"双星"突破了单一制鞋的行业界限，率先闯入了第三产业领域，形成了一种全方位、多层次的发展格局，逐步成为一个"以鞋为主、多元化发展"的综合性企业集团。

但是，从"二产"到"三产"的调整比工厂由内向外的调整还要艰难。当时很多人都说"汪海不干正事，天天瞎折腾"。从市里到部门、到同行，也有很多人不理解，有的企业负责人竟然在大会上公开说："我们不能像汪海那样不务正业、瞎折腾。"可是过了三四年，事实证明，双星的眼光显然是超前的，"三产"行业一年可以销售几亿元，不仅调整了自己，得到了发展，同时也为社会作了贡献。他们不仅没有把富余的人推到社会、推向政府，更重要的是活跃和振兴了当时"西大森"的经济，带动了青岛市工厂、公司"开门开窗，破墙开店，大搞三产"，就连当时不理解双星的人也都跟着学了。

八 "资金切块管理"

如何将产品的成本分解、落实到每一双鞋上，并与每个工人的劳动数量、质量和报酬挂钩，是制鞋行业普遍存在的一个难题。面对这个难题，汪海"实事求是"，从制鞋行业的实际情况出发，总结实践经验，创造了"资金切块管理"法，收到了显著的成效。

所谓"资金切块管理"，就是为了"盘活资金资源、深化成本管理"而进行的"以资金为重点"的深层次管理，也就是双星内部所说的"资金切块管理"。在生产每一双鞋前，首先要将它的成本——算清，制成目标费用控制图，并张贴上墙，工人以此为标准开工资，降则奖、超则罚，再加上双星"九九管理法"的实施，他们在1998年压缩资金的成果就达到7000万元左右。比如说在这之前，一条生产线的资金占用约200万元，可通过"资金切块"的深层管理以后，现在只需要13万元。另外，过去工人做坏了鞋，都是由集体承担，现在是自己买回去，仅此一项一年就降低质量损失800万元，因为所有员工都有了压力，都和自己的切身利益挂钩，所以说有的工人干一天不但挣不到钱，反而因为质量没有达到标准，自己倒贴钱。

随便到双星的任何一个工厂去看看，他们的管理都是一个标准，正如汪海在美国所说的"双星的管理在世界制鞋业当中都是一流的"。尽管如此，他们还是时时刻刻保持警惕，随时查找存在的问题。因为他们认识到管理没有句号，如果谁在管理问题上画了句号，谁就会被市场发展所淘汰。这时时刻刻在鞭策着双星人不断发展、不断前进。

发展"大双星"，实施名牌战略，双星在管理上投入最大。过去他们得到了很多计划经济的奖状，现在则得到了更多市场经济的奖牌，不光有国内的，也有国外的。他们的出口专业厂海江公司就被世界最大的鞋业连锁商美国PSS公司确定为核心工厂，可以说，这不仅是国有制鞋业第一家获此认定的企业，同时也标志着双星的各项管理真正、全面的与世界制鞋业接轨。

九　"打商战中创新的人民战争"

创新是企业发展的源泉和动力，是企业发展的永恒主题。但是，传统守旧的观点却认为，"创新是工程师、技术员的事，与自己无关"。针对这种旧思想，汪海以"实事求是"原则为指导，从本行业、本企业的实际出发，创造了"打商战中创新的人民战争"的竞争新模式。

汪海提出了"岗位是市场、竞争在机台、人人都创新"的新理念，探索出"领导、工程技术人员、操作工三位一体团队创新"的新路子，制定了"创新无死角，全员都创新"的高标准，鼓励"大的敢想，小的敢改，好建议敢提"，从最初的部分员工搞创新转向人人创新，创出了"创新无死角车间、创新无死角班组"，出现了人人都有创新意识、人人都有创新项目的奇迹。

通过"打商战中创新的人民战争"的竞争新模式，使双星呈现出了"全员创新、全面创新、全方位创新、全过程创新"的新景象，这是双星在劳动力密集型制造加工业企业普遍不景气的大环境下，保持稳定健康发展的武器和法宝。

十 "转换机制、改变体制，走民营道路"

双星已经发展到了名牌的高级阶段，在行业中达到了世界第一流的水平，今后怎样才能再发展、再提高？最有效、最根本的办法是什么？面对这个开拓性、攻坚性很强，复杂性、风险性很大的难题，汪海仍然是坚持"实事求是"的原则，从制鞋行业的实际出发，借鉴国内外成功企业的经验和双星自己的经验，提出了一个战略举措："转换机制、改变体制，走民营道路。"

汪海认为，制鞋行业是竞争性非常强烈的行业，作为一家国有企业，运作一个竞争性那么强烈的行业，靠感情、靠权威、靠威望只是暂时的，在一个历史阶段是可以站住脚的，但靠这种感情、辛勤和奉献，不能从根本上保证企业长期发展。对这一代人来说可以，对下一代人怎么办？这个问题，他曾向青岛市委领导专题汇报过。他说再这样操作下去，他感觉已经很累了，而且每个地方都靠他去看、去管理、去发现问题，随着集团越来越大，越来越分散，他不可能都管过来。所以他说："我感觉不改不行，权威管理的历史已经告一段落了，要从根本上解决。怎么解决呢？就是转换机制、改变体制，走民营道路。"

那么，汪海为双星设计的民营道路是怎样的呢？

汪海认为，如果是关系国民经济命脉的行业，国家控大股或者完全控股是可以的，但像微利的、竞争很激烈的制鞋行业，就不要老在由谁控股或由谁控大股上兜圈子了，只要保证国有资产不流失而且增值，让干的人知道自己干有所得，就可以实行民营，即按"有利于国有资产保值增值，有利于经营者发大财，有利于双星名牌大发展"的原则实行民营。比如说，国家原来只有一个梨，现在我给你干到了四个梨，第五个你就要给我一半，到第六个我只给你1/3，第七个就只给你1/4。这样，国家可以保值增值，个人所得也有所增加，个人也就有了产权。

前几年，在搞期权改革、搞股份制上级不批准，在没有上级文件的情况下，汪海就实事求是、因地制宜地在下面的经营公司搞了激励经营者的办法。由集团公司向经营公司垫资，经营公司每年给集团上缴利息，还要缴纳2%的品牌管理费，逐步还钱，什么时候还清了，公司就归经营者所有了。这样，下面的经营公司卖鞋就不再是"给国家干"而是"给自己干"。从1999年末开始，在西南战区所属的5户企业进行了整体改制，组建了青岛双星西南经营有限公司。公司注册资金全部由若干自然人以现金人民币入股，还要按年销售额的2%向集团公司缴纳双星商标等无形资产费。

西南双星连锁店买断经营后，催生了许多"小老板"。他们"为自己卖鞋"，做到了自觉分析市场，组织经营，降低费用……由于双星西南经营总公司积极做好供货、协调等服务工作，买断后的双星连锁店销售额普遍提高。

汪海常说："几十年了，挑我毛病的人不少，什么帽子都给我戴过，我为什么还敢往前闯？因为我相信我是对的。我为什么对？因为我实事求是，我相信党的改革开放政策绝不会变，要搞市场经济，就得实事求是，不实事求是还得受二茬穷！"他喜欢的一句格言是："客观地想，科学地创，认真地做，务实地干，愉快地过，潇洒地活。"

（撰稿：张秀玉）

敢为天下先

——论汪海的改革思想

汪海是我国首批由国家命名的二十位优秀企业家之一。我还记得在命名之后，中宣部与国家经委在首钢召开过一个会议，对二十位企业家的事迹与经验进行总结。我参加了那次会议。有印象的有周冠武、马胜利等，聊过天的还有武汉、西安、烟台的几位。而今真是人事沧桑，二十位企业家有的退休了，有的从政了，有的破产了，也有的犯罪了，有的逃到国外。二十位企业家中现在还在企业一线主持工作的仅存了汪海一位。

汪海能够硕果仅存的原因，我曾经总结了几条。第一是在从技术、产品、营销、服务到产业结构、品牌战略等经营管理层面，随着时势的发展不断创新提升，抵达新的技术、质量、管理、营销高度，保障了三十年的市场与效益，稳定与发展。第二是按党和国家的法律法规办事，在政治上、经济上不出大的问题。这很重要。许多企业家都在不按法律法规办事上出了问题。汪海是改革家，改革与旧有法律法规有时会有冲突，要处理好两者的关系需要一种很高的技巧，要打一系列擦边球，但总的要求是不出大格，尽管有这样那样的问题，在大原则上经得起推敲。第三是一心一意搞企业，用拼命精神搞企业。许多国有企业家走了从政的路，汪海也有很多升官的机会，他坚持做"好鞋匠"，而且做得很拼命。双星有今天，汪海有今天，与他的拼命精神是分不开的。汪海有潇洒、游刃有余的一面，尤其是当他成功之后，但在创业阶段，在许多关键时刻，他很拼命、很辛苦，常常是一年到头马不停蹄。双星在很长的时间是做鞋的。做鞋是很辛苦的，尤其是为平民做鞋，有时一双鞋只挣几分钱。汪海尽管做到几十亿元的大老板，还是经常为了一双鞋、一个工序蹲在车间里做工作，还是经常为了跑市场，从繁华都市到穷乡僻壤，从塞北到江南，从内地到海外，四处奔走。从20世纪80年代改建车间到上山下乡建厂，到去胶南、去十堰建轮胎厂，常常发生几天几夜连续突击，几十天、几个月满负荷运转。我与汪海做朋友三十年，我认为他其实拼得很苦。但这也是他获得成功的重要原因，成年累月、不敢稍有懈怠。第四是拥有有见识的政治家的支持，尤其是有与上级主持工作的党政一把手的沟通与默契。汪海红旗不倒，与青岛市委书记刘鹏、俞正声等的鼎力支持是分不开的。出现有争议的问题，汪海及时与他们沟通，得到他们的理解与支持。在中国的体制下，得不到上级党政一把手的支持，是很难推进改革的。第五个原因是个人的，汪海非常机智，不仅能进一步、看三步，而且在关键时刻能审时度势，准确抉择。其敏感与判断力高人一等，决策常常是出人意料。

贯穿在这五个原因中的一个很重要的因素就是本文的主题，汪海敢为天下先、富有改革精神。经营管理要改革先行。遵守法规要处理好与改革的关系，实际也是以改革发展为硬道理。上级领导所以赏识、特别支持你，根本的原因是你走在改革的前列。所谓机智，首当其冲的是改革的机智。汪海的改革思想是多方面的，这里重点谈谈其关于企业体制改革与经营管理改革的思想。

一 砸"旧三铁"、"新三铁"

在改革开放之前，中国的国营企业是中国政治的缩影。企业是政治挂帅的，企业的思想政治工作、组织人事制度、行政管理制度都与国家政治体制基本同构。一方面是党和政府干预企业的每一个方面。上级党委和政府有许多部门与企业的部门是对应的，如政治部、组织部、宣传部、工会都有上级相应部门管，生产计划、产品销售、技术、质量都有上级政府部门管，甚至劳动安全、武装部也有上级对应部门管。另一方面是企业办社会。企业就是一个小社会，职工的生活、食堂、托儿所、幼儿园、计划生育甚至学校、商店都由企业管。因此国有企业体制改革实际是要在一定程度上在中国率先攻破旧的政治体制，是企业视角的政治体制改革。这在现在看来不算什么，但在当时，率先冲破企业视角的政治体制不仅需要不平凡的勇气、魄力，而且实际上是在荒原上开拓，要靠想象力摸着石头过河。在这方面汪海走出了自己与众不同的轨迹。他在这方面的一系列思想可以用一个"挣"、一个"砸"、一个"合"来概括，包括挣脱从上到下的旧体制，砸"旧三铁"、"新三铁"乃至复合部门思想、党政合一思想。

第一是挣脱大环境行政体制束缚的冲击性改革——提出"无上级企业"

概念。

前面说过，从生产计划、产品销售到质检、安全，从组织、人事、宣传、工会到武装部，国营企业的几乎每一个部门都有上级的相应部门管着，要动一动旧的企业制度首先要冲破大环境的种种束缚。

在计划经济时代，产品统购统销，由商业局向工厂下达生产计划，再由商业局包销。你要想自己出去销售，商业局就会制裁你。冲破商业局的束缚，表面上是经济行为，实质是骨子里深层的冲破行政体制。再如安全科有20人，大多是领导的"七大姑、八大姨"，整天喝茶、看报、聊天，你要动他们，上级劳动安全部门就会来干涉，一直惊动到市、省劳动局，甚至劳动部。再如厂里要盖一个出口大楼，要上报局、市各有关部门，要盖36个章，转将近一年圈子，而不报不批实际也是在冲击行政体制。汪海在改革之初首先冲破的就是这些工厂之外的大环境上的体制束缚。他冲破商业部门的包销权力束缚，带领浩浩荡荡的自产自销队伍走向四面八方；他不顾省市劳动部门乃至劳动部的反对，断然将人浮于事的安全科撤销，并入一个综合部门；为了抢时间搞出口，他在未经上级批准的情况下盖起了出口大楼，保障了外贸业务。汪海这一冲，冲出了一个奇观，一个所谓"无上级企业"。当然这里的"无上级"并非真正的无上级，而是自己将自己推向了市场，冲破了与此相关的种种体制上的外部束缚，这个"无上级"是有很大的风险的。汪海为此受到种种非议，几次被告到市里、省里甚至中央，几次差点被罢免。这一种敢为天下先是真正有担当的敢为天下先。

第二是组织、人事制度改革——汪海在这方面有代表性的思想是砸烂"旧三铁"与"新三铁"

在计划经济体制下，企业组织、人事制度基本与政府同构，存在两个突出问题：一是"铁饭碗"，能进不能出；二是"铁交椅"，能上不能下，造成养庸人、养懒人。而企业要向前走，要适应市场经济体制，必须解决用能人的问题，必须把人的积极性调动起来，解决能上能下的问题。对此，汪海先后提出了砸"旧三铁"与"新三铁"。"旧三铁"是"铁饭碗"、"铁工资"、"铁交椅"，"新三铁"是"铁关系"、"铁栅栏"、"铁锁链"。其中前四个"铁"砸的都是旧的组织、人事制度。这个问题至今在政府系统也并没有解决，能上不能下还是普遍存在的。因而企业在这方面的经验，至今应仍有重要启示意义。

汪海在这方面的观点有三条：①抹平身份。即抹平干部、工人身份界限，公开、公平竞争上岗。当时工人与干部的编制、地位是很不一样的。

汪海在1984年便宣布抹平干部、工人身份界限，实行"三公平"：公开岗位、公开资格、公开竞争。②擢用能人。不管学历、年龄，只要有才干、肯负责就可以重用。③能上能下，下了还可以再上，上了还可以再下。汪海的突出之点在后两句，许多被竞争下去的干部或者因不胜任、犯错误下去的干部，后来只要有新的表现、新的成绩，就能重新上来，甚至被再次提升。同样，被选拔上来的干部，不能胜任、表现不好或犯了错误，又可能再次下去。这样的做法可以极大地激发每个人的能量，盘活整个用人机制。下去了不灰心，仍有机会；上来了不敢懈怠，要小心下去。

第三是机构改革——汪海在这方面突出的思想是提出了"复合部门"与"党政合一"。

在旧体制下，机构臃肿、人浮于事司空见惯。这个问题现在在政府系统也没有很好解决，每次改革的结果几乎都是越来越臃肿。其实很多部门是为"利"而设，前几年县乡改革，一些部门被撤销了，省市对口部门下来视察、无人接待，便大发雷霆，要求恢复，许多地方便恢复了。在这个问题上，双星的经验也是很值得借鉴的。

汪海的招数，一个叫"复合部门"，高度精干。把几个部门合在一起，机构成倍压缩，一人顶几人，但功能还在，上级来视察也有人招呼。第一次机构改革，汪海将27个部门科室合并为17个，管理人员由原占职工的11.8%压缩到7.8%，成立了不少名字很古怪的部门，例如"武保安全车管处"是把武装部、保卫科、安全科、车管科合在一起，又如"技检处"是把技术科、质量检验科合在一处。"机构复合"是一场非常激烈的革命，当时遇到九股势力的反抗。其中有一些势力来自上面。一些人利用私人关系使上级领导部门下来干预，还有一些部门的上级对口部门，不仅下来干预，而且取消了双星许多先进称号。

举一个典型的例子：安全科原有将近20人，基本是一些领导的亲戚、子女、关系户，占据了办公楼的整整一层，会议室就有七八十平方米，还有专门的打字员、放映员。但自建厂以来他们连给生产一线工人发工作服、手套都没做过。这近20人整天坐在办公室喝茶聊天，被工人称为"超阶级科"。汪海决定从安全科开刀，把人减下来、把科撤销，并到"武保安全车管处"，把房子倒出来。先由党委开会决定，然后找正副科长谈话。两科长的答复是省市上级部门有规定，不能撤。汪海没理这一套，下令说"明天下午6点之前搬家，不搬家科长就地免职"。一直到第二天中午，安全科仍按兵不动。汪海断然宣布两科长全部免职！其他人一看群龙无首，才搬了家。此事一直被告到劳动部，劳动部还专门派人下来调查。

汪海的另一个招数叫做"开会大使"、"吃饭专员"。机构一精简，人一少，人人变得很忙。上级部门有开不完的会，双星又是一个市直属企业，哪个庙开会都不能不去。于是又出现了一大怪——"开会大使"。例如，"武保安全车管处"有一个人，专门出去开会，上级武装部、警备区开会是他去，上级保卫部门、公安局开会是他去，上级劳动局、质检局开会也是他去，交警、车管部门开会也是他去。政工部也有这么个人，市里宣传部开会他去，工会、共青团开会也是他去，连计划生育部门开会也是他去。与此相应也有"吃饭专员"。上级部门来检查，双星也有陪吃饭的代表。时间一长，双星与上级的关系既没有弄僵，又给了方方面面面子。

汪海在体制改革上的神来之笔，还有一个要特别提一提，就是党政合一：从领导层说，党委、行政一套班子两块牌子；就办事机构说，党办与厂办一套人马两块牌子。企业的党政关系一直是令人头痛的问题，探讨了多年，几经反复，还是莫衷一是，许多企业党政一把手不和。汪海的办法，实际一直是一套班子两块牌子，党的领导直接通过行政体现出来，在分工上略有不同。

二　汪海改革思想的四个特点

汪海的改革还涉及许多方面，如股份制改造、品牌战略、国际化经营等。其中特别要说说思想政治工作的改革与企业文化，其中很有名的如"语录教育"，如"有人就要穿鞋，关键在于工作"、"自己把自己当骨干"、"市场政治"、"名牌是最大的政治"、"搞好质量是最大的行善积德"，都起到很大实际作用。这些语录所包含的思想与吴敬琏、厉以宁等理论家是很不一样的，与现在经常在电视上露面的马云等的言论也是很不一样的。

汪海没有那么多的花哨与高谈阔论。我把汪海的企业文化叫做善于吸纳各种现代因子的"原生态的企业文化"，汪海可说是中国"原生态的企业文化"的代表。这是一种土生土长的企业文化，也可叫做中国特色的企业文化。现在有一种唱法，叫原生态的唱法，有很深厚的文化底蕴，其独创价值远远超出舶来的洋唱法。值得提出的是，现在的许多原生态的唱法实际已经吸收了很多现代因子。从编曲、配器一直到组合，甚至和声，都是原有的原生态唱法所不具备的。汪海的"原生态的企业文化"同样吸收了很多现代因子，如"市场政治"、"名牌是最大的政治"。这里的市场意识、品牌意识都是很现代的，而政治则是中国特色的社会主义的因子。这种"原生态的企业文化"是土生土长、从实际出发的，符合中国国情、有中国特色的，特别突出的，是非常有用、有效。如"有人就要穿鞋，关键在于工作"，表面看很直白，实际很有深意，很有用。哪一个部门鞋卖不出去，汪海就用这句话来质问他：那里有没有人？穿不穿鞋？卖不出去就是工作没做好，做好了工作就会卖出去。这有点像佛教的"当头棒喝"，直达真谛，是一种"顿悟"型的中国智慧。佛教讲"不落言诠"、"不可言说"，因此多用语录，汪海的企业文化智慧可以说类似这种类型。这种语录比起理论家的高谈阔论有特殊的功效，这也可以说是汪海对于企业思想政治工作、企业文化的一个很重要的推进性改革。

最后想集中说一说汪海改革思想的特点，我概括为四个。

1. "先"——开拓创新，走在前面

汪海改革所涉及的领域有许多在我国是没有先例的。有人曾概括了几十个第一，如：第一个违反商业部门规定自销闯市场；第一个由企业自行定价；第一个打破国有企业不能搞"三产"；第一个砸烂"旧三铁"、"新三铁"；第一个发明农民合同工；第一个以企业名义开订货会；第一个自营进出口；第一个以企业名义召开新闻发布会；第一个在国际上举办鞋文化表演；第一个在制鞋业改制上市……

2. "敢"——敢想敢干，敢顶压力

双星集团把汪海遇到的压力概括为"三十顶帽子"，如："无法无天"帽子、"黑老大"帽子、"比日本鬼子还坏"帽子、"和中央干部路线对着干"帽子、"拉新山头，搞新宗派"帽子、"唯生产力论黑后台"帽子、"目无组织"帽子、"大吃大喝、挥霍国家钱财"帽子、"有野心、想向上爬"帽子、"个人崇拜"帽子、"搞封建迷信"帽子、"王婆卖瓜自卖自夸"帽子、"搞独立王国"帽子、"游山玩水"帽子、"男女关系"帽子、"剥削人"帽子、"侵犯人权"帽子、"国有资产流失"帽子、"搞家族企业"帽子，等等。

3. 永不停步

汪海改革的成功之道，还在于他永不停步，时时想着随机应变、时时想着创新。以企业管理为例，"一条龙"已经是一个很有效的管理法，他又千方百计发展为"九九管理法"系统。"九九管理法"已是一完整的方法，近年又发展出"内部市场化承包"。他没有停的时候。

4. 影响全国改革进程

汪海有一个突出特点，特别善于运用新闻渠道。他的每一步改革措施都通过中央电视台、新华社、《人民日报》、《经济日报》等主流媒体传播到全国，有时同一个举措几十家媒体同时报道。因此也影响了全国相关行业、部门，在许多关键性的问题上，对全国企业的改革起到示范带头作用、推波助澜作用。因此，当我们总结三十年汪海的奉献时，尤其应当注意到汪海作为第一代国家级优秀企业家中的硕果仅存者，对于全国改革进程的影响，尤其是在改革的头十年。这也就是本文主要讨论头十年汪海的改革的原因。

（撰稿：冯国荣）

不管说三道四，双星发展是硬道理

——论汪海的发展思想

"发展是硬道理"，这是邓小平同志的一句经典名言。在许多城市，这句话和邓小平同志的照片一起出现在宣传牌上，非常醒目。正是这句话，开启了我国改革开放和社会主义市场经济发展的新局面。

青岛双星集团总裁汪海非常尊崇邓小平同志。他将这句名言结合双星的实际加以发挥——"不管说三道四，双星发展是硬道理"，并将这句话与邓小平同志另外一句名言"不管白猫黑猫，抓住老鼠就是好猫"一起，分别镌刻在双星"猫鞋"石雕上，成为双星一个独特的景致和汪海企业发展观的直观表达。汪海带领双星集团乘改革开放的春风在市场中搏击30年，获得大发展，成就辉煌。

双星，闻名遐迩。只要在街头随机访问，得到的回答几乎一致：知道双星、穿过双星，有的还在以双星为伴，抬脚就是双星。

我们信赖双星，因为双星是名牌，因为双星的品质有保证。双星忠实的顾客不光在中国的市场上，双星在国际市场上与耐克、阿迪达斯等国际知名品牌同台竞技，拥有众多"粉丝"，可谓所向披靡。

这一切来之不易。只要是了解双星历史的人，不管是局内人还是局外人，不管是双星的职工还是双星的对手，都会如此感叹。双星从一个濒临倒闭的鞋厂，发展成为一个综合性特大型企业集团，是一个奇迹。在国内同行业企业纷纷倒闭、转产的情况下，双星却毅然扛起民族制鞋业的大旗，不但没垮反而日渐壮大，成为国内最大的制鞋企业集团和唯一一家国家制鞋技术开发中心落户企业。

奇迹诞生的背后，正是有一位个性十足、勇敢智慧的决策者——双星集团总裁、人称"市场将军"的汪海。汪海几十年如一日地坚守在国有企业改革发展的第一线，不断探索，为国有企业的改革、发展和壮大提供典型样本。从这个意义上说，汪海在创造奇迹。

而创造奇迹的过程有多么艰辛、多么困难，需要顶住多少压力和非议，甚至是造谣、诽谤，汪海自己最清楚。他没有理会这些，因为他有一个信念：不管白猫黑猫，抓住老鼠就是好猫；不管说三道四，双星发展是硬道理。这两句话不仅刻在石头上，更是印在汪海心中。

一　冲破旧体制的束缚，坚定地走市场之路

经过近三十年的发展，汪海给世人演绎了一段令人称羡的双星传奇。

成功的背后有曲折，精彩的背后有辛酸。今天我们所看到的"大双星"格局的形成过程不像想象中那样顺利，是汪海在顶住争议、不解、怀疑、质疑，甚至是反对、告状等巨大压力下诞生的，"是不断调整出来的，是'折腾'出来的"。

争议、不解，甚至反对，在当时的情景下，其实是完全可以理解的，也是很正常的。汪海现在谈起遭遇的各种阻力也表现平静，只是用一句哲言轻描淡写：市场最累，理解最甜。当年，对于踌躇满志、想法独特的汪海来说，心里急切要求改变现状，不但要使企业免遭淘汰而且要把企业做大。要实现这一目标，就必须变革，变革必然要带来反弹，毕竟人的认识是有差别的，境界不一，理想和抱负不同，甚至不少人夹杂着个人利益来唱反调，这些都是汪海决策和推行改革面临的重重阻力。热血青年汪海感叹内心痛苦无人能解，此可谓知音难觅而"曲高和寡"的孤独。

而当年孤独的汪海非常坚定：必须改变，否则就是死路一条。这不是空话，不是危言耸听，因为汪海接手的青岛橡胶九厂，是一个无人不知、无人不晓的"烂摊子"：机制僵化、产品积压、资不抵债、人心涣散。这四条索命的绳索如不及时撤掉，将会连同自己一起葬送。

此时，把企业救活是首要任务。先生存后发展，活着才有希望。这是鞋厂发展的基础，也是后来驰名中外的双星续写辉煌的前提。

发展需要营造一个良好的做事环境。改变大环境不是一人的力量所能为之，必须从内部环境的改造入手。机构臃肿、人浮于事是计划经济时代的典型弊端。让安全科和武装部合并是精简机构、实施企业改革的第一步，同时也是敲山震虎、树立威信的重要机会。尽管这一决定得到厂党委会的全票通过，但是遭到撤并部门的坚决反对，并将状告到市里。汪海没有退缩，坚决执行党委决议，最终改革的正义取得胜利。这为汪海推进改革促

进企业发展开了个好头。

　　企业的发展，需要职工以良好的精神面貌参与，树立正气，从严治厂才能真正得以实现。而汪海接手的这个青岛橡胶九厂，人心涣散，迟到早退，擅离职守的比比皆是。汪海决定成立"民管会"来参与管理，扭转工作的松、散、垮局面。但是，这又遇到一些懒散惯了、恶习缠身的干部的反对，并放风说，汪海搞这一套是挑动群众斗干部，是"文革"的演变，坚决不能让汪海得逞。但汪海果断支持"民管会"实施权力，首先抓管理部门的劳动纪律，特别是把中层干部的劳动纪律作为第一炮来打。"民管会"的第一天考勤就捅了一位绰号为"女皇"的女干部的马蜂窝，不仅将通告撕毁，还跑到工会大闹："你们要是跟着汪海干，发动群众整干部，等着瞧吧！你们一个个都没有好下场！"汪海为六神无主的"民管会"打气："你们是企业的主人，主人管仆人有错吗？你们怕什么？按照规定，该怎么处理就怎么处理。你们不用怕，一旦出了事我来承担，我就不相信正气压不倒邪气！""民管会"得到汪海的鼓劲，工作有了底气。最终因汪海态度坚决，加上市里支持，风波平息了，"女皇"也被迫调离。随后，汪海也因为没有完成月度任务指标被"民管会"扣发了一个月的奖金。从此，干部的压力大了，工人的干劲足了。汪海的企业内部整顿初见成效，为企业发展营造了一个相对有利的环境。直到今天，汪海仍然重视"民管会"的作用，从严治厂的精神成为双星发展的首要保障。

二　企业出海越洋是开放，
上山下乡也是开放

　　制鞋业是一个竞争激烈、劳动力密集型，甚至连手工作坊都可以干的微利行业，可以说国有企业在这个行业当中的竞争性是最弱的。因此，双星要发展必须主动做出调整，只有不断调整才能获得新的机会和更大的空间，才能做大双星。

　　汪海的决策和做法不是每个人都能理解。

　　就在双星红遍全国时，他突然决定，双星总部不能再做鞋了，要"上山下乡"了。随后市区五个工厂开始向沂蒙山大转移。由此引来不解和质疑声一片。青岛市有些人认为双星在海边站不稳了，要完蛋了，甚至连企业内部的很多人也不理解，认为别人都朝沿海开放城市发展，为什么双星却要往穷山沟里跑？

　　汪海的解释是："企业出海越洋是开放，上山下乡也是开放。双星的西进是制鞋行业发展规律的必然需要，不去也得去，只有这样，双星才能有大发展。"他说："这并不是我对上山有瘾，是形势发展的必然趋势。作为劳动力密集型、产品微利型、生产民用日常消费品的加工企业来讲，因受到厂房、劳动力、能源等各种客观因素的制约，将不会在城市生存发展太长的时间，这是个发展的必然规律。韩国、我国台湾地区作为世界鞋类主要出口生产基地，近年来加快向中国内地及东南亚国家转移，就已经充分说明了这一点。我们正是看准了这一发展规律和发展趋势，才提出西部积极开发、东部利用发展的初步设想，积极借用农村乡镇的力量及土地、劳动力等便利条件发展生产、扩大规模，逐步将集团生产中心扩展出去，开创一个新的发展天地，逐步使集团中心不再单纯生产鞋，向第三产业进军、向商业旅游服务方向积极发展，繁荣台西地区经济和社会文化娱乐生活。"

　　以前，发达国家的制鞋业向第三世界转移，是因为制鞋业是劳动力密集型产业，手工操作太多。随着经济的发展，制鞋成本也越来越高，它们干不起了。而目前在中国，制鞋业正处在上升时期，假若现在不赶快从城市跳到农村，就会一年比一年被动，等危机出现时再跳，那就为时太晚了。所以，双星往沂蒙山转移等于说是一步到位。实践证明，汪海当时的判断是准确的，用工成本在不断上升，沿海地区的"民工荒"闹了很长时间，至今还没有得到缓解。许多发达地区的制造业开始被迫向内地转移，以降低成本。而汪海提前十几年就抢先一步，到目前还有优势，因为，双星的文化已经让这些农民兄弟融入双星的大家庭，成为新一代的双星人。

　　作为劳动力密集型产业的制鞋行业，目前还不可能达到生产全部自动化。现在从厂房到设备，双星已经达到了世界制鞋业中最先进的水平。即使是这样，一双鞋从原料到成品仍需200多道工序，而且许多工序还是要靠人手去完成。因此，在西方发达国家，由于制鞋业生产的高劳务和低经济收益造成的尖锐矛盾，使得许多发达国家视制鞋业为夕阳工业，在20世纪六七十年代就把这一产业转向日本、韩国和我国台湾等亚洲国家和地区。到了八十年代后期，这些国家和地区又开始把这一产业转向了劳动力更加低廉的中国内地。这一连串的转移正是这个行业发展的必然趋势。

　　制鞋业作为微利的谷底产业，如果不具备大的生产规模，就不能抵御市场出现的各种危机，不能与风云变幻的市场相抗衡。所以双星的发展壮大之路，如果用形象的话来概括，就是"出城"、"下乡"和"上山"。

　　1984年，双星为开发新产品，走出城区，把老产品扩散到青岛市郊县乡镇企业，开始横向经济联合，以自己的技术盘活乡镇企业的固定资产，短时间内在山东省内建了 13 个联营分厂，并走出山东，把联营厂办到了新疆等偏远的西部地区，创造了低成本扩张的双赢合作模式。但在当时那个思想僵化的年代，一些人，包括双星的主管部门青岛市橡胶公司的一班领导都以"国家没有政策、以前没人这样干过"为由，暗自盘算着"等汪海作大了，折腾垮了，把他抓起来就好了"。企业内部不理解的干部职工更是骂汪海"卖厂贼"、"拿着老祖宗的技术换鱼虾吃了，换酒喝了，光自己捞好处"。但是，即使被骂"卖厂贼"，汪海也坚决地进行转移，取得了先行一步、海阔天空的市场先机。

正是这一"出城"的举动，迈出了双星在资产运营上的第一步。

"下乡"则是第二步。从 1987 年开始，双星在寻求规模扩张之时，通过联营方式，或者租赁的方式，在开发区先后建起了五大鞋厂以及制帮、印刷、纺织、包装等辅助工厂，形成了自我配套的双星第一座鞋城。此外，又在即墨市租赁占地上千亩的厂房和土地，借用当地丰富的劳动力资源和成本低廉的优势，迅速建成了双星工业园。这第二座鞋城已经成为双星的高档鞋、皮鞋生产基地和科技开发研究中心。两座鞋城都地处市郊，生产的产品与集团本部生产的产品相比，成本一下子就降低了两成以上。

"上山"就是实施"东部发展，西部开发"战略。直到 10 年后，国家出台了"西部大开发"政策，汪海这"干不下去"的帽子才算摘掉。

三　"腾笼换鸟"才能大发展

多元化发展战略是汪海的得意之作，也是被实践证明的一个正确的选择。并不是所有企业的多元化战略都能成功，其中失败的案例很多，教训也非常深刻。究其原因，多数是因为盲目扩张，不切实际地大搞非相关多元化，决策失误造成被动乃至失败。而汪海是从相关多元化出发，逐步涉足非相关领域，且坚持独立核算，自负盈亏，并不拖累集团公司。因此，防火墙的预设确保了战略安全，这是汪海的高明之处。

1997 年 6 月 11 日，最后一双标有"青岛贵州路五号制造"的双星牌运动鞋走下生产线，青岛市贵州路五号这一黄金地段，也正式结束了长达 76 年之久的制鞋历史。这标志着双星发展战略实施迎来新的起点。

汪海说，双星产业一点一点向外转移的过程，也是"腾笼换鸟"，大举向第三产业进军的过程。通过利用总部的黄金地段发展第三产业，很快形成了以制鞋业为龙头，以第三产业为支柱，制鞋业与第三产业齐头并进的发展态势，从而开启了双星多元化发展之路。

汪海认为，多元化经营是现代企业集团发展的必然结果。就制鞋行业来说，它是低附加值的加工行业，单一经营有着很大风险。就像1983年商业局不要解放鞋，企业一下子就死在那儿了，连吃饭都成了问题。所以，任何一个企业死守着一个产业的做法都是不明智的，只有通过多元化经营，才能达到"东方不亮西方亮，黑了南方有北方"的抗风险能力。尤其是进入20世纪90年代以后，双星向以鞋为主、多业并举转移，这种产业的扩张首先从自己熟悉的运动产品开始。在运动鞋的基础上，发展了运动服、运动包、运动袜；开发生产了运动饮料、运动器械。目前双星已成为国内生产运动产品品种系列最多的企业。从国际制鞋业的发展规律看，都是从发达地区向落后地区转移，双星主动实施产业大转移，"腾笼换鸟"发展第三产业，既是借鉴国际上的经验，汲取了它们的教训，同时也是被国内制鞋业的发展规律所逼迫。沿海城市的经济发展，已经使双星在青岛市区做鞋子没有什么优势，甚至招工都出现了困难。尤其是一些高效益、高附加值的新兴产业的蓬勃兴起，更给双星带来了巨大的冲击。

凡是到过青岛的人都知道，双星集团总部就在市区的西海岸，往前走百米就是海边风景区，离著名的栈桥也仅有一箭之遥，是青岛市的黄金地段。20世纪90年代后，这里的地价一亩地上升到500万元，而双星则占地130亩，如果继续守在这样一个寸土寸金的地段上做鞋子卖，那就只会使生产成本逐年上升而越来越无利可图。那么，企业要想摆脱这种阴影，只有为自己创造战机，寻求新的经济启动点。而这个经济启动点，就是发展第三产业。其实，汪海的这种"盘算"早在他接手橡胶九厂时的1983年就开始萌发，当时内部机构改革，撤并安全科就是想着把一栋黄金地段的临街办公楼"腾笼换鸟"办服务公司，发展第三产业，以安置改革以后的剩余劳动力、职工子女和待业青年就业。第三产业大发展、第二产业大调整，打造"大双星"格局在他的脑子里盘旋了多年，意识超前。

所以，双星在一个个鞋厂、一条条生产线迁出总部的同时，代之而起的是娱乐城、商场、商住楼、证券公司、康乐城、保龄球馆等第三产业的崛起。临街的废旧礼堂被改建成青岛市西区最大的证券交易中心，原来的旧厂房被改建成豪华的娱乐城，沿海滩涂建起了养殖中心，原来的职工医院、浴室、法律顾问处等职能部门向社会开放。目前，双星的第三产业已形成两大基地。一个是集团总部的双星城，一个是岙山的度假村，涉及房地产业、证券业、娱乐业、旅游业、餐饮业、商业等 30 多个行业，仅 1996 年，第三产业收入就达到了 9 亿元。

在汪海看来，双星第三产业的发展，首先得益于第二产业的壮大。双星制鞋业生产规模的扩大，双星名牌的效应，名厂的信誉和名牌企业职工的素质，成为第三产业的发展动力。而第三产业的发展，又对第二产业制鞋业起到了明显的促进作用，加快了制鞋业的转移步伐，使母体产业在短短的十几年中全部转移了出去，大大降低了制鞋的成本，增强了市场竞争力。二者相辅相成，就像两条腿走路一样，步调一致，互相协调，从而大大加快了双星前进的步伐。

四 取天下之长补己之短，
借四海之力振兴双星

双星加快扩张步伐，意欲用双星的品牌实现全覆盖。就在大西南建成第四大鞋城及工贸一体化的产供销联合体后，双星又掉头北上，先后和河北张家口、东北等地的国有企业联营，进行名牌加工和股份制合作。1998年，双星通过并购重组的手段，成功进入轮胎行业，从而实现由为人做鞋到为汽车做"鞋"的目标。2004 年，双星全钢子午线轮胎一举获得"中国名牌产品"称号，刚刚杀入这一领域的双星，后来者居上，让人难以置信。

此可谓一日千里大发展。对此，汪海认为，这在很大程度上得益于企业在运作资产中的高超技艺。双星正是通过资产运营，在很短的时间里，以较少的资金优化了企业的产品结构，调整了产品结构，以国有资产吸引、带动和运营各方资产，从而获得了高于其他形式的效益，减少了企业在动荡不安的市场中的风险。这就是"取天下之长补己之短，借四海之力振兴双星"。汪海说，双星的发展之路可形象地概括为"出城"、"下乡"和"上山"，这六个字里蕴涵着一个企业不断地向外扩张的雄心和实力。

汪海认为，一个企业家，他面对的是整个世界，他的一切经营决策，只有想不到的，而绝没有做不到的事情。如果说 1984 年双星为开发新产品，把老产品扩散到郊县乡镇企业的做法，是企业在运营资产上初试牛刀，那么到双星的生产厂用几年的时间全部撤出青岛市区的黄金地段，不断地通过联营、租赁等多种方式，稳扎稳打、步步为营，把势力逐渐扩张到山东、江苏、福建、广东、四川等省、直辖市、自治区，形成了各大战区产、供、销一体化的发展态势，则是双星在运营资产中以四两拨千斤的大手笔挥洒的结果。

而通过并购青岛华青轮胎公司和湖北东风轮胎厂，双星则开启了一个橡胶行业里国企拯救国企的先例，并达到双赢的目标。双星进入轮胎行业、创轮胎名牌、重组东风轮胎这一系列大手笔资产重组，被媒体称为小吃大、快吃慢、国企吃国企的成功运作。每提及此，汪海也经常喜上眉梢，为双星企业文化与管理模式的成功移植感到无比欣慰。双星在一系列资本运作中，充分利用重组企业的优势，扩展了自己的发展领域，壮大了双星实力，发展了双星名牌，使双星在相关多元化的战略中获得丰厚回报。

从 1999 年到 2001 年的三年时间，汪海利用双星上市融得的资金，分四次投入 1.45 亿元，使华青的销售额逐年翻番。在双星未投资的 1998 年，华青的销售额仅为 3 亿元，1999 年双星投资后，当年实现销售额 7 亿元，2000 年达 14 亿元。几乎是伴随着资金的逐步投入，企业效益的车轮也快速转动起来。2007 年上半年，双星东风轮胎厂用一年多的时间扭亏，并开始赢利。双星轮胎开始向规模化、集约化方向发展，进而实现了打造中国综合制造加工业特大集团的目标。

企业的发展离不开不断的投入，离不开不断的改造。而高明的企业家，首先要有不断地促使企业资产获取最大效益的能力，要有能够驾驭自己的资产与外界组合，追求一变四、四变八的裂变式发展的能力。"具备这种能力需要有超前的思维，也要有面对机遇能随机应变、不断地创造战机的智慧和勇气。"汪海这样认为。

五 有利于双星品牌大发展可以大胆地做

1984 年双星集团建立了以承包为主的多种形式的经济责任制。在 20 世纪 90 年代，当时社会上还在争论股份制是姓"资"还是姓"社"时，双星已经毫不犹豫地"一切围绕市场转"，把"市场看做是企业最高的领导"，率先进行了国有资产控股和多种所有制资产参股的股份制改造。2000 年，双星集团在制鞋类国有企业中率先进行改制，通过招标方式，将所属西南地区 200 多家连锁店以十几万元至上百万元的价格卖给个人，集团下辖的云南、沈阳、宁夏三家经营公司也出售给了民营企业。如今，在双星集团，只有母公司（集团总部）和一家为本企业及周边社区服务的热力厂是国有独资，其他企业则根据实际情况实行灵活的多元化产权制度，形成了"一企多制"的产权制度新格局。

如果说汪海在20世纪90年代早期就率先进行了国有资产控股和多种所有制资产参股的股份制改造，是一种超前的思维，那么2000年汪海进行的产权改革就出现了更大的争议，甚至被扣上"国有资产流失"的帽子，争议还没有结束，这个状一直告到现在。

当有人劝汪海卖断改制风险太大时，汪海仍然坚持"双星发展是硬道理"。汪海这一卖，卖活了双星，卖出了一大批百万富翁、千万富翁，发展了大双星。

对此，汪海认为，改革首先是由制鞋行业发展规律所决定的。作为竞争性极强的制鞋业，少数存活下来的国有鞋厂大都不景气。尽管人们对鞋的要求越来越高，但制鞋业至今无法全部实现自动化，即使发达国家也脱离不了这个现实。成本高、利润低、人员多、赢利少，是制鞋企业的现实情况。尤其近几年，国有大中型制鞋企业亏损面高达99%，足以说明国有企业很难在这个领域立足，国有资产很难在这个微利产业中增值。其次，"国有国营"的企业制度一直是双星集团的"软肋"。产权制度已成为国企改革中一块绕不过去的"拦路石"，成为双星持续发展的瓶颈，早改比晚改要好，不能等到垮掉再改。经营公司和连锁店是连接生产企业与市场的纽带，与双星的其他经济实体相比，市场压力更大。双星近年来投资上亿元在全国各地建起了2000多家连锁店，连锁经营的销售额已占据双星总销售收入的半壁江山。但由于连锁店直接面对市场，现有产权体制及经营机制的弊端也就更为突出：双星无法对所有连锁店的经营管理及资金流向进行有效监控。改制前，双星的连锁店中赢利、亏损和持平各占1/3；而形成这种状况的主要原因就是产权不明晰。如何经营？最好的办法就是把连锁店卖给个人去经营。

如何卖得科学，卖得合理？汪海说，这个太敏感！售价定低了，有可能造成国有资产的流失；漫天要价，买家不买账，说你是"甩包袱"、"嫁丑女"。一个卖字，把个人利益融入了双星利益，把个人命运绑上了双星命运。怎样卖？既不能让国有资产流失，又不能让经营者无利可图。同时，即便从企业后续发展的需要来看，连锁店和经营公司也不能一卖了之，出售后也必须成为双星上下的经营触角。连锁店出售必须掌握三条原则：一是有利于国有资产的保值和增值；二是有利于经营者赢利；三是有利于双星品牌的发展。根据这三个"有利于"原则，双星集团作出规定：凡是双星的员工和社会上愿意经营双星产品的人都可以购买连锁店，买主只要一次性付清现价一年的房租和折旧后店面的装修费以及现存产品的进货费，便可成为双星的买主，但必须专营双星产品。

汪海认为，双星在产权改制中，卖的多是品牌、管理和技术等无形资产。国有资产要从微利产业中突围出来，就必须从生产经营模式向贸易经营模式转化，而品牌运营恰恰是实现这种转变的最好的"渡船"。

党的十五大已经明确提出了"有所为、有所不为"的调整思路，双星根据自身情况在微利产业中的部分领域进行"一企多制"的改制，完全符合国企改革的大趋势。而衡量国企改革成败的主要标准是国有资产能否增值，在这里市场起着关键的作用。

从双星的实践来看，通过改制，产权关系理顺了，不仅推动企业快速、持续发展，同时还带来相应的一系列重大变化。

第一个显著变化就是职工的积极性大转变。以前的营业员是"卖与不卖一个样，卖多卖少一个样"，工作无压力，"大锅饭"现象严重，营业时间一般在 8 小时左右，顾客进了店不理不睬；转制后，不仅没有抱怨，而且一般营业时间都在 12 小时以上。连锁店营业额较以前普遍上升 30%，有的猛增一倍还多。

第二个显著变化就是解决了漏洞问题。以前的公司经理变为代理商后，关系的转变从根本上改变了人的观念，以前是"吃喝拉撒全报销，赚了赔了都上交"，如原来的昆明公司经理，每个月乘出租车的费用就是 2 万多元，如今自己买了店，扛着货就赶公共汽车，学会了算资金账。费用过高问题、经营漏洞问题从根本上得到遏制，防止和根除了企业内部"蛀虫"的滋生蔓延。

第三个显著变化，通过不断改革体制，双星的国有资产得到了充分盘活，不仅解决了因为集团摊子大、资金难控的弊端，而且让每一位员工都把企业当做自己的资本来经营，企业真正成为自主经营、自负盈亏、自我发展、自我约束的经济实体和市场竞争的主体。一个产权明晰、责权明确、政企分开、管理科学的现代企业制度逐步建立。

汪海说，如果双星不能及时迈过企业改制这道坎，则很有可能在竞争中被淘汰出局。"也许三五年后，人们就能透过双星的发展看到这项改革的价值和意义。"诚如汪海所预言的那样，中共十六届三中全会作出一个重大决定：建立现代产权制度。

国务院国资委研究中心主任王忠明说，在"产权清晰、权责明确、政企分开、管理科学"这十六字诀中，"产权清晰"是最能赋予建立现代企业制度改革意味或改革内涵的，也是其根本所在、魅力所在。它直接决定着权责能否明确、政企能否分开、管理能否科学，或者在多大程度上能够实现"权责明确、政企分开、管理科学"。如果国有产权不能动，即使有改制甚至包装上市等举措，也很难说是真正建立了现代企业制度。在"三年两大目标"期间，一些国企融资上市，结果却搞出个不伦不类的"股权分置"，实际上也反映出国有产权不可轻易流动、变更、重组等传统意识或保守观念还颇有市场和影响力，从而大大拖延或滞缓了现代企业制度建立乃至完善的步伐。

而相对于国企改革，建立现代产权制度比建立现代企业制度更具实质性；相对于整个体制改革，建立现代产权制度又比现代企业制度更具深刻性，更接近或体现现代市场经济的本质。这是一个理论上的探索，经过改革开放20多年后，才正式做出。汪海的探索和实施又超前了几年，为双星的大发展赢得了时间，注入了活力。

六　向后看，一切都画句号；　向前看，一切从零开始

超前决策，这是汪海带领双星不断超越的法宝，市场也给予了汪海最好的回报。这不是每个人都能做到的，也不是每个人都能享受到的。双星30年的改革发展，缔造了辉煌，创造了一个个传奇，双星赢得了不少歌声和掌声，汪海的名气更是不断高涨，他和双星的无形资产也不断飙升。但是，汪海说，面对过去要保持清醒的头脑，如果被歌声和赞扬声迷惑，我们可能就要栽跟头，双星可能就要垮台。回顾过去，双星事业成绩辉煌，可以说是画了个圆满的句号；展望未来，双星事业前途光明，但必须从零开始。在前进的道路上，不能仅局限于母体行业上，凡是对我们今后发展有利的都要涉足。只有把双星事业各个行业都搞得波澜壮阔，双星名牌才有希望，双星大业才能壮大。

为了更好地发展壮大双星，汪海给双星人提出了应该回答的七个问题：

珍惜双星名牌。可以说双星进入市场创出的这个名牌为大家提供了展示才华的场所和舞台，提供了发挥才干的机遇，无论是新老双星人都要珍惜双星名牌，要珍惜名牌给我们创造的一切。目前，双星的发展给大家提供了发挥才干的机遇和捷径，关键就看你如何去把握。因此，新加入双星

行列的年青一代一定要用发展的眼光去对待自己的工作，使我们的双星大业尽快扩张壮大。这也是我们所要回答的问题之一，即：新老双星人应以什么样的态度珍惜双星名牌？

明确一个道理，即要明确没有双星，没有名牌，就没有大家所拥有的一切。要以集团大局利益为重，确保工厂生产正常。要知道在具备名牌的同时，还要有工厂做后盾，如果工厂生产不正常，公司失去了这个后盾，不仅质量保证不了，而且成本也会加大，大家在市场竞争中就缺乏应有的战斗力。因此，今后大家一定要去创造性地工作，以实际行动发展双星名牌，创造双星名牌，给双星名牌增光，为双星名牌添彩。这也是我们所要回答的问题之二，即：公司经理应以什么样的方式发展双星名牌？

解决一个斗志，即解决老一代双星人的满足安逸问题。年龄增长是大自然的规律，我们不能回避，但年龄大不是标准，不能因为年龄大就对工作不负责任，得过且过，也不能因为年龄大就以功自居，私心过重，为自己考虑得过多，反而更应该在自己的工作岗位上以身作则，充分发挥自己的光和热。而新一代双星人更需要面对现实，双星的重担将落在你们肩上，使双星大业继续发展下去还要看大家的拼搏。新一代双星人要有发扬光大这个牌子的斗志，要有一股冲劲，要有一种干大事业的斗志。要知道，双星大业靠保是保不住的，只有发展壮大才是硬道理。这也是我们所要回答的问题之三，即：新老双星人应以什么样的斗志壮大双星名牌？

克服一个现状，即骨干和超级骨干不要满足于目前的现状，要懂得满足是事业发展的一害。我们提倡"知足者常乐"，但那仅仅是指在享受上和待遇上，而在事业上满足就是最可怕的，满足是双星大业滑坡的开始，如果大家都抱有满足于现状的思想，工作不努力，那么大家明天就会去努力找工作；满足于现状就等于倒退，等于垮台的开始。希望新老双星人鼓起勇气，以百倍的信心，万分的努力去发展双星大业，为今后生活得更好去努力。这也是我们所要回答的问题之四，即：新老双星人以什么样的态度对待双星名牌？

解决一个问题，即解决职工队伍不稳定的问题，根除广大员工目前这种"当一天和尚撞一天钟"混日子的思想。在目前市场经济条件下，在劳动力成为商品以后，人员流动大，思想不稳定，哪儿条件好就到哪儿的现象普遍存在，这也是当今社会的普遍现象。但如何使我们的员工树立一种"人在双星自豪，干在双星光荣"的思想，让大家在双星工作有一种在家的感觉，消除大家的不稳定因素就是摆在我们领导面前一项非常重大的课题，这不仅需要我们从政策上、方法上，从精神与物质的结合上给广大员工创造好的条件与环境，同时也需要我们领导同志去做大量艰苦的思想政治工作才能够完成。因为无论是第二产业、第三产业，还是驻外公司，都要具备一支坚强有力、在最基层勇于奉献的骨干队伍，双星才能有大发展。这也是我们所要回答的问题之五，即：作为领导来讲应以什么样的方式方法稳定职工队伍？

坚持一个高举，即高举双星红旗永不倒，高举双星名牌永不倒。大家可以扪心自问：如果双星红旗没有了，大家会是什么样？如果双星名牌没有了，大家又会怎么样？如果自己再重新打一面旗子，创一个牌子，大家又将怎么样？高举双星红旗、高举双星名牌所做的一切工作不是为哪一个人干的，而是为大家、为每一位双星员工干的，是和大家的切身利益有着直接的关系的。我们只有选择勇往直前，创造大双星这条路，大家今后才能生活得更好、更幸福。这也是我们所要回答的问题之六，即：如何高举双星红旗永不倒，如何高举双星名牌永不倒？

反思一个问题，即目前阻碍我们发展的最大敌人就是我们自己。外界力量是不可能打垮我们的，也是打不垮我们的，现在打垮我们的只有我们自己。大家不能仅仅局限于局部利益，局限于个人利益而忽略了集团利益，缺乏集团大局意识，等形势一旦发生变化，个人利益达不到要求，单位部门也承受不住市场压力时，再去找集团已经来不及了。所以在分析我们成败与得失的同时，看到自己的缺点，就会看到我们最大的敌人是我们自己；看到我们的不足，就会感到要解决好自己的问题，我们才会成功。要知道，市场的可怕通过我们的努力是可以克服的，但如果认识不到自身存在的问题，看不到自己的差距，这才是最可怕的。所以越是在这种时候我们越要抓人质、保品质，提高企业综合素质，这就要求经营第一线的同志要克服自身缺点，树立集团大局意识，敢于冒险，敢于大胆决策，向市场要品种，向市场要效益；生产一线的同志要克服缺点，敢于冒险，可以说没有冒险就不会成功，但一定要具有科学分析地去冒险，千万不能盲目冒险。只要大家按照集团的指示去办，就一定能够成功。经营工作在保证服务质量的情况下，要做到"三保"，即：保工厂、保生产正常、保双星发展。只有保住工厂、保住生产正常，才能保证双星的发展壮大，才能保证自己的公司更好地生存。这也是我们所要回答的问题之七，即：如何增强集团意识、大局意识，保双星发展长盛不衰？

这是汪海在双星闯市场 15 年时所提的七大问题，到现在仍然适用。汪海说，双星人要始终保持一种危机意识，要居安思危。"只要精神不滑坡、办法总比困难多"；"创业靠体力，守业靠品质"，只要敢于面对现实，承认在前进的道路上还有不足，并能够回答好以上七个问题，就起到了给双星这辆战车加油的目的，起到了发展的作用，那么，双星在今后的发展当中就一定会勇往直前，无往而不胜。

（撰稿：杨良敏）

知识是基础

——论汪海的学习思想

关于知识的作用，古今中外的哲人给出了多种多样的解释。不论是培根说的"知识就是力量"，还是柏拉图说的"知识是精神食粮"，再到市场经济下人们普遍认同的"知识就是财富"的观点，几乎无一例外的都对知识的作用持肯定的态度。汪海认为，现代经济活动中最强大的推动力是人的知识、人的聪明才智和人本身的素质。"知识是基础"是汪海对知识作用的高度概括。汪海高度重视知识对企业发展的重要性，并在企业管理的实践中形成了一套自己的学习思想。

一　知识的概念

知识到底是什么？《中国大百科全书·教育》中的"知识"条目是这样表述的："所谓知识，就它反映的内容而言，是客观事物的属性与联系的反映，是客观世界在人脑中的主观映象。就它的反映活动形式而言，有时表现为主体对事物的感性知觉或表象，属于感性知识，有时表现为关于事物的概念或规律，属于理性知识。"从这一定义中我们可以看出，知识是主体客体相互统一的产物。它来源于外部世界，所以知识是客观的；但是知识本身并不是客观现实，而是事物的特征与联系在人脑中的反映，是客观事物的一种主观表征。知识是在主客体相互作用的基础上，通过人脑的反映活动而产生的。

日本学者野中郁次郎（Nonaka）认为，知识是一种被确认的信念，通过知识持有者和接收者的信念模式和约束来创造、组织和传递，在传递知识的同时也传递着一套文化系统。知识是从不相关或相关的信息中变化、重构、创造而得到的，其内涵比数据、信息要更广、更深、更丰富。此观点强调知识与背景，以及知识与信息的关系。

对知识的不同理解，不同分类方法，构成了我们理解现实世界的一种方式。按照亚里士多德的分类方法，知识可分为：理论的知识（数学、自然科学、形而上学）、实践的知识（伦理、政治、经济和修辞学）和创造的知识（诗学）。

按现代认知心理学的理解，知识有广义与狭义之分。广义的知识可以分为两类，即陈述性知识、程序性知识。陈述性知识是描述客观事物的特点及关系的知识，也称为描述性知识。陈述性知识主要包括三种不同水平的知识：符号表征、概念、命题。符号表征是最简单的陈述性知识；概念是对一类事物本质特征的反映，是较为复杂的陈述性知识；命题是对事物之间关系的陈述，是最复杂的陈述性知识。程序性知识是一套关于办事的操作步骤和过程的知识，也称操作性知识。这类知识主要用来解决"做什么"和"如何做"的问题，可用来进行操作和实践。

1996 年，经济合作与发展组织在题为《以知识为基础的经济》的报告中，将知识划分为四种类型：①知道是什么（Know-What）——关于事实的知识；②知道为什么（Know-Why）——关于自然原理和科学的知识；③知道怎么做（Know-How）——关于如何去做的知识；④知道谁有知识（Know-Who）——知道谁拥有自己所需要的知识。根据知识获取的方式，知识管理理论进一步将上述四种类型的知识分为两大类：显性知识和隐性知识。四种类型的知识中，前两类知识可以通过语言、书籍、文字、数据库等编码方式传播和学习，属于显性知识，人们可以通过口头传授、教科书、参考资料、报纸杂志、专利文献、视听媒体、软件和数据库等方式获取和学习。后两类知识通常是人们在长期的实践中积累获得的知识，与个体的体验和经验紧密相关，往往不易用语言表达，也不易通过语言和文字等传播方式来学习，属于隐性知识。隐性知识是"所知超过所言"、"只可意会，不可言传"，需要实践与体验才可获得。

二 迎接知识经济时代的挑战

我们这个时代，知识越来越融入了"经济"的世界里。世界经济的发展趋势是"知识经济"。知识经济，通俗地说就是以知识为基础的经济。从内涵来看，知识经济是经济增长直接依赖于知识和信息的生产、传播和使用，它是以高技术产业为第一产业支柱，以智力资源为首要依托，是可持续发展的经济。按照经济合作与发展组织的说法，知识经济就是以现代科学技术为核心的，建立在知识和信息的生产、存储、使用和消费之上的经济。

知识经济理论形成于 20 世纪 80 年代初期。1983 年，美国加州大学教授保罗·罗默提出了"新经济增长理论"，认为知识是一个重要的生产要素，它可以提高投资的收益。"新经济增长理论"的提出，标志着知识经济在理论上的初步形成。但是，知识经济作为一种经济产业形态的确立是近年来的事，其主要标志是以美国微软公司为代表的软件知识产业的兴起。微软的主要产品是软盘及软盘中包含的知识，正是这些知识的广泛应用打开了计算机应用的大门，微软公司的市值已超过美国三大汽车公司市值的总和。近年来美国经济增长的主要源泉就是 5000 家软件公司，它们对世界经济的贡献不亚于其他行业的 500 家世界最大公司。所有这些表明，在现代社会生产中，知识已成为生产要素中一个最重要的组成部分，以此为标志的知识经济将成为 21 世纪的主导型经济形态。

强调知识经济这一概念，主要是区别于物质、资本在生产中起主导作用的物质经济和资本经济而言的。与依靠物资和资本等这样一些生产要素投入的经济增长相区别，现代经济的增长越来越依赖于其中的知识含量的增长。知识在现代社会价值的创造中，其功效已远远高于人财物这些传统的生产要素，成为所有创造价值要素中最基本的要素。知识经济的兴起，使知识上升到社会经济发展的基础地位。知识成了最重要的资源，"智能资本"成了最重要的资本，在知识基础上形成的科技实力成了最重要的竞争力。国家的富强、民族的兴旺、企业的发达和个人的发展，无不依赖于对知识的掌握和创造性的开拓与应用，而知识的生产、学习、创新，则成为人类最重要的活动，知识已成为时代发展的主流。

人类经济时代可划分为农业经济时代、工业经济时代和知识经济时代。农业经济时代关注的是经验积累，强调的是向过去学习；工业经济时代则关注的是实际问题的解决，强调的是向现在学习；知识经济时代则更加关注理性的指导，强调的是向未来学习。为了适应环境的变化，企业只有不断地吸收、处理外界信息，调整生存和发展理念，培养应变能力，强化发展能力，才能更好地迎接知识经济时代的挑战。

三　人人关心科技，人人参与科技

企业要想生存下去不但要学习，还要进行持续不断地终身学习。知识经济时代，企业发展主要靠关键技术、品牌和销售渠道，通过许可、转让方式，把生产委托给关联企业或合作企业，充分利用已有的厂房、设备、职工来实现。知识经济的兴起，使知识上升到社会经济发展的基础地位，知识成了最重要的资源。

汪海认为，传统理论中的发展经济的两个因素，资金和劳动力的投入的经济发展模式已经完全改变了。除这两个因素外，现代经济活动中最强大的推动力是人的知识、人的聪明才智和人本身的素质。而人的知识和人的才智都来源于他们受教育的程度。因此，凡是具有长远战略眼光的企业家，都会把培育人才作为事业发展的重要前提。双星假如不在培育人才上下工夫，是不能走到今天的。

管理者还必须提供吸引优秀人才的工作环境，留住他们，并且激发每个人的创造力。汪海及双星集团很早就意识到知识、人才和创新的作用，大力引进高级科研人才，采用灵活的激励机制，对作出突出贡献的单位和个人进行重奖。无论是科研人员、领导干部还是一线职工，只要有科研成果、创新，并创造了效益，都给予重奖。同时双星还在全体员工中实施科技战略，提出"人人参与、全员科技"的技术改革思想。全体员工的积极性都被调动起来了，每个人都充分发挥他们的才智为双星集团的发展贡献自己的力量。双星集团正是因为成功运用了知识管理，使双星有了"人人关心科技，人人参与科技；科技是全员的、全方位的"的全员科技意识。

企业要运用"知识管理"理论对企业的知识进行管理。企业知识管理，既包括微观层面上的企业知识本身管理，也包括宏观层面上的企业知识资源管理，还包括源于前面两者的企业知识资本管理。企业知识本身管理也可以称作是企业纯知识管理，指对企业中知识本身或者说"纯知识"的创造、吸收、获取、加工、存储、检索、传播、共享、转移、创新与应用的管理。企业知识资源管理可以看做是信息资源管理的向前延伸、发展与升华。企业知识资本是将企业中包括知识本身在内的整个知识资源作为商业买卖的对象，并将其资本化，从而成为企业中最有价值的资产。企业知识资本是能够直接为企业创造财富的以任何形式存在的一切"活"知识，企业员工的技能和知识，顾客的忠诚，企业的组织文化、制度和运作中所包含的知识，都体现着知识资本。企业知识资本概念强调的是企业中一种潜在的、应用知识创造价值的能力，是一种聚合知识载体的能力，而不是知识本身和整个知识资源。

知识管理是发现并利用组织中的智力资源的一系列实践活动，通过知识管理可以充分利用组织中的人的智力。知识管理是开发、分配并投资于组织中最宝贵的资源：人们的专长、技术、智慧和关系。知识管理者着重发现人力资本，协调人们之间的合作，激励人们产生创意，并带领人们创新。从企业经营的角度出发，知识管理是指通过对企业知识资源的开发和有效利用以提高企业创新能力从而提高企业创造价值的能力的管理活动。知识管理的终极目的与其他管理的终极目的一样，是为了提高企业创造价值的能力。但知识管理的直接目的是要提高企业的创新能力，这也是知识管理在新的经济时期之所以必然出现并且广泛兴起的直接驱动力。

在由工业经济向知识经济转变的过程中，在知识经济时代，企业创新是企业在市场上赢得竞争优势和提高竞争力水平的基本途径，而知识资源在企业生产率提高和财富增长中的日益不可替代的作用是企业创新的主要源泉。知识管理的主要任务是对企业的知识资源进行全面和充分的开发以及有效的利用，将企业创新的根本力量——知识看做企业的一个相对独立的资源体系而加以全面和综合的管理。知识管理是对包括信息在内的企业所有的知识实施全面的管理，要把企业的知识资源统筹起来，与其他资源相结合致力于企业的创新活动。

四　创建"学习型企业"

知识的获得都是通过某一外在的手段和形式，要想获得知识，必须通过一定方式的学习。人们可以采用多种学习方式和途径来获得知识，如学校或培训等。通过正规的学校教育来获得知识无疑是一种比较好的学习方式。但对于那些"如何去做"的知识——这类知识在企业管理中尤其重要，是无法通过正规的学校教育来获得的。这些知识是要通过在实践中学习、边工作边培训的学习方式才能获得的。

对于如何学习，汪海强调，是人才，一般都有强烈的自学意识。无论是进大学学习还是一次次参加培训，这只是外在的强化教育。很多人总是抱怨工作忙、事情多，没时间读书、没时间学习，这都是给自己找借口。凡是爱学习、会学习的人，在任何环境下都能学到东西。而且不光是靠书本，就像古人所说："三人行，必有我师"、"与君一席话，胜读十年书"，这些都是很好的学习途径。汪海学习思想中对知识的获取途径是：通过学校进行书本知识的学习；通过干中学、对职工进行培训学习，从传统文化中学习，从实践中学习，从市场中学习，从理论中学习，从国家宏观政策中学习等学习方式来获得知识。

1. 从书本中学习知识

书是人类表达思想、传播知识、积累文化、传递经验的物质载体，是储存人类代代相传智慧的宝库。书本知识容量大，内容丰富，相对稳定，许多已经固定或成型的知识和技能，都能从书本中学到。

学校的正规教育是学习书本知识，掌握理论和方法的重要途径。没有世界一流的大学，就不会有世界一流的国家。这句话说明了学校教育对于人才培养的重要性。在中国历史上，每一个成功的、具有战略眼光的企业家，都把培育人才作为事业发展的重要前提。汪海意识到制约中国制鞋业制造水平的关键是缺乏一批优秀的制鞋专业人才，于是他开始呼吁创建培养高级制鞋人才院校。但是，当时中国的教育界忙于高考、成教等的普及，很多人的脑子里对创办这样的专业学校没有概念，汪海的热心呼吁没有得到回应。

1992 年，汪海在美国遇到一位以色列富商。这位以色列富商对双星鞋特别感兴趣，当汪海试探着与这位以色列富商商量能不能共同投资在中国办一所鞋业大学时，这位以色列富商非常客气地回绝了。尽管遭到了拒绝，但并没有磨灭汪海办学的热情，反而使他感到办一所中国鞋业学院刻不容缓。

制鞋工艺看似简单，却包含着橡胶、化工、纺织、机械等多门专业技术，又涉及生理科学、心理学、美学等多门学科，没有一所专门大学是很难将中国的制鞋工业搞上去的。当时，中国对教育的宏观控制还是很严的，企业无权参与高等教育。汪海与我国台湾、韩国的同行商讨共同办学，也未能达成共识。这些老板只关心双星鞋怎样在本地销售，对眼前见不到效益的鞋业学院根本不感兴趣。大路走不通就走小路，汪海决定先在企业内部尝试办学。1995 年，双星集团在沂蒙山鲁中公司创办了双星制鞋技术学校。刚刚从部队复员的 200 名优秀士兵成了这个学校的第一批学员。

1997 年，汪海遇到了青岛大学校长。这位校长也深深感到中国传统的教育体系远远满足不了市场经济快速发展的人才需求，大学要想培养市场所欢迎的优秀人才，必须与企业联姻。他亲眼看到美国哈佛大学校园周围是非常壮观的工业园区，大大小小的科技创新型企业，将学子们"孵化"成科研、经营管理的高手。汪海创办中国第一所鞋业大学的想法，与青岛大学校长先进的办学理念不谋而合。两人马上作出决定，双星集团与青岛大学联合筹建鞋业工程学院。当年，鞋业工程学院招收了 30 名本科生，基础课教学由青岛大学的师资来承担，专业课由双星的高级工程师和科研人员承担。双星还专门从我国台湾、韩国邀请著名制鞋专家来授课。从2001年至今，已有几百名毕业生从双星鞋业工程学院毕业，这所鞋业人才的摇篮，为国家制鞋业的发展源源不断地输送高素质的技术人才。

目前，中国的高校毕业生就业困难，有很大一部分原因是高校的教育与市场的需求脱节。企业要想发展，人是关键的因素，随着知识经济时代的到来，中国企业也急需大量专业人才。但由于不同企业对人才的需求是不同的，各企业都需要适合自己企业特点的人才。企业与高校的联合办学很好地解决了这一矛盾，学校负责基础课的教育，发挥了学校的教学优势；企业负责专业课的教学也同样发挥了企业的技术优势。这样培育出来的学生既有基础理论知识，又有很好的工作经验，使学校、企业、市场很好地结合在一起。

2. 通过"干中学"学习知识

"干中学"是美国经济学家阿罗提出的一个人力资本的理论，即除学校正规教育外，知识也会在实际生活与实践中逐步积累。"干中学"在知识经济时代对于知识的获取具有重要作用，由于市场瞬息万变，知识和技能淘汰速度的加快，专门的职业教育可能根本无法跟上市场的节拍。

"干中学"可以在工作的过程中完成对知识的积累。这种积累不仅是指掌握了某种特殊技能，而且指具有对事业一定程度的认知和理解能力。这种能力建立在一定的知识结构上，在生产、生活中的具体应用与表现就是能力的外化。汪海要求每个工人都要在工作中不断地学习，不断地积累知识，不断地创新。

双星集团对职工的创新根据创造的效益的大小分别给予不同的奖励，并张榜公布。这提高了职工的创新积极性，几乎是人人参与创新，创新成果也层出不穷，给企业带来了很好的经济效益。汪海没有接受过正式的高等学校教育，他是在"干中学"中不断地获得新知、不断地开拓创新，从而积累了丰富的企业家人力资本。企业家的人力资本的积累过程是通过企业家不断学习逐步形成的，是要进行"终身学习的"。双星集团在汪海的学习思想指引下已成为"学习型企业"。随着知识经济时代的到来，"学习型企业"将成为未来企业发展的必然趋势。

学习型企业是指通过培养整个企业的学习气氛，充分发挥员工的创造性思维能力，而建立起来的一种有机的、高度柔性的、横向网络式的、符合人性的、能持续发展的企业。这是一个企业在市场经济下长盛不衰的重要法宝。人力资本是企业拥有的一种资本，并且是企业中最核心的能动因素，是企业立于不败之地的重要保证，甚至在一定程度上是决定性因素。企业对人力资本的投资收益远高于对其他项目的投资，一流的企业都是非常重视智力投资的企业，双星集团在这方面就做得非常好。知识的使用与分配在很大程度上依赖于人力资源的开发和利用，而后者又依赖于组织中个体学习的力量。面对知识和信息的迅速膨胀，企业只有不断地学习，终身地学习，才能立于不败之地。

双星集团在 20 世纪 80 年代中期，就创办了各种培训班，培养了一批管理、经营和科技人才。从这个培训班出来的学生现在有的已做到了双星的副总裁。双星每年都对不同层次的管理人员进行轮训。除了专业知识方面的培训外，更多的是扩展人生观的教育。汪海认为企业经济管理人员的知识结构不能太单一，知识面不能太狭窄。管理和经营人员不光要懂管理、懂经营，还必须有人文科学的素养。科技人才也不能老钻在纯技术的科目中成为一名专才，必须要有广泛的兴趣，要向社会这个大学校学习，做到眼观六路，耳听八方，也就是说用社会的知识不断地给自己充电，使自己成为一个头脑清醒、有觉悟、有多方面知识和才华的人。

3. 从传统文化中学习知识

汲取中国传统文化中的精髓，并将其运用到企业管理活动中，对企业管理理论进行创新，这是汪海学习思想的重要特点之一。

传统的东西是一种永恒的东西，传统是历史长期的积淀，是一个民族宝贵经验的结晶，是一笔十分丰厚的资源，是转型社会进一步发展和创造的基础。中国特色的社会主义现代化是建立在中国传统文化基础上的，这个有中国特色就必然地带有中国传统文化元素。现代管理学之父德鲁克认为：对于传统文化，可以利用它而不要改变它。20 世纪 90 年代以来，改变企业文化成为一种管理时尚。许多企业的确需要改变其根深蒂固的行为习惯。但是，德鲁克认为，改变企业的某些不良行为，似乎与改变一种传统文化无直接关系。他的观点是，传统文化可以保持，而通过具体行为方式的改革，即可改变不良习惯。"干出最好的产品质量就是最大的行善积德"，就是汪海对原国有企业内对产品质量不重视的改变，是在中国传统文化基础上对企业管理文化的改变。

中国传统文化中包含着丰富而深刻的企业管理思想，这些思想始终贯穿着中国从古到今的管理实践，涉及行政、经济、军事、文化、家庭等社会的各个方面和层次，这些管理思想和实践的文化底蕴就是中国伦理型文化传统。中国文化传统强调社会需求和集体利益，讲求道德诚信，崇尚美德，在企业管理中有着重要的地位和作用。从双星发展的轨迹可以看出，汲取中国传统文化中的精髓，运用到企业管理活动中，并对企业管理理论进行创新的学习思想是双星集团快速、健康发展的重要因素。

例如，汪海把中国传统文化中的精髓之一"诚信"请进了企业管理中。企业道德是企业文化的基础内容之一，是调整企业之间、企业与员工之间、企业与用户之间以及企业与相关社会群体之间关系的行为规范。每个企业都有自己的道德标准，双星集团的企业道德标准就是"诚信经营"。汪海说："诚信是一种勇气，是一种高尚的境界。每个双星职工都要结合市场、结合管理，将诚信落实到平时的工作中，做到'诚信在机台、诚信在岗位、诚信在每一天'。"

"做诚信人、讲诚信话、办诚信事"是汪海对诚信在企业管理中的又一精练总结。汪海及双星人在诚信营销、质量诚信等方面的故事比比皆是。

1997 年 12 月 30 日，在青岛双星集团工业园鞋城，汪海亲手点燃了一堆熊熊烈火，价值 10 万元的稍有质量问题的产品被付之一炬。这把火是双星人用实际行动再一次向人们彰显对产品质量诚信的承诺。"干出最好的产品质量就是最大的行善积德"是汪海从中国传统文化中学习来的法宝，在市场经济中显示出了它的巨大威力。

4. 从实践中学习知识

"实践是检验真理的唯一标准"，这句话无疑是对实践作用的最大肯定。人的认识来源于实践，这是一条普遍的规律。市场实践是企业发展的根本动力，企业技术的进步，新产品的推出，良好的售后服务等，这些都是在市场实践活动中产生的。

汪海的名言"有人就穿鞋，关键在工作"，就是在当年偷偷闯市场的实践中总结出来的。通过市场实践活动，汪海认识了市场，认识了工厂的产品。于是，汪海很快便组建了新产品开发部，领导技术人员设计、开发新产品。

有一次在沂蒙山区的山路上，汪海看到路旁一位推车的老农民穿的鞋子自己没见过，就下车走到他跟前问道："大爷，你脚上穿的这叫啥鞋？"老农回答说："这不叫啥鞋，是俺自己做的，鞋底用的是汽车轮胎。山区沙石多，从商店里买的胶鞋，穿不到 3 个月就透底了，还是这家伙耐穿。"回到厂里，汪海就组织设计人员开会。他说："中国农民将近 1/3 生活在山区，咱要为他们服务，占住这个市场。"很快双星集团就开发出一种适应山区道路、耐磨的牛筋底鞋，叫做开山鞋。这种鞋投放市场后，满足了山区农民的需要，也给双星带来了很大的经济效益。

市场实践活动给双星带来的知识，是从书本上学不到的，是坐在办公室里研究不出来的，这些知识都需要在市场实践中磨炼才能得到的。这些知识表面上同市场实践关系不大，但实际是被市场逼出来的，是在市场竞争的实践以及生产鞋的具体的实践中才能学得的知识。这种知识是一个企业最宝贵的财富，是别的企业无论如何也学不到的。

5. 从理论中学习知识

汪海非常注重对理论的学习，通过对市场基本理论的学习，汪海的市场理念也得到了升华。汪海根据市场理论提出了资金管理也要进入市场的管理理念。汪海认为，产品是市场经济，管理也应该是市场经济的。只有管理适应了市场经济，产品才能更好地进入市场。市场管理的核心内容是资金管理，只有把资金管好用活了，企业才能更好地生存发展。汪海回顾了过去只抓生产，不过问资金管理，以至于出现工厂库存加大以及经营公司没有很好地预测市场就盲目下订单，造成产品积压的教训，提出了要用资金调控生产，让市场指挥工厂。

双星资金管理新体制把用好钱和激励好员工很好地结合在了一起。其主要内容是在资金管理上做到"三定"、"三化"。"三定"是在生产过程中对原材料、半成品实行定量（限制一定用量从而杜绝浪费）、定时（限定储存时间，避免占用过大资金）、定钱（限定费用金额）。"三化"是把资金管理深化到原材料的源头及工厂的每一个部分，深化到日清、日结、日算；细化到车间、工段、班组、机台；量化到每人、每时、每岗，"三产"行业要量化到每位服务员，经销公司要量化到连锁店及每位营业员。这种用最少的钱，产出最大经济效益的方法，使双星根据市场的需要停止某种产品时没有半成品积压；在市场需要生产新品种时，又能及时上线生产，使工厂真正能够灵活、快捷地适应市场的变化，将市场风险降到了最低。

汪海从市场经济理论和我国农村改革的家庭联产承包责任制政策中找到了灵感，在双星集团中推行了"内部市场化承包"。双星集团为了充分挖掘员工及设备潜力，提高生产效率，解决生产任务不断增长和现有生产能力的矛盾，将加工车间的设备进行卖断，让工人成为真正意义上的"老板"，提高员工的工作主动性和积极性。双星职工承包、买断设备和生产线后，使生产一线员工直接进入市场，改变了"市场与我无关"的思想，提高了市场意识，树立起"当家做主"的思想。汪海实施的"设备卖断"这一措施，改变了工人与机器的关系的思想变革和管理创新；实现了工人和机器的和谐；实现了工人都把机器当做自己的财富，从而实现个人和集团和谐发展的目的。

6. 从同行中学习知识

同行在对行业、环境的判断以及企业的生产、经营管理方面都有很多"共同语言";同时,行业内一家企业的举动或多或少都会对其他企业乃至整个行业产生影响。这使得向同行企业学习对于企业具有特殊重要的意义。汪海从韩国制鞋业的状况及发展中学习、总结出的经验和教训,为以后的发展起到了重要作用。韩国曾经是世界的制鞋王国,韩国制鞋业鼎盛时期,大公司为数众多,有的公司拥有120条生产线之多。但最后,大多数韩国制鞋业企业关停倒闭。

汪海从企业的角度对韩国制鞋业进行了总结,第一,没有解决好牌子问题,在发展中没有创自己的牌子,只是给人家的世界名牌加工,当人家转移订单之后就一无所有了。第二,没有解决好自己的销售网络和渠道问题,不进行推销,不了解市场,严重地依附于世界名牌销售商。第三,没有解决好产业结构的调整问题。在韩国制鞋业高峰时期,企业领导人盲目骄傲,形成规模后,没有在母体企业的基础上跨行业发展,产品结构没有发生变化,导致经受不了市场波动和变化的经营风险。

汪海吸取了韩国制鞋业的教训,一开始就打出了自己的牌子,形成了自己的名牌;一开始就建立了分公司,形成了独具特色的销售流通体制。汪海认为,没有任何一个行业是永远兴旺发达的,企业局限于一个行业风险很大。双星集团在制鞋业形成规模之后,就积极调整产业结构,采取多元化经营战略,加快"三产"、"四产"的发展步伐,加快向跨行业综合性方向发展。这是从韩国制鞋企业身上吸取的教训。

7. 学习国家宏观政策

企业是一个开放的系统,它们影响着外部环境,反过来也被外部环境所影响。外部环境指的是公司外部所有的那些管理者们必须引起注意以帮助他们的公司更好地竞争和生存的因素。公司的外部环境包括竞争环境和宏观环境,竞争环境由竞争对手、供应商、客户、新进入者和替代者组成;宏观环境包括法律、政治、经济、技术、人口统计和影响所有企业的社会与自然因素。任何企业都运行在一个宏观环境中,国家宏观政策决定着企业的宏观环境。

国家的宏观政策对企业的生存环境有着决定性的影响。如何在经济全球化的背景与竞争中更好地把握国家的宏观政策,如何在宏观政策调控中寻求自己的发展空间,如何从战略到战术更好地契合政策的发展趋势,这是众多企业非常关注的问题，是作为企业领导人不可回避的责任。

中国西部大开发政策为企业在西部的发展创造了有利的机会、提供了优惠的政策。汪海认为，在西部不但要发展高新技术，更要重视传统产业的开发和对西部富余劳动力资源的开发。汪海从世界制鞋业在不同国家和地区的转移变化中发现：制鞋业内，都在走一条成本领先的竞争战略，当成本领先的产品价格低于其他同类企业的时候，它的低成本就转化为高收益和竞争优势。在制鞋业这种劳动力密集型产业中，劳动力成本是构成企业竞争力的重要因素。因此当许多企业纷纷"东飞"时，双星果断"西移"，在成都开展了鞋委托加工业务，与武侯区的鞋业老板开始了合作。2000 年在成都武侯区的工业园内，征地 100 亩，投资 1 亿元建立一家集科技开发、生产、销售、商贸于一体的双星西部产业园。双星的西部战略给双星带来了发展的机遇，提高了产品竞争力。

双星也给西部带来了投资，但更为重要的是双星带给西部企业观念的转变，促进了武侯区个体私营鞋革业的迅猛发展。双星在给西部带来优良的鞋材、设备的同时还带来了东部沿海地区先进的科技、信息、管理和技术，为西部引进了资金技术和管理理念，提高了当地制鞋企业的质量意识和品牌意识。

提高自主创新能力，建设创新型国家是中国立足国情、面向未来的战略选择。自主创新是指创新所需的核心技术来源于内部的技术突破，摆脱技术引进、技术模仿对外部技术的依赖，依靠自身力量、通过独立的研究开发活动而获得的，本质就是牢牢把握创新核心环节的主动权，掌握核心技术的所有权。汪海高度重视创新对企业发展的作用，提出了"企业只有创新才能生存，只有创新才能发展，只有创新才能创名牌"的思想。

双星集团技术开发中心共有五个国内技术研发中心、三个海外研发机构以及一个国家级检测中心。双星集团所有的新产品基础研究都是在双星技术开发中心本部进行的。双星就是依靠自己拥有的国家级鞋业技术开发中心，不断创新，才能做出在国际市场上有竞争力的高档双星鞋。双星近年来推出的高档空调鞋、防静电鞋等功能鞋，已经成功地打入美国和日本的高端市场。

作为一个企业家，应该随时关注宏观政策变动，并预测政府的政策走向，使企业的发展战略和宏观经济政策相协调。这是汪海给我们的一个重要启示。

（撰稿：黄海锋　高农农）

素质是根本

——论汪海的人才思想

当前，我国经济现代化、市场化、国际化正在加速发展。无论是国际竞争、地区之间的竞争还是企业之间的竞争，其核心都是人才的竞争。人才资源已成为企业最核心、最宝贵的资源，是企业核心竞争力的体现。哪个企业能把人才工作做好，哪个企业就有希望，就能发展。全面认识人才、重视人才、选拔人才、培养和使用人才，对企业的生存与发展具有非常重要的意义。

双星的成功与辉煌并非神话。正是汪海超前敏锐地意识到知识经济时代人才对企业的决定作用，并始终如一地把企业的人才战略放到了企业生死存亡的高度，才形成了双星强大的人才资源和技术创新能力。他多次强调"人是兴厂之本，人才决定企业的前途命运"，"人才兴，企业盛；人才失，企业衰"。他坚持科学的人才观，赋予人才概念新的内涵，指出："人才的内涵是历史的、具体的，凡是能适应企业发展要求，能给企业带来效益的人都叫人才。人，首先要有人品、职业道德；才，就是要有真才实学。"这些精辟的论述，构成了汪海整个人才思想的基础。双星集团也正是以汪海完善、系统、规范的人才思想作先导，才铸就了今天的辉煌。汪海的人才思想主要表现在：人才储备、选人用人、人才激励、人才培养以及用企业文化塑造人才等多个方面。

一　人才是企业的第一资源

21 世纪，知识经济初露端倪，科学技术日新月异，经济全球化浪潮正在席卷整个世界，这使得世界各国的经济、政治、文化等各方面的联系更加紧密，相互之间的竞争也更加激烈。因此，人才尤其是掌握现代科技知识的"高、精、尖"人才，就理所当然地成为各国、各企业争夺的重点。著名管理学家德鲁克曾经断言："人是我们最大的财产。"企业只有以经济建设为中心，实施人才兴企战略，加快人才资源管理制度创新，多出、快出人才，才能在激烈的生产经营竞争中有所创新、有所作为、有所前进。美国通用电气总裁韦尔奇和微软总裁比尔·盖茨成功的法宝之一就是注重人的力量，不断地研究人、尊重人、关心人和满足人的需要，从而最大限度地发挥人的主观能动性。人力资源这一生产诸要素中最为活跃、最具价值的要素，已成为经济持续增长、企业不断发展的核心资源。

纵观中国历史，无论哪个朝代，都是"得人者昌，失人者亡"。历史上有萧何月下追韩信的典故，有刘备三顾茅庐的故事，讲得都是想要成就一番事业的人是如何重视人才、如何争取人才的。一部《三国演义》中，各方争来斗去，说到底是人才的竞争。我国近代企业家范旭东曾说："人才为事业之灵魂，故物色人才、重用人才，实为实业家之要务。"他重用侯德榜，不仅使企业产品走出国门，赢得了良好的国际声誉，而且也成就了一段英雄慧眼识才的佳话。正因为如此，许多中外企业都特别重视人才开发，把人才战略视为企业能否成功的关键。

汪海更是把"人才战略"提高到双星"三大战略"之首，作为双星的"第一战略"。他认为市场竞争最根本的是人才的竞争，企业的每一项重大决策，都需要有才干的人来完成；没有人才，决策再好也是空谈。企业家要善于挖掘人力资源潜力，将人力资源转化成企业的最大资本，而人才的发现和培养是企业管理的最高问题。他提出"人是兴厂之本，人才是企业的第一资源"，并认为企业真正的竞争力在于该企业的人，其他的竞争力都是人的竞争力的外化。企业家主要精力应该放在对人才资源的管理上，要有求贤若渴、爱才如命的精神，采取一切行之有效的措施，力求最大限度地发挥各类人才的作用。

二　人人都是人才

汪海的人才资源开发思想一个最大的特点，就是把眼光放得更长远，使员工和企业一起成长。双星集团在一开始就按照企业的构想去塑造人才，不是让职位等人才，而是为职位储备人才。

1. "内生型"人才资源开发思想

汪海倡导"人人都是人才"的新观念。他认为："百步之内必有芳草，关键是让每个人发挥最大潜能，为人才搭建一个施展才华的舞台。"汪海率先在国内企业中砸烂"铁交椅"，改革了传统的干部人事制度，为那些真正有思想、有才华、有个性、有超前意识的人提供一个广阔的舞台，创造一个良好的竞争环境。汪海常说："军队要想打胜仗，除了最高指挥官外，起决定因素的就是各级指挥员的素质、胆量与才能，他们是成功的关键。"为此，汪海在企业内宣布一条规定：双星的干部职工不再有界限，谁能耐大谁来坐"交椅"，而且这个"交椅"不再是铁的，而是活的。双星率先在国有企业中形成了能者上、庸者下、任人唯贤的人才机制。双星的"黑板干部"制度便是这一机制的生动写照。不论你在什么位置，今天称职名字就在黑板上，明天不称职就会被抹掉。双星原来的一位副总裁曾经跟随汪海"打天下"立下了汗马功劳，在职工中极有"人缘"，但因后来不思进取而被降职到基层经营公司跑业务。相反，当汪海发现配套厂的副厂长有管理才能，立即将他提拔为正厂长。该厂长果然不负众望，上任当年即创效益上百万元，而公司则一次性奖励他 10 万元。此举在职工中传为佳话，也激发了双星人奋勇争先的工作热情，员工的潜力得到了前所未有的释放和发挥。现在，双星的"黑板干部"在业界已经尽人皆知，并作为一种先进管理理念而被业界所效仿。双星集团每年还通过技术比武、岗位练兵等，从集团内部发掘人才、选拔人才，使一大批优秀人才脱颖而出，为双星的高速发展储备了大量专业人才。多年来，双星集团根据以事择人、择优用人的原则，先后从一线工人中选拔管理人员 1600 多名。在 180 多名中层干部中，竞争上岗的工人就占了 70%。这种"唯才是举"的人才机制，不仅使双星的普通工人感到有用武之地，激励了员工的士气和上进心，也吸引了不少大学生和专业技术人才慕名而来。

2. "外援型"人才资源开发思想

（1）双星集团高校联盟战略。在中国历史上，每一位成功的具有战略眼光的企业家，都把储备人才作为事业发展的重要前提。汪海历经国际市场的风风雨雨之后，明确地认识到制约中国鞋业制造水平的关键，是缺乏一批优秀的制鞋专业人才。于是他几经周折，于 1997 年促成双星集团和青岛大学联手开办了中国第一所制鞋工程学院，并依据发展战略作出人才规划，选择某些在当前以及几年后所需要的专业，与青岛大学制订联合培养教学计划，面向全国招收本科生。学生的基础课程由青岛大学的师资来承担，专业课程则由双星的高级工程师和科研人员承担。双星还专门从我国台湾、韩国邀请著名的制鞋专家来授课，按照双星集团的人才需求来"量身定做"人才，培养双星集团特殊专业实用人才，以弥补学校教育滞后于双星集团实践的缺陷。这样一来，双星集团不仅避免了专业人才的断层，而且还为集团获取特殊而又缺乏的专业人才提供了良好途径。制鞋工程学院开办以来，已有几百名学生从学院毕业。这所鞋业人才的摇篮，为双星集团的发展源源不断地输送着高素质的专业人才。

（2）通过项目合作引人才。双星集团通过与高等院校、科研机构等强强联手进行项目合作，不仅形成了产、学、研相结合的技术开发与应用体系，而且，更重要的是，还为双星的创新发展吸引、储备了大量的优秀人才。如双星与华东理工大学、青岛大学等高校合作，联合开发研制的用在运动鞋上具有抗菌防臭作用的纳米材料，解决了纳米材料应用时发生团聚的问题，提高了产品含金量；与青岛科技大学共同研制开发的橡塑共混发泡技术成为国家级新产品；与西安交通大学共同研制开发了激光三维脚型测量系统；等等。在与高校合作研发的过程中，双星不仅大大提升了产品开发能力和开发水平，推动了先进技术成果向生产力的快速转化，而且双星集团在合作过程中表现出的谦逊和诚意，总裁汪海求贤若渴、爱才惜才的思想和作风，加深了相关研究人员对双星集团管理、文化、理念和发展战略等方面的了解和认同，吸引了大批顶尖专业人才加盟双星。

（3）综合渠道引人才。为吸引高素质的专业人才和管理人才的加盟，双星集团通过多种渠道引进优秀人才。双星集团多次向社会公开招聘优秀人才，甚至还把招聘会开到了人才济济的北京。

1995年11月8日，汪海做出了一个让人喝彩的举动：从部队刚退伍的战士中一次选聘200名士兵进双星集团。双星的这一行动是利国、利军、利民的大好事，而且也开辟了一条开发退伍军人这个人才宝库的新路子。

那么，汪海为什么要走这步棋呢？谈及此事，汪海坦率地说："这有两方面的意思：第一，军人为国家服兵役，为他们做些力所能及的事，是表达我们对军人的崇敬之情。第二，双星是一流的企业，有一流的管理，当然应该招收一流的人才。军人纪律性强，思想觉悟和素质高，招他们进双星，于企业也有利。"事实证明了汪海决策的正确。被聘的这些退伍士兵，大多数当过班长和代理排长，既有良好的军政素质，也有丰富的管理经验。双星对这些战士培训后，根据个人特长，分配到不同岗位工作。如今，这些军中骄子又在新的战场上发挥着积极作用。

再如，2000年5月，汪海盛邀被世界公认为"奥林匹克画家"的查尔斯·比利奇先生加盟双星，出任双星"产品开发设计国际顾问"，从艺术角度提升双星产品的文化含量。

三 百步之内必有芳草

人才选拔是人类社会特有的现象，也是人力资源开发的关键。人类在征服自然、改造社会和发展自身的活动中，始终在探索如何有效地发现、选拔、培养、使用和管理人才，并提出了适应社会发展需要的各种人才观。汪海关于人才选拔的思想主要体现在"素质是根本，知识是基础，意识是关键"的人才标准观、"不管黑猫、白猫，抓住老鼠就是好猫"的不拘一格选人才和唯才是举的选拔制度。

素质是人的综合的品质和素养。汪海认为在企业里无论是科技人才还是经营、管理人才，最基本的素质就是有没有敬业精神。这一敬业精神表现在要对自己所从事的事业有高度的热忱和忠诚。第二个素质是善于独立思考，有提出经营构想、发展计划、解决问题的才智和能力，富有创意和进取精神，而不是缺乏个人主见、事事都要请示上级。第三个素质是必须具有合作精神，尊重和理解他人，善于与各种人相处的合作能力。第四个素质是对属下的员工要公平而无私，具有不计较个人得失的博大胸怀。

汪海认为，除了专业知识外，企业经营管理人员的知识结构不能太单一，知识面不能太狭窄。管理和经营人员不光要懂管理、懂经营，还必须有人文科学的素养，甚至科技人才也不能老钻在纯技术的科目中成为一名"专"才。人必须要有广泛的兴趣，向社会这个大学校学习，做到眼观六路、耳听八方，用社会的知识不断地给自己充电，使自己成为一个头脑清醒、有悟性、有多方面知识和才华的人。

说起意识，汪海认为首先是集团意识。在集团利益与本单位、本部门甚至个人的利益发生矛盾时，必须坚决地以集团利益为重，以大局为重。其次是市场意识。市场意识一个方面是要敢闯敢冒风险，但必须要有科学的态度，并要具有开拓进取精神，能不断推陈出新；市场意识的另一个重要方面体现在服务意识，只有把有情的服务做好了，才能在无情的市场上取得胜利。再次是质量意识。要用良好的工作质量保证一流的产品质量；用良好的服务质量加上好的产品质量去赢得市场。最后是名牌意识。要始终意识到名牌是每个员工共同的事业和财富。

在人才选拔方面，汪海相信"百步之内必有芳草"这句话。他认为关键是能否造就一个好的环境，给人才提供一个公平竞争的机会，让他们有可能冒出来发挥自己最大的聪明才智。在此基础上，他提出"不管黑猫白猫，抓住老鼠就是好猫"的不拘一格选人思想，打破双星干部、工人身份的界限，实行"三公开"：公开岗位、公开资格、公开竞争的考核形式，择优聘用。在选拔管理人才、技术人才和经营人才中，无论年老年少、学历高低，只要有公心、有才干，谁都可以到领导岗位上来显示身手。譬如，为了选拔产品设计人才，双星就连续举办了数届产品设计大奖赛，像现在双星产品开发设计中心主任沙淑芬，就是昔日的缝纫女工，她在第一届产品设计大赛中脱颖而出，由她设计的蓝精灵童鞋、儿童三色霹雳舞鞋以及各种体育运动鞋、训练鞋、亚运鞋畅销全国。

这样的不拘一格选人事例，在双星还有很多。像破格提拔"双星老太婆"，在双星集团曾被一度传为佳话。汪海在大力提拔重用年轻人的同时，出人意料地破格提拔了一位年近50岁的老工人，而且还是位女性。这一举动，在当时既与中央关于干部知识化、专业化、年轻化的政策格格不入，又让大家感到意外和震惊。尽管颇有非议，但汪海坚持重用这位在工人中极有威信的"双星老太婆"。事实证明，汪海提拔"双星老太婆"是慧眼识才之举，这位"双星老太婆"在管理岗位上深抓细管，刻苦钻研，不但发明了数字跟踪卡，完善了汪海创造的"投入产出一条龙管理法"，而且也让双星的管理更加科学、规范、合理。

四　以信用人、知才爱才、因才而用

选拔人才是为了更好地使用人才。古今中外，很少有不知人才宝贵与重要性的管理者，但用才有谋、用才有道的管理者却不是很多。说到底，能否做到以信用人、因才用人，真正做到用人有道，才是衡量领导者用人水平高低的标准。汪海强调，只有知才爱才，人才才会涌来，也只有信人育人，人才才会尽责。要在实践中检验人才，不看文凭看水平，不看资历看能力，打破身份、专业、年龄、性别、区域界限，畅通技术型人才、管理型人才、领导型人才的发展渠道，为每名员工创造平等的机会，不拘一格用人才。

以信用人——用人不疑。"信"是立身之本，也是经营之道，更是用人之谋。汪海在用人中充分地信任员工，用才而不疑，授权而有信，绝不因少数人的流言飞语而左右摇摆，也不因员工的细枝末节而止信生疑。汪海曾说道："如果用了人家，同时又怀疑不放心，那让人家怎么干？"古语云：

士为知己者死。所以一旦决定用人之后，信任即是一种最有力的激励手段，其所激发的热情和能量是强大的。他常拿自己举例："多亏了青岛市两届一把手对我的信任，如果他们不信任我，事事怀疑，处处卡我，那我的心理也就会不平衡了。"古人云："既任须信，既信须终。"汪海也认为对于任何事务，领导者在选人时要三思而后行，但一旦确定人选，就要相信他能够完成任务。当然，对他们提出明确的目标要求，实行一定的监督检查，进行适当的指导帮助，都是应该的，而这一切都是为了帮助他们更好地完成任务，决不是干扰。

知才爱才——朋友知己。只有知才爱才，才有"士为知己者死"，才能才尽其用、才尽其责。特别是对那些怀才抱志的高级知识人才来说，更是如此，对他们来说，最重要的并非是物质上的利益，而是对他们的爱惜和珍视。作为总裁的汪海，不仅仅是为高级知识人才营造一个平等、自由、安全、温馨、和谐的工作、生活环境，使他们摆脱后顾之忧，也不仅仅是为他们提供继续学习、继续深造的机会，使他们自身的知识技能不断提高，更重要的是做他们的知己，做他们的朋友，与他们进行心灵情感的沟通和交流，从而与他们建立了一种和谐、默契的关系。双星有这样的总裁，还有什么困难不能克服呢？

因才用人——扬长避短。人才的价值只有在合理的使用中才能充分体现出来，对于人才，既不能"大材小用"，也不能"乱点鸳鸯谱"。使用人才一定要对口对路，做到知人善任、人尽其才、才尽其用。汪海认为："世界上没有无用的人，只有不合适的人。只有把合适的人调整到合适的岗位上去，他才能发挥自己真正的潜能。正如'好瓦匠没有用不了的砖'，如果你把热衷于搞技术的人放到经营上去，他就成了不合适的人，在经营领域不但成不了才，而且还断送了他搞技术、出成果的路子。"因此，只有人才和职业、工作相适应，才能使二者协调统一，相得益彰。对不同的人，只有区别对待，扬长避短，充分发挥他们自身的才能和优势，才能做到人尽其才、才尽其用。

五　要把打工妹、打工仔变成双星主人

人才的培养是一项长期、复杂、系统的社会工程，需要全社会共同努力来完成。曾有人说过这样一句箴言："没有世界一流的大学，就不会有世界一流的国家。"这句话点明了人才培养的直观性与重要性。人才缺乏、员

工素质低，一直是我国劳动力密集型企业发展的内伤。提高企业现有人才队伍的质量，就要加强培训工作。对此，汪海认为："事业要发展，人才早培养，不培养人才，没有一定数量、一定素质和知识水准的人才，事业就不可能发展。并且在经过一个历史时期以后，人才的素质、水平不提高就会跟不上发展，事业就会停滞不前，甚至会倒退。"他充分认识到，树百年品牌，建百年老店，首先就要抓好百年教育，并把抓好百年教育作为双星集团总体的发展战略。他说："抓不好百年教育，做不到百年管理，就无法提高综合水平，就搞不好市场经营工作。只有通过教育培训，才能塑造一支'讲正义、树正气、作风硬朗、素质过硬、业务水平极强'的骨干队伍。也只有做到了这一点，我们的其他工作才能够搞好，将双星打造成我国综合性制造加工业特大集团的宏伟目标才能够实现。"

汪海说："双星是一个锻炼人、培养人、磨炼人的大学校，是大家展现自身才干、体现自身价值最好的土壤。""要把打工妹、打工仔变成双星'主人'，要让打工妹、打工仔认识到他们不是在为双星打工，而是为'自己干'。不光让他们打工，还要培养他们当领导。要把有本事的人提起来，为他们的成才创造良好的空间。"他坚信，"人人都是人才"，所有员工都是名牌员工，通过双星一系列开发和培训，使员工实现"丑小鸭"向"白天鹅"的转变。

早在 20 世纪 70 年代末 80 年代初，黄解放鞋堆积如山、卖不出去的时候，汪海就开始策划实施对人才的培养，强化生产计划，强化推销力度。在 1984 年、1985 年，双星又组织了共产主义学习班，由汪海亲自授课，对管理人员进行轮训，培养了一大批干部，现在很多中层乃至集团领导都是当时的学员。假如没有当年的共产主义学习班，双星可能就不会是现在的局面，事业有可能会成功，但绝不会如此蓬勃壮大，实际上共产主义学习班为双星前十年的发展奠定了人才基础。

除了在集团内部开展形式多样的培训活动之外，汪海还积极采取"走出去，引进来"的战略措施，一方面斥巨资聘请国外专家对技术人员进行技术培训，另一方面还积极创造条件，不定期派遣专业人才到国际著名的企业学习，加大同国际知名企业的交流与合作，培养造就了一批德才兼备、国际一流的科技人才。

刘士祥在进入双星鲁中公司以前，由于家里的地不够种，在社会上"游荡"了好几年。成为双星鲁中公司员工后，他埋头苦干，同时积极参加培训，很快在技术比武中崭露头角，后来被破格聘任为高级工程师。他激动地说："没想到我也能像知识分子一样，成为令人尊敬的'高工'。"在双星，你会发现类似这样的事例太多太多，不胜枚举。

六　打造一支敢拼敢闯的人才队伍

经营如同演奏，管理就是指挥。企业管理者的任务就是利用各种手段，有效激发组织内成员的热情，从而演奏出一曲华美乐章，其中最常用的手段之一便是激励。可以说，激励是现代企业管理的精髓。没有激励，就没有管理；没有激励，企业管理将寸步难行。很难想象一个没有激励人心、振奋斗志的企业能够取得骄人的业绩，能够在激烈的市场竞争中立于不败之地！

在管理学上，广义的激励是指激发鼓励，调动人的热情和积极性，就是组织通过设计适当的外部奖酬形式和工作环境，以一定的行为规范和惩罚性措施，借助信息沟通，来激发、引导、保持和规划组织成员的行为，以有效地实现组织及其成员个人目标的系统活动。从诱因和强化的观点看，激励是将外部适当的刺激转化为内部心理动力，从而增强或减弱人的意志和行为。心理学上认为：激励是指人的动机系统被激发后，处于一种活跃的状态，对行为有着强大的内驱力，促使人们向希望和目标进发。激励的核心问题是动机是否被激发，所以激励又可称为动机激发。通常，人们的动机被激发得越强烈，激励的程度就越高，为实现目标，工作也就越努力。

1. 激励的基础——科学公正的绩效考核

绩效考核是企业管理的一项重要内容，是对员工进行制度性考核及客观评价的重要依据。它的可贵之处不仅仅在于它对员工在德、才、绩、效等方面的总体评价上，更主要的，还在于它使企业建立了一种标准。这种标准既是一种规矩，更是一种激励的基础。双星集团在绩效考核的具体运作过程中，分别对各类员工订立了客观的、不同的考评标准，科学地掌握评价的准则和尺度，切实地遵循和坚持认真、谨慎、客观、公正的原则，并努力对员工的能力和业绩作出客观而公正的评价。

2. 考核的方法——"玻璃式"绩效考核

双星集团的绩效考核体系别具一格：员工的工资每天列在车间工资统计栏上，干多干少，一目了然；车间物料占用资金也写在黑板上，数额和天数一清二楚。汪海认为："双星的工资制度、考核制度一定要透明。"他还特意制订了《车间、班组、岗位、机台生产管理制度》，员工干好了依照哪一条可以奖，干不好依照哪一条可以罚，使每一个员工都心如明镜。双星进行绩效考核的目的并不仅仅是为员工的薪酬调整和晋升提供依据，双星更强调通过科学公正的绩效考核，使个人和集团的目标紧密结合，在工作要求和个人能力、兴趣之间寻找最佳的契合点，最终使员工的个人发展和集团的发展相互辉映，共创辉煌的高效运营机制。不仅仅是为了考核而考核，双星还积极向员工反馈考核的结果，这样员工就可以清楚地知道自己的行为究竟是对还是错，并从中发现自己的长处、优点以及缺点和不足，从而自觉采取相应措施——继续或是纠正以前的行动。

这种考核方法就是目前在全球各大顶级企业中正逐步推广的"玻璃式绩效考核法"。所谓"玻璃式"，就是要像玻璃那样透明，将个人绩效进行公开结算，并把结算的结果向大家公布。双星的这种考核方法激发了员工的进取热情，使大家在看到自己成绩的同时，也看到了与他人的差距，从而在员工间激起了一股蓬勃的朝气，营造了双星内部良性的竞争环境，也推动了双星的快速发展。

3. 人才激励的措施——硬激励和软激励相结合

硬激励是指企业对为企业目标的实现付出劳动的员工进行直接货币和间接货币的回报。直接货币回报是通常意义上的薪酬、奖金及津贴，也称报酬主系统。间接货币回报是指福利和社会保障等，也称报酬副系统。

说到"薪酬和奖金"，说到"用钱管理"，许多人肯定会瞪大眼睛：用钱管理？这不是搞不正之风吗？的确，自从带领双星人进入市场以来，汪海就敢于突破"钱"这一禁区。他主张"用好钱就是最好的思想政治工作"，以此挑战"只讲奉献、不求索取"的旧观念。用"钱"来衡量工作的质量、业绩的大小，用物质利益来调整和平衡精神利益。

20世纪80年代，他就敢于对工作中作出突出贡献的单位和个人进行重奖，奖品有彩电、房子、车子等，都是高档商品。早在1996年的双星集团科技工作专题会议上，双星模具厂厂长就因科技开发成绩突出而获得10万元重奖，另有100多名"创新能手"和"创新状元"各获1000元至50000元不等的奖金。在项目成果的利益分配上，双星集团还采取了一次提成兑现奖励、技术入股、按照市场效益分红等多种奖励办法，极大地调动了人才的积极性。

福利是双星集团通过增加福利和设施、建立各类补贴制度、举办文化体育活动，为员工提供生活方便、减轻员工生活负担、丰富员工文化生活等一系列事业的总称。福利及保障作为培养员工对双星集团的归属感和忠诚心的独特手段，历来被汪海总裁所重视。

汪海时刻关注员工的需要，最大限度地满足员工的物质文化需要，解决员工的后顾之忧。汪海曾说过，要让员工爱厂如家，要让双星留住人才，那么双星就必须像个家，是个家，温暖如家。员工看病难，汪海多方筹资，办起了有门诊、病房、手术室在内的综合性职工医院；孩子入托难，汪海号召领导干部集资建校，扩大规模，彻底解决了入托难问题；洗澡难，汪海用本来准备建办公楼的钱建起了宽敞、舒适的大澡堂，而集团领导仍在20世纪50年代建成的办公楼里办公；坐车难，汪海省下机关办公费，买了7辆大轿车，每天接送员工上下班；住房难，汪海亲自跑地皮、跑材料，一连建起了建筑面积几万平方米的宿舍楼、花园公寓等；为部分农民合同工缴纳了"养老保险"金，让他们享受正式医疗待遇；等等。这一系列得民心、顺民意，切切实实为员工着想的举措，不仅为双星赢得了民心，留住了人才，还鼓舞了员工的士气，激发了员工的工作热情。

除了物质上的激励，汪海更是一位善于把情感因素渗透到管理中的成功典范。他有一句名言"无情的纪律，有情的领导"，反映了他在管理中关于"严"与"情"的辩证结合的思想。他认为运用以人为中心的情感管理可以获得以下益处：一是严格管理可以使职工达到一致性，而情感却可以焕发出凝聚力和向心力。中国传统文化一直强调民心和凝聚力的作用，强调"得民心者得天下"。把这个理论运用到企业管理中，要求企业家善于运用情感因素凝聚民心。二是情感投入可以缓冲严格管理造成的管理者与被管理者之间的矛盾，润滑两者之间的关系，提高被管理者的心理接受程度。三是情感投入适应了现代企业管理中倡导的以人为本的原则，体现了关心人、爱护人、尊重人的正当需要。汪海善于把增强企业凝聚力、挖掘职工的最大潜能，作为情感管理法的切入点。

某天夜里，汪海在集团开会时，突然刮起了大风，他立即想起了工地上突击干活的员工，便马上停止开会赶到工地。汪海赶到工地一看，房屋没有窗子，寒风直往里灌，员工们冻得直打哆嗦。员工突然发现汪海赶到，吓得不知如何是好。汪海一问方知他们违反了企业规定的"工作时间严禁喝酒"的制度，偷着喝了酒。汪海不但没生气，还掏出钱让党办主任去再买几瓶酒来给员工们喝，并让后勤处处长送些热乎乎的水饺来。几十名员工被汪海感动得热泪直流，说他们遇上了一个讲情讲义的领导。在那次突击任务中，15天的活只用了9天就干完了。

实事求是地说，以双星目前的知名度和实力来说，对人才的报酬即使在青岛也算不上是最好的。但汪海坚信，在社会主义市场经济条件下，企业要想长盛不衰，光靠金钱是不行的，关键还要靠人的精神，一个没有精神的企业是毫无希望的。在多年的创业中，双星不仅靠金钱和物质来激励员工，而且还有一种精神的力量来激励人才，使双星的凝聚力和向心力不断增强，充满生机和活力。正是这种软硬激励措施的共同作用，打造出了一支无私奉献、吃苦耐劳、能征善战、敢拼敢闯的人才队伍，一支具有为国家争光、为民族争气的志气、士气和勇气的"铁军"，为双星集团创造了一个又一个奇迹！

七 自己教育自己，自己提高自己，自己完善自己

企业人才，特别是高层次管理人才和专业技术人才作为知识的拥有者、传播者和创造者，日益成为企业生产力发展的核心要素。人才资源作为第一资源的独特属性，正在随着时代的前进于企业发展中不断地凸显出来。

美国钢铁企业家卡内基曾说："把我所有的工厂、设备、市场资金全部夺去，只要保留我的人员，4 年后，我将仍然是一个钢铁大王。"比尔·盖茨坦言："如果把我们公司 20 个顶尖人才挖走，微软就会变成一家无足轻重的公司。"人才对企业发展的战略性意义不言而喻，而如何留住人才更成为决定企业生死存亡的重大问题。许多企业因为不重视人才，不仅使"孔雀东南飞"，甚至"麻雀东南飞"，使企业陷入了人才危机，进而导致企业危机。

汪海上任伊始，就高度重视人才，把人才看成是企业最重要的资源。他采取软硬相结合的激励机制，知才爱才、任人唯贤的用人机制，通过营造"鼓励人才干事业，支持人才干成事业，帮助人才干好事业"的良性环境等，形成了"人在双星自豪，干在双星光荣"的独具特色的留人机制。

人才的成长和发展，受多种因素的制约，其中环境的因素尤为重要。构筑企业文化，引导和塑造员工的行为，使员工对企业产生认同感，最大限度地调动员工的积极性，激发员工内在的潜能，是企业提高效益，保持可持续发展的主要因素。

企业文化是企业发展的灵魂和精神支柱，没有文化的企业不会走远。双星集团之所以在变幻莫测的市场竞争中能保持长盛不衰，正是得力于汪海向员工灌输了一种核心价值观，建立起持久有力的企业文化，从而源源不

断地提供给企业创新、进步的精神动力，打造了一支过硬的人才队伍，成为双星持续发展的软基因，成为双星长盛不衰的生命力。

汪海有句名言："人管人累死人，文化管人管灵魂。"他认为，只有让员工认同、接受了双星独特的思想文化，将企业的价值观和企业精神融会在自己的头脑中，他才能领悟其中的精髓，才会在工作中自觉去实践、贯彻其中的思想，最终成为日常工作的习惯行为，形成双星人的独特气质。在双星这样一个拥有6万多名员工的特大型集团里，唯有每位员工热爱自己的企业、认同自己的企业，才能统一员工的思想、发挥员工的最大潜能、实现员工的自主管理，才能以此来重铸企业灵魂，让双星的企业文化这一无形资产去盘活有形资产，让双星的企业文化这一有力杠杆来撬动、撑起整个双星的大发展。

双星独具特色的企业文化把双星打造成了一个"学习型组织"，营造了浓厚的学习氛围。走进双星集团的图书室，你会发现，从早到晚人来人往，前来借书的员工络绎不绝。汪海鼓励员工边学习、边实践、边提高，以学习推动工作，以工作促进学习。他所倡导的"自己教育自己，自己提高自己，自己完善自己"的学习理念已潜移默化为双星人的自觉意识，集团上下，更是形成了人人爱学习、个个争先进的学习氛围。

双星轮胎总公司子午胎二厂压延车间员工丁光占，原来是一名钢丝缠绕工，但他平日热爱学习，经常到图书室借书查资料，主动学习修口型板技术，成为一名修口型板"专家"。双星集团每年都要举办员工操作技能大赛，大力开展员工岗位练兵、技术比武等活动，提高员工的业务技能素质，极大地调动了员工讲学习、提技能的积极性，形成人人自觉参加培训、加强相互学习的良好氛围，从而使双星集团员工队伍的整体素质水平和技术水平有了极大的提高。

正是凭借先进的企业文化营造的良好学习氛围，双星人才凝聚出一种势不可当的合力，并在汪海的正确引领下，一路披荆斩棘，奋勇争先，完美地诠释了双星的"铁军"风采，也铸就了双星今日的辉煌。

汪海这位深谙"人道"的管理大师，他的"重人之才，重人之道"的人才战略，在中国的企业界可谓独树一帜，一花独放。他的"人是兴厂之本，管理以人为主"的管理理念，他的"不管黑猫白猫，抓住老鼠就是好猫，不拘一格选人才"的选人之谋，他的"以信用人，因才用人"的用人之道，他的"事业要发展，人才早培养"的育人之法，他的"用钱管理"和"用情管理"相结合的激励机制，他的"人在双星自豪，干在双星光荣"

的留人之略，他的"自己教育自己，自己提高自己，自己完善自己"的成才之术，为双星的发展建立了一套完善、系统、规范的选人、用人、育人、留人和相应的激励机制。正是汪海这一系列人才思想为每位双星人提供了成才的必要环境和条件，提供了充分发挥自身才能的舞台，激发了每位双星人的最大潜能，从而培养出了一支勇于拼搏、甘于奉献、敢打硬仗的骨干队伍，为双星的长盛不衰打下了坚实的人才基础。

（撰稿：张春艳）

意识是关键

——论汪海的反思维思想

  反思维也就是人们常说的反向思维或逆向思维，是一种与正向思维取向相反的思维形态。逆向思维的特点在于改变常态思维的轨迹，用新的观点、从新的角度以新的方式研究和处理问题，以求产生新思想，从而进行创造性活动。在企业经营管理中，反思维的意义在于突破常规的思维方式，由"反其道而思之"到"反其道而行之"，使许多问题简单化，使复杂问题轻而易举得到解决，并因此有所发现，创造出惊天动地的奇迹。在企业的经营管理当中，利用反思维做决策、树品牌形象、提升经营业绩，以使企业迅速发展的成功者中，双星总裁汪海是其中首屈一指的一位。

  改革开放以后，我国的经济发展模式逐渐由计划经济向市场经济转型。在转型的过渡期，全国有几千家制鞋企业倒闭。为什么双星能成为一枝独秀的企业，不但没有在市场经济的冲击下垮掉，反而越战越勇，不断做大做强，发展成一个优秀的民族品牌？这与双星总裁汪海在企业发展关键时期利用反思维作出的两个重大战略决策有直接关系。在提到这一点时，汪海深有感触地说："反思维是人类成功的开始，运用反思维可以创造奇迹。90年代初，我在双星的平稳发展时期，作出'别人进城我上山'的战略决策，使双星挺进沂蒙山，向贫困地区转移，不仅增强了企业发展后劲，而且带动了当地经济的发展。90年代末，全国各地兴起一股高科技风潮，各行各业最时兴的就是生产所谓科技含量高的产品，我却掉头选择了属于传统制造业的轮胎行业作为双星的效益增长点。这两次运用逆向思维作出的决策，实现了双星的规模化发展。"从思维方法上看汪海的这两个成功的决策，即别人进城、双星上山，别人涌向高科技、双星投资制造业，主要表现出了"人退我进，人弃我取"的反思维特点。

一 给汽车做"鞋"

对于橡胶行业内的人来说，青岛双星的成长故事有着太多的传奇色彩。2004 年 9 月上旬，国家质检总局在北京人民大会堂隆重举行"中国名牌暨质量管理先进表彰大会"，正式发布 2004 年中国名牌产品名单，并授予双星全钢子午线轮胎"中国名牌产品"证书及奖牌。这足以证明这家公司的非凡魅力——在整个轮胎行业竞争日益白热化的今天，刚刚跨入轮胎行业的双星，居然能够在如此之短的时间内脱颖而出，后来居上，取得这样的殊荣，无论如何是让人难以置信的。但是，从双星发展的总体战略上看，这一次资本扩张的成功又是汪海以"人弃我取"反思维决策所取得的一次成功。

1996 年双星股票上市后，募集到大笔资金，汪海要为双星寻求新的经济增长点。当时很多企业都把发展的棋子压在了所谓的"高科技产品"上，而传统制造业，技术相对落后，劳动强度高，自动化程度低，使很多企业在规划项目时对其不做考虑。当时的潮流是，高科技项目是一本万利的项目，谁拥有了所谓高科技的产品，谁就站在了行业的顶端，成为"老大"，而一旦成为"老大"就拥有话语权和支配权。但是，多年来一直与国外企业进行合作的汪海，深知它们不可能把真正的先进技术转让出来。当初双星与美国的一家公司生产抛尼牌旅游鞋时，对方只拿来了样品鞋，对于材料、生产技术都是双星根据样品自己开发出来的。事实上，国外一些企业转让给中国的所谓的高科技，都是在它们看来已经过时的、没有多大经济价值的技术，如果双星也涌向这样的"高科技"无疑是套牢资金，自己为自己设置发展障碍。因此，在寻找双星新的经济增长点这个问题上，思考方法不能受思维定式的桎梏，要从某一个方向跳到第二个方向进行选择和思考。汪海决定避开当时最热门的高科技产业，在传统制造业中寻找拥有更好前景的商机。

经过一段时期的考察与研究后，汪海得到了这样一个消息：地处山东胶南市的华青公司正在寻找合作伙伴。这可真是"踏破铁鞋无觅处，得来全不费工夫"。汪海得到这个消息后，开始搜集华青公司的相关信息。渐渐的，华青面临的困境映入了汪海的视线。

从 1998 年 10 月开始，国家开始清理整顿场外非法股票交易。根据国务院办公厅的（1998）10 号文件和中国证监会"关于清理整顿场外非法股票交易"的文件规定，华青股份作为"场外交易"的上柜公司，股票停牌。
股票停止上柜交易对正在发展初期的华青股份公司来说是当头一棒、致命
的一击。但是，中国证监会的文件给上柜交易的企业留了一条生路：允许
行业相同或相近的上市公司合并资产质量好、有发展前途的挂牌公司，这
意味着华青当时的出路也只有两条：要么瘫痪，要么与一家实力强大的上
市企业合作，解决股票流通问题。在这生存与死亡的关键时刻，还未等汪
海表示合作意向，华青的领导通过青岛市体改办牵线，主动找上门来了。

这里需要说明的是，制鞋和造轮胎看起来风马牛不相及，但是都属于
橡胶行业，双星对于华青来说是最符合证监会文件要求的企业。双星不仅
是上市公司，而且还是名牌企业，最重要的一点是资金雄厚，按老百姓的
话说，就是门户相当又财高气大的"婆家"。

华青急切地想靠上市救活企业，双星想在轮胎业大展拳脚。两家的
"联姻"可谓是一拍即合。1998 年 12 月 17 日，双星集团和胶南市政府共同
向青岛市政府打报告，请求双星与华青合并。1999 年 3 月 24 日，青岛市正
式行文批复：同意这次的吸收合并试点。

很快双星与胶南市政府签下了吸收合并的协议。汪海将这枚跨越式发
展的棋子投在华青，开始规划"给汽车做鞋"的宏伟构想。经过双星企业
文化和管理理念的注入，双星轮胎仅用五年的时间就发展成了全国名牌，
这是汪海"人弃我取"的反思维决策创造的又一个奇迹。

对于双星人来说，汪海是一个多发奇想，善于以奇招和怪法迎接挑战、
超越竞争对手的领导者，他们对自己的领路人所做的任何奇事都不感到吃
惊。如前文所述，汪海在决策上经常运用反思维，双星职工开始时奇怪、
吃惊甚至是反对，但是，双星企业的快速发展，使他们逐渐习惯了总裁的
反思维决策。但是，对于湖北东风金狮轮胎公司的人来说，他们做梦也没
想到，"城头变幻大王旗"，变来变去要由做鞋出身的汪海来掌管他们的命
运，于危难中拯救这个在竞争中瘫倒的"老大哥"的竟然是做鞋的双星。

常言说，市场经济优胜劣汰，汪海做鞋可以在全世界叫响一个品牌，
并购华青轮胎后，五年之内使这个企业生产的产品成为全国名牌，销往欧
美和非洲的许多国家。汪海的正确决策能让双星 4 万名职工丰衣足食，而东
风金狮轮胎公司（原东风轮胎与马来西亚金狮集团的合资企业）守着全国
有名的第二汽车制造厂却一副轮胎卖不出去，3700 人失去了工作，企业亏
损高达 15 亿元。什么是差距？东风金狮轮胎的人不辩自明，他们于沉沦中，
于生存的危机中，渴望春风送暖，渴望有汪海这样的企业家为他们力挽狂

澜，走出困境。为此，湖北省领导亲自点将，盛情邀请汪海来重组东风金狮轮胎。

2005 年 3 月 18 日下午 5 点，青岛双星集团与东风金狮轮胎有限公司签订托管备忘录；一个月后，新成立的双星东风轮胎开始恢复生产。到 2006 年底东风轮胎已经扭亏，2007 年实现赢利，于 2007 年秋天，双星正式收购东风轮胎。

汪海以"人弃我取"的反思维决策跨入轮胎业，不仅使双星的企业效益实现了大跨越，而且推动了橡胶行业的发展，用事实证明，企业家运用反思维作决策会使企业经营别开洞天，在别人注意不到的地方有所发现、有所建树，把握住企业发展的"决胜局"。

二　向顾客致歉

反思维的特点之一，就是具有新颖性。企业家若以循规蹈矩的思维方式处理问题，虽然简单易行，但是由于思路僵化、刻板，摆脱不掉旧习惯的束缚，做出的往往是一些司空见惯的事情，不能给人们带来视觉上、心灵上的冲击，这样的作为，在企业形象建立上只能取得事倍功半的效果；而利用反思维则能突破旧习惯的束缚，做出出人意料的事情，给人带来超乎寻常的震撼，从而对企业形象的塑造达到事半功倍的效果。汪海在企业形象的树立上，利用反思维做出过许多经典实例，至今仍被企业管理界传为美谈，同时也证明，反思维是一种创新思维，可以为企业创新另辟蹊径。

反思维有它得天独厚的优势，常规思维难以解决的问题，利用反思维会找到非常理想的解决办法。汪海在双星发生一次信用危机时，利用反思维因势利导，破解了在很多管理者看来都难以解决的难题，使危机变成了有利时机，为双星的品牌形象赢得了良好的信誉。

正当消费者购买双星产品的热情高涨时，汪海意外地收到几封顾客来信，反映他们新购买的老人健身鞋有毛病，问能否给予退换。

汪海读了信后，心潮澎湃。他已经好久没有接到消费者反映情况的来信了，他要亲自了解情况，解决这个问题。汪海找到了负责质量的副经理。副经理说这批鞋是因为设备有问题，所以出现了一些不尽如人意的地方，但鞋本身的牢固程度都比较可靠，根本不影响穿用，他的意见是不用给消费者退换。

汪海听了这样的汇报显然不满意。他在办公室里来回地走着，心里感到一直不舒服，他在想：随着人们生活质量的不断提高，花几十元钱买双鞋本来不算什么，可如果人家高高兴兴地买了双鞋回去，结果一试不舒服、不满意，会是怎样的心情呢？另外，中国老百姓一般说来是冤死不投诉，而他们之所以能写信反映情况，这正说明他们是信任双星、相信双星的，像这样的人，我们又怎么能忍心让他们花钱买个不愉快呢？作为老年人，吃穿已经不太讲究了，唯有穿得舒服些是他们所追求的，不舒服就等于不合格。

汪海又想到企业的名声与信誉，像双星这样的制鞋大企业，每天的总产量在 30 万双左右，如果有万分之一不合格，一天就有三十多双残次品，一年下来就会有上万双不合格品，而这样的结果会使企业的名声和信誉在一万多个用户中丧失！产品质量是企业的生命，售后服务同样关系企业的生命。想到这儿，他立即召开全体员工大会，深恶痛绝地说道："在市场面前谁都不能作假，特别是在质量问题方面不能作假。企业什么都可以改革，唯有质量第一不能改革；企业什么都可以原谅，唯有质量问题不能原谅。特别是对因工作质量、服务质量差造成产品质量问题的更不能放过，更不能原谅。一定要追究责任，严肃处理。有人对我说，中国十几亿人有几个不满意的很正常。这是什么话？我们或许不能让十几亿人都满意，但绝对不能知道消费者不满意了还不去改正。"

好事不出门，坏事传千里。如果双星鞋的质量问题扩散出去，再被有些媒体添油加醋地加以报道，就会产生严重的信用危机。怎样处理这件坏事让汪海很伤脑筋。既要达到教育双星的干部职工"干好产品质量是最大的行善积德"、"用户是上帝"的目的，又要让顾客得到满意的答复，把坏事变成好事，化不利因素为有利因素呢？

汪海经过冥思苦想后，还是利用反思维作出了一个异乎寻常的大胆决定。第二天晚上，当人们打开电视时，看到屏幕上出现了新中国成立以来的第一则"反"广告：因质量问题，双星向广大顾客深深道歉，请二月份购买"双星"牌老人健身鞋的顾客立即到双星各门市部或代销点换鞋、修鞋。

这则道歉广告在当时全国范围内迅速引起了强烈反响，《人民日报》、《工人日报》、《经济日报》等几十家报刊纷纷撰文予以评论，甚至连国外的媒体都予以了转载，把这种敢于亮丑的勇气和对顾客负责到底的做法，誉为远见卓识，具有"正竞争"的气度。

"反"广告赢得了"正"效益，双星内外无不为汪海这一逆向思维叫绝。作为企业家，汪海当然重视经济效益，但他更注重企业的社会效益。在这个"反"广告中，汪海对消费者献出了真心，换回了金钱难以买来的信誉。

三 给石狮子穿鞋

反思维方法是保持视角的多样性和灵活性的一种方法，并要求从人性角度和现实角度观察问题。汪海也正是利用了反思维的这一特点，突破民俗的局限性，实践了一个让世人惊叹的"狮子穿鞋"的创意。

自古以来，狮子踩绣球是中华民族的一种图腾。但是，双星大门口的石狮子要是也踩绣球，那就不能体现总裁汪海反思维的魅力了。狮子不踩绣球那它踩什么？一般人肯定猜不到。双星的石狮子什么也不踩，它要穿鞋！狮子穿鞋？这可是一件怪事。然而，更怪的事情是，在双星集团的大门口，汪海竖起了两只猫，一只是黑猫紧紧抓住一只老鼠，而且还虎视眈眈地看着前方；一只是漂亮的白猫，不但不抓耗子，还优雅地与耗子戏耍。汪海利用反思维搞出的创意，让他的竞争对手和普通百姓为之惊叹。

1992年汪海在青岛市中心准备建一座双星城，在设计时按照中国人的惯例要在大门口竖一对石狮子，这是中国人几千年流传下来的风俗。一向不喜欢跟着别人走老路的汪海，看着双星城的整体设计方案感到很满意，只是见门口的那对石狮子是司空见惯的老样子觉得缺点什么。这两个狮子到底怎么竖效果才能最好呢？如果按常规竖一对人们司空见惯的石狮子，你就是雕刻出花来也绝对引不起人们对双星企业和双星品牌的关注，如果是这样，那竖不竖狮子还不是一个样？既然要竖就要有所创新，竖出新意，竖出自己的风格，引起人们的极大关注，这样才能达到迅速带来品牌影响力的目的。

双星的办公大楼离大海只有一百多米，海边是汪海经常思索问题的好去处。面对一浪推着一浪的大海，汪海自问："我汪海是干什么的？我是鞋匠，做鞋的。既然是做鞋的我给人穿鞋是常理，那么为什么不能突破常规也给石狮子穿鞋呢？"

给狮子穿鞋，对！任何人都没想到的事，汪海利用反思维想到了。与其说是大海给了汪海灵感，不如说是汪海已然养成了以反思维考虑问题的习惯。

当汪海兴奋地安排人去寻找石匠时，没想到那位技术精湛的小石匠连连摇头，瞪着一双充满疑惑的大眼睛问道："给石狮穿鞋？没搞错吧?!"施工员回答说："没错，就是给狮子穿鞋。"

小石匠出身石刻世家。他回到家首先跟父亲说："双星要做一对石狮子。"父亲说："那就做吧，有什么为难的。"小石匠低着头说："人家要给狮子穿鞋，而不是踩绣球。"小石匠的父亲一听就火了，训斥他说："混账！狮子穿鞋？我活了五十多岁了都没听说过。"小石匠自然是遭到了父亲的责怪，他心里不服就把这件事又告诉了他的爷爷，爷爷听后也说，你肯定是听错了。祖孙两人争执了一番，最后年过七旬的老石匠，捻着胡须对儿子说："你亲自去一趟双星，把这件事问个明白。"

中年石匠来到双星城，施工人员把汪海的意图又仔细地向他说了一遍。这位干了几十年的石匠，怎么也不能理解狮子穿鞋这件事。他说："从古到今也没有一个人给狮子穿鞋的呀，我可以不可以见见汪总？"施工人员答应了他的请求。

中年石匠来到汪海的办公室，汪海热情地接待了他，指着那幅"敢为天下先"的书法作品说："'敢为天下先'是朋友送给我的，但'敢为天下先'不是胡来，做生意要做在别人前头才有先机。我们是做鞋的企业，门口的狮子踩个石球什么的不新鲜，但让狮子穿上双星鞋在门口一站，这就是新鲜事了，这就是'敢为天下先'的人做的事了，我敢保证，你要是按我的说法给狮子穿鞋了，你也就做了一件'敢为天下先'的事。"说着他把一双特大号双星鞋交到石匠手里。石匠接过鞋彻底弄明白了汪海的用意。

双星城的门口有五条公交线路经过，属于比较繁华的地段。这对穿鞋的狮子在双星城大门口竖起来的那天，引来了无数好奇的目光。电台、电视台和新闻记者纷纷报道了这件事，可谓在青岛轰动一时。过路的人无不惊奇地说："看啊，双星的狮子穿鞋了。"有的汽车还特意停下来让乘客看看热闹。青岛是旅游名城，双星的狮子穿鞋不仅让青岛市民家喻户晓，也很快成为全国各地来青岛的游人一个必不可少的参观景点。

狮子穿鞋的广告一直延续了几年，当这件事失去新鲜感之后，汪海的脑海里又在研究新的"广告"创意了。

双星建新办公楼时，汪海这次决定不在门口竖狮子了，他要竖两只猫，一只黑猫、一只白猫。

这又是一个利用反思维的大胆创新，汪海让石匠将石狮改成黑白两只猫的形象。他告诉石匠，要将黑猫塑成前爪摁着两个老鼠，撅着腚，两只眼看着前方；白猫呢，张着大嘴，那嘴张得特别大，昂着头，老鼠就在它眼前可它却不抓。不仅如此，在塑像的底座上汪海要求再镌刻上"不管白猫黑猫，抓住老鼠就是好猫；不管说三道四，双星发展是硬道理"。汪海的这个设计，费了两三年的时间才完成施工。

从狮子穿鞋到白猫黑猫，汪海的反思维在企业形象的树立上，取得了非同寻常的效果。他的创意远远超越了一般性的范畴，成为引人深思的经典创意。汪海的反思维运用在经营管理中为什么能屡见成效？那是因为正反思维源于事物具有不同的方向性，由于客观世界存在互为逆向的事物，思维才有正向思维与反向思维。当人们按照正向思维思考找不到解决问题的办法时，按反向思维去思考问题马上会迎刃而解。

四　别人降价我涨价

反思维的另一个特点是站在常规事物对立面思考解决问题的方法。在对立统一中把握事物的多样性、复杂性，达到出奇制胜的目的。而这种站在对立面思考问题的思维方法，体现了一个人的综合能力，它需要胆量、气魄、冒险精神。汪海作为一个在改革实践中成长起来的企业家，具备了这种超出常人的综合能力。

汪海在一次订货会上利用反思维作出的"反其道而行之"的决定，证明反思维具有十分宝贵的价值，可以帮助人们正确对待面临的挑战，深化对事物的认识，并由此而产生"原子弹爆炸"般的威力，使工作效率和经营效果成倍提高。

初冬里的柳州，细雨绵绵，阴冷潮湿，但这里举行的全国鞋帽订货会上，各大制鞋厂家却是热情满怀，摩拳擦掌，决心要比个高低。

汪海从营销队伍中精选了16名勇士前去应战。临行前，汪海给他们鼓劲说："大家作为业务骨干中的精英，此次是肩负着全体双星职工的重托去参加订货会的。因此，你们的任务有两项：一是要广泛宣传企业，二是要拿到100万双鞋的合同订单。"

16名营销勇士带着300多双样品鞋来到柳州，在展馆里精心布展。为了达到宣传双星产品的最佳效果，他们将两条写有"双星全体员工向全国广大用户问好！"、"双星牌产品欢迎商界朋友光临洽谈！"的横幅，挂在了交易大楼的正中间，抢占了最佳广告位置。但是别的厂家也都使出浑身解数，拿出了自己的看家本领，亮出了一决高低的架势。

汪海在开展前来到了会场，他看完其他厂家的促销手段后，心里有些没底儿。因为精明的浙江人、福建人、江苏人用大招牌公开亮出了"买十送一，买一千送三百"的大红字样，以此招揽来自全国各地的客户；为了拿到更多的订单，有的厂家还抛出了"跳楼价"。面对如此激烈的竞争，起程时雄心勃勃的营销勇士们信心锐减，因为同样花色的品种，双星的价格比别人整整高出十分之一，这能让客户接受吗？他们无不向汪海投出求救的目光，希望汪海依然像以前企业遇到困境时那样力挽狂澜。而这时的汪海却是眉头紧锁，一脸的困顿。

柳州的夜晚因为有了这次全国鞋帽订货会更加绚丽多姿，大街小巷张灯结彩，汪海站在窗前看向繁华的大街，却无心欣赏如此美丽迷人的夜色，他决定召开营销方案会议。汪海的习惯是先让大家畅所欲言，尽情地谈自己的想法和看法。

两天紧张又忙碌的布展让大家体会很深，早就有一肚子的话要说。一位营销员率先发言，他说："因为我们是国企，所以根本不可能像南方个体、乡镇企业那样灵活，暗地里给客户塞'红包'，这样我们首先就落了下风。"另一位干脆提议，要想使订单突破100万双，只有两招儿：一是请客送礼，人家给一千我们给两千；二是降价，打一场价格战。

听完大家的议论，汪海一言不发。他知道大家的想法是有道理的，按照正向思维的方法考虑目前的竞争态势，也只能有他们提出的这几种方法。目前社会上出现的各种恶性竞争，造成了经营方式的混乱。企业随波逐流者大有人在，如果我汪海也汇入其中那我就不是一个成功的企业家。成功的企业家要想百战百胜就必须出其不意，攻其不备，古人有三十六计，我则可以用一计取胜：反思维。在中国你只有与众不同、逆流而上才会吸引别人的注意力。

汪海见大家的意见发表得差不多了，他问道："你们觉得咱双星的产品在样式和质量方面与其他厂家相比到底过硬不过硬？"

大家几乎是异口同声地回答："当然过硬。"

"既然过硬，为什么要降价？"

大家不做声了，你看看我，我看看你，刚才热热闹闹的会场一下子静了下来。汪海接着说："虽然现在社会风气是这样，但我总觉得'负竞争'是暂时的，真正的竞争应该是正面出击。我们双星就是要靠质量好、信得过的风范，靠我们热情的服务和认真的工作取胜。搞歪门邪道，不是一个有所作为的企业该干的事儿。我们要想在逆境中取胜，拿到更多的订单就要'反其道而行之'，涨价！"

第二天，汪海便按照自己的思路开始布置工作。按照优质优价的原则制定了新的订货价，随后开始实施双星与众不同的促销方案。

首先，在《柳州日报》刊登一则整版广告，写下这样几句话：如果双星鞋不漂亮，你尽管不选择它；如果双星鞋不舒服，你尽管远离它；如果双星鞋质量差，你尽管不买它；如果你信得过双星鞋，绝不要错过它！这期报纸一上市，新颖的版式，独特的广告语言，诚实的商业作风，立即引起广大消费者的注意，无疑达到了宣传和扩大双星知名度的效果。

其次，全体营销人员在订货会期间一人承包两个省，白天与客户洽谈业务，晚上亲自拜访客户。汪海要求大家一定要用真挚的情感、过硬的产品和认真的工作态度去打动他们。

就这样，在订货会正式开幕的当天，营销人员按照汪海的"反其道而行之"的方案，拿着登有双星广告的《柳州日报》分发到与会者手中，并在展柜前竖起一块大红招牌，赫然醒目地写着："不怕价格高，就怕货比货"。

第一天下来，他们竟然签订了 30 万双的订货合同；到了第二天中午，合同已突破了 150 万双大关，远远超过了出发前 100 万双的预定目标；等到了第三天展会结束时，实际所签订的合同已达 260 万双，这 260 万双鞋基本上都是全国各大商场预订的新品种，为双星当"排头兵"、当"领头羊"亮出了一面鲜艳的旗帜。

五　把无形资产变成有形财富

2002 年 6 月份，双星集团第一次将商标使用权授予外部企业，实施品牌运作。温州一家制鞋企业的老板王金祥找到双星总裁汪海，想买断双星在温州的皮鞋商标经营权。不久，"双星特派员"到达温州考察，发现所谓的"公司"只有王金祥一个人，既没有厂房、生产线，更没有员工、车间，有的只是"创新观念"。"双星特派员"了解这些情况后，合作自然不告而吹。

汪海得知此事后，对这个王金祥的虚拟经营很感兴趣。多年的商战经验，已使他深知，突破常规思路、能实现"无本创业"的人才是真正的高手。他亲自去温州考察，经过一番交谈后，他认为这个年轻人是个创业天才，能干出一番大事业，于是汪海亲自授权这家公司：1000 万元卖掉"双星"皮鞋商标 6 年的经营权。

这件事让很多人的心悬了起来，把经营权让一个一无所有的年轻人去经营，可能是汪海哪根神经出毛病了。但是，汪海坚信，现代经营是理念决定成败，有了好的理念比有厂房、有人马更重要。果然，王金祥在买断双星皮鞋商标经营权之后短短的 4 个多月，又利用"蛋生鸡"的运营方式，在自己的经营区域内转手建立了 20 多家代理网络、16 家分支机构，并收购了当地一家皮鞋生产线，卖出了皮鞋几十万双。双星皮鞋在不到半年的时间里成为温州皮鞋市场的"快鱼"。

2002 年 7 月 1 日，温州市工商局发出了实行"一审一核"制度后的第一张企业执照，就是"温州双星"。双星集团总部为此专门向温州市工商局发出函件，授权这家新登记的企业使用"双星"商标。

此次与王金祥的合作，是双星集团第一次将商标使用权授予外部企业，将无形资产向有形价值转化。汪海卖的是商标使用权，用的正是"特许运营"战略。

无形资产是企业的一笔巨大财富，但有许多经营者根本就认识不到它的价值。盘点近几年的资本运营，汪海这位反思维创意高手显得胸有成竹："双星品牌无形资产价值 492.92 亿元，我要用牌子这个无形的东西做篇大文章，把无形资产变成有形财富，再用有形的财富促进无形资产的增值。我们近几年之所以取得了超常规发展，就是依靠品牌的价值实现了'三借'——一借外部资金，二借外部力量，三借外部人才，从而提高了双星品牌整个市场占有率。"

品牌经营的"空手道"是企业品牌形象到了高层次后的一个舵轮，转动它需要超常的智慧。汪海的反思维是转动双星品牌舵轮的"驱动力"——新思维、新理念，理所当然能创造出经营上的奇效。

反思维是开启经营者智慧的又一把钥匙，其在企业经营管理中的作用越来越引起管理专家的关注。由美国管理协会出版的《逆向思维：释放你潜在的创造力》一书，从理论上论述了怎样利用反思维释放潜在的创造力、把握变化的高度、寻找和利用对立面，以及反思维使用的技巧等，为企业管理者提供了成为一个顶尖企业家的思维模式——反思维模式。事实上，多年以来，汪海在经营管理中利用反思维进行的创造性活动，可以说为这一独特的思维模式提供了成功的例证。

中国进入市场经济以后，企业间竞争的激烈与残酷，使得循规蹈矩的人非常容易被淘汰出局。这就要求企业家，要像汪海一样善于运用反思维去解决经营中的问题，在关键时刻，从结论往回推，从求解回到已知条件，才能变被动为主动，变不利为有利，创造经营管理的奇迹，这就是反思维的魅力。汪海利用反思维取得的成功，如同一粒粒珍珠，展现出这种独特的思维方式闪耀的智慧光芒。

（撰稿：赵晏彪）

用好钱就是最好的政治

——论汪海的政治工作思想

改革开放 30 年来，在向社会主义市场经济体制转型的进程中，随着市场化程度的不断深化，我国国有企业经受了"革命"的洗礼和"凤凰涅槃"，涌现出一大批著名的优秀企业家。这些企业家在市场中"摸爬滚打"，不断探索出思想政治工作的新路子。以汪海为代表的青岛双星集团，在实践中诠释、丰富了思想政治工作理论。汪海的政治工作方法和经验，具有一定的典型意义，值得借鉴和思考。

作为企业家的汪海是不寻常的：他是最早提出走市场不走官场的企业家，是最早带领企业下海、出城、上山闯市场的企业家，是最早提出创名牌的企业家，是最早总结国企改革成功市场理论的企业家。汪海是双星名牌的缔造者，是改革开放的探险者，是走市场之路的实践者，是国企改革的成功者，是中国第一代改革者中杰出的代表人物。

作为中国改革开放后的第一代优秀企业家，汪海在一个企业中任厂级领导 30 年，至今仍奋战在市场一线。在 20 多年国企改革的实践中，汪海遵循市场经济发展的客观规律，创造性地把马克思主义哲学、中国优秀传统文化应用于企业思想政治工作中，形成了汪海独特的市场哲学、管理哲学、人生哲学。正因为如此，他获得了"全国有突出贡献的管理专家"、"全国思想政治工作创新特等奖获得者"的殊荣。受到了国内、国际各方面的赞誉和关注。

一 双星的成功首先是政治上的成功

列宁曾说过"政治同经济相比不能不占首位"。同样，毛泽东也说过，"政治工作是一切经济工作的生命线"。对于一个大型企业而言，政治工作就更加重要。政治是以经济为基础的，同时政治集中体现了经济利益。只有这样，政治才能高屋建瓴，具有统揽全局的作用。对于一个企业而言，政治工作关系企业的生死存亡。

对于经济和政治的辩证关系，汪海有着自己独到的见解，他称为"市场政治"。汪海说："我喜欢用'市场政治'这种简洁的语言来表述。这绝不单纯是一句政治口号，双星的成功首先是政治上的成功。很简单，在有人群的地方，必须有政治，我们承认市场，搞市场经济，那么'市场政治'是很自然的。战争年代，毛泽东曾指出：战争是政治的最高形式。那么，现在的商战，无非是一场不流血、看不见硝烟的战争，市场便是战场。在市场经济中，经济的发展与否是政治上是否成熟的表现。政治是精神的，它需要通过经济来表现，通过经济实力、产品的牌子和企业管理来表现，政治上的成功是要用经济来说话的。假如没有政治上的成功，就不可能取得经济上的发展和振兴。在双星，如果政治上是不成功的，也不会创出双星这个名牌。应该看到，双星进入市场，首先是思想上进入了市场，超前的思想在实践中形成理论用来指导事业的发展才取得成功。这种思想、理论、哲学观点和方法就是双星在市场经济条件下的政治。"

对于"市场政治"同双星的关系，汪海简要总结为六句话：市场越活跃，政治越重要；市场要成功，政治要先行；集团要发展，政治要领先。在汪海的带领下，双星人创造性地实现了政治与经济的最佳结合。政治、经济要解决"两张皮"的现象喊了很多年，但到现在也没有很好地解决，而双星却成功地进行了探索。从最早开展的"三个百"竞赛（原材料质量100%，半成品质量100%，成品质量100%）到"三名"竞赛（创国际名牌，当世界名厂，做双星名人），及"成本在我身边"、"刀下留钱"等竞赛和市场经济应不应该严格管理及名牌背后潜在的危机等讨论，都既是精神的又是物质的，是政治与经济的有机融合。

汪海认为："政治工作不仅是谈心、作报告、念文件、开会，在经济突飞猛进、社会飞速发展的今天，政治工作也应更新，内容也应更为丰富。在双星，我们既继承以往的传统方法又进行了创新，提出管理也是政治，要在实际工作中管理人、教育人、解放人。我们提倡有情的领导是政治，无情的纪律更是政治。"抓具体人具体事，在市场经济中，把用好钱作为政治工作的一个重要措施和手段，认真抓好以资金为中心、以降低六大费用为重点的深层次管理，仅此一项双星1997年挖潜创效3500万元。双星的"市场政治"用这种途径充分表现出来。

上述汪海对市场政治的感悟和理解，符合马克思列宁主义、毛泽东思想的基本原理。这与邓小平针对农村发展要"因地制宜"而提出的"猫论"，如出一辙。这与"三个代表"重要思想和科学发展观的精神实质也是一致的。在这个意义上，我们把企业家汪海称为"市场政治家"是符合事实的。

二　做"黑猫企业家"

作为一个以"敢为天下先"自任的企业家，汪海带领双星在改革开放的30年间，创造了国有企业中数量众多的"第一"，在业内反响强烈，难以复制。改革过程中，汪海持续不断地对企业进行改革，用好了中国改革开放"实事求是"理论的精髓，这也是双星"30年之谜"的最好答案。

汪海注重国情，联系实际，从实践中总结创造出一套新的理论和知识——"ABW"理论，并用其及时、正确指导中国特色企业发展的实践。汪海"ABW"理论的第一要义是认识中国市场，把握中国市场，紧紧抓住拥有13亿消费者、在全世界最具潜力的中国市场不放松。汪海30年经营实践的落脚点也恰恰是中国企业首先要充分认识自己，认识中国企业劳动力成本低廉的优势，认识中国人聪明智慧的技术研发优势，认识中国市场容量大、潜力大的优势。只有充分清醒地认识自己，中国企业才能避免很多发展中国家企业为发达国家企业充当附庸和车间的悲惨命运，走出真正成功的、健康的发展之路，为国家经济和文化的振兴作出贡献。

1. 《矛盾论》的灵活运用

在市场经济条件下，汪海把毛泽东的《矛盾论》思想发扬光大，将之发展并运用于市场。他认为在市场经济中，矛盾是客观存在的，是无法回避的。他告诫双星的管理干部："工作、管理、生活、竞争中，矛盾处处在，是无法回避的，这些矛盾处理不好，就有可能使小矛盾变大、大矛盾恶化，出现更大的问题和矛盾。但凡事都有规律性，比如说'产量与质量'的矛盾，作为一厂之长就要分清主次，就要'宁损产量，不损质量'；领导和员工的矛盾，解决矛盾时采取回避、讨好人、怕得罪人，就管不好企业，树立不起正气；个人利益和企业利益面前，当亲戚朋友违反规定，我就要首先制裁，要不别人怎么服气？"

2. "双星猫"

汪海在不同场合说："双星猫"是双星企业文化的独特代表。企业要发展，就要做"黑猫企业家"。"我在双星集团总部、生产基地大门口、双星连锁店门口，不放石狮，而是放一黑一白两只猫雕塑，为的是什么？我就是要宣传'不管白猫黑猫，抓住老鼠就是好猫；不管说三道四，双星发展是硬道理'的企业理念。对企业来说，国有企业要发展，关键是解决国有企业领导班子问题，企业家要成为一只'好猫'，就要积极主动去捕捉'耗子'，抢抓机遇求发展；对双星的干部来说，这句话就是不是犯了错误才下去，而是干不出成绩就要遭淘汰；对双星员工来说，干出好活就是好'猫'，双星为每名员工创造了平等的机会，只要胜任、能干出成绩，农民工也可以当厂长！"

3. "发展才是硬道理"

在市场的博弈中，邓小平提出"发展才是硬道理"的思想给了汪海很大的启示。20 世纪 90 年代初，汪海又一次冒着蹲大狱的危险进行了"市场经营"的改革。在有利于国有资产保值增值的前提下，将双星经营公司进行承包卖断，完成了职工从"给公司卖鞋"到"给自己卖鞋"的转变，把众多双星人送上了制造百万富翁的流水线，同时为竞争性领域国有资产保值增值探索出一条新路。后来，他又将邓小平提出的"农村责任田"的方法移植到工厂，将车间设备承包给职工个人，把企业的工作岗位变成了每位职工的"责任田"，实现了职工自己管理、自己降耗，整个集团的生产效率提高 30% 以上。

三　创名牌是市场经济中最大的政治

邓小平曾经说过："经济工作是当前最大的政治，经济问题是压倒一切的政治问题，不只是当前，恐怕今后长期的工作重点都要放在经济工作上面。"[①] 对于双星而言，汪海认为"用好钱就是最好的政治"。

汪海总结和创造了一整套符合自身发展的企业文化和市场理论，最早把经济观点引入企业思想政治工作当中，提出"用好钱就是最好的思想政治工作"等一系列观点，凝聚了他 30 年商海搏击的思想精华，解放了双星人的思想，为双星后来众多的超前和"第一"打破了思想和观念障碍。

汪海组织双星人结合实际开展了十几次解放思想的大讨论，总结了一

---

① 《邓小平文选》第二卷，北京，人民出版社，1997，第 194 页。

系列具有指导思想意义的"汪海语录",现已被收录进大学教材;汪海创造的"三轮、三环、三原则"的"双星九九管理法",被全国企业管理协会、全国企业家协会评为向全国推广的现代化管理方法之一。凭借积累的丰富管理经验,汪海撰写了数百篇管理论文,出版了《市场·企业·创新》、《市场·企业·名牌》、《双星潇洒的奥秘》等多部管理专著,形成了一套融市场哲学、管理哲学、人生哲学于一体的符合中国国情的企业管理理论,丰富了企业管理理论宝库。

汪海认为:"创名牌是市场经济中最大的政治。"汪海曾说,一切经济活动都必然带有明显的政治目的,说到底还是民族的利益之争。在这个地球上,没有孤立的经济,也没有孤立的政治。民族品牌是民族经济的生死牌,我们要想在世界上有话语权,必须增强民族品牌意识,以民族品牌立于全球市场。

一位外国记者问汪海,凭什么说"双星"是世界名牌?汪海理直气壮地回答,除了凭质量再就是凭市场。"美国仅有两亿人的市场,就总爱把自己的名牌称作是世界名牌。我们拥有十二亿人的大市场,为什么不能把自己的名牌确认为世界名牌呢?"

在汪海看来,名牌是市场经济的必然产物,既然承认市场经济,就必然承认名牌的存在和作用。

1992年9月,汪海在纽约的新闻发布会上,傲然宣布,双星人在世界制鞋业已经夺取了三个第一流:生产规模第一流、企业管理第一流、产品质量第一流。

1995年,国务院发展研究中心组织部分企业家研讨中国21世纪的发展规划。汪海说:"21世纪的中国首先要规划创出多少自己的牌子;现在很多中国人以洋货为荣,身上穿着的是外国牌子,满街跑的是外国车,继续这样下去,我们的后代或许有一天将不知道什么是中国的名牌了。中国要做21世纪的世界巨人,就必须要有一大批自己的名牌。因此,衡量一个企业家的标准也不是看他有多少产值,而是应该看他敢不敢创名牌!"

正是基于这种清醒的思考,汪海指出,现在用外国牌子占领民族经济领域,是一场没有硝烟的战争。我们有义务、有责任创出中国人自己的牌子,振兴民族经济,振兴中华民族,让"实业报国"之旗在双星高高飘扬!这是以汪海为代表的双星人的豪言壮语,也是他们创业的最真实写照。

四　没有文化和理论的企业
是没有希望的企业

改革开放 30 年来，汪海在市场经济中摸索出了一整套思想政治工作的方法，在理论和实践的结合中，他创新了思想政治工作的方法和经验，其思想政治工作的特点表现在如下几个方面。

1. 创新是动力

在双星的各厂厂区和车间，到处可见"汪海语录"。所谓"汪海语录"都是他的治厂之道，经验之谈。例如："取千家之长补我之短，借四海之力振兴双星"、"对外走双星路，自己发展自己；对内走改革路，自己解放自己"、"只有没管好的企业，没有管不好的企业"、"等待别人给饭吃，不如自己找饭吃"、"琳琅满目的市场就是硝烟弥漫的战场，市场上夺钱就是战场上夺权，市场中的企业家应是战场上的将军"、"人是兴厂之本，管理以人为主"、"敢为天下先，争创第一流"、"干好产品质量就是最大的行善积德"、"靠智慧、靠拼搏、靠勤劳先富起来"……能够创造语录的人，一般都有一种语出惊人的思维能力。

汪海说，用过时的理论指导今天的改革根本不行，理论落后了，在制度上、政策上就要犯错误。而今天不创新，明天就落后；明天不创新，后天就淘汰。所以创新是市场竞争永恒的主题。只有敢于"破"才能"立"。"精神的东西永远是第一位的"，"没有文化和理论的企业是没有希望的企业"，文化和理论的创新是创新中的灵魂，是企业发展动力中的核动力。双星之所以发展到今天，不断发展壮大，就是用思想、用文化、靠理念，以企业文化这个软武器，贴近员工的思想，做好员工的思想政治工作。

从一个劳动力密集型，并且有着几十年历史积淀的老国企，到一个享誉中外的著名品牌，从计划经济到市场经济，从砸烂新旧"三铁"、出城下海上山，到闯出国内外两个市场，双星一直以矫健的步伐引领中国的制鞋业。而双星的旗舰地位，正是得益于汪海不倦的思想探索而形成的一整套指导企业实践的双星理论。贯穿其间的精髓，就是他实事求是、不断冲破禁区的求索精神，以及对市场经济本质的深刻认识。汪海介绍说，双星是传统企业，它的发展靠的就是创新。双星这些年的发展，让我们体会到，首先是有了企业思想文化理念上的创新，企业才有凝聚力。现在双星生产企业遍布全国各地，要想管理好，只有靠文化理念的创新，企业文化是很重要的东西。

汪海认为，创新是市场竞争永恒的主题。只有敢于"破"才能"立"。基于这样清醒的思考，他在企业改革实践中提出了："要正确理解和运用人性、个性、党性"；"要正视名与利对现代人的影响，用好钱就是最好的思想政治工作"；"名牌关乎民族的命运和市场竞争的成败，创名牌是市场经济中最大的政治，名牌是市场经济的原子弹"；"琳琅满目的市场是当代布尔什维克的试金石，市场是检验企业一切工作的标准，我们永远要做市场的学生"；将中国的佛文化引入当代的企业管理，创立了中外管理大师们为之瞩目的"干好产品质量是最大的行善积德"的管理新学说。实践证明，正是汪海创新的"双星理论"，使得双星实现了思想文化管理，为民族扬了威，为祖国争了光。在西进沂蒙山建起了两大鞋城后，十几年时间，双星在全国范围内建立起众多制鞋、轮胎、服装等生产企业。双星连锁店也迅速发展，在中国制鞋业打响了一场靠竞争走上扩张之路的战役。双星所到之处，不管当地风俗习惯、员工队伍结构、员工思想观念、原来的企业制度、管理方式是怎样的，现在各个厂的环境布置、职工精神面貌都是一致的。至于硬件的管理办法、管理手段更是一般无二，一看都是双星脱胎出来的。这和双星在进行品牌运营过程中注重思想文化的传播和灌输分不开。"人管人累死人，文化管人管灵魂。"员工只有认同接受了双星独特的思想文化，将企业的价值观和企业精神融汇在自己的头脑中，才能领悟其中的精髓，才会在工作中自觉去实践、贯彻其中的思想，最终成为日常工作的习惯行为，形成双星人的独特气质。这些单位通过学习领悟双星文化，而很快走上正规化，并迅速展露生机，发展壮大，成为双星一颗颗耀眼的"明星"。

思想政治工作的先行创新是充分调动员工积极性和创造性的必要条件。汪海提出"用理论、文化和理念不断引导教育员工，适应企业发展的要求"这一方针，启发集团上下不断探索，找到了教育员工的新方法。除集团举办一系列的教育培训班以外，各单位都结合实际，开展思想教育活动。如该集团各单位结合员工的思想，结合工作实际，实事求是地创造了自己的文化理念，把双星市场理论要求具体化、现实化、人性化、市场化。如针对有些职工被外出"淘金热"所迷惑的现象，双星鲁中公司及时提出了"不用离家走他乡，干在双星奔小康"、"金山银山双星才是靠山"等口号，促进了员工队伍的稳定。双星机械总公司员工提出"成本核算是长计，精打细算持家旺"等口号，增强了员工的成本意识，提高了企业市场竞争力。双星鞋业工业园用漫画诠释创新理论、用漫画体现创新精神、用漫画展示创新成果的做法效果很好，及时地推广，使政治工作由被动的、不自觉的创新转变为主动的、自觉的、有效的创新。

2. 爱国主义是核心

汪海提出"创名牌就是最大的爱国"。汪海对记者解释说，创造名牌需要文化支撑，任何一个成功的民族品牌，都有比别人更胜一筹的独特的文化内涵。具体说，企业文化要上升到民族的高度上来，要代表这个时代前进的方向，代表民族的形象和尊严，其核心就是爱国主义。我们要以优秀的民族文化和理念，塑造以爱国主义为核心的民族精神。民族精神就是民族士气、民族自尊心和民族气节。要用优秀的民族文化灌输、引导、培育民族精神，以民族精神打造中国自己的民族品牌。然后才能有全员的自主创新，才能创造自主的民族品牌。汪海时常用这样一句朴实的话来教育双星员工："我们天天讲政治，一个企业这个政治该怎么讲？我认为我们创造一个牌子就是讲政治。马克思曾经说过，战争是政治的集中表现。我们在这场看不见流血实则更残酷、更复杂的全球化的大商战中，创出更多的名牌，就是最大政治！名牌就是原子弹，创名牌就是造航空母舰，在商战中没有名牌，就是政治上最大的失败！我们天天讲爱国，究竟体现在哪里？一个企业能创出中国人自己的名牌，难道这不是最大的爱国主义吗？"

为了增强员工的爱国热情，双星集团把不同朝代的民族英雄，如岳飞、戚继光、林则徐、杨靖宇等塑像汇集于双星山上供员工瞻仰，激励双星人以民族强盛为己任，争取市场竞争的胜利。正是弘扬爱国传统文化的主旋律，使双星人对名牌的意义、作用的认识不断提高，齐心协力创名牌。1992年，双星集团在中国制鞋业中第一家在纽约召开记者招待会。汪海"脱鞋打广告"，宣布双星集团在世界制鞋业中达到了规模一流、管理一流、品质一流，大长了中国人的志气。在世界经济舞台上，展现了中国企业和中国企业家的风采。双星集团第一家在世界鞋业博览会上，进行东方的鞋文化表演，展示了中国鞋类文明史的精粹，使双星成为世界制鞋业里谁都不敢小瞧的最大的鞋类供应商。

"振奋民族精神，创造民族品牌，培养民族企业家队伍"，这是汪海提出的新时代的"三民主义"观。在2006年4月23日的博鳌亚洲论坛年会上，汪海指出，民族品牌应该是中国制造的核心，民族品牌是民族工业的代表，民族品牌是民族经济振兴的标志，必须创造自己的民族品牌。汪海提出这个观点的理由是，目前，全球制造基地中心向中国转移的趋势十分明显，中国在全球制造业中所占的比例逐渐加大，成为世界公认的"制造业大国"。但是，制造业大国却并不意味着是制造业强国。中国进出口贸易总额居世界第三位，但世界知识产权的97%掌握在发达国家手中。中国产品出口真正获得的利润很低，许多工厂没有自己的牌子，依靠代工生产，赚取微薄的加工费。解决这一困境的唯一出路，只能是创造中国品牌。汪海甚至"危言耸听"地指出，"民族品牌是民族经济的生死牌"。他说：无论在什么时代，民族精神都是鼓舞人民奋斗的原动力，是一个国家、一个民族的灵魂。为此，双星人提出"发扬民族精神，振兴民族工业，创造民族品牌就是最大的爱国"的理论和目标。

3. 传统文化为基础，行善积德为根本

汪海说："今天，尊老爱幼、孝敬父母，仍旧是社会安定、中兴盛世、和谐繁荣的重要内容。一个人只有首先爱及父母，才可能友善于他人，才能爱工作，爱国家；一个人只有心存孝心，才能自守有度，整个社会才和谐太平。"这样的管理方略，是针对企业的现实情况制定的。他注意到，随着双星事业的不断壮大，员工队伍发生了根本性的变化：大部分一线员工是农村青年，向他们灌输"质量是企业的生命"不容易被接受，倒不如用"行善积德"的思想更为有效。这一招果然奏效，很快，双星的产品合格率由过去的86%突飞猛进到99.99%，这是名牌产品所要求的质量标准。双星不断激发员工对企业的感恩之情，努力打造"名牌员工"，组织员工参观"孝文化"展览，让年青一代进一步感染"孝文化"气息，在职工中开展"争当孝星，做企业和家长放心的员工"活动。汪海妙用"孝文化"，增强了员工的职业道德和对企业的忠诚度，促进了双星品牌的发展。

双星不断激发员工对企业的感恩之情，努力打造"名牌员工"。企业还将"二十四孝"，搬上双星挂历，发给每一个职工，在职工中开展"争当孝星，做企业和家长放心的员工"活动，请优秀职工的家长到双星做客，使职工自觉树立起尊老爱老的人文精神，培育企业成员的道德情感，使职工懂得什么是荣誉，什么是耻辱，什么值得尊敬和赞扬，什么应该鄙视和谴责，对双星名牌要有深厚感情，有公心、良心、责任心。沂蒙山老区当地的百姓对汪海和双星感恩，不仅仅是因为双星让他们脱了贫，给他们带来了富裕生活。他们感慨最深的是，自从双星来到这山沟里，自从山里的娃娃们到双星鞋厂当了工人，一个个好像变了个人似的，变得更加尊老爱幼了，不再打架斗殴了，村规民约管不了的偷盗成风现象也不见了，生活变得祥和有序了。汪海说，职业道德说到底是个权责观的问题。你只有履行了职责，职业权利的获得才名正言顺，当之无愧。就像在一个大家庭内，你既有获得父母抚育的权利，也必须尽赡养父母的义务和责任。所以，汪海

在向双星员工灌输职业道德理念时，没有一句空洞的说教，而是将中华民族传统的美德"孝行"充分运用到职业道德建设中去。

五　汪海思想政治工作成功的原因和启示

我们认为，汪海思想政治工作的经验是非常宝贵的，汪海的思想政治工作取得的成功，也决非偶然。

1. 汪海的军人情结及其政治风采

双星思想政治工作的成功，固然离不开汪海的英明领导。这也是与汪海多年的军旅生涯分不开的。虽然离开部队多年，汪海还是对部队满怀着深深的感情，不改军人本色，他始终用职业军人的操守来要求自己。率先垂范，严于律己，是汪海思想政治工作取得巨大成就的前提。

1991 年，双星集团把首都 100 名老将军请到人民大会堂，举行将军春节茶话会。市场上的汪海将军向战场上的将军们拜年。参加茶话会的仅 1955 年授衔的老将军就有 68 位。那天下午，一辆接一辆的小轿车缓缓驶入人民大会堂北门的停车道，陈再道、王平、李德生、陈锡联、洪学智、耿飚、张震上将等陆续步入会议厅。在老将军面前，汪海是一个兵。他以一个老兵的身份向首长们汇报他转业后的工作。他说："是军队造就了我，培养了我。双星今天的成绩也是在老将军、老前辈们的精神鼓舞和带动下取得的。在战争年代，你们靠坚定正确的政治方向、艰苦朴素的工作作风、机动灵活的战略战术，靠铁的纪律和小米加步枪，打败了使用洋枪洋炮的强大敌人，赢得了全国解放。这些经验不仅适用于夺取政权，同样也适用于和平年代的经济建设。市场也如战场一样。只要掌握和运用好这些经验，企业就会在市场竞争中攻无不克，战无不胜。"他向将军们汇报了双星企业实行军事化、家庭化管理，把三大作风引进企业的做法。老将们听得很激动、很振奋，鼓励他们继续发扬"三大纪律，八项注意"的作风，让国有企业不断发展壮大。

2. 汪海的马克思主义坚定信念

汪海具有马克思主义坚定信念，善于用马克思主义指导自己的工作。对马克思列宁主义、毛泽东思想、邓小平理论、"三个代表"重要思想、科学发展观，汪海都有着坚定的信念，这也是汪海思想在政治工作取得成功的根本原因。

例如，新加坡记者在采访汪海时，问他："先生，您信佛教吗？""不，我信马教。"汪海的回答斩钉截铁。"什么马教？"记者不解地问。"马克思啊！你们新加坡人不是信李教（指李光耀）吗？"汪海的回答引起一片笑声。"马克思早已不在了，毛泽东也早已去世，那你现在信什么教？"记者紧追不舍。"信邓教。邓小平南方谈话发表后，大大加快了中国改革的步伐。"汪海一番话说得记者们不断点头。

汪海信"马教"、信"邓教"，是汪海成功的关键原因。马克思主义是我们立党立国的根本指导思想。马克思主义为我们提供了科学的世界观和方法论，提供了认识世界和改造世界的强大思想武器。只有用马克思主义的立场、观点、方法正确认识经济社会发展的大势，正确认识社会思想意识中的主流与支流，才能在错综复杂的社会现象中看清本质、明确方向。汪海正是这样一位用马克思主义武装头脑并付诸实践的优秀企业家。

3. 以社会主义核心价值体系引领企业思想政治工作

毫无疑问，汪海的思想政治工作是成功的。他提出以"创名牌就是最大的爱国"为核心，树立"四种精神"，即：树立诚信做人、诚信做事的精神；树立对企业、对名牌、对市场负责的精神；树立对个人和家庭、对人品和人格负责的精神；树立市场、企业、名牌的利益高于个人、家庭和自己的利益的精神。这都与社会主义核心价值体系环环相扣，也为企业思想政治工作提供了成功经验。

思想政治工作是我们党的优良传统和政治优势，是经济工作和其他一切工作的生命线。企业思想政治工作是搞好企业管理的有机组成部分，为企业生产经营活动提供精神动力和思想保证。面对新形势新情况，企业思想政治工作在继承和发扬优良传统的基础上，必须牢牢把握民族精神和时代精神，努力进行创新和改进，要在增强时代感，在针对性、实效性、主动性上下工夫，为企业提供强大的精神动力。要牢固树立国家和民族利益至上的社会责任感和使命感。要把以爱国主义为核心的民族精神纳入企业思想政治工作的全过程，使爱国主义、集体主义、社会主义思想道德不断发扬光大，使企业始终保持与时俱进、开拓创新的理论魄力和实践勇气，使广大职工始终保持蓬勃朝气、昂扬锐气、浩然正气，始终保持奋发有为、昂扬向上的精神状态，成为推进企业发展的强大动力。

汪海的思想政治工作的经验是宝贵的，其"用好钱就是最好的政治"的名言，充满辩证法思想，给人以启迪，值得我们认真研究和深入总结。

（撰稿：赵智奎　齐冰）

干好产品是最大的行善积德

——论汪海的佛学思想

1995 年汪海在新加坡参加"面向 21 世纪的中国企业"大型国际研讨会时，提出将佛学思想用于企业管理的观点引起专家学者的广泛关注。对于将佛学思想用于企业管理实践，青岛双星集团做了许多有益的尝试。为了弘扬佛文化，汪海在双星总部大院里塑了一座 18 米高的、配电子音响、会说话的大佛；为了杜绝沂蒙厂区周围居民偷厂里东西的行为，汪海在厂区门前塑了观世音像，让观世音为双星"守门"。不但如此，汪海还提出了带有浓郁佛学色彩的管理原则和管理政策，如"干好产品就是最大的行善积德"、"用做人的标准对待名牌，用自己的良心做好名牌"、"顾客是亲人，是朋友"、"双星没有农民工，人人都是双星主人"等。汪海将佛学思想兼收并蓄，创造了独特的双星文化。

多年来汪海一直努力尝试将佛学中的积极因素应用于企业管理实践之中。2008 年 7 月在东莞举办了首届"佛学精神与企业管理论坛"，将佛学精神移植到企业管理中去越来越得到人们的关注。佛学有什么样的特点呢？首先，佛学产生的目的是帮助人们摆脱人生苦难，通过修行来达到涅槃。虽然佛教的宗旨、教义有其消极的内容，但佛学思想中对于人生、人的本质以及培养理想的人格有积极的思考，它的着眼点是人，带有朴素的人本思想色彩。其次，佛学认为"众生皆有佛性"，即任何人只要通过虔诚的修行都可以成佛，有别于基督教和伊斯兰教的"原罪说"，带有积极向上的因素。再次，佛学讲求"普度众生"、"经世济众"，有别于道家的"出世"观点，带有积极的社会责任感。也就是说，佛学的一些基本思想是与现代管理学观点相契合的，完全可以将佛学思想用于企业管理的实践。

一 人人都是双星的主人

佛学中的众生平等包含两层意思。第一层意思是人人平等，不但普通民众之间平等，而且众生与佛陀之间也是平等的，佛陀与众生是先知与后知、师与徒的关系，故众生可以与佛陀论法。对于企业管理而言，众生平等应该作为企业文化的基本要素之一。企业之间不应该存在明显的等级关系，领导与员工之间不是上下级关系，而是合作者关系。现代人本管理思想认为领导和员工之间的关系应该是教练和学徒、引导者和被引导者的关系，二者都存在于为了完成特定目标的团体中。这是管理理念的革命性变化，不但要求在组织中形成一种和谐的、团队的氛围，而且要求进行组织结构的变革，取消官僚式组织结构而代以扁平化的、团队式组织结构。领导者要改变其领导方式，变领导为服务，让员工觉得你是他们的朋友，是和他们共同奋斗的同路者。领导者不是指挥命令员工，而是满足员工的需求，激发他们的积极性，让员工觉得工作环境是个温暖的大家庭。众生平等的第二层含义是"众生皆有佛性"，也就是众生都可以成佛，并且个人能否成佛取决于个人的努力程度和内心的净化程度，佛陀只是众生的引导者，从而确立了人的中心地位。人本管理理论认为企业即人，企业的发展依靠全体员工的共同努力，在企业文化上强调只要努力，人人都可以成才，成为领导。

汪海在20世纪80年代就曾提出"兴利"的观点，也就是在双星发展的过程中一定要让广大员工富裕起来，即"企业要壮大，牌子要发展，我们的员工要能够买得起车子和房子"，从满足员工的物质利益着手，切切实实地促进员工生活水平的提高与个人发展。针对农民工多的情况，汪海又提出"双星没有农民工"、"人人都是双星的主人"，对员工进行思想教育，从物质方面到精神方面促进员工的发展。双星人认为，企业的功败垂成，不全在于资金、管理、技术，而在于怎样爱护人才、尊重人才。汪海经常说："要把打工妹、打工仔变成双星'主人'，要让打工妹认识到不是在为双星打工，而是为'自己干'。不光让他们打工，还要培养他们当领导，把有本事的人提起来，为他们成才创造良好的空间。"从1995年始，双星每年都要举办"人才培训班"，已培训上万人次，系统地讲授企业文化、企业管理、市场营销及专业技术课程，提高员工的素质，真正做到了"管理以人为本"。

二　创造民族品牌就是最大的爱国

佛学中"布施"分为三个层次：以物质利益施与大众的叫"财施"，包括身外财物和自身头目手足与生命；凡保护大众安全使他们没有怖畏的叫"无畏施"；凡以真理告知大众的叫"法施"。作为法门六度之一的"布施"就是要求信徒行善积德、助人为乐，不但要自度，重要的是度人。"惟行菩萨行者得成佛，其修独觉禅者永不得成佛"，也就是说佛法从根本上要求兼济天下，而非独善其身。佛法的根本目的是广度众生、服务众生，这体现了浓厚的社会责任感。作为社会重要组成部分的企业要想真正的发展就必须超越利润目标，承担更多的社会责任。卓越的公司都认为公司存在的意义在于组织之外，即存在于社会中，致力于人类的发展。世界著名的婴儿用品公司强生公司提出："我们相信公司的首要责任，是照顾那些使用强生产品或服务的人，无论他是医生、护士、病人，或是母亲、父亲以及任何其他人。我们必须培养一群优良的主管，他们的所作所为必须公平且符合道德，我们对于所在的社会及全世界有责任。"由此可见强生公司高悬的是"责任感"与"道德心"，正是这样才能使消费者放心，才能保证和促进公司的进一步发展。

在经济全球化的今天，企业不仅要向社会提供优质的产品和服务、赚取合理的利润，还要对社会发展、环境保护和员工发展作出贡献，履行社会责任已经成为全球企业界的共识。在"2007 年全球契约领袖峰会"上，来自近百个国家的 1000 多名代表签署了《日内瓦宣言》，并一致认为那些遵守全球契约原则、率先履行社会责任的公司，更易于保证它们运营的可持续性。根据英国学者约翰·埃尔金的观点，企业公民要履行的社会责任包括三个方面，即经济责任、环境责任和社会责任。一个有责任心的企业不但要谋求经济方面的发展，还要对环境、社会作贡献，走"经世济众"的和谐发展之路。

自新中国成立开始，中华民族进入伟大的复兴阶段，每一个具有爱国心的中国人都在为民族复兴而努力。汪海提出每个民族企业家都要以振兴民族经济为己任，要爱国，有民族气节，有民族责任感。汪海曾指出："中国的民族产业是一副很沉重的担子，中国的强国梦，寄希望于我们的民族产业，中国的企业家要为国家分忧，而振兴民族产业，是我们每一个中国人不可推卸的责任。"在汪海的身上体现出浓郁的民族责任感。在将爱国精神和企业发展结合的过程中，汪海提出："在市场商战中，发扬民族精神，振兴民族工业，创造民族品牌就是最大的爱国，就是最好的体现民族精神。"在员工思想领导方面，汪海提出"创名牌就是最大的爱国，为名牌增光添彩就是最大的爱岗"，用伟大的爱国精神统领、感召员工，以民族精神来激励员工。

三　在家当孝星，在企业当明星

"智"是指智慧，"真"是指真理。佛学主张发挥人本身具有的智慧，洞彻声色，验证真如。《阿含经》语"如来出世及未出世，法界常往"，也就是说佛陀只是真理的发现者，而不是真理的创造者。佛教主张"以法为师"，也就是重视实践对真理的检验作用。"重智尚真"对建立企业文化的启迪有两方面：第一个方面的含义是发挥员工的主观能动性，激发员工的潜能，打破习惯势力和主观偏见的束缚，通过不断创新使企业走上持续发展之路。现在的企业越来越重视创新的作用，设计许多制度鼓励员工发挥主观能动性，在采购、生产、销售、服务、管理等各个环节进行创新，去发现真理。

"重智尚真"第二个方面的含义是企业管理的各个环节不可能达到完美的境界，也就是"管理无句号"。企业在产品开发、组织生产和拓展销售等方面还有很多地方需要挖掘，还有许多制度需要改进、许多资源可以利用。企业领导者和员工必须充分发挥积极性，在实践中发现管理的短板并进行改进，以此逐渐接近自己工作领域的真理；对于企业内部或行业内的权威，要在实践的基础上敢于挑战；对公司业已形成的企业文化也要时时进行检验，摒弃其中不适合时代发展的内容，建立新的企业文化体系。

随着改革开放的进行，外国的管理思想被大量机械地引入，企业界一时间"洋文化"盛行。汪海认为中国的民族企业家必须结合中国的传统文化创造出自己的管理理论，这样中国的民族企业才能自立于世界企业之林。汪海1995年在新加坡，提出"将佛教文化用于现代化企业管理"的观点后，于2007年元月，在北京大学举办的"中国文化与企业发展高层论坛"上又提出了将中国传统的"儒、佛、道"文化用于企业管理的观点。他不断总结双星的发展实践，以敢于创新的勇气，注重国情，联系实际，以马克思主义、毛泽东思想、邓小平理论中的"实事求是"标准和原则以及中国传统文化的优秀思想做基石，提出了一些具有"中国味"的管理理论，如："干好产品就是最大的行善积德"；把中国传统的忠孝文化引入企业，提出"在家当孝星，在企业当明星"；"用好钱就是最好的思想政治工作"；"创造民族品牌就是最大的爱国"等。

四 强化集团意识，强化三个质量，保双星名牌

佛学向我们传达了一种圆融的辩证法思想，向人们描述了万物的结构，如实地分析了人们的现实生活，让人们深切地认识到自己生存的自然环境与社会环境，并教给人们去清醒地认识它们的方法与途径。《般若经》提出"空色不二"，维摩诘立"不二法门"，天台宗提倡"三谛圆融"，华严宗提倡"六相圆融"等，都强调此岸与彼岸、现象与本体、全体与部分，乃至一多、大小、长短、隐显、成坏等对立与差别之间都是相通互融的。禅宗主张的人即佛、佛即人、世间即出世间、烦恼即菩提、迷即悟、生死即涅槃等也是一种圆融无碍的思想。这些辩证法思想不仅开导了我们的思维方法，拓展了人们的思维空间，而且提高了人们的思维能力，为人们认识整个世界提供了一个全新的视角。

"圆融"思想在企业内部的应用就是建立一种和谐、融洽的工作氛围，团队之间通过亲密无间的合作来消除企业的内耗。"圆融"并非奸诈狡猾，而是一种"方而不怪，圆而不滑"的处世原则。企业的管理制度、方针政策是固定的，而市场环境和管理实践则不断变化，这就需要以建立在微妙性基础上的"圆融"思想作为指导，使企业的管理制度和方针政策能够施行。同时，要建立一支和谐的团队。根据"木桶原理"，一个团队的战斗力的提升需要每一位成员发挥积极的作用。这就要求团队成员之间和谐、相通互融，你中有我，我中有你。企业处理自身和客户、当地社区、政府、股东等外部群体时同样需要"圆融"的思想，这样才能消除企业发展的一切阻碍，全心全力投身于发展。

双星是一个由鞋业、轮胎、服装、机械、热电五大支柱产业和包括印刷、绣品及"三产"配套在内的八大行业组成的综合性特大型企业集团，下属140多个子公司，员工6万多人。这就要求集团公司与子公司、领导与员工之间不仅要有竞争的意识，更要有合作的意识。如果双星内部不和谐，子公司各自为政，员工只关心自己的个人利益，领导与员工之间矛盾重重，整个双星集团就毫无竞争力可言。所以，从1995年开始，双星开展了"两

强化、一保证"的教育。"强化集团意识，强化三个质量（产品质量、工作质量、服务质量），保双星名牌"，这是每个部门、每个员工的义务，也是应该具备的基本道德观念。也就是说对自己，要积极工作，不敷衍了事，不自私以损人；对他人或其他单位、部门要有合作精神，并以热情坦白的心促成他人有益的事业；对集团，要有集团意识，大局观念和组织纪律性。经过大家共同努力，建设和谐、融洽的工作氛围，从整体上提高了双星集团的竞争力。

五 "业报轮回"与汪海的"行善积德"观点

"业"是梵文的意译，意思是"造作"，即作为能够导致果报之因的行为。任何行为都会给行为者本人带来一定的后果，即"报应"或"果报"。有什么性质的业就有什么性质的报，这是铁的法则。早期佛学主张自作业自受报，自己的思想行为创造自身和周围环境，一切责任和后果都由个人承担。虽然"业报轮回"观中的"三世二重因果"思想有一定的迷信色彩，但该思想认为人的思想、行为和结果是一致的，这对促进个人品德、培养理想的人格和约束人的不合理行为有积极的作用。简单地说，"业报轮回"就是指自己的未来掌握在自己手中。这对领导者的启示就是要在企业内部营造一种氛围，使员工走上自我管理之路。

用"行善积德"、良心等道德观对员工思想行为进行规范是双星着眼于企业实际、企业务实态度的体现。自 20 世纪 80 年代初，双星实施"上山、下乡"的战略转移，陆续挺进中西部，员工队伍发生了很大变化，农村青年占了 80% 以上。这些员工由于知识水平所限，不太容易接受"质量是企业的生命"之类的现代管理学观点。所以汪海根据当地朴素的民风思想、从员工内心"向善怕恶"的角度提出"干好产品质量就是最大的行善积德"，把企业领导与员工的心愿统一起来，使双星产品合格率达到 99.99% 以上。位于河南省汝南县的双星中原鞋业公司一职工真诚地说："双星教育我们说，干好产品质量就是最大的行善积德。我们老百姓都喜欢行善积德。作为一名涂糊工，刷一遍也行，刷两遍也行，别人也不知道，但老百姓买到刷不好的胶鞋，就很容易开胶。如果这样的话，我感到既对不住消费者，也对不住自己的良心。所以我就认真刷好每一双鞋。"汪海用朴素的道德观统领员工的思想，使员工从道德、良心的角度来思考自己工作的性质与责任，使员工从内心深处自发自觉地努力、认真对待自己的工作，将工作看成是自己分内的事情。

六　只有落后的领导，没有落后的员工

佛学的善恶观有三层含义。首先，佛学认为"心者，自性清净，客尘所污"，人的本性是清白的，人本身没有好坏之分，人的恶念都是受外界影响而从内心滋生的。其次，善恶可以相互转换，众生要诸恶莫做，众善奉行，去妄存真，弃恶从善。最后，佛学认为善恶是客观的，善有善报，恶有恶报，无论"今世报"还是"来世报"，报是一定要贯彻执行的。

佛学中的善恶观实际上是一种人性观，是从人性观引出的品德要求。西方管理学的人性观经历了从"X理论"到"Y理论"的发展过程，现代管理学家认为人是复杂的，人性有善有恶。我国学者何凡兴提出了人性的正态分布模型，认为人性的善恶也符合数学上的正态分布。该模型观点有：①人性的善恶分布符合正态分布，善和恶都处于正态分布的两端，为少数，大多数人都是处于正态分布的中间，是属于马斯洛所说的"合法利己"者。②人性的善恶在不同的时间、空间条件下可以相互转换，时空环境不同人可以从善转变为恶，也可以从恶转变为善。③领导者的任务就是"惩恶扬善"，发扬人性的优点，抑制人性的弱点。在实际管理过程中要把握以下三点：①员工本质没有好坏之分、善恶之别，当他行善时便是行善了，当他行恶时便是行恶了，也就是管理工作要"对事不对人"。②善恶是可以转化的，对于曾经违反过企业法规的员工不是简单摒弃，而是努力帮助其改正错误。对于曾经为企业带来过利益的员工不能盲目信赖，松懈对其管理和教化。同时，要根据企业员工的善恶行为现象，从企业文化自身去寻找根源，对于能够带来好现象的文化精神要发扬，对于能够带来不好现象的文化精神要抛弃，并且注意在企业文化里应包含更多的宽容精神和引导观念。③员工出现违反企业规章、损害企业利益的行为，不要轻信其辩解，错了就是错了，也就是说要做到"奖惩分明"。

在员工管理方面，汪海指出"只有落后的领导，没有落后的员工"。只要加以合理的管理与引导，在双星，农民工也可以干出国际水平的质量。随着双星集团的发展壮大，汪海将双星的管理水平提到了关乎企业生死存亡的高度，他指出："没有过硬的管理，企业就没有未来和希望。管理是一种挑战，是一门高科技的高科技，特别是对管理者来讲，是能力、水平、智慧、才能等综合素质的集中体现。我们之所以取得如此出色的业绩，一

靠科学的管理，二靠广大工人的创新精神。成功是管理，失败也是管理，有的企业搞不好，垮了台，根源还在管理上。"从 1984 年双星向外转移生产线起，双星员工成分发生了很大变化。员工中的大多数人是来自当地的农民，这使管理工作出现一定难度。对此，汪海认为："领导松一尺，下边松一丈；管理不深化，企业就要垮。最难管的地方要管得最好，最脏的地方要管得最干净。只要用心去做，在山区也一样出国际化工厂！"为给工人营造一个良好的环境，促进现场管理上水平，向国际水平管理标准进军，双星车间、锅炉房内均摆上了鲜花，将鲜花生长状态和整洁情况，作为衡量车间、锅炉房整洁"无尘"的标准。每天进行检测，花叶上灰尘多，则证明车间内不干净，对有关值班长就严惩不贷。用"让鲜花说话"的精神来管质量做产品，大大带动了双星的整体管理上水平。

七　汪海将佛学用于企业管理的启示

马克斯·韦伯在论述资本主义经济体制时特别强调了基督教新教伦理的影响，在日本经济崛起的过程中也存在神道教的浓重色彩。宗教作为上层意识形态通过影响人们的思维方式和行为来对社会存在产生影响。佛教与基督教、伊斯兰教并称世界三大宗教，产生于公元前 6 世纪的古印度，公元初传入中国。在与中国本土文化的交锋与融合过程中，佛学逐渐与儒学、道学鼎足而立，成为中国传统文化的三个主要组成部分，对中国的民族素质和民族心理产生了不可忽视的影响。佛学中的一些重要思想不仅对其教徒起到教化作用，而且对普通人的行为也在一定程度上起到约束和规范作用。比如"业报轮回"、"普度众生"、"慈悲为怀"、功德观等思想已融入国人的民族血液。佛学作为社会意识形态和社会文化，始终或多或少地影响着人们的行为方式，对社会发展也有一定的影响。佛学作为中国传统文化的组成部分，作为在中国人的思想中存在了两千年的思想存在，我们在日常生活和企业管理中不应该忽视它的作用。

同时，由于中国企业发展史较短，我们还没有形成中国自己的管理思想，重引进而轻原创，但引进来的西方管理思想存在"水土不服"现象。随着经济的发展，创建中国人自己的管理思想这一命题被提到国人面前，这需要我们站在全球化的背景下重新审视中国传统文化，弃之糟粕，让优秀的传统文化与现代文化、西方的管理理念相融合。中国传统文化博大精深，挖掘传统文化中的优良传统将会对我们的企业发展起到不可估量的作用。在这方面双星进行了很多有益的尝试，取得了令人重视的成果，比如将佛学思想中的"行善积德"观念引入员工管理，提出"干好产品质量就是最大的行善积德"；用中国传统文化中的"忠孝"思想凝聚员工；提出"创民族品牌就是最大的爱国"；以及汪海提出的具有创新精神的、具有中国文化特色的"ABW"理论；等等。这些都是需要我们借鉴与学习的地方。只要我们有恒心、有毅力，定能创造出我们中国人自己的管理理论。

（撰稿：刘光明）

创名牌是最好的爱国

——论汪海的爱国思想

汪海作为中国改革开放后的第一代优秀企业家，有着强烈的爱国主义情结。他创造性地提出"创名牌是最好的爱国"，立下打造中国民族品牌的决心，这在西方品牌满天飞和西方管理理念当道的今天，表现出了一种不屈不挠、自尊、自强、自信的民族气节和爱国主义情操。他教育员工要努力搞好产品质量，树双星名牌，长国人志气。在国企改革实践中，汪海执著地以一个共产党人的崇高责任感和使命感苦苦探索企业的革新之路，形成了一系列独特的具有汪海特色的企业管理理论和方法。汪海主张将创新的理论融入企业管理，重视爱国思想教育对民族企业管理和发展的作用，呼吁全社会树立国货意识，增强民族自豪感，用"创名牌就是最大的爱国"积极践行这一思想，成功地将双星发展壮大成为一个享誉国内外的庞大的企业集团。这其中，汪海的爱国思想起到了至关重要的作用。

一 天下兴亡，匹夫有责

我国是一个有着悠久历史的文明古国，有许多宝贵的精神财富。在5000多年的发展当中，中华民族形成了以爱国主义为核心的伟大民族精神。"爱国"二字在我国历史文献中很早就出现了。《战国策·西周策》有论及"周君岂能无爱国哉"，《汉纪》中也提到"亲民如子，爱国如家"。由此可见，在奴隶社会末期、封建社会初期，爱国的观念在中华大地上就已经发展起来了。

爱国主义思想是中华民族精神的核心意识，是在中华民族悠久历史中形成的热爱祖国壮丽山河和灿烂历史文化，维护祖国独立和尊严的一种浓厚感情；是为祖国自由独立、繁荣富强而奋斗的强烈责任感和献身精神；

是中华民族团结统一的精神支柱；是从古至今炎黄子孙纵向延续的纽带和中华民族横向联结的灵魂；是人们忠诚、热爱、报效祖国的一种集情感、思想和意志于一体的社会意识形态；是在中国社会历史进程中形成、发展、巩固起来的一种热爱国家和民族、推动历史发展的强大精神力量。热爱祖国，是中华儿女的一种自然而朴素的精神追求，它激励着中华儿女为祖国和民族的自强与发展前赴后继，奋斗不息。

中国有句老话"天下兴亡，匹夫有责"，意思是说，每个人都应该以天下为己任，无论身居何位，都应心忧天下，关心国家的命运和民生的苦乐，这句话道出了个体和国家的紧密联系。但在当今，很多企业和个人并未意识到个体行为与国家利益之间的关系、民族工商业发展与国家经济腾飞的关系，认为发展只是个体的事情，是追求最大经济利益与自我满足，缺乏可贵的民族精神和爱国主义思想。

邓小平同志强调指出："中国人民有自己的民族自尊心和自豪感，以热爱祖国、贡献全部力量建设社会主义祖国为最大光荣，以损害社会主义祖国利益、尊严和荣誉为最大耻辱。"这是对我国现阶段爱国思想的精辟概括。

二 坚决要求参军，保卫伟大祖国

汪海出生于历史悠久、有着独特而浓厚的文化底蕴的山东省微山县。从小生长在孔孟之乡，儒家传统文化深深浸渍了汪海。孔子主张把国家和社会的利益放在首位，追求安邦定国、匡济天下的社会理想。修身、齐家、治国、平天下，把个人的命运同整个社会、国家的命运紧密联系起来，强调个人的社会责任感。孔子把爱的对象、内容放在关注他人、社会和国家上，提倡为道而仁的牺牲精神。孟子说："入则无法家拂士，出则无敌国外患者，国恒亡。然后知生于忧患而死于安乐也。"孟子将国家利益置于首位，要求人们为民族生存与振兴而奋斗和献身。生长在齐鲁大地、孔孟之乡的汪海，深受传统文化的影响，其热爱祖国的情感有了萌发的土壤，从小就心怀远大抱负，立志当兵，以报效祖国。

汪海童年时代当过儿童团长，从小就立志报效祖国。1960年台海形势和国际形势紧张，全国都在搞提前征兵。19岁的汪海已经是工厂骨干，但是报效国家的念头激荡着他，他咬破手指，写下"坚决要求参军，保卫伟大祖国"的血书，立志从军报国。在战斗中，身为指导员的他始终在前沿阵地侦察敌情、指挥战斗，以出色战绩多次立功受奖。战争环境锻造了汪海坚强的性格，他将生死置之度外，心中只有一个念头：完成祖国交付的使命，报效祖国。

从当儿童团长到战场上血与火的历练，造就了汪海心灵深处爱祖国、爱民族、不向任何外来势力低头的硬汉精神，这成为其爱国主义思想形成的主要原因。由于民族精神在他心里永远是第一位的，爱国主义也就成了双星企业精神的核心内容。

三 弘扬爱国精神，创出中国人自己的名牌

在全球经济一体化的大背景下，国家强弱的比拼越来越依靠经济实力说话。谁经济实力强大，谁就主宰这个世界，谁就掌握了话语权。品牌是经济实力的代表，民族品牌可以说代表着一个民族的尊严。因此，市场经济越成熟，品牌竞争越激烈。中国改革开放的总设计师邓小平很早就提出："我们一定要有自己的拳头产品，一定要创造出中国自己的民族品牌，否则就要受人欺负。"

改革开放三十年，中国经济保持了持续的高速增长，但在高速增长的背后，是我们已经透支了资源消耗、成本优势、优惠政策、人力资源和中国这个世界上独一无二的大市场。今后发展我们拿什么来支撑？汪海认为，只能是具有自主创新精神和具有自主知识产权的民族品牌。在中国经济形势大好的情况下，我们不能忽视民族品牌的培育。中国经济的持续发展必须靠自己的民族品牌来带动。

民族品牌是支撑民族工业的主要力量，民族品牌是民族经济振兴的标志。民族品牌体现民族精神，民族品牌代表民族形象，民族品牌维护民族利益，民族品牌体现民族尊严。汪海认为在市场经济的商战中，必须创造民族品牌，振兴民族工业，提出"创造民族品牌就是最大的爱国"的观点。他这样解释，爱国主义在不同的时代应有不同的内涵。古代有守土戍边战死沙场的民族英雄，这是爱国；八年抗战、三年抗美援朝也是爱国。二十世纪五六十年代中国工人阶级"把贫油的帽子甩到太平洋里去"是爱国，七八十年代改革开放搞活经济也是爱国。九十年代，让我们中国的名牌屹立于世界工业之林，也是爱国。"名牌是企业的形象和代表，是市场经济中的原子弹，更是一个国家实力的象征，代表着一个国家的先进生产力。国家与国家之间的竞争，更多地体现在大企业与大企业之间，体现在强名牌

与强名牌之间。名牌是振兴民族经济，激励民族自强精神的强大支柱。中国要在新世纪的竞争中后来居上，就必须创出自己的名牌。"

但在当今，很多企业和个人并未意识到民族品牌与国家利益之间的关系，他们提出"不要再提民族工业了，中国做世界的加工厂就行了"。外国人凭借名牌产品迅速占领了中国市场，占领了民族经济领域，同时也把他们的文化渗透到了中国的每个领域。事实上，名牌在公众的感觉中，代表的是一个国家和民族的利益。在国际市场这面镜子面前，国家的形象是无形的，而企业形象、品牌形象却是有形的。只有众多的具有国际地位和强大竞争力的企业、名牌，才能汇聚成一个有力量的国家形象，才是一个国家强大的标志！试想，一个拥有13亿人口的泱泱大国，在全球市场上没有自己的国际名牌，怎么去讲国家富强和民族振兴？长此以往，很难保证历史的悲剧不再重演。

韩国制鞋业曾经一度很兴旺，当时最大的一家鞋厂有120多条生产线。但由于缺乏自己的品牌，只做加工，在韩国人生活水平的提高使其制鞋生产成本也随之增高的情况下，在计划向中国内地转移过程中，被我国台湾企业抢了先，台湾企业在中国南方一下子建起了上千条生产线，彻底把韩国人给顶垮了。韩国制鞋业如此大的规模，却又迅速垮掉，很大原因就是没有自己的品牌。

"现在很多中国人以洋货为荣，身上穿的是外国牌子，满街跑的是外国车，继续这样下去，我们的后代或许将不知道什么是中国名牌了。中国人要想不被人欺负，必须要有自己的名牌。"汪海不无担心地说。"我们要弘扬爱国精神，创出中国人自己的名牌。"

当汪海看到中国女排获得五连冠时，队员脚下穿的却是清一色的日本美津浓鞋时，感叹道："咱中国人站着不比外国人矮，躺着不比外国人短，为什么他们能创出世界名牌，而我们却不能呢？"于是，汪海下定决心：双星人一定要让女排队员穿上中国人自己生产的鞋子！为了使国产运动鞋能与国际名牌相媲美，汪海从北京请来了体育运动专家，苦干了整整100天，终于研制出了中国第一代高档排球鞋，使中国女排姑娘第一次穿上了国产排球鞋。

汪海认为，名牌代表了一个国家的经济实力和民族形象，中国要做21世纪的巨人，就必须要有一大批自己的名牌。名牌同样也代表着企业的形象，一个企业有无竞争力，管理水平高与低，有没有发展潜力，衡量的标准不是看有多少产值，关键要看能不能创出名牌。

汪海把名牌意识和爱国精神联系起来，把名牌和精神文明、物质文明联系起来，把名牌和长中国人的志气联系起来，用名牌战略实施着自己的爱国思想。

1995 年 4 月，汪海在新加坡参加"面向 21 世纪中国企业"大型研讨会。一位外国记者问他，凭什么说"双星"是世界名牌？汪海理直气壮地回答，除了凭质量再就是凭市场。"美国仅有两亿人的市场，就总爱把自己的名牌称作是世界名牌。我们拥有十二亿人的大市场，加上海外的炎黄子孙有十三亿人，占世界人口的四分之一，双星牌运动鞋在十三亿中国人中几乎是家喻户晓，十三亿和两亿相比，美国产品能称为世界名牌，双星为什么就不能把自己的名牌确认为世界名牌呢?!"全体与会者对汪海这一充满民族气节的回答，报之以热烈的掌声达五分钟之久。

1995 年，双星鞋在美国的销售总量达到 1700 万双。美国加州大学的一名教授曾对加州 11 所大学的 1500 名大学生作过抽样调查，竟有 12% 的大学生喜爱穿双星运动鞋。在世界头号强国、名牌竞争最激烈的美国市场上，一个发展中国家的民族工业产品能达到如此高的市场占有率，是极其罕见的。可以说，十多年的名牌战略，双星人用自己的信念和胆识，创出了中国民族工业的自豪与骄傲。

四　社会各阶层共同支持民族品牌

在世界经济一体化的大形势下，强权国家凭借自身优势以经济手段和文化渗透的方式影响着发展中国家的经济利益，影响着他们的社会意识形态，即经济侵略和文化蚕食。中国在改革开放以来，一方面是经济空前繁荣、人民生活水平极大提高，另一方面却是人民精神信仰的极端缺失，把精神信仰当成虚的、空洞的口号，单纯追求物质享受。试想如果一个人、一个企业、一个国家、一个民族，缺乏民族精神、爱国主义，那将会是怎样的结果？

民族精神、爱国主义思想是一个国家、一个民族的灵魂。无论什么时候，都是鼓舞人民奋斗的原动力。所以，树立民族精神和爱国思想，以全新的理念和眼光来看待民族企业的发展与国家经济发展的关系就显得尤为重要。

中国从长期以阶级斗争为"纲"的计划经济时代步入市场经济时代，社会的转型导致人们的精神和信仰追求出现缺失和混乱，一切向"钱"看，一切以利益为纽带。特别是在经济领域，出现了唯洋是举、崇洋媚外的现象，一切都觉得西方好，什么都跟着外国人学，管理要披上"洋衣"，产品要起个洋名，嘴里说洋话，身上穿洋装，发展好的企业也因大环境不好，只能低价转让给外国人，还美其名曰是在"招商引资"。这种做法让人不无担忧。这些言行，严重背离了民族精神，淡忘了爱国情怀。

汪海认为，一国的经济腾飞与民众的爱国精神分不开。"韩国向来注重对全民的民族精神和爱国主义思想教育，在全社会形成了以用韩国自己的产品感到荣耀，穿本国自己制造的产品为最大的光荣的意识。韩国经济刚起飞时各方面都比较差，但企业注重树立民族品牌，民众支持自己国家的产品。虽然韩国汽车在世界上只属中等水平，但他们都认为韩国汽车是世界最好的，街上跑的都是韩国车，凭着这种精神，韩国才成为亚洲四小龙之一。"

"环视目前我们的社会，街上跑的是外国车，人们喝的是'可口可乐'，吃的是'肯德基'，穿的是'皮尔·卡丹'。尽管目前还只是一部分人崇洋媚外，但这种趋势是危险的，外国人用枪炮没有达到的目的，却用经济手段达到了。如果这样下去，再过两代、三代，我们中国人会成为外强的俘虏！"面对铺天盖地的洋货，汪海不无忧虑地说。

汪海倡导全民、全社会树立国货意识，齐心协力，支持民族工商业的发展。"创民族品牌是一项全国性、全民族的行为，是一项从上到下都必须高度重视和认真对待的行为。不管是哪个企业，哪个行业，创出的品牌首先是国家的、民族的。既然是国家的、民族的，就需要全社会的关心和支持。"他认为，民族工商业的发展与全民树立国货意识、发扬爱国主义精神紧密相关。倡导国货意识，并不是提倡狭隘的封闭观念，而是倡导一种崇高的民族精神，即在坚定改革开放的原则指导下，站在世界先进生产力水平的高度对民族工业的热爱与期待，这种意识对于民众尤为重要。他说："企业在努力做好产品质量，创出民族品牌的同时，政府要支持民族品牌，商家要推销民族品牌，新闻界要宣传民族品牌，消费者要热爱民族品牌。社会各阶层共同支持民族品牌，把属于中国人自己的牌子永远举下去。"

2006 年 7 月 26 日，《大河报》刊登了题为《温家宝穿旧鞋视察河南》的报道："纯白略带黑条纹的'双星牌'旅游鞋，陪伴着我们的温总理，走过了全国 30 个省市……这是一双普通的旅游鞋，这是一双补粘过多次的双星牌旅游鞋，它承载着温总理那不知疲倦的身躯，走遍了祖国的山山水水；它承载着温总理那颗赤子之心，把总理和政府的关爱亲手献给人民；它承载着一个伟大的胸怀，那里汹涌着国家与民族的血脉……"汪海看到温总理穿双星鞋走遍全国的消息，对职工们说："总理不仅仅是穿了一双国产鞋，而是他用实际行动向全国人民发出了这样的信号：从我做起，弘扬民族品牌！这是领导对双星的支持，对民族品牌的支持，我们双星人要以此为荣，继续给我们的民族品牌增光添彩。"

汪海认为，中国人具有强烈的民族意识和民族精神，要正确引导全员树立国货意识，尤其是从上层领导开始，以实际行动支持我们的民族品牌，穿用我们的民族品牌，在全社会掀起创造民族品牌、热爱民族品牌的热潮。

五 穿中国名牌，振兴中华体育

体育运动上升到文化就形成了精神，是一种拼搏的精神、坚持的精神、奋斗的精神、团结的精神。体育运动凝聚到某个民族的文化中便形成了这个民族特有的民族精神。中华民族几千年来秉承的精神，就是一种能鼓舞人奋发进取的精神，一种能团结人齐心协力的精神。

中国的体育精神，是最深厚、最基本的爱国主义精神。它是中国人在体育实践活动中形成的，以爱国奉献、团结协作、公平竞争、拼搏自强、快乐健康为主要价值标准的意识、思维活动和一般心理状态。中国人的爱国之情、强国之梦与体育密不可分。

汪海认为："一个国家、一个民族的体育事业是否发达，除了其体育运动成绩外，体育产业也是一个重要方面。"因此，多年来，面对中国巨大的体育用品市场被国外品牌占领的局面，双星集团立志要创出中国人自己的名牌体育用品，为中国的运动健儿提供一流的专业体育用品，向世界名牌挑战。同时，双星也为支持中国体育事业的发展不遗余力地倾注了大量资金。"中国人站着不比外国人矮，躺着不比外国人短，要让咱中国运动员穿上我们中国人自己生产的运动鞋去参加比赛，在国际赛场上长咱中国人的志气。"汪海将工作重点转移到专业运动产品的研发方面，形成了规模，在全国掀起"穿中国名牌，振兴中华体育"的热潮。

汪海认为中华体育精神是传统的中华民族精神在当代的传承和延续。在中华体育精神中随处可见中华民族精神。中国体育的爱国主义精神、英雄主义精神、乐观自信精神、团队精神的主要思想来源就是中华民族精神。中华体育精神是传统中华民族精神的储存和传递，是传统民族精神在当代的继承和延续，要大力发展中国体育事业。

汪海是这样说的，也是这样做的。他倾力支持、赞助我国体育事业。为支持体育健儿夺冠，汪海带领研发小组几次到赛场观摩比赛，征求运动员的意见，记录并分析比赛中的跑步、跳跃次数以及什么样的动作会给脚部带来最大的损伤等，以保证运动员的最低能量损耗，提高竞技成绩。在"八运会"上，为鼓舞马家军跑出成绩，多拿冠军，多破世界纪录，为国人争光，汪海怀揣"红包"亲临助阵，共奖励马家军200万元人民币。在中国首次获得苏迪曼杯混合团体赛的主办权却无人冠名的情况下，双星慷慨解囊，解决了在赛事筹备中遇到的最大难题。

"中国人爱国之情、强国之梦与体育如此密不可分。从'东亚病夫'到奥运会迅速崛起的变化，见证了中华民族翻天覆地的变化，人的精神面貌已经焕然一新。进入21世纪，在奥运会、世锦赛、亚运会等各种大赛中夺金是中国人共同的信念，支持国家的体育事业，缔造强国之梦是全中国人的责任和义务。我们的运动品牌对体育的支持是运动健儿创造奇迹的坚实后盾。"汪海不忘中国奥运历史的屈辱，使双星支持国家的体育事业坚持了20多年，把赞助各种赛事和体育运动当成了双星的一项事业。

2001年7月，当北京申奥成功的消息传来，全国上下备受鼓舞之时，汪海以振兴中华体育事业，支持奥运为己任，将300万元人民币和最新开发的申奥足球鞋、高档名人专业篮球鞋，一次性赞助给"九运会"山东代表团。2002年，双星承办了"双星杯"香港、台北、青岛等全国六城市少儿自绘文化衫大赛，3000名优秀参赛选手以"奥运之光"为主题，绘制了一件特大文化衫，献给2008年北京奥运会组委会，呼吁全民族要热爱体育运动。

汪海说，体育事业是全民族的事情，需要社会的关心和支持，双星是生产运动鞋的企业，有义务、有责任为国家体育事业的发展尽自己的力量。

六　构筑中国名牌希望工程

中国的传统民族文化是中华民族屹立于世界之林的主要基石。中华文化有许多优良的传统和积极的思想因素，对中华民族性格的形成起了重要作用，并且不断凝结升华而成为伟大的民族精神。继承优秀文化、弘扬和培育民族精神是社会主义文化建设、思想道德建设的一项极为重要的任务。

"前人给我们留下了那么多宝贵的文化遗产，我们要继承和发扬优秀传统民族文化，运用好传统文化，让传统文化在与现代文化的真实对话中得到批判的继承和创造性的发展。"生长在齐鲁大地、孔孟之乡的汪海深知博大精深的中国传统文化是最能有效动员社会资源的一种文化。"继承传统的，借鉴先进的，创造自己的。儒、道、佛是中国传统文化的代表，传统的文化蕴藏着优秀的思想，它们提倡的道德、觉悟、敬业精神对于培养人的良好品德及对现代企业管理的应用仍意义重大。"

汪海认为传统的民族文化中蕴涵着丰富而深刻的优秀民族思想、爱国精神。传统文化中以伦理为本位，强调社会需求和集体利益，讲求道德诚信，崇尚美德的观念等，我们要继承和发扬。例如对于儒家思想中的"忠"、"孝"二字，他说"忠孝"二字是涵盖儒家济世做人的要旨，即使在今天，尊老爱幼、孝敬父母，为社会作贡献、报效祖国仍旧是社会安定、中兴盛世、和谐繁荣的重要内容。一个人只有首先爱及父母，才可能友善于他人，才能热爱工作，热爱国家；一个人只有心存孝心，才能自守有度，整个社会才会和谐太平。他经常教育职工要自觉树立尊老爱老的人文精神，将"二十四孝"搬上双星挂历，发给每一个职工，培育企业成员的道德情感。他还大胆汲取"儒、道、佛"文化的精髓，用"干好产品质量就是最大的行善积德"来感召员工，用最朴实的"行善积德"，来启发职工的良知和善良的本性，引导员工强化质量意识，使员工从思想深处感到自己手中的产品不仅连着市场，连着企业的效益，连着每一名消费者，也连着自己的道德和品德，使职工懂得什么是荣誉，什么是耻辱，什么值得尊敬和赞扬，什么应该鄙视和谴责，把传统文化精髓充分运用到了职工的职业道德中去。

1996年，汪海以其"敢为天下先"之气魄，在神州大地掀起了一股"振兴民族精神，构筑文化长城"的浪潮。他设立"双星文学奖"，重奖优秀作家，旨在弘扬民族文化，将中国文学推向世界，再创中国文学之辉煌。

当看到有的青少年拿着积攒的钱，舍不得买书、舍不得买零食，而买一双进口鞋或外国的T恤衫却一掷百金、毫不犹豫时，汪海不无忧虑地说："孩子们穿用几件国外产品并不可怕，怕的是以穿用洋名牌为荣，怕的是鄙视国货崇拜洋货的意识。在市场经济的今天，对青少年进行爱国主义教育，首先要教育他们爱国货，而不是以追崇洋货为荣耀。很难想象在洋货堆里长大的对洋货趋之若鹜的下一代人，会对自己的国家和民族充满责任感和自豪感。"

汪海认为，加强爱国主义思想教育，继承和发扬中华民族优秀传统文化，坚定自身的爱国主义情感，树立自尊、自强的民族精神对青少年尤为重要。"爱国，首先要爱国货"，他呼吁青少年爱国首先要树立热爱国货、使用国货并以此为荣的观念。他通过举办"为中国名牌筑起希望工程"活动，对有见地、有思想、爱祖国、爱民族的少年儿童给予奖励。倡导青少年从小树立爱国意识，以用中国名牌为荣，崇洋媚外为耻。由此可见汪海对培养青少年爱国思想的重视程度。

七　发扬民族精神，树立民族志气，
热爱民族品牌

汪海带领双星集团把一个仅能生产黄胶鞋的濒临倒闭的制鞋企业发展到跨地区、跨行业、跨所有制，成功涉足轮胎、机械、热电，形成包括"鞋、服装、轮胎、机械、热电"五大支柱产业的特大型企业集团，与其创立的独特的双星企业文化和管理特色密不可分。汪海在长期的经营实践中，不断追求，苦苦探索，以一个共产党人的使命和责任感，将民族精神、爱国思想融入企业文化理念中，创造性地提出了"创名牌就是最好的爱国"这一独具汪海特色的管理理论。

"发扬民族精神，树立民族志气，热爱民族品牌。"汪海指出，民族品牌应该是中国制造的核心；民族品牌是民族工业的代表；民族品牌是民族经济振兴的标志，必须创造自己的民族品牌。汪海说，目前全球制造业向中国转移的趋势十分明显，中国在全球制造业中所占的比例逐渐加大，成为世界公认的"制造业大国"。但是，制造业大国却并不意味着是制造业强国。中国进出口贸易总额居世界第三位，但世界知识产权的97%掌握在发达国家手中，中国产品出口真正获得的利润很低，许多工厂没有自己的牌子，依靠代工生产，赚取微薄的加工费。解决这一困境的唯一出路，只能是创造中国品牌。他指出："民族品牌是民族经济的生死牌。无论在什么时代，民族精神都是鼓舞人民奋斗的原动力，是一个国家、一个民族的灵魂。"

汪海将爱国思想运用到企业管理中，激励双星人以民族强盛为己任，争取市场竞争的胜利，使双星人找到了政治工作的落脚点，找到了政治与经济的最佳结合点，使广大职工在市场经济的大潮中明确了奋斗目标，增强了企业凝聚力。正是弘扬爱国传统文化主旋律，使双星人对名牌的意义、作用的认识不断提高，齐心协力创名牌。

汪海的"创名牌就是最好的爱国"理论是具有划时代意义的管理理论

创新。他将民族精神、爱国思想与发展民族工商业结合起来，强调民族品牌对民族工商业发展的重要性，成功地将这一理论运用到现代企业管理中，把创名牌作为政治工作的最终目标，创造性地把政治工作运用到经济建设上来，教育员工创名牌就是最好的爱企业、爱岗位，就是最好的爱民族、爱国家。他的"创名牌就是最好的爱国"理论包含了深厚的爱国情感，对现代市场经济中探索民族工商业振兴，促进民族企业发展，改善企业经营管理等具有积极的借鉴作用。

（撰稿：张春艳）

科技是市场竞争的法宝

——论汪海的科技思想

科技是第一生产力，对于这一点汪海有深刻的思想认识。如果说邓小平提出"科技是第一生产力"的论断是对马克思主义理论的继承和发展，汪海则是在生产第一线通过切实抓科技扩大生产力，忠实实践邓小平这一理论的企业家。

一 科技是第一生产力

"科技是第一生产力"，这是邓小平 1988 年 9 月 5 日会见捷克斯洛伐克总统胡萨克时提出的重要论断。科学技术是生产力，这是马克思主义历来的观点，早在 1975 年邓小平主持各条战线的整顿，指导起草《中国科学院工作汇报提纲》时，针对"文化大革命"中对经济和科技的破坏，就以"生产力中包括科学"的论述为依据，指出科学技术是生产力。粉碎"四人帮"以后，1977 年邓小平复出，立即提出实现现代化，关键是科学技术要上去。1978 年在全国科学大会上，邓小平重申了"科学技术是生产力"这一马克思主义的观点。他说："现代科学技术正在经历着一场伟大的革命。近三十年来，现代科学技术不只是在个别的科学理论上、个别的生产技术上获得了发展，也不只是有了一般意义上的进步和改革，而是几乎各门科学技术领域都发生了深刻的变化，出现了新的飞跃，产生了并且正在继续产生一系列新兴科学技术。现代科学为生产技术的进步开辟道路，决定它的发展方向。"1988 年他在同捷克斯洛伐克总统胡萨克谈话时进一步指出："马克思说过，科学技术是生产力，事实证明这话讲得很对。依我看，科学技术是第一生产力。"这是对马克思主义理论的继承，同时，也是对马克思主义的发展，其中的"第一"二字，进一步提高了科学技术的重要性，是对当代科学技术飞速发展，促进生产力急速提高，推动社会巨大进步的事实的总结和概括。

科学技术是第一生产力的理论内涵主要包括以下几个方面：现代科技进步是生产力增长的第一位因素；现代科学技术加速转化为现实生产力，使科学技术与生产一体，并起先导作用；现代科学技术是促进生产力变革的重要推动力量；掌握现代科学技术的知识分子和技术工人的作用不断增强，日益成为生产力发展中的第一位的人力资源。邓小平关于"科学技术是第一生产力"的论断不仅是当今世界科技和经济迅速发展的科学总结，而且更重要的是它是中国特色社会主义理论的重要组成部分。社会主义的根本任务就是要发展生产力，因为只有大力发展生产力，才能推动社会的向前发展，发展是硬道理。而要发展生产力，就要注重发展科学技术这个第一生产力。中国必须发展高科技，才能真正实现现代化，在世界民族之林占一席之地，才能真正赶超世界先进水平。因此，邓小平"科学是第一生产力"的论断，对中国特色社会主义建设具有重要的现实意义和深远的历史意义。

常言说，"时势造英雄"，意思是一个人的成长总要受到时代的影响，成功的人物总能够最先感觉到时代的需要，不仅能够顺应时代的潮流，而且能够站在时代的前列，引导和推动时代的潮流向前发展，这样，他就会成为成功人物，或因思想先进受人们尊敬，或因实践大有收获令人羡慕。小的成功可以"独善其身"，成功使自己受益；中的成功可以成就一个集体；大的成功可以惠及一方百姓，引导整个国家的趋势，并因之成为令世人瞩目的人物。汪海对科技的重视，并在企业实践科技发展生产力方面引导时代潮流，明显受到时代的影响。

汪海 1974 年作为青岛市橡胶公司工作组主要成员来到双星集团的前身——国营第九橡胶厂，1983 年被任命为厂党委书记。上任伊始，他深感科技落后影响竞争力。橡胶九厂按计划生产的 200 万双解放鞋，上级主管部门不再收购。主管部门告诉汪海说："这种样式陈旧的解放鞋，我们一双也不要，因为我们也发不出去了，还是你们自己想办法吧。"全厂职工的生计立刻面临严峻的问题。为了解决这一问题，汪海发动全厂职工历尽艰辛，遭冷遇、看白眼，靠着一张嘴、两条腿，靠着一颗心和满腔情，奔波了一年，硬是将积压的 200 万双鞋销售一空。

如果说，改革开放以后，邓小平"科技是第一生产力"的论断使全国上下形成重视科技的舆论氛围让汪海耳濡目染，使他从思想上认识到作为一个企业家，要使企业发展不能不从思想上重视科技，用科技发展生产力，那么，这次被迫走市场道路的实践更使汪海认识到在现实中如果不利用新的技术开发新的产品，企业的生存都会面临困境。于是敢闯敢干的汪海很快便组建了新产品开发部，领导技术人员攻关，设计出新产品"双星牌"胶鞋。这是橡胶九厂第一次启用"双星"这个牌子。很多企业正是在由计划经济转向市场经济之时，由于不能利用先进科技开发出新产品适应市场，旧产品用户不断萎缩，最终难逃破产的厄运。汪海不是这样，他很快认识到"黑色胶底，黄色鞋帮，两天不洗，奇臭无比"的传统产品黄胶鞋的弊端，向全厂宣布，三年后老产品全部退役，即到 1986 年上半年黄胶鞋一双也不准在总厂生产线上干。1985 年年初，汪海到日本考察前，对美国、联邦德国和意大利的制鞋技术进行了研究，打定两个主意：一是高起点，要引进真正属于当今世界最先进的设备；二是要把外国的技术看个够，在今后企业设备的更新改造中，知道哪些确实必须引，哪些自己可以开发、自己研制超越。在日本，汪海看了七条生产线，看穿了"东洋镜"，了解了日本的长处，也发现了他们的缺点，最后没有引进日本的生产线，一方面是要收紧钱袋子，另一方面也是因为了解日本的科技之后，在知己知彼之后增长了信心，相信能够制造出比日本更先进的无毒作业流水线。

老产品转移后，厂里迅速进行技术改造建成了年产 800 万双硫化鞋的运动鞋厂和年产 1000 万双硫化鞋的出口鞋厂，到了 1986 年 6 月 23 日，最后一双解放鞋从生产线上撤下来，对老产品完成了彻底的更新换代。双星在国内首家成立了鞋业科研中心，建立了一支专业化的开发设计队伍，从产品的开发、设计等各方面向国际名牌看齐，为双星成为名牌奠定了坚实的基础。

这一切说明，改革开放初期，在邓小平"科学技术是生产力"、"科学技术是第一生产力"理论推动下，在举国上下迎来科学的春天之际，汪海最先感到了科学的春天的暖意。他作为一名企业家利用科技开发新产品完成由计划到市场的转型，使一个濒临破产的国有企业焕发青春，说明他是科学是第一生产力理论在中国的最初的基层实践者和验证者。中国的改革开放，就是学习外国的先进经验，包括外国的科技，也说明汪海是中国改革开放的排头兵。汪海在 1987 年被评为全国优秀经营管理者，获"五一"劳动奖章，1988 年作为首届优秀企业家的一员受到党和国家领导人的接见，并与党和国家领导人合影留念，说明他当时已被认为是成功的典型，他已成为全国企业家学习的榜样，因此，汪海的成功意义已经超越双星集团本身，而在全国具有典型意义。这种典型意义是多方面的，其中最重要的典型意义就是他有效利用了科学技术是第一生产力，通过科技发展企业，最先完成了企业从计划经济到市场经济的转型，从而使企业在改革大潮冲击下经受住了考验。相反，凡没有利用现代科学技术完成由计划到市场转型的国有企业，大多举步维艰，在改革浪潮中折戟沉沙。

很多人都认同科学技术是第一生产力的理论，但作为第一线的实践者如何让科学技术真正转化为第一生产力，不同的人会因不同理解而做法不同。理解的深刻与否，做法的正确与否，决定着科学技术能否转化为生产力和转化为生产力的效率，以至于是否能成为第一生产力。很多企业家嘴上整天喊科学技术是第一生产力，喊重视科技，但只是作为口号，好像鹦鹉学舌，并没有真正理解其中的含义，最多只是用来装点门面。这种人不会把心思用在开发科技提高生产力上，更不会花大力气，真心开发能转化为产品的科技。也许这种人官当上去了，但对企业有百害而无一利。很多企业家重视短期效益。虽然他们明白科学技术是第一生产力的道理，但一想到科技开发需要时间和金钱投入，就不愿把精力和有限的人力、物力用在长期的科技开发上，而是尽量用于短平快的项目，抱一种投机心理不断更换当时看来似乎可以赚钱的项目，结果企业没有自主开发的产品，什么都做不好、做不精，最后难免在激烈的市场竞争中败下阵来。还有不少企业家确实重视科学技术，但由于方法不当，或者看不准市场的需要，或缺乏组织攻关的能力，研发出的产品与市场不对路，或者研发成果变不成产品，虽然动机很好，但最终还是没能把科学技术变为生产力，更不用说第一生产力了。即使重视科技的企业家，也有的人仅把科技看成有限的研发人员的任务，不能调动在第一线生产的广大职工的创新的积极性，影响企业把科技转化为生产力的能力。如果研发人员与生产脱节，到科技转化为产品的时候也会大打折扣。

汪海不是这样。他对科学技术是第一生产力的理论理解是深刻的。关于科学技术他有很多名言，脍炙人口，一看便知不是来自书本的教条，而是一种从现实经验得出来的深切体会。汪海是有长远眼光的，他不只把目光盯着眼前利益，还着眼于长远的利益，利用新的科技开发名牌产品，在激烈的市场竞争中靠根植于科技的、长盛不衰的名牌而立于不败之地。双星的研发与市场对路，因为每一种产品开发都是根据市场需要进行的。双星的研发也与生产密切挂钩，因为很多研发人员包括汪海本人都熟悉生产第一线。第一线的工人也都参与创新和发明，尽力提高鞋的质量，节省材料，提高效益，增强市场竞争力。

二　双星大科技 = 技术科技 + 管理科技 + 政工科技

汪海对于科技的认识的深刻主要表现在以下几个方面。

首先是企业科技定位准确。汪海说，由于旧观念、旧思想、旧传统的影响，一些人对科技存在模糊的认识，认为科技只限于自然科学，把人造卫星、原子弹、飞机、火车及电脑这些尖端技术作为科技，认为国家级的科技才是真正的科技，企业这些微观组织里根本不存在科技。我们应该认识到，科技存在于各个层次，既有宏观的科技，也有微观的科技。国家级的科技代表国家的实力和民族的发展水平，国家级的科技不能说与我们无关，但作为一个经济实体，宏观上的科技只能使我们自豪，感到国家和民族的伟大，但对实体起到的作用和直观影响是有限的。对企业来讲更重要的是，企业自身的科技在同行业处于什么样的地位，本企业的科技在市场上是否具有竞争力。如果中国的每一个经济实体科技水平在世界同行业领先，那么国家的经济实力是相当雄厚的，国家在国际上的政治、经济地位就会空前提高。虽然科技是没有国界、没有阶级性的，但科技不能与市场脱钩，不能与经济脱钩，更不能与政治脱钩。长期以来，人们片面地认为企业内部没有科技，将企业的科技进步美其名曰"小改小革、挖潜降耗"，这些思想观念阻碍了生产力的发展。这里汪海对企业科技的定位是准确的。在企业这些微观组织里科技不仅存在，而且十分重要，因为一个经济实体在同行业是否领先，决定着企业在世界市场上的竞争力，企业的强大代表着国家的经济实力，经济实力的强大又与国家的国际地位有关。而这样的企业科技又不是小改小革、挖潜降耗能够解决的。汪海把企业的科技提到了很高的位置。

其次是大科技的观念。汪海说，长期以来，人们对科技的概念与范畴存在很多不正确的认识，有的人认为科技是有文化的大学生的事情；有的人认为科技是领导人抓的，是国家的事情；有的人认为科技只限于工程师，与己无关；有的人认为自然科学是科技，社会科学不是科技。这些长期以来困扰大家的极端错误的认识，阻碍了科技进步的步伐，阻碍了生产力的发展。汪海认为应该树立大科技的概念，在经济实体中至少存在三个方面的科技：就习惯意义上的技术而言，不管是工艺、配方、设备、原材料，还是医疗、基建，称为技术上的科技。就企业管理方法、手段，企业体制、机制调整转换而言，可以称为管理上的科技。企业的各项生产经营管理活动都存在科技进步，具体讲，生产组织、经营、质量、财务、人事、统计、教育、保卫等行业都包含科技进步。管理是无形的软科学，其作用不亚于科技进步，双星集团之所以能取得巨大的成就，与将技术科技与管理科技有机结合密切相关，每一次管理的突破、机制的转换，都带来双星生产力的大发展。思想政治工作上的创新，也会促进生产力的发展，也是一门科技，可以称为政治工作的科技。汪海认为，在高科技年代，要在抓高科技的高科技上下工夫。所谓高科技的高科技，即是人的管理，是政工科技。所有高科技都要依靠人来掌握，抓好人的管理，是我们搞好高科技的前提，否则，投入和产出不成比例，一切的投入都等于浪费。电脑是一种高科技，但抓不住搞高科技的人就是一种浪费。这种大科技思想概括为一个公式就是"双星大科技＝技术科技＋管理科技＋政工科技"。

汪海认为，技术的科技和管理的科技必须有机结合，只有这样企业才能不断前进。回顾双星的发展历史，什么时候技术科技和管理科技结合得好，双星就前进，无往而不胜。双星鞋厂能有今天的成绩，带动了双星集团的发展，就是管理与技术配合好的例证。单靠技术人员研究开发，没有行政领导的支持是很难成功的。厂长不理解工程师，工程师不理解厂长，就会造成恶果。管理和科技必须是一个结合的实体，双星过去的发展历程，证明了这个真理，今后跨世纪大发展也必须坚持科技与管理紧密结合这个原则，否则我们的事业不会前进。这里汪海强调技术人员的开发与领导的支持不可分开很有道理，没有领导的支持，科技人员研发不仅没有足够的资金支持，很难成功，即使研发成功，如果得不到领导的理解，也很难转化为成果。科研人员的研究有可能为研究而研究，不仅无法转化为生产力，为企业带来收益，而且还会造成劳民伤财的恶果。反过来厂长要理解工程师，认识科研人员研发的价值，对研发进行有效的指导，使之更适合市场的需要，看准的东西，不惜财力物力给予全面的支持，这样研发成果就会及时转化为产品，占领市场，为企业带来巨大的收益。因此，汪海认为技术科技和管理科技必须有机结合，是从实践中得出的真知，这是双星的经验。

汪海认为，一个经济实体不会离开这三个方面的科技，要坚决克服一种不正确的观念，就是认为只有技术科技是科学技术，而管理科技、政工科技不是科学技术。不管哪个方面的改进突破，不管其影响是大是小，凡属创新的东西，在市场上有竞争力、为市场认可的东西，能够促进生产力的发展、实践检验有经济效益的东西，都属于科技的范畴。第二产业是这样，第三产业也是这样。第三产业上的科技容易为大家所忽视，人们对第三产业上的科技理解偏差更大。第三产业是直接服务于人的行业，科技的作用更直接、更明显，吃、住、行里面都有学问，学问就是科技；饭菜做得味道好受欢迎是科技；第三产业创造一个舒适的环境是科技；我们的桑拿浴，自己创造了中医药物浴，吸引了很多客户，获得了市场认可，就是科技进步。制鞋的配套行业围绕母体行业服务，进行改革创新，在纸箱、印刷、模具各方面都要抓科技进步。

科学渗透于生产力系统的各类要素之中。现代生产力包括实体性因素、运筹性的综合因素、渗透性因素、准备性因素四类要素，科学属于渗透性因素。把科技应用于生产过程和工艺过程，渗透到生产力的其他要素中去，在组织、经营、管理、质量、财务、人事、统计、教育、保卫等行业渗透进科学的因素，在思想政治工作中讲究科学，都可以转化为直接现实的生产力，这一点也是双星的实践所证明的。

与大科技观念相关联的是，汪海认为，科技进步是全员性、全方位的系统工程。科技与每个人有关，和每个行业有关，人人都要关心科技，人人都要参与科技。对科技概念有了正确的认识，就可以跳出原来小圈子，明确在自己的岗位上应该怎样抓科技。能当领导人、当经理、当处长的毕竟是少数，并不是只有在这些位置上才有科技进步；不论你在哪个岗位上，都应该发挥在这个岗位上的作用，表现出自己应有的价值。对广大职工来讲，一个合理化的建议，一个好的点子，都是科技。在制鞋的某一个工艺上实现突破，在第三产业的某一个方面得到提高，就是本行业的原子弹。在科技方面有重大突破的，在小改小革方面取得了成绩的工厂、个人，都应该提出表扬，并召开科技推广专题会，将集团内一些好的经验、做法进行交流、推广和学习。但同时，汪海又认为，科技又不是彼此孤立存在的，而是要有相互配合、积极合作的精神。科技进步不是靠哪一个人、哪一个部门就能完成的，科技与相互理解不能分割，与相互配合不能分割，现代化大生产、专业化越分越细，更需要相互协作的精神。当一个人取得成绩的时候，千万不能沾沾自喜，骄傲自满，不要忘了大家的帮助，领导的支持，同事的协作。越是掌握了一定的技术，越是做出了成绩，越要正确对待自己，正确评价自己，做好传帮带的工作，千万不要把自己看得太高，不要把掌握的技术当做私有财产，不要忘记自己的成果是怎样得来的。在双星历史上，凡思想保守，故步自封，把取得的成果当成自己的资本的人，都不可能有所作为。

三 市场是科技进步的动力

汪海对科技与市场、科技与名牌、科技与质量的关系认识也很独到。

在科技与市场关系上，汪海有以下四个方面的认识。

（1）科学技术的效果如何，最终的检验标准是市场。一项科技成果要检验它的价值，第一就是看有没有市场。一项成果在理论上再完善，但不能获得市场的认可，就不存在经济效益，对企业而言就不是真正的科技进步。几十年来，技术与市场脱轨，造成科技成果停留在实验室里不实用，我们必须改变科技与市场割裂的错误认识，科学技术只有与市场接轨，才是真正的科技。

（2）科学技术是企业参与市场竞争的法宝。有市场就必然有竞争，有竞争就要依靠科技，市场竞争促进了科技的进步，而科技进步又推动了市场的发展。各个企业研制的成果互相保密并申请专利，说明大家对科技这个法宝的重视。在市场竞争的关键时刻用上科技成果，可以超越对方，取得市场竞争的主动权，比其他措施威力更大，效果更明显。例如皮帮CVO鞋黏合剂的研制成功和无露浆贴合技术的突破，使双星集团领先其他企业三年生产皮帮鞋，大规模进入美国市场。假如没有这些技术的突破，就不会有双星今天的出口形势、出口市场和经济效益。进入市场以来，双星人在短短的时间内创出了中国人自己的世界名牌，在双星名牌发展的第一阶段，科学技术进步起了决定性的作用。

（3）科技成果的推广要获得市场的认可，需要付出艰苦的代价。旧观念、旧认识扼杀了很多科技成果，橡胶九厂的老一辈工程技术人员，发挥自己的聪明才智创造了很多东西，但都不为当时的环境所接受，最终流于形式。新一代的科技人员要有所作为，就要学习老一辈工程师的优良传统，具备大无畏的精神，敢于付出代价。我们所做的一切，必须和市场接轨，什么时候和市场接轨，什么时候科技就进步。

（4）市场是推动科技进步的最终动力。没有市场就没有科技进步。在计划经济的年代里，橡胶九厂三十年一贯制生产黄胶鞋，老配方、老工艺、老技术几十年不变，那个时候不需要什么科技。进入市场以后，双星的技术、管理、政工发生深刻的变化，每个岗位上的技术人员、管理人员和广大骨干都奋勇拼搏，促进了科技的进步，原因就在于参与市场竞争，使企业有科技进步的动力。市场给科技发展带来动力，市场推动了科技的发展，而科技又反过来服务于市场。市场是科技进步的动力，科技是市场竞争的法宝。市场与科技只有相互促进，才会使企业从一个高峰过渡到另一个高峰。科技只有不断地发展，实现良性循环，企业才能保持永恒的竞争力和生命力，在市场上才能站稳脚跟。那些暂时领先的企业，如果放松了科技进步，就避免不了昙花一现的命运，后来居上的企业会超过它。越是市场经济，就越要大力发展科技，搞市场经济是为加快生产力的发展，而科技本身就是生产力。市场经济越发展，市场竞争越激烈，对科技的要求就越高。假如不与市场挂钩，缺乏压力，贪图享受，不思进取，天天混日子，科技就会停滞不前。

这里汪海从一个企业家的角度提出，科学技术的效果如何，最终的检验标准是市场，是很有现实意义的，可以说他一针见血地指出了我国科学技术开发存在的弊端。我们有那么多的科研项目，投入那么多的科研经费，科学家的科研论文汗牛充栋，有多少真正转化为产品走向市场？有多少能够带来效益？我们身边所用科技产品有多少是中国人发明的？科研与市场结合是中国科技发展的方向，解决这一问题，中国的企业就会有强大的科研支撑，中国的产品就会有巨大的进步。双星集团的经验也证明，科技是市场竞争力的法宝，只要科研和市场结合，中国企业在国际市场的竞争力就会大大提高。从这一点上说汪海的科技认识是有普遍意义的，无论付出多么辛苦的代价，我们都要把市场作为发展科技的最终推动力，大力发展与市场结合的科技。

四　科技＋管理＋名牌＝竞争力

在科技与名牌的关系上，汪海认为，名牌是技术革新与管理革命共同提高且紧密结合的成果，名牌是高科技的高科技。汪海说，什么时候我们把科技摆在了首位，我们发展得就快；什么时候重视了科学，敢于探讨和实践，我们就会成功；什么时候管理科技与技术科技结合得好，我们就提高；什么时候只抓了技术上的科技而忽视了管理上的科技，就形不成生产力，管理跟不上，技术进步就等于零。

双星名牌是双星科技的总代表、总标志。双星进入市场后，在短时间内能够成为中国的和世界的名牌、名厂，这是通过一系列的工程完成的，其中包括管人的科学，管物的科学，人生的科学，特别是管理上软科学的发展与创造。管人的九九管理法本身就是心理科学、行为科学的高度总结和深化。双星能够成为名牌，应该说它是双星科技的总代表、总标志。名牌能形成和发展得这么快，就是双星人全面理解科学、全面运用科学的体现，名牌是双星人运用科学的成功典范。

名牌和科技本身又是市场的产物，没有市场的发展就没有科技。不论市场还是战场，都有科技，流血牺牲的战场推动了科技发展，变幻莫测的商战也推动了科技发展。应该看到名牌是科技推动的结果，名牌是高科技的高科技，没有科技就没有名牌。科技和名牌既是市场的产物，又在市场上相辅相成，名牌要靠科技，科技又促进了名牌的发展，特别是名牌形成以后要保证名牌，使其有竞争力，就要靠科技；名牌要在市场上永远存在，唯一的手段和措施就是科技要领先。名牌在市场上竞争，靠科技；而名牌在市场上的成功，必然发展壮大经济实力，转化为效益。而经济和效益的发展，又可促进科技的发展。

总之，科技是创保名牌、发展名牌的最好措施，是市场竞争中永不衰退的手段。名牌在市场上要想永远不败，只有选择拼搏加科技。有了名牌这个金字招牌，再有技术与管理上的优势与之配套，就会战无不胜，所以说名牌＋科技＋管理＝竞争立于不败之地。要让名牌永远是我们的骄傲，就要有紧迫感，就要对科技有更深的认识，就要加速壮大和发展科技，只有这样才能用科技保名牌，用名牌创效益。提高质量，提高效益，保证名牌，发展名牌，要靠科技，用科技来提高质量，提高效益，保证名牌；对科技不重视，则是名牌背后潜在的危险。

正因为双星集团重视科技，所以才不断开发出含金量高的名牌产品，在市场上保持长盛不衰。目前，中国的企业与西方发达国家的企业相比，最主要的问题就是名牌太少，其中重要的原因是我们的科技开发不够，我们缺乏自主创新的技术。正是因为这一点，我们在具有高科技含量的产品竞争中处于下风。双星是中国少数做出名牌的企业，而其中的重要经验就是重视科技，用科技创保名牌，这一点是值得很多中国企业学习的。

在质量与科技的关系上，汪海认为，质量与科技密不可分，科学技术是第一生产力，是保证质量稳定、发展的根本。而质量又是企业的生命，是名牌的基础。

五 市场无止境 科技无终点 名牌无终身

双星的科技发展过程可分为三个阶段：第一是追随模仿阶段，即双星科技发展的第一阶段。这一阶段用了五年时间，从改造旧工艺、旧产品、旧设备、旧体制的"四旧"开始，通过整顿提高、革新创造，使双星由濒临倒闭、管理不善的小厂逐步发展成现在的名厂、名企业。在工艺技术方面，通过狠抓以人为本的高科技的高科技，即政工科技，并使之与管理科技有机地结合，通过企业整顿，以现场管理为突破口，带动了各项工作的不断提高。通过加强对员工的企业文化教育和精神文明建设，增强了双星人赶超行业排头兵的志气、士气和勇气，使工艺、技术在短时期内接近了全国同行业的先进水平。也正是在这个过程中，双星产品发生了根本性的转变，由原来以解放鞋为代表的单一产品发展并开发了透明底的123田径鞋及排球鞋，试制成功了冷粘鞋，这在当时同行业当中是绝无仅有的成果。通过追随、模仿、借鉴，拓宽了工程技术人员的思路，改变了原来一个配方三十年不变的保守观念，开始在工艺、设备、配方等方面进行大胆的改革创新，这一切为今后产品的不断发展提高打下了坚实的基础。这一阶段是双星科技发展的初期阶段，也是科技打基础的阶段。

第二是超越创新阶段，这个阶段用了七年时间。正是在这七年当中，确立了双星在全国同行业中排头兵的地位。在政工科技上确立了自己的理论，即：名牌是最大的政治，是企业各项工作的"纲"；确立了双星要创名牌这个高科技的指导方针；确定了双星在高科技领域中的努力方向和奋斗目标。在管理科技上创造了一系列劳动力密集型企业的管理方法，如"九九管理法"、"资金切块法"、"数字跟踪卡"等，并强化了体制改革、机制创新、政策奖罚及劳资待遇等一系列管理科技的配套。在技术科技上，由追随模仿转向了超越创新，使产品发生了很大的变化。通过冷粘鞋与硫化鞋的相互渗透、互相借鉴，设计开发了"亚运蓝"鞋；通过借用冷粘鞋电脑纹的优质材料，并在结构设计上采用了冷粘鞋与硫化鞋相结合设计开发了时装鞋；通过引进先进的注射鞋设备，创造性地研究并捕捉了人们的心理，推出了老人健身鞋，同时又很好地运用了市场营销这门科学，进行了全方位的产品宣传促销，使新产品占领了市场，成为双星的拳头产品。正是技术科技、管理科技、政工科技三者结合，使双星的科技含量不断提高。同时，工程技术人员的结构发生了很大的变化，完成了新老交替的过渡，使整个双星在科技发展中有了后备人才，为市场及行业竞争奠定了坚实的人才基础。在这一阶段，双星创出了一个名牌，培养了一支队伍，开发了一批国内的先进设备。双星产品由低档转向了中高档，由内销转向了外销，并形成了系列产品，企业由一个中型厂发展成跨地区、跨行业、跨所有制的制鞋集团，并确立了双星在国内同行业的领先地位。

第三是高科技发展阶段，1998 年至今双星已经进入了科技发展的第三个阶段，即高科技发展阶段。回顾第一、第二阶段双星走过的科技发展历程，可以看出，双星总结出了大科技概念，即：双星大科技＝技术科技＋管理科技＋政工科技。认识到了人的管理是高科技的高科技，人是兴厂之本。创造了双星的管理科技，并提出了"市场无止境，科技无终点，名牌无终身"、"双星名牌是双星科技的总标志"等一系列科技理论，为今后的科技发展奠定了基础，明确了科技发展的方向。在高科技发展阶段，提出科技战略，认识到一个企业在市场上表现自身的价值、参与市场竞争，最大的实力和竞争力就是科技。以科技为先导推动各项工作同步前进是双星科技战略的中心，也是双星今后发展壮大的主线。注重人才培养和人才开发，达到科技战略和人才战略并轨运行；工作逐步规范化、网络化、系统化，运用现代化的科技成果，走专业化、系列化、配套化的发展道路。

市场无止境，科技无终点，名牌无终身。现在双星集团是家大业大，双星要进一步发展自己的生产力，在更多领域开发出名牌占领市场，保持双星长盛不衰。可以肯定，双星还会在汪海的率领下在高科技的发展道路上阔步前进，因为汪海永远牢记着邓小平"科技是第一生产力"的名言。

（撰稿：何德功）

质量是企业的生命

——论汪海的质量思想

汪海是一个企业家，又是一个勤于思考、善于总结理论的思想家。汪海既重视扎扎实实的中国式企业管理实践，又重视中国式企业管理实践的理论总结。汪海认为，理论创新是创新中的灵魂，是动力中的核动力。没有理论的创新就没有科技、管理、制度的创新，企业也就不会有进步，也就不会有发展。企业发展到一定规模，就需要一个强大的理论来支撑，没有理论支撑的企业是不会持久的。双星正是通过在实践中不断总结创新自己的质量管理理论，来指导自己的工作并卓有成效。作为拥有80多年发展历史的国有特大型企业双星集团的负责人，汪海总裁一直坚持实践改革与发展的新思路，率先成功地完成了一个国有企业由计划经济向市场经济转变的全过程，走出了一条国有企业的市场化成功之路，形成了具有汪海特色的中国式质量管理理念。

一 产品质量是第一形象

汪海有许多关于质量管理的精辟论述，像"千形象、万形象，产品质量是第一形象；质量形象树不好，一切形象等于零"，"产量是钱，质量是命，双星人要先要命后要钱"，"名牌的实质就是质量"等。汪海以超凡的勇气，结合实际，用深入浅出的语言总结提炼了最容易被员工接受的具有双星特色的管理理念，被称为汪海语录。汪海语录中关于质量的论述分量最重："质量是企业的生命，质量不好等于自杀"、"市场竞争归根到底是质量的竞争"、"全员转向市场，人人关心质量"、"质量是干出来的，不是检查出来的"、"企业什么都可以改革，唯独质量第一不能改革"、"三个质量"的大质量观等。汪海质量管理的这些理念，是具有中国特色的中国式质量管理理念，在双星深入人心，已经是融入双星人血液中的信条，同时，对提高全民质量意识和加强企业的质量管理观念，对中国企业实施质量管理，提高产品质量和企业整体素质，培养质量管理人才等，也具有巨大推动作用。

多年来，双星在汪海这些市场哲学、管理哲学、人生哲学的引领下，先后实施"名人、名企、名品"战略，"出城、下乡、上山"战略，"东部发展、西部开发"战略，夺取了国内外一个又一个目标市场，成为中国制鞋业最大的出口基地和唯一的出口免检企业。20世纪90年代后期，双星的品牌效应、质量效应、规模效应、管理和技术的优势在调整中不断得到发挥。进入21世纪，双星加快产业结构调整步伐，成功涉足鞋业、轮胎、服装、机械、热电五大支柱产业及包括印刷、绣品、配套第三产业在内的八大行业，是跨国界、跨行业、跨所有制的国际型企业集团，实现了多元化发展，市场进一步向广度和纵深拓展，成功运作"双星"品牌，附属产业不断发展壮大，集团实力大为增强，企业的经营规模和经济实力跃上了一个新的台阶，跨入了"强双星、强名牌"的发展新阶段。

随着双星产业的扩展，双星这一套严格的质量管理也得到有效延伸和拓展。汪海持之以恒地带头抓质量管理，尤其在双星大发展、大突破的转折关头，持续不断地强调提高领导层和全体员工的"三个质量"意识，对一代又一代的双星人不断地再提出、再认识"三个质量"作用和地位的问题。新加入双星集团的企业，哪怕是知名企业，双星都要派去最强硬的质量监督员，严格地抓质量管理，使新加盟的企业能在短短几个月时间里，把经济效益搞上去。

二 质量是名牌的基础

双星在市场中拼搏，最值得骄傲的就是创出了名牌。

双星1983年开始了创名牌阶段，汪海提出"创名牌是市场经济中最大的政治，创名牌就是最好的爱国家、爱民族、爱企业"，成为双星员工"创中国人自己的名牌"的一致目标和强大推动力；1995年双星获得全国鞋类首家驰名商标。进入20世纪90年代中期双星开始了名牌发展阶段，汪海又提出了"越是名牌越要重视质量，越是名牌越要提高质量"的要求，提出"名牌没有终身制"，让员工警惕"名牌背后潜在的危险"。到了2000年前后，双星开始了名牌发展高级阶段。针对中国加入世界贸易组织后面对的新的发展机遇和挑战，汪海不失时机地提出了"创世界名牌，为国家争光，为民族争气，为企业争辉"的新要求；2007 年底，又提出了打造"鞋服、轮胎、机械三大集团"，实现"树百年品牌，建百年老店"的发展目标。

名牌是双星的两条命：一条是经济生命。汪海认为，商标一旦成为名牌，本身就存在着巨大的价值，因而名牌就是财富，名牌就意味着巨额利润。另一条是政治生命。汪海多次表示：从一开始，我们就下定决心，一定要创出我们自己的、纯共产党血统的名牌来。

汪海对质量同名牌的关系有着深刻的认识，他认为"质量是名牌的基础，越是名牌越要重视质量，越是名牌越要抓好质量；发展壮大提高名牌，更要抓好质量，这是名牌长盛不衰的根本原因和发展规律"，名牌的实质就是质量，这是融入双星人血液中的信条。

双星由小到大和由大到强的各个历史发展阶段，按市场经济规律，以市场需求和顾客满意为准绳，汪海提出了质量管理的许多新理念，制定了与企业当时发展宗旨相一致的质量方针和目标。这些方针和目标都是以提高产品质量为核心的。

正如温家宝总理考察青岛企业时指出的那样："企业要在激烈的市场竞争中立于不败之地，就必须创造名牌产品。名牌就是质量，就是效益，就是竞争力，就是生命力。名牌不仅是一个企业经济实力和市场信誉的重要标志，拥有名牌的多少，还是一个国家经济实力的象征，是一个民族整体素质的体现。"产品质量是一个日益受到普遍重视的问题，它不仅关系企业的经济效益，也关系广大消费者的切身利益，我国把提高产品和服务质量作为工商业发展的重要方针和战略。广大企业要想可持续发展，必须以质量求生存，以质量创名牌，名牌是靠抓质量抓出来的。

三　工作质量是核心

汪海在长期实践中，创造了"三个质量"（产品质量、工作质量和服务质量）的大质量观，形成了双星"三个质量"管理理论，在双星发展中起着关键性作用。在"三个质量"当中，工作质量是核心，是重点，是基础，是保证，是关键，是大局，是主要因素，是"原子核"；工作质量松一尺，产品质量和服务质量就会松一丈，工作质量不到位，包括产品质量、服务质量在内的其他一切都等于零。产品质量不好，可以通过工作质量去改造；服务质量不好，可以通过工作质量去转变；工作质量不好，则产品质量和服务质量就没有改造转变的余地和可能性了。

在市场竞争当中，核心的竞争是工作质量的竞争。工作质量到位，竞争就能成功；工作质量不好，就会败下阵来，恐怕谁都救不了。工作质量是没有最终标准的，是不能够停止的，只有和市场竞争接轨才是最佳的工作质量，市场怎么要求，就怎样去做，要随着市场的要求和变化制订工作质量标准，这才是符合市场标准的工作质量。市场是永不停止的，喘口气、歇一歇的工夫，就会受到市场的惩罚。

汪海年复一年地向大家讲解"三个质量"。质量并不仅仅是产品质量，也不仅仅只是工程师、质检人员的事情，质量包括产品质量、工作质量和服务质量，质量是全员性、全方位的，不能只局限于领导、只局限于骨干，对农民工也要用直接、现实、朴素的观点去引导。抓好产品质量和服务质量，首先抓好领导层和管理层的工作质量，这是企业发展和生存的关键。各级领导和管理人员的工作质量出现失误，影响面巨大，甚至会使整个企业垮台。"市场竞争的核心就是工作质量的竞争，特别是企业领导人、决策人工作质量的竞争"，"市场竞争实际就是领导者、决策层工作质量的竞争"。

双星早在 20 世纪 80 年代中期即开始了以质量促管理、上台阶的基础工作，在质量工作上找到了突破口，提高了基础管理水平，遵循市场经济的要求，提出并树立了全员转向市场、全员重视质量的大市场观、大质量观；冲破了计划经济条件下僵化的教条的质量管理模式，转变了质量与管理、行政、事务分开的旧观念，树立了三个质量及其相互关系的新观念；全面阐述了在市场经济条件下，应抓好质量、抓好管理，互相促进、互相提高，奠定了质量管理的新的理论基础，指明了质量工作和管理工作的方向。这是汪海在双星发展史上的创造。双星的实践证明了这一理论的正确性和强大的生命力，是一笔宝贵的精神财富。

汪海抓"三个质量"具有持之以恒的劲头。汪海告诫全体员工，企业面临的最大困难就是如何抓好"三个质量"，认为这是一个不可回避的现实。能否坚持不懈地抓，能否加大力度、加大步伐地抓，是关系双星集团命运、关系每位员工切身利益的全局性、全方位的大问题，第一件工作是抓质量，第二件工作是抓质量，第三件工作仍然是抓质量，要把"三个质量"作为每一位员工、每一位骨干、每一位领导本职工作的根本，要抓住不放，持之以恒。只有这样，事业才有希望。

四 "产量是钱，质量是命，双星人是先要命再要钱"

双星人将质量深深植入大脑的意识，牢固地树立了质量意识。

双星视质量为企业生命，不断破除"轻质量、重产量"的观念及规章制度。对于质量与产量的关系，汪海提出了"产量是钱，质量是命，双星人是先要命再要钱"的口号，并告诫大家"如果连命都没有了，钱也是暂时的，最终也是没有钱的"，认识到创名牌首先要把质量搞好，体验到了产量是钱，质量是命，双星人是先要命再要钱，并能够将质量同竞争、同饭碗、同企业和个人的命运连在一起。双星实践证明，优良的质量管理是提高产品竞争能力的支柱，质量对提高企业的经济效益有巨大的作用。以质量开拓市场，以质量站稳市场，这是许多企业提高产品在市场中竞争能力的行动准则。无论是国内还是国外市场，产品质量不好，就没有竞争力，就无法取得很好的经济效益。

产品质量是企业的生命。几十年来，双星始终坚持严格抓质量，实现了质量管理与世界接轨。自20世纪80年代初期双星就开始推行日本的全面质量管理；1995年双星作为制鞋国企首家通过了ISO 9001国际标准认证；1998年双星获国家产品出口免检证书；2002年为了强化产品实现过程的质量控制，又将美国PSS公司TQA 2000标准在全集团推广，使双星海江公司成为PSS公司在亚洲唯一的硫化鞋"核心工厂"。2005年，双星专业运动鞋、旅游鞋、皮鞋荣获中国名牌，双星运动鞋荣获中国行业十大质量品牌。2006年，双星运动鞋荣获中国行业十大质量品牌。

为了使企业的质量方针目标被各级管理人员和员工理解并贯彻，双星每年都坚持不懈地对全体员工进行质量意识和持续改进的教育培训，每年定期举办培训班，让员工树立了"产品质量第一"的观念；开展"名牌与企业和名牌与饭碗关系"的大讨论。汪海把质量管理上升到"质量等于人品、质量等于道德、质量等于良心"，以德治企的高度，使"人人关心质量"落到实处。

服务质量是市场竞争的保证。双星产品能够赢得国内外客户高度的称赞和依赖，在于双星坚持高标准的产品质量目标的同时不忽视服务质量。汪海认为，"什么时候都不能忘了消费者，什么时候都不能忽视质量，什么时候都要把消费者放在第一位"。汪海在向双星人强调工作质量、产品质量、服务质量"三个大质量"观时指出，这三个质量"缺一不可，互相促进，不能放松"。汪海告诫双星人"要诚信做人，诚信做事"，"只有讲诚信才能在市场站住脚"。为了加强双星人的200%服务的意识和观念，双星每年都重奖一批经营一线的营业员和销售人员，激发他们的积极性，用诚信经营来赢得客户。

五 "干好产品质量就是最大的行善积德"

双星坚持以人为本，全心全意依靠广大员工办好企业，保证质量。

企业管理向现代管理的转变中，引进了行为科学的概念和理论，主要特点是更加注意人的因素和发挥人的作用，把人作为一个独立的能动者在生产中发挥作用，要求从人的行为的本质中激发出动力，从人的本性出发来研究如何调动人的积极性。人是受心理因素、生理因素、社会环境等多方面影响的，因而必须从社会学、心理学的角度研究社会环境、人的相互关系以及个人利益对提高工效和产品质量的影响，尽量采取能够调动人的积极性的管理办法。在质量管理中相应地出现了组织工人"自我控制"的无缺陷运动、质量管理小组活动、质量提案制度、"自主管理活动"的质量管理运动等，使质量管理从过去限于技术、检验等少数人的管理逐步走向多数人参加的管理活动。在管理上突出重视人的因素，强调依靠企业全体人员的努力来保证质量。

双星把创名牌、当名厂的关键放在了人的身上。汪海认为人是兴厂之本，管理以人为主，没有一流素质的员工，就没有一流的产品和一流的企业。汪海注重职工的荣誉感和责任心，同时在职工中培养"发展中创名牌、提高中保名牌"的思想意识，让职工知道"名牌是干出来的，而不是喊出来的"，从而使每一个员工自觉地一切从名牌做起，一切为了名牌，一切想到名牌，用自己一流的工作质量、产品质量、服务质量来热爱名牌、创造名牌、保护名牌。

双星在质量管理上创新，"继承传统优秀的、借鉴外来先进的、创造自己特色的"，汪海继承中国传统"儒、道、佛"文化的优秀思想，创造中国式质量管理。双星作为劳动力密集型企业，人为因素直接影响着质量、产量和成本。针对一线员工80%来自农村的特点，汪海创造性地提出了"干好产品质量就是最大的行善积德"、"诚信做人、200%服务"的企业管理新理念，运用中华民族的传统美德，将职业道德、社会公德和企业管理相融合，使企业实现了德管、情管、钱管、制度管、文化管。通过诚信文化教育，提升了双星品牌的含金量，双星鲁中公司 14 条流水线全部取消专职质量检查员，倡导人人都是质量检查员，取得了良好的管理效果。汪海抓住了"用文化理念教育人、引导人、管理人"这个最顶尖的管理核心，发扬了"工人阶级吃苦耐劳，顽强拼搏，忘我工作"的奉献精神，创造了"九九管理法"、"ABW"论等独特的管理理论，并结合"行善积德、实事求是"八个字，创新性地形成了包含质量管理文化在内的双星九大文化管理体系（市场竞争文化、名牌财富文化、思想管理文化、道德人品文化、质量管理文化、成本管理文化、创新知识文化、技术标准文化、执行形象文化）。

双星通过开展"我为名牌添光彩活动"，在全公司内掀起争做双星名人的高潮，把做名人与创名牌、当名厂紧密地结合在一起，让每一个双星员工在各自的工作岗位上为创名牌、名厂而体现自身的价值。双星努力培养具有铁的意志、铁的作风、铁的纪律的"三铁"队伍，造就了一支素质高、意识新、工作认真、作风扎实、敢于竞争、勇创一流的铁军，为实现创名牌、当名厂奠定了基础。

汪海认为，管理就是管人，管人就要先管人心，管理的着眼点就是要先抓自己。管理不是单纯的管物，要管人的思想，要加强职工教育，要多关心职工、体谅职工。汪海要求企业领导干部对基层提出的事，不能当小事情看，"在你那儿是小事，但在工人眼里是大事"。真正的产品质量在一线，在质量上抓牢抓死是做强的关键。车间基层提出的事，第一遍你不解决，第二遍还不解决，第三遍他就不说了。工人自己提出的问题领导不重视，就会闹情绪，进而影响工作，影响质量。因此在平常的工作中，高层领导立足点要放在基层，多换位考虑，理解一线工人，尽快对他们提出的问题给一个回音，能解决的马上解决，不能解决的要讲明原因，只有工作质量抓好了，总体质量才能搞上去。

六 "只有创新才能创名牌"

汪海认为："企业只有创新才能生存，只有创新才能发展，只有创新才能创名牌。"为了保证质量，双星在硬件上下工夫，大力开展技术改造，制定各项技术标准、工艺指标；在管理上下工夫，一个几万人的大企业，现在已经能精细到一厘米一厘米算出布料。职工们还想办法，把几把刀焊在一起。在所有裁断车间里，都挂着这样一条标语：刀下留财，刀下留钱。谁的消耗低，谁立功受奖。每条生产流水线的前面，都有一块小黑板，上面写着全组人员每天的收入，还写着谁被奖励了多少钱，谁被罚了多少钱。谁干得好，谁干得不好，一目了然。

全面质量管理是为了能够在最经济的水平上、在考虑到充分满足顾客要求的条件下进行生产和提供服务，并把企业各部门在研制质量、维持质量和提高质量方面的活动融为一体的一种有效体系。创新是双星持续发展、扬名天下的动力和根源。

双星依靠科技创新解决质量问题，下面这个故事在双星广为流传。鞋子加工成型过程中，鞋底钉子问题是业内一个难题。一次汪海怒气冲冲地从北京带回一双鞋，当着全体中层干部的面，命令一个分厂厂长穿上。这个分厂厂长一穿上就叫了起来，扎脚！原来是鞋子里面的钉子没拔出来。汪海对这些中层干部说，你们穿着扎脚，顾客穿了就不扎脚吗？汪海把从分厂厂长、工段长到操作工奖金一免到底。同时，关于如何避免钉子留在鞋里这个世界制鞋业难题的攻关也开始了。近几年，双星出口鞋首先取消了备用楦，成型线实行数字跟踪卡，严格执行制鞋生产一条龙，已经解决了多年未解决的顺脚鞋、差"伴儿"鞋问题。双星又依靠科技创新创造了不钉钉子的成型过程，彻底解决了因鞋底钉子未取造成的质量问题。同时，它还减少了一道工序，省了48个人力岗位，而且对全世界制鞋业解决因钉子未取出造成扎脚的问题作出了贡献。因双星的鞋再没有钉子扎脚的后顾之忧，它的世界名牌地位得到巩固。

七 "质量是管出来的"

质量保证是质量管理的两个重要内容之一，质量保证活动涉及企业内部各个部门和各个环节。从产品设计开始到销售服务后的质量信息反馈为止，企业内形成一个以保证产品质量为目标的职责和方法的管理体系，称为质量保证体系，是现代质量管理的一个发展。建立这种体系的目的在于确保用户对质量的要求得到满足和消费者的利益不受损害，保证产品本身性能的可靠性、耐用性、可维修性和外观式样等。

双星在实施"三个质量"中，加强管理制度、机制建设，以质量为中心，抓住质量这个突破口，管理与质量相辅相成。汪海认为，质量是管出来的，不管人、不管事，是搞不好质量的；通过管理促进质量，质量提高又促进管理，提出了"管理＋质量＝双星名牌"的公式。双星抓"三个质量"落实中，探寻各种矛盾，有针对性地积极开展各种活动、完善各种制度。

持之以恒地抓好"三唯一"，即一个观点：质量是第一位的；一个认识：质量的重要性是压倒一切的；一个态度：认真。

抓好"三个基础"，即一是抓好企业的基础管理，基础管理在什么时候都是质量的保证；二是抓好整体素质的提高，培养一支在质量上过得硬的队伍；三是抓好质量经济账的核算，同时算好质量政治账。

抓好"三心"：责任心、事业心、良心。强调落实好"五个观点"，即"质量出现问题绝不能原谅"的观点；"质量第一"的观点；"质量上无小事"的观点；"质量有否决权"的观点；"质量绝不能讨价还价"的观点。

抓"三个质量"要抓好"三个不放松"，即"三个质量"相互促进、相互提高这个唯物辩证的做法要抓住不放松；"三个质量100％"要抓住不放松；"创三名"竞赛要抓住不放松。

抓好质量，做到"七个不能"：一是对出现的质量问题不能放过；二是对出现的质量问题不能原谅；三是抓质量不能搞平均；四是抓质量不能走过场；五是抓质量不能"讲情面、开后门"；六是抓质量不能忽视基础管理；七是抓质量不能蛮干、乱干、胡干。

抓好质量，做好"九个方面"：一是要用算账的办法、对比的办法、和工资奖金挂钩的方法，来教育引导员工。二是要在质量出现问题后，实行"埋单制"的管理方法，增强各环节人员的责任心，增强大家抓质量的压力感。三是要实行质量出现重大问题一票否决制的考核办法。四是要建立健全质量分析会、质量研究会制度，要长期坚持，形成习惯。五是要实行按退赔率减免奖金、年薪和考核职务的办法。六是在质量控制上，要采取"一手抓教育，一手抓考核"的办法，真正做到"两手都要抓，两手都要硬"。七是要求检查人员做到公正、合理、正派，树立一身正气的质量法官形象。八是要做到一切创新都要围绕提高质量展开，不能因为创新降低了质量标准而影响质量，也不能以"保证质量"为由而不去创新。一句话，一切的创新包括减人增效的创新、挖潜降耗的创新等，都在提高质量的前提下进行。九是要做到一切竞赛、比武都要在提高质量的前提下，促进产量的提高。

抓好质量，用好"一把尺子"，即"最低的退赔率"这把尺子。一是用作考核依据，来评定工资奖金，评定荣誉称号；二是用作检验质量好坏的标准；三是用作降成本、增效益、搞创新的最大目标来考核；四是用作检验管理好坏真实程度的"试金石"；五是用作衡量工厂和部门是否真正进入市场、服从市场需要的重要依据，彻底克服过去"总是让市场适应我们，而不是我们去服从市场"那种天真的、错误的、又很愚蠢的想法；六是用作衡量各级领导到底是真抓质量还是假抓质量的重要依据，作为衡量工程技术人员水平高低的重要依据；七是用作考核员工、检验员工工作好坏的标准。一句话，就是用"最低的退赔率"这把尺子，以倒推的方法逼着大家从质量上、管理上实现全面提高，上升到一个新的档次。

八 质量控制精细化、体系化

　　质量管理通常包括制订质量方针和质量目标以及质量策划、质量控制、质量保证和质量改进。质量控制为保证产品的生产过程和出厂质量达到质量标准，采取一系列作业技术检查和有关活动，是质量保证的基础。质量控制是质量管理的重要内容之一，质量控制的精细化和体系化是双星加强质量管理的重要内容。美国 J. M. 朱兰认为，质量控制是将测量的实际质量结果与标准进行对比，并对其差异采取措施的调节管理过程。这个调节管理过程由以下一系列步骤组成：选择控制对象；选择计量单位；确定评定标准；创造一种能用度量单位来测量质量特性的仪器仪表；进行实际的测量；分析并说明实际与标准差异的原因；根据这种差异作出改进的决定并加以落实。

　　面对竞争日益激烈的国际鞋业市场，名牌名厂成为双星取胜的法宝。为了创名牌、当名厂，双星用国际名牌的技术检验自己，用国际名牌的工艺衡量自己，用国际名牌的质量要求自己，从工艺、技术、产品开发、包装、管理等各个环节都坚持向国际名牌名厂的标准看齐，实行严把关、严检查、严考核制度，对职工严格要求，工作一丝一毫、一针一线也不能有疏漏，对每一只鞋帮、每一个鞋眼都认真检查。由于实行严格的生产管理制度，双星的产品质量得到了保证。1993 年 8 月，拥有 2500 家连锁店的美国最大跨国鞋业经销商 JCP 公司慕名从双星出口鞋厂订购了一批鞋，由 JCP 公司的质量部长亲自检验，他用了一个星期的时间，以挑剔的眼光一连检验了 200 箱鞋，没有发现一双不合格的。像这样高的质量，即便是国外大公司也难于保证，于是，JCP 公司主动提出扩大与双星合作的愿望，并宣布双星鞋为质量信得过产品和免检产品。作为国际知名企业，双星已经由过去的自己找客户发展到现在的客户找上门，产品供不应求，但为了维护双星名牌的信誉，双星坚持不让一双不合格产品走出国门。双星正是靠这种名牌名厂至上的精神打开了国际市场。

双星在质量控制上，建立健全了一整套从原材料采购到成品出厂一条龙的质量管理保证体系，在国内制鞋业首家通过 ISO 9001 质量认证，与国际质量标准接轨；对产品质量进行超标准检验，超常规考核，用国际名牌的质量标准来要求自己、检验自己。现在，双星人有一个共识：虽然双星已拿到了国家质量免检证书，但在企业内部是永远没有免检之说的。汪海将职工的利益与工作质量挂钩，"谁出不合格产品，谁出钱买走"，使双星实现了"无缺陷管理、零质量损失"的高标准，产品合格率达到 99.99% 的高水平。双星对质量强化考核，质量不好，就要撤点，即使是造成停产，也要坚决撤；不管是谁，出了质量问题绝不原谅，绝不迁就，朋友归朋友，质量归质量，质量否决权照样执行。强调在双星的各个产业、各个工种树立大质量观。

双星首创的数字跟踪卡，使每道工序、每个职工的职责一清二楚，解决了几十年来世界制鞋业管理的老大难问题，实现了由静态管理向动态管理、最后又由动态管理向静态管理的转变。一双鞋从原料采购到成品出厂有 200 多道工序。一天产 157 万双鞋，使用原材料 3800 种，在生产工序流转的半成品、工模器具多达几百万件。在这样的环境下要保证产品质量，需要的是一点一滴的精雕细刻，只有这样才能较好地控制质量。

进入 21 世纪，双星的内部质量管理继续向精细化发展。他们在以前跟踪管理的基础上，实施了分段管理法，量化到岗，细化到人。在每一条流水线上划分出不同的生产段，以醒目的图片做标志，并选出段长负责掌握工序之间的连接，对本段位内出现的问题做到及时发现、及时协调、及时解决，从而有效地控制了流水线上出现的积压或空当儿现象，使班组管理工作得到了进一步深化、细化和提高。

九 "质量没有标准，市场才是标准"

关于质量管理的标准，汪海认为，中国的国情决定质量没有标准，市场才是标准，质量由市场决定。尤其是轮胎产品，在使用环境复杂、超载现象严重的情况下，产品必须适应市场，必须把书本上的东西转换过来，把书本上的标准改正过来，明确质量的标准在市场，市场才是最高领导，市场才是最高标准。以市场的标准定目标，以市场的标准抓质量。

汪海确立"三个质量"的标准是"客户满意"，"顾客不满意，就是产品不合格；客户不满意，就是质量还存在问题。市场是检验企业一切工作的标准"。尤其是各部门、各职能处室工作质量更重要，必须超标准考核，超常规要求，"三个质量"齐抓共管，转变职能，适应内部市场和外部市场的要求，让各层次"上帝"都满意。

双星质量管理工作，"跟着市场走，围着市场转，随着市场变"，坚持"市场是检验企业一切工作的标准"，这一论断揭示出企业应该一切以市场为中心的要义和根本，正确处理好质量与市场的关系。在由计划经济向市场经济的转变过程中，汪海提出了"市场是企业的最高领导"，使企业实现了一切以市场为标准。双星的机制创新、体制创新与战略调整，同样使其在激烈的市场竞争中抢得先机，牢牢占据市场主动权。

当初汪海率先闯市场，借质量这张王牌赢得了市场，取得了令人瞩目的成绩；随着市场日趋成熟，市场竞争将更加激烈，要想继续占有市场、保持领先，就要打好质量这张牌，用质量这个市场的最优秀的代表去拼、去争，用动态的不断前进的质量，而不是静止不变的质量去参与竞争。由此，汪海归纳出企业发展的公式是：市场 + 质量 = 双星。市场已经客观存在，形势很好，前景不错，关键的因素在质量，最可怕的就是忽视质量，把握不住质量，对质量的规律认识不清。质量好了，等式就成立了，全盘也就活了。

质量，不管是产品质量，还是工作质量、服务质量，都关系市场问题，关系市场竞争问题。质量在市场经济中，是判断企业工作好坏的执法官、裁判员、"包青天"，有否决权，有否决一切的权力。双星发展历程从正反两个方面证明质量是最有说服力，最有否决权的。

（撰稿：李国强　谢悦）

企业的生命力在于不断创新

——论汪海的创新思想

"创新之父"熊彼特认为，"创新"是经济增长和发展的动力，也就是要把一种从来没有的关于生产要素和生产条件的"新组合"引进生产体系中去，以实现对生产要素或生产条件的"新组合"。而按照当代"竞争战略之父"迈克尔·波特的竞争力理论，创新驱动阶段是超越要素驱动、投资驱动阶段竞争力培育的高级阶段。

创新是一个民族进步的灵魂，是一个国家兴旺发达的不竭动力。随着经济全球化的不断深入和市场竞争的日益激烈，创新已成为全世界的焦点话题。企业只有持续不断的创新，在 21 世纪的世界经济舞台上才能有自己的一席之地，这已成为全球企业家众所周知的问题。

但是，如何创新？创新从何而始？

"理论创新。"汪海如是说。

一 理论创新是创新中的灵魂

汪海认为，理论来源于实践并指导实践，随着时代和环境的变化，必须创出一套新理论作指导，也就是树立新的理念和思维，积极参与现代化市场竞争；没有理论的创新就没有科技、管理、制度的创新，企业也就不会有进步，也就不会有发展。汪海指出："理论创新是创新中的灵魂，是企业持续稳定发展的根本，是动力中的核动力。"

作为国有特大型企业负责人，汪海始终走在时代的最前列，在实践中不断总结创新自己的市场理论，以指导自己的工作，如"有人就穿鞋，关键在工作"，"跟着市场走，围着市场转，随着市场变"，坚持"市场是检验企业一切工作的标准"，指出"只有疲软的产品，没有疲软的市场"。汪海最早把经济观点引入企业思想政治工作当中，提出"创名牌，是市场经济中最大的政治；创名牌，就是最大的爱国主义"，等等。

这一系列理论观点凝聚了汪海 30 年商海搏击的思想精华，解放了双星人的思想，革除了计划经济的旧观念，为双星后来第一个"下海"进市场、第一个进行横向经济联合、第一个提出"创造名牌、发展名牌、运作名牌"的名牌战略等一系列超前行为打破了思想和观念障碍。这些理论观点使双星在由计划经济向市场经济转变的过程中少走了弯路，仅用 10 年时间就走完了国外制鞋企业几十年才走完的创名牌之路，由原来一个亏损企业发展成为中国制鞋企业的排头兵，创出了一个中国人自己的名牌。

在理论创新的基础上，汪海带领双星领导班子运用超前而又具有创造性的思维，实行了一系列大胆而又科学的决策，继续在管理创新、科技创新、体制创新、经营创新等多方面实现了新的突破，创出了一条成功的道路。

管理创新方面，汪海提出了"人是兴厂之本，管理以人为主"的中心思想，坚持"严、高、细"的管理方针，提出了"什么都可以改革，唯有质量第一不能改革"的质量否决权；首创了"数字跟踪卡"的管理新方法，解决了世界制鞋业在管理方面始终未解决的老大难问题；创造了双星独有的"一天一算，一单一算，当天出成本"的管理新模式；将中国传统优秀文化融入企业管理，注入了"情管、德管、经济手段管"。双星创造的包含"三轮、三环、三原则"的"双星九九管理法"，实现了对人和物管理的最佳状态和最佳结合，被全国企业管理协会、全国企业家协会评为向全国推广的现代化管理方法之一。2002 年，双星获"全国质量管理先进企业"称号。

科技创新方面，汪海提出"市场是科技进步的动力，科技是市场竞争的法宝"双星从一进入市场，就把科技创新的市场化作为科技进步的目标，不断加快科技创新步伐。双星建起了全国制鞋业唯一的国家级技术中心；运用积极动力效率理论使中国制鞋业的科技水平达到了世界先进水平。从 20 世纪 80 年代初至今，双星有许多科技项目和新产品获得了国家各个部门的无数荣誉，双星的专业跑鞋、篮球鞋、足球鞋、老人健身鞋、空调气垫鞋、"好爸爸"鞋、"好妈妈"鞋等获得了国家专利认定，独创的空调气垫鞋和绝缘特种皮鞋获"国家级新产品"称号，开发的"多功能团基处理剂技术"列入国家重点技术创新项目计划；双星轮胎创造了自动化程度极高的密炼流水线，使工艺过程基本实现了零距离，开创了中国轮胎行业的先河，创出了中国轮胎行业多个"第一"，有些甚至被国外轮胎企业所采用；双星机械自主开发生产的多种清理设备填补了国内空白，"VRH"法水玻璃砂生产线是国内目前最先进的水玻璃砂生产工艺之一，被列为国家科技成果重点推广项目。

体制创新方面，早在 1985 年，汪海就从砸"旧三铁"（"铁工资"、"铁饭碗"、"铁交椅"）入手，打破了干部工人的身份界限，向砸烂"铁关系"、"铁锁链"、"铁栏杆"的"新三铁"迈进；20 世纪 90 年代初，将下属经营公司承包，迈出了国有民营的第一步；20 世纪 90 年代末，在国有企业中率先闯"雷区"，以卖掉连锁店为突破口，在原来"国有民营"的基础上，逐步变为"民有民营"，理顺了产权关系。多年来，汪海对双星 140 多家实体单位进行了"包、租、股、借、卖"等多种体制创新，形成了"一企多制"的格局，让双星所有的国有资产都得到充分的盘活。

经营创新方面，汪海认识到"经营是市场经济条件下企业发展的龙头"，只有做到"市场领导工厂"，才能立于不败之地。双星从 20 世纪 80 年代初闯入计划经济的禁区、率先下海进市场之后，就砸烂了计划经济的流通渠道，走上了自营自销的道路。进入 90 年代，汪海又提出"东部发展，西部开发"的新思路，不仅找到了企业的发展空间，而且结出了扶贫的累累硕果。通过"出城、上山、下乡"的战略大转移，转出了今天的大双星，使母体产业鞋业形成了诸如西南双星、中原双星、华北双星、华东双星、华南双星等生产基地的大格局，实现了对全国市场从渗透、扩展到覆盖、占领的全面胜利，开创了中国企业全新的富有竞争力的市场营销体系和网络。

汪海，这位中国第一代优秀企业家中目前唯一一位活跃在国有企业改革前沿阵地的探索者，没有一刻停止过改革创新的步伐。他是在中国改革开放的大气候下，执著地以一个共产党人的崇高责任感和使命感苦苦探索新思想、新理论的成功者；他是在中国传统制造加工企业普遍处于困境的大环境下，将"夕阳产业"做出"朝阳气象"，开创"一枝独秀"局面的实践者；他是屡吃"螃蟹"、敢为人先，以思想之剑铲除市场之路的荆棘和障碍，创出一条在有中国特色社会主义市场经济中民族企业成功之路的先行者；他是在复杂的环境中，顶住巨大压力，一步一个脚印走到今天，并且始终走在时代最前列、最为成功的一个企业家。

二 创新才能生存、创新才能发展、
创新才能创名牌

2006年9月22日在北京举行的首届全国企业自主创新"十大杰出企业、十大杰出人物、优秀奖、优秀人物"和"中国企业改革杰出领袖、典型示范单位、杰出贡献奖"表彰大会上，双星集团荣膺全国企业自主创新"十大杰出企业"，汪海总裁被评为"全国企业自主创新十大杰出人物"，双星成为劳动力密集型传统制造加工业唯一获"双奖"的单位。

汪海认为，在当今经济全球化和信息化年代，科学技术的日新月异在越来越快地改变着这个世界，具有突破性技术含量的产品在市场上越来越短命。"企业只有不断创新才能生存，企业只有创新才能发展，企业只有创新才能创名牌。"

谈起双星的发展历程，总裁汪海感触颇深："如果不是我们主动适应市场、主动创新的话，估计双星鞋现在也只能存在于人们的记忆中了。可以说，双星是创新的先行者、创新的冒险者、创新的成功者、创新的受益者、创新的幸存者。创新是企业持续发展的灵魂和动力。"

具体而言，双星集团通过全体员工的持续创新努力，在各个方面都取得了丰硕成果。

创新改变了双星人的思维观念。通过创新，从高层领导到一线员工，大家思想上发生了新的转变。市场的思想、竞争的思想、名牌的思想、生存发展的思想越来越强烈，认识和提高越来越明显，能够用新的思维、新的观念，以新的角度思考问题，发展企业，参与市场竞争，战胜一切困难。特别是轮胎、机械和绣品公司，在短时间内换了脑袋，和市场、名牌、竞争接了轨，同自己的生存发展接了轨，思想上发生了根本性的转变。

创新推动了双星各企业管理上水平。双星各企业目前在市场上发展得都很好。特别是从管理水平来讲，大家适应市场的能力正在逐步提高。从鞋厂来看，以足球鞋为主的鲁中、瀚海公司，在市场需求发生变化后，它们能够迅速做出调整，完成了足球鞋向休闲鞋的转换；以出口产品为主的海江公司，在国际市场发生变化后，在结构调整、同国际市场接轨等方面，同样表现出很强的适应能力。对于轮胎行业来讲，在调整规格、适应重型汽车发展方面，双星也做了不少工作，特别是对产品的调整和质量的提高有了新的认识，存在的问题也正在逐步解决，技术力量、技术水平和管理水平的结合正在向好的方向发展，这一切变化都与创新有着直接关系。

创新使质量再提高有了新途径。市场对产品质量的要求在提高，企业抓质量的方式方法也要随之改变；要实现质量管理"零缺陷"，就必须依靠创新。海江公司在创出"免验班组、机台"的基础上，进一步创新质量管理，又创出质量免验班组 5 个，质量免验机台 18 个；瀚海公司全厂质量一等品率达到 100%，实现了质量"零损失"；鲁中公司成型车间实现了无开胶；轮胎总公司建立起"质量管理责任链"。

创新使技术进步获得新突破。根据"领导、技术人员、员工三结合"的技术创新思路，双星集团拓宽了技术创新的范围和领域，取得了过去从来不敢想的新成果。瀚海公司、鲁中公司和双星鞋厂等根据产品品种、性能、部位的不同，对老配方进行了突破性的改革与创新，针对大、中、小号的高、中、低档鞋各部件的不同性能和要求，分段使用不同结构、不同价位的配方，既解决了功能过剩的问题，又最大限度降低了成本。瀚海公司通过调整配方，在不影响质量的前提下，把原来 84 缸次的硫化时间缩短了 300 分钟，日节约资金 50 元，年可节约资金 1.8 万元；轮胎总公司针对农用水胎合格率低的问题，改造热板蒸汽管路，使产品合格率由 98.1% 提高到 99.8%。股份公司通过对大底模具的改造，第一次实现了硫化大底没有下脚料；成型车间在生产 IPC 拖鞋时，将原来的五道加温烘箱改为三道，减员 2 人，班产量也由 9200 双提高到 1.1 万双。技术上的创新改造，把大家从"权威、书本、习惯"的束缚下解脱了出来，使技术进步找到了新的突破口，使整个集团认识到只有创新才能让科学技术最好最快地转化为生产力。

创新使产品树立了新形象。产品是企业在市场上的最直观的形象代表，被市场认可的产品是企业效益的最大源泉。为克服不利因素，双星集团在新产品创新上实现了新的突破。如瀚海公司成功开发了"绣春女鞋"，此鞋采用了新工艺、新材料，并且所用布料也是双星独立开发的，真正实现了"人无我有，人有我特"。海江公司、双星鞋厂创出了仿冷粘式硫化鞋，打开了市场，压缩了库存，扭转了工厂的被动局面。股份公司在中低档学生鞋的低成本、多花色、系列化上抓落实，实现了上量保线占市场，填补了双星低价位学生鞋的市场空间，使工厂实现了良性运转。名牌办和开发中心共同努力，实现了双星中高档学生鞋花色和价位的系列化，最大限度增加了消费者的选择空间，扩大了市场占有率。开发中心以系列化取胜，填补了从 100 元到 200 元的所有价位空间，体现了双星的技术实力和产品特点，树立了产品的新形象。

创新激发了双星员工的热情和干劲。正是创新工作的深入开展，激发了广大干部员工的热情和干劲，使企业到处呈现出好的气象，树立了好的风气，出现了"比、学、赶、帮、超"的热潮，出现了为了搞好企业、参与市场竞争而群策群力的趋势。应该说，通过创新，大部分员工的精神面貌发生了根本性的变化，从心底感到企业是自己的家，是自己生存发展、家庭幸福的保证，所以关心企业、对企业发展负责的人越来越多，企业也出现了前所未有的感染力、凝聚力和向心力，出现了激发员工最大潜能和干劲的动力，使企业呈现出新的生机和活力。

双星品牌在市场上获得巨大成功，其秘诀正如汪海所言："企业要想得到良性发展，必须依靠科学不断创新，领导要有创新意识，员工要有创新精神，企业要有创新产品。"如今，双星集团正在汪海创新思想的带领下，不断增强自主创新意识，提高自主创新能力，加速推进名牌战略，开发了多种具有国际先进水平的新产品，以其高科技含量、高附加值产品结构、高市场容量，逐步奠定了双星国际名牌鞋商的地位。

三　今天不创新，明天就落后；　明天不创新，后天就淘汰

今天，人们之所以将创新奉为发展的灵魂，是因为创新不仅可以给国家和企业带来直接的利益，更主要的是，创新者还可以通过自己的创新，促成自己独享的利益，并且获得给技术或其他活动确立标准、确定市场规则的权利。这些都会使国家和企业在市场中的地位更加稳固，更具竞争力。而这些，正是汪海和双星人所追求的。

汪海早在二十年前就提出：创新是企业发展的不竭动力，只有不断创新，才能使双星永远充满生机和活力，才能永远立于竞争的不败之地。在全球经济一体化的今天，汪海又说：今天已不是大鱼吃小鱼的年代，而是快鱼吃慢鱼的年代；今天不创新，明天就落后；明天不创新，后天就淘汰。持续自主的创新能力才是成长为快鱼的"杀手锏"。

"做企业一定要居安思危，如果没有超前的市场预见性的话，企业的生存就会受到直接的威胁。""在激烈的市场竞争中，不能继续前进就意味着你已经开始后退。"

汪海曾讲过这样一个小故事：

　　一只老鼠在觅食时不留神掉进了一只盛满米的大缸内，这只老鼠高兴坏了，心想今后再也不用为食物而四处奔波了。从此，这只老鼠每天要做的就是吃和睡。过了一段时间，它发现米的表面离缸口越来越远了。老鼠曾想过，像这样不断地吃下去，把米全部吃完了怎么办？但每当看到脚下还有厚厚的米时，它就又无忧无虑地吃和睡，心想米还多着呢，以后再说吧。直到有一天，当这只老鼠把缸里的米一粒不剩全部吃完后，它想逃离米缸拼命地往上蹿时，这才发现，缸口距离自己太高了，而且因为整天吃饱了就睡而早已变得笨拙的体态，使它无论如何也难以逃离米缸了。这只老鼠的命运就可想而知了。

　　讲述这个故事时，汪海不停地重复着一句话：双星决不能做那只米缸里的老鼠，绝对不能！

　　从汪海讲述的这个故事中，我们悟出汪海为何常常在企业创新上，忧患意识浓郁而深重了。那只老鼠的环境太舒适了，使它忘记了危险；也许它早已意识到自己生存的危机，只是没有根据环境的变化及时行动起来，摆脱危机罢了。

　　既然适应环境变化而迅速地改变自己是如此的重要，我们又有多少人、多少企业能够随时意识到环境的变化，又有多少人和企业能够及时行动起来，从容应对变化，从中受益呢？

　　这正是汪海高出常人的地方。双星赢就赢在勇于直面变化，而且往往是先于变化而变化，赶在时代的潮头，才为自己赢得一次又一次发展机遇。

　　这些年来，汪海就是置身于这样一种境界之中：一刻不停地创新，再不停地打倒自己，如此循环往复。双星也正是在这样的一个过程中不断发展强壮起来。双星成长的历程就是一部创新史。双星每一次大跨越，无不与创新紧紧相连。

　　在双星，既有员工为节约一滴胶而自制的把胶桶倒过来控胶的简易设施，也有投资数十万元刚刚研制开发出来、只生产一批就废弃不用的鞋模具。在对科技创新人才的奖励上，双星更是出手不凡，动辄就是几万元、几十万元。如果把这几件事联系在一起，就会感到双星有时太抠，有时又实在大方得可以。让你弄不明白双星到底是穷还是富。

　　面对人们的疑惑与不解，汪海一语道破天机："在鞋业市场竞争如火如荼的今天，一家鞋厂只要两个月拿不出新产品，准会垮台！双星能够在消费者心目中奠定中华第一鞋的地位，就在于我们每年能够推出数百个新品种，能够经常给消费者以新鲜过硬的产品，增强消费者购买的兴趣和信心。"

双星每年推出数百个新品种。这就是说,有的新产品在双星的生产线只能存续一天,或者说不到一天。也许,我们已无法用过去所熟悉的目光来看待今天的一切;也许,正如汪海所说"这是一个由领先者来改写竞争规则的年代"。

基于此,双星走上一条重视技术、发展技术的路子,不断地淘汰老产品,敢于投放新产品,以此增强企业在国际市场上的竞争力。双星采用专用 CAD 系统,通过互联网技术进行分布式产品开发设计,使产品从创意、开发到生产实现信息化,从而大大缩短了产品的开发周期,使得高科技的产品层出不穷:纳米材料抗菌防臭运动鞋于 2001 年通过专家技术鉴定,技术达到世界领先水平,成为国内第一家将纳米技术成功应用于鞋类产品的企业,并第一家通过了国家权威部门(中国制鞋标准化中心)和青岛市政府部门的鉴定,产品一经上市就受到消费者的追捧和青睐,引起了轰动效应。

双星海江公司在攻克世界最高档硫化鞋——KEDS 鞋工艺的过程中,通过创新共解决操作、工艺、技术等难题 179 项,保证了 KEDS 鞋以一流的质量走向国际市场。双星轮胎成功改造了日本裁断机,荷兰裁断机、压延机,大胆修改进口设备电脑控制程序、电气装置等。全国轮胎业工艺创新方面的专利总共只有 10 多项,双星轮胎就拥有其中的 4 项专利,显示了双星轮胎超群的创新能力。双星机械研发了单辊道能够承重 10 吨的钢坯清理机,获得了神州七号飞船返回舱重要零部件铸造及火箭箭体外观清理设备的订单,产品创新能力居同行业领先水平……

双星有一段时间曾经被市场上的假冒产品搞得疲惫不堪,他们参与了市场管理部门的打假活动,从南方打到北方,钱没少花,但假冒产品就是打不退。汪海从双星产品创新的优势中,发现了"打假"的新途径——加快创新的速度,加大假冒者的风险:你不是假冒我吗,当你刚刚假冒出来,我的新产品就又来了,你假冒的产品已经过时了。

在汪海看来,你开发新产品的速度慢了,就等于给假冒者以机会。一方面以新产品和新的文化观念来引导消费,不断创造新的市场需求;一方面以不断推出更精致、更吸引人的新产品来满足消费者,将假冒者置于措手不及的境地。这是汪海率领双星人拒绝假冒的又一杀手锏。双星开发的外置型"双气道运动鞋"、"无垫底气道运动鞋"、"外置型气垫注射皮鞋"、"专业足球鞋"成为中国运动健儿的首选产品,打破了国外专业运动鞋一统专业赛场的局面。

目前，双星不只生产旅游鞋，还生产轮胎、服装等。现在的双星鞋已经形成了40多个系列产品，上万个花色，产品层出不穷，进入了"开发一代、生产一代、储备一代"的良性循环中。

"今天不创新，明天就落后；明天不创新，后天就淘汰"，这是双星人的自我鞭策，也是双星人坚信的真理。以万变应万变，双星人依靠创新把握发展的方向，实现与世界名牌的全面接轨；依靠创新改写发展的轨迹，实现由"制造"到"创造"的跨越。

四 打赢商战中创新的人民战争

进入新世纪，面对全球经济一体化、市场竞争更加激烈、原材料价格暴涨等各种不利因素，一些劳动力密集型企业正处在一个生死攸关的十字路口，既要顺应国家政策的改变，又要解决自身的生存和发展面临的难题。轮胎、鞋类、服装等制造加工业将面临制造基地的转移和新一轮洗牌。

在此严峻的形势下，汪海以国际、国内市场的战略眼光和超强军事智慧及时制定出"岗位是市场，竞争在机台，全员都创新"的重大战略，发动了"商战中创新的人民战争"。汪海在全集团号召全体双星人打响商战中创新的"人民战争"，提出了"领导、工程技术人员、一线员工三位一体的创新"、"全员都创新、人人出成果"等创新理念，使每一位员工都成为创新的主体。

走进双星鞋业工业园，可以看到各车间都有争创"创新无死角车间、班组"竞赛活动成果公布栏，上面图文并茂地展示出一个个创新项目。只要员工有创新项目，各车间都会根据创新项目创效大小给予及时推广和奖励，员工创新积极性高涨。别看一些创新项目仅仅是小改小革，但作用不可小瞧。

据统计，双星近80%创新项目来自操作工人，一线工人成为企业创新的主力军。如鲁中公司创造了"零距离排刀法"，打破了裁断生产中一直延续的消耗定额指标化的问题，是前所未有的突破。鞋业工业园创出"秀芝颠倒对空排刀法"、"少帅梯形排刀法"、"万祥Z型排刀法"等用员工名字命名的排刀法21项，累计节约资金7.6万元。瀚海公司成型车间大底冲切工刘瑞平总结出了"一定、二测、三比较"后跟定位操作法，解决了机械冲切大底后跟不易操作的难题；中原公司的"永娜交叉"操作法，提高工作效率 80%。轮胎总公司的"杰章胶片热复合新工艺",年可节约资金 28 万元。铸机公司的"绍智叶轮片加工法",使工作效率提高 100%。橡机公司的"昭磊焊接工作法"每年可节约钢材 30 吨。

双星还通过物质激励和精神激励相结合,激发全员参与"创新"的热情。如汪海亲自为创新项目最多者"创新大王"王志宝颁发 5 万元的奖金,另有 100 多名"创新能手"和"创新状元"各获 1000 元至 50000 元不等的奖金。当日出创新当日奖,员工出了创新,车间领导亲自在车间现场发"红包"送奖牌。双星瀚海公司全厂质量一等品率达到 100%,实现了质量"零损失",总裁发贺电祝贺,使瀚海全体员工深受鼓舞。海江公司创出"免验班组、机台",公司领导都是现场授奖杯、送锦旗。

另外,以劳动竞赛作"催化剂",将创新与技术比武相结合,是带动企业"全员"创新的原因之一。为营造浓厚的全员创新氛围,挖掘出蕴藏在广大职工中的创新能量,双星大力开展劳动竞赛和技术比武。一时间,"创新英雄榜"、"挖潜增效擂主榜"、"抢半拍"等劳动竞赛形式层出不穷。至此,"创新"出效就有奖,"创新"最光荣,已成为双星员工关注的焦点。与此同时,"岗位即市场,人人都创新"在双星已成风气。

岗位创新也使广大员工发现了自己以前从来没有意识到的创新才能,大家体会到"以前觉得创新高深莫测,是一件很难的事,现在感到创新无处不在,就看用不用心了"。大家普遍认识到,是创新提升了自己的价值,是创新使自己的青春在岗位上闪耀出新的光彩。双星集团引导员工不把"创新"看得很"神秘",不把"创新"看成是科学家、工程技术人员的事情,发动全体员工参与"创新",打破了"创新"的神秘感,激活了企业的每一个"细胞"。同时,双星将创新纳入制度化管理,上至厂长经理,下到机台操作工,日工资与创新相挂钩,将创新的"软任务"变成"硬指标",制定了 184 条创新硬指标,"一个单位一个月不创新,扣罚负责人 100 元,两个月不创新扣罚 200 元,三个月不创新待岗"的"硬制度,真考核",将创新形成制度化。

在全员创新的理念引导下,双星开办了"双星教育学院",精心选拔一些青年职工进行学习深造,并在岗位中出成果。位于沂蒙山区的双星鲁中公司运动鞋厂出型组以学习创效益,以创新促发展,一年多时间就涌现出管理和技术创新项目 26 项,创造效益 70 多万元,荣获"全国学习型先进班组"荣誉。该公司在山区地势起伏大、车间与车间跨度大的情况下,创出了最高落差 30 多米、长度 2000 多米的悬浮线"零距离"链接,结束了我国制鞋行业推、拉、抬、扛的历史。双星青岛轮胎总公司员工开动脑筋实现了胎面半成品从压延车间到每个成型机台之间的自动化运输。双星瀚海公司员工从分秒上降费用，在硫化工序推出了"紧、控、协"三字循环装缸法，使每缸鞋硫化时间缩短 1 分钟。看似不起眼的 1 分钟，按日硫化 80 缸次计算，日降低热值费用 190 余元，并提前 1 小时完成生产计划。双星机械总公司安装平台员工改造密炼机管道，年节能 20 多万元。

据统计，2007 年以来，双星集团各单位通过开展竞赛，创出先进操作法 1000 多个，促进了提质、降耗、增效，各企业共实现创新项目 3800 多项，消化不利因素 2.7 亿元。双星全员创新的行动和成果足以证明，一线员工是创新不可忽视的重要力量，蕴藏着消化不利因素的强大动力。

双星依靠全员创新，自主创新，加速管理创新、技术创新、工艺创新、设备创新、产品创新，不仅提高了生产效率，促进了节能减排，提高了名牌形象，也培养出了一大批创新意识强的技术工人，促进了传统制造加工业向竞争力强的现代化企业的迅速转变和提升，使双星成为闯过一个个难关、创出中国人自己的名牌的成功探索者。

"全员创新，打商战中的人民战争"的企业管理理论是双星管理的又一次新突破和新发展。全员创新，大打商战中的人民战争，这是双星应对残酷市场竞争的有效手段，也是双星具有持续竞争力的重要因素。对此，汪海以胸有甲兵之气势指出："我们要通过全员创新，打好商战中的人民战争，如此，我们将战无不胜！"

（撰稿：张来春）

名牌是市场经济的原子弹

——论汪海的名牌思想

20世纪80年代以来，随着新技术革命的迅猛发展和经济全球化的不断深入，全球生产分工体系发生了巨大的变革。品牌已成为当代产业价值链分工的高端增值环节。尤其是在如鞋类、服装等购买者驱动型的生产分工链条中，品牌更是在整个产品价值中占据了重要的位置，同时也是整合资源和提升产品整体竞争力的关键环节。

汪海作为在改革开放大潮中所涌现出的中国杰出企业家代表，其在经营管理中所形成的一系列"名牌思想"，无不和全球生产分工体系的变化规律和中国市场化改革的内在要求相合。正如中国名牌战略专家艾丰所言："20世纪80年代初期，'品牌'在中国企业界还没有多少概念。汪海是企业家中最早一批提出这个问题的企业家，他在80年代中期就明确了品牌管理、品牌战略或名牌战略。"汪海经常对员工说，一个企业要生存，要发展，要挤进国际市场，就必须要创出自己的名牌。从某种意义上说，名牌，就是市场经济中的原子弹！

一 名牌是企业腾飞的翅膀

21世纪是品牌的天下，全球经济一体化的市场是品牌竞争的市场。从小处说，品牌是企业经济效益的源泉；从大处讲，品牌是一个国家、一个民族实力的象征，代表一个国家的先进生产力。因而，国家与国家之间的竞争，顺理成章地体现在大企业与大企业之间，体现在强品牌与强品牌之间。因此，只有拥有在国际市场上站得住脚的世界级品牌，我们才能在世界经济舞台上立于不败之地。

名牌是企业腾飞的翅膀。追溯双星名牌发展的三个历史阶段，即名牌的初级阶段、发展阶段和高级阶段，我们可以清楚地看到，双星集团每一次进步、跨越和腾飞，其背后莫不闪耀着汪海一系列的"名牌思想"武器。

早在 1983 年，汪海就敏锐地认识到，拓展市场需要名牌，中国的对外开放，更要创造中国自己的名牌。于是，他带领全厂经过近三年的艰苦准备，到 1986 年 6 月 23 日以完全淘汰"黑色胶底，黄色鞋帮，两天不洗，奇臭无比"的传统产品解放鞋为标志，发动了名牌战略的首场战役——对老产品进行彻底的更新换代。双星在国内首家成立了鞋业科研中心，建立了一支专业化的开发设计队伍，从产品的开发、设计等各方面向国际名牌看齐，为"双星"成为名牌奠定了坚实的基础。

1988 年，双星通过抓住与美国三家世界著名的运动鞋公司合作生产的良机，全面引进技术设备，边加工边吸收消化世界鞋业之王的先进技术，60 多天便完全掌握了世界名牌鞋的各项生产工艺和技术。

1989 年，汪海综观国际制鞋业的兴衰，总结出一个规律：所有垮掉的企业，都是因为没有创出自己的名牌；没有名牌就没有自己的市场，没有自己的市场就没有自己的出路。汪海说，韩国在 20 世纪 80 年代初曾是世界制鞋业之骄子，但韩国制鞋业致命的弱点就在于只满足于为欧美、日本等的跨国公司加工，忽视了创造自己的品牌，导致由兴至衰，最终失去了市场。而韩国现代汽车公司则相反，在全盘引进美国汽车技术的同时，悄悄地从模仿到创造，短短几年工夫，便以"现代"这个品牌把轿车返销进美国市场，"现代"由此创造了当今世界轿车市场上在短时间内跻身于世界名牌之林的奇迹。

据此，汪海制定了名牌战略的十年规划：第一个五年要使双星与耐克、阿迪达斯齐名；第二个五年要在规模、市场覆盖率上创造中国民族工业名副其实的名牌。

1992 年，双星首次在美国注册"DOUBLE STAR"商标。随之，汪海便提出要与国际名牌管理机制和惯例接轨的高要求。在质量管理上，双星撤销了分设在各城市、各地区的所有维修服务站。为什么？汪海解释说，因为质量问题是干出来的，不是检查出来的。因此，发现存在质量问题的产品，不许退换，不许维修，一律要由干出质量问题的责任者自己掏钱买回去。因此，虽然双星已有了免检证书，但在双星内部却永远没有免检之说。在各个工艺流程管理上，双星过去一直实行"直线式"的"一条龙"管理，往往造成责任互相推诿。后来双星创立了数字跟踪卡管理方式，使每个岗位、每个工序、每位员工之间都互为市场、互为客户、互为质量监督，由靠人管理变为整体有机的制度管理。

1994 年，中国社会科学院、中国商品社会评价中心和国家统计局等联合采用问卷形式，在全国商业界和消费者中进行旅游鞋"市场占有率"和"心中的最佳品牌"的调查。结果，双星两项得分均列第一位，超过了耐克和阿迪达斯，从而首次"动摇"了这两大世界名牌在中国鞋类市场上维持了十余年的"霸主"地位。双星第一次在市场销量、市场占有率、市场影响力等方面全面超过了耐克、阿迪达斯等国外品牌，创出了真正属于中国人自己的名牌。1995 年，双星成为当时全国 19 种商标中鞋业唯一的中国驰名商标。

资料显示，耐克在美国市场上创名牌用了近 30 年，阿迪达斯付出了 70 年的代价。而双星，若以 1983 年正式注册双星商标算起，双星人则只用了 10 年，便走出了一条从最初的追随模仿到创造，直至超越的创名牌之路，将"双星"做成了中国驰名商标，成为全国制鞋业的"领头羊"，继而成为被别人追随模仿的对象。

当时，通过对工艺、技术的反复改造，双星实现了"抛尼"、"布鲁克斯"等世界名牌鞋在中国的生产，每年返销欧美市场 100 多万双。通过"四鞋渗透"的结合，他们又生产出中国第一双高档冷粘运动鞋、第一双皮帮 CVO 热硫化鞋，一步完成了与国际制鞋业的接轨，这也是双星名牌发展的初级阶段。

当然，"中国第一名鞋"远不是双星人的最终目标。1995 年，汪海认真分析了国际制鞋业格局和双星所处的地位之后，又作出一个新的战略决策："创国际名牌，当世界名厂，做双星名人。"他把双星的名牌战略目标，直接定在了国际名牌上。

为此，双星集团一方面继续加强其产品对国内市场的覆盖，确保国内名牌的地位，另一方面又两眼盯在国际市场，积极抢占国际市场。他们提出"没有国际市场的占有率，就没有国际名牌"，制定了"发展巩固日本、美国市场，开发中东、东欧市场，扩大西欧、南美市场"的国际经营战略，在继纽约、香港后，又相继成立了俄罗斯、欧洲分公司，加快进入国际市场的步伐。

双星集团不着眼于眼前利益，而是把目光放在长远处，积极发展出口，抢占国际市场。1993 年，国际市场竞争十分激烈，个别国家增加进口税以限制中国产品进口。为了长久占领国际市场，在国内市场货源紧张供不应求的情况下，汪海毅然决定，"宁可损失几百万，国际市场也要占"，将部分出口鞋价格每双下调 80～100 美分，继续扩大出口。仅此，双星就损失了600 多万美元，但他们却满足了国外客户的需求，在国际市场上站稳了脚跟。现在，双星鞋已出口到 100 多个国家和地区，而且出口量逐年增多，1994 年仅出口到美国市场的鞋就将近 2000 万双。在世界头号经济强国，名牌竞争最激烈、最密集的美国市场上，一个发展中国家的产品，只用了 10多年的时间，就达到如此高的市场占有率，这在世界工业史上也是十分罕见的。"双星"正成为名副其实的国际名牌。

在名牌发展阶段，双星建立了一支专业化的产品研发队伍，使产品达到了"开发一代、生产一代、研制一代、储备一代"，设计安装了中国第一条高档冷粘鞋流水线，组建了全国制鞋业唯一的国家级技术研发中心，科研、生产技术和工艺已经走在了世界前列，形成了六大类鞋（硫化鞋、冷粘鞋、皮鞋、布鞋、注射鞋、专业鞋）的生产能力，成为全国鞋类首家驰名商标获得者，第一家鞋类上市企业，在原化工部的行业评比中，双星各项经济指标连续 15 年位居第一。双星运动鞋也在全国同行业中第一个成为国家领导人出访时赠送外国友人的礼品。

从 2000 年至今，是双星名牌发展的高级阶段。"双星"再次调整品牌发展思路，将"专业化、高档次、树形象"作为主攻目标，开始了与世界名牌的抗衡。他们相继推出了专业跑鞋、专业篮球鞋、专业网球鞋、专业足球鞋等高档专业鞋，全面实现了由低档单一产品向高档次、系列化的转变。同时，在母体鞋业做大做强的同时，他们又通过品牌和资金运作，成功涉足轮胎、机械、热电行业，形成包括"鞋、服装、轮胎、机械、热电"五大支柱产业在内的跨地区、跨行业、跨所有制的特大型企业集团。资产总额从 20 世纪 80 年代初不足千万元，增长到 60 亿元。并创出了中国橡胶行业唯一同时拥有 4 个中国名牌的企业（双星专业运动鞋、双星旅游鞋、双星皮鞋、双星轮胎）。与此同时，双星服装由小做大，双星机械也由过去低档次、低水平向"高、精、尖、细"迈进。

如今，双星集团从一个仅能生产黄胶鞋的濒临倒闭的制鞋企业，在总裁汪海的带领下，迅速成为一个世界级的鞋供应商，已拥有全球总体规模最大的制鞋生产基地，140 多条鞋类生产线，年产各类鞋近 1 亿双。双星产品远销到 100 多个国家和地区，每年要有上千万双鞋走进国际市场，成为中国同行业出口创汇的第一大户。双星鞋类市场销量 15 年稳居同行业首位。2005 年，双星品牌价值达到 492.92 亿元，汪海总裁的企业家价值达到321.42 亿元。

回顾历史可见，双星发展之路就是创造名牌、发展名牌、壮大名牌之路，就是本土制造加工业由"中国制造"升华为"中国创造"之路。

二 名牌的实质就是质量

名牌重要，创名牌必需，但名牌如何创？汪海说：要创名牌，首先质量要做好，"名牌的实质就是质量"！名牌本身是质量的保证，名牌是信誉的一个标牌。有名牌必然要有质量，有名牌必然要有信誉。

工厂要做出优质的产品，一双鞋从原料采购到成品出厂要200多道工序。一天产20万双鞋，使用原材料3800种，在生产工序流转的半成品、工模器具多达几百万件——在这样的环境下要保证产品质量，其间的难度可想而知。但汪海抓产品的质量却是毫不留情。他常说，市场的竞争是质量的竞争，没有质量也就没有市场。在市场上，产品质量是衡量企业是真好还是假好的最好的天平、最好的法官。

纵观"汪海语录"其中关于质量的论述分量最重。"质量是企业的生命，质量不好等于自杀"、"市场竞争归根到底是质量的竞争"、"全员转向市场，人人关心质量"、"质量是干出来的，不是检查出来的"、"企业什么都可以改革，唯独质量第一不能改革"……

"越是名牌越要注重质量"。汪海组织了"产品质量、工作质量、服务质量"三个质量第一的大讨论，明确提出"不关心质量的厂长不是好厂长；不关心质量的干部不是好干部；不关心质量的职工不是好职工"，力争做到产品出厂要让"厂长放心，职工安心，用户称心"。

汪海还教育职工始终牢记质量第一的宗旨，他提出了"干出最好的产品质量是最大的行善积德"的质量管理理念；坚持企业什么都可以改革、唯有质量第一不能改革；向广大员工敲响放松了质量就是放弃了市场、放松了质量就是放弃了竞争、放松了质量就是放弃了生存的警钟；使大家认识到产量是钱、质量是命、要钱更要命，价格的竞争是暂时的、质量的竞争是永恒的质量真理。为维护名牌企业形象，汪海在出现问题时敢于自我揭丑亮短。在老人健身鞋和冷粘鞋因台湾面料不合格影响质量时，汪海要求下属先后两次打出反广告，为用户退货。虽然这些有形的损失可惜，但是汪海认为无形的损失造成的影响更可怕，所以宁愿损失利润也不损害形象，这在全中国企业也属首次。双星过硬的产品质量得到了市场的认可，"中国质量万里行"向全国推荐双星为产品质量优秀企业；消费者协会向全国推荐双星产品为信得过产品；双星运动鞋在全国制鞋行业唯一获得出口产品免检资格；双星获得全国质量管理先进企业。

为了保证质量，双星首先在"硬件"上下足工夫。十年来完成技术改造项目1310项，制定各项技术标准、工艺指标1355条。同时，双星在"软件"——管理上也下足工夫。一个几万人的大企业，现在已经能精细到一厘米一厘米算出布料。职工们还想办法，把几把刀焊在一起。在所有裁断车间里，都挂着这样一条标语："刀下留财，刀下留钱"。谁的消耗低，谁立功受奖。每条生产流水线的前面，都有一块小黑板，上面写着全组人员每天的收入，还写着谁被奖励了多少钱，谁被罚了多少钱。谁干得好，谁干得不好，谁英雄、谁狗熊一目了然。这一套严格的管理也照搬到集团"松散层"企业里。四川一家颇有名气的橡胶厂加入双星集团后，双星派去了最强硬的质量监督员，哪怕一星半点的不合格，冷脸一沉，不成，返工！才几个月，工人们都说比给日本人干还累。可就这几个月，厂里的效益就上去了。

为了提高质量，双星在新产品的技术研发上狠下工夫。尽管双星集团拥有一个国家级鞋类技术开发中心，汪海还是在晋江建了一个鞋类技术开发分部，在济南建立机械设计研究分院，以吸收众多专业技术人才；并秉承"拿来主义"同韩国WCC公司共建技术开发中心，合理利用跨国公司技术力量解决关键性国际水平技术难题，增强了自主创新能力，使产品达到了生产一代、储备一代、开发一代、研制一代。为了确保产品质量，双星又建起了鞋类国家级检测中心和大型轮胎检测室，运用检测技术手段，促进产品质量和档次提高。通过消化、吸收、创新，开发出有自己特色的拳头产品，使双星产品迅速跃向高端领域。

同时，双星大力发展产学研项目，聘请专家指导配方设计和工艺的开发。采纳众"家"之长，多次聘请华东理工大学、青岛化工学院等专家教授做技术指导，仅2000年合作成功的项目就达11个。其中，双星与华东理工大学合作开发的"纳米抗菌防臭运动鞋"，经鉴定达到国际领先水平，上市以来一直畅销不衰；双星独有的外气垫双气道运动鞋，超轻量化、终身防臭专业跑鞋等系列拳头产品，被国家专业运动队所青睐和认可。双星专业鞋大批量出口美国、日本、中东等十几个国家和地区。

几年前，制鞋业国际品牌接踵而至，国内鞋业的高端市场几乎被洋品牌一统天下。双星敢于竞争，推出"打专业牌，带休闲鞋大发展"策略。脚踩高端市场的双星加大科技创新步伐和力度，从健康入手，双星研制出

"无苯黏合技术"，"木质纤维"等透气吸湿、轻量化的天然材料，一改国内橡胶制鞋业污染严重的尴尬状况。双星大胆采用防电、防火、防水材料，生产的绝缘特种皮鞋、钢包头安全鞋、防水鞋等，抢占了我国化工、电力、港口这些特殊市场，并打进欧洲、北美等发达国家和地区市场。

同样在几年前，中国市场上的专业鞋也被耐克等洋品牌垄断，双星发力高端市场，在产品上以体育专业鞋为突破口，与洋品牌同台竞技。

由于公司过硬的质量体系，双星橡塑共混微孔底的研发被国家经贸委认定为2001年度国家重点新产品。纳米材料运动鞋、外置型双气道运动鞋、外置型气垫皮鞋等新产品，被专家认定均达到国际先进水平。2001年，双星获得美国最大鞋业经销商PSS公司颁发的"四大奖项"，成为中国内地唯一获此殊荣的"核心工厂"。

2004年，双星推出的注射鞋、冷粘鞋、全胶鞋的出口量节节上升，新开发的冷粘童鞋、全胶鞋、拖鞋也受到国外消费者的青睐，独一无二的"空调皮鞋"、"公对公"皮鞋、超轻量化跑鞋更成为双星鞋类产品中敢于向国外品牌叫板的产品。同年，双星出口创汇首次突破1亿美元大关，质量为双星鞋垫了个结实的底。这与"解放鞋"时代的双星已经不可同日而语。

目前，"名牌的实质就是质量"，已是融入双星人血液中的信条。

三　创名牌，是市场经济中最大的政治

马克思曾经说过："战争是政治的集中表现。"政治经济学也有过这样的论述："市场如战场，竞争如战争。"而名牌作为市场经济的产物，往往是一个国家经济实力的象征，我们既然承认市场经济，就必然承认名牌的地位和作用。在当前这场看不见流血、没有硝烟但更残酷、更复杂的全球化的市场大战中，谁能够创出名牌，谁能够夺取市场，谁就是政治上的最终胜利者。

汪海作为老共产党员，又是国有企业老总，当然也要讲政治。但作为一个企业家，汪海对"讲政治"有着自己不同的理解。在汪海看来，过去讲的那些所谓的"政治"，大多是空洞的、虚假的、没有实际意义的，更是不可能带来经济效益的。所以汪海讲政治，有他自己的讲法。

汪海说："我们整天说要讲政治，但真正的政治到底应该怎么讲？从历史到今天，在国家之间、民族之间，乃至集团与集团之间的政治斗争，任何一次政治冲突，说到底都是经济冲突。也就是说，几乎没有脱离经济问题而单纯存在的政治斗争。我们作为一个企业，这个政治又该怎么讲？我认为，我们创造一个牌子，就是讲政治。作为一个企业来讲，名牌，就是最大的政治。我们中国在全球化的大商战中，创造出更多的名牌，就是最大的政治。试想，一个拥有13亿人口的中国，没有自己的名牌占领国际市场，在全球市场上没有自己的国际名牌，怎么去讲国家富强和民族振兴？这不仅是我们企业家的耻辱，同时也是中华民族的耻辱。"

"社会发展到今天，中国应该怎么搞好名牌？我认为首先是怎么认识名牌。名牌是市场经济的必然产物，是客观存在的。你既然承认市场经济，就必然会产生名牌。发达国家的名牌并不是从天上掉下来的，它也是进入市场后，首先用其牌子来推动国内和世界发展经营的。就市场来讲，这是市场竞争的标志和代表。作为一个国家，作为一个企业、一个商场，我们要树立名牌意识，必须在商战中把名牌意识和爱国联系起来；把名牌与精神文明、物质文明联系起来；把重振民族精神与壮大中国的经济联系起来；把名牌与政治联系起来，把创名牌当成中国市场经济中最大的政治。否则，我们在这场国际大商战当中就很难取胜。"

正是基于这样一种认识，汪海要把政治与经济联系到一块，要把名牌与政治联系在一起。因为在汪海看来，一个牌子代表的是企业的形象，代表的是企业的精神，同时代表的也是企业的财富——而且既代表精神又代表物质。从一定意义上说，抓好一个牌子，就是全面地抓好了中国共产党提倡的物质文明和精神文明建设。所以说衡量一个企业的好与坏，衡量一个企业的政治工作和经济工作是个什么样的情况，关键是看你有没有产品、有没有名牌，而光靠空喊口号，是不行的。

二十多年来，双星用名牌思想对职工进行教育，为思想政治工作充实了内容，使政治工作看得见、摸得着，既有压力，又有动力，有了硬指标。双星用名牌对职工进行教育，创名牌需要高素质的人才，必然形成铁的纪律，培养出新时代的铁军。双星用名牌对职工进行教育，开展轰轰烈烈的"创三名"活动，是政治与经济结合的有效途径，是符合企业实际的得力措施。双星人用创名牌深化思想政治工作，回答了有中国特色社会主义企业政治工作如何去做的问题，解决了政治、经济两张皮，政治经济相互对立，政工人员没有事干等一系列问题，开创了市场经济中政治工作的新模式。这是双星人在国内第一个实践用市场经济观点强化政治工作的一个创举，并使之达到最佳结合，使双星政治工作的内容更丰富，是对有中国特色社会主义企业理论与实践的一大贡献。

"创名牌是市场经济中最大的政治"，使双星人找到了政治工作的落脚点，找到了政治与经济的最佳结合点，使广大职工在市场经济的大潮中明确了奋斗目标，增强了凝聚力。

四　创名牌，是最大的爱国主义

中国人，有几个不爱国的？中国的企业家，又有几个不爱国的？但爱国，每个人却有自己不同的方式。汪海的爱国方式，可谓别具一格。

市场经济中，一个企业怎样做才算是爱国主义的最好体现？双星集团公司的回答是："创名牌就是最大的爱国主义。"汪海时常用这样朴实的话来教育双星员工："我们天天讲爱国，究竟体现在哪里？别人靠枪炮不一定能打垮一个民族，但在市场经济中它靠一个牌子、靠经济的实力就可能逐步地把你这个民族吃掉，让你在不知不觉中就没有了战斗力。一个企业能创出中国人自己的名牌，难道这不是最大的爱国主义吗？"

汪海认为，商业与民族工业的利益是共同的，没有中国名牌，没有民族工业的腾飞，也就没有中国民族商业的繁荣；没有中国的名厂、名牌，也就没有中国民族的名店。如今，中外产品在市场中的竞争已趋白热化，很难想象一个只喜欢推销洋货的商店，会赢得有民族自尊心的国人的尊敬。特别是进入市场经济以后，最残酷的现实就是没钱！没钱，无论是个人，还是企业，或者大到国家，什么事都办不成。所以说，创造出名牌产品就是最好的爱国。而作为中国的商业，国有大型企业无疑是我国民族工业的脊梁，就更要义不容辞地推销中国名牌，要以经营中国人自己的名牌为自豪。

二十多年来，双星人始终把创名牌作为工作的中心，作为全部工作的"纲"，提出了"创名牌就是最好的爱企业、爱岗位"。同时，汪海又提出了"创名牌才是最好的爱国家、爱民族"。提出做"双星"名人，以"干名牌"为己任。注重职工的荣誉感和责任心，教育员工认识到和平时期，要想振兴民族经济，就要求我们创出更多的名牌，这同样也是爱国，而且是最好的爱国，从而使每一个员工自觉地一切从名牌做起，一切为了名牌，一切想到名牌，用自己一流的工作质量、产品质量、服务质量来热爱名牌，创造名牌，保护名牌。双星还通过开展"我为名牌争光彩"活动，在全公司内掀起了一股争做"双星"名人的热潮，从而把做名人与创名牌、当名厂紧密地结合在一起，让每一个"双星"员工在各自的工作岗位上为创名牌、名厂而体现自身的价值。

这样的思想政治工作，怎能不激发出双星人的热情？在生产任务紧的时候，为了赶交货期，双星的工人全都主动放弃休假日。有几个农村来的工人，家里给物色好了对象，让回去相亲，厂领导也同意了，但却没有一个人回家。当时正值麦收时节，许多农民合同工主动放弃麦假，说："宁叫麦子掉了穗，也决不能影响厂里生产。"这样的员工，实在令人感动。美国凯斯公司驻双星代表看到技术攻关小组的几位成员每天都加班加点，一干就是十四五个小时。有一天中午，他想请他们吃顿饭，却被他们毫不犹豫地拒绝了，仅仅吃了几袋方便面后又投入紧张的工作中。这位代表不解地问他们为什么要这样拼命干，得到的回答是：我们能做好一流的鞋子，这不仅是双星人的光荣，也是我们中国人的骄傲！这位代表后来激动地对汪海说："我在中国南方几家鞋厂忙活了半年多，结果没拿到一双合格的产品，而双星人却仅用一个月的时间，就生产出一流的产品。我以前总感到不可思议，但现在明白了，用爱国精神来解释，对双星人来说是最好不过的了。"

"创名牌就是最大的爱国主义"，中国人创出自己的世界名牌，为中国人争气，为中华民族争光，是最好的爱国行动。这使得全体双星人在工作中精神有支柱、行动有方向、干劲有保障，并迅速完成了由计划经济向市场经济过渡的全过程，有了双星事业成功和腾飞的保证。因此，有人称双星的员工队伍是一支"铁军"，一支敢打敢拼和攻无不克、战无不胜的队伍。香港一家公司的经理曾这样说："在双星，我见到了世界上最好的制鞋工人。"

正是这样一支"铁军"，为双星名牌战略的实施打下了成功的基石。所以，早在1992年，"双星"的市场占有率已居国内市场首位，成为中国第一名鞋。而支撑这支"铁军"的，就是"创名牌是市场经济中最大的爱国，双星人要创造中国人自己的世界名牌"的信念。

五　名牌没有终身制

从20世纪80年代初进入市场以来，双星在与国内外品牌激烈的角逐中，各项指标保持年均30%的增长速度，品牌价值已飙升至500亿元。在国有制鞋企业纷纷倒闭的情况下，双星却一枝独秀，被誉为"双星现象"。面对双星如此大好局面，汪海却依然保持着冷静的头脑，并及时地提出了"名牌无终身"的重要思想。

汪海指出："创名牌、发展名牌是一条没有尽头的路，永远不能画句号，名牌没有终身制。真正的企业家，要有发展的头脑，不能有发热的头脑。不管市场多么艰难，都要应对自如；不管市场怎么热，企业家的头脑要保持清醒，只有这样才能创出'市场名牌'。"

经过 10 余年的艰苦奋斗，"双星"这个名牌在国内外市场已经得到了认可，并在市场竞争中发挥着重要的作用。然而，面对中国加入 WTO 的挑战和市场全新竞争格局，汪海预感到，单凭过去传统的竞争模式，已经很难在市场上立于不败之地。当今市场竞争的态势，是由竞争引发的创新速度的比拼。因此，汪海及时地在双星集团展开了"名牌背后潜在的危险"的大讨论。他深刻地指出，名牌背后最大的危险就是盲目乐观、骄傲自大、故步自封、吃老本，把名牌当成终身制。

汪海又强调指出，企业家在市场上连"打盹"都不行，不能存在有了牌子就万事大吉的思想。双星的鞋厂一天生产能力就是 40 万双，还不包括服务，不算现在一天几万套的轮胎，哪个地方稍有闪失就要了企业的命。企业家永远是市场上的学生。创名牌、发展名牌不能画句号，虽然有的名牌被国家认可了，可市场不认可一切就是零。"双星"这个名牌来之不易，要把这个名牌在现有的基础上再发展、完善、壮大。名牌既要具备自己的特点，又要借鉴吸取别人的优点，在借鉴的基础上再创新发展成为自己的特点。如果只是固守自己原来的东西而不去借鉴、创新、发展，则最终必将落伍。而作为名牌，要有自己的独到之处，更要有鲜明的特点，形成自己的风格。同时，名牌要参与市场竞争，并在竞争中取胜，唯一的出路就在于及时、持续开发适销对路的新品种上。耐克之所以成功就是因为它能不断地推出新产品。目前在管理上，双星与世界名牌已无明显的差距，关键是要以新的观念、新的思维、新的工作方法在短时间内花大力气把产品开发抓上去，使生产与经营有机地结合，使"双星"名牌牢牢地站稳国内市场，并逐渐走向国际市场。

汪海的"名牌无终身"理论，成为双星在新的竞争时代的不竭动力，在双星的发展战略中，抢先战略占据了重要的地位。双星根据市场需要，不断变换思维和对产品进行更新换代，开发具有国际水平、市场前景广阔的产品。双星鞋已由原来的单一品种发展到热硫化鞋、布鞋、皮鞋、冷粘鞋、注射鞋、专业鞋六大鞋类并举生产，产品多达 45 个系列 1000 多个品种近万个花色，每年向市场推出上千个花色品种，以高科技含量、高市场容量、高附加值产品结构，以薄利多销的原则，让双星产品成为大众名牌，满足了不同层次消费者的需求。

1998 年，双星第一双空调运动鞋诞生，紧接着双星空调皮鞋又成功研制。1999 年，双星率先推出了具有行走和滑行功能的"飞走动力鞋"，集休闲娱乐、健身强体于一身，成为国内国际市场上最为火暴的功能鞋之一，双星在卖了 5 年之后，中国大地才掀起购买"暴走鞋"的"暴走热"。2000 年，双星研制出第一款纳米多功能鞋，成为率先将纳米技术应用于鞋类产品并成功推向市场的企业。2001 年，双星研制出的世界顶级新一代"名人"专业跑鞋，技术上达到世界领先水平。2003 年岁末，双星研制的"公对公"皮鞋在北京卖到了 2000 元人民币一双！

如今，在市场上畅销的双星"好爸爸"鞋、"好妈妈"鞋，就是双星集团在同行们尚未给同类产品取名字时，抢先给自己生产的产品冠以"好爸爸"鞋、"好妈妈"鞋。从而，该类产品有了一个准确的市场定位，在竞争者中"以名惊人"，双星"好爸爸"鞋、"好妈妈"鞋成为同类产品的专有名称，在市场上一举赢得竞争优势，占领了国内大部分市场。双星开发的老人健身鞋，就是根据老年人的特点，借鉴吸收了我国传统的制鞋工艺创新出来的，使之不仅具有舒适、轻便、透气性好的特点，而且还增添了健身保暖等功能，一面世就成为众多老年人争相购买的热点，而且都夸汪海为老年人做了一件大好事。

竞争国际市场，双星的"名牌无终身"体现在：必须早一步比对手拿出更能满足消费者需求的产品。在汪海看来，在产品创新上不应要求比对手走得很远，更不可能"一步到位"地满足消费者多么长远的潜在需求，而应该是始终踩在对手的肩膀上，根据对手在消费者面前所暴露出来的不足，来进行自己能被消费者认可和接受的创新。

国际市场需要什么品种就开发什么品种，多品种、多花色、以快取胜。根据这一思路，双星形成了以高级空调气垫鞋、"好爸爸"鞋、"好妈妈"鞋、高级足球鞋、高级篮球鞋为主体的出口产品群体，达到 40 多个系列产品，1000 多个品种，上万个花色，以不同的产品满足了国际市场多方面的需求，牢牢占领了欧美和日本鞋业市场。尤其在美国各大超市和连锁店，双星鞋备受推崇，售价达到每双 60 美元，并且将消费一向很挑剔的美国白领阶层一网打尽，成为美国人眼中的"东方名牌"。

（撰稿：张来春）

跟着市场走、围着市场转、随着市场变

——论汪海的"营消"思想

万千的事实表明，市场经济的发展，自 1995 年开始，便进入了一个崭新的阶段——客户经济阶段。换一个视角看，这亦即市场经济从公司主导向客户主导转换。而从商业模式上说，则表现为由"（经）营销（售）"转向"（经）营消（费者）"的艰难曲折的嬗变。毫无疑问，这是一场具有划时代意义的市场经济革命，当然以发达市场经济特别是美国最为典型，但在"后来者"中国，相当一部分领航企业，也都在不同程度上，进行着从"营销"到"营消"的商业模式革命，而其中领先军团的少数经典案例，正在近于成熟。双星就是这样一个经典。

一 大力推进理念革命

从公司经济到客户经济，从"营销"到"营消"是一场翻天覆地的大变革。它自始至终都贯穿着具有颠覆意义的思维变革与创新。汪海主持的双星之所以能几十年来不断地从胜利走向胜利，从成功走向成功，打造出一个基本架构已转变为"营消"形态的商业模式，首要的一条是在理念革命上下大气力，实施与实现从流行思维向理性思维的转变。

1. "反向思维"

多少年来，在双星集团，汪海的"反思维"哲学已成为每个双星人的思维习惯，它日益成为每个员工行动的"定盘星"。何为反思维？简单说这一"反思维"就是不同于流行的、盲目性思维的逆向思维——理性思维——的一种重要类型。这一卓越思维其最突出表现形式就是企业的全部运作事事与市场挂钩，处处与顾客对接，而不是先盯着企业利益。

（1）重新定义"先有王，后有理"。在谈论企业制度行为规则当中：有人说"先有王,后有理"。它的意思是指,深受计划经济影响的人的"金科玉律"是企业运作要事事听上级部门、国家的。而汪海和他的双星人则认为最重要的是先抓住客户。得客户者为"王",失市场者"无理"。正是本着这样的哲学理念,双星人参加广交会去展示自己企业的产品,打开自己的营销(消)之门,获得了成功。

他们在费用汇去、人员准备完毕以后,便动身前往广州。可当时是官方主办,以省市为单位,从来没有一个单位以企业名义参加。虽说双星已获准外贸出口自主经营,可当时体制基本上仍是计划性的。双星参加广交会市里有关部门不支持,他们便自行前往。因为在双星人看来,只要抓住了顾客,只要抓住了市场,一切都好办,市场是"王"。

可是,到了会场,他们才发现楼上楼下都排满了柜台,北京、上海、山东、湖北……而且人家是以省、市的名义参加广交会的,而自己却是连一个独立柜台都没有,几经周折才被放到楼梯口。

面对这种不利情况,营销人员有些沮丧,汪海就对大家说:"我们被安排在楼梯口,表面上看我们被打入'另册'了,于营销不利,但若反过来看,就不一样,你看谁上楼不经过楼梯口呢?其实这正好是我们大事宣传、展示产品,促进销售的好场所。"结果,在汪海这一思维指导下,双星人紧紧地、实实在在地抓住一切与客户交流、对接的场合和机会。终于使这个在楼梯口摆起的柜台上,硬是取得了高于他人的成绩。

汪海头脑中还在打着另外的算盘,这更是"市场为王,顾客为理"。在国外,在市场经济下的商家心里并没有政府、单位和企业之分,他们买东西一是看货是否便宜,二是看款式是否新颖。而且,国家的柜台自然要贵一些,双星是企业,价格自然便宜。再者,这时的双星已然经历了商业部门"断奶"自行"走市场",有了足够的下海游泳的经验,所以鞋的款式也很新颖。这一次双星利用反思维哲学,变被动为主动,取得了相当好的效果。一天下来,双星鞋就卖火了。

(2)反广告,正效应。正当双星事业蒸蒸日上、形势一片大好、消费者购买双星产品的热情十分高涨之时,汪海收到了几封顾客来信,反映他们新购买的老人健身鞋有毛病,问能否给予退换。

不久,当人们打开电视时,看到屏幕上出现了中国商业史上第一则反广告:因设备问题,双星向广大顾客深深道歉,请二月份购买"双星"牌老人健身鞋的顾客立即到双星各门市部或代销点换鞋、修鞋。

这一举动引起了全国上下的震动,无不为双星这一反思维叫绝。在这则反广告中，双星又一次体现了"营消"即经营消费者的理念，对消费者献出了真心，它不仅解决了这次事故，换回了金钱，更买来了十分宝贵的信誉。

（3）"顾客标准有理"、"行政标准无理"。多少年来，双星做鞋始终坚持了一个最基本的理念和原则，就是：一定要顾客满意，只有顾客满意的才是"有理"的，才是标准；凡是顾客不满意的就不是标准，就无理。他们始终坚持这样至高无上的"军规"：企业里什么都可以改革，就是质量第一不能改革。双星人始终把质量当生命一样呵护，他们深知质量上一出问题这个企业就可能被淘汰出局。

也正因为如此，双星人深深懂得为什么"三流企业做产品，二流企业做品牌，一流企业作标准"的道理。尽管始终不折不扣严格执行省级、部级、国家级标准，但又绝不拘泥于此，他们时刻不忘跟着消费者感觉走。当随着人们生活方式的演进、生活品位的提升，人们的穿戴消费要求起了大变化时，他们立即调整自己的思维逻辑。由于产品标准赖以存在的内涵起了根本性的变化，双星的一切技术、工艺、管理指标都必须从传统标准上升到顾客标准。他们深知只有达到了顾客满意企业才会真正占领市场。只有彻底地站在消费者角度上看问题，处理产品质量问题，这才是成功之道，双星每次"营消"的成功，无一不是这样获得的。同时，不管上游原材料如何，只要最终（鞋）产品是由双星生产出来然后到双星消费者手中的，就一定要是足以获得满意度、忠诚度、美誉度的产品。

2. 原创思维

双星人的逆向思维实质上是一种原创思维、敢为天下先的思维。他们在经营中，越来越意识到当市场缺口大、供求关系呈现出卖方经济状态时，市场上接受的往往是最早出现而未必是"最好"的产品。因此，他们始终坚持着这样一个神圣的原则，就是他们每每抢先推出产品、抢先占领市场，都一定要是有充分准备的原创产品、原创服务，使它们对市场的占领具有可持续性。

在今天，人们都开始认识到，"第一"同"第二"之差，绝不是一个量的概念，而是根本的质的区分，作为一再获得第一的双星人来讲，事实上已形成了一个专属于冠军的原创思维。汪海和双星人在其不停地思考、实战、总结，年深日久的经营运作和持续发展中，创造出了一个又一个的辉煌，它们都雄辩地证明着、折射着原创思维的光辉，证明着、折射着"敢为天下先"原创思维的成功。

3. 事业思维

以汪海为代表的双星人反流行思维之理性思维，还尤其表现在从业、事业和敬业的理念和精神上，表现为不肯随大流，始终坚持事业——事民族大业的卓越思维，维护民族形象，大树"民族品牌"的可贵品格上。

新世纪伊始，在举世瞩目的上海 APEC 会议上，汪海以亚太经济联合会中小企业副主席的身份参加了会议。

会议开始后，主持人要求，每位发言人只给 10 分钟时间。发言进行当中，韩国外交副部长讲韩语，日本人讲日语，美国人讲英语，可奇怪的是中国政府的一些官员不但不讲汉语反而说英语，而且还超时。这令充满事业、敬业于中华民族的汪海很不以为然。

这是一个泾渭分明、清清楚楚体现 OEM 与 OBM 分野——从而体现着民族意识和情感的国际场合。也许是为了给会议增添气氛，当然，也为了给企业家一个在镜头前展示自己的机会，组织者别出心裁，提议给 80 位与会代表每个人发两张牌，一张是绿的，一张是红的。主持人对中国的企业家们提议道："同意做世界品牌加工厂的请举绿牌，不做世界品牌加工厂的请举红牌。"一些人举起了绿牌，一部分人举起了红牌，而早有自己主张的汪海既不举绿牌，也不举红牌。在主持人好奇地问这位中国"鞋王""你怎么举棋不定"时，汪海举起双手坚定地说："我想举民族品牌！"主持人没有弄明白汪海的意思，紧接着询问一句："民族品牌是什么意思？"

汪海看着那位主持人大声地说道："民族品牌的意思就是坚决不做加工厂！"话音一落，会场立刻响起了热烈的掌声。事业思维在这里直接升华成了一种民族精神和品格。

二 打造微笑曲线

传统国有企业体制上的最大弊端是只抓生产，不抓营销（消），不管经营，而现代优秀企业之所以成功其最关键一环，正如施振荣所认定的，它必须把整个经营运作流程打造成一条研发与营销（消）二头上翘的微笑曲线。而作为日益向"营消"模式迈进的双星在多年来的发展中，正逐渐打造出了这样一个总体架构。这一理想架构的打造集中表现为抓营销（消）机制、抓研发机制和抓经营机制这三抓创新的成功。

1. 大抓"营销（消）"机制创新

要彻底改变双星"生产巨人＋经营侏儒"畸形体制，最终创出营销

（消）健康体制，首要一环便是大抓营销（消）的建构与创新。

在一次省市领导和各行业企业领导出席的会上，汪海提出了一个事关现代企业制度创新与发展前景的极其重要的观点：中国改革前的国营企业是"生产巨人"与"经营侏儒"的结合体。

他深刻地指出：这种畸形体制中，产品销售、市场信息及其在企业机体中的反馈并指导企业运营的功能，严重地先天不足。在国家用计划经济的拐杖支撑着两者的平衡时矛盾尚不突出，可一旦撤掉计划经济这根赖以支撑的支柱，这个畸形架构便会立即失去重心，无法正常运营。因此，企业要真正由计划经济体制向市场经济体制转型，要生存、要发展、要壮大，以至迈向客户经济，那就只有一条路，就是调整机制，面对市场。正是在这一思维指导之下，双星人很快建构起适应市场要求，对接企业运作的"营消"——真正能经营消费者——的经营体制。这是千真万确的真理和科学发展的康庄大道。

2. 大抓研发机制创新

现实告诉我们，企业流程微笑曲线的打造，当然需要卓越的研发环节的机制建构与创新。

双星本着以顾客为中心的原则，根据顾客的需要确定产品的创新和技术研发，坚持全员创新，发挥职工的潜能。为了激励全员创新，汪海首先将创新纳入制度化管理之中，上至厂长经理，下到机台操作工，工资与创新相挂钩，将创新的软任务变成硬指标，制定了184条创新硬指标。"一个单位一个月不创新扣罚负责人100元，两个月不创新扣罚200元，3个月不创新待岗"的硬制度、真考核，将创新制度化，将创新渗入到每个职工心里，一步一步迈向"我与创新零距离"的境界。

与此同时，他们还大搞机制创新，从体制架构上予以保障。他们在晋江建了一个鞋类技术开发分部，在济南建立机械研究分院，吸收了众多专业技术人才，增强了自主创新能力。同时，为了确保产品质量，双星又建立了鞋类国家级检测中心，运用检测技术手段，促进产品质量和档次提高，使双星产品迅速跃向高端领域。

3. 大抓企业运营管理

一条卓越微笑曲线的成功打造，必须有一个很好的运营中枢，这特别表现在企业的日常运营管理的顺畅、有效和成功。而作为双星的微笑曲线的中枢机制、运作体制的建构，以下三个方面尤为突出：一是最初的民主管理夯实了基础；二是"砸三铁"成功建构起优越的管理制度与体制；三是有效打造出双星特色的业务流程。

（1）"民管会"和最初的成功管理打下了好基础。早在 20 世纪 80 年代初期，双星成功地推行了职工参与管理。

汪海在中层干部大会上说："我们党组织不能代替职工进行民主管理，要组建职工参与管理的'民管会'，让工人们真正体会到当主人的含义，把企业管理推向一个新高度。"一些平时养成恶习的干部放风说："工人阶级领导一切的时代早就过去了。"汪海实行民主管理的监督机制与过去所谓的"工人阶级领导一切"当然是完全不同的两码事。二者之间有着本质上的区别与差异。

但这又是二者的很好结合，有效地抓管理、抓劳动纪律，特别是把中层领导干部的劳动纪律作为第一炮来打，获得了成功。同时，又将挑动闹事的有后台的"女皇"拉下了马，使双星企业生产、工作秩序走上了正轨，夯实了最初的管理基础。

（2）"砸三铁"的成功建起了基本的制度和体制。"砸三铁"等制度改革与创新，建构起双星顺畅运行和有效经营的现代完备流程。

汪海砸完"旧三铁"——"铁工资"、"铁饭碗"、"铁交椅"之后，根据当时企业深化改革的需要，又加快了破除"铁关系"、"铁锁链"、"铁栏杆""新三铁"的步伐。这些东西不仅存在于企业内部，而且更大程度地呈现在整个社会意识形态中，禁锢着人们的思想，束缚着人们的手脚，对改革起着不可估量的阻碍作用。汪海要做一个彻底的改革者，在对这"新三铁"限制的破除中，全面、系统、科学、完备地建造起了双星现代化、信息化的业务流程。

（3）大抓企业文化，构建起卓越的中枢神经。双星的运营中枢的建构，还特别表征在其卓越企业文化的科学培育上。汪海语录风波的平息，正是集中体现着它的优越风采的一个精彩故事。

2005 年春天，新出版的高等教育通用教材《管理心理学》中，有一章重点介绍了汪海语录，把双星企业管理中的这一经典案例，介绍给学习、研究企业管理的人们。

汪海语录体现着双星企业文化，传递着双星企业管理理念，是双星企业成功的一种推动力。

但是在当年，汪海语录却引起了一场不小的风波。最终由当时的化工部长顾秀莲同志到双星调研，予以肯定，最终平息，同时使双星整个企业文化建设走上更加生动活泼、更为科学的发展道路。

三　大抓终端管理

进入新世纪以来，随着市场经济日益客户经济化，企业经营日益"营消"化，企业家普遍意识到"渠而优则赢"，更科学地说乃突破终端、抓住客户者赢，以至在沃尔玛、国美等大零售商逼迫之下，许多制造商不得不自己也同时装备上销售引擎。

正是基于这样的一个业态变革"情结"，制造商们开始了由单纯的制造公司向 GE + 沃尔玛复合架构的历史性嬗变。这一企业架构模式的创新转型，在双星是以实施连锁店家族化再造的形式推进的，简单说，他们是在集团下面对连锁店、公司，实行末端家族化管理来实现的。

对于没搞过市场经济又是从计划经济转过来的中国，任何较大的改革、创新都是在十分艰难的环境、氛围中进行的。面对对国有企业改革涉及产权等敏感问题之似是而非的议论，汪海指出："双星集团是国有企业，绝对不会成为'家族财产'，但是双星集团下面的连锁店、分公司、子公司则完全可以（又一定要）适合市场化发展要求，实行家族式经营管理。为什么这样做，首要的一点是因为不搞家族式店，就亏损，就搞不下去了。必须明了，国家的财产永远不如自己的店，这些店就一定会搞好。搞好了，对国有资产和他们自己都有好处。"这是国家和个人双赢的事。显然，这一根本性的再造与创新其长远的发展战略则是要走向沃尔玛经营模式。

双星搞连锁店对末端实施家族化管理无疑是汪海的又一大胆突破性创新。从某种意义上说，家族企业现在是世界主流，全球范围内，家族企业的比例高达 65% ~ 80%，就充分说明了这一点。即使是现在世界 500 强企业，还有 40% 以上是家族企业，意大利著名的企业基本上都是家族企业，还有日立、松下、迪斯尼等也是家族企业。家族企业创造了美国78% 的就业机会，雇用了劳动力市场上 60% 的就业者，创造了全美国 GDP的一半，如福特、杜邦、柯达、摩托罗拉等公司都为家族控制。可见，家族制是私营经济与生俱来的形态，是市场经济规律下的必然现象，是有生命力的。

而最为重要的最应予肯定的一点是，正是通过搞所谓家族式经营、管理，才使双星最终打造出了一种既有 GE 又有沃尔玛复合架构的当代"主流"发展模式。这一模式的形成，对自那以来双星的发展意义十分重大，假如双星只是抓造鞋，不抓卖鞋，这个企业必定早已寿终正寝了。

双星这一历史性转变获得成功的主要经验在于：

其一，双星打造 GE + 沃尔玛复合架构之所以成功，除了科学地解决了产权关系之外，还在于它原本就具有诸多的优势。而出售经营权，大大调动了各方的积极性，在更大范围内有效整合了经营资源。

这一做法获得了极大成功。那些最先买断连锁店的人不但自己置身其中，而且把许多亲戚、朋友、同学、老乡都引入加盟创业。青岛的、成都的、新疆的亲戚朋友都来了，整个西南带动起来了。应该说，这一买断改制——这场商战当中的改进和战略决策是依靠亲戚朋友向前推进的。

其二，通过连锁店实现了与客户的无缝对接。这种机制，能更好地同用户对接，极为有效地促进了企业的经营、营销发展。

其三，在"家族化"基础上搞连锁店极有利于打造和谐家园。

其四，搞"家族化"连锁店使双星整合了更多的优质的社会资源。店主与店员的关系融洽，集团与个人利益均沾。以能打赢仗为准，不论硕士、博士，还是农民出身，也不论是自己的亲戚或曾是自己的敌人，都要大胆起用。

其五，搞连锁店形式使双星有效地打造出了一条完备的价值链。

通过出售连锁店、专卖店产权、经营权，双星建起了一条完备的价值链，这更有利于逐步扩大规模，提升品牌，提高市场占有率。

四　突出使用价值

双星"营消"商业模式的打造，其又一重要方面和关键环节，在于经营运作全过程都要突出用户的使用价值，而不是企业的价值。这体现在市场攻略、实际的营销（消）运作中便是坚决不打价格战，坚定不移地实施（使用）价值战。一个十分生动、极为宝贵的案例就是 20 世纪 90 年代初在柳州全国订货会上双星靓丽的表演。

正如胡平先生说的"同向为竞，相向为争"。就是说，企业之间的竞争核心在"争"——瓜分市场上已有的价值份额，而企业同顾客之间竞争的重心在"竞"——面对顾客，企业必须下大气力搞创新、出好产品才行，否则顾客会在货比三家中淘汰你跑到别人那里。显然成功的"营消"必定是一个以竞为基础，以争为外在形式的竞争模式，因而这主要的并非什么细节上出其不意的制胜之道，而是一个根本经营指导思想和领航性运作的革命。它表征企业已把重心放在价值——使用价值上，而不再是主要在价格上。

双星以及许多成功企业之所以主要通过打价值战而非价格战获得成功，首要的是它们把握了以下三个视角：其一，把每一个战略定位确定下来的特定市场都作为一种唯一正确科学的思维、理念和思路；其二，任何企业特别是作为制造商，要切切牢记第一位的是让客（用）户认同你的使用价值，而非什么价格（便宜）——便宜没好货，那些打价格战的人正是陷入了这样的盲目性；其三，最重要的是把竞争的"竞"，即企业是如何给顾客创造价值的一面原原本本地、充分地表达出来，即企业一定要把镜头对准顾客需求之"竞（创）"上，而不是把主要精力放在与同行之"争"上，即重在"竞"而不在"争"。

汪海主持的这一仗的胜利，关键在于他成功的抓了四个环节，在突出用户最关注的使用价值中，以价值战胜过了价格战。

这集中体现在四个聚焦点上：

其一，"负"竞争还是"正"竞争。汪海认为，片面打价格战是负竞争，而真正正面打价值战那才是正竞争，而搞负竞争是暂时获得蝇头小利。汪海自信只要自己产品质量好、信誉佳、热情服务、认真工作这就一定能打动用户的心。因此他们敢于、善于不降价反而涨价。

其二，假品质还是真品质。他认为，那些大甩卖的产品往往是品质低劣，弄虚作假，是假品质，甚至伤天害理，这绝不行。双星要坚持真品质，让顾客使用放心的产品。这一思路正是使顾客感到诚信、放心的做法，更易获得人心。

其三，劣广告还是优广告。什么"买十送一，买一千送三百"、"跳楼价"等等令人悬疑，当他们的"四个如果"广告在《柳州日报》一刊发，劣广告立马现了原形，你越这么打，顾客越担心，买卖越不成。而双星反其道而行之——四句话的优广告都在打顾客关注的使用价值，打价格战的劣广告当然只能失败。

其四，是货比货，还是（降）价比（降）价。看谁价更低比的是成本优势，在价格上把人比绝了的双星，同时又以热诚的工作，把质量更好的产品送上。"不怕价格高，就怕货比货"的成功，更表明了此话的正确性。

五 打造软实力

一切"营消"商业模式之成功经验都表明，在客户经济条件下，办企业的一切物质条件如设备、生产线等都是非主导要素，成功运作最核心的、决定命运的是软实力资产，尤其是品牌。任何一个企业的成功经营运作都必须具备一定顾客资产——品牌。双星是一个拥有大额度顾客资产——卓越品牌价值的企业，它也正是凭借优越的顾客资产——以消费者所有权——为基础而打造出了全新"营消"商业范式。同时，必须明了，任何一个企业的经营之所以成为正常运作的商业单元，在客户经济下都必定是以顾客货币选票为直接表现形式。因此，消费者剩余的多少——其性质、特点就成为决定性的因素。研究表明近些年来，已成为决定因素的品牌、软实力越来越成为企业运作的主导方面。而如何由既往的产品经营为主向品牌经营为主转变，大概可分为几种类型：其一，最一般形式。一个经营正常的一般企业、依靠自己培育出的品牌——顾客群，直接进行品牌主导经营。这样的转变自己视机会实施战略转型即可。其二，直营式特许连锁经营。公司将自己形成品牌的商标部分（地区或领域）经营权出让给别人（一定年限内），以此为其整个经营的顾客资产基础。其三，品牌转让。整个企业或其部分业务自己不做而转让给别人。而双星的做法属第二种类型。

汪海让温州鞋老板运用双星品牌在温州搞特许经营就是典型的案例。这是双星集团第一次将商标使用权授予外部企业，将无形资产向有形价值转化。汪海卖的是商标使用权，用的正是"特许运营"战略。

无形资产应分为科技知识与人文两大块，人文再分品牌、非品牌两块。

无形资产是企业的一笔巨大财富，但有许多经营者根本就认识不到它的价值。盘点近两年的资本运营，汪海这位市场上的"将军"显得胸有成竹："双星品牌无形资产价值492.92亿元，我要用品牌这个无形的东西做篇大文章，把无形资产变成有形财富，再用有形的财富促进无形资产的增值。我们近几年之所以取得了超常规发展，就是依靠品牌的价值实现了'三借'：一是借外部资金，二是借外部力量，三是借外部人才，提高双星品牌的整个市场知名度……"

如今，全国大小城市新开的双星连锁店，许多经营者都是外部人才，他们利用双星品牌获取经营业绩的提升，在为双星创造价值的同时，也享受着自己赚钱的快乐，双星也借此实现了品牌的市场扩张。

（撰稿：管益忻）

无情的纪律、有情的领导

——论汪海的法治思想

改革开放 30 年来，伴随着中国社会主义市场经济体制的逐步发展和完善，我国的法治化进程也呈现出波澜壮阔的发展场景，从计划经济时代的人治迈向了市场经济时代的法治，确立了依法治国的基本方略；社会主义市场经济的法制也从无到有，从单一、零散到全面、系统，逐步建立起了相对完善的社会主义市场经济法律体系。在这一改革进程中，双星的每一步发展、每一次跨越、每一个成功都离不开双星市场理论的指引，而要把这一理论付诸于实践、落实到企业的每一项具体工作中去，就需要变理论为制度，让制度、规章、纪律来约束每一个人的具体行为，也就是汪海所说的"理论是指导，法规是保证，落实是关键"。这里面汪海的法治思想起到了至关重要的作用。

一　改革开放，依法治国

任何思想的形成和发展都有其历史、现实渊源。汪海法治思想的形成同样有着深刻的理论与实践、历史与现实的时代背景和制度环境，具体表现在以下两个方面。

1. 改革开放是汪海法治思想形成的时代背景

蓦然回首，改革开放跨入而立之年。30 年前，我们改革开放的总设计师邓小平以一个战略家的远见卓识，高瞻远瞩地提出了"改革开放"的英明决策，结束了长期以来计划经济下的企业按上级指标生产、政府统一供应、百姓拿各种票证购买死板僵化的产销局面，确立了社会主义市场经济体制，使企业作为市场的主体逐渐从旧有的枷锁中解放出来，面向市场组织生产，从而繁荣了市场供应、发展了中国经济。随着市场经济的快速发展，各种所有制形式的企业如雨后春笋般发展起来，加之经济全球化浪潮席卷而来，面对中国加入WTO的新形势，国有企业面临着前所未有的严峻考验和挑战。同时，改革开放的伟大创举也带来了中国社会全方位的深刻变革，不仅仅是经济上，还包括政治上、文化上，甚至人民的思想观念都发生了翻天覆地的变化。

汪海率领的双星集团正是在这样一个时代背景中一路发展壮大起来的。这一时代背景给了汪海实践和理论创新的广阔舞台。在由计划经济向市场经济转变过程中，汪海提出了"市场是检验企业一切工作的标准"、"市场是企业的最高领导"的市场理论；为了适应市场化的企业管理，汪海创立了独特的"思想教育、经济手段、行政措施、法规管理"四结合的"严管、细管、承包管、诚信管、钱管、情管、法管"七大特色管理；面对市场竞争的高质量要求，汪海喊出了"产量是钱，质量是命，双星人要钱更要命"、"价格的竞争是暂时的，质量的竞争是永恒的"质量真理；面对来势凶猛的全球化浪潮，汪海认识到"创新是企业发展的动力和源泉，创新是企业发展的永恒主题"，提出了"今天不创新、明天就落后；明天不创新，后天就淘汰"的响亮口号；面对改革道路上的艰难险阻，汪海坚守了"不管黑猫白猫，抓住老鼠就是好猫；不管说三道四，双星发展是硬道理"的发展观……这些独具个人魅力和时代特色的"汪海语录"形成了双星独有的市场理论体系和双星企业文化。同时，汪海也清醒地认识到理论的提出仅仅是务虚的概念，是观点的表现，是个虚东西，而制度、法规和标准才是双星理论的具体化，是实实在在的东西，二者之间是相辅相成、不可分割的整体：学习双星理论的口号喊得再响，但制度、法规和标准却不能够认真执行，一切也都等于零；没有制度、法规和标准作保障的理论必将是空洞、乏味的理论，更是无法指导自己开展工作的理论；要想使双星理论能够在实际工作当中发挥作用，就必须使之与制度、法规和标准形成一个整体，成为一体化的结合，并将制度、法规和标准执行情况的好坏作为检验理论学习好坏的标准。只有这样，双星理论在实际工作当中才能真正起到作用，见到成效。

正是在这一改革开放的时代洪流中，与时俱进形成了双星特有的理论体系。这一理论体系要指导实践，需要制度、法规和标准去落实到具体每一个人、每一个岗位、每一项工作中去，随之也形成了汪海的法治思想。

2. 依法治国是汪海法治思想形成的制度环境

中国共产党执政以后，用什么样的方式治理好国家，如何更好地维护和实现最广大人民群众的根本利益，始终是党的领导集体孜孜以求、不断探索的一个重大的理论和实践问题。以毛泽东同志为核心的第一代中央领导集体，领导人民建立起了人民民主专政的国家政权，开创了新中国社会主义法治建设的伟大事业。以邓小平同志为核心的第二代中央领导集体，在总结"文化大革命"教训的基础上，坚定地提出了"加强社会主义民主，健全社会主义法制"的历史性任务，确立了"有法可依，有法必依，执法必严，违法必究"的社会主义法治建设方针。以江泽民同志为核心的第三代中央领导集体，在全面推进改革开放和社会主义现代化建设的进程中，进一步丰富和发展了邓小平同志的民主法治思想，提出了依法治国的基本方略。党的十五大报告明确提出"依法治国，建设社会主义法治国家"。九届全国人大第二次会议，正式把"依法治国，建设社会主义法治国家"写入宪法修正案。党的十六大以来，以胡锦涛同志为总书记的党中央把依法治国列为社会主义民主政治建设的重要内容和目标，强调："发展社会主义民主政治，最根本的是要把坚持党的领导、人民当家做主和依法治国有机统一起来。"

十六大以来，我们党以科学发展观为统领，以构建社会主义和谐社会为目标，在新的起点和高度进一步推动依法治国、建设社会主义法治国家向深层次发展，在确立法治理念、坚持依法执政、完善法律体系、推进依法行政、保障司法公正、建设法治社会等各个方面都取得了重大成就。尤其是建立起了一套以宪法为统帅和根本依据，部门齐全、数量适度、体例科学、质量较高、内在统一、外在协调的中国特色社会主义法律体系，经济法治方面有法可依的局面已经形成。正是在这样的制度环境下，社会各个方面包括人民的法治意识都获得了空前的解放和发展。汪海的市场经济法治理念和企业法治思想也正是在这一制度环境中与时俱进形成的。

二　有岗就有责，有责就有法

解放思想、实事求是是马克思列宁主义、毛泽东思想、邓小平理论的精髓，也是我国改革开放以来解决经济、社会、政治、文化建设过程中出现的各种矛盾和问题的金钥匙。在汪海的法治思想中，始终贯穿着"解放思想，实事求是"的精神光辉，具体表现为他的"不断借鉴、不断渗透、不断创新、不断超越"和"借鉴外来先进的，吸收传统优秀的，创造自己特色的"理念。正是在这一基本精神的指导下，双星集团才创造了中国企业界一个又一个奇迹，形成了符合社会发展规律、市场发展规律、人性发展规律和自身发展实际的独具特色的双星理论体系和企业文化，从而也形成了汪海的法治思想。

首先，解放思想、实事求是要求在我国企业法治建设中要充分认识我国政治、经济、文化、社会的实际和企业的状况，认清法治的本质，批判地吸收一切可吸收、利用的合理因素，建立符合国内、国际实际情况的企业规章制度。正是基于以上的认识，汪海在企业法治建设中提出"借鉴外来先进的，吸收传统优秀的，创造自己特色的"思路。他指出市场经济条件下的制度、法规和标准必须随着时间的推移、历史的变革制定出与当前发展相适应的制度、法规和标准，而且制度、法规和标准一定要实事求是，一定要符合历史条件，符合当前状况，必须随着市场的不断变化而不断变化，只有这样，制度、法规和标准在执行当中才能真正做到"管而不死、活而不乱"。

其次，解放思想、实事求是要求在企业法治建设过程中，在充分认识法治本质的基础上，广泛发扬企业内部职工的民主。民主和法治是相互依赖、相互促进，具有不可分割的联系。民主是法治的基础、目的和本质要求，法治是民主的基本保障。没有法治，民主就没有保障；没有民主，法治也就失去了自身存在的意义。在双星改革之初，汪海提出职工代表大会要成立一个常设机构，就是民主管理委员会。让职工代表常年轮流脱产参与管理，随时随地监督企业干部。凡是在工作中不称职而被委员会多次点名的干部，或者在关键问题上贻误战机给企业造成损失的干部，一律就地免职。

再次，解放思想、实事求是要求公司管理人员要带头遵守国家的法律和企业内部的规章制度，做到规章制度面前人人平等，在处理公司职工违章问题时，要严格依规办事，程序合法正当，保护职工的合法权益。汪海指出，双星制度、法规和标准是衡量每个单位和部门领导者工作好坏的标准，是大家综合素质的体现。在工作中，他要求所有双星人都必须接受制度、法规和标准的约束，接受制度、法规和标准的控制，自觉地维护、支持、发展、提高双星的制度、法规和标准，要对它尽职尽责，真正将"吃双星饭，守双星法"落到实处，将"在双星法规面前人人平等"落到实处，这不仅是每一个双星人的责任，更是每一个双星人的义务。另外，对于违反双星法规，不管涉及任何人，都要严格依法依规处理，决不偏袒、绝不姑息。

最后，解放思想、实事求是要求在企业内部要加强法律、规章的宣传和引导，普遍开展法律、法治社会教育，不断增强职工的法律、法治意识。企业法治建设是一个系统工程，是长期的，要加强企业内部法律人才的培养，促进职工法治观念的提高。20 多年来，双星创造了"有岗就有责，有责就有法"的法治管理新模式，进行了上百次厂规厂法、国家"大法"的法治教育，并针对发展中暴露的问题不断地修改完善双星的制度规章，建立了 14 大类，92 个方面，1246 条，几十万字的制度、法规和标准，并依据企业的制度法规在企业发展的不同阶段先后处理了几百人，使法治的宣传和教育从正反两个方面相结合，大大提高了双星人的法治意识和权利观念。双星创造性地实施法治管理为劳动力密集型产业进行法治建设树立了样板，为双星更好地与国际接轨、赢得全球一体化的市场竞争创造了条件。

三 民主的根本意义，就是职工当家做主

市场经济法治理念是以反映市场经济共同规律、体现市场经济法律理念为宗旨，尽力贯彻反映市场经济本质属性内在要求的，诸如平等、自由、公平、竞争、维护社会正义、禁止权力滥用、保护弱者等法治理念。汪海的市场经济法治理念主要表现在"职工当家做主"的民主意识和"双星没有农民工"的平等观念。

民主是社会主义的生命，是社会主义的本质特征，是社会文明进步的重要标志，是市场经济的必然要求，也是法治社会的内在体现，更是无产阶级的奋斗目标。具体地说，民主就是人民的统治，就是一系列确保人民自由、平等、尊严等公民权利的制度和机制。科学社会主义的创始人马克思、恩格斯认为，民主政治是一切国家形式的最终归宿。纵观人类历史发展的长河可以清楚地看到，不断地走向民主，不断地增加人民的民主权利，不断地遏制专制独裁，是全人类的政治发展趋势，是近代以来世界各国的政治潮流。

民主作为人类共同的政治价值，在实现形式、内在要素、现实机制等方面有其普遍性的一面。例如，民主政治离不开法治，离不开人民选举，离不开公民参与，离不开权力监督，离不开政治透明，离不开社会自治等。没有这些普遍要素的民主，必然是空洞的假民主。但同时我们也应该看到实现民主需要一定的经济、政治、文化、社会条件，而这些条件在不同的国家或同一国家的不同时期可能极不相同，因而，世界各国的民主都或多

或少会带有自己的特征。正如马克思所说，"民主制是普遍与特殊的真正统一"。

汪海在市场经济的浪潮中摸爬滚打所铸就的民主意识，也正体现了民主的普遍价值与其特殊性的有机统一，拿他的话说就是"民主的根本意义，就是职工当家做主"。他认为，要想让职工们把自己当做企业的主人，就要使他们真正能当家做主。因此，双星集团除了在生活条件、生产环境等方面关心职工外，更重要的是建立和完善了民主管理制度，用制度来确立职工在企业中的主人翁地位。这一民主管理制度就是实行职工代表脱产参与企业管理的民主管理委员会制度，职工代表有权听取和审议集团总裁的工作报告，对企业的经营方针、长远规划、年度计划和职工福利等重大事项行使审议权，对中层以上干部的表现行使评议监督权。1996 年 7 月，一位分管第三产业的副总裁，因为分管单位的纸箱积压超过集团规定数额，被职工代表检查出来，职工代表民主评议后免了他一个月的奖金。这一制度还明确规定，凡是被职工代表点名批评超过三次的中层以上干部，就地免职。近两年来，双星的职工代表就考察管理人员 190 多次，并建议集团对17 名不称职的中层干部作了免职处理，所以，双星的干部自称是"黑板干部"。

双星职工当家做主还体现在干部任免制度上。双星通过公开考评和竞争招聘方式选拔人才，改革了传统的干部人事制度，打破了工人和干部的界限。现在的双星集团热电厂厂长周士峰就是其中一位亲历者，他说："在我刚进双星的时候，做梦也想不到我这个地地道道的农村青年，有一天能当上管理数百名员工的一厂之长。"这种以事择人、择优用人、唯才是举的选拔制度，大大释放了双星职工的个人能动性和创造力，使职工时刻以主人翁的标准来要求自己，变"要我干"为"我要干"，实现了"自己管理、自己算账、自己减人、自己降耗"的"四自一包"新生产方式，这不仅是民主带来的巨大作用，更是汪海民主意识的伟大创造。

平等是现代法治国家的重要原则，它要求：起点平等、机会平等，人人生而平等，平等的个体在法律上享有平等的权利。马克思主义者从政治、经济以及人权等角度对平等作出如下解释："一切人，或至少是一个国家的一切公民，或一个社会的一切成员，都应当有平等的政治地位和社会地位。"平等作为人类的终极价值追求，古往今来，众多仁人志士抛头颅、洒热血为之奋斗。平等的每一步发展，都经历了激烈而残酷的博弈和斗争，甚至是需要彻底的革命才能完成。回顾中国的历史，每一位历史人物的出现，都把实现和发展平等作为他们的追求，作为他们带领团结人民群众的一把利剑。太平天国时期，洪秀全提出了"耕者有其田、均田均赋"；戊戌变法时期康有为撰写了《大同书》；民主革命时期孙中山提出了"天下为公"；在土地革命时期，毛泽东提出"打土豪分田地"；改革开放时期，邓小平提出"法律面前，人人平等"。

汪海正是基于对平等内涵的深刻认识，在总结历史经验的基础上，结合双星自身的实际，提出了"双星没有农民工"的平等观，也正是在这一平等观念的感召下，打造了一支无私奉献、吃苦耐劳、能征善战、敢闯敢拼的双星"铁军"。

"双星没有农民工，只有新时代的产业工人。"这是汪海经常挂在嘴边的一句话。"双星没有农民工"的根本含义，是彻底打破城乡身份界限，"不看资历看能力，不看文凭看水平"。双星除了在工作和生活上尊重农村青年，关心农村青年，还投入大量精力，全力推进农村员工与城市员工待遇相同的分配制度，彻底推倒了老国有企业落后的人事制度的"墙"。所有双星员工都是合同工，没有"农民工"和"正式工"之说，"农民工"的称谓在双星要改为"新型工人"。员工在哪个岗位，就拿哪个岗位的岗位工资，任何员工只要有能力，都有可能被提拔为管理干部和技术干部。像双星瀚海公司的张金山，由一名山里娃迅速成长为管理骨干，先后多次被评为"操作能手"。他说："双星给了我释放个人能力的舞台，让我的人生梦想得到实现。"像双星鲁中公司的张力，原先是一名只有初中文化的农村青年，在双星的培养下，一步一个脚印地成长为业务能手，2006年，被调到位于胶南的双星轮胎公司担任密炼中心主任，管理着一个具有世界一流技术水平的密炼中心。在双星你会发现这样的事例太多太多，不胜枚举。

汪海"双星没有农民工"的平等观不仅成就了那些敢于奉献、敢于拼搏、敢于创新的双星员工，更成就了双星这个大集团，成就了双星这个民族品牌。

四 法规是保证，落实是关键

企业法治是社会主义法治的具体化和重要组成部分。从静态看，它是企业法律规范及相关各项制度的简称；从动态看，则表现为完善的法律规章，公正而严格的执法执纪，深入的普法，高水平的法律意识所构成的法制体系，其基本精神仍然是有法可依、有法必依、执法必严、违法必究。

它包括社会和企业相互联系、相互制约并相互加强的两个层面：一方面，国家立法、司法、行政机关依法平等地处理、保护和约束企业；另一方面，企业依法塑造合格主体，约束、规范管理和经营活动，维护企业、员工及用户的合法权益。汪海的企业法治思想主要体现在"加强纪律性，名牌无不胜"的规则意识和"不抓制度贯彻落实的领导不是一个合格的市场领导"的纪律的实施观念。

纪律是一切工作胜利的保证。毛泽东同志讲过"加强纪律性，革命无不胜"，当时是指战场。在现在的商海大战中，汪海提出"加强纪律性，名牌无不胜"，没有组织纪律性，一切都等于零。他认为，组织纪律性是所有厂长经理都要时时刻刻讲的，在这个问题上不能有丝毫的犹豫和放松；党有党纪、国有国法、厂有厂规，哪里也不是绝对自由；没有规矩，不成方圆，党纪国法和规章制度都是为了保证社会和团体的正常运转，没有了这些，就会出现混乱，社会的、团体的、大多数人的利益就要受损害，所以要有令就行，有禁就止，强化纪律。

1. 对市场经济条件下制度、法规和标准概念的认识

汪海认为市场经济条件下制度、法规和标准，就是上层建筑的产物，是所有人都必须遵守的纪律；而纪律又是约束人、控制人的制度，是为保证整体利益不受损失所制定的标准。建立制度、法规和标准的目的，大到国家和社会而言，是为了巩固国家的政权，保证社会整体利益不受损失；小到双星和个人来讲，是为了保证企业的发展，保证大多数双星人能够吃上饭。在制度、法规和标准的制定方面，必须自己总结、自己制定、自觉遵守，千万不能凭感情或是想当然去执行制度、法规和标准。

汪海认为市场经济条件下制度、法规和标准不是一成不变的东西，它与计划经济条件下的制度、法规和标准有着本质的区别。在计划经济条件下，制度、法规和标准可以几十年不变，而且在制定完以后还可以贴在墙上、锁在抽屉里；而市场经济条件下，必须随着时间的推移、历史的变革制定出与当前发展相适应的制度、法规和标准，而且制度、法规和标准一定要实事求是，一定要符合于历史条件，符合于当前状况。

2. 对市场经济条件下制度、法规和标准重要性的认识

汪海认为双星创造的这套市场经济条件下的制度、法规和标准是衡量每个单位和部门领导者工作好坏的标准，是大家综合素质的体现。双星所有人都必须接受制度、法规和标准的约束，接受制度、法规和标准的控制。制度、法规和标准不仅是双星所有事业发展前进的基础，更是一切工作得以顺利实施的保证。

汪海认为双星创造的这套市场经济条件下的制度、法规和标准是大家处理事情的标准，是做人标准的体现。提出必须强化法治管理的意识，这不仅是双星发展的规律，更是名牌发展的规律。

汪海认为双星创造的这套市场经济条件下的制度、法规和标准是和双星大业紧密联系的，是和双星利益不可分割的。一个单位或部门，乱，首先都是从制度、法规和标准贯彻得不好开始乱；差，首先都是从制度、法规和标准落实得不力开始差；垮，首先都是从制度、法规和标准执行得不好开始垮。

汪海认为双星创造的这套市场经济条件下的制度、法规和标准是双星大业得以顺利前进和发展、"三大三高"宏伟目标能够尽快实现的基本保障。必须用制度、法规和标准来战胜本位主义，战胜"小团体"主义，战胜个人利己主义，以此拧成一股绳，团结一致，共同对外，确保双星事业健康、稳步地发展。

汪海认为双星创造的这套市场经济条件下的制度、法规和标准是和每一个端双星碗、吃双星饭的人都有直接关系的规章制度，是为了维护全体双星人共同利益的规章制度。提出"双星进入新世纪发展必须依法治厂、依法管理、依法管人"，要想真正达到"依法治企"的目的，更好地适应市场的标准，过上市场的日子，吃好市场这碗饭，就必须用制度法规来约束、来管理、来提高，这样才不会被市场发展所淘汰。

一个国家经济的活力来源于企业的活力。而企业是否具有活力，则取决于是否建立了一套完善的既能维护企业的各项权益和市场竞争秩序，又能限制其损害消费者和公众利益的企业制度。在实践中，汪海也正是把"加强纪律性，名牌无不胜"的规则意识运用到具体的管理当中，创造出了以"三轮、三环、三原则"为主要内容、实现人和物管理最佳结合的双星"九九管理法"；独创了"一单一算，一段一算，一胎一算，当天出成本"的资金切块管理法；创立了"有岗就有责，有责就有法"的法治管理新模式。

法的制定只是解决了法的实然性问题，而要把纸面上的法落实到社会生活中、落实到人们的行为上则要靠法的实施。回顾双星几十年的发展历程不难看出，双星之所以能够发展到今天，与制度法规的严格贯彻落实有着密切的关系。以定置定位的现场管理为突破口，通过数字跟踪卡，资金切块，管理的细化、量化、深化的不断深入，双星取得了突飞猛进的发展，由此创出了双星名牌，构筑了"大双星"的发展框架。

汪海认为在制度法规的贯彻落实方面要做到"全、细、严、深、变、带"六个字。所谓"全"是指所制定的制度法规的内容要全面，要涵盖包括公司领导、职能处室、生产经营、后勤保障等在内的多方面内容，尤其是对管理人员所制定的制度法规更要加强、不断健全完善。所谓"细"是指所制定的制度法规要细到一根针、一根线，细到每个岗、每个人，要做到"有岗就有责、有责就有法"，使每个岗、每个人做事有标准，行动有指南，工作有方向。所谓"严"是指在制度法规的贯彻落实方面，要制定严、考核严、执行严。如果有了"全而细"的制度法规，大家不去严格执行，而是将制度法规"写在纸上，挂在墙上，锁进抽屉里"，必将是废纸一张，必将使制度法规流于形式，并会带坏作风。严肃法规、严格执法是一切工作得以顺利发展并巩固提高的基础和保障。所谓"深"是指所制定的制度法规要能够不断地延伸，不断地完善，不断地提高，尤其是能够将制度法规与工资分配结合起来，能够和"钱"紧密结合起来。因为"深"的含义不仅仅体现在形式上、口头上或是纸面上，更重要的是要和自身利益挂钩，通过重奖严罚，才能够真正达到"无缺陷管理，零质量损失"的目的。所谓"变"是指所制定的制度法规能够根据工作当中暴露出的问题与失误及所取得的经验和教训不断地修改，不断地完善，这也是符合市场发展运行规律的。因此要求各级领导必须依据市场变化不断地去学法、制定法、执行法，只有这样才能跟上市场快速多变的发展步伐，才能符合市场对我们的要求。所谓"带"是指各级领导在制度法规面前要能够带头学习、带头考核、带头执行，即使公司领导触犯了制度法规，同样也得依法办事，照章处罚，根本不存在网开一面的做法，真正将"在双星法规面前人人平等"落到实处。

总之，在制度法规的贯彻落实方面，汪海认为要突出一个"严"字，破一个"情"字，做到一个"实"字，抓住了制度法规的贯彻落实就等于抓住了名牌高级阶段发展提高的"纲"。

五　以德育人，依法治事

人治与法治是一对相互对立的治国方略：人治强调个人的绝对权威，法律服从于权威的个人，统治者完全凭一己的意志、认知能力和道德水准进行统治；法治强调法律的至上权威，任何组织和个人都不能有超越法律之上的特权，强调法律面前人人平等，强调对国家权力的限制和制约，强调保护人权。我国自古以来就有重人治轻法治的传统，这大大限制了市民社会的形成，限制了公民个人权利意识的崛起，"权威意识"、"青天情结"、"关系哲学"成为人们内心挥之不去的价值认同，一直以来左右着人们的思维和行动。

公司治理是一国的政治、经济、文化、习俗以及公司的实际情况混合作用的产物，并受人文、观念、法律制度等影响。实践证明，并非只要套用同一公司治理模式，该公司就能得到良好发展了。而且，公司治理模式也并非灵丹妙药。从公司治理的演变而言，它绝非理论上的科学设计与制度安排，而是公司参与各方围绕权利分配均衡斗争的结果。因此，许多专家认为，不要无谓地去寻找所谓科学的公司治理结构，适合一国的模式并不一定适合他国，唯有靠自己去摸索总结才是正途。

在市场化条件下，我国公司所追求的效率和赢利目标，从表面上看是合理的，但实际上却在相当程度上不具有可操作性。相反，我们传统的伦理价值，以西方的市场经济标准分析，是不合理的，但在实际操作中，却产生了正向的效应。如何协调西方的市场经济理论和中国传统文化之间的矛盾？汪海对此问题给出了绝妙的回答。他立足于对中国传统文化的深刻领悟，并结合企业自身的实际，把中国传统文化儒、道、佛的核心精神融入企业管理，独创了"干好产品质量就是最大的行善积德"的道德管理新方法，创立了"人治管理、道德管理、权威管理与法治管理"四位一体的公司治理新模式，并提出"无情的纪律、有情的领导"，"全员从严、领导从严、严而公正、严而有度、严教结合、严而有情"的管理真经。

对于人治管理、道德管理、权威管理与法治管理四者之间的关系，汪海认为人治管理、道德管理、权威管理与法治管理是相辅相成、互为补充的。在事业发展当中，权威管理及人治管理是必需的，但它仅仅是暂时的，而道德管理则是一项长期的教育问题，如果完全依靠道德管理也是行不通的，必须和法治管理相结合才能见到成效，唯有法治管理才是长期的、永恒的。概括来讲，道德管理是事业发展的基础，法治管理是事业发展的根本，人治管理是事业发展的措施，权威管理是事业发展的保障，最终达到"以德育人，依法治事"。

对于道德与法律的关系，汪海认为道德和法律是相互作用的，法律是道德的监护，道德是法律的补充，道德是企业内一种重要的调节力量，必须要十分重视企业伦理和职业道德建设，如通过思想政治工作等多种方式，提高经管者的经营道德和职工的职业道德，形成诚实、守信的企业良好氛围。在制度管理和权威管理的基础上，汪海更追求道德管理。他认为，再严密的制度，也有漏洞可钻，责任心再强的领导，也会有疏漏，管理的学问就在于，既要管又要理，要在"理"字上多做文章，要运用政策、制度、道德、感情、精神综合地进行人的管理。

汪海总说："企业负责人要常修企业之德，常思贪欲之害，常怀律己之心。"正是这样一种做人做事的人生境界，使汪海创出了一套双星特有的，而且被市场证实合理可行的公司治理新模式，走出了一条市场经济下"摸着石头过河"国有企业改革的成功之路。

汪海的法治思想对于双星集团从工厂到公司、从生产一线到市场一线，集管理机制、分配机制、竞争机制为一体的，完整的制度、法规和标准体系的构建具有重要的指导和灵魂作用。它不仅是全体双星人共同的精神财富，也能对其他国有企业的法治建设起到重要的示范作用。从中我们可以得出许多重要的启示。

第一，双星的成功，需要伟大的思想作为先导。双星的发展史，就是一部思想的解放史，正是有汪海的法治思想才创造出了这套符合社会发展规律、市场发展规律、人性发展规律和自身发展实际的制度、法规和标准。

第二，理论需要变为硬性的制度才能充分发挥理论的指导作用。双星独特的市场理论是指导双星成功的关键因素，而理论的指导作用要想充分落到实处、在实践中发挥作用，需要变软性的理论为硬性的制度。汪海创造性地把双星市场理论变为企业自身的制度、法规和标准，并严格依规抓落实，走出了一条国有企业改革的成功之路。

第三，制度、法规和标准的制定要综合考量国内与国际的政治、经济环境和制度规则标准，立足本国的社会现实、历史文化与民族传统，结合企业自身的实际。只有这样，所制定的制度、法规和标准才能跟上时代步伐、切合自身实际、符合市场规律、接轨国际规则，抓好落实才能见成效。

（撰稿：刘锋杰）

百分之二百的服务

——论汪海的服务思想

汪海有句名言：没有理论、没有思想的企业是没有希望的企业。的确，双星集团从改革开放初的青岛橡胶九厂，发展到目前以鞋业、轮胎、服装、机械、热电为五大支柱产业的跨国界、跨行业、跨所有制的国际型企业集团，靠的就是汪海率领双星人超前进入市场以来，对市场及其经济运行规律的感悟而形成的双星市场理论，它是有中国特色的社会主义市场经济理论与双星企业实践相结合的结晶。客观地看，双星市场理论主要来源于改革开放以来国内第一代优秀企业家中唯一至今仍然活跃在国企舞台上的"市场将军"——汪海的一系列的经营思想、理念。而在汪海的思想中，汪海的服务思想又占有独特的重要地位。它在双星人进入市场的实践中诞生，在商品经济大潮中形成，在社会主义市场经济发展中走向丰富和完善。

一　有人就穿鞋，关键在工作

服务是企业在其产品销售期间或之后，向消费者提供的一种维护产品使用的延伸行为。在成熟市场经济国家的企业中，服务已经成为企业在市场竞争中制胜的"葵花宝典"。无论是在制造业中，还是在服务业中，许多企业都认识到，企业不只是卖产品，更是卖服务、卖品牌、卖声誉。

有一个案例，说的是一个奔驰公司的员工在上班的路上看见一辆奔驰车停靠在路边，好像是坏了，便马上停车上前询问司机："您的车是不是坏了？我是奔驰公司的员工，我可以帮助你。"在对方说"我在等人，车子没坏"后，他才转身离开。这就是个很典型的良好服务的例子。一些世界知名企业均不只是以其优质的产品，更是以其良好的服务傲立于市场的。例如，蓝色巨人 IBM 成功的经验之一就是对用户的彻底服务精神。IBM 有一条著名广告语——"IBM 就是服务"。他们始终坚持这样的原则：公司销售的不仅仅是机器，还有最佳服务。这种服务不仅体现在良好的售前服务，而且体现在完美的售后服务。他们认为把产品销售出去、包装好，仅是服务的开始。在这以后，公司要时时同用户保持联系，提供用户需要的各种维修和服务。为此，IBM 建立了一整套有效的通信服务，以保证在 24 小时内解决用户提出的一切问题。有一次美国亚特兰大的兰尼尔公司所用的 IBM 电脑主机发生故障，IBM 公司在数小时之内请来了八位专家，其中有四位来自欧洲，一位来自加拿大，一位从拉丁美洲赶来，及时为用户排除故障。世界上最大的连锁零售商、《财富》500 强的状元——美国沃尔玛的顾客服务是世界一流的，体现在：第一是商品对口，这是公司在采购环节就反复强调的顾客观念。第二是保证供货，缺货不但给顾客带来不便，更令沃尔玛蒙受生意上的损失。第三是良好的购物环境，符合清洁、安全、方便的要求。第四是与众不同的员工，实行员工微笑服务。沃尔玛的服务准则是："三米"原则，即在三米以内要向顾客目光接触、点头、微笑、打招呼，保证顾客 100% 满意。凡沃尔玛员工都要知晓两条原则：第一条，顾客永远是对的；第二条，如果顾客有错，也请参照第一条。

我国过去在传统的计划经济体制下，由于企业只是一个生产加工车间，企业生产的产品由上级部门收购，企业无须面对外部市场（当时也没有市场）。企业既不需要为产品而营销，也无须向客户提供服务。但随着我国社会主义市场经济体制改革的深入，人们的思想认识、价值观念和思维方式出现全新的变化。过去那种"等、靠、要"和"皇帝女儿不愁嫁"的思想，在各行各业中近乎消失。从双星集团的发展经历看，汪海的服务思想也诞生于双星由计划体制向市场体制转轨的过程中。可以说，汪海的服务思想是在商业部门拒绝收购双星鞋的事件中给逼出来的。

事后，汪海总结出一句话："有人就穿鞋，关键在工作。"更重要的是，卖鞋的经历使他认识了市场，认识了只要企业面向市场，增强服务，自己的产品就不愁销路。在没有上级单位收购产品的情况下，企业完全可以活得比以前更好。可以说，这一逼使汪海意识到外部经营环境已经发生变化了，服务对企业的生存、发展至关重要，由此，汪海带领双星走上了市场经济的阳光之路，同时也是汪海服务思想形成的重要起因。

二 靠服务提升企业声誉

有过初闯市场亲自卖鞋的经历后，汪海逐步在一次又一次的市场摸爬滚打成熟起来，他越来越准确地号准了市场的脉搏。他认准了一个道理：产品只要面向市场，加强服务，则企业在市场竞争中，就会所向披靡、无往而不胜。

时至今日，每当回忆起企业 20 多年走过的漫长道路时，双星人就会念念不忘具有"里程碑"意义的三次订货会。1986 年的烟台订货会，使双星人懂得了"市场是前方，生产是后方"的道理；1987 年的柳州订货会，使他们"变守株待兔为主动出击"；1988 年的全国订货会，使他们"占领了市场，站稳了脚跟"。这是双星集团创业史上有名的"三大战役"。这"三大战役"对汪海的服务思想和经营策略是最好的诠释。

汪海的服务思想不仅面向市场、面向客户，也立足于制鞋业的技术特点。汪海的名言"百分之二百的服务"就是由此而发的。汪海认为，虽然双星对产品的要求是 100% 的质量，但事实上难免会有不尽如人意的地方，因为作为劳动力密集型的手工制鞋业来讲，要说产品质量达到 100%，那不是实话，因为是手工操作，所以在整个过程当中，排除不了因情绪波动等因素而造成的质量失误；即使产品质量达到 100%，也避免不了消费者在穿着过程当中有这样或那样的要求；再加上鞋又是民用小商品，因穿着不当所出现的质量问题频率极高。面对这些问题，汪海本着顾客至上、服务至上的思想，果断地提出"要用 200% 的服务弥补非 100% 的质量所造成的损失"。有时为了一双存在质量问题的鞋，双星人会不远千里去为消费者调换，目的就是使双星鞋的消费者满意。著名的"反广告"使双星产品的信誉更加声名远扬，收获的是更多的消费者对双星产品的信赖。这也使汪海更加深切地认识到企业的品牌、声誉与企业提供的服务关系是息息相关的。

在汪海的严格要求下，双星人积极用行动体现诚信经营，周到服务，树立双星名牌形象。在双星管理中流行着这样一句话："竞争对手并不可怕，可怕的是对顾客失去诚信。"因而为顾客做好 200% 服务成为双星人严守的"规则"。处处从顾客的利益出发，则是双星打造"200%"服务名牌、成为市场常胜将军的秘诀。

2001 年 11 月 13 日，一位消费者在河南夏邑的双星专卖店购买了一双白色的双星旅游鞋，穿后半月出现轻微磨脚的现象，找到该店要求换一双黑色的，营业员满足了这位消费者的要求。回去后，该消费者对黑颜色的鞋子又不满意了，遂再次要求换成灰色的。由于该款非常畅销，各经营公司均告急，营业员耐心地让顾客等一等。消费者觉得双星是在推脱，于是一封信"告"到汪海那里。汪海立即批示赶快从生产厂调鞋给这位消费者，并让双星公司经理亲自上门送鞋，向顾客道歉，同时赠送了一双双星纳米袜，还有一张终身享受八折的打折卡，亲自表示了歉意。

"以诚感人者，人亦以诚而应"。这件事深深感动了这位消费者，他在给汪海的致谢信中说："谢谢，双星的服务的确是200%的好，至于我在信中所反映的内容，当时心想只有语气加重了，才能换到鞋子，没想到我这封普通信函能得到双星集团总裁这样关心与重视，我太感动了！我今后穿就穿双星鞋，还要带动我的亲戚朋友穿双星、宣传双星！"

如此的故事在双星有很多很多。汪海服务思想的要求是让每一双双星鞋都让消费者满意。现在双星"200%服务"已经成为双星闪亮的服务名牌，其内涵已延伸至亲情化服务、知识型服务、速度效率服务等。

三 真诚的服务就是感情的投入

从一般意义上看，企业向顾客提供的服务是一种感情投资，是一种公关活动，是一种无形资产，是一种名牌战略，是信誉的保证。要树立"靠牌子吃饭"的观念，牌子越响，效益越好。企业要创名牌，除了本身的硬件之外，主要靠优质服务来实现。如果没有优质服务，即使企业的产品再好，也将无人问津。信誉比金钱更重要，信誉无价，良好的形象和声誉是一笔宝贵的潜在资源。信誉去得容易获得难。当企业做一件事情的时候，信誉是非常重要的，信誉可以说是无形的力量，无形的财富。

再进一步而言，服务还应当包括以下内涵。

1. 服务是人与人的一种社会关系，体现的是员工与顾客的关系

员工与顾客，既是供求关系、相互依存关系，又是不断刺激与感应的关系。在这里两者具有互不确定性，即对员工来讲其服务的对象是不确定的，对顾客来讲为其服务者也可以是不确定的，这就决定了服务的双向选择性，不断提高服务质量的必要性及广泛争取顾客可能性。这里需要强调的是在实际工作中，上述关系都是以顾客为中心展开的。要不惜花大量时间来迎合顾客的需求，要设身处地为顾客着想，一切着眼于顾客。现在有相当多的企业正奉行一条简单的信条：按顾客的需要去做。

2. 服务就是满足顾客所需，在帮顾客办事、解决问题的同时留下情义和好印象

那么，顾客的需要是什么呢？是寻求一种令其满意的劳务或产品，要求产品质好、价廉、安全、可靠，要求服务方便、快速、周到、可信，同时也是寻求情感上、心理上的满足感。一系列的调查都指出，顾客主要愿望中名列第一的是：顾客希望为人所尊敬、受人赏识，以及待之以热情、真诚、友谊。所有的顾客对平等待人、诚实、友善和助人为乐的员工都十分欣赏。而这些都是在提供服务或产品的过程中实现的。

需要指出的是，产品与服务是有区别的，产品是一个客观实在，一个器具，一样东西；而服务则是一件事情，一个行动，一个过程，一种持续的努力，是一种无形的产品……产品本身不是服务，提供产品的过程是服务。顾客在购买产品时所寻求的是什么？是产品吗？应该是满意。顾客所要并非产品本身，而是使用产品将会产生的满足感。打个比喻，顾客要的不是橘子，而要的是吃橘子时得到的满意感。顾客要的不是红烧肉、水煮鸡、丝瓜汤，而是色、香、味齐全令人满意的一餐。

3. 服务目的是确保服务过程持续进行，达到良性循环

换言之，是创造并保持顾客，或保持和增加业务量，达到增加收益之目的。企业员工服务的对象是人，而人是情感动物，因此，对顾客的感情投资尤为重要。让顾客感到满意、满足，是建立、维持良好往来关系的唯一条件。

我国同发达国家的情况不同，服务主要产生于企业的市场化进程中，如同前面所述双星的服务是被逼出来的一样。考察汪海的服务思想，发现它同上述世界知名企业的服务理念有相近、相同之处。比如，他曾经说："所谓服务，我认为真诚的服务就是感情的投入，只有很好的感情投入才有理解，所以说服务和感情是一致的。"这说明汪海深刻地理解了服务的本质内涵。在《做好市场宣传搞好市场服务》中，他提出："关于搞好市场服务，要注意做到以下六个转变：一要变'坐等客户上门'到'主动送货到柜台，征求客户意见'；二要变'只会做商场经理、进货员的工作'到'还会做柜台大组长、售货员的工作'；三要变'只服务到进货员'到'服务到柜台、服务到货架、服务到顾客'；四要变'只管送货，不管卖货'到'既管送货，又管卖货'；五要变'只给大商场、二级站供货'到'向所有能销货的单位和个人供货'；六要变'只向国营集体单位供货'到'又敢向个体自主经营者供货'。这样一来，我们的市场经营工作就可以活起来，就可以适应商品经济的市场竞争，就能站稳脚跟，始终立于不败之地。"这说明自从背着鞋闯市场以来，汪海已经意识到外部经营环境开始发生变化，只有靠服务才能打开市场，而且这种服务是应当渗透、体现在经营的每一个环节中。又如，在《对当前市场状况的看法》中，他提出："服务与市场的关系越来越密切，即使你有好的产品，如果没有好的服务也一样没有好的市场。希望这一点，能引起大家的高度重视，抓好售前、售中、售后三个服务质量。要知道得罪了一个客户就等于丢掉了一片市场。"这表明，汪海认识到服务体现的是一种上述的人与人的一种社会关系，而且良好服务是创造并保持顾客、达到增加收益之目的的保证。汪海还高屋建瓴地把服务上升到商业道德的高度。他提出："服务是商业道德的最高体现，和牌子有着同等的价值，高质量的服务是为名牌添光彩，反之，就是在砸牌子、丢市场。不能把服务简单地理解为换双鞋、说几句好话，而应把它视为一种宣传，一种无形资产，真心真意为客户着想。要认识到市场上名牌的无形资产的体现就是服务，市场对名牌的服务要求更高更苛刻。"上述言论都充分表明，汪海的服务思想对服务的认识已经到达一个相当高的水平，并同现代市场营销理论基本接轨。

四　企业什么都可以改革，唯有质量第一不能改革

服务是企业面向市场，面向顾客的一个终端窗口。加强、改善服务的最终目的还是为了企业的长期良性发展。汪海的服务思想也显著地体现出这一点。汪海没有简单地就服务谈服务，而是将服务的理念、精神向前延伸来促进整个双星集团改善工作，提升发展的水平。

1. 提高产品质量，开发新品种

汪海曾经说："要做好产品销售前后的服务工作，为用户提供最佳服务质量，并按用户要求及时改进自身的工作。"汪海敏锐的眼光不仅仅盯在市场上，更是时时刻刻地盯在双星的问题和不足上。双星风风雨雨十几年取得的辉煌成就，好像从来就没有让汪海满足过。相反，他思考的总是缺陷，关心的总是问题，强调的总是风险。

汪海具有很强的超前意识。他不仅仅用"显微镜"发现了市场需求和自身不足，他更用"望远镜"洞见了整个产业的未来，把握住了市场发展的大趋势。早在全厂职工刚刚欢庆将积压产品推销一空的 1984 年，汪海就

敏感地意识到：时代的发展迫切要求推陈出新。传统的"解放牌"胶鞋再过两三年，恐怕站在街上白送人都不会有人要了。于是他斩钉截铁地决定：老产品三年之内全部退役。随后以淘汰解放鞋为标志，汪海发动了名牌战略的首场战役——对老产品进行彻底的更新换代。双星在国内首家成立了鞋业科研中心，建立了一支专业化的开发设计队伍，从产品的开发、设计等各方面向国际名牌看齐。在产品结构上，双星依据市场需求不断超越、不断创新，从123田径鞋到专业排球鞋、老人健身鞋，再到后来自行开发设计的冷粘鞋等，双星都走在了全国同行业的前列，这一切都为双星后来创名牌奠定了基础。在进行产品结构调整的同时，双星始终牢记"质量第一"的宗旨，提出了"企业什么都可以改革，唯有质量第一不能改革"的质量管理口号，建立了自己的质量管理体系，并通过了ISO 9001质量体系认证，最终获得了出口产品免验的荣誉；被美国PSS公司指定为核心工厂，标志着双星集团的各项管理真正、全面地与世界制鞋业接轨，并得到了国际市场的认可。汪海在深入研究了世界制鞋产业的发展规律后，进一步得出结论：守在寸土寸金的青岛市区黄金地段做鞋子，只会使生产成本逐年增加，越来越无利可图。于是，汪海开始实施"出城、上山、下乡"的战略，开始逐步地将老生产线转移到农村，20世纪80年代在青岛市郊建成了开发区、工业园两座鞋城；90年代又挺进劳动力成本低廉、享受国家扶贫政策的沂蒙山区，陆续建成了鲁中、瀚海公司。

2. 改革体制机制，激发员工积极性

汪海知道，要想为顾客提供优质服务，必须从根本上解决制约企业发展的体制、机制问题，充分调动员工的工作积极性、创造性。

在企业内部组织机制上，具有远见卓识的汪海凭着"敢为天下先"的勇气采取了一系列标新立异的举措，从而每一步都争取到了主动。早在刚刚被"逼下市场"的1984年，汪海就开始按市场需要调整企业机构，改革干部人事制度，"拆庙搬神"，破除计划经济的老框框。1985年，汪海又开始在总厂推行分厂制的改革，实行分厂独立核算、自负盈亏、利润留成等一系列承包措施。1993年，双星又全面实施国有民营的新机制，下属单位向集团租赁厂房、土地及其他设备并缴纳折旧费，占用集团的资金就缴纳利息，另外还要缴纳管理费和无形资产使用费；甚至对所有机关处室，双星也是"既断奶又断水"，所有人员全部进入市场，自办经营实体，工资奖金全靠自己解决，并向集团公司上缴利润。通过这种"国有民营"的改造，每一个企业都成了一个利润中心，而集团财务处相当于一个资金融通的内部银行，里面流的全是"源头活水"。汪海说，如今的双星集团就好比一个太阳系，集团内100多个企业都围绕着双星这块牌子转，同时它们又都在自转。

国有企业的产权改革一直被视为"深水区"。双星集团的产权改革问题早就被提出来了，但由于种种原因一直没有实质性的进展。随着双星品牌的发展，国有制鞋企业机制的落后、劳动力密集型产业人多造成的管理上的问题，特别是传统营销方式所带来的弊端，成为双星由做大到做强的瓶颈。再不改革产权制度，双星的发展就要受阻。双星以总裁汪海提出的"三个有利于"，即"有利于国有资产保值增值，有利于经营者赢利，有利于双星名牌发展"为指导思想，勇闯产权民营化改制的"深水区"。

进入2000年，在中国制鞋企业中雄踞"鞋老大"地位的双星集团作出了突破性的决定：其西南经营总公司所属的四大公司管辖的连锁店，以十几万元至上百万元不等的价格卖给个人，实现体制由"国有国营"向"民有民营"的转变。双星产权改革的目的很明确，出售的连锁店都是有利可图的，而不是为了甩包袱。汪海提出，要让双星在它如日中天的时候改革，让它更灿烂。突破口选择西南经营总公司。凡是双星员工和社会上愿意经营双星产品的人都可以买店，买主只需一次性付清现价一年的房租、折旧后的店面装修费用及现存货品的进货费便可成为一店之主。双星的改制有较好的实施方案和保证的措施，不是"一卖了之"，而是想方设法保证购买者的利益。后来的事实表明，卖店从根本上调动了员工的工作积极性，使企业吃国家的"大锅饭"、职工吃企业的"大锅饭"的局面彻底改观。企业不再为怎样降低营销风险和营销费用、怎样实行利润分配、怎样安排销售人员劳神，而是腾出更多的精力，将卖店吸纳的社会民间资金投入到产品开发、科技进步、质量管理上来。

（撰稿：胡迟）

管理无句号，名牌无终身

　　——论汪海的风险思想

　　"我们讲风险中蕴涵着机遇。反过来说，事业在最兴旺发达的时候也往往潜伏着最大的危机。国内市场上鞋子已做到了每个角落，市场也进入了饱和期，双星怎么办？这是摆在每一个双星人面前的极其严峻的问题。所以我始终在双星内部提倡一种危机意识，那就是'管理无句号，名牌无终身'。"

　　祸兮，福之所倚；福兮，祸之所伏。祸福的辩证关系，反映了风险的精髓，企业风险所代表的是不确定性。商场如战场，存在着各种不确定性，其结果无非是两种——有利结果和不利结果，有时候良好的期望可能落得很差的结果。同时，企业的风险不仅来自外部环境，许多企业危机更源于企业内部的问题。

　　企业如何能冲破重重风险的惊涛骇浪，是无数企业家和管理者时常考虑的问题。汪海认为："机遇就好像一个不停颠簸起伏的大筛子，那些意志不坚、优柔寡断的人经不起几摇，就会从筛子的小孔里漏掉。而这一被漏掉，就等于说被无情地淘汰了，所谓一步赶不上，便导致步步赶不上。"在中国改革开放30年中，汪海作为双星集团的掌门人，他以敏锐超前而又不失时机的果断决策，创造了中国企业界的一个又一个奇迹。

一　"出城"、"下乡"、"上山"

　　双星能够从一个濒临倒闭的制鞋厂一日千里地发展为国际上实际规模最大的以鞋为主的企业集团，双星鞋业的发展之路，可以形象地概括为"出城"、"下乡"、"上山"。通过这一大双星的战略，双星在较短的时间内，以较少的资金优化了企业产品结构，调整了产业结构，以国有资产吸引、带动和运营各方资产，从而获得了最大效益，减少了企业风险。

20世纪80年代初期，汪海按照市场和行业的发展规律，超前大胆决策，提出了"出海越洋是开放、上山下乡也是开放"的新思想。以汪海为代表的双星人背着"卖厂贼"、"换鱼虾吃"的骂名，顶着"培养竞争对手"、"把饭碗让给别人"、"在城里发展不下去"的非议，坚决将老产品、老生产线转移到农村去。

汪海进发的第一个目标是黄岛。黄岛位于胶州湾的西海岸，与青岛市区隔海相望，被称为"海西"。黄岛靠海边有个薛家村，村里的农民世世代代以捕鱼捞虾为业。实行承包责任制后，他们集资办了一家工厂，名曰黄岛橡胶厂——几排趴在地上的小瓦房，里面转动着几台老掉牙的机器。工艺管理落后，原料来源不足，市场销路不畅，连年亏损，债务累累，成了镇里的一大负担。

双星人将奄奄一息的黄岛橡胶厂改造成为橡胶九厂下属的二分厂。设计人员帮助他们设计模型、设计鞋面结构、设计产品花样；技术人员帮他们培养材料化验员、胶料半成品快速检查员、成品检验员；财务人员帮他们建立了科学的材料消耗定额、生产人员的工时定额。支援源源不断，从微观到宏观，从局部到全面，从理论到实践，从物质支援到人才培训，使得他们完全摆脱了过去的旧套子、旧路子，从债务和亏损中挺起了腰杆子，向着效益不断迈进。从1983年到1986年，仅用了3年时间，就形成了以生产布面胶鞋为主，年产100万双鞋和其他橡胶制品的生产规模。

汪海用很短的时间，在山东10个县、1个市建了13家联营分厂，一年加工鞋帮和制鞋的产值加起来可达1亿元。

"出城下乡"的第一步，成为双星后来发展中最为关键的一步，走出了双星的起死回生，走出了双星的广阔天地。

进入20世纪90年代，随着企业规模的急剧膨胀，作为集团总裁的汪海敏锐地看到了企业面临的危机：尽管双星抓住了国际产业结构调整的机遇，但是沿海劳动力价格的逐渐上涨，不可避免地在日益削弱这种优势。1992年，汪海考察韩国制鞋业。令人吃惊的是拥有120条生产线、号称"世界最大"的那家制鞋公司正大规模地裁员，汉城街头一下子出现了4万多名失业的制鞋工人。这再次使汪海震惊和沉思。

汪海提出了"东部发展，西部开发"的又一新思路。汪海的提法一出，竞争对手暗自欣喜，认为双星在黄金海岸站不住脚了，不战自败。企业内部的很多人也不理解，大家说别人都朝沿海、开放城市发展，为什么我们却要往穷山沟里跑？汪海是不是看企业发展了，没事干，瞎折腾？汪海向大家解释说："企业的步子迈向哪里，要根据行业特点来决定，制鞋是劳动力密集型产业，利润低，如果不根据自己的特点作决定，看别人往发达地区发展，我们也跟着去，那还不是死路一条？双星走出去是制鞋行业发展规律的需要，不去也得去，只有这样，双星才能大发展。"韩国一位制鞋老板至今忘不了，他非6美元不干的鞋，而双星人只要3美元就干。汪海使韩国老板清醒了，他之所以失败，是因为他的鞋竞争不过成本低、物美价廉的"双星鞋"。消费者永远喜欢物美价廉的商品。双星人开始了历史性的转折：腾出黄金地段搞其他经营，把制鞋业向山区农村转移，降低成本。

作为面对市场竞争的企业家，汪海清楚地知道做任何事情都要把国家和群众的利益放在首位，然后再讲天时、地利、人和。如果社会投资环境不好，双星把产业转移过去就如同把船开进了泥潭，感情用事只能让企业陷入危机。经过对寻求合作的很多厂家和地区的考察，最后，他将目光转向了沂蒙山区，投资建立了鲁中和瀚海两大"鞋城"，找到了企业发展的新空间。

1992年7月，原来设在沂源县的山东裕华机器厂搬迁到日照市，留下了600亩厂区，6万平方米的建筑，价值达600多万元的不动产。由于县里缺乏资金和开发产品的技术和人才，无法充分利用这些资产，而任其闲置只会导致资产的流失，因此他们迫切希望有实力的企业前来投资设厂。

这一想法与正在准备实施"东部发展，西部开发"战略的双星集团的思路一拍即合，为此汪海曾六次带队考察沂蒙山。结果双方本着优势互补、利益共享的原则，于1992年8月5日达成协议，沂源县将原裕华机器厂的土地和厂房有偿转让给双星集团，双星来沂源建设制鞋生产基地——青岛双星集团鲁中公司。该公司形成年产1200万双运动鞋和2000万双鞋帮能力，先期投入只有80万元，而新建同等规模鞋厂则需要5000万元。随后双星又以较少的投入在沂水县建立了瀚海股份公司，生产能力达到年产1500万双运动鞋。进军沂蒙山，既盘活了那里的山、那里的水、那里的人，也为双星的发展带来了无穷的后劲。

1996年，"大双星"战略全面实施。在西南，双星将快要倒闭的成都红旗橡胶厂纳入麾下，即将落地的"红旗"重又飘扬；在华北，曾有"华北三小虎"之称的张家口五环制鞋公司了无生气，双星收编后又虎虎生威；在中原、在东北……双星建起了众多生产基地。各地双星的资产均在当地注册，并在当地形成了产供销一条龙的格局。

汪海将自己的经营之道概括为：取天下之长，借四海之力。这一取一借，对双星来说，就是"出城"、"下乡"、"上山"，从而构建起大双星战略。大双星战略，充分运用双星名牌的无形资产优势和管理技术优势，使母体鞋业逐步形成了诸如西南双星、中原双星、华北双星、华东双星、华南双星等生产基地的大格局，巩固了双星在中国制鞋业的龙头地位。

汪海认为："我的那么多经营战区，扩大了资产总额，分散了经营风险。即便青岛双星垮了，还有西南双星、华北双星。为什么？一是它的资产已经注册，虽然用我的牌子，但根本问题已经解决；二是它有自己的经营网络、工厂。大双星的格局形成后，谁干得最好，谁就是真正的双星。这样，接班人的问题，双星牌子倒不倒的问题，都解决了。双星倒不了！"

从世界上看，制鞋行业在发达国家已是"夕阳工业"，可以说发达国家基本上都不做鞋了，制鞋业从欧美转移到我国台湾、韩国，而我国台湾、韩国随着本地劳动力价格的上涨，又纷纷转移到我国内地。随着我国东部城市地区的发展，劳动力密集型的制鞋业必须向西部及农村地区转移。青岛作为沿海开放城市，属经济较发达地区，也不能再做鞋了，也要向外转移，双星主动进行战略调整，这是由行业发展的规律和青岛市的具体情况所决定的。事实证明，双星十年前实施的生产转移是及时的、正确的，避免了企业背上沉重的人员包袱。

二 东方不亮西方亮，黑了南方有北方

多元化经营是现代企业集团发展的必然结果。例如，制鞋业是低附加值的加工行业，单一经营有着很大风险。就像1983年橡胶九厂的解放鞋商业局不要了，企业一下子就死在那儿了，连吃饭都成了问题。所以，汪海说，任何一个企业死守着一个产业的做法都是不明智的，只有通过多元化经营，才能达到"东方不亮西方亮，黑了南方有北方"的抗风险能力。

双星上市之后，制鞋业发生了新的变化，外资企业大举进入中国市场，个体私营企业也加入这一进入门槛低的行业，制鞋业市场竞争更加残酷。因此，双星上市所募集的资金并没有继续投入制鞋业，而是选择了新的投资方向。尽管有很多人建议向电子网络等高科技行业投资，但汪海说："常言道'不熟不做'，双星的新增长点应选择和鞋业关联度较强的制造业。"

在20世纪90年代中期，汪海就从中国乃至世界范围内汽车行业的发展趋势中，看到了轮胎广阔的发展空间。他预见，随着高速公路成倍延伸，汽车的需求将进一步增大，中国将是一个大的轮胎市场。况且，当时国内

轮胎产业档次低、名牌少，"双星若能跻身轮胎业，在技术上领先一步，凭着双星在橡胶业的这块牌子和雄厚实力，完全可以后来居上"。最终，汪海毅然决策投资橡胶轮胎。

汪海认为新建一家工厂的投入和风险都较大，因此双星进入轮胎市场要走"借船出海"的路。就是从市场上找一家规模不是很大但极具市场潜力的企业，最好这家企业又遇到了自身难以逾越的困难，这时候双星就可以适时现身，将这家企业买过来，使之成为双星麾下的一员。几年来，汪海在市场上亲手运作了几家这样的企业，早已熟谙此道。向来干事情有一股闯劲儿的汪海，在进军轮胎市场，选择买"船"这点上，他显得极有耐性。因为简单草率行事，找不准好的时机，选错了对象，双星不仅不能达到"借船出海"的目的，而且还会背上一个沉重的包袱。

1998年在青岛市证券交易中心上柜交易的华青股份进入汪海的视野。由于国家清理整顿场外非法股票交易，自1998年10月起，华青股份被停牌。股票停止上柜交易对华青股份而言，无疑是致命一击。但中国证监会的文件给上柜交易的企业留了一条生路：允许行业相同或相近的上市公司吸收合并资产质量好、有发展前景的挂牌公司。这条规定为双星吸收合并"华青"埋下了伏笔。"华青"想搭上双星这条巨舰，谋求自己今后更快速地发展；双星也需要借"华青"这只小"船"，实现自己进军轮胎制造业的战略目标。

1998年12月17日，双星集团和胶南市政府共同向青岛市政府打报告，请求双星和华青合并。1999年3月24日，青岛市政府正式行文批复：同意吸收合并。双星吸收合并华青后，从1999年到2001年三年间，先后投入1.45亿元，企业的销售收入和利润实现快速增长。之后虽然经历了"县太爷"抢图章的事件，双星轮胎公司最终在2001年12月30日成立了。

双星轮胎公司的发展也并非一帆风顺。2002年，原华青的总经理和副总经理先后出走，职工因受到震动而四分五裂。同时，华青轮胎还处于小农经济式的吆喝着干、瞧着干的阶段，缺乏完整的规章制度，5000人的工厂甚至没人能算出生产成本。汪海镇定自若，首先经过"统一思想"大讨论，提出"一家人，一条心，一个心眼创轮胎名牌"的奋斗目标，澄清了职工的模糊认识，转变了思想。而后推行双星的正规化管理，通过沟通交流和实施领导一线工作法、合理化建议、民主生活会、谈心会等举措，整合企业文化。

如今，地处青岛胶南市开发区的双星轮胎公司，已见不到当年"华青"

的痕迹。经历了从"华青"到"双星轮胎"的演变，双星轮胎公司已是今非昔比·。

2005年，双星重组东风轮胎，在成功移植双星的企业文化和管理模式之后，依靠双星品牌，只用了一年多时间扭亏，2007年上半年开始赢利。

制鞋和轮胎虽然同属于橡胶行业，但制鞋企业是纯粹的劳动力密集型小商品生产企业，而轮胎企业则属于资金和技术密集型的大型加工企业。双星通过资本运作，重组华青和东风进入轮胎行业，实现了双星文化和管理的成功移植。双星真正成为一个多元化发展的大型企业集团，具有前所未有的抵御风险的能力。

三　企业只有讲诚信才能持续发展

中国企业在经过了多年发展探索，从早期的低成本产品复制策略，到现在联想、奇瑞、华为、双星等致力于全球的品牌发展，其民族品牌的质量和知名度在世界范围内与日俱增。企业的发展在确定了目标之后，就应当持之以恒从长远和整体的角度来执行这样的战略。任何企业，要想使其产品稳固地占领市场，就必须从产品的研发、生产开始，将诚信、质量锻造其中。纵观双星从仅能生产黄胶鞋、濒临倒闭的制鞋企业，发展成为包括"鞋、服装、轮胎、机械、热电"五大支柱产业的大型企业集团，执著诚信是拒风险于千里之外的法宝。

汪海说过："诚信是企业的基本商德，是企业生存和发展的基础；诚信是企业发展的无形推动力，是企业发展之魂；诚信是企业最宝贵的无形资产，是企业的最大财富。"

汪海认为企业创名牌需要诚信的社会环境，而诚信的社会环境需要每一个人共同努力来创造。一个成功企业不仅仅要求社会改善信用，更重要的是自己要诚信经营，做一个对社会负责的企业。只有全社会共同努力，才能建立起整个社会的信用体系。不讲诚信，失去信誉，企业长此下去，融不了资、贷不了款，上不了项目，失去市场，有的虽能风光一时，到最后还是落个昙花一现的命运，这样的例子很多。企业要创名牌，要实现做大做强，必须始终把诚信放在首位。

汪海在双星集团"诚信质量教育表彰大会"上说："诚信是一种勇气，是一种高尚的境界。每个双星职工都要结合市场，结合管理，将诚信落实到平时的工作中，做到'诚信在机台、诚信在岗位、诚信在每一天'。"双星在诚信营销、质量诚信方面的故事比比皆是。

为创名牌，双星打响质量攻坚战，因为质量是企业之本，也是对消费者诚信的根本。严格科学的管理制度是诚信建设的重要保证。双星建立了一整套的企业内部管理制度，保证诚信原则能够得到认真贯彻。双星集团提出市场经济下企业的法治管理理念，制定了《双星市场质量大法》，使质量管理真正走上了"制度化、法治化、规范化"的轨道。

在生产过程中，双星总裁汪海提出："产品等于人品，质量等于道德。"走进双星集团，无论厂区，还是车间内，人们可以看到一幅幅颇为引人注目的标语："干好产品质量就是最大的行善积德"。1995年，在新加坡举行的"面向21世纪的中国企业"研讨会上，双星总裁汪海首次在世界管理论坛上亮出将"道德管理"用于现代企业管理的观点，引起世界管理专家们的关注；在双星总部大院里塑了一座大佛；在双星度假村塑起岳飞、戚继光、林则徐、杨靖宇等民族英雄塑像，建起中国古代著名的"二十四孝"、"孝文化"展馆。双星将做鞋与行善积德、敬业报国等中华民族传统文化有机结合，形成了独特的企业诚信文化氛围。坚持"质量是干出来的不是检查出来的"的过程控制法，创造了"产品＋人品＝免检品"的质量管理新模式，使双星人树立了自觉讲诚信、自觉管理、自觉提高的意识，纷纷争创质量上的免检资格，使免检明星、免检个人层出不穷。

用"钱"管质量是双星的特色做法，"谁出不合格品谁掏钱买回去"，大大增强了广大员工的质量意识，使员工自觉把做好每一双鞋与是否对消费者负责，是否讲诚信联系起来。许多到双星参观的外国人看到双星一流的生产线，一丝不苟、兢兢业业的质检员、操作工，都由衷地赞叹："在双星我们看到了世界上最好的制鞋工人。"

诚信状况除了依赖于环境和制度外，还与人的品质有关。诚信建设的关键在于企业领导者和领导班子。企业一把手要有好的人品，讲职业道德，这样才能带好一班人，在企业中形成良好的道德氛围，可以给全体员工产生榜样的力量。"产品等于人品，质量等于道德。"双星人坚持"做事要先做人"，把人生中的诚信原则，移植到企业经营中来，逐步塑造坚实的企业伦理基础，保证了诚信思想贯穿于双星生产经营的每一个环节。

在闯市场的20多年中，双星人一直坚持"产量是钱，质量是命，要钱更要命"的原则。1990年，一批老人健身鞋和冷粘鞋因台湾面料不合格影响质量，双星花钱在电视、报纸上先后两次打出为用户退货的广告。为了不让一双不合格的鞋流入市场，他们一把大火将价值几十万元的鞋烧掉。

宁愿牺牲利润也不损害形象，花钱自我揭丑亮短，这在全国也属首次。这些举动虽然造成了一定的经济损失，但类似自我约束的行动却比说一万句"诚信经营"，更加深刻地铭刻在了全体双星人的头脑中，用实际行动体现了双星人"要钱更要命"的质量理念。

双星教育员工树立服务中的诚信经营意识，把"树百年品牌，建百年老店"作为奋斗目标。为实现双星这个目标，汪海提出了"好上加好"的200%服务理念，教育员工这不是单纯去解决售后服务、产品质量的问题，它关系双星名牌企业的形象。因此要以良好的态度，细致的工作，周到的服务，在售前、售中、售后服务中做到让顾客满意。

大连一家日资公司购买了一台双星机械总公司生产的清理机，可使用不长时间后，他们发现清理的效果不理想。双星售后人员得知信息后立即赶到现场，对设备进行了全面检查，发现是客户使用的自产除尘器功率太小，和双星机械的清理机不配套，严重影响了吸尘和除尘效果，导致灰尘堆积在除尘器及清理室内。双星售后人员看到用户单位职工对厚厚灰尘露出为难的神情，主动承担了本是用户的工作，钻进了除尘器内，清理出了50公斤的灰尘。看到他因全身沾满灰尘辨不出模样，用户负责人有些过意不去，忙招呼道："小伙子，差不多就行了！"但他真诚地说："灰尘清除不彻底就会影响设备清理效果，我们双星服务从来就没有'差不多'三个字！"坚持把设备清理的锃光瓦亮。为了提高用户对双星设备的使用质量，这个售后人员又做了一件"分外事"：他根据双星清理机的优点，创新性地为用户的除尘器现场配装了一个简易的自动卸灰装置，保证了除尘效果。

诚信是一项重要的无形资产，可以提升企业品牌，转化为企业的竞争优势。2003年3月9日，国家质检总局首次发布18个行业的顾客满意指数调查结果，双星荣登"顾客满意指数最高品牌"榜。这是双星诚信经营取得的成就。

诚信是企业形象之本，诚信的核心是道德，诚信经营是企业的生命。双星多年来坚持诚信经营理念，坚持通过过硬的质量和服务来传播品牌，坚持诚信这一现代企业经营的核心。双星多年来稳健而高速的发展历程也告诉我们，诚信不但是取胜市场的法宝，也是企业和市场风险之间的"防火墙"。无论任何环境下，能够抗拒风险的企业，肯定是品牌最响亮的企业，有些时候，风险对拥有强势品牌的企业甚至是一种机会。

南京冠生园用过期月饼馅做月饼，百年名牌金华火腿被发现用敌敌畏浸泡，到以三鹿为代表的问题牛奶事件，无不说明，诚信经营观念的缺失，在给用户带来损失的同时，企业也将陷入万劫不复的危机，甚至给行业发展乃至国家信誉产生无可挽回的伤害。而双星集团讲诚信、讲道义，汪海抓住诚信在企业中引进道德教育，提倡以德治企，提倡先做人后做事，提出"干好产品质量就是最大行善积德"的理论，使企业得到了非常好的发展。

四 自我积累、滚动发展

双星集团绝似是一个"铺摊子的高手"，从一个固定资产只有几百万元、濒临倒闭的原青岛橡胶九厂，发展到了资产总额 60 亿元、年销售收入 100 亿元的跨国界、跨行业、跨所有制的国际型企业集团。但是双星发展到今天，绝不是"见资金就要，见项目就上"的"铺摊子高手"。双星的高速发展，靠的是高的资本增殖速度，靠的是滚动发展，靠的是走内涵式的发展道路。整个"七五"期间，双星的贷款不足 1000 万元；"八五"的五年间，双星的贷款也只有 1400 万元。

在双星的创业之初，汪海就明确地提出，企业的发展要靠自己，而不是靠举债。先期的技术改造之所以没有给双星带来什么包袱，除了正确的决策，与他们依靠通过在市郊联营、租赁经营获得的利益滚动发展是分不开的。汪海认为："银行贷款于企业，积极作用和消极作用并存，依靠银行贷款绝不是企业发展、事业成功的正确道路，也不是市场经济中双星发展之路。双星十年的成功，主要靠的是自我积累、滚动发展，银行贷款在其中只起了一部分作用，远远不是全部。"

远大空调的总裁张跃也认为："在遇到风暴时，资金往往是比较难得的，因为银行是晴天打伞、雨天收伞"。汪海说："国内胶鞋行业大部分企业倒闭，重要的一条原因就是严重依赖于银行贷款。依赖于贷款能消磨人的意志和阻碍人的工作主动性。贷款是企业迫不得已的选择，是下策。我们要发扬双星自力更生、自我发展的优良传统，首先抓好内部调整、挖潜降耗和综合利用，提倡积极地抓内功，而不是依赖于贷款。"

无论是什么类型的企业，资金就相当于企业的空气。没有空气，毫无疑问人就会窒息；如果企业的现金流断了，企业就不可能正常运转。特别是在企业遭遇市场风险时，比较雄厚的资金储备是非常重要的。

双星集团在发展过程中，不断和市场经济对接进行管理创新。在企业资金管理上，双星的五个阶段成本革命，充分体现了"管理无句号"的要求。

20 世纪 80 年代，以数字跟踪卡为代表，双星成本管理革命进入了第一阶段。在全国上下还不知道什么叫市场的时候，还是青岛橡胶九厂的双星就果断提出，要想适应改革开放的发展，适应商品经济的需要，必须抓好管理，尤其是要从现场管理入手带动其他管理。在现场管理基础上，针对生产中暴露出的成本不实、数字不准、漏洞很大，工艺流程当中丢鞋、丢鞋楦现象越来越多，以致严重影响了正常的生产秩序的现象，双星通过逐项点数和数字跟踪卡等方式，减少了人为因素所造成的成本不实，解决了很多工艺流程中的损失。

1996 年双星进行了"以资金为中心"的深层次管理革命，即"资金切块管理"。资金切块管理是在生产每双鞋前，就要将它的成本一一算清，制成目标费用控制图，并张贴上墙，工人以此为标准开工资，降则奖、超则罚。再加上"九九管理法"的实施，使得双星 1998 年压缩资金的成果就达到 7000 万元左右。在这之前，一条生产线的资金占用约 200 万元，通过"资金切块"的深层管理以后，现在只需要 13 万元。另外，过去职工做坏了鞋，都由集体承担，现在是自己买回去，仅此一项一年就降低质量损失 800 万元，同时所有员工都有了压力。双星人用资金这个"牛鼻子"来抓管理、带管理、促管理。资金切块在整个管理中的作用和效果越来越明显，解决了很多过去没法解决的问题，制定了很多原来没有制定的制度，建立了很多原来没有的原始记录。资金切块这种用钱来管的办法在整个生产流程当中发挥了重大作用，使双星整个管理上了一个新台阶，这是双星成本革命的第二阶段。

资金切块尽管对管理的提高起到了不可忽视的推动作用，但原始记录没有发挥应有的作用，领导仅仅是就检查而检查，并没有将记录准确的原始记录运用到成本计算当中，对记录不准的也不管不问，更没有进行必要的考核，使资金切块这种做法开始浮在面上，流于了形式。因此，2003 年双星提出了"分段核算，一单一算"，这是成本管理革命的第三阶段。分产品、分系列、分品种、分规格、分配方、分工艺去抓成本、算成本，真正做到"一件一算，一单一算，一个品种一算，一个配方一算"，算出想要又符合市场的真成本。"一单一算、一天一算、分段核算、当天出成本"的资金管理，创造了原来一条流水线需要 200 万元资金现在只用 13 万元就能运转的资金使用效率新纪录。

"内外部同时招标，进行市场化运作"是成本管理革命的第四阶段，"单机、单线承包到个人"是成本管理革命的第五阶段。

正是有了这五个阶段渐进式的成本管理革命，双星在原材料大幅度涨价的今天，才相继战胜了国有、集体、乡镇等一个又一个竞争对手。尽管目前制鞋行业的利润已经是刀尖上和针尖上的利润，但双星真正在鞋业上做到了"一枝独秀"，这就是降低成本、降低费用的结果，是双星不断以成本管理为"纲"，促进各项管理上台阶、上水平的结果。

现在的双星，"资金和成本"意识几乎无处不在：工人的工资每天列在车间工资统计栏上，干多干少，一目了然，车间物料占用资金也写在黑板上，数额和天数也一目了然，由此进行生产节奏的调整；销售公司到生产厂下订单，也以资金结算，避免了拖欠和三角债。现在双星的资产负债率仅为18%，每天4亿元流动资金中有3亿元是自有资金，从而使企业掌握了生产上的主动权。在双星人看来："企业的一切管理，不管采取什么方式，归根结底只有一个目的，那就是不断地降低成本，提高市场竞争力，从这种意义上讲，一个企业的管理是永无句号的。"

双星强化以资金为中心的管理，避免生产与资金（特别是财务与计划）脱节、市场与资金脱节、管理指挥与资金脱节以及抓物与抓人的管理脱节，提高了资金的使用效率，降低了各个环节的资金占用。据统计，2007年双星资金周转达到8次，这是大型制造企业很难达到的指标。双星在筹资和投资决策中，注重滚动发展，不贷款或少量贷款，减少企业财务风险。

五 所有的机遇都是风险

传统狭义的企业风险是以损失为导向的，因而风险主要有三种类型：一是市场风险，指价格波动给企业带来的不利后果；二是信用风险，是指一个客户、一个合同对应方或供货商未能履约而造成的损失；三是运营风险，指人员、流程或系统的失败，或外部事件对企业造成负面影响的风险。广义的风险代表的则是不确定性，其结果无非是两种：有利结果或不利结果。

因此，狭义的风险往往被定义为任何导致损失的不确定性，传统的企业对风险的管理就是保障财产和人员不受伤害。从广义的企业风险看，没有一项企业投资与决策不包含不确定因素，因此，接纳并掌控风险是风险管理的关键之一；同时，风险是机会的伙伴，如果企业管理者对理解风险以及自己管理风险的能力有信心的话，寻求成功机会的行为就充满了生机。对企业而言，在新形势下选择最理性的决策至关重要，这些决策能够使公司在创造新的竞争优势与增长方面获得更好机会。

汪海认为："巨大的风险往往也意味着巨大的利益，所有的机遇都是有风险的，不是说光有好机遇而没有任何风险。"因此汪海指出："所以说抓住机遇而又不敢承担风险也不行，承担风险就需要勇气了。同时，能够解决好这个风险还要看你的才干，能够利用好这个机遇也要看你的才干。"

双星快速发展过程中，经历了几次关键的战略决策：产品结构的首次更新换代，双星鞋业的生产转移，双星集团的多元化经营等。每次的战略选择都面临着企业发展机遇和企业风险两个方面。例如，双星以鞋业为主到实现向轮胎业投资的多元化经营转换，就同时面临着机遇与风险。由于鞋业经营环境的限制，单一鞋业经营必然面临较大风险。但向轮胎业投资，既可能是扩张企业规模，增强企业发展潜力的机遇，但也可能遭遇投资失败，使企业面临巨大风险，因为有太多的公司多元化经营失败的例子。

德鲁克认为，任何成功的战略规划其结果必须是提高企业对风险的承担能力，因为这是提高企业绩效的唯一途径。但是，为了提高这项能力，企业必须了解所承担的风险。企业必须能够在各种承担风险的行动线路图中合理地加以选择，而不是以预感、传闻或经验为依据而投入不确定性之中。

正如德鲁克的论述，汪海能够洞察企业环境的变化，带领双星敢于承担风险，把握先机抢抓机遇，同时，又能够采用适当的策略，解决企业发展中遇到的问题。例如，在企业实行"出城"、"下乡"和"上山"，最终实现"大双星战略"过程中，汪海成功地利用资本运营决策，以最小的投入换取了最大的回报。双星走过的每一步都是"四两拨千斤"的佳作。正如汪海所说："取天下之长补己之短，借四海之力振兴双星。"

在市场经济环境下，企业始终要面对来自企业内外的各种风险。汪海指出：事业在最兴旺发达的时候也往往潜伏着最大的危机。例如，鞋业市场进入饱和期，这是每个双星人必须面对的严峻问题。因此，在双星内部，汪海提倡一种危机意识："管理无句号，名牌无终身。"双星集团在企业中强化危机意识、诚信经营教育，通过严格管理打造有信誉的品牌，使其成为双星抗拒市场风险的"防火墙"。

双星发展主要是靠企业滚动发展和正确的资本运营实现的，很少依赖银行贷款。同时，双星强化以资金为中心的管理革命，减少了各个环节的资金占用和消耗，提高了资金的利用效率，有效地降低了企业的财务风险。因此，成功的企业家把大部分时间花在流动资金的估算上，而非武断地作出冒险尝试。他们并非专注于风险，而是专注于机遇。

（撰稿：周绍朋　姬鸿恩）

市场竞争需要媒体

—— 论汪海的新闻宣传思想

同国内外许多优秀企业一样，双星集团在改革开放以来的发展历程中，企业的声誉、产品的品牌价值同企业规模、效益一同成长。1983年，双星的销售收入为3900万元，2007年，双星的销售收入已经超过百亿元，达到107.56亿元，相比1983年增加了274倍。该企业在中国企业联合会、中国企业家协会发布的2008年中国企业500强排名中名列第432位，2008年中国制造业企业500强排名中名列第249位。"双星"商标被首批认定为中国驰名商标，其品牌价值被权威机构认定为492.92亿元。在探究这一切辉煌成就背后的原因时，我们发现双星掌门人汪海的新闻宣传思想在其中起到了重要的推动作用。因此，要梳理双星20多年的发展，要总结汪海的经营管理思想，就不能不分析汪海的新闻宣传思想。

一 市场竞争需要媒体

新闻宣传工作历来都是一个组织宣扬其政策主张，实现组织的目的和功能的重要手段。众所周知，中国共产党就是最注重发挥宣传的作用的。从党的建立到新中国的成立，不同的时期，我们宣传工作者根据党在不同时期的工作重点，提出了不同的宣传纲领，积极开展对外宣传，团结一切可以团结的力量，使我们党、我们的军队迅速由小到大，由弱到强，打败了日本侵略者，推翻了蒋家王朝，取得了抗美援朝的伟大胜利，成立了新中国。对于这一切，我党的宣传工作都功不可没。

从新闻宣传工作对我国企业经营的作用看，不同时期有所不同。在传统的计划经济体制下，由于企业只是一个生产加工车间，企业所生产的产品由上级部门收购，企业无须面对外部市场（当时也没有市场），产品也可以没有商标和品牌。因此，那时的新闻宣传工作对企业经营的作用几乎是可有可无的。相比之下，在市场经济环境下，企业的新闻宣传工作在企业中则发挥了不可替代的作用。首先是因为企业新闻宣传工作是塑造企业外部形象的主要渠道。随着市场竞争的日趋激烈，"品牌立企"已经成为企业扬名四方、持续发展的主导战略。一方面，企业要通过较高的知名度、良好的声誉赢得社会的支持、合作伙伴的协作以及群众的拥护和信赖；另一方面，企业要通过自己的品牌赢得更多的客户，争得更大的市场份额，取得竞争优势，这就必须发挥企业的宣传功能。

对于上述要点，汪海深谙其道。他有一句名言：市场竞争需要媒体。细究起来，汪海重视新闻宣传的作用还是起源于20世纪80年代，当汪海率领双星刚刚起步时所遭遇的一次尴尬经历。为了打开市场，汪海带队风尘仆仆地来到大西北一家百货商场。那家商场的鞋柜经理问汪海是从哪里来的，汪海说他们是青岛橡胶九厂的，那位经理笑着问汪海香蕉酒厂为什么不做酒，倒做起鞋来了？显然这位经理是把"香蕉酒"和"橡胶九"搞混了，但也同时表明，他不知道那时的青岛橡胶九厂。汪海当时一听，脸就腾地一下子红透了，又羞又愧，无地自容。他想，青岛橡胶九厂也是有60年历史的老厂了，生产胶鞋几十年，愣是在卖鞋的经理那儿一点印象都没有，更何况其他人呢？这说明企业以及产品都没有知名度。没有知名度怎么打开销路？汪海在回青岛的路上想：我们本来就是做鞋的，我们自己不宣传，谁替我们宣传？汪海当时就想开个招待会，让各种新闻媒介同时报道、宣传，给社会以公正、客观的印象，这会大大扩大企业的知名度，并有助于企业打开产品销路。自此以后，汪海在双星适应国内经济体制转轨的要求、向市场看齐的过程中不断总结、深化，逐步形成了带有个人特色和双星特征的，有利于企业发展的新时期市场经济条件下的新闻宣传思想。

二 必须重新评价 "王婆卖瓜，自卖自夸" 的意义

在汪海办公桌后的墙壁上，挂着"敢为天下先"的大型条幅。"敢为天下先"正是中国"鞋王"汪海其人性格、心灵、品德的真实写照。在双星20多年的发展中，汪海以山东人特有的胆大、率真、锐意创新、无所畏惧，率领双星员工在全国同行业中创下了一个又一个第一，其中就包括利用各

种新闻宣传手段为企业服务的若干个第一。

1. 第一个以企业名义召开新闻发布会

有了西北卖鞋的教训后，汪海有了些新想法。他认为现在必须重新评价"王婆卖瓜，自卖自夸"这句话的意义，因为这位老太太最起码懂得一条经商之道——"宣传"。与花钱做广告相比，汪海认为不如多请来一些记者，开个新闻发布会，几杯清茶、一顿饭菜，让各报发个消息，这样既省钱见效又快，宣传范围也广。经过一番准备，1984年11月4日，全国第一个由企业自己召开的新闻发布会，在青岛橡胶九厂开场了。到会的有新华社、中央人民广播电台、《光明日报》、《工人日报》、《中国体育报》等中央和省市新闻单位43家。会上，各路记者被这位敢为天下先的山东汉子的口才吸引住了。汪海向记者们作了《立志改革创新，增强企业活力》的专题发言。他首先讲："随着城市经济体制改革的展开，可以断定竞争将日趋激烈。作为生产经营不可缺少的信息，宣传显得愈加重要。可以说，新闻媒介是企业的千里眼、顺风耳，得到新闻界的支持，是十分必要的。通过新闻界，扩大我厂在国内外市场的影响，建立强大的国内外信息联络网，真正让'双星'创出名牌、占领市场，这是我们企业发展的指导方针。"汪海在这次会上，大放异彩。他向记者们详尽地介绍了企业的改革情况和未来规划，并领着他们参观了车间和产品展示。最后，他捧出了新开发的"双星"牌胶鞋送给了记者们。他还特意声明："我可不是送礼，而是请你们试穿，三个月后必须返回质量信息。"记者们满意而去。新闻发布会收到了预期的效果。

当然，敢于第一个吃螃蟹的汪海也给自己带来了麻烦。有关部门要隔离审查他。为此，汪海找到当时的青岛市市委书记刘鹏，向刘鹏讲述了西北卖鞋的经历。汪海还表述了自己的看法，他认为党中央号召改革，改革需要摸着石头过河，自己就是有错，也是改革过程中的错。刘鹏听得很认真，他认为企业借助新闻界宣传提高自己的知名度是正常的，新闻应该为经济建设这个中心服务，汪海只是第一个尝试的人，由于人们旧有的观念对此没有认识，便群起而攻之，这就是改革的阻力。刘鹏知道企业借助新闻媒体宣传企业和产品以提高自身的知名度，在城市改革刚刚开始的1984年，不能不说是一种探索。给每位记者送一双鞋也没有什么大不了的。问题是人们对此还缺乏认识，所以才有了这起"枪打出头鸟"的风波。刘鹏以开明的精神和务实的态度保护了汪海。以后双星的发展证明了刘鹏的判断是正确的。也多亏有了刘鹏的支持，才没有使汪海率领双星的改革发展之旅夭折在起点。汪海在改革之初第一个以企业名义召开新闻发布会的做法既推动了企业加速进入市场的进程，也在很大程度上为国内企业做出了行为表率。

2. 第一个以企业的名义在美国举行新闻发布会

在利用新闻宣传工具上，汪海总是比别人想得远、走得快。继 1984 年第一个以企业名义召开新闻发布会后，1992 年 8 月 28 日，汪海又跨出国门，第一个以企业的名义在美国举行新闻发布会。而这次新闻发布会上最令人惊讶的，莫过于汪海的精彩表现。当汪海对答如流地回答了一个个提问后，纽约《美东时报》记者威廉·查理搞了一个突然袭击："请问中国鞋王，您现在脚上穿的是双星鞋吗？"汪海笑了，他脚上是一双非常漂亮的皮鞋。他说："感谢这位记者给我提供了一个宣传的好机会。我知道在公共场合脱鞋是不文明、不礼貌的行为，但是……"他弯腰脱下鞋，举在手上，嘴里发出一句带有山东口音的英语："CHINA DOUBLESTAR（中国双星），看到鞋底上的双星商标了吧？我穿的是双星鞋。我不穿双星鞋，还配称鞋王吗？我不仅一年四季都穿双星鞋，就连我的员工也都穿我们自己的双星鞋。我们要脚踏双星，走遍世界。"顿时，会场上摄影灯闪烁。第二天，汪海手举皮鞋的照片登在了当地许多报纸的版面上。一位外国记者评论说："在我们的记忆里，社会主义国家的共产党人在美国公众面前脱鞋的就两个。一个是苏联的赫鲁晓夫在联合国发火，脱下鞋砸桌子，他要跟美国对着干，显示他超级大国的威力。第二个脱鞋的就是这位中国鞋王了。改革开放后的中国人敢于用自己的产品向美国市场挑战，这才是真正的厉害！"在那以后，汪海又在我国内地企业中第一个以企业的名义在新加坡和我国香港举行了新闻发布会。

汪海通过脱鞋的出色表现，成功地向世界展示了双星的品质，并宣布了"三个一流"，即双星在世界制鞋业当中是规模一流、管理一流、品质一流。可以说，正是这一展、这一脱，展出了双星名牌的形象，脱出了双星出口的成果。双星比其他企业更早地成功进入国际市场。1989 年，双星出口创汇仅 70 万美元，到 1992 年就达到 1000 万美元，1995 年又突破了 5000万美元的大关。这个数字打破了国有制鞋企业创汇的纪录。

3. 第一个在国外举办鞋文化表演

1992 年 9 月 13 日，德国西部的杜塞尔多夫市，在一片蒙蒙秋雨中第124 届国际鞋业博览会的帷幕拉开了。此次国际鞋业博览会有 52 个国家和地区的 1400 余家公司参加。双星依然是中国内地唯一参展的企业。面对

1400 多家制鞋厂商和众多新老世界名牌产品的挑战，汪海又出奇制胜地通过展示中国鞋文化的表演打开了局面。鞋业博览会开幕那天早晨，来自世界各国的鞋商们一到博览会门口就见到一个奇观：四个大门，每个门口都站着两位漂亮的中国姑娘：身着旗袍，脚穿高跟鞋，斜挂标有"中国双星"的英文绶带。她们如花似玉，笑迎嘉宾，把一份份宣传单递到各国朋友的手中。"双星"展厅搭起了一个小舞台，东方情调的古典音乐绕梁悦耳，6 位气质高雅的中国模特款款而行，向人们展示脚上的各种鞋：华夏民族远古穿的树皮鞋，古代仕女穿的锦缎绣花鞋，现代村姑们穿的女便鞋……老外们全被这一美景倾倒了。鞋文化表演的间歇，是"双星"幸运抽奖活动。汪海说："外国人并不缺这点奖品，但是他们很讲究幸运，抽到奖就会高高兴兴去观看我们的展品。"果然，前来抽奖的人将展台围得水泄不通，真可以说人山人海，许多电视台的记者也扛着摄像机前后左右地奔忙、拍摄。

这是博览会上独一无二的鞋文化表演。汪海此举的目的很明确，他就是要向西方人展示中华民族几千年悠久而灿烂的鞋文化发展历史，以中国独特的宣传攻势引起西方人对中国鞋的审美和贸易关注。这种战略眼光可谓长远，令其他制鞋厂商望尘莫及。《欧洲鞋业报》的总编辑说："我们欧洲以前也有过鞋表演，但为表演鞋就把脚以上的身体部分全挡起来，让人只能看到脚在动，看不见人，没有意思。你们的好，给人整体的感受。"

整个博览会期间，汪海和双星成了头号新闻热点。有幸目睹了这次异国盛况的双星人说："不身临其境难以想象当时的情景，真是出尽了风头，为中国争了光，为黄皮肤人争了光。"他们说："我们不管走到哪个展馆，人们全都伸出大拇指说，'CHINA DOUBLESTAR'，'MISS CHINA'。凡是知道中国展馆的外国人都知道我们老总汪海的名字，因为我们的展馆客户最多、吸引力最大、竞争力最强、订单收得最多。相比之下，其他的展馆就很冷清，尽管他们的鞋都是高档次的，有的一双售价达几百美元，但是都竞争不过我们带去的鞋。"这次博览会双星一下子收到 200 多万双鞋的订单，其中欧洲客户占 80%，还有少部分中东客户，甚至连世界著名的彪马、皮尔·卡丹这样的大客户也当场和他们签订了供货合同。汪海和双星又是大胜而归。

4. 反广告的成功实践

一般说来，新闻宣传和广告都是为企业的经营服务的，但如果出现负面消息和新闻则会给企业的经营带来不利影响。这中间又可分为：如果是源于企业外部的自然灾害，如地震、塌方、雪崩、火山爆发、暴雨、干旱、台风等，则只会给企业的经营业绩带来不利影响，而对企业自身的品牌、声誉没有负面影响；但如果是由于企业产品质量出现问题，或是服务不到位，则很可能会给企业的生存带来灭顶之灾。前几年媒体披露出的南京冠生园用过期陈馅做月饼，以及前不久石家庄三鹿奶粉中掺加三聚氰胺被曝光，都使企业走向毁灭。

在某些情况下，出现负面新闻后，如果处理得当反而会收到相反的效果。在这方面，汪海就用"反广告"的手法为我们提供了一个例证。类似这样的自我揭短的"反广告"，双星做过4次。在若干年后，有人将中外大企业经营绝招汇入一本名叫《金点子》的谋略大全，双星的"反广告"也是其中一例。但是当时汪海这样做的出发点却非常朴实。他说："从个人讲，做事得讲良心，讲道德；从企业来讲，这点付出可以赢得金钱难以买到的信誉。"1997年12月30日，双星甚至当众焚毁了1000多双不合格鞋。汪海说，一双不合格鞋对于双星来说，只占五千万分之一，而对购买它的消费者来说，却是100%，它对双星名牌所造成的负面影响是不可估量的，因此这样的鞋绝不允许卖给消费者！

从管理的角度看，企业产生负面新闻后，如何善后，其实就是在考验管理者的危机管理能力。所谓危机管理，就是指企业在经营过程中针对企业可能面临的或正在面临的突发性事件，就事件的预防、识别、处理和企业形象恢复管理等所进行的一系列管理活动的总称。危机管理有两大关键要素：①危机管理之功夫不在处理，而首先在于预防，正所谓"生于忧患、死于安乐"，必须防患于未然。虽然说任何企业都可能遇到危机，但是这并非说危机不可预防。事实上，几乎所有的危机都是可以通过预防来化解的。企业在平时就应从教育和培训、组织保障、资源方面做好充分的准备。②一旦企业发生危机事件，因为它事关企业的生死存亡，危机处理就显得极为重要。一是要迅速果断，快刀斩乱麻。危机管理中有个著名的"青蛙原理"，说的是如果把一只青蛙扔进沸水中，青蛙会马上跳出来。但是如果把一只青蛙放入凉水中逐渐加热，青蛙会在不知不觉中失去跳出来的能力，直至被热水烫死。企业中的问题也是这样，如果企业内部的问题日积月累，就会使企业失去解决问题的能力和机制，最终危及企业的生存。二是要有诚意。"人非圣贤，孰能无过"？在危机发生后，一个企业如果有诚意，那么，对或错就变得不再重要，公众感受到你的诚意，利益相关者就会恢复对你的信任。事实上，人们最感兴趣的往往并不是事情本身，而是当事人对事情的态度。从心理学的角度讲，人们的感觉胜于事实。例如，美国著名制药企业强生公司在 1982 年遭遇"泰诺"危机时就用这套信念作为应对基础从而化险为夷。当时只是在芝加哥地区有 7 人因服用"泰诺"胶囊而死亡，但强生公司却立刻从整个美国市场收回了所有"泰诺"胶囊，估计费用达 1 亿美元之多。强生公司还发动了 2500 人参与沟通行动，提醒大众并处理这个问题。《华盛顿邮报》在报道时写道："强生公司成功地向大众显示，它愿意不计成本，有所作为。"

危机管理实际是品牌与企业形象管理。因为如果处理不当，受伤害最大的便是企业辛辛苦苦培育起来的品牌与形象，甚至会危及企业的生存。前些年十分红火的保健品企业三株集团的垮台，就是起因于没有及时处理好一位农民因喝"三株"口服液而死亡的事件。危机管理对大企业更为重要，因为大企业一般都会跨地区、跨国、跨行业经营，一旦遭遇危机事件容易引起连锁反应，使企业蒙受巨大损失。近年来，一些国外大公司在中国遭遇的危机事件中由于反应迟钝、缺乏诚意而导致更大范围的损失，如日本三菱公司的帕杰罗事件、东芝笔记本电脑事件与雀巢奶粉事件等。当前，在信息传播加快的背景下，危机管理已经成为大企业必须面对的重要课题。企业必须建立起应对危机的长效管理机制。应该说，汪海"反广告"的手法就是危机管理中"化腐朽为神奇"、"变坏事为好事"的成功实践。

三 "没有宣传就没有市场"

汪海的新闻宣传思想是他整个经营管理思想的重要组成部分。它诞生于双星集团摆脱旧的计划经济体制，进入市场经济体制的实践中。汪海不喜欢空谈，他的一切思想都是围绕着企业的发展而展开的，因此，他的新闻宣传思想也是为企业发展而服务的。他在《企业需要新闻舆论的支持》一文中指出："企业发展生产力的最终出路是走向市场、面向社会，进行开放式经营，这就必然需要宣传，需要新闻媒介。"从逻辑关系上看，汪海的新闻宣传思想对企业发展的作用直接体现在争创市场名牌、弘扬企业文化、利用新闻的监督作用三个方面。

1. 为争创市场名牌服务

有了"橡胶九厂"被人误听成"香蕉酒厂"的尴尬经历，汪海敏锐地意识到了创出名牌是赢得市场的关键，是市场经济中的"原子弹"。汪海把双星的市场经济意识归纳为"创名牌是市场经济中最大的政治，创出世界名牌是最好的爱国行动"。此后，他利用新闻宣传工具对外宣传双星产品，力创名牌的思想也逐渐完善、系统起来。汪海曾经在多个场合中论述这两者的关系。

在《做好市场宣传搞好市场服务》一文中汪海指出："要记住在产品质量过硬的前提下，没有宣传就没有市场这一观点。你能宣传到哪儿，你的产品就能卖到哪儿。要在我们知名度高、影响大的形势下，适当加大宣传开支，充分利用各种宣传工具、宣传渠道，进行大面积市场宣传和重点宣传，在宣传形式上要有新意、有特色、有专题，使双星产品家喻户晓、老少皆知。市场宣传不能仅仅局限于在电视或电台、报纸上打广告，宣传形式要全方位、多样化，要向广度、深度发展，要坚持宣传到柜台、到货架、到顾客，这是个新的课题。"

在《关于名牌战略决策》一文中汪海又指出："实施名牌战略更要加强广告宣传，广告宣传工作只能强化不能削弱。当前我们的广告宣传仍停留在初级阶段，宣传的形式不够新颖，宣传的范围还过于狭窄，宣传的效果不够理想。因此，在今后的具体工作中要做到广告宣传的统一指挥，协调好全面宣传、局部宣传、重点宣传的关系，要做到在广播、电视、报纸、公关活动中有重点的宣传，要把钱用在刀刃上，真正做到花最少的费用起到最佳的宣传效果。"

在上述思想指导下，汪海从 1986 年开始，就决定要创自己的牌子。因为在汪海看来，一个牌子代表的是企业的形象，代表的是企业的精神，同时代表的也是企业的财富，而且既代表精神财富又代表物质财富。从一定意义上说，抓好一个牌子，就是全面地抓好了中国共产党提倡的物质文明和精神文明建设。所以说衡量一个企业的好与坏，衡量一个企业的政治工作和经济工作是个什么样的情况，关键是看有没有产品、有没有名牌，而光靠空喊口号，是不行的。特别是进入市场经济以后，最残酷的现实就是没钱！没钱，无论是个人，还是企业，或者大到国家，什么事都办不成。所以说，创造出名牌产品就是最好地爱国，就是最好地爱这个民族，最好地爱这个工厂，最好地爱这个岗位。一句话，也就是最好地突出了政治。而作为中国的商业，就更要义不容辞地推销中国名牌，要以经营中国人自己的名牌为自豪。

在双星的整个发展中，汪海提出"两手都要抓，两手都要硬"，这两手其中一手是生产组织上的战略调整，另一手就是产品结构上的更新调整，就是创名牌，把创名牌作为一切工作的"纲"，作为全体双星人的思想基础。在品牌运作中，使牌子这一无形资产转化为有形的财富，是名牌企业实现超常规发展的捷径。双星品牌运作采用了两种大不相同的方式：一是把目光瞄准经济比较落后的中西部地区，利用自己的管理、技术、质量控制、销售网络等无形资产，兼并、收购、合作了一些经营不善甚至濒临倒闭的制鞋企业，使这些企业发生了翻天覆地的变化。例如，1998 年，双星与河北张家口五环鞋厂合作，使"五环"从绝境中闯出一条生路；随后，双星又挺进中原，与河南通达鞋业公司合作，盘活了当地 1000 余万元的国有资产，解决了上千名下岗职工的再就业问题。二是把目光瞄准东南沿海，在机制活、信息灵、工效高的沿海企业下单加工，用双星的牌子推向市场。定牌加工这一方式，把双星原来的"油桶型"管理模式改变为"哑铃型"的管理模式。由此，双星逐步收缩自有的生产环节，把管理工厂的精力转移到产品开发和市场营销上，大大提高了企业的赢利水平，探索出一条微利企业创高效益的路子。

品牌运作既保证了双星的超常发展，又给国内一些中小制鞋企业带来了新的机会。双星的品牌价值也在这一过程中不断增值。但汪海一直保持着清醒的头脑，他知道创出名牌并非就是万事大吉，名牌在发展阶段和高级阶段，竞争会更加激烈。面对迅速崛起的诸多"新秀"和外来品牌的凌厉攻势，汪海用"名牌没有终身制"、"名牌不是永久牌"的观念来教育激励员工树立危机意识，并不断学习国外先进企业创名牌的经验。汪海根据产品、行业的现状和发展形势，分析双星与国外几个名牌产品的差距制定了企业发展的目标。

2. 为企业文化建设服务

哈佛大学教授约翰·科特在《企业文化与经营业绩》一书中指出："企业文化对企业长期经营业绩有着重大的作用。"科特进一步的研究表明，那些重视企业文化要素的公司，其经营业绩远远胜于那些不重视企业文化的公司。在 11 年的考察期中，前者总收入平均增长 682%，后者则仅达166%；前者公司股票价格增长为 901%，而后者为 74%；前者公司净收入增长为 756%，而后者仅为 1%。

自 20 世纪 80 年代以来，企业文化的功效为越来越多的企业领导者所认识。作为一个优秀的企业家，汪海也深知企业文化对企业发展的关键作用。因此，企业文化建设也是汪海新闻宣传的重要着力点。这一点，在双星到处可见的"汪海语录"作了最好的说明。所谓"汪海语录"都是他的治厂之道、经验之谈，也是双星企业文化的直接表现。它体现了企业经营中各个方面的内容。例如，"取千家之长补我之短，借四海之力振兴双星"、"对外走双星路，自己发展自己；对内走改革路，自己解放自己"、"只有没管好的企业，没有管不好的企业"、"等待别人给饭吃，不如自己找饭吃"、"琳琅满目的市场就是硝烟弥漫的战场，市场上夺钱就是战场上夺权，市场中的企业家应是战场上的将军"、"人是兴厂之本，管理以人为主"、"敢为天下先，争创第一流"、"干好产品质量就是最大的行善积德"、"靠智慧、靠拼搏、靠勤劳先富起来"……这些内容曾经使来双星视察的原化工部长顾秀莲大为赞叹。

双星企业文化的最大特点是，它不是一些虚幻的口号，漂在空中，而是深深根植于企业的生产实践，符合员工的实际情况。例如，在双星集团的每一个工厂、每一个车间，都公开挂着"干好产品质量就是最大的行善积德"。有人认为，在一家国有企业的厂区出现"行善积德"这类言辞，与国有企业的形象不符。对此，汪海则认为：随着事业的发展，双星员工队伍的结构发生了很大的变化，农民合同工已超过90%，他们来双星的目的就是打工挣钱，你再告诉他干好质量是为了革命的远大理想，与他的认识水平尚有距离。而如果鞋的质量不合格，是会让人骂的。中国是个讲伦理的社会，尤其在农村，祖祖辈辈传下来的价值观就是人要有善行、有德行。如果被人骂一句缺德，就是很严重的问题，证明你这个人在人群中、在社会上已经没有什么价值了。所以，这个标准看上去似乎定位不高，但事实上激发了员工人心向善这一最本质的精神追求，在管理中达到了事半功倍的效果。

从管理学的角度看，双星企业文化实现了将中国传统文化应用于现代企业管理的效果。双星遵循"实事求是"这一基本原则，大胆汲取传统文化用于现代的企业管理，通过与市场实际相结合、与企业自身相结合，创造出了以"干好产品质量就是最大的行善积德"为代表的、独具双星特色的企业文化管理新概念，以此教育员工自信、自强、自律和爱业、敬业、乐业。可以说，企业文化凝聚了双星广大职工，使大家有了精神支撑，也使制度管理有了思想基础。

3. 利用新闻的监督作用

汪海新闻宣传思想的另外一个重要特点是，他在宣传企业，扩大企业知名度、品牌价值的同时，又巧妙地利用了新闻媒体的监督作用，从而完善了企业的外部治理、监督机制。

随着经济的发展，企业特别是大企业的触角已经渗透到经济和社会生活的方方面面，其影响力越来越大。今天，大企业的力量已经可以达到与政府相提并论的地步。这些大企业对我们的生存环境、政治体系、全球财富分配、投资安全乃至我们健康的影响正在与日俱增。值得注意的是，在市场经济条件下，有些企业为了获取利益，往往会出现一些不当甚至是违法行为，归纳起来看，主要表现在：①违反法律法规，破坏社会主义市场经济秩序，比如偷逃税款，生产假冒伪劣产品，坑蒙拐骗，损害国家和消费者利益，有的甚至从事走私贩私、行贿官员等严重违法活动；②片面追求经济效益，忽视社会效益，违背社会道德要求，比如环境污染、破坏生态环境等；③随着金融市场的发展，有些企业恶意逃避银行债务，一些上市公司治理结构不完善，不能准确、及时、全面披露相关信息，严重损害投资者的利益，有的甚至发展到从事内幕交易、与市场主力联手操纵股票价格牟取非法利益等违法活动。

因此，从外部看，对企业特别是大企业实施监督就显得十分必要和迫切。近年来，国内外一些著名的企业违法案件都是由媒体首先披露出来的。2001 年 12 月 2 日，美国最大的能源商品交易公司、曾在《财富》500 强中排名第七的安然公司（Enron）正式申请破产。在安然事件正式曝光前，《华尔街日报》、《财富》等少数媒体曾经对安然公司存在的问题提出质疑，并相继披露了安然公司和许多关联企业之间的复杂交易，并特别指出其中潜在的致命性风险。在媒体和市场各方的压力下，安然公司不得不决定对过去数年的财务状况进行重审。11 月 8 日，安然公司宣布，在 1997 年到 2000 年间由于关联交易共虚报了 5.52 亿美元的赢利。此后，随着更多的"地雷"被引爆，安然公司终于回天乏术。2001 年 12 月 2 日，安然公司正式向法庭申请破产。在中国，《财经》杂志 2000 年底发表了《基金黑幕》一文，引发了一场有关证券投资基金的大讨论，对我国基金业的规范和监管起到了重要的推动作用。2001 年，《财经》杂志又以《银广夏陷阱》为题，揭露了曾被众多媒体吹捧为"中国第一蓝筹股"的银广夏的内幕。一时间，规范上市公司的信息披露，加强对会计师等中介机构的管理，成为大家关注的焦点。至于新闻媒体，其对企业的监督既是可能的，同时又是有效的。

从汪海的所作所为看，他显然十分清楚新闻媒体从外部对企业的监督作用，比如，他说：如果鞋的质量不合格，是会让人骂的。正如汪海打"反广告"一样，他对媒体的监督作用并不反感，也不像有些企业那样刻意回避这种监督。汪海的高明之处就在于他能够适当地运用这种监督作用来督促、引导整个双星的规范经营，从而使双星在20多年的发展中，没有出现大的波折，成长步伐十分稳健，最终造就了今天的世界知名制鞋企业。

（撰稿：胡迟）

拿自己当骨干，自我感觉良好

——论汪海的社会责任思想

在双星集团快速发展的过程中，汪海一直在考虑这样一个问题，就是企业家的社会责任问题。他认为："双星作为中国的国有企业，国家一直倾注着大量的心血。我们发展壮大起来，应该回报社会，为党分忧。"作为一位优秀的企业家，汪海把双星承担社会责任的行为融入企业经营决策和经营行为中，把国家利益和群众利益放在首位。"创造世界名牌，振兴民族工业"、"进山造福"、"企业像个家"、"'和为贵'创造和谐发展环境"等双星发展中的鲜活语言，映射出汪海"拿自己当骨干"的社会责任思想。

一 创造世界名牌，振兴民族工业

中国改革开放的 30 年，是计划经济向市场经济转轨的 30 年，是中国经济高速增长的 30 年，也是中国财富增长最快的 30 年。但在经济繁荣的成绩下，也隐藏着新的危机。

一些有民族责任感的有识之士在思考这样的问题：在当今世界经济一体化的大趋势下，我们已完全被卷入了这个潮流之中，而只有不到 30 年市场经济发展的中国，如何应对已经搞了 300 多年市场经济的发达国家的挑战？一方面，强权国家凭借自身优势以经济手段和文化渗透的方式损害发展中国家的经济利益，影响他们的社会意识形态，说白了，就是经济侵略和文化蚕食；另一方面，中国经济空前繁荣，生活水平极大提高，而人民的精神信仰却极端缺失，把精神当成虚的、空洞的口号，单纯追求物质享受，没有了精神支柱。

民族灵魂的缺乏和精神信仰的丧失，直接导致不少企业随波逐流，没有明确的发展目标。甚至，某些专家学者和政府官员提出"不要再提民族工业了，中国做世界的加工厂就行了"。提出这种观点的人忽视了两个事实：一是，中国现在的情况和30年前已经大不一样，我们不仅是一个大国，拥有一个13亿人口的大市场，而且又是全世界最优秀的大民族，我们经济上又有了一定的实力，工业水平也有了很大提高，在这种情况下，我们必须以全新的理念和眼光来看待我们企业的发展目标和国家经济的发展方向；二是，无论经济如何一体化，事实证明，民族利益永远是一个国家不可放弃的底线。在这个世界上，永远是强权经济、强权军事支撑强权政治，掌握了"话语权"的强权国家可以横行霸道，可以信口雌黄，可以颠倒黑白。国外企业将中国古典文化的精华《西游记》、《三国演义》等抢先注册就敢说是自己的知识产权。这不是强权是什么？因此说，这个地球上，只要存在国家、民族、政府、军队，就不可能实现我们理想中的经济一体化。

汪海认为："无论在什么时代，民族精神都是鼓舞人民奋斗的原动力，是一个国家、一个民族的灵魂。"汪海提出"在市场商战中，发扬民族精神、振兴民族工业、创造民族品牌就是最大的爱国，就是最好的体现民族精神"，确立了双星在市场经济中的航向。汪海还指出"市场如战场，竞争如战争"，战场上需要一种堵枪眼、炸碉堡的精神来打胜仗，商战中更需要一种竞争必胜的精神来支撑。在某些高科技行业，我国缺少相关科学技术积淀，和发达国家相比，确实存在一段距离。但在多数加工制造行业，例如鞋服行业，大部分产品是从中国出口的，中国企业的设备也是最先进的。外国人之所以还瞧不起我们，就是因为我们部分人缺乏必要的精神和志气。汪海认为："自己要拿自己当骨干，什么情况下都要感觉良好。中国人缺乏的就是这种自信，这种民族自尊。中国人站着不比别人矮，躺着不比别人短，为什么人家行我们不行？"双星集团正是以民族精神和创造中国人自己的民族名牌来凝聚感召人，在双星才营造了一种"为企业干就是为自己干"的、争分夺秒的、"比、学、赶、帮、超"的浓厚氛围，使企业始终处于热火朝天、蒸蒸日上的发展之中。汪海在双星1992年召开的美国新闻发布会上，就敢于说"双星是规模一流、管理一流、品质一流，双星的工厂是全世界制鞋企业中管理最好的工厂"。

精神具有瞬间爆发的无与伦比的力量，但是我们什么时候都不能空谈精神，有了精神作为支撑，还必须有经济实力作为基础。而品牌又是经济实力的代表，民族品牌可以说代表着一个民族的尊严。因此，市场经济越成熟，品牌竞争越激烈。我们所处的21世纪就是一个品牌竞争的时代。中国改革开放的伟大设计师邓小平很早就提出"我们一定要有自己的拳头产品，一定要创造出中国自己的民族品牌，否则就要受人欺负"。双星始终践行这一思想，在竞争性极强并不适宜国有企业生存的制鞋行业不仅站住了脚，而且发展到拥有了鞋业、轮胎、机械、服装、热电五大支柱产业和包括印刷、绣品、第三产业配套在内的八大行业，成为一个综合性制造加工业大集团。双星专业运动鞋、双星旅游鞋、双星皮鞋、双星轮胎被认定为"中国名牌"产品，成为中国橡胶行业唯一同时拥有四个"中国名牌"的企业。双星的品牌价值达到492.92亿元。

汪海认为双星的责任不仅是要做好双星产品，将双星打造成世界名牌，还要在民众中广泛播散爱国的种子，让人们都来关爱中国民族经济的发展。双星集团举办"为中国名牌筑起希望工程"活动，对那些学习优秀、有见地、有思想、爱祖国、爱民族的少年儿童给予奖励；联合国家有关部门在全国中小学生中开展"如何支持和爱护中国名牌"的大讨论活动，向全国的青少年宣传中国名牌的创业史，帮助孩子们从小树立以国货为荣的民族自信心，关爱中国名牌产品和民族工业的发展壮大。

树立民族精神、创造民族品牌离不开民族企业家。真正的企业家是当今世界上各国都稀有的人才。民族企业家更应该是全社会认可和保护的一个有民族责任感的能人阶层。那么，什么才是真正的民族企业家？汪海主张：民族企业家首先要爱国，要有民族气节，要有强烈的民族责任感。因为商战中的利益从来都是有属性的，民族企业家必须在国际商战中能代表民族利益，坚持民族尊严，具有民族气节。民族企业家就像战场上的将军、元帅一样，在商战中也要能代表民族的利益打胜仗。他们对国家、对民族的使命感体现了最崇高的责任感，只有民族企业家才有骨气和志气创造自己的民族品牌，而民族精神和民族品牌只有依靠民族企业家来打造才能实现。

民族企业家是民族精神的体现者，是民族品牌的缔造者，是民族工业的掌舵人。民族经济的振兴需要在民族企业家带领下去拼搏。我们应该充分认识民族企业家对于振兴民族经济的重要作用，建立一套有利于民族企业家成长成熟的体制机制，保护我们的民族企业家人才，培育民族企业家队伍。只有在民族企业家的带领下，才能振奋民族精神，创造民族品牌，发展民族工业，壮大民族经济。

近来发生的两个事件，更加显现了汪海"培养民族企业家"的呼吁的弥足珍贵。2008年3月，可口可乐公司拟以179.2亿港元，收购汇源果汁已公开发行股份。可口可乐收购汇源引起舆论哗然，消费者和业界明显反对这一购并行为，但也有不少人认为这是经济一体化背景下，跨国购并的平常事，形成立场鲜明"挺"与"倒"两个阵营。2008 年 9 月 13 日国务院新闻办公室举行新闻发布会，确定三鹿毒奶粉事件为重大食品安全事故，9 月 16 日国家质检总局专项检查结果证实 22 家 66 批次奶产品检出含量不同的三聚氰胺，而且三鹿集团至少在 3 月份已接到消费者投诉。三鹿事件引起了消费者对本土奶粉企业的普遍不信任，同时对中国产品造成了不可估量的恶劣的国际影响。

汇源事件引起的争论以及三鹿事件产生的恶果，都值得我们关注，但更值得思考的是，中国的企业家应当担负什么样的社会责任，在这些事件的背后政府和普通消费者是否也有责任和义务。中国应多有一些像汪海这样的民族企业家，更应当像汪海这样，思考中国如何才能培育民族企业家队伍。

二 进山造福

20 世纪 90 年代初，汪海为产业转移曾四处选点，他到过东北、华南、华中等地，但最终把产业转移的地点选在了沂蒙山区。除了企业的长远利益外，还有一点则是汪海对农民的情感因素。

在沂源县的滑石峪村，一家规模很大的军工企业搬迁到城里后，在这条山沟里留下了占地近 600 亩的厂区，6 万平方米的建筑设施。由于地方缺乏技术、市场和管理，总价值达 600 万元的资产从此躺在山沟里睡大觉。当地政府迫切希望有实力的大企业在那里建厂，盘活这块资产，致富一方百姓。

汪海六进沂蒙山，在深入当地农村调查时，从农民口中得知，沂蒙山区脱贫的标准是一户人家年收入达到 400 元。然而农民即使达到这样的标准，也是东拼西凑甚至夸大才能达标。了解当地农民生存现状后，汪海的心沉甸甸的，如果某些地方干部的浮夸风就这样刮下去，坑的是最无权无势的老百姓，是把鲜血奉献给了中国革命的沂蒙山人民。

最后双星和沂源县达成协议，双星集团以 80 万元买下所有的厂房、设施，在这里建设双星的第三座鞋城——双星集团鲁中公司。双星有史以来动作最大的战略调整——"上山"，由此拉开了序幕。

三年后，沂蒙山的鲁中公司，已使人目瞪口呆。原来那座大山坳里蚕卧的工厂，早已被繁华的新城镇挡在了后面。工厂前方那条双星街，道路宽敞，楼房林立，车水马龙，好不热闹。据说，农业银行金星乡储蓄所过去是沂源县储蓄存款最低的储蓄所，自从双星在滑石峪建厂后，该所储蓄额逐年增加，现在已成为沂源县接收储户存款最多的一家储蓄所。

在沂蒙山区有位"红嫂"，她在解放战争中用自己的乳汁救活了受伤的子弟兵。1996年秋季，在"红嫂"的家乡——沂水县杏峪村，双星投资3000万元，将一座搬迁后的军工厂，变成一座占地500亩，年产鞋1300万双，年产值1.5亿元，利税超千万元的现代化鞋城——双星瀚海股份有限公司。这是双星集团在沂蒙山区投资兴建的第二座鞋城，又有2000多名农民在这里实现了自己从农民到产业工人的转变。

双星在沂蒙山区建立的鲁中、瀚海两座较大规模的鞋城，年产热硫化鞋近2000万双，年产值达到2.5亿元。双星不但为制鞋这个微利行业找到了新的发展空间，也为当地增加了税收，盘活了三线工厂遗留下的国有资产，而且带动了老区人民脱贫致富，直接解决了当地上万人的就业问题，工厂员工年均收入8000多元，高的达到15000元。当地群众编了一句顺口溜："不用离家走他乡，干在双星奔小康。"

无工不富，鞋城的发展最让人振奋的是带动了周边乡镇企业的发展。双星集团的"上山"战略，不仅使双星在激烈的市场竞争中重新找回了自己的优势，也带动了数以万计的老区农民脱贫致富，孵化出一批与双星鞋配套的乡镇企业。在周围村镇里，与双星鞋厂配套的塑料袋厂、纸箱厂、织布厂、炼胶厂、制帮厂纷纷诞生。每一家工厂的诞生，都是一颗农民脱贫致富的火种。

更为可喜的是，双星给当地带来了文明之风，将这些曾经以为走不出大山的农民，一个个锤炼成了技术骨干、营销能手，在全国各地的鞋城、营销公司、连锁店，当上分厂厂长、经理，成了业内响当当的人物。

三　企业像个家

职工是企业发展的支撑力量，企业对职工负责，才是对企业的发展和社会的发展负责。企业只有承担起保护职工生命、健康和确保职工待遇等社会职责，才能提高他们对企业的忠诚度和向心力，进而激发出最大的潜能，为企业永续发展和创造价值提供内在动力。

汪海提出："作为一个企业家，光自己把双星当成家还远远不够，还必须让所有的员工都把双星当成自己的家。"他还说："要想让员工把企业当成自己家，你就要把企业搞得像个家的样儿。"

他认为，员工之所以没有把企业当成家，是因为你没有给员工以家的感受。汪海说：要想给员工以家的感受，必须从人的本能和本性出发，为员工做些实实在在的事情。比如说，人生来要吃饭，人都有求生欲望，而且都想活得长久一些、活得好一些，这都是人的本能；再比如，人都愿意离苦得乐，这也是人本能的需求。当然，人还有被社会承认、获得荣誉、成就事业这些更高层次的需求。在企业营造的氛围中必须要考虑到这些，营造一种尊重人、关心人、理解人、激励人的氛围，使员工能够心情愉悦地工作，将企业当做自己的家。

在双星艰苦创业时，汪海心里就想着员工。1986年双星筹建出口鞋分厂。当时正值严冬，为了抢速度，改建厂房和安装设备同时进行，昼夜不停。一天深夜，正在开会的汪海听到屋外风吹窗户的刷刷响声，知道寒流来了，就停下会议去看望正在突击干活的员工。到现场后汪海发现有的工人为了御寒偷偷喝酒，而这是违反工作时间严禁喝酒制度的。但汪海不是处理违纪的职工，而是让党办主任给职工买了御寒酒，让后勤处长召集炊事员为连夜奋战的工人做热汤热饭。这些不仅温暖了职工的身体，而且也温暖了职工的心。

按规定厂里给汪海配了一辆轿车，可他还是每天和职工一样骑车上下班。他说："工人们在车间劳累一天，比咱们要辛苦得多，每天上下班还要去挤公共汽车，不少人要倒几次车才能到家。我每天坐小车上下班虽然舒服一些，但工人们心里是什么滋味你想过没有？全厂工人一天坐不上厂里的班车，我就一天不坐这部小车。"直到半年后厂里购置了九辆大客车，开始每天接送三班倒的工人上下班，汪海这才开始坐那辆放在车库里的小轿车。

在双星，汪海有"铁汉"之称。在汪海的人生辞典里，似乎从来就没有过软弱和畏惧这两个词。但是，在对待员工生活方面，汪海却格外细心。他常对分厂、车间的干部说，一线的工人病倒了，再忙也要抽出时间去探望，这体现了你心里有没有职工。多走几步路，说上几句安慰的话，就是对病人最好的治疗，甚至比药品还要管用。

双星历史档案的一本本大事记里，清晰地记载着汪海为了将企业营造成员工称心如意的家园，所做的一桩桩、一幕幕。为了解决职工看病难的问题，他愣是将本来就拥挤的集团办公楼挤出一层，办起了职工医院；职工孩子入托难，他又带头捐款，扩大了托儿所的规模。汪海看到员工的浴池有点拥挤，就把准备建办公楼的钱挪过来，盖起了宽敞、舒畅的大浴池，而集团总部仍挤在 20 世纪 50 年代的办公楼里办公。

国家 2007 年公布了《法定节假日调整方案（草案）》，把清明、端午和中秋节作为法定假日。而早在 20 多年前，汪海就从关心职工角度出发，突破了休假禁区，内定了八月十五和正月十五各放假半天。

为员工提供好的环境，真心实意关心人，不单是一日三餐、问寒问暖。在住房上，双星兴建了海丽楼花园小区公寓供大学生使用，暖气、燃气灶、卫生间、壁衣橱等一应俱全；对已婚中青年人才，在住房上放宽政策，收入上制定一系列激励政策，有的年薪可达几万、几十万元；兴建幼儿园，双星医院等多家第三产业实体，职工子女入托、就业、医疗、保险等在企业内部全部解决；企业为部分农民工交纳了"养老保险金"，享受正式医疗待遇；等等。

为职工营造健康安全的工作环境，双星集团专门制定了 6S（即整理、整顿、清扫、清洁、素养和安全基础管理）标准，营造一个良好的工作环境，促进现场管理上水平，向国际水平管理标准进军。双星的车间、锅炉房内均摆上了鲜花，而且将鲜花生长状态和整洁情况，作为衡量车间、锅炉房整洁"无尘"的标准。

这些点点滴滴，无不体现着汪海"无情的纪律，有情的领导"管理思想，实现了双星集团事业和职工的共同发展。

随着双星的飞速发展，企业的职工队伍也快速壮大。在双星，所有员工都被视为名牌员工，不是简单的雇员，"双星"不仅重用人才，更注重人才的培训与塑造。

汪海经常说："要把打工妹、打工仔变成双星'主人'，要让打工者认识到不是在为双星打工，而是为'自己干'。不光让他们打工，还要培养他们当领导，把有本事的人提起来，为他们成才创造良好的空间。"

从 1995 年始，双星每年都要举办"人才培训班"，其中有厂长经理、市场营销人员、管理骨干、质检人员参加的培训班等，系统地讲授企业文化、企业管理、市场营销及专业技术课程，提高了他们的素质。一位打工妹投稿《双星报》说："走进双星，如同走进一所大学。"

为全面提高企业综合素质，双星除对在职人员进行专业再培训外，对后备人才也要求是德才兼备的优秀大学生。对此，双星与青岛广播电视大学进一步加强合作，在过去 20 多年联合办学成功经验的基础上，2002 年 8 月份正式成立了青岛广播电视大学双星科技专修学院，并在青岛市范围内招收普通专科学生 200 人，开设国际贸易、国际市场营销两个专业。

双星不仅重视人才的招募和培养，更重视人才的使用。汪海认为："我们企业需要的是真正的人才，只要是人才，无论年龄大小、学历高低，一律重用。我们是搞企业的，永远要记住邓小平同志的话——不管黑猫白猫，抓着老鼠就是好猫。"双星对人才的使用非常成功也非常特别，汪海真正做到了"不拘一格降人才"。

一名普通的操作工，因肯于吃苦，勤于思考，善于发现，能于创造，在双星唯才是举的大环境中，逐渐成长为一名生产厂长，他是双星用人机制和汪海用活"猫论"的最大受益者。

双星是最早取消终身制的企业之一，双星的管理人员是"黑板干部"，今天干好了名字就在上面，哪天干的不称职，名字就可能立刻被抹掉。

双星在兼并其他企业时，主要还是依靠本企业干部和技术力量，不搞大换血。在双星托管东风轮胎后，不但没有"大换血"，而且还实行了工人"直选"车间领导的新体制，既选拔了人才，又通过民主管理调动了职工爱企业、爱岗位的热情。

员工频频跳槽，是许多企业头疼的问题，而作为以制造业为支柱产业的双星，员工流失率则非常低。汪海和双星能真正为员工负责，是创造如此骄人成绩的根本原因。第一，汪海"无情的纪律，有情的领导"管理思想。传统加工制造业面对着严酷的市场竞争，科学、严格、细致的管理必不可少，但在管理中，汪海和双星能够"用心管、用情管"，亲情管理使员工对企业有了深厚的感情，形成了和谐发展的氛围。第二，企业真正关心员工生活。双星对员工的关心，不单是一日三餐、问寒问暖，而是真正关注职工的困难。一位双星机械的管理者告诉我们，他不仅要对企业发展负责，还要时刻关注职工各种问题，不能让非正常原因导致员工流失。第三，双星为职工提供了成长发展的平台。双星为企业员工建立了比较完善的岗位培训制度，促进员工素质的提高；加强了对重点骨干人才的培养，构筑人才竞争的优势。同时建立了竞争性和公平性的薪酬体系，不拘一格为有能力的员工提供职业发展的路径。这些都实现了企业与员工的共同发展，提高了员工对企业的忠诚度。

四　创造和谐发展环境

企业管理者都是在一定外部环境中从事管理工作的，对于外部客观环境如政治环境、经济环境、人文环境、技术环境、社会需求变化等，他不能超越它、改造它，而要适应它、利用它，取得企业与外部环境的和谐、融洽。外部微观环境，如设备、原料、资金等生产要素的供应商，零部件、工艺技术等的协作者，产品的购买以及竞争者，以及社区、企业股东、政府等，是企业的合作伙伴和利益共同体，是企业获取绩效、实现经营目标的直接相关因素，要形成互惠互利、和谐相处的关系。

双星在发展壮大、取得丰硕的经济效益的同时，关心支持文化体育等各种公益事业，取得了可喜的社会效益。

双星始终热心参与各种文化活动，有力地推动了社会文化教育事业的发展，展现了企业服务于社会的崇高境界。20 世纪 80 年代，中国女排在赛场上创下"五连冠"的骄人战绩，双星全体职工开展了"百日会战"，运动鞋分厂提前投产，并且专门为中国女排赶制了一批红色排球鞋。继中国女排穿上了双星训练鞋之后，汪海又为足球界献上了足球训练鞋。再后来，双星牌篮球鞋、乒乓球鞋和羽毛球鞋纷纷上市。中国女排郎平、张蓉芳，中国女篮郑海霞，国家乒乓球队蔡振华，国家羽毛球队李永波等著名运动员都穿过双星鞋驰骋于赛场，并为祖国赢得荣誉。20 世纪 90 年代初，当双星已成为国际上享有盛誉的制鞋公司时，"马家军"正处于低谷，双星第一个站出来支持，"只要能振兴中华体育，我甘当'马家军'的后勤部长"，不仅向"马家军"赠送双星运动装备，在资金上也进行倾力支持。在 1996 年"八运会"上，"马家军"包揽女子 1500 米前六名，成绩都超过了奥运会纪录，在这届全运会上，双星共奖励"马家军"200 万元人民币。

2001 年 7 月，当北京申奥成功消息传来，汪海以振兴中华体育事业、支持奥运为己任，提供 300 万元人民币和最新开发的申奥足球鞋、高档名人专业篮球鞋，鼎力赞助"九运会"山东体育代表团。2002 年双星集团向省运会青岛体育代表团赞助了价值 40 万元的比赛服、运动鞋。2003 年双星赞助"五城会"青岛体育代表团 40 万元体育运动装备。为改善体育场馆设施，同时宣传企业，双星出资 200 万元冠名青岛体育馆。2005 年 4 月，距离北京苏迪曼杯比赛仅有一个月时间了，原来的赞助商因战略调整突然宣布退出，双星集团主动承担，冠名北京苏迪曼杯世界羽毛球赛。双星集团还成立了双星羽毛球俱乐部、双星篮球队。每次比赛，双星鞋、服装齐亮相，充分展示出了双星体育名牌的风采和魅力。

双星还积极支持其他文化教育事业。1998 年，双星为青岛市教育发展基金会捐赠价值 100 万元的双星产品，支持文化体育教育事业。1999 年双星集团举办了大型的"双星山会"，送文化下乡。2002年双星承办了"双星杯"香港、台北、青岛等全国六城市少儿绘文化衫大赛，3000名优秀参赛选手以"奥运之光"为主题，绘制了一件身长2.5米、胸围3.2米的特大文化衫，献给2008年北京奥运会，呼吁全民族热爱体育运动。

双星还积极开展其他社会公益活动。双星积极开展"买走双星产品，带回千缕温馨"活动，开展"五一"给劳模送鞋、"七一"向新中国成立前入党的老党员赠鞋、"八一"向现役军人赠鞋、"教师节双星大献礼"等各种亲情化促销活动，既满足了消费者购买产品的欲望，又有利于赢得顾客发自内心的感激和信赖，在消费者心中树立起牢固的企业形象，进一步提高名牌知名度和美誉度。

正如汪海所言："当一个企业发展到一定高度时，体育与公益事业也就成为企业回报社会的一份责任。"

双星在企业发展中特别注重环境保护，以实现可持续发展。双星集团规模日益扩大，形成了鞋业、轮胎、机械、热电、服装五大支柱产业。在企业快速发展的同时，双星尽量减少企业发展对环境造成的负面影响。公司各轮胎企业都建立了污水处理设施，排放达到国家二级标准，受到当地政府好评。双星旗下企业的锅炉，均装有除尘设施，其中青岛双星轮胎有限公司热电厂还安装了氨法脱硫设施，达到青岛市标杆热电厂水平。公司还研发生产除尘、脱硫、污水处理等相关环保设备，有效地控制和减少污染物的排放。

作为以加工制造业为主的集团公司，双星在观念、管理、技术和设备上持续创新，提高原材料和能源的利用效率，减少废料的产生，并尽可能对各种废料进行回收和循环使用。

双星的三个轮胎生产企业则狠抓了天然胶原材料的消耗控制，加强原材料交接和加工过程当中的管理，确保中间流通环节无损失；从细节上抓节约，实现隔离剂池子胶豆以及废胶油的重新利用；同时注重在各环节上创新。例如，原来青岛轮胎总公司的双复合吹水工序是用人工开关风管进行操作，由于正常生产时每条胶片之间仅间隔七八秒钟，所以风管基本上是一直开启的。为此，该公司设备技术人员对风管开关进行了自动化改造，当有半成品经过时，设备自动感应后开启吹风装置。如此一来，每加工一条胶片可停止吹风7秒到8秒时间，每班可节约1000多立方米风量，节电数量可观。

双星制鞋厂在管理上可谓从"针尖上削铁"。他们不断在节能降耗上想点子，从下脚料、排刀法上节约挖潜，如员工自创的"健美帮片插刀法"，每千双鞋可节约布 11 米。鲁中公司员工自制辊筒和刮刀，使"六辊刮布机"变成了"七辊刮布机"，每生产 1000 米布能够节约用煤 41.5 公斤。海江公司将节能降耗落实到了每一个细节，例如，员工刷帮用的刷子用旧了不扔掉，把用旧的两把刷子捆在一块，还可以用一个星期，这样每个班组三个星期就可以节约一把刷子。胶糊用完了，把胶糊皿在支架上倒置两三分钟，直到胶糊皿一滴都不剩。

环境与可持续发展是全世界面临的重大课题，而作为最大的发展中国家，中国更是面临着发展与环境压力的两难困境。双星集团在节约资源和减少排放的实践中，努力体现着企业与自然和谐发展的主题。

双星行使社会责任时并没有忽视企业的股东、消费者和供应商的利益。集团的控股子公司双星股份 1996 年刚刚上市时，每股净资产 2.86 元，到 1997 年稍有下降，其后双星股份的净资产一直在稳步上升，1999 年吸收合并原华青轮胎后，双星股份的每股净资产在 3 元以上持续增长，2001 年达到 3.89 元。

双星提出"名牌产品要有名牌配套，名牌产品要用名牌原材料"，以传统的行善积德文化对待供应商，并且认为善待供应商就是善待自己：提高或者保证产品质量，必须善待供应商；损害或者剥夺供应商的利益就是损害自己的利益。因此，双星树立远大的理想和目标，专门对上游供应商进行培训、指导，使双星的配套厂成为双星的"核心工厂"。

双星以诚信经营为本，时刻关注消费者利益。汪海的观点是，双星宁可牺牲几百万元的利润，也不能损害消费者利益，不能损害双星在消费者心中的信誉和形象。汪海曾因为几双鞋的质量问题在电视和报纸上打出"反广告"，进行自我揭短亮丑，也曾经将不合格产品付之一炬。而且，双星主动进攻高端产品领域，生产舒适化、卫生化、功能保健化、环保化和时装休闲化产品，既满足了不同层次、不同类型消费者需求，又维护了市场良性发展，最终实现消费者利益。

在《深圳证券交易所上市公司社会责任指引》中，社会责任是指上市公司对国家和社会的全面发展、自然环境和资源，以及股东、债权人、职工、客户、消费者、供应商、社区等利益相关方所应承担的责任。我们要看到企业社会责任既是历史的产物，又处于与时俱进的演绎之中。企业社会责任的实现，依赖于法律强制、行政干预、经济控制、社会监督、责任认证、企业内部治理和企业自律自愿等方式相互结合所形成的一套多层次的制度安排。

目前，国内外大型企业都在不同程度上开展了企业社会责任活动，但双星和汪海承担社会责任的行为和思想的形成，可以追溯到多数企业根本不知道企业社会责任为何物的年代。

早在 20 世纪 90 年代初期，汪海就提出创民族品牌是市场经济中的最大政治，是最好的爱国家、爱民族。这体现了一个优秀的民族企业家对承担社会责任的清醒认识。在市场经济条件下，跨国公司靠名牌产品不知不觉地侵蚀我们的国民思想，占领我们的经济领域，取得了他们用坚船利炮达不到的效果。在复杂的全球化的大商战中，谁能够创出名牌，谁能够夺取市场，谁就是政治上的最终胜利者。双星公司通过艰苦努力，改变了我国制鞋业 40 年落后局面；自 1999 年进入轮胎行业，仅仅四年后，双星全钢子午线轮胎就成为"中国名牌产品"。

20 世纪 90 年代，双星建立鲁中和瀚海两大鞋城，这是汪海把企业责任和社会影响置前考虑的结果。双星将部分制鞋业务转移到沂蒙山区，既提升了企业竞争力，又帮助老区人民脱贫致富，带动了当地经济发展。

汪海的管理思想继承了中国传统文化中的精华，在企业发展过程中，重视企业利益相关者，以"和为贵"协调企业与员工、股东、供应商、消费者、社区以及政府的关系，承担对他们的社会责任。

汪海的社会责任思想已经融入双星的战略决策和经营行为当中，成为指引双星集团健康发展的路标。汪海社会责任思想和企业行为的结合，实现了企业与社会、自然环境、员工以及其他利益相关者的和谐成长，企业的管理创新、技术创新、服务创新，企业战略决策都服务并支持这些目标的实现。2005 年 12 月，双星集团被评为"中国企业社会责任十大杰出企业"，汪海也荣获"中国企业社会责任十大杰出人物"荣誉。

（撰稿：周绍朋　姬鸿恩）

人是兴厂之本、管理以人为主

——论汪海的人本思想

现代管理学之父彼得·德鲁克在《管理实践》一书中这样阐述："利用资源组成一家企业，若仅仅将资源按逻辑顺序汇集在一起，然后打开资本的开关，是不够的，需要的是资源的嬗变。然而这种变化是不可能来自于诸如资本、原料之类无生命的资源的，它需要管理。"但在所有的资源中，可以发生嬗变的只有人力资源，所以最重要的也就是对人的管理，或者说是"以人为本"的管理。

改革开放30年来，中国经济保持了持续高速增长，企业也如雨后春笋般得到了蓬勃发展。邓小平同志指出："科学技术是第一生产力。"生产力是具有劳动能力的人跟生产资料相结合而构成的征服、改造自然的能力。人是生产力诸要素中具有决定性的因素，是核心要素。汪海紧紧把握住人这第一要素，在长期经营实践中探索出具有双星特色的以人为本的企业管理理念，走出了一条国有企业改革的成功之路。

一　以人为本，科学发展

中国传统文化中优秀、进步的内容相当丰富，其中最主要的是人本思想。它强调人的价值，天地间人为贵。人本思想是我国封建社会的主流思想。春秋时期，齐国政治家管子就明确提出了以人为本的原则。

儒家创始人孔子在对人的自身力量的反思中，发现了人的价值，他的全部学说是围绕"人"展开的，早期儒学可称之为"人学"，而"人学"确立的基石就是"人本"观念。传统"人本思想"的核心首先就在于对人的价值的肯定，即肯定人的地位、强调人格尊严、重视人的本性、彰显人的能力。

　　"民本思想"是儒家"人本思想"与我国几千年的封建政治实践相结合的产物，将"人本"发展为"民本"是孟子思想的重要内容。自孟子之后，"民本思想"便成了中国"人本思想"的主流。"民本"的"本"乃指客观的、必然的力量，即民心、民意。孟子不厌其烦地告诫当时的统治者"天时不如地利，地利不如人和"。"本"，就是民心、民意，即"道"。显然，这个"本"或"道"，或"民心"、"民意"，是指历史过程中的外在于任何个人意志的一种客观的、必然的力量。就此而言，"民本思想"认识到了社会历史进程中的客观决定力量之所在，"民"体现了历史必然性的存在。这是中国传统文化民本思想的深刻与独到之处。

　　中国共产党自建党伊始就以解放全人类为己任，把人的生存和发展视为社会存在的根本意义和基本准则，明确指出社会主义革命和社会主义建设，其根本目的就是实现人的全面而自由的发展，实现共产主义。可见，以人为本是中国共产党一贯坚持的执政理念。

　　在改革开放初期，邓小平就强调："人民的利益高于一切，全心全意为人民服务，一切以人民利益作为每一个党员的最高准绳。"他尊重群众，热爱人民，时刻关注最广大人民的利益和愿望，把人民高兴不高兴、拥护不拥护、赞成不赞成、答应不答应作为制定党的路线、方针、政策的出发点和归宿。江泽民则提出了"三个代表"重要思想，强调立党为公、执政为民是"三个代表"重要思想的本质，并指出："不断发展先进生产力和先进文化，归根到底都是为了满足人民群众日益增长的物质文化生活需要，不断实现最广大人民的根本利益。"胡锦涛明确提出坚持以人为本，全面、协调、可持续的科学发展观。这就把以人为本提到了战略思想的高度，强调以人为本是科学发展观的本质和核心。他们所强调的关于中国共产党要始终代表中国最广大人民的根本利益、不断促进人的全面发展等要求，无一不蕴涵着以人为本的真谛。

　　现代企业管理也需要以人为本。以人为本的管理是针对早期资本主义企业以资为本、以物为本管理而提出的一个概念。它与以物（资）为本的管理不同。它要求企业以人为根本，把人作为企业管理的核心和企业最重要的资源，把人作为管理的最高出发点与最终落脚点，把人和企业融合在一起，真正成为共同体。其主要内容是：在管理中依靠人、关心人、尊重人，并以人得以全面发展与成长作为目的；以员工为中心，根据员工的心理规律、思想规律，通过尊重人、关心人、激励人、改善人际关系等方法，充分发挥员工的积极性、创造性，提高劳动效率和管理效率。

以人为本，反映了人对自然的认识和人对自身的认识的深化，反映了人类文明的发展和社会的整体进步。从古至今社会的发展都讲以人为本，重视加强对人的管理和对人的使用。

在现代企业生产经营活动中，人是生产经营的关键环节，是现代企业管理工作的核心。随着市场经济的不断发展和深入、现代企业制度的建立和完善，如何使现代企业在管理工作中把管人、管物有机结合起来，是当今企业管理的一个永恒课题。

抓住了以人为中心就抓住了管理的纲领，也就抓住了管理工作的核心，牵住了企业管理这个牛鼻子，这样企业管理工作才能得到全面提高。《资治通鉴》中刘邦有这样一句话："夫运筹帷幄之中，决胜千里之外，吾不如子房；镇国家，抚百姓，给饷馈，不绝粮道，吾不如萧何；连百万之众，战必胜，攻必取，吾不如韩信。三者皆人杰，吾能用之，此吾所以得天下者。"强调了人尽其才、物尽其用，发挥人的特长，善于运用人才，是事业成功的关键。

二 "企"字去"人"则"止"

企业管理包括人和物两大方面的管理，而人的管理才是企业管理的核心。只有坚持以人为中心的管理，才能使企业管理水平得到全面的发展。企业经营管理能否从对物的管理逐步转移到对人的管理上来，是衡量企业家素质优劣的重要标志。

汪海说："人是最复杂的，企业和社会一样，核心问题是人。管企业就是管人，'企'字去'人'则'止'，所以，管人是'高科技的高科技'。"他认为，人是兴厂之本，管理以人为主。企业发展的主要动力是企业的广大职工，在管理中充分发掘人的积极因素，对企业长远发展具有十分重要的意义。一个企业，要有效地进行人本管理，改变以往单纯依靠行政命令的管理模式，建立一套完善的管理机制和环境，尊重人、爱护人、理解人，使每一名职工由单纯的被管状态向创造性工作的主动状态转变，激励员工奋发向上，励精图治，充分发挥员工的积极性、主动性和创造性，才能使企业提高效率，实现持久健康的发展。

我国有许多企业，论设备条件、论厂房建筑并不算落后，却日益亏损。究其原因，就是违背了企业经营管理的运行规律，忽视了人的作用，把人的管理摆在次要的甚至是可有可无的位置。当提到以人为本的管理时，却把"以人为本"理解成"以人为成本"，着眼点往往落在低工资、少福利、慢增长、少用人，也就是如何节约成本上。

事实证明，坚持以人为中心的管理，依靠职工的智慧和才能去开拓市场，开发新产品，才会使企业无往而不胜。坚持以人为中心的管理，才是成功的关键。松下公司一向重视对人的管理，坚持以人为本，用"松下精神"培养忠于企业的意识，提高员工的合作精神和集团意识。松下公司创始人松下幸之助有句名言："企业最好的资产是人，松下公司首先是制造人的，同时也制造电器。"这说明了人在企业管理中的位置，把人管理好了，自然其他方面的管理也就得到综合提高。

汪海认为，人的管理是最复杂的高层次管理。无论多么精良的设备、多么先进的技术，如果没有高素质的职工队伍，一切都会大打折扣。他指出市场与管理是在"以人为本"基础上的统一，对企业管理要重视"以人为本。"

汪海解释说，管理中管理的主体是人，管理的对象是人和物，但对物的管理最终仍然体现为对人的管理；市场的外在表现形式是产品的流通和固定的场所，但市场实质上是由人的群体构成的，人群构成消费群，消费群构成市场。所以，管理和市场的核心都是要解决人的问题。于是，汪海提出："人是兴厂之本，管理要以人为主。"

为了管好人，汪海自1984年改革以来呕心沥血，苦苦探索，创造出了独具特色的双星"九九管理法"。汪海解释说：在人的管理上，双星人要达到三环、三轮、三原则。汪海用"三环"、"三轮"、"三原则"构成"管人"的经线。汪海用"三分"增活力（分级管理、分层承包、分开算账）、"三联"增实力（加工联产、销售联营、股份联合）、"三开发"增竞争力（人才开发、技术产品开发、市场开发）构成"管事"的纬线。经纬交织，形成了一个纵横交错，条理清晰的科学管理体系，做到了对人的科学管理。

"管理无句号"，汪海重视对人的管理。除了应用"九九管理法"，他还提倡在制度管理和权威管理的基础上用好道德管理。汪海说，再严密的制度，也有漏洞可钻；责任心再强的领导，也会有疏漏。管理的学问就在于，既要管又要理，要在"理"字上多做文章。要运用政治、制度、道理、感情、精神综合地进行人的管理。考虑到双星的员工队伍多是农民职工，为凝聚他们，汪海将佛教文化巧妙运用到对员工的管理中，明确提出"干好产品质量就是最大的行善积德"。教育员工自信、自律和爱业、敬业、乐业，使员工自觉将产品做好，拉近了企业和员工的距离。

汪海说，企业的发展在于人，企业要生产出优质产品，创造良好的经济效益，关键也是人。他认为只有把人、物、资金、情报四大要素有机地结合起来，牢固树立以人为本的管理思想，相互促进，凝聚人心，紧紧依靠员工，企业才能发挥其综合效能，才能兴旺发达，在市场经济大潮中才能立于不败之地，走上强盛之路。

三 不管黑猫白猫，抓住老鼠就是好猫

以人为本，充分调动人的积极性、主动性和创造性，首先就要会合理用人、善于用人。企业应根据每个职工的个性差异扬长避短，知人善用，为各类人才创造发展空间，这样才能形成集体优势，最大限度地发挥企业人才资源的潜能。

汪海在双星集团总部、生产基地大门口、双星连锁店门口，放的都是一黑一白两只猫的雕塑，以此来强调他的"猫论"理念。"不管白猫黑猫，抓住老鼠就是好猫；不管说三道四，双星发展是硬道理。对双星人来说，干出效益就是好'猫'。双星为每名员工创造了平等的机会，只要胜任、能干出成绩，农民工也可以当厂长！"

张盛莲是典型的农民合同工，在一次竞选中脱颖而出，被推选为双星鲁中公司制帮厂厂长。在以后的工作中，她勤奋敬业，非常珍惜自己的岗位。由她组织实施的"成本管理法"及"有效管理法"，一年即可为公司节能降耗上万元。在双星，像这样的农民合同工当上领导的为数不少。

汪海在用人观念上遵循了邓小平的"黑猫"理论，认为人人都是人才，并为员工提供了一个施展才华的平台，使每个人都找到适合自己的发展空间，使每个人的才能得以充分发挥。

"企业用人决不能'任人唯亲'，而要'任人唯贤'。"为发掘人才，用好人才，汪海实施"能者上，庸者下"，被人称之为"黑板干部"的用人机制。"不管什么工作，不管什么岗位，只要你能够干好本职工作，在每一件事上先做好，在每一个细节上先做好，处处都能体现出你的能力和水平，处处都能体现出你的才干和价值，这也是衡量大家是真有本事还是假有本事最好的'试金石'。"

汪海率先在国有企业中打破"铁交椅"，在用人方面引入竞争机制，为人才搭建一个充分施展其才能的舞台。20世纪80年代初期，当国有企

业都在按照国家统一计划模式选拔任用干部的时候，汪海以在职工中横行多年的"女皇"下岗为突破口，率先在企业内推行人事制度改革，将竞争机制引入人事改革，打破了干部和工人的身份界限，为有能力的人才开创了施展自己才华的平台。汪海在集团内宣布一条命令：双星的干部职工从今往后不再有界限，谁能耐大谁来坐"交椅"。而且这个"交椅"不再是铁的，而是活的，干得好可以留任，干不好就得由群众评议，厂里重新聘任。

汪海独特的用人思想，为双星员工提供了一个施展才华的平台，使大量人才在双星找到了适合自己的发展空间，并使自己的才能得到了充分发挥，真正做到了人尽其才，才尽其用。

四　尊重人、关心人、理解人、体贴人

日本著名企业家岛中川三部曾自豪地说过："我经营管理的最大本领就是把工作家庭化和娱乐化。"在《日本工业的秘密》一书中，作者总结日本企业高经济效益的原因时指出："日本的企业仿佛就是一个大家庭，是一个娱乐场所。"日本企业一个显著的特点是注重人情味和感情投入，给予员工家庭式的情感抚慰，这是日本企业在以人为中心的管理中的一种人性化管理。

所谓人性化管理，是在有严格的管理制度的前提下提倡"人性化"。它尤其强调在管理中既要体现制度化，也要体现人情味，让管理不再是给人"冷酷无情"的感觉。人性化管理在制度化管理的基础上渗透了"人性"的因素，将人视为管理的主体和核心，强调要了解人的特点，关注人的需要，开发人的潜能，从而使管理充满"人情味"和激励作用，更加容易被员工所接受。

汪海认为，对人的管理，不能只用一种办法或一把尺子。除了硬性规章制度的约束、道德管理的要求之外，还要有善意的说服教育，还要给他温暖，给他情感，做到"无情的纪律，有情的领导"。

"我在管理上是很严。谁违反了双星的法规，只要让我知道，我就要罚，亲儿子也不放过。当然，个人有什么困难的事，只要让我知道了，我就会关心、帮助人家。管人中，纪律和情是相对的，只有关爱人家，他才能理解你的严。管理高级动物不能简单化，如果简单化，这么一个集团早晚要失败。"1999年7月3日，汪海在接受美国某传媒公司库恩博士的独家

专访时这样说。

"企业管理人，首先要做到尊重人、关心人、理解人、体贴人。关心人、理解人就是设身处地、将心比心，这种能理解他人的人也是最伟大的人。"汪海主张在企业中要注重实施人情味的管理，"一个缺乏人情味的企业，人与人之间会变得冷漠和没有感情，人会失去激情和创造性。无情的纪律、有情的领导，严而有度、严而有情。"为了照顾好职工的生活，双星规定了三个"特别假"，一是正月十五元宵节全公司放半天假；二是八月十五中秋节放半天假；三是每年夏天运动鞋生产、销售淡季，给大家发一些补助，放几天旅游假或探亲假。更富有情趣的是，双星还有一个已经坚持了十多年的"三个一"制度，即每一位职工过生日，企业给该职工放一天假，赠送一个有"双星"图案的生日蛋糕，该职工为企业提一条合理化建议。

1986 年冬，双星为了抢速度，筹建出口鞋分厂，工人昼夜不停地工作。当汪海出现在工地时，发现有的工人有些慌张，对他躲躲闪闪。后来汪海才知道，有的工人为了御寒，偷着喝了点酒，违反了厂里工作时间禁止喝酒的规章制度。看着在凛冽寒风中顽强作业的几十号工人，汪海转过身厉声对党办主任说："还愣着干吗？你去给我买酒去！"又派人将厂里的后勤处长找来，把已经下班的炊事员叫来，马上给连夜突击奋战的工人们做热汤热饭。工人们个个感动得热泪盈眶。事后，一位工人说出了大家的心声："厂长这酒和饭，不仅温暖了俺们工人的身，也温暖了俺们的心呀！"在汪海的指示下，后勤部门每天夜间给工人送御寒的酒和饭，还特意给每个工人发了一件棉背心，使工人 15 天的设备安装任务，只用了 9 天就圆满完工。

汪海成功将"人性化"的管理理念应用到企业经营管理中，注重在制度基础上体现人情味，大大激发了员工的工作热情、责任感和主人翁精神，形成了"双星人齐心协力促发展"的火热局面。

五 事业要发展，人才早培养

一支训练有素的团队，对企业发展至关重要。人才作为一项最重要的资源，在企业中发挥着无可替代的重要作用。全面提高员工素质，不断培育员工成长和进步，关系企业发展的长远大计。

汪海认为人才对企业发展至关重要。"事业要发展，人才早培养，不培养人才，没有一定数量、一定素质和知识水准的人才，事业就不可能发展。并且在经过一个历史时期以后，人才的素质、水平不提高就会跟不上发展，事业就会停滞不前，甚至会倒退。"

"树百年品牌，建百年老店，首先就要抓好百年教育，抓好百年管理，这是双星集团总体的发展战略。"汪海说："抓不好百年教育，做不到百年管理，就无法提高综合水平，就搞不好市场经营工作。通过教育培训，在名牌发展高级阶段培养塑造一支'讲正义、树正气、作风硬朗、素质过硬、业务水平极强'的经营骨干队伍。做到了这一点，我们的经营工作才能够搞好，将双星打造成中国综合性制造加工业特大集团的宏伟目标才能够实现。"

汪海爱才，重视对人才的培养，并把培养高素质的人才作为企业管理的重要任务和目的。汪海认为，人才培养是企业最有价值的投资，通过教育、培训，不仅可以使员工的自觉性、创造性得到提高，而且可以增加企业的效益，使企业获益，更重要的是可以影响员工个人的能力、素质和发展前途，使员工终身受益。汪海对人才的培养真正体现出了"以人为本"的内涵。

"把企业打造成新型的'学习型组织'，营造浓厚的学习氛围。"汪海一方面通过聘请国外专家对技术人员进行技术培训、派员工赴国外考察学习等，来加大与国际同行业的交流与合作；另一方面号召员工积极参加培训、加强相互学习，让他们把实践中好的经验在学习中总结出来，把实践中缺乏的理论在培训中弥补回来。

为了打好双星名牌大发展的人才基础、思想基础和素质基础，建立一支适应双星名牌大发展要求的骨干队伍，汪海不惜下大力气进行全面、详细的部署，务求使全员上下通过培训达到"补课、挂钩、重点、创新、提高"这五个目的。

双星之所以成功，最重要的一个因素就是时时抓人才的培养。早在20世纪70年代末80年代初，黄解放鞋堆积如山、卖不出去的时候，汪海就开始筹备对人才的培养，强化生产计划，强化推销力度。在1984年、1985年，双星组织了共产主义学习班，由汪海亲自授课，对管理人员进行轮训，培养了一大批干部，现在很多中层乃至集团领导都是当时的学员。假如没有当年的共产主义学习班，双星可能就不会是现在的局面，事业可能成功，但不会如此蓬勃壮大，实际上共产主义轮训班为双星前十年的发展奠定了人才基础。

汪海通过举办培训班、职工大学等途径来提高员工素质，增强他们的基础文化知识和技术理论水平。他反复讲员工培训的重要性，使双星上下树立了人人都学习，人人都发展，员工与企业共生共兴，共同赢取市场竞争的胜利，共同创造双星企业的繁荣。

六 没有职工参与管理，只能是纸上谈兵

企业民主管理，是职工依照国家法律规定，行使自己当家做主的民主权利，通过职工代表大会或其他形式，对企业经济生活、政治生活、社会生活、文化生活以及其他事务实行民主决策、民主参与、民主监督的管理制度和管理方式。

1. 建立健全职代会制度，构筑职工参与企业民主管理的平台

职代会制度是职工行使民主权利的有效形式，是我国法律规定的企事业单位职工参与民主决策、民主管理、民主监督的基本制度。

汪海说："没有全体职工参与的企业管理，只能是空中楼阁，只能是纸上谈兵。"双星在汪海的提议下，成立了民主管理委员会，作为职工代表大会的常设机构，并让职工代表常年轮流脱产参与和监督企业管理。在大多数企业将职工代表视为"摆设"的今天，双星集团却三十年如一日请职工代表"当家做主"，赢得了职工的普遍称赞，取得了良好的经济效益。2007年以来，双星集团广大员工提出合理化建议8131条，采纳落实3427条，共实现小改小革2393项，创效益3350万元，挖掘出了蕴藏在员工中的巨大能量。

为切实保证职代会充分履行职责，双星把职代会作为组织职工参与民主管理、民主监督、民主决策的主要途径。为了强化职代会的职责和权限，双星把职工代表大会纳入制度管理，并定期召开职工代表大会，广泛征求职工意见，使每一项重大决策都有可靠的群众基础。同时，集团要求各基层单位开好民主生活会，做好民主评议，实施市场化竞争上岗制，主要厂长、技术人员上岗要答辩，职工代表采用无记名方式对其进行民主测评，以此决定干部的任免和奖惩。

双星轮胎公司就曾发生"员工免车间主任"的事情。该公司炼胶厂二车间的几位职工代表联名反映要求罢免他们的"上级"，原因是该"上级"担任车间负责人以来，车间管理水平整体下滑，产量质量不如其他车间好，

员工工资收入总是上不去。经过公司调查，发现员工反映的情况属实。于是按照员工的意愿，立即进行了竞选，选出了新的车间主任。员工高兴地说："以前都是当官的处理咱，现在有了职工代表，咱员工的腰杆也直了，当官的干不好，我们也能'罢免'当官的了。"

为调动职工直接参加班组的民主管理，双星还从体制和机制上为职工当家做主提供条件，推行了"市场化承包管理"，不仅大大调动了员工的主人翁意识，还使员工最大限度地实现了自我管理。通过职工代表大会，双星领导认真听取职工的意见和建议，接受职工群众的评判和监督，真正实行科学民主决策，减少和避免失误，从而大大推进了双星持续、快速、高效的发展。

2. 深化厂务公开制度，推动企业民主管理健康发展

双星集团通过广播、《双星报》、宣传栏等多种形式，把职工所关心的热点、难点、疑点，拿出来公开，真心实意地接受员工的监督，听取员工的心声，接受员工评议。

在推行厂务公开中，民管会首先把对中层领导干部的考勤作为第一炮来打，第一天就查出六名干部迟到早退，另外四名干部擅自离开岗位不知去向。民管会将考勤情况张榜公布，并对违纪的干部进行了通报批评。汪海强调，双星集团在公开问题上，要做到"三不怕"：不怕向职工亮丑；不怕职工说了算；不怕职工提尖锐意见。

实行民主管理是推动企业建立和谐稳定的劳动关系、构建社会主义和谐社会的重要方面。双星集团三十年来的实践证明，实行以职代会、厂务公开为基本形式的民主管理，不仅能够切实维护职工群众的合法权益，实现工人真正的当家做主，而且还能充分调动、保护和发挥广大职工群众的积极性和创造性，促进双星协调、快速、稳定的发展。

七　人管人累死人，文化
管人管灵魂

企业文化理论发源于日本，形成于美国，20世纪80年代中期传入我国。企业文化建设对于搞好、搞活企业，建立现代企业制度，推动现代化建设具有重要的意义。

企业文化是在一定的社会大环境影响下，经过企业领导的长期倡导和全体员工的积极认同、实践与创新所形成的整体价值观念、信仰、道德观念、行为准则、经营理念、管理风格以及传统和习惯的总和。企业文化一词可理解为，一个企业组织成员或者一种区划下的人群在精神气质方面的集体性特征，这种特征使之与其他组织或人群区别开来。

汪海认为，一个企业的发展离不开相应的企业文化，而企业文化的建设又能够有效地促进企业的发展。以人为本的企业文化，可以增强企业的凝聚力和战斗力，提高广大职工的文化素质，有助于各种人才的成长、企业管理观念上的更新和企业形象的树立。他提出："人管人累死人，文化管人管灵魂"、"文化管理是最顶尖的管理"，创造出了独具双星特色的企业文化理论。

汪海说，只有让员工认同、接受双星独特的思想文化，将企业的价值观和企业精神融汇在自己的头脑中，他才能领悟其中的精髓，才会在工作中自觉去实践、贯彻其中的思想，最终成为日常工作的习惯行为，形成双星人的独特气质。

汪海狠抓"以人为本"的管理，创造性地提出"文化管人管灵魂"。他强调："没有文化的企业是没有希望的企业。"正是基于这一认识，他下大力气抓员工素质形象的塑造，不断开展对员工有关党的优良传统、民族传统文化的教育，培养员工"艰苦创业的精神、无私奉献的精神、顾全大局的精神、雷厉风行的精神、从严治厂的精神"的教育。同时，还利用座谈会等多种形式广泛开展"爱岗位、爱双星、爱行业"的集体主义精神，"人在双星自豪，干在双星光荣"的荣辱观、价值观等系列教育活动，使职工无论思想观念、思想觉悟，还是生产经营积极性、主人翁责任感，都发生了巨大变化，收到了十分理想的效果。

近几年，双星大力实施资本运营战略，连续兼并多家企业，如四川成都红旗橡胶厂、张家口五环制鞋股份有限公司、河南通达鞋业公司、贵州永力橡胶厂等濒临亏损或已亏损企业。在双星文化的熏陶下，这些企业都获得了新的生机。被兼并的企业，人还是那些人，设备还是那些设备，却因为有了双星文化理念，其人员素质和精神面貌、产品质量产生了飞跃。

双星通过以人为本的企业文化建设，增强了企业职工的自豪感、荣誉感和使命感，大大强化了职工的向心力和凝聚力，营造了浓厚的双星企业文化氛围，推动了双星的蓬勃发展。

八　只有把人放在第一位，
企业才会有更大发展

"人本"思想是汪海企业管理思想的核心和主要内容。从他的以人为中心的管理，到人才培养机制、用人机制的建立，再到员工民主管理和企业文化建设，无一不包括其独特的"以人为本"理念。正如他自己所说："人是兴厂之本，管理以人为主。只有把人放在第一位，企业才会有更大发展。"

汪海的人本思想具有自己的特色。首先，他改变传统企业管理中把人作为成本的观念，重视人在企业中的作用，大力培养人才、尊重人才，给人才以充分施展才华的舞台；其次，他充分认识到员工在企业中的主体地位，在以人为中心的管理基础上，实施人性化的管理，使员工在物质与精神上都感受到企业的人性关怀，从而极大地激发了员工的活力与创新思维；再次，在企业内部实施民主管理，成立民管会，深化厂务公开制度，听取职工群众的心声，接受职工群众的监督、评议，极大地提高了员工参与管理的积极性，使企业形成了强大的凝聚力；最后，重视企业文化的培养和日常经营工作的紧密结合，注重对员工进行党的优良传统、民族传统文化、艰苦创业、无私奉献精神等一系列的教育，培养了职工的认同感、整体意识和进取意识。

汪海"人是兴厂之本，管理以人为主"的人本思想，是双星在当今竞争激烈的市场经济条件下取得繁荣发展的关键所在。它将人的发展和企业的发展相结合，重视人在企业发展中的作用，营造出人和企业和谐发展的氛围，极大地增强了职工作为主人翁的责任感、紧迫感和企业的凝聚力、向心力、战斗力，形成了独具双星特色的企业管理理论。

（撰稿：张春艳）

个性是企业家的标志

——论汪海的"三性"思想

汪海推崇作为企业家应有的个性，然而现实生活中，对企业家的个性却存在一些不正确的认识。汪海说，说到个性，即便是在今天，我们也常常将它贬义化，一是将它与骄傲自满画等号，认为有个性的人就是不虚心，就是不好管，就是不听话；二是将它视为蛮干、胡干、乱干的代名词，因为有个性的人走的都是前人没走过的路，做的都是前人没做过的事。正因为人们对个性有着这两种世俗的偏见，而且在理解上有着如此大的偏差，所以个性往往给人带来不好的影响，甚至使其成为社会上最吃不开的人。

一　个性是企业家成功的关键

汪海对个性的理解是，个性是个人特有的能力、气质、兴趣、性格等心理特性的总和，是在一定社会环境和教育的影响下，通过长期的社会实践逐渐形成和发展起来的。个性不光有以上解释所赋予的含义，它更是一个人与生俱来就有的性格和秉性，就是骨子里头就要和别人不一样，像反思维、实事求是、敢为天下先等都属于个性的范畴，而这些恰恰是一个人走向成功的基础。将个性与不听话、骄傲自满、蛮干、胡干、乱干混为一谈是极其错误的，也是不公平的。

个性化的东西是一个人才能和智慧、职位和才干的体现，它不光要求你具有超前意识，更要具有冒险精神，其目的就是为了创出一番事业，走出一条新路，体现自身价值。个性绝对是一个企业家能否走向成功的关键所在。企业家与政治家、军事家是可以相提并论的。因为他们身上不仅具有指挥千军万马的共性，更有不断否定自己、不断超越创新的个性。想别人没有想过的事，做别人没有做过的事，应是企业家个性很重要的特点。

双星能够走到今天，可以说是汪海鲜明的个性在实践中的极大成功。

二　敢为天下先

汪海个性的特点之一是果敢，果断和勇敢，勇敢并有决断，看准了就干，表现在现实中就是敢为天下先，创造了无数个"第一"。

双星度假村的双星山上的双星塔，第一层飞檐翘角，是中华民族传统建筑风格的展现；第二层嵌了一圈双星标志，体现双星精神；第三层是长城的造型，展现民族精神；第四层是大鹏展翅的形象，预示着双星和中华民族一起腾飞；双星塔的顶端是个皇冠帽子，象征着双星昂扬奋进，在市场上夺冠。双星塔有别于中国任何一座古塔的样子，在世界上也是绝无仅有的，这种古怪的样子被人称为"四不像"，这就是创新，也是敢为天下先的另一种体现。看了双星塔，人们对双星的精神将有所领悟：双星精神就是牢牢地扎根中华文明的基础上，高举民族的旗帜，要建成像长城一样让人骄傲的坚固品牌，进而在全球夺冠。双星塔的"四不像"正是双星创新精神的体现，也是汪海创新精神的体现。

双星总部门前有两只猫的塑像：一只黑猫，一只白猫，站在双星鞋上；一只鞋上写着"不管白猫黑猫，抓到老鼠就是好猫"，另一只鞋上写着"不管说三道四，双星发展是硬道理"。白猫张着嘴，只会说三道四、不干实事，老鼠在嘴边上也视而不见。而黑猫不仅脚下抓着老鼠，还昂起头看着前方。双星猫有很深的寓意，说明汪海最为推崇的是邓小平"不管黑猫白猫，抓到老鼠就是好猫"的理论：每天上班最先看到的是"猫论"，促人脚踏实地地干活；回家时，看见"猫论"，提醒人反省自我，今天是否抓到了"老鼠"，是否脚踏实地认真做事。黑猫是汪海精神的写照，脚踏实地做事，取得成果仍不满足，昂首望着前方，表达一种永远进取向上的精神。黑猫脚下的鞋上"不管说三道四，双星发展是硬道理"的语句，既有对夸夸其谈、说三道四的不屑，又有对邓小平"发展是硬道理"的深刻理解，一心一意考虑双星的发展。

按中国的传统，人们一般在门前放石狮子把门，威风凛凛，忠心耿耿。关于狮子把门，中国有狮子对刘邦有救命之恩、刘邦把狮子封为守门大将的传说。石狮子把门流传久远，是中国传统文化的标志之一。汪海与时俱进，让狮子下岗猫上岗，具有时代气息，很有创意。

像这样的例子很多，正是这种敢于天下先的性格使汪海具有创新思维，带领全体职工创造出双星的名牌，一次次抢占市场的先机，从胜利走向胜利。

汪海这种性格的形成与他的生活经历有很大关系。他从小生活在微山湖边，母亲自强不息的性格对他有很大影响，而父母的无比疼爱养成他无拘无束的天性。从小就是孩子王和儿童团长，培养了他的自信和决断能力。儿时的将军梦让他崇拜英雄，战场的炮火洗礼养成他置生死于度外的气魄。虽然由于种种原因，汪海没留在部队，将军梦最终破灭，但是这些经历都在他的性格中留下了厚厚的积淀，为他作为一名企业家在市场上拼杀，成为市场上的"将军"奠定了成功的基础。

三 求真务实

汪海的性格特点之二是求真务实。这种性格使汪海脚踏实地，"实事求是"。汪海说过要"客观地想，认真地做，科学地创，务实地干"，这里的客观、认真、科学、务实，都是实事求是的表现。汪海说过五句话："官场说假话，会场说空话，酒场说套话，舞场讲情话，市场说真话。"他认为官场说假话、会场说空话，不仅是社会上的一些不良现象，而且是中国目前很危险的现实。至于酒场说套话、舞场说情话就更普遍了。而双星十几年来在市场经济中从理论到实践不搞空架子，讲真话、讲大实话，在实事求是的原则下不断树立新标准、新的奋斗目标，让员工实现他们的理想；不唯书、不唯上、只唯实，能够把握社会的发展规律，能够根据当时的历史条件和社会背景作出正确、超前而又果断的决策。尽管当时他们的所作所为不被人们所理解，但后来发展的事实证明他们是正确的，而这恰恰是他们能够高人一筹、能够取得成功的关键之所在。

汪海的敢为天下先正是立足于实事求是的科学决策，只有这样每次敢为天下先才能真正获得成功。1983年，他宣布三年后老产品黄胶鞋在总厂生产线要全部"退役"，是因为他知道当时全国有大中型胶鞋企业二百多家，实力都相当雄厚，而南方珠江三角洲地区个体的、集体的、合资的制鞋企业已发展到3000多家，仅深圳地区就有2400多家，数量还在继续增长，温州一带更多，而且在推出新产品的技艺和速度上技高一筹。在这种格局下，全国鞋的年产量已达到10亿双，橡胶九厂要想真正走出困境，必须另辟蹊径。他在乡镇建分厂的决定当时被人骂为"卖厂贼"，党中央提出企业横向联合后，人们才恍然大悟。

1993 年，双星实施"东部发展、西部开发"战略，9 月 9 日在山东沂源县建起鲁中公司，1996 年在沂水县建起瀚海公司，标志着双星"出城下乡上山"战略大转移进入了"西部开发"的阶段。之所以进行产业大转移也是立足于实事求是作出的科学决策。汪海说："并不是我对上山有瘾，是市场规律、经济规律逼的啊。""咱这么搞，是形势发展的必然趋势。以前，发达国家的制鞋业为什么向第三世界转移，因为制鞋业是劳动力密集型产业，手工操作太多。随着经济的发展，成本也越来越高，他们干不起了。而目前在中国，制鞋业正处在上升时期，如果把眼光放在十年后去看，它会是什么样子的前景呢？假若我们现在不赶快从城市跳到农村，就会一年比一年被动，等危机出现时再跳，那就为时太晚了。所以，我们往沂蒙山转移就是一步到位。"由此可见，汪海是根据世界制鞋业发展大势作出的决定。汪海这一决策当时被人认为是瞎折腾，后来的事实证明汪海的决策是十分正确的。

汪海作重大的决策实事求是，做思想管理工作也实事求是，从职工思想现状出发，提出最能深入人心的口号，发挥巨大的精神力量。汪海提出"干好产品质量就是最大的行善积德"，就是如此。汪海说："随着我们事业的发展，企业职工队伍的结构发生了很大的变化，农民合同工已占了百分之九十多，职工与企业的关系与计划经济时代不可同日而语。那个时候，工人是主人，工人阶级是社会主义乃至共产主义事业的领导阶级，你口号喊得再响亮都没关系。但今天，我们百分之九十的合同工来双星的目的，就是打工挣钱，所以，你再告诉他干好质量是为了全人类的解放，为了共产主义的远大理想，那就不现实了，离他的人生目标太远。中国是个伦理社会，尤其是农村祖祖辈辈传下来的价值观就是人要行善、有德行。如果你被人骂一句缺德的话，那就是很严重的问题，证明你这个人在人群中、在社会上已没有什么价值可言了。所以我们用中国传统的道德观念来教育和约束员工，他们也乐于接受。'干好产品质量就是最大的行善积德'，这个标准看上去似乎定位不高，但是我们求真务实的定位，却激发了职工们人心向善这一最本质的精神追求。"

双星度假村有一座寓意深刻的建筑，汪海总裁称之为"蜗牛"。双星人崇尚蜗牛精神，其实这也是汪海务实精神的缩影，脚踏实地，一步一个脚印地实干，持之以恒，十分执著，无论遇到什么狂风险浪，都会向着目标前进。汪海对于事业到了痴迷的程度，在广州大街上跟着姑娘盯着人家脚上的鞋看，把姑娘吓得直跑，等姑娘知道是因为看她的鞋样子好看，才松了一口气；在沂蒙山区坐着吉普车，看见老汉鞋底是用汽车轮胎做的，急忙叫停车，由此产生灵感，做出适应山区耐磨的牛筋鞋。按开发部主任沙淑芬的话说，双星开发出那么多品种的鞋，80%是汪总的创意，20%是设计人员在技术和颜色搭配上的发挥。正是汪海这种务实的精神才使双星每个产品的诞生，都能满足人们的审美要求和适应市场的需要，从而占据市场，成为一个个人们交口称赞的产品。

四　市场炼忠魂，事业见真人

汪海的性格之三是讲诚信。同汪海接触，最大的感觉是他非常真诚。汪海从中国民族传统的优秀文化中吸取丰富的养料，养成了讲诚信的性格特点，他还把儒家的"诚信"用在企业经营管理上，提出"市场炼忠魂，事业见真人"的口号。他认为欺骗、讹诈、弄虚作假的奸商可以得益于一时，但绝不能长远，终有一天会遭人鄙弃。"市场炼忠魂，事业见真人"就是强调忠实、真诚、正直和有信誉的品行。汪海说："孔子曾说：'君子诚以为贵'。你只要对别人以诚相待，凡事不掺假，实事求是，你就能得到别人的信任和器重，也终有一天能在市场上取得成功。再一点，做事要有原则，遵守信义，如果口是心非，表里不一，攀附权贵，背信弃义，那自然会失去信誉。在市场上信誉是一个经营者最重要的无形资产，是无法用金钱来衡量的。凡是失信誉的人可以说是最大的失败者。所以忠实、真诚、正直、有信誉是经营者在市场上的道德标准，也是一个人之所以为人的基本道德标准。"

汪海在双星集团"诚信质量表彰大会"上说："诚信是一种勇气，是一种高尚的境界。每一个双星员工都要结合市场，结合管理，将诚信落实到平时的工作中，做到'诚信在机台，诚信在岗位，诚信在每一天'。"

汪海讲诚信最终落实在产品的质量上，双星抓质量有完善的制度和方法。讲诚信还表现在真诚对待每一个客户上。20世纪90年代末，他回信给购买双星鞋的每一位反映问题的老客户，对质量上出现的问题真诚道歉。河北一位顾客因买不到儿子穿的特大号鞋，向素不相识的汪海写信求助，很快得到回复，几天后收到邮寄来的特大号鞋。

汪海讲诚信赢得了社会和集团内部的广泛支持，赢得了广大客户，迎来了四面八方大批真诚的合作者。正因为如此，双星的事业越做越大，永无止境。

五　我汪海就是双星的"中将"

汪海性格特点之四是机智幽默。这种特点使他不管在任何场合都能应对自如，游刃有余，既有大将风度，又有亲和力。如他对"双星"含义的解释就是这样。早在1983年厂里开发新产品时，他提出用双星牌，双星的含义是：一颗星是物质文明，一颗星是精神文明。双星在两个文明建设中发展壮大。后来在市场上碰到顾客问，他随机应变："年轻人穿了是明星，老年人穿了是寿星。"再后来，他向朋友们解释：双星是两颗星，中将肩上也是两颗星。从个人来讲，我汪海就是双星的"中将"，带领着商战中的双星野战部队闯市场。一位加拿大鞋商指着鞋上的双星商标不解地问："一个圆圈两颗星，是什么意思？"汪海灵机一动脱口而出："你看，这圆圈是地球，两颗星意味着东半球一颗星，西半球一颗星。"他进一步发挥道："我们东半球这颗星已经很亮了，现在你们西半球这颗星也要亮了。双星最终将照遍全球！"第一种解释有政治的含义，让人感到双星讲政治；第二种解释是一种广告语言，给人留下深刻的印象；第三种解释反映了汪海的将军情结，同时也说出了商场如战场的实情；第四种解释反映出汪海的民族自豪感。这都是汪海的心里话，是体现着机智幽默的个性的真情实感。

在纽约开记者招待会，面对记者刁钻的提问，汪海机智地"脱鞋打广告"的举动引起震动，大长了中国人的志气。在德国杜塞尔多夫第124届国际鞋业博览会上，面对中国双星鞋文化表演后收到二百万订单的火暴景象，《欧洲鞋业报》的总编辑对汪海感慨地说："过去中国人到欧洲做买卖，中国是兔子，欧洲人是蛇。蛇吓唬兔子，兔子吓得发抖，跑不动了。今天你们双星人来这里，让我感到中国人是蛇，我们欧洲人成了兔子了。"汪海对他的所谓"兔子与蛇"的比喻不以为然，说："先生，你的比喻不恰当，你难道不知道中华民族是巨龙吗？"对方回答说："我知道，那是一个很美丽但也很可怕的图腾动物。"汪海说："我汪海本人也是属龙的。"实际上汪海恰恰是属蛇的，但在中国蛇被称为小龙，在这个场合他认为自己代表中国，代表龙的传人。于是，他理直气壮地说："你看，我们是龙，你怎么能用蛇来相比呢？"总编辑竖起了大拇指："中国龙，了不起啊！"汪海的回答既在意料之外，又在情理之中，反映了汪海的机智和强烈的民族自尊心和自信心。

汪海成为中国"鞋王"并名扬海外后，美国一家著名鞋业公司老板以重金相请，他坚定地回答："我是中国人，我要为自己的祖国干。"美国老板进一步劝谏说："汪海先生，等你退休后能否来本公司任职？"汪海哈哈一笑："我要活过九十九，干到八十八，再补十年差。"这看来是一个幽默，但幽默之中传达了汪海坚决拒绝的信息，这比严词拒绝的效果要好，因为这不伤害同行之间的感情。

六　汪海生活中的加减法

汪海的个性特征之五是心胸开阔，非常达观。汪海成了名人，也成了人们议论的焦点人物，谣言很多，汪海都置之不理。汪海生活中的加减法也是一种达观的表现。对付出和得到不平衡的问题，汪海想得很开，主张大丈夫在事业上应该有抱负，抱负在事业上越大越好，要有为国家为民族干一番事业的雄心壮志，这是加法。在收入方面与富有的人比就会产生不满足，但是要看到周围还有许多比你差的人，静下心来一想，觉得自己过得还不错，得到的比别人还好，而且生活得非常有意义。就像俗话中说的：人家骑马我骑驴，回头看看还有推车的人。比上不足，比下有余。所以不要老想着你得到了多少，人生的乐趣还在于你为这个社会付出了多少。一个人的日常生活需要是多少呢？俗话说，家有良田万顷，日食不过一升。我再加上一句：你纵有广厦万千，睡觉也只占六尺之床。还怎么样呢？小康水平就行了。这里说的是生活中的减法。

汪海说："人在这个世界上不可能享有所有的东西。任何事物都是有代价的。要有得有失，才能平衡。关键看你追求什么，你的价值观是什么，在事业和利益面前取什么、舍什么。人赤条条来到这个世上，死了也不能带走任何东西，看透了这一点，也就没有什么可抱怨的了。尽管你干事业遭到人们的争论，这只是树大招风，说明你的存在价值，说明你非同一般，不然他们争论你干什么？想到这一点，我觉得相当有乐趣，而且在每个时期、每个阶段，社会上总是把我拿出来研究，拿我作一个例子，当好的典型也罢，作为一个焦点来争论也罢，我觉得这样活着也挺有意义。"正是这种达观的性格，使汪海历经风雨更加坚强。

所有的个性特征在汪海身上都有相辅相成的作用，果敢、敢为天下先以求真务实为基础；敢于决策以科学决策、善于决策为前提，保证了决策的正确；求真务实、科学决策以敢为天下先、敢于决策为先导，又保证了决策快速落到实处。"讲诚信"赢得了顾客、赢得了合作者，是汪海的事业不断扩大的保障。机智幽默使汪海富有人格魅力，他在把被动的棘手态势用机智和幽默转化为主动、对自己有利的态势的同时，又不让对手感到很为难，这是他作为指挥若定的市场上"将军"的过人之处。心胸开阔、达观，使汪海能够正确面对得失，正确面对非议，正确面对挫折，从而摆脱人生不尽如人意带来的烦恼和困惑，保持一种良好的心态和勇往直前的气概。汪海作为企业家之所以成功，双星集团之所以长盛不衰，从汪海的个性里人们不难得出答案。

七　无情的纪律，有情的领导

汪海是一位讲"人性"的企业家。汪海说：谈到人性，我们就不能回避一个"私"字，一个"情"字，而这往往又是人们最忌讳、最不愿意谈的，甚至感到最神秘的东西。企业家要讲人性，因为人是一个有着丰富情感的高级动物，所以对人的管理，就不能只用一种办法或一把尺子。除了硬性的规章制度的约束、道德管理的要求之外，还要有善意的说服教育，还要给他温暖，给他情感，做到"无情的纪律，有情的领导"。

所谓有情的领导，就是尊重人、关心人、理解人、体贴人。关心人、理解人就是设身处地、将心比心，这种能理解他人的人也是最伟大的人。因为我始终认为，对一个企业的领导者来讲，真正的考验是看他是否具备一颗同情心，能不能做到换位理解，遇事有没有设身处地为他人着想的能力。如果具备这些素质，就是一个好领导，他所领导的企业也必将是一个好企业；否则，他领导的企业就搞不好，就是一个缺乏人情味的企业，而且人与人之间也会变得冷漠和没有感情。在"情"字当中要有一个信誉和信任问题。

汪海正是这样一位善于体谅别人，尊重人、关心人、理解人、体贴人，充满人情味儿的企业家。在20世纪80年代中期，在改建出口鞋分厂的时候，当时厂房还没有盖好，又是初冬季节，为抢速度，就让改建厂房和设备安装两个工程同时进行。一天夜里，寒流来了，汪海惦记突击干活的工人们，到工地一看，厂房没有窗户，寒风直往里灌，冻得人直哆嗦。工人们为了抗寒，违反了厂里工作时间严禁喝酒的规定，偷着喝酒了。汪海发现之后很体谅工人的处境，不仅没有批评工人，反而让党办主任去买酒，让后勤处长把下班的炊事员找回厂里，马上给突击干活的工人们做热汤热饭。这让几十名工人感动得热泪盈眶。

　　每逢佳节倍思亲。八月十五，职工归家心切。早在 20 世纪 80 年代，双星就放半天假，让大家早早回家与亲人团聚。1990 年，有位老工人元宵节请假，与专程从北京赶回来的女儿团聚，由此汪海想到了全厂职工，双星又多了半天假。另外，双星还在生产销售淡季分期分批给工人放探亲假、旅游假。开始这被上级视为无组织、无纪律，后来作为经验向市里的工作部门作了专门介绍。还有"三个一"制度：在职工生日这天，企业赠送一个有双星图案的生日蛋糕，放一天假，并要求职工在过生日的这一天给厂里提一条合理化建议。招工照顾职工的亲友，解决职工的后顾之忧，汪海认为，只要引导好这就是一种动力和凝聚力。从人性出发，外派人时，鼓励夫妻俩一块去。

　　汪海提倡"换位思维"。其实质就是身处社会这个巨大的关系网络中，人要正确地认识自己，正确地对待他人，以及正确地处理人与人之间的关系，以达到调整自我，求同存异，和谐群体，形成合力的目的。一个企业就像一个大家庭，在众多家庭成员之间不可能没有磕磕碰碰，这就需要人人有识大体、顾大局的精神，将心比心，设身处地地想想别人。这种换位思维能够促使人们在家庭、社会和工作中，在心理的天平上不断调整自己的位置，以达到人与人之间（官与官、民与民、官与民）的相互沟通、相互谅解、相互包容，从而为道德管理铺平道路。

　　无情未必真豪杰。汪海正是因为是一位有人情味儿的领导，所以才深得广大职工的喜爱。

　　汪海认为作为一个企业家必须注意克服人性的弱点。在男女问题上，男人要有志气，女人要有尊严。他很看重女性的人品，首先尊严两个字应该是女性坚守的。而男人必须有志气，男人的志气，除了要干事业外，在女性面前也要有志气。汪海说，男女之间，异性相吸是自然规律，但如果你要是贪色，那么你的事业就有可能失败。不管什么时候，人的精力是有限的，你的事业对你的要求，需要你不断地去探讨，不断地去提高。所以你必须要投入更多的精力，否则就不可能往前走了，所谓的成功也就会昙花一现。汪海认为，人最容易被"财"打中、被"色"击垮，因为装错了腰包、上错了床而身败名裂的企业家不是没有，所以在感情问题上，关键就看你能否保持清醒的头脑。在人性的处理上，不讲名、不讲利、不讲情是不现实的，关键是如何平衡把握好这个问题。

　　人性的另一弱点是都愿听别人说自己的好话，在这一点上汪海保持着清醒的头脑。他说："现在有些赞扬的话我真不愿意听，听多了浑身感到不舒服，很反感。我也明白这些话有真的也有假的，其中大部分是假的，也用不着去刺激他们，让他们下不了台。我认为爱听奉承话的人一般都是缺乏自信的人，因为他需要用别人的嘴来肯定自己，他越需要别人的肯定，也就越容易被别人左右，在一片颂扬声中不知不觉地进入别人为他设下的圈套，从此画地为牢。这似乎是一个规律。所以，人活在世上，不管你做了什么，都要对自己有一个正确的估价。这个正确估价就是要在自我肯定的同时，又要了解自己的差距，能够了解自己差距的人才是聪明人。如果不能保持清醒的头脑，听到一片赞扬声就昏昏然，必然导致走下坡路，导致事业的失败。"从这个意义看，有人说汪海搞个人崇拜起码是不符合汪海的思想实际的。

八 个性、人性和党性

汪海同时又是一个注意讲党性的企业家。他说，所谓"党性"，从大的方面来讲，是阶级性最高、最集中的表现，是执政党的一种政治纲领和政治需要，具体到共产党而言，就是无产阶级阶级性最高、最集中的表现。比方说共产党提出的"无私无畏、勇于奉献，为共产主义奋斗终身"等，都是为了政治需要所确定的目标，尽管不是每个人都能达到的，但却是所有共产党人的努力方向，这就是党性。从小的方面来看，就是我们常说的标准、原则和立场问题，就是看你在处理问题时，是否坚持了原则、把握了标准、站稳了立场，做到了，就坚持了党性；做不到，就丧失了党性。尤其是当党性与个性和人性发生冲突时，取舍哪一方是衡量一个人自身素质很重要的尺子。个性和人性一旦超越了党性，就必然会有失误、要犯错误。企业家要讲党性。

从大的方面来看，汪海把名牌意识与爱国联系起来，把双星名牌与精神文明、物质文明联系起来，把重振民族精神与壮大中国的经济联系起来，汪海提出的"三民主义"——民族精神、民族品牌、民族企业家——所体现出的强烈的民族责任感和爱国主义精神，就是讲党性的最好体现。从具体事例来说，在 2006 年 9 月 4 日纪念双星 85 华诞之际，汪海带领模范职工到天安门广场观看升旗仪式，让职工感受名牌效应和爱国主义的信念，对职工进行爱国主义教育就是讲党性的最好体现。从日常工作来说，汪海讲原则，敢于与旧体制、旧意识以及腐败势力一级一级地斗，毫不妥协，对违反原则和规定的人和事不讲情面，不怕得罪人，敢于坚持原则秉公处理，就是讲党性的最好体现。对汪海来说，个性、人性和党性三者是并行不悖的。

正如汪海所说，个性可以推动人类发展，社会进步；人性可以体现善良友爱，凝聚人心；党性则是确保人性和个性有序发展，不越界、不犯法、不出格的保证。作为企业家要认识到党性、个性、人性三者之间相辅相成、不可分割的整体关系，努力平衡、把握好三者之间的关系，在为党的事业奋斗过程中，真正体现出自己的人生价值。如此，方能成就企业家的长寿。汪海正是这样一位成功的长寿企业家。

（撰稿：何德功）

做市场企业家

——论汪海的企业家思想

一个杰出的企业，必定有一个杰出的企业家。双星集团是在汪海的领导下一步一步发展起来的。谁都不能否认，没有汪海，就没有双星。汪海是双星的领导核心。双星的广大员工在30年的改革过程中，正是紧密围绕在这个核心周围，克服重重困难，才造就了今天的双星王国，赢得了今天的辉煌。

那么，汪海为什么能够披荆斩棘，所向披靡，不断前进，不断成功，成为中国企业家中的"常青树"和"常胜将军"呢？世界著名的成功学大师拿破仑·希尔说得好："思考的力量是人类最大的力量，它能建立伟大的王国，也可使王国灭亡。所有的观念、计划、目的及欲望，都起源于思想。思想是所有能量的主宰，能够解决所有的问题。如果你不学习正确的思考，是绝对成就不了杰出的事情的。"

可见，汪海所以能不断前进，不断成功，虽然有多方面的原因，但主要的原因归根结底来源于他的思想，特别是他的企业家思想。本文试图从汪海三十年的改革实践和经验中，对汪海的企业家思想进行挖掘、梳理、诠释和升华，使其成为中国企业家共同的精神财富，进而造就出更多的汪海式企业家，打造出更多的双星式企业。

一 我把自己定位为职业企业家

国内外众多成功企业家的经验都证明，要做一个成功的企业家，首先必须给自己确定一个"明确的定位和远大的目标"，这是企业家取得成功的首要条件。汪海就是一个典范。

中国改革开放的30年，也是双星改革进市场的30年。在领导双星改革进市场的 30 年实践中，由于种种原因，汪海曾经被戴过 30 顶贬义的"帽子"。但是，双星改革进市场 30 年的辉煌成就证明，汪海的一系列新思想、新观念、新决策、新战略都是正确的，都是适应市场新时代的要求的。因此，汪海又赢得了 10 顶舒心的"帽子"，即全国首届优秀企业家、市场将军、山东怪杰、崂山奇人、职业企业家、长寿企业家、世界风云人物、终身总裁、红帽子、鞋匠。

然而，在这 10 顶舒心的"帽子"中，汪海给自己选的"帽子"是："我把自己定位为职业企业家。"而且，他在许多大会上公开宣布："我不进官场走市场。"当有人推荐他去担任主管工业的副市长时，他婉言谢绝了。他说："我就是干企业的。"他给双星确定的市场目标是："立足山东，面向全国，冲出亚洲，走向世界。"正是这些明确的定位和远大的目标，既给汪海提供了源源不断的动力，也保证了汪海能够将他的不懈动力始终用于实现他的定位和目标，这就从根本上保证了他的成功。

还是拿破仑·希尔说得好："你必须知道自己的一生想要追求什么，下定决心得到它。一心一意地专注于你的目标，才能确保成功。思考并且规划你想要追求的目标，完全不去理会其他干扰。这就是所有成功人士所遵循的公式。"显然，汪海就是这些成功人士中的一位杰出典范。

那么，究竟什么是企业家呢？曾经做过多位美国总统顾问、有"现代管理之父"之称的彼得·德鲁克在《创新与企业家精神》一书中对企业家的定义是："企业家是那些愿意把变革视为机会并努力开拓的人。"按照这个定义，汪海应该是当之无愧的企业家。汪海说："我给自己投两票，一票是优秀共产党员，为国家解决了十几万人的就业吃饭问题；另一票就是职业企业家，为国家创造了双星这块牌子。"他以"国有企业负责人的身份"切实地履行着市场经济下"职业企业家"的义务。这顶"职业企业家"的帽子是汪海做人操守的明证，他无愧于中国最好职业企业家的称号。他还被职工推举为"终身总裁"，成为中国企业家第一人。

二 自己拿自己当骨干

汪海给自己的定位是做"职业企业家"，给双星确定的市场目标是："立足山东，面向全国，冲出亚洲，走向世界。"那么，是谁指示他确定这样的定位和目标呢？又是谁督促他实现这样的定位和目标呢？汪海 30 年的成功实践告诉我们，他所以确定这样的定位和目标，既不是上级领导的指示，也不是广大员工的建议，完全是他自己的决定。那么，他为什么要给自己确定这样的定位和目标，并且能够持之以恒地去实现这样的定位和目标呢？让我们先看看世界著名成功学大师的论述，就会找到深层次的原因。

成功学的奠基者和第一代宗师、钢铁大王安德鲁·卡内基曾告诉拿破仑·希尔："有两种人绝不会成大器：一种是除非别人要他做，否则绝不主动做事的人；另一种人则是即使别人要他做，也做不好事情的人。那些不需要别人催促，就会主动去做应做的事，而且不会半途而废的人必将成功。"这种人懂得要求自己多付出一点点，而且做得比别人预期的更多。换一句话说就是，这种人具有个人进取心。

那么，什么叫个人进取心呢？成功学的集大成者、第二代宗师拿破仑·希尔说："个人进取心是不需要别人提醒，而能主动地去做需要做的事情。虽然这是人的各种个性中最优秀的一种素质，但也是许多人忽视的一种素质。进取心是一种极为难得的美德，它能驱使一个人在不被吩咐应该去做什么事之前，就能主动地去做应该做的事。"

由上可知，汪海所以要给自己确定这样的定位和目标，并且能够实现这样的定位和目标，深层次的原因就来自于他的旺盛的个人进取心，而"自己拿自己当骨干"这句他经常谈的口头语正是这种个人进取心的集中体现。

个人进取心与人类的关系，就好像是蒸汽与火车头的关系，它是行动的主要推动力。个人进取心是发动所有行动的内在力量，它是促使行动贯彻始终的力量，也是使人从想象转化为行动的发动机，是个人实现目标的必不可少的要素。归结为一句话，个人进取心事实上就是一种自我激励的力量。只要有了这种力量，你就可以将自己的各种梦想、理想、希望、欲望、目标等内心的追求，转化为实际的行动，并且能够贯彻始终，坚持到底，直到实现自己的追求。汪海就是这样的杰出典范。

例如，在进入市场初期，双星"自己给自己出题目"，创出了名牌；在遇到困难时，"自己拿自己当骨干"，渡过了难关；在面对挫折时，始终"自我感觉良好"，调整了心态；在取得成绩时，"自己跟自己过不去"，获得了发展；在创出名牌时，"自己给自己加压力"，取得了成功。从而使得拥有6万名员工的双星，在遍布全国各地的近50家生产厂都是一套管理，都是一个模式，从而做到了"只有没管好的企业，没有管不好的企业"。

再如，双星老厂所在的街区，原来叫做"西大森"，社会治安状况很不好，厂里女工下夜班都要家人来接，要不就能碰上小流氓。在"大双星"形成过程中，由于工厂的搬迁调整，致使原来工厂接近7000人没有活干，这些人怎么办？是推向社会，推给政府？还是自己想办法解决？他们就再一次"自己拿自己当骨干"，主动进行产业结构调整。为了安置这些富余人员，他们"破墙开店、开门开窗、敞开大门、引进院内"，将过去的车间办起了"三产"，并建起了当时名扬岛城，集餐饮、娱乐、桑拿为一体，荟萃世界优秀建筑风格的"双星城"，这在当时青岛市乃至全国的国有企业中都是第一家。从此，"双星"突破了单一制鞋的行业界限，率先闯入了第三产业领域，形成了一种全方位、多层次的发展格局，逐步成为一个"以鞋为主、多元化发展"的综合性企业集团。

三 需要一套能够真正指导 国企脱困发展的理论

伟大导师列宁早就说过："没有革命的理论，就不会有革命的运动。"在汪海看来，搞革命是如此，办企业也是如此。请看他与电台主持人的对话。

主持人：现在已经到了世纪之交，国有企业改革攻坚也到了最关键的时刻，你认为中国的国有企业现在最需要什么？

汪海：理论。需要一套能够真正指导国企脱困发展的理论。实践已经证明，双星能有今天，主要得益于我们创立的双星市场理论。理论是社会科学与自然科学综合结晶的体现，它不仅指引着自然科学的发展，同时还推动着整个历史的前进。在每一个历史时期都应该有符合本时期的理论做指导，理论在社会发展当中所起的作用是不可估量的。

主持人：许多国有企业至今没有完全摆脱困境，而双星集团却在市场经济中"如鱼得水"。您认为最重要的靠什么？

汪海：我想，最重要的是逆向思维，是一套与众不同的切合企业实际的"双星市场理论"。双星市场理论的诞生是市场发展对我们的要求，也可以说是市场逼出来的。

在我国众多的企业家中，比较常见的思维模式大体上有两种类型：一种是按"条条"办事，或曰按"红头文件"办事，事事循规蹈矩，不敢越雷池一步；另一种是按个人经验办事，甚至凭个人感觉办事，即所谓的

"跟着感觉走"。这两种类型的思维模式，前一种多存在于国有企业，后一种多存在于民营企业。汪海虽然是国有企业的领导，但他却敢于逆向思维，标新立异，强调理论对于搞好改革、搞好国企的重要指导作用，并在实践中创立了一套与众不同的切合企业实际的"双星市场理论"，并在这一理论指导下，创造了"双星王国"的奇迹。

汪海是一位有思想、有理论的企业家，他不仅创立了"双星市场理论"，在其他方面也创立了许多理论成果。从"汪海语录"，到"九九管理法"，到"汪海新时代的三民主义"，企业家要有人性、个性和党性的"三性观"，市场经济的矛盾论，市场经济的红与专，市场经济的孝忠义等，这些理论观点、管理哲学，汇总成为"汪海的 ABW 论"管理体系，是双星企业文化的重要内容。思路决定出路，理论指导实践。在双星发展的每一个紧要关头，总是汪海首先分析实际情况，提出指导性的新观点、新理论，双星才得以 30 年如一日的健康稳定发展壮大。

四　应想到 10 年以后怎么发展

世界著名企业战略专家约翰·W. 蒂兹指出："战略家的任务不在于看清企业目前是什么样子，而在于看清企业将来会成为什么样子。"

另一位世界著名企业战略专家弗雷德里克·格卢克更具体地指出："战略家要在获取信息的广度和深度之间做出某种权衡。他就像一只在捉兔子的鹰，鹰必须飞得足够高，才能以广阔的视野发现猎物，同时它又必须飞得足够低，以便看清细节，瞄准目标，进行攻击。不断地进行这种权衡正是战略家的任务，一种不可由他人代理的任务。"

世界著名未来学家阿尔温·托夫勒则明确警告："对没有战略的企业来说，就像是在险恶的天气中飞行的飞机，始终在气流中颠簸，在暴雨中穿行，最后很可能迷失方向。如果对于将来没有一个长期的明确的方向，对本企业的未来形式没有一个指导方针，不管企业的规模多大、地位多稳定，都将在这场革命性的技术和经济的大变革中失去其生存条件。"

这些专家的话告诉我们：要想作一个成功的企业家，就必须首先成为一个企业战略家，要力求做到胸有全局，高瞻远瞩，着眼未来，以谋取胜。

被全世界誉为"兵学圣典"的《孙子兵法》中也说："用兵之道，以计为首。故上兵伐谋，其次伐交，其次伐兵，其下攻城。攻城之法为不得已。"

汪海从小就有"将军情结",立志长大了到部队当一名将军,报效祖国。可是,命运的安排,让他无奈放弃了将军梦。阴差阳错,转业到地方后,却缔造了双星名牌,成了驰名中外的"市场将军",了却了他多年的"将军情怀"。军旅的生涯使他熟知兵法,并能将"兵战"中的战略战术娴熟地应用于"商战"之中,并屡屡取得惊人的效果。

例如,汪海在市场这个不流血的战场上,运用兵法谋略闯关夺隘,避短扬长,屡出奇兵,出奇制胜。最能体现这一特色的,要数他精心谋划并亲自指挥的开拓双星鞋市场的"三大战役"。

第一战役:汪海用重点突破、波浪式推进的战术打赢了第一战役——下海找市场。早在1983年底,他就料定在全国鞋厂林立、供大于求的情况下,商业部门将不可能再按计划收购包销。因此,他决定企业全员转入市场,实行自营自销自救,凭双星拥有的"你无我有、你有我变、你变我新、你新我优"的技术优势,闯出一条路,实现让双星鞋"立足山东、挺进中原、覆盖全国"的战略目标。为此,他选派精明强干的销售人员四面出击,在短时间内实现了"立足山东";接着又派出强手施行"外线作战",先占领郑州,进而逐鹿中原。他又以组织"百日会战"造出超高水平的女式排球鞋,以中国女排队员穿上国产鞋出征夺冠为突破口,一举攻下了北京市场。紧接着占领徐州、武汉、深圳、上海……双星集团的产品开始辐射全国。与此同时,汪海又选出精干人员到全国鞋业订货会上去大打销售仗,一不靠请客送礼,二不靠给"回扣",三不靠"杀价手法",全靠过硬的产品质量和真挚的感情打动各省客户竞相订购。如此席卷而下,短短几年时间,双星鞋就在全国市场上站稳了脚跟,1994年,全国市场调查显示,双星鞋的市场占有率已高达33%,稳居全国第一。

第二战役:汪海用敢打近战、恶战、歼灭战的策略打赢了第二战役——出海闯市场。几番出国调研,使汪海明于"知彼":全球30多亿双鞋的市场,三分之二在国外。为占领这个"大头",汪海按照周密的作战预案,亲率精兵,多口岸、多渠道、多形式地深入到国际垄断资本主义的中心市场去"大闹天宫",把世界鞋商的订单从日本、韩国和我国台湾企业的手中一一夺了过来,靠的也是物美价廉和优异信誉的独特优势。为了使双星鞋成为"国际名鞋",汪海指挥双星人打了一系列漂亮仗。他们利用与美国布瑞克公司合作生产世界三大名牌运动鞋的机会,4个月内连破五大技术难关,又集中兵力恶战20天,建成了美国同类厂家需6个月以上才能建成的专用生产线,使这三种国际名牌鞋全部生产合格,每年返销欧美市场数百万双。此后，他们又连续作战，设计出了中国第一代高档运动鞋，一下就打入了美国超级市场。

第三战役：汪海用超前谋划，遣偏师、出奇兵战术打赢了第三战役——上山争市场。1992年，正当双星集团在国内、国际两个市场上连战连捷，事业如日中天时，汪海却突然宣布了一个惊人之举：派出重兵上山，实行新的战略转移。汪海认为，国际市场的发展趋势摆明了：劳动力密集型企业由发达地区向不发达地区转移是必然规律。下海是开放，上山也是开放，而且是更重要、更体现社会主义特色的开放。他特别强调："我们不能只看现在，而应想到10年以后怎么发展，不要等到被动了才去上山下乡。"于是，汪海选定特别穷困的沂蒙山作为新的攻击点，在缺水、没电、没路、没机器的条件下，仅用3个月就在沂蒙山的穷山沟里建起了一座新鞋城——双星集团鲁中公司，把数千名惯于土中刨食的农民子弟训练成了士气高昂、家家一步脱贫的双星新员工。国务院扶贫办领导小组组长陈俊生看到反映这一创举的调查报告以后，批示："城市大中型企业到贫困地区办厂，使双方优势得以互补，共同发展，是应该提倡的扶贫创举。青岛双星集团鲁中公司就是这方面有代表性的先进典型。"

此外，汪海常常在双星鞋业如日中天，大家还不太理解的关键时刻，超前地作出新的战略决策，如名牌战略、出城战略、下乡战略、上山战略、走出去战略、西进战略、多元化战略等。双星也正是在这些战略的指导下，形成了"大双星"战略格局的特大型企业集团。

五　诚信是品牌建设的立足点

30年商战，双星之所以能从小到大，从弱到强，稳步发展，成为中国国有制鞋业的"一枝独秀"，得益于双星人领会了邓小平提出的"我们一定要有自己的拳头产品，一定要创造出中国自己的民族品牌"的论断，超前确立了名牌战略。

在汪海为双星制定的诸多战略中，创名牌战略是重中之重。汪海首先提出了"弘扬民族精神，创造民族品牌，振兴民族工业"的响亮口号。20世纪80年代汪海就在《人民日报》发表文章呼吁"创中国人自己的名牌"。在别人还不知道、不认识什么是名牌的时候，汪海就提出了"创名牌是市场经济中最大的政治"、"名牌是市场经济的原子弹"、"创名牌就是最大的爱国，为名牌增光添彩就是最大的爱岗"、"爱国、爱企先爱岗"的名牌理论，确立了名牌是企业政治工作的目标和纲领，凝聚了人心。

但是，创名牌决不是一句空洞的口号，而是需要做好许多扎扎实实的工作的，其中最重要的就是诚信和质量。汪海强调指出："市场经济不仅是利益经济，更是信誉经济。诚信成就了双星，成为双星在市场经济条件下取得成功的关键，也成为双星的品牌形象之本。诚信意识是奠定名牌的基石，而质量是诚信品牌的根本。"

为了贯彻落实这些理念，1997年，双星人亲手烧毁了价值10多万元的质量不合格鞋。双星人在痛定思痛中，深刻认识到"放松了质量就放松了市场、放松了质量就放弃了竞争、放松了质量就放弃了生存"。显而易见，"1%的质量缺陷到消费者手中就是100%的不满意"。因此，双星除了在保障生产过程中的质量问题外，提出了"名牌产品要用名牌原材料，用100%合格的原材料、用100%合格的半成品来保证成品100%的高质量"，从源头上把握产品质量。为此，双星建起国家级检测中心，对公司所采购的各种原材料、半成品严格检验。随着"质量是干出来的，不是检查出来的"意识的树立，双星建立了严格的管理制度，使质量管理真正走上了"制度化、法治化、规范化"的轨道。

1995年，双星获得了第一个"中国驰名商标"之后，双星专业运动鞋、双星旅游鞋、双星皮鞋、双星轮胎又相继获得"中国名牌"称号，这是中国橡胶行业唯一拥有四个中国名牌产品的企业。双星品牌的价值达到了近500亿元。

六　没有个性就没有创造

彼得·德鲁克指出："企业家必须把各种资源从收益低或收益逐渐降低的领域转移到收益高或收益逐渐增高的领域。他们必须抛开过去，放弃已经存在和已经知道的东西，而创造未来。企业家精神就是创建未来的企业。在这项任务中必然要创新。"另一位管理大师彼得斯则警告："不创新，就灭亡！"

在汪海办公桌后的墙壁上，挂着全国政协委员、中央民族学院关东升教授为之题写的"敢为天下先"的条幅。这条幅之所言，正是"世界风云人物"汪海个性的真实写照。汪海常说："个性是企业家的标志，个性与个人崇拜是两个概念，没有个性就没有发展，没有创造。"

计划经济在中国推行了数十年，其影响在人们的心中根深蒂固；其体制自上而下盘根错节，难以撼动。双星作为一家国有企业，一开始，就自己把自己推向了市场。在计划经济的时候，自己主动去变革自己的管理和机制，而不是来了什么"红头文件"再改革。

汪海自称是"一名普通的鞋匠"。然而，惟其有"敢为天下先"的胆量和气魄，"普通的鞋匠"干出了并不普通的业绩。他无所畏惧，带领双星人披荆斩棘，在全国同行业中创下了一个又一个"第一"。所谓"先行一步，海阔天空"，汪海的超前意识和决策以及"敢为天下先"的性格和作风，大大拓展了双星名牌的发展空间，使企业抓住了机会，赢得了市场。

直到现在，汪海领导的双星人依然永不满足，永不停步。因为市场是不断变化的，没有一个最终的标准。他常说"市场怎样变，我们就怎样变，跟着市场走，围着市场转，随着市场变"，仍然坚持"今天不创新，明天就落后；明天不创新，后天就淘汰"。他千方百计启发干部员工的创新思维，坚持不懈号召全员创新，打商战中创新的人民战争，使双星蒸蒸日上，再攀高峰！

七 只有没管好的企业，没有管不好的企业

资本、技术、劳动、管理是创造财富的四大要素，但是，在创造财富的过程中，它们各自所处的地位和作用是不相同的。管理处在统率地位，起主导作用；资本、技术、劳动处在被统率地位，起从属作用。没有管理这个统帅，资本、技术、劳动只是潜在生产力，而不是现实生产力，更不能创造财富。只有在管理这个要素的统率下，对四大要素加以有机地组合，才能形成现实的生产力，才能参与创造财富。所以，管理是创造财富的首要要素，是搞好企业的永恒课题。

双星在市场搏击中认识到，中国企业与国外企业最大的差距与其说是在技术上，不如说是在管理上，外国人看不起我们是因为我们的管理上不去。因此，双星人将管理作为企业生存发展的根本，坚信"只有没管好的企业，没有管不好的企业"，始终不放松管理，始终在细化、量化、深化管理上下工夫，始终在探索中国式的企业管理模式。

30 年的实践、总结、升华，双星人创造了符合中国国情、符合制造加工业实际、独具特色的管理模式，美国人评价"双星有世界上管理最好的工厂"，日本人到双星工厂学习，韩国人开出高薪找汪海总裁"要厂长"。

双星凭过硬的管理赢得了市场的认可，赢得了行业的尊重，赢得了外国人的佩服。

30年来，在中国由计划经济向市场经济转型的过程中，双星突破了用金钱激励代替一切，用处罚解决所有问题，把空头政治、口头说教、不问实际的形式主义当成法宝的各种管理误区，创立了独特的"思想教育、经济手段、行政措施"三结合的"严管、细管、承包管、诚信管、钱管、情管"六大特色管理，实现了从"叫我管"到"我要管"质的飞跃。在管理的除旧革新中，双星人进一步认识到，管理是企业生存发展竞争成功的本，企业有竞争力，要靠这个本；队伍有战斗力，要靠这个本；打赢市场商战，要靠这个本。只有夯实管理这个本，企业才能创造新的辉煌。

八 我是中国人，我得为我的祖国干

1992年，美国中兴公司总裁爱伦先生曾执意要聘请汪海出任他的公司总经理，并提出先给他十分之三的股份和3000美元的月薪。汪海则婉言谢绝。他说："我是中国人，我得为我的祖国干！"

汪海说："真正的企业家首先应该是一个政治家，他应该有自己的思想、理论和观点，而且能把它贯彻到企业中。商战中不能没有精神，不能不要精神，这个精神就是民族精神。精神是一个人、一个企业、一个国家、一个民族的灵魂。精神的丧失，直接导致了我们的企业随波逐流，没有明确的发展目标和方向。"

面对世界经济一体化，一些专家学者和个别高官提出"不要再提民族工业了，中国做世界的加工厂就行了；保持民族的东西，必然影响企业的国际化进程，只有接近和融入国际市场，才能迎合消费者的心理"的错误观点。汪海针锋相对地指出了"民族精神、民族品牌、民族企业家"在这个变革时代的重要性，提出要"振奋民族精神，创造民族品牌，培育民族企业家队伍，以此发展民族工业，振兴民族经济"。汪海所提的"民族精神、民族品牌、民族企业家"的观点被媒体称为新时代汪海的"三民主义"，它对引导目前中国的意识形态和长远的经济发展具有深刻的现实意义和深远的历史意义。

汪海认为："在这个地球上，无论经济如何一体化，民族利益，永远是一个国家不可放弃的底线。"他主张："民族企业家首先要爱国，要有民族气节，要有强烈的民族责任感。民族企业家就像战场上的将军、元帅一样，在商战中也代表民族的利益能打胜仗。"

汪海常说："中国人站着不比外国人矮，躺着不比外国人短，外国人能做到的，中国人更能做到，并能做得更好。"30年实践证明，汪海以他亲自塑造的驰名中外的"双星名牌"和"规模一流、管理一流、品质一流、服务一流的全世界制鞋企业中管理最好的工厂"为中国争了光，为中华民族争了气。

九　别装错兜，别上错床

汪海办公桌对面墙上，挂着中国佛教协会赵朴初会长为他书写的"名利淡如水，事业重如山"的楹联。这副楹联之所言，正是汪海的心灵和品德的真实写照。

改革开放30年，我国中途落马的企业家不在少数。他们虽然各有各的具体原因，但常见的原因主要有四种：一是身体不好，暴疾身亡，如青岛啤酒的彭作义、民营企业家王均瑶（38岁早逝）等。二是企业重大决策失误，造成重大损失被免职，如青岛澳柯玛的鲁群生等。三是个人私心膨胀，中"糖衣炮弹"落马。所谓"糖衣炮弹"，就是金钱和女人。四是被下面疑惑、诬陷甚至诬告，被上级部门刁难、错整甚至撤职。

汪海所以能成为20多年屹立不倒的"长寿总裁"，一是他的身体非常健康，心态积极，员工们称赞他是"60岁的年龄，40岁的身体，20岁的思维"；二是他的一系列重大决策都很正确；三是他没有被"糖衣炮弹"所击中；四是他在陷入困境，遇到巨大的"压力"、"阻力"和"麻烦"时，懂得依靠上级领导，善于做上级领导的工作，并借助上级领导的力量来支持自己，保护自己，推进工作。

汪海说："在中国，要整倒一个改革者，说容易也容易，说不容易也不容易。根据我的经验，有两条我认为非常重要，处理不妥，你自己就先把自己打倒了。一条是你作为企业家，能否抵抗得住金钱的诱惑，一条是与女人的交往要特别注意分寸，也就是说，别装错兜，别上错床。而恰恰在这两个方面，他们任何人都抓不住我的把柄。"

汪海常说："企业负责人要常修企业之德，常思贪欲之害，常怀律己之心。"1996年，他谢绝了美国人"高薪＋股权"的聘请，宣布了自己"跟共产党走不变，一辈子做中国鞋匠不变，结发妻子不变"的"三不变"原则。

汪海经常教育干部："我们要进入市场，要做双星人，使我们的产品成为世界品牌产品，没有一个好的干部队伍是不行的，一个腐败的干部队伍是带不出好的双星人的。只要我们的干部队伍不腐败，双星人不腐败，我相信，我们双星赶超世界名牌，赶超世界水平，不成问题。"

作为一个改革者，汪海最不能忍受的，就是来自上级部门的刁难。但他必须去面对，去承受，去排除。他的办法就是，拿着"乌纱帽"，直接找上级主要领导，即"一把手"。

在汪海的拼搏生涯中，每当他陷入困境，或遇到重大"麻烦"时，他都会主动去找市委、市政府的主要领导，并多次得到像刘鹏、俞正声这样"高瞻远瞩、胆识过人"领导的支持和保护，这是汪海能够成为"长寿总裁"的一个极其重要的外部原因。这既表现了汪海的机灵，也体现了汪海的幸运。

十　文化管理是最顶尖的管理

IBM 前董事长小托马斯·沃森说："我坚信，任何一家企业为了谋求生存和获取成功，都必须拥有一套健全可靠的信念，并在此基础上，提出自己的各种策略和各种行动方案。我认为，在企业获取成功的过程中最为关键的一个因素就是，始终恪守这些信念。"IBM 近百年的历史和成就，就是这段话的最好证明。

海尔集团总裁、CEO 张瑞敏也说："海尔十几年的成就，主要不在于有形的东西，而恰恰在于无形的东西，这就是海尔文化。一个企业没有文化就等于没有灵魂。"

汪海也说："一个没有个性、没有文化的企业注定是一个没有希望的企业。不仅企业如此，而且一个国家，一个民族也是如此。如果没有一种优秀文化做支撑，这个国家或民族的前途是不堪设想的。"

企业在由统购包销变成自主竞争的市场主体后，差异性取代了同质化，特别是改革开放以来，新的思维观念冲击着我们的旧思维、旧意识，注重个人利益，思想政治工作被淡化，金钱几乎成为一切的主宰。这些都在考验着一个企业、一个企业家的智慧和勇气。对此，汪海提出："人管人累死人，文化管人管灵魂"、"文化管理是最顶尖的管理"，确立了"继承传统优秀的，借鉴外来先进的，创造自己特色的"双星市场经济三原则，致力于创造具有双星特色的企业文化。

30 年来，双星人不断实践和创造着新时代的文化理论。这些新企业文化被总结概括为九大文化系列（市场竞争文化、名牌财富文化、思想管理文化、道德人品文化、质量管理文化、成本管理文化、创新知识文化、技术标准文化、执行形象文化），3000 多条理念的企业文化体系。这些新理论、新观点继承了中国传统儒、道、佛文化"行善积德"的精髓，坚持了马列主义、毛泽东思想、邓小平理论"实事求是"的核心，体现了新时代的文化特征。这是双星的企业文化，也是中华民族的企业文化，是中国工业文明的新文化。

十一　我相信我是对的

汪海说："几十年了，挑我毛病的人不少，什么帽子都给我戴过，我为什么还敢往前闯？因为我相信我是对的。"是的，要改变人的一生，首先必须坚定必胜的信心。

拿破仑·希尔说："只要有信心，你就能够移动一座山。只要相信你能成功，你就会赢得成功。检验你的信心的方法，是看你是否在最困难的时候应用它，尤其在最需要的时候应用它。"

在每一个成功者的背后，都有一股巨大的力量——信心——在支持和推动他向自己的目标迈进。信心是所有成功者取得成功的重要因素，它对于立志成功者具有重要意义，它是成功的发动机。

信心是一块伟大的奠基石。在人们作出努力的所有方面，信心都能创造奇迹。因为，正是信心使人们的力量倍增，更使人们的才能增加数倍；而如果没有信心，则必将一事无成。汪海所以能成功，就在于他可以充分且完全地运用信心的力量，驱除心中种种束缚，促使自己完成计划，实现目标，达成愿望，取得成功。

总之，经过市场考验取得成功的企业家才是真正的企业家。汪海说得好："真正的企业家是市场企业家。市场认——热时认，冷时也认；冷时能够生存前进，热时能够壮大发展。他们能用一种精神去感召人们跟着他们去做事。他们敢于打破常规，总是做别人认为不可能或根本办不到的事。他们对市场中不可知的风险，有着敏锐的直觉、嗅觉和极强的决断力。"

毫无疑问，汪海就是一位名副其实的市场企业家。

（撰稿：张秀玉）

附录　汪海语录

　　汪海语录是汪海市场理论的重要组成部分，是汪海30多年来创业思想的结晶。汪海语录由于内容精辟，语言简洁，一目了然，易懂易记，不仅深受广大双星员工的喜爱，而且，漂洋过海，受到我国台湾和韩国同行的追捧。但是，汪海语录在双星车间刚刚出现时却引起了一场风波，一些别有用心的人说汪海搞个人崇拜，攻击他不宣传中央文件却把自己的话当"语录"让人们学习。时任化工部部长顾秀莲听到反映后，亲自到双星考察。她不但没有批评汪海，反而称赞汪海语录，成为汪海语录的传播者，还专门在报纸上撰文称赞双星是国有企业走市场经济之路的成功典范。

　　汪海曾说，所谓的汪海语录，其实是双星人集体智慧的结晶，是对双星人多少年来的理论和实践的总结和升华。汪海语录现在已成为双星企业文化的重要组成部分，是双星广大员工的精神导向和价值追求。在双星人的眼里，汪海语录挂在车间或写在企业的重要建筑上，可以起到比文件、规章制度更直接的教育和感化的作用。它们抬头可见，无意中就能引发对某个问题的思考，这种对企业文化理念的强化，胜过了会议上的宣讲和文件的颁发。

双星市场创新观念：
　　创新是双星成功的基础和保证
　　创新是双星发展的灵魂和动力
　　今天不创新，明天就落后；明天不创新，后天就淘汰
双星市场创新意识：
　　创新是企业生存和发展的唯一出路
　　创新是市场制胜最有力的武器

创新是市场竞争永恒的主题

用创新的眼光去看待问题，用创新的思维去分析问题

双星市场创新态度：

创新是市场需要，创新是检验每个岗位、每个人是否进市场的最好体现

岗位是市场，竞争在机台，全员都创新，人人出成果

打赢商战中创新的人民战争

双星市场创新原则：

跟着市场走，围着市场转，随着市场变

双星市场创新途径：

破除旧思想、旧观念、旧传统、旧框框、旧方法

树立新思维、新观念、新思路、新做法

双星市场创新目标：

总是超前，总是创新，总是跨越

双星产品创新策略：

不断借鉴，不断渗透，不断创新，不断超越

双星科技创新意识：

反思维是人类成功的开始

只有反思维才能创造奇迹

大项目敢想，小项目敢改，有利的敢管，好建议敢提

双星新世纪发展两大战略：

名牌发展高级阶段

新时期树新形象，做双星新人

双星人新世纪新形象"三个代表"：

代表双星先进的思想文化和企业精神，代表双星人新形象和根本利益，代表双星先进生产力

双星人新时期新形象标准：

做双星高级人，做市场能人

做双星新人，做代表双星形象的好人

双星新世纪名牌形象意识：

牌子越响，影响越大，形象越重要

双星新世纪名牌形象目标：

与国际水平接轨，与世界名牌同步

超越大双星、大名牌，实现强双星、强名牌

双星新世纪树新形象途径：

只有创新，才有新形象

双星新形象"九高"标准：

高水平　高档次　高素质　高管理　高起点

高标准　高服务　高品质　高形象

双星树立市场新形象措施：

敢：树立敢拼的精神，敢赢的自信

快：按市场规律、行业规律加快步伐，争取市场主动权

管：管得严，管得细，管得有情，管得有度

会：会买，会卖，会开发，会处理关系，会做

双星新世纪出口工作六形象：

出口工作新形象　　出口骨干队伍新形象

出口产品新形象　　出口质量新形象

出口开发新形象　　出口各部门团结一致配合协调新形象

双星发展高级阶段"三个永远"：

把双星红旗永远打下去

把双星名牌永远创下去

把双星事业永远发展下去

双星新世纪质量形象：

质量等于人品，质量等于道德，质量等于良心

提高工作质量，抓好产品质量，促进服务质量

工作质量是基础，是保证，是重点，是关键，是核心，是大局

双星市场意识：

市场是企业发展的动力和源泉

双星市场理念：

用户是上帝，市场夺金牌

双星市场态度：

只有疲软的产品，没有疲软的市场

产品＋感情＝市场

双星市场目标：

立足山东，面向全国，冲出亚洲，走向世界

双星市场机制：

全员转向市场，全员参与竞争

岗位就是市场，机台就是市场

处处有市场，岗岗是市场

竞争在岗位，市场在机台

双星市场体会：

琳琅满目的市场就是硝烟弥漫的战场

市场中的企业家就是战场上的将军

市场是永不停息的战场

市场理论不更新，企业不会再发展

对市场我们永远是学生，市场上我们永远是列兵

双星市场历程：

下海进市场，出海闯市场，上山争市场，品牌运作抢市场

双星市场经营六原则：

薄利多销　现场促销　服务到家

单品种宣传　加强品种促销　加快形象店建立

双星生产经营三瞄准：

瞄准市场定位，瞄准品种变化，瞄准竞争对手

双星市场经济三规律：

加工工业变迁规律

市场经济自身运行规律

社会发展和人类进步规律

双星市场经济三原则：

市场是企业的最高领导

市场是检验企业一切工作的标准

市场是检验企业的最好天平

双星市场经济三次革命：

革了保守僵化旧观念的命，换了一个新脑袋

革了计划经济旧框框的命，造了一个新机制

革了等靠要守业方式的命，创了一个新模式

双星市场经济三法宝：

继承传统优秀的，借鉴外来先进的，创造自己特色的

双星市场经济三战略：

　　多元化经营战略

　　全球化市场战略

　　名牌发展战略

双星市场经济三根本：

　　市场企业家　团结的班子　铁的队伍

双星市场发展三捷径：

　　租赁　边远　滚动

双星市场竞争三前提：

　　适应市场要求快　体制机制转换快　产品结构调整快

双星市场竞争三武器：

　　有自己的工厂　有自己的名牌　有自己的销售渠道

双星市场经济三基础：

　　强化基础管理　推进科技进步　狠抓三个质量

双星市场经济三措施：

　　超标准检查　超常规考核　超危机管理

双星市场经济三手段：

　　体制创新　机制转换　政策调整

双星市场经济三保证：

　　准确的信息　准确的分析　准确的决策

双星市场育人三方针：

　　三名：创国际名牌，当世界名厂，做双星名人

　　三轮：思想教育，经济手段，行政措施

　　三利：有利于提高效率效益

　　　　　有利于顺应民心民意

　　　　　有利于激发积极因素

双星市场经济三内涵：

　　企业内部市场　国内市场　国际市场

双星市场经济三精神：

　　自己拿自己当骨干

　　自我感觉良好

　　自己走自己的路

双星市场改制三原则：

　　有利于国有资产保值增值

　　有利于双星名牌发展

　　有利于经营者赢利

双星市场政治内涵：

　　市场经济与市场政治相融合

　　市场政治理论指导市场经济实践

双星市场政治态度：

　　市场越活跃，政治越重要

　　市场要成功，政治要先行

　　集团要发展，政治要领先

双星市场政治意识：

　　创名牌是市场经济中最大的政治

　　创出世界名牌是最好的爱国行动

双星政治工作方法：

　　用好钱是最好的思想政治工作

双星市场政治目标：

　　生产经营的难点就是思想政治工作的重点

双星市场政治特色：

　　以市场为主线，以名牌为核心

双星市场政治地位：

　　双星的成功首先是政治上的成功

双星市场开发思路：

　　市场是最好的开发部

　　市场是最大的样品室

双星经营三规律：

　　市场规律　价值规律　"严情"规律

市场经济的双星意识：

　　扬长补短，齐头并进，全面发展

双星市场二前提：

　　辛苦是摆脱痛苦的前提

　　艰苦是战胜残酷市场的前提

九九管理法：

"三环"求新路：继承传统，借鉴国外，创新自己

"三轮"求效力：思想教育，经济手段，行政措施

"三原则"求效应：教育人办实事，一体化全方位，民主透明度

"三分"增活力：分级管理，分层承包，分开算账

"三联"增实力：加工联产，销售联营，股份联合

"三开发"增竞争力：人才开发，技术产品开发，市场开发

双星管理思想：

人是兴厂之本，管理以人为主

管理是一种挑战，是一种考验，是一种决裂

双星管理基础：

两眼盯在市场上，工夫下在管理上

双星管理意识：

只有没管好的企业，没有管不好的企业

领导松一尺，下边松一丈；管理不深化，企业就要垮

说上一千遍，不如干一次；市场无止境，管理无句号

管理出效益，管理出质量

双星管理原则：

无情的纪律，有情的领导，全员从严，领导从严

严而公正，严而有度，严而有情，严教结合

凡是上去的工作不能下来，凡是落实的工作不能有假

双星管理方法：

军事化管理（市场如战场，竞争如战争）

家庭化管理（爱厂如爱家，理厂如理家）

软橡胶，硬管理；硬机械，细管理；小商品，抠管理

双星管理手段：

抓具体人，抓具体事，抓住不放，一抓到底

管好人，用好钱，出成效

领导示范，建立制度，用钱管理

双星管理核心：

人的因素　资金的观念　质量的意识是深层次管理的核心

双星管理目标：

以资金管理为重点，以提高效益为目的

无缺陷管理，零质量损失

双星道德管理实质：

思想力的管理

金奖银奖不如用户夸奖，亲情友情不如双星感情

双星资金管理标准：

用事实说话，用数字讲理，用成果说明

双星资金管理"三化"：

深化　细化　量化

双星资金管理"三定"：

定量　定钱　定时

双星法治管理目标：

有岗就有责，有责就有法

双星法治管理三措施：

突出一个"严"字，打破一个"情"字，做到一个"实"字

双星职能管理六原则：

配合　服务　指挥　监督　检查　落实

双星出口工作五要素：

市场是主线，价格是核心，质量是筹码，好卖是条件，心理是前提

双星质量思想：

放松了质量就是放弃了市场

放松了质量就是放弃了竞争

放松了质量就是放弃了生存

双星质量算账方法：

既要算直接的损失，又要算间接的损失

既要算有形的损失，又要算无形的损失

既要算经济影响的账，又要算政治影响的账

双星员工抓质量的意识：

我要生活，我要吃饭，我要抓质量

我要行善，我要积德，我要抓质量

双星质量意识：

产量是钱，质量是命，要钱更要命

全员转向市场，人人关心质量

越是名牌越要重视质量，越是名牌越要提高质量

双星质量态度：

> 对质量问题不能放过，对质量问题不能讲情，对质量问题不能原谅
>
> 职业道德有多高，质量意识有多强

双星质量理念：

> 内在质量超国家标准，外在质量体现名牌形象
>
> 价格的竞争是暂时的，质量的竞争是永恒的
>
> 企业什么都可以改革，唯有质量第一不能改革
>
> 质量是干出来的，不是检查出来的

双星质量管理秘诀：

> 干出最好的产品质量就是最大的行善积德

双星质量管理方法：

> 用算账的办法、用资金管理的方法、用经济的手段管质量

双星服务质量标准：

> 200％服务

双星工作质量原则：

> 树立对企业、对员工、对自己负责的工作态度
>
> 树立品德高尚、无私无畏、敢作敢为敢负责的工作作风

双星工作质量标准：

> 主动创新，扎实认真
>
> 以实事求是的态度辩证地看问题、处理问题、解决问题
>
> 自己给自己加压力、定标准、出题目，自己和自己过不去

双星工作质量基础：

> 自身素质要高，责任心要强，工作要勤奋

双星工作质量方法：

> 实事求是，灵活多变，创造性工作

双星工作质量尺子：

> 无形的是良心，有形的是效益，市场是水平
>
> 有形的损失可惜，无形的损失可怕
>
> 用经济的观点看质量，用经济的手段算损失

双星领导干部工作质量考核标准：

> 能否坚持原则
>
> 正确处理感情、义气和原则的关系

双星工作质量三结合：

轰动效应与办实事相结合

老实认真与机动灵活相结合

理论与实际相结合

双星产品质量标准：

领导安心，用户称心，职工放心

双星产品质量目标：

原材料质量百分之百

半成品质量百分之百

成品质量百分之百

双星质量三不放松：

三个质量相互促进、相互提高的做法抓住不放松

三个质量100％抓住不放松

"创三名"竞赛抓住不放松

图书在版编目（CIP）数据

市场经济与理论创新/冯并主编. —北京：社会科学文献
出版社，2010.2
（汪海书系）
ISBN 978 - 7 - 5097 - 1146 - 0

Ⅰ.①市… Ⅱ.①冯… Ⅲ.汪海－企业管理－经济思想－
研究 Ⅳ.①F279.23

中国版本图书馆 CIP 数据核字（2010）第 013897 号

·汪海书系·

市场经济与理论创新
　　　　——全国首届优秀企业家汪海思想研究

主　　编/冯　并
执行主编/张来民　生锡顺　郭　林

出 版 人/谢寿光
总 编 辑/邹东涛
出 版 者/社会科学文献出版社
地　　址/北京市西城区北三环中路甲 29 号院 3 号楼华龙大厦
邮政编码/100029
网　　址/http://www.ssap.com.cn
网站支持/（010）59367077
责任部门/财经与管理图书事业部　（010）59367226
电子信箱/caijingbu@ ssap.cn
项目负责人/周　丽
责任编辑/王玉水　张景增　于渝生
责任校对/吕伟忠
责任印制/董　然　蔡　静　米　扬

总 经 销/社会科学文献出版社发行部
　　　　　（010）59367080　59367097
经　　销/各地书店
读者服务/读者服务中心　（010）59367028
排　　版/北京步步赢图文制作中心
印　　刷/北京季蜂印刷有限公司

开　　本/787mm×1092mm　1/16
印　　张/19.5
字　　数/339 千字
版　　次/2010 年 2 月第 1 版
印　　次/2010 年 2 月第 1 次印刷

书　　号/ISBN 978 - 7 - 5097 - 1146 - 0
定　　价/158.00 元（全三册）

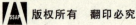